Direito do Urbanismo e do Ambiente

Direito do Urbanismo e do Ambiente

2022

Fernando dos Reis Condesso
Catedrático de Direito da Universidade de Lisboa e Ismat-Grupo Lusófona

Ricardo Alexandre Azevedo Condesso
Doutor em Administração e Políticas Públicas

ALMEDINA

DIREITO DO URBANISMO E DO AMBIENTE

AUTORES
Fernando dos Reis Condesso
Ricardo Alexandre Azevedo dos Reis Condesso

EDITOR
EDIÇÕES ALMEDINA, S.A.
Rua Fernandes Tomás, n.ºs 76, 78 e 80
3000-167 Coimbra
Tel.: 239 851 904 · Fax: 239 851 901
www.almedina.net · editora@almedina.net

DESIGN DE CAPA
FBA.

EDITOR
EDIÇÕES ALMEDINA, S.A.

IMPRESSÃO E ACABAMENTO

Março, 2022

DEPÓSITO LEGAL

ALMEDINA | GRUPOALMEDINA

BIBLIOTECA NACIONAL DE PORTUGAL – CATALOGAÇÃO NA PUBLICAÇÃO

CONDESSO, Fernando dos Reis, 1946- , e outro

Direito do urbanismo e ambiente / Francisco dos Reis Condesso, Ricardo Alexandre Azevedo Condesso.
2ª ed. – (Manuais universitários)
ISBN 978-989-40-0378-6

I – CONDESSO, Ricardo Alexandre Azevedo

CDU 349

PRÓLOGO

"Pour ce qui est de l'avenir, il ne s'agit pas de le prévoir, mais de le rendre possible."

Antoine de Saint Exupéry – *Citadelle,* 1948.

No time to change. Different time, same problems.

Apesar da especial responsabilidade que os poderes que, em geral, nos "governam" (titulares dos órgãos de soberania, outros poderes de base eleitoral e poderes jurisdicionais de criação e aplicação de direito) têm, nestas matérias de direito público, de que trata esta publicação, que toca fortemente *questões económico-sociais* e não se entendendo ser aqui o lugar para tecer diretas e desenvolvidas considerações e justificações de natureza geral (jurídicas, politológicas, económicas, sociológicas e históricas) sobre os *enquadramentos da governação* e as *deficiências geradas na origem e no funcionamento* do Poder Público, na *Constituição orgânica, formal e material em geral* (quer no Estado, enquadramento de designação e funcionamento dos parlamentares, dos membros do Executivo e dos Juízes, assim como noutros escalões territoriais, dos decisores das Regiões Autónomas, dos de futuras Regiões Administrativas e do restante Poder Local, sobretudo do Municipal), ou seja, da estruturação legal de muitas das suas normas concretizadoras (existentes na ou fora da Constituição, mas de natureza materialmente constitucionais), no entanto, não se resiste a tecer, sinteticamente, algumas *considerações politológicas e razões que as suportam.*

Neste âmbito, apresentam-se razões que são explicáveis, fundada e pormenorizadamente, na constatação comum da factualidade do dia-a-dia, assim como a partir de análises e resultados comparados de experiências vividas noutras realidades políticas. Experiências que, face a certos *aspetos culturais específicos*, não perdendo em ser algo buriladas e adaptadas, desde que tal se apresente sem mexer na ideia essencial de que partiram e se impuseram ou apesar de circunstancialismo que impediram de se considerar como totalmente realizadas, no entanto consideramos que se revelam perspetivas úteis, merecedoras de reflexão. Desde logo, porque claramente mais próximas e conformes com a realidade ideológica de conquista de uma conceção promotora de uma *efetiva aplicação dos grandes princípios ontológicos enformadores da defesa de "governos do povo, pelo povo e para o povo"*.

*

No meu discurso, proferido na qualidade de líder parlamentar, na Assembleia da República, nas Comemorações de 25 de Abril de 1984, ao perfazer os 10 anos da restauração da democracia, após constatar que "sempre nesta data (...) se canta a democracia, se revelam as preocupações de percurso, se reflete sobre o futuro", logo acrescentava que se ia mantendo "sempre o *contraste atroz* entre o canto de um dia de tantas esperanças, que muitos iludiram com ideias de toque mágico, como se fosse o fim e solução de todos males e não apenas um repto para uma caminhada coletiva, para os desafios do *desenvolvimento, para a igualdade com os outros povos da Europa"*, realçando o "contraste entre esse canto falso e o *conto das desilusões, em face de desvios e preocupações*, da realidade da impotência augurada para reconstruir Portugal". E continuava, referindo que, o 25 de abril era "apenas uma oportunidade para, de modo participado, o portugueses, à volta dos dirigentes que se fossem revelando, poderem começar a transformar politicamente, economicamente, socialmente, o País, no caminho de um regime democrático, isto é, em que os *dirigentes governam por escolha dos governados*, para a construção de um objetivo final, o único que a todos poderia congregar, a construção de uma *comunidade de justiça social"*, pelo que se impunha "criar riqueza, pondo todos a trabalhar mais" e "*distribuir riqueza, dividindo melhor o fruto do trabalho*". Mais acrescentava que "já não vale falar dos males do anterior regime, porque aqueles que estão ascendendo à maioridade não entendem que escondamos os nossos erros, enchendo a boca dos males de um regime que os teve, mas não conheceram. O que importa realçar são os nossos erros, para que não os repitamos ou para que os corrijamos". Afirmando que "Se os travejamentos jurídicos feitos para servir o País Novo, muitas vezes, bloquearam soluções, aos homens do fim desta década, de *sobressaltos, experiências, aprendizagem, crenças e problemas graves, confrontos, acerto e desacertos*, cumpre reconhecer que a *obra é inacabada, que muito há a corrigir*, que não importa pôr em causa qualquer passado, a menos que a coragem valha caminhos de uma segunda revolução, após o 25 de Abril". Não a de "*desvarios, dos excessos, das irresponsabilidades, das arbitrariedades, das prepotências, dos sectarismos, enfim, bloqueamentos*", mas a de uma revolução "de portas abertas para *alterações profundas das estruturas* que se impõem a todos os níveis". Há eleições, "mas os partidos são comprometidos a pré-vincularem os futuros deputados a uma determinada solução de organização de poder político". Ora "Tem de *se ir à rua, até junto dos cidadãos das várias camadas sociais. E ouvi-los*". Atentar em "Como reagem eles? Hoje, em face de tantas promessas e aspirações não realizadas, das dificuldades que sentem, alguns habituados já a outros padrões de consumo, que agora voltam a perder". E, quase a concluir, não deixava de proclamar que "é, por isso também, o momento de se dizer bem alto que a democracia" (a ideia democrática) "não tem culpa destes males".

Como, no momento seguinte de encerramentos do evento, diria o Presidente da República de então, General Ramalho Eanes, "o problema político essencial na presente situação só tem a ver com as responsabilidades da democracia, os interesses dos Portugueses e a resolução dos seus problemas concretos, devendo ser alheio aos atritos políticos, lutas pelo poder ou projetos personalizados". "Cabe-nos reconhecer que, por vezes seguimos caminhos errados, que prometemos o que não sabíamos como cumprir, que nos enganamos nos diagnósticos das situações, que nos iludimos na esperança de que haveria soluções fáceis para os problemas do País". "A nossa democracia entra agora numa fase vital e decisiva, não porque exista qualquer ameaça antidemocrática, mas sim porque já não há espaço para novos erros, já não é possível ceder à inércia do mais cómodo e do mais fácil". "Trata-se de definir e de realizar, clara e firmemente, um projeto que, sendo realista, possa estimular vontades e mobilizar energias". "Um projeto de esperança mobilizador de todos os portugueses, que fortaleça a democracia, realize o bem comum nacional e cumpra a universalidade do nosso destino histórico" (*25 de Abril: Comemoração do 10.º Aniversário: Discursos proferidos na Assembleia da República e na Reitoria da cidade universitária de Lisboa.* Lisboa, 25 de Abril de 1984, Direção-geral da Divulgação, respetivamente pp. 47-54 e 73-77).

*

O momento que os portugueses têm vivido, sobretudo, neste século XXI, é crítico e para a grande maioria dos portugueses, *criador de desilusão* no que se reporta aos frutos da proclamada democracia.

A relação entre o *direito, a política e, em geral, as políticas públicas e, desde logo, a política económica*, tem vivido em ambiente, talvez nunca tão visível como agora, de *interações desviantes e tóxicas* para uma sociedade que pretendemos em vivência demosoberana. Não só em Portugal, nos países democráticos, como em todo o Mundo.

Tem de caber ao Século XXI, finalmente, a tarefa de depurar os Sistemas de Governo ditos democráticos, para evitar repetições indesejáveis na história recorrente dos povos que a história regista.

Temos de ter a coragem de ir à *origem das coisas que confiscam a vontade de progresso dos Povos* no mundo ocidental e, desde logo, no nosso país.

Tal exige que se dê o *primado reflexivo à experiência, com a devida atenção à factualidade jurídica e social, à conformação legitimadora das políticas públicas* e, em sistema económico de "economia dita de mercado", às economias e políticas de governação que, politicamente, se revelem mais adequadas, com os necessários reenquadramentos do direito constitucional, à democratização do bem-estar geral dos nossos povos.

Como escreveu J. C. Forquin, "Todo o pensamento é uma resposta a uma questão, muitas vezes implícita. O que faz progredir o saber, é menos as mudanças de respostas do que as mudanças de questões" ("Lecture d'Althusser", na *Introduction à Dialectique marxiste et pensée structurale*. Cahiers du Centre d'Études Socialistes, 1969, p. 9-10) e a coragem de as colocar em público, em comunhão com aqueles que, iludidos ou desiludidos, comprometidos com o sistema ou não, se questionem ou possam ter a capacidade e a coragem de ousar questionar-se, tal como nós. Dedico-lhes estas considerações.

Dedico esta publicação aos concidadãos que, com a doutrina social da Igreja Católica, não conseguem conceber as democracias senão como regimes com governos que se norteiam, apenas e sempre, para o bem de todos, pois, como Leão XII referia em 1891, "O que se pede aos governantes é (...) que da mesma organização e do governo da sociedade brote espontaneamente e sem esforço a *prosperidade, tanto pública como particular*", porque "Tal é, com efeito, o ofício da prudência civil e o dever próprio de todos aqueles que governam", sendo certo que "o que torna uma nação próspera (...), são (...) a prática e o respeito da justiça, uma tributação em geral moderada e uma repartição equitativa dos encargos públicos, o progresso da indústria e do comércio, uma agricultura florescente e outros elementos, se os há, do mesmo género: todas as coisas que se podem aperfeiçoar para fazer *aumentar a vida e a felicidade dos cidadãos"*, fazendo que, por recurso a todos estes meios idóneos, o Estado possa "tornar-se útil às outras classes" e, assim, também possa "melhorar muitíssimo a *situação dos trabalhadores*, e isto, em todo o rigor do seu direito, e sem ter de temer a censura de ingerência; porque, em virtude mesmo do seu ofício, o Estado deve servir o interesse comum." (Leão XIII – *Encíclica Rerum Novarum: de Conditione Opificum*, de 15 de maio de 1891).

Dedico *a todos* os concidadãos que se preocupam com o destino comum. Discordam, pensam, escrevem e lutam para a construção de um *"mundo melhor"*. Um mundo mais solidário, menos desigualitário, mais justo, menos autocrático, mais preocupado com o bem-estar geral, menos dominado pelas ideologias económicas assentes em lógicas de enriquecimento individual, para assim ir revolucionando as nossas sociedades.

Um mundo em que se ultrapasse a cultura dos tempos modernos, entregues a lógicas dominantes de um reino de "hominibus avidis". Um mundo que dilua as *oligarquias do poder do dinheiro e da política corporativizada*, que se atraem porque se tornam interdependentes. A todos os que pugnam para que um dia se possa conseguir a construção, em superação da atual ficção de Estado Democrático e Social, de uma real demosoberania.

Num futuro, em que, evolutivamente ou em rebelião, se possam consagrar soluções de mandatos políticos personalizados, individualmente responsabilizantes e efetivamente responsabilizados. A partir de *círculos uninominais de dimensão isonómica, que garantam à partida exercícios de poderes em nome do povo. Poderes verdadeiramente representativos.* Com mandatários políticos agindo a favor de toda a Comunidade.

Dedico àqueles que, ainda hoje, se atrevem a atacar os *mitos constantes dos enganadores discursos "democráticos" do dia-a-dia e periódicas promessas programáticas nos momentos eleitorais.* Àqueles que se atrevem a questionar a *ficção desta proclamada avançada sociedade e seu Estado ao serviço do povo.* Estado que não passa de um aparelho dirigente que, sistematicamente, controla e "domestica" os *anseios populares*, ao serviço do locupletamento dos mais ricos e de concessão de "caridade" (assistencial) para os mais pobres (melhor, algo de "fé, esperança e caridade", para usar a expressão de Lourenço na sua obra dogmática de 423 d.c., "Enchiridon ad Laurentium sive de fide, spe et caritate".in *Enchiridion Patristicum*, col. M. J. Rouët de Journel, 1947, p. 1913-33, apud Berthold Altaner – *Patrologie*. Freiburg im Bresgau: Herder & Co, 1938).

Em causa, um Estado, tributariamente, capaz de ser confiscador da maioria dos cidadãos, que vivem do seu labor e das suas parcas remunerações ou remediadas reformas. Um Estado capaz de impor austeridade crescente, mesmo confiscatória, para a maioria esmagadora dos cidadãos, que vivem de rendimentos ganhos no seu esforço e contribuem pessoalmente, no dia-a-dia, para vida Comunitária.

*

Temos um Estado que se proclama de todos, mas mantém um não democrático estado das coisas.

Estado que, pelos frutos, se constata ser, tal como atua, uma organização incapaz de propiciar, a não ser ficticiamente no discurso e para alguns privilegiados, a vivência de representatividades democráticas.

De facto, urge reconstruir um novo *sistema de seleção de governantes*, que resultem de processos que garantam plenamente o exercício da demosoberania.

Um Estado, onde o *povo vote com liberdade total de eleger realmente quem conheça e garanta que funcionará a seu favor*.

Onde, portanto, sejam inconcebíveis *políticas antipopulares*, não explicadas, não discutidas e medidas em si mesmas e nos seus benefícios de momentos e de futuro e, devidamente, sufragadas.

Um Estado onde ocorram crescentes aproximações de rendimentos, única real pedra de toque distintivo entre um Estado de poder oligárquico, não realmente democrático, e um Estado de sentido Social, ao serviço de toda a Comunidade. Um Estado onde os governantes não se limitem a assumir a assistência a pobres e remediados, *estatizando a caridade*, mas eliminando a sua necessidade. Um Estado e uma União Europeia que assuma os aspetos fundamentais de *defesa da dignidade de todos os cidadãos*, não só no plano das remunerações mais baixas do trabalho como no do propiciamento permanente de vivências de crescente bem-estar e equitativa distribuição geral do progresso, através da *redistribuição equilibrada da riqueza gerada*, para que todos contribuem (consumidores, trabalhadores, e não apenas os gestores e os investidores) e de que todos devem poder usufruir.

Todos os agentes económicos são interdependentes, os que produzem (com poupanças-capitais e trabalho-inteligência-saberes) e os que consomem, bens e serviços, praticam lazeres e fazem turismo.

De modo que (contrariamente ao que vem ocorrendo nas últimas décadas, que têm negado a evolução do período da "grande moderação" do pós-guerra, em que as remunerações se foram aproximando), se a riqueza aumenta, então que seja distribuída de modo que não haja pobres nem meros remediados, mas cidadãos que usufruam de bem-estar, o que implica um forte estreitamento de níveis de remunerações e rendimentos.

Uma coisa é, em *períodos economicamente normais*, de dinamismo da iniciativa dos cidadãos (em que não há pânicos, nem retrocessos nas transações, no emprego e nos investimentos, o que imporá, além disso, uma especial preocupação governamental de apoio às empresas pelo lado do estímulo à procura), pretender-se, e bem, promover a economia pelo "lado da *oferta*" (desde que com exigência de regras conaturais a uma economia ambientalmente compatível e de estímulo à preservação circular de recursos finitos), em ordem a apoiar o crescimento das empresas e do emprego e sua remuneração, favorecendo a iniciativa privada em meios para criar mais riqueza nacional e melhorar os salários dos trabalhadores.

Para isso, não sobrecarregando e, antes, se necessário, tributando menos as empresas (desde logo, as de produção de bens transacionáveis para equilibrar as balanças comerciais, ou que não sejam capital-intensivas e especulativas, e sobretudo no campo alimentar e de meios de defesa da saúde e outros bens e serviços essenciais, para não deixarmos o país e a União demasiado dependentes de outros Estados, raciocínio que vai sendo esquecido pelos nossos dirigentes em termos de integração incontornável no conceito de defesa da independência política); ou seja, *políticas de promoção do desenvolvimento*, visando, presumivelmente, apoiar as empresas a poderem reinvestir mais no país e criarem mais emprego e melhores salários.

Mas outra, bem diferente, é não tributar fortemente os proprietários dessas favorecidas empresas e acionistas, empresários, administradores, que, em vez de reinvestir a favor do enriquecimento do país, se apropriam pessoalmente da totalidade ou de grande parte desses lucros (que estas políticas de moderação fiscal pretendiam manter no sistema produtivo e empregador e, por essa razão, foram pouco tributados) para o seu património pessoal em montantes que ultrapassem abissalmente a normal remuneração do trabalho e condenam esta distribuição a parte ridícula do valor global ganho, criando Comunidades com grandes desequilíbrios de rendimentos.

Para quê encher a boca com números de crescimento económico, critério cada vez com menos sentido, sobre um maior ou menor "produto interno bruto", ou com o consequente valor médio do produto "per capita", como critério de enriquecimento de um país, se esse valor resulta apenas do enriquecimento de poucos. Números que podem aumentar sem alterar o bem-estar geral da Comunidade. Como acontece se apenas um pequeno grupo de cidadãos enriqueceu fabulosamente (e até pode nem reinvestir no país), caso aconteça que todos os restantes cidadãos continuem com os mesmos rendimentos anteriores. Mesmo que o endeusado "pib" por enriquecimento de um ou de um grupo fique no país, nem essa parte do "pib" é de todos, nem tal subida (por maior que se mantenha e possa permitir dizer que o país enriqueceu muito, apesar de alterar a média), traz só por si, sem políticas públicas socialmente adequadas, mais dinheiro e maior bem-estar a cada um dos outros habitantes. Mesmo que, por via de impostos, aumente a renda do Estado e a caridade deste para com os pobres. A riqueza de um país, não pode ser medida pelo bolso e enchimento deste por parte e um punhado de cidadãos, mas pelos crescentes haveres no bolso e pela vivência quotidiana de todos os cidadãos.

Naturalmente, em democracia verdadeira, em que o povo não votasse em governantes desconhecidos, que podem agir e frequentemente agem contra ele (julgando que, estando a votar, escolhe governantes a seu favor), não teríamos senão um Estado Social, em que toda a sociedade progrediria no seu bem-estar. O que a análise histórica revela que não tem estado garantido em nenhum país ou modelo político de escolha e de gestão da coisa pública.

*

Importa refletir sobre variados elementos de apoio para um necessário salto em frente, para uma vivência coletiva que ultrapasse a *desilusão social* e a repetição de perigos de extremismos que a história regista e, muitas vezes, são fortemente condenáveis.

Não esqueçamos que os sistemas eleitorais ditos democráticos, mesmo neste século, já produziram, entre as duas grandes guerras, "monstros" eleitos e propiciaram Estados de dirigentes criminosos e, nos tempos que correm, continuam a criar, por mais universais, livres e fiscalizadas que sejam as votações, eleitos autocratas, governantes prepotentes e decisões que sacrificam o interesse geral e o querer das maiorias a favor de interesses dos mais poderosos, impondo decisões e encargos comprometedores do futuro, do bem-estar e do desenvolvimento das nossas Sociedades.

Desilusão que vem confundir a democracia com o ineficaz sistema político instalado. Desilusão que, em geral, se vem instalando cada vez mais, com a crescente frustração, face aos modelos de sociedades, que o ocidente, hoje, comporta e continua a proclamar como "democratas".

Basta recordar a *brutal diferença (e indiferença* no domínio fiscal), entre o que impõe a nossa Constituição e a realidade imposta pelos nossos governantes. Diz o artigo 104.º que o *imposto sobre o rendimento pessoal*, "tendo em conta as necessidades e os rendimentos do agregado familiar", tem como objetivo "a *diminuição das desigualdades", devendo ser "único e progressivo*". Ou seja, *contextualizando o sentido constitucional, tem de ser tão progressivo quanto necessário para diminuir essas desigualdades*, com a tributação do consumo a ter como objetivo "adaptar a estrutura do consumo à evolução das necessidades do *desenvolvimento económico e da justiça social*, devendo onerar os *consumos de luxo*".

Importa que os dirigentes políticos saibam dar o necessário salto em frente (corrigindo desvios, insuficiências e incompletudes, fugas aos comandos constitucionalizados como ideologia que a todos obriga, ao ser uma imposição de Estado, não de partido ou de governo) para se refundar macro-soluções que garantam governos que não possam fugir a um real exercício quotidiano da demosoberania. Governações que respeitem os compromissos programático-eleitorais ou, perante supervenientes problemas e debates, que haviam escapado ao debate e sufrágio, que o momento não obrigou a colocar, auscultem depois o real "querer coletivo", fazendo participar a Comunidade nesse debate e decisão final.

*

Compreender-se-á a tentação destas observações genéricas, por parte de quem, não só porque, sendo cidadão é político, mas também porque, em diferentes estudos e países, assim como em cargos diversos, atuou, observou, frequentemente se revoltou e muito anotou. Ou seja, não só, como jurista e politólogo, tratando, descrevendo e refletindo sobre áreas de direito público e sua evolução, como também, por ter tido um passado prático de grande intervenção pública. Nos tribunais, em profissões privadas, como autarca, presidente de comissões parlamentares, líder parlamentar nacional, deputado europeu e interventor em outros organismos internacionais (Organização do Atlântico Norte, União da Europa Ocidental, Organização Comunidade Económica Europeia-África Caraíbas e Pacífico, Intergrupo Federalista Europeu, etc.). Alguém que sente, em termos de obrigação de intervenção cívica, que, mais do que apenas despertar, no livro, naturais críticas doutrinais, como lhe compete, situadas em cada um dos seus temas (desde logo, anomalias, não só normadoras, em permanente modificação, como também aplicadoras, constantemente *díspares, incertas, agressivas*), nos domínios a que a publicação se reporta (do *urbanismo e planeamento físico nos capítulos I, III e IV, da defesa dos valores ambientais no capítulo V, no da proteção do património cultural e no do património a criar e deixar aos vindouros, no capítulo VI*), também, propenda a ir mais longe, às *causas reais, profundas, condicionantes, da nossa discordância e dos males do sistema.*

Em geral, discordância despertada ou comungada também no convívio social em geral. Tentando perceber os fenómenos de exercícios de poderes imbuídos de frequentes autocratismos, sobretudo atentos às possibilidades e aos interesses dos mais abastados, ou mesmo para favorecer as classes economicamente dominantes ou agentes desviantes. Exercícios sempre em prejuízo da maioria dos eleitores, desde *corrupções, desvios a uma autêntica democracia funcional, alterações frequentes de normas que servem objetivos particulares contra interesses gerais*, etc..

Aqui e agora, já sem nos incomodarmos com a sujeição a acusações de populismos, umas vezes de esquerda e outras vezes de direita, com que as "classes" governantes e partidos de "poder" brindam e confundem a opinião pública, mesmo quando não receosos da difusão de verdades, que os podem atingir e apenas preocupados com a manutenção dos seus poderes e, por isso, incapazes de se demarcarem das regras que lhes atribuíram esses lugares que querem continuar a garantir, o que as cegam face às realidades.

Importa suscitar inultrapassáveis *reflexões de natureza politológica,* quer no plano dos desvios à democracia em termos originários dos poderes estabelecidos, dos sistemas eleitorais, do financiamento partidário, da ascensão de certos agentes desconhecidos do eleitorado e nunca sufragados, nem escrutinados, passando arbitrariamente a ocupar lugares ministeriais, ligados aos grandes grupos económicos e financeiros nacionais ou estrangeiros (que passam a servir) ou ao excessivo papel que os líderes partidários exercem na vida política. Tudo, conduzindo a "ditaduras funcionais". Apenas formal e putativamente "legitimadas" pelos cidadãos em eleições. Estes apenas são livres na decisão sobre a abstenção ou sobre a votação. Mas não o são na escolha pessoal dos candidatos pelos méritos do saber e da honorabilidade conhecida. Eleitos em listas, aliás fechadas, dependem da vontade de quem as organiza.

Tal é a negação total da ideia de democracia. Por isso, temos, depois, os seus representantes, tidos como "eleitos" pela maioria dos cidadãos, a agir em termos negadores de uma democracia que, funcionalmente (se eles fossem realmente escolhidos pelo povo), só podia estar ao serviço de quem vota. E que, na prática corrente, devendo logicamente agir a favor dos eleitores, a favor de todos os cidadãos, do povo, acaba por viabilizar facilmente e, em geral impunemente, um poder de atuar, decidir, votar, contra este e os interesses gerais do País.

*

Ninguém desconhece que vivemos *tempos de mudança,* no modo de encarar os poderes soberanos. Poderes, cada vez mais, percebidos como funcionando sem independência, sem uma real separação funcional. E, pior que isso, muitas vezes, vivendo de enquadramentos congénitos, que permitem que essa dependência seja exercida opacamente entre os titulares dos parlamentos, dos governos, dos grandes interesses (empresariais e até de outros países) e dos partidos, através de instituições cujos dirigentes nomeiam ou deles dependem. Aliás, todos em geral, sendo poderes demasiado dependentes da vontade de quem lidera nas corporações partidárias. Por vezes, parece que o país está ao mero serviço do líder do partido que governa, mesmo sem apoio da maioria popular, e do líder da oposição, que pode vir a ser dono de futuro governo; os líderes escolhem livremente quem eles vão mandar no governo, no parlamento, em todas as instituições de poder público, nos tribunais (de contas, constitucional, membros de órgãos de governo das magistraturas, órgãos da UE e até, se podem, nas autarquias, só nominalmente estas como no governo nacional e outros, são órgãos de decisão colegial e em geral funcionando em debates escondidos da população. Por muito úteis que algumas instituições partidárias possam ser, na defesa da democracia, em mobilização, em momentos críticos, ou em geral no seu funcionamento e na maior eficácia prática imprimida, os poderes unipessoais exercidos na prática corrente não são aceitáveis nem, em princípio, decisões de interesse público em reuniões fechadas.

Consta-se que, de facto, os partidos foram sofrendo uma evolução concentradora, no plano legal ou factual, do poder de escolher e de decidir. O que, fora de lógicas autocráticas, tem de pertencer aos cidadãos e cujo confisco atual destrói plenamente as vantagens que se lhes possa apontar. Sendo certo que, não está em causa a sua existência, mas a configuração dos mandatos políticos imperativos a seu favor. Mandatos eleitorais que não devem ser deles e apenas dos cidadãos exercidos pelos seus eleitos.

Não podem ser os dirigentes partidários que, mais do que coordenadores de programas, mobilizadores do eleitorado, defensores de causas e apoiantes dos titulares de cargos, dominam os parlamentos e os governos e o futuro do país. Hoje, passaram a ser eles que, ascendendo à direção dos governos, passam a dirigir os parlamentos, face a estranhas soluções de eliminação da liberdade de voto individual, algo sempre garantido pelo facto de deles dependerem as hipóteses de se ser candidato. Tudo, em termos que foram derrapando para apenas ficcionadas decisões colegiais nos governos como nos parlamentos, chegando ao ponto de órgãos partidários quererem impor o sentido de voto de cada um, até em questões que dividem fortemente a sociedade, até nas de natureza moral. Os dirigentes dominam os parlamentos e a Administração pública. Mesmo em geral, nas questões mais políticas, que marcarão o futuro da Comunidade, permitem-se decidir alheados da real vontade popular. Numa indisfarçável endogâmica triangulação capturadora de todo o poder. Atuando em conjunto, quando estão em causa, em trincheiras de fronteiras potestáticas, que querem fechadas ou desligadas da vista dos cidadãos. Guerreiramente controladas. Como se constata no caso da permissibilidade aos empresários nacionais para colocação das suas fortunas, de que não pagam imposto nem investem cá dentro, em contas estrangeiras ocultas. Ou se repete, de legislatura em legislatura, apesar do discurso ético de propaganda eleitoral contra a corrupção, nas jogadas pessoais ou normativas para evitar provas ou impedir leis verdadeiramente eficazes. Impedindo normas que eliminem ou, pelo menos, evitem prescrições de crimes de titulares de cargos políticos ou administrativos eletivos, não contando o tempo no exercício de funções públicas, em que maior é a sua capacidade de interferir nas investigações. Impedindo normas que validem provas incontestáveis, como se os crimes de cargos eletivos não possam ser desfeitos pelo conferimento justificado de riqueza, o que permite, em justiça, que se altere a Constituição na parte que se refere ao ónus de prova em relação a eles, face às funções de poder em que tais atuações se baseiam direta ou indiretamente. Estamos face a lógicas inaceitáveis de afirmação de poder partidário que dominam completamente todo o aparelho do Estado, aos vários níveis, como autênticos feudos. O que, na prática, tem permitido e levado à *dependência do poder político face ao poder económico*, num vaivém de *osmoses corruptoras que jogam sempre a favor dos interesses de quem paga as eleições e é capaz de corromper, colocando os seus homens em cargos políticos ou administrativos sem qualquer controlo e escrutínio prévio do eleitorado.*

Controlo, que, eventualmente (quando muito e já tarde para defender o interesse geral e os prejuízos para o país e os diferentes territórios governados por atores públicos), pode funcionar "a posteriori" (e, muitas vezes, devido a empurrões de certa comunicação social), pelas magistraturas, procuradores da república e tribunais. Os quais, aliás, em relação aos titulares de cargos eleitos, descredibilizando-se, tendem a adiar e atrasar investigações, acusações, condenações ou, mesmo em termos tidos por escandalosos para a opinião pública, branqueiam condutas, evitando condenações. Assim, acentuando a revolta dos cidadãos. Como se a imprensa não tivesse feito prova junto destes, com factos e argumentos válidos nos raciocínios liminares próprios da convivência do dia-a-dia. Argumentos de mera inteligência mediana, do homem comum, em que funcionam comprovações inquestionáveis de meios conhecidos, válidos por si ou sem se renegar o natural esforço lógico-dedutivo e que dizem tudo para quem é livre para pensar. Mesmo que a processualidade decidida pelo legislador, por vezes inapto ou então corrupto, nas suas intenções, ou a faciosa ficção jurisdicional não aceitem. E, por isso, naturalmente plenamente válidas, por mais que os poderes instituídos apaguem ou eliminem papéis ou gravações em matérias de natureza funcional. Em qualquer suporte que seja, e mesmo que não integrável, desentranhável em processos jurisdicionais. São sempre de revelação obrigatória em geral aos cidadãos e "imprensa", nos termos do artigo 268.º, n.º 2 da Constituição e legislação da sua aplicação.

Tal como expomos no capítulo II desta publicação, a primeira legislação, no mundo, "Svenska Forordningen om Surivoch Tryckfrieten Uftardad", aliás um dos dois diplomas com valor constitucional, ao lado da Constituição sueca, a consagrar o direito de livre e geral acesso à informação detida por entidades públicas, aos documentos do governo e da Administração, foi a lei de imprensa sueca de 2.12.1766.

Daqui arranca o movimento de consagração da "democracia administrativa", que influenciou logo a primeira lei estadual americana de Declaração de Direitos da Virgínia, de 1788. Este Estado federado foi pioneiro nas questões da transparência e, também, o primeiro a consagrar uma "sunshine law", abrindo à assistência pública todas as reuniões de órgãos colegiais públicos de natureza regulamentar e decisória.

O que, hoje, em Portugal, nem os órgãos autárquicos respeitam, nem o Conselho de Ministros, aqui em termos graves, antidemocráticos, pelos menos no exercício do corrente poder legislativo, que manteve à maneira do Estado Novo, tal como é exigência conatural a quem faz leis, tal como ocorre no parlamento em plenário e deve ocorrer em quaisquer votações mesmo que em Comissões parlamentares (fora de situações excecionais de estrita necessidade, como ocorreu no momento posterior ao fim da segunda guerra mundial, sobretudo na Itália e em parte na Alemanha, para substituir a iníqua legislação criada pelos regimes depostos).

Ou seja, consagração sueca muito anterior à legislação federal procedimental norte-americana do século passado ou à francesa da década de setenta (esta pioneira na Europa continental), mas todas assim como as suas ricas jurisprudências, fortemente construtivas deste direito dos cidadãos tendo servido de base à nossa primeira lei de aplicação do imperativo constitucional, criada na década de noventa do século passado, a Lei n.º 65/93, de 26.8.

Contra a prática histórica dos poderes opacos, há séculos que a Suécia criou mesmo, em serviços autónomos, colocados logo à entrada de cada ministério e organismo público, um serviço próprio e um responsável, para abrir, organizar e facilitar o acesso à correspondência diária ministerial e dar dela imediato conhecimento a quem se apresente a querer analisá-la.

Os ministros suecos criaram historicamente uma cultura anticorrupção e anti-opacidade, agindo sempre de modo a não ter medo da comunicação social. Sendo, aliás, corrente que, muitas vezes, se se atrasam a chegar ao seu gabinete, acabam por tomar conhecimento de correspondência ligando o rádio durante a viagem no seu carro. Em geral, nada – fora de estritos domínios da norma e nos termos, clara e estritamente, delimitados, em tempos balizados, a que apenas o parlamento acederá – é ocultado a ninguém, com a consciência clara de que governam por conta dos titulares do poder, que são os cidadãos.

De qualquer modo, contra práticas de exercícios corrompido das diferentes funções públicas, só um plano eficaz de combate o pode conseguir. Não pode resumir-se à criminalização ou ao agravamento de molduras penais no que concerne aos titulares de crimes cometidos pelos titulares de cargos políticos, altos cargos públicos e funcionários com poderes decisórios, ou a uma extensão punitiva a figuras sociologicamente próximas da corrupção, os crimes de fraude, peculato, participação económica em negócio e tráfico de influências.

Implica outras normas procedimentais e de anulação ou de reposição substantiva dos benefícios, de que depende o efeito dissuasor: tratamento dos corruptores ativos e das aquisições de valor reportadas a tais atos, rapidez de sancionamento e meios de verificação ou de conclusão segura dos atos em causa; e, além disso, o crime não pode ficar sujeito a decursos de prazo de prescrição para quem está em funções públicas ou, pelo menos, este só deve começar a contar após o fim das funções de poder público, dado que estas podem influenciar a investigação. Sendo tipos de crimes de políticos, que devem dar exemplo de honestidade e dignidade funcional, deve ser considerado existente desde que se possa comprovar diferenças temporais de riqueza auferida, ponderada dentro do período de exercício de funções. Em geral, as declarações de bens no início e fim de funções devem ser públicas e escrutináveis pelos cidadãos, para quem os agentes políticos em geral trabalham voluntariamente e que lhes pagam. E, finalmente, interditar-se a osmose circulatória entre funções públicas e privadas de natureza empresarial durante um período relativamente dilatado para quem deixa funções governamentais, sem prejuízo naturalmente de poder reaver ou ter a possibilidade de se manter no imediato em funções no setor público administrativo, interno ou no exterior, do tipo ensino, gestão institucional, conselhos consultivos, cargos no estrangeiro, diplomacia, etc.

Quanto aos denunciantes, além de garantia de proteção física e mesmo psicológica, que já é aplicável à proteção das testemunhas, também se louvam institutos de isenção e de atenuação especial da pena, sem o que não haverá confissões ou denúncias consistentes, ocultação do denunciante, teleconferência, não revelação de identidade, ocultação de imagem e voz, tal como medidas e programas especiais de segurança, que incluam a deslocação da testemunha para residência a não identificar, a proteção não só da sua integridade física como de familiares, adoção de meios especiais logo na fase de investigação, de inquérito, com meios ocultáveis, devendo viabilizar-se a quebra de regras de sigilo profissional dos bancos e outras instituições financeiras, o acesso a bases de dados da administração tributária e o controlo de contas bancárias, de registo de voz e captação de imagens, devendo em geral qualquer arguido ser privado de acesso a todos os seus bens, sem prejuízo dos necessários à sua habitação e sustento e. em caso de condenação, perder bens na medida do excesso de riqueza, no período temporal medido, presumindo-se constituir vantagens de atividades de índole "corruptiva" de um condenado por qualquer dos atos ilegais, a diferença entre o valor do património existente e o que seja congruente com o seu conhecido rendimento lícito.

As legislações existentes demonstram ou ligações ou incompreensíveis culturas laxistas da parte dos dirigentes políticos, que ou têm medo da ressurreição de atos nos seus passados ou correligionários ou de suas pretensões presentes ou futuras. Aqui replicam-se lógicas de permissão na legislação nacional referente a nacionais que tenham contas escondidas em paraísos fiscais.

No *campo criminal ou contraordenacional e de responsabilidade "civil extracontratual" pelos seus atos ou omissões,* não pode haver nenhum tipo de informações ou provas secretizáveis para políticos. Estes não exercem uma profissão, mas um voluntário serviço à Comunidade, a qual tem de zelar que a ele apenas tenha acesso e se mantenha quem dá provas de mérito e honorabilidade. E poderes que, cada vez mais, funcionam em termos de interdependência do poder judicial face ao poder político, sobretudo por parte de quem governa. Portanto, não apenas no domínio do exercício das tarefas normadoras e decisoras administrativas dos governos, exponencialmente criativas, mas também das ações aplicativas.

*

Referimos atrás a questão do financiamento partidário (Fernando Condesso – "A transparência da vida política e o financiamento dos partidos: uma reflexão politológica". Relatório. *Diário da Assembleia da República*, Lisboa, 1990) como elemento inultrapassável de *desvios funcionais dos agentes públicos eletivos, face ao tipo de campanhas* hoje vigente, que ficam caras. Basta analisar as contas (na parte não ocultada na contabilidade exigida e depositadas em organismo público, que as guarda, mas que, mesmo no que dizem, não dizendo tudo, tem significado, apesar de, inadmissivelmente, em geral escondidas da opinião pública).

Vale a pena desenvolver, embora em breves considerações, este tema, que, na atualidade, é a causa de muitas entorses ao correto exercício de poderes de governação aos vários níveis territoriais, tendo em conta o que escapa para a imprensa, em momentos de crises bancárias ou de outros atos funestos no mundo empresarial, face ao problema referente quer a eleições partidárias quer à maior parte das presidenciais.

Seguramente que é uma questão que *só se resolve acabando com campanhas que custem dinheiro e os novos tempos de telecomunicação, assim como os velhos hábitos de contactos diretos, dos inícios das democracias, permitiram ir ultrapassando*, como o demonstrou as candidaturas do atual presidente e vemos na atual campanha para as legislativas, prescindindo, em geral, com técnicas que desfeiam os povoados, poluindo as localidades, com "slogans" e promessas, que aliás os partidos não se obrigam a cumprir e sistematicamente se constatam incumpridas ou mesmo desrespeitadas, face a impostas inexistências de liberdade de voto dos eleitos.

Estes, em geral, só obedecem aos líderes partidários e não aos eleitorados, sendo coagidos, para subsistirem, a agir independentemente da sua vontade e independentemente da vontade dos cidadãos, que não se orientam pelo real valor de cada um. De qualquer modo, antes como ainda no presente, de facto, constata-se que os partidos têm despesas significativas.

Por isso, esta questão é importante, embora haja, em geral, uma informação deficiente sobre aquilo que verdadeiramente está em jogo.

O tema é de uma importância fundamental, no plano politológico, em países de regime político de pluralismo efetivo. Em causa, estão a natureza e o papel dos partidos, as igualdades de oportunidades em termos de influência na formação da vontade popular e o comportamento do Estado na criação de condições de acesso ao poder ou bloqueamento de alternâncias.

Uma coisa é certa, como dizia, já no século XIX, o político e eclesiástico francês Lamennais, "é preciso, hoje, dinheiro, muito dinheiro, para se ter direito de falar". E, se as despesas são enormes, onde se obtêm as receitas? Esta é uma questão fulcral, que, nas últimas décadas do século XX, pôs os partidos à prova e os seus dirigentes, em muitos países, no descrédito

(República Federal Alemã, Espanha, Grécia), quando não em Tribunal (França, Itália, Espanha, Grécia), ou mesmo na cadeia (Itália e Grécia). Algo que, se contássemos apenas com o nosso sistema judicial, seria difícil de esperar, face ao modo de recrutar os magistrados e de dirigir o sistema de Justiça. Exigindo reformulações na ascensão aos diferentes tribunais e no seu órgão de governo. Devem deixar de passar por avaliações endogâmicas e eliminar titulares de órgãos de governo resultantes de qualquer método que passe por uma designação de base partidária.

Os partidos encontram-se, no domínio do seu financiamento, sujeitos à "prova da verdade", na medida em que, por influência direta dos acontecimentos sentidos nacionalmente, internacionalizados pela imprensa ou nacionalizados por certos meios, todos os países europeus se têm visto mergulhados numa reflexão inovadora.

Os cidadãos exigem conhecer a origem dos dinheiros recebidos pelos partidos, para efetuarem os seus juízos ético-políticos sobre essa origem, os seus circuitos e as consequências do seu recebimento. Hoje, nos vários países, constatamos que há receitas publicadas, e, portanto, conhecidas, e outras escondidas. Estas, em geral, são as mais significativas. E são ocultadas ou para encobrir o desrespeito da lei ou para evitar o choque eleitoral face às exorbitâncias praticadas, sobretudo, em países ou regiões menos desenvolvidas ou em períodos de crise económica.

O financiamento dos partidos não põe apenas um problema de relações entre a política e o dinheiro, ou seja, um problema de interação ao nível do circuito cibernético. Desde logo, coloca, como referido, um problema de relações e influência entre o sistema político e o sistema económico, em termos analisados pela politologia moderna, sobretudo americana, segundo o modelo eastoniano e na esteira das construções teóricas que se foram produzindo com base em constatações empíricas.

Porque é que De Gaulle trouxe um oásis de popularidade neste domínio, num país ancestralmente desconfiado desta relação incestuosa? Na medida em que se estabelecem relações entre os montantes dos recebimentos dos subsídios para compensações eleitorais em função dos votos obtidos, e entre os subsídios a receber até às eleições seguintes pelos partidos ou seus grupos e estes mesmos votos ou o número de membros eleitos para o Parlamento, mesmo sem chegar ao limite de impor, em termos absolutos, limites globais de financiamento público e privado, relativamente diferenciado em termos absolutos, ele coloca um problema sobre o próprio *funcionamento da democracia e os limites da alternância dos partidos existentes ou a modificação do sistema partidário instalado*. De facto, o *financiamento dos partidos* não é uma questão neutra em termos do atual enquadramento democrático dos vários Estados. Mas a questão das relações entre o dinheiro e a política ultrapassa-o.

O financiamento condiciona a vivência ou vicia mesmo a possibilidade de afirmação ou de vitória de novas ideias e forças. Mas, mesmo que a questão do financiamento seja "bem" solucionada, as exigências da democracia continuarão a fazer-se sentir, ao nível da transparência da classe política, do fim de toda a opacidade, não só dos aparelhos partidários, mas dos próprios políticos, o que nos reenvia para a questão do regime de controlo do seu património, rendimentos e interesses.

Independentemente da sua importância relativa em termos substantivos, qualquer aspeto da temática da transparência da vida pública, uma vez focado, já não admite retornos ocultadores defensivos, sob pena de todos os políticos e toda a política ficarem sob suspeita. É que há questões que não se resolvem com bons argumentos, mas apenas com a transparência, única forma capaz de desmitificar o tema.

De Gaulle seduzia o eleitorado ideologicamente à esquerda, porque também sabia afirmar, neste domínio, uma imagem de distanciação ideológica entre o dinheiro e a política, que seguia na continuação de posturas que, ao nível do Estado, resumia com uma frase lapidar: "a política de França não se faz no mundo da Bolsa", numa alusão ao desejo de autonomia do Estado em relação aos interesses financeiros, que, não contrariada no seu tempo ao nível micro-político das forças e homens apoiantes, lhe davam e à classe política uma popularidade que nem um Pompidou à direita, logo a seguir, ou os socialistas, à esquerda, na década de oitenta, conseguiram repetir. E isto, apesar de ele nunca ter necessitado de chegar a gritar, como François Mitterrand, discursos tão fortes de denúncia do poder e da influência do dinheiro, como este presidente francês, que afirmava: "o dinheiro que corrompe, o dinheiro que compra, o dinheiro que destrói, o dinheiro que mata, o dinheiro que arruína, o dinheiro que apodrece mesmo a consciência dos homens".

Para De Gaulle, o dinheiro não era mau. O sistema, que se verga a ele, é que é denunciável. François Mitterrand ataca o indefeso e necessário dinheiro para poder esquecer as vias e meios que os políticos usam, para com ele se "financiarem" pessoalmente e financiarem as suas campanhas eleitorais, de modo oculto (A. Camapana – *L'Argent Secret*, 1976; Meny, Yves – *L'Argent et la Politique*), pois contra a transparência da vida pública há sempre o argumento civilista da reserva legítima da vida privada das pessoas. Já o grande economista e sociólogo, de renome no virar do século, Vilfredo Pareto (*Traité de Sociologie Générale*, 1968), autor da teoria da circulação das elites, acentuava como meios de manutenção do poder, aplicável à classe política contemporânea, as "corrupções políticas de eleitores, de candidatos eleitos, de governantes, de jornalistas, a que se assemelhavam, durante os governos absolutos, as corrupções de cortesãos, favoritos e favoritas, governantes, generais, etc., que aliás nem sequer ainda desapareceram completamente".

Quantas vezes, em nome dos interesses do Estado, da democracia e dos partidos, se distinguem os fins e os meios, prosseguindo na esteira de Maquiavel: a política é um fim nobre, logo são permitidos meios condenáveis ou repreensíveis para a atuar.

A história e o presente revelam-nos processos políticos, comunicacionais e penais com constatações de ilegalidades financeiras dos homens dos partidos, nem sempre fáceis de comprovar face ao princípio de "in dubio pro reo" e a atuação inconcebível de se aplicar aos atores públicos, que exercem funções de poder, o *regime geral do ónus de prova*; tudo funcionando, muitas vezes, em conexão com crimes de corrupção e outras de enriquecimento ilícito (Fernando Condesso – *Direito da Comunicação Social*, 2005). Não sem dificuldades de perseguir e condenar tempestivamente esses atos, que em geral não deveriam estar sujeitos a prescrição ou pelo menos esta não começar a decorrer enquanto estiverem em funções públicas em que podem exercer pressões sobre a investigação) mas, apesar disso, cada vez mais se tem tentado dirigir a censura aos homens políticos que enriquecem pessoalmente de modo oculto, embora em geral sem condenar, em nome do bem dos partidos e da democracia, o financiamento oculto destes, que viabiliza parte das condutas daqueles? Como diz G. Sartori (*Théorie de la Démocracie,* 1973), estas "pseudo-nuances" conduzem ao impasse na solução do problema, porquanto "a política e a ética não são nem idênticas nem isoladas uma da outra, em comportamentos estanques".

A *origem histórica dos regimes democráticos modernos* está num problema de dinheiro, tendo levado a impor ao Rei o prévio consentimento dos representantes das ordens, no Estado estamental medieval, para poder lançar impostos. E esta limitação do poder sobre o dinheiro funcionou como uma limitação do próprio poder e dos seus excessos. E a elaboração progressiva dos modelos democráticos não passou por um afastamento progressivo do dinheiro, substituído pela cidadania, na atribuição da soberania? O voto deixa de assentar sobre a fortuna (voto censitário) e o sistema político vai afirmando os seus valores próprios, recusando o dinheiro como fonte de regulação, de acesso ou de distribuição das prestações do Estado, e proclamando o ideal da construção da política sem referência a bens não políticos ("armas e barões assinalados"), fixa o princípio de "um homem, um voto", tratando todos por igual, o que não admite o dinheiro, nem para legitimar diferenças, nem para comprar ou influenciar privilégios, corrompendo o sistema político.

Dito isto, enquanto o sistema partidário tiver que viver com dinheiro de particulares e as campanhas exigirem despesas, mais do que a regulação de uma solução concreta, sempre imperfeita em si mesma, por mais que teoricamente seja igualitária para todos e procure impedir favoritismo dos poderes económicos (a pagar posteriormente), o que realmente importa e pode evitar os desvios citados, só pode assentar na revisão das regras para dar a total transparência aos cidadãos de todos os gastos e receitas, de toda a contabilidade não só partidária como eleitoral concreta, e simultaneamente acesso livre às declarações de rendimento dos dirigentes políticos, sejam nacionais ou regionais, sejam autárquicos, a entregar não só às instâncias de controlo oficial, como, sobretudo, com acesso pelos cidadãos em geral.

*

Enquanto se aguardam *soluções exequíveis e fiáveis de votação imediata à distância*, que, no futuro, se generalizarão, eletronicamente, temos deparado com a possibilidade de as vivências reais em democracia só poderem ser, garantidamente, exercidas em meios pequenos, Estados-cidades ou populações micro-autárquicas. Em que os próprios governados podem facilmente debater e decidir, de modo efetivo, massivo, presencial, diretamente, as soluções comunitárias, o que historicamente tem pressuposto pequenos conjuntos populacionais.

Com efeito, se se trata de *democracias representativas*, tal garantia de decisões rápidas, sobretudo em países muito populosos, em que não exista uma relativa proximidade dos cidadãos representados, não seria compatível com a imposição de "mandatos imperativos" (em que os mandatários, antes de decidir, consultam e respeitam a vontade dos seus constituintes). Transformando os representantes em "viajantes" e exigindo difíceis participações populares significativas, tal solução, em muitas decisões mais urgentes, faria perder tempo, oportunidade decisória e eficácia, com processos de elaboração longos. Um mandato normal, imperativo, que seria responsabilizante, mas que, por estas razões de eficácia e distâncias entre eleitos e eleitores, foi afastado no ambiente de debate revolucionário francês de finais do seculo XVIII.

No entanto, reconheça-se que, cada vez mais, fora de ambientes revolucionários, tal argumento perde razão de ser. Perde-o face aos meios de deslocação pessoal e de intercomunicação social atuais. Em escala de interligação mais reduzida, não haveria problema, como o demonstra a prova de funcionalidade resultante de certas experiências políticas, como é o caso do modelo de representação funcional de câmara alta de Estados federais, que, embora apenas em relação aos respetivos governos, funcionam neste ambiente "umbilical" e funcionam bem (como acontece com o "Bundesrat" alemão, que não representa os cidadãos dos Estados à maneira do Senado norte-americano, mas é designado e representa os Governos dos seus Estados federados, cujas posições consultam devem seguir).

*

Em causa, na constatação da crise geral da nossa democracia, estão muitos dos problemas que se foram afirmando e mantendo no campo da *construção do nosso direito* e da *disposição-aplicação de ideologias político-económicas com fortes implicações negativas no plano social*, nos tempos que correm, e que derivam de *defeitos congénitos da atribuição dos poderes públicos, quer dos resultantes dos sistemas eleitorais aos vários níveis territoriais, de que deve resultar a legitimidade dos políticos, quer do sistema orgânico-funcional jurisdicional*, que deve propiciar a legitimidade funcional destes titulares de soberania. Estes, não devem resultar de critérios político-eleitorais, que, neste modelo de democracia partidária, os viciaria. Têm de se fundar na prévia garantia do seu mérito, no saber, na experiência, na cultura, na honorabilidade, para viabilizar uma quotidiana funcionalidade criativa e aplicativa de um direito sempre a aproximar dos valores sociais, da consciência jurídica coletiva, dos valores culturais e vivenciais do povo. Em causa, está, em geral *o repensar, para a sua reconstrução, do sistema político dito democrático, de modo que possa garantir melhor*, no seu funcionamento quotidiano, uma real demosoberania.

Ao longo destes dois séculos de *instalação da teoria da separação de poderes, de proclamação de um poder popular e de sistemas "democráticos" de governação*, foi-se permitindo, em geral devido a ensaios com soluções excecionais (transferências de competências legislativas aos Executivos, ao jeito das monarquias absolutas e ditaduras), pensadas para resolver necessidades em situações esporádicas e até dramáticas (guerras civis ou internacionais e outras, exigindo tomadas frequentes e imediatas de posições), mas que, após tais eventos, se foram mantendo, e por força do peso crescentemente dominante dos partidos, sobretudo ao longo do século XX, até se foram acentuando, como retrocessos deformantes do regime democrático. Assim, se permitindo *autocratismos dos governantes e mesmo gestões oligárquicas* nos nossos países da Europa continental, o que, em parte, só seria de esperar, especialmente em certas culturas menos democráticas, dos sistemas presidencialistas, em que fenómenos atuais na Rússia, Brasil, tentativas nos EUA e noutros países, que despontam cada vez mais, não serão de estranhar.

Em geral, no século XXI, já não nos podemos permitir descansar em ideias historicamente afirmadas com êxito ao terem sido mobilizadoras, na sua altura, para o processo de conversão de sociedades monocráticas em sociedade, na verdade, mais plurocráticas do que democráticas, mais economocráticas do que demosoberanas.

Temos a obrigação de repensar ideologias sobre a representação diretiva da sociedade, aliás nunca verdadeiramente realizadas, por mais que estejam instaladas no ensino acrítico e nos pensadores de partido, "politologiadores" ou "filosofiadores", a quem (para se manterem inseridos eternamente na lógica "profissional" parlamentar ou com a "chance" repetitiva de "compra" osmótica de lugares na função governativa) interessa tudo manter deste sistema clubístico, desde logo no plano eleitoral, de listas de elaboração partidária, confiscadoras da soberania de livre expressão popular na escolha dos seus representantes no parlamento, avaliados por si mesmo e seu mérito relativo quer, a partir daí no governo, na relação interorgânica governativa-parlamento, que evite termos ministros intransparentes, porque nunca votados, nem imaginados e por isso nunca antes escrutinados nem pelo eleitorados nem pela comunicação social, atores por conta de outros, tirados das cartolas dos dirigentes partidários para pagar favores e garantir empregos futuros, em compensação por financiamentos anteriores e consequentes parcialidades funcionais.

Só uma autêntica reformulação regeneradora do modo de formação das instituições pode garantir a efetivação das ideias propiciadoras de uma verdadeira demosoberania. Só assim se conseguirá impor, como sua base, políticas para aproximar os rendimentos das pessoas e não deixar criar cada vez mais estas diferenças crescentes, em que chega a haver alguns cidadãos com riqueza superior à dos Estados e outros, com fome ou sujeitos à caridade pública, em ultraliberalismo inumano. De modo que só aumentam os pobres e se destrói as classes "médias" (assim ainda referidas, como se os seus rendimentos ainda fossem médios, quando cada vez mais se degradam, mesmo nos níveis tradicionalmente superiores, generais, catedráticos, diretores-gerais públicos e outros semelhantes, e não estivessem há muitos estagnados e hoje estrondosamente abaixo dos mais altos), tudo a favor de uns poucos, que metem os dinheiros nos "paraísos fiscais" (prática que, como se referiu, nem se interdita ou pune severamente, fazendo de conta, nos discursos políticos, que se é contra eles) e outra é a atualidade em que o Estado assume o papel que, anteriormente nas doutrina e éticas dos meios religiosos cabia apenas os particulares e, hoje tem passado para os governos, nesta conceção de um Estado de Caridade" (nos subsídios, na assistência, no rendimento mínimo, na saúde), a que chamam *Estado Social* (que o é apenas se não ofender a dignidade pessoal de cada cidadão, ou seja, na medida em que aproxime cada vez mais, minimamente, os rendimentos correntes das pessoas, pela via dos salários das classes laborais e da tributação dos grandes empresários, naturalmente sem isonomias utópicas, ou seja, sem prejuízo de diferenças razoáveis em função das qualificações e dos serviços prestados à comunidade).

Na organização de *organismos de base legitimadora eleitoral*, a existência de órgãos de poder unipessoal, como os presidentes de câmara (que a Constituição nem queria que fosse um órgão, ou seja titular de poderes próprios, como a atual figura de presidente da Câmara, como órgão concentrador dos poderes executivos-administrativos), pensado como coordenadores colegiais e não presidentes dos municípios (pois a Constituição nem refere a sua existência) e, facilmente, se tornam uma figura pessoal dominante, em geral governantes, aliás uns "ditadores" em ambiente facilitador de culturas de corrupção ou de decisões prepotentes. Aqui, como noutros órgãos de governação, como os primeiro-ministros e presidente de governos regionais e autárquicos, que, em vez de saírem dos elencos parlamentares eleitos (parlamentos nacional, regional e local) ou de métodos de forte controlo parlamentar e público nos momentos de pré-nomeação e ficarem sujeitos permanentemente a fiscalização real dos cidadãos e dos seus órgãos deputacionais, com moções de censura construtivas, são escolhidos por partidos, em que o líder governa autocraticamente ou quase.

Ou seja, hoje, por quem tiver mais votos entre todas as listas fechadas de candidaturas, mesmo que com votação minoritária. Governos de grupo parlamentar com maioria de deputados ou governos com representantes vários grupos parlamentares que os viabilizam originariamente no parlamento é uma coisa em termos de legitimidade e corresponsabilização governativa, já governos minoritários num dado parlamento, não só executando leis como criando-as por decreto-lei em matérias concorrenciais, nomeando quem quer, decidindo de privatizações ou nacionalizações conforme entender, tomando decisões importantes que comprometem o país em simples concelho de ministros de representatividade minoritária, em que os partidos que as legitimam não participam, como se fossem maioritários, tudo porque o seu programa não teve de ser expressamente votado e, portanto, em termos nem legitimados nem delegitimados (pela maioria do povo em referendo face assuntos marcantes para a sociedade, não apenas para o seu futuro, mas logo para a sua tributação) ou por seus representantes no parlamento, governando em geral "a la carte" e apenas quando precisam do parlamento, mas sempre enfermando congenitamente de anomalia democrática por não corresponsabilizarem também executivamente uma dada maioria parlamentar (num parlamento cuja maioria o governo não traduz, e que apenas o deixa governar, sem tal traduzir a expressão da vontade expressa do eleitorado), é outra.

Como explicar em democracia, a constituição de governos minoritários, governando com todos os poderes como se representasse a maioria dos cidadãos, em vez de constituírem governos endopluripartidários, comprometendo-os na ação governativa do dia-a-dia, em Conselhos de Ministros colegiais?

Como explicar a atribuição de plenos poderes legais "próprios" a presidentes autárquicos eleitos sem representar uma maioria do eleitorado local e podendo ficar livres de moções de censura demissionária, quando governem contra a maioria eleita para as respetivas assembleias e, portanto, contra a vontade subentendida da maioria dos eleitores da autarquia?

Naturalmente uma moção construtiva, de modo uma assembleia municipal que derrube, tem de garantir, simultaneamente, a eleição do novo elenco camarário, porque pior do que uma má governação, é não se ter nenhuma governação ou criar crises com eleições sistemáticas.

No caso dos municípios, eles (contra o disposto na Constituição, que não quis repetir experiência de poder pessoal à Estado Novo) e os executivos camarários até estão dotados de todos os poderes regulamentares, reservando-se para a Assembleia parlamentar apenas os tributários e pouco mais.

*

Acontece que o *sistema de assunção do poder político, o sistema eleitoral*, depende do sistema partidário, que não só bloqueou referendo sobre ele, como o controla, não abrindo mão para aperfeiçoamentos futuros (nem sequer com alterações de vigência diferida, ao menos pensando no futuro do país, mesmo que, egoisticamente, determinando que eles não possam colocar em causa os lugares dos políticos a quem ele hoje os distribuiu, desde que se evite cair em soluções mal clarificadas, que permite posturas reacionárias, retrogradas, como aconteceu com a limitação de mandatos, cujo de dois, passou para três, e depois acabaram por conseguir manter-se mudando para municípios, aliás em geral sem base residencial, de conhecimento, apenas à custa da sigla partidária).

Os homens do "sistema montado", que do seu mérito desconfiam, julgam que apenas ganharam a representatividade com o atual modelo eleitoral e, assim, não querem nunca mudar o que existe e que os viabilizou como titulares dos lugares, que detêm e lhes permitiram aperfeiçoar as coisas, mas impedem com medo de perder a possibilidade de manutenção desses lugares. Para este conservadorismo, como ensina a história, salvo exceções, normalmente só existe o recurso à revolta popular, enérgicas manifestações ou a revolução.

No modo de ver o direito e as instituições que nos governam, ao cidadão comum não podem deixar de perpassarem ideias de *necessários ajustamentos e transformações* no modo de encarar a judicatura do futuro; um dos poderes reais na conformação, governação, de um país, juntamente com o legislativo e o especificamente designado governativo, sendo certo que, mais do que a divisão clássica entre três órgãos de soberania, de facto a realidade revela-nos a necessidade da afirmação essencial e decisiva de uma dicotomia em dois tipos de órgãos, todos funcionando com submissão a normas dirigentes supralegais, ou seja a Constituição dirigente e outras normas hipernacionais de valor supralegal ou mesmo supraconstitucional (face ao princípio da sua primazia catastésica), todas dotadas de força cogente para todos os poderes, desde o legislador, os titulares superiores da administração pública e os juízes, pois que a todos os poderes impõe o seu cumprimento. Desde logo, a Constituição, ao constituir o plano nacional global das tarefas e poderes do Estado-Comunidade, com normas, programas impositivos e definição de fins para toda a sociedade. Com efeito, uns são órgãos que decidem da nossa vida no dia a dia (com sua legislação, regulamentação, administração quotidiana das necessidades coletivas, entidades reguladoras e independentes e também as decisivas sentenças, tudo atuações que governam a sociedade em cada momento) e outros são órgãos que têm de controlar todos estes "governadores"; os primeiros, oriundos indiretamente da soberania popular (por meio das listas partidárias para o parlamento, de onde sai o governo) e os últimos, por força da Constituição (esta, democrática em cada geração, na medida em que está aberta, periodicamente, a possíveis sintonizações com o putativo querer democrático, expresso também apenas indiretamente pelos partidos, que têm sido afinal o verdadeiro centro do poder e da real ficção democrática) diretamente a ligar cada vez mais aos próprios cidadãos.

Não há *regime verdadeiramente representativo, democrático*, e, portanto, garantias funcionais de governo para os cidadãos, antes a possibilidade de exercícios de ditaduras ou "paraditaduras", autocracias funcionais, só porque há eleições, se os processos de debate, de acesso às urnas ou de contagem não é universal. Ainda recentemente, um primeiro-ministro, nem sequer invocando a vontade putativa do governo que coordena, confrontado com medidas de austeridade excessiva, confiscatório, questionado pela imprensa sobre a aceitabilidade popular e da oposição sobre esse facto, zangado com o jornalista, respondia assim: "faço, porque *quero e fui eu que ganhei as eleições*". O seja, o eleito, só porque eleito (nem tal constava, antes o contrário, do programa eleitoral, nem de resultado de referendo houvera e que se sabia que seria negativo, pode fazer tudo, para ele vale tudo, mesmo contra a vontade da maioria do eleitorado, que assumidamente tinha como contrária. Portanto, sem clara legitimidade funcional. É isto a democracia?.É isto a governação democrática?

*

Claro que o sistema eleitoral, no que concerne à capacidade ativa, melhorou. Questão histórica em geral já corrigida, acabando com sistemas de exclusão de parte dos cidadãos, segundo critérios de rendimentos ou de sexo, o que já foi historicamente ultrapassado.

Mas há, realmente, em Portugal um defeito maior, que o inquina, se aqueles que escolhem os representantes são intermediários, podendo os cidadãos apenas proceder a uma homologação eleitoralmente dos escolhidos à sua revelia. E, além disso, os que ascendem à governação por vontade do partido são livres de atuar segundo o seu saber e vontade pessoal, mas os eleitos para o órgão que é, realmente, de base representativa "direta" ficam sujeitos a obediências de voto do partido, ou seja, do governo se o partido estiver no governo. Disciplina de voto em tudo e sobre tudo. Mesmo que possa comprometer o futuro e bem-estar das nossas sociedades. Tudo, em função de critérios deixados nas mãos de poucos, os dirigentes de partidos. Tudo porque precisamente, nas eleições, os cidadãos não escolhem representantes seus; escolhem partidos com representes destes; cabendo aos cidadãos apenas escolher siglas e não nomes conhecidos e respeitáveis, segundo critérios que deveriam assentar em razões ponderadas por eles em termos de confiança seus, referentes a mérito e honorabilidade, facilmente escrutinada em círculos uninominais.

Não há *deputados a mais*, se compararmos o seu número com os membros de livre escolha dos gabinetes governamentais e autárquicos do país. Estes, sim, em geral, gente a mais e de qualidade a menos.

O que pode haver e sempre há, são *deputados relativamente inúteis, se nem atuam no parlamento senão às ordens do dirigente do partido, como meros apêndices dos partidos* (e, por isso, que não controlam nas grandes questões nacionais, nem fiscalizam quotidianamente, os governos, para pagar apoios passados ou futuros). Tal como há secretários de Estado e não só, ministros e pessoal dos seus gabinetes, para não se perderem apoios das estruturas partidárias. E é isto que tem de acabar, com um novo e genuinamente democrático sistema eleitoral que favoreça o mérito dos escolhidos e dos seus gabinetes.

O que está a mais são, também, em grande parte, os deputados que não o são, porque limitados na sua capacidade de decisão face a disciplinas partidárias, ou porque não representam nada nem ninguém e nem sabem o que devem ou não defender, ou nem têm mérito ou honorabilidade que justifique o lugar.

Só deve haver deputados, que o sejam, pela sua capacidade de representar e confiança funcional que mereçam do eleitorado, o que exige *sistemas uninominais de círculos de âmbito relativamente reduzido*, em que os cidadãos sem pré-escolhas, a que são alheios, se possam apresentar e os eleitores possam livremente selecionar os preferidos, que lhes mereçam maior confiança e cuja ação possam controlar e julgar pessoalmente.

Urge um reenquadramento vivencial em "democracia originária", na origem dos mandatos, isto é, na própria origem das escolhas dos mandatários, deputados, membros do governo não tirados das cartolas dos partidos comprometidos com pagamentos políticos para pagamentos financeiros das campanhas, Sem o que nunca está garantida a "democracia funcional", na tomada concreta de decisões.

Esta é aquela que, essencialmente, importa, pois é para a construir que existiu e existe a luta pela democracia. Deve conceber-se um sistema eleitoral popular e não oligárquico. Um sistema com os representantes do povo, meros intermediários para esse fim. Que não viabilizem exercícios autocráticos (com esquecimento ou mesmo renúncias sistemáticas a promessas eleitorais, não tomada de posição em questões pendentes delicadas ou decisões importantes supervenientes sem consultas aos cidadãos, em nome de convenientes reservas sobre o funcionamento e valia dos referendos, comportamento sistemático, mas bem expressos na frase incauta, antirepresentativa, de um anterior chefe de governo, segundo o qual "eu fui eleito, logo posso decidir como quiser").

*

Importa, sobre a natureza do Estado de Direito, atentar numa primeira questão, a dilucidar com realismo, que se prende com a análise sobre a democracia que temos. Um regime político só é realmente democrático se nele se verificar a incontornável necessária *correspondência entre todos os atos de quem governa com a vontade dos seus cidadãos, da sociedade destinatária*, que virá a ser implicada, afetada, por eles, o que significa que nele só pode ocorrer uma permanente vohtade e capacidade de resposta do governo às "preferências dos cidadãos" politicamente todos iguais (John May – *Defininh Democracy: A bid for coherence and Consensus*, 1978; Robert Dahl, 1995).

O regime democrático, hoje dotado em geral por uma arquitetura constitucional demoliberal fortemente garantidora contra agressões dos poderes públicos a certos direitos humanos ou mobilizadora da concretização de outros de reconhecimento mais recente, revela expressões das mais avançadas da história humana. Mas, apesar disso e de ser a única formula política institucional que tem resistido aos tempos e claramente saiu vitorioso a nível mundial (em solução algo confusa e nada necessariamente implicada em termos teóricos de conexão com sistemas económicos ultraliberais), consta-se que não se revela perfeito nem na sua prática, antes merecendo relevantes *críticas construtivas*, quer de base legitimadora em termos de *quem governa* (legitimidade original de título, acerca de quem detém o poder de governar; que o atual preenchimento do conceito de "eleição livre" para os partidos, mas não para os cidadãos, em modelo de listas e aliás listas fechadas, bloqueadas, claramente deturpa em termos da sua democraticidade; cidadãos impedidos de escolhas uninominais de canalização das suas reais preferências, por não escolherem pessoas que lhes mereçam confiança comprovada, mas partidos aliás comprados pelos grandes interesses económicos que nos governos colocam os agentes dos seus interesses particulares, por meio da fábrica de decisões contra o interesse geral e favorecem a imposição governamental ou parlamentar de leis e políticas públicas através de parciais "sábios" tecnocráticos não sujeitos a uma real responsabilização democrática) e *como governa* (legitimidade funcional, acerca do conteúdo das suas medidas, especialmente no domínio das decisões a aplicações de políticas públicas e mesmo em geral no concernente ao que decide no quotidiano dessa governação). Tal impõe a ousadia de se manter pertinentes reflexões, tendo presente os dados empíricos revelados pela atualidade e o sentir dos cidadãos sobre o modo como realmente são governados e as suas necessidades e vontades são seguidas ou são desrespeitadas.

Urge refletir, sem perder de vistas as considerações dos pensadores políticos dos séculos anteriores que propiciaram os impulsos nas mudanças que vieram terminar com as monarquias absolutas, partindo de uma ideia básica: o primeiro objetivo da política, em democracia, só pode ser a redistribuição geral da riqueza criada, o que é irrealizável com os políticos-partidos e as dominantes conceções ideológicas do neoclassicismo (pressupondo o esmagamento económico da maioria dos agentes do mercado, trabalhadores e classes médias e de menores rendimentos), através de um novo Direito Demosoberano, que não funcione a favor de uma minoria esmagadora de apropriadores dos montantes globais dos rendimentos que o país cria e, aliás, em geral à custa de bens públicos, que são de todos, desde águas, ar, terras e seus frutos, crescente saber social dos cidadãos potenciado em grande parte com recursos financeiros de todos através dos orçamentos do Estado e defendido no dia-a-dia por políticas sociais para todos que viabilizam a economia e sua "performance" (para todos, educação, saúde, cultura, estradas, defesa contra incêndios, segurança externa e interna, meios de comunicação, etc.).

Nesta reflexão sobre o direito, em que se incluem temas de direitos económico-sociais, ramos da área urbanística e ambiental e não só, importa também começar por tecer considerações quer sobre a *natureza do direito* cujas tendências oligárquicas e até autocráticas se vêm acentuando, apesar de ser fruto de um *regime considerado como democrático, face à construção do sistema político que o concretiza*, com as devidas releituras sobre os princípios fundamentais que regem ou devem orientar o *funcionamento do Estado*, desde logo sobre o tema da *legalidade e das políticas públicas em democracia* (em si e enquanto fortemente propiciadores da atividade económica em geral e inclusive da edificação, que participa na realização de um direito fundamental à habitação, assim como da defesa do ambiente, que interfere fortemente quer com a economia quer com a qualidade de vida.

As *reflexões iniciais sobre o direito* partem quer de materiais talhados na *cultura jurídica instalada* quer do conhecimento empírico de muitos "casos obscuros ligados a mundos "bárbaros" *de venalidade, parcialidade e corrupção*, que nos forneceram o material humano-institucional de reflexão sobre como a vida em sociedade é feita, com "civilizações de tribo", fortemente enraizadas, com seus chefes guerreiros instaladas nos cimos dos seus "duns" contra a sociedade, que vão espalhando seus contravalores, antiética pública, dissimulação e atrevimento sem medida por toda a comunidade, funcionando como "organismo político superior", fazendo descrer da existência futura de elementos estáveis de referência.

Em democracia, o Direito, enquanto entidade comunicacional para ação, é, em si mesmo (como realidade social, para-ontologicamente, em termos de essencialidade e fenómeno de existencialidade viva e sempre vivificada), de natureza ligada à dualidade tempo-espaço em termos multidimensionais. Com uma dimensão horizontal, mas também simultaneamente diacrónica. O direito é "texto" "dado" (conformável em "texto", no sentido de expressável em linguagem, escrita ou oral, de criação costumeira, legislativa ou jurisdicional, de afirmação prescritiva ou impositivamente orientadora, enquanto destinada à ação. Mensagem aberta, que ganha vida comunitária independente, própria, sendo eficaz em cada aplicação, de criação prévia e, por isso, histórica.

Em Estado de Direito, ele parte existencialmente de um dado passado, comunicando a produção de efeitos, visando disciplinar (organizar, dirigir, orientar ou regular) as condutas humanas, dotado de empirismo, literatura, enquanto objeto, mas de realização em cada momento, num presente sempre repetido, em cumprimento realizador da história efectual que lhe dá sentido. Fenómeno existencial, enquanto definição re-creativa, com racionalidade-razoabilidade, aferidora de justiça e com transparência comunicacional, garantidora de um mínimo de segurança jurídica no futuro da sociedade. A qual, em exercício de poder de legitimação demosoberana, a única base realmente democrática, é sempre o centro de gravidade da criação e do desenvolvimento do direito.

O que exige que todos os poderes públicos, todos os titulares dos órgãos de soberania, juízes, legisladores, "governadores" e outras entidades de administração do interesse público, estejam sempre atentos e sintonizados com o sentir e o querer da sociedade.

As reflexões sobre o direito, partindo embora de materiais talhados na cultura jurídica instalada, exige não desprezar a outra realidade do conhecimento empírico. Temos de ousar repensar tudo que se reporte às representatividades e ao exercício dos diferentes poderes. Um repensar que só será útil se assumido de uma maneira livre (no plano, quer da ontologia, quer da nomologia e da nomocracia).

Sem o dogmatismo montesquiano referente ao mito da realizada separação de poderes, ou da genuína representatividade de um parlamento-legislador-governantes em modelo partidocrático e de eleição não uninominal, ambas atuando numa dualidade de anomalia que decapita o poder democrático. Pois, não é o parlamento que domina o governo, mas os dirigentes partidários, que passando a dirigir e integrar os governos, dominam os deputados, na medida em que são eleitos por meio desses partidos, de que dependem e não do eleitorado que não os elege nominalmente. Portanto, dominam o parlamento, aliás sem necessidade de regras antidemocráticas de imposição do um dever de obediência" nas votações nas posições dos dirigentes partidários, no governo ou na oposição.

Talvez um dia, voltemos ao sistema de partidos de mero apoio a candidatos livremente apresentados e assim sem necessidade de financiamentos públicos, e apenas dos associados. Talvez um dia, os eleitos sejam, não pretendentes guerreiros à procura de tronos, mas meros cidadãos que aceitem cumprir, temporariamente. um dever cívico a nível local, regional ou nacional. Em que as pessoas votem livremente sem qualquer proposta, em conterrâneos municipais que, eleitos à primeira volta com maioria ou em segundo escrutínio entre os dois mais votados, nada deverão a ninguém senão ao seu mérito provados ao longo de uma vida de honestidade, labor e êxito. Talvez que, a nível nacional, se acabe com candidatos e seja através de uma ou duas voltas que os portugueses escolham entre os seus concidadãos mais participantes na vida pública, tidos, pelas provas dadas, por mais competentes, para presidentes, primeiros-ministros, deputados, etc. Talvez... Quanta utopia perpassa a história das ideias, umas vezes, face à brutalidade do imobilismo asfixiante, "in extremis", atuadas em revolução e outras, culturalmente, sem pressa, as mais irreversíveis, em realizações deslizantes! A própria afirmação, mesmo imperfeita de democracia, não é exemplo disso?

Em geral, os cidadãos não se podem pronunciar nas grandes questões nacionais. Só porque o eleitorado não elege livremente e a classe política sabe que está agindo contra a clara vontade popular, nem de referendos quer ouvir falar. Na escolha dos governantes, limitam-se a optar entre opções apresentadas, ratificando *propostas eleitorais listadas* pelos partidos e não elaboradas e apuradas por agregação conjunta das vontades reais de cada um. Se o povo escolhesse de facto, nunca votaria contra si, nunca escolheria quem agravasse os seus problemas. O povo, pelo tamanho do círculo nacional, até pode enganar-se, com a propaganda feita, em candidaturas uninominais de figuras distantes de convivências locais, para a "presidência" da República, mas, em princípio, tal não ocorre facilmente para o conjunto dos deputados propostos e eleitos em pequenas circunscrições, em que sejam conhecidos, *vivam*, residindo e trabalhando (ou em que não vivam, o que pode, também, eventualmente ser critério avaliativo dos próprios eleitores).

Nas mãos dos cidadãos sempre deveria estar o futuro. Aí deve estar, também, o poder de escolher e escrutinar, durante o exercício e previamente à designação, os *membros dos governos*, que não devem poder sair de *escolhas arbitrárias de figuras totalmente "desconhecidas"* (eufemismo para não dizer escolhas "compradas" pelos lideres partidários, que passem a governar, de quadros saídos do mundo empresarial, que tem pretensões de favoritismo do Poder e, por isso, ajudou a pagar despesas partidárias, por vezes de mais do que um partidos, receosos da incerteza de vitória) pelo que, se não têm de sair do parlamento em regime não totalmente parlamentarista, pelo menos tem de se exigir a apreciação pública e aprovação pelo parlamento, em termos devidamente escrutinável pelos cidadãos e a coonestação pública decisiva do presidente.

*

Quanto ao *poder normativo* e no que concerne a uma das suas origens, a escrita, é no parlamento que tem de estar localizado todo o poder normador primário, de carácter inovador em geral. E, mesmo, apenas com uma margem mínima de desenvolvimento regulamentar, de natureza aplicativa, pelo Governo. Perdendo este o poder regulamentar independente. Isto sem pôr em causa, a predominância legitimadora em geral do parlamento, admitindo-se, por isso, a possibilidade de tomar decisões singulares em domínios de importância nacional ou de especial interesse público. Ou seja, sem admitir a solução constitucional gaulista de reservas de poder regulamentar ou decisório governamental, sendo mesmo, face à histórica arbitrariedade dos governos na matéria, de duvidosa aceitabilidade o poder arbitrário de auto-organização ministerial do governo, que simultaneamente insiste a recorrer a argumentos baseados na autocrática lei travão do regime salazarista, quando o parlamento, em Estado que se diz Social e defensor de direitos económico, sociais e culturais, pretende elaborar leis com implicações desta natureza. Não se justifica o *poder legislativo* concorrente, nem o volume de leis de autorização legislativa, esteja normalmente nas mãos do Executivo, dos governantes. A estes deve voltar a caber, essencialmente, a função de administrar, executando o direito, e não de legislar, fora de situações de clara exceção, em que estejam impedidas as reuniões parlamentares em termos minimamente representativos. Embora isto sem colocar em causa que se deva acabar com o *putativo dogma de um direito de criação legicêntrica* e se deva reconhecer o poder essencial das magistraturas na conformação do mundo jurídico.

No decurso do século XX, as governações, os poderes executivos, face a vários conflitos que exigiam decisões rápidas, foi recebendo funções normadoras, não apenas para executar leis parlamentares, mas produzir decisões e regulamentações independentes dos parlamentos e até reservas de poder regulamentar (Constituição gaullista francesa atual), ou ganhar poder legislativo concorrente do parlamento, como no caso português, durante quase todo o século XX, desde o Estado autocrático e, ainda, atualmente (Jean-Louis Halperim – *Histoire des droits en Europe: De 1750 à nos jours*. Éditions Flammarion. Champs histoire, 2004), ou devido a fases históricas de poder ditatorial, como aconteceu no "Estado Novo" em Portugal, o que juntamente com o domínio do parlamento pela via partidária, permite às atuais governações, por si ou por partidariamente garantidas leis de autorização ou delegação, pensar primeiro o que quer executar, administrar e fazer (decretos-leis, regulamentos independentes) ou mandar fazer a norma que lhe dá poderes legislativos ao Parlamento, passando, assim, a ser um órgão hermafrodita, para criar o que quer e endogâmico para tomar as decisões que lhe apetece, afirmado viragens orgânicas para um poder absoluto na prática, antidemocrático. Tudo, favorecendo erros de orientação, corrupção, tornando o país sujeito ao chefe do governo governado na linha de um pensamento único, à maneira do antigo regime. É assim na constituição de muitos parlamentos, como o português, em que os deputados e ministros são escolhidos pela cabeça, amizades e fidelidades, do líder do partido, que, ao ganhar eleições, escolhe livremente quem governa, normalmente segundo critérios ligados aos financiadores das campanhas eleitorais, hipotecados aos grandes interesses económicos e financeiros, e não segundo critérios de escolha popular e de mérito provado, ludibriando o funcionamento democracia como regime do, para e pelo povo, o que só o método eleitoral de círculos uninominais, desde que equilibrados em termos de volume do corpo eleitoral poderia melhor garantir.

*

É assim no *funcionamento das magistraturas de aplicação do direito*, prejudicado por lógicas de organização territorial concentradora e de contenção de titulares, dependentes de decisões dos poderes políticos por meras razões financeiras, transformados em máquinas que só garantem o direito da tutela efetiva para os mais ricos, face ao volume das custas lucrativas, próprias do mundo da ganância e não taxas de serviço público, valores de tipo "comercial", negócio público alheado de lógicas de serviço nacional aos cidadãos dos nossos municípios, exorbitante para a defesa da generalidade dos cidadãos individuais, necessitados, não da "caridade" da assistência judiciária, mas de um serviço jurisdicional de acesso geral.

Quanto ao *poder jurisdicional*, temos de aceitar repensar e romper com muitas das ideias funcionais ligadas aos momentos pós-revolução francesa, acabando com os resquícios de todas as suas consequências, em absoluto com o ficcionado papel de juízes tidos como meros reprodutores das decisões do legislador (este tido como putativo divino criador de todo o direito), como se decisores (juridicamente preparados) fossem destituídos de poder normador real (como se os parlamentos e, no caso português, também os governos, mais do que as normas diagogéticas e diquéticas, fossem os únicos reais agentes com titulação soberana criadores de normas onomáticas), e isto mesmo, independentemente, da sua complexa diversidade dianemológica.

Importa repensar as conceções tradicionais de classicismos ou neoclassicismos catastésicos e teorias nomocráticas, instaladas na classe política ou defendidas por especialistas e docentes das nossas universidades, que apenas repetem o que vem do passado, porque escolhidos por critérios de captação de conhecimentos meramente recebidos e transmitidos em ensinos de "génios com boa memória", mas pouco assentes na aprendizagem da realidade e não garantindo capacidades de inteligência pensante e fazedora de necessários agentes do direito, face às contínuas incógnitas do futuro. Não é por acaso que, em certos países (independentemente de poderem participar também professores de filosofia do direito de formação jurídica, nas respetivas cadeiras), professores de faculdades de filosofia participam obrigatoriamente e arguem de pleno direito em júris de exames e de provas académicas e de carreira em direito.

Os cidadãos, em geral, *procuram justiça*, mas sentem-se impotentes com um sentimento de descrença numa *magistratura justa e atempada*. Pois, em geral, nos tribunais e órgãos de investigação proliferam, muitas vezes, resoluções apressadas (quando não dotadas de imparcialidade, mesmo que não intencional, alheadas da verdade das coisas, que exigem tempo de análise e experiência de vida, e não se resume a inspeções pela quantidade de trabalho, mesmo que fossem sempre isentas), ou longe do sentir geral da Comunidade, ou assiste-se à constatação pública de muitas outras situações irregulares, perdidas nos aparelhos das polícias e do Ministério Público. Ou vilipendiadas nas jurisdições administrativas, penais e civilistas, por tão arrastadas no tempo das coisas. Se não mesmo reduzidos a nada, por acabarem em escandalosos casos arquivados ou deixados a morrer na prescrição, ou a minguar em provas no afunilamento das investigações. Tribunais com julgadores de carreira, influenciável por critérios próprios de inspeções corporativas, nem sempre selecionados entre os de mais mérito jurídico e decisor e de maior experiência testada, em vez de todos serem sujeitos a concursos públicos entre juristas, quer para o ingresso para-vitalício na magistratura (em, naturalmente, bem remunerado em qualquer escalão e não apenas nos superiores), quer depois, se quiserem ocupar judicaturas mais exigentes num plano teórico de grande qualidade jurídica.

Impõem-se *concursos não só públicos, como "em público", abertos* à assistência e escrutínio pessoal, de vida e carreira, pela comunicação social e pelos cidadãos em geral. E avaliações dos juízes pela qualidade das suas decisões e aceitação da jurisprudência superior e não apenas e nem essencialmente segundo meros critérios de velocidade de decisões e cumprimento de prazos, questão que, em geral, no m undo de hoje, no nosso país, se comprova que é algo que cabe ao Estado resolver, não extinguindo comarcas, mas aumentando o número de juízes necessários. E avaliações não endogâmicas e por vezes pré-orientadas pelas colegas de magistratura, mas efetivadas fora das suas corporações profissionais, assentes em júris constituídos por inspetores já jubilados (sejam professores universitários de categorias máximas obtidas em concursos públicos, sejam juízes dos supremos), nomeados a partir de listas alfabeticamente ordenadas anualmente e escrutináveis publicamente, produzindo relatórios classificativos devidamente fundamentados de modo pormenorizado, por cada membro do júri devidamente identificado, e sujeitos a contradição em geral, que não apenas dos próprios, após publicação nos sítios públicos dos órgãos de governos institucional.

Os cidadãos não podem continuar a motivar-se no debate apenas para as escolhas e apreciações das atuações de parlamentares e governantes executivos, mas também dos seus juízes, enquanto órgãos de soberania, agindo, em demosoberania, também seu nome, como acontece em certos espaços políticos em que os juízes resultam de todo um processo aberto e que flui em "concursos públicos em público".

Quem, no nosso meio jurídico, designadamente no meio jurisdicional, não sabe de gritantes situações atuais de juízes classificados com muito bom, porque despacham "bem" (e, portanto, sem processos pendentes), mas cujas sentenças "bradam aos céus" desde logo no plano jurídico. Juízes que até, repetidamente, são objeto de recursos, por nem a jurisprudência superior consultarem ou não a quererem acolher. Nem precisam de alegar muito trabalho nem se desculparem com inércias, realmente frequentes, dos todos "poderosos" escrivães, que não lhos tenham preparado em tempo para conclusão.

Aliás, quanto às causas de atrasos e atuações de escrivães, refiram-se recorrentes alegações privadas de muitos juízes de que eles retêm nas estantes das secretarias judiciais durante anos, por vezes mesmo dizendo aos interessados, interrogadores do fenómeno que os prejudica, que "estão na secretária do juiz" ou "na casa do juiz", o que também não é infrequente, faltando atitudes enérgicas e antes silêncios dos interessados e advogados que não querem polemizar com eles e não se queixam ao C.O.J., para não terem posteriores dessabores no dia-a-dia profissional, em que uma certa "corrupçãozinha de secretaria" também funciona.

Portanto, avaliações de juízes cujas inspeções corporativas, por vezes, nem reparam realmente na frequência de recursos dos avaliados que entopem jurisdições superiores com as mesmas normas e suas interpretações clarificadas, porque o juiz de primeira instância nem estas conhecem ou não as querem seguir, o que faz perder recursos, que seriam desnecessários, e atrasar decisões nas instâncias de reapreciação direito, em fenómenos de repetição jurisprudencial. Em causa, juízes "bem classificados" e até ascendendo no atual, inadmissível e corrompidor do mérito, sistema de avaliação e carreira, em situações que qualquer júri qualificado e independente questionaria.

O Estado, ao nacionalizar, e bem, em sociedade desenvolvida e democrática, a *vindicta e a justiça.* tem de garantir realmente o *direito dos cidadãos a uma tutela judicial efetivo, que fica em causa, logo e independentemente do acerto das decisões, sempre que o tratamento de processos não se processe em tempo curto.* O que implica o dever de dotar o sistema jurisdicional de *juízes capazes e em número adequado* para se poder obter essas decisões, de modo rápido e consciencioso, e com *encargos financeiros moderados* para os cidadãos, enquanto tais (independentemente de custos mais significativos que se entendam razoáveis para os agentes económicos).

Fomentando a independência funcional também através da garantia dos lugares da magistratura a título vitalício sem prejuízo de opções de reforma a partir das idades normais no sistema previdencial. Aliás, no caso das idades avançadas de *titulares de cargos públicos em geral*, não pode aceitar-se imposições automáticas de reforma compulsiva, desde logo em profissionais em que o tempo, e dedicação, o saber e experiência adquirida, com o tempo de exercício e estudo, se vai ampliando (com acontece nas carreiras universitárias, de investigação, das magistraturas, cargos gestionários), o que vem acontecendo na linha do diploma do Estado Novo, em que o direito ao emprego e à remuneração não tinha valor superior face a meras políticas de emprego e sua renovação, aliás hoje cada vez mais contornáveis pelas liberdades de circulação extranacionais, desde logo na União Europeia.

A nossa Constituição tem sido letra morta. Com efeito, a imposição de afastamentos aos 70 anos nos cargos dependentes do Estado, independentes de razões fundadas em diminuição de capacidades ativas, é algo impedido pelos princípios da universalidade e igualdade (artigos 12.º e 13.º d CRP) face ao direito fundamental ao trabalho e à sua retribuição (58.º, n.º1 e 59.º, n.º 1, al. a), aceitando-se restrições em termos relativamente estritos, mas interditando eliminações desses diretos para todos os cidadãos, e, pelo contrário, indo-se ao ponto mesmo de se impor medidas positivas, como resulta do direito ao respeito da "autonomia pessoal", com medidas que "evitem e superem o isolamento ou a marginalização social" (n.º 1) e engloba a criação de "medidas que proporcionem às pessoas idosas oportunidades de realização pessoal, através de uma participação ativa na vida da comunidade" (partes finais dos n.ºs 1 e 2 do art. 72.º).

O que deve contar não é a preocupação para arranjar lugares vazios para dar espaço a formandos (por vezes, a mais do que o país necessita), mas aproveitar o saber e a experiência adquirida de quem está de modo exemplar, embora sendo possível a opção por reforma com igual salário e iguais atualizações posteriores. Mas reforma nunca compulsiva. Apenas garantida para quem o quiser a partir da idade de reforma. Sem prejuízo de o juiz se poder manter enquanto a saúde o permitir de modo eficaz. Em geral, a jurisdição deve ser ocupada por titulares concursados com lugares garantidos para estar garantida a independência, a menos que o próprio queira concorrer a outros lugares, designadamente para instâncias superiores, também em processos abertos a todos os juristas (e não em termos de carreira) e escrutinados pela Comunidade.

A *garantia de bons juízes* e de afastamento de conhecidas invocadas iniquidades jurisdicionais são passíveis de serem evitadas por uma criteriosa pré-análise de vida conhecida dos candidatos, em termos que viabilizem ponderar a *honorabilidade e maturidade, captada* socialmente em experiência de uma vida prenha do sentido de profissionalismo e cidadania, única garantia que o saber jurídico universitário não dá, e sem o que não se pode garantir que tal função não seja ela própria produtora de injustiças. Uma coisa é certa, importa afastar o múnus dos magistrados de influências políticas. Não só no enquadramento da sua designação legitimadora, que nada deve ter que ver com eleições (como os outros titulares de órgãos de soberania e, em geral, os cargos eletivos), o que os ligaria a campanhas promocionais, máquinas de apoios partidários e dependências.

Sobre esta temática do poder jurisdicional em geral, no que concerne aos magistrados "profissionais", recorre-se, frequentemente, à defesa da sua legitimidade com base na sua fonte atributiva de poder meramente constitucional, complementada com a invocação da lei orgânica dedicada à autoridade judiciária, com todas as garantias atribuídas pelo estatuto da magistratura e designadamente, o seu princípio de inamovibilidade. No entanto, esta garantia visa apenas enquadrar a sua independência funcional perante os outros poderes, em apoio da afirmação procedimental de uma desejável legitimidade funcional, que tem de existir, mas não enquadra substantivamente. Ora, se a origem da função é constitucional, para o poder judicial, tal como para o poder legislativo, dos parlamentares e o executivo (e não só), dos governantes e autarcas, etc., especificamente no que se refere ao sistema jurisdicional, estes têm depois um enquadramento legitimador individual de base eleitoral, política, que os juízes não têm e ao poder jurisdicional não convém. Portanto, tal invocação constitucional, sem mais, só por si, não resolve todo o problema legitimador. Não resolve o problema da legitimidade de cada juiz, quer originária, de designação pessoal para a assunção individual de tal poder, quer funcional em concreto nas decisões que tome, dos titulares concretos deste poder soberano. Poder que, agindo por força da Constituição, deve fazê-lo em nome do povo. Em democracia, mesmo que a Constituição não o dissesse. O que a simples lógica da sua função de aplicação da lei, criação parlamentar da representação popular, na teoria da separação dos poderes, não é também suficiente. Não só, porque esta não é a única fonte de direito, como porque a sua aplicação pode sofrer diversas aplicações interpretativas, pensadas e queridas, ou não, pelo legislador, em geral de índole mesmo recreativa do direito com norma existente, mas também mesmo criativa sem norma prévia, preenchendo ou simulando preencher espaços vazios do ordenamento. Ou seja, o poder judicial, enquanto poder soberano de última linha na definição do direito, tem um poder decisivo na afirmação concreta do direito vigente e aplicado.

O que significa que a questão que, na falta de legitimidade de base político-eleitoral, que é indesejável nas democracias atuais que o partidarizariam ainda mais, coloca uma necessidade acrescida de afirmação de legitimidade funcional. Isto é, de conteúdos das suas decisões, de acordo com a vontade popular, que não podendo ser aferida eleitoralmente, nem antes ao seu exercício nem depois, em momentos seguintes, tem de poder ser aferida quotidianamente, exigindo-se que o juiz decida, aplicando a norma prévia, corrigindo a norma ou fazendo norma, de acordo com os valores presentes e permanentemente aferidos na Comunidade, designadamente os expressos na Constituição.

Só, nesta abordagem de alguém que está, que age, depois dos outros poderes e, por isso, para além das decisões dos poderes políticos, embora teoricamente parta deles a questão pode ser resolvida.

A sua legitimidade existe originariamente se passível de escrutínio público anterior à nomeação (incontornavelmemte, em processo concursais abertos e em público) e a legitimidade funcional só se mantém se atuarem permanentemente de acordo com o sentir e os valores jurídicos dominantes na consciência coletiva.

Aliás, tal questão de legitimidade não deixa de se colocar em geral a parlamentares e governantes (e outros eleitos como os autarcas), que têm legitimidade eleitoral para o exercício dos seus poderes constitucionais, o que coloca também questões complexas de legitimidade, sobretudo em sistema partidário, quer este confisque grande parte da possibilidade de escolha dos representantes do povo no parlamento (de que devem sair as soluções ministeriais conhecidas e confiáveis à partida), quer mesmo em modelo realmente demosoberano de eleições unipessoais, embora aqui com mais fácil e garantido controlo quotidiana da legitimidade funcional).

Problema que, portanto, também se coloca aos Executivos que, teoricamente, apenas deveriam administrar a partir da lei e, portanto da legitimação parlamentar, mas de facto com ou sem normação nesse sentido, via para além dela, criando normas complementares ou mesmo inovadoras e até desconformes ou revogadoras; fora das matérias de reserva normadora absoluta do parlamento, ao pondo de criar diretamente as normas que pretende aplicar, destruindo completamente a lógica democrática no domínio da separação dos poderes; já para não falar no facto de poder impor ao parlamento, pela via da disciplina partidária, as propostas de lei que entender).

Portanto, essa necessária legitimidade jurisdicional deve assentar especialmente no plano funcional, pois a originária parte essencialmente da "vontade", teoricamente prevista e permanentemente mantida, do poder constituinte, que não pretendeu e bem politizá-la com atos eleitorais em "democracia partidarizada". Deve derivar da adesão que as suas decisões mereçam na Comunidade dos cidadãos e juristas, pela aplicação dos valores convivenciais dominantes e tendo em conta a consciência jurídica geral presente na população.

Não basta que os juízes não possam ter filiação partidária. Eles, antes de o ser, foram cidadãos com plenos direitos de participar na vida pública, designadamente partidária. Se eram filiados ou tiveram outras ligações que os podem tornar sujeitos a influências e pressões partidárias ou do mundo empresarial, dos negócios, designadamente por via de membros designados por órgãos políticos para os seus órgãos de governo (o que sempre aconteceu, e cujo conhecimento me levou a rejeitar, quando ligado ao parlamento, ser indicado para a respetiva eleição parlamentar), *o que é necessário, condição "sine qua non"*, é que entreguem e atualizem, periodicamente e sempre que passem a ocupar outro lugar na magistratura de escalão superior, uma declaração de funções de filiações e de interesses a que se ligaram no passado e no momento, a constar nos sítios quer do tribunal onde atuam quer no do seu órgão de governo (tal como os políticos devem fazê-lo no sítio do parlamento, e não apenas entregando as declarações atuais no órgão de controlo ativo, pois ninguém é obrigado a atuar em cargos eletivos ou de governos e quem o quer fazer deve aceitar uma atuação transparente para os cidadãos). Tudo isto, quer para garantir que se coloca, quando seja devida, a questão do afastamento de processos por sua iniciativa, quer que são tempestivamente afastados pelo órgão de governo da Magistratura. Mais do que o ato simbólico, formal, de desfiliação ou escrituras à pressa de venda de interesses, o que se impõe é que a situação seja controlável em geral, o que exige que tenham de publicitar o seu "passado" (por mais útil que os conhecimentos derivados dessa experiência possam ser para a nova função), de modo a ficar pública essa anterior qualidade, quer para os cidadãos, quer para o órgão de governo dessas magistraturas e, assim, naturalmente, sem dramas nem injustiças, por passar a melhor se poder, previamente ao seu atuar, conhecer essas ligações e, como decisores individuais ou membros de tribunais coletivos, poderem ser devidamente escrutinados e, eventualmente, impedidos de certos atos jurisdicionais. Por isso mesmo, urge repensar, sobretudo, as *exigências de personalidade e carácter dos julgadores, medidas na sua experiência de vida. Importa garantir que o poder jurisdicional seja o reduto último da defesa do senso comum e do equilíbrio solutivo da normalidade vivencial e do não afunilamento injusto da conflitualidade.*

É tempo de, mesmo com ajuda da análise de soluções estrangeiras, repensar o *modelo de ingresso* de quem tem por missão interpretar os factos e o *modelo de ocupação de funções* de quem, nos tribunais de recurso, deve especialmente ter como missão geral de futuro acertar-criar direito.

A importância do poder jurisdicional tenderá a crescer cada vez mais nas nossas sociedades, tal como a autonomia deste poder, porque soberano, e dos precedentes jurisdicionais, acentuando uma linha politológica dos indevidamente inconstitucionalizados "arestos", em geral de boa memória por razões de atualização e segurança jurídica, embora sempre também alteráveis por um legislador determinado. A *esperança corretiva dos desvios sociais* só pode, nos tempos de crise, estar na clarividência atrevida dos *fiscalizadores e aplicadores face a muito do direito oligárquico que temos e a decisões importunas, ilegais, de quem legisla e executa.* Não que a ação de juízes bem preparados não possa igualmente ser criadora de parcialidades, desequilíbrios e injustiças, que todos bem conhecemos e, por vezes, sofremos diretamente. Quantas "estranhas" sentenças de recurso para revisão do direito que decidem pior, "alterando" não só factos como o direito. De facto, nem todos os juízes, sobretudo dos tribunais superiores, decidem bem das questões de direito mais complexas, nem todos são justos, imparciais, diligentes, sérios, produzindo decisões atempadamente úteis ou não deixando prescrever atuações, mas isso (embora podendo não servir já a quem em concreto é injustiçado), pode ter solução, quando a solução, em última instância, não depender dos próprios, e se, nos tribunais superiores de revista, todos atuarem responsavelmente, não deixando o veredicto apenas na mãos de um, o relator da decisão) e, em último caso, face a interpretações e aplicações chocantes de normas, o legislador pode atuar corretivamente.

Há um direito à saúde efetiva gratuita, mas, apesar da interdição de vindicta privada, não há um real direito à tutela judicial efetiva, face aos tremendos atrasos nas decisões em todo o tipo de processos, que são destrutivos da vida das pessoas. Uma coisa é o *Estado social, cujo base definidora essencial assenta na procura do bem-estar para todos*, o que só uma democracia real pode garantir. Aquela, em que o povo não "escolha" mandatários que não escolheu e, por isso, que podem governar contra si.

*

No que concerne à *aplicação do direito*, muitas questões, se levantam: desde a questão da inserção do Tribunal Constitucional na organização jurisdicional, tal como o conhecemos de base kelsiana, o que deve ser, necessariamente, colocado, sendo certo que as suas decisões se impõem às outras ordens judiciárias. Num sistema de controlo geral difuso ou misto, como o nosso, de controlo da inconstitucionalidade, a harmonia na interpretação da Constituição e da legislação da sua aplicação e na aplicação hierarquizada da teoria plurigenética das fontes internas de direito ou no alcance a reservar à interpretação de uma lei apreciada-reinterpretada de modo constitucionalizador pelo Tribunal Constitucional repousa amplamente na prática seguida ou a seguir em nome da justiça, face ao papel principiológico das funções jusconstitucionais, designadamente na problemática de saber se, num conflito concreto, os tribunais nacionais devem ignorar uma lei nacional face a uma norma unionista, o que o principio federal da primazia do direito da União Europeia obriga, designadamente face à normas da Constituição.

Tudo isto deve apenas ficar dependente de possíveis pareceres do tribunal europeu e, portanto, discricionariedade do poder jurisdicional de cada país ou, para defender a igualdade de aplicação, deve implicar a finalização coerente da estruturação a atribuição ao tribunal da união europeia de um poder superior de afirmação do direito europeu, como última instância em questões qiue impliquem as matérias transferidas para a regulação da União Europeia?

Mesmo que, face à histórica prática criativa desta jurisdição, obedecendo à ideia de justiça em concreto, o que em geral na União atribuirá um papel novo ao juiz, semelhante ao do juiz anglo-saxónico, claramente acima do legislador no campo normativo, com tudo o que isso implicará também para a natural desvalorização da classe política, não no campo das definição e aplicação das políticas publicas, mas no do fazer justiça para os cidadãos. não deixo passar a oportunidade de lembrar que a Europa política de hoje também é uma Europa jurídica.

Com efeito, não pode deixar de se destacar que o projeto europeu conduz e convive necessariamente com a ideia-objetivo de um direito comum da Europa, visando fazer o que, nem o direito romano, nem o direito canónico, representaram outrora enquanto "ius commune" europeu.

É nessa linha que aponta já o direito unionista europeu e o direito europeu dos direitos do homem, enquanto avanços nesse direito comum, que o ensino e os investigadores universitários, assim como os tribunais vão difundindo. Claro que, na atualidade, trata-se, ainda, de uma aproximação dos direitos nacionais, mas no futuro tal conduzirá a um direito comum, pois é sobretudo a nota da influência que constitui a realidade, seja ela direta, com o processo de integração europeia em que os Estados da UE têm de aplicar ou traduzir nos seus ordenamentos as normas de fonte unionista, criando assim o berço de um direito comum da Europa, quer indireta com a UE a intensificar contactos entre todos os Estados europeus e a levar à coordenação das ações e harmonização de legislações e instituições.

A problemática jurisdicional, domínio de organização e exercício do poder público deverá reganhar no futuro importância decisiva, na defesa dos direitos fundamentais, até aqui preocupação maior dos constituintes e legisladores, mas eventualmente em crise com os novos revisionismos jurídicos e complexificações internacionais, orientados numa lógica potenciada pelos poderes económicos enlaçados osmoticamente e corruptamente com o poder político, que têm vindo a ser capturador num sentido de desprezo pela lei, pelo Estado e pela Constituição.

É urgente avançar para um mínimo de administração europeia direta, não apenas delegada nos Estados, tal como de uma jurisdição europeia, não apenas ao serviço da uniformização da aplicação do direito europeu em todos os Estados e, portanto, apenas nas mãos dos juízes com os institutos do parecer vinculativo e da mera densificação da ação de XXX, mas também como última instância de decisão normal nas mãos dos pleiteantes legitimados a nível nacional, sempre que não esteja em causa a aplicação de normas europeias mas de regulamentos e outras normas nacionais em aplicação do direito unionista europeu, pois é aqui que pode residir a possibilidade da plena realização do principio da tutela judicial efetiva por parte dos cidadãos dos Estados europeus.

Até na jurisdição internacional europeia dos direitos humanos, o cidadão de um Estado tem hoje legitimidade ativa para demandar o Tribunal, porque não a haverá de ter numa jurisdição da UE, onde aliás os agentes e investigação e do ministério público e os juízes, mais do que serem indicados pelos Estados, deveriam ser selecionados pela organização da magistratura específica, segundo critérios de mérito definidos a nível europeu, mas não segundo interesses dos Estados em exportar figuras de apoio partidário ou incómodas nacionalmente.

O lugar da justiça, nas nossas sociedades, vai mudar e importa, desde logo, destacar que as questões orgânicas também são fundamentais para a questão mais importante de uma justiça única e igual para todos na UE, independentemente de ela se exprimir por jurisdições diversificadas, devendo sobretudo restaurar ou garantir a justiça no Estado, ou seja, restabelecer a confiança perdida ou em acelerada perda e o respeito mútuo entre o mundo político e económico e as magistraturas judiciárias, numa linha de aplicação dos princípios estruturantes do poder judicial em democracia.

Num Estado que se pretende imparcial e justo na sua construção e relacionamento dos poderes com os cidadãos, a confiança supõe um controlo permanente e recíproco dos governantes em relação aos governados, dos governados para com os governantes, mas também dos governantes, no sentido amplo, ou seja dos titulares dos poderes, quaisquer que sejam, entre eles, controlando-se reciprocamente e naturalmente, sob pena de ser o próprio poder a questionar o próprio poder, desacreditando-o, fenómeno que vai proliferando, esperando-se por isso mais da autoridade do poder judicial, o que tem levado à subida do poder da justiça nas sociedades ocidentais

O fundamento de toda a democracia de opinião é por definição a adesão dos cidadãos a uma forma de verdade social, o que, para lá da afirmação de uma verdade política ou legal, exige sobretudo uma verdade judicial. A autoridade da "coisa julgada" ligada às decisões de justiça foi, pelo contrario, comparada a uma verdade legal, de que, graças à teoria da interpretação, ela parecia diretamente proceder e que explicará que a Justiça, ao lado da imprensa, seja hoje percebida como um verdadeiro poder, muitas vezes apelidadas como terceiro e quarto poderes, não organicamente, mas funcionalmente, pela sua pretensa independência, apesar de hoje uma facilmente aprisionável pela política, como aconteceu recentemente com as escutas com matéria administrativa e portanto sujeitas à legislação de acesso à documentação detidas pelas entidades da administração pública e, nos seus termos, ao acesso público, mesmo que imprestável para a justiça, mas que foram apagadas indevidamente pelo presidente do STJ, e outra pela economia, como acontece com a maior parte da comunicação social hodierna.

*

O Presidente, tal como está configurado em termos de legitimação na Constituição portuguesa, é uma figura política a que não correspondem tarefas importantes condizentes com este sistema de organização do exercício representativo da soberania. A sua legitimidade originária em Portugal não tem paralelo. A sua posição de fim de "carreira" política dá-lhe uma experiência, visão superior das coisas e independência-capacidade de imparcialidade funcional acima de qualquer outro titular de soberania. E isto, desde logo em democracia partidária, é algo extremamente importante e decisivo para a reconfiguração de competências que defendo. Não apenas no direito de presidir ao conselho de ministros sempre que o entenda (e não apenas face a mero convite dos primeiros-ministros, como hoje acontece constitucionalmente e de facto, fora de atuações simbólicas ou promocionais de temas governamentais, não acontece), algo conatural ao sistema de eleição presidencial direta. Mas, com efeito, sendo ele o *único titular de órgão político eleito diretamente*, modelo próprio de uma lógica do governo presidencialista ou pelo menos aproximado, à maneira do sistema gaulês, é altamente redutor o seu papel, dito moderador, no nosso sistema de governo. Este nem é semipresidencialista à francesa, nem tem certas virtudes de um sistema parlamentarista, de que se vem aproximando na prática, mas sem poder obrigar os governos a assumirem responsabilidade políticas incontornáveis, nem poder levar à nomeação para os governos de figuras já conhecidas e escrutináveis face à necessidade de afastar propostas de mérito e dignidade duvidosos. No sistema parlamentarista têm de ser deputados eleitos pessoalmente e, desejavelmente mesmo, em círculos uni-eleitorais segundo a prática inglesa, sufragados pessoalmente e em princípios experientes. Um presidente sem poderes realmente significativos, na defesa de instituições respeitáveis e mesmo fiscalizadoras das governações, não teria de ser eleito diretamente num único sufrágio verdadeiramente legitimador. Mas se está é a opção, então não lhe podem ser impostas propostas ao sabor das lógicas partidárias, de que ele, mesmo que de anterior filiação, no término de uma vida política e lógicas eleitorais, melhor se afastará, sobretudo se a eleição for, como devia ser, de mandato não repetível (embora mais longo, para ... não estar a encher o panteão nacional, em poucas décadas, de mais presidentes da república do que os monumentos nacionais registam de quase um milénio de restos mortais de monarcas, apesar de uma figura unipessoal no cimo da pirâmide do Estado, não passar em geral nas repúblicas, exceto na Suíça, de uma figura pescada na saudade do modelo monárquico; recorde-se que, no processo de formação orgânico-política dos EUA, quando os delegados dos Estados do norte ganharam o debate pela opção de uma república, contra os dos Estados do sul, que defendiam uma monarquia, estes ainda propuseram uma solução mista, que se podia expressar na célebre expressão, que não foi aceite (tal como não o foi, em votação à tangente, a língua alemã – o que não seria, no resultado da segunda guerra mundial, o futuro da Europa, no século XX hitleriano! –, ganhando a inglesa), de tratamento, que era o de "Sua Majestade o Presidente dos Estados Unidos da América").

Ao Presidente devem caber *poderes de intervenção mais substanciais.* Têm sido chocantes, nestes últimos anos, a atuação em termos substantivos e procedimentais por parte do governo, no que concerne a muitas nomeações e cessações de funções em instituições fundamentais para a vida da Comunidade, tais como a Procuradoria-Geral da República, Governador do Banco de Portugal (apesar do reforço das suas funções no âmbito nacional e europeu e dos falhanços no desempenho das mesmas, face a administradores e a um sistema bancário desviante), Tribunal de Contas, gestão das Forças Armadas.

Casos notórios, em que o Executivo atuou de mão livre, apesar de até resultar de um partido minoritário, embora, nesta análise específica de cariz geral, o que nos move na defesa de uma solução diferente não seja a maior ou menor legitimidade de quem nomeia, o que naturalmente é importante, mas, nesta reflexão, é sobretudo as funções dos nomeados, que implicam o próprio exercício corrente e interferências ou pressões do nomeante. Defesa de solução diferente que é feita sem deixar de referir que, nestas nomeações de especial importância para o país, o Parlamento, cujos partidos são "eleitos" diretamente pelos cidadãos, não pode deixar de ter também uma função escrutinadora incontornável, devendo ser ouvido e mesmo podendo pronunciar-se desfavoravelmente, desde que por uma maioria de 2/3 ou mesmo 3/4 dos seus membros, que garanta eu não seja posições de mera obstrução sem sentido pessoal e meramente por razões político-partidária minoritárias. Tal como ocorre hoje aqui, embora hoje em termos de aprovação decisiva, na nomeação de membros do tribunal constitucional, aliás com aprovação por 2/3, que visaria uma ampla aceitação e apartidarismo funcional das personalidades propostas, mas que os líderes partidários, tal como na anacrónica solução de nomeações para as CCDR, conseguiram contornar com relativos compromissos casuísticos, do tipo "vota neste que eu proponho, que eu pago-te o favor, votando naquele que tu queres", frustrando-se assim o real objetivo de escrutínio e procura de um mínimo de imparcialidade funcional.

No que concerne ao Presidente da República, em *domínios em que se pretendem exercícios independentes do Governo,* devem ser colocadas nas suas mãos as nomeações que, hoje, lhe escapam ou só formalmente estão na sua missão.

Nomeações pessoais, mesmo que em termos de prévia aceitação por não rejeição da proposição presidencial ao Parlamento. E, obtido o apoio tácito deste, nomeações sujeitas apenas à sua decisão pessoal. Sem qualquer interferência dos Executivos, que, hoje, constituem maneiras endogâmicas de o governo e seu partido controlarem os seus controladores ou aqueles que devem gerir, com independência partidária, as diferentes áreas do poder público.

Desde logo, a já referida nomeação (de renovação que devia ser parcialmente faseada no tempo, com renomeações trianuais, sem possibilidade de renovações) dos juízes dos *Tribunais de Contas* (não pelo governo, que os controla), do Procurador da República (que só devia obedecer à legalidade e, no atual enquadramento prepositivo pelo governo, fica sujeito a pressões deste), dos membros atualmente designados pelos partidos para eleições parlamentares dos *Conselhos de governo das magistraturas* (e estas, enquanto forem de carreira, desejavelmente devendo, nas instâncias superiores de revisão do direito, conter uma muito maior abertura a figuras do meio académico e jurídico em geral, comprovadamente especializados, ou já adiantando a solução futura de concursos, ou no mínimo de escolha de um certo número maioritário, dada a alta função de instâncias de aplicação criadora de direito; e, ainda, unificando-se os conselhos das jurisdições administrativas com as cíveis e penais; Conselhos que, agora, são meio corporativos e meio politizados, ou seja de modo duplamente inaceitável), tal como a nomeação livre dos membros, não oriundos da magistratura superior, do Tribunal Constitucional (mantendo-se a atual votação parlamentar, mas com proposta e decreto de nomeação presidencial, tudo garantindo que não possam aparecer como eleitos num parlamento dominado por lógicas partidárias e apenas por critérios curriculares de mérito incontestável, sobretudo a partir de categorias máximas de profissionais em fins de carreira judicial e académica, que melhor garantam não querer comprometer a sua honorabilidade, alinhando com simpatias partidárias e governamentais ou, em alternativa, devem resultar também de concursos públicos em público sujeito a livre escrutínio popular e da imprensa, solução sempre preferível para toda a judicatura, sendo certo que hoje já nada justifica receios de um governo de juízes e desestabilização sistemática por estes dos governos e legisladores). Assim, como, sendo *comandante supremo das forças armadas*, deve efetivar a *nomeação de todos os chefes das forças armadas*, entre os profissionais de categoria máxima dos diferentes ramos (assim, retirando estas lideranças de lógicas de governos partidarizadores e apoios meramente de índole corporativa).

Deve caber-lhe, ainda, a nomeação dos *presidentes de entidades administrativas independentes e mesmo entidades reguladoras do mundo económico*. Elas desempenham funções retiradas aos governos, para poderem tomar decisões independentes. Mas, então, não pode aceitar-se a solução de nomeações de base partidária-governamental, que, aqui, como na *nomeação de membros dos governos, e até de certos deputados*, no fundo obedecem, em grande parte, a critérios de apoios eleitorais ou mesmo a pagamentos ao mundo económico, por apoios financeiros partidários. Estes controladores da governação, qualquer que seja o seu estatuto e regime de mandatos, nunca são completamente imparciais face a quem os nomeou. A questão está em fazer com que não sejam os fiscalizados a nomear os fiscalizadores, o que a solução de real nomeação presidencial garante.

*

Hoje, dominam as nações, não só o direito, como a *economia*, para o bem ou para o mal das sociedades e da democracia. No campo da *economia e do desenvolvimento social*, Leão XIII, já no início do século XX, mostrara, no seu discurso encíclico, grande preocupação pelos "mercados económicos" não regulados, pelos extremos excessos do capitalismo e pelas diferenças na riqueza e pobreza a que conduziriam, condenando o capitalismo e o liberalismo económico.

Os mercados não geram por si confiança estes, tal como a concorrência, mesmo que livres, não vivem corretamente muito tempo sem confiança, cooperação e sem controlo público e dos cidadãos. Para viabilizar que se acredite na atuação séria dos banqueiros. Para poder esperar-se que, desde logo, pelo menos as instituições públicas possam denunciar as falcatruas e irregularidades. Sem o que, por falta de controlos, a concorrência económica permite o triunfo dos que não aplicam as regras e leis do setor.

Durante o século XX, até 1970 (após a grande devastação de 1918 e consequente Grande Depressão e, mais ainda, depois da experiência da Segunda Guerra Mundial e das lições e perigos que este período entre guerras e do pós-guerra revelava), foi claramente percebido que o mercado por si só não era adequado a *definir objetivos coletivos* e a *atribuir bens de importância essencial* em termos de interesse e paz pública.

As *deficiências do funcionamento dos mercados* devem ser, não só politicamente neutralizadas, como complementadas por quem governa a sociedade. Por isso, não admira que, na maior parte do século XX, tenha ganho a postura geral da necessidade inultrapassável de um *Estado intervencionista*, desempenhando um *papel económico e social central na vida das sociedades e dos cidadãos*. O que veio justificar gastos públicos volumosos, a gerir pelas administrações públicas a diferentes níveis, enquadradas pelas leis, que davam prioridade à construção do "Estado Social".

Assim, varrido o pensamento económico ligado às teses do Estado económico-liberal, do "laissez-faire, laissez-passer", dos milagres da "mão invisível", avançou-se abertamente com a ideia de impostos suficientes para financiar investimentos públicos progressivos e o *Estado-Providência* (compensando a sociedade das "iniquidades" naturais ao funcionamento da lógica concorrencial do mercado e sua destruição, quantas vezes não resiliente, da natureza, pela mera procura acumuladora de "riqueza individual" pela *maximização do lucro*, com promoção do consumo e sempre de novos bens ou dos mesmos mas sempre novos), assim, protegendo o cidadão contra as vicissitudes do Mercado. Hoje, com efeito, estão em causa políticas ligadas à sustentação da satisfação dessas necessidades coletivas, que o raciocínio economicista "individual" não pode abarcar. Sem contestação das classes mais favorecidas desse período (receosas das consequências do *capitalismo amoral, selvagem*, e da instabilidade social e do perigo de contágio das ideologias anticapitalistas, convencidas de que a redistribuição, a todos beneficiaria a prazo), aceitou-se corretamente como ideologia de Estado a ideia de uma *tributação progressiva*, de *subsídios estatais*, da *regulação da vida económica com intervencionismo estatal*, de uma certa *planificação indicativa ou orientativa de financiamentos euro-nacionais*, da provisão de *serviços sociais universais* e das *prestações de garantia* contra as consequências das crises.

Tempos houve em que, por isso, no século XX, os extremos de riqueza e de pobreza se atenuaram progressivamente nas sociedades de economia de mercado, cada vez menos desiguais e com a emergência de fortes classes médias, do período da "Grande Moderação" posterior à segunda guerra mundial, o que impulsionou o desenvolvimento económico e o progresso e paz social.

Antes, como agora, podemos considerar haver elementos suficientes para concluir que a continuação da crise resultou da incapacidade de, quando necessário, manter uma temporalmente adequada procura agregada em ordem a recriar confiança nos agentes económicos (face à quebra acentuada de despesa, e logo da produção, endividamentos, desemprego, riscos de insolvências), e provocada em parte em problemas no sistema bancário (e com o crédito canalizado para a especulação financeira, mesmo pela banca de depósitos dos cidadãos em geral, o que neste caso de banca meramente comercial deveria ser interditado, como veio a acontecer no período posterior à grande depressão de há cerca de cem anos) e, também, consumos ostensivos, desequilíbrios e endividamentos excessivos, conduzindo no início à diminuição de reservas de dinheiro e, depois, receios do futuro e excessos de poupança.

No entanto, não pode desconhecer-se que os cultores da economia keynesiana, atendendo às lições da experiência empírica, viriam a destacar, nas suas análises, que a crise de 1929 (Grande Depressão) se deveu ao papel demissionista da política económica que permitiu a *distribuição desigual do rendimento* ("Nos EUA, as 24 mil famílias com maiores rendimentos receberam um montante três vezes superior aos 6 milhões de famílias com menores rendimentos"). Fenómeno que a atualidade volta a repetir em termos crescentes.

Com efeito, seria na década de sessenta que se chegou a um *nível de rendimento disponível pela população em geral* nunca atingido até aí, desde logo nos países mais desenvolvidos. Algo que se tornara o objetivo essencial dos políticos do pós-guerra. As políticas de então haviam acolhido os ensinamentos da história, atraindo-as para as democracias. Estes mostravam que era necessário afastar os perigos dos tempos da "luta de classes" e da desafetação das classes menos favorecidas, que, aliás, haviam dado lugar aos fascismos e ditaduras de várias cores.

Quanto às *classes de menos rendimentos*, os seus níveis de pobreza foram-se atenuando progressivamente, deixando para os filhos da alta burguesia a liderança das contestações mais radicais a "favor" da classe operária, contra o "status quo" democrático instalado. Ao aumentar-se, assim, a capacidade de consumo e poupança, aumentou-se a "dimensão" real e potencial do mercado. Ou seja, do consumo e da produção e da riqueza geral, apesar de se ir reduzindo o número de pessoas, dentro dos países mais desenvolvidos, devido à *progressiva quebra da natalidade*. A maior capacidade de consumo, pela subida generalizada dos rendimentos, designadamente dos salários, e, portanto, de possibilidade de aumento de produção, tornou a dimensão dos processos empresariais, industriais ou de serviços, mais rentáveis. A questão da diminuição do número de consumidores, nas sociedades mais desenvolvidas foi mais do que compensado pelo aumento do poder de compra desse mesmo número de consumidores. Foi o período de *crescimento contínuo da economia*, da confiança cívica e económica e da riqueza em geral. Sem prejuízo de haver uns mais pobres e outros mais ricos, inclusive num mesmo país, como é natural face a distintas capacidades pessoais e heranças, a verdade é que todos beneficiavam e não apenas uma elite acomodada de uma minoria das classes altas, à custa da maioria da população. Sem a ilusão da liberdade de circulação de capitais a nível global ou os exageros do absolutismo unionista europeu quanto a outras liberdades económicas, que favorecem os Estados mais desenvolvidos, negociaram-se exceções sectoriais ou em tempos de dificuldades a nível da União Europeia. Criaram-se, embora insuficientemente, políticas europeias de *compensação social* e apoio ao desenvolvimento económico dos países da União Europeia mais débeis face à lógica do Mercado Único. Tudo bem *distante da atual pura lógica do mercado único e da moeda única,* que vai coincidindo com uma conceção integrista menos solidarista desta Europa de Estados concorrentes entre si, com a sua lógica pérfida, "expropriativa" de riqueza e transferidora de valor dos países menos desenvolvidos para os mais desenvolvidos. De Estados que enriquecem tanto mais quanto já são mais desenvolvidos, à custa dos outros. *Estados da União Europeia concorrentes e não solidários.* Já não assente no projeto unionista de Estados em real espaço solidário. Sem os devidos enquadramentos de poder político ao serviço dos interesses de todos e compensações pelos empobrecimentos, em relação a certos países, derivados das externalidades extraordinariamente potenciadas pela abertura dos mercados e muito penalizadoras dos países economicamente mais frágeis, mas também sem protecionismos egoístas. Os países europeus em geral haviam começado a progredir.

No entanto, tal enriquecimento não deixa, realmente, de se processar, sobretudo por parte de alguns países à custa dos outros (como já o demonstrara o prémio nobel da economia Gunnar Myrdal), o que se acentuou na década de noventa, a partir do Tratado de Maastricht e da evolução da globalização, efetivada sem quadros institucionais e jurídico-políticos de referência, que a todos possa servir, sem retrocessos ou endividamentos questionadores das conquistas do Estado Social. Europa de concorrências económicas e de resolução de problemas dos Estados mais desenvolvidos à custa dos outros? Como se interrogava e raciocinava, com base na sua história, Paul Hazard, em 1934, no seu livro *La crise de la conscience européenne* (p. 306-314), "Qu'est-ce que l'Europe? Un acharnement de voisins qui se battent.", "Organisant, avec la précision des utopistes, le détail méticuleux de son rêve, il s'enivre d'un mot qui lui semble contenir tous les espoirs, le mot européen: tribunal européen, force européenne, république européenne. Qu'on l'écoute; et l'Europe, au lieu de rester champ de bataille, formera Société."? Ou "Une forme contradictoire, à la fois stricte et incertaine. Un enchevêtrement de barrières" (carta de Leibniz à l'abbé de Saint-Pierre. De Hanovre, a 7 de fevereiro de 1715 e "Observations sur le projet d'une paix perpétuelle", do Abade de Saint-Pierre, em Œuvres, éd. Foucher de Careil, t.. IV). Para onde, antes com armas de guerra fratricidas, agora substituídas pelas da economia e do poder político-territorial dos Estados mais desenvolvidos, vai esta União, a que, afinal, continua a poder aplicar, ainda, a frase de Hazard: l'Europe est gênée, elle est déséquilibrée par cette Europe concurrente, cette extension, cette imitation, cette falsification de l'Europe qui apparaît aux confins de l'Orient", como "Europe, terre de discordes et de jalousies!".

Hoje, já temos uma *União de Estados,* mas não uma real federação de povos iguais, com semelhantes níveis de bem-estar, de felicidade, desenvolvimento económico-social. Os Estados mais prósperos e que mais têm lucrado e continuarão a lucrar com a eliminação das fronteiras, unificação, com as liberdades de circulação de bens, de pessoas, de capitais, aproveitam a sua superioridade de base e originária-mantida-acrescida dimensão de capacidade de consumo e de investimento para impor a sua força aos novos "colonizados europeus". Em troca de magros fundos que, sozinhos, nada resolvem e aos países contribuintes são devolvidos pela via da dependência nas importações e balanças de pagamentos. Como a história, há muito, demonstrou, não basta abolir fronteiras comerciais e atribuir umas doses de apoios, para quebrar as iniciais e mantidas dinâmicas de desenvolvimentos díspares. Nem entre regiões nem entre as pessoas.

Na União Europeia, são necessárias medidas *robustas de alavancagem e regras de comércio equilibrante para o desenvolvimento dos menos desenvolvidos,* sob pena das diferenças entre a riqueza dos países e das pessoas dentro dos países e da União crescerem sempre a favor dos Estados mais desenvolvidos. E, dentro dos Estados, a favor dos locais e dos cidadãos já mais enriquecidos. O que falta é essa política de desenvolvimento do todo inter-regional, que acabe com acrescidos aproveitamentos de receção da riqueza dos países, em momentos de dificuldades, e em geral com apoios e mesmo também esforços conjuntos dos países mais desenvolvidos. Como aceitar esta atual lógica unionista, bem patente desde as crises deste século e condutas alemãs e da UE para com a Grécia e os outros países do sul europeu, com imposições de restrições no momento de crise e pânicos, como se as causas fossem só estruturais, e que exigiriam atuações contrárias à austeridade aplicada?

Como compreender que, depois de cerca de sessenta anos deste processo de integração europeia haja ainda (e cada vez mais) gritantes diferenças de salários mínimos. Com países, como Portugal, com participação diminuta das diferentes classes menos remuneradas e das classes médias em geral com níveis de rendimentos comparativamente degradados face aos seus congéneres próximos e aos seus cidadãos de a maior rendimento. Com uma Alemanha que pode propiciar (e, ainda bem, para os seus trabalhadores, por orientação imposta pelo seu tribunal constitucional, face à sua interpretação do princípio maior de direito – corolário do Estado democrático e social- da dignidade da pessoa), valores, que são várias vezes maiores do que os portugueses quanto aos salários e reformas mais baixas em Portugal. Em geral, aí os rendimentos laborais correntes das diferentes classes sociais são muito superiores aos nossos, exceto os dos administradores de bancos e de outras grandes empresas, que à custa dos nossos depositantes e mesmo com grandes buracos financeiros, desvios morais graves e muito crédito malparado, copiam remunerações de congéneres estrangeiras e se locupletam à maneira europeia; e o que não recebem, colocam legalmente em contas pessoais em "paraísos fiscais". Ou seja, temos preços que se aproximam na "zona do euro", que integramos, mas salários em geral muito diferentes nuns Estados em relação a outros. Como explicar que haja *crónicas balanças comerciais, extremamente desequilibradas, sem esforços políticos de real correção em tempo razoável, também pelo lado dos países exportadores*, cujas relações de troca são causadoras desses desequilíbrios e de endividamentos insustentáveis (desde logo, servindo de inspiração o claro pensamento keynesiano sobre o assunto: promoção equilibrante de importações dos países deficitários, face aos volumes desequilibrantes das importações destes)?

É urgente a reconstrução do pensamento e do projeto para a Europa, numa União demosoberana de Estados e de Regiões para o rápido desenvolvimento social de todos os povos, o que exige menos competição interior e mais solidariedades territoriais entre si mesma, deixando as lutas da concorrência para a sua "sobrevivência" mundial face aos outros grandes blocos civilizacionais e económicos.

*

No domínio das *políticas públicos*, elas têm sido confiscadas aos cidadãos pela força da afirmada apolítica e excelência dos tecnocratas e na especificamente administrativa trem sido substituída pela noção de serviço por lógicas de despesas e lucro (ainda eufemisticamente denominadas como taxas), roçando o modelo comercial, por força da influência de gestores privados que a invadiram e a têm descaracterizado contra o normal princípio geral da gratuitidade, enquanto instrumento posto para apoiar o cidadão (mesmo nas diferentes necessidades sociais ainda reservadas) e não para se locupletar à sua custa, como as empresas privadas. Políticas de "sábios", que as elabbram, fazem e desfazem, mesmo à revelia dos interesses democráticos.

No domínio do "direito público", a sua evolução científica é patente nas décadas mais recentes, mas vem decorrendo ao longo dos últimos dois séculos (e em grande parte fruto de jurisdições práticas (não juristas, saídos da pena de experientes titulares de altos cargos da administração pública), processo continuado designadamente na península ibérica pós-ditadura, em que se operaram profundas mudanças, mesmo em termos de paradigma de referência na atualidade, em parte por influência de orientações normativas de génese extranacional, de sistemas jurídicos mais complexos, com regras de funcionamento não coincidentes, como acontece na UE, e aliás sem as quais a nossa ordem jurídica não seria cabalmente compreendida ou interpretada, e alem disso sendo certo que vivemos num crescente e influente espaço jurídico em mundialização, com múltiplos novos elementos emergentes e com repercussão na criação e aplicação do direito, em que atuam diversos atores assimétricos desde os Estados e organismos públicos até entidades particulares, tudo se europeizando e mesmo em geral internacionalizando, coexistindo de modo reticular, em dimensões de dispersão transnacional, mesmo sem direção de uma autoridade política ou administrativa, mas de indisfarçável e incontornável realidade de impositivo e em que a própria integração europeia segue lógicas desagregadoras dos poderes nacionais e da coesão geral, com a sua assunção em termos distintos da teorização funcionalocrática adotada para a sua "construção por prova de êxito e adesão paulatina (método de integração funcional solidária, pensado por Schumann e Jean Monet) e com princípios que suplantam as próprias Constituições, como o primado absoluto e do efeito direto das suas normas e jurisdição, além da exigência de que o direito criado na UE obedeça a características de uniformidade e homogeneidade de uns Estados com os outros, levando logo à partida a querer confiscar o poder do intérprete na construção dos conceitos a usar (que teoricamente não caberia ao legislador, mas à doutrina e jurisdição), definindo-os no articulado inicial.

Vivemos num tempo em que certas empresas multinacionais têm valores em bolsa superiores ao produto interno bruto dos seus próprios Estados ou mesmo de vários países somados (v.g., já na parte final do século XX, com o liberalismo de novo reinante; v.g., em 2000, a Nokia tinha o dobro do valor da Finlândia: P. Boniface – *Le Monde Contemporain*. Paris, 2001; J. Stopford – "Multinational Corporations". In *Foreign Policy*, n.º 113, 1998-1999, p. 12-14, processo hoje em crescendo em muitos países, sob o domínio ultraliberal do valor capital e reino do "capitalismo à solta", em que os políticos consideram que basta a riqueza de um homem para aumentar em glória o chamado PIB de uma nação e o rendimento médio "per capita", mesmo que com a manutenção ou até o aumento da pobreza e a falta de bem-estar de grande parte dos cidadãos).

Neste *processo de mundialização*, o direito não pode continuar a ser dominado pelos grandes interesses de negócio dos grandes grupos económicos, limitando-se à justificação do status quo e antes deve passar a claramente configurar praticas não atentatórias de princípios éticos e de natural aptidão universalizante, aceites e estabelecidos, de correta conduta entre Estados (problemas de segurança e de economia e no campo da concorrência interestadual, base de reais "vantagens comparativas", que a todos favoreça sem admitir soluções destrutivas da riqueza dos países dos nossos países com jogos desleais, dumpings, prejudicando artificialmente outras economias e sociedades de bem-estar social e no caso da UE, pondo em causa as *conquistas dos seus sistemas sociais e a primordial dignidade do direito ao trabalho e sua justa compensação, regulando o paraísos fiscais, defesa dos direito humanos* (designadamente no campo do direito dos trabalhadores enquanto dotados de dignidade intrínseca como homens e dos grandes valores e interesses da população mundial atual e futura no plano do ambiente), caminhos contra *governações autocráticas* tornando as sociedades ocidentais verdadeiramente demosoberanas em termos contagiantes.

E não, como no presente, umas vezes aparecendo o ocidente a *vender a democratização*, outras a provocar interferências e "golpes" de Estado; umas, a defender o *direito de legítima interferência interna para defesa dos direitos humanos* e outras, nos seus próprios territórios, deixando proliferar *racismos, descriminações, xenofobias*, só porque confundem direito de asilo regulado segundo regras jusinternacionais com liberdade nacional de eleição de regras e política económicas de imigração segundo os interesses económicos dos países de receção.

Muitas vezes, agindo segundo os interesses do capitalismo dos EUA, de cujas pérfidas lógicas a UE se tem de afastar, criando o seu próprio sistema de afirmação de políticas, de segurança coletiva e de diálogo no contexto mundial, em termos de abordagem em real Estado centrado em "economia de mercado" não selvagem, mas fortemente social, com *crescente redistribuição equitativa da riqueza europeia*, quer entre as pessoas quer entre os Estados e suas Regiões, em modelo que sirva e propicie a *adesão popular contínua a uma clara demosoberania.*

Em sistema que garanta viabilizar sempre uma verdadeira representação do povo e defesa dos seus justos interesses de Comunidade coesa, sendo certo que uma coisa é a aceitação e respeito pela multiculturalidade e valores de diferentes civilizações, que o Ocidente não deve tentar subverter nem contagiar para além de um mínimo referente a direitos humanos, enquanto conquista da humanidade e bandeira da dignidade do homem do presente, e outra, bem diferente, é a abertura irresponsável a uma multiculturalidade endonacional numa Europa com séculos de civilização e um presente convivencial conquistado com sangue e suor de lutas sociais e ideias cada vez mais democratizantes e de respeito dela dignidade da pessoa humana, o que importa aprofundar e não permitir que seja objeto de questionamento. Não pode admitir-se que aqueles que devemos respeitar, venham desrespeitar-nos no nosso próprio país, entrando no nosso seio para questionar os nossos valores e convicções, com vontade declarade de não se inserirem e respeitar os nossos costumes e valores. Se o que a Europa não poderá sempre defender-se de ambientes de desestabilização.

Cabe aos nossos políticos defender os Estados e a União dos desvios que, ciclicamente, sempre espreitam de todos os lados.

*

Como referimos, na *União Europeia*, falta um regime e políticas equilibradores do sistema global, que se revela incapaz de se autorregular de modo a servir ao bem-estar generalizado, de todos os cidadãos. Nuns casos, gerando países cada vez mais ricos, com excessos de liquidez, e noutros, défices das balanças de pagamentos e endividamentos públicos e privados, comprometedores do progresso social das suas populações. Atente-se na insuficiência da transferência da riqueza dos países que mais beneficiam com o mercado único europeu à custa dos outros. Atente-se no egoísmo de não colaboração dos Estados comercialmente excedentários nas suas balanças de trocas de bens transacionáveis em colaborarem com os dependentes para os reequilíbrios e correto desenvolvimento futuro, e não endividamento acumulador de dificuldades económicas e financeiras, para o que seria útil voltar a reler o pensamento keynesiano, que, aliás, o próprio autor tentou aplicar, sem êxito por oposição norte-americana, ao contexto global, aquando do debate sobre o FMI e Banco Mundial.

O *modelo de política económica*, que entendo adequado designar por "economia situada", leva-nos a um desenvolvimento concebido "pontualmente" [isto é, ponto por ponto, negativo ou positivo, numa visão global "dafo" (debilidades, ameaças, forças e oportunidades), mas todos interligados de modo pertinente e permanentemente avaliados e ajustados]. Em causa, está a combinação da *teorização económica polinómica* (assente nas conceções gerais das dinâmicas do mercado) com a *integração equilibrada do papel do Estado* (económico, a montante, e social, a jusante; com suas políticas públicas dinamizadoras e corretoras, regulação suficiente e supervisão dos setores socialmente mais sensíveis), partindo da *valorização dos fatores endógenos, positivos e negativos* (contextos específicos dos territórios: países, regiões, locais, levantados e enquadrados no planeamento estratégico-territorial).

Na União Europeia, em geral três aspetos importa considerar com urgência: a concretização da proposta de Keynes (na altura da fundação do FMI e do banco mundial, que não venceram por oposição dos EUA), impondo esforços comuns de reequilíbrios nas relações comerciais interestaduais, com medidas também para os Estados superavitários que devem fomentar compensações importadoras, e, mais do que isso, uma política fiscal única, que não permita "dumpings" fiscais, financeiros, desvalorizações de vantagens económicas comparativas e a adoção de uma conceção geral assente no princípio de um unionismo, não só de poderes colegiais e pluricultural ao jeito suíço, como, sempre, de objetivos solidários, que leve ao desenvolvimento equilibrado de um bem-estar semelhante para todos os povos europeus.

Quanto à problemática geral da *globalização*, não deixo de referir que o mundo está num processo cada vez mais acelerado de mudanças radicais. Embora não seja possível prever o futuro, é possível e necessário formular a esse nível mundial e reformular a nível nacional, permanentemente as políticas socioeconómicas adequadas a cada uma das suas fases evolutivas. É, desde logo, cada vez mais necessário regular efetivamente o uso dos recursos ambientais, para que a dinâmica cega do espírito de lucro próprio do capitalismo, tendencialmente selvagem e expropriativo dos recursos da natureza, não leve hoje a uma transformação dos valores ambientais em produto interno bruto à custa da qualidade de vida e bem-estar do futuro.

A União nasceu por impulsos superadores das tragédias da história e cresceu aos empurrões desta e em soluços ligados aos interesses momentâneos dos diferentes governos e à revelia dos povos e dos seus representantes no parlamento europeu muito decapitado, em saltos normativos situados nos tempos de medo e de esperança e complexas provisoriedades orgânicas, dotada de atores multicéfalos. Tem falhado enquanto espaço de desenvolvimento económico e social reequilibrado e solidário de todos os povos, favorecendo sobretudo os povos, à partida, mais desenvolvidos e com maiores recursos técnicos e humanos, tal como na construção da zona euro feita à medida das lógicas do seu maior Estado, faltando-lhe olhar e aprender com a organização e o funcionamento exemplar de federações nela própria nascidas, mas ninguém se iluda sobre a necessidade de avançar e questionar apenas a construção concreta e não a ideia e o projeto em si mesmo.

Num mundo de grandes espaços tradicionais ou em construção, ou a Europa se afirma como um novo "grande espaço" de força económico-cultural e dimensão político-militar, com capacidade de ser ouvida e se fazer respeitar como ente autónoma e com interesses próprios, face a outras federações civilizacionais e mesmo dentro da civilização ocidental, ou quer os seus valores específicos, que outros de facto não comungam totalmente, face à sua especial capacidade cultural de evoluir permanentemente na defesa e aperfeiçoamento da sua Comunidade de Povos, no plano democrático-social, projeto sempre inacabado, e dos direitos humanos, sempre em formulação e reformulação, num mundo em constante mudança em todos os aspetos, acabará por sofrer domínios alheios e mesmo poder voltar a outra "idade de trevas" e de hibernação face a outras civilizações.

O *tema da unificação política* é uma constante na história europeia, saudosa da "pax romana". Desde meados do século XX, volta a irromper de novo para garantir a "paz perpétua", assente no método funcional e na estratégia dos pequenos passos. Para ultrapassar as experiências dos fracassos sucessivos de anteriores soluções, designadamente impositivas de domínios pela guerra (Napoleão, Hitler), sobre as ruínas da ineficaz Sociedade das Nações e com "soft" impulso churchilliano no pós-guerra (1949, Conselho da Europa). Entre 1950 e 27.5.1952, data da assinatura, tenta-se sem êxito um acordo unificador anti-bélico europeu (Plano do presidente francês René Pleven, Tratado da Comunidade Europeia de Defesa, para criar um exército europeu e orçamento europeu comum e coordenar as forças armadas europeias; decisivo passo para a Federação, fracassado pela votação do parlamento francês em 1954, devido ao medo do rearmamento e do papel a desempenhar no futuro face ao poderio alemão; rearmamento que, de qualquer modo. viria a acontecer e mesmo com a entrar na OTAN). Nesse momento, não existiam reais receios de qualquer hegemonia estadual por nenhum Estado euro-ocidental agigantado e passível de dominar o projeto (só a reunificação alemã pós-URSS permitiria, hoje, tais apreensões pela via económica, o que a prepotência alemã e aproveitamento na crise pós-2008 veio fazer recear). Esperava-se que esta via paulatina, segundo um método funcional de aproximação de interesses nacionais, se não contrariada pelas lógicas egoístas dos governantes dos Estados mais desenvolvidos, que têm dominado o processo de integração, possa avançar com êxito.

De qualquer modo, hoje, não está e causa a existência da União Europeia, nem do Euro, quaisquer que tenham sido no passado e se mantenham os seus defeitos de construção e as consequentes revelações graves de um espaço federalizador *sem solidariedade interestadual,* no sentido da superação das *profundas assimetrias de riqueza e bem-estar* entre as suas regiões e povos, nem em momentos históricos especiais, como o da crise pós-2008, em que ela mais se impunha a favor dos povos menos desenvolvidos e que, por isso, menos lucram com os meros direitos ligados às liberdades de circulação económica.

O que importa, na atualidade, é *detetar e corrigir os vícios ou insuficiências dos diferentes tratados constitutivos europeus, no que concerne às questões centrais* que estão em causa no projeto unionista. Desde logo, no *plano da economia, finanças, social e tributário*. Nem fiscalidade nacional "a la carte" para captar circulações de capitais dentro da União nem medidas de criação de competitividades artificiais que prejudiquem os Estados menos desenvolvidos.

Nem deferimentos de regras ambientais por pressões dos lobbies empresariais dos Estados mais desenvolvidos. Antes o reforço de mecanismos de "perequação" na distribuição de rendimentos implicados pelas liberdades de circulação, com reforço claro dos referentes à coesão, reforço do orçamento unionistas para permitir substanciais transferências financeira para projetos europeus nas regiões mais atrasadas e mesmo para o reforço da uma necessária Administração pública da União, que não pode ficar totalmente em termos de execução indireta das suas normas nas mãos e tempos de cada Estado.

A Europa política precisa de um orçamento digno desse nome. Lembramos que o orçamento federal helvético e norte-americano têm rondado os 20 a 30% dos nacionais. O da União Europeia anda por um valor extremamente diminuto, insignificante em termos comparativos. Só um orçamento semelhante ao suíço permitiria cabalmente compensar as divergências de desenvolvimento devidas nuns casos e acentuadas noutros pela introdução do Euro. No Estados mais débeis.

Tudo objetivos mais do que debatidos na história da CEE e da UE, traduzindo apenas a explicitação clara de exigências atuais, nas quais milhões de europeus se for possível reconhecem e que não querem uma Europa a várias velocidades, e sem saber para onde ela quer ir. Respeitando os argumentos em que tal afirmação assenta, creio que mais do que acabar um debate, esta posição, que ultrapassa o âmbito da reflexão meramente nacional e se coloca no campo da análise principiológica e empírica, abre outros debates de interesse desde logo para a Europa.

No *plano da organização política*, no acentuar do poder democrático direto no parlamento europeu dos representantes dos cidadãos dos diferentes Estados (sem eleições de âmbito nacional, mas mesmo segundo os existentes povos-nações dentro de cada Estado unionista) e da perspetiva dos interesses supranacionais da União, e na reforma da Câmara Alta, que deve ser mais de representação dos povos do que dos governos ou Estados. Com afastamento do atual modelo de representação itinerante dos próprios governantes nacionais, substituindo-o por uma instituição de composição igualitária permanente e apenas dedicada às questões europeias nas perspetivas nacionais, seja ao jeito do "Bundesrat" alemão com representação dos governos dos Estados, seja ao jeito do senado americano de representação direta dos cidadãos de cada Estado.

A *integração democrática* é a única solução para se democratizar a União Europeia. A mera proporcionalidade populacional ou ponderação diferenciada só vai privilegiar a presença de grandes Estados, cujo egoísmo face aos restantes europeus tem reganhado vigor, com o se viu na última crise dos países do sul, com o comportamento da Alemanha e de outos Estados mais desenvolvidos. Torna-se necessária a existência de uma câmara dos Estados e Regiões, em que a representatividade seja nacional e igualitária. Assim como é indispensável dar ao Parlamento Europeu toda a normal iniciativa legislativa.

A introdução de referendos desencadeados a nível europeu permitiria auscultar a globalidade da população europeia, reforçando o sentimento de pertença coletiva e de poder da cidadania.

Certas políticas sociais deveriam ser de âmbito europeu, financiadas por um orçamento unionista, desde logo as ligadas à gravidade de situação da natalidade a nível europeu. A coordenação das polícias é condição necessária na luta contra os terrorismos de qualquer índole.

Mais do que a coordenação existe agora uma oportunidade para se criar uma polícia transnacional capaz de se especializar num terrorismo que está para durar, desde logo pela aceitação de populações que não pretendem aceitar a sua assimilação com os indígenas, e antes pretendem viver e, portanto, ampliar-se e a prazo acabarão por ter força para dominar as culturas e costumes locais, que pretenderão eliminar, com implicações óbvias na sua deriva rejeitante, favorecendo extremismos de um aldo e de outro.

No *plano da segurança e da justiça*, com alterações consentâneas com o objetivo unionista, instituição de estruturas unificadas supranacionais de segurança interna e defesa face a terceiros Estados agressores e assunção da jurisdição europeia como cúpula do poder jurisdicional em questões de aplicação do direito de criação supranacional, tal como aplicado quer pelas instituições europeias quer pelas dos Estados.

A política de defesa ou segurança interna ao continente europeus, da União Europeia, deveria passar a ser um problema não pendente da real vontade e interesses dos EUA e suas possíveis derivas isolacionistas, mas assumido claramente a nível europeu, dependendo do orçamento europeu, que, neste momento, é ultradiminuto, em si e para as políticas que pretende abarcar. Este poderia ser um pilar da NATO, desde que de domínio europeu, uma vez que traduz um projeto de apoio transatlântico à Europa e não da Europa à América. A postura de um convívio pacífico com a Rússia é uma necessidade para que esta não se torne potência defensiva-ofensiva. Não podemos continuar a basear a nossa segurança no poder de decisão e encargos orçamentais dos EUA, pois a história revela que as posturas isolacionistas ou tidas por "trumpistas", não são de um homem, nem sequer de um partido, mas de uma dada América que se julga acima de tudo e de todos. Uma América que importa não desprezar, pois, já por duas vezes, no século passado, vendo--se indiretamente em perigo não deixou de vir "salvar" o Velho Continente. Mas da qual também importa não depender, pois as guerras do futuro podem ser outras e delas esta América ultracapitalista pode dessolidariezar-se. No contexto globalizador e questionador de valores fundamentais consensualizados, a problemática da organização do poder jurisdicional tornar-se-á tão ou mais importante para os cidadãos do que o poder legislativo e executivo e a justiça que se espera dependerá muito da sua organização concreta e organização dirigente, da sua independência, da sua articulação nacional-unionista europeia, ainda incipiente.

Em geral, urge o regresso à defesa de um modelo de unificação adaptado a espaços pluriculturais-plurilinguísticos e políticos historicamente ciosos das suas soberanias, com um único quadro institucional coerente e eficaz: um Conselho Federal (políticas gerais), um Parlamento bicamaral (com Câmara de Deputados e um Conselho dos Estados e Povos, como câmara alta ou senado, representando diretamente e igualitariamente cada povo dos Estados soberanos),um Governo-Administração e um Poder Judicial Europeu, com real entrosamento com as jurisdições nacionais, mas tudo numa construção de Estados iguais e para tarefas e direitos iguais, nunca para uma Europa "a la carte" ao sabor dos Estados mais desenvolvidos, que deixariam os outros Estados-Membros para trás.

Portanto, tudo sem esconder as razões das fragilidades, antes atacando-as, quer na União em si quer nos Estados, o que importa é dar à federalização dos povos europeus um novo impulso simultaneamente de cima para baixo em termos de projeto global aceite como equilibrado e solidário e de baixo para cima em termos de vontade concretizadora decisiva, visando dar à união Europeia um papel central na criação de condições garantidoras da paz política e social e do "progresso" na Europa em geral e desenvolvimento económico-social de todos os seus Povos, viabilizando em todos os aspetos a sua clara capacidade de afirmação no mundo do futuro.

Em geral, no futuro, a Europa só conseguirá afirmar-se e aos seus *valores sociais*, conquistas históricas a custa de dor e sofrimento, guerra e concórdia, se conseguir unificar-se em termos que sirvam (não a ganância dos mais enriquecidos, sejam Estados, empresas e indivíduos, mas) o *bem-estar de todos os cidadãos federados* (numa federação de homens e de povos e não apenas de Estados e de políticos), como *espaço plurilinguístico e pluricultural, ao jeito do sucesso da "con"federação suíça.*

Acrescento que o *unionismo europeu* só pode assentar num regionalismo estadual concomitante (assente no respeito pelos nacionalismos e patriotismos históricos, independentemente da sua dimensão territorial ou populacional, uns já existentes, vencedores da história, ou a vencer no futuro, pois na própria Europa e mesmo UE, muitos povos sentem-se ainda subjugados, pretendendo a sua legítima autodeterminação, que se vontade afirmada em democracia, não pode ser vilipendiada ou marginalizada, pouco importando se a UE tem os atuais 25 Estados ou 50 Estados à maneira norte-americana). Tal pode e deve permitir *uma melhor república*, pois a igualdade dos Estados na desigualdade da dimensão dos povos permite harmonizar os interesses de todos sem desprezar os dos povos-Estados mais pequenos.

Recordo que foi em 1947, no Congresso da União Europeia dos Federalistas, que Denis de Rougemont apresentou o seu texto "L'Attitude Fédéraliste", em que defende a sua tese "federalista" para uma Europa a construir menos pelos Estados e mais pelas regiões. Este tema continua de atualidade, que face à deriva antissocial do projeto europeu após a re-evolução ultraliberal das últimas décadas, à propensão liberalizadora bebida na influência americana e sobretudo pela constatação da ressurreição – justa – da ânsia dos povos, que são nações historicamente do minadas, de poderem ascender, dentro da UE, à independência, face aos Estados historicamente submisso rês, em que ainda se mantêm integrados contra o revisionista princípio da autodeterminação dos povos, pensada por Wilson para a Europa e depois da segunda guerra mundial reconvertido para favorecer as autonomia das colónias ultramarinas.

Face à complexa e nem sempre livre-consensual organização interna dos Estados e das nações da Europa, abarcando povos ainda submetidos por irracionais processos históricos, por povos sem pátria e por muitas minorias nacionais, o unionismo político numa futura Europa não pode marginalizar, nem independentismos claramente queridos pelos povos, nem reformas dentro dos Estados historicamente existentes, de natureza regionalista (aceitando naturalmente a vitória final dos sonhos de revoluções regionalistas e respeitando as diferentes espécies de nacionalismos sem território).

Importa aceitar o princípio maritainiano de que é possível distinguir para unir, tal como o rougemontiano de que é possível dividir para unificar. Tal nada tem que ver com processos do modelo de Estado absolutista de dividir para reinar. Só os imperialismos e os absolutismos, que ainda hoje de novo se estão a afirmar, é que praticam a máxima "divide ut regnes".

O *unionismo democrático* que teremos que defender para a Europa do futuro só pode ser um sistema onde os Estados se unem com *objetivos comuns*, a partir de *forças, vantagens, debilidades oportunidades diferentes*, mas de facto no sentido escatológico do *necessário aproveitamento da união para proveito maior para todos e não apenas para os já mais desenvolvidos*, que necessitavam da abertura de mercados para continuar os seus processos de acumulação de riqueza, à custa dos povos dotados de menos bem-estar dos seus cidadãos.

Há que lutar para inverter esta lógica natural tendencial bem detetada e sintetizada pelo prémio Nobel de 1974, Gunnar Myrdal.

Com efeito, numa união territorial e política democrática, exige-se a *manutenção da identidade de cada um e a prosperidade de todos*. Não a imposição de valores artificiais, por mais pomposos que sejam as suas designações e teorizações de enquadramento, de uns aos outros. Mas sempre a distribuição da prosperidade e preocupações de bem-estar por todos. Partindo-se sempre de consensos sufragados na ideia de bem-estar crescente para todos os povos europeus, e numa linha de pluralismo ligado não só a ideias de subsidiariedade, como de respeito pelas autonomias de todos, mesmo dos mais pequenos Estados, sem imposições diluidoras das especificidades, e de poderes suficientes da sua manutenção, numa unificação sem unanimismos nem uniformidades, em pluralismo de lógica simultânea de integração e diferenciação.

Para o *pensamento democrático, federar* só pode ligar-se a um novo conceito de Estado de Estados e seus Povos, cujo poder não venha de cima, mas de baixo, dos povos, dirigido ascendentemente para o novo bem comum alargado, horizontalmente, de modo que os povos federados possam controlar-se mutuamente os poderes, como referia Hannah Arendt.

Na UE, entendo que tal conceito, no plano das relações externas, implica uma autoridade, entre o supranacional e o internacional. Sem tirania de uma "força policial" superior. E exige, no plano interno, uma nova forma de Governo, em sistema de Conselho, ideia que tem sido destruída pela burocracia dos Estados-Nações e máquinas dos partidos.

Com espaços públicos permanentemente criadores de opinião, com processos auto-seletivos das verdadeiras elites políticas nos países e na UE, abertas, de mérito comprovado e não "promovido". Conselho supremo que elimine a figura de Chefe de Estado ou Presidente, resquício de rei, sem monarquia, absoluto ou meramente moderador.

Em causa, um unionismo horizontalista, de dupla cidadania. Tal implica a renúncia a qualquer ideia de hegemonia inter-nações pelo Estado ou Estados mais desenvolvidos. A federação, enquanto solução unionista europeia, como "arrange ensemble", tem de se compor e respeitar as diferentes realidades concretas e heteróclitas (nações, regiões económicas e tradições políticas, minorias e pequenos Estados). O unionismo democrático tem de salvaguardar a identidade de cada um, nas suas diversidades e complexidades, não se construindo a partir de um centro político, mas das partes (Estados e Regiões) para o todo. O projeto europeu só pode unificar os Estados historicamente constituídos para se atingir a grande unidade europeia, numa solução final de respeito pelos termos antinómicos presentes.

A perspetiva unionista, a partir de Estados independentes e Povos com identidade própria, parte da ideia de uma democracia plurisoberana, assente, através de "checks and balances", num realismo de clara afirmação tríade de necessária unidade, variedade e harmonia (como já defendia Heinrich Ahrens). Tal como, no plano interno, também no âmbito das relações internacionais, importa reforçar os direitos das minorias e das diferenças culturais, a proteção e mesmo promoção da defesa da diferença, contra todo o tipo de unidimensionalidades e mediocridades.

O federalismo, tal como o verdadeiro regionalismo, em democracia com cidadãos, pode e deve permitir termos mais Sociedade, que seja Comunidade e uma melhor República, com governados partícipes da governação, legislação e jurisdição (mesmo que apenas pela intervenção cívica: jurados, publicistas e militante de causas). Não podemos deixar-nos usurpar pelos tradicionais inimigos da mesma autonomia e da democracia, pelo que importa lutar por um unionismo, gradualista e consensualizado. Ou seja, que nada tenha a ver com unificações em federações impostas, compressoras de liberdades nacionais e pessoais, centralismos dos eurocratas nomeados pelos Estados e não pelos Povos num claro desvio democrático e que, assim, se constituem como elites mandantes que disfarçam as pretendidas hierarquias de potências que hoje são bem visíveis. Em causa, na Europa, só pode estar o debate por um *federalismo cooperativo* e não algo na linha do atual percurso europeu de *tendência competitiva* entre os seus Estados, com enriquecimento dos Estados mais desenvolvidos à custa dos outros.

O projeto europeu tem de rever-se no ideário dos seus "progenitores históricos", devolvendo a ideia de uma *união em democracia com povo*, e muito menos em nome de uma Santa Aliança do capitalismo sem regras de geodemocracia e de Estado de direito universal. O unitarismo não pode anular um *democrático modelo existencial político* com poderes periféricos, territoriais ou grupais, com aceitação de uma reorganização simultânea, tanto no plano internacional como no plano interno, de baixo para cima, favorecendo renascimentos da vida local e da solidariedade dos grupos não públicos (não governamentais). Sem um certo radicalismo descentralizador não haverá uma espontânea unidade nacional.

A Europa precisa de construir uma solução de vivência da sua governação política com comunas municipais e regiões vindas de baixo, abolições de estatismo e de partidocracias, para reforço das pátrias, para que uma República maior que seja a nação de todos, os Estados Unidos da Europa. Importa denunciar o modelo absolutista do estado europeu a que chegámos, em simultâneo com a regeneração deste Estado português que permitiu deixar-se subjugar aos seus poderes de ocasião.

Creio que os limites da atual UE aparecem claramente. Chegou a hora de efetivar uma reconfiguração dos atuais tratados no plano dos órgãos políticos e jurisdicionais. De imediato, deveria caminhar-se na correção das mais crassas anomalias institucionais e relacionais (UE e Zona Euro). Pôr fim ao atual modelo de Conselho de Ministros, arremesso de políticos viajantes com duplo assento (nacional e unionista) e votações desiguais nesta pseudo--Câmara alta. E alterar os Estatutos do BCE e o Mecanismo de Estabilidade da União Europeia (para garantir apoios adequados e não dependentes da falsa "generosidade" dos Estados mais desenvolvidos (que o são, nos atuais níveis, porque existe um mercado europeu aberto que os favorece, nas crises financeiras – sem necessidade, numa primeira e habitual linha. do FMI) e com medidas reequilibradoras (também para os Estados comercialmente excedentários) face a balanças sistemicamente distorcidas. Só depois, se devem efetivar reconfigurações "definitivas" orgânico-"competenciais", sobre a futura Constituição Europeia, a sufragar devida e diretamente pelos cidadãos europeus, garantindo um *eficaz modelo de convivência e decisão cooperativo e solidário.*

Concluindo, numa UE que sofre de insuficiências e disfuncionalidades em vários vetores, tal tem implicado uma crise existencial, vivendo em gestões de crises e evoluções longe do projeto de uma Europa de valores e de solidariedades. Falta o devido equilíbrio de poderes e políticas para uma inultrapassável integração política que possa propiciar o enriquecimento para todos e a Justiça social e falta poder na cena internacional para impor uma regulação minimamente aceitável da globalização que não destrua os nossos níveis de vida nem o Estado Social, sem o que se destruirá o sonho pacificador e isodesenvolvimentista de uma unificação europeia.

*

O *crescimento exponencial dos bens oferecidos* não se deve só à industrialização, ao ritmo de evolução científica e tecnológica e ao espírito do enriquecimento individual a qualquer preço. Aliás, num futuro, porque os recursos são sobre-explorados e esta economia é criadora de desperdício, altamente contaminante, além de condenada pela finitude dos bens que retira da terra, impõe-se uma nova conceção e cultura para o desenvolvimento e bem-estar das sociedades, que não ponha em causa a atual economia assente em lógicas do poder do capital e investimentos, que exaure recursos minerais e da natureza em geral. Esta realidade mexe com as várias conceções, teorias e ideologias económicas, impondo-se contra o urgente não comedimento consumista e a favor do valor do trabalho e da reutilização dos bens. Mas, de qualquer modo, contra as lógicas do milagre total da iniciativa livre, deve-se, também e muito, à intervenção do Estado na educação, na saúde, nas infraestruturas, nos investimentos públicos em geral.

O que desfaz a ficção do miraculoso poder auto-organizatório das forças do mercado e da tese ultraliberal hayekiana da condenação da Sociedade à servidão das forças do Estado. As forças livres, mexidas apenas pela invisível mão smithiana, só podem conduzir à destruição da natureza, do ambiente, dos recursos, matérias-primas e, portanto, do bem-estar a prazo dos povos. E, desde já, são incapazes, por si mesmas, de integrar lógicas não concorrenciais (justiça social, ambiente, urbanismo, remuneração justa do trabalho, etc., e, como nos ensina a história, conduzindo a prazo a fortes contestações e revoluções).

Este estado das coisas exige um Estado ativo, enquanto lugar de governo da Comunidade para o bem geral. Para isso, existe. Intervenção que se impõe, também e desde logo em grande parte, face à necessidade crescente de aplicação de regras elementares de conduta humana, para evitar o gerar de crises económicas e sanitárias na população mundial, derivadas de erros com graves consequências ambientais (água, clima, pesca e mar em geral, solos, ar) e na saúde. De qualquer modo, é contraproducente que um Estado da atualidade, como Portugal, inserido numa união económica, de comércio aberto (não só com liberdade de iniciativa empresarial, como de livres trocas de bens transacionáveis), defenda, como dogma, uma opção de políticas económicas preocupadas apenas e sempre ou por o lado da oferta ou pelo lado da procura. Tudo depende das circunstâncias. Por vezes, importa agir pelo lado do apoio à procura. Embora, em situações de boa dinâmica da economia, não seja esta a linha acertada em geral em países de economia robusta e que está a funcionar bem. E mesmo em situações críticas, em que se justificaria ou exigiria, tal abordagem pode não funcionar bem, se for efetivada em termos meramente de modo isolado dentro de um espaço comercial aberto (sem ser possível, nem sequer transitoriamente, como defendia Keynes em áreas específicas débeis e a UE praticou em décadas anteriores perante países exteriores, criar espaços de protecionismo, solução hoje não "admitida"), em que não pode garantir-se que o aumento do consumo funcione a favor do apoio ou promoção à produção interna, e antes possa ocorrer favorecimentos ao aumento da importação de bens e, portanto, países não promotores desse apoio. Ou seja, atuando antes a favor do todo e, portanto, mesmo dos outros países, do "mercado comum" e não do mercado nacional em crise.

Hoje, como referimos anteriormente, num mundo relativamente aberto e sem possibilidades de protecionismos específicos, só a nível da União económica, ainda dotada de desenvolvidos muito assimétricos, são credíveis políticas gerais de estímulo pelo lado da procura, importando também ter em conta eventuais limitações da eficácia destas, face a regras da Organização Mundial do Comércio. Mas, também não pode apostar-se sempre na bondade da visão do crescimento pelo lado da oferta, na medida em que há momentos críticos de recessão, pânicos, criação de problemas financeiros e riscos de insolvências em número significativo, ou mesmo desníveis crónicos de menor desenvolvimento, sendo precisa a *intervenção pública* com apoios, estímulos, para a defesa e manutenção das empresas e empregos, atuando assim, transitoriamente, durante a depressão, recessão, receios e não escoamento ou retração da oferta, numa lógica de promoção da economia pelo lado do consumo.

No *governo dos países*, ou seja, em termos de políticas de apoio ao desenvolvimento económico-social não se trata de ideologizar as teorias económicas, seja pelo lado da oferta, seja pelo lado da procura, seja pelos dois lados.

Como já afirmamos, quem quer que governe tem de adaptar as suas intervenções de acordo com os problemas a ultrapassar: a) – normalmente, de acordo com as situações de mero apoio tradicional em infraestruturas, educação, saúde da população, Justiça célere, sistema fiscal fortemente redistributivo, etc.; e b) – face a crises estruturais, criação e apoio em medidas adequadas; e c) – em zonas de menor desenvolvimento, dar empurrões com necessários estímulos, à custa dos orçamentos, embora sem endividamentos incomportáveis; ou, d) – em situações de crises excecionais (pandemias, recessões, pânicos dos agentes de produção e de consumo, necessários períodos de limpeza de passivos, etc.), intervenções que usem a riqueza acumulada em poupança excessiva, que a paralisia dos privados deixe infrutífera e estímulos à procura para evitar desequilíbrios financeiros e desemprego e potenciação durável da crise e falências empresariais. A política *económica* (de facto, a economia nasce, muito antes das diferentes análises económicas, como política e ao seu serviço: *Traicté d'Oekonomie Politique*, assim a batizou o mercantilista Antoine de Montchrestien, já em 1615, como ciência aristotélica das coisas domésticas, aplicada ao governo do reino; texto dedicado a

Luís XIII) *e seus acertos escapam a uma dogmatização ideológica partidária.* Situa a governação normal da economia, neste modelo centrado no mercado e na iniciativa privada, numa atenção permanente a *fenómenos de crise e confiança no sistema.*

Com mudanças exigidas pela realidade empírica e social que se apresente. Seja deixando o papel "fundamental" (direto, em termos de iniciativas de investimento) aos agentes privados, quando a economia corre de feição e intervindo o indispensável para a criação de condições que favoreçam o desenvolvimento consistente (meios de circulação-transportes, eventuais apoios a créditos em iniciativas viáveis de interesse geral a nível interno). Seja atribuindo ao Estado (e Regiões com relativa autonomia interventiva), seja a nível unionista funções de apoio e motorizadoras. Mas ocorrendo contextos internacionais muito desfavoráveis, exportações de crises, epidemias, falta transitória de matérias-primas, engrenagens complexas e recessivas, com psicologias e medos dos agentes económicos, dificuldades e necessidades de limpezas de balanços, graves níveis de desempregos, em geral, tendência para retração do bom funcionamento ou receio dela, tal implica que o Estado (qualquer que seja a orientação ideológica de quem governa e se há capacidade para tal ou possibilidades de endividamentos não excessivos, como é pressuposto passar a ter, pelo menos, durante os bons períodos anteriores de funcionamento normal da economia), importa multiplicar intervenções, apoios para dinamizar durante essa altura a procura, quebrar o ambiente psicológico e significativos investimentos públicos, com os poderes públicos a substituir-se aos particulares no aguentar da economia, até estes sentirem confiança e a economia voltar a entrar nos carris normais.

Ora, no domínio do *desenvolvimento económico-social* em geral, seja nestes processos de sobre-estimulação em situações críticas, seja em geral no da dinamização de espaços territoriais como tais já menos desenvolvidas, para acabar com tais assimetrias, é importante a *existência de poderes regionalizados,* ou seja de dimensão nem excessiva nem diminuta, nem o Estado, nem grandes regiões com partes já muito mais desenvolvidas, onde por isso se tenderá a sediar os poderes regionais, o que tende a levar, tal como acontece a nível dos Estados, os decisores públicos a favorecer sempre estas zonas, mas dotadas de uma maior proximidade com os cidadãos e atores económicos, ainda a um nível que permita grande capacidade e meios de ação que os simples municípios, não têm, pela escala e pelos meios de intervenção que são exigidos.

As *simples regras do mercado livre,* sem mão pública, não conseguem, por si, erradicar a pobreza, nem quebrar a perigosa linha crescente de separação na apropriação dos recursos e rendimentos entre Estados e entre pessoas.

Os grandes desafios colocados há muito *à política económica são os de controlo preventivo e superação eficaz e com sacrifício das crises* e, em geral, do *reequilíbrio político-económico e do desenvolvimento sustentável a nível mundial*: a proteção ambiental, a estabilização populacional mundial, a *redução paulatina de forte desigualdade de rendimentos, redução das diferenças entre ricos e pobres,* desde logo em ordem a começar por acabar com a pobreza (acabar, não compensar, pois o Estado social não é um *Estado de caridade, indiferente à dignidade de cada cidadão*). Isto, na UE e no mundo, só se consegue com *cooperação global* e não com *competição nacionalista por balanças comerciais excedentárias, por novos mercados, pela apropriação desregrada de fontes de energia e dos diferentes recursos,* designadamente da água e das matérias-primas. Urge parar com a *divinização de uma economia de ganância e consumo, com desperdícios e destruição do planeta* e, quanto antes, avançar com cooperação a nível global.

*

Concluindo, na atualidade, o que tem estado na origem dos desvios gritantes dos nossos regimes de base democrática e desilusão da grande maioria dos cidadãos tem origem nos défices originários da construção e entrega do poder representativo. Hoje realiza-se o vaticínio de Rousseau (de que discordo, mas reconhecendo que, realmente, o nosso atual sistema eleitoral e de enquadramento partidário da representação, a ele claramente conduz: os cidadãos ao votar, propiciam o confisco do seu poder de decidir sobre o seu futuro, perdem-no, alienam-no e ao futuro das suas sociedades. Como dizia este pensador, os homens "tendo nascidos todos iguais e livres, só se compreende que alienem a sua liberdade para a sua própria utilidade". Mas, no "Estado, o gosto de mandar ultrapassa o amor que o chefe não tem para com os seus povos". Não entendo "os motivos porquê os povos modernos, que se julgam livres, têm representantes, e faço ver por que razão os povos antigos não os tinham. De qualquer modo, no instante em que um povo nomeia representantes, já não é livre; deixa de existir" (Jean-Jacques Rousseau, Citoyen de Geneve – *Du Contrat Social ou Principes du Droit Politique*, Amesterdão: Marc-Michel Rey, 1762).

Estes desvios acusam e condenam a fundamental vertente atual da "democracia originária", do modelo de intermediação, não meramente apoiante das candidaturas, como no início histórico do movimento partidário, mas capturante dos sistemas eleitorais por parte dos dirigentes partidários, o que implica o desligar dos mandatários face aos cidadãos mandantes e permite a existência frequente de uma pseudodemocracia, no plano funcional.

Não se pode compreender que, em sistema que se diz democrático, se possa agir contra os interesses gerais mas carregando na tributação geral, ou colocar os cidadãos a agir a favor dos grandes empresários e grupos contra os seus interesses, mas que agem como entendem para ganhar grandes dividendo e pagar grandes remunerações às suas administrações privadas (para as estimular a tudo fazerem para as engrandecer e dar mais lucros, a qualquer custo às empresas e mera preocupação com o valor das suas ações). Empresários, administradores, que, face a erros de gestão, desvios morais e crimes, não assumam, depois, as suas responsabilidades financeiras. Repondo os tais fabulosos rendimentos anteriormente auferidos. E impondo ao Estado, face à sua natureza de instituições demasiado grandes e por colocarem em causa dinheiros, depósitos, da generalidade dos cidadãos ou face ao facto de serem instituições muito importantes para o país (se assim é, até deviam estar nas mãos do Estado), não vão buscar o que ganharam quando perdem, mas, em vez disso, contrariamente ao que, ao menos isto, diz o autor do ultraliberalismo de meados do século anterior, no seu "Caminho da Escravidão", se apressam a negar a rejeição de intervenções do Estado na economia e logo estendem a mão ao Estado para os salvar, à custas dos impostos pesados pagos pelas classes médias, para assim não comprometerem as suas fortunas, muitas delas colocadas em permissivos paraísos fiscais, em cuja existência o Estado não manda mas cuja colocação-fuga, uma vez provada, o Estado poderia punir, se quisesse defender os interesses nacionais, e não o poder dos grandes grupos empresariais.

Impõe-se repensar o *poder público nacional*. Não só concentrado, "federado" por cima, como multissegmentado, institucional e territorialmente, dentro dos seus próprios reinos materiais. Avançando com reflexões realistas em pensamento aberto, face a situações-realizações práticas e razões éticas e politológicas, metafísicas, e sempre socio-legalmente com novas permanentes atualizações, que há que acompanhar e devem motivar o nosso refletir comum. Uma reflexão *situada na cultura vivencial da sociedade e na infuncionalidade prática das coisas, dos poderes e das instituições, ao serviço do povo e dos interesses gerais* do país no seu todo, que vêm funcionando em termos de meras putativas sintonias com a vontade do eleitorado ficticiamente soberano.

Portimão, 4 de fevereiro de 2022

Fernando dos Reis Condesso

Capítulo I
Fundamentos factuais, conceptuais e sociais do direito do urbanismo, do ordenamento do território e do ambiente

"No nosso sistema capitalista, a maioria dos setores de atividade estão submetidos às regras do mercado e à lógica do lucro. Cada vez mais, mesmo os setores fundamentais da nossa vida coletiva, como a saúde e a educação, estão submetidos à mercantilização, a concorrência e à privatização. Os indivíduos e as organizações empresariais fazem enormes pressões sobre os governos e o setor público para apanharem o que se considerava não há muito tempo ao abrigo de todo o controlo privado Nós estamos, desde há alguns anos, na era da austeridade, das compressões orçamentais e da "tarificação". Ao mesmo tempo, a distribuição da riqueza é reduzida, os ricos contribuindo, cada vez menos, para as finanças públicas".

Front d'action populaire en réaménagement urban, André Leclerc – *Mythes et Réalité.(...). Logement: Un droit pour tout le monde!*. Hiver, 2012, p. 2, www.frapru.qc.ca

*

"Em todo o caso, estamos persuadidos, e todos concordam nisto, de que é necessário, com medidas prontas e eficazes, vir em auxílio dos homens das classes mais desfavorecidas, atendendo a que eles estão, pela maior parte, numa situação de infortúnio e de pobreza imerecida. O século passado destruiu, sem as substituir por coisa alguma, as antigas associações de ofícios, que eram para eles uma proteção; os princípios e o sentimento religioso desapareceram das leis e das instituições públicas; e assim, pouco a pouco, os trabalhadores, isolados e sem defesa, têm-se visto, com o decorrer do tempo, entregues à mercê de senhores desumanos e à cobiça duma concorrência desenfreada. A usura voraz veio agravar ainda mais o mal. Condenada muitas vezes pelo julgamento da Igreja, não tem deixado de ser praticada sob outra forma por homens ávidos de ganância e de insaciável ambição. A tudo isto deve acrescentar-se o monopólio do trabalho e dos papéis de crédito, que se tornaram o quinhão dum pequeno número de ricos e de opulentos, que impõem, assim, um jugo quase servil à imensa multidão dos proletários.

Papa Leão XIII – *Carta Encíclica "Rerum Novarum: De conditione opificum*, 15.5.1891, https://w2.vatican.va/content/leo-xiii/la/encyclicals/documents/hf_l-xiii_enc_15051891_rerum-novarum.html.

***Elenco temático capitular*: 1.1. Problemática urbanística. 1.1.1. Considerações gerais sobre o enquadramento do urbanismo em Portugal. 1.1.2. Fundamentos concetuais e jurídicos. Controlo e sancionamento da ilegalidade. 1.1.3. Urbanismo e política de habitação. 1.2. Problemática ambiental. Considerações gerais sobre a factualidade ambiental. 1.3. Urbanismo, ordenamento do território e ambiente no ordenamento jurídico português. 1.4. Ciências urbanísticas. Inter-relações e diferentes abordagens científicas. Urbanização, urbanística, urbanologia, política urbanística e direito urbanístico. 1.5. Ciências ambientais. Diferentes abordagens ambientais. Factualidade política. Direito ambiental supranacional. 1.6. Ideologia económica e política de compatibilidade ambiental. 1.7. Planeamento, Desenvolvimento Regional e Poder Regional Democrático. Desenvolvimento e regionalização. 1.8. Ciência jurídico-urbanística. 1.8.1. Direitos administrativos ligados ao território. 1.8.2. Noção e características do direito do urbanismo. Conteúdo e natureza. Regime de expropriação. Propriedade privada e direito de construir. Direito do urbanismo e direito privado da construção. 1.9. Direito privado da construção. 1.9.1. Considerações genéricas. 1.9.2. Características do direito de propriedade.**

1.1. Problemática urbanística

1.1.1. Considerações gerais sobre o enquadramento do urbanismo em portugal

O *direito do urbanismo* é formado por um *complexo conjunto de normas, sejam princípios ou regras,* muito dispersas, envolvendo, além dos regimes de disciplina geral da "urbanização e edificação" (cuja concretização está dependente de *planeamento de génese autárquica, vinculador* das decisões administrativas, que, por sua vez, está dependente da *programação nacional e regional*), ainda muitas outras normas específicas, quer para a *regularização de atuações ilegais*, loteamentos e construções ainda existentes em certas *áreas urbanas de génese ilegal especificamente localizadas* e, um pouco por todo o lado, situações que exigem a sua reabilitação ou quotidiana conservação ou a normal regularização de construções.

Estas, umas vezes, foram erigidas com incumprimento de regras substantivas da construção e outras traduzem meros casos de falta ou irregular procedimentalização (na medida em que, em seu tempo, haviam cumprido as regras materiais então exigidas), de modo que teriam garantido os respetivos títulos de licenciamento ou "licenças de habitabilidade", não tivessem (por desconhecimento de alterações normativas, negligência ou desespero face ao conhecimento generalizado dos atrasos camarários ou, ainda mesmo, por razões financeiras), deixado de requerer, em geral de agir, no sentido de obter o respetivo título autorizativo)[1].

Neste complexo factual, se situa toda a extensa *questão da normalidade e anormalidade urbanística*, a sua regulação pública e o inultrapassável, ao longo do tempo, fenómeno de *ilegalidade difusa e persistente.*

Acrescente-se, apenas, que certas edificações, porque antigas, traduzem situações regulares de casas que, não tendo título, vêm de um passado livre de regulação urbanística. Portanto, sem outra razão legitimadora da sua existência e utilização, que não seja o do "tempo das coisas". Mas que (sobretudo as habitações com especial proteção constitucional), ou por *razões de segurança ou de salubridade* ou porque se confrontam com a necessidade de intervenções, não meramente conservacionistas, colocam problemas quer para alterações quer para ampliações.

Outras, ainda, mais do que isso, exigem *obras de reabilitação*, nem sempre compatíveis com objetivos ínsitos à legislação vigente no momento. Em que, para além das incontornáveis exigências de *segurança e salubridade*, se vinha insistido legalmente, o que em parte não se pode considerar totalmente

[1] Hoje designadas genericamente como autorizações de utilização.

ultrapassado, na exigência de muitos outros requisitos técnicos, na altura do existente não vigentes. Quantas vezes, desprezando-se, claramente, as dificuldades financeiras para proceder a elas, assim se tornando situações ainda mais complicadas, pelo não acesso a apoios ou a suficientes apoios públicos.

As regulações urbanísticas e ordenamentais, pese embora aqui a estratégia territorial europeia ("Esquema de Desenvolvimento do Espaço Comunitário: Para um Desenvolvimento Equilibrado e Sustentável do Território da UE) e várias Comunicações da Comissão Europeia, que são meramente orientativas, e apesar da sua ligação unionista ao tema da *coesão social e assimetrias regionais*, dependem de normas de produção nacional, regional e local.

*

Antecipando questões sobre a normalidade e anormalidade urbanística, na sua ilegalidade territorialmente difusa, começaria por referir que as políticas e o *direito do urbanismo*, em si e nos seus pressupostos planificadores, têm grande relevo para as problemáticas económicas, ambientais e da qualidade de vida, de tal modo que é hoje impossível tratá-las separadamente.

O urbanismo e o ambiente tornaram-se domínios da ação pública e privada em que mais ostensivamente se constata a *diferença entre o idealizado pelos cientistas e legislador e a realidade patente no território* que se apresenta, levando quer o *poder autárquico quer o poder jurisdicional* a serem justamente condescendentes e o legislador a ir atrás das coisas, ao despertar e querer impedir a sua repetição.

Isto, porque nem sempre desperta para racionalidades assentes na realidade social. Não agindo com o realismo necessário face à evolução das capacidades financeiras e culturais da nossa sociedade.

De modo que, *querendo naturalmente regras mais perfeitas para o futuro*, não se deixa de insistir sempre em tentar impor a aplicação das novas regras a passados, por vezes bem distantes, em que, por inércias atempadas, se permitiram de facto situações tidas por irregulares, assim desconhecendo ou *desprezando fenómenos que não nasceram por geração espontânea*, mas de facto resultaram de atuações (em grande parte, de génese carencial em meios financeiros) e sempre de consequentes omissões (mesmo que por insuficiência de meios de apoio público do Estado Social).

Ao legislar-se de modo irrealístico, só veio ajudar-se a repetir, por inaplicação constatada de década depois de décadas, ou a manter esse durável ilegal, face a essas situações criadas ao longo dos tempos, com silêncios, incapacidades ou inércias das autoridades.

*

Com foi referido, esta publicação aborda temas gerais do urbanismo e do ambiente, assim como da sua *reabilitação, desde logo e especialmente de edifícios de habitação e da regularização de loteamentos parcelados e edificações* erigidas sem respeito pela legislação em vigor, questões um pouco por toda a parte mal resolvidas, pela inércia de décadas e incapacidade de apoios dos poderes públicos, tal como questões menos complexas referentes a situações das construções existentes e da necessária reabilitação do construído, especialmente em edificações para habitação, matérias de permanente polémica, face a essa incapacidade resolutória (quer no plano normativo, quer de apoios públicos às classes mais desfavorecidas. designadamente, de um legislador cego à realidade social e, por vezes mesmo, *alheado do realismo do jurisdicional e do mundo autárquico*. a que, raramente, se antecipa no domínio do urbanismo e do ambiente e do mundo das políticas e da normatividade intergovernamental e supranacional, que se limita a seguir no domínio do ambiente e muitas vezes, se esquece de acompanhar nas suas interpretações, intuições sobre o que é *justo-razoável, permissões e mutações*.

Tudo isto tem implicações nas limitações operativas dos dirigentes municípios. Matérias em que o legislador sempre quis regularizações, que, nunca conseguidas, devido a exigências tardias e desproporcionadas, quer juridicamente no enquadramento material e procedimental, quer financeiramente. Com efeito, está em causa um tema em que mais se revelam as diferenças sociais e a incapacidade de resposta atempada e apoios adequados por parte de um estado, dito social e que consagrou o direito fundamental à habitação.

*

O direito do urbanismo oferece-nos campo empírico de reflexão ao entrecruzar questões de direito, de teoria territorial do planeamento físico e do urbanismo com a *problemática das desigualdades sociais*.

A Constituição Portuguesa visa a realização da "democracia económica, social e cultura" (artigo 2.º Constituição), devendo, por isso, o Estado "promover o bem-estar e a *qualidade de vida do povo e a igualdade real entre os portugueses*" (al. d, artigo 9.º), sendo consequentemente suas incumbências prioritárias promover "o aumento do bem-estar social e económico das pessoas, em especial das mais desfavorecidas" e promover "a justiça social, assegurar a igualdade de oportunidades e operar as necessárias correções das desigualdades na distribuição da riqueza e do rendimento" e promover "a coesão económica e social" (artigo 81.º).

Nesta linha de orientação, uma teoria territorial do urbanismo tem de ajudar os poderes públicos, a superar a *histórica desigualdade social*, que, neste âmbito, as meras normas gerais repressivas reforçam, agredindo os ideias da democracia social que a Constituição consagra.

Uma *teoria territorial do urbanismo* tem de ajudar os poderes públicos, a superar a histórica desigualdade social, que as normas gerais repressivas reforçam, agredindo os ideias da democracia social que a Constituição consagra.

As *regras construtivas e planificadoras* e a introdução do seu controlo exigiam historicamente um modelo administrativamente controlado de edificação, mas, embora necessário, o país esqueceu-se em parte das *dificuldades das camadas mais débeis da população e que as políticas de coesão social também passam pela justiça social territorial e urbanística*, que não permite, de facto, querer generalizar, antes e aplicar agora ao passado, este inultrapassável evolutivo modelo de regulação pública.

Ao lado do evoluir da correção da qualidade do construído que o planeamento e as regras técnicas e jusmateriais vieram impor e bem, com o regime jurídico da urbanização e edificação (que sofreu uma dada concentração normadora através do RJUE, de 1999), e já desde o Regulamento geral da edificação e urbanização (RGEU, de 1951) e, por vezes até antes, um coonestado *trajeto inaplicativo* dessas normas construtivas de edificação. As *frequentes ilegalidades* surgiram, sobretudo, junto das grandes metrópoles e o direito sancionatório contraordenacional urbanístico vai-se avolumando.

Não podemos descansar na condenação de ilegalidades de um passado que se deixou sedimentar, colocando em causa o já construído em situações sociais, económicas e culturais diferentes, desde que não sejam totalmente desaproveitáveis ou que, no caso de habitações, os poderes públicos não facultem meios e apoios para o exercício paulatino de correções e reabilitações para uma habitabilidade mais adequada, legalizando urgentemente esse passado.

Exigem-se *regras flexíveis* perante os factos passados que não totalmente controlados ou que a situação económica do país e do Estado Social de então não conseguiram evitar ou fazer emendar ao longo do tempo e assim permitiram realisticamente manter. De qualquer modo, se deparamos com construções que, minimamente são recuperáveis, ao não colocar em causa a segurança pessoal ou, nos *casos graves de insegurança da construção para os próprios ou terceiros, ou risco sanitário*, devem ser objeto de alterações apoiadas publicamente, e todas legalizadas "ope legis", em vez da atual situação de dependência do voluntarismo, disponibilidade e ativismo municipal (ou, no limite, "interpretação" jurisdicional) e consequente eventual regularização "à la carte", que não garante a igualdade de tratamento a nível nacional, num domínio que mexe com o direito humano à habitação.

Em geral, as normas não podem ser *aplicadas assepticamente*, quando possam estar em causa direitos como o da *habitação e a dignidade da pessoa humana*, que exige (não apenas um salário mínimo e consequente rendimento vivencial para todos numa economia, democracia e sociedade "saudáveis", não à custa da caridade do Estado para com os numa habitação adequada ou, enquanto tal não for possível para todos, pelo menos um teto albergante.

Da história passada, herdamos um urbanismo que não conseguiu sempre defender, já não digo em termos de estética ou arranjos exteriores, mas de condições mínimas de segurança e salubridade, a dignidade e a saúde das pessoas que não detinham, e continuam a não ter, suficientes recursos.

De novo, em *ambiente crescentemente ultraliberal*, num país de *rendimentos exponencialmente desiguais*, não ousemos continuar, em Estado e país que não é rico, a exigir um *urbanismo revisionista do passado*, que continua não consentâneo com a atual realidade humana de todos os concidadãos; de facto, cada vez mais com uns, poucos, mais ricos, e uma maioria, antes e agora, mais carenciada.

A *política habitacional também tem efeitos redistributivos.*

O espaço social não consegue viver divorciado do processo social de cada território, com diferentes de rendimentos e custos de acessibilidade e de proximidade, diferenças no acesso ao crédito, etc.

O poder público não pode esquecer que a organização espacial, quantas vezes sendo legalmente discricionária, não passa de factualmente por vezes ser muito arbitrária, o que implica complexos processos redistributivos ou equilibradores de rendimentos e não só, também processos políticos, económicos e sociais em geral, que têm falhado. Não é só o dinheiro que provoca guetos.

O poder público não pode esquecer que a organização espacial, quantas vezes sendo legalmente discricionária, não passa, factualmente, por vezes, de ser muito arbitrária, o que implica complexos processos redistributivos ou equilibradores de rendimentos e não só, também processos políticos, económicos e sociais em geral, que têm falhado. Não é só o dinheiro ou a falta dele que provoca guetos.

As autoridades e normas autocráticas perante as realidades sociais, fluindo tantas vezes de modo quase cego às possibilidades das realidades, interferem fortemente com o mercado territorial e o urbanismo e as normas genericamente produzidas com que o social real não consegue conviver e, para sobreviver, quer desconhecer (como os exemplos materiais da proliferação da ilegalidade urbanística e das AUGI), fruto de necessidades aproveitadas, e não impedidas, por detentores de terrenos que agiram impunemente "contra legem".

Portanto, fruto de *incapacidade dos poderes políticos e administrativos instalados* de criarem outras opções ou pararem tais processos, acelerando opções mais realistas e decididas por lei, para serem igualitárias e não "a la carte".

Os poderes públicos não podem condenar o que propiciarem por ausência de políticas sociais adequadas e depois mantiveram sem solução ao longo dos tempos. Tem de se acabar com dolorosas e crónicas incertezas pela impossibilidade legal de alienações ou de alterações legais do edificado que o melhorem para além das putativas cláusulas gerais que perduram em décadas sem nada resolver, quer nas AUGI, quer em muitas outras áreas do país.

As normas têm de ter sentido para o indivíduo e a vida social a que se destinam em cada momento. E quanto mais distantes da história e do caso ou dos casos de que o legislador parte para a sua generalização e impessoalidade (da sua génese ideocrática e do modo de a conceber, em que a história e o contexto contam), elas vão-se enchendo de conteúdos factuais e ideológicos próprios de uma evolução normativa que exige interpretação aplicativa de cariz atualista e teleológica, ou seja, metahistórica, sob pena de se tornar velha em sociedade nova e ter de ser alterada.

Por isso, o direito não se pode querer ancorado nem num jusnaturalismo de qualquer índole (embora tenha de ser construído a partir de valores, princípios gerais de direito e conceções sedimentadas de direitos humanos nas suas dimensões fundamentais consagradas na Constituição), nem pode encontrar-se adequadamente em dogmas legalizados.

Partindo embora das leis, encontra-se em justiça a meio caminho entre os formalismos e as prescrições legais estáticas e os necessários *pragmatismos racionais dinâmicos*, em termos evolutivos situados num espaço-tempo não redutível a esses meros formalismos ou a conceções juspositivistas.

Portanto, rejeitando uma *"conceção dada da justiça"*, de *natureza universal e absolutista*, que pudesse ficar esculpida apenas na letra de uma lei, dado que a justiça resulta, em cada caso particular, acima de tudo e sempre de *demonstrações assentes em argumentações situadas*, que impliquem uma "racionalidade aceitável para um resultado razoável", na linha de uma permanente procura de convergência com o *senso comum*, ligado a um *certo consenso social*.

Esta orientação exige a adaptabilidade de cada decisão para "o ser em justiça", sem o que o direito não realiza a sua *função primordial de criador de paz social* pela pacífica resolução dos conflitos que se apresentem.

Se isto é assim para a efetivação da justiça em geral, muito mais claramente transparece em vertas áreas da vida coletiva e individual, como acontece na realização da justiça urbanística de legalizações de operações irregulares.

O "direito significativo" exige, sob pena de acabar por ser apenas um "direito putativo", o afastamento em cada momento de soluções extremas por desrazoáveis e desproporcionadas, convocando não só o legislador, como a Administração e a Jurisdição para uma adaptabilidade do presente às limitações oriundas do passado.

Não se trata aqui de defender um *direito alternativo ou uma nomogénese de juiz face às propostas do legislador* (e renúncia da Administração a ter presente a primazia da Constituição face a normas hierarquicamente dependentes dela), à maneira defendida pelo juiz do Supremo Tribunal dos EUA americano do princípio do século XIX, Holmes.

Trata-se apenas de chamar à atenção para os papéis, cada vez mais simultaneamente *complementares da criação formal e interpretação real do direito*. Ou seja, referir apenas quem é quem, no "dizer" do direito real, "legislador", a Administração Pública e os Tribunais, estes senhores da aplicação (que, normalmente é a última palavra, dada os valores "comerciais" dos custos dos processo em tribunal, para a generalidade da classes médias e mesmo dos mais carenciados, que de facto não propendem a recorrer ao instituto "caritativo" da assistência judiciária, na grande maioria dos casos) e sempre das "últimas palavras" por parte do juiz, uns e outros no decurso-discurso da sua aplicação normal ou contenciosa.

*

A realidade da permanente fuga à aplicação das estatuições do século XX, demasiado assentes normativamente na solução de demolições do urbano construído ou de imposição de normas supervenientes aos momentos construtivo do legal ou ilegal. Por isso, bloqueadoras na sua realização pelo fenómeno das dificuldades sociais de as executar, já levara há muito a jurisdição administrativa a declarar que a *regularização era a solução normal e a demolição apenas a aplicar se nenhuma outra fosse possível, a "ultima solutione"* (ou melhor, *dissolutione*, para usar expressão de Cícero), porque em geral *"contra ratio"*.

Por isso, face à impotência de a Administração Pública para "legalizar" nos prazos previstos, e não se querendo demolir, logo o legislador foi prorrogando prazos do regime das AUGI e avançou em 2014 com procedimentos derrogatórios de normas materiais para a regularização excecional e temporária face às situações em geral. Embora, mesmo assim, hoje, ambas de novo com improváveis limites estabelecidos. O legislador ainda teme ter de encarar a realidade do país e seus problemas urbanísticos vindos do passado, exigindo medidas que não estão ao dispor de todos, em vez de decidir em geral, de modo igualitário, "ope legis", deixando à Administração apenas o conferimento das coisas pressupostas, sempre que em causa não esteja, ou possa deixar de estar, *a segurança geral e a salubridade dos habitantes*, o que só impedira a "automática" regularização se expressamente comprovado pelas autoridades (e não discricionárias "a la carte"), a efetivar pelos municípios.

Face às atuais normas condicionantes de obtenção de títulos edificatórios e utilizatórios (além das dos planos autárquicos de natureza física – de natureza vinculativa para particulares e administrações públicas –), desde as referentes a *declarações de informação prévia aos licenciamentos, comunicações prévias e autorizações de utilização dos edifícios* e que, a final, viabilizam quer essa construção quer a sua regularização, quer reabilitações, alterações, ampliações, reconstruções e em geral melhorias no património já edificado, o que nem sempre é pacífico, especialmente quando destinado a habitação (centradas em geral no RJUE e RGEU, desde logo nos artigos 24.º, 25.º, 102.º do RJUE), importa analisar os *regimes de regularização* (especiais, mas "pouco", ao continuar a não se aceitar legalmente o princípio regularizador básico "tempus regit atum" dos "momentos construtivos" – diferente do atual "tempus regit processum", independentemente das sanções pela ausência de procedimento tempestivo de controlo autárquico e postergação do mesmo), no artigo 102.º-A e 106.º do RJUE, do tratamento de edificações legais, mas necessitadas de alterações, construções sem controlo prévio ou segundo procedimentos e regras de regimes anteriores aos hoje vigentes, segundo o artigo 60.º do RJUE e 51.º do RJRU, do regime especial possibilitador de continuação de obras após a caducidade do título do artigo 88.ºdo RJUE, regime de construções face a títulos revogados ou invalidados, declarados nulos ou anulados e, por fim, saindo do RJUE, dos atuais regimes de reabilitação, quer o normal do RJRU quer o (antes excecional e temporário) agora generalizado e portanto normal do RJOREFA (decreto-lei n.º 95/2019, de 18.7, entrando em vigor em 15.11 e que veio substituir o anterior decreto-lei n.º 53/2014, aperfeiçoando e eliminando datas limites de aplicação das suas exceções em matéria de habitação).

*

Em geral, retirando os temas críticos que se apresentam em capítulo autónomo intitulado "Análise crítica de deficiências na normação ou na sua aplicação", não cabe neste trabalho desenvolver, nem termas-chaves da politologia, nem uma teoria "mater" do direito público não constitucional, que é a "ciência do direito administrativo"[2], mas isto sem prejuízo de intro-

[2] O *direito administrativo*, tal como o entendemos hoje e como ramo da ciência jurídica, tem cerca de dois séculos e só atinge a maturidade a partir de meados do século passado. No entanto, a doutrina em geral considera que ele, hoje, está em crise profunda, havendo autores, como o Prof. Torne Jimenes, que já se referem a ele como uma "venerável relíquia". O sistema do direito administrativo foi-se construindo no século XIX e nas primeiras décadas do século XX, nos vários países da Europa Continental, à volta de um *núcleo comum de temas*, que marcam a *essência dogmática da nova ciência jurídica*, e que atinge a maturidade após a II Grande Guerra. Todavia, neste período, também marcado pelo reforço da aproximação entre o sistema anglo-saxónico e o ocidental continental, constata-se o aparecimento de elementos de *crise no plano orgânico*, ligado à *noção de serviço público*, dada a intervenção direta do Estado no mundo económico, com a assunção de atividades empresariais e com aquilo que alguns autores chamam "a penetração de elementos privatísticos". Com efeito, a "*dimension nouvelle de la crise du droit administratif*" é ilustrada pela fuga crescente para a aplicação do direito privado, o que também aparece como fator ligado à crise atual do direito administrativo, pois "son champ d'application tend à se réduire insensiblement du fait de la plus large *soumission de l'administration au droit commun* et de l'atténuation du caratère dérogatoire de ses règles". O direito administrativo é cientificamente um "direito novo" e não codificado, com algumas intenções de o codificar a serem consideradas utópicas. Em Portugal, os diplomas designados de Códigos Administrativos codificaram parcelas de áreas específicas de matérias que interessavam ao direito administrativo (sobretudo, administração local comum). O primeiro texto que recebeu o nome de Código Administrativo, nesta aceção (muito parcelar e incompleta), foi o Código de Passos Manuel (1836), para tentar reagir contra leis de autarquias do tempo das reformas de Mouzinho da Silveira, que eram muito centralizadoras: o poder central dominava as autarquias. Este código de 1836 era muito descentralizador. A este primeiro texto sucedeu o Código de Costa Cabral, que era mais centralizador devido à tendência relativamente autoritária do seu governo. Seguidamente foi o Código de Rodrigues Sampaio, tecnicamente bem elaborado, mas que durou muito pouco (publicado em 1878), e que pretendia acabar com a excessiva centralização do código de Costa Cabral. Em 1886, o governo de Luciano de Castro produziu um código novo que substituiu o anterior. Este não se pode dizer que era centralizador, era fruto do novo poder, e tanto assim que foi posteriormente reposto, entrando em vigor quando a República pôs fim ao consulado de João Franco (que também teve um código próprio, 1895/96). A Primeira República adotou o Código de Rodrigues Sampaio e o de Luciano de Castro, com algumas adaptações. A Segunda República elaborou efetivamente um código novo que era fortemente centralizador devido à tendência anti-democrática do regime vigente: Código de 1936/40, de Salazar. A partir da década de 60, começa-se a falar em Portugal na publicação de um código do procedimento administrativo, integrando um núcleo de normas administrativas de tipo processual (procedimentos a ter na preparação e tomada de uma decisão, do modo de agir para com a defesa e informação dos cidadãos, etc..). Viria a publicar-se no início da década de noventa, em maio de 1992, e tal como é habitual noutros países, ultrapassa a matéria puramente procedimental, com a designação de Código de Procedimento Administrativo. Com relevância codificadora, importa ainda destacar a publicação do Código do Processo nos Tribunais Administrativos. Vide Chapus, R. – o.c.; Bibliografia sobre direito administrativo e direito privado: v.g., Sousa, Marcelo Rebelo de; e – *Direito Administrativo Geral:Introdução e princípios fundamentais*. Tomo I, Lisboa: Dom Quixote, 2004; Santamaria Pastor – J. Lamarque – *Recherches sur l'application du droit privé aux services*

duzir certas abordagens quer de pensamento jurídico em termos de criação e aplicação do direito e da justiça quer de desenvolver com frequência conceitos e disciplinas substantivas e procedimentais da teoria geral de direito administrativo, que condicionem a compreensão de normas urbanísticas ou ambientais, para fornecer conceitos básicos e a razão de ser de certas normas, com preocupações temeliológicas, nomológicas, catastésicas (a geneseologia jurídica não se limita às fontes formais), tipologia das normas (com a macro distinção entre normas diagogéticas e as diquéticas (diferenciando a natureza do procedimento e do processo; e normas onomáticas), assim como o poder relativo das normas jurídicas (ontologia e ergonologia jurídica; dianemologia jurídica e nomocracia)[3-4].

publics administratifs, Paris, 1960; WALINE, J. – *Recherche sur l'application du droit privé par le juge administratif*, Paris, 1962; ROMANO, S. A. – *L'attività priva ta degli enti pubblici*, Milano, 1979 (capacidad jurídica); MARZUOLI, C. – *Principio di legalità e attività di diritto privato della pubblica amministrazione*, Milano, 1982; SANTILLI, M. – *Il diritto privato dello Stato: momenti di un itinerario tra pubblico e privato*, Milano, 1985; EHLERS, D. – *Rechtsstaatliche und prozessuale Probleme des Verwaltungsprivatrechts*. DVBL 1983, p. 422 e ss.; ZEZSCHWITZ, F. V. – "Rechtsstatliche und prozessuale Probleme des Verwaltungsprivatrechts", *NJW*, 1983, p. 1.873 e ss..

[3] Os neologismos empregues, referentes a conceitos básicos da teoria geral e da razão de ser do direito, têm natural origem no grego clássico. Hermenêutica (ἑρμηνεία, ας, interpretação) jurídica; temeliologia (conceptual, politológica, filosófica e histórica do direito) deriva de θέμέλιον, ου, que significa fundamento; nomologia, ciência das normas, do direito; geneseologia jurídica (γενεσις, εως, criação, formação; referente às origens de variada ordem, que não apenas as fontes formais; catástese, κατάστασις, reporta-se à ideia de formação, instituição, termo preferível ao vocábulo "fonte"). Sobre a tipologia normativa, efetiva-se uma macro distinção entre normas diagogéticas, διαγωγή, ης, de direito procedimental e normas diquéticas, de direitos processuais, δίκη, ης, ação judicial, vocábulo que, embora sem abarcar a riqueza do conteúdo dos direitos processuais, pretende, de qualquer modo, traduzir a diferença de natureza entre o procedimento e o processo; normas onomáticas (ονομα, ατος, de direito substantivo). Em termos de poder relativo das normas jurídicas, referimo-noss a ontologia, o ser do direito, enquanto tal e a ergonologia jurídica, a função jurídica do direito, dianemologia jurídica (sobre os ramos do direito, διανέμω, repartir, com significado próximo de διαίρεσισ, εως, divisão), reporta-se à teoria sobre as razões da existência das várias ramificações materiais com autonomia de tratamento e princípios; e o vocábulo nomocracia traduz o poder, a força das normas jurídicas na vida da sociedade.

[4] Acrescento três notas finais. Uma convencional (muitas vezes, ao longo do livro e sobretudo no capítulo concernente à correção das ilegalidades edificatórias), para simplificar a redação, uso o vocábulo "título" para referir a existência de qualquer "decisão" licenciadora ou autorizativa, expressa em documento ou tácita, ato ou conduta municipal legalmente prevista, seja uma concessão de licença, resultado de comunicação prévia, autorização administrativa, que permitam juridicamente qualquer tipo de construções ou utilizações urbanísticas. Outra nota, de natureza jus-significante, para referir que, desde logo nesse tema de regularização em geral, o legislador usa sistematicamente o vocábulo "pode", que de facto, muitas vezes, é um poder-dever: poder como atribuição de uma competência e, simultaneamente, um dever funcional para ser exercido

*

Há vários temas nestas matérias que são de especial importância social e em que a legislação é *deficiente, insuficiente ou incoerente.*

Destacaria, para já, alguns, que resultam do que já antes se afirmou, que vão desde o da tradicional incapacidade real de *reposição da legalidade das construções habitacionais*[5] *(sem se poder desconhecer o direito fundamental à habitação segura*[6]*)*, ao da *degradação estético-cultural do ambiente urbano*[7] e do quotidiano

obrigatoriamente, contrariamente a um inadequado entendimento muito generalizado que pretende assentar tudo no interesse e iniciativa particular (como se não houvesse um interesse público envolvido), em termos permissores de inércias ao longo do tempo. Por fim, uma nota de índole "gritante" (que desenvolveremos no capítulo concernente à "análise crítica de deficiências, incongruências e insuficiências na normação e aplicação do direito urbanístico e ambiental"), para referir que, apesar do requisito do "arranjo estético", que vai aparecendo nos vários normativos de aplicação geral e mesmo de exigências legais paraminimalistas e, portanto, em geral muito valorizado pelo legislador, se contata que a "razão estética" aparece, arbitrária e absolutamente, desprezada pela administração autárquica e pelos tribunais, dando origem a fenómenos de sistemático mau gosto, mesmo nas principais cidades do país. Tema em que a reabilitação enquanto tal terá aqui também um papel cultural significativo...

[5] Artigo 65.º (Habitação e urbanismo): "1. Todos têm direito (...) a uma habitação de *dimensão adequada, em condições de higiene e conforto* e que preserve a intimidade pessoal e a privacidade familiar".

[6] Direitos fundamentais de natureza económica e social que se tornam assunto de especial acuidade em tempos de privatização de tudo o que são serviços públicos, aliás, direitos a habitação segura e saneamento (art. 65.º), a juntar a outros que constituem direitos humanos consagrados a nível internacional, por tal via, constitucionalizados, mesmo que não sejam explicitados na texto da Constituição, tais como direitos mínimos à energia (para aquecimento e alimentação), da saúde (64.º), alimentação (art. 67.º: família, e 81.º), à justiça (art. 20.º, que nos merecerá em breve uma publicação autónoma, fortemente crítico da situação atual, quer pela necessidade de rever este direito, hoje exercido em termos comerciais para ricos e de caridade para pobres, do estatuto e dignificação da função jurisdicional como real criadora de direito, teoria das fontes, prazos decisórios, etc.), ao ambiente (art. 66.º), à educação (arts. 73.º a 77.º, cultura (arts. 78.º e 79.º), direitos ligados à dignidade da pessoa, tais como o direito à promoção do bem-estar geral, em Estado Social, face a alíneas tais como as b até e do art. 81.º, as b e c do 93.º, o n.º 1 do art. 104.º com implicações nas remunerações mínimas (vide a jurisprudência do TC alemão) e, em geral, da imposição de todos os meios variados disponíveis, designadamente fiscalidade fortemente progressiva em termos individuais (mesmo que com favorecimento da imposição empresarial como tal para propiciar investimentos e acautelar a competição comercial, defendendo o emprego), para estreitar as diferenças de rendimentos correntes; direito a estabelecimento de serviço público que permita um mínimo de possibilidade de circulação dos cidadãos, designadamente para efeitos de realização da sua vida laboral.

[7] Sobre o ambiente urbano, vide, desenvolvidamente, Fernando Condesso e Catarina Condesso, em *Direito do Urbanismo.Lisboa: Quid Juris?*, 1999, e sobre o conceito de ambiente urbano e regimes industrial, turístico e comercial condicionados por razões ambientais, Condesso, F. – *Direito do Ambiente. Coimbra:* Almedina, 2001, respetivamente p. 135 e p. 1171-1196.

desprezo incompreensível pela *estética urbana* (por demissão dos poderes administrativos envolvidos), o do *ineficaz tempestivo sancionamento dos irregulares procedimentos urbanísticos ou falta deles*, o da necessidade de reenquadrar melhor a defesa do direito humano ao ambiente[8] (hoje, por vezes, "enformado" de lógicas desviantes e, em geral, perpassado de lógicas reguladoras de ineficácia teleológica, como acontece com o concreto enquadramento das sanções financeiras), tal como o da *inadequação finalística de certas previsões criminais* em certas matérias fundamentais, em que, sobretudo, releva a reposição das coisas no estado original, assim como o da incoerência global da disciplina dos instrumentos de administração territorial de aplicação plurisubjetiva face ao regime jurídico do direito da água e saneamento e sua problemática como direito humano, as constatadas impotências quanto à *resolução tempestiva dos conflitos no poder jurisdicional, cujos atrasos, face aos prazos processualmente previstos, nestes temas assumem especial gravidade social*, o da inconstitucionalidade (apesar das permissões, por vezes menos exigentes, do direito europeu, o que internamente impõe reinterpretações condizentes) de várias soluções no âmbito do direito fundamental dos cidadãos ao acesso à informação[9], abarcando todas as atividades ligadas a Administrações de interesses públicos, exercidas institucionalmente quer em termos diretos pelo Estado, Regiões políticas dos Açores e Madeira e autarquias locais e suas "associações delegadas", quer por intermediação de entes com personalidade jurídica, institutos, associações autónomas, fundações, empresas públicas ou em forma comercial detidas (totalmente ou em parte) por entidades públicas, entidades económicas reguladoras e todas as entidades públicas independentes em geral, concessionários privados ou outros detentores de documentação com posse desses documentos que lhe digam respeito e lhes pertençam ou, ainda, entre muitos outros[10], o da *ineficácia aplicativa do controlo integrado da poluição na indústria*.

[8] Artigo 66.º, n.º 1: "Todos têm direito a um ambiente de vida humano, sadio e ecologicamente equilibrado (...)".

[9] Em geral, hoje obteto de legislação aplicaora do artigo 268.º, n.º 2, da Constituição.

[10] Importa, aliás, lembrar, face à consagração pela ONU de vários direitos humanos e, mesmo alguns como direitos fundamentais na nossa Constituição, no domínio dos direito económicos, sociais e culturais, tais como os textos nacionais sobre direitos fundamentais à habitação (artigo 65.º da CRP), o direito humano à agua, à energia, ao saneamento e à alimentação (ONU e 67.º; 81.º da CRP), o direito à promoção da igualdade social (al. a), b), d) e e) do art. 81; al. b) e c) do 93.º e n.º 1 do art. 104.º CRP;), ou os factos da redução, em termos de direitos universais, no que concerne ao direitos à saúde (64.º) e à educação (73.º a 77.º: Art. 81.º (Incumbências prioritárias do Estado): "Incumbe prioritariamente ao Estado no âmbito económico e social: a) Promover o aumento do bem-estar social e económico e da qualidade de vida das pessoas, em especial das mais desfavorecidas (...); b) Promover a justiça social, assegurar a igualdade de oportunidades e

Destaco, agora, a incapacidade resolutória das irregularidades urbanísticas face à rigidez do conceito de "reposição" da legalidade. A realidade da permanente fuga à aplicação das estatuições do século XX, demasiado assentes na solução de demolições ou de imposição de normas supervenientes aos momentos construtivo, legal ou ilegal, e, por isso, bloqueadoras na sua realização pelo fenómeno das dificuldades sociais de as executar, já levara há muito a jurisdição administrativa a declarar que a regularização era a solução normal e a demolição apenas a aplicar se nenhuma outra fosse possível.

O legislador ou pretende realmente perpetuar o problema da ilegalidade edificatória historicamente criada ou ela é um instrumento nas mãos de interesses elitistas de irracionalidade política, que não tem qualquer sentido. E sabemos não ocorrer ciclicamente só nas políticas económicas e fiscais, com a natural corrosão dos regimes políticos, face a adesões ao ultraliberalismo

operar as necessárias correções das desigualdades na distribuição da riqueza e do rendimento, nomeadamente através da política fiscal". Todos têm direito à educação e à cultura"; "Direito ao ensino) ou a inexistência de um verdadeiro "direito fundamental à justiça" [art. 20.º:" (sobre o direito de acesso ao direito e à tutela jurisdicional efetiva:" (...)" e, aliás, da ordem das funções soberanas, exercidas em nome de todo o povo), que é um serviço público do Estado não acessível à mioria dos cidadãos; dado que, face aos códigos de custas judiciais, apenas a têm ou os muito pobres (que tenham coragem e consigam assistência judiciária competente, e não a atribuição a profissionais inexperientes ou inqualificados), ou os muitos ricos e o mundo empresarial, com a maioria, nas classes médias, impedida, quer da vindicta privada (que é crime, mas vai avançando), quer da justiça pública, com suas brutais opções de gastos, face às economias das famílias; o que cria fortes disrupções contra o disposto no n.º 1 do art. 13.º (Princípio da igualdade), que dispõe que "Todos os cidadãos têm a mesma dignidade social (...), o que tal tipo de Justiça, cara e atrasada, põe em causa, sendo certo que não é, por muito ajuda que possa dar, o Provedor de Justiça, que, embora gratuitamente, mas sem naturais poderes impositivos, que pode colmatar todas estas deficiências (art. 23.º, n.º 1: "Os cidadãos podem apresentar queixas (a título gratuito) por ações ou omissões dos poderes públicos ao Provedor de Justiça, que as apreciará sem poder decisório, dirigindo aos órgãos competentes as recomendações necessárias para prevenir e reparar injustiças". Impondo-se, pois (não só, nos termos do art. 64.º, n.º 1 ("Todos têm direito à proteção da saúde...) um "serviço nacional de saúde" "universal", enquanto direito ligado à defesa da vida, em que pode entrar parte da medicina estomatológica-dentária mas, portanto, deixando para a medicina privada ou para serviço público igualmente pago, tudo o que não tem que ver com a razões de salvação da vida, a cura de doenças, tais como tratamentos meramente estéticos, abortos não problemáticos, tratamentos capilares e outros), também um "serviço nacional de justiça, restrito aos cidadãos a título individual", enquanto cidadãos e sobretudo nos contenciosos com entidades públicas (em que, em vez do Estado, que estava isento, começar a pagar, a ele mesmo, o que devia ter acontecido era os cidadãos enquanto tais deixarem de lhe pagar), que garanta gratuitamente julgadores e advogados, a pagar normalmente pelo Estado (como os médicos e enfermeiros no SNS), sem prejuízo de (como também ocorre na saúde), as pessoas que queiram (e, sempre, naturalmente, o mundo do direito privado empresarial), poderem optar pela advocacia privada ou por acordos assentes soluções orgânicas privadas, arbitrais e outras que tragam a paz social).

e sua exponencial diferenciação de rendimentos e posições contra o Estado social, cuja incorreção deu origem a ideologias revolucionárias e a experiências extremas de coletivismo antidemocrático.

Vejamos.

Durante muito tempo vingou uma normação principiológica sem assento escrito, depois passada a lei, segundo a qual o legislador consagrou expressamente que, decorrido um certo tempo em que uma decisão administrativa ferida de invalidade grave já não poderia ser considerada nula e atacada administrativa ou jurisdicionalmente, por consequente atribuição de efeitos putativos, que obrigava a tratar o caso como se tivesse tido origem legal.

Em causa, estão muitas vezes nulidades não meramente formais, mas por incumprimento de normas materiais, designadamente normas substantivas de direito urbanístico, quer derivadas diretamente da lei, quer de regulamentos de planificação territorial. Incumprimentos de gravidade real, em termos de ordenamento do território[11] ou de deficiências construtivas.

Esse mesmo legislador confunde no mesmo regime de afirmação de ilegalidade atacável pelas autoridades impondo exigências do direito material atual a diligências procedimentais de reposição da legalidade urbanística?

De acordo com as normas vigentes no momento da regularização, tratando-se não só de situações em que no momento da construção não se cumpriram as normas substantivas exigidas na altura, como se elas foram cumpridas e apenas faltou requerer e obter um garantido deferimento expresso?

Não se olvide que, nessas décadas anteriores, muitas ilegalidades feridas de nulidade ficaram sistematicamente cobertas por deferimentos tácitos legalmente aceites pelo anterior Código do Procedimento Administrativo de 1991 e mesmo pelo direito do urbanismo até 1999. Se não da totalidade da construção, pelo menos de aspetos parciais dela, que eram precisamente os que seriam legalmente de rejeitar face às leis em vigor por implicarem a nulidade.

Isto significa que não são razões de interesse público que fazem o Estado calar-se face a irregularidades construtivas. Cala-se mesmo que as construções em causa ofendam gravemente as regras em vigor na altura da construção. E é, genericamente, autocrático na imposição de demolições ou correções segundo as novas regras do momento futuro, mesmo que passadas décadas, para a efetivação da regularização pretendida (regras atualmente vigentes

[11] Vide, em geral, Condesso, Fernando – *Ordenamento do território: Administração e Políticas Públicas, Direito administrativo e Desenvolvimento Regional*. Lisboa: UTL-ISCSP (atual Universidade de Lisboa) (com bibliografia, 950 páginas).

do RGEU, planos intermunicipais ou planos municipais de ordenamento territorial (PIMOT, PMOT), regime jurídico da reabilitação urbana (RJRU), etc.. Por isso, os cidadãos evitam regularizar! Mesmo que apenas tenha faltado o procedimento, mas se comprove cumpridas as normas materiais e de planeamento físico geral e mesmo ambiental?

Uma coisa é "punir" a falta de procedimento com sanções, outra é dar tratamento diferente ao putativamente atribuído a construções antigas mantidas por não intervenção contra nulidade de título expresso ou por deferimentos tácitos.

Isto mostra-nos um *Estado irracional, autocrático, aferidor do correto* pelas lógicas dos interesses urbanísticos e vivenciais das elites mais abastadas.

Há muito deveria ter-se considerado "ope legis" legalizadas todas as ilegalidades construtivas mantidas há décadas, acabando com a atual "vida suspensa", designadamente impossibilitando o "comércio jurídico" normal de milhares de cidadãos. E mesmo impor a não ocorrência futura de tais situações, obrigando os municípios a ter de tomar posições corretivas face a construções ilegais num prazo razoável de dois ou três anos. Prazo que é mais do que suficiente para as tarefas de fiscalização normais. Findo o qual, só pode haver, genericamente, a produção de efeitos de natureza putativa, obrigando a um relatório de arrolamento anual das situações anormais fiscalizadas e medidas corretivas tomadas, a enviar à Assembleia Municipal e ao Governo.

Tudo sem prejuízo da responsabilização dos autarcas, se se provarem inércias coniventes com a ilegalidade.

Face à impotência contínua da Administração Pública para "legalizar" nos prazos previstos, e não se querendo demolir, como resulta da prática do poder autárquico e das corretas orientações jurisdicionais, logo tem vindo o legislador a prorrogar prazos, designadamente, do regime das áreas urbanas "clandestina", ou melhor permanente "de génese ilegal", e avançou mesmo em 2014 com procedimentos derrogatórios de normas para uma regularização excecional e temporária face às situações em geral.

Embora este, atualmente, tenha sido alterado em confissão de impotência resolutória no tempo previsto, retirando-se qualquer limite temporal, mas, mesmo assim, não deixam de ser ambas as normações, de novo algo que deixa o problema sem fim à vista.

Tudo, porque o legislador ainda teme ter de encarar a realidade do país e seus problemas urbanísticos vindos do passado, que exigem medidas "ope legis", e não "a la carte" municipal, sempre que em causa não esteja, ou possa deixar de estar, a segurança e salubridade habitacional, o que só impedira a regularização se expressamente comprovado pelas autoridades, e não discricionárias, por vezes medidas por interesses eleitorais dos dirigentes das AUGI e eleitorais dos autarcas.

*

1.1.2. Fundamentos concetuais e jurídicos. Controlo e sancionamento da ilegalidade

As *operações urbanísticas* estão enquadradas por legislação própria e regulamentação, quer nacional, quer regional e municipal.

Esta normação contém normas e cominações cuja preocupação assenta na problemática da defesa de valores ambientais, culturais e ordenamentais do território[12].

O *controlo público* do respeito pela normação que as enquadram, processa-se em termos prévios segundo técnicas variadas, concomitantes e posteriores à sua efetivação (*controlo administrativo prévio*, através de deliberação sobre pedido de informação prévia, licença e comunicação prévia, fiscalização simultânea e controlo sucessivo, designadamente através de autorização de utilização) e consequentes *medidas de suspensão-embargo, de sancionamento administrativo, com demolição ou obrigação de correção-regularização e sancionamento contraordenacional*[13].

O RJUE obriga a referenciar os Instrumentos de Gestão Territorial, das servidões e restrições de utilidade pública e de outros instrumentos relevantes, e a disponibilizá-los no sítio da Internet do município.

As câmaras municipais têm de manter atualizada a *relação destes instrumentos e das zonas de servidões administrativas e de restrições de utilidade pública* aplicáveis na área do município, não só os referentes aos programas regional e especiais de ordenamento do território e planos intermunicipais e municipais de ordenamento do território, como sobre medidas preventivas, áreas de desenvolvimento urbano prioritário, áreas de construção prioritária, áreas

[12] Condesso, Fernando – ; – Desarrollo y cohésion en la Península Ibérica: El problema de la ordenación territorial. Barcelona: Erasmus Ediciones, Jan 2010, 254 pág.s.; – Políticas urbanas y territoriales en la Península Ibérica. Tomo II, Serie Estudios Portugueses, n.º 28, 361 páginas, Edição: Gabinete de Iniciativas Transfronterizas. Mérida, 2005.

[13] O diploma base que disciplina, atualmente, esta matéria é, com sucessivas alterações, o Decreto-Lei n.º 555/99, de 16.123 (Regime Jurídico da Urbanização e Edificação), e na sua versão sobretudo do Decreto-Lei n.º 214-G/2015, de 2.10, implicando o Código de Processo nos Tribunais Administrativos, depois de anteriormente ter sofrido as adaptações resultantes da lei de bases da política dos solos (LBGPPSOTU, Decreto-Lei n.º 136/2014, de 9.9). Deve acrescentar-se que, a tudo o que seja procedimental, não especialmente previsto no RJUE, é aplicável subsidiariamente o CPA

de reabilitação urbana, alvarás de loteamento vigentes, zonas de proteção de imóveis classificados ou em vias de classificação, reservas arqueológicas de proteção e zonas especiais de proteção de parque arqueológico, zonas de proteção a edifícios e outras construções de interesse público, imóveis ou elementos naturais classificados como de interesse municipal, zonas terrestres de proteção das albufeiras, lagoas ou lagos de águas públicas, zonas terrestres de proteção dos estuários, áreas integradas no domínio hídrico público ou privado, áreas classificadas, áreas integradas na Reserva Agrícola Nacional (RAN) e na Reserva Ecológica Nacional (REN).

Obrigação que recai também em *zonas de proteção de edifícios públicos* de reconhecido valor para fins de restauração, bebidas e comércio de bens e prestação de serviços, em ordem a não permitir a desvalorização estética e levar em geral à reavaliação da sua situação[14], assim como a relação atualizada dos regulamentos municipais sobre urbanismo, dos programas de ação territorial em execução e das unidades de execução delimitadas.

Até à *codificação total das normas técnicas de construção*, cabe aos membros do Governo responsáveis pelas obras públicas e pelo ordenamento do território promover a publicação da relação das disposições legais e regulamentares a observar pelos técnicos responsáveis dos projetos de obras e sua execução, devendo essa relação constar dos sítios na Internet dos ministérios em causa projetos de obras e sua execução, devendo essa relação constar dos sítios na Internet dos ministérios em causa.

Com o RJUE, *coexistem outros regimes especiais* de licenciamento em matéria de edificação, como v.g. o das unidades hoteleiras, defesa do património cultural, estabelecimentos de restauração e bebidas, unidades hospitalares, o relativo a postos de abastecimento de combustível (que merece referência autónoma nesta publicação), etc. Nas áreas a abranger por novas regras urbanísticas constantes de instrumento de gestão territorial diretamente vinculativo dos particulares ou sua revisão, quanto à suspensão do procedimento decisório de controlo prévio e regras de decisão posterior, aplica-se o disposto no regime jurídico dos IGT em matéria de suspensão de procedimentos (eventual suspensão a partir do *início da fase de audição pública* do projeto de plano territorial e eventual aplicação das novas regas planificadoras após a sua aprovação), etc.[15].

[14] Transitoriamente, Decreto-Lei n.º 173/2006, de 24 de agosto, que remete a sua proteção para o regime da Lei 107/2001, de 8.9

[15] O Decreto-Lei n.º 48/2011, de 1 de Abril, alterado pelo Decreto-Lei 141/2012, de 11.7 e antes pelo 4872011, de 1.4., veio simplificar o regime de acesso e de exercício de diversas *atividades*

Os órgãos administrativos competentes estão obrigados a adotar as medidas adequadas de tutela e restauração da legalidade urbanística quando sejam realizadas operações urbanísticas sem os necessários atos administrativos de controlo prévio, em desconformidade com os atos administrativos de controlo prévio, ao abrigo de ato administrativo de controlo prévio revogado ou declarado nulo, em desconformidade com as condições da comunicação prévia, em desconformidade com as normas legais ou regulamentares aplicáveis.

Estas medidas podem consistir no *embargo de obras ou de trabalhos de remodelação de terrenos, suspensão administrativa da eficácia de ato de controlo prévio, determinação da realização de trabalhos de correção ou alteração*, sempre que possível, "legalização" das operações urbanísticas, determinação da demolição total ou parcial de obras, reposição do terreno nas condições em que se encontrava antes do início das obras ou trabalhos e determinação da cessação da utilização de edifícios ou suas frações autónomas.

Independentemente destas situações, a câmara municipal pode determinar a execução de *obras de conservação necessárias à correção de más condições de segurança ou salubridade ou à melhoria do arranjo estético* e, previstamente, determinar a demolição, total ou parcial, das construções que ameacem ruína ou ofereçam perigo para a saúde pública e segurança das pessoas.

É sancionável como contraordenação a realização, tal como a tentativa e a negligência, de quaisquer operações urbanísticas que desrespeitem as normas do RJUE, sem a obtenção de prévio licenciamento (sem o alvará de licenciamento, exceto nos casos de efetivação legal de demolições, escavação e contenção periférica ou de deferimento tácito, ou a realização de operações urbanísticas sujeitas a comunicação prévia sem que esta tenha ocorrido; ou efetivação de obras que estejam em desconformidade com o projeto ou com as condições do licenciamento ou da comunicação prévia, ou cuja execução de trabalhos seja feita em violação da obrigação de executar em termos exatos os projetos e respeitar as condições do licenciamento ou comunicação prévia (2, art. 80.º-A). Ou, ainda, a ocorrência da *ocupação de edifícios ou frações autónomas sem a devida autorização de utilização ou sem respeitar o uso previsto no alvará de licenciamento ou na comunicação prévia* (exceto se estes não tiverem sido emitidos no prazo legal por razões exclusivamente imputáveis à câmara municipal).

económicas no âmbito da iniciativa "Licenciamento zero", face à autorização legislativa efetuada pela Lei n.º 49/2010, de 12.11, e pelo art. 147.º da Lei n.º 55-A/2010, de 31.12, e na Portaria n.º 131/2011, de 4.4.

Isto, sem prejuízo da responsabilidade civil, criminal ou disciplinar e de situações que possam ser abrangidas por regras de responsabilidade criminal, arts. 278.º-A (crimes contra a vida em sociedade), 382.º-A (crimes no exercício de funções públicas), ambos do Código Penal, e art. 18.º da Lei n.º 34/87, de 16.7 (crimes de titulares de cargos "políticos")[16].

Quanto à culpa que é, "por força da lei, um elemento constitutivo da infração, diferenciado da tipicidade e da ilicitude", ela "analisa-se na possibilidade de um *juízo de censura ou de reprovação* da conduta do agente, por, em face das circunstâncias, ter podido e dever agir de outro modo". Em processo jurisdicional[17], uma sentença é nula se cometer omissão de pronúncia quanto à questão da "ilicitude, culpa e gravidade da conduta[18].

São também sancionáveis outras condutas que visem desrespeitar medidas de reposição da ilegalidade, ou possam conduzir a ela ou não cumpram obrigações pós-construtivas:

a) o prosseguimento de obras cujo embargo tenha sido legitimamente ordenado;
b) a não conclusão de operações urbanísticas nos prazos fixados;
c) a deterioração dolosa da edificação pelo proprietário ou por terceiro:
d) a violação grave do dever de conservação;
e) a não remoção dos entulhos e demais detritos resultantes da obra;
f) a não comunicação à câmara municipal dos negócios jurídicos de que resulte o fracionamento ou a divisão de prédios rústicos[19], etc..

A instauração dos processos de contraordenação para aplicar as respetivas coimas pertence ao presidente da câmara municipal, podendo ser delegada em qualquer dos seus membros[20].

1.1.3. Urbanismo e política de habitação

Em termos de política habitacional e urbanismo, estabelece o art. 65.º da Constituição que todos têm direito, para si e para a sua família, a uma *habitação*

[16] Sobre o tema, Rodrigues, João Miguel F. M. – Reflexões teórico-práticas sobre os novos "crimes urbanístico". Coimbra: UC, 2016; Dias, Maria do Carmo S. de M. de Silva – "O direito penal e o direito administrativo: a propósito dos novos crimes (...)". Revista jurídica do urbanismo e do ambiente, n.º 31 a 34.Coimbra: Almedina, 2009/2020.

[17] Alínea a), n.º 1, art. 379.º e n.º 2, art. 374.º, do Código de Processo Penal, aplicáveis face à Lei-Quadro das Contraordenações: art. 41.º, Decreto-Lei n.º 433/82, de 27.10.

[18] ASTA, 26.4.2007, proc. n.º 1168.6.

[19] No prazo de 20 dias, a contar da data de celebração.

[20] Ac. RL, 30.5.2011, proc. 301/09.2TFLSB.L1-5.

de dimensão adequada, em condições de higiene e conforto e que preserve a intimidade pessoal e a privacidade familiar.

Para assegurar este direito à habitação, impõe-se ao Estado certas obrigações, que ele terá de ir realizando, naturalmente, de acordo com as suas possibilidades, face ao desenvolvimento do país e com apoios dependentes da capacidade das finanças públicas face às várias tarefas que lhe incumbem.

Desde a programação e execução de uma política de habitação inserida em planos territoriais que garantam:

a) a construção de *habitações económicas e sociais;*
b) o estímulo à ao acesso à habitação própria ou arrendada;
c) o incentivo e apoio a iniciativas das comunidades locais e das populações, tendentes a resolver os respetivos problemas habitacionais e ao fomento da criação de cooperativas de habitação e à autoconstrução; e
d) a adoção de políticas tendentes a estabelecer um sistema de renda compatível com o rendimento familiar e de acesso à habitação própria.

O Estado, até hoje (perdido em utilizar valores imensos para salvar empresas financeiras, cujas condutas ilegais, erros funcionais, desvios morais ou atos, gestionariamente, desviados, crimes e ganâncias sem regras adequadas de maior transparência, não controlou devidamente e, por isso, não evitou), não conseguiu realizar estes objetivos, apesar da pressão social, tendo presente a escassez de recursos financeiros, défices orçamentais e endividamentos públicos. Entretanto, sempre foi legislando num sentido reparador das ilegalidades edificatórias, mas em geral fechando os olhos ou produzindo normação corretora, em que não quer aceitar a realidade de muitas construções (erigidas fora dos regimes procedimentais legalmente estabelecidos), mas traduzindo situações que deixou criar em todo o país, quer nas zonas urbanas e periurbanas depois de 1951 quer em zonas inicialmente rurais, depois de 1991. Assim, descansando com normas transitórias para zonas declaradas ou não como AUGI ou deixando aos tribunais, conforme as díspares dinâmicas locais e meios jurisdicionais, e às desigualitárias posturas de gestão municipal do País, a resolução de imensas situações de habitações irregulares ou mesmo ilegais.

Urge uma *lei de carácter geral que legalize* todas as habitações construídas ilegalmente ("ope legis", verificados os requisitos mínimos de segurança e salubridade, desde que situadas fora de áreas ambientalmente protegidas ou de áreas de domínio público) cuja construção tenha perdurado por mais de 10 anos sem que as entidades públicas as tenham feito demolir, a menos que os municípios demonstrem a sua insustentabilidade em termos dessa segurança ou insalubridade insuperáveis.

Só uma lei nacional pode acabar posturas de inércia municipal ou dos proprietários e confusões decisórias nos autarcas e populações, respeitando um tratamento igual para todos. Há que acabar com incertezas e sofrimentos de décadas, criadas por governantes, autarcas e dirigentes de comissões de AUGI (por vezes ineptos, para levar à aprovação de PP de zona, se não mesmo corruptos), ou com gestões municipais assentes umas vezes em jogos autárquicos financeiros (exigência atual de licenciamentos formalizados regularizadores de habitações, que no tempo da sua construção, não os exigiam); outras, em jogos eleitorais de gestores municipais.

Em geral, por um lado, importa elaborar um *código do urbanismo*, integrando as matérias fundamentais do planeamento físico diretamente aplicável aos cidadãos, da urbanização e da edificação e da reabilitação urbana em geral e específicas para edificações de habitação ou aptas para tal. Imprimindo maior coerência, transparência e segurança à aplicação do direito do urbanismo.

Por outro, a *política do urbanismo do futuro* deve assentar essencialmente na *reabilitação das edificações e das habitações situadas em áreas urbanas menos corretas*, com a preocupação fundamental de se proceder a obras que imprimam *segurança e salubridade*, juntamente com a referida regularização por via legal para todo o país das situações ilegais que perduraram no tempo, com interdição de processos de contraordenação repetidos ou em situações antigas em relação às quais o Estado cobra impostos.

Não há que incentivar (a todo o custo e muito menos com dependência de crédito bancário de retorno duvidoso, à custa da crença na salvação pelo erário público para tapar os "erros morais" dos seus gestores[21], a construção de novas habitações, devendo, antes, incentivar-se este domínio do social em termos fiscais e sobretudo de condições de crédito à reabilitação urbana.

Quanto à política de habitação, nesta matéria, há que rever os excessos das tributações sobre a habitação, quer na aquisição quer na manutenção.

Há que garantir o direito universalmente aceite a uma habitação digna.

[21] Segundo a lógica corrente do "too big to fall" ou miragens publicamente não provadas e eleitoralmente aceites de evitar encargos com garantias de depósitos, já que não se pretende voltar às leis pós recessão do seculo passado, de incompatibilizar a banca comercial, de depósitos com práticas de banca de investimentos com os consequentes riscos.

Por um lado, prevendo apoios ao arrendamento para as classes desfavorecidas.

Desde logo, reformulando todas as normas urbanísticas que preveem imposições de demolições de construções em vez de apoios à reabilitação e apoiando os aglomerados familiares débeis.

Portanto, impõe-se, não só certificar ou reabilitar todas situações nas zonas urbanas e rurais anteriores respetivamente a 1951 ou 1991, como regularizar ex lege todos os casos de edificações para habitação existentes, que não ameacem ruína nem estejam com falhas no plano da segurança.

Esta é uma das grandes questões sociais, que se prende com a clarificação da situação jurídica de grande parte do parque habitacional nacional.

Em relação a prédios irregularmente construídos, serão os mesmos, objeto de imediata regularização no plano jurídico, com interdição de demolição, por força de lei geral.

Com dispensa de pareceres do Estado e de atos autorizatórios municipais, através de diploma legal, aplicável automaticamente a todo o país, em relação a todas as edificações com habitação ou aptas para tal, mesmo que sujeitas a qualquer decisão administrativa ou judicial, ainda não cumpridas, desde que construídas há mais de 10 anos; e, em alternativa, o respetivo proprietário apresente termos de responsabilidade emitidos por técnico legalmente habilitado que garanta a segurança do edifício e seus residentes; ou, não o apresentando, o município não o notifique de que considera existir perigo de estabilidade, com as devidas provas técnicas, e sempre indicando as alterações a efetivar para a sua regularização definitiva. Em caso de famílias economicamente carenciadas, prontificando-se a pagar tais obras e a realojá-las pelo período de realização das mesmas, para tal recebendo do conjunto dos moradores municiais, chorudos impostos de IMI e de transações, selo, etc., por vezes gastos em obras de fachada em épocas pré-eleitorais.

Entretanto, enquanto a regularização se não processa, nos casos de habitações tributadas, serão interditados processos contraordenacionais em situações não só de áreas classificadas como áreas urbanas de génese ilegal (augi), como em relação a construções antigas sem título legal suficiente ou já sancionadas anteriormente. E clarificadas as inexigências de títulos de utilização, quando não haja alterações de uso, independentemente de alterações de natureza jurídica desse uso, em todas as situações em que deva aplicar-se o princípio da preservação do existente.

Exige-se o saneamento pela via legislativa de todas as situações antigas sem título de controlo prévio, que sejam ilegais, construídas há mais de 10 anos (numa linha de orientação semelhantes à dos efeitos putativos de atos administrativos nulos). Com obrigação de os municípios emitirem títulos declarativos do facto, a menos que notifiquem, em certo prazo razoável, o proprietário para efetivar correções que permitam superar riscos de segurança do edifício. Estabelecendo-se um prazo curto de levantamento das que apresentem insegurança e devam sofrer alterações, em geral interditando qualquer princípio de mera demolição em situações de edificações para habitação.

*

1.2. Problemática ambiental. Considerações gerais sobre afactualidade ambiental

Os indicadores ambientais há muito que se tornaram preocupantes. Independentemente das reflexões sobre o passado e seus períodos críticos para as espécies vivas, como subversões da telúrica ordem natural então vigente e das registadas suas cinco extinções maciças, de facto, hoje, independentemente dos fenómenos e fatores ocorridos assim como possíveis situações repetíveis destes grandes problemas do passado, designadamente quanto às temperaturas da terra, e qualquer que seja a resposta a dar aos negacionistas que recorrem à história da sua evolução, relatada por paleobiólogos e paleogeolólogos, acontece que vivemos algo em que o Homem dos tempos modernos tem uma responsabilidade incontornável. Em muitas situações já ocorridas, tal como em futuras, elas seriam passíveis de ser evitadas, com outros comportamentos e condicionantes e práticas de desenvolvimento económico-social diferentes das atualmente trilhadas pelas dinâmicas produtivas. Estas são esgotantes dos recursos naturais limitados. Recursos "confiscados" ao futuro, apesar de pertencerem a toda a Humanidade. Designadamente, através da *contínua extração mineral*, com desaproveitamento de materiais em fim de período de vida, recurso a combustíveis fósseis, poluição das terras com substâncias contaminantes dos meios naturais, ar, água, designadamente gases tóxicos[22] e causadores de efeito de estufa

[22] Hoje, o fenómeno de desaparecimento das espécies é "cem vezes superior à desaparição tradicional" e, em geral, "os indicadores ambientais estão no vermelho" (Dominique Bong – "Préface". Dellannoy – L'Économie symbiotique, 2016, p. 15-17). Fenómeno que atinge todo o planeta. Por exemplo, o degelo do pergélisol (parte terrestre gelada em permanência), não só (além de cataclismos da fusão), afetando já 5% do Ártico liberta quantidades impressionantes de gás com efeito de estufa, mais metano, como na Antártida ocidental, os gelos passivos imergidos, protegendo os glaciares, desmoronam e populações de animais selvagens e mesmo espécies comuns vão desaparecendo.

global, com destruição da camada de ozono, uma falsa "revolução verde" na agricultura[23], etc..

À geração atual cabe evitar a continuação da sua agravação futura, qualquer que tenha sido a culpa dos processos destrutivos ligados ao desenvolvimento económico-social nestes séculos de que se seguiram às revoluções industrial e agrícola dos diferentes países, de que ao fim e ao cabo todo o mundo acabou por beneficiar, sob pena, aliás mesmo que a responsabilidade não coubesse ao homem e apenas a lógicas da natureza, mas pudéssemos evitar ou minorar as causas e consequências, de muita da vida na terra se extinguir e condenarmos o mundo a um forte retrocesso civilizacional, se não mesmo à inexistência de gerações futuras[24].

[23] A produção alimentar, apesar da revolução verde do século XX, está ameaçada com o clima, secas, alterações da capacidade sementeira.

[24] A menos que ocorra o milagre da ressurreição de "Gaia". De facto, o atual modelo económico está sempre condenado em termos de possibilidade futura, urgindo, a todos os níveis, soluções económicas assentes em novas culturas vivenciais e novas conceções, produtivas, reprodutivas e de uso dos bens produzidos e, em geral, a imposição de novas regras, condicionadoras do "desgaste e destruição dos elementos de funcionamento do planeta", políticas económicas não só regeneradoras como, para o futuro, alternativas, em sintonia com as capacidades de resiliência da natureza, em simbiose com todos os seus elementos inertes e vivos, desde soluções de agroecologia, eco-engenharia, economia circular, criação de "bens modulares", sistemas monetários novos de natureza eletrónica com cálculos diferenciados de apuramento da riqueza dos Estados e das pessoas e noivas formas de pronúncia democrática dos povos, que permita seguirem e codirigirem as políticas em termos de funcionalidade comutativa e não apropriativa, em permanência sobre todos as questões fundamentais que as suas Comunidades, em governações tendencialmente horizontais, cooperativas, segundo um principio da subsidiariedade, e não sistematicamente em pirâmide ou em pirâmide invertida, com os governantes na base de partida do poder soberano a que sujeitam todos os cidadãos, tudo conforme a uma lógica enformadora por novas normas de desenvolvimento social na "Casa Comum" que simultaneamente não ponham em causa as virtualidades da iniciativa dos cidadãos nem permitam que se produza, estados hobbesianos, jogando harmonizadamente com a natureza, sem "equilíbrio e desequilíbrios evolutivos naturais, acabando com a permanente extração mineira no mundo, adubos, aumento de lixos e lixeiras, antes atuando em complementaridade com as virtualidades do m undo vivo, as plantas regeneradoras de solos e em desequilíbrios no jogo do carbono, acabando com os "mastodontes económicos" e sua lógica depredadora mundial das riquezas que são de todos e de que eles se apropriam com conivências dos governos ditos democráticos., que exploram a parasitam o planeta, privilegiando técnicas de cultura natural, com isso dos bens por todos, em vez da apropriação pelos exploradores de oportunidades, mais ousados e abusadores, "acentuando a modularidade e a interoperatividade", com substituição de peças em vez de transformar tudo em lixo e consumir desnecessariamente mais recursos, reduzindo ao mínimo tudo o que seja extrair riqueza não renovável, acabando com a sociedade essencialmente extrativa, desde logo de energias fósseis e metais, que sendo poluidora, nem sequer é renovável, procurando tirar a riqueza do que é vivo e tem capacidade

*

No que toca ao tema do ambiente, quer em si quer na sua conexão interferidora com o território e o urbanismo, e antes de abordar a problemática concreta das agressões ambientais, desde já não deixamos de referir algumas notas, designadamente de natureza cultural, motivadoras das preocupações ambientais em geral. Importa realçar que, no mundo atual, a crescente interdependência dos povos cria algo de novo na definição e enquadramento de certas questões, que um Estado não pode resolver sozinho e que, sendo cruciais, afetam muitas pessoas no planeta ou em grande parte dele, em termos que podem levar à sua inadequação para, no futuro, suportar a vida.

A imprensa vem dando conta de toda uma factualidade e dos impactos ambientais potenciais, das desregulações de ecossistemas, de catástrofes, de anomalias afetando sobretudo a qualidade do ar, a qualidade da água, os recursos e a saúde humana, sendo certo que campeiam produtos que não são neutros para a "saúde" do ambiente, sobretudo resultantes de processos de fabrico artificial, pois sempre são necessários produtos para embalar, matérias-primas a explorar e energia a produzir, transportar, e conservar ou e para reciclar, tudo ao longo dos seus ciclos de vida, produzindo impactos ambientais, ou seja, modificações, negativas ou positivas, de índole qualitativa, quantitativa e mesmo funcional no ambiente, resultantes das conceções, procedimentos organismos, produtos e momentos do seu destino em fim de "vida", avaliáveis de modo quantificável devido a indicadores de fluxos e seus impactos potenciais. Os indicadores de problemas no ar, vão desde o efeito de estufa, emissões de dióxido de carbono e metano, ciclones a acidificação, a formação do ozono troposférico e o empobrecimento da camada do ozono, as partículas e os efeitos respiratórios derivados das substâncias inorgânicas. Na água, sua raridade, chuvas torrenciais, inundações, a eutrofização das águas doces e marítimas, a ecotoxicidade aquática, o consumo de água (indicador de fluxos). No caso dos solos e da saúde humana, as desertificações tal como o consumo de energia primária (indicador de fluxos), o esgotamento dos recursos não renováveis, a toxicidade humana e a ocupação e degradação dos solos. Tudo, colocando a questão da viabilidade do atual modelo de desenvolvimento e sua expansão à escala global. O desenvolvimento, hoje, só pode ser percebido como um "processo de complexificação, onde devem ser tomados em conta as indeterminações e as incertezas", o que só se consegue numa

de resiliência numa lógica de um mundo globalmente ecossistémico (em geral, vide Delannoy, Isabelle – L'économie symbiotique: Régénérer la planète, l'économie et la société. s/l: Babel, 2016).

abordagem sistémica, colocando a economia a conviver com outras áreas disciplinares, completando-se numa caminhada analítica de "diferenciação disciplinar, repousando sobre uma axiomática", em que as "trajetórias das sociedades são aceites como plurais e diversificadas", atendendo sempre à "pluralidade das ligações entre a economia e o ser vivo, de acordo com as sociedades" concretas[25].

A *proteção do ambiente* continua algo de grande atualidade, face à poluição, aquecimento climático, consumo de energia, gás com efeito de estufa, desafios ecológicos, científicos e políticos, em geral a intensificação de todo o tipo de agressões[26], que não acompanham o avanço da consciencialização coletiva, e, apesar disso, assistimos a políticas demissionistas, que não afrontam suficientemente, abstendo-se, ou adotando meias medidas ou cedendo sempre no plano temporal às pressões dos lóbis económicos. Com efeito, o que está em jogo pode solucionar-se aplicando as variadíssimas soluções que já existem e que a investigação pode ir aperfeiçoando. Em termos da lógica económica, a

[25] Hugon, Philippe – "Environnement et développement économique: les enjeux posés par le développement durable". In *Revue internationale et stratégique*, vol. 60, n.º 4, 2005, pp. 113-126.

[26] A poluição do ar aumenta a frequência de doenças, desde logo as cancerosas, as respiratórias e consequentemente a mortalidade, além de que reduz as capacidades reprodutivas, etc. Não só a oriunda de centrais a combustível fóssil, aquecimento, setores industriais, transportes, como recurso a perfumes, pinturas, móveis de madeira aglomerada, solventes químicos em viaturas e no ambiente doméstico (libertadores de cheiros, velas, incenso), produtos modernos de limpeza, emvez de produtos tracionais, naturais. Segundo uma notícia de 2014, saída no jornal "Le Monde", a poluição do ar terá sido responsável por mais de 500 mil mortes prematuras na Europa; em causa está a contaminação com monóxido de carbono, óxidos de azoto e de enxofre, partículas finas, cov, matais pesados, radioatividade e outras poluições que atingem a saúde humana. Petteri Taalas, presidente da OMM da ONU anunciou, recentemente, a confirmação de novo recorde registado de 100,4 graus fahrenheit, no Ártico, em Verkhoïansk, Sibéria oriental da Rússia, no dia 20 junho de 2020, a 115 km ao norte do círculo polar, o que é revelador do aquecimento geral, o que nunca havia ocorrido desde que há medição, 1885. Foi já constatada uma nova etapa no ciclo de vida dos plásticos e seus resíduos, com a presença de microplásticos nas áreas mais recuadas da civilização, tais como o Ártico, a Antártida ou o Pico do monte Evereste. (Mattieu Combe, 22.12.2021). A produção de dióxido de carbono aumentou mais de 40% entre 1.750 et 2.013. As divergências e a conflitualidade internacional sobre a questão do clima e dom Acordo de Kyoto, tem naturalmente significado em si mesmo, pela sua magna importância para o futuro da humanidade, mas também por aquilo que, simbolicamente, revela, que é uma oposição cultural e visões diferentes sobre o mundo, o homem e as sociedades, e consequentes modos de conseguir o desenvolvimento, por parte dos dirigentes políticos; alguns, opondo-se a aceitar revolucionar os modos de produção e consumo, apesar de, hoje, se poder contar com grandes progressos tecnológicos e com eficazes atuações coletivas e aceitação social, o que em países mais ou menos autocráticos, pouco conta em termos de possível pressão da opinião pública sobre os governantes.

proteção do ambiente abre-lhe novas perspetivas em termos de investigação, de iniciativas empresariais e de empregos, desde logo no próprio âmbito das diferentes ciências, que se prendem com as energias "verdes", as matérias não poluentes ou menos contaminantes, novos processos de gestão dos resíduos, etc.. Com os cientistas e estudiosos em geral a revelarem grande capacidade para apoiarem a necessária transição ecológica, em ordem a defender a natureza em geral e o contínuo desenvolvimento futuro em bases não perecíveis. O desafio vai tendo traduções no direito que, embora lentamente se vai desenvolvendo no sentido de enquadrar a atividade das empresas e proibir procedimentos ou bens muito poluentes do ambiente e mesmo agressivos para a saúde. Desde logo, como vimos, no final de 2021, nesta COP 24, na Escócia, falta construir, com acordos e atuações concretas, uma real estratégia mundial, que possa garanta para este processo e limitar as consequências futuras da catástrofe que se aproxima.

*

Nas palavras do escritor e político padre Alphonse de Lamartine, na sua canção "*Le Vallon*"[27], podemos ler a histórica expressão de uma promessa de segurança natural, teoricamente sempre reencontrável, mas, de facto, hoje, já só atingível no redesenho de um esquecido mundo ecocêntrico.

Desprezado pela lógica cartesiana de falso dualismo, de um lado o homem e o resto da natureza, e do outro a lógica extremada de liberalismo neocapitalista, ligada à ideia de homem valendo pelo que tem e ávido de ter cada vez mais, sendo certo que só pode ter o que há na natureza ou a partir dela, que apropria ganânciosamente, transforma descuidadamente e degrada irresponsavelmente, mais e mais, para mais valer como homem.

[27] Alphonse de Lamartine – "Le vallon". In *Méditations Poétiques*, 1820. Estrofes finais: "Tes jours, sombres et courts comme les jours d'automne, Déclinent comme l'ombre au penchant des coteaux; L'amitié te trahit, la pitié t'abandonne, Et seule, tu descends le sentier des tombeaux. Mais la nature est là qui t'invite et qui t'aime; Plonge-toi dans son sein qu'elle t'ouvre toujours. Quand tout change pour toi, la nature est la même, Et le même soleil se lève sur tes jours. De lumière et d'ombrage elle t'entoure encore: Détache ton amour des faux biens que tu perds; Adore ici l'écho qu'adorait Pythagore, Prête avec lui l'oreille aux célestes concerts. Suis le jour dans le ciel, suis l'ombre sur la terre; Dans les plaines de l'air vole avec l'aquilon; Avec le doux rayon de l'astre du mystère Glisse à travers les bois dans l'ombre du vallon. Dieu, pour le concevoir, a fait l'intelligence: Sous la nature enfin découvre son auteur! Une voix à l'esprit parle dans son silence: Qui n'a pas entendu cette voix dans son coeur?".

Este *alerta lamartiniano* acerca da natureza reganha cada vez mais atualidade, face à angústia contemporânea, devida à ação ecocida do "homo sapiens Linnaeus", atentatória das mais elementares regras da ecologia[28].

Esta necessidade de segurança básica reaparece numa (perigosa, se laxista por parte dos poderes públicos, porque não provada acima de certos limites de agressão hiperbólica) versão recentemente reativada sob a forma de crença no planeta-mãe, na teoria de "Gaia" de J. Lovelock, segundo a qual a Terra seria um planeta autoregenerador das origens, *"mito" de releitura simples de uma visão pan-naturalista,* quiçá mesmo "panteísta", das coisas.

Importa reter, sobretudo, a ideia de que o homem nada é sem a natureza e confiar menos na ideia de que o homem estaria protegido contra todos os erros, crentes de que o planeta sempre se curaria. Até porque pode curá-los já sem o homem presente.

Não deixo de recortar algumas partes de impressionante crueza de um texto, não só belíssimo como de grande atualidade, que Ted Perry elaborou, em 1972, para a banda sonora do filme ("habitação da southern baptist"), que pretendeu ser uma reconstituição de uma propalada carta ou discurso de meados do século XIX (1854 ou 1855) da autoria do chefe Noah Seattle da tribo Suquamish do Estado de Washington, ao então Presidente dos Estados Unidos, Francis Pierce, como resposta ao Governo dos EUA, que lhe havia feito a oferta de compra de uma grande extensão de terras ocupadas por aquela tribo índia.

O seu pensamento inspirou o conteúdo e o estilo deste texto, popularizado com a designação de "Carta de Seattle ao Presidente Pierce", que tem sido considerado, na sua totalidade, como a declaração mais bela e mais profunda jamais feita sobre o ambiente. Diz Seattle: "A terra não pertence ao homem, é o homem que pertence à terra"; "Somos parte da terra e ela é parte de nós mesmos"; "O seu apetite" (do homem branco) "devorará a terra, deixando atrás somente um deserto". E, depois de se referir "premonitoriamente" ao desprezo do homem branco pelo ar, que tem "um valor inestimável", acrescenta: "Que seria do homem sem os animais? Se todos os animais fossem exterminados, o homem também seria", "Tudo está enlaçado." "O homem é só um elemento da teia da vida. O que fizer a esta teia fá-lo-á a si próprio".

*

[28] Em geral, sobre a história da vida na terra, processo de extinção das espécies tal como se constatava já no virar do século e o comércio das espécies ameaçadas de extinção, vide, desenvolvidamente, Condesso, F. – *Direito do Ambiente*, Almedina, 2001, p. 166-217.

De facto, o *homem da antiguidade* convivia em harmonia com o ambiente, em *economia simbiótica*[29] *e com a natureza em geral, sem agressões às espécies vivas com que convivia, o sustentavam e o protegiam, nem aos solos,* o que hoje, com a economia acumulativa, de base extrativa e predadora, acontece continuamente.

Não admira que, para o futuro da humanidade, a atual *perceção dos perigos* desta generalizada conduta, de risco e de esgotamento da Terra, fruto da cultura disseminada da atual *economocracia,* ordenada pela ganância apropriativa da natureza e expropriativa de valor no planeta (sem prejuízo da necessária valorização de teorizações que se vão fazendo, a partir da constatação pelos povos, de modo crescente, da realidade e análise científica e prática, "practise theory"), venha, desde há décadas, levando à formulação e tentativa de disseminação de *novos modos de vivência humana.* De modo que (antecipando a previsão incontornável do desastre e do retrocesso do desenvolvimento do bem-estar geral e em ordem, não a questionar, mas a *manter e aprofundar os níveis desse bem-estar já conquistados*[30]*), realize procure um desenvolvimento humano e social com diferentes métodos económicos*[31].

Há mais ou menos, desde há meio século, que tais investigações e propostas se vêm acumulando, embora acessíveis a núcleos restritos e sem a devida atenção dos meios económicos, que os tentam ocultar, e dos governantes, que os vão desprezando, revelando-se atentos apenas para gerir o presente, de que dependem e os fortes interesses dominantes a que são submissos, e sempre só preocupados consigo, seus partidos e suas próximas eleições.

Novos modelos que defendem e apresentam *princípios diferentes dos que nos governam hoje e em geral, mesmo que com propostas solutivas diferentes, partem de ideias básicas que a realidade e análise do mundo de hoje impõem a todos.* Não da *supremacia da acumulação de capital e da procura do máximo lucro* e a qualquer custo, como motores da iniciativa privada e do desenvolvimento, mas de um quadro cultural num sistema que volte a ser simbiótico. Importa repensar a reconstrução de um mundo que seja assente em soluções lógicas bebidas em ideias de *agroecologia, biomimetismo,*[32] *permacultura*[33], *engenharia ecológica,*

[29] Vocábulo que vem do grego "syn", juntamente, e "biós", vida, relativo à vida, traduzindo a ideia de algo em sintonia com a vida, isto é, com todos os seres vivos existentes no planeta.

[30] Geng, Y.; Sarkis, J.; Ulgiati, S. – "Sustainability, wellbeing, and the circular economy in China and worldwide", *Science 6278* (Suplemento), 2016, pp. 73-76.

[31] Hawken, P.; Lovins, A.; Lovins, L. Hunter – *Natural capitalism: the next industrial revolution.* Londres: Earthscan Publications Ltd, London, 1999.

[32] Benys, Janine – *Biomimicry, innovation inspired by nature.* Harper-Collins Publischers, 1988.

[33] Mollison, Bill; Holmgren, David – *Permaculture One,* 1978.

agroecologia[34]*, estruturas de economia circular*[35] *e de funcionalidade*[36]*, de redes elétricas inteligentes"*[37-38-39], de *"administração dos bens comuns"*, em *"open source"*, de *"iguais*

[34] Agricultura de conservação, como segunda "revolução verde" (contra a primeira revolução que foi de aumento do "verde", mas com os custos anti-ambientais que conhecemos). Vide Altieri, Miguel A. – *Agroecology: The scientific basis of alternative agriculture,* Boulder: Westview press, 1987. A ideia de aposta numa dada relatividade em termos de opções é naturalmente de aceitar, embora se discorde de Archambeaud, na sua conclusão concreta no exemplo dado, pois a ideia da aposta alternativa no menos mau, mesmo assim tem limites, que ele não parece reconhecer: Matthieu Archambeaud, artigo em *Techniques Culturales Simplifiées,* 2011. Sobre o tema, em geral, Oliver de Schutter – Relatório sobre *Agroecology and the right to food,* ONU – CDH, 2011.

[35] Geissdoerfer, M.; Savaget, P. ; Bocken, N.; Hultink, E. – The circular economy: A new sustainability paradigm? *Journal of Cleaner Production,* J., 2017; Murray, A.; K. Skene; K. Haynes – "The circular economy: an interdisciplinary exploration of the concept and application in a global contexto", *Journal of Business Ethics,* 2015; Geldermans, R.; L. Jacobsen. Circular material flows in buildings, Delft University of Technology, 2015.

[36] Uma economia funcional, de uso-acesso e não de apossamentos individuais dos produtos, exclusivos, parcialmente improdutivos, para criar rendimentos duradouros sem externalizar o custo dos riscos e dos resíduos: Walter R. Stahel et alt.– *Product-Life as a variable: The motion of utilization",* 1982 (síntese do relatório de 1977, trabalhando o tópico deste no setor não público, em que define o conceito de de "selling goods as services" como uma ligação logica depois da extensão do producto-life a uma utilização focada na economia circular para aumentar a competitividade dos agentes económicos). Vide OCDE – *Product durability and product-life extension, their contribution to solid waste management.* OECD: Paris, 1982; örlin, Max; Stahel, Walter R. – Economic strategy of durability – valorisation of the product-life of goods as a contribution to waste prevention.1987.

[37] Conceção conhecida por "smarts grids". Organização em rede de energias renováveis: COM/2011/0202 – *Réseaux intelligents: de l'innovation au déploiement,* de 12.4.2011.

[38] A que a Comissão da União Europeia dedicou já alguma atenção, referindo-se a "redes elétricas capazes de integrar eficazmente as ações de todos os utilizadores de modo a criar um sistema rentável e durável, com fracas perdas e um nível elevado de qualidade e segurança de aprovisionamento (COM/2011/0202 final).

[39] Em geral, importa avançar na linha de teorias valorizadoras dos "espaços alheios", no sentido mais do que híbridos, mas nem privados nem públicos, sendo lugares de convívios informais geridos de modo flexível, como áreas abertas-livres, embora com condições para sítios de coexistência para morar e trabalhar, de "convívio e de *concentração*" promotora de acessibilidades para a criatividade social (Christine Balaï – "Les Tiers-Lieux, espaces d'émergence et de créativité", 2011, apud Isabelle Delannoy – L'économie symbiotique. s/l: Babel, p. 370); avançar para economias de "contribuição", entendidas como economias de existências, tanto como de subsistências (Stiegler, Bernard – "L'économie de la contribution". Ars industrialis.org/economie-de – lacontribution), de economias resilientes e economias regenerativas-restaurativas (economia regenerativa ou "economia restaurativa" – na expressão de Paul Hawken, 1955-, concebida como algo assente na *ideia de renovação como fonte primária de bens* e que se possa constituir e reconstituir os recursos mais rapidamente que o sistema económico as vai utiliza, de modo a serem considerados como não esgotáveis numa escala de tempo humano); modelos de economia valorizadora das diferentes *qualidades humanas (*Vide Pierre Lévy – *L'inteligence collective: Pour une antrhopologie du cyberespace.* ED. La Découverte, 1994), reunindo saberes e difundindo-os por toda a parte, numa lógica comunitária

de todos para todos, sempre em processo permanentemente aberto de valorização "coordenada em tempo real", com uma mobilização efetiva de todas as competências existentes ("inteligência coletiva"); adotar uma teoria de gestão dos *bens comuns*, enquanto sistema de recursos suficientemente significativos, obedecendo a uma dinâmica provocadora de "um ótimo" gestionário, sobretudo para os recursos mais importantes (na caracterização apresentada por Elinor Ostrom, o sistema é medido pelas partes que cada um pode fazer suas, nos limites pré-identificados do sistema, com regras claras de apropriação e de cedência elaboradas pelos próprios detentores desses diferentes recursos, de modo Adaptado às condições de cada local, nas diversas valências diferenciadoras, de tempo, espaço, tecnologias, competências, em que as pessoas envolvidas decidam.com fácil recurso a mecanismos contenciosos, sob controlo efetivamente fiscalizador pelos próprios detentores e outros atores que deles dependam, os quais lhes obedecem sob pena de sanções gradativas (vide o texto de economia contemporânea de Elinor Ostrom, em que critica as bases da atual análise política, in *Governing the Communs: The evolution of Institutions for Collective Actions: Political Economy of Institutions and Decisions.* Cambridge university, 1990, Nobel prize winner 2009; – *The Future of Common: Beyond market failure and governement regulation.* IEA, 2012), comunidades com a aceitação em geral da informação aberta, dados e conteúdos acessíveis à utilização de todos (numa conceção de "open data and content"), podendo ser alterados-enriquecidos e partilhados livremente por qualquer pessoa e qualquer que seja o fim visado (The Open Knowledge International: www.lebigdata.fr/open-data-definition). Há que implementar um sistema de *economia de promoção de iniciativas em fonte aberta*, que assente em bases de disponibilidade para acesso a custo razoável e fácil, passíveis de reutilização e redistribuição e com possibilidade de todos os interessados participarem deles, usando-os sem descriminação e sem limites, quaisquer que sejam os fins (derivada das ideias sobre "open source iniciative" do mundo dos logiciels; esta conceção de iniciativas de fonte livre implica a possibilidade de distribuição de "logiciels" nos mesmos termos da licença original e de modo gratuito, não devem ser especificados para um produto, fenomenologicamente neutra, mas portanto sem qualquer contribuição financeira, acesso fácil ao código fonte, que deve ser respeitado, devendo as licenças não impedir alterações ou trabalhos derivados, sem nenhumas descriminações quanto a pessoas ou domínios de aplicação: The Open Knowledge International – "What is Open?, www.linux-france.org/article/these/the_osd/fr-the_open_source_dfinition_monobloc-html.); uma *"economia de contribuição"* entendida como uma economia de existências e subsistências, não de atores separados em proditores e consumidores, mas com o valor produzido, em parte passando a funcionar como uma externalidade positiva ao não ser monetarizado (Bernard Stiegel, em *Ars industrialis*), uma *economia com partilha*, em termos que possa abranger de modo concentrado a produção-distribuição em redes colaborativas, consumo sem esbanjamento, usando modelos de redistribuição e acesso partilhado, capital "pair a pair", com financiamento participativo, administração descentralizada, e educação aberta ("pair a pair"), a que Rachel Botsman chamou economia colaborativa: Botsman e Roo Roger – *What's Mine is yours: The rise of colaborativa Consumption.* Harpcolllins, 2020. As ideias sobre ecologia industrial têm um papel fundamental a desempenhar (R.A. Frosch, Nicholas E. GAlloupolos – "Strategie for manufactoring". Scientific american, n.º 261, 1989, pp. 144-152; Ehrenfield, J. – *Industrial ecology: a new field or only a metaphor?* Journal of Cleaner Production 12, 2004, pp. 825-831; Suren Erkman – *Vers une écologie industrielle*: Comment mettre en pratique le développment durable dans une société hyper-industrielle, ECLM, 2004), tal como as ideias da "ecoconceção" (Jack Jewiet,

para iguais[40], uma *economia* com recurso a estruturas jurídicas de *economia social e solidária*[41].

Em causa, está a necessidade do mundo passar das chamadas "ciências económicas" atuais, quer a nível micro, quer macro, a *modelos económicos ecológicos*, a funcionar segundo uma *cultura geral ligada a uma economia ambientalmente compatível*, que atue em comunhão com a Natureza, isto é, de natureza "simbiótica"[42]. Portanto, um mundo vivendo de e para a natureza viva, que

Michael Hauschield – "Eco-Design and Environme, ntal Imopacts", in *Future Environmental*, vol.26, 2004, p. 629-634). Também tem aqui cabimento o pensamento do tipo "ecoconstrução",visando diminuir a poluiçãoatravés da seleção de materiais, e as teorias biomimetistas (Janine Benyus – o.c.); Ruyssen, Olivier – *Maintenance and Repair Activities, case studies*, Fast Occasional Papers n.º 33, Direção-Geral para a Ciência, Investigação e Desenvolvimento, Comissão Europeia, 1982; Lund, Robert T. – *Start-up Guidelines for the Independent Remanufacturer.* Boston: MIT Center for Policy Alternatives, 1983, pp. 83-87.

[40] A proposta de uma sociedade funcionando de "pair a pair" aparece concebida, no plano económico e na expressão de Michel Bauwens, em termos de construção de "rede distribuída, com os participantes a colocarem em comum uma parte dos seus próprios recursos", sendo todos simultaneamente fornecedores e consumidores dos seus recursos; ou seja, no fundo, cada pessoa torna-se fornecedora de acesso ou consumo de uma fonte na rede de cooperação livre e direta.

[41] No sentido de uma economia que valorize o serviço aos membros e não o lucro, com processo de decisão democrática, autonomia de gestão, dando prioridade às pessoas e ao seu trabalho, face ao capital, na repartição dos rendimentos (do tipo "Serviço Público" de Walónia e seu diploma legal sobre economia social, de 20.11.2008).

[42] Uma economia capaz de criar mais-valias e um progressivo desenvolvimento, com manutenção dos atuais níveis de vida (e não só para alguns), mas sempre de modo diferente do que tem acontecido após a revolução industrial, com a nossa economia glutona de todos os bens naturais. Uma economia que assente na procura de *máxima eficácia no uso dos recursos*, "materiais, energias, informação", menos de apropriação e mais de acesso comum, inserindo a atividade humana nos grandes circuitos funcionais do planeta, de modo a preservar o seu *"equilíbrio" ecológico global.* Construindo, colaborativamente, de modo livre e sem intermediações, uma grande diversidade de gentes e de recursos, respeitando a sua integridade em "territórios" ligados por "fluxos comuns" acessíveis a todos de maneira igual, onde circulam os recursos e bens imateriais, cruzando interesses e valores, com utilização prioritária de serviços prestados nas proximidades e pelos diferentes ecossistemas. Alguns pensadores procuram aproveitar a teoria dos sistemas e extrapolando esta teorização sobre eles, para a sua aplicação a um modelo de desenvolvimento simbiótico mundial, em termos de reprodução, desde o âmbito mais pequeno, local (organizado em ecossistemas cada vez mais complexos, sempre segundo os mesmos princípios de comunhão e respeito pela natureza), ao âmbito global, em estruturação de organizações, que não sendo em rede, mas esquemas separados, com cada nível a ser produzido pelo precedente e a modificá-lo por ricochete e não constituído por módulos em relação a interpenetração. Na economia simbiótica, a circularidade induz a cooperação entre os elementos simples, criando ecossistemas industriais "tecnosféricos", a engenharia ecológica e a permacultura, e integram o homem no seu esforço de "juntar" harmonicamente as diferentes espécies vivas, produzindo "serviços" ecossistémicos, que só a articulação do conjunto das diferentes espécies pode produzir. Com as redes numéricas a criar informação, exultante da

fazia reviver e não em geral da exploração de recurso não renováveis ou para contínua substituição, não de "economias" assentes na extração contínua de minérios ou em permanentes agressões ao meio envolvente.

Houve, historicamente, *grandes extinções de seres vivos*, mas não por culpa do homem. Esta *sintonia homem-natureza* só "foi abalada pela afirmação definitiva da *cultura antropocêntrica*, que fez do homem a medida de todas as coisas, pelo racionalismo cientificista e, por último, com a industrialização, pelo triunfo do liberalismo" económico[43], regressado nas últimas três décadas do século XX.

interação dos diversos dados que a vão depois influenciar, com as pessoas a enformar ecossistemas sociais. Produzindo *inteligência coletiva* e criando novos saberes e questões a enquadrar em nova estrutura complexa no conjunto em rede dos níveis em interação e interpenetração de organização dos sistemas, o vivo, o técnico e o social ("eco-habitat", "tiers-lieux"), da qual emergem eco-bairros de vida, trabalho e diversão, ou seja um "urbanismo ecológico" de índole colaborativa e circular, a desembocar territorialmente na diversidade-complementaridade dos recursos existentes e necessários, agregando centros povoados e centros ruralizados. Esta economia simbiótica implica uma metamorfose económica, técnica e social que se realiza em administração partilhada e em sintonia preventiva e regeneradora dos ecossistemas ecológicos, económicos e sociais, o que implica um fácil funcionamento em *real demosoberania*, uma democracia de funcionamento quotidiano mais natural e valores culturais mais gregários e menos individualistas, tal como uma economia de eficiência, de um novo urbano que não seja agressor das dinâmicas naturais do clima, com as cidades a terem de ser reinventadas no seu funcionamento, face ao fenómeno tendencialmente crescente da concentração da população (Ness, D.; Xing, K.-Toward a resource efficient built environment: A literature review and conceptual model, Journal of Industrial Ecolog, 2017; Rees, W. - The ecological crisis and self-delusion: implications for the building sector, Building Research and Information 37(3) 2009, pp. 300-311). As populações urbanas, atualmente, são responsáveis de cerca de 3/4, 70%, das emissões de gás com efeito de estufa, embora só ocupem 2% da superfície da Terra (ONU - Habitat, 2011), pois mais de metade da população mundial vive em cidades, sendo de esperar que em meados do seculo, ¾ aí vivem, necessitando de reorientação nas suas relações económicas com os restantes espaços exteriores e no seu funcionamento interno, na climatização, na vida das águas usadas-depuradas-reaproveitadas, no domínio dos ruídos nas estradas e viaturas na generalização da sua vegetarização purificadora da atmosfera, no aproveitamento das águas e resíduos-dejetos para "adubagem", no povoamento de árvores frutíferas, juntando locais de habitação e de trabalho para evitar deslocações motorizadas relocalizando a produção e a invenção, mutualizando aparelhagens e equipamentos mais pesados e dando acesso livre a informação, saberes ideias-debates, em geral à criatividade, funcionando em espírito de comunidades e cooperação em rede (Lynn Marzulis e Doris Lagan - "Marvelleus", in *The Earth is All the Home We Have*, Ressurgence, 206, 2001). Vide Nora, Simon; Eveno, Bertrand - *L'amélioration de l'habitat ancien*. Paris: La Documentation Française, 1976; Switzer, J F Q. - The Life of Buildings in an Expanding Economy, Gold Medal Paper, Chartered Surveyor, Vol. 96, No 2, 1963, pp. 70-77; Su, B.; Heshmati, A.; Geng, Y.; X. Yu. - A review of the circular economy in China: moving from rhetoric to implementation, Journal of Cleaner Production 42, 2013, pp. 215-227.

[43] Heisenberg - *La Nature dans la Psyque Contemporaine*, 1962; Markus, T. A. (ed.) - Building Conversion and Rehabilitation: Designing for Change in Building Use, Newnes-Butterworths, London, 1979.

Hoje, dominante nas demissionistas políticas nacionais, unionistas e globalizadoras. Sem a real aceitação do *monismo natural do existente*, pela sua real interdependência, partilhamos com P. W. Taylor[44], a tese de que a "desaparição completa da espécie humana não seria uma catástrofe moral, mas talvez um evento que o resto da comunidade de vida aplaudiria com gosto".

É inegável que, hoje, vivemos um *processo de desvios e ameaças ambientais de repercussão mundial*[45], que vai sendo conhecido pelos cidadãos, criando uma "angústia ecológica" (título de livro de Eurico de Figueiredo), designadamente entre os jovens.

A temática ambiental é uma fonte privilegiada de questões globais, mesmo que de erupção instantânea e perfeitamente localizada, v.g. a explosão da central nuclear de Chernobyl, na ex-URSS, ou de Fukushima, no Japão.

Em geral, global acaba por ser todo aquele problema que tende a dramatizar a sensação de interdependência, qualquer que seja o local, eventualmente longínquo, onde tem origem ou é constatável, configurando uma necessidade de ação, v.g. a fome em África. E, muitas vezes, estas questões aparecem como estando interligadas, v.g. o aumento do efeito de estufa, relacionado com a questão da energia, da população, da pobreza, da tecnologia ou agricultura e saúde.

Estas questões mundiais são geradoras de desequilíbrios na natureza e de crise biótica, que o industrialismo, a destruição das florestas, a explosão demográfica e a concentração dos homens e das suas atividades em áreas urbanas poderão potenciar até limites irreversíveis.

Trata-se de questões globais inultrapassáveis, em que a temática ambiental, na Época das Cidades, "câmaras de gás que envenenam os pulmões e o sangue dos seus habitantes", terá de sofrer uma recentragem valorizadora de uma abordagem eco-urbanista e neodesenvolvimentista (em tríade com a da conservação da natureza e a preservação-correção das poluições devidas às atividades económicas).

O *urbanismo ambientalmente compatível*[46] exige políticas unificadoras da defesa dos ecossistemas urbanos, integrando umbilicalmente a problemática ambiental e urbanística, numa abordagem interativa para um sadio

[44] Taylor _*The ethics of respect for nature*, 1981.

[45] Hite, Kristen A.; Seitz, John – *Global Issues*. Willey, 2021 (última versão, coletiva).

[46] Kohler, N. – The relevance of the green building challenge: an observer's perspective. Building Research and Information 27(4-5), 1999, pp. 309-320; Kibert, C.; Sendzimir, J.; B. Guy – Construction ecology and metabolism: natural system analogies for a sustainable built environment, Construction Management and Economics, 18(8), 2000, pp. 903-916.

ambiente urbano com qualidade de vida, implicando múltiplas questões e consequências de grande espectro em relação aos elementos da natureza absolutamente indispensáveis à vida, sobretudo a água e o ar (destruição das camadas superiores de ozono, efeito de estufa, destruição das florestas tropicais, concentração de co^2 nos fundos marinhos, etc.), elementos que há muito revelam que o planeta não pode acomodar-se ao instalado conceito de soberania e às vedações estaduais.

Impõe-se um direito internacional à "ingerência ambiental" em nome dos direitos humanos e da sua natureza de "ius cogens", em defesa da subsistência do próprio homem.

A consciencialização de um mundo sem futuro para o "futuro da humanidade" obriga à aceitação de legitimidades funcionais intergovernamentais cogentes com autoridades administrativas e jurisdicionais supranacionais.

A problemática ambiental será, cada vez mais, um claro campo de futuros conflitos, já atualmente com clara perceção das ameaças para a "casa comum" (escassez de recursos, detioração de todos os meios aquáticos, crescente degradação da qualidade ambiental designadamente por géneses transnacionais e até globais: efeito de estufa, buraco de ozono, chuva ácida, gaseificação tóxica da atmosfera, poluição nuclear e de resíduos).

Tudo de que as populações dependem, águas doces e mares, solos, atmosfera, florestas, biodiversidade, pescas, fontes alimentares, fontes de energia e outros recursos base da sua saúde e bem-estar e mesmo da sobrevivência, estão em crise e a solução não passa pelos Estados que mais sofrem as consequências e que nem sempre são os principais causadores. Problemas hiperbólicos que as soberanias e escrutínios democráticos estatais nunca poderão resolver.

A falta de sustentabilidade ambiental (e o medo de falta de água, alimentos, saúde e segurança dos indivíduos e comunidades), se não for urgentemente contrariada com medidas corretoras energicamente controladas e punidas, é suscetível de provocar insegurança internacional, propiciadora de conflitos (envolvendo mesmo todos contra todos) e guerras militares que, se eclodirem, não a resolvem, e só virão agravar a situação ambiental e a destruição de recursos (utilização abusiva dos renováveis e não renováveis, a ritmos desrespeitadores da sobrecarga da capacidade de autodepuração e auto regeneração da natureza e em geral à deterioração e ao empobrecimento dos elementos naturais necessários à vida, impelindo a uma lógica natural, mas empobrecedora, de questionamento do desenvolvimento.

*

Os Estados, isoladamente, não têm condições para resolverem ou terem qualquer influência na degradação ambiental. Evitar ou minimizar conflitos futuros obrigar os atores governamentais e não governamentais a cooperar, para acabar com bloqueamentos e permitir corrigir o agravamento dos fatores críticos.

Face à agressão da natureza por parte do homem e ao cada vez mais visível ricochete destrutivo por parte dela, exige-se a aplicação eficaz de um adequado direito universal do ambiente, que será o mais importante dos direitos do homem a partir deste século, aliás base do exercício na justa medida dos mais fundamentais dos seus direitos, o direito à vida dos indivíduos e subsistência do género humano.

O *direito ao ambiente*, conjunto das condições que permitam a existência e a reprodução da vida no planeta, é cada vez mais *parte essencial do direito de todos à vida* (direito de nascituros, direito do homem da nova geração), neste planeta doente, face à civilização industrial tecnológica e atuais lógicas ultracapitalistas, urbanizadoras, interesses bloqueadores de alternativas democratizadoras de novos tipo de energias de transportes hoje intoxicantes, da revolução agrícola (impropriamente designada por "revolução verde"), etc.

O ambiente tornou-se um meio imposto, dominado pela técnica ao serviço da economia e isso não pode durar muito mais.

A história revela à saciedade que o que caracteriza o género humano é ser capaz de compreender os mecanismos que põem em causa a sua conservação, hoje ainda factualidade-desafio, amanhã julgada e perseguida sem dó pelos interesses instalados que não se tenham adiantado a procurar soluções anti-degradantes do ambiente.

A *história das revoluções* desencadeadas pelos descamisados das sociedades enquistadas ensina-nos algo.

Vivemos, hoje como nunca, a construção do "homem universal"[47], capaz de abarcar a totalidade da experiência e do conhecimento, a fim de atuar sobre a natureza e sobre o próprio homem.

Importa lembrar a máxima baconiana formulada no plano da *relação homem-natureza*, de que a *ciência experimental* veio para "dar ao homem o domínio sobre a Terra"[48], com o espetacular desenvolvimento atual da ciência destinado "a aplicar os resultados da investigação ao domínio da natureza" (Truyol y Serra) e ajudando a que esse *domínio autocrático e destruidor* se torne curativo, pois como ele dizia, no seu fragmento de utopia, que é *The New*

[47] Pico de Mirandola – *De dignitate hominis*, 1486.
[48] A.c. – *De dignitate et argumentis scientiarum.*

Atlantis, publicado em 1627, "só se governa a natureza obedecendo-lhe, isto é, pondo em prática as suas leis" (o domínio da natureza tem limites, que não podem ser ultrapassados, sob pena de ficar em causa a natureza e com ela o próprio homem, que deixou de poder considerar-se acima da natureza em vez de se sentir parte dela.

Importa obrar em geral pela conservação da vida, proteção da flora e da fauna, salvaguardar e valorizar as *formações vegetais*, espontâneas ou subespontâneas, o *património florestal e os espaços verdes*, interditando-se os processos que impeçam o desenvolvimento normal ou a recuperação da flora e da vegetação, muita da qual apresenta interesse científico, económico ou paisagístico, designadamente da flora selvagem, que é essencial para a manutenção da fertilidade do espaço rural e do "equilíbrio" biológico das *paisagens* e para a diversidade dos recursos genéticos.

As áreas degradadas, atingidas por incêndios florestais ou afetadas por uma exploração desordenada devem ser sujeitas a uma política de gestão, que garanta uma racional recuperação dos recursos, através da beneficiação agrícola e florestal de uso múltiplo, fomento e reposição dos recursos cinegéticos.

O *património silvícola* tem de ser objeto imediato de medidas de ordenamento, visando a sua defesa e valorização, tendo em conta a necessidade de corrigir e normalizar as operações de cultura e de exploração das matas, garantir uma eficaz proteção contra os fogos, promover o ordenamento do território e valorizar, incrementar e diversificar as atividades de produção de bens e prestação de serviços. E espécies vegetais ameaçadas de extinção ou os exemplares botânicos isolados ou em grupo que, pelo seu potencial genético, porte, idade, raridade ou outra razão, o exijam devem ser objeto de proteção. As colheitas, o abate, a utilização e a comercialização de certas espécies vegetais e dos seus derivados e a importação ou introdução de exemplares exóticos devem ser controlados pelas autoridades públicas.

No que diz respeito ao reino vegetal, deve ser dada especial atenção à floresta.

A *floresta mundial original* está em vias de extinção, e com ela uma extinção maciça da biodiversidade. Portugal e Espanha, conjuntamente com diferentes organizações ibéricas, representando indústrias e produtores florestais, assinaram no final de janeiro de 1997, em Elvas, um documento de compromisso, que integra os princípios de um código internacional de conduta para garantir a conservação e a melhoria das florestas, nestes países. Em todo o mundo, é urgente criarem-se IGT que desenvolvam e planifiquem o território e a defesa da natureza em especial.

*

As *autarquias* devem ser os principais porta-estandartes na defesa da qualidade de vida das populações, impedindo, desde logo, as cidades de cimento e a *construção desordenada* que se tem verificado.

Especificamente, quanto à *fauna*, ela deve ser objeto de legislação protetora que promova e salvaguarde a conservação e a exploração das espécies, garantindo o seu potencial genético e os habitats indispensáveis à sua sobrevivência.

A gestão da fauna migratória deve passar pelo levantamento, a classificação e a proteção dos habitantes, em particular das montanhas e das zonas húmidas, ribeirinhas e costeiras.

A proteção da fauna autóctone de uma forma mais ampla e a necessidade de proteger a saúde pública implicam a adoção de medidas de controlo efetivo, muito restritivas ou mesmo de proibição, a desenvolver pelos organismos competentes e autoridades sanitárias, nomeadamente, no âmbito da manutenção ou ativação dos processos biológicos de autorregeneração, recuperação dos habitats degradados, essenciais para a fauna, e a criação de habitats de substituição, se necessário, no âmbito da comercialização da fauna silvestre, aquática ou terrestre, da introdução de qualquer espécie animal selvagem, aquática ou terrestre, nas diferentes regiões. Com relevo para as *áreas naturais*, destruição de animais tidos por prejudiciais, sem qualquer exceção, através do recurso a métodos executados sob o controle das autoridades competentes.

É necessária a regulamentação e o controle da importação de *espécies exóticas*, a regulamentação e o controle da utilização de substâncias que prejudiquem a fauna selvagem, a organização de lista ou listas de espécies animais e das biocenoses em que elas se integram, quando sejam raras ou estejam ameaçadas de extinção.

Os *recursos animais, cinegéticos e piscícolas das águas interiores e da orla costeira marinha* devem ser objeto de adequada legislação especial, que regulamente a sua valorização, fomento e usufruição, devendo ser prestada especial atenção ao material genético, que venha a ser utilizado no desenvolvimento da *silvicultura* e da *aquicultura* e impedida a sua alteração e "confisco" pelas entidades de *transgenização*.

No domínio ambiental e em geral de defesa do território e seus valores, o homem, independentemente da sua cultura e sobretudo devido à *lógica desregrada maximizadora dos lucros empresariais e seus administradores, em economia capitalista excessivamente liberal e exponencialmente desigualitária*, comporta-se desavisadamente, danificando os bens ambientais, que são de todos.

A *sensibilização, a consciencialização e a educação ambientais* valem mais do que todas as normas e políticas juntas.

Neste campo, os hábitos e as experiências do gozo da sociedade de "bem--estar" consumista, já cristalizados e saboreáveis no imediato, aparecem para muitos como valendo os riscos relativos ao futuro. Cabe aos cidadãos e dirigentes políticos e económicos, lutar por estes valores e contra os seus agentes destruidores impondo o respeito generalizado das regras e dos limites da natureza, que nos interpela cada vez mais por razões ecológicas e ecotoxicológicas.

Se é verdade que já há muitas décadas, *os ecólogos, os ambientalistas, os políticos e os homens comuns* estão convocados para este combate diário, de qualquer modo, face à falta de generalização de conhecimentos essenciais e à ganância conatural aos atores económicos em sociedade capitalista neoliberal, temos de aceitar que as normas jurídicas relacionadas com interesses difusos e coletivos, produzidas pelos que nos governam, têm de ser respeitadas como algo que não diz respeito só aos outros, mas a cada um de nós. Elas não são exercícios de afirmação livre de poder.

Normalmente, até funcionam contra os interesses instalados das elites produtivas e consumidoras, dos mais poderosos, que só vivem para acumular riqueza e jogar com ela. Não pecam por excessivas. Geralmente já chegam atrasadas ou assumindo camuflados compromissos "de minimis". E mais: nestes domínios ambientais, ordenamentais, urbanísticos e mesmo de defesa do património cultural, não podemos esperar tudo do legislador ou da Administração Pública.

Os cidadãos têm de ir à sua frente. Os poderes públicos têm ido sempre atrás dos cidadãos e à força. Esta defesa dos *bens territoriais e relacionados com a saúde* em geral devia mesmo dispensar em grande parte a espera das normas oficiais, hoje em geral dependentes de *políticos economocratas* que dominam a atualidade e sempre conseguem bloquear ou paralisar os outros políticos e mesmo, por vias de financiamentos de ONG, setores tidos por *ecocratas*.

Importa impor equilibradas soluções de política económica para um garantido desenvolvimento compatível com esses valores, ambientalmente resilientes. Com uma *nova visão,* para além dos novos discursos eleitorais (Schumpeter), que vá integrando os elementos constituintes do direito a um "ambiente são" no catálogo dos direitos do homem e levar avante iniciativas organizacionais para uma efetiva aplicação das normas internacionais, a nível de instituições administrativas mundiais, desde um tribunal ambiental mundial com jurisdição obrigatória sobre todos os Estados a outras instituições intergovernamentais e supranacionais para atuarem eficazmente contra os contaminadores, desde logo quando impliquem consequências transfronteiriças.

*

As *políticas e o direito* são, cada vez mais, instrumentos imprescindíveis.

Alguns especialistas da *biologia e paleobiologia* consideram que o nosso planeta já entrou, há muito, num processo de crise biótica, de eliminação maciça dos seres vivos, que terminaria na sexta grande extinção das espécies[49].

As *problemáticas do ambiente e da defesa dos territórios* têm sofrido uma complexificação crescente à medida que se vai processando a hiperbolização da factualidade que lhes subjaz (aumento da degradação e suas formas, radicação da população em espaços físicos concentrados e necessidade de integração das preocupações ambientais antropocêntricas na vida e desenvolvimento das cidades.

A *expansão urbana* traz hoje problemas graves com relógios urbanos anti-humanos criando uma "natureza urbana" artificial e agressiva para o indivíduo.

Como referíamos, no livro *Direito do Urbanismo,* no final do século XX[50], "Após toda uma época em que o direito do urbanismo de 2.ª geração esteve associado, e em muitos aspetos vivendo de um intervencionismo que respondia às conceções do Estado de Direito Social, sobretudo no pós-guerra, hoje avança-se no caminho de uma reconstrução geradora daquilo que designaria por um novo direito do urbanismo ou direito do urbanismo da 3.ª geração, intimamente inspirado pelas conceções do nascente Estado de Direito Ambiental, que deverão dominar o século XXI".

Na *vertente preventiva,* a nomocracia implica fortemente o ordenamento territorial das atividades a exercer nos solos. Na *vertente corretora,* tem de levar à reconstrução das ideias sobre urbanismo, ambiente e território humano.

Há que perder a convicção isolacionista de que essa "reconstrução" da cidade se pode fazer deixando ao acaso o seu *hinterland* global, a região, o país, em boa verdade o mundo (v.g. as alterações climáticas ou o buraco do ozono, tocando todo o planeta, incidem também nas cidades, onde têm muito da sua origem e onde provocarão a maior parte dos seus efeitos negativos na espécie humana).

[49] Leakey, Richard e Lewin, Roger – *The Sixth Exinction,* 1995.

[50] Coleção de preleções de 1999, ministradas na Faculdade de Engenharia Civil do IST, no âmbito do mestrado EM Planeamento Urbano e Regional, desgravadas por alunos e publicada pela Editora Quid Juris, de Lisboa.

É necessário avançar no caminho de um desenvolvimento que resolva o *problema dos resíduos, líquidos e sólidos e da poluição* resultante dos produtos da sua eliminação. Um desenvolvimento humano que defenda as suas *raízes significantes, situantes, referenciais, através da proteção do património cultural, construído e natural, e da recuperação dos centros históricos.* Um desenvolvimento limitador das atividades económicas contaminantes e criadoras de *lixos perigosos*, ultrapassando as normas de contemporização, negociadas, com agentes e produtos poluidores.

Criador de *espaços verdes e infraestruturas desportivas* e de lazer, com rejeição das meras cidades de betão, mesmo que não possa generalizar corbusianamente a criação de cidades jardins para biliões de habitantes, sempre em crescimento, desde que os espaços verdes não sejam conquistados à custa de tipologias urbanizadoras, criadoras de cidades em que as habitações fiquem tão distantes da terra, que o homem perca a ligação com toda a natureza.

Este *novo direito do urbanismo*, a impor, implica uma *Administração pública antecipadora, corretora, circunscritiva e sancionadora*, na defesa de todos os valores ínsitos aos territórios.

Teremos de conceber uma *nova dinâmica social participativa*, com um urbanismo atirado para valores conservativos, estéticos e ambientais, propiciador da existência, digna de proteção jurídica, de ecossistemas urbanos, criadores de uma área ambiental específica, num holístico conceito de Ambiente Urbano, pilar urbano da política e dos direitos dos cidadãos.

Estamos, apenas, numa fase de um *proto-urbanismo ambientalista*, assente em enquadramentos analisáveis em abordagens de *sociologia urbana e ecologia humana*, mas que urge que marque, desde já clara e fortemente, o rumo futuro das grandes opções das Administrações Públicas.

Importa não esquecer que o *défice ambiental é global*, mas ele ainda só é especialmente confrangedor para o homem comum que habita os grandes meios urbanos.

O século XXI será, irreversivelmente, o século das cidades. Estes são os territórios em que aos poderes públicos há muito se vem impondo uma atuação *imediata, em termos corretivos e preventivos.*

*

A problemática do ambiente tem sofrido uma complexificação crescente, tal como o ordenamento do território e o urbanismo, à medida que se vai processando a hiperbolização da factualidade desviante que lhes subjaz.

É o aumento da degradação e das suas formas, a radicação da população em espaços físicos concentrados e a integração das preocupações ambientais antropocêntricas na vida (e, portanto, no desenvolvimento) da cidade.

Tudo isto transforma a natureza ôntica destas problemáticas, colocadas, fenomenologicamente, cada vez mais, em rota de colisão, mas, também, de confluência inultrapassável, nas mais importantes áreas de intervenção dos poderes públicos, aos vários níveis territoriais. Em ordem a, no futuro, não deixar de garantir a qualidade de vida do homem, comando constitucional escatológico da Administração ambiental.

O atual relógio urbano é anti-humano. E é-o, não só porque socialmente desajustado nas relações entre os homens, mas porque o défice eco-urbano cria uma "natureza urbana" artificial e agressiva para o indivíduo, de modo que o homem urbanizado vive como um "homo insapiens".

Este novo direito do urbanismo sustentável exige uma Administração pública antecipadora, corretora, circunscritiva e sancionadora, na defesa de valores ordenamentais e ambientais ligados ao território. A expressão urbanismo sustentável serve para mostrar que a nova dinâmica social cria um outro desafio, o de um urbanismo atirado para o interior de uma outra problemática, a do ambiente. Esta, que embora tenha, hoje, em si, autonomia de tratamento, começa a perpassar, horizontalmente, todos os sectores da atividade humana.

Em causa, está o cumprimento da sua natural vocação panintegradora. Esta combina a ideia geral de desenvolvimento autossustentável com a incorporação da abordagem ecológico-ambientalista no domínio do urbanismo. E, assim, se conclui pela existência, digna de proteção jurídica, de ecossistemas urbanos, criadores de uma área ambiental específica, o Ambiente Urbano, pilar urbano da política e dos direitos ambientais. Há que reconhecer o muito que falta fazer.

Estamos apenas na fase de um *proto-urbanismo ambientalista*, assente em enquadramentos analisáveis em abordagens de sociologia urbana e ecologia humana, mas que urge que marque, desde já clara e fortemente, o rumo futuro das grandes opções da Administração Pública. Diga-se, aliás, que a procura da sustentabilidade do urbanismo e do modelo de vida que ele cria não podem ser entendidos como uma opção, nem sociológica nem juridicamente falando. O seu défice atual hipoteca a qualidade de vida da maioria da humanidade, em mais de dois terços já ausente dos meios rurais.

O *défice ambiental é global*, mas só é evidente, quanto aos não cientistas da área, para o homem comum que habita os grandes meios urbanos.

O século XXI será irreversivelmente o século das cidades. 70 a 80% da população mundial (no dia 12 de outubro de 1999, calculada em 6 biliões, mas em crescimento geométrico avassalador), vive em aglomerados urbanos.

Falar do homem e da preservação da sua vida e saúde em face dos fatores ambientais, isto é, falar do ambiente em relação ao homem, é, cada vez mais, falar de cidades.

Hoje, a nomogénese urbanística não pode viver desligada da nomologia unionista europeia (apesar da lógica ausência de atribuições ou da impossibilidade de preempções normativas), dadas as naturais exigências da irrenunciável vocação invasora do ambiente, nas suas várias vertentes, não permitindo o divórcio entre ambiente e qualquer sector da atividade humana, pelo que não é concebível alheada do fenómeno ordenamental e urbanístico, com que acaba por interferir.

Há que impedir que se crie fora da cidade o que nela deve ser combatido. E perder a convicção isolacionista de que essa "reconstrução" da cidade se pode fazer deixando ao acaso o seu *hinterland* global, a região, o país, em boa verdade o mundo (v.g. as alterações climáticas ou o buraco do ozono, tocando todo o planeta, incide também nas cidades, onde têm muito da sua origem e onde provocará a maior parte dos seus efeitos negativos na espécie humana).

Vivemos uma época em que os valores ambientais ganham uma importância decisiva, no enquadramento e na exploração dos territórios. E nas dinâmicas do desenvolvimento económico-social e do bem-estar.

Por isso, todas as realidades que mexem com o solo e a natureza passam a ser analisadas e a ter de se pautar pelo princípio do desenvolvimento resiliente, isto é, autossustentável. Princípio a que obriga, aliás, o direito positivo, porque imposto no seu tratamento inelutavelmente ascendente, pelos direitos internacional e unionista europeu e pelas normas internas dos Estados-membros da União, designadamente o nosso direito constitucional. Desenvolvimento tornado, assim, o único que deve orientar macromodelarmente a atuação do Homem, numa terra que se tem de legar às gerações futuras, em condições de permitir a sua existência e subsistência, sem o que o próprio género humano ficará em causa.

O homem não pode fugir a esse desafio geral de construir um desenvolvimento sustentável e, portanto, também, um desenvolvimento ordenado e sadio dos locais de habitação humana. Isto é, de construir um ambiente urbano, com qualidade de vida, ou seja, um urbanismo sustentável. Construir um meio urbano de ar limpo e não um meio intoxicante, de câmaras de gás. Um meio que não tenha níveis de ruído danificadores da saúde e do bem-estar. E um "ambiente" de vida que elimine a pobreza criadora de insegurança e degradação do parque habitacional e dos espaços de património verde (transformados em poluidoras ilhas, de subsistência infra-humana).

A *política e o direito do ambiente*, que, em parte, a imporá, nesta fase da sua evolução, terão que visar, fortemente, a atuação antropotópica.

Após o período inicial da preocupação com a conservação da natureza, das espécies vivas e da fase atual, de necessária penetração transversal, horizontal, integral, em todos os sectores, preocupados, sobretudo, com aqueles que historicamente tiveram responsabilidade na criação da poluição (a indústria transformadora e a energia, fruto da revolução industrial, e, mais recentemente, a agricultura, os transportes e o turismo), ou têm uma importância purificadora, não desertificadora, e conservadora da biodiversidade (o sector das florestas), terão de entrar numa nova fase.

Uma fase dominada, de tal modo, pelas preocupações da incontornável vivência e necessidade de subsistência da vida urbana, que marcarão cada vez mais uma viragem para um direito do ambiente, que abarcará uma terceira dimensão. Em geral, será, já, mesmo, um direito de terceira geração, com um pilar natural, que é diretamente pan-ambiental, um outro pilar, o pilar económico, viabilizador de opções que não obriguem a cair-se no crescimento zero ou no decrescimento salvador. E, acima de tudo, um *pilar complexo, eclético*, esse sim, naturalmente de preocupação essencialmente antropocêntrica, o *pilar urbano*, que, com a evolução e concentração demográfica, tenderá a hegemonizar o seu tratamento.

*

No *campo do ambiente*, o direito até deveria ser inútil. Inútil, porque ou é preventivo e não devia ser necessário, a haver a devida informação mobilizadora, desde o berço; ou é corretivo e, em geral, não evita o mal.

Neste domínio vital, há décadas que se vem dizendo que já não pode haver mais mal infligido à natureza. No entanto, pouco se tem avançado.

Há que confiar em que as preocupações, ínsitas aos dados factuais ambientais, em permanente agravação, tenham resultados, nos meios dirigentes das sociedades deste novo século.

Exige-se uma *nova visão*, integrando o direito ao "ambiente são" no catálogo dos direitos do homem.

Urge essa nova visão, que integre o direito ao "ambiente são" no catálogo dos direitos do homem. Em geral, são necessárias iniciativas organizacionais para uma efetiva aplicação das normas internacionais, a *nível de instituições administrativas mundiais*. Mesmo a necessidade de um *tribunal ambiental mundial, com jurisdição obrigatória* sobre todos os Estados e outras instituições públicas e particulares, que atuem como agentes contaminadores do ambiente, pelo menos quando impliquem *consequências transfronteiriças*.

Nesta sociedade, de, por enquanto ainda inultrapassada desenfreada "economia de mercado", onde sempre acabam por dominar os objetivos do lucro individual e por governar os senhores do poder económico, que viveriam melhor, porque lucrariam mais, sem a norma ambiental, importa apreender que, se ela existe, é porque a ciência ecológica e a ciência médica a tornaram incontornável. Há que aceitar esta norma. E fazer um esforço para compreender a sua razão. E explicá-la aos outros. O legislador pode ser mais inteligente do que nós, mas, muitas vezes, se não for menos, é apenas tão inteligente como nós. Se ele compreendeu as razões que a exigem e a redigiu, também nós podemos procurar compreendê-la, reescrevendo-a e difundindo--a, legitimando-a, mais e mais, e impulsionando o seu aperfeiçoamento.

O ordenamento jurídico impõe ao homem aquilo que a ordem pré-normativa lhe exige. No domínio ambiental, o homem, independentemente da sua cultura, mesmo que seja um cientista, comporta-se frequentemente de modo inconsciente. Às vezes, tem consciência de que algo se passa de errado, mas, então, age como alguém que, renunciando a pensar, ousa (e ousa, e ousa) relacionar-se, sem precaução, com o perigo. Usufrui apenas o presente, assim se podendo condenar para o futuro.

Os homens mobilizam-se pela paixão ou pela fé. Por aquilo que sentem ou em que acreditam. E, neste campo, os hábitos e as experiências do gozo da sociedade de "bem-estar" consumista, já cristalizados e saboreáveis, no imediato, valem os riscos relativos ao futuro. Se o perigo é grande, a crença nele tem que ser maior. E aqui a crença não precisa de emergir por uma fé afirmada.

Não é preciso fazer crer, onde se impõe apenas o despertar. E, para isso, basta informação, alheia a fundamentalismos. E, a ter de haver crença de alguns, ela não pode prescindir do conhecimento esclarecido dos outros. A "crença" ambiental pode e deve viver de informação. Embora, hoje, esta sirva mais à descrença. Tal é o estado das coisas que nos é dado conhecer. A única crença que nos pode salvar, ambientalmente, por que só ela nos pode mobilizar conscientemente, sem instrumentalizações ou utopias, é a crença nas regras e nos limites da natureza, revelados pela ecologia, que nos interpela cada vez mais.

Todas as ciências podem ser reserva dos seus sábios e operadores. A ecologia é de outra ordem. Ela é ciência que, ou passa a ser do domínio de todo o homem, ou, a prazo, não o será de homem nenhum. Se têm de ser todos os homens a dar utilidade aos seus conhecimentos, estes têm de ser permanentemente democratizados, amplamente difundidos.

Se ecólogos, ambientalistas, políticos e, em geral, os homens comuns estão convocados para o diálogo do quotidiano preventivo e regenerador, então todos têm encontro marcado, a todas as horas e para todos os seus atos. Podendo salvar o mundo, se se isolarem, não evitarão que ocorra a sua "inocente" destruição.

De qualquer modo, à falta da necessária *"banalização" das ciências ambientais*, a norma serve também de veículo de informação.

Importa saber que a norma ambiental não é um exercício de afirmação livre de poder, pois, normalmente, até funciona contra os interesses instalados das elites estabelecidas, os mais poderosos. Por isso, normalmente, ela vem atrasada e assume, na ordem internacional como unionista europeia, camuflados compromissos "de minimis". Lá onde se proíbe ou condiciona, é porque há – normalmente, já havia há muito tempo – problemas ecológicos, que impõem. Há que aprender a respeitar a norma, com prazer, com o sentido de pertença a uma sociedade interdependente da natureza e dos outros homens.

No domínio do ambiente, não podemos esperar tudo do legislador ou da Administração Pública. Os cidadãos têm que ir à sua frente. Os poderes públicos e os interesses económicos, aliás, têm ido sempre atrás de nós e à força. A defesa do ambiente devia ser conatural ao viver. A cultura ambiental devia dispensar em grande parte a norma.

Nem uma nem outra com objetivos economocratas ou ecocratas, antes aceitante do equilíbrio de soluções económicas e de desenvolvimento desde que economicamente compatíveis com o ambiente, ambientalmente resilientes. Sejamos todos legisladores e administradores da norma ambiental. Imponhamo-la na sociedade, muito antes dos poderes a imporem nos diários oficiais dos Estados.

*

A nível da *Administração microterritorial*, o urbanismo sustentável implica uma política unificadora da *defesa dos ecossistemas urbanos*. Uma política que funda amplamente a problemática ambiental e urbanística, num conceito interativo, o de *ambiente urbano*, numa incursão inultrapassável das exigências para-imperialistas do ambiente. A nível planetário, colocam-se questões políticas inadiáveis.

Será que este século XXI poderá admitir que a factualidade anti-ambiental e as imposições ecológicas se acomodem a soluções de compromisso com a ganância do espírito individualista e as lógicas reprodutivas do capitalismo a qualquer custo?

Importa referir que em causa estão consequências de grande espectro em relação aos elementos da natureza absolutamente indispensáveis à vida, sobretudo a água e o ar (destruição das camadas superiores de ozono, efeito de estufa, destruição das florestas tropicais, concentração de CO^2 nos fundos marinhos, etc.).

O ambiente poderá continuar a acomodar-se ao instalado conceito de soberania e às vedações estaduais?

A *soberania dos Estados* poderá vigorar no âmbito da defesa do ambiente, mesmo que limitada por um direito internacional à "ingerência ambiental" (em nome dos direitos humanos e da sua natureza de "ius cogens"), que, eventualmente, se consiga impor?

A *filosofia e a ideologia ecofílica* tenderão a situar o debate político no plano da defesa da subsistência do próprio homem. Por isso, não é de estranhar que a *consciencialização* de um mundo sem futuro para o "futuro da humanidade" possa propiciar a aceitação de legitimidades funcionais de poderes autocráticos. O "ambiente" não "apoiará" a eclosão de guerras regionais?

*

Na década de oitenta do século passado, o conceito de "defesa nacional" ("segurança externa", ou seja, independência do país e da UE face ao exterior) continuou a alargar-se, agora para integrar a problemática ambiental, percebida como *campo de futuros conflitos.*

Com efeito, o ambiente fará perceber *ameaças na casa comum.* Basta referir a *escassez de recursos, a progressiva degradação da qualidade ambiental, os problemas ambientais de carácter transnacional e até global,* tais como *efeito de estufa, buraco de ozono, chuva ácida, gaseificação tóxica da atmosfera, poluição nuclear e de resíduos.*

Impera uma incontornável necessidade de impor a *sustentabilidade ambiental para a preservação do maior bem de cada Estado, a sua população.*

Tudo de que ela depende, as suas *águas doces e mares, os seus solos, a sua atmosfera, as suas florestas, a sua biodiversidade, as suas fontes alimentares, os recursos* de que depende a sua saúde, o seu bem-estar e a até a sua sobrevivência. E, eventualmente, esta perceção não desencadeará conflitualidades, mesmo com envolvências tendencialmente hiperbólicas?

Além de que importa não esquecer que a *problemática da segurança ambiental* não viverá apenas de questões novas, mas se manterá também ligada a velhas e inultrapassadas questões, como a das fontes de energia.

Em termos de *energias não renováveis*, há que considerar a importância negativa do *carvão, do petróleo e do gás natural e da indústria extrativa mineira em geral e a necessidade de rapidamente os evitar*. O *carvão* começara a ser utilizado na indústria depois da invenção da máquina a vapor, tendo-se tornado a principal fonte de energia no século XIX. Ao longo do último século, foi substituído progressivamente pelo petróleo. O *petróleo e o gás natural* representavam, no virar do século, 52% de toda a energia consumida no mundo e tornaram-se fundamentais para o desenvolvimento de muitos países. Ainda hoje, como vimos pelas dificuldades sentidas na COP em Glasgow de 2021, face às pressões da China e da Índia, é tido como crucial para os dirigentes destes gigantes asiáticos. É um produto controlado por poucos países e este controle foi fundamental em termos estratégicos, em todas as guerras dos últimos noventa anos e é o maior sector de negócios do mundo.

*

O termo de *segurança ambiental* surge com o alargamento do conceito de segurança, no início dos anos oitenta do século XX.

Devido à crescente escassez de recursos ambientais e à progressiva degradação da sua qualidade, a relação entre a gestão dos problemas ambientais e a segurança nacional e internacional passa a ser aceite e o ambiente a ser considerado como uma preocupação de segurança.

O *conceito de segurança ambiental* supõe a existência de ameaças ambientais e está relacionado com o conceito de sustentabilidade ambiental, uma vez que a falta de sustentabilidade se não for contrariada, é suscetível de provocar insegurança, que, devido às situações de escassez de recursos ambientais, pode ser a causa de conflitos e até de guerras que, ao eclodirem, vêm agravar a situação ambiental e a destruição de recursos.

Assim, podemos dizer que a segurança ambiental visa a proteção do ambiente e do stock de recursos naturais, por forma a poderem ser garantidos alimentos, água, saúde e segurança pessoal, tanto aos indivíduos como às Comunidades.

As *tensões ambientais* podem ser fonte de tensões políticas e de conflitos militares. Os *conflitos ambientais* terão virtualidades para envolver todos contra todos. Referidos a uma utilização abusiva dos recursos renováveis e não renováveis, a ritmos de poluição desrespeitadores da sobrecarga da capacidade de autodepuração da natureza e em geral à deterioração e ao empobrecimento dos elementos naturais necessários à vida, implicarão não só os seres humanos contra a natureza, pela insustentabilidade do seu agir, como os seres humanos contra os seres humanos, numa lógica natural de questionamento do desenvolvimento.

Os Estados, isoladamente, não têm condições para resolverem ou terem qualquer influência na degradação ambiental.

Podemos considerar que, neste momento, os recursos mais suscetíveis de provocar conflitos "económicos" mais graves, devido à sua escassez e à sua distribuição irregular são, além do petróleo, problema já antigo, a água, problema relativamente recente e as pescas que têm provocado já algumas quezílias.

A solução dos problemas ambientais passa, em geral, *pelo uso racional e não degradante do ambiente e dos recursos naturais,* isto é, por um desenvolvimento sustentado, ambientalmente compatível, resiliente.

Como vimos, há uma relação direta entre insegurança ambiental que origina falta de sustentabilidade e vice-versa. Isto pode ser causa de conflitos, os quais para serem evitados ou minimizados, vão "obrigar" os atores governamentais e não-governamentais a cooperar.

Porquê? Porque todos os povos irão sofrer, mesmo que com intensidades diferentes, os efeitos dos bloqueamentos e dos adiamentos na tomada de decisões neste âmbito. Só os Estados podem corrigir o agravamento destes fatores críticos. Só quando isso acontecer, a insegurança diminuirá.

O *controlo da ecologia* é um meio para garantir a segurança. São muitos os pilares da problemática ambiental.

Em face do enorme, persistente e angustiante número *de liminares ecoproblemas* hoje existentes, desencadeados pela agressão da natureza por parte do homem, e do seu cada vez mais *visível ricochete destrutivo,* é de antever que o direito do ambiente será o mais importante dos direitos do homem no século XXI, na justa medida em que a humanidade se vê ameaçada no mais fundamental dos seus direitos, o *direito à vida,* ou seja, à existência dos indivíduos e à subsistência do género humano.

Por isso, o "direito ao ambiente", como parte do direito de todos à vida, tem de ser reconhecido como um *direito do homem da nova geração.*

Sendo o ambiente o conjunto das condições que permitem a existência e a reprodução da vida no planeta, ele tornou-se um meio doente, por "culpa" da *civilização industrial tecnológica e da lógica capitalista, da urbanização, da proliferação dos transportes intoxicantes, da revolução agrícola* (impropriamente designada por "revolução verde", crescimento do "verde", mas à custa de pesticidas altamente perigosos e cumulativa excessiva adubagem química), e muitas outras nocivas situações consequências.

O ambiente tornou-se um meio imposto, dominado pela técnica ao serviço da economia.

O homem destrói, inconscientemente, mas com um poderio temível, os solos, as águas, os ares e o seu próprio clima, arriscando colocar-se numa *situação irreversível de autodestruição.* Mas, justamente, o que caracteriza o género humano é ser capaz de compreender os mecanismos que põem em causa a sua conservação. E é aqui que têm de intervir os ambientalistas e ecologistas. Por um lado, levando o homem a não encarar o ambiente com indiferença, e por outro a encará-lo não tanto como *problema-destino, mas sobretudo como factualidade-desafio*, isto é, como questão.

A problemática do ambiente, ligada à do *domínio irresponsável do "homo economicus" sobre a natureza,* impõe uma *revisão do ideal de valores ligados ao homem* do futuro, menos assente no ter e mais no ser, menos na propriedade e mais no acesso geral ao uso e fruição dos bens.

Impõe-se continuar na procura do ideal de um novo homem, que começara a afirmar-se na Idade Moderna, logo com o Renascimento, o qual, como referia E. Troeltsch, querendo a "fruição da mundanidade", imanente, descolante do transcendente, que o atraíra na Idade Média, pretende, no dizer de um Pico de Mirandola, no já referido célebre discurso "De dignitate hominis", de 1486, a construir-se como o "homem universal".

O grande filósofo-político e precursor do empirismo e do positivismo, Francis Bacon, tinha já apontado como sentido da ciência experimental, o "dar ao homem o domínio sobre a Terra" (bem expresso no seu "De dignitate et argumentis scientiarum", em que ele afirma: "Na atualidade, podemos dizer com razão "plus ultra" lá onde os Antigos diziam "non plus ultra").

A problemática ambiental, que é constatável ao longo da sua existência, mostra que o homem não se sente da natureza, mas acima dela, separando perigosamente a ciência da sabedoria, vivendo, cada vez mais, com mais conhecimento, mas também, cada vez mais, como um néscio.

A *consciência da factualidade disfuncional* no domínio do ambiente tem feito emergir o conceito de educação ambiental.

Este conceito tem como objetivo reforçar a sensibilização dos cidadãos para os problemas do ambiente e para as suas possíveis soluções. E também estabelecer as bases de uma participação devidamente informada e ativa dos indivíduos na proteção do ambiente e na utilização prudente e racional dos recursos naturais. Assim, contribuindo para o desenvolvimento de um espírito de corresponsabilidade e de solidariedade. Um espírito novo que possa assegurar o destino das gerações futuras e a sobrevivência do género humano.

A *educação ambiental* é um instrumento essencial para o êxito da ideia de desenvolvimento sustentável.

As *políticas e o direito* são, também, instrumentos imprescindíveis, que terão, sempre, tendência a beneficiar e a conformar-se com conteúdos diferentes. Diacronicamente, em face da evolução ecológica. E, sincronicamente, em face da cultura ambientalista vigente em cada sociedade.

*

Em termos sumários, há que referir que, em ordem a evitar que o homem destrua a terra e se destrua, tem de ser executado um programa de conservação e defesa da natureza, imposto a nível mundial.

Esta programação necessária, com a estratégia para a conservação da terra, não pode deixar de se basear em orientações, já concebidas e proclamadas, e que passam, no essencial, por soluções empiricamente constatáveis e em geral bem conhecidas:

a) a *não exploração até à exaustão dos recursos naturais;*
b) *a não interferência nos processos básicos da terra dos quais depende toda a vida no céu, na superfície verde do solo e no mar;*
c) *a não contaminação do solo, da atmosfera e da água;*
d) *a manutenção das árvores das florestas equatoriais e tropicais;*
e) *a interdição do vazamento dos lixos nos oceanos; e*
f) *a preservação da biodiversidade.*

Os seres vivos dependem da terra, para obter a alimentação e os medicamentos. Não podemos eliminar os outros seres vivos, que partilham a terra connosco e de que dependemos. A terra é o único local conhecido, no universo, onde existe vida, pelo que a sua subsistência está nas mãos do homem. Por tudo o que deixámos dito, se conclui que os problemas ambientais constituem, nas últimas décadas do século XX, uma das principais preocupações da nossa sociedade e tal tem de continuar e ser acentuado para recuperar tempos perdidos. Tomou-se consciência da questão ambiental.

O *fenómeno de crise ambiental generalizada* manifesta-se por meio de características muito radicais em relação ao "equilíbrio" dos ecossistemas. Com já referimos, ela manifesta-se, fundamentalmente, na *contaminação das águas e da atmosfera, nas alterações climáticas, na produção de ruídos, na acumulação de resíduos, designadamente, industriais, na destruição das florestas, sobretudo tropicais, na degradação dos solos, quer no espaço urbano quer rural, e na destruição da flora e da fauna, com o desaparecimento progressivo da biodiversidade.*

Nos anos oitenta e princípios da década de noventa passada, na Comunidade Europeia, tinha-se a perceção clara de que muitos dos grandes combates ambientais seriam vencidos ou perdidos neste período de virar de século, pois que, no próximo, tudo podia vir demasiado tarde.

Por isso, num anterior Programa de Ação Ambiental, o marcante quinto programa, afirmava-se que "não podemos dar-nos ao luxo de esperar... e de nos enganarmos", fazendo-se realçar que o ambiente dependia das nossas ações coletivas e que o ambiente de amanhã seria função do nosso comportamento e empenhamento atuais.

No entanto, há algumas dezenas de anos atrás, as questões ambientais eram algo de irrelevante para a generalidade dos cidadãos.

Hoje, os *desastres ecológicos como as marés negras, os acidentes de Chernobyl ou de Fukushima, o buraco da camada de ozono, a destruição das florestas tropicais* (com o consequente perigo de uma extinção maciça das espécies), *a fome endémica, em largas regiões do globo, as alterações climáticas,* são problemas ambientais do planeta, familiares ao cidadão comum.

Paralelamente à subida dos padrões de vida e à degradação generalizada da qualidade ambiental, as pessoas tornaram-se também sensíveis ao modo como a qualidade do ambiente afeta a sua vida do dia-a-dia. O resultado é que, hoje-em-dia, qualquer cidadão de um país desenvolvido considera o ambiente como uma questão importante e um fator essencial da sua existência.

Podemos dizer que, nos últimos tempos, nasceu uma *nova consciência coletiva*, que fez do ambiente uma ideologia e que vai apaixonado e fazendo militar as juventudes dos vários continentes. E esta "ecofilia" tem feito avançar-se para a uniformização internacional da regulamentação ambiental.

Com efeito, não há a possibilidade de resolver certos problemas do ambiente e do desenvolvimento sem a cooperação internacional. É o caso, claramente, das alterações climáticas, da destruição da biodiversidade do planeta, da poluição transfronteira ou do uso de bens comuns da humanidade, como os recursos marinhos.

Em termos de direito internacional, exige-se uma contínua defesa do ambiente, o que requer a coordenação dos esforços nacionais, a melhoraria da eficiência dos organismos internacionais e a orientação adequada das estratégias internacionais.

Quanto aos esforços efetuados, nesta área, há que destacar a Conferência Mundial de Estocolmo e a subsequente Declaração de Estocolmo sobre o

Ambiente Humano, de 1972, onde se expressa que os Estados têm "a responsabilidade de assegurar que as atividades que se realizam dentro da sua jurisdição e controlo não causem danos ao meio ambiente dos outros Estados e territórios fora dos limites da jurisdição nacional".

A tónica das preocupações é colocada, aqui, na defesa dos Estados "vizinhos", face às atividades poluentes, mas com a crescente globalização da economia, tende-se para a internacionalização das normas ambientais.

A *crescente interdependência económica* aumenta as pressões nas várias economias domésticas, para que se respeitem as normas ambientais mínimas e para que outros países as respeitem.

Como vimos, em 1987, o Relatório da Comissão Mundial sobre o Ambiente e o Desenvolvimento, das Nações Unidas, designado "A nossa casa comum", popularizou o conceito de desenvolvimento sustentado, hoje traduzido muitas vezes pelo de "desenvolvimento compatível" com o ambiente ou "desenvolvimento resiliente" dos bens da natureza, que tem subjacente o reconhecimento de que o ambiente e o desenvolvimento andam intimamente ligados. Não é possível proteger o ambiente sem garantir níveis mínimos de desenvolvimento, e não há desenvolvimento possível, a prazo, sem preservar os recursos naturais.

Os vetores que têm de enformar as políticas ambientalistas nos vários sectores, mobilizando grande parte dos países desenvolvidos e a opinião pública mundial, passam pela compatibilização do desenvolvimento económico com a proteção do ambiente, numa gestão dos recursos com uma perspetiva de futuro, criadora das condições necessárias a uma melhor qualidade de vida.

A transição para este desenvolvimento sustentado implica modificações revolucionárias, porquanto passa pelo *recurso a fontes de energia e matérias-primas renováveis, "nula" emissão de resíduos e estabilização da população.*

Tal mudança exige *modificações culturais, económicas e tecnológicas* profundas. No fundo, um novo conceito base de economia, do seu desenvolvimento e da maneira de medir o bem-estar dos povos. Com efeito, exige uma reestruturação tecnológica radical, o corte nos atuais níveis de consumo, alterações no funcionamento do sistema económico e uma *revolução social e cultural.*

*

Começamos por enunciar a problemática ambiental de carácter geral, que são as bases factuais de que parte a política e o direito ambientais, ligadas às questões da sua incidência crescente a nível de todos os territórios terrestres, aquáticos, marítimos.

O planeta terra encontra-se, hoje, perante a realidade de há muito, com a revolução industrial e depois com a revolução verde ter atingido níveis de poluição e destruição nunca vistos e deparar hoje com o dilema de continuar a viver uma *"civilização" industrial e agrícola poluidora*, conter uma população que cresce a um ritmo galopante, viver numa economia de mercado consumista e especulativa e cuja lógica produtiva potencia a ganância da ampliação incessante de lucros empresariais e, nesta cultura generalizada, ter um património e recursos naturais incessantemente degradados pela humanidade à escala mundial.

Os problemas ambientais situam-se, hoje, entre as principais questões mundiais. Passamos a enunciar algumas matérias e a dar alguns números elucidativos, calculados por diferentes estudiosos no virar do século XX para o século XXI, sobre alguns temas mais adiante marcantes.

*

No plano da *poluição atmosférica* (emissão de gases tóxicos para a saúde, buraco de ozono, chuvas ácidas e efeito de estufa), todos os residentes das cidades estão sujeitos a esta contaminação, que cresceu três vezes, nas três últimas décadas[51]. Em 2040, a concentração dos gases tóxicos rondará o dobro da era pré-industrial, atingindo níveis quatro vezes superiores, no final deste século XXI. Atualmente, já morrem, todos os anos, prematuramente, cerca de 300.000 pessoas, devido a este fenómeno. O *efeito de estufa* continua a aumentar perigosamente. A gravidade da destruição da *camada de ozono estratosférico*, com a consequente passagem para a terra dos raios ultravioletas, pode ser avaliada se se disser que, em meados da década de oitenta (portanto, tendo presente apenas emissões efetuadas em décadas anteriores, dado que os gases demoram a atravessar as outras duas camadas atmosféricas, até atingirem a última), se calculava que a reconstituição do ozono, já eliminado (na hipótese, irreal, de não ter havido mais emissões, que continuariam aí a chegar, e também de não haver mais poluição atmosférica no futuro), demoraria cerca de um século a processar-se. O que, em si, traduzia volumes de degradação que já seriam de efeitos imprevisíveis. Estes raios, que cada vez passam mais livremente, são carcinogénicos e, além disso, incidindo nos oceanos meridionais, destroem o fitoplâncton, sem o qual se desmoronará toda cadeia alimentar. No âmbito da *biodiversidade*, há que referir que já desapareceram, depois da Conferência do Rio, só de 1992 a 1998, apesar de

[51] *Relatório Dobrïs*, Edição do ministério do Ambiente espanhol, p. 27-56.

aí se ter assinado a Convenção da Biodiversidade, cerca de mais de 25 mil a 50 mil espécies. Segundo Edward Wilson, antes do virar do século vinham na altura desaparecendo 36 espécies por dia[52]. Quanto à desflorestação, refira-se que esta atingiu, neste século, proporções *ecocidas*, tanto nas florestas húmidas (equatoriais), como nas secas (tropicais).

A este ritmo, a floresta húmida desapareceria até meados deste século XXI. As florestas tropicais são fundamentais na estabilização do clama mundial. Só na Amazónia, cobrindo nove países, vital para o planeta nos seus 6,9 milhões de km^2 de floresta (5% da superfície terrestre, reservatório inigualável de biodiversidade, dotada de 10% das espécies animais e vegetais do mundo), se destruíam, no final do século passado, anualmente, cerca de oito milhões de hectares, o que a eliminaria em 50 anos[53]. De 2006 a 2012, o ritmo de desflorestação diminuiu, mas nos últimos anos voltou a níveis temerários, com a conivência da europa e seus acordos comerciais para produção de carne bovina e indiretamente de soja, em geral face a políticas de exploração florestal e extractiva (madeiras e minerais)[54].

No domínio dos recursos aquíferos, a maior parte das águas continentais está contaminada para o consumo humano, devido ao derrame de resíduos agropecuários, industriais e urbanos, com sobre-exploração e contaminação crescente das correntes subterrâneas. No virar do século, apenas quatro milésimos, de toda a água existente na terra, serve ao consumo humano e 1/3 da população do hemisfério sul há muito deixara de ter acesso a água limpa.

No futuro, os Estados, tão agarrados ao conceito, cada vez mais anti-funcional, no plano das questões mundiais, de soberania, bem podem preocupar-se mais com a soberania das águas do que com a das terras[55]. No plano da degradação dos solos, cada vez mais poluídos pela revolução "verde" e poluentes das águas que sustentam, basta dizer que, anualmente, seis milhões de hectares de terras de sequeiro se transformam em deserto. Cerca de 10% da superfície da Terra, já passou, no decurso das atividades

[52] Wilson, Edward O. – *The Diversity of Life*. Cambridge: Harvard University Press, 1992, Apud Seitz, J. L., *o.c.*, p. 224. Sobre a natureza e a vida selvagem na Europa, integrando os aspectos florestais, ver o *Relatório Dob¡í•*, p. 190-260.

[53] VVAA – *Estado do Ambiente no Mundo*. Beaud, M. C. e Bouguerra, M. L. (Direcção). Lisboa: I. Piaget, 1995, p. 24, 54, 66, 69, 245, 331, 338 e 386.

[54] Segundo a imprensa, só entre agosto de 2019 e agosto de 2020, foi eliminada uma área florestal amazónica de 11.088 km^2. Acrescentem-se os megaprojetos de infraestruturas, autoestradas, megabarragens hidroelétricas, interrompendo o curso das águas, eliminendo a biodiversidade e deslocando os indígenas.

[55] *Relatório Dobris*, p. 57-145. Sobre a água na Europa, ver Barraqué, B. (Dir) – *As Políticas da Água na Europa*. Lisboa: I. Piaget, 1996

humanas, de floresta e solo fértil, a deserto. E mais 25% corre o risco de ter o mesmo destino[56].

*

Quanto à *energia nuclear*, atualmente existem mais de quatrocentas centrais nucleares em funcionamento em todo o mundo, a maioria no Reino Unido, EUA, França e no leste europeu. Nos que se reporta aos seus resíduos são um problema sem solução. As fugas ou explosões nos reatores, por falhas nos seus sistemas de segurança, provocam graves acidentes nucleares, que poluem toda a atmosfera, como aconteceu espetacularmente em Chernobyl.

Mas o grande perigo centra-se na eliminação dos resíduos altamente contaminados, questão para a qual ainda não foi encontrada solução[57]. Quê modelo de desenvolvimento?

Em geral, está em causa a crescente intervenção do homem no próprio mecanismo da vida do planeta, sem que se visione uma nova cultura crítica, suficientemente capaz de ação generalizada, programadora de um controlo eficaz e devidamente planeado, no espaço e no tempo, em termos de modelo de desenvolvimento e nas relações entre países desenvolvidos e subdesenvolvidos. Perante tudo isto, há que analisar como reagem os responsáveis.

Nos discursos, parece que há uma sensibilização e preocupação crescente para os problemas. Vemos mexer a opinião pública e dirigentes políticos, sob a influência de alguns relatórios célebres, elaborados, nos últimos tempos, por comissões de peritos e políticos de prestígio. Dentre estes contributos, destaca-se um conjunto de Relatórios, de grande difusão, desde o Relatório "Global 2000" (destinado ao Presidente dos Estados Unidos da América, elaborado em 1980[58], o Relatório "Grandes Orientações da Ação a Empreender para Fazer Face aos Problemas Mundiais do Ambiente" (elaborado por solicitação do governo japonês, em 1980), o Relatório "Inter-Futuros" (da O.C.D.E., datado de 1979), o Relatório "Estratégia Mundial Para a Conservação" (no

[56] Seitz, J. L. – *Questões globais: Uma introdução.* Lisboa: I. Piaget, 1999, p. 199-203. Sobre a problemática geral dos solos e sua situação na Europa, ver *Relatório Dobjí•*, p. 146-171.

[57] VVAA – *Estado do Ambiente no Mundo.* Beaud, M. e C., Bouguerra, M. L. (Direcção). Lisboa: I. Piaget, 1995, p. 21, 51, 57, 98-100, 102, 129, 131, 154, 157, 165-166. 180, 198, 208, 210, 259-260, 285, 290-293, 296-298, 509, 512-513 e 520. O atual governo alemão deliberou acabar com a opção nuclear, pelo que acabando o período de vida das actuais centrais, terminará a produção de eletricidade de fonte nuclear.

[58] Council on Enviroumental Quality and the Department of State – *The Global 2000 Report to the President: Entering the Twenty First Century.* New York: Penguin Books, 1982.

âmbito da União Internacional para a Conservação da Natureza e dos Seus Recursos, 1980), o Relatório da Comissão Brandt intitulado "Norte-Sul: um Programa de Sobrevivência"[59], o *Relatório Brundtland*, "A nossa Casa Comum" (o mais completo e coerente, de um grupo amplo de grandes cientistas, a pedido do Programa Mundial Para o Ambiente das Nações Unidas, em 1987, e em que assentam muitas das propostas da Conferência do Rio[60]), o Relatório *Dobrís* (de natureza paneuropeia[61], importante para apoio à elaboração do Quinto Programa Comunitário de Ação Ambiental), os dois relatórios de avaliação da Agência Europeia do Ambiente, de 1994 e de 1998[62], etc..

*

A *paleogeologia e paleobiologia* ensinam-nos que, ao longo da história, o homem não foi o primeiro ser vivo a modificar o meio ambiente ou a provocar alterações climáticas. Desde logo, sabe-se que, há muitos milhões de anos, as algas marinhas modificaram profundamente a composição da atmosfera, libertando oxigénio, que, na altura, constituía um veneno letal para os microrganismos, que existiam ao ar livre e que tinham um metabolismo sulfuroso. Além disso, as linhas de evolução progressiva, de efeitos cumulativos, foram atingindo pontos de rutura, dado que, na natureza, não existe crescimento contínuo.

Daí que tenham desaparecido alguns sistemas ecológicos exuberantes, que incluíram vegetais e répteis gigantes em determinadas épocas geológicas. Mas, hoje, o problema extintivo passa visivelmente pelo homem.

A partir da revolução industrial, começaram a delapidar-se recursos, numa escala maciça, lançando para o ar, a água e o solo grandes quantidades de produtos tóxicos, desflorestando-se regiões inteiras, tudo para enriquecimento pessoal e de certas nações. Estamos perante uma destruição de recursos, em nome do desenvolvimentismo criador do pseudo-bem-estar, numa cultura

[59] Relatório publicado em edição francesa, v.g. pela Gallimard, Colecção Ideés, Paris, 1980. Apud Brito, A. J. Lidos S. – *A Protecção do Ambiente e os Planos Regionais de Ordenamento do Território*. Coimbra: Almedina, 1997, p. 34.

[60] Comissão Mundial do Ambiente e do Desenvolvimento – *Our Common Future*. Nova Iorque: Oxford University Press, 1987.

[61] OPOCE, AEMA e MMA – *Medio Ambiente en Europa: El Informe Dob¡í•*. Madrid: OPOCE e MMA, 1998 (Ed. original do AEA: 1995).

[62] Wallström, Mayot – *The Global Assessment of the Fifth Environment Action Programme and the Future Programme European Environment*. Bureau Annual Conference. Bruxelles, 25 November 1999: http://europa.en.int:speech/99/185; COM (1999) 543 y Bol. 11--1999, de 1.3.104.

essencialmente de acumulação capitalista, que, no princípio, aproveitava a poucos, e, hoje, mesmo com uma certa democratização económica, por agressiva do ambiente, já desaproveita a todos, apesar dos epítetos "progresso"[63], tudo sempre sem pensar nas consequências a longo prazo.

Daí, veio um especial e qualitativamente mais grave incremento da degradação da natureza que começou a causar estragos ambientais irreparáveis. E eis que, assim, temos, hoje, já não inocentes algas, servindo um papel natural, mas pela primeira vez, passados milhões e milhões de anos, uma outra espécie viva, capaz de alterar a dinâmica do planeta, com a faculdade de o levar ao colapso.

Hoje, o homem não tem depredadores[64], mas tem de se acautelar de si próprio, porque não pode atacar o funcionamento harmonioso dos sistemas naturais, sem o que a sua perpetuação na terra está em causa. A natureza tem tido poder para ultrapassar muitas agressões do homem, mas a sua capacidade tem limites.

A tecnologia, nas mãos do homem, está a perturbar os limites naturais do crescimento, delapidando rápida e descontroladamente os recursos naturais não renováveis. O homem pode simplificar os sistemas naturais, reduzindo a diversidade de espécies neles existentes. Mas não é deles que continua a depender para sobreviver?

Há aqui um *paradigma ecológico sistémico, de interdependência de todos os seres vivos na natureza*. E, mesmo quanto aos recursos ditos renováveis, sê-lo-ão sem mais? A médio ou a longo prazo, podem também ser considerados não renováveis, devido, especialmente, à ação do Homem que, utilizando o fogo, ou fazendo cultivos desregrados, com uma forte intervenção de máquinas e de produtos químicos, leva o solo a situações de *esterilidade edafológica*, caminhando para a *desertificação*.

Isto, porque estes recursos naturais, que, tradicionalmente, se pensava poderem ser mantidos à perpetuidade, em regime de sustentação, vêem-se, cada vez mais frequentemente, exauridos por uma *exploração destruidora*, que a tecnologia tem vindo a ajudar a potenciar. Por outro lado, os recursos exauríveis podem, ao longo dos tempos, vir a ser acrescidos pela criação de *depósitos ou jazidas*, mas sempre como resultado de ações cumulativas da natureza.

Em termos de temáticas fundamentais concretizadoras da atual questão ambiental, muitas são as especificamente ambientais, desde a da poluição

[63] Progresso que não passa de um conceito discutível e contestável.

[64] Embora dependente da natureza, pois tendo-se emancipado há cerca de 10 mil anos dos sistemas naturais da biosfera de que faz parte, continuará sempre dependente dos sistemas ecológicos.

atmosférica, a poluição da água, os resíduos, o efeito de estufa, a destruição da camada de ozono, as chuvas ácidas, a perda da biodiversidade, a desflorestação, a degradação dos solos, a desertificação. Vejamos, desde já, a panorâmica de onde emergem estes problemas e suas consequências. A emissão de gases tóxicos é o maior fator de poluição da atmosfera[65]. Hoje, biliões de pessoas respiram ar poluído. Número em que se integram, seguramente, todos os viventes em médias e grandes cidades. E, por isso, já morrem prematuramente, em virtude do ar que respiram, centenas de milhares de pessoas por ano[66]. Uma das principais fontes é a combustão do petróleo e seus derivados, que produz gases e fumos que se misturam com os componentes naturais do ar[67].

Em meados da década de 60, existiam 50 milhões de *automóveis,* em todo o mundo, enquanto, em 1992, já existiam, mal distribuídos e servindo apenas 8% da população mundial, mais de 400 milhões beneficiando apenas uma parcela da população, mas que contamina muito todo o planeta[68]. Cada automóvel produz, anualmente, quatro vezes o seu peso em dióxido de carbono. Temos aviões, barcos de grande calado, petroleiros, mineraleiros, paquetes-cidades itinerantes, tal como camiões e biliões de automóveis em circulação.

A concentração deste gás na atmosfera aumente a ritmos cada vez mais perigosos. Mas, para além da pecuária, importa referir que, de entre os gases que hoje se acumulam na atmosfera encontramos os que se tornam letais nas minas, incluindo o dióxido de carbono, o monóxido de carbono e o metano[69]. Portanto, uma causa deste aumento é também a atividade mineira que faz evaporar o "carvão" para o ar[70].

De facto, a atividade mineira "vira ao contrário" a crosta do planeta, fazendo com que milhares de milhões de toneladas de carbono, anteriormente debaixo do solo e em segurança, estejam, agora, em parte, na atmosfera, graças à atividade de gerações de mineiros.

65 Duvigneaud, P. – *o.c.*, p. 523-529.

66 Segundo estudos muito optimistas de António José Brito, *A protecção do Ambiente*, o.c, p. 28.

67 Sobre muitos destes temas, ver Santos, António de Almeida – *Do outro lado da esperança*. Lisboa: Editorial Notícias, 1999, p. 35 a 119 e 311 a 329.

68 Martin, Jean-Marie e Orfeuil, Jean-Pierre – "Automóveis: (...)". In *Estado do Ambiente no Mundo,* p. 230-231; Newman, J. Renworthy – *Cities and Automobile Dependence an International Sourcebook*. Aldershot: Gower, 1989.

69 Duvigneaud, P. – *A Síntese Ecológica*. Lisboa: I. Piaget, 1996, p. 508-510.

70 Tassart, J. – "Combustíveis fósseis (...)". In *Estado do Ambiente no Mundo*. VVAA. Lisboa: I. Piaget, p. 19.

O *efeito de estufa* resulta da presença de carbono na atmosfera, o qual garante que a terra não se transformará num planeta gelado, impróprio para a existência de vida. Ele assegura uma das condições básicas para a existência de vida no planeta, a temperatura adequada para o efeito[71]. A Terra é aquecida pelas radiações infravermelhas, emitidas pelo sol, até uma temperatura de – 27.ºC. Essas radiações chegam à superfície e são refletidas para o espaço. O carbono forma uma redoma protetora que aprisiona parte dessas radiações infravermelhas, refletindo-as, novamente, para a superfície. Isso produz um aumento de 43.ºC na temperatura média do planeta, mantendo-a em torno dos 16.ºC. Sem o carbono na atmosfera, a superfície seria coberta de gelo, descendo abaixo dos 0.ºC. Portanto, o efeito de estufa deve-se "à presença na atmosfera de vapores de água e de certos gases, como o dióxido de carbono (co_2) e o metano, que constituem um filtro permeável a certos raios luminosos, e, simultaneamente, capaz de reter uma parte da radiação solar refletida pela superfície da terra, oferecendo um ambiente propício à vida. No entanto, o aumento das emissões de gás carbónico, devido aos transportes, à produção de energia e à indústria, multiplicando, de modo anormal, o efeito de estufa, cria riscos de transformações climáticas e de catástrofes sanitárias[72].

O *excesso de carbono* tende a aumentar mais as radiações infravermelhas, produzindo o chamado aumento do efeito de estufa, isto é, a elevação da temperatura média, a ponto de reduzir ou até acabar com as calotes de gelo, que cobrem os polos. Diga-se que, neste século, se tem constatado um aumento constante de temperaturas, com uma progressão em flecha, durante as últimas três décadas, devido ao agravamento do efeito de estufa.

Este século tem registado uma transformação essencial do ciclo natural do clima, pois durante o século passado a temperatura média do planeta terá subido tanto como nos últimos 10.000 anos. Os anos mais quentes, em média global, do século XX, foram, por ordem crescente, 1998, 1990, 1991, 1988, 1987, 1983, 1981, 1989 e 1980. Tudo nas duas últimas décadas.

[71] Em geral, sobre este tema, vidé RAYNARD, D. e TREUT, H. – "Gases com efeito de estufa: incertezas e complexidades". In *Estado do Ambiente no Mundo*. BEAUD, M. e C.; BOUGUERRA, M. L. (Dir). Lisboa: I. Piaget, 1995, p. 112-120: Academie de Sciences – "L'effet de Serre et ses conséquences climatiques: Évaluation scentifique". *Rapport* n.º 25. Paris: AC, 1990; BERGER, A. – *Le climat de la terre*. Bruxelles: De Broeck Université, 1992; VVAA – *L'effet de Serre. La Recherche*, n.º especial. Paris, Maio de 1992; FOUCAULT, Alain – *O Clima: História do devir do meio terrestre*. Lisboa: I. Piaget, 1996.

[72] O efeito estufa é devido, em parte, à emissão deste dióxido de carbono, cuja concentração no ar aumentou, nos últimos cem anos, cerca de 25% e que se prevê venha a provocar uma elevação da temperatura média do ar, até meados do próximo século, entre 1,3 a 2,7.ºC. Os Estados Unidos, a ex-URSS e a China são eponsáveis por mais de metade dessas emissões.

As confusões ou inversões térmicas prolongadas podem provocar nevoeiros mortíferos em grande escala[73]. O verão de 1998 teve temperaturas nunca registadas até hoje nos observatórios. As atividades poluentes do ar são as responsáveis. E entre elas, desde logo, a circulação com viaturas a combustível fóssil, que infestam os ares não só de dióxido carbónico, mas também de outros gases, designadamente, o *benzeno* (que é, comprovadamente, cancerígeno), o metano, os *clorofluorcarbonetos* (CFC), o *óxido de azoto, o ozono troposférico e outros poluidores*, que estão a causar o efeito de estufa, ao impedir as radiações infravermelhas emitidas pela superfície terrestre de se dissiparem no espaço. Só nas três últimas décadas do seculo XX, até ao virar para o seculo XXI, o índice destes poluentes na atmosfera havia triplicado e, em face do ritmo de crescimento demográfico, a concentração destes gases seria, como referimos anteriormente, por volta de 2040, o dobro da existente na era pré-industrial, quadruplicando até ao fim deste século. O incremento destes gases, na atmosfera, a continuar nestes ritmos aumentaria a temperatura da terra até ao ano 2100, uma subida do *nível dos mares* de 15 cm, com uma extensa *submersão das zonas costeiras*[74].

Em 1997, foi assinado o Protocolo de Quioto[75]. Este tratado visa uma redução das emissões de gás, por parte dos países industrializados. Sessenta

[73] V.g. o que ceifou 4000 vidas em Londres, em 1952.

[74] Seitz, J. L. – o.c, p. 153.

[75] O Protocolo de Quioto é um tratado anexo à Convenção-Quadro das Nações Unidas sobre as Alterações Climáticas, que emerge de um conjunto de acontecimentos iniciados com a "Toronto Conference on the Changing Atmosphere", realizada no Canadá, em outubro de 1988; depois seguida pelo "IPCC's First Assessment Report em Sundsvall", na Suécia, em agosto de 1990; e que culminou com a Convenção-Quadro das Nações Unidas sobre a Mudança Climática (CQNUMC), na ECO-92, Conferência do Rio de Janeiro, Brasil, em junho de 1992. Traduz-se num tratado internacional estabelecendo compromissos mais rígidos para a *redução da emissão dos gases* que agravam o efeito estufa, causa antropogénicas do aquecimento global. Foi negociado em Quioto, no Japão em 1997, aberto à assinatura dos Estados em 11 de dezembro de 1997 e ratificado a 15 de março de 1999. A sua entrada em vigor ficou dependente da ratificação de 55 países (55% das emissões). Entrou em vigor a 16 de fevereiro de 2005, logo que a Rússia o ratificou em novembro de 2004. Propõe-se aí um calendário em que os países signatários (principalmente os mais desenvolvidos) aceitaram obrigar-se a reduzir, no período entre 2008 e 2012, a emissão de *gases do efeito estufa*, pelo menos, em 5,2% face aos níveis emitidos de 1990. O período de 2008-1012 é considerado o primeiro período de compromisso (para muitos países, como os membros da UE, tal implica emissões 15% abaixo das emissões esperadas para 2008). As metas de redução não são homogêneas para todos os países, havendo níveis diferenciados para os 38 países que mais emitem gases. Países em "franco desenvolvimento" (como Brasil, México, Argentina e Índia) não se comprometeram a metas de redução, o que compromete a êxito do programa global. Em 2006, a China ultrapassou em 8% o volume de gás carbónico emitido pelos EUA, tornando-se no maior emissor desse gás no mundo, ao emitir cerca de um quarto do total mundial, ou seja, mais do que toda a UE. A redução

Estados comprometeram-se a ratificá-lo, na Cimeira da ONU sobre as Alterações Climáticas, realizada em Bona, em novembro de 1999. O ex--presidente George W. Bush (pai) negou-se a ratificá-lo com o argumento de que os compromissos criados por tal protocolo interfeririam negativamente na economia norte-americana. O Senado dos EUA continuou durante muito tempo a opor-se a essa ratificação, enquanto não se encontrassem satisfeitas duas condições: a não limitação dos mecanismos de mercado, para cumprir os compromissos reducionistas e o empenhamento dos grandes países em desenvolvimento, designadamente da China e da Índia, nessa limitação, sendo certo que, na data da Cimeira, apenas catorze destes países tinham ratificado o Protocolo acima referido. Só m 2009, o presidente Barack Obama encaminhou o Protocolo de Kyoto para ratificação no Senado. Depois vieram as peripécias negacionistas do presidente Donald Trump, Biden renbvou, mas muitos Estados cuja energia deriva do carvão, não têm pressa. Veremos como avançará. O buraco de ozono é um fato, cientificamente comprovado[76].

A partir dos anos oitenta do século passado, começaram a lançar-se milhões de toneladas de CFC na estratosfera, o que foi originando o seu crescimento assustador, de ano para ano[77], com implicações retardadas para o futuro. Nas últimas décadas, a quantidade de ozono na atmosfera terá

dessas emissões deverá acontecer em várias atividades económicas. O protocolo estimula os países a cooperarem entre si com ações básicas, desde o reformar dos setores de energia e transportes, promover o uso de fontes energéticas renováveis, eliminar mecanismos financeiros e de mercado inapropriados aos fins da Convenção, limitar as emissões de metano no gerenciamento de resíduos e dos sistemas energéticos até à proteção das florestas e outros sumidouros de carbono. Se o Protocolo de Quioto fosse cumprido, calculava-se que a temperatura global seria reduzida entre 1,4.ºC e 5,8.ºC até 2100. O que dependerá muito das negociações pós-período 2008/2012. Recorde-se que há cientistas que defendem a insuficiência da meta de redução de 5% em relação aos níveis de 1990 para conseguir mitigar o aquecimento global (http://pt.wikipedia.org/wiki/Protocolo_de_Quioto). Este Protocolo expira este ano, mas há um compromisso da ONU e de alguns governos para a celebração de novo Acordo ou uma emenda prorrogatória ao atual, em que se estabeleceria novas metas para o futuro. As discussões começaram em 16 de fevereiro de 2007 em Washington. Os governos do Canadá, França, Alemanha, Itália, Japão, Rússia, Reino Unido, Estados Unidos, Brasil, China, Índia, México e África do Sul concordaram em certos princípios nesta perspetiva, em especial, na criação de um *limite máximo para o comércio dos créditos de carbono* e na aplicação de *metas de redução das emissões de CO2* também para os países em desenvolvimento, mas a Conferência de 2009 em Copenhague, de 7 a 18 de dezembro não terminou com acordos firmados.

[76] MÉGIE, G. – *Stratosphère et couche d'ozone.* Paris: MASSON, 1992; OMM – "Scientific Assessment of Ozone Despletion 1991". In *Global Ozone Research and Monotoring Project,* n.º 25, Genebra, 1992.

[77] Um só átomo de cloro decompõe, pelo menos, 100.000 moléculas de ozono, antes de ser fixado por qualquer outro elemento químico atmosférico.

baixado 2 a 3% nas latitudes médias e 40% sobre o Pólo Sul. Iniciaram-se diversas ações internacionais para combater a produção de mais CFC, mas os estudos da evolução do buraco da camada de ozono, efetuados desde meados da década de oitenta, mostram que a destruição atmosférica provocada por aqueles produtos químicos, supostamente inertes[78], levarão quase um século a recuperar, sendo imprevisíveis os efeitos durante esse tempo sobre a vida, designadamente no homem, animais, culturas e florestas[79].

Os primeiros sinais de alarme surgiram, nos oceanos meridionais, onde começaram a entrar, todas as primaveras, quantidades crescentes da perigosa radiação ultravioleta[80], pondo em risco o fitoplâncton, sem o qual toda a cadeia trófica, alimentar, se desmoronará. Estudos recentes têm, também, posto em evidência o *desaparecimento da camada de ozono*, mesmo sobre o mundo desenvolvido densamente povoado, sendo certo que o cancro da pele, induzido pelos raios ultravioletas, afeta, preponderantemente, os caucasianos (raça branca), pelo que temos de começar a fugir da exposição ao sol. Além das lesões e do cancro de pele, há que contar com lesões oculares e perturbações do sistema imunitário.

É sabido que é da interação permanente da energia radiante recebida do sol e dos materiais, a água do ramo terrestre do ciclo hidrológico e os seres vegetais, que resulta o processo vital, mas os sistemas artificiais vão degradando o ambiente em que o homem vive, criando problemas de qualidade de vida, pelo que, quando o sol nasce, fazendo o reino vegetal começar a inalar dióxido de carbono para o utilizar na fotossíntese, diminuindo a quantidade de gás no ar, isso já não compensa as toneladas desse dióxido de carbono, que o homem faz artificialmente, lançar para a atmosfera[81].

A chuva ácida é um dos efeitos da contaminação secundária da atmosfera e resulta da queima de carvão, de combustíveis fósseis e de poluentes industriais, que lançam dióxido de enxofre e de nitrogénio na atmosfera. O dióxido de enxofre e de óxido de azoto combinam-se com o hidrogénio, presente na atmosfera, sob a forma de vapor de água. E o resultado são, pois, as chuvas ácidas. Ora, este fenómeno tem vindo a destruir largas extensões de floresta e

[78] Utilizados em aparelhos de ar condicionado, embalagens de aerosol e espumas plásticas.

[79] Mégie, G. – "Ameaças à camada de ozone". In citado *Estado do Ambiente no Mundo,* p. 109-111; Theys, J. – "Clima em negociações". In *Estudo do Ambiente no Mundo,* p. 492-500 (com um quatro de emissões, por país); Dessus, B. – "Os pilares de luta contra o efeito de estufa". In *E.A.M.;* p. 600-601.

[80] Estes raios nunca tinham atravessado a atmosfera até à superfície das águas.

[81] Gerando-se, assim, um mundo de poluição cada vez mais acentuada dos nossos rios, oceanos, florestas e paisagens, com perigosas alterações climáticas no planeta.

de plantações e tem alterado as águas de milhares de lagos e rios, eliminando mesmo, em certas zonas, todas as formas de vida aquática[82].

O relógio biológico da natureza alterou-se e as espécies vivas já não sabem, naturalmente, como viver.

A *diversidade biológica*[83] tem vindo a ser, tremendamente, ameaçada, pelo crescimento contínuo da pressão humana. Todas as espécies animais e vegetais da biosfera são ameaçadas pelo homem. Nenhuma pode sentir-se segura perante as transformações que este está a causar na atmosfera, nos oceanos e nos ecossistemas terrestres. As rápidas alterações no ambiente e a caça secular, hoje, muitas vezes, já furtiva, processando-se a um ritmo superior à capacidade de reprodução das espécies, estão a levar muitas à extinção.

A *biodiversidade* é uma das características do planeta, embora o número real de espécies existentes não seja ainda conhecido[84]. Os cientistas do Programa das Nações Unidas para o Ambiente calculam que este número varie entre 10 e 100 milhões de espécies diferentes no planeta. Apenas 1 milhão e quatrocentas mil estão nomeadas e poucos milhares estudadas: são 751 mil insetos, 281 mil outras espécies animais, mil vírus, 4 mil bactérias e outros microrganismos, 26.900 algas, 248.400 plantas superiores e 30.800 protozoários. Todos os dias, segundo estudos de biólogos eminentes, desaparecem, para sempre, 50 a 100 espécies, algumas sem sequer terem sido identificadas, ao mesmo tempo que se assiste ao desaparecimento da diversidade genética no interior das espécies. E, cerca de 10 a 25% das espécies ainda existentes, correm sérios riscos de extinção nos próximos 15 a 20 anos. Até meados do século XXI, desaparecerão muito mais de dois milhões de espécies animais e muito mais do que as calculadas, há cerca de 40 anos, 60.000 espécies vegetais. Além de, como já referimos, se verificar uma enorme eliminação da diversidade genética dentro das espécies[85]. Que consequências isto pode ter, sendo certo que explosões câmbricas houve uma? É sabido que o homem surgiu no período de maior diversidade biológica da história da Terra. Atualmente, verifica-se que estes níveis de extinção, que não se verificavam, desde o período mesozóico, há 65 milhões de anos, quando se deu a extinção

[82] SEITZ, J. L. – *o.c.*, p. 193-196.

[83] A biodiversidade é o conjunto de organismos vivos que habitam o nosso planeta, centrando-se a preocupação na matéria sobretudo na extinção das diferentes espécies, embora a diversidade genéticas dentro das mesmas espécies também seja importante.

[84] Em geral, BEAUD, M. e C.; BOUGUERRA, M. L. (Dir.) – *Estado do Ambiente no Mundo*, p. 92, 365 e 371; Larrère, C. e R. – *Do Bom Uso da Natureza: Para uma filosofia do meio ambiente*. Lisboa: I Piaget, 2000, p. 317-330; SEITZ, J. L. – *o.c.*, p. 223-227.

[85] ALLÈGRE, C. – *Ecologia das Cidades: Ecologia dos Campo*. Lisboa: I. Piaget, 1996, p. 119-139.

dos dinossáurios, devem-se, não só à depredação incessante das florestas (no início do período neolítico, todos os solos férteis se encontravam cobertos de florestas), mas também à caça, à poluição e à pressão agrícola.

Apesar dos esforços evidenciados por quase todos os representantes das nações participantes na inicial Conferência do Rio de Janeiro, só nos 6 anos decorridos até ao virar do século, haviam sido extintas para sempre, entre 25 e 50 mil espécies de animais e de plantas, apesar do "sonho" de uma revolução da biogenética, baseada na diversidade do material vivo. Com a rápida proliferação da sua própria espécie, o homem vai combatendo cegamente outras espécies e introduzindo elementos artificiais no estado de equilíbrio ou de mudança natural, em que se encontra a natureza. Estando a sobrevivência do homem associada à vida animal, ela está em causa com esta progressiva destruição dos ecossistemas aos vários níveis, global e local, o que levanta também problemas económicos em quase todos os sectores[86]. O ritmo de desmantelamento da natureza e das florestas é muito significativo[87]. Ora, se ele se mantiver constante, poderá aumentar exponencialmente com o aumento da população, o que levará a floresta tropical, principal reservatório de vida e de biodiversidade, a desaparecer, totalmente, em menos de 50 anos.

O *desflorestamento* acelera a extinção de espécies vegetais e animais[88] e expõe os solos à ação do vento e da chuva, aumentando a sua erosão. Basta dizer que, de oito em oito segundos, desaparece mais um hectare de solo fértil, rondando os 150 mil Km2 a área anual devastada de florestas (equivalente ao desaparecimento de quase três países da dimensão da Suiça), sobretudo no hemisfério sul (10% em África, 30% na Ásia, e mais de 50% na América Latina). Se, por um lado, a destruição das florestas tropicais significa uma grande catástrofe para a diversidade biológica do planeta, por outro lado, para alguns países, a exportação de madeira tonou-se muitas vezes a principal, senão a única fonte de divisas e dependem dela para fazer face à dívida externa, vendo-se obrigados a cortar o que lhes sobra de floresta[89]. No Equador, no Gana, no Haiti, na Nigéria e no Benim, florestas inteiras já desapareceram.

[86] União Europeia, Comissão europeia – *Estratégia da CE em matéria de diversidade biológica* (COM (98)42 final); – "Vanishing nature?: Biodiversity". In *Euroabstracts: Environment: looking the future in the face*. Vol.37-5/99, Luxemburgo: Comissão, p. 16; Agência Europeia do Ambiente – *Europe's Environment: The second Assessement*. Luxemburgo, 1998.

[87] Sobre o tema, *vide*, em geral, Breaud, M. e C.; Bouguerra, M. L. – *Estado do Ambiente no Mundo*. Lisboa: I. Piaget, 1995, p. 51, 66, 305, 336, 338 e 386.

[88] Segundo François Ramade (*o.c.*), devido à desflorestação tropical, desapareciam anualmente, no início da década de noventa, entre 4 a 6 mil espécies vivas.

[89] Seitz, J. L. – *o.c.*, p. 207.

No Brasil, para além da Amazónia, o abate de árvores e a expansão agrícola e urbana destruíram até ao final do século XX cerca de 95% das florestas costeiras atlânticas. A *percentagem de áreas florestais* tem vindo a diminuir há séculos. Mas a taxa de desflorestação não tem parado de aumentar, no século XX e sobretudo nos últimos anos, designadamente na "reserva" da Amazónia, tratando-se de um fenómeno generalizado, em todos os continentes.

As florestas continuam a regredir, desde há milhares de anos, mas tem sido, nas últimas décadas, que o fenómeno tem atingido proporções ecocidas, tanto nas regiões equatoriais das florestas húmidas, como nas tropicais, de tipo seco, com uma desflorestação com origem multifatorial, que vai desde o corte de árvores para o comércio da madeira, até ao *pastoreio excessivo, incêndios e arroteamento para fins agrícolas*. No este e sueste asiático, fomos assistindo à destruição das florestas na Malásia, indonésia, Filipinas, Tailândia, etc. Na China, a superfície florestada representa 8%, contra 70% no final do Paleolítico (há 6.000 anos). Só entre 1950 e 1990, perdeu um terço da área arborizada[90]. A Tailândia, em 1992, só já contava com uma ocupação florestal calculada entre 12 a 18% do seu território, tendo mesmo passado a importar madeira para o seu consumo interno. A produção de madeiras na Ilha de Bornéu, em 1990, ultrapassou os 18,8 milhões de m3, dos quais 16 milhões foram para a exportação, sendo certo que, segundo os cálculos da Organização Internacional de Madeiras Tropicais, mesmo a um ritmo anual mais modesto, da ordem dos 13 milhões de m3, este Estado malaico de Sarawak, há muito que vê a sua floresta a desaparecer neste início do século XXI[91]. Na Costa do Marfim, em África, entre 1970 e 1990, a superfície florestal regrediu em 75%, no Gana, 80%, em Madagáscar, 70%. A Nigéria, em meados desta década, também já importava madeira. Certos autores consideram que a floresta, em certas zonas tropicais, não se reconstituirá em menos de 400 anos.

As terras da Amazónia só são aráveis em 3%, sendo os restantes 97% constituídos por solos pobres. Aqui, como em certas áreas de África, estes solos, uma vez arroteados, formam uma couraça laterítica que impede a agricultura e a regeneração florestal. Entretanto, na Amazónia destroem-se, anualmente, 8 milhões de hectares de floresta, ritmo que fará acabar com o maior reservatório de biodiversidade do mundo, em menos de 50 anos. À escala mundial, a continuar o atual ritmo de desflorestação, as florestas húmidas deixarão de

[90] Deléage, Jean-Paul – "Uma nova era de perigos". *o. c.*, p. 24.

[91] Ling, Chee Yoke – "O Este e o Sueste Asiático: O reverso do crescimento. (A pilhagem dos recursos naturais)". In *Estado do Ambiente no Mundo*. Michel e Calliope Beaud e Mohamed Larbi Bouguerra (Dir.). Tradução de Ana Maria Novais. (Colecção Perpectivas Ecológicas, sob a Direcção de António Oliveira Cruz). Lisboa: Instituto Piaget, 1995, p. 333.

existir, de todo, em meados do século XXI, com tudo o que isso significa em termos de grande crise biótica: redução da precipitação, erosão dos solos e desertificação, efeito de estufa em face da queima da lenha (15 a 30% do gás carbónico, lançado na atmosfera, é de produção antrópica). Por tudo isto, as consequências da destruição das florestas tropicais não se farão notar apenas a nível local, mas também, catastroficamente, a nível global. São um problema para (e, por isso, da) humanidade.

Quanto às florestas temperadas e mediterrânicas, a sua diminuição, ao longo do período histórico, é também um fato assinalável. Na América do Norte, é preciso recuar bastante, para assistir à eliminação dos grandes mastodontes, tal como na Europa, mas não é preciso recuar muito para constatar a destruição da floresta, fenómeno avassalador destes dois últimos séculos da colonização territorial, efetuada pela nova nação. Toda a América viu diminuir mais a sua floresta, neste curto período, do que a França em 10 séculos, segundo afirma François Ramade[92], que sustenta que, no Leste dos EUA, onde a floresta inicial comportava uma ocupação de 365 milhões de ha, foram destruídos 150 milhões, restando, da floresta primitiva, apenas 18 milhões, embora haja outras extensas manchas reflorestadas. No Canadá, foi eliminada metade da biomassa florestal inicial, em grande parte, para a construção e pasta de papel. Este fenómeno é também preocupante em Portugal[93] e na Europa temperada. Esta tem, hoje, apenas cerca de 30% da área florestada inicial, enquanto a Europa do Mediterrâneo e a Turquia só já possuem 5% da floresta inicial. Para o efeito, nas zonas meridionais, substituíram-se espécies autóctones, folhosas, por resinosas e eucaliptos, que causam a degradação dos solos, que são acidificados.

Também os incêndios, nas regiões mediterrânicas, têm um papel altamente depredador. Só num ano, já recuado, em 1988, no primeiro Parque Nacional do mundo, de Yellowstone, arderam 400 mil ha de floresta. Hoje, propagam-se destrutivos e repetidos incêndios em todo o mundo. A acidificação da água das chuvas, a poluição atmosférica e a seca têm feito o resto, no plano destrutivo (em França, em 1987, 10% da floresta estava afetada pelas chuvas ácidas, sobretudo nos Alpes do Sul e Vosgos). O homem, ao longo de 150.000 anos, até ao aparecimento da agricultura, era apenas caçador, não causando grandes modificações nos equilíbrios naturais. A substituição de

92 Ramade, François – "Floretas Temperadas: O duplo perigo dos incêndios e das chuvas ácidas". *o.c.*, p. 69.

93 Sobre a desflorestação, desertificação e despovoamento em Trás-os-Montes, ver a intervenção de José Gama, efetuada no 1.º Encontro Regional de Professores, realizado em 28 e 29 de Outubro de 1999, no Centro Cultural de Mirandela.

populações nómadas por populações sedentárias conduziu a enormes *desequilíbrios ambientais*. Naquela altura, havia seis biliões de hectares de floresta na Terra. Atualmente, só restam quatro biliões, dos quais apenas 1,5 biliões estão intocados. Hoje, o nosso planeta torna-se escasso para tanta população. E a introdução de *práticas agrícolas intensivas* ligadas à agricultura química, à revolução verde e a desflorestação têm levado a que a camada superior de solo orgânico[94], com o tempo, se acabe por transformar em deserto árido.

De facto, o derrube maciço de árvores para vender a madeira ou para transformar as florestas em áreas de cultivo, desencadeia um processo irreversível de degradação dos solos. Com efeito, as produções mais elevadas, obtidas a partir de cada vez menos terra, estão a induzir a uma erosão galopante do solo[95], ameaçando já vastas áreas do globo. Daí que, hoje, se tenham de utilizar, diariamente, 400.000 toneladas de fertilizantes, para arrancar à terra aquilo que ela começa a não ter para dar, contribuindo-se, assim, para a aceleração do processo de desertificação.

Outra questão relacionada com os *rios, mares e solos* é a da sua contaminação contínua, por todo o globo, provocada por enormes quantidades de produtos químicos, resíduos de origem agrícola, urbana e industrial, entre eles os adubos e pesticidas (herbicidas, fungicidas e inseticidas agrícolas), usados em grande quantidade, que poluem o ambiente, envenenam os trabalhadores e a cadeia alimentar, contaminam as águas e fazem a terra perder os seus nutrientes[96]. Já em 1962, Rachel Carson, que infelizmente viria a morrer prematuramente, em 1994, havia consciencializado os americanos, no seu livro *Silent Spring*, sobre a capacidade de as substâncias tóxicas se concentrarem na cadeia alimentar, dado os animais superiores comerem os mais pequenos, sendo certo que a maioria delas não são expelidas pelo animal

[94] Camada muito frágil e pouco profunda.

[95] O solo é uma película estreita, de poucos centímetros a alguns metros, que recobre quase completamente uma grande parte dos continentes (pedosfera), e da qual dependem muitos dos ecossistemas e dos ciclos biológicos. Ele é também fonte de vida, porque habitat de espécies, fornecedor de alimentos às plantas, e daí aos animais. Contribui para a marcha dos grandes ciclos da terra, o da água, carbono, azoto e ozone. Há trocas permanentes entre a pedosfera e a atmosfera. As águas, na sua qualidade, estão dependes dos sistemas porosos da cobertura pedológica. Ora, a erosão é o arrastamento dessas partículas superficiais do solo, devido ao vento ou à água. Ela, atualmente, é da ordem dos 9,3 milhões de toneladas por ano. Hoje, devido à ação do homem (pressão demográfica, económica e alimentar), não é compensada com a formação de novas partículas, pelo que a cobertura pedológica deixou de ser um recurso renovável. Anualmente, perdem-se cerca de 0,7% do capital pedológico mundial.

[96] Beaud, M. e C.; Bouguerra, M. L. (Dir.) – *Estado de Ambiente no Mundo*. Lisboa: I. Piaget, 1995, p. 61, 86, 141, 309, 336.

marítimo ou terrestre de que outros animais se alimentam. Ela conseguiu levar a orientações de redução de pesticidas, de longa duração, em países desenvolvidos. Só que os cidadãos desses países continuam a alimentar-se de produtos importados, designadamente, os frutos tropicais, em que eles são usados, por ser admitida a exportação desses químicos para os países em desenvolvimento (na Europa e nos EUA; com efeito, a lei americana permite, expressamente, esta exportação e, por isso, 25% das exportações dos EUA são substâncias perigosas)[97].

Além disso, aumentou, posteriormente, o consumo de pesticidas de curta duração, altamente tóxicos (até como meio de limpeza de vegetação indesejada, para evitar dispêndios com braços humanos ou trabalho de corte com máquinas), lançados com poderosos meios pulverizadores, designadamente aéreos, que poluem não só produtos agrícolas, como solos, águas e animais[98]. Ainda hoje, em países que já não utilizam DDT há mais de 20 anos, as pessoas mantêm resíduos deste, décadas depois de os terem usado[99].

Além dos acidentes espetaculares, não pode deixar de se registar que, anualmente, morrem cerca de 20.000 pessoas, em todo o mundo, por envenenamento direto de pesticidas e um milhão fica doente por isso[100]. Só com métodos não químicos é possível resolver cabalmente os problemas, caso contrário cada vez se exigem pesticidas mais fortes, devido à habituação e à criação de resistências pelas pragas. Em 1945, perderam-se 32% das colheitas americanas devido às pragas. Mas em 1984, apesar da vitória do uso de grandes quantidades de pesticidas, perderam-se já 37%[101]. De qualquer maneira, mesmo o respeito pelas leis tidas por mais avançadas, nada resolve, dado que, como diz Philip Hilts, "os pesticidas aplicados em quantidades legais na quinta e presentes em quantidades legais nos alimentos, podem ainda conduzir a concentrações perigosas"[102] para a saúde.

A *desflorestação, a degradação do solo e a desertificação* são fenómenos interligados. Segundo dados do Programa das Nações Unidas para o Ambiente

[97] Weir, David e Schapiro, Mark – *Circle of Poison.* San Francisco: Institute for Food and Development Policy, 1981, p. 4.

[98] Williams, Ted – "Hard News on 'Soft' Pesticides". *Audubon*, 95. Março-Abril 1993, p. 30-40.

[99] "Study Links DDT and Cancer". *New York Times*, Ed. nacional, 22 de Abril de 1993, p. A10, apud Seitz, John L. – *Questões Globais: Uma Introdução.* (Col. Perspectivas Ecológicas). Tradução de Sofia Raimundo. Lisboa: I. Piaget, p. 214, nota 61.

[100] OMS – *Public Health Impact of Pesticides Used in Agriculture.* Genebra: WHO, 1990, p. 86.

[101] *New York Times*, últ ed., 21 de Abril de 1986, p. A14, p. 214, apud John Seitz – *o.c.*, p. 216, nota 65.

[102] Hilts, Philip – "Results of Study on Pesticide Encourage Effort to Cut Use". *New York Times*, Ed.nacional, 15 de Julho de 1993, p. 8, apud *o.c*, nota 66.

(PNUA), o problema da desertificação ameaça, hoje, mais de 110 países no mundo, afetando um quinto da população da Terra.

A *erosão* e a desertificação tornam-se realmente problemas graves. Os desertos estão a crescer, no mundo inteiro, a um ritmo médio de 60 mil km^2 por ano. Além do Saara (cujo deserto continua a avançar dois km por ano), em resultado de mudanças climáticas ao longo de milhares de anos, os novos desertos são provocados pela ação do homem. Em 1993, segundo Jean-Paul Deléage[103], um terço dos continentes (com cerca de 20% da população mundial) sofriam já o fenómeno da desertificação. O deserto do Thar avança, anualmente, em média, 13 mil ha, na direção do nordeste da península indiana.

Segundo a FAO, a desertificação ameaça todo o leste e centro dos EUA, norte do México, uma extensa faixa da América do Sul, a partir da costa, desde a zona amazónica até à ponta sul do Chile, o interior de Pernambuco brasileiro e os territórios, a norte, até ao atlântico, toda a África branca, a partir do baixo mediterrâneo até quase a meio do continente, todo o sul do atlântico até quase ao Cabo, cobrindo áreas de Angola, a Namíbia, parte significativa da África do Sul, metade sul e leste de Madagáscar, Tanzânia, Quénia, Corno de África, Ásia árabe e muçulmana, do sul da Rússia até quase ao Índico e a quase totalidade da Austrália, com exceção de uma estreita faixa costeira oriental e norte. Embora o risco seja maior numas zonas do que em outras, em todos estes territórios há extensas áreas de risco muito elevado.

A desertificação das zonas produtivas áridas da bacia do mediterrâneo (com cerca de 177 milhões de ha de superfície total), cifra-se em 64%, 75% dos quais em zonas de pastagens (110 milhões de ha) e 45% em zonas com outros usos do solo (67 milhões de ha)[104]. Entre as suas causas, estão o *abuso de pesticidas, a exploração intensiva dos terrenos, o desflorestamento, os incêndios florestais e a falta de irrigação controlada.* Tudo fatores que reduzem, rapidamente, a fertilidade da terra e aceleram a erosão[105].

Quanto às causas gerais, há que referir que mais de um terço das terras emersas são territórios áridos, com défices permanentes ou estacionais de água. Além das flutuações climáticas, há ainda os fenómenos de hidromorfia (degradação causada por excesso de água), salinização (degradação por

[103] Deléage, Jean-Paul – *o.c.*, p. 24.

[104] Mabbut, J. A. – "A new global assessment of the status and trends of desertification". In *Environmental Conservation*, n.º 11, 1984.

[105] Beaud, M. e C.; Bouguerra, M. L. – *o.c.*, p. 24, 87, 88 e 369.

sais solúveis) e alcalinização (degradação causada por sódio), que só por si eliminam, anualmente, cerca de 10 milhões de ha de solo arável[106].

A proteção das águas continentais e a conservação de toda a riqueza biológica, que os ecossistemas hídricos encerram, são de importância fundamental para a vida do homem. Ora, no mundo, não há escassez de água, como por vezes se apregoa, mas uma enorme má distribuição dela e rareia a água potável. A água doce utilizável é inferior a um por cento da existente no planeta. A sua distribuição desigual e poluição criam problemas higiénico--sanitários e mesmo de sobrevivência. E a concentração da humanidade, em aglomerados urbanos, complica o problema, dada a sua exigência para múltiplos usos quotidianos. À medida que diminuem, em qualidade e em quantidade, os recursos hídricos, suscetíveis de serem utilizadas pelo homem, vão surgindo medidas que visam a sua proteção, face às agressões ambientais, e a promoção do seu consumo sustentável. No entanto, apesar dos esforços desenvolvidos para travar a poluição e a utilização excessiva deste recurso, em termos globais, a situação continua a agravar-se, devido aos processos de crescimento demográfico, industrialização e agricultura intensiva[107].

A *valorização económica da água* começa a aparecer como uma medida necessária e urgente para consciencializar as populações quanto ao seu valor real e para incentivar a sua utilização racional. Ela é um elemento indispensável para a qualidade de vida e todos somos seus consumidores. É, inquestionavelmente, um bem essencial ao desenvolvimento das diversas atividades, entre as quais se incluem a agricultura, as atividades de índole industrial, o próprio uso doméstico, a produção de energia hidroelétrica, irrigação, pescas, aquacultura e navegação.

Destas várias utilizações resultam efeitos que podem ser de diferente natureza. Alguns usos, como o abastecimento urbano ou a irrigação, implicam o consumo de uma certa quantidade de água, que não é diretamente restituída às fontes de abastecimento iniciais. Embora haja outras utilizações, como o abastecimento a certas indústrias, elas podem não implicar redução da quantidade de água, mas, apenas, a deterioração da sua qualidade, ocasionada pela contaminação por certas substâncias. Poucas, como ocorre com a produção de energia hidroelétrica, não implicam, praticamente, consequências, nem em termos da quantidade, nem da qualidade da água. A água é o recurso mais abundante à face da Terra, ocupando 71% da sua superfície, mas acontece

106 Ruellan, Allan – *o.c.* e Brown, L. R. e Wolf, C. – "Soil Erosion: The Quiet Crisis in the Word Economy". *World Paper*, n.º 60. Washington: World Institute, 1984.

107 Seitz, J. L., – *o.c.*, p. 199-203.

que, para o homem, essa abundância é relativa, já que 97% da água se encontra nos oceanos e nos mares interiores, e só os restantes 3% correspondem a água doce. Estima-se, que, por cada 100 litros de água existente no planeta, o homem disponha somente de 3 ml. A precipitação sobre os continentes constitui a fonte principal de água doce. Ela atinge um valor médio anual de 110 mil km3. Aproximadamente, 65% deste volume volta à atmosfera por evapotranspiração, enquanto os restantes 39 mil km3 se repartem entre o escoamento subterrâneo (70%) e o escoamento superficial (30%).

Assim sendo, as assimetrias existentes entre as várias regiões da terra, em relação aos recursos hídricos de que se dispõe, são uma consequência direta da distribuição da precipitação pelo globo e dos níveis de escoamento de cada região. Atualmente, a maior parte do continente africano, o Médio Oriente, as regiões Oeste dos Estados Unidos e Noroeste do México, certas zonas do Chile e da Argentina e quase toda a Austrália debatem-se com problemas graves de escassez de água. O ciclo da água, na natureza, é indispensável à vida e a sua maior ou menor abundância é determinante para a configuração dos ecossistemas. A má gestão deste recurso básico está a pôr em perigo a sua disponibilidade e abastecimento. E ameaça converter-se em causa de conflitos internacionais. Das reservas de água doce, que ocupam 3% da superfície terrestre, 79% estão concentradas na forma de gelo, 20% são águas subterrâneas e apenas 1% corresponde às águas superficiais, aos rios, lagos, vapor de água na atmosfera, à humidade do solo e à água contida nos seres vivos. Porém, a maior parte das águas continentais está contaminada, tornando-se necessário o seu tratamento prévio, para o consumo humano. A causa reside no vazamento permanente nos rios e lagos, de resíduos agrícolas, industriais e urbanos de todos os tipos[108].

A sobre-exploração dos recursos aquíferos tem levado a que a quantidade global de água doce diminua, numa altura em que as suas necessidades para uso industrial e residencial crescem exponencialmente e a poluição das fontes, lagos, rios e cursos subterrâneos, aumenta vertiginosamente, devido à poluição atmosférica e à contaminação, por via de esgotos municipais, pesticidas, adubos e efluentes industriais. A intervenção do homem nos cursos de água, tem-se traduzido na construção de barragens e diques, drenagem dos fundos, descarga de efluentes industriais, etc., o que, só por si, já é uma ação quase totalmente destruidora dos biótopos.

[108] Em geral, sobre toda esta temática, *vide* Hennion, M. C., – "A água, uma vítima dos poluentes" e Brisset. C. – "Pobreza, ambiente e saúde: o futuro sacrificado". In *Estado do Ambiente no Mundo.* Beaud, M. e C., Bouguerra, M. L. (Dir). Lisboa: I. Piaget, 1995, p. 63-65 e 315-321, respetivamente.

Porém, a procura global de água tem vindo a aumentar a um ritmo muito mais rápido do que a construção de barragens. Em face disto, não sendo possível generalizar-se *dessalinização da água do mar*, para fazer face as necessidades crescentes de consumo humano[109], a escassez de água de boa qualidade vai ser um dos maiores problemas do futuro, até porque as formas de captação, a partir de lençóis de água, de importação e dessalinização, podem suportar, localmente, durante algum tempo, uma economia que tenha excedido os seus limites hídricos, mas não podem funcionar, globalmente, por muito tempo. Profundamente relacionada com esta sobre-exploração, tem-se assistido a uma progressiva *contaminação* dos cursos subterrâneos, designadamente com água salgada. Todos os dias, milhares pessoas, na sua maioria crianças, morrem de doenças causadas pela ingestão de água inquinada.

Hoje, 1/3 das populações do hemisfério sul já não tem acesso a água limpa[110]. Nos oceanos, os efeitos da poluição fazem-se sentir, há décadas, em toda a extensão dos mares, com especial destaque nas costas e recifes, onde se concentra grande parte da vida marinha. Em geral, a degradação dos oceanos é determinada por duas causas: o esgotamento decorrente da pesca (à medida que a população humana foi aumentando, as capturas foram crescendo, a um ritmo anual de 6 a 7%, sendo visíveis alguns sintomas de esgotamento das tradicionais áreas piscatórias) e o contínuo vazamento das mais diversas substâncias, produzidas pela atividade humana e que se vão acumulando, no fundo marítimo, muitas vezes, nem se conhecendo, sequer, os seus efeitos sobre a vida marinha.

O petróleo é o poluente do ambiente marítimo mais conhecido. Fugas em poços petrolíferos marítimos, em terminais portuários, em navios petroleiros e limpeza dos seus tanques são responsáveis pelo despejo anual de cerca de 1 milhão de toneladas de óleo, nos oceanos.

O *ecossistema oceânico* está, assim, a ser posto em causa pela ação combinada da pesca e da poluição. A sobre-exploração haliêutica intensiva e selvagem (recurso à mais moderna tecnologia de deteção de cardumes, impeditiva da regeneração das espécies) tende ao abismo, com consequências graves na alimentação humana das gerações futuras. Todos os dias, são retiradas dos mares, rios e lagos qualquer coisa como 250 mil toneladas de peixe e de marisco. Vastas áreas (v.g. o noroeste do Pacífico, o Mediterrâneo, o Mar

109 Sob pena de se romper o equilíbrio térmico mundial.

110 Em análise prospetiva, podemos antever todo o drama "bélico" do mundo superpovoado, para o qual, como referimos atrás, passa a importar "menos" a soberania sobre as terras do que sobre as águas.

Negro, a parte leste do Oceano Índico, a Costa leste do Canadá e o sudoeste do Pacífico), vivem sujeitas a exploração dizimadora das espécies[111].

Os *resíduos urbanos* são uma fonte de preocupações nas atuais sociedades[112]. A poluição residual é complexa, pois caracteriza-se pela presença de resíduos sólidos, líquidos ou gasosos, em quantidade superior à capacidade do ambiente, para os absorver.

Os *resíduos sólidos urbanos*, tradicionalmente designados por lixos domésticos[113], são constituídos por uma mistura de produtos muito variados, fruto do consumo diário das pessoas. Os problemas levantados pela eliminação destes resíduos devem-se a duas causas principais: em primeiro lugar, ao seu espetacular aumento sofrido, nas últimas décadas e, em segundo, à grande

[111] MINSTER, Jean-François – *A máquina Oceano*. Lisboa: I. Piaget, 1998; LAMY, M. – *As camadas Ecológicas do Homem*. Lisboa: I. Piaget, 1996, p. 245-247.

[112] Em geral, sobre as questões factuais e científicas que envolvem a fenomenologia factual, vidé SEITZ, J. L. – *o.c.* p. 203-206.

[113] No passado, o vocábulo *lixo* era a designação corrente, mas actualmente a terminologia, acompanhando o modo de olhar esta realidade, alterou-se para resíduos sólidos, em ordem a traduzir o conjunto de problemas derivados da não eliminação, directamente pela natureza, das matérias residuais da actividade humana em geral. Hoje, tem-se presente que se trata de matérias residuais, pelo que a palavra mais indicada para as expressar é a de "resíduos". As matérias residuais não são amontoados, simples e sem consequências, de coisas inúteis, cuja proveniência não tem importância e destino é inferente à vida do homem na actual sociedade, pois a sua eliminação oferece dificuldades, ainda por solucionar. O *conceito de resíduos*, que hoje é um termo técnico legalmente enquadrado, é dado pela alínea a) do artigo 3.º do Decreto-Lei n.º 39/97, de 9 de Setembro: "quaisquer substâncias ou objectos de que o detentorse desfaz ou tem intenção ou obrigação de se desfazer, nomeadamente os previstos em Portaria dos Ministros da Economia, da Saúde, da Agricultura, do Desenvolvimento Rural e das Pescas e do Ambiente (Portaria n.º 818/97, de 5 de Setembro), em conformidade com o Catálogo Europeu de Resíduos, aprovado por decisão da Comissão Europeia. Ver CALVIN, Italo – "La Cittá Invisibili". Apud PRISTA, Luísa – "O que fazer com tanto Lixo?". *Dirigir*. Lisboa, 14 outubro 1990, p. 53-57. O vocábulo *eliminação* designa as operações que visem dar um destino final adequado aos resíduos (Decreto-Lei 178/2006, 5.9, que revogou o Decreto-Lei n.º 239/97, de 5 de setembro, alterado pelo 73/2011, 17.6). O termo *valorização* significa o resultado de operações que visem o reaproveitamento dos resíduos. O diploma vigente de 2006 veio "reformar o mecanismo da autorização prévia", para o aproximar dos modelos em vigor nos ordenamentos jurídicos dos outros Estados comunitários, "sujeitando as operações de gestão de resíduos a um procedimento administrativo célere de controlo prévio", que fica concluído com a emissão de uma licença", tal como a procedimentos administrativos que "assegurem uma efetiva monitorização da atividade desenvolvida após esse licenciamento", introduzindo "mecanismos de adaptação das licenças às inovações tecnológicas que constantemente surgem neste setor e de resposta a efeitos negativos para o ambiente", não previstos na fase de licenciamento, e também criando "procedimentos que visam acompanhar as vicissitudes da atividade de gestão de resíduos" (v.g., transmissão, alteração e renovação das licenças). Sobre os resúdos hospitalares, há um Plano Estratégico de Resíduos Hospitalares, que orienta a matéria.

variedade de produtos químicos contidos nos resíduos, comprovadamente perigosos para a natureza e também para os seres humanos.

A sua eliminação, por incineração ou por remoção para aterros, não é solução, pois apenas muda o tipo de poluição ou adia o problema da sua solução. A gestão dos resíduos em termos adequados, que não se limite a transferir os problemas para outros locais, designadamente, para o *hinterland* das aglomerações urbanas – ou para resolução pelas futuras gerações –, em termos que criem outros tipos de poluição, designadamente atmosférica, constitui uma preocupação ainda hoje mal equacionada.

Mas as consequências disso, em termos de saúde pública, ordenamento ambiental e da qualidade de vida dos cidadãos, implicam que sejam encontradas, rapidamente, as melhores soluções. A complexidade e a gravidade dos problemas relacionados com a gestão de resíduos, pela sua magnitude, torna necessária a participação da sociedade na sua globalidade, e em particular dos cidadãos e das instituições, no sentido de defenderem a natureza e o ambiente e preservarem os recursos naturais.

A essência do problema, relativamente aos resíduos sólidos, reside no fato de, apesar da sua vasta e indeterminável produção pelo homem, a natureza não os eliminar facilmente, pelo que exigem um tratamento especial, de modo a não permitir que a saúde humana e o ambiente corram quaisquer riscos evitáveis ou controláveis.

Alguns têm especial perigosidade[114]. Os *resíduos tóxicos e perigosos ou resíduos especiais* incorporam componentes que representam um risco para a saúde humana e podem implicar impatos ambientais negativos. A gestão dos resíduos sólidos hospitalares constitui um dos mais complexos problemas com que a saúde ambiental tem que se defrontar. Este problema agudiza-se, dado que o atual estado de desenvolvimento e propagação de doenças graves e transmissíveis (v.g., a SIDA, a Hepatite B, etc.), acentua a sua perigosidade específica. Por isso, toda a problemática da sua correta gestão assume grande importância e pertinência.

Desde a década de oitenta que organizações conceituadas, como a Organização Mundial de Saúde ou a União Europeia, vêm revelando sérias preocupações e tentando criar um quadro conceptual e normativo, por forma a ser desenvolvido, por cada Estado, um conjunto de disposições legais, que garantam a execução de medidas corretas, neste domínio. Em Portugal,

[114] Os resíduos sólidos perigosos representavam no final dos anos 80, a nível mundial, 338 milhões de toneladas, 67% das quais provinham dos países da OCDE e 24% dos países da Europa de Leste. E apenas 9% dos países em desenvolvimento.

vem-se assistindo à emanação de legislação, genérica e sectorial, relativa a esta problemática, numa linha de mudança positiva, no plano da gestão dos sistemas dos resíduos, designadamente dos resíduos sólidos hospitalares. Num quadro, em que se prevê uma progressiva exigência de rigor técnico e sanitário, acompanhada pelo consequente aumento do peso da componente económica, importa aprofundar todos os conhecimentos relativos a esta matéria.

Há formas diferenciadas de gestão de resíduos sólidos e de resíduos com a mesma origem, sejam eles urbanos, em geral, ou até, especificamente, hospitalares[115]. Qualquer que seja a natureza da origem dos resíduos, eles podem apresentar-se sob *três formas distintas*, a sólida, a líquida e a gasosa. Mas um correto processo de tratamento e destinação final dos resíduos passa, ainda, pela sua diferenciação, tendo presente a sua origem.

O que importa sobretudo reter, para além da falta de solução para a sua eliminação, seja a incineração ou os aterros, produtores de gases tóxicos e lixiviados, que certos municípios lançam para as ETAR, é não só a produção crescente de resíduos, como sobretudo a de *resíduos perigosos e especiais*, isto é, de diferentes formas de poluição, sem solução, de longa vida[116].

[115] Quais as categorias de resíduos? Temos, de acordo com as definições que já haviam sido avançadas pelo anterior Decreto-Lei n.º 239/97, de 5 de setembro (hoje vigora o Decreto-Lei 178/2006. De 5.9), as seguintes: os resíduos industriais, resíduos urbanos, resíduos hospitalares e outros resíduos. Os resíduos industriais são os resíduos gerados em atividades industriais bem como, os que resultam das atividades de produção e distribuição de eletricidade, gás e água. Os resíduos urbanos são os resíduos domésticos ou outros resíduos semelhantes, em razão da sua natureza ou composição, nomeadamente os provenientes do sector de serviços ou de estabelecimentos comerciais ou industriais e de unidades prestadoras de cuidados de saúde, desde que em qualquer dos casos, a produção diária não exceda 1100 litro por produtor. Os resíduos hospitalares são os resíduos produzidos em unidades de prestação de cuidados de saúde, incluindo as atividades médicas de diagnóstico, prevenção e tratamento da doença em seres humanos ou em animais, e ainda as atividades de investigação relacionadas. Os restantes resíduos são classificados na categoria residual genérica de "outros resíduos", onde se integram os que não considerados como industriais, nem urbanos, nem hospitalares.

[116] As fontes de produção permitem agregar os resíduos em diversas *categorias*: domésticos (municipais), do sector secundário e terciário (comerciais e industriais), hospitalares, agropecuários. Nestes, inclui-se o conjunto de resíduos derivados da limpeza pública de todos os espaços situados nos aglomerados urbanos. Há que reter a origem dos resíduos sólidos, em termos de atividade. Quanto aos resíduos sólidos urbanos, os que apresentam uma produção mais volumosa, temos as habitações, os estabelecimentos comerciais e similares, as indústrias integradas nos aglomerados, a limpeza pública e outros estabelecimentos. Quanto aos resíduos sólidos indústrias e os estabelecimentos industriais. Quanto aos resíduos sólidos da agricultura e da pecuária, a agricultura intensiva e os estabelecimentos agropecuários. Quanto aos resíduos sólidos hospitalares contaminados, hospitais, clínicas, centros de saúde e laboratórios. Quanto aos resíduos tóxicos e

*

E que dizer da questão da *poluição provocada pelas administrações militares e conflitos mundiais*? E da *questão especial da energia nuclear* e dos *resíduos ionizantes*? Neste último meio século, toda a população mundial foi e continua a ser agredida por irradiações derivadas de milhares de explosões nucleares experimentais. E só os ensaios aéreos terminaram em 1977, mas continuam os subterrâneos.

Ora, os detritos radioativos implicam um risco sanitário sério, pois são levados pelo vento, entrando a sua maior parte na estratosfera, tendo contaminado sobretudo o Hemisfério Norte. No Kasaquistão, numa área perto de um centro de ensaios, fechado há cerca de 10 anos, a radioatividade do ar é três vezes superior à radioatividade natural. Estes radioelementos libertados contribuem claramente para a irradiação humana[117]. Em termos de dados industriais, acontece que antes do virar do século já existiam no mundo mais de 400 reatores para produção de energia nuclear[118].

A energia obtida através da fissão ou da fusão dos núcleos[119] é, hoje, no mundo, na Europa e, designadamente, no território da península ibérica, fonte importante de eletricidade e elemento motor de máquinas de guerra. Importa começar por aclarar que a indústria nuclear liberta no ar, em todas as suas fases, matérias nucleares. Não só as reações do núcleo são bastante perigosas, como há riscos hiperbólicos inerentes ao próprio funcionamento dos reatores, como se viu em Chernobyl, com possibilidades de ruturas dos elementos que o protegem[120].

perigosos, os estabelecimentos industriais. Quanto aos outros resíduos, a atividade mineira e as estações de tratamento de águas residuais.

117 Assim ocorre com o zincónio-95, o estrôncio-90, o césio-137 e o carbono-14. E refira-se que o C-14 tem um período de atividade calculado em 5.730 anos.

118 Fonte: AIEA – *Nuclear Engineering International*, Nov.1992; em mais de trinta países, com 419, em 1992, Sené, Monique – "A Ameaça nuclear civil". In *Estado do Ambiente no Mundo*. Beaud, M. e C.; Bouguerra, M.L. (Dir.). Tradução de Ana Maria Novais, de *L'État de L'Environment dans le Monde*. Lisboa: I. Piaget, 1995, p. 98-102

119 A energia nuclear resulta da fissão dos núcleos de elementos pesados, como o urânio-235, o tório-232 e o plutónio-239 ou da fusão dos núcleos leves, como o do trílio (hidrogénio muito pesado) e do deutério (hidrogénio pesado). No caso, actualmente mais comum, do recurso à fissão do urânio-235, em reactores de água sob pressão, que passa em direcção a um gerador de vapor, onde a água de um circuito secundário é vaporizada para alimentar um turbo-alternador, gerador de electricidade.

120 Apesar de constituído por anéis sucessivos, o primeiro, da impermeabilidade, em aço (6mm de espessura) e o segundo, do isolamento, em betão pré-esforçado.

Destaco as diferentes dimensões dos perigos nucleares e impactos ambientais, presentes ao longo de todo o ciclo de vida destes produtos energéticos. No plano da fonte energética, há os perigos ligados à exploração mineira e os referentes ao reprocessamento dos combustíveis irradiados[121].

Na fase do exercício energenético, temos não só as emissões na água e no ar dos efluentes derivados do funcionamento quotidiano (com a radioativação constante dos rios, e daí das águas e dos solos e alimentos e da atmosfera, tudo o que comemos, bebemos e respiramos), como as resultantes de acidentes nas centrais. Várias vezes estivemos à beira de holocaustos imediatos, por uso dito pacífico da energia atómica, nos EUA, França e Países de Leste. E, de qualquer maneira, a fatura de Chernobyll vai-se pagando aos poucos.

Finalmente, temos a falta de solução para os resíduos sólidos nucleares, ligados à evacuação, transporte e armazenamento. As centrais expulsam continuamente efluentes, umas vezes autorizadas e outras de modo ilegal e incontrolado. Há taxas variáveis de fuga nos circuitos. Estes efluentes gasosos "normais", trata-se de gases expulsos dos circuitos e da ventilação do anel de isolamento, primeiro armazenados para reduzir a radioatividade e depois atirados para a atmosfera[122].

Esta libertação, mesmo que autorizada, é feita à saída das chaminés e controlada pelo próprio poluidor, o que não garante a objetividade e o respeito pelas normas de segurança. As avaliações de segurança não são feitas por peritos independentes e competentes e tornadas públicas. O iodo radiativo, embora de muito curta duração e muito diluído, é extremamente perigoso. O Krípton-85 tem uma vida bastante longa, está e continuará a estar em acumulação paulatina na atmosfera durante as próximas décadas. E as centrais descarregam efluentes radioativos na água sem parar. Quanto a estes efluentes líquidos, que provêm das águas de escoamento dos circuitos e de lavagem do material contaminado, eles implicam que as populações circundantes recebam doses da ordem de alguns milrem por pessoa e por ano.

Apesar do tratamento, liberta-se integralmente o trítio, não retível, pequenas partículas de produtos de fissão[123], e metais radioativos provenientes da ativação e da corrosão das paredes do reator[124]. Recorde-se que o máximo de exposição às radiações admitida, tolerada, é de 0,5 rem por ano para a população em geral. Mas como já diziam Mancuso e Holden, estudos

[121] A extracção do plutónio-239.

[122] Temos, entre outros, gases nobres, o xénon-133 e o krípton-85, aerossóis quentes e radioactivos e gás de iodo-133.

[123] Como o césio-134 e o estrôncio-90.

[124] MN-54,Mn-56, Fe-59,Co-60,Zn-65.

epidemiológicos efetuados nos EUA, em grande número de populações, e publicados respetivamente em 1977 e 1979, não permitiram concluir que as radiações de baixo nível não acarretem perigo para o homem.

No que concerne aos efeitos nefastos, diria que desde 1895, data da descoberta das radiações ionizantes que se sabia dos seus efeitos perigosos na saúde. Henri Becquerel, Pierre Curie e sua esposa Marie Curie sofreram as consequências do manuseamento das substâncias radioativas. Após as catástrofes de Hiroshima e Nagasaki, os ensaios nas ilhas do Pacífico e o acidente de Chernobyl, tem-se aprofundado o estudo das consequências da radioatividade. Depois de guerra atómica no Japão, começou a poder escalonar-se os efeitos imediatos das diferentes doses de radioatividade recebida[125], em termos que revelam, como referia o Parlamento Europeu, em Relatório de 11 de maio de 1989, que "qualquer exposição à radioatividade comporta um perigo para a saúde de tudo quanto é vivo e se encontra em gestação"[126].

As experiências nucleares realizadas pelos vários países foram mortíferas. Os acidentes foram sempre abafados pelas diferentes autoridades. O biólogo Jaurès Medvedev revelou, em 1976, a explosão no complexo nuclear de Cheliabins, perto de Kychtym, nos Urais. Ocorrida às 16h e 25 m do dia 29 de agosto de 1957, provocada pelo aquecimento de resíduos nucleares altamente radioativos, com explosão de uma cuba de armazenamento desses resíduos, provocou a morte de muitos trabalhadores e contaminando toda a região[127]. Com Chernobyl é hoje um dos lugares mais poluídos do mundo. Foram lançados na atmosfera 20 milhões de curies, poluindo 1000 km2 de florestas, lagos e culturas e a populações de 23 aldeias. 10.200 pessoas tiveram de ser evacuadas. Ainda hoje, quase meio século depois, a terra está interdita numa área de 19 mil hectares[128]. Em 1983, dá-se o acidente de Atomas, perto de

[125] De 0,3 a 1 Sievert (1sv=1j/kg: quantidade de energia x o coeficiente de eficácia biológica; 1 Sv corresponde a 100 rem, na unidade de medida anteriormente usada) aparece fadiga e alterações na composição do sangue, de 1 a 2,5 sieverts, perturbações sanguíneas e digestivas; de 2,5 a 4 sieverts, vómitos, vertigens, alterações na composição do sangue, destruição das barreiras imunológicas; de 4 a 8 sieverts, aumento na intensidade destes sintomas; com a morte de 50 % das pessoas expostas; e mais de 8 sieverts, morte inevitável da quase totalidade das pessoas, 90 %. Fonte: Caisse nationale suisse d'assurance en cas d'accidents, Division "Médicine du travail" – *Les Irradiations accidentelles*. Lucerna, Junho de 1992

[126] Exposição de motivos do projecto de Resolução legislativa referente à alterações ao Regulamento n.º 3954/87, do Conselho, de 22 de Dezembro, sobre contaminação radioactiva de alimentos, in *Relatório Undine-Uta Bloch von Blottnitz* sobre o COM (88) 293 final, Doc A2-89/89, PE 130.034/def..

[127] Mandrillon, Marie-Hélene, o.c., p. 297.

[128] Barrillot, Bruno – "Os perigos da produção do nuclear militar", oc, p. 180.

Volvogrado. Isto é, muito antes de Chernobyl já havia falhas alarmantes em todos os domínios do nuclear. Este só não ficou no silêncio porque já existia o espírito da Perestroïka. No polígono de Semipalatinsk, no Kasaquistão, só as experiências atmosféricas terão ocasionado 500 mil vítimas diretas. O local de substituição, Nova Zemble, no Oceano Ártico, onde as experiências prosseguiram até 1990, eclodiu a maior explosão experimental com libertação de isótopos que durarão 5600 anos, e tendo como consequência que povos inteiros do Ártico estão quase em extinção. Dos 44 mil soldados que o marechal soviético Joukov obrigou a assistir aos testes nucleares de 13 de setembro de 1954, em Totsk, só já restavam 1000 em 1992, constituindo-se em Comissão de Veteranos das Unidades de Risco Especial, após Chernobyl. E onde se encontram os locais dos resíduos radioativos, ainda hoje assunto de segredo de Estado. E os cemitérios de submarinos nos fundos dos mares?

Alguns depósitos, sabe-se, hoje, estão mesmo às portas de Moscovo. Quando a irradiação atinge, globalmente, 0,15 gray[129], ou seja, 3 vezes a dose máxima tolerada, que é de 0,05, há alterações espermáticas. Estudos efetuados em redor da central de Sellafield, no Reino Unido, mostraram que mesmo doses fracas induzem sensibilidade acrescida aos cancros e malformações dos fetos. Reconhece-se, hoje, que as leucemias e os tumores podem aparecer apenas passado um período que vai de 5 a 40 anos após a exposição[130].

A radioatividade atmosférica tem vindo a aumentar desde a década de 50. Cada investigação periódica mostra um ligeiro aumento da percentagem de cancros, tidos como ligados ao aumento da radioatividade do ar. Sabe-se pouco sobre o modo como a radioatividade age sobre a matéria viva, sobre os efeitos fragilizadores do indivíduo, a provocação de tumores precoces e os métodos de análise para a prevenção, em geral, dos efeitos nefastos. No que se refere a acidentes nucleares, suas causas e consequências, importa ter presente a complexidade desta temática. Lembremo-nos do acidente no Japão nesta última década.

O acidente mais grave passível de ocorrer traduz-se na fusão do núcleo do reator, por rotura da cuba ou por uma perda de refrigeração. Tal faria emitir vapor radioativo com consequente explosão e rotura do anel de isolamento, emissão para a atmosfera de uma nuvem radioativa. Ou então o núcleo mergulharia na terra, com a radioatividade a espalhar-se no ambiente lentamente.

[129] 1Gy=1J/Kg:quantidade de radiação libertada por unidade de massa de um corpo; 1 Gy corresponde a 100 rad, unidade de medida usada anteriormente.

[130] SENÉ, Monique, oc, p. 164.

Os riscos diretos das fugas fatais são a morte imediata. Os retardados traduzem-se em cancros e consequências genéticas. Sobre os riscos de morte imediata para quem viva dentro de um raio de 32 KM, fala-nos o Relatório Rasmussen, de 1975[131]. Mas, sobretudo, importa referir as mortes adiadas, por cancro, que corresponderiam, segundo Paul Duvigneaud, a cerca de 100 vezes as mortes imediatas. E os efeitos genéticos que podem transmitir-se apenas às gerações futuras?[132]. Só ao fim de 30 anos se previam fissuras em Bugey ou Fessenheim, mas elas ocorreram ao fim de 10.

Além dos acidentes, quantos milhares de incidentes conhecidos ou ocultados. Quanta Irradiação humana em acidentes ou pelo funcionamento dito normal das coisas. E, como refere o casal Déoux, muitas mutações criadas pela irradiação só terão efeitos cancerígenos na geração seguinte (mutação dominante) ou mesmo em ulteriores (mutações recessivas[133]). Uma nota sobre o acidente na Central de Harrisburg, onde aconteceu o primeiro acidente grave ocorreu em 28 de março de 1979, na Central de Harrisburg, em *Three Mile Island*, na Pensilvânia. Por deficiência mecânica e negligência humana, devido à paragem do circuito secundário de refrigeração que provocou o aquecimento progressivo do circuito primário e um princípio de fusão do núcleo, com formação de uma bolha de hidrogénio cheia de elementos radioativos voláteis, por contato com as barras sobreaquecidas. Esta bolha em presença do Oxigénio poderia ter feito explodir tudo.

No entanto, quantidades significativas de xénon e krípton radioativos foram emitidas para a atmosfera, em lufadas bruscas, e recebidos, durante semanas, pelas 25.000 pessoas que habitavam num raio de 8 Km. Quanto ao acidente de Chernobyl, ocorrido à 1 hora da manhã de 26 de abril 1986, emitindo radioatividade durante 10 dias (até 6.5.1986), ele "originou a propagação de um mortífero aerossol, que deu a volta à terra". O reator n.º 4 explode e com isso ocorre o maior acidente nuclear, por insuficiência de regras de segurança. Numa fração de segundos, a potência do reator passou de 200 megawatts para 320 mil megawatts. Neste caso, recorde-se que além do perigo do acidente, há ainda o perigo das autoridades esconderem e até começarem por negar o próprio acidente, como recorda Denis Duclos, em "O risco ambiental difuso"[134]. As autoridades e os meios industriais só têm

[131] Hubert, E.H.-"Le rapport Rasmussen sur la securité des réacteurs nucleaires". *Electricité*, n.º 160, 1975, p. 10-16.

[132] Duvigneaud, Paul – *A Síntese Ecológica*. Tradução de *La Synthése Écologique*. Paris: Doin Éditeurs, 1980, por Isabel de Loura et alteri. Lisboa: Instituto Piaget, 1996, p. 641 e ss.

[133] Déoux, Suzanne e Pierre – *Ecologi e Saúde*.Lisboa: I. Piaget, 1996, p. 185 e ss.

[134] oc, p. 210.

um objetivo, defender o nuclear, afirmar a normalidade em termos de níveis de radioatividade. São as autoridades suecas que, a 28, após pedidos de explicação sem resposta, resolvem denunciar o muro de silêncio homicida das autoridades. E "comunicam a todo o mundo que uma nuvem radioativa proveniente da URSS ameaça o seu território e toda a Europa". Viria a descobrir-se que a sua amplitude afetaria todo o hemisfério norte[135]. E que o estado de todo o parque nuclear do centro e leste europeu poderia conduzir a outras situações iguais. Do ponto de vista da segurança todas as centrais de leste deveriam ter parado na altura do acidente de Chernobyl e no entanto continuam a funcionar muitas delas. As do tipo Chernobyl representavam em 1992, ainda 40 % do total da potência nuclear na Ex-URSS. Nesta data, a Agência Internacional de Energia Atómica considerava que eram necessários 55 mil milhões de francos franceses para melhorar a segurança das centrais nucleares. Muito dinheiro. A segurança pouco melhorou[136]. As próprias medidas minimizadoras são tomadas tarde, não se admitindo (e escondendo-se) erros durante bastante tempo. Recorde-se que a informação é abafada no próprio local, com desprezo da vida dos trabalhadores, que morreriam nos dias seguintes, e da população, pois só após a denuncia internacional, às 21 horas de 29 é que se decide evacuar a população já muito contaminada e chamar o exército para tapar o reator com areia. Tudo está contaminado, considerando-se posteriormente que era necessário evacuar a população mesmo a distância de 250 Km do local. E mesmo com todas as medidas, o "tóxico" continuou a escapar-se, sem possibilidade de limitar a ação dos resíduos radioativos, constatando-se que a solução do betão não era estanque. Provada ficou a ineficácia das soluções para retenção dos corpos radioativos, designadamente no âmbito do armazenamento dos resíduos de elevada atividade. A contaminação pelo iodo e césio, os dois principais radioelementos, que foram expelidos do reator nuclear sinistrado, atingiu especialmente as crianças, que se revelaram extremamente sensíveis a eles. Um acidente nuclear como o de Chernobyl, diz Joseph Ki-Zerbo, em texto aflitivamente intitulado "Será preciso matar de antemão os nossos netos"[137] "é capaz de espalhar na natureza emanações radioativas suficientes para afetarem várias gerações". Há também acidentes no mar. Pelo menos, são conhecidos 32 acidentes graves de poluição nuclear no mar foram recenseados, equivalendo a vários Chernobyl, o último muito conhecido foi o japonês.

[135] LAGADEC, Patrick – "Minamata, Flixborough, Seveso, Three Mile Island, Bhopal, Chernobyl, Love Canal...". In *Estado do Ambiente no Mundo*, citada, p. 157.

[136] DAMIAN, Michel – "A factura de Chernobyl", *o.c*, p. 299.

[137] KI-*ZERBO*, Joseph – *"Será preciso matar de antemão os nossos netos". In oc*, p. 508-510.

Mas os acidentes militares são escondidos em nome de segredos da defesa dos Estados. Qual a verdade sobre o nuclear? Nem sempre é fácil estabelecer as relações causais ou fatoriais entre fenómenos que envolvem a energia nuclear, o ambiente e a saúde, só do decurso do tempo e da evolução do saber se podendo esperar conclusões. Mas, neste campo, esperar certezas é já correr riscos impensáveis. Como Hohenhemser e outros estudiosos da matéria, diziam, em 1977[138], os resíduos quotidianamente lançados no ambiente aparecem como sendo "apenas aparentemente pouco perigosos. Em geral, há que dizer que as centrais nucleares são falíveis, com um funcionamento que tem de ser constantemente interrompido para controlo e reparação. É impossível prever, hoje, os efeitos dos acidentes na saúde humana, embora a experiência de Chernobyl possa permitir levantar certos véus. E sobretudo, não se sabe que fazer dos lixos radioativos, que têm contaminado os oceanos e continentes, onde se concentram os seus depósitos. Este é aliás um dos problemas mais aflitivos e sem solução, que independentemente das opções futuras, o passado já nos legou. No campo dos *resíduos nucleares*, tudo se passa como se não houvesse muito que nos preocupar.

Como diz Calliope Beaud, tudo parece sob controlo, "mas ninguém estará cá para estudar o fenómeno, nos próximos 24 mil anos"[139]. Aqui, estamos precisamente perante um incontornável e, por isso, maior problema do nuclear[140], porque os reatores existentes originaram já milhares de milhões de toneladas de resíduos radioativos. A estes há que acrescentar todos quantos advirão da *desclassificação de centrais no futuro*, mesmo que se decidisse já acabar

[138] Hohenhemser, C.; Kasperson, R.; Kates, R. - "The distrust of nuclear power". *Science*, n.º 196, 1997, p. 25-34.

[139] Beaud, Calliope – oc, p. 198.

[140] Sobre este tema, é importante consultar os COM (98)799 final, de 11.1.1999 e COM (2000)493 final, de 6.9.2000, o primeiro sobre a situação actual e as perspectivas da gestão dos resíduos radioactivos na União Europeia, Comunicação da Comissão Europeia que inclui o Quarto Relatório e o segundo referente ao apoio à segurança nuclear nos Novos estados Independentes e nos Países da Europa Central e Oriental. Ver ainda o COM (97)401 final, de 25.9.1997, que contém o Programa Indicativo Nuclear da Comunidade; a Resolução sobre a GRR, publicada no JOCE 94 C, n.º 379, de 19.12.1994, p. 1; o COM (94)66 final, de 2.3.1994, que contém a Estratégia da Comunidade para a gestão dos resíduos radioactivos, os anteriores Relatórios [COM (83)262, de 16.5.1983; COM (87)312, de 29.7.1987e COM (93)88, de 1.4.1993]. Entre as Directivas, cito as Directivas 96/29/EURATOM, de 13.5.1996, sobre as Normas Básicas de Segurança para a protecção da saúde pública, em geral, e do trabalhadores, em particular, contra o perigo das radiações ionizantes (a transpor até 13.5.2000), e a Directiva 97/11/CEE, de 3.3.1997, sobre avaliações de impacto ambiental,ora impostos não apenas para os locais de armazenamento dos resíduos radioactivos como também das instalações planeadas para armazenar resíduos por um período superior a 10 anos.

com o nuclear. A quantidade da produção anual de resíduos acondicionados, só nos Estados membros da União Europeia, referida no Relatório de 1999 da Comissão Europeia, era de cerca de 50.000 m3.

O seu futuro e os riscos de acidentes, que a sua existência envolve, colocam-nos perante o problema de existência de "uma catástrofe ecológica com efeitos imprevisíveis"[141].

O Quarto Relatório da Comissão Europeia, além de referir que o intruso, nos primeiros mil anos, após o encerramento da instalação, vai receber "doses acima do limite de dose individual", já informa sobre o estudo de propostas para a "transferência de conhecimentos para períodos até 10.000 anos, aliadas a um período prolongado de controlo institucional"[142]. Nas suas Comunicações, a Comissão faz recomendações importantes.

Os Estados membros devem ser encorajados a continuar a atuar no domínio da escolha de sítios, construção, operação e encerramento de locais de armazenamento de resíduos de alta atividade em formações geológicas profundas de argila, granito ou sal; e a, através de apoio dado ao trabalho desenvolvido pelas agências de resíduos radioativos no estabelecimento de contentores seguros para um armazenamento em profundidade.

O tema é eticamente chocante, mas realmente há certos resíduos, os de longa duração (os resíduos do tipo C e os que não tenham sido tratados[143] que não tem solução. Daí o seu pretendido enterramento para sempre, como quer fazer, v.g., a nossa vizinha Espanha, aliás com grandes estudos junto à nossa fronteira[144], apresenta o risco de, sob a ação das águas subterrâneas, que circulam nos estratos rochosos, ou por intrusão humana, mesmo dum futuro descendente, as águas da biosfera poderem ser contaminadas a longo prazo. Até aqui, o homem aos seus descendentes, gerações vindouras, deixava bens e cultura. Até aqui enriquecia-lhes a terra, mesmo que com alguma degradação ambiental. Mas, hoje, esta nossa geração imoral tem de lhe deixar recados, que aliás se podem perder ou destruir, avisos de cautelas, porque lhes deixa a casa armadilhada, locais de morte. Nós já não lemos línguas de há dois mil anos atrás. A eles, impomos que, pelo menos, durante cerca de um milhão

[141] SENÉ, M. – oc, p. 102.

[142] ponto 4.2.3.Intrusão, p. 54.

[143] Sobre a classificação e propriedades, ver TASSAR, Jean – "Combustíveis fósseis e energias nuclear – a gama dos resíduos e dos detritos", oc, p. 129-133.

[144] Como cidadãos da União, temos direito de protestar, sem perspectiva nacionalista, mas na defesa objectiva de interesses dos povos, quer do lado português quer do espanhol, que não querem soluções não devidamente estudadas e justificadas, que pesem sobre as regiões que habitam, só porque são menos desenvolvidas e povoadas, e por isso têm menor poder contestatário.

de anos, tenham de saber decifrar as nossas línguas e códigos, sob pena de autodestruição.

A *energia nuclear*, existindo, só pode ser vista como algo de transitório, devendo os homens apostar mais na energia do futuro, na energia solar. E há que dizer isto bem alto, porque os *riscos das centrais termoelétricas a carvão ou nafta* são piores para o ambiente no dia-a-dia e podem ser piores para a *saúde, em geral*.

Com efeito, elas são quotidianamente piores para o ambiente, pelo CO^2, NO^x, SO^2 e poeiras que libertam. E, por vezes, também libertam elementos radioativos[145]. Com todo o cortejo de mortes por doenças pulmonares e cancro, devido às substâncias cancerígenas do grupo do benzopireno, difundidas pelas fuligens, que também contêm muitas vezes agentes radioativos, que chegam a expor as populações a um total de 500 rem por ano[146], quando o total de radioatividade tolerada é de 0,5 rem por ano, no caso de reatores atómicos. Os riscos destas radiações de centrais, que temos em Portugal, em irradiação dos tecidos ósseos, medula e pulmões, podem ser 30 vezes mais elevados do que o existente nas proximidades de uma central nuclear. Os governos não podem descansar no nuclear nem apostar nas fontes tradicionais mais difundidas. Há que avançar rapidamente nas energias alternativas, não poluentes do ambiente, nem perigosas para a saúde.

Quanto ao nuclear, referia A. Lovins, em 1976[147] que o uso da energia atómica, iniciada, em termos de utilização civil, em 1958, veio libertar o "génio nuclear" da garrafa onde ele se encontrava fechado, com todos os riscos de explosões e contaminações. Além disso, há um outro grande perigo da energia nuclear, neste mundo de hoje, já não de ameaças bipolarizadas, mas multipolarizadas porque muito difusas, que consiste na proliferação da bomba de plutónio, ao alcance de todos, incluindo "gângsters" e terroristas[148]. É possível espalhar toneladas de plutónio, devido ao desenvolvimento da energia atómica, por todo o mundo.

Como refere a Direção Geral de Estudos do Parlamento Europeu[149], "Nos objetivos da *política energética* da Comunidade continua a reconhecer-se a importância primordial da energia nuclear". Mas, apesar disto, após o acidente de Chernobyl, o seu papel tem sido "fortemente contestado", pelo

[145] 25 μCi, em termos de valor de desintegração por unidade de tempo; esta unidade Curie era usada anteriormente, correspondendo, hoje, 1 Ci a 3,7 10^{10} Bq: bequeréis.

[146] antiga unidade de medição; hoje usa-se o sievert que corresponde a 100 rem.

[147] Lovins, A. – "Energy Estrategy:The road not taken?" *Foreign affairs*, 1976, p. 65-96.

[148] Boletim EU n.º 4/1996:Cimeira do G 7 +1; artigo XX do Estatuto da AIEA.

[149] Fichas Técnicas, 1997, p. 261-2.

que se acrescenta que "a médio prazo, seria realista encarar o abandono da energia nuclear". Até lá, diz-se, "devem redobrar os esforços no sentido de melhorar as normas de segurança das centrais nucleares".

Nesta área fomos assistindo à ocorrência de sucessivos prolongamentos da sua vida, ultrapassando o período de segurança. Apesar do velho Tratado EURATOM, o Parlamento Europeu haver considerado que a Comissão não dispunha de poderes suficientes nesta matéria. Assim, v.g., "não existem quaisquer normas comum para a segurança e as emissões; não existe qualquer processo de consulta comunitário relativo às centrais nucleares fronteiriças; não existem quaisquer disposições comunitárias claras aplicáveis ao acondicionamento e transporte de combustíveis nucleares ou de resíduos nucleares; há dificuldades na definição de normas básicas de proteção contra radiações; não existe um sistema eficaz de informação e verificação de âmbito comunitário para a eventualidade de acidentes nucleares; não existem quaisquer planos concertados em caso de catástrofe, etc.".

Não se acaba com a *energia atómica*, e nem sequer se cuida de tomar providências protetoras em relação à que há. Em 1958, a OMS escrevia, no seu Relatório técnico: "Do ponto de vista da saúde mental, a solução mais satisfatória para o futuro da energia atómica com fins pacíficos será a de ver surgir uma nova geração que terá aprendido a conviver com a ignorância e a incerteza"[150].

Essa geração não surgiu nem surgirá, porque hoje sabemos mais e queremos ainda saber tudo, contra as ditaduras dos silêncios e dos interesses instalados. Não se pode voltar atrás, pagaremos por isso. Mas, com Alain Hervé, o que nos interessa é o futuro: "Como inventar uma sociedade nova? "Homens e mulheres, solidários na aventura da democracia, hão-de ter uma ideia. Não se trata, evidentemente, de voltar atrás, mas sim de avançar rapidamente[151].

O nuclear e a sua pretensa segurança vivem em grande incerteza científica, com avaliações científicas aleatórias, efémeras e transitórias, dizem Suzanne e Pierre Déoux. O domínio do nuclear é o maior domínio da aplicação do princípio da diluição gestionária. Diluem-se os efluentes na água, no solo e no ar. E dilui-se, volatiliza-se a informação preventiva e fatual, exceto a propaganda tranquilizadora. Mas como podem os discursos tranquilizadores descansar-nos, se as populações não são objeto de informação objetiva e os perigos são incontornáveis.

[150] Apud Déleage, J-P. – "Inventar uma democracia social, ecológica e planetária: Do risco localizado à síndroma de Chernobyl", o.c., p. 520.

[151] Hervé, A. – "Largar a sociedade de consumo?", oc, p. 512.

Como dizia, em novembro de 1991, referindo-se ao Serviço Central de Proteção contra as Radiações. Ionizantes, o senador francês J.C.Melâncton, estamos perante oficinas de mentira ao serviço dos interesses económicos. Os vegetais e os animais absorvem e retêm os detritos radioativos, que entram na cadeia alimentar. Só os cereais são responsáveis por 67% da radioatividade alimentar acumulada na década de sessenta devido a produtos das experiências nucleares. O estrôncio fixa-se nos ossos e pode dar origem a cancro. Isto é, a radioatividade age na matéria viva. A ionização tem um impacto celular e molecular, sendo o ADN o principal alvo do nuclear. Atuando diretamente nas ligações intramoleculares e indiretamente por meio dos radicais livres, pode provocar mutações, por rotura molecular.

A irradiação que atinge órgãos sensíveis, como a medula óssea, aparelho digestivo e sistema nervosos central, implica risco de vida para o indivíduo. A irradiação pode levar ao cancro ou a anomalias genéticas. Certas mutações originam, logo, ou em gerações futuras, processos neoplásicos.

O dano genético derivado das radiações não desaparece com a morte do indivíduo exposto, pois ele transmite-se à sua descendência, o que torna todas as proclamações branqueadoras do nuclear sem sentido tranquilizador. Não só as ditas fracas irradiações criam danos cromossómicos, aliás logo detetáveis nos glóbulos brancos do próprio indivíduo (como se verificou em estudos efetuados em trabalhadores do nuclear, submetidos a irradiações inferiores às normas internacionais admitidas e tidas por seguras).

Sabe-se que as consequências aparecem em gerações seguintes, aparecendo os homens de hoje a condenar á morte prematura os seus próprios descendentes. Muitas aberrações cromossómicas não aprecem logo. Por isso, as consequências não podem, atualmente, ser estabelecidas. Até certa altura e com a guerra fria, a angústia humana vivia no receio de guerra apocalíptica, mas hoje é também o uso dito pacífico do átomo que inquieta os presentes e estará condenando muitos dos seres do futuro. Um só acidente, como o de Chernobyl produziu quatro vezes mais radioatividade do que Hirochima[152]. Hoje, mais conscientes que nunca, temos que gritar bem alto que há que "voltar a encerrar o 'génio nuclear' na sua garrafa, antes que ele nos encerre a todos num caixão", como dizia Lovins. Jean Keilling, presidente da Sociedade Internacional de investigações para o Ambiente e a Saúde, costumava afirmar: "civilização apaga-se num monte de detritos que não soube dominar"[153]. Assim é, e as atividades ligadas ao nuclear não serão as únicas que põem em

[152] DÉOUX, Suzanne e Pierre – *Ecologia é Saúde*. Lisboa; I Piaget, 1996, p. 211.

[153] DÉOUX, Suzanne e Pierre – *o.c.*. Lisboa: I Piaget, 1996, p. 9.

causa essa civilização. Mas ela constitui a fonte mais importante, porque de virtualidades hiperbólicas, de preocupações no âmbito dos problemas de saúde e de subsistência humana.

Não podemos brincar tranquilamente com fenómenos tão aleatórios. Alexander Pope dizia que "é perigoso saber pouco". Mas, verdadeiramente, o que é perigoso é agir como sábios, criando riscos brutais, onde se sabe pouco. Ou talvez se difunda pouco do que já se sabe e é muito. Uma coisa é certa: haverá desastres ecológicos que poderão surpreender os homens, mas tudo o que venha do nuclear, por mais destrutivo que seja, não poderá surpreender ninguém de boa-fé. Depois de décadas sem que o nuclear pudesse tranquilizar os cidadãos, muito pelo contrário, é tempo de acabar com o terror que tem levado a destruir vidas para evitar a dor futura dessas mesmas vidas. Segundo vários estudiosos das consequências do acidente nuclear de 1986, no rescaldo de Chernobyl, ocorreram, na Europa, mais de 100.000 mortes por aborto, provocadas por mães receosas de malformações dos nascituros. E este fenómeno ocorreu, bastando recordar a forte crescimento da taxa de malformações do sistema nervoso na província de Bursa, na Turquia, em 1987, após a passagem da nuvem radioativa de Chernobyl[154]. Há argumentos mais do que suficientes para nos fazer parar. O nuclear só admite uma solução: abandoná-lo. Deixá-lo para os deuses. Em Espanha, há sete centrais nucleares, das quais, Almaraz, junto à nossa fronteira na zona central, e Ascó têm unidades gémeas, somando ao todo nove reatores[155]. As mais antigas em funcionamento são a de Cabrera, no centro da Península, de 1968, a de Santa Maria de Garoña, no Norte, de 1970, e, logo a seguir, a de Almaraz, de 1980, a primeira, e de 1983, a segunda, e a de Cofrentes, de 1984. A Central de Almaraz já teve fissuras, nos anos sessenta, mantidas na ditadura e na democracia, no mais absoluto sigilo. Desde 1995 que o governo Espanhol estuda a zona a instalar o cemitério nuclear subterrâneo, tendo na altura selecionado sete zonas fronteiriças em regiões de grandes bacias hidrográficas conjuntas dos dois países, a do Tejo, a do Douro e a do Guadiana, com grande risco para Portugal. Todos os estudos, mesmo a hipótese da deslocação da solução para a Andaluzia, são feitos em grande segredo, sem respeito pelo princípio legal da participação das populações e sem cumprimento da Diretiva 313/90, sobre acesso a informação de incidência ambiental[156]. O risco de fissuras, segundo Nicolás Martins Sosa, professor

[154] DÉOUX, Suzanne e Pierre – *o.c.*, p. 210.

[155] As centrais nucleares espanholas são de dois tipos: umas, de água ligeira a pressão, e outras, de água ligeira em ebulição.

[156] Ver o Plano de acção comunitário 1980-1999.

catedrático da Universidade de Salamanca, constitui o principal perigo dada a possibilidade da existência destas na camada geológica subterrânea, o que permitiria a penetração de radioatividade nas águas dos rios. As atuais piscinas anexas onde são depositados os detritos radioativos também não nos deixam descansados. Os rios internacionais chegam a Portugal cada vez mais maior índice de radioatividade.

Portugal, sendo contra o nuclear, é, no entanto, por imposições de seus vizinhos, um país do nuclear mesmo sem ter centrais nem beneficiar com as que trazem poluição para os nossos rios e nossa atmosfera. Aqui, desde logo, têm sido detetados índices de contaminação das águas "bastante superiores aos legalmente aceitáveis", como reconhecem os próprios estudiosos espanhóis, designadamente as análises feitas por Nicolás Sosa. Este é um problema bilateral, de Portugal e de Espanha, e que não pode deixar de fazer levantar as vozes dos cidadãos dos dois lados da fronteira. A decisão do Governo espanhol de prolongar a vida das centrais por mais 20 anos[157], mesmo a daquelas que deviam, por segurança, desmantelar-se, não pode deixar-nos indiferentes[158].

Perante tudo isto, não faltam as vozes, de um lado e do outro da fronteira, que defendem que se está perante uma área de grandes preocupações, uma vez que o nuclear não olha a fronteiras. Do lado português, o objetivo da luta foi passando, desde há muito, pelo encerramento dos reatores da Central de Almaraz. Quer se queira quer não o fim do nuclear e, desde logo, o seu desmantelamento na península ibérica, a informação permanente sobre as centrais é fundamental. Não são admissíveis soluções que mantenham as centrais em funcionamento para a além do período normal de vida e segurança[159].

A *população mundial* vive, cada vez mais, em aglomerados urbanos, cujas dimensões, por sua vez, também vão crescendo. No virar do século andaria

[157] MORA ALISEDA, Julián, em declarações a Vasconcelos, Humberto, publicadas com o título "Nuclear: Almaraz assusta mais 20 anos". *Diário de Notícias*, 21 de Outubro de 2000, p. 4 e www.ciencia@dn.pt

[158] Ver a Comunuicação da Comissão ao Parlamento e ao Conselho de 17 de Março de 1999, sobre o desmantelamento das instalações nucleares obsoletas e a gestão dos resíduos:Peso do passado nuclear decorrente das actividades realizadas pelo CCI no âmbito do Tratado EURATOM: COM (1999)114 final.

[159] V.g., o IR na sua Convenção de Outubro passado, revelava claras preocupações por soluções dos resíduos que apenas transfiram os perigos da radioactividade para sítios diferentes ou épocas futuras, o enterro dos resíduos em zonas de fronteira ou outras, só porque são as mais pobres de Espanha, menos povoadas e com poder político e contestatário, adopção de soluções não completamente seguras, a falta de um controlo estrito e de ampla difusão de informação sobre as Centrais existentes, exigindo o fim da poluição radioactiva dos nossos rios, a atenção das autoridades europeias e o fim de conivências e silêncios dos Estados (www.intervencaoradical.org).

por 60% da população mundial a viver em aglomerados com mais de 10.000 habitantes. A questão do aumento da população tem sido considerada, pelas organizações internacionais e pela maioria dos estudiosos da demografia e do ambiente, como uma questão grave, em si e pelas dificuldades de enquadramento, ligadas às questões culturais e religiosas, que envolve. Em cada segundo, nascem 100 pessoas no planeta, 90% das quais no Terceiro Mundo, cuja população tem crescido, na segunda metade do século XX, a um ritmo impressionante. É, habitualmente, referido que há dois mil anos, a população do planeta era de cerca de 200 a 300 a milhões de habitantes. Esta realidade, só por si, faz concluir do irrealismo de alguns ecosofistas, da "deep ecology", como A. Naess, fundador, em 1972, da distinção entre *ecologia superficial e ecologia profunda*, que, em entrevista dada em 1982, dizia que seria ideal a redução da população mundial para 100 milhões de habitantes "em vista à preservação da diversidade natural e da diversidade cultural". Acontece que, segundo os cálculos mais otimistas, por volta do ano 2060, se se mantiver o ritmo atual de crescimento da população, habitarão o planeta mais de 16 biliões de pessoas. Trata-se de um crescimento exponencial da população. Esta taxa de crescimento da população não tem precedentes na história da humanidade[160].

[160] Segundo os cultores da geografia humana, por volta de 8.000 antes de Cristo, haveria cerca de 5 milhões de homens. No ano 1 depois de Cristo, como referimos, cerca de 200 a 300 milhões. Em meados do século XVII, este número não passava ainda de cerca de 500 milhões. No dealbar do século XIX, cerca de 1 bilião. No início do século XX, já 1,6 biliões de seres humanos povoavam a terra. Em 1930, cerca de 2 biliões. No entanto, em meados do século, em 1950, apesar dos efeitos macro-androcídicos das guerras mundiais, a população humana ascendia a 2,5 biliões. Em 1960, havia 3 biliões. Em 1975, 4 biliões. No início dos anos 90, este número ultrapassa o dobro, situando-se em 5,2 biliões. Em 1994, ano da última Conferência Mundial sobre População, 5,6. E, em outubro de 1999, perfizeram-se 6 biliões. Estamos, pois, perante um crescimento exponencial, em que tudo se acelera cada vez mais, a partir da passagem a números, por sua vez, cada vez mais volumosos. Durante um certo tempo, não há aumento significativo, mas quando se atingem certos valores, tudo dispara em modelo J, num crescimento cada vez mais espetacular, ao atingir-se a inclinação da curva, que, no caso, podemos situar no momento em que se atinge o bilião, em 1800. Reportando-nos a aumentos de 50%, constatamos que demorou 150 anos (de 1650 a 1800) para que tal acontecesse. E mesmo assim, tal significa que a população mundial aumentou apenas em 500 milhões de pessoas. Mas depois bastaram 100 anos (de 1800 a 1900 e pouco) para que se desse um aumento de 50%. E tal já significou um acréscimo duplo de população, isto é, de 1 bilião de pessoas (mais gente e mais depressa). De tal modo que, já só foram necessários os últimos 25 anos, para haver um aumento de 50%, e este traduziu-se num acréscimo de 2 biliões de pessoas (isto é, um bilião, em pouco mais de uma década; aquilo que a humanidade tinha produzido, em toda a sua história, até ao início do século XIX).

Importa referir que os meios científicos se têm mostrado divididos, em termos do enquadramento futuro do problema[161]. A corrente intermédia tem expressão em Massimo Livi-Bacci, o qual, a partir da apresentação de uma história do aumento da população humana, desde a era pré-histórica até à atualidade, se posiciona numa via alternativa da interpretação do seu significado futuro, visando a compreensão do crescimento em curso para se aprender a lidar com ele.

De certo modo, apesar de alinharem na corrente catastrofista, com a afirmação clara de que a população já é demasiada grande para o ecossistema terra, R. Paul Ehrlich e Anne H. Ehrlich, não deixam de "desdramatizar" a questão, um pouco na linha da teoria de Gaia, acreditando que as forças naturais, como a propagação da morte, irão, em breve, voltar a equilibrar a população mundial. Não parecendo querer referir-se a eventos extraterrestres, como os que, há 65 milhões de anos, implicaram a última grande crise biótica na terra, uma vez que fala em equilibrar e não em eliminar a população humana, a acreditar-se que guerras hiperbólicas destrutivas, como as duas deste século, poderão ser evitadas pela ação concertada da ONU e da União Europeia, então estaríamos, segundo esta teoria, perante a difusão de fenómenos de doença, sem resposta médica, designadamente pandemias ou generalizações do cancro. O que, como tem sido difundido pelos especialistas, atingiria, sem contar com os de pele, em progressão natural com o acentuar do buraco de ozono, 1 em cada 4 pessoas, já no virar do século XX para o XXI.

A sociedade internacional, no entanto, não se tem entendido sobre estas questões, apesar de haver quem considere ser mais difícil controlar o declínio populacional do que o seu aumento. No plano político, desde a primeira Conferência Internacional sobre População, que teve lugar, em 1974, na Roménia, até hoje, passando pela Conferência do México de 1984, à terceira reunião, no Cairo, em 1994, a Conferência Internacional sobre População e Desenvolvimento, há uma sensação de ineficácia conclusiva e operativa, em

[161] Sumariamente, podemos dizer que há três teses, que designaria de catastrofista (ligada ao pensamento neomalthusiano), de otimista e de eclética ou, talvez melhor, de conciliadora. Com efeito, podemos constatar a primeira expressa na ideologia, pelo menos implícita, das organizações internacionais, designadamente da ONU e das Conferências que tem promovido ou em muitos autores consagrados. A tese valorizadora do crescimento populacional, otimista, tem como grande expoente o professor californiano Julian L. Simon, o qual discorda dos argumentos negativos neomalthusianos, apresentados, desde logo, por sociólogos e ecólogos, nos seus diferentes vetores, designadamente nas preocupações com a escassez de alimentos, danos ambientais e desastres económicos, manifestando a opinião de que o crescimento populacional tem benefícios, a longo prazo, no desenvolvimento.

face dos objetivos e da ideologia que mobilizam a realização destas reuniões mundiais.

A primeira Conferência conduziu a um debate entre países ricos e pobres, com os EUA a defenderem medidas de controlo de natalidade nos países mais carenciados, terminando com o "compromisso" de conciliação entre desenvolvimento económico e controlo da população.

No México, o governo americano muda de posição, e sozinho não considera urgente tomar medidas contra o crescimento populacional, por inexistência de uma crise de população global, defendendo que o crescimento económico é o principal mecanismo de controlo da população, o que o leva a anunciar o corte na ajuda a organismos que promovam o aborto como meio de controlo da natalidade.

Uma reunião específica sobre o tema, realizada no Egipto, de 1994, por um lado veio considerar que há que dar às mulheres um maior controlo sobre as suas vidas, para se controlar o crescimento populacional e aprovou um plano de ação de 20 anos, que deve assentar na educação, métodos de planeamento familiar serviços de saúde e oportunidades económicas para as mulheres, visando a estabilização da população, em 2015, em cerca de 7,3 biliões de pessoas, podendo apontar-se a existência no ano de 2025 de cerca de 8,5 biliões. Mas sem recursos.

Como referia Nafis Sadik, secretário-geral desta conferência, "sem dinheiro, o programa será uma promessa vazia". Por isso, os Estados recomendaram que todos os países deveriam aumentar o dispêndio, em atividades relacionadas com a temática populacional, no ano 2000, para 17 biliões de dólares, em vez dos 5 biliões gastos até agora. De qualquer modo, a questão do controlo não se apresenta fácil, pelo que a ONU acredita que a população mundial pode continuar a crescer até atingir entre 8 a 28 biliões de pessoas, conforme o resultado e a intensidade dos esforços para esse controlo, considerando mais provável que, por volta do ano 2050, se atinja os 12 biliões. Em verdade, é impossível saber qual a dimensão deste crescimento, como refere Carl Haub. O departamento dos censos dos EUA, que, em 1994, registava 260 milhões de pessoas, calcula que este número aumentará para 400 em 2050, isto é, mais de 50% em meio século, o que é muito para um país desenvolvido, que se encontra na terceira fase da transição demográfica.

A questão levantada pelos números do aumento global da população, faz avocar o problema da capacidade de carga da terra. A terra aguenta estes números, ou eles implicam catástrofes? Segundo a teoria da capacidade de carga, ligada a uma lei ecológica básica, podemos dizer que o tamanho de uma dada população é função da disponibilidade, em cada momento, dos recursos essenciais à sua vida, ou, como diz John Seitz, é "limitado pela escassez no fornecimento de um dos recursos necessários à sobrevivência". O conceito de capacidade de carga traduz o número de indivíduos de uma determinada espécie que, num dado tempo, em face de fatores variados, em contínuo fluxo, como doenças, alterações climáticas, incêndios, furacões, vulcões, aparecimento ou desaparecimento de predadores ou até de influência humana, como a evolução tecnológica e das técnicas disponíveis, designadamente no campo da produção alimentar (o que Thomas Malthus não previu nos finais do século XVIII), podem ser mantidos indefinidamente numa dada área. Este conceito não está, propriamente, ligado ao de equilíbrio da natureza, dado que, como refere Daniel B. Botkin, esta, normalmente, encontra-se mais em estado de mudança do que de equilíbrio. A sua superação leva à extinção ou, pelo menos, a um declínio na população em causa e na própria capacidade de carga. No Quénia, o aumento de elefantes, no Parque Nacional de Tsavo, tal como nos EUA, o aumento de veados, no Grand Canyon, levou à destruição da vegetação de que se alimentavam, pondo em causa essa capacidade de carga. Acontece que, no que diz respeito ao homem, se desconhece até onde essa capacidade de carga pode ir, até se atingir um desses limites, em termos de água, ar, energia, alimentos, espaço, recursos não renováveis, calor, etc.. Por exemplo, em 2025, calcula-se que um bilião de pessoas, na África e na parte sul da Ásia, não terão água suficiente.

Uma coisa é certa: já, hoje, há problemas relacionados com o excesso de população e suas causas, que não têm sido resolvidos, desde a pobreza e a fome, a poluição, a destruição de recursos não renováveis, a progressão da "revolução verde", até a tensões com imigrações clandestinas significativas de países menos desenvolvidos, os quais deverão aumentar, com o crescimento populacional, sendo certo que noutros tempos ocorreram guerras em que a problemática do excesso populacional foi um fator relevante.

A chamada "revolução verde" permitiu aumentar a capacidade de carga da terra, mas a que preço para a saúde humana e durante quanto tempo mais?

A revolução verde e a "introdução da alta tecnologia agrícola no Terceiro Mundo" visou a obtenção de elevados rendimentos, e comportando, basicamente, a utilização, quer de novas sementes, especialmente cereais, quer de elementos ampliadores da produção e do crescimento dos produtos, designadamente fertilizantes sintéticos (cuja produção cresceu enormemente após 1970, criando a poluição de solos, rios e lagos), a irrigação (a utilização de água doce tem crescido muito desde a década de sessenta, sobretudo nos países em desenvolvimento, e, em algumas regiões, como a África e a Ásia, para níveis insustentáveis) e os pesticidas (inseticidas, herbicidas e fungicidas), para controlarem as pragas, com registo de grandes aumentos de produção, em todo o mundo, na década de setenta e oitenta. A OMS calcula que 1 milhão de pessoas adoecem todos os anos e cerca de 20.000 pessoas morrem, anualmente, no mundo, por envenenamento direto dos pesticidas.

O próprio "pai" da Revolução Verde, autor de um trabalho sobre o desenvolvimento do trigo de alto rendimento, o prémio Nobel Norman Borlaug, chamava a atenção de que a revolução verde não aparecia para solucionar o problema alimentar mundial, pois apenas poderia servir para dar tempo a estudar as melhores soluções para o controlo da população mundial. Além disso, a população mundial está, não só a litoralizar-se, como em geral a tornar-se cada vez mais urbana, como se constata, claramente, pelos dados apresentados pelo Banco Mundial, no seu Relatório sobre o Desenvolvimento do Mundo de 1990.

Este fenómeno é irrefutável, qualquer que seja a definição de área urbana, por vezes muito díspar, o que depende da densidade populacional, nos vários países, com os EUA a considerarem, como tal, os aglomerados com 2500 habitantes, o Japão, 50000 e a Islândia, 200. De qualquer modo, em quase todos os casos de migração das pessoas do campo para a cidade, o seu rendimento aumentou.

Por isso, a atração pela cidade fez expandir, aceleradamente, a urbanização. E este fenómeno ocorreu, também, no Terceiro Mundo, com uma enorme procura das áreas urbanas, bairros de lata, "ilhas", etc. Calcula-se que, no virar do século, no Terceiro Mundo, já 30 a 60% das populações urbanas viviam em "domicílios não controlados", isto é, em bairros de lata, número que poderá continuar a aumentar. Estamos num mundo em que mais de metade da população do Terceiro Mundo passará a viver em cidades. A nível global, há mais pessoas a viver nas zonas urbanas do que nas rurais. A maior percentagem de crescimento populacional ocorrerá com populações dos países menos desenvolvidos, ou no Terceiro Mundo ou imigrantes com origem nele, desde logo na Europa[162].

[162] Em que a "transição demográfica" começaranjá no século XIX. Segundo a teoria da evolução demográfica, esta transição comporta três fases básicas. Na primeira, a população, em sociedades pré-industriais, tem um crescimento estável ou lento, com taxas de natalidade e de mortalidade elevadas. Na segunda, característica das sociedades industrializadas de meados do século XIX a meados do XX, as medidas sanitárias e o progresso da medicina trouxeram uma baixa acentuada da taxa de mortalidade, o que provocou um crescimento rápido da população, seguido de um fenómeno de queda da taxa de natalidade. Na terceira fase, o ritmo do crescimento populacional volta a ser estável ou lento, com taxas de natalidade e mortalidade baixas. Em geral, hoje, os países mais desenvolvidos estão já na terceira fase (estruturas etárias em coluna), enquanto os outros estão ainda na segunda (estruturas etárias em pirâmide).

As análises prospetivas são difíceis, mas uma coisa é certa: a população continuará a crescer, mais pessoas irão viver nos países em desenvolvimento e a média etária da população vai subir em todas as regiões. Este crescimento ocorrerá, sobretudo, em zonas subdesenvolvidas, acarretando concomitantes imperativos de desenvolvimento, sobretudo para estes países em desenvolvimento, onde as condições de vida são, comparativamente, ainda más. Não nos podemos esquecer que, hoje em dia, 1/5 da população mundial come menos do que o necessário, e quase um milhão de pessoas passa fome crónica. Estes factos são tidos, em geral, como preocupantes, dado que, conforme foi dito pela primeira vez na Conferência das Nações Unidas sobre Ambiente e Desenvolvimento, realizada em Estocolmo em 1972, o crescimento se processa, sobretudo, nas regiões pobres e a "pobreza é a pior forma de poluição", na medida em que o crescimento demográfico força a população pobre de grandes zonas rurais a sobre-explorar os seus próprios *recursos naturais renováveis, as florestas e o* solo, de que estão dependentes para sobreviver.

Quanto mais nos aproximamos dos limites do sistema, menos efetiva se torna a cura da pobreza por meios convencionais. Cada vez mais o *desequilíbrio na distribuição da riqueza, que se amplia com a explosão demográfica* em curso, se torna na questão mais premente pelos seus incalculáveis efeitos *ambientais e políticos*. A espécie humana vive, atualmente, em algumas regiões, um verdadeiro fenómeno de explosão (caso asiático). Noutras, vive-se um fenómeno de população, que consiste no facto de uma espécie animal ou vegetal ser introduzida num local, onde não tem nem inimigos, nem concorrentes naturais, pelo que sem aumento da taxa de reprodução ("natalidade"), a diminuição rápida da mortalidade rompe o equilíbrio biológico. No caso do homem, este fenómeno ocorre devido ao fato da vacinação e os antibióticos terem uma difusão mundial infinitamente maior do que a dos processos de contraceção e, sobretudo, da vontade de estes serem utilizados.

A *explosão demográfica* obrigaria a uma *estratégia de controlo* do crescimento da população mundial, sobretudo nos países do Sul. Em 1992, haveria, nos países em desenvolvimento, um bilião e 200 milhões de pessoas com um rendimento inferior a um dólar por dia (pobres). De então para cá, o que se fez de efetivo na luta contra a pobreza, em que, devido ao neoliberalismo, muitos mais, desde logo das classes médias, caíram nela. Segundo os Relatórios do Banco Mundial sobre as Perspetivas Económicas Globais e os Países em Desenvolvimento, a pobreza continua com o grande flagelo da humanidade.

O atual *fenómeno da globalização liberalizadora* é tido como um elemento que complica a solução da pobreza, na medida em que ela expõe os países em desenvolvimento aos choques externos, que retardam ou invertem os ganhos anteriores na redução da pobreza. Nas crises, os países em desenvolvimento não seguem, como deveriam, políticas expansionistas, anti-cíclicas, mas políticas orçamentais pró-cíclicas, que agravam ainda mais a recessão, com todo o cortejo de pobres que isso acarreta. De acordo com uma declaração de 1991 da *US National Academy of Sciences* e *da Royal Society of* London, se as previsões de crescimento populacional continuassem "os padrões de atividade humana no planeta" permaneceriam imutáveis, pois a *ciência e a tecnologia* poderiam "não ser capazes de evitar a irreversível degradação do ambiente, ou a continuação da pobreza para grande parte do mundo".

Diga-se, pois, que o atual modelo de *capitalismo global* está a ter implicações sociais graves, com o aumento das desigualdades e das manchas de pobreza. Em 1960, 20% da população mundial rica tinha um rendimento 30 vezes mais elevado do que 20% dos mais pobres.

Cada vez mais se acentua o rendimento dos mais ricos, que já há cerca de 20 anos era 82 vezes mais elevado face média dos menos ricos e hoje tal diferença não deixou de crescer exponencialmente, com a bênção dos poderes políticos democráticos. Já no fim do seculo XX, dos seis biliões de habitantes do planeta, só 500 milhões viviam em desafogo e 5.500 milhões continuavam a passar dificuldades. Hoje tudo piorou face á ideologia ultraliberal e seus atores nas cenas políticas nacionais e internacionais.

A fome aumenta. Apesar da produção mundial dos produtos alimentares básicos representar 110% das necessidades, morrem, anualmente, 30 milhões de pessoas de fome e 800 milhões estão subalimentadas.

Aumenta o desvalor e a precaridade do trabalho e o desemprego de longa duração, já havendo um bilião de desempregados, em todo o mundo. Cresce a dependência externa dos povos. Tudo ao serviço dos interesses do capital financeiro e empresariais em geral, cujo poder aumentou muito nas últimas duas décadas do século XX, devido à "revolução das tecnologias da informação e das novas técnicas genéticas de manipulação da vida, com privatização do genoma humano e o registo generalizado de patentes da vida", privatização de tudo o que se relaciona com os seres vivos e a natureza, em apropriação indevida das riquezas naturais.

Não falta quem considere que a real *globalização económica* que temos vivido traduz uma "pilhagem planetária, com saque do ambiente e das riquezas da natureza", "bem comum da humanidade" e depauperamento da riqueza dos povos menos desenvolvidos.

*

Abordada que foi, em parte, a *problemática concreta das agressões ambientais*, há que referir algumas notas, designadamente de *natureza cultural, motivadoras das preocupações ambientais em geral.* Importa realçar que, no mundo atual, a *crescente interdependência dos povos cria algo de novo na definição e enquadramento de certas questões, que um Estado não pode resolver sozinho* e que, sendo cruciais, afetam muitas pessoas no planeta ou em grande parte dele, em termos que podem levar à sua inadequação para, no futuro, suportar a vida.

Urge a *tipificação convencional mundial do crime ambiental* ou de "ecocídio", por atuações contra a natureza que, por ricochete, também são contra a humanidade, tendo em conta atos que implique a destruição ou a degradação ambiental, de modo que possa em perigo a *saúde, a vida humana, águas, ar, solos indispensáveis para a alimentação da humanidade e as espécies vegetais e animais em extinção*, tendo como base as Declarações da ONU sobre *direitos humanos e direitos dos povos e a proteção da natureza.* Urge, não só a entrada em funções da Autoridade Mundial dos Mares, criada pela Convenção de *Montego Bay*, sobre o direito do mar, como, também, a criação de uma *autoridade administrativa mundial e de um tribunal ambiental mundial*, para a defesa desses valores ambientais e da saúde humana.

Urge que as comunidades locais e regionais, mais atingidas e mais solidárias, face ao desrespeito da declarações universais dos direitos do homem e dos direitos dos povos, assim como dos valores ambientais multipliquem, e em rede, criem *tribunais de júris populares alargados*, com base em *argumentário ético e científico*, para impor a *revisão de normas jurídicas vigentes, imprecisas, demasiado condescendentes com as ganâncias capitalistas, de natureza permissiva em geral ambientalmente incompatíveis com um desenvolvimento resiliente e a consequente apreciação, denúncia moral e "julgamento"* perante as opiniões públicas, de todas as *condutas, opacidades, falsas cientificidades e meras lógicas plutocapitalistas de soberanizarão dos mercados e de arautos académicos das ideologias ultraliberalizadoras que as viabilizam"*[163]

*

1.3. Urbanismo, ordenamento do território e ambiente no ordenamento jurídico português

Apresentadas as problemáticas e diferentes *perspetivas de focagem do atual fenómeno urbanístico* e antes de fazer as devidas referências à política de

[163] Condesso, Fernando – "Ambientes, Economias e Políticas". In *Conferência no V Congresso Internacional do Ambiente e Direito Ambiental da ATINA* e 2.º *Congresso de Direito Ambiental Internacional de Unisantos*, 27 a 29 de setembro de 2012, Santos, São Paulo, Brasil.

ordenamento do território e de urbanismo, integrante das *bases legais* sobre a matéria, relacionemos o direito do urbanismo com *outras temáticas* que o enroupam ou interpenetram, o *ordenamento do território e o ambiente,* em apoio de melhor concretização concetual da matéria, deixando para o último capítulo as questões implicadas pela defesa e promoção do *património cultural imobiliário,* a propósito do património que temos hoje, mas sem prejuízo de considerações sobre o que estamos construindo e iremos deixar aos vindouros, em abordagem sobre o desprezo dos órgãos públicos em geral pela inaplicação legal, constatável na legislação urbanística, das exigências da estética urbana.

A *interrelação entre estas diferentes áreas* enforma claramente as bases da política de ordenamento do território e urbanismo[164].

Aliás, quanto à relação entre urbanismo e ambiente, ela não só transparece em *planos territoriais grais e ambientais,* como no tema do "ambiente urbano". São noções que se interligam nas bases de cada uma das políticas, as ordenamentais em geral e as especificamente ambientais[165]. Traçam objetivos e instrumentos para otimizar e garantir a continuidade da utilização dos *recursos naturais,* que o solo também é[166], visando a efetivação dos direitos ambientais através de um "desenvolvimento sustentável", através da *gestão adequada do ambiente* (ecossistemas, recursos naturais, etc.), visando a construção de uma sociedade de "baixo carbono", e novas abordagens económicas, com conceções diferentes das lógicas predadoras do liberalismo e capitalismo sem limites e de desenvolvimento sócio-espacial, economias "verdes", racionais e eficientes na utilização dos recursos naturais.

*

Quanto aos seus *princípios materiais* de atuação (pública e dos particulares)[167], esta fica subordinada, sobretudo, aos seguintes princípios:

a) *princípio do "desenvolvimento sustentável"*.

Este princípio implica a responsabilidade intrageracional e intergeracional, impondo a preservação de recursos naturais e herança cultural, capacidade de produção dos ecossistemas a longo prazo, ordenamento racional e equilibrado

[164] LBPOTU.

[165] Lei n.º 19/2014, de 14 de abril, que neste momento define as Bases da Política de Ambiente, quase 30 anos após a anterior Lei n.º 11/87, de 7.4.

[166] Artigo 2.º.

[167] Artigo 3.º.

do território para acabar com assimetrias regionais, promoção da coesão territorial, produção e consumo sustentáveis de energia, salvaguarda da biodiversidade, equilíbrio biológico, clima e estabilidade geológica, racional e equilibrada utilização e aproveitamento dos recursos naturais e humanos;

b) *princípios da prevenção e (o antecipador) da precaução.*

Estes princípios implicam *medidas antecipatórias* para evitar ou minorar, prioritariamente na fonte, os impactes e danos ambientais, com origem natural ou humana, face a *perigos imediatos e concretos ou a riscos futuros e incertos*, e, em caso de alguma *incerteza científica*, aceitar que o ónus da prova recaia sobre a parte que alegue a ausência de *perigos ou riscos.*

O *princípio da precaução* deve ser "interpretado no sentido de que quando, após uma avaliação dos riscos tão completa quanto possível tendo em conta as circunstâncias particulares do caso concreto, o detentor de um resíduo suscetível de ser classificado quer em códigos correspondentes a resíduos perigosos, quer em códigos correspondentes a resíduos não perigosos, está na impossibilidade prática de determinar a presença de substâncias perigosas ou de avaliar as características de perigosidade apresentadas pelo referido resíduo, devendo este último ser classificado como resíduo perigoso";

c) princípios do *poluidor-pagador e do utilizador-pagador.*

Este princípio de responsabilização financeira difusa implica quem tira proveito com oferta ou com consumo de bens. Em geral, obriga na origem o responsável pela poluição a assumir os *custos da atividade poluente e das medidas internas de prevenção e controle necessárias para combater as ameaças e agressões ambientais*, e também obriga o *utente de bens e serviços*, isto é, todos os beneficiários a arcar em parte com os custos da utilização desses recursos e à recuperação proporcional dos custos associados à sua disponibilização, visando-se, deste modo, também levar a uma postura cultural com utilização racional dos bens e serviços. Mas as receitas cobradas ao poluidor e ao utilizador, sendo de base ambiental e não tributária geral, não devem, como hoje ocorre, ser orientadas para fins gerais. O seu destino deve visar fins regeneradores das consequências dos *produtos, usos e consumos onerados. São sanções contra atuações ou prevenções específicas de prejuízo ou possível prejuízo para Comunidades locais e, por isso, a destinar à sua regeneração ou medidas de prevenção.*

d) princípio geral da *responsabilidade "sancionadora" ou reparadora.*

Trata-se de uma orientação geral de responsabilização culposa de todos os que, direta ou indiretamente, com *dolo ou mera negligência*, provoquem *ameaças ou danos ao ambiente.* Cabe ao Estado a aplicação das sanções devidas, com a possibilidade de *indemnização e princípio da recuperação.* O *causador do dano* ambiental, concretamente apurado, deve *restaurar o estado do ambiente,* tal como se encontrava anteriormente à ocorrência do facto danoso.

Essa responsabilização deve, preferencialmente, poder passar por *medidas alternativas de execução controlada.*

Trata-se da adoção de medidas a efetivar, com preferência ao mero depósito do montante da coima, por parte do próprio. Desde que este se comprometa a assumir encargos significativos com atuações que ultrapassem-resolvam, no futuro a problemática ambiental em causa, dando a possibilidade do seu aproveitamento, mesmo que apenas opcional, por empresas que importe apoiar, implicando a utilização racional quer dos montantes financeiros a que se ficou sujeito em termos sancionatórios, quer dos "lucros-benefícios" que a sua agressão ambiental lhe propiciaram e, ainda, outros montantes que favoreçam a ambientalização das situações a favor da Comunidade, a que os mesmos aceitem comprometer-se através de um plano-contrato minucioso a estabelecer sob a supervisão jurisdicional, em casos pendentes em tribunal, ou controlo administrativo aberto ao conhecimento e fiscalização da Comunidade atingida pelas transgressões ambientais.

Tudo, numa lógica de que o bem ambiental a defender, proteger e prevenir é que comanda a sanção, não a arrecadação de impostos específicos encobertos, acabando com decisões sancionatórias de pagamento, por industriais ou utentes, para arrecadar montantes para o Orçamento do Estado, que deve viver de impostos claramente assumidos como tais e não "promoção" e "aproveitamentos" do ambiente (quanto mais agressões dos particulares, melhor para o financeiramente público, o que faz que até valha a pena fechar os olhos antes, para depois punir e arrecadar dinheiro, numa lógica pérfida, que estimula os poderes públicos para a repressão e não para uma clara aposta em medidas de dissuasão[168]).

[168] Se o caso do excesso de viaturas nas cidades, que, no pensamento do parlamento europeu na década de oitenta, passava pela promoção da transformação dos locais tradicionais de estacionamento nas ruas em áreas de pagamento a preços que iriam subindo paulatinamente em ordem a desestimular o uso do carro por quem não tivesse necessidade estrita dele. Para tanto, também não se criariam parques subterrâneos dentro das cidades, antes se promoveria um parqueamento de viaturas que entravam regularmente em parques públicos, a construir nas zonas exteriores às cidades. Era a preocupação ambiental que imperava. Aconteceu que os autarcas perceberam que, aumentando os lugares, mesmo à custa dos residentes e mesmo em zonas de génese privada, em urbanizações com áreas interiores abertas aos habitantes locais, etc., obtinham uma fonte suplementar de recursos. Aumentaram-se parques interiores, cortando tradicionais passeios largos., comercializando mesmo algum montante para residentes locais e alguns autarcas até

Aliás, mesmo que tal opção não seja favorecida pela administração ou pelo tribunal, não tem sentido obrigar a pagar apenas coimas, muitas vezes de montante inferior ao rendimento que a transgressão lhe propiciou, devendo, por isso, sempre o montante da coima resultante das molduras legais ser cumulado apropriativamente a favor da entidade pública com o cálculo dos benefícios irregulares que foram obtidos, sob pena de se continuar a estimular agressões administrativas face a cálculos empresariais de custo-benefício.

*

Quanto aos *princípios concretos de política ambiental*[169], esta fica subordinadas, sobretudo à aplicação de:

a) *princípios da transversalidade e integração.*
Eles obrigam à integração das exigências de proteção do ambiente na definição e execução das outras políticas globais e setoriais, de modo a promover o desenvolvimento sustentável;

b) *princípio da cooperação internacional.*
Impõe-se a procura de soluções concertadas com países e organizações internacionais;

c) *princípio da tomada em conhecimento e respeito pela ciência.*
Há que efetivar o diagnóstico e procurar as soluções para os problemas ambientais, em termos que resultam da convergência dos saberes sociais com os conhecimentos científicos e tecnológicos, tendo por base dados rigorosos, que devem ser emanados de fontes fidedignas e isentas;

d) *princípio da difusão social de elementos de educação ambiental.*
Os poderes públicos estão coagidos a promover políticas pedagógicas para a consciencialização ambiental e para dotar os cidadãos de competências ambientais, em termos estabelecidos como um processo contínuo, participativo e responsabilizante;

pensam já em comercializar estacionamento de noite, etc., confessadamente para aumentar as receitas do município. E quem não se lembra da razão que fez agradar certo governo com a recitas, que previamente até procurou calcular, com o pagamento de sacos de plástico nos supermercados? Os exemplos de abusos e desvio de poder sancionatório são muitos.

[169] Artigo 4.º.

e) *princípio da difusão oficiosa e do livre acesso à informação e à participação.*

As questões ambientais implicam constitucionalmente direitos e deveres, pelo que é essencial, não só potenciar o controlo dos atores públicos na sua defesa a bem dos cidadãos, como potenciar o seu envolvimento nas políticas ambientais, divulgação e partilha de dados e estudos, na adoção de ações de monitorização das políticas, em geral, fomentando-se uma cultura de transparência e de responsabilidade, com direito pleno da Comunidade a intervir na elaboração e no acompanhamento da aplicação das políticas ambientais[170].

Em geral, importa referir que aos poderes públicos, cada vez mais, se exigirá uma legitimação que, mais do que originária (assentes em processos eleitorais e legais devidamente enquadrados em termos normativos), seja funcional no quotidiano da sua atuação em conformidade com as normas e programas de candidaturas ou de governo devidamente aprovados, sempre em sintonia com a lei e a vontade da maioria dos cidadãos, a verificar através do fim de qualquer opacidade, não ser excecionalmente e a título temporalmente limitado, em termos que não permita o seu aproveitamento para favorecimento de decisões que possam ir contra o interesse geral ou a vontade demosoberana, sufragada ou em questões superveniente de destacada importância a apurar casuisticamente.

A demosoberania implica o permanente acesso às quotidianas decisões dos poderes públicos, sem o que não há conhecimento, controlo e legitimação do seu exercício no quotidiano da sua ação representativa.

Neste âmbito, a lei define o *direito do cidadão ao ambiente* como o "direito de defesa contra qualquer agressão à esfera constitucional e internacionalmente protegida de cada cidadão, bem como o poder de exigir de entidades

[170] Sobre as políticas supranacionais e intergovernamentais, vide ideias chave e soluções no virar do século, em Condesso, F. – Direito do Ambiente. Coimbra: Almedina, 2001, p. 218-256 e 307-360. Sobre as políticas nacionais ambientais (Lei de bases n.º 11/87, Plano Nacional aprovado em 1995 pela RCM n,.º38/95, de 21.4, regimes de gestão do domínio público hídrico, Estratégia Nacional d conservação da natureza, rede natura, ordenamento de áreas protegidas, legislação de proteção florestal, políticas da água, da luta contra a poluição atmosférica, contra a poluição sonora, as substâncias perigosas e os resíduos urbanos hospitalares e industriais, substancias químicas, proteção do mar, anterior lei de bases de política de ordenamento do território e urbanismo), p. 362-467. Sobre a política dos solos, na anterior versão legislativa, p. 1213-1271, incluindo as restrições e servidões administrativas, desde REN, RAN e outras ambientais para proteção de recursos hídricos, areias, meio atmosférico, saúde humana, "face" a linhas elétricas, indústrias insalubres, incómodas e perigosas, espécies de arvoredo a proteger, relevo natural, solo arável, e revestimento vegetal, com posteriores alterações normativas. O regime dos baldios é tratado a páginas 1259 a 1270 e as zonas de defesa e controlo urbano a p. 1270-1272.

públicas e privadas o cumprimento dos deveres e das obrigações, em matéria ambiental, a que se encontram vinculadas nos termos da lei e do direito"[171].

Assim, atribui-lhe *direitos procedimentais de intervenção e de participação* nos procedimentos administrativos relativos ao ambiente, nos termos legalmente estabelecidos, em especial incluindo, designadamente o *direito de participação dos cidadãos*, associações não-governamentais e outros agentes interessados na adoção das "decisões relativas a procedimentos de autorização ou referentes a atividades que possam ter *impactes ambientais significativos*, bem como na *preparação de planos e programas ambientais" e o direito de acesso à informação ambiental* "detida" por entidades públicas, que têm o "dever de a divulgar e disponibilizar ao público, através de mecanismos adequados, incluindo a utilização de tecnologias telemáticas ou eletrónicas"[172]. E são, ainda, reconhecido direitos processuais a todas as pessoas para a "tutela plena e efetiva dos seus direitos e interesses legalmente protegidos em matéria de ambiente", em especial, o "direito de ação para defesa de direitos subjetivos e interesses legalmente protegidos", e para o "exercício do direito de ação pública e de ação popular", o "direito a promover a prevenção, a cessação e a reparação de violações de bens e valores ambientais da forma mais célere possível" e o "direito a pedir a cessação imediata da atividade causadora de ameaça ou dano ao ambiente, bem como a reposição da situação anterior e o pagamento da respetiva indemnização", nos termos legais[173].

A legislação sobre o procedimento de titulação edificatória e de loteamentos e outras obras particulares tem normas visando a *defesa do ambiente, da estética e da paisagem*.

O velho Regulamento Geral das Edificações Urbanas (RGEU) tem um título, o IV[174], intitulado condições especiais relativas à "*estética das edificações*",

171 N.º 2 do artigo 5.º.

172 Artigo 6.º

173 Artigo 7.º.

174 Arts. 121.º a 127.º. Naturalmente, que tal tutela é mera ficção no mundo de hoje. Com efeito, só pode considerar-se que ela existe se os processos judiciais corressem segundo os prazos legalmente previstos. Ora, acontece que, fora do direito processual cautelar, isso não ocorre. Os processos se arrastam-se nos diferentes juízos (às mãos e, muitas vezes, discricionariedade dos "escrivães" dos tribunais ou solicitadores de execuções e administradores de insolvências, ou, os juízes (muitos sem grande experiência de direito e de vida nos tribunais de base e sem especial qualificação científica nos de revisão do direito), receosos das inspeções e qualificações avaliativas de serviço jurisdicional (assentes, essencialmente, na quantidade de processos com decisões e não atentamente sobre na qualidade jurídica dessas decisões), para manter processos em dia e boas qualificações, decidem apressadamente. Em geral, em grande parte, por falta de magistrados suficientes (e suficientemente preparados, o que o mero critério de um certo número de anos

interditando, além do mais, construções que sejam "suscetíveis de comprometer, pela localização, aparência ou proporções, o aspeto das povoações ou dos conjuntos arquitetónicos, edifícios e locais de reconhecido interesse histórico ou artístico ou de prejudicar a beleza das paisagens". Outras leis, como as referentes a resíduos industriais, tóxicos, perigosos, radioativos, hospitalares e urbanos, ou as sucatas (ferro-velho, entulhos, resíduos ou cinzas de combustíveis sólidos e de veículos), servem objetivos ambientais.

*

O *ambiente e o urbanismo* encontram-se na defesa de um "ambiente urbano são". Esta interligação aparece também no Plano Nacional da Política do Ambiente.

Estamos perante matérias diferentes, ramos distintos do direito administrativo. Direitos que não se distinguem em função de âmbitos territoriais de aplicação, dado que, quer um, quer outro, disciplinam intervenções nos espaços rurais e nos espaços urbanos. Muitas vezes, interpenetram-se, com o direito do urbanismo a preocupar-se com a proteção do ambiente, o que não é original, dado que modernamente a proteção deste é concebida em termos hiperbólicos, segundo o princípio comunitário da integração das preocupações ambientais em todas as políticas das diferentes entidades públicas.

de advocacia ou outro quantitativo não faculta, a menos que se acabe com o modelo de carreira e se institua um modelo de ingresso e acesso sujeito a concursos públicos e abertos ao controlo público. Ou seja, se imponha um exigente escrutínio sobre o saber revelado e a honorabilidade de vida anterior. Face ao movimento processual existente e à escassez de jurisdições no plano territorial, que, há décadas, se vem constatando quer nos domínios contenciosos de aplicação do direito administrativo quer nas instâncias do cível e do penal em geral, os governos têm evitado a solução institucional e avançado apenas com preocupações financeiras, com a privatização institucionalizada da Justiça ou com códigos de custas exorbitantes, que afastam da resolução pelo Estado da esmagadora maioria dos conflitos por parte dos indivíduos, sobretudo das classes médias, que são a maioria, e mesmo das classes "pobres", que em geral, ou não se sentem à vontade nem ficam confortáveis com a teórica solução da "caritativa" da assistência judiciária, alheada da lógica de um real Estado Social (fora dos processos-crime, em que as nomeações oficiosas são automáticas); e, uns e outros, aliás, em grande parte, nem acreditam no direito à tutela judicial para as camadas mais carenciadas da população. Se a saúde se tem afirmado em termos de um direito fundamental, de facto a Justiça tornou-se, não um direito fundamental do cidadão, mas um negócio que apenas alguns podem comprar. O direito constitucional à tutela judicial efetiva é, hoje, uma ficção (que perderia no confronto com a existência e ação atempada dos velhos e sábios, nem sempre juristas, "juízes de fora", existentes em todos os povos na Idade Média), independentemente de outros vícios que o atual sistema de exercício das magistraturas contêm, face ao modelo praticado em todo o seu percurso, que não evita atrasos, corrupções e injustiças gritantes.

Daí que, no direito do urbanismo e no direito do ambiente, apareçam objetivos comuns de defesa do ambiente e de defesa da qualidade das construções e do aglomerado, como a valorização dos espaços urbanos naturais e a preservação dos centros históricos.

O *direito do ambiente* preocupa-se também com o *ambiente construído* e a luta contra a *poluição urbana*. Desde logo, a *poluição atmosférica e sonora dos aglomerados urbanos, a qualidade das águas de banho e potáveis, os resíduos sólidos urbanos*, etc..

No *direito do urbanismo* aparecem também objetivos de defesa do ambiente, *proteção e valorização das paisagens naturais, criação de zonas verdes, proteção e valorização do património histórico edificado, renovação de áreas urbanas degradadas*, etc.

*

Reportando-nos ao *ambiente e ao fenómeno urbano*, importa repetir que o ambiente do Homem europeu é o ambiente urbano.

Na maioria dos Estados Europeus, a principal condição humana já é a condição urbana. E, em Portugal, embora os níveis de urbanização não sejam tão elevados, como na média Europeia, são já bastantes significativos e crescentes.

Decorre desta *condição* que uma preocupação dominante em qualquer cenário de desenvolvimento é viver melhor nas cidades.

Mas se o Homem Europeu vive em cidades, para viver melhor terá de ter melhores cidades.

A qualidade de vida nas cidades depende da qualidade do Ambiente Urbano.

Outra razão, mais ligada às problemáticas do Ambiente em geral, é que é nas *cidades* que se geram muitos dos problemas associados à poluição, porque é aí que o homem produz, ou seja, as cidades são focos e fontes de problemas ambientais, mas, por outro lado, é também nelas que se devem procurar as soluções de muitos dos problemas do Ambiente, até problemas transfronteiriços, originados pelas emanações originadas em torno das grandes cidades.

Por isso, as políticas ambientais devem integrar a componente urbana.

Também é importante que a *metodologia do ambiente* (a *visão sistémica* das questões ambientais e que constitui, hoje-em-dia, uma ciência) aborde o tratamento das questões da cidade.

O habitat do homem, o seu espaço cultural, é a cidade, pelo que é necessário procurar aplicar à cidade a metodologia das questões ambientais. Há que trazer a perspetiva dos ambientalistas à solução de alguns problemas urbanos.

Outro motivo para o tratamento do problema do *ambiente urbano*, a nível comunitário, é a grande semelhança entre as cidades europeias quanto aos problemas ambientais com que se debatem, semelhança que se deve a terem tido quase todas processos muito semelhantes de crescimento, desenvolvimento e envelhecimento.

As cidades europeias e a sua vivência são *património cultural europeu* da maior relevância. e, portanto, a conclusão que a Comissão Europeia propõe para reflexão é que o problema do ambiente nas cidades europeias oferece uma oportunidade grande à cooperação entre Estados-Membros.

Aliás, o ambiente urbano é hoje um dos temas de política comunitária, dado que, como dissemos, na União Europeia, a maioria (cerca de 80%) da população vive em cidades.

Importa dizer que as áreas urbanas são os locais onde os problemas do ambiente mais afetam a qualidade de vida dos cidadãos. As tendências demográficas, incluindo a evolução da população, a dimensão dos agregados familiares e a ocupação do espaço, continuaram a levar ao aumento das pressões nas áreas urbanas. Embora de acordo com o *princípio da subsidiariedade*, a responsabilidade pelas medidas de defesa, de correção e de melhoria da qualidade do ambiente urbano recai sobre as autoridades competentes, essencialmente as autoridades locais.

Mas a União Europeia também tem preocupações neste âmbito.

Parte da sua legislação sobre o ambiente, por exemplo as diretivas relativas à *incineração de resíduos urbanos*[175] e ao tratamento de águas residuais urbanas[176] e muitas atividades desenvolvidas através dos *fundos estruturais*, levam-na inevitavelmente a desempenhar um papel importante no desenvolvimento das cidades. Ela própria tem motivado o *movimento das "Cidades Sustentáveis"*, cuja última reunião se realizou em Portugal, em outubro de 1996.

A política unionista europeia tem incentivado as autoridades locais a enfrentar o desafio colocado pelos problemas ambientais de muitas cidades dos nossos dias e apoia-as na escolha das melhores soluções.

Os *transportes, a energia, a indústria e, nalguns casos, o turismo* constituem as principais atividades sectoriais com impacto na qualidade do ambiente urbano e que, ao mesmo tempo, podem beneficiar significativamente de um ordenamento racional e de uma gestão sustentável das áreas urbanas.

Já, em 1990, a Comissão havia publicado um Livro Verde sobre o Ambiente Urbano (COM (90) 218, de 27.6.1990) em que eram sugeridas várias ações relacionadas nomeadamente com o ordenamento do território urbano e rural, a otimização da gestão do crescimento industrial e económico do

[175] Diretiva 89/369/CEE e diretiva 89/429/CEE.
[176] Diretiva 91/271/CEE.

consumo de energia e da produção de resíduos, a racionalização do tráfego urbano incluindo a melhoria dos serviços de transportes públicos, a proteção e valorização do património histórico das cidades e a criação de espaços verdes.

É num contexto generalizado de preocupações ambientais que irá vingar a ideia-consciência de que também há um ambiente associado a um espaço urbano, o que aliás começara já por ser discutido no âmbito da própria Conferência de Estocolmo de 1972. Ideia que se foi impondo aos habitantes e gestores das cidades, nos últimos 15-20 anos.

Em Portugal, esta preocupação relacionada com o ambiente dos aglomerados humanos surge mais tarde, dada a menor dimensão e dinâmica dos centros urbanos nacionais em relação às grandes cidades mundiais. As primeiras medidas de controlo da qualidade do ambiente urbano atendem aos aspetos sanitários e posteriormente aos de poluição industrial, tendo como preocupação central a defesa da saúde humana.

Hoje, está generalizado o *conceito de desenvolvimento sustentado ou resiliente, no fundo condicionado à sua compatibilidade com o ambiente (ambientalmente compatibilizado)*, também neste âmbito, levando à aceitação de que a qualidade do ambiente é o objetivo último dos processos de planeamento, que deve conciliar desenvolvimento e gestão das atividades no espaço[177].

Os programas de proteção ambiental devem ser combinados com o próprio desenvolvimento da cidade, sendo, para isso, necessário desenvolver sistemas de medição dos parâmetros de qualidade do ambiente urbano.

O *conceito de ambiente urbano* está naturalmente ligado à evolução do conceito geral de ambiente, incorporando preocupações ligadas à ecologia, à poluição, à estrutura dos espaços verdes urbanos, aos aspetos estéticos e da paisagem urbana.

O *conceito de qualidade de ambiente urbano* é perspetivado segundo duas vertentes fundamentais: uma ligada aos aspetos de bem-estar fundamental e outra aos limiares de utilização de recursos ambientais. Qualquer forma de gestão urbana, correta e eficaz, será aquela em que os objetivos do desenvolvimento e a promoção de qualidade ambiental se potenciam mutuamente.

O conceito de desenvolvimento sustentado ou ambientalmente resiliente ou ambientalmente compatível (não exatamente simétricos, com atenuações de conteúdos face a pressões de lobbies económicos, naturalmente avessos a limitações para os seus negócios lucrativos) e de *capacidade de sobrecarga* assumem especial relevância em áreas urbanas.

177 World Comission on Environment and Development, 1987.

As preocupações sobre o ambiente urbano são hoje objeto de tratamento ao nível da União Europeia. Na sequência da ação europeia, iniciada com o Livro Verde e da preparação da Conferência das Nações Unidas sobre o Ambiente realizada no Rio de Janeiro, em 1974, foi aprovada a *Carta de Aalborg*, referente à sustentabilidade das cidades europeias, pelo "Internacional Council For Local Environment Iniciatives" (ICLEI), e lançada a "campanha das Cidades Europeias Sustentáveis", que colocam as questões urbanas sob um *enfoque ambiental integrado*, na necessidade de novas políticas de gestão do meio urbano.

Há que referir que o conceito de desenvolvimento sustentável é um conceito muito mais amplo do que o de proteção ambiental, dado que tem dimensões económicas e sociais e engloba noções de equidade entre povos e gerações.

Este conceito foi definido pela Comissão Mundial sobre o Ambiente e o Desenvolvimento, como sendo "o desenvolvimento que responde às necessidades do presente, sem comprometer a capacidade das gerações futuras, para satisfazer as suas próprias necessidades". Ele envolve uma *noção de durabilidade*. E tem uma conotação política, relativa ao que pode ser sustentado, enquanto conteúdo de uma ação.

De entre as medidas apontadas, há que destacar a *avaliação do impacto ambiental*, *os mecanismos de consulta e de participação dos cidadãos*, *as relações de parceria* entre os municípios e outras entidades, a orçamentação para o ambiente, os sistemas de gestão ambiental, as atividades interdisciplinares, o ensino, a formação e a valorização profissional.

Nele entram também, embora na prática nada verdadeiramente implementado, os instrumentos destinados a *adaptar os mecanismos de mercado e os preços às orientações da sustentabilidade*, nomeadamente os impostos, taxas e contribuições em matéria de ambiente, as estruturas de fixação dos preços e de regulamentos das empresas, a avaliação dos investimentos, a integração das preocupações ambientais na elaboração dos orçamentos, e a adoção de critérios ambientais nas aquisições e no lançamento de concursos, etc..

Problemas *espaciais especiais* são colocados pelas *novas urbanizações periféricas das grandes cidades*, implantadas a partir dos anos sessenta e onde passam a viver as pessoas com menor poder financeiro, fazendo criar um ambiente com menor qualidade de vida, consequentes às modificações da *estrutura social das cidades*, devido à *reestruturação económica, com alterações no mercado de trabalho, e separação crescente entre os locais* de realização do trabalho e o de residência. Tudo isto cria uma necessidade, cada vez maior, de *transporte privado e de uso de solos periurbanos*, levando ao abandono dos centros das cidades por parte de pessoas e atividades, a ameaças de degradação dos centros históricos e à redução da qualidade do ambiente urbano.

Portanto, a *distanciação das residências e dos locais de emprego*, situação que mereceu uma demarcação nos *relatórios* feitos ao governo inglês, na década de quarenta, referentes à criação de novas cidades, é uma fonte importante de problemas ambientais.

No *Livro Branco da Arquitetura na Europa*, promovido pelo Conselho dos Arquitetos da Europa, com o título "Europe and Architeture Tomorow" (em que se considera como o desafio mais difícil de responder o da cidade sustentável), podem ver-se os princípios da sustentabilidade que devem enformar o ambiente urbano: o desenvolvimento de melhores *modelos de controlo*, para que as cidades contemporâneas possam alcançar a polivalência de usos e a densidade de forma, expressão das nossas cidades históricas; o planeamento pormenorizado para todas as cidades e vilas, que incida numa pequena escala e promova valores culturais e humanos; medidas para uma interação social mais livre. Incluindo melhores equipamentos sociais na seleção de materiais, componentes, sistemas e infraestruturas urbanas; e a procura de uma maior *durabilidade e um menor consumo energético.*

Ao assumirem, em termos profissionais, a defesa do conceito de "sustentabilidade", os arquitetos chamam a si responsabilidades específicas na clarificação dos *conceitos holísticos e de qualidade, na arquitetura e no desenho urbano e a afirmação da responsabilidade social* do arquiteto em relação ao ambiente urbano.

No que diz respeito ao papel da União Europeia, no âmbito do Ambiente Urbano, importa começar por referir que o Ordenamento do Território e o Urbanismo continuam a não faz parte das suas atribuições próprias, apesar da referência no Tratado de Lisboa ao conceito de coesão territorial.

No Tratado de Maastricht aparece a explícita referência à *regra da subsidiariedade,* que constituiu em geral a solução propugnada, salvo nos domínios da prevenção, proteção e melhoria da qualidade do ambiente, proteção da saúde das pessoas, utilização prudente e racional dos recursos naturais, e promoção de medidas à escala internacional para enfrentar problemas ambientais pluriterritoriais.

A ação da União Europeia tem como limites, não só este enquadramento convencional dos tratados, como também o reconhecimento de que o saber, os hábitos e as culturas regionais, a organização da sociedade e as instituições de cada Estado-membro, apresentam diversidades.

Embora as instituições europeias, com intervenção nos temas do Ambiente, não tenham uma atuação com uma amplitude global, há *princípios orientadores da política europeia* nesta matéria, desde o princípio da prevenção da poluição na origem, o *princípio do poluidor-pagador, o princípio da integração das políticas ambientais nas outras políticas, o princípio da subsidiariedade, e o princípio da partilha das responsabilidades* entre todos os agentes com intervenção no processo.

Estes princípios são de alcance limitado, pelo que a elaboração da política de desenvolvimento sustentável está a abrir novas perspetivas de intervenção da União Europeia em seis domínios-chave de objetivação.

No domínio do *ambiente urbano sustentável*, visa-se a proteção da saúde das pessoas, pela qualidade do ambiente, a preservação de espaços não construídos e espaços verdes e a salvaguarda do património histórico e das paisagens urbanas.

No domínio de um ordenamento do território regulador, visa-se reduzir e igualar a procura do solo, organizar a implantação e integração eficaz das atividades e criar e manter as infraestruturas necessárias.

No domínio do impacto ambiental dos transportes, visa-se diminuir os fluxos de circulação, incentivo ao uso do transporte público e a e eficácia do transporte público.

No domínio da *utilização racional de recursos*, visa-se reduzir o consumo global de recursos (águas, energia e matérias-primas) na cidade, promover uma gestão eficaz e promover a reciclagem e reutilização.

No domínio da *economia a longo prazo*, visa-se promover uma melhor satisfação de necessidades dos cidadãos, promover uma crescente utilização dos recursos humanos e diminuiu a utilização de recursos naturais.

No domínio da *sociedade participativa*, visa-se promover compromissos em benefício do conjunto da população, promover a igualdade de acesso aos recursos e realizar a coesão social.

Além destes objetivos, referidos ao ambiente urbano, estão em questão matérias relativas ao ambiente rural e ao ambiente natural (impacto da Política Agrícola Comum, do *turismo de massas*, etc.), decorrente das quais tem crescido a consciência de que a ação comunitária terá repercussões evidentes no ordenamento do território.

O Livro Verde é uma publicação importante, porque convida os Estados Europeus a uma reflexão sobre o problema do Ambiente Urbano. Esta já é uma perspetiva cultural sobre o problema do Ambiente Urbano. E um dos grandes interesses do Livro Verde é o de fomentar uma reflexão sobre a qualidade de vida e uma visão cultural sobre o problema do ambiente do Homem Europeu.

Em Portugal, o Plano Nacional da Política do Ambiente realça cinco áreas de atuação, a saber: a promoção da qualidade ambiental das zonas urbanas, a informação e educação ambiental no espaço urbano e a mobilização dos cidadãos, a valorização ambiental dos equipamentos escolares, a monitorização da qualidade do ambiente urbano e o apoio à realização de infraestruturas ambientais.

As medidas preconizadas nestas áreas de atuação, com exceção das áreas referentes ao controlo e apoio às infraestruturas, deverão ser realizadas até 1999. E envolvem investimentos que rondam os 31 milhões de contos, exigindo, para além da colaboração e iniciativas das autarquias locais, a participação de várias entidades (tais como o Ministério da Educação, a D.G.A., o IPAMB e a DRARN).

O urbanismo deu origem a políticas e normas tão antigas como a história dos povos, embora só recentemente tenha surgido um *direito do urbanismo de geração mais avançada,* em si e na sua relativa preocupação com objetivos do Estado Social, porquanto estas as preocupações e intervenções tradicionais estaduais se prendiam apenas com a *segurança das construções, a salubridade,* e, muitas, vezes também a *estética dos edifícios e monumentos e a racionalidade do seu ordenamento.*

É com o Estado absolutista do século XVIII e suas cidades monumentais e depois com o fenómeno do aumento urbano acelerado, devido à industrialização, que atingimos uma postura de grande e crescente intervencionismo ao ponto de, no Estado Social, os poderes públicos se transformarem também em agentes e promotores do *fenómeno urbano e habitacional.*

Quanto aos objetivos do Estado socioambiental, de real defesa do ambiente, tal só se transforma em política pública, origem do correspondente direito, já no século XX.

As primeiras leis de proteção da natureza (criação de parques e reservas naturais e proteção dos animais) aparecem à escala universal no pós-guerra.

De qualquer modo, a política do ambiente hoje aparece, em Portugal, implicando claramente o ordenamento do território e o urbanismo. Em termos de enquadramento constitucional, o urbanismo e o ambiente são tratados de modo separado (em articulado distinto).

A defesa da natureza e o ambiente, assim como a preservação dos recursos naturais, aparecem, tal como o ordenamento do território, como tarefas fundamentais do Estado, referidas na al. d) do art. 9.º da Constituição.

*

Sobre o tema do "*ordenamento do território" e sua história,* diremos que esta atribuição moderna dos poderes públicos, *tributária da ideia de Estado Social,* aparece a seguir à segunda guerra mundial.

Ela tem o território como protagonista da planificação racionalizadora das várias políticas públicas, com a efetivação macrofinalística da coordenação dos fatores físicos com os económicos e sociais.

A noção é usada, pela primeira vez, em 1950, pelo Ministro francês Cláudius Pétit na sua comunicação aos membros do governo, que designou "Pour un Plan national d'aménagement du territoire".

Ela teria que ver, em termos gerais, com a procura, a nível nacional, de uma *melhor repartição da população,* em função dos recursos naturais e das atividades económicas.

Em face desta finalidade por ele apontada ao ordenamento, foram-lhe atribuídos objetivos (capazes de a realizar), que iam da distribuição racional em termos geográficos das atividades económicas, ao restabelecimento de *equilíbrios entre partes e regiões do país, à localização descentralizada dos serviços públicos, disseminação do tecido industrial, preservação dos solos situados nas faixas costeiras ou propícios à agricultura e silvicultura, criação de novas cidades e polos de crescimento industrial ou urbano, controlo da expansão excessiva das grandes cidades, e, finalmente, articulação entre estas e os aglomerados urbanos satélites.*

Quanto ao conceito de ordenamento do território e sua noção jurídica, tal não é pacífico na doutrina.

Em sentido lato, o ordenamento do território é a aplicação no solo, em termos adequados às suas vocações e com uma perspetiva de sustentabilidade global, das políticas públicas, designadamente económico-sociais, urbanísticas e ambientais, visando a localização, organização e gestão correta das atividades humanas. É esta a definição respeitadora do sentido com que a Carta Europeia do Ordenamento do Território, de 1983, o usa.

O *ordenamento e o planeamento económico-social* são instrumentos da política de desenvolvimento, servindo para responder à questão "para quê" fazer, enquanto o ordenamento também serve para dar a resposta sobre o "onde" fazer e o planeamento responde à pergunta "como" fazer.

O conceito do ordenamento do território, definido como conjunto de técnicas para racionalizar a utilização de recursos, reporta-se à localização, exerce-se sobre o solo, que é a sua base. É este exercício que lhe confere uma grande especificidade. Por isso, ele, interferindo com o território, é a referência fundamental dos direitos ligados à propriedade e ao uso dos solos.

O *solo* é um recurso natural, limitado, não renovável, sujeito a pressões e conflitos relacionados com o seu uso, o que exige um processo de planeamento, traduzindo uma política de solos que oriente e controle a sua gestão, enquadrando as tensões entre o interesse público e privado, ao explicitar e ponderar as utilizações possíveis, integrando-as nos termos considerados mais corretos.

A gestão da utilização do solo é uma responsabilidade, que cabe sobretudo à Administração autárquica, mas ela não pode deixar de tomar em consideração os princípios e decisões emanadas de outros níveis, apontando soluções integradas, que traduzam estratégias de conjunto, compatibilizadoras das opções globais de desenvolvimento.

Que dizer da *problemática conceptual* ligada ao ordenamento físico? E desde logo como distinguir o ordenamento do território do estrito ordenamento urbanístico?

Nos diferentes ordenamentos jurídicos, constata-se que a expressão "ordenamento do território" encerra conceções diferentes, que refletem diferentes *significados, funções, densificações e mesmo conceções ideológicas, económicas e políticas*. Conceito antropocêntrico, pois uma coisa é o território natural, antes de ordenado e transformado, mas, também, *pluridimensional e hiperbolicamente interdisciplinar* ("mistérios de matérias", o designa Pedro Escribano Collado[178]), encerrando *objetividade de valoração constitucional* clara, como o a ideia de igualdade e isonomia de vida, de conservação dos espaços naturais, etc..

O ordenamento do território procurando a imaterialização de um modelo territorial global, articulador das relações entre as suas variáveis, exigindo análises territoriais prévias, quantitativas e qualitativas, em que interferem variáveis da dinâmica social, a estabelecer com a ajuda de estudos sociológicos.

Além disso, a análise territorial fidedigna depende da "determinação de um modelo territorial analítico, como é informativo, e, portanto, explicativo e prospetivo, para permitir o estabelecimento de cada modelo concreto, usando as variáveis do modelo analítico.

A aplicação ao ordenamento de território da teoria dos sistemas[179], diz-nos, em geral, que "dados determinados fenómenos territoriais e outros fenómenos socioeconómicos intimamente relacionados com aqueles, todos

[178] "La Ordenación del Territorio y el Medio Ambiente en la Countitucion". in *Estudios sobre La Constituíción Española, Homenaje al professor Garcia de de Enterría*, Tomo IV, Madrid, Civitas, 1991, p. 3705

[179] vg. J. Brian McLonghlin, George Chadwich, Cliff Hagget.

estão regidos por determinadas leis que é possível deduzir, e existem bases teóricas suficientes para controlar a evolução de modelo global que os integra, especialmente mediante a sua planificação[180].

O ordenamento de território aparece dar uma resposta integral nos problemas derivados da ocupação da terra.

Ele resulta da necessidade local de desenvolvimento e da necessidade de localizar a planificação económico-social, mas não há uma só conceção sobre a função administrativa do ordenamento do território.

Há uma conceção de influência doutrinal alemã (*Raumordnung*), presente na jurisprudência do Tribunal Constitucional de Karsrhüe, segundo a qual o ordenamento territorial traduz a atividade administrativa de planificação e ordenamento supra-ordenado ao fenómeno urbanístico, de âmbito regional e de carácter integral, coordenador das várias atividades sectoriais, a desenvolver no espaço físico.

Segundo ela, o Ordenamento do Território nasceria precisamente para superar os objetivos iniciais do urbanismo.

Diz o Acórdão de 16 de junho de 1954, do Tribunal Constitucional Alemão, que o Ordenamento do Território é o planeamento e a ordenação superiores, supralocal e integral do espaço, porque tem carácter supralocal e uma função coordenadora de uma pluralidade de planificações, tarefa superurbanística, coordenador e horizontal. Segundo uma outra conceção, ampla, sintonizada com o modelo francês de "l'aménagement du territoire", o ordenamento do território teria um conteúdo mais amplo, integrando uma abordagem de carácter geral e integral de todos os fatores que incidam ou impliquem uma utilização do território, incorporando a planificação socioeconómica e física, a defesa do ambiente e o escalão último do planeamento, realizador do ordenamento urbanístico[181].

Também vemos, em Espanha, a afirmação desta conceção do ordenamento do território como fase de intervenção intermédia entre as opções económicas e as decisões urbanísticas, propiciada designadamente pela "pujança analítica e operativa da geografia humana"[182].

[180] António Alfonso Pérez Andrés – *La Ordenación del Territorio en el Estado de Las Antonomías.* Marcial Donz, 1998, p. 21.

[181] A. de Laubadere – *Traité de Droit Administratif.* Tomo II, 7.ª Edição, Paris, 1975, pág. 479 e ss.; José Manuel Pérez Fernández – *Urbanismo Comercial y Libertad de Empresa*, Marcial Pons, Madrid-Barcelona, 1998, p. 222; R. Mertín Mateo-La Ordenación del territorio y el nuevo marco institucional. *REVL*, n.º 106, 1980, p. 210.

[182] "La teoría de la función pública de la ordenación del território". *Estudios jurídicos sobre ordenación del territorio*, Aranzadi,1995.

O modelo italiano, também é misto. No modelo francês, o ordenamento do território era, até à Lei de Ordenamento e Desenvolvimento do Território, de 4.2.95, quase que a simples concretização geográfica da planificação económica[183]. Tarefa de apoio ao desenvolvimento económico, regional e local, tal como na conceção anglo-saxónica, embora hoje a descentralização e a cooperação e colaboração entre entidades públicas territoriais se imponha.

A conceção anglo-saxónica, do planeamento urbano e regional, está visado para a desconcentração das grandes áreas urbanas e ao serviço da política e localização dos estabelecimentos económicos.

No entanto, os países da América do Norte, EUA e Canadá, colocam a proteção do ambiente como fator determinante do ordenamento territorial. O Tribunal Constitucional espanhol, no fundamento 1.º-B do seu Acórdão n.º 149/1991, de 4 de julho, cobre o conceito amplo ultrapassando a própria letra da Constituição, referindo que no Ordenamento do Território deve tomar-se em conta "a incidência territorial de todas as atividades dos poderes públicos, para garantir a melhor utilização dos recursos do solo e do subsolo, do ar e da água e o equilíbrio das diferentes partes do território".

Em Espanha, como em geral nos países europeus regionalizados ou federados, a questão tem relevância na distribuição das atribuições entre os escalões de poder territorial infra-estadual: Estado e regiões autárquicas ou regiões autónomas e municípios.

Em causa, temos correntes doutrinais que aparecem a aceitar em comum que o ordenamento do território é uma *atividade supramunicipal* (enquanto o urbanismo é tarefa municipal). Tem uma densificação material ampla (abarcando os diferentes sectores da atividade administrativa) e é formulado através da técnica do planeamento[184].

Em Portugal, a necessidade dicotonomizadora não se tem colocado no plano legislativo. Isso mesmo, quando a doutrina tende a forçar o legislador (como já havia acontecido com a questão da aplicabilidade direta dos planos regionais de ordenamento territorial, aqui levando o legislador a ir contra a

[183] M. Bassols Coma – *Ordenación del territorio y medio ambiente: aspetos jurídicos*. RAP, 1981, p. 47.

[184] A orientação aponta neste sentido, por pressupostas razões político-organizativas e de melhor governo territorial, em termos de construção dos poderes administrativos (não existindo propriamente interesses excludentes, uma diferenciação absoluta, em abstrato, de matérias e funções que permita qualquer tangente separação material, construindo-se modeladamente em conformidade com uma *separação potestática, convencional, dos conceitos*, que melhor sirva o todo quer nacional, quer regional, e as partes municipais, com o ordenamento territorial ligado aos poderes nacionais e regionais e o urbanismo, designadamente o ordenamento especificamente urbanístico, municipalmente localizado, ligado aos poderes infra-regionais.

orientação do direito de outros países e da própria *natureza genérica da maioria das normas em causa*, a adotar modelos estrangeiros de Estados complexos ou regionalizados, em que, normalmente, o ordenamento do território não abrange o ordenamento do território local, urbano, para dar certas tarefas ordenamentais ao nível supramunicipal, e não para tirar certas outras ao nível infrarregional. Isto é, para *clarificar poderes*, razão que também poderia colher num país em que o poder estadual concentra tarefas de âmbito regional, que enforma não segundo interesses realmente regionais, mas segundo as suas lógicas, muitas vezes, bloqueadoras dos reais interesses infranacionais, também existentes no território continental e não apenas nas Ilhas Autónomas, o que cumula também sem prescindir de partilhar poderes nas tarefas locais. O mais que se consegue é a confusão legislativa[185].

A doutrina que continue a polemizar e teorizar, porque, em boa verdade, a *tarefa de conceptualizar não pertence ao legislador e, mesmo que este entenda haver razões para dar noções do que utiliza nas normas disciplinadoras de uma matéria, em última instância o que rege é o que delas no seu todo resulta e a doutrina e a jurisprudência apliquem.*

É a conceção ampla aquela que ficou consagrada na Carta Europeia de 1983, como referimos acima. Com efeito, o direito internacional europeu define esta tarefa pública.

Realmente, segundo a Carta Europeia do Ordenamento do Território, de 20.5.83, o ordenamento do território visa *desenvolver, de modo equilibrado, as regiões e organizar fisicamente o espaço, em ordem à melhoria da qualidade de vida, à gestão responsável dos recursos naturais, à proteção do ambiente, e ao uso e ocupação racional dos solos.*

A noção resultante das bases da política de ordenamento do território e urbanismo[186], deve apontar para a organização e a utilização adequada à valorização do território, em ordem ao seu desenvolvimento económico, social e cultural, em termos integrados, harmoniosos e sustentáveis. O que a integra na definição ampla, dando relevo às preocupações ambientais, na esteira da Carta Europeia do Ordenamento do Território e da Política Europeia.

O *principal objetivo do ordenamento do território* é ordenar as localizações e outros usos territoriais, numa perspetiva corretora dos desequilíbrios produzidos pelo crescimento económico-social espontâneo. Superando a limitada

[185] Levando, por exemplo, a designar um diploma de "Lei da Política de Ordenamento do Território e de Urbanismo", a que até se poderia acrescentar "e de Ambiente", dado que se aceita referir tudo para não distinguir nada, como se vê pela anterior LBPOTU, saída de um inicial "Projeto de Lei de Bases do Ordenamento do Território" e ainda na atual.

[186] Designadamente, da atual LBGPPDOTU.

dinâmica isolada das diferentes atividades humanas na ocupação dos solos. Ele proporciona os enquadramentos para os vários destinos do território, desde as instalações industriais, às infraestruturas, serviços, habitação e até às áreas de lazer.

Ele consiste na *racionalização da intervenção humana no território*, integrando as diferentes atividades com incidência ou repercussão territorial. Definindo a *utilização ótima dos recursos* à disposição de uma dada população, em ordem ao desenvolvimento dessas atividades, de forma equilibrada e respeitadora do ambiente e dos diferentes interesses económicos em presença.

Qual a ligação entre o Ordenamento do Território e o Urbanismo?

Os planos de âmbito territorial infra-ordenados aos Planos Diretores Municipais, isto é, os *planos de urbanização e os planos de pormenor*, que apenas abrangem território de aglomerados urbanos, são hoje designados de planos "municipais" de ordenamento do território. E referem-se especificamente à urbe ou, pelo menos, ao município.

Também existem *planos não meramente urbanísticos* (numa leitura materialmente estrita), no sentido de que ultrapassam o meio urbano e a temática especificamente urbanística, tendo designadamente preocupações agrícolas ou ambientais anúrbicas (os Planos Regionais de Ordenamento do Território e os Planos Diretores Municipais) e outras preocupações setoriais com incidência territorial.

No entanto, são preocupações não urbanísticas que, em boa verdade, existem devido em grande parte às *preocupações da invasão urbanística*.

Se o urbanismo em sentido estrito é matéria essencialmente local, a verdade é que como direito do ordenamento territorial, através da técnica planificadora, *só é eficaz quando enquadrado por estratégias supra-urbanas*, que ponderem os interesses e interdependências de uma região e até do todo nacional.

O ordenamento do território tem como objeto a repartição do espaço pelos seus ocupantes, permitindo a racionalização do seu aproveitamento em ordem à satisfação destes.

O ordenamento do território relaciona racionalmente o homem com o território.

Com efeito, são os homens em território, ou seja, a sedentarização humana que merece soluções de ordenamento. Não apenas o homem da cidade. Mas também o homem da cidade.

Se nem todo o ordenamento é urbanismo em sentido estrito (sentido em que alguns teimam em o encerrar, numa visão ateleológica e ahistórica das coisas), porque nem todo se reporta à urbe (ou mesmo, dentro da conceção ampla perfilhada, às questões que implicam diretamente a urbe), *todo o urbanismo é ou ordenamento ou tende a pressupor ordenamento.* Ele é seleção de localizações, atos voluntários pré-estabelecidos, visando o seu enquadramento, como acontece com as licenças de utilização, que pressupõem licenças de construção e estas enquadramentos loteadores e planificadores públicos.

Qual é relação entre o urbanismo e o planeamento?

O planeamento, primeiramente objetivado na política económica, passou a englobar, no pós-guerra, objetivos ambientais, preocupações com a proteção das riquezas naturais e a qualidade de vida, em face da expansão demográfica e do aumento desregrado dos centros urbanos.

Estamos na era da planificação. Técnica do Governo e administração, quando fonte autónomo de direito, é o plano que concretiza o modelo territorial resultante em geral do ordenamento do território, designadamente do ordenamento urbanístico. Há, portanto, um casamento já indissociável, a que ainda não dedicamos a atenção necessária: o do Urbanismo e do Planeamento.

O que é um Plano? A palavra Plano é introduzida no direito positivo através das primeiras normas urbanísticas, com o sentido de representação gráfica de uma determinada realidade em que se pretende agir com um programa concreto. Mas hoje, ele é mais do que isso.

Ele é a base necessária e fundamental de toda a ordenação urbanística, antecipando no tempo a fisionomia do que será um dado espaço territorial. Ele é o instrumento normativo que enquadra a localização dos centros residenciais e de produção, a divisão do solo em urbano, urbanizável e não urbanizável, o estabelecimento de zonas para utilizações distintas e a fixação das condições concretas de edificação, interdições ou limitações ao uso do solo privado, a formulação dos traçados de vias de comunicação, zonas verdes, espaços livres, a localização de serviços de interesse público, etc.

Quanto à *importância da planificação*, ela não é recente, mas é um fenómeno marcante, a partir da passagem do Estado de Direito Liberal para o Estado Social de Direito, também na vertente da repartição racional dos espaços existentes.

*

Em termos de *macrotipologia do planeamento*, importa distinguir entre planos económico-sociais, resultantes de uma atividade planificadora estratégico-temporal, e territoriais-urbanísticos, saídos de uma atividade planificadora estratégico-espacial, sendo de destacar a diferente importância dos *fatores espaço e tempo na sua programação.*

Em termos teóricos, um *plano* visa inserir certos objetivos na evolução temporal das coisas, valorizando simultaneamente a abordagem espacial. O planeamento económico-social liga-se a projeções temporais (plano anual e a médio prazo: art. 92.º da Constituição) e a âmbitos territoriais [planos nacionais e regionais: arts. 229.º, n.º 1, al. o), 234.º, n.º 1 e 258.º da Constituição].

Em boa verdade, o fator tempo e espaço tem tal importância no planeamento urbanístico, que talvez se justificasse uma subdistinção entre o ordenamento territorial geral e o ordenamento urbanístico, em termos de concretização de um planeamento estratégico-espacial e de um planeamento estratégico-espacial-temporal, para acentuar a maior importância do fator tempo neste último, mais do que instrumento de enquadramento, também instrumento de programação, faseamento, escalonamento temporal, de temporalizarão da planificação territorial.

Em geral, trata-se da procura da realização de situações de estacionamento e de desenvolvimento. Mas, umas vezes, o tempo do fazer orienta tudo o que se passa no território, e daí que a estratégia planificadora se paute pelo fator tempo. Desenvolve-se num dado tempo. E serve objetivos de transformação e, portanto, de desenvolvimento social. Embora sem deixar de realizar situações de ordenamento.

Assim, temos uma *planificação de desenvolvimento.* Em causa, estão planos de desenvolvimento económico-social, como refere a Constituição. Os planos de atividades de todas pessoas coletivas infra-estaduais são também desta natureza, dispondo no tempo (anuais e plurianuais), e no território (uns, eventualmente, mas não necessariamente e outros, pela natureza das coisas, em geral em termos situados ou situantes, os resultantes do RJIGT), etc..

Outras vezes, o tempo passa pelo fazer das coisas, assentes num *quadro operativo físico, o território,* sendo sobretudo essencial que o tempo das coisas, aí a realizar, não venha antes do tempo de as pensar, de as programar. De as ordenar no espaço. Embora também ao serviço do desenvolvimento social. Temos a *planificação de ordenamento.*

O planeamento territorial em geral tem o território como conteúdo, por visar agir diretamente sobre ele. É um planeamento físico.

O *planeamento económico-social* aparece subordinante ou subordinado, como efeito condicionante ou induzido do planeamento territorial. O *"planeamento" meramente económico, como programa,* é uma atividade definidora, dentro de quadros temporais previstos, de *objetivos e de meios* que visam o desenvolvimento económico-social de um dado território, não localizado ou, pelo menos, não primacialmente em termos não situados.

Nos termos do art. 91.º da Constituição, os objetivos do planeamento económico-social são a promoção do crescimento económico, o desenvolvimento harmonioso de sectores e das regiões, a justa repartição individual e regional do produto nacional, a coordenação da política económica com as políticas social, educacional e cultural, a preservação do "equilíbrio ecológico", a defesa do ambiente e a qualidade de vida.

Os chamados planos de desenvolvimento de médio prazo não têm eficácia imediata, até porque não integram uma orçamentação de receitas e despesas para a sua execução. Os planos anuais, que contêm as orientações fundamentais dos planos sectoriais e regionais, programam concretamente as ações a desenvolver no período, sendo acompanhados do orçamento do Estado que prevê os enquadramentos financeiros viabilizadores (o OE é a sua expressão financeira), sendo por isso de execução imediata.

O Plano Nacional é o que compreende a totalidade do território nacional. Ele visa definir e escalonar os objetivos a prosseguir, compatibilizando as diferentes componentes do planeamento, económico-sociais e físicas, garantindo os recursos necessários à sua concretização. É vinculativo para o sector público do Estado, auto-vinculativo para outras entidades públicas, que o assumam em face de contratos-programa, e indicativos para o sector privado e cooperativo.

Os planos regionais circunscrevem-se a uma região, seja ela a Região Autónoma dos Açores ou a da Madeira, ou uma região-plano e, no futuro, às regiões com autonomia administrativa de natureza autárquica, a quem devem caber também a elaboração dos PROT, PSIT e sobretudo os Planos ambientais específicos as políticas de desenvolvimento económico-social situado, em coordenação com o Estado.

Os *planos municipais urbanísticos*, de aprovação municipal têm também uma vertente de apoio ao desenvolvimento económico-social.

Os municípios têm um amplo campo aberto de intervenção no domínio do desenvolvimento económico, incluindo no plano da iniciativa empresarial (desde que justifiquem nos termos gerais um interesse pública na sua atividade, o que a problemática do emprego sempre permite), embora a sua capacidade em matéria de investimentos esteja limitada, dado que estes são escassos e aparecem sobretudo orientáveis para infraestruturação e equipamentos.

Compete ao Parlamento, através de lei formal, a aprovação dos *princípios e opções fundamentais* de cada um dos planos económicos. A elaboração e execução pertencem à Administração Pública, ou melhor, à atividade administrativa do Governo [al. a), art. 202.º da Constituição].

Sobre o planeamento como função do processo de gestão, o planeamento do desenvolvimento socioeconómico surge como processo de ação organizado e tecnicamente sustentado, ligado à situação vivida na Europa, no pós-guerra, embora as primeiras experiências de planeamento a nível internacional, tanto da iniciativa empresarial como da iniciativa do Estado, datem do início do século XX.

Na Europa Ocidental, apenas depois da II Guerra Mundial os países devastados, querendo relançar as suas economias, começaram a organizar Planos de Desenvolvimento de Médio e Longo Prazo. No início do século XX, em que a questão das mudanças ainda não tinha acuidade, impôs-se o *modelo organizacional, o modelo clássico,* marcado por uma ilusão de *caracterização mecânica, racional e fechada* ao meio envolvente.

Por isso, H. Fayol (precursor da organização da gestão empresarial, que hegemonizará o trabalho teórico entre as duas guerras) o considerou como "providência". Na medida em que se acreditava que *tudo seria possível antecipar, prever com estabilidade, desde a formulação dos objetivos, passando pela construção dos cenários* que os sustentavam, até às soluções preconizadas.

Só depois da II Guerra Mundial, o planeamento inicia a sua afirmação no processo de gestão.

A *gestão orçamental e o controlo financeiro de curto prazo* colocam-se, então, entre os principais objetivos da gestão. E assim, o planeamento vai perseguir quase exclusivamente objetivos de eficiência. A expansão económica e o alargamento do mercado, que sucedem à II Guerra Mundial, suscitam o aparecimento e o desenvolvimento de diversos sistemas de planeamento, predominando os planos de longo prazo, para satisfazer o mercado, em forte expansão, evitando a ocorrência de quaisquer roturas.

A prioridade económica passa inicialmente pelo relançamento da indústria, sem prejuízo da planificação para o desenvolvimento da agricultura (por exemplo, em Espanha).

A reconstrução da Europa é obra desde logo de um macroplano, da iniciativa dos americanos, que, em 1948, na sequência da Convenção de Paris, lançam o chamado Plano Marshall, ligado à interessada ação geoestratégica da Administração Americana, visando a recuperação económica do Velho Continente e a sua *manutenção no sistema de economia de mercado*[187].

[187] É sabido que a ditadura portuguesa não aderiu a este plano no seu início. Os planos de médio prazo são os Planos de Fomento e os Planos de Desenvolvimento Regional. Neste período do

A *conceção do plano face à economia internacional, as características do mercado* modificam-se substancialmente, por meados da década de setenta.

pós-guerra, no âmbito da Administração Pública, tivemos os Planos de Fomento (PF), cujos propósitos fundamentais foram a aceleração do ritmo de crescimento do produto nacional; repartição mais equilibrada do rendimento nacional e combate ao desemprego e aos desequilíbrios financeiros, designadamente da balança de pagamentos. Foi a difícil situação económica e financeira que o nosso país atravessava, que levou ao lançamento do 1.º Plano de Fomento (1953-58). A sua elaboração foi da responsabilidade do centralizador Secretariado Técnico da Presidência do Conselho. A elaboração deste Plano foi iniciada em 1950, preparado com verbas do Plano Marshall, dado que o governo decidiu a adesão de Portugal. A prioridade deste 1.º Plano de Fomento incidiu sobre a reconstrução económica. Acontece que o nosso país, essencialmente agrícola, contava com estruturas e níveis de produção deficientes no conjunto da Europa, pelo que os sucessos acabaram por ser praticamente inexpressivos, à exceção de uma certa relevância assumida pelas Obras Públicas. O 2.º Plano de Fomento (1959-64), ficou marcado, no plano económico, pela tentativa de liberalização e, no plano da orgânica do planeamento, pela necessidade da criação de uma comissão de planeamento em cada um dos territórios nacionais, por necessidade de desconcentração das tarefas de planeamento. A canalização de verbas para a guerra colonial e as mudanças na estrutura económica, nomeadamente com o surgimento do turismo como um sector em crescente desenvolvimento e importância na balança de pagamentos levam à necessidade da elaboração de um Plano Intercalar de Fomento (1965-67), com a duração de metade do tempo normal, apenas 3 anos, contrariamente à duração de 6 anos dos Planos anteriores. Os dois primeiros planos abarcaram alguns programas sectoriais e um conjunto de programas de investimento público, este Plano Intercalar foi concebido numa perspetiva globalizadora, coordenadora e integradora dos vários planos elaborados para cada uma das parcelas integrantes do país. A revisão em 1963 do condicionamento industrial e do ordenamento agrícola, antecipara-se já a esta ótica globalizante. Basta ver o Decreto-Lei n.º 44.652, no § 2.º do art. 7.º, afirmar que a revisão do condicionamento industrial deverá, na medida do possível, obedecer a um critério de necessidade, aplicável ao conjunto do esforço económico português. E o 3.º Plano de Fomento (1968-73) prevê grandes alterações na economia portuguesa. Com ele, aparecem os megaprojetos públicos, como o Projeto de Sines, o alargamento da Siderurgia e da Lisnave, a criação da Setenave, etc., mas continuando a não existir livre concorrência, e, portanto, sem devolver ao mercado o seu papel natural de regulador da economia. Estamos perante um Plano que inclui projeções sobre a evolução económica, constituindo uma orientação para a decisão do mundo empresarial, mas enformado por uma conceção de planeamento centralizador e formal, embora acompanhado de inovações orgânicas em ordem a permitir um tratamento mais adequado às questões regionais (criação da Divisão de Planeamento Regional). Com o 4.º Plano de Fomento (1974-79), defende-se a necessidade de liberdade de planeamento e de intervenção da iniciativa privada, prevendo-se a atribuição de diversos incentivos a este sector da economia, mas a sua execução foi interrompida pela Revolução de 25 de Abril de 1974, que pôs fim ao regime e também à vigência de planos, num momento em que, do ponto de vista do desenvolvimento económico, temos um grande desequilíbrio regional. Em fevereiro de 1975, surgiu o "Programa de Política Económico-Social", programa não quantificado, de medidas estruturais, mas que não assumiu a dimensão e natureza de um plano de médio prazo. Nesta altura, os equipamentos coletivos estão quase todos concentrados. Em cerca de 10% do território nacional, estão cerca de 90%. Do litoral e das duas grandes metrópoles de Lisboa e Porto depende economicamente todo o restante território nacional.

À pressão da procura, que irrompe a seguir à grande crise internacional de 1973, junta-se uma outra pressão, esta bem mais difícil de contornar, a pressão da *concorrência*, a qual vem a intensificar-se e a diferenciar-se. E acelera-se o ritmo das inovações tecnológicas, o mercado interage fortemente com a empresa, provocando a sua abertura.

O futuro apresenta-se promissor e é imperioso antevê-lo, como reclamava Peter Drucker. Pensa-se que, reunida a informação adequada e a competência especializada, seria possível antever e desenhar o futuro.

Irrompe o *planeamento estratégico*, com as matrizes de seleção estratégica do BCG, A. de Little e Mackinsey, na esteira da matriz de Ansoff.

As trocas comerciais acentuam-se, a propriedade internacionaliza-se e, como consequência, surgem os oligopólios e conglomerados.

Como reação, as empresas de menor dimensão buscam alianças, fusões e outras formas de associação, mesmo no plano internacional.

O apoio do Estado é igualmente reclamado. E este inscreve-se na malha dos agentes económicos. E a sua dimensão cresce cada vez mais, na tentativa de encontrar resposta para os consequentes *desequilíbrios sociais*, em crescimento acentuado. Com a sua intervenção crescente na economia o sistema de planeamento fica confrontado com a necessidade de dar respostas aos *novos desafios públicos*[188].

No que se refere ao *planeamento e à gestão do território*, o planeamento do uso do solo ao nível local merece uma referência especial, inserido no planeamento territorial supramunicipal, embora não possa viver desenquadrado superiormente pelo planeamento económico-social.

[188] Acontece que em Portugal, a seguir a 1974, tivemos um hiato temporal sem existir planeamento de médio prazo. Não tendo sido aplicado o IV Plano de Fomento, no seu início de vigência, pelo novo regime, goraram-se os propósitos que encerrava de fazer levar à Europa os grandes grupos económicos nacionais, na perspetiva de os ligar em alianças estratégicas que se revestiam de importância, por antecipar precisamente a aproximação à Europa. Será só em 1977, com a Lei n.º 31/77, de 23 de maio, que vem reestruturar o sistema orgânico do planeamento, que se tenta reinstalar o planeamento, com a elaboração de um Plano de Médio Prazo (PMP) 1977-80, que chegou a ser aprovado pelo I Governo Constitucional, mas que não seria executado devido à sua substituição. Depois de 1974, será apenas no período 1986-89 com o 1.º Plano de Desenvolvimento Regional (PDR), que será retomada a aplicação de um Plano de médio prazo, embora não enquadrável como PMP nos termos previstos na Lei-Quadro do Planeamento (Lei n.º 43/91, de 2 de Dezembro, que revoga a Lei n.º 31/ /77, de 23 de Maio). Seguiram-se-lhe dois outros PDR, correspondentes às candidaturas aos Quadros Comunitários de Apoio (QCA) I e II, respetivamente de 1990-93 e 1994-99, a que se têm seguido neste século XXI instrumentos relacionais com a EU e muitos apoios no quadro orçamental europeu, oriundos de diferentes fundos da União.

O planeamento acompanhou a tendência de descentralização administrativo-territorial, que conduziu à emergência do planeamento municipal, como forma direta de intervenção no desenvolvimento local, com ações que contribuíram para tal, a serem sustentadas em argumentos de ordem conjuntural e estrutural, que não é aqui o lugar de desenvolver.

Sem dúvida que um dos vetores que ganhou relevância no planeamento autárquico, nos meados da década de 70, foi o planeamento territorial, isto é, do uso do solo, planeamento espacial ou físico. Na expressão geral habitual do legislador, o planeamento do ordenamento do território.

O plano é, hoje, o *instituto fundamental do urbanismo*. Uma vez que é através dele[189] que este obtém a outorga das suas "cartas constitucionais", normas e plantas, que o fundam. E, portanto, também ordenam o território para um correto desenvolvimento urbanístico, infelizmente nem sempre acompanhado por decisões estratégicas de desenvolvimento situadas, que aliás o deviam sempre preceder para serem tomadas em conta e "executadas", tendo o programa de desenvolvimento como chapéu máximo de afirmação do desenvolvimento autárquico, desde logo ao nível supramunicipal, o qual urge e está previsto na Constituição desde o seu início.

1.4. Ciências urbanísticas. Inter-relações e diferentes abordagens científicas. Urbanização, urbanística, urbanologia, política urbanística e direito urbanístico

As problemáticas do ambiente, do planeamento territorial e do urbanismo tem sofrido um tratamento de *complexificação crescente*, à medida que se vai processando a *hiperbolização da factualidade* que lhes subjaz, com a *concentração da radicação da população no espaço físico e a integração das preocupações ambientais*, o que, interligados numa lógica de administração do território, os transforma nas mais importantes áreas de ação pública em ordem a, no futuro, garantir a qualidade de vida do Homem.

Após toda uma época em que um direito do urbanismo de 2.ª geração, além da atenção que começa a dar ao património cultural e vem associado, e em muitos aspetos, viveu de um intervencionismo que respondia às conceções do

[189] Ou devia ser, sendo embora certo que grandes atropelos que não víamos antes da sua existência, passaram a brotar com eles e apesar deles, sobretudo em áreas de gestão autárquica em que campeiam os fenómenos de parcialidade, favores ou corrupção, devidos, umas vezes a dirigentes eleitos e outras, a dirigentes dos departamentos urbanísticos, face a inexistência de regras e instituições eficazes para os eliminar ou, pelo menos, moderar, em termos que não prejudiquem os interesses gerais, a igualdade de tratamento dos cidadãos (sejam proprietários, sejam empresários ou arquitetos e outros profissionais deontologicamente corretos) e a economia.

Estado de Direito Social, sobretudo no pós-guerra, hoje avança-se no caminho de uma reconstrução geradora daquilo que designaria por um novo direito do urbanismo, de 3.ª geração, intimamente inspirado simultaneamente pelas conceções do Estado de Direito Ambiental, que se vão impondo sobretudo a partir do início da década de setenta do século XX e da regeneração do espaço físico e reabilitação urbanística, para que Portugal desperta sobretudo já neste século, abordagens que se impõem crescentemente e acabarão por dominar o século XXI.

O novo direito urbanístico, criador de um urbanismo sustentável, não dispensando o papel de arquitetos e engenheiros, que hegemonizaram a fase tecnocrática em que temos vivido, fará acentuar o peso de planificadores e juristas, ao serviço de uma Administração pública antecipadora, corretora e circunscritiva, na defesa de valores ordenamentais e resilientais ambientais ligados ao território.

A expressão que utilizo, "urbanismo sustentável", serve para mostrar que a nova dinâmica social atira o fenómeno do urbanismo para o interior de outras problemáticas, as do ordenamento do território, economia, estado social e ambiente, que embora tendo também autonomia de tratamento científico, são interdependentes, não deixando de ter de procurar visões estratégicas articuladas, unificadas, perpassando todos os sectores da atividade humana no cumprimento de uma vocação pan-integradora, que combina as ideias de "desenvolvimento sustentável" ligado a conceitos de resiliência e compatibilidade face ao "que está e estará" em termos ambientalo-sociais. Ou seja, com a incorporação da abordagem ecológico-ambientalista no domínio do urbanismo e em geral da defesa do território.

Depois deste novo despertar dos poderes públicos, procurou acelerar-se o tempo perdido. Estamos apenas na fase de um proto-urbanismo sustentável, mas que marca já o rumo das grandes opções.

Embora, em si, a procura da *sustentabilidade do urbanismo e do modelo de vida que ele cria* não seja uma opção, pois a nomogénese urbanística não pode viver desligada da nomologia comunitária (mesmo que de índole soft, como é o caso do EDEC/Estratégia Territorial Europeia, aliás de ambição paneuropeia e documentos posteriores), em que as exigências da, cada vez mais incontornável – pelo menos na luta popular e no discurso oficial – vocação imperialista do ambiente, nas suas vertentes preventiva e também corretiva e, em último caso, implica fortemente o ordenamento dos solos. Ou melhor, uma organização evolutivamente paraplanificadora do espaço, onde se devem inserir as atuações humanas.

Não é o solo, o território, que se ordena, que se modifica, pois o que se organiza são em geral as futuras atividades a exercer sobre ele.

Na sua *vertente corretora*, o que implica é a reconstrução da ideia de urbanismo e ambiente urbano, impedindo que se crie fora da cidade o que nela deve ser combatido e perdendo a convicção isolacionista de que essa "reconstrução" da cidade se pode fazer eficazmente deixando ao acaso o seu *hinterland* global, o planeamento territorial global, que exige ampla prefiguração relacional em termos de uso, ocupação e transformação dos solos.

Vivemos uma época em que os problemas e valores ambientais ganham uma importância decisiva no enquadramento e exploração dos territórios, nas dinâmicas do desenvolvimento económico-social e bem-estar.

Tal impõe uma luta cada vez mais difícil, mas por isso cada vez mais provocada pela atual "adotada" *economia neoclassicista,* destemperada propulsora do seu capitalismo livre, que detesta a regulação pelo Estado, mas grita pelo Estado face aos seus excessos e desvios, reacionário aos problemas ambientais e financeiramente ganancioso, que não olha aos meios para aumentar a riqueza de alguns. Promovendo e difundir a *cultura de uma sociedade de produção de bens descartáveis ou de curta duração e em geral mesmo de consumos supérfluos.*

Por isso, todas as realidades que mexem com o *solo e a natureza* passam a ser analisadas e a ter de se pautar pela perspetiva da *promoção do desenvolvimento resiliente,* que não coloque em, causa os recursos e bens naturais, ambientais, isto é, autossustentável.

Algo a que obriga o direito positivo, porque imposto pelos direitos internacional e comunitário e pelas normas internas dos Estados-membros da União e, designadamente, o nosso direito constitucional.

O desenvolvimento compatível com a defesa dos valores e bens ambientais tornou-se, assim, o único desenvolvimento que deve orientar macromodelarmente a atuação do Homem, numa terra que se tem de legar às gerações futuras em condições de permitir a sua *existência e subsistência.* Sem isto (como afirmam alguns especialistas da *biologia e paleobiologia),* o nosso planeta, tendo já entrado há muito num *processo de crise biótica,* que, designadamente, o imparável aumento da *população e destruição das florestas tropicais* poderá acelerar (e que seria a *sexta grande extinção das espécies e a primeira por culpa dos humanos*[190]), o próprio género humano ficará em causa (David Leakey, *A Sexta Extinção*).

O homem não pode fugir a esse desafio geral de construir um desenvolvimento, que não o destrua, globalmente sustentável para o planeta e suas diferentes regiões. Portanto, também, um desenvolvimento *ordenado e sadio dos locais de habitação humana,* em geral exigindo-se também um urbanismo racional e territorialmente sustentável.

[190] CONDESSO, Fernando – *Direito do Ambiente.* Coimbra: Almedina, 2001.

*

A palavra "urbanismo", realidade histórica de sempre, já é hoje equívoca, dada a evolução conceptual que continua a cobrir.

Com efeito, a etimologia faz apenas referência ao que é próprio da "urbe" (da cidade, do aglomerado urbano), o que apontaria para uma equação semântica ligada apenas ao ordenamento da "cidade", conceção que só pode considerar-se válida até à segunda guerra mundial.

Na segunda metade do século XX, as tensões vividas, dentro e a propósito da urbe, mostraram que elas derivam, em grande parte, já não do que se passa e se decide intramuros, mas, em grande parte, da vida própria do seu "hinterland". E, mais do que isso, em última análise, é mesmo fruto do que ocorre no contexto geral do país.

Tudo factualidades e dinamismos que a urbe não domina, mas lhe sofre uma influência decisiva. Daí que se tenha até começado a chamar ao urbanismo a designação de "orbanismo", termo criado a partir, já não de "urbe", mas de "orbe" (mundo, do latim: orbis).

Em causa, uma nova compreensão da questão urbanística que levou os ingleses, desde 1939, a apelidarem as suas leis urbanísticas como leis para a planificação do campo e da cidade "town and country planing acts".

O que também começou a ter tradução em França, a partir de 1944, com as políticas de "l'aménagement du territoire", que foram incorporando progressivamente medidas que têm que ver com as interligações existentes entre a planificação territorial e a económico-social, até englobarem finalmente as preocupações ambientais.

Mas, sobre a relação entre o direito do urbanismo e o direito do ambiente falaremos mais adiante, designadamente a propósito do direito internacional público, do direito comunitário e do ambiente urbano. Sem dúvida que, na atualidade, o urbanismo passa por uma abordagem global e integradora de tudo o que se refere à relação do homem com o meio em que se insere, e que tem o solo, recurso natural insubstituível e inexpansível, como eixo operativo, impondo estratégias de intervenção pública, que seriam impossíveis sem um dado planeamento.

O planeamento aparece transformado num instrumento fundamental do moderno ordenamento do território e dinâmica do urbanismo, ordenando corretamente o seu uso, perspetivando o desenvolvimento futuro dos factos urbanísticos, com o equilíbrio global tido como mais adequado aos diferentes "loci", a que o casuísmo não poderia responder, ou seja, enquadrando a utilização do solo no interesse de todos.

Dito isto, parece óbvio concluir que a densificação do conceito de urbanismo rompeu as malhas da sua colocação semântica tradicional, ligada ao puro sentido do étimo latino, da mesma maneira que a expansão urbana há muito havia saído das fortes, mas cada vez mais estreitas, muralhas limitadoras dos burgos, construídas na Idade Média.

*

No que se refere ao *campo conceptual das ciências urbanísticas*, resultantes das diferentes análises do fenómeno urbanístico, cada um com o seu papel e utilidade específicos, todos passíveis de contribuir para o melhor conhecimento e enquadramento da realidade urbanística, há que distinguir entre *urbanismo, urbanística, urbanização, urbanologia, política urbanística e direito urbanístico.*

Tudo análises e construções à volta do fenómeno do urbanismo abordado segundo diferentes prismas e até campos de abrangência, e sem poder desvalorizar outras abordagens.

A urbanística é o estudo técnico dos meios ao serviço da urbanização.

A urbanização reporta-se ao estudo social dos factos urbanísticos, em si e no contexto da sociedade em que se desenvolvem.

A urbanologia é a análise retrospetiva, abordando cientificamente o facto urbano, tal como ele se foi desenvolvendo.

A política urbanística são as opções públicas que pressupõem análises prospetivas e das diferentes abordagens científicas do fenómeno em ordem ao seu mais adequado desenvolvimento futuro. E seu enquadramento normativo, consequente às políticas adotadas e análises do fenómeno do urbanismo num plano jurídico, coercivo para a sociedade e atores económicos, traduz o modo como se estabelece que ele deve ser efetivado. Portanto, o direito urbanístico ou direito do urbanismo é um ramo especial do direito administrativo que vem impor-se ao devir social (no caso português, tendo uma base constitucional, e sem colidir com a existência de uma área civilista sobre direito da "construção", ligado ao direito de propriedade).

Quanto à *urbanização* (ou urbanismo como fenómeno social), ela diz respeito ao crescimento urbanizador, à deslocação de pessoas do campo para a cidade (muitas vezes tendo como reverso o despovoamento dos meios rurais), atraídas por melhores condições de vida existentes na urbe. Este fenómeno social mede-se pela progressão contínua da taxa de urbanização (percentagem de residentes nas cidades de cada país).

De qualquer modo, não existe um *critério separador da natureza urbana ou rural de um dado meio populacional*, que só pode ser eclético.

Nem sempre é fácil distinguir entre povoados de uma e outra índole. Mas o critério, independentemente da realidade populacional e da importância relativa dos vários fatores daí resultantes, em tese geral não pode deixar de ser compósito, porquanto existem povoações com densidades demográficas superiores à de reconhecidos aglomerados urbanos, que vivem predominantemente da agropecuária, por vezes intensiva e próspera, com um habitat não disperso ou pelo menos ocupando territórios superiores aos de muitas cidades (que chegam a ter ruas com Km), mas sem serviços públicos, com simples indústria de marcenaria, ferraria, bate-chapas, padaria e simples comércio de mercearia ou tecidos (e hoje, até já um supermercado, etc.), e que seria inadequado considerar como povoação urbana.

O fator demográfico, decisivo no critério da Organização das Nações Unidas, conta significativamente, mas não pode ser erigido em critério único ou decisivo.

O tipo de atividade económica, de dominância primária, especialmente agrícola ou secundária-terciária, o estilo de vida social, de cultura rural, o tipo de habitat e equipamentos físicos, referentes à pavimentação e largura das vias de comunicação, aos saneamentos básicos, aos serviços, educação e cultura, etc., formam um todo difícil de pré-definir, e por certo nunca passível de cópia, mas que permite, sempre com dificuldade nas zonas de incerteza, ir catalogando certas povoações como rurais e outras como urbanas.

É hoje comum para efeitos administrativos cumular *vários elementos de aproximação a uma realidade que tem muito de dotações físicas*, mas também muito de *cultural, estilos de vida e de empenhamentos setoriais e tipos de desenvolvimento económico-social*, que sem excluir o setor primário, conte com certa importância vivências do secundário e terciário, ou seja, que implica, nomeadamente, *fatores demográficos e económicos* e a existência de certas *infraestruturas e serviços*.

De qualquer modo, o fator demográfico não pode deixar de ter um peso especial no domínio do urbanismo, preocupado especialmente com questões de racionalização da ocupação e uso do solo, recurso natural inelástico, dado que a demografia, a habitação e a construção vão de mãos dadas, exigindo regras de jogo disciplinadoras, que é precisamente do que trata o direito urbanístico.

O *conceito urbanístico de aglomerado urbano* integra as variáveis: tipo de povoamento, forma de crescimento e extensão do seu termo, a dimensão e as funções urbanas e a identidade territorial.

*

A *urbanística* tem que ver com as técnicas que orientam a criação e a expansão dos aglomerados urbanos. Podemos dizer que elas sofreram historicamente a influência de fatores variados, desde as correntes arquitetónicas, as técnicas de planeamento e de construção, aos meios de transporte e à ideologia dominante. A urbanística ajuda a interpretar, compreender e criticar o direito urbanístico, nas suas diferentes fases históricas. Mesmo as técnicas passadas podem ser úteis atualmente, porque muitas vezes os males de hoje são fruto do desprezo do saber e das soluções de ontem. As *principais técnicas da urbanística* são o *alinhamento, expansão, renovação, zonamento, terceira via (cidade-campo, cidade-jardim), cidade longilínea, urbanismo regionalista, terceira dimensão (cidade em altura), criação ex-novo de cidades e planeamento.*

O *alinhamento*, que continua a ser importante, é uma das técnicas mais antigas, consistente no tracejar de uma linha territorial para fazer balizar a área edificável, definindo as ruas e praças à volta do que se situam depois as construções. Era uma medida corrente no século XIX, inserida na Administração circunscritiva ou limitadora do exercício do direito de construir, interdito para além da linha pré-fixada, não por razões de planificação, mas de polícia urbana.

A *expansão urbana*, que aparece no século XIX, é a criação e junção de novos bairros ao aglomerado tradicional, planeado segundo figuras abstratas, normalmente quadriculares, regulares, e que leva a cidade para fora das muralhas medievais. É uma técnica que se revelou inadequada em muitas cidades, porquanto levou a um congestionamento dos centros urbanos concebidos, em termos de serviços, de modo insuficiente para a sua nova dimensão, uma vez que o crescimento não foi acompanhado da criação simultânea de infraestruturas coletivas de necessidade generalizada, à medida do seu crescimento.

O *zonamento* é uma técnica criada por Joseph Stüben (O urbanismo, Manual de Arquitetura), de importância fundamental no atual planeamento urbanístico, na repartição do terreno correspondente normalmente à área municipal em setores que são afetados a fins determinados. No *plano histórico*, a técnica começou por ser bizonal, encaixando as habitações numa área e as indústrias noutra, traduzindo-se hoje numa afetação de destinos omnicompreensiva de todo o território, demarcado em zonas habitacionais, zonas industriais, zonas comerciais, zonas desportivas, zonas histórico-monumentais, zonas de prestação de serviços, zonas educativas, zonas hoteleiras, zonas verdes, zonas agrícolas, etc.. É uma técnica que perpassa em todos os planos urbanísticos portugueses, servindo à determinação dos usos e aproveitamentos dos terrenos, definidora do conteúdo do direito de propriedade dos solos dos diferentes titulares.

A *cidade-jardim* é uma técnica defendida por Ebenzer Howard, in Tomorrow: a peaceful path to real reform, de 1898, reimpressa em 1902, com o título Garden Cities of Tomorrow, nome com que precisamente se popularizou, visando harmonizar os meios urbano e rural, o que se conseguiria optando por habitações unifamiliares rodeadas de grandes jardins, compatibilizando e aproveitando melhor as virtualidades caracterizadoras de cada um dos ambientes. A *cidade-jardim* é uma *urbe-campo*, uma *terceira via*, na medida em que pretende ser uma realidade de vivência integral, uma aposta numa via diferente de povoado, nem só urbano nem só rural, realizável através da planificação da construção de aglomerados urbanos independentes e separados das grandes cidades, constituídos por conjuntos de casas peri-ajardinadas.

A *cidade longilínea*, que comungava também de preocupações semelhantes às de Howard, permitia teoricamente imensas cidades estreitas, na medida em que reduz o tecido urbano a faixas, que ficam ligadas a uma via de comunicação, primeiro o caminho-de-ferro, depois a estrada, com o objetivo de colocar a cidade permanentemente em relação normal e funcional com o campo e facilitar a implementação da rede de canalizações urbanas, de tal modo que se imaginava até a criação de condutas longitudinais de distribuição de vapor para o aquecimento dos edifícios. Os primórdios da *cidade linear* são enunciados em 1882 por Artur Soria y Mata.

A *terceira dimensão, cidade em altura*, cidade de cimento, é uma técnica defendida por Le Corbusier, juntando prédios gigantes em altura, grandes espaços verdes e planificação em grande escala. Esta técnica só é possível com o planeamento. A generalização do seu uso, deve-se ao autor citado, que teorizou sobre o funcionalismo racionalista, corrente de pensamento urbanístico consagrada na Carta de Atenas, resultante do Congresso Internacional de Arquitetura Moderna, efetivado de 29 de julho a 13 de agosto de 1933 e expresso no livro "Ville Radieuse", de 1935. Segundo o *funcionalismo corbusiano*, a cidade deve ser concebida como uma unidade funcional, com a sua organização assente num enquadramento à "escala humana", ou seja, baseada nas quatro funções-chave do homem dentro da cidade, habitar, trabalhar, divertir-se e circular, pelo que os planos têm como escopo determinar a estrutura dos sectores destinados àquelas funções e localizá-las no conjunto a planificar. Deve-se a esta corrente a defesa dos *prédios construídos em altura* libertadores de terrenos para grandes espaços verdes, o que há muito é objeto de críticas pelos sociólogos e psicólogos, pelo seu artificialismo e desumanização relacional, ligados ao desaparecimento de áreas de lazer e convívio, e muitas vezes, à destruição da natureza e do património arquitetónico.

O *urbanismo regionalista (regional survey)*, que vem situar o urbanismo em termos regionais, deve-se a Patrick Geddes e Lewis Mumford, que constatam que a atenção prestada só ao espaço urbano não permite resolver a problemática derivada da cidade moderna, dado que a vida das cidades ultrapassa a área urbana.

Nesta conceção, o urbanismo deve alargar o seu âmbito de análise e proposta englobando o ordenamento multifacetado de todo o território municipal, independentemente do seu carácter urbano ou rural, abrangendo mesmo o plano regional e estadual.

A realização maior desta ideia macro-urbanística, que ultrapassa o âmbito da cidade, foi em 1932, o *Town and Country Planing Act*, a que já fizemos referência e que se seguiu ao Plano de Nova York de 1929.

Podemos dizer que o legislador português tem tendido a alinhar nesta abordagem, com os Planos Regionais de Ordenamento do Território e os Planos Diretores Municipais e as respetivas soluções integradoras dos múltiplos fatores, de desenvolvimento, mas também de influência na cidade.

O planeamento urbanístico, instrumento fundamental da programação urbanística, é hoje uma técnica de antevisão e preordenação, e, portanto, de procedimento que ocupa um papel central no moderno urbanismo, cujas regras numa perspetiva formal poderiam por isso merecer o nome de direito do planeamento territorial (*planing law*, chamam os ingleses ao direito urbanístico).

Diga-se, aliás, que, ainda antes da sua inquestionável afirmação atual, já Portugal tinha tido um plano urbanístico, que ficou célebre pelos seus resultados bem visíveis, o Plano de Reconstrução da Baixa Lisboeta, de 1758.

O Plano é um instrumento de trabalho, não uma técnica de operatividade imediata, isto é, de intervenção no terreno. Ele não é conteúdo urbanístico, tem um conteúdo urbanístico. Em si é um continente que acolhe e disciplina a aplicação de outras técnicas de aplicação física, que a política de cada país vai selecionando, dispondo do solo, de modo coerente, integrado e adequado às especificidades das questões a enquadrar. É uma técnica ao serviço do ordenamento de um dado território.

A criação de cidades novas, criação artificial, planeada de aglomerados urbanos completos de vida integral, é resultante de uma política voluntarista de descentralização, industrial e de equilíbrio regional.

A criação de "new tows" como movimento urbanístico é recente, tendo aparecido no Reino Unido, a partir de três documentos governamentais, os

Relatórios da Comissão Barlow de 1940, da Comissão Reith de 1946 e o Plano Abercrombie da Grande Londres de 1944.

O Relatório Reith, de 1946, recomendou ao governo britânico que as novas cidades se situassem a mais de 40 Kms da região de Londres e de 20 das cidades de outras regiões, para impedir dependências das velhas cidades (cidades satélites ou dormitórios), obrigando à construção de núcleos autónomos de vida económica, social e cultural, mas de modo que não se afastassem demasiado dos centros e serviços que necessitam de interdependência com os velhos aglomerados.

A *dimensão das novas cidades* devia manter-se pequena, com uma baixa densidade populacional, integrando entre 20 a 60.000 residentes, para permitir deslocações a pé ou de bicicletas para os locais de trabalho, que devem ficar dentro das próprias cidades, tal como todos os serviços e instalações culturais que garantem a sua autonomia.

Deve haver uma cintura verde e um rigoroso zonamento.

A *urbanologia* é a ciência que tem como objeto a investigação e o ordenamento dos aglomerados urbanos, embora o seu âmbito se venha alargando para abarcar o ordenamento de todo o espaço territorial, para o adaptar às exigências sociais, ou seja, todo o ordenamento do solo independentemente do seu carácter urbano, de todas as formas de localização humana na terra, procurando tornar compatíveis e funcionais em termos sociais os vários usos do território.

Aparece na Europa entre o fim do século XIX e a primeira grande guerra, com natureza pluridisciplinar. É uma ciência compósita, assente em ciências auxiliares, tais como, naturalmente, a geografia, a estatística, a economia, a arquitetura, as técnicas de construção, mas também a politologia e ciências da administração, a sociologia (e o direito como facto social), a ecologia urbana e a história. Destaco apenas a importância destas últimas.

A *politologia e a ciência da administração*, na medida em que a organização e as atividades dos poderes públicos e da burocracia e as suas opções sobre a cidade administrativa condicionam o seu evoluir.

A *sociologia*, na medida em que a formulação de orientações e sua execução é fundamental para as opções do planeamento, cabendo-lhe a análise do fenómeno urbe, o levantamento e análise dos dados urbanos, designadamente dos movimentos populacionais, permitindo estudos estruturais, dos processos de urbanização, dos problemas habitacionais, a elaboração de prognoses e a comprovação, a construção de modelos de desenvolvimento e, em geral, o controlo da realização dos planos.

A *história*, na medida em que estuda a evolução das cidades, o que permite comparações entre as linhas de evolução do ordenamento urbanístico e os tipos das cidades, colhendo lições e experiências com interesse na atualidade.

A *ecologia*, ao estudar as relações entre os seres vivos e o meio ambiente, e sobretudo a ecologia humana, que integra necessariamente a componente urbana, ao estudar a repartição dos grupos humanos em função das condições económicas, sociais e culturais.

O *direito do urbanismo*, como *facto social organizador, limitador ou permissivo*, na medida em que, além do mais, não é possível tratar, hoje, do ordenamento urbano sem ter presente um conjunto significativo de regras e princípios jurídicos, que o condicione e que, voluntaristicamente, o orienta ou reorienta, desde logo, as normas referentes aos solos e ao direito de propriedade privada.

1.5. Ciências ambientais. Diferentes abordagens ambientais. Factualidade política. Direito ambiental supranacional

A *problemática ambiental* pode ser, disciplinarmente, focada segundo diferentes abordagens.

No que se refere ao *campo concetual*, resultante das diferentes análises do fenómeno ambiental (cada uma com o seu papel e utilidade específicos, passível de contribuir para o melhor conhecimento e enquadramento da realidade em causa, quando não acontece que certas abordagens aparecem como fundamentais para a perceção e enquadramento de outras), há que distinguir, desde logo, entre, por um lado, a *ecologia e o ambiente*, e, por outro, entre a *política do ambiente e o direito do ambiente*.

São tudo *análises e construções à volta do fenómeno da "natureza" em sentido amplo*, procurando representar o seu conhecimento e perspetivar a preservação e a correção de agressões, com abordagem segundo prismas, e, até, eventualmente, com campos de abrangência diferentes.

Vejamos, desde já, sucintamente, estas abordagens fundamentais referidas.

*

O *estudo científico*, técnico, *dos seres vivos, da natureza*, em geral, e dos meios ao serviço da sua preservação é a *ecologia*. Disciplina de síntese, ciência do habitat, ela procura impor uma visão integrada e dinâmica das relações entre as espécies e o ambiente. Por isso, vive de muitos saberes, desde a *zoologia e a botânica, a física e a química, até à geologia, oceanografia, vulcanologia, climatologia*, etc..

Desde logo, numa *vertente subjetiva*, temos de destacar a *ecologia humana*.

Numa *vertente objetiva*, fundamental para alicerçar as *orientações políticas e normativas, a ecologia fatorial*.

Existem outras abordagens, que são auxiliares fundamentais da política e do direito do ambiente, das quais refiro algumas. Desde logo, merece referência o *estudo social dos fatos ambientais*, em si, e no contexto da sociedade em que se desenvolvem, a *sociologia ambiental*.

A abordagem da problemática ambiental, na perspetiva das suas consequências em termos da saúde humana é a *medicina ambiental*.

As *análises retrospetivas*, que abordam, cientificamente, a evolução dos seres vivos e as crises bióticas, ocorridas no passado, designadamente, as *extinções maciças* e as suas causas, tal como tudo se foi desenvolvendo e registando, a *paleobiologia e a paleogeologia*, que assentam na investigação histórica da vida e da terra.

A paleogeologia, nos seus registos estatigráficos, dá-nos ensinamento sobre a evolução da vida e sobre as *crises bióticas*, ao longo dos seus vários períodos. Outros domínios existem, que merecem ser apontados[191].

Como já vimos, debruçam-se sobre estes temas a *ecosofia* (filosofia sobre a problemática ambiental e ecológica), o *ecologismo*, o ambientalismo, isto é, a *ideologia ecossistémica* (aplicação prática do ecossistemismo ou *teoria dos sistemas aplicada à ecologia*).

Esta, como qualquer ideologia, afirma-se para a *ação política, como doutrina política*, aprioristicamente. No entanto, neste campo, frequentemente, tem recebido "a posteriori", em muitos aspetos, confirmação por parte dos ecólogos. Mas uma coisa é a ideologia ambiental e a filosofia ambiental, outra a ecologia.

A *ecologia* é uma ciência, com os seus objetos e objetivos, métodos e conquistas experimentais. A ela cabe, desde logo, fornecer-nos a *etiologia fatorial de muitos fenómenos negativos*, que resultam de agressões ambientais provocadas pelo homem.

A *análise prospetiva*, a abordagem política do fenómeno e o conjunto das opções a desenvolver, integram-se na *política ambiental*.

Ao seu *enquadramento normativo*, ou seja, à análise do fenómeno referente ao ambiente, no plano jurídico, ao modo como se estabelece que ele deve ser, em termos impositivos, que se impõem ao devir social, dá-se o nome de direito ambiental ou direito do ambiente.

[191] Vide, sobre os períodos de evolução da vida na terra, a obra escrita em 1999 e publicada em Condesso, F. – *Direito do Ambiente*. Coimbra: Almedina, 2001.

Trata-se de perspetivas em que, numa linha, que flui de um tratamento temático *a montante*, com a ecologia, a um tratamento a jusante, com o direito, entram ciências que não podem deixar de merecer considerações mais detalhadas. Pelo meio, aparece-nos a *política ambiental*, por vezes operativa, por si mesma, mas, normalmente, insuficiente para se impor, sem a força coerciva do direito, que, na medida em que é uma regra positiva (isto é, posta e imposta), dará carácter impositivo (isto é, de orientação que se impõe aos seus destinatários, públicos ou privados) às opções dos *programas, planos e políticas públicas* sobre a matéria.

*

Tema importante, e por isso merecendo especial referência, é o da chamada "medicina do ambiente" A "medicina da alimentação" e a ecotoxicologia são partes importantes dela, matérias menos importantes, em termos de ocasionamento e cura de doenças, de qualidade da vivência em termos de corpo (e até de alma, saúde psicológica), em geral do percurso e da esperança, maior ou menor, de vida, mas é em geral à medicina do ambiente, que pretendo agora fazer alguns comentários.

Ela pode ser definida como a disciplina que estuda os *efeitos* do meio sobre a saúde do homem, *riscos produzidos por agentes exteriores,* desde o *ar, a água, a alimentação, o ruído, utensílios, as tecnologias, ondas eletromagnéticas, e diferentes materiais,* o que implica uma abordagem multidisciplinar, cuja abrangência vai desde o plano natural, isto é, físico, químico, biológico, elétrico e mesmo ao sociológico.

Ela investiga a razão e a medida da influência de certos mecanismos e dos fatores naturais ou artificiais do meio nessa saúde. Questiona-se sobre as atuações preventivas, para melhorar o ambiente, em ordem a eliminar, ou, pelo menos, reduzir os *riscos para a saúde das pessoas e populações.*

Diga-se que, em verdade, parece que a *medicina do ambiente e a ecotoxicologia* têm sido configuradas pelos seus cultores, com uma abrangência maior do que a dos conceitos de ambiente, que servem de referência às outras disciplinas, isto é, com um sentido mais ou menos amplo.

Analisando a literatura sobre a matéria, quer a que se assume claramente como tal, desde manuais universitários até textos, que se inserem na mesma problemática, constatamos que o que está em causa é um conceito muito lato de ambiente, no sentido de implicações negativas dos elementos da natureza na saúde do homem, designadamente quando usados pelos médicos em tratamentos.

A história das amálgamas dentárias são um, entre muitos, exemplos.

O uso das amálgamas dentárias e suas consequências funestas é analisado quer na perspetiva da sua toxicidade, quer das modificações das correntes elétricas normais no meio bucal. Dada a importância deste caso, e para se perceber a extrema complexidade e os jogos de poder que estes temas envolvem, referirei algumas notas sobre ele, embora, apenas, relativamente, à questão do mercúrio, sem prejuízo dos outros problemas suscitados não serem menos importantes (designadamente as resinas que, hoje, se passaram a usar).

Começaríamos por recordar que a indústria dentária tem sido, durante o século XIX e ao longo de todo o século XX, a principal consumidora mundial de mercúrio, tendo chegado a rondar, durante grande parte do último século, as 16 toneladas por ano. A amálgama, inventada, em 1812, por um dentista americano, de nome John Bell, é "liga" constituída, em 50%, por mercúrio, e, na parte restante, por prata, estanho, cobre e zinco. Ela leva a alojar na boca, por um período de sete a nove anos, renovável, cerca de 750 a 1000 mg de mercúrio, por cada restauração dentária.

Ora, esta atividade médica contribui, significativamente, para a poluição por mercúrio das *águas residuais e das lamas de depuração, usadas na agricultura, com o respetivo envenenamento das águas e dos produtos agrícolas.* Mas, para além disso, a "cavidade bucal é o centro de uma atividade química intensa que corrói certos metais presentes na boca e favorece a sua dispersão dentro do corpo". As amálgamas dentais são instáveis.

Sobretudo desde a década de oitenta do século XIX, que o seu uso começou a levantar preocupações entre a comunidade médica. Aliás, já antes, a Sociedade Americana de Cirurgiões Dentistas, em face de inevitáveis *relacionamentos causais, ou pelo menos fatoriais* (apesar de não haver conhecimentos, nem meios tecnológicos para efetuar uma demostração científica cabal do fato, a não ser dos *efeitos perniciosos* do mercúrio líquido, o que não era o caso), exigiu aos dentistas um juramento de que não utilizariam esta técnica fácil de restauração dentária, dado não haver outra explicação para certas situações clínicas graves, que, aliás, desapareciam com a eliminação da amálgama, senão considerar que também elas produziam efeitos tóxicos, característicos deste metal pesado. Efeitos que não se conseguiam explicar, porquanto se considerava que o mercúrio estabilizava no estado sólido, mas que ocorriam comprovadamente.

No entanto, a ASDS não resistiu à força dos interesses financeiros dos dentistas, então sem disporem, como atualmente, das novas resinas resistentes, de outro material que em termos de manuseamento, secagem e preço, pudesse substituir as amálgamas. Em 1856, teve de se dissolver, vencida por uma prática que se generalizou e não admitia a imposição do moderno princípio jurídico-ambiental da precaução. Com o seu fim, nasce a Associação Americana dos Dentistas, formada à volta dos defensores do uso das amálgamas de mercúrio, que não só afirma, sem qualquer demonstração, a inexistência de riscos, como despreza o estudo das situações fácticas que despertaram as preocupações da ASDS. E, vai mais longe, procurando matar, religiosamente, a polémica, exigindo dos médicos que, sob pena de ofensa à ética profissional, não advirtam os seus consulentes dos possíveis riscos da amálgama.

Hoje, após estudos realizados por especialistas, como o professor canadiano Murray J. Vimy, está explicado o estranho fenómeno dos efeitos da amálgama.

Está comprovado, desde logo a partir de dados colhidos em autópsias e experiências em animais, que o mercúrio, mesmo solidificado, se evade, porque "está continuamente a vaporizar-se, atingindo os rins, o fígado e o cérebro do portador, na sequência de gestos tão banais, como a mastigação, a escovagem dos dentes, a ingestão de alimentos ou de bebidas quentes" ou o uso de pastilhas elásticas.

Segundo G. Drasch, I. Schupp, H. Höfl e R. Reinke, a seguir ao *marisco*, a amálgama dentária é o segundo maior fornecedor de mercúrio ao organismo (até cerca de 50% do total), estando relacionado com *problemas de sono, colites, queda do cabelo e mesmo esclerose múltipla.*

Estes investigadores, através de experiências efetuadas em macacos e carneiros, e com recursos a imagens de scâner, demonstraram que logo que se efetiva a colocação da amálgama no dente, começa a libertar-se mercúrio que se fixa "*em todos os tecidos, especialmente nos rins*". E o cordeiro fica exposto ao referido mercúrio, através do leite da mãe. Na "ovelha prenha, o metal atravessa a placenta" e atinge o fígado do feto. Os rins do cordeiro, trinta dias após a colocação da amálgama, perdem metade da sua capacidade de filtragem.

Em seres humanos, um estudo efetuado por estes investigadores, em dez doentes, demonstrou que, após um ano, depois de retirada a amálgama, o teor de mercúrio no sangue e na urina diminuía muitíssimo. Outras verificações são apresentadas pelos autores. Um trabalho publicado em 1993, relatando experiências em macacos, realizadas por três Universidades norte-americanas, demonstrou, pela primeira vez, que o mercúrio, isto é, um agente não antibiótico provoca *resistência aos antibióticos*, por parte de diversos microrganismos da cavidade bocal e dos intestinos, nos quinze dias a seguir à obturação de um dente pela amálgama. Uma equipa de neurologistas, chefiada por D. Wenstrup atribuíram ao mercúrio das amálgamas dentárias, a responsabilidade por várias afeções do cérebro, verificando em autópsias que os doentes que sofriam da *doença de Alzheimer*, tinham amálgamas e teores de mercúrio no cérebro, e, nomeadamente, nas áreas da *memória*, mais elevados do que outros, que não sofriam desta doença neurovegetativa.

Em certos países europeus, os estudos realizados levaram os governos a tomarem, finalmente, posição.

Em 1987, na Suécia, as análises de uma comissão oficial concluíam pela toxicidade das amálgamas de mercúrio. Demonstrou-se, designadamente, que as fezes e a saliva dos portadores de amálgamas contêm mercúrio (investigações conduzidas por L. Björkman, do Karolinska Institute, de Estocolmo). A Suécia publicou, em agosto de 1992, um programa para a sua interdição. A Associação Dentária Sueca apressou-se a confessar, publicamente, o seu erro, pedindo desculpas pelas anteriores declarações branqueadoras da sua direção. Este país foi-as proibindo a crianças, depois a adolescentes, até que, em 1997, interditou completamente o seu uso.

Na Alemanha, a Agência Federal Alemã de Saúde começou por recomendar que se usasse a amálgama só nos molares e fosse proibido o seu uso, composta de estanho de mercúrio, para depois as limitar a pessoas não grávidas, deficiente renais e crianças. Em 1992, a RFA interditou o seu uso a certas categorias de pessoas, passíveis de sofrerem danos maiores à sua saúde, devido ao mercúrio, enquanto comunicou aos fabricantes para se prepararem para produzir produtos alternativos.

A Áustria proibiu-o a partir de 2000. Entretanto tem deixado de ser usado em muitos países.

Segundo Vilmy, o envenenamento pelo mercúrio dos nossos dentes tóxicos é um fenómeno comparável ao do envenenamento pelo chumbo no império romano. Os próprios dentistas correm riscos pelo manuseamento das amálgamas. O sueco Neylander quantificou "post-mortem", em sete dentistas e uma assistente dentária, concentrações excessivamente elevadas de mercúrio, devido à inalação de vapores das amálgamas, enquanto prestam cuidados médicos. O mercúrio é fixado pela *mucosa nasal e depois passa o cérebro, pelo sistema venoso craniano e os nervos olfativos.*

*

Voltando à temática da *medicina ambiental*, em geral, refira-se que esta área científica já se estuda em pós-graduações e mesmo em licenciaturas de medicina, em faculdades estrangeiras. Neste campo, só se peca pelo atraso.

O médico do futuro terá de ter presente as relações fatoriais do ambiente com as *alergias, intolerâncias orgânicas e variadas doenças*, ultrapassando a *escola puramente curativa, operatória ou química*, pois é inquestionável que há *problemas clínicos ligados ao meio.* Sem cuja consideração, não só a cura poderá não ser viável, como uma medicina mais preventiva e precautiva (que terá de passar a orientar a relação médica) será impossível.

Esta disciplina não é nova, embora os europeus tenham vivido "séculos de sujidade e de insalubridade".

O *desprezo do meio*, na saúde, que fez caminho até ao século XIX, a partir do advento do "cristianismo" e do "barbarismo", que se seguiu ao império romano, o que se deve à conceção sobre a natureza pecaminosa do corpo e suas leituras fundamentalistas e aos costumes dos "invasores", tudo apontando para uma sociedade "anhigiénica", responsável por muitas epidemias, ocorridas na Idade Média.

No entanto, a análise da relação entre o meio e a doença é muito antiga. Os Sumérios, 3.000 anos antes de Cristo, davam extrema importância sanitária à limpeza da água. No Antigo Testamento, colhem-se orientações e noções sobre nutrição ou transmissão de *doenças venéreas e outras questões sanitárias*, como a higiene corporal ou as maneiras de resolver os problemas de edifícios com humidade, etc.[192].

Há registos documentais do estudo da relação da natureza, do ambiente, com a saúde, v.g. em Hipócrates, que refere, precisamente, a influência do meio, pugnando por que os doentes sejam vistos em termos situados. Segundo ele, o diagnóstico deve considerar os hábitos alimentares, modos de vida e a influência do clima. Mas o aprofundamento protocientífico da medicina do ambiente terá nascido há quatro séculos.

Já na época moderna, no início do século XVII, que Paracelso elabora os primeiros princípios das toxinas, concluindo que tudo é veneno, sendo a toxicidade das substâncias determinada pelas doses ingeridas.

Quanto à tomada de medidas para o controlo do meio, as preocupações são mais recentes. Datam do século XIX. Em 1855, John Snow, em Londres, relaciona a cólera com a água potável. Depois, identificam-se as bactérias. Entre 1870 e 1920, temos a época do grande combate às *doenças infeciosas*, com o prolongamento da vida humana.

De qualquer modo, será só na sociedade industrial que se irá concluir, dramaticamente, que a poluição não mata só a pouco e pouco, como pode

[192] Higiene, do grego "hugieinon", limpeza, ausência de doença, é um vocábulo que deriva de Hygieia, deusa da saúde, na mitologia grega.

matar de repente. Fenómenos de forte poluição atmosférica em dióxido de enxofre, ocorreram no vale do Mosa em 1930, Donora em 1948, em Londres em 1952, 1956 e 1962 e em Nova York em 1953 e 1966. Nos dias 5 e 6 de dezembro de 1952, em Londres, o SO^2 subia para 3.800 mg/m3/24 horas e os fumos 4.500 /m3, valores 50 vezes mais elevados do que os atualmente existentes nas zonas industriais. Nesse dia, acabariam por morrer mais 4.000 pessoas do que o que era habitual.

Este e outros eventos semelhantes impõem uma maior atenção aos agentes exteriores e aos seus efeitos.

Os primeiros problemas ambientais a ser percebidos com grande acuidade, ligados à saúde, são, desde logo, os da eliminação dos detritos e da poluição, a todos os níveis, designadamente, do lançamento na água e no ar de substâncias tóxicas.

Hoje, sabe-se que *o ar, a água, o ruído e a alimentação causam doenças.*

No que diz respeito ao homem, será interessante referir, seguindo Jean Bernard[193], que "o sangue é um espelho da ecologia", evoluindo em termos diferentes, nas sociedades primitivas, nas sociedades de monocultura e nas atuas sociedades industriais. Pela sua análise, se reconhecem estes três grandes períodos ecológicos da história da terra, desde que, no paleolítico superior, a nossa espécie aparece, vivendo em florestas integrada nas respetivas biocenoses, mas onde estes homens primitivos eram vítimas de agressões parasitárias (parasitoses), e, por isso, veem processar-se um aumento significativo dos eosinófilos (glóbulos brancos).

A este período, segue-se o do homem de sangue anémico, com decréscimo dos glóbulos vermelhos, numa fase histórica de carências alimentares, na época das monoculturas, com insuficiências na ingestão de vitaminas do grupo B, do ferro e das proteínas. Finalmente, ocorrerá a diminuição dos glóbulos brancos, devido aos envenenamentos químico e ionizante, devidos à revolução económica destes últimos dois séculos.

*

Antes de referirmos o processo de juridificação da ecologia, perguntemo-nos sobre qual a relação de influência real entre a ecologia e o direito ambiental?

A ecologia parte da ideia de processo e chega à ideia de global.

[193] No preâmbulo ao livro *Les Enveloppes Écologiques de l'Homme*, publicado pela Press Universitaire de Bordeaux, da autoria de Michel Lamy.

O *paradigma natural essencial* liga-se à constatação de que tudo, para além da complexidade, constitui um sistema dinâmico, interativo, interdependente e circumfactorial. Dinâmico, nos processos e funções, em equilíbrios complexos, ciclos de reprodução e faculdades de regeneração.

A ecologia reclama "conceitos englobantes e condições evolutivas", reportando-se aos ecossistemas e à biosfera, deparando-se com a dificuldade da normativização em abarcar a complexidade, processualidade, globalidade e mutabilidade deste real inultrapassável, porque não verificável e protegível na pura análise estática dos habitas, dos recursos e das espécies.

Não há na natureza equilíbrios fixados, só equilíbrios que se refazem em cada momento, fruto de interações desequilibrantes, exigindo adaptações e novos equilíbrios naturais.

*

A dificuldade do jurista em *lidar com a ecologia* é tal que tem necessidade de, v.g. inventar, referencialmente, um "equilíbrio ecológico", que nunca existiu. Integrar a "processualidade e globalidade no corpo jurídico", no direito, tem sido um parto difícil e imparável. Apesar de tudo, sofre ao longo do século XX, uma *evolução registável*. Começando em posição excessivamente antropocêntrica (como se constata ainda na nossa Constituição) passou para a *lógica do natural em si* (proteção dos habitats, espaços, espécies ameaçadas, no âmbito da natureza, como a Convenção relativa à Conservação da Fauna e da Flora Africanas Selvagens, de Londres, de 1933, instituindo reservas naturais integrais e parques nacionais), do local para o mundial, do concreto e particular para o abstrato e geral (de determinado ser vivo útil à agricultura, com a destruição das espécies prejudiciais, v.g. a Convenção de Paris de 19. 3.1902, para a proteção do *património genético, biodiversidade, clima*).

Hoje, estamos perante uma natureza considerada globalmente pelos juristas. Estes percebem que têm de *reelaborar continuamente este direito sempre inacabado*, e, frequentemente, ultrapassado, recompondo listas de espécies a proteger, indo à procura das melhores técnicas possíveis e aproveitando os avanços do conhecimento.

Se a *juridificação da ecologia* (exigência mais elementar da vida democrática, pois que a qualidade do ambiente é uma questão de todos e não dos poluidores), está no princípio, a necessária *ecologização do direito* cai, muitas vezes, na conjunturalidade (e na ineficácia da norma). Neste sentido, ele é "de natureza experimental", difícil de sedimentação e muito longe de qualquer codificação[194].

No que concerne aos *conceitos de ecologias e de ambiente*, esclareçamos que o conceito de ecologia difere com os autores que a ela se dedicam.

Atente-se em que a ecologia é *uma ciência pluritransdisciplinar*, indo v.g. desde a *análise das paisagens à análise da demografia humana*, e em que não faltam contributos variados, desde os da matemática (estatística, etc.) aos da economia, na procura de uma, sempre inacabada, síntese de conhecimentos de várias ciências, combinados em função dos seus objetivos, mas efetuando as devidas análises transversais.

Nas suas origens mais remotas, encontramos, desde logo, a descrição e ordenação da paisagem geográfica, a problemática das práticas agrícolas e da pecuária, a fisiologia, a etologia e a demografia, campos de interesse que se fundirão até ao último terço do século passado, propiciando o nascimento da ecologia. É a partir de 1930 que fica consolidada a ecologia geral, já sem a distinção entre ecologia animal e ecologia vegetal, nem entre ecologia aquática e ecologia terrestre, procurando-se a construção dos princípios da ecologia como tal, o que não impede o desenvolvimento de ecologias especiais, designadamente, a ecofisiologia.

A ecologia estuda o funcionamento das cadeias alimentares (cadeias tróficas) e dos ciclos, das populações, da circulação de energia, dos recursos naturais, etc..

Podemos definir a ecologia como a ciência que estuda as relações dos seres vivos com o seu meio, o ambiente, sendo este, portanto, o suporte físico que torna possível a vida.

Neste sentido, a ecologia é o ramo da biologia que estuda as inter-relações dos organismos vivos com o ambiente em que se integram.

As ciências que tiveram um maior desenvolvimento nos últimos tempos, foram a genética (dos indivíduos e das populações; ciência da hereditariedade) e a ecologia (ciência do "ambiente").

A ecologia é um ramo especializado da biologia. As ciências biológicas dividem-se em biologia e ecologia, subdividindo-se a biologia em biologia molecular (as moléculas da vida, constituídas de ácidos nucleicos, auto-reprodutíveis), biologia celular e biologia dos seres vivos e organismos.

A ecologia interessa-se pelas relações das espécies vivas entre elas e com o seu meio. Estuda os ecossistemas, sejam eles macrossistemas, mesossistemas

[194] Basta atenta no já antigo, e numa linha da velha conceção de Codix, como coleção de diplomas refentes a uma mesma matéria, o Código do Ambiente, em publicação francesa.

ou microssistemas, como conjuntos interrelacionáveis entre biocenoses (comunidades vivas) e a matriz inanimada que as suporta (biótopos, habitats), com estruturas próprias, atravessadas por fluxos contínuos de energia e funcionando em dependências tróficas.

A *ecologia* tem-se dividido em *dois eixos*: um a que poderíamos chamar *ecologia sistémica*, que privilegia o estudo da biosfera e dos seus componentes, enquanto tais, e o outro assente no estudo do homem e da sua influência no funcionamento do ambiente envolvente, que poderíamos designar, quer por ecologia antrópica, quer por ecologia antropocêntrica, vista pela ação do homem ou sobre o homem, conforme se pretenda acentuar o aspeto etiológico ou o aspeto relacional do conhecimento, aquela centrada na análise das causas humanas das disfunções ambientais, ligadas às diferentes atividades humanas, esta enformada por análises antropossistémicas, confundindo-se, essencialmente, com a ecologia humana.

Em termos históricos, começou por se estudar a relação entre o organismo ou uma espécie e o seu ambiente (autoecologia), e, depois, começou também a estudar-se as inter-relações entre as populações e o ambiente, ou seja, a interação das diferentes populações de espécies diferentes, através da cadeia trófica (*sinecologia*, que comporta dois ramos: um que podemos designar por *demoicologia* (do grego "demos", povo, e "oicos", eco, casa), sobre as variações do número das diversas populações e suas causas, e a *biocenótica*, sobre os grandes conjuntos de biomas, de seres vivos).

Entretanto, a ecologia vai-se desdobrando por várias abordagens científicas, segundo os problemas em análise, pelo que, dada a fragmentação que tal implica, sem prejuízo do estudo unificante dos ecossistemas, também é usual a referência às ciências ecológicas.

Hoje, a ecologia, em geral, abrange a problemática relacionada com o facto de os seres vivos manifestarem "síndromas de adaptação" às características do meio externo.

A *autoecologia* é a ecologia das espécies (população) ou dos indivíduos, isoladamente, isto é, no fundo, o estudo das características morfológicas e funcionais dos organismos, que nos informam sobre as características do meio a que reagem.

A *biogeografia* procura explicar como é que uma determinada espécie conseguiu adaptar-se e colonizar o lugar onde vive. Quando se reporta ao homem, temos a *ecologia humana*.

Neste âmbito, tem adquirido grande relevância a *ecologia ecotoxicológica*.

Em geral, o espaço do planeta onde há vida (os oceanos, as terras, a atmosfera e a camada superficial "vivente" da crosta terrestre) designa-se *biosfera*.

Embora tenha sido Elton, em "Animal Ecology", a fazer a primeira tentativa de definição das bases teóricas da ecologia, coube a E. Haekel (1834-1919), darwinista convicto, com a consciência, desde muito cedo, do desenvolvimento da biologia e da existência de um campo de estudo ainda não adequadamente coberto por nenhuma ciência, criar, em 1866, no seu livro *Generelle Morphologie der Organismen*, o vocábulo ecologia (voltando ao tema em 1869), a partir da palavra grega "oikós", habitat, casa, e "logos", palavra, discurso, ciência.

A "Oekologie" aparece como o estudo das espécies vegetais e animais no seu meio, com exclusão do homem, só, posteriormente, ampliando o seu conteúdo. Para ele, a ecologia é, pois, o estudo das relações totais de um organismo com o seu ambiente, inorgânico ou orgânico, em particular, o estudo das relações de tipo positivo ou "amistoso" e de tipo negativo com as plantas e animais com que convive.

A ecologia, para Margareff, define-se como a "biologia dos ecossistemas", o estudo das relações recíprocas entre o meio e os organismos ou os organismos entre si. Para ele, a ecologia é o que resta da biologia, numa definição negativa, residual, que tem o mérito de realçar o carácter de síntese da ecologia. Aqui, considera-se, digamos, a ecologia numa abordagem sobre os seres vivos em termos não puramente biológicos, da sua análise intrínseca, mas *ecobiótica*. Ou seja, análise metabiótica, mas geo-imanente e, portanto, em termos diferentes da metafísica da ecologia ou do ambiente, que será o campo da ecosofia (filosofia da ecologia), ou do *ecologismo*.

A ecologia sofre uma tripla determinação: a histórica, a dogmática e a que deriva da prática conjuntural.

O *ecossistema*, termo criado por Transley, em 1935, é um sistema ecológico, com tendência a equilibrar-se. É uma unidade topográfica, habitada por um certo número de seres vivos, que têm entre eles e com o meio físico e químico relações enquadradas. O ecossistema é uma parte da biosfera, a parte de território que viabiliza a vida, pelos ciclos de energia que implica. O ecossistema é um processo biológico-espacial-temporal diferenciado do seu ambiente, viabilizando objetivos sistémicos básicos, ligados à sobrevivência, diferenciação e reprodução. Nele, estão em causa as interações energéticas e funcionais entre animais e plantas (biocenose, termo criado por Mobius, em 1877, do grego "bios", vida e "koinos", comum: a comunidade de seres vivos, caracterizado por fatores ecológicos bióticos, que traduzem relações intra e interespecíficas – biocenóticas, de que se destacam as de predação, que ligam as espécies diferentes em cadeias tróficas de produtores, consumidores e decompositores, veiculando e transformando energia) e o seu ambiente (o biótopo, do grego bios, vida e topos, local: o meio, o habitat), caracterizado por um conjunto de parâmetros geológicos, geográficos e climáticos, ou seja, fatores abióticos, que são elementos ecológicos físico-químicos, cujas alterações exigem esforços adaptativos. Estes, ao interagirem, originam o ecossistema.

O *biótopo* e a *biocenose* são os elementos em que assenta um ecossistema. O biótopo é o suporte inorgânico de uma espécie, substrato constituído pela água e o solo e pelos fatores físicos e químicos. A biocenose é um conjunto de espécies animais e vegetais que coexistem e têm entre si relações no seu biótopo.

*

Quanto ao *conceito de ambiente,* ele aparece densificado com uma pluralidade de sentidos, que vão desde o que chamaria uma *conceção ecológica a conceções transecológicas.*

Na conceção ampla, globalizadora, vigente na *política e direito da União Europeia, no direito internacional,* com natural adesão no direito português, desde logo no artigo 66.º da Constituição, o ambiente aparece concebido como o conjunto de *fatores físico-naturais, sociais, culturais, económicos e estéticos,* que interagem entre si, com o indivíduo e a comunidade em que vive, determinando a sua *forma, carácter, relação e sobrevivência* dos seres vivos.

Numa *conceção mais restritiva*, revelada, v.g., no Eurostat, em 1995, ele aparece, numa *leitura também ainda antropocêntrica,* como a "envolvente física do homem", de que este depende para a sua existência e para as suas atividades. Ele "consta da água, ar, terra, e elementos necessários para o homem, os vegetais e os animais".

Os vários conceitos de ambiente resultam da amplitude da abordagem do real que se pretende integrar na problemática a enquadrar, a proteger ou corrigir, o que constitui um desafio difícil e um risco lançados ao esforço valorizador do legislador, sobretudo do administrativo e do penal.

No limite, alguns criticam a tendência para o tornar tão omnicompreensivo, pelo receio de assim ele vir a perder utilidade operativa.

Maximo Giannini, um defensor da conceção ampla, relaciona o ambiente com a cultura, considerando o bem ambiental como um tipo de bem cultural.

Em Itália, a comissão Francheschini distinguiu *duas categorias de bens culturais ambientais, por um lado, os paisagísticos, enquanto bens "naturais" e os urbanísticos, enquanto estruturas que são testemunho da civilização humana.*

No *sentido estrito,* é a *perspetiva ecológico-biológica* que domina, maioritariamente, a configuração do conceito.

No entanto, não faltam defensores de uma conceção transecológica, que aliás perpassa o discurso comunitário e o atual pensamento unionista europeu, como vemos pelos textos de política da União Europeia, englobando o *ambiente construído e o ambiente social.*

De qualquer modo, o *direito ambiental* vive muito de um extenso vocabulário técnico de matriz biológica, isto é, de definições importadas da ecologia.

O (meio ou) ambiente é, ao mesmo tempo, um meio e um sistema de relações. A existência e a conservação de uma espécie estão subordinadas aos equilíbrios entre os processos destruidores e os processos do seu meio. O (meio) ambiente é este conjunto de dados fixos e de equilíbrios de forças concorrentes, que condicionam a vida de um grupo biológico, que comporta, ele próprio, *simbioses e parasitoses,* que entram na combinação dos equilíbrios.

No entanto, a palavra é empregue pelos arquitetos e pelos urbanistas para classificar a zona de contato entre um espaço construído e o meio ambiente natural, revestindo-se, assim, de uma combinação de elementos sociológicos, económicos e tecnológicos, ao ponto de se confundir meio ambiente e civilização.

Hoje, utilizamos a expressão "meio ambiente", não como um meio ambiente ativo e recetivo, mas, essencialmente, para *substantivar com os efeitos da ação do homem,* nesta fase da civilização, sobre esse meio ambiente.

A ecologia é a "economia da biosfera" ou ciência dos ecossistemas, enquanto o ambiente designa o conjunto de todos os elementos vivos e não vivos, que não participam, intrinsecamente, da estrutura do organismo vivo, objeto de consideração (ou conjunto destes), mas que consigo estão em relação, de uma maneira direta ou indireta, "interagindo no tempo e no espaço".

Por isso, todos os que se interessam pela qualidade destes elementos, independentemente da análise científica, que não fazem, socorrendo-se dos ecólogos, se dizem ambientalistas, uns mais catastróficos, e, por isso, pouco propensos a compromissos, outros, mais racionais, em nome do realismo, como os defensores do *desenvolvimento "autossustentado"* (melhor, se diria *heterosustentável.*

Em síntese, o *ambiente* é o conjunto de elementos que, no complexo das suas inter-relações, constituem o quadro, o meio e as condições do exercício da vida. A ecologia não se confunde com ele. O ambiente são os dados da vida de um grupo biológico, o espaço construído e o seu meio (ambiente). A ecologia é o estudo dos seres vivos em função do meio onde eles vivem e das relações estabelecidas entre os organismos e o meio.

A, então, designada Comunidade Europeia apontou, em 1972, para uma *definição de ambiente em sentido amplo*, que marcaria a sua postura operativa a partir daí, e que abarca *meios ambientais, fatores ambientais e o ecossistema no seu conjunto*. Esta abordagem influenciou a nossa Lei de Bases do Ambiente, em que entram:

a) *meios ambientais*, como o solo, a água, a atmosfera e a ausência de ruídos perturbadores;
b) fatores ambientais, quer os inanimados, como a temperatura e a humidade, quer os físicos, como os animais, as plantas e outros seres vivos; e
c) o *ecossistema no seu conjunto*, com os seus diversos processos de transformação de matérias-primas e de reservas energéticas.

Em 1985, uma Diretiva da Comunidade Europeia n.º 85/337/CEE, reportando-se ao tema, já tinha vindo reafirmar o conceito "europeu", considerando, no conceito de ambiente, "todo o sistema constituído por diferentes variáveis, como o homem, a fauna, a flora, o clima, o ar, o solo, a água, a paisagem e toda a interação entre estes elementos, assim como os bens materiais e o património cultural".

Sinteticamente, por "ambiente", a nível da UE, entende-se o conjunto de *objetos, fenómenos e circunstâncias* em que vive e se desenvolve um organismo, englobando diferentes *elementos, fenómenos e processos naturais, sociais e culturais*, que condicionam, num dado *lugar e momento*, a vida e o desenvolvimento dos organismos.

*

Qual o conceito de política ambiental e de direito ambiental?

As *políticas ambientais* procuram *rever o atual modelo de funcionamento e desenvolvimento da sociedade em ordem a promover uma política económica (opções de "economia política)*, para evitar que ele provoque um desastre ecológico irreversível.

Elas expressam os instrumentos adequados para o efeito, que vão desde a investigação científica de *novos materiais, substitutivos do uso de recursos não recicláveis e que não produzam resíduos contaminantes do ambiente, novas formas de energia renováveis e a baixo custo, descoberta de novos micro-organismos que se alimentem da própria poluição, à planificação de infraestruturas, promovendo o transporte coletivo e não poluente, diminuição dos gastos de energia no aquecimento, novos padrões de comportamento e novas normas condicionadoras, interditadoras ou sancionadoras*, que formam o direito ambiental.

Tudo orientado pela ideia do prosseguimento de um desenvolvimento económico sustentável, no sentido de compatível com a defesa, manutenção e correção, de um ambiente resiliente em si e sadio para as espécies vivas.

A definição dos *princípios da política portuguesa do ambiente* é feita na Lei de Bases (em geral, com assento no Programa Nacional do Ambiente), que vem desenvolver e concretizar as normas e princípios consagrados na Constituição. Numa visão global do quadro básico em que assenta o nosso ordenamento jurídico, no domínio do ambiente, e de cujo conjunto resulta o verdadeiro sentido e alcance de todos os preceitos ambientais.

Esta definição é completada (e, em princípio, enquanto lei que estatui a final, deve pressupor cientificamente), em concreto, com as orientações do Programa Nacional.

No que concerne a estas matérias e conteúdos das diferentes políticas ambientais e meios de execução, refira-se, desde já, que a *política ambiental* é o conjunto de opções, assumidas pelos órgãos de soberania, a realizar em termos programados, com apoio de uma gama variada de instrumentos e de tipos de intervenção pública, que visam a proteção do ambiente. Quando se entende que os meios a usar implicam entidades a vários níveis, públicas e privadas, eles devem ser impositivos, assumindo com carácter normativo geral, criando-se regras de *direito do ambiente*.

*

No campo da *ecosofia*, importa referir a força da *ecologia radical* (*deep ecology, biocentrism, ecocentrism, ecologiacal egalitarianism*), que foi apresentando uma vastidão imensa de estudos publicados e de adeptos, entre os quais se contam nomes célebres de filósofos da ecologia, v.g., académicos (como A. Naess, B. Devall e G. Sessions), naturalistas (como Aldo Leopold), homens da ciência jurídica (como Charles Stone), teólogos (como os fundadores do Movimento pelo Undécimo Mandamento), cientistas (como Rachel Carson), poetas (como H. D. Thoreau e G. Snyder), cultores de religiões orientais (como A. Huxley ou P. Shepard) e jornalistas militantes (como J. Muir).

Neste campo do pensamento, há que destacar a teorização do cientista filósofo James Lavelock, que ganhou grande relevo com a sua teoria de GAIA. Embora, da sua confirmação ou não, no futuro, a ideologia ambientalista, ecofílica, apesar da teoria de Gaia, não pode deixar de levar a situar o debate político no plano da defesa da subsistência do próprio homem.

Esta teoria de "Gea", Terra ou Gaia, deusa grega, a mãe terra (vocábulo sugerido pelo prémio Nobel da literatura, William Golding), do cientista-filósofo James Lovelock, apareceu a configurar-se com a formulação da hipótese, em artigo publicado em 1972, em que, analogicamente, este célebre bioquímico inglês considera a Terra como um organismo vivo, com capacidade de *homeostase*. Este cientista, doutorado em medicina, professor de Harvard e Yale, inventor, entre outras coisas, do sistema de captação de eletrões, pioneiro nos trabalhos sobre *criobiologia* e que foi dos primeiros a tratar dos perigos, para a atmosfera, dos compostos de clorofluorocarbonetos, descobridor da presença do importante "sulfuro de dimetilo" nos oceanos (a partir da eliminação do dióxido de carbono pela Emiliana Huxleyii, espécie de plâncton que cobre uma grande parte destes), etc., e que, ao serviço da NASA, no projeto Surveyor, estudou as interações subjacentes ao despertar da vida em Marte, desconcertou o mundo científico, tal como, v.g., já havia acontecido no passado com Darwin ou com Pasteur, ao teorizarem, respetivamente, sobre a origem seletiva das espécies e a origem microbiana das doenças.

Muitos cientistas têm criticado a sua visão "panteísta", dita (embora sem fundamento) anti-darwinista, afirmando que ele difunde uma orientação teológica e mística do planeta. Mas este cientista insistiu na hipótese, em 1979, no seu primeiro livro "*Gaia*: uma nova visão da Terra". E, finalmente, em 1988, com "*The Ages of de Gaia*", cria formalmente a *teoria de Gaia*.

Ela é assente, essencialmente, na *história do clima do nosso planeta* (os registos das rochas sedimentares revelam que o clima nunca foi desfavorável à vida, no decurso dos últimos três mil milhões e meio de anos).

Inspira-se em ideias de James Hutton, do século XVIII, pai da ciência geológica (a terra é um superorganismo, a estudar pela fisiologia), de Eduard Suess, outro geólogo do século XIX e princípio do século XX, do cristalógrafo e proto-ecólogo russo Vladimir I. Vernadsky (1863-1945), e de Alfred Lotka, o qual já, em 1925, afirmara que os organismos vivos deviam ser considerados conjuntamente com a evolução do meio físico em que viviam.

A teoria de Gaia passou a ser tida por muitos cientistas como uma ciência, incorporando-se no "corpo de doutrina científica em geral", dado que, segundo refere Ricardo Guerrero, da Universidade de Barcelona, em nota de apresentação das traduções espanholas de 1993 e 1995, "muitas de suas hipóteses foram confirmadas experimentalmente". Em geral, a história demonstra que a terra e a vida sabem sempre encontrar mecanismo de regeneração (o que, de qualquer maneira, pode ocorrer sem prejuízo do fim do género humano). De novo, em "Gaia: A Prática Científica da Medicina Planetária", ele volta a admitir que a biosfera do planeta é um ser vivo, cuja recuperação é garantida, mas não a salvação do homem.

Seja como for, o otimismo sobre as *capacidades regeneradoras do planeta*, concebidas numa *escala de tempo geológico dilatada*, não resolve a questão da ameaça, em curso, de imensa *extinção, e em breve com carácter ameaçador das espécies*, o que já ocorreu noutras eras, e, agora, designadamente, do género humano, cuja sobrevivência pode estar em causa, num tempo geológico relativamente curto.

*

A "ideologia ambientalista", mais ou menos inconformada pelas dificuldades de constatação do não avanço para o abismo, este tido mais ou menos como assente em termos factuais e até científicos, não propenderá a justificar, historicamente, a mais consequente argumentação a favor de uma *autoridade mundial, desde que não fique meramente no papel, com o aconteceu com a Autoridade para os Mares, criada na Convenção de Montego Bay*?

Para referir só um tema, suficiente, por si, para mobilizar, facilmente, a opinião pública e os responsáveis, basta citar a problemática da *energia nuclear*. No virar do século, existiam mais de quatrocentas centrais nucleares em funcionamento em todo o mundo, a maioria no Reino Unido, EUA, França e Leste europeu. As *fugas ou explosões nos reatores*, por falhas, nos seus sistemas de segurança, provocam graves acidentes nucleares. Além de que cada vez é mais percebido o perigo crescente com esta fonte de energia, ligado à inexistência de solução para a *eliminação dos seus resíduos, altamente contaminados* (questão para a qual "ainda" continua sem se encontrar uma técnica satisfatória). Neste campo da ideologia, não podem esquecer-se as tentativas de sobre ela se erguerem partidos verdes e outros movimentos de intervenção política, militando v.g., contra experiências nucleares ou opções energéticas, como a criação de centrais nucleares, ou pugnando pela agricultura biológica, etc..

*

Quais as relações entre *ecofilia, segurança internacional e soberania nacional*?

Os problemas ambientais mundiais revelam os riscos que se correm. Não é possível continuar, apenas, a refletir sobre estes problemas. É urgente agir com as medidas necessárias à nossa sobrevivência, ultrapassando, desde logo, o modelo de crescimento económico das sociedades contemporâneas.

O *motor do crescimento*, no sistema capitalista, é o lucro individual. E os homens valem pelos valores materiais que conseguem apropriar para si, instrumentalizando a natureza e os outros homens, através de publicidade consumista.

Por isso, o *sistema de mercado* tende, se deixado à sua própria dinâmica intrínseca, a desprezar as agressões ao ambiente e à saúde dos seres vivos. E, além disso, tende a desprezar a necessidade compensatória de assumir as externalidades da sua atuação. Isto é, os agentes, indevidamente designados por "económicos", desprezam, primeiro, e enjeitam, depois, os efeitos negativos externos da sua atividade. Eles quererão, sempre, que esses custos, que criam, sejam exclusivamente suportados pela sociedade.

A crise ambiental não se coaduna com um mundo de mero liberalismo económico, de puras decisões isoladas, sujeito a regras jurídicas atinentes apenas a um desenvolvimento em função relações privadas e orientado para objetivos individuais literalmente economicistas.

Daí uma "incivilização" crescente, baseada na poluição e na destruição dos recursos, que consome um património natural, que devia ser preservado, sempre, sem se preocupar com os impactos ambientais das atividades humanas sobre a biosfera.

Não podem adiar-se *consensos internacionais* indispensáveis, ou aceitar--se que se celebrem acordos sem intenção de os cumprir.

Estamos numa área que mexe com a saúde do planeta, dos seres vivos e do próprio homem, em si, e como género, cuja subsistência começa a ficar em causa.

Será possível continuar a viver num mundo em que são ONG internacionais, como a WWF e o Greenpeace, a tomar muito mais medidas para salvar milhares de quilómetros de floresta, povos indígenas, espécies em extinção, etc., do que as instâncias governamentais implicadas e as Nações Unidas?

Poderemos continuar a viver num mundo, em que o *conceito de soberania "não interessa" se se trata de viabilizar o mundo da economia*, mas é afirmado para colocar em risco o mundo em si mesmo, e, por isso, mais do que referido ao governo das organizações humanas no que se passa dentro das suas fronteiras, pretende abarcar o governo da natureza, em que todos os governos governam os outros, o mundo, pois as poluições e contaminações do ar, da água, dos rios internacionais, as consequências da destruição das grandes florestas naturais, a criação de gados em grande escala, os resíduos das centrais atómicas e seus efeitos, etc., nenhum governo os consegue encerrar no território de cada país, exportando-as diariamente?

Conforme se exarou na Declaração de Limoges, de novembro de 1990, deve-se insistir na adoção efetiva de instrumentos jurídicos apropriados, no plano internacional e nacional, para uma proteção eficaz do meio natural e do ambiente.

Há que cimentar, fazer reconhecer e ampliar o *conceito internacional de ingerência*, partilhável, tal com o de soberania, ou reformador deste, não como um direito "soft" de uma sociedade internacional, mas como *um dever de uma comunidade internacional*, mesmo que se comece por uma conceção restritiva, de raiz antropocêntrica. Desde que esta abranja todos os domínios normativos, ligados à defesa do homem em si e no seu ambiente de vida. Isto é, referido, diretamente, aos *direitos do homem* e, mediatamente, à proteção dos seres vivos e da natureza em geral. Ou seja, do direito ao ambiente.

Só assim, à escala global, se poderá atingir um estádio de desenvolvimento sustentado. Torna-se necessária muita determinação para combater o excesso de poder, que o homem adquiriu sobre a natureza, além de elevados financiamentos, por mais que os governantes fujam ao problema dos meios de ação, sendo certo que os dos países mais desenvolvidos e com mais responsabilidades são, muitas vezes, os menos exemplares.

Basta referir que os EUA, no final do século XX, sozinhos, já produziam 25% do total do dióxido de carbono lançado na atmosfera. E, hoje, duas décadas depois, o que se passa neste domínio com os grandes países em crescimento populacional e desenvolvimento económico acelerado ou com pretensões a tal, como a China, a Índia, o Brasil, a Indonésia, etc.?

De outra forma, nunca se conseguirá atingir o desenvolvimento sustentável e duradouro.

Para se implementar uma *política responsável e factível* neste âmbito, os Estados têm de assumir claramente e por metas realistas e, depois, honrar os compromissos internacionais, em termos de *calendário de redução dos índices de poluição do planeta;* e é necessário que disponibilizem as verbas indispensáveis a afetar aos países não desenvolvidos, para que se desenvolvam sem repetir as agressões ambientais dos países do Hemisfério Norte. As Conferência do Rio e outras foram sendo um fracasso. Mesmo, nas matérias em que se conseguiu que se celebrassem Convenções (ou Compromissos unilaterais, que, uma vez proferidos, perante a opinião pública mundial, são vinculativos no plano internacional), estas voltaram a ser questionadas ou ainda estão por vigorar, nada sendo cumprido o que foi "prometido".

*

Temos de nos interrogar sobre as consequências, também em termos de *segurança da população mundial*, referentes às questões regionais e globais do ambiente. Reportámo-nos ao processo contínuo de agressão ambiental, que os homens têm prosseguido, por todo o lado, e com uma perceção cada vez mais nítida, perante as opiniões públicas, das suas consequências gerais, globais.

Se todos pagam a degradação do mundo do mesmo modo, as culpas que cada um, cada sociedade, divide pode ser diferente, portanto, as responsabilidades, o que até pode justificar-se de maneira muito desigual, em função de razões que se prendem com as diferenças adquiridas ou que se pretendam adquirir nos mesmos níveis de igualdade de bem-estar já alcançado em certos países, designadamente face à industrialização conseguida, ou da extensão da aplicação das técnicas da "revolução verde", ou para a destruição das florestas mesmo que de valor muito desigual, das poluições aquáticas, diretas e pelos solos, e das necessidades maiores ou menores de água, da explosão demográfica, urbana e das diferentes atividades humanas. Mas essas justificações, hoje, não resolvem os problemas de hoje.

Temos de nos questionar sobre os efeitos de tudo isto em termos da *segurança dos povos*.

Vimos que a crise biótica e, em geral, todas as questões globais são problemas que, se não forem enquadrados cooperativamente, serão inultrapassáveis na criação de inseguranças a vários níveis.

Neste plano, nem vale invocar, tranquilamente, mesmo que se aceite, generalizadamente, como comprovada, a teoria de Gaia, porque, de qualquer modo, "garantindo" a salvação do planeta, não pode garantir, porque não o garantiu nas passadas extinções bióticas maciças na terra, a sobrevivência da grande maioria das espécies existentes.

A nível planetário, colocam-se questões políticas cada vez mais inadiáveis.

Os *elementos da natureza* são absolutamente indispensáveis à vida, sobretudo a água e o ar (destruição das camadas superiores de ozono, efeito de estufa, destruição das florestas tropicais, concentração de CO2 nos fundos marinhos, etc.).

Como compatibilizar este dado com as construções políticas soberanas, que a Europa inventou e propagou?

Em face dos problemas constatados, da sua persistência e da dificuldade em os ultrapassar, numa sociedade planetária com poderes extremamente partilhados, há que perguntar: como manter as *soberanias, enquanto reinos dos "egoísmos caseiros", com todas as suas prerrogativas históricas*? ou importa analisar como ajustá-las às novas exigências do mundo atual?

Será que bastará *aprofundar e alargar o direito, ou até o dever de ingerência*, de modo a abranger o domínio ambiental? Consagrar uma ação popular ambiental a nível internacional?

Com que triagem não bloqueante do funcionamento da instância jurisdicional? A exercer por ONGA?

Poderão servir alguns meios já testados no direito processual comunitário, designadamente, a ação de incumprimento? A exercer por quem? Desencadeáveis também por queixa de particulares, para uma autoridade administrativa internacional? Entidade que efetuaria uma investigação de constatação de incumprimento, filtrando as causas e desencadeando os processos jurisdicionais?

Mesmo que assim fosse, será crível que, neste século, as culturas instaladas permitam ver, a tempo de evitar conflitos, a interdependência dos povos, a complexidade dos problemas e a necessidade de políticas internacionais cooperativas e não competitivas, e novas instituições e direitos à revelia dos Estados e Organizações Internacionais?

Seria um caminho de esperança para os povos, em ordem a evitar a evolução da degradação para níveis irreversíveis e, portanto, a conflitualidade da subsistência.

Apesar da perceção, já hoje existente, sem alterações significativas nos princípios do relacionamento internacional, de que a temática abordada toca o *cerne da própria subsistência da humanidade* e, portanto, interessa a todos, conseguir-se-á impor, facilmente, uma solução regulada ao serviço de um direito de "ingerência ambiental", por mais que se deva entender estarmos perante *direitos coletivos da humanidade,* direitos de todos e cada um dos homens, direitos humanos, da aceitação de uma incontornável cláusula vital, e da invocação da sua natureza de "ius cogens", o que imporia a todos os povos e Estados o respeito pelo direito internacional ambiental, independentemente das suas vontades, permitindo até sancionamentos?

Mas, se é assim, a *ideologia ecofílica* não pode vir a justificar funcionalmente e até a propiciar a aceitação popular de *poderes autocráticos* de dirigentes nacionais e regionais, risco situados algures em grandes potências, e a eclosão de guerras, a níveis e com amplitudes diferentes, conforme as exigências dos objetivos em causa, guerras civis ou internacionais, regionais ou mesmo de amplitude intercontinental?

Estes, os problemas que há que colocar, resolver ou prevenir. Vejamos, como poderão ser vistos no futuro.

Eles põem delicadas questões relacionadas com a *conceção de defesa nacional e de segurança internacional.*

No século XXI, por exemplo, a água irá colocar desafios estratégicos, jogando-se simultaneamente o desenvolvimento e a segurança. E a globalização e a biotecnologia, também. Esta tem permitido patentear e colocar nas mãos de multinacionais a riqueza genética, animal e vegetal, oligopolizando a arma alimentar, ambas criando mecanismos de recolonização dos países menos desenvolvidos, criando uma insegurança económico-social, e, desde logo, alimentar geral, quer para os cidadãos, quer para os governos.

Está em causa uma modificação da noção de ameaça. Neste período já distante da "guerra fria" entre o bloco de liderança "euroamericana" e o bloco de liderança soviética, não parece que vivamos num mundo menos perigoso, mesmo que pareça um mundo de menos concretizada ameaça militar (tendencialmente bipolarizada). Em verdade, trata-se de um mundo mais complexo, muito mais incerto e, por isso mesmo, não é certo que seja mais seguro.

Será menos perigoso, só porque não há um inimigo identificado?

Não é verdade que certos Estados até já começariam a querer abolir as suas forças armadas? Mas, entretanto, outros, senhores de culturas de imperialismos históricos, de novo beliscam valores que eram dados como minimamente estabelecidos na comunidade internacional?

Porque não parecia haver uma ameaça única, clara, definitiva? Não se perfilam várias?

De qualquer modo, vivemos num *mundo de soberanias, de sistema capitalista e de explosão demográfica em certas regiões do mundo*, em que continuam as tradicionais ameaças de tipo militar centradas nos Estados, e na lógica tradicional da defesa dos meros interesses que estes representam. Mas como seria menos perigoso, mais seguro, um mundo de ameaças múltiplas, difusas e que assumem um grande número de formas de diferente natureza, umas infra-estaduais e outras supraestaduais?

Umas, ligadas às *incoincidências das soberanias com as nacionalidades*, que a instalada estadualidade não ultrapassada e o conceito de democracia, por si, e na imperatividade dos direitos humanos, não se têm revelado idóneos para aceitar.

Outras, afetando a *segurança das sociedades e dos indivíduos*, desde logo, também os *riscos e catástrofes ambientais, as epidemias e pandemias*, e os *problemas com os "grandes bens"*, em face da sua escassez ou má distribuição (acesso à água, sobrevivência alimentar, etc.). Isto é, o vetor ambiental, o que obriga a dar um sentido novo, mais abrangente, ao *conceito de segurança*, ampliando-o, de modo a tomar em conta, não só as antigas, como as novas ameaças. E, desde logo, a questão ambiental, que ultrapassam a âmbito militar, o nacional, exigindo-se posicionado como *segurança cooperativa*.

Há, portanto, uma segurança ambiental. Este conceito passa pela aferição da sustentabilidade ambiental, que aparece, pela primeira vez, no Relatório Olaf Palme sobre "Questões de Desarmamento e Segurança", de 1982. Nele, a Comissão independente distingue entre segurança coletiva e segurança comum.

Em geral, o tema reporta-se ao relacionamento entre Estados e abarca conceitos como o de aliança e dissuasão e passa pela cooperação para o enquadramento das questões globais, o futuro e a sobrevivência da humanidade, ficando em causa não só com ameaças militares (guerra nuclear ou generalizada) ou económicos, mas também as relacionadas com o crescimento populacional, com a escassez de recursos naturais e a destruição do ambiente.

O conceito gorbachoviano de segurança ampla podia servir de base à delimitação de uma parte do direito internacional ambiental, referente a normas cujo respeito seria controlado pela sociedade internacional.

Estaríamos perante normas a serem aplicadas e sancionadas por *novas instituições administrativas internacionais,* dotadas de autoridade e sujeitas à aplicação de uma *jurisdição universal obrigatória,* o Tribunal Internacional para a proteção do ambiente. Umas e outro, de natureza diferente dos organismos internacionais clássicos.

Uma coisa é certa: a noção tradicional de defesa nacional ou de segurança, ligada a ameaças políticas ou militares à soberania nacional, já é pouco operativa, no mundo atual, devendo o conceito de defesa nacional, de segurança, relacionar os *impactos das tensões ambientais nas sociedades.*

Não há independências, fronteiras ambientais, mas contínuos ambientais e interdependências, e, por isso, questões de segurança internacional, em face de possíveis conflitos ambientais.

*

A *questão da água*, quer se trate de escassez ou má distribuição, quer de desvios abusivos segundo as regras do DIP (geral-europeu ou bilateral), é a que mais tem merecido um debate ao nível das suas implicações em termos de segurança. Ela pode servir de exemplo, pelas reflexões que propicia, que, no entanto, poderão futuramente ser estendidas a outros *elementos da natureza, essenciais à vida humana*. E, como tal, algo percebido em termos de qualidade de vida, como bens de alto valor individual e social a proteger.

Aprofundemos, pois, as questões colocadas, socorrendo-nos do caso água. Analisemos o modo como o *problema da água*, em termos de segurança, tem sido visto.

Esta problemática começa a ser debatida, desde as *crises regionais da água*, o que pode, desde já, ser visto como possível motor de futuras crises globais, dada a cada vez maior raridade universal deste fator estratégico, em uso exponencial, devido à ação combinada do aumento demográfico e das políticas económicas e sociais de consumo. O que origina crescimentos a um ritmo duas vezes superior ao que resultaria da pura incidência do crescimento populacional.

Segundo o Relatório Americano Global 2000, a procura de água, no mundo, terá crescido de cerca de 200 a 300% de 1975 ao ano 2000. Com a agricultura a usar 70 a 80% da água utilizada pelo homem.

Estamos perante um *fenómeno de utilização exponencial* para uma oferta de água doce que se mantém estável, rondando menos de 3% da massa líquida do planeta, desigualmente distribuída.

Os fatores de poluição, de degradação multiplicam-se. Tudo fazendo prever uma dificuldade crescente de acesso à água de qualidade, insubstituível para o desenvolvimento económico-social e a saúde, a vida humana.

Os desafios que a questão coloca podem desembocar em formas pacíficas de *cooperação e concertação pela sustentabilidade da utilização das águas, redistribuição e prevenção da poluição*, mas também podem evoluir para competições aquisitivas e a criação de crises e de conflitos entre povos.

Tudo depende de a sociedade internacional se conseguir afirmar como uma verdadeira Comunidade, impondo direitos e instituições protetoras daquele que é o mais importante recurso da terra. Percebido como fator de vida e de desenvolvimento. E, também, de paz ou de guerra.

*

A Península Ibérica, com a problemática dos *recursos hídricos luso-espanhóis*, não foge a esta análise.

A Convenção sobre o Direito do Mar e a Convenção sobre o Direito dos Usos Diversos da Navegação nos Cursos de Água Internacionais vai no bom sentido, se fosse sempre rigorosamente cumprida. Mas, no geral, sem poder deixar de se advertir para o significado das *dificuldades históricas do processo* da sua elaboração, ratificação e implementação, as oposições manifestadas e as suas limitações materiais. Tudo revelando, simultaneamente, o papel crescente da vontade mundial e a força bloqueante dos velhos interesses, mesmo que mundialmente minoritários, o que, por si, revela também as inultrapassáveis fragilidades institucionais da Organização das Nações Unidas. Ele tem sido incapaz de servir em geral de base ao exercício democrático de atribuições de âmbito global.

Os *poderes públicos estaduais* deixam que a Terra se transforme numa lixeira, a água num esgoto e o ar numa imensa câmara de gás tóxico. Depósitos e mais depósitos mundiais de resíduos sólidos, líquidos e gasosos implicam, cada vez mais, uma noção de ameaça à vida dos povos e da humanidade, em geral. Ameaças ambientais, a que podem seguir-se conflitos e guerras.

Apesar de tudo isto, o mundo continua a conviver com conceitos conjunturais, muitos deles ainda nascidos no fim da Idade Média, com um carimbo historicamente situado, como o resultante da teorização bodiniana de *soberania dos senhores do poder político territorial, estadual, apesar de hoje já nada ter que ver com lutas antiteocráticas da entrada na Idade Moderna (afirmação dos poderes dos príncipes contra o papado de Roma), nem com aa lutas independentistas contra as autocracias dos poderes coloniais nos séculos XIX e XX.*

Um ou vários povos, por mais ínfimos que sejam ou mesmo que de numerosa população, territórios e meios bélicos, desde que constituídos em "Estado", igualmente conceito potestático "moderno", batizado pelo protocientista político Nicolau Maquiavel, inventado por europeus, teóricos do poder real, ao serviço das ambições dos seus monarcas, cansados de feudalismos, "canonismos", e da fragilidade interna do "Poder temporal" e dos jugos externos da época, dos papas e também em parte dos Habsburgos de Viena.

Será aceitável, neste mundo poroso, em tudo "pandémico", só invocar o conceito de soberania, para se poder "envenenar", criar riscos ambientais maiores, nucleares, bio-agressivos ou globalmente viciadores dos componentes ambientais naturais? Este conceito de soberania pode destruir a humanidade, livremente, no invocado exercício de um direito soberano de agir, que não passe de um "direito assassino", detido, à sua revelia, por uma parte dessa humanidade, por um ou vários dos seus povos, ou pior eventuais dirigentes ditatoriais?

Este conceito pode ter sido obra histórica do *génio político humano*, mas esgotou há muito as suas virtualidades, por mais que aqueles, dirigentes autocratas ou mesmo antigos territórios colonizados, que o atacaram para serem independentes, agora se queiram agarrar a ele, para julgar que assim se protegem.

Hoje, em muitos aspetos que mexem com a Comunidade mundial, a vida e sobrevivência dos povos e a dignidade das pessoas, ele só pode servir claramente a uma *juriscracia contranatura.*

Se não parece aceitável que todos os representantes de todos os povos juntos pudessem decidir do futuro vital dos homens que governam, como aceitar que a soberania de um ou de alguns possa incluir poderes para fazer tal?

Mas é isso que acontece quando alguns Estados agem, indiferentes às agressões gerais que provocam ao ambiente do planeta.

As fronteiras estaduais são incompatíveis com a estrutura global, natural, da Terra, que é una.

Como dizia o Conselho da Europa, em 1988, ao adotar a Carta da Água, "a fronteira entre Estados separa territórios de uma forma efetiva, sensível, mas não corta a unidade física do terreno que divide". A única dimensão dos meios e elementos do ambiente é o planeta.

No entanto, de facto, numa Terra cada vez mais unidimensional, o novo "homo mundi" sofre as limitações e o "terror" da soberania, de modo passivo e inultrapassavelmente.

As fronteiras dos Estados não impedem que ele sofra a condição de "homo mundi", mas veda-lhe o exercício de direitos, face a essa condição.

A conceção da soberania transformou, durante séculos, cada Estado num reino total. E a história das relações internacionais refletia esse princípio da soberania, com os governantes de cada Estado a assenhorearem-se, totalmente, do seu território e de tudo o que ele contém, designadamente dos habitantes, enquanto não conquistado por outrem. Essa soberania foi reconhecida pela Carta das Nações Unidas, ainda em meados do século passado, como um direito fundamental do Estado (artigo 2.7.º). A própria Convenção de Viena sobre o Direito dos Tratados, consagrando o "jus cogens", não se coibiu de admitir a revisão de direitos do homem, embora não convencionalmente, mas pela via consuetudinária. Isto é, pela prática dos Estados, que, assim, pelo menos teoricamente, mantêm a possibilidade de atentar, restritivamente, contra algo tido como inscrito nas exigências do conceito de homem, independentemente da vida dos Estados.

Por isso, uma construção que se impôs em nome de um direito que ultrapassou, naturalmente, o *controlo dos Estados, a lógica estadual da criação do direito internacional clássico*, porque ligado à própria humanidade (art. 53.º do Tratado de Viena sobre o Direito dos Tratados, de 1969), regulando a convergência de interesses nos domínios essenciais que constituem a ordem pública internacional.

De qualquer modo, transposta para o domínio do ambiente, a noção de "jus cogens" pode produzir a proteção, quer do homem quer, indiretamente, da natureza, de que este depende para subsistir.

O princípio segundo da Declaração do Rio de 1992, sobre Ambiente e Desenvolvimento, reafirma a ideia de que o direito soberano dos Estados para explorar os seus próprios recursos deve exercer-se de modo a não causar danos ao ambiente, noutros Estados ou zonas que não dependam de qualquer jurisdição nacional.

A soberania total sobre os homens e os povos começa a ser rejeitada. A exercida sobre a natureza também tem de ser rapidamente questionada, pois a problemática ambiental mexe com valores da humanidade, da vida e da sua permanência.

A *noção de património comum da humanidade*, concebida inicialmente, em 1970, a propósito dos *fundos dos mares e oceanos e seus subsolos*, para além dos limites territoriais do Estado, estende-se não só aos recursos marinhos, nos termos da Convenção de Montego Bay, de Direito do Mar, que, pela primeira vez, erige a "humanidade como tal" como sendo sujeito de direito internacional, mas também a outros espaços e recursos naturais, o espaço extraterrestre e a biosfera.

Há *riscos ambientais maiores, que têm repercussões graves na saúde biológica do planeta, na vida das espécies vivas, justificando o direito de ingerência*, o que já ocorre no âmbito dos direitos humanos.

A *deteção de risco ambiental grave, poluição marinha de grande envergadura, catástrofe nuclear, destruição de sítios naturais*, etc. depende de ingerências, no plano da observação, com uso de meios técnicos e de vigilância adequados.

Já em 1992, a Conferência do Rio falara no *direito à "igualdade ecológica"*, na esteira da reivindicação da Conferência de Estocolmo de 1972 ao *direito a um "ambiente são"*, ligado ao conjunto dos direitos atuais dos indivíduos do género humano e das gerações futuras.

Trata-se, cronológica que não valorativamente, de direitos do homem da terceira geração. Se a primeira geração dos direitos do homem integra os direitos da liberdade; a segunda, os da igualdade, esta baseia-se na *noção de solidariedade*, na era da cooperação internacional, a manifestar-se ao nível de tudo o que corresponda à noção de *património comum da humanidade*.

*

Falando de *internacionalização e comunitarização do ambiente e processo de extensão estadual pelas preocupações ambientais*, importa referir que a motivação das atribuições ambientais da União Europeia (que começaram a ser assumidas num procedimento amplificativo, de autotitulação de tal atribuição) derivou do evidente crescimento da inquietação da opinião pública europeia face aos sinais evidentes da deterioração do ambiente e do "desgaste" dos recursos naturais, que começaram a inquietar os cidadãos e conduziram a que, politicamente, as questões ambientais vieram a assumir uma importância crescente.

Em termos de *razões estruturais* da existência de uma política e direito europeus do ambiente, a sua necessidade ultrapassa a União Europeia e os seus Estados, impondo-se, em geral, em todos os países industrializados com forte dimensão humana, em face da extensão das *poluições dos cursos de água, dos mares, da atmosfera, ameaçando o clima, a fauna, a flora; dos ruídos, do receio do esgotamento dos recursos naturais*, etc..

Todos os Estados são tocados pelo problema, aparecendo como poluidores ou, pelo menos, como poluídos. Aliás, já todos mais ou menos poluídos e mais ou menos poluidores. A partir dos fins dos anos sessenta, os países europeus sentiram a necessidade de formular políticas de proteção do ambiente. No entanto, já antes de merecer o devido tratamento pelas políticas dos Estados e União, inicialmente revelando impotência para agir, a Comunidade Internacional, em setembro de 1968, reuniu-se numa Conferência sobre "As bases científicas da utilização racional e da conservação dos recursos da Biosfera", sob o patrocínio das Nações Unidas. No dia 6 de dezembro do mesmo ano, a Assembleia Geral das Nações Unidas, sob proposta da Suécia, decidiu convocar para 1972 uma conferência internacional sobre o tema "O homem e o seu meio: as bases de uma vida melhor". Entretanto, em outubro deste mesmo ano de 1972, a Cimeira Europeia havia proclamado a necessidade de uma política comunitária do ambiente.

Iniciou-se, assim, uma verdadeira *campanha, a nível mundial, contra as ameaças* que pesam sobre o destino da humanidade. A União Europeia começou a encontrar-se numa boa posição para resolver esses problemas.

O *âmbito estadual* é, obviamente, muito limitado para regular estas questões. E o debate mundial vai traduzindo, também, as limitações próprias da organização da sociedade internacional, muitas vezes sem capacidade de imposição jurídica e de cumprimento. Falta muito para a criação de uma verdadeira Comunidade Internacional onde as grandes questões mundiais se imponham e se resolvam com êxito.

*

No que concerne à União Europeia, logo no Tratado de Roma, foi possível explorar as virtualidades da *cláusula geral* que estipula que a Comunidade tem por objetivos melhorar as condições de vida e de trabalho dos seus cidadãos e ainda promover um desenvolvimento harmonioso das atividades económicas e uma expansão contínua e equilibrada.

Após o Ato Único Europeu da década de oitenta e, reforçadamente, no Tratado da União Europeia do início da de noventa, o ambiente torna-se uma política primordial atribuída à União. Sendo certo que uma política comunitária de ambiente é um meio adequado para ajudar a atingir tais objetivos que se colocam neste domínio aos vários Estados unidos. Em termos da Europa, a opinião pública tem manifestado, sempre, através de sondagens, a necessidade de uma maior *proteção ambiental* e considerado mesmo que a defesa do ambiente é mais importante que o próprio crescimento económico).

Além disso, há, também, razões de *ordem económica* que implicam uma política do ambiente, uma vez que a aplicação de *políticas nacionais divergentes,* poderia dar origem a disparidades suscetíveis de afetar o bom funcionamento do Mercado Comum.

Com efeito, a definição de normas ambientais diferentes e a imposição de *taxas diversificadas* às empresas, segundo os países onde estão implantadas, criariam distorções de concorrência.

Uma política europeia em mercado comum, pelo contrário, favorece a constituição de um mercado de dimensão continental, e pode dar à estrutura produtiva meios para enfrentar, com eficácia, a concorrência internacional, assim a estrutura política tenha capacidade de efetivar as perequações financeiras necessárias aos grandes espaços comerciais com regiões de diferente nível de desenvolvimento.

É na Cimeira Europeia de 1972 que a cooperação em geral da Comunidade Económica Europeia com o terceiro mundo ganha verdadeira expressão. Inicia-se, a partir daí, uma política seletiva de cooperação, assente em vários instrumentos: a concessão de ajudas financeiras, o apoio alimentar e assistência técnica, a garantia das receitas de exportação, o acesso ao mercado, a cooperação industrial e a promoção comercial dos países em vias de desenvolvimento. A expressão mais acabada desta cooperação para o desenvolvimento têm sido as várias Convenções com os países da África, Caraíbas e Pacífico[195].

[195] A Cooperação CEE/UE-ACP, juntando os 27 Estados da União com as 79 antigas colónias de alguns Estados membros), desde a Convenção de Yaoundé até às quatro seguintes, a de 1975 de Lomé, e as atuais de Cotonou de 2000 e pós-Cotonou ou Cotonou 2, acordada embora com deficiências a corrigir, em 3.12.2020 com a OEAACP, e rubricada a 15.4.2021.

Importa reconhecer que a modificação do Tratado de Roma, através do Ato Único Europeu, assinado no Luxemburgo, em 1986[196], vem dar uma maior importância ao problema do ambiente, com a inclusão de um novo capítulo sobre o Ambiente, no "Ato Único Europeu", o que, então, proporcionou à, então, designada Comunidade Europeia a *base constitucional necessária* para uma ação mais *decidida e adequada* no domínio da proteção ambiental. Em particular, no que se refere à necessidade de *integrar as considerações ecológicas e as preocupações ambientais nas decisões sobre as várias políticas sectoriais, designadamente, na industrial, energética, agrícola, silvícola, de turismo e de transportes.*

No decurso das últimas décadas, assistiu-se à criação de uma série de medidas e instrumentos, visando, não só a eliminação da contaminação ambiental, numa abordagem curativa, mas também, de uma maneira mais geral, orientados para a planificação de uma melhoria global e integral da qualidade do ambiente numa base essencialmente preventiva.

Em conclusão, na União Europeia, as questões ambientais têm uma grande acuidade, devido à sua densidade populacional e ao desenvolvimento industrial, assentando a necessidade de uma atuação supraestadual, traduzida em ações comuns e harmonização de legislações nacionais, em razões técnicas e económicas. Ou melhor, em termos de génese material, parece claro que a temática ambiental foi introduzida na política comunitária e mantida na unionista, devido, fundamentalmente, a *quatro razões*: a necessidade de *harmonizar as políticas* ambientais dos vários Estados-membros; a necessidade de *afetar os recursos naturais* ao desenvolvimento, de uma forma racional; a *internacionalização das repercussões* dos problemas ambientais e a *salvaguarda dos recursos naturais.*

*

Em termos de *factualidade política e normativa ambiental supranacional*, tanto a definição dos domínios de preocupação, como a intensidade da atividade regulamentadora da proteção ambiental, quer da defesa dos ecossistemas, em geral, quer do combate à micropoluição, às agressões situadas e à macropoluição, às poluições globais (v.g. a poluição criadora do buraco de ozono), têm aumentado, não só na União Europeia e noutros países, e, desde logo, nos da OCDE.

[196] Quanto o autor era deputado europeu e foi vice-presidente da AP dos países ACP-CEE, desde 1986 a 1989, aliás depois, já de novo, deputado nacional, foi o relator da Assembleia da República na Comissão de Negócios Estrangeiros sobre a versão de inícios da década de noventa.

Há normas que enquadram muitos domínios ambientais, dispersas por centenas de diretivas e regulamentos comunitários operativos na área ambiental.

As tendências para este século XXI apontam para uma maior regulamentação, uma maior pressão do mercado em relação ao produto ecológico e um sector industrial mais interessado na proteção ambiental.

Todavia, é necessária, ainda, a elaboração de uma lei geral europeia sobre o ambiente, em que se amplie o catálogo das condutas sancionáveis e em termos realmente dissuasores, agravando, sobretudo, as penas referentes a crimes ecológicos.

Dentro das normas europeias de natureza jurídica de proteção ambiental, destacam-se as referentes aos domínios da água, resíduos, ruído, atmosfera, prevenção de acidentes, património arquitetónico e natural, e conservação da vida selvagem, embora as políticas e as diferentes medidas, não jurídicas, para as atingir, sejam muito mais extensas.

Há outros domínios de "imposição" não prevista expressamente no Tratado da União, sem prejuízo de poderem integrar-se no conceito amplo de ambiente, como é o caso das orientações para o "ambiente urbano" e das referentes ao ordenamento de território, com implicações variadas, designadamente ambientais e económicas, com a designação de Esquema de Desenvolvimento do Espaço Comunitário (EDEC) ou Esquema Territorial Europeu (ETE), aprovado num Conselho, a nível europeu, Informal de Ministros de Ordenamento do Território. Os Estados não lhe atribuíram expressamente carácter normativo, mas ao comprometeram-se mutuamente a respeitá-lo, tal tem relevância vinculadora, mesmo que apenas segundo os princípios nomogénicos do direito internacional.

Em relação às medidas a tomar, podemos destacar as medidas preventivas e as medidas repressivas. As preventivas são a investigação e a educação ambiental, a avaliação do impacto ambiental, a planificação e o ordenamento do território, os registos e os inventários, as autorizações e licenças administrativas e as aprovações, o controlo, as subvenções, os empréstimos, as exceções e bonificações, as atuações de salvaguarda e os impostos ambientais. As repressivas contam com "sanções" civis, administrativas e penais. Se as poluições não têm fronteira, ameaçando todos os Estados, então, devem combater-se em comum, o que é uma ameaça comum. O combate isolado não pode ser aceite na EU por permitir estabelecer obstáculos desiguais ao comércio intra-europeu (diversidade de normas técnicas) e discriminações à circulação de bens (exigências diferentes para empresas dos diferentes Estados, com penalizações económicas das empresas cumpridoras), sob pena de os seus próprios objetivos funcionais (ligados à economia, em que assentou o método pragmático fundante da união) ficarem comprometidos.

*

No domínio das *relações entre o ambiente e a economia*, está, naturalmente, implicado o funcionamento do "mercado único" europeu[197]. No entanto, em si, só aparece aí indiretamente, com a fixação de certas *prioridades programáticas*, essencialmente, no plano das normas técnicas e de controlo veterinário e fitossanitário.

Uma coisa é certa, a construção do *mercado interior* impôs a adoção de normas técnicas novas ou reforçadas, exigidas pela introduzida política de proteção do ambiente.

A ação da Comunidade, através dos seus programas, procura incidir em *áreas essenciais, sujeitas a contaminação, ou corrigir os estragos provocados*: a)-a *prevenção e a redução da contaminação* das águas;

b) a diminuição do *ruído*;
c) a *eliminação dos detritos e dos resíduos*;
d) a diminuição do impacto dos *produtos químicos* no meio ambiente;
e) a proteção da *natureza*;
f) a adoção do *princípio de compensação* segundo o qual "quem polui paga" e
g) a promoção da *investigação científica.*

Em geral, podemos dizer que os anteriores programas ambientais europeus, com destaque para o conteúdo ambicioso e de valor intemporal do quinto[198], apontaram sempre para que as instituições da União deem prioridade, a nível de tratamento comunitário, aos seguintes temas:

[197] Cuja lógica de "finalização", se processa por orientação congénita e depois explicitada no Ato Único Europeu, face ao Livro Branco da Comissão, adotado no Conselho de 28 e 29 de junho de 1985.

[198] No plano interno, a ação comunitário-unionista, no domínio do ambiente, há mais de 40 anos que se vem concretizando, através de programas plurianuais, mas sempre muito hipotecada nos seus avanços e recuos de concretização temporal pelas lógicas dos grandes potentados empresariais, que, primeiro, dificultam e depois, aceitam metas e prazos, que logo fazem dilatar, condimentar ou protelar. A importância do antigo quinto programa deve ser especialmente destacada. Começou a ser preparado no princípio dos anos noventa, no período em que o autor era deputado europeu na segunda metade da década de oitenta e, sobretudo, dominou a década de noventa, entrando em vigor em 1992 e vigorando até ao final de 2000. Apesar de, formalmente, ter sido substituído, ainda hoje merece leitura, pois muito do que aí se propõe mantém atualidade,

a) a gestão sustentável dos *recursos naturais* (isto é, solo, água, espaços naturais e zonas costeiras);
b) o *combate integrado* contra a contaminação;
c) a luta pela redução do volume de *resíduos*;
d) a diminuição do consumo de *energias não renováveis*;
e) a gestão mais eficaz dos transportes;
f) o aumento da qualidade do *meio urbano;* e
g) a melhoria da *saúde e segurança públicas* (com especial cuidado na avaliação e gestão dos *riscos industriais, na segurança nuclear e na proteção contra as radiações*).

O segundo elemento central da estratégia europeia passou pela eleição de sectores económicos fundamentais, tidos como condição "sin qua non" para se conseguir o desenvolvimento sustentável e em que a União tem de, prioritariamente fazer incidir a sua preocupação e regulação.

Cabe-lhe, neste plano, um *papel insubstituível.* Só a abordagem unionista pode constituir o meio mais eficaz para atingir os objetivos visados, seguindo-se assim a lógica natural do princípio da subsidiariedade. O tratamento pelos órgãos europeus é a forma mais eficiente de se poder atacar, globalmente, os problemas que esses sectores enfrentam.

De qualquer modo, a seleção e priorização destes sectores, a nível da UE, deve-se ao papel crucial que eles desempenharão no esforço para *transformar o atual modelo económico*, que não seja alheado das preocupações ambientalistas, num *modelo racional, sustentável*[199].

está por realizar em grande parte e merece ser recapitulado e atuado. O 7.º programa, designado de programa para o ambiente e a ação climática (LIFE), ocorreu de 2014 a 2020 (JOUE L 347/185, de 20.12.2013, Regulamento n.º 1293/2013, de 11.12.2013). O atual 8.º PAA, destacando seis objetivos importantes (emissões de gases, alterações climáticas, restituição de bens ambientais para a resiliência, eliminação de toda a poluição, biodiversidade e economia ambiental), a assentar no Pacto Ecológico Europeu, com revisão intercalar em 2024-2025, vigorará até 2030.

[199] Embora não se desconheçam as dificuldades que os sistemas de governo nos regimes democráticos atuais têm de defender os interesses gerais para favorecer os empresariais, em grande parte por estrem demasiados assentes nas lógicas e poderes das máquinas dos partidos, sendo facilmente capturáveis sem conseguir fugir às pressões, lógicas, ideologias e técnicas "corruptoras", mesmo que de índole soft (umas vezes com pagamentos de campanhas e imóveis, outras promessas de nomeações após término de funções e outras, ainda, com compensações em nomeações para lugares chaves de decisão., políticos e públicos em geral, de quadros empresariais).

1.6. Ideologia económica e política de compatibilidade ambiental

O tema do ambiente apela, em termos incontornáveis e cada vez mais fortemente, à ponderação dos governantes a todos os níveis territoriais no que toca às políticas de desenvolvimento económico no sentido de o promover em termos resilientes, ou seja, em economia ambientalmente compatível.

As *teorizações económicas em bases ideológicas liberais* do século XIX e neoliberais do último século têm assentado em pressupostos, como o da *gratuitidade dos elementos da natureza* ou da *equiparação do quantitativo ao qualitativo*. O que, independentemente de não serem exatos, em termos de aproximação à realidade, são inaceitáveis neste momento pelas suas consequências delapidadoras dos bens terrestres e destrutivas a prazo.

A *racionalidade clássica da teoria económica*, concebida, apenas, como *racionalidade de um "certo tipo de cálculo económico"*, é, hoje, constatada e percebida, claramente, como irracionalidade, face às suas contradições e aos limites revelados, ao considerar a economia como algo em si mesmo como algo de base inesgotável, fechada na definição autista da sua própria racionalidade, desprezando a interação com as *outras esferas da atividade humana* que se inscrevem no seio da *biosfera, a sociocultural e a natural*[200].

O *princípio do desenvolvimento resiliente para os bens da natureza, compatível com a natureza da Natureza, sustentável*, aparecera já, em 1972, formulado na *Declaração da Conferência da ONU de Estocolmo sobre o Ambiente Humano*[201] e, nos §1 e alínea 4.ª do §2 do título I do primeiro Programa de Ação das Comunidades Europeias em matéria do ambiente, de 22 de novembro de 1973.

Foi este programa europeu, primeiro no mundo, que veio avançar com a ideia da *ambientalização da economia*. Refere a necessidade de conciliar a

[200] PASSET, René – *L'économie et le vivant*. 1.ª Ed., Payot, 1972; 2.ª Ed. Economica, 1996; MARÉCHAL, Jean-Paul – *A economia, o emprego e o ambiente: o racional e o razoável*. Tradução de Ana Rabaça. Lisboa; I. Piaget, 1999, p. 10.

[201] Declaração que começa por proclamar que "O homem é ao mesmo tempo *criatura e criador do meio ambiente*, que lhe dá *sustento físico* e lhe oferece a *oportunidade de desenvolver-se intelectual, moral, social e espiritualmente*", sendo que "A longa e difícil evolução da raça humana no planeta levou-a a um estágio em que, com o rápido progresso da Ciência e da Tecnologia, conquistou o poder de transformar de inúmeras maneiras e em escala sem precedentes o meio ambiente", pelo que "Natural ou criado pelo homem, é o *meio ambiente essencial para o bem-estar e para gozo dos direitos humanos fundamentais, até mesmo o direito à própria vida*". Declaração que já impunha princípios fundamentais, como o princípio 2, segundo o qual "Os *recursos naturais da Terra, incluídos o ar, a água, o solo, a flora e a fauna e, especialmente, parcelas representativas dos ecossistemas naturais*, devem ser preservados em benefício das gerações atuais e futuras, mediante um cuidadoso planeamento e administração adequada".

expansão económica "– ao serviço do homem – com a necessidade, cada vez mais imperiosa, de preservar o meio ambiente", de "velar pela boa gestão dos recursos e do ambiente natural e do dever de evitar qualquer exploração desses elementos que cause perturbações importantes no equilíbrio ecológico". Tal declaração aprece mo seguimento da aprovação dos *princípios gerais de uma política do ambiente*, na Conferência de Bona dos Ministros dos Estados-membros com responsabilidades ambientais da, então designada, Comunidade Económica Europeia, de 31 de outubro de 1972, que se seguiu à Comunicação da Comissão ao Conselho de 24.3.1972 e depois da Declaração de Paris dos Chefes de Estado e de Governo, de 20.10.1972.

O *ambiente e a economia* têm vivido em tensão e até em antagonismo[202]. Com efeito, com o apoio dos poderes políticos, o mundo, *confundindo a qualidade de vida, o bem-estar, com o consumismo (e a produção sem limites nem regras regeneradoras), com a abundância de bens industriais e o desperdício*, desde há mais de um século, que tem vivido uma *"civilização" industrial*, geradora de efeitos ecologicamente depredadores. Aliás, socialmente injustos (porque beneficia essencialmente a crescente acumulação de riqueza, exponencial, de poucos, que capitalizam fortunas equiparáveis às dos Estados e o acesso a um "bem-estar" humano mal repartido, apenas de uma parcela de habitantes do mundo, sobretudo pessoas das classes alta e média alta), que se foi tornando, social e economicamente, insustentáveis no plano da vivência democrática e dos recursos mobilizáveis.

Hoje, é, desde logo, a *atividade agrícola* e a *contaminação dos solos e do ar*, a implicar uma grande preocupação, no plano da poluição dos elementos naturais, no do envenenamento dos alimentos e na destruição da vegetação fundamental para a saúde e medicamentos. Mas o *ambiente, o crescimento económico e o desenvolvimento social* começam a ser conceitos inseparáveis. Isto é, conciliáveis.

Neste aspeto, há que acabar com as *falsas dicotomias* do discurso político, que visam colocar a economia contra o ambiente[203] e que sugerem a sua inultrapassagem, com aniquilamento da perspetiva ambiental[204].

[202] Sobre ecologia e desenvolvimento, ver a síntese de Santos, António de Almeida – *Vivos ou Dinissauros?: Uma perspectiva ecológica*. Lisboa: Publicações Europa-América, 1994, p. 105 e segs.

[203] Para que chama a atenção, com citação de exemplos discursivos demagógicos, mas comuns, António de Almeida Santos, no seu livro *Vivos ou Dinossauros?*, como, v.g., a "fábrica polui, mas dá trabalho".

[204] Recorrendo a sugestivas formulações da questão, tais como "Que mais vale? Peixes vivos nos rios ou operários mortos em casa?": Santos, António de Almeida – *Vivos ou Dinossauros?: Uma Perspectiva Ecológica*. Lisboa: Publicações Europa-América, 1994, p. 147. A páginas 18, já

No plano das *relações entre a ideologia ínsita ao modelo vigente de economia e a defesa do meio e recursos ambientais que ela tende a exaurir e destruir*, começamos por referir que se constata que, só a partir da crise do petróleo, na década de setenta, se inicia o questionamento da vigente *teoria do crescimento ilimitado* e dos seus próprios *custos ambientais*. Aceita-se, pela primeira vez, que o *modelo instalado de crescimento consome parte do património físico e vivo do planeta*[205], porquanto à lógica do capitalismo não interessam elementos inapropriáveis, que ficaram à margem do sistema de enquadramento social[206].

Hoje, cresce a influência da *abordagem territorial sobre o desenvolvimento* e, simultaneamente, a incorporação nas políticas regionais e locais das preocupações com os efeitos dos processos de crescimento económico sobre o ambiente[207].

A problemática ambiental estende-se a todo um conjunto de atividades humanas e naturais, que *afetam, alteram ou colocam em perigo a existência de vida*.

Ela abrange todas as *formas de atividade económica, formas culturais de relações com a natureza, a demografia, a investigação e a ciência* relacionada com os processos anteriores. Não só a ideia de "*crescimento sem medida*", *sem limites, desregulações e incentivos a investimentos livres*, como, a nível mundial, a realidade

afirmara a ideia de que "a inconciabilidade" era "entre o modelo de desenvolvimento tecnocrático, economicista, monetarista e centrado na competição (...), e a necessidade de eliminar as múltiplas pressões que daí derivam para a Natureza". Mais adiante, a páginas 18, dirá que "se a natureza pudesse designar um Provedor Ecológico, aí o teríamos a vociferar contra um duplo modelo de crescimento: demográfico e económico", porque "ambos se conjungam no sentido de aumentar o consumo para que aumente a produção, para que aumente o emprego. Só que, a aprtir de certo nível de qualidade e quantidade, o consumidor é predador e o consumo predação". E, a páginas 25, "Limito-me a constatar que a actual racionalidade económica e demográfica funcionam ao arrepio das exigências indeclináveis de uma visão eco-social do Mundo e da vida".

[205] Ruesga, S. – "Reflexiones preliminares sobre la evaluación monetaria del medio ambiente", *Situación*, n.º 2, 1991, p. 157.

[206] Tamnes, Ramón – *Crítica dos Limites do Crescimento: Ecologia e Desenvolvimento*. Colecção Universidade Moderna, n.º 77. Lisboa: Publicações Dom Quixote, 1983.

[207] *Vide* Condesso, F. – *Ordenamento do Território: Administração e Políticas Públicas, Direito Administrativo e Desenvolvimento Regional*. ISCSP-Universidade Técnica de Lisboa, 2005; Condesso, F. – *El desarrollo armónico de la Península Ibérica: El problema de la ordenación territorial*. Barcelona: Erasmus Ediciones, 2010; Condesso, F. – Condesso, F.; Mora Aliseda, J. e São Pedro, B. (Dir.) – *Planeamiento y Pespectivas del Territorio*. Madrid. EMinisterio de Educación y Ciencia, 2010; União Europeia – *The EU Compendium of spacial planning systems and policies*. Luxemburgo: OPOC E, 1997; – *L'impact sur le dévelopment régional et l'aménagement de l'espace Communautaire des pays du Sud et de l'Est méditérranéen (PSEM)*; a Carta de Torremolinos, do Conselho da Europa, sobre Ordenamento do Território, de 1983
(http://www.nature.coe.int/freuch/main/amenagement/torremol.htm) e o Esquema Territorial Europeu (ETE/EDEC), publicado pelo OPOCE, 1999.

da expansão demográfica em proporção geométrica têm levado, neste caso por razões de sobrevivência, a um *crescente uso e destruição dos recursos naturais*.

Tudo isto, acompanhado do fenómeno da *urbanização generalizada*, amplia os *consumos de energia nas habitações e os derivados dos meios de transporte para deslocação quotidiana de pessoas e bens*. Assim, cria *danos, poluições e desequilíbrios*, traduzidos na *contaminação atmosférica, despejos e resíduos urbanos e industriais nos rios e no solo*, com a expulsão e a eliminação dos seres vivos e dos espaços naturais, e consequente ameaça à extinção das espécies e, a prazo, da vida na terra, tal como a conhecemos, independentemente da maior ou mentor cientificidade da teoria de "Gaia".

A *visibilidade fatual quotidiana e a difusão de estudos científicos* desencadearam, desde há as últimas décadas do século XX, após a revolução estudantil francesa de maio de 1968, preocupações ambientais ligadas à própria sobrevivência da "terra" a prazo. O que gerou o debate sobre as *políticas económicas ambientais e territoriais a construir*.

Põe-se, então, em questão o *desenvolvimento de tipo quantitativo*, num século em que a *produção industrial e o consumo de combustíveis*, até à viragem do século, aumentara trinta vezes e a *produção de bens* crescera, em geral, vinte vezes[208].

Os textos do *Clube de Roma*[209] e da *Conferência da ONU para o Ambiente*, realizada em Estocolmo em 1972, vieram trazer à colação a questão dos *limites ao crescimento*, na medida em que o desenvolvimento demográfico mundial e o *modelo de expansão económica ocidental exportado para todos os países*, em ordem à obtenção do mesmo nível de vida, significa a *destruição do planeta*, quer porque esgotaria e não geraria recursos necessários suficientes, quer porque geraria produtos poluentes não absorvíveis nem regeneráveis pela natureza.

Aí temos a *contaminação dos grandes rios, as explosões nucleares, o derrame de nafta, o smog devido ao ozono criado, ao nível do solo, por reação química*, envolvendo óxidos de azoto, compostos orgânicos voláteis e luz solar e, em geral, o *envenenamento da atmosfera urbana, a desaparição das florestas, a eliminação da camada de ozono* nas camadas superiores da atmosfera (deixando passar, cada vez mais, os raios ultravioletas), o *efeito de estufa*, etc.[210].

208 Paul Kennedy, citado por Méndez, Ricardo – *Geografía Económica*, p. 358.

209 Clube de Roma – *Os Limites do Crescimento*. Tradução de Jorge Correia da Cunha et alteri. Lisboa: Publicações Dom Quixote, 1973.

210 Cite-se o caso da cidade de Los Angeles (Garcia, Ricardo – "Los Angeles sem alertas de ozone". In *Público* de 5 de outubro de 1999, p. 24), nos EUA, onde o ano de 1999, devido às temperaturas moderadas do Verão, foi o primeiro em que, depois de 1976, não houve alerta devido ao perigo das concentrações de ozono troposférico. De resto, esta cidade tem vivido em ambiente de drama, desde que, em 26 de julho de 1943, uma nuvem irrespirável de poluição se abateu sobre

Acontece que o *crescimento económico*, por vezes chamado desenvolvimento económico assente no *índice de mera quantificação em PIB* (ou seja, em valores característicos da cultura norte-americana) realmente até só beneficiava até final do século XX, 10% da população mundial, proporção redutora que depois tem vindo a piorar exponencialmente. Mas já, então, os estudiosos afirmavam que cerca de um quinto tem um nível de consumo que rodava um dólar diário e que, aproximadamente, vinte milhões de crianças já morriam, anualmente, só no que dizia respeito à fome.

Tudo, no final do século anterior, em termos de um *ambiente de pobreza* que tem vindo a complicar o enquadramento de soluções ambientais[211].

Em termos de processos de crescimento económico, constata-se que todos os sectores económicos (embora em medida diversa, e em sentido não só negativo mas também positivo) implicam impactos sobre o seu ambiente (quer nos momentos de desenvolvimento das respetivas atividades, com as construções de edifícios e de infraestruturas, rotação de solos, etc., quer, posteriormente, com o abandono de instalações e de solos), que, em parte, criam externalidades que podem originar uma espiral de degradação ambiental.

Os tipos de pressões sobre o ambiente derivados da evolução económica, num território, são, fundamentalmente, cinco[212].

As pressões ligadas à *extração de recursos naturais* (usados no processo produtivo), modificação do *uso e aproveitamento do solo* em ordem a aumentar a rentabilidade (com tendência para a concentração da atividade económica e a saturação da capacidade de carga do solo), pressões ligadas à produção de *resíduos de substâncias e energia* (ultrapassando a capacidade de armazenamento, decomposição e reciclagem do e pelo meio aéreo, terrestre e aquático), e os *riscos tecnológicos* (expressos em incêndios, fugas de substâncias perigosas, explosões, etc.).

o casario e, em 1955, se atingiu a concentração máxima de 0,68 partes por milhão, mais de cinco vezes o atual limite legal, passando pela criação, no ano de 1947, do "Los Angeles Air Pollution Control District" e, em 1952, a descoberta por Arie J. Haagen-Smit da génese dos danos. De qualquer modo, Felicia Marcus, administradora regional da Agência de Proteção Ambiental dos Estados Unidos, afirma ainda que "respirar em Los Angeles é um dos maiores problemas de saúde desta região".

[211] Weizsäcker – *Politica de la Terra*. Madrid, 1993. Desde logo na *temática da desflorestação e deterioração dos solos e poluição*. Com efeito, na altura, o nível de vida desses 10% implicava já, então, uma perda anual de 3.153.600.000 de toneladas de terra submergida e deslocada, a expulsão para a atmosfera de um número semelhante de toneladas de gases com efeito de estufa, a perda de 9.460.800.000 metros, quadrados de floresta (área superior ao território conjunto da Áustria e Suíça), entre 3.650 a 18.250 espécies de plantas e animais.

[212] Méndez, Ricardo – *Geografía Económica*. Madrid: Catedra, 1967, pág. 335.

Estas pressões sobre o ambiente alteram as condições do ambiente físico e social. Com efeito, o ambiente físico degrada-se com ruturas do equilíbrio ecológico, o esgotamento ou a escassez e encarecimento dos recursos e as mudanças de composição físico-química do ar, água e solo, por fenómenos de contaminação.

O *ambiente social* sofre com alterações paisagísticas, destruição do património cultural, congestionamento do trânsito e das infraestruturas, deterioração da saúde, etc..

Para responder a esta degradação, que se vai generalizando e potenciando, são necessárias opções políticas, com objetivos de proteção, prevenção, correção e incentivo.

É necessário preservar ou proteger, designadamente, através da *delimitação de áreas naturais* e condicionando ou interditando certas atuações humanas, não só construtivas para habitação ou atividades económicas, como mesmo de recreio, quando incomportáveis para a preservação ambiental.

É o caso do *turismo de massas ou do uso de viaturas*[213], a combustível fóssil, sobretudo das ultrapoluentes camionetas de transportes públicos, etc..

Há que prevenir, v.g. com *estudos de impacto ambiental, planeamento do ordenamento do território* (em geral ou especificamente ambiental).

Há que incentivar, promovendo e subsidiando comportamentos que viabilizem alternativas de crescimento económico e social diferentes, v.g. a *investigação ambiental*, o *ecoturismo*, a *eco-agricultura*, as *indústrias verdes*, a poupança e uso de novas energias e meios de transporte, etc..

Há que corrigir, utilizando *auditorias ambientais, programas de reabilitação.*

Há que dissuadir, criando *normas circunscritivas,* de interdição e limitação de emissões e de ruídos, *normas indemnizatórias,* e um *direito sancionatório,* complementado com *obrigações de reconstituição* das situações anteriores, de modo adequado aos objetivos ambientais em causa.

Acontece que a concretização de medidas reorientadoras das políticas tradicionais de desenvolvimento não tem sido um tema pacífico. Revelam-se grandes e preocupantes discordâncias entre a comunidade científica, apesar de aparecer, cada vez mais, como inultrapassável, a necessidade da consideração conjunta dos problemas económicos, ambientais e territoriais. Sobre a questão têm teorizado vários autores[214].

[213] Matéria a que, pela sua importância e atualidade, dedicaremos atenção autónoma, a propósito do ambiente urbano, embora a sua problemática o ultrapasse.

[214] Teorização de que nos dá conta uma ampla bibliografia, com destaque para Daly, H. E. – *Economics, ecology and ethics: essays towards a steady.state economy,* San Franscisco: Freeman, 1980; Altvater, E. – "Der Preis des Wohlstands oder Umweltplünderg und neue Welt(un)ordnung",

Em geral, a discussão veio-se centrando na questão da diferença entre *crescimento* e *desenvolvimento sustentável.*

A polémica nasce, logo, a partir dos objetivos apontados no *Relatório Brundtland*, que, acreditando no *avanço da tecnologia* para reduzir as externalidades negativas, aponta para um aumento do PIB mundial 5 a 10 vezes até meados do próximo século, em ordem a eliminar a pobreza (período, em que se considera que a população irá duplicar).

A alternativa seria, então, um crescimento inferior a esta taxa anual média mínima de 5%, com o reforço das políticas redistributivas, sem o que se manteriam lógicas depredadoras e desequilíbrios permanentes.

Tudo está em compatibilizar dois objetivos, aparentemente, inconciliáveis: o crescimento e a conservação da natureza, se tivermos presente que todo o crescimento da economia e progresso do homem parece estar ligado à degradação do ambiente e à delapidação dos recursos naturais[215].

*

O *conceito de desenvolvimento sustentável* (terminologia precedida de perto pela expressão *ecodesenvolvimento,* que não mereceu a mesma adesão generalizada) é um conceito muito mais amplo do que o de proteção ambiental, dado que tem dimensões económicas e sociais e engloba noções de equidade entre povos e gerações.

O conceito, definido pela Comissão Mundial sobre o Ambiente e Desenvolvimento, tem sido reportado como o desenvolvimento que "responde às necessidades do presente sem comprometer a capacidade das gerações futuras para satisfazer as suas próprias necessidades". Ele envolve uma *noção de durabilidade.*

Mas o conceito é mais amplo, incluindo uma conotação política, relativa ao que pode ser sustentado, enquanto conteúdo de uma ação. E aqui, este conceito, cujo mérito em termos genéricos, se não contesta, e que está em salvar a continuação do desenvolvimento, embora controlado e por vezes sacrificado, acaba por, num ou noutro plano, aparecer como insuficiente, v.g. o das cedências aos agentes económicos, no campo da produção alimentar, permitindo a exposição das pessoas a todos os tipos de perigos, e até de

Verlag Wesfilisches Dampfboot, Münster, 1992; Costa, M. Monteiro da – "Globalización, desarrollo sustentable y desarrollo económico". *REURE*, Santiago do Chile, n.º 65, p. 81-99; Naredo J. M. e Parra F., (eds.) – "Hacia una Ciência de los recursos naturales", *Siglo XXI*, Madrid, 1993.

[215] Sobre este debate, ver, v.g. Goldblatt, D. – *Teoria Social e Ambiente.* Lisboa: I. Piaget, 1998, p. 35 e ss.

nocividades (hoje, claramente comprovadas pela ecotoxicologia, medicina ambiental), para a saúde, devidos aos produtos da agricultura e da indústria alimentar[216].

De entre as medidas adotáveis, há que destacar a *avaliação do impacto ambiental*, os mecanismos de *consulta e de participação dos cidadãos*, as relações de parceria entre os municípios e outras entidades, a orçamentação para o ambiente, os sistemas de gestão ambiental, as atividades interdisciplinares, o ensino e a formação e a valorização profissional.

Há, também, os instrumentos destinados a adaptar os mecanismos de mercado e os preços às orientações da sustentabilidade, nomeadamente os impostos, taxas e contribuições em matéria de ambiente; as estruturas de fixação dos preços e de regulamentos das empresas; a avaliação dos investimentos; a integração das preocupações ambientais na elaboração dos orçamentos e a adoção de critérios ambientais nas aquisições e no lançamento de concursos.

Tudo visto, no plano da relação do ambiente com a economia, deparamos com todo um conjunto de problemas eco-agressivos, ocasionados pelo desenvolvimento económico.

[216] Déoux, Suzanne e Pierre – *Ecologia é a Saúde*. Lisboa: I. Piaget, 1996; Musarella e Jacquemart – *Alimentação, Poluição e Habitar: Vencer as doenças do nosso meio ambiente*. Lisboa: I. Piaget, 1996; Massol, Michel – *A Nutriprevenção: O alimento e o prato de Saúde*. Lisboa: I. Piaget, 1999. Esta investigação no âmbito das questões de saúde há muito que pôs em causa a teoria da origem não alimentar do cancro e a ideia do milagre esperado da vacinação ou a ideia simplista de predisposição congénita, que existirá mas que muitas vezes traduz intoxicações acumuladas em anos de vida ou em gerações. Por exemplo, os bolores, quaisquer que sejam (aliás não é verdade que alguns servem para fazer anti..., antibióticos?, o que exigiria que fossem usados só em situações-limite, em que o benefício salvífico imediato é mais importante que o malefício tendencialmente danoso a prazo), contam-se entre os piores tóxicos cancerígenos, e no entanto, eles são comidos nos frutos secos, desde figos colhidos excessivamente maduros, às vezes até do chão, pistachos; ou azeitonas (que ganharam bolor em meios líquidos, mesmo que este tenha sido limpo), sumos de frutos, onde juntamente com unidades sãs também são transformadas frutas tocadas, apodrecidas, mesmo que parcialmente, uma vez que a substância perigosa (que não sai nem com o sol nem com a temperatura), pode existir na parte do fruto que não parece viciada, e que quer à mesa quer na transformação deveria ser totalmente rejeitada. Os exemplos poderiam multiplicar-se, desde logo, o uso dos generalizados nitratos químicos, que se constatam nos bens agrícolas e nas águas devido à contaminação dos solos e que, uma vez no organismo se transformam em nitritos, os quais, por sua vez, combinados com as aminas originadas pelo metabolismo da carne, se podem transformar em nitrosamina, que é um produto altamente cancerígeno, que vai iniciar as células, as quais, apesar das defesas orgânicas do indivíduo, uma vez bloquedas estas, cansado o organismo de tanta luta, se começam a reproduzir incontroladamente (Rylander R. – "Toxicologia". In *Introdução à medicina do ambiente*. Direcção de Ragnar Rylander e Isabelle Mégevand. Colecção Medicina e Saúde. Tradução de Nogueira Gil. Lisboa: I Piaget, 1995, p. 36).

Na verdade, a atividade económica utiliza os materiais da natureza, lançando, depois, nesta, os desperdícios daí derivados.

A *economia do "meio ambiente"* descreve as modalidades de gestão dos despejos, poluições ou nocividades derivadas da atividade económica.

A *economia dos recursos naturais* trata dos princípios que enformam a extração dos recursos e que estão na base dos bens transformados.

As *regulações globais da biosfera*, com a problemática das primeiras poluições deste tipo (a diminuição da *camada de ozono estratosférico* ou o aumento do *efeito de estufa*), começaram a ser postas em causa com os danos ao ambiente que entraram na ordem do dia, a partir da década de oitenta, agudizando o debate sobre as relações da economia com o ambiente.

O risco do esgotamento dos recursos naturais e o agravamento dos danos sofridos pelo ambiente revelam, em toda a sua amplitude, a questão da difícil relação entre a economia, o ambiente e os recursos naturais, ultrapassando a reflexão sobre puras regras de boa gestão dos recursos (esgotáveis ou não), obrigando a situar o debate em termos de relacionamento entre recursos e desenvolvimento[217].

Podemos classificar as conceções referentes às relações em causa em grandes teorias, em função da intensidade ou domínio da dinâmica económica ou das exigências ambientalistas.

Em geral, são quatro essas macroconceções. Assim, temos as *teorias utilitarista, preservacionista, estacionária* e a do *desenvolvimento autosustentável.*

A *teoria preservacionista*, com expressão na "deep ecology" (tese biocentrada) e na *teoria de Gaia* (tese geocentrada), assenta na ideia extrema da atribuição de todos os direitos à natureza, isto é, da não utilização da biosfera (primado à natureza; abordagem naturicista; preservação integral, salvo em situações de urgência). A *teoria utilitarista*, própria da economia clássica, não atribui quaisquer direitos à natureza. Mas todos os direitos ao homem, que se considera livre para explorar os recursos e usar o ambiente. A *teoria estacionária*, que propõe um crescimento zero, assenta no primado da termodinâmica, na ideia de estado estacionário[218].

A *teoria do desenvolvimento sustentável* baseia-se na ideia da necessidade inultrapassável de equilibrar o crescimento económico e a preservação dos recursos, procurando enquadrar os problemas da multidimensionalidade,

[217] Em geral sobre o tema, pode ver-se, v.g., FAUCHEUX, Sylvie e NOËL, Jean-François – *Economia dos Recursos Naturais e do Meio Ambiente.* Lisboa: I. Piaget, 1997, sobretudo a segunda parte, p. 109-213; GORZ, A. – *Ecology as Politics.* Londres: Pluto, 1980.

[218] Relatório do Clube de Roma, de 1972; *stead state teory*, Escola de Londres.

irreversibilidade, precaução em face da incerteza e equidade intra e intergeracional[219].

A *tese "neomalthusiana" do crescimento zero* é elaborada pelo Clube de Roma, nos anos setenta, tendo-se-lhe seguido o princípio do desenvolvimento autossustentado, nos anos oitenta, o qual, hoje, hegemoniza o discurso dos responsáveis políticos (embora com um entendimento que não mereceu o acolhimento das ONGA, reunidas na Cimeira da Terra, no Rio, em 1992).

A proposta de *crescimento zero* defende o estacionamento do crescimento, um stock constante de capital físico e humano, com o equilíbrio entre população e recursos, entre nascimentos e mortalidade, produção e consumo, e a melhoria da distribuição da riqueza, a nível social e territorial (riqueza, tecnologia, cultura, etc.)[220].

Esta tese tem sido considerada de execução inviável (desde logo, pelos altos níveis de intervencionismo público implicados, pela incapacidade de controlo económico e demográfico necessária e pela condenação das zonas desfavorecidas a uma estabilização socialmente injusta e explosiva).

A *teoria do desenvolvimento sustentável* é conceptualizada pela primeira vez no Relatório Brundtland, de 1986 ("Our Common Future"), o qual propõe um crescimento em que se compatibilize a transformação produtiva, a equidade e a sustentabilidade ambiental.

Alguns destes problemas ambientais são globais, impondo o seu tratamento a nível internacional.

Referimo-nos às *alterações climáticas associadas ao aumento da proporção de dióxido de carbono na baixa troposfera, devido ao efeito de estufa, pelo excessivo consumo de combustíveis fósseis, em atividades industriais, aquecimento de edifícios, veículos*, etc., a redução do *filtro protetor dos raios ultravioletas*, dada a criação e expansão do buraco de ozono, sobre as calotes polares associadas à emissão de clorofluocarbonetos, utilizados em processos e artigos industriais, a *degradação da qualidade das águas superficiais e friáticas, do ar, do solo e subsolo, com alteração dos ciclos hidrológicos, provocação de chuvas ácidas* destruidoras da vegetação, etc., devido à contaminação criada com derramamentos e emissões de atividades agrícolas, mineiras e industriais, a perda da *biodiversidade* e, em geral, a destruição dos recursos naturais, abusivamente explorados, com *desflorestação, desertificação e erosão dos solos.*

219 FAUCHEUX, Sylvie e NÖEL, Jean-François – *Economia dos Recursos Naturais e do Meio Ambiente.* Colecção Economia e Política. Lisboa: Instituto Piaget. Tradução de Omar Matias. 1997, p. 285 e segs.

220 PUYOL, R. – "Población y Recursos. El incerto futuro". *Pirâmide,* Madrid, 1984.

Por dia, no final do século XX, perdiam-se já 100 espécies vivas.

Anualmente, no mundo e no virar do século, já se eliminavam dezassete milhões de hectares de *florestas tropicais* e desaparecem quatro hectares de terras de cultivo.

Além disso, como vimos, temos o crescimento exponencial da população, que, desde o início do século XX, se multiplicou por 3 e deve atingir, no século XXI, 2 a 5 vezes mais, em relação aos números atuais.

Só um "desenvolvimento autossustentável" pode dar resposta aos problemas, sem destruir os progressos económicos e sem necessidade da adoção da teoria do crescimento zero do PNB. Mas isto aponta para um papel importante dos economistas e homens de negócios neste processo.

De facto, não é possível elaborar uma verdadeira política de ambiente e desenvolvimento, sem influenciar toda a atividade económica. Ora, se continuamos a precisar de empresas geradoras de riqueza e as normas ambientais clássicas não resolvem o problema, a solução exige novos meios de ação.

Há, desde logo, *três ordens de fatores operativos*, a considerar, desde os instrumentos económicos e financeiros que ponham o mercado a funcionar a favor, e não contra, o ambiente e a equidade social e a reformulação dos objetivos e métodos das empresas, com uma aposta na qualidade a todos os níveis até ao repensar dos limites éticos dos agentes da economia.

Existem *instrumentos económicos* que servem a tripla função de garantir um desenvolvimento equilibrado, promover a qualidade de vida e proteger a qualidade do ambiente e dos recursos.

Entre eles, para além da procura e difusão de novas conceções de desenvolvimento económico[221], importa destacar:

a) o uso de *taxas ou outros mecanismos de internalização nos custos de produção de todos os fatores ambientais*, utilizados ou afetados (ar, água, solo, energia, emissões, minérios, entre outros), traduzindo a aplicação do princípio do utilizador do ambiente-pagador;
b) a *aplicação diferencial de instrumentos fiscais*, não só em função do enriquecimento à custa de bens de todos, como em função do *desempenho ambiental*[222];

[221] Para uma síntese, v.g., Delannoy, Isabelle – *L'Économie Symbiotique: Régénérer la Planète, L'Économie et la Société*. Préface de Dominique Bourg.Babel, 2016.

[222] Por exemplo, a taxa automóvel sobre as emissões poluentes em vez da cilindrada.

c) promoção estimuladora de *reutilizações e regenerações* de bens transacionáveis, castigando fiscalmente o "descartável";
d) a emissão de *autorizações negociáveis de utilização de recursos naturais*, com base num limiar aceitável de exploração desses recursos;
d) a consideração do *ciclo completo de produção* e suas consequências, na análise de uma atividade económica[223];
e) a promoção cuidada e criteriosa dos "*produtos verdes*" (não só em si, biológicos, mas tendo em conta todo o processo produtivo);
f) as exigências regulamentares e incentivos que garantam o uso sistemático da "*melhor tecnologia disponível*";
g) a correção de distorções nas contas nacionais, no sentido de *incorporar os prejuízos ambientais*;
h) a avaliação real de todos os *impactos ambientais* por parte de projetos, planos e políticas;
i) os *seguros de responsabilidade civil* por danos causados ao ambiente; e
j) a utilização das verbas recolhidas com os mecanismos financeiros, apenas para investimentos na reparação, regeneração e proteção do ambiente, incluindo investigação científica.

O *desenvolvimento temporalmente sustentável* aponta para um modelo de desenvolvimento económico que seja tido como adequado à satisfação das necessidades do presente, sem comprometer a capacidade de as gerações futuras poderem vir a satisfazer as suas próprias necessidades. Ou seja, um desenvolvimento dentro dos limites ambientais conhecidos, num dado momento, e tido como capaz de preservar o equilíbrio geral e o valor do meio e dos recursos naturais mundiais, assegurando a sua repartição e uso equilibrado.

A *política do ambiente* tem um carácter, marcadamente horizontal, pelo que as preocupações, no domínio da conservação da natureza, devem estar presentes, quando se tomam decisões no âmbito de outras políticas sectoriais. Daqui decorre que *os critérios de decisão não podem ser de ordem estritamente económica*, sem prejuízo de, em situações excecionais, poderem não ser de ordem exclusivamente ambientalista.

O *primado da integração* das diversas políticas aponta para a justa composição dos vários interesses em jogo e não para a sobrevalorização de um qualquer deles em detrimento dos outros, num jogo de necessária conciliação

[223] Abordagem "do berço à cova", ou seja, desde a origem das matérias-primas até ao destino final dos resíduos e sub-produtos.

do desenvolvimento económico, nem sempre sinónimo de puro crescimento, e conservação da natureza[224].

Quer a *perspetiva do desenvolvimento sustentável*, quer muitos dos problemas ambientais têm, por vezes, aparecido como teses, que são verdadeiramente doutrinais, porque assentes em razões e de consequências "incomprovadas", que servem à ação militante e política.

Embora se deva reconhecer que muitas afirmações dos ambientalistas têm vindo, com o tempo e a evolução científica e tecnológica, a revelar-se preocupações pertinentes, isto não significa que, perante uma problemática, cada vez mais sensível às opiniões públicas, esta temática não possa servir, com mais ou menos razão para enformar abordagens doutrinais, social e politicamente mobilizadoras.

No que diz respeito, especificamente, à problemática do relacionamento do ambiente com a segurança, já referida, que desenvolveremos mais abaixo.

Estamos, aqui, perante os domínios alheios à ciência natural, mas que, como pensamento e doutrinas sobre o tema, também influenciam, a montante, em termos mais ou menos racionais, mais ou menos indemonstrados, as políticas ambientais[225]. São os domínios da "*metafísica*", isto é, da filosofia sobre a problemática ambiental e ecológica, o ecologismo[226], a *ecosofia*), ou da ideologia, do ambientalismo, da *eco-ideologia*, ou seja, da ideologia *ecossistémica* (aplicação prática do ecossistemismo[227], ou *teoria dos sistemas*, aplicada à ecologia. Que, como qualquer ideologia, se afirma para a ação política, como doutrina política, aprioristicamente, mas que neste campo, frequentemente

[224] Sobre os *princípios da economia ecológica*, pode ver-se, v.g., PILLET, Gouzague – *Economia Ecológica: Introdução à Economia do Ambiente e Recursos Naturais*. Lisboa: I. Piaget, 1997, p. 201 e segs.; SILVIA, Jorge Vieira – *A Ecologia e o Desenvolvimento Agrícola*. Lisboa: Editorial Escol, 1985, p. 11-41; DAHL, LYON, Arthur – *O Princípio Ecológico: Ecologia e Economia em Simbiose*. Lisboa: I. Piaget, 1999, p. 111-153; ARAGÓN CORREA, J. A. – *Empresa y Medio Ambiente: Gestión estratégica de las oportunidades medioambientales*. Granada: Camares, 1998; VVAA – *As Empresas e o Ambiente: implicações do novo ambientalismo*. SMITH, D. (Dir). Tradução Paulo Mendes. Lisboa: I. Piaget, 1997; MARÉCHAL, Jean--Paul – *A economia, o Emprego e o Ambiente: o Racional e o Razoável*. Lisboa: I. Piaget, 1999; BACKER, Paul de – *O Management Verde*. Lisboa: I. Piaget, 1999.

[225] *Vide*, v.g., LARRÈRE, C. e R. – *Do Bom Uso da Natureza: Para uma filosofia do meio ambiente*. Lisboa: I. Piaget, 2000; ALPHANDERY, P. et alteri – *O equívoco ecológico*. Lisboa: I. Piaget, 1993; BARTOU, H. – *A Economia ao Serviço da Vida: Crise do Capitalismo: Uma Política de Civilização*. Lisboa: I. Piaget, 1999.

[226] SIMMONET Dominique – *L'écologisme*. Que sais-je?, n.º 1784. 2.ª Ed., Paris: PUF, 1979, 1982.

[227] Numa perspetiva crítica, ver v.g. FAIVRET, J. P. ; MISSIKA, J. L. e WOLTON, D. – *L'Illusion écologique*. Paris: Seuil 1980.

tem recebido a posteriori, em muitos aspetos, confirmação por parte dos ecólogos)[228].

*

Como preparação para a Cimeira do Ambiente, no Rio de Janeiro, a ONU promoveu a elaboração de um Relatório, como base atualizada de debate ambiental, a que se deu o título "Resilient People, Resilient Planet: A Future Worth Choosing". Partindo de certas constatações consensuais, apresenta um significativo conjunto de recomendações.

Com é referido, devido aos problemas existentes e ao facto do planeta sofrer um ataque sem precedentes no plano ambiental, é urgente tomar medidas para seguir os *princípios da agenda do desenvolvimento sustentável*, indo na linha das ideias essenciais ligadas à aspiração mundial de se ganhar o desenvolvimento sustentável.

Nesta orientação, impõe-se uma forte intervenção pública, alheada das falaciosas ideologias ultraliberais propiciadoras de todos os ataques ao ambiente e falta de ética nos investimentos e vida empresarial, embora, para se poder conseguir este desenvolvimento sustentável, tenha que se ter em conta a diversidade de circunstâncias nacionais e de desafios sociais, económicos e ambientais, pelo que é necessário criar um processo capaz de levar à aplicação do conceito de equidade em relação com o desenvolvimento sustentável e, consequentemente. A desigualdade entre os ricos e os pobres caracteriza também o "ambiente humano" (entre humanos), que é cada vez maior. Em muitos países, levantam-se protestos que refletem aspirações universais a um mundo, não só mais próspero, como *mais justo e mais sustentável*.

O "nosso futuro comum" depende, não apenas das opções quotidianas das pessoas e das empresas, mas também da correta ação dos governos, quer na sua atividade própria, quer sobretudo na necessária regulação das opções dos particulares, afastando as teorias da economia ultraliberal.

É urgente que os Estados intervenham fortemente na economia, em novas formas de desenvolvimento económico, e, em geral, proceder à integração dos princípios do desenvolvimento sustentável nas distintas políticas económicas, quer diretamente para a defesa do ambiente quer para inverter os processos que têm conduzido à desigualdade crescente entre países e pessoas

[228] Como refere José Adelino Maltez, a ideologia, "apenas manobra com elementos apriorísticos, subjetivos e arbitrários" (Maltez, José Adelino – *Princípios de Ciência Política: O Problema do Direito*. Lisboa: Universidade Técnica de Lisboa, ISCSP, 1998, pág. 378).

ricos e pobres. Para isso, são dirigidas muitas recomendações à governança institucional. Exige-se, pois, o fim destas últimas décadas de aplicação das teorizações ditas neoclássicas.

Pelo contrário, impõe-se um forte intervencionismo público, estatal e interestatal, para levar avante uma verdadeira ação pública mundial, de molde que os mercados, personas e empresas, e os próprios governos escolham e imponham opções sustentáveis. Impõe-se a integração das dimensiones económica, social e ambiental do desenvolvimento para conseguir a sustentabilidade, que, apesar de definida claramente há um quarto de século, está muito longe de ter sido levada a sério, face à defesa das teses liberais do Estado mínimo e uma economia de livre mercado.

Os nossos governantes, se devem representar os interesses dos cidadãos, não podem permitir que sejamos "vítimas passivas e indefesas, nem das forças impessoais e deterministas da história", nem dos meros interesses egoístas do capitalismo cada vez mais selvagem, que tem feito caminho nas nossas sociedades.

O Relatório defende a transformação da economia mundial, questionando naturalmente o desempenho da atual governança económica mundial, exigindo reformas fundamentais. Há que orientar, de maneira decisiva, as economias para um "crescimento verde, não só no sistema financeiro, mas na economia real".

São necessárias políticas em muitas áreas e com objetivos fundamentais, podendo destacar-se a incorporação dos custos sociais e ambientais na regulação e no estabelecimento dos preços dos bens e serviços; o impedimento em geral dos falhanços conaturais às lógicas do mercado; a criação de incentivos que vão valorizando o desenvolvimento sustentável a longo prazo nas transações de investimentos e financeiras, o aumento do financiamento para o desenvolvimento sustentável (incluindo financiamento público e privado) a promoção das associações para que movimentem grandes volumes de fundos novos e a alteração do modo de medir os progressos para o desenvolvimento dos países, criando um índice ou um conjunto de indicadores de desenvolvimento sustentável.

Tudo isto exige, novamente, o fortalecimento da Política, da governança institucional, construindo um marco eficaz de instituições e de processos de tomada de decisões a nível local, nacional, regional e mundial.

Com efeito, são necessárias várias modificações, desde a superação do legado de instituições fragmentadas (estabelecidas à volta de uma só matéria), assim como dos défices de liderança e de margem mínima de atuação política, da falta de flexibilidade para a adaptação a novos tipos de problemas e de crises, a ultrapassagem da frequente falha para antecipar desafios e oportunidades e formular planos de resposta (desprezo da formulação de políticas, sua supervisão e execução na prática) e da melhoraria da governança (coerência, transparência, informação) e da prestação de contas para o desenvolvimento sustentável. a nível nacional e mundial. As áreas prioritárias de ação têm de integrar quer o aumento da coerência a nível infranacional, nacional e internacional, quer a criação de um conjunto de objetivos mundiais de desenvolvimento sustentável e o estabelecimento de relatórios periódicos de perspetivação do desenvolvimento sustentável, reunindo informação e avaliações dispersas entre instituições e análises de maneira integrada e a contração de um novo compromisso revitalizador e reformador do enquadramento institucional internacional, incluindo a possibilidade de criar um conselho mundial para o desenvolvimento sustentável".

Nesta linha de pressupostos e exigências, o Relatório da ONU faz, no âmbito da economia, um conjunto importante de recomendações para una economia sustentável. Destacaria o estabelecimento pelos Estados de sinais nos custos dos bens de modo a valorizar a sustentabilidade guiando as decisões individuais e empresariais sobre o consumo e o investimento das famílias, empresas e setor público (mecanismos de atribuição pública de preços aos recursos naturais e às externalidades, incluindo preços ao carbono, mediante mecanismos fiscais, regulatórios ou sistemas de mercado de direitos de emissão). Além disso, recomenda-se a elaboração de políticas que reflitam os benefícios positivos de incluir as pessoas de menores rendimentos mediante a plena participação na economia e a sua contribuição que lhe podem dar. Em causa, também, a apresentação de contas dos custos económicos, ambientais e sociais em geral e reformas dos sistemas fiscais e creditícios nacionais, (incentivos a longo prazo para práticas sustentáveis), assim como o desincentivar de comportamentos não sustentáveis, elaboração e ampliação dos planos nacionais e internacionais de pagamento por serviços dos ecossistemas, (uso da água, agricultura, pesca, silvicultura), a oposição a sinais nos preços que levem a decisões de consumo e a investimentos errados que agridam os valores da sustentabilidade; a divulgação transparente de todos os subsídios e a identificação e eliminação dos subsídios que causem perdas de recursos naturais, ambientais e sociais; a eliminação gradual dos subsídios aos combustíveis fósseis.

Em geral, a redução de quaisquer subsídios perversos ou que distorçam o comércio (protegendo os setores empobrecidos e facilitando a transição para os grupos afetados nos casos de produtos ou serviços essenciais). Exige-se, especialmente, dos Estado, quer a regulação da produção e da extração dos seus recursos para apoiar a transição para una economia global sustentável; apoio às empresas para adotarem e incorporarem amplamente os princípios de sustentabilidade de acordo com os compromissos internacionais; a promoção e incentivo para a inclusão de critérios sobre desenvolvimento sustentável, a longo prazo, nos investimentos e transações das empresas (designadamente, transações financeiras) e a imposição aos grupos empresariais para agirem juntamente com os Estados e organismos internacionais para a elaboração de um enquadramento de contabilidade e apresentação de relatórios sobre o desenvolvimento sustentável (relatórios obrigatórios para as empresas com uma capitalização nos mercados superior a 100 milhões de dólares). As empresas devem alinhar as suas práticas empresariais com os princípios universalmente aceites relativos aos direitos humanos, aos direitos laborais, à sustentabilidade ambiental e à luta contra a corrupção, como os que figuram no Pacto Mundial.

Tendo em conta a importância dos grandes fundos de capital privado e soberano para possibilitar a transição para o desenvolvimento sustentável, o Relatório apela, entre outras coisas, a várias entidades para que explorem uma série de medidas para aplicar critérios de desenvolvimento sustentável. Estas medidas dirigem-se, desde logo, aos governos para fazerem investimentos públicos, que criem ambientes propícios para catalisar um financiamento adicional substancial de parte do sector privado (por exemplo, mediante infraestruturas, participação nos riscos, financiamento para cobrir os défices de viabilidade o os compromissos antecipados de compra) e para procurarem incentivar os investimentos no desenvolvimento sustentável, conformando os cálculos dos investimentos no futuro, em particular, mediante um maior uso de mecanismos de participação nos riscos e o aumento da certeza sobre o ambiente jurídico e normativo a longo prazo (as medidas poderiam incluir metas para as energias renováveis ou a conservação, a redução de resíduos, a conservação de água, o acesso aos mercados de carbono mediante o mecanismo para um desenvolvimento limpo do Protocolo de Kyoto, ou perspetivas sustentáveis para o financiamento público). E dirigem-se aos órgãos diretivos desses grandes fundos soberanos de investimento e dos fundos públicos nacionais e internacionais de pensões, e a outras grandes instituições financeiras, nas suas decisões sobre investimentos e aos governos, às instituições internacionais e aos bancos internacionais de desenvolvimento para aumentar os seus esforços para se promover o desenvolvimento sustentável e se avaliar e vigiar adequadamente as consequências das suas políticas nos planos sociais e ambientais.

Assim como se impõe que os governos, as instituições financeiras internacionais e as grandes empresas trabalhem juntas, para criarem incentivos para aumentar os investimentos em tecnologias, inovações e infraestruturas sustentáveis, inclusive mediante a adoção de políticas e metas que reduzam a incerteza dos investidores, a promoção de redes entre o sector público e privado em ordem ao apoio à investigação e ao desenvolvimento, à elaboração de planos de garantia frente aos riscos e aportação de capital de risco e financiamento inicial. E aos governos juntamente com o sector financeiro para criarem associações inovadoras para apoiar o desenvolvimento de capacidades e um maior acesso ao capital como meio para incentivar a as pequenas e medianas empresas e permitir-lhes que tomem parte numa "nova" economia sustentável.

Em especial, importa que os mercados bolsistas facilitem a sua aplicação nas análises das empresas e nos seus relatórios sobre o cumprimento das obrigações e que os governos ou reguladores bolsistas adotem ou revejam os regulamentos para fomentar o seu uso; elaborem incentivos e criem um ambiente propício, fazendo que os órgãos diretivos lhes prestem atenção (obrigação fiduciária).

No caso dos bancos de desenvolvimento multilaterais e regionais de desenvolvimento e os organismos de crédito à exportação importa aplicarem critérios de desenvolvimento sustentável quando consideram os riscos por país. Elas dirigem-se também aos governos e às agências de qualificação creditícia, para que as integrem nas suas avaliações dos riscos, aos governos e às empresas para criar associações estratégicas entre as comunidades locais, para realizarem investimentos de desenvolvimento sustentável.

A fim de medir os progressos na consecução do desenvolvimento sustentável, há que elaborar um índice técnico consensualizado do conjunto de indicadores de desenvolvimento sustentável. Tal deve proceder de um grupo que inclua representantes de académicos de áreas ecológicas, de Estados, dos interesses económicos e dos meios ambientalistas. Não deixarei de referir algumas recomendações que se devem reputar importantes para fortalecer a governança institucional e que são apontadas no Relatório da ONU.

Destaco alguns aspetos em geral inspirados, pelo menos parcialmente, nessas recomendações. Por parte dos parlamentos, a adoção de estratégias de desenvolvimento resiliente: nos processos orçamentais, quer integrando preocupações específicas sobre a sustentabilidade na supervisão orçamental, quer, a jusante, tomando em geral em conta simultaneamente as dimensões económicas, sociais e ambientais, pelo menos de questões fundamentais (erradicação de la pobreza, criação de emprego, redução das desigualdades sociais, padrões insustentáveis de produção e de consumo, energia, mudança climática, biodiversidade e, em geral, do "crescimento verde"). E, por parte dos Estados em geral, a melhoria do funcionamento quotidiano em vários domínios: acordos intergovernamentais com metas universais-chave e a integração de análises e avaliações atualmente dispersas entre várias instituições.

No âmbito do Estado de Direito, especialmente no acesso igualitário e rápido à justiça; no plano da "boa governança"; e no respeito pelos direitos dos cidadãos para poderem de aceder à informação detida por entidades públicas, e para participarem publicamente na adoção de decisões, em geral na linha da Convenção Europeia de Aährus, implementar processos de consultas e de diálogo capazes de incorporar as posições expressas em redes não convencionais e de comunidades com voz nos foros de Internet, em blogs de opinião, etc..

Tal como a adoção de uma abordagem horizontal de Administração ambiental e do desenvolvimento, envolvendo a governação global, sob a coordenação institucional intersetorial do próprio chefe dos governos; reforço da interface entre a elaboração de políticas e a ciência, para facilitar a adoção de decisões políticas corretamente informadas; inclusão de representantes da comunidade científica como membros ou assessores nos órgãos nacionais ou locais relevantes que abordem questões com implicações no desenvolvimento sustentável; promoção de medidas práticas elaboradas pela comunidade científica, incluindo aspetos ambientais, económicos e sociais, para melhorar os dados e os conhecimentos sobre fatores ambientais e socioeconómicos implicados, designadamente referentes à problemática da desigualdade, com ampla difusão de conceitos essenciais (limites planetários, pontos de inflexão e umbrais ambientais, etc.).

Em causa, a criação de um conselho mundial para o desenvolvimento sustentável, para melhorar a integração das várias dimensões do desenvolvimento sustentável, como órgão subsidiário da Assembleia Geral (em substituição da atual Comissão sobre o Desenvolvimento Sustentável), com ampla composição geopolítica para garantir a participação plena das instituições internacionais (organismos da ONU, instituições financeiras internacionais, agentes não estatais da sociedade civil, do sector privado e da ciência).

Quanto às *políticas de desenvolvimento ordenado e sustentável dos territórios infra-estaduais*, importa constatar o falhanço das políticas de coesão da União Europeia, perdida nas lógicas guerreiras da mera competitividade nacionalista, sem solidariedade interestadual.

As políticas de intervenção sobre os territórios, visando dar respostas globais aos problemas que não só da sua ocupação e uso como da transformação (designadamente cada vez mais com preocupações de defesa da sua sustentabilidade e do ambiente), começaram como a tradução de uma atribuição pública do pós-guerra, que o Esquema de Desenvolvimento do Espaço Comunitário Europeu (Estratégia Territorial Europeia) e a consagração não só da coesão económica e social, como territorial, na atual versão do Tratado da União Europeia, torna cada vez mais importante.

O *ordenamento do território* é uma tarefa cujo objetivo último é garantir o desenvolvimento sustentável, atual e futuro, e a correspondente qualidade de vida geral das populações. As bases teóricas em que assenta têm de partir dos princípios, ainda não ultrapassados e cuja bondade se constata cada vez mais adequada, consagrados desde a Carta Europeia de Ordenamento do Território.

Esta Carta define, no âmbito europeu, os grandes objetivos orientadores destas políticas, em busca de uma melhoria da qualidade de vida e da organização e desenvolvimento das atividades humanas no espaço físico.

O ordenamento do território passa pela disposição e atuações públicas de liderança de programas e projetos situados de futuro, tratando levar à utilização ótima e sustentável dos recursos naturais e económicos de um determinado território. Em causa, não só a utilização dos recursos próprios como de outros alheios, que capte, para se desenvolverem atividades de forma equilibrada.

Nesta abordagem, desde logo, fundamental na luta contra as assimetrias regionais dentro de um Estado ou dentro da União Europeia, há que combinar mercado e intervenções públicas para os diferentes níveis territoriais, através da função administrativa do Ordenamento do Território. Esta deve ser "capaz de converter-se num instrumento eficaz, que permita converter o território em "fator de desenvolvimento" (através de políticas, planos, programas, e projetos, e Planificação integral, permitindo a gestão do território)".

*

No que se refere à *política regional europeia e à estratégia territorial europeia* (EDEC/ETE), importa referir que o desenvolvimento regional, o território e a planificação aparecem em relação umbilical. Há intervenções setoriais que marcam as oportunidades e a coerência da procura de caminhos adequados ao desenvolvimento regional e ao futuro dos territórios. A ETE implica uma determinada conceção de ordenamento do território.

O conceito de ordenamento do território, a operar mais incisivamente no futuro no Portugal continental, está implícito na ETE. E, além disso, já resultava da Carta Europeia de Ordenamento do Território.

Em síntese, o conceito unionista de ordenamento territorial difere dos conceitos mais estritos ou mais amplos, correntes nos diferentes Estados, embora com pontos comuns de contato, ora com uns, ora com outros, na medida em que teve de ser perspetivado teleologicamente para preencher objetivos amplos, ligados a atribuições e preocupações da União, pelo que integra todos os elementos referentes à gestão dos territórios e respetivo desenvolvimento económico-social, com a política regional e a planificação estratégica e mesmo o planeamento físico, que é um planeamento detalhado sobre a ocupação dos distintos solos.

Assim, corresponde a um conceito amplo, no sentido material (abarcando o económico, o desenvolvimento regional e local) e em sentido geográfico (abarcando quaisquer âmbitos territoriais).

Numa *perspetiva socioeconómica*, os poderes públicos (embora restrinjam, assim, em parte, o papel do mercado), não só devem intervir no mercado como em abordagens que tenham presente os diferentes territórios. Se não se apoia institucionalmente os processos de investimento para o desenvolvimento dos Estados Europeus e das regiões nacionais mais débeis num dado momento, cai-se no estancamento económico, no desemprego e no acentuar das assimetrias regionais.

A intervenção no espaço, qualquer que seja o modelo, é necessária, dado que o caminho do desenvolvimento regional dos territórios subdesenvolvidos não passa, em geral, pelo mero desenvolvimento da economia global, importando, aliás, reter a importância da valia contributiva fundamental do endógeno para a afirmação das forças diferenciadoras e dinamizadoras regionais e locais, em face do global. Segundo as orientações da política territorial europeia, "as políticas que se fazem sentir sobre a estrutura espacial e urbana da União Europeia, não devem uniformizar as identidades locais e regionais, porque elas contribuem para enriquecer a qualidade de vida dos cidadãos" (Estratégia Territorial Europeia, ponto um), e os projetos realizados ao nível regional, nacional ou mesmo comunitário, devem ser baseados em objetivos de desenvolvimento espacial definidos em comum, para favorecer uma repercussão positiva no território global.

O ordenamento do território, que visa uma intervenção permanentemente materializadora de um dado modelo territorial racionalizador, com grande amplitude de objetivos, metodologias variadas e análises interdisciplinares, pretende, através da aplicação de uma perspetiva interdisciplinar e integrada, não só levar a uma correta organização física do espaço, como apoiar o desenvolvimento equilibrado das regiões.

Tudo, segundo uma estratégia de conjunto, com uma racionalização material e administrativa das políticas públicas. Efetivada através essencialmente do planeamento, meio de realização da coordenação dos fatores físicos com os económicos e sociais e de cooperação das distintas Administrações com intervenções territoriais. E usando métodos com caráter cíclico, em contínuo processo de tomada de decisões, devendo pôr permanentemente em causa o próprio planeamento existente, de tal forma que um correto ordenamento do território nunca poderá encontrar-se plenamente realizado.

*

Quanto aos *novos rumos dos sistemas de planificação dos Estados e aos impactos da política ambiental e territorial europeia*, importa começar por referir que os sistemas de planificação, com tradições e contextos variados, implicaram, em parte, uma principiologia que vinha exercendo influências determinantes na sua evolução atual. Constatando-se, assim, o emergir de novos rumos nesses sistemas.

Embora, agora, com desvios de fundos para o oriente europeu, mercados para que vão convergindo dominantemente os interesses alemães. Tudo, em vez de se passar a ter um orçamento europeu mais vigoroso, que, distribuindo aos nonos Estados, não retirasse aos beneficiários anteriores. Por isso, têm diminuído "perigosamente" os apoios aos Estados e regiões ocidentais mais débeis, desde logo os do Sul da Europa. De qualquer modo, quanto aos sistemas tradicionais de planificação e às políticas estaduais, há que afirmar que todos têm vindo a atribuir importância à existência de uma política e de um quadro procedimental para a gestão territorial, tendo presente a necessidade de antecipar o modo de utilizar os solos.

No entanto, parece que, por toda a Europa, nos sistemas instalados, há flexibilidade na tomada de decisões e uma tendência geral para tornar os sistemas legais menos rígidos e coercivos na determinação concreta do uso dos territórios, enquanto a tendência para o regionalismo, na atribuição de poderes planificadores, vinha acompanhado a cooperação interregional. A eficácia de uma política regional tem que passar pelo aproveitamento e reabilitação das condições propícias ao desenvolvimento, com um planeamento estratégico integrador das interdependências, orientando para a distribuição pelas regiões mais desfavorecidas de investimentos para a exploração dos recursos aí existentes.

*

Por último, embora ultrapasse o âmbito regional ou local e mesmo nacional, não de deixaria passar em branco um tema, hoje com grande acuidade na opinião pública e com profundas implicações futuras em termos de desenvolvimento e vivência dos povos, que é o das alterações climáticas.

A União Europeia tem sido o grande motor na redução das emissões com nefastos efeitos climáticos. Aliás, o seu exemplo é contagiante em termos de desenvolvimento sustentável, na medida em que efetivou medidas condizentes que as reduziram em 19% entre 1990 e 2012, enquanto o seu PIB aumentou 45%, pelo que a redução constante da sua quota nas emissões globais comprova a compatibilidade da atenuação com o desenvolvimento económico.

Quanto à questão do aquecimento global continental e marítima, ela levou recentemente o parlamento europeu a declarar o "estado de emergência ambiental". Em geral, é um tema que as entidades europeias mantêm permanentemente no debate mundial, sendo certo que a esmagadora maioria dos especialistas dão como provado este crescente problema mundial.

Com efeito, o "aquecimento climático" coloca um dos grandes desafios que a humanidade tem de resolver, desde logo para viabilizar o desenvolvimento sustentável possível de todos os povos, evitando problemas graves de saúde, urbanismo, agricultura, secas prolongadas e danos nas culturas alimentares e da economia mundial em geral. Este aumento da temperatura revela-se não só em análises científicas como empiricamente em sinais que se vão multiplicando, relacionados com o aumento da temperatura dos oceanos, na fusão dos glaciares, subida do nível dos mares, na multiplicação dos episódios de seca, tufões e inundações, alterações que exigem políticas preventivas e regeneradoras urgentes, num ambiente consensual e de solidariedade dos governos a nível global.

Merece realce o "Protocolo de Paris: Um roteiro para o combate às alterações climáticas ao nível mundial para além de 2020", aprovado pela Comissão Europeia, m 25 de fevereiro de 2015, logo em 6 de março de 2015, os Ministros do Ambiente europeus formalizaram o compromisso de uma redução das emissões de gases com efeito de estufa, explicitando o empenhamento europeu num objetivo vinculativo dessa redução até 2030 de um mínimo de 40% em comparação com 1990, apresentando então a União Europeia o seu "Contributo Previsto Determinado a nível Nacional" ao Secretariado da Convenção sobre as Alterações Climáticas. Têm-se sucedido vários documentos com objetivos realistas para essa redução que aliás passaram a falar em 50% até 2030 (em comparação com 1990), designadamente fomentando o aumento da quota das energias renováveis para 45% na produção energética e avançando com o objetivo de 40% de poupança de energia.

Os dirigentes, de origem empresarial ou de ideologias ultraconservadoras, dos Estados mais poderosos, política e financeiramente, da União Europeia, têm-se manifestado avessos a reconhecer quer o problema quer a necessidade ou a natureza desses objetivos ou, pelo menos, não têm comportamentos de comedimento nos tratamentos das suas riquezas florestais ou jazidas de fontes de energias fósseis e outras de poupanças de riquezas naturais com vista a essa sustentabilidade.

A última Conferência de Paris, que devia impulsionar um processo dinâmico e evolutivo para fomentar as correções necessárias, desde logo na mira de um regresso à trajetória que pudesse "manter o aumento da temperatura num valor inferior a 2.º C", não deu resultados a nível global juridicamente vinculativo, sendo certo que nunca será eficaz se não for global, vinculativo, aprovado para uma vigência a longo prazo em termos de atenuação do problema, embora diferenciado e evolutivo conforme as necessidades, circunstâncias e capacidades dos diferentes países e garantidor dos meios necessários à sua execução (desde logo, através do Fundo Verde para o clima e outras aprovações de um pilar financiamento significativo para os países e regiões em desenvolvimento), em ordem a permitir um tratamento equilibrado da atenuação e da sua adaptação nos países mais vulneráveis aos impactos das alterações climáticas, e instaurado em ambiente de entreajuda na execução e reforço dos planos de ação nacionais, sem prejuízo de não deixar de ser "significativo para dar aos agentes económicos sinais" da transição para a nova economia hipocarbónica (com reorientação de investimentos numa escala adequada para financiar essa transição, com a criação de um roteiro exigente com compromissos para os bancos públicos e multilaterais).

Entre os *mecanismos de financiamento inovadores*, têm-se proposto a determinação de um "preço adequado do carbono em todas as grandes economias, garantias públicas específicas para investimentos ecológicos, utilização do plano da Comissão Europeia através do Fundo Europeu para Investimentos Estratégicos, rótulos e benefícios fiscais para os fundos de investimento verdes e a emissão de obrigações verdes para mobilizar os consumidores e consequentemente incitar os produtores, um imposto sobre as transações financeiras e afetação de uma parte das receitas aos investimentos verdes, esforços de intervenientes não estatais fundamentais (cidades, regiões, indústria ou investidores, designadamente da Organização da Aviação Civil Internacional, da Organização Marítima Internacional, regulação as emissões dos transportes aéreos e marítimos internacionais, a produção e consumo de gases fluorados.

1.7. Planeamento, assimetrias territoriais de desenvolvimento económico-social e poder regional democrático

Tal como é contraproducente que um Estado da atualidade, como Portugal, inserido numa união económica, de comércio aberto (não só com liberdade de iniciativa empresarial, como de livres trocas de bens transacionáveis), defenda uma opção de políticas económicas preocupadas pelo lado do apoio à procura (dado não ser esta a linha acertada em geral e, mesmo em situações críticas, se efetivada em termos meramente de modo isolado dentro do espaço comercial aberto, sem ser possível, nem sequer transitoriamente, criar espaços de protecionismo, que evitassem que o aumento do consumo funcionasse a favor da produção interna e antes possa favorecer a importação e, portanto, os espaços não promotores, ou seja, atuando antes a favor do todo e, portanto, mesmo dos outros países. Sendo certo que só a nível da União económica são credíveis políticas gerais de estímulo pelo lado da procura. E, mesmo assim, importa ter em conta eventuais limitações da eficácia destas, face a regras da OMC), também não pode apostar-se sempre na bondade da visão do crescimento pelo lado da oferta, na medida em que há momentos críticos de recessão, pânicos, criação de problemas financeiros e riscos de insolvências em número significativo, sendo preciso a intervenção pública com apoios, estímulos, para a defesa e manutenção das empresas e empregos, atuando assim, transitoriamente, durante a depressão, recessão, receios e não escoamento ou retração da oferta, numa lógica de promoção da economia pelo lado do consumo.

De facto, a economia escapa a uma dogmatização ideológica partidária e situa a governação normal da economia, neste modelo centrado no mercado e iniciativa privada, numa atenção permanente a fenómenos de crise e confiança no sistema, com mudanças exigidas pela realidade empírica e social que se apresente, seja deixando o papel central aos privados quando a economia corre de feição e intervindo o indispensável para criação de condições que os favoreça (meios de circulação-transportes, eventual apoios a créditos em iniciativas viáveis de interesse geral a nível interno, Estado ou Regiões com relativa autonomia interventiva, seja a nível unionista. Se os contextos internacionais muito desfavoráveis, exportações de crises, epidemias, falta transitória de matérias-primas, criam engrenagens complexas e recessivas, com psicologias e medos dos agentes económicos, dificuldades e necessidades de limpezas de balanços, graves níveis desempregos ou tendência para, tal retração do bom funcionamento ou receio dela, implica que o Estado (qualquer que seja a orientação ideológica de quem governa e se tem capacidade para tal ou possibilidades de endividamentos não excessivos, como é pressuposto passar a ter, pelo menos, durante os bons períodos anteriores de funcionamento normal da economia), multiplique intervenções, apoios para dinamizar durante essa altura a procura, quebrar o ambiente psicológico e significativos investimentos públicos, substituindo-se aos particulares até estes sentirem confiança e a economia voltar a entrar nos carris normais.

Ora, no domínio do *desenvolvimento económico-social* em geral, seja nestes processos de sobre-estimulação em situações críticas, seja em geral no da dinamização de espaços territoriais como tais já menos desenvolvidas, para acabar com tais assimetrias, é importante a existência de poderes regionalizados, ou seja de dimensão nem excessiva nem diminuta, nem o Estado, nem grandes regiões com partes já muito mais desenvolvidas, onde por isso se tenderá a sediar os poderes regionais, o que tende a levar, tal como acontece a nível dos Estados, os decisores públicos a favorecer sempre estas zonas, mas dotadas de uma maior proximidade com os cidadãos e atores económicos, ainda a um nível que permita grande capacidade e meios de ação que os simples municípios, não têm, pela escala e pelos meios de intervenção que são exigidos[229].

*

No que concerne às políticas regionais de *desenvolvimento económico-social e ao planeamento local*[230], elementos fundamentais de exercícios públicos ao

[229] Williamson, J.G. – *Regional Inequility and the Process of Development: A Description of the Patterns.* London: EDCC, 1965; Sallez, Alain – "Planification Spatiale et planification stratégiqe". *Revue d'Economie Régionale et Urbaine,* n.º 10-11, 1986; Scott, A. – "Procesos de localización, urbanización y desarrollo territorial: un ensayo exploratorio". *Estudios Territoriales,* n.º 17, 1985; Seers, Dudley – "Os indicadores de desenvolvimento: o que estamos a tentar medir?. Revista análise social. Vol. XV (60), lidboa, 1979; Stöhr, W.B. – "Development from below: the bottom-up and periphery-inward development paradigm". En *Development from above or below?. Stöhr and Fraser taylor,* D.R. (Ed.), John Wiley & Sons, 1981; Rochefort, M – *Economie géographique et aménagement du territorie.* Paris: CDU, 1975; Saint-Julian, M. T. – *La difusión Spatial des innovations.* Montpellier: Gipreclus, 1985; Vertz, P. – "Nouveaux Modeles de la Organization de la Production et Tendences de l'Économie Territorial". *La Dymnamique Espacial de l'Économie Contemporaine. La Garene-Colombes: Édition d'Espace européen, 1991;* Deryche, P. H. – "Líntegration de l'espace dans le champ économique". Éncyclopédie d'Économie Spatiale. Auray, J. P. et alteri)coord.). Paris. Economica, 1994; Coulet, C. – "Territoire et développement". *Révue de Economie Régional et Urbaine,* n.º 3, 1999; Wiehler, F. e Stumm, T. – "The powers of Regional and Local Authorities and Their role in the European Union". Union Planning Studies, n.º 3 (2), 1995.

[230] Condesso, Fernando – "O Desenvolvimento Regional, a Ciência Regional e a Política Regional", "O desenvolvimento económico-social e o planeamento infra-estadual", "As teorias de desenvolvimento e convergência regional", "Cidades e Regiões urbanas competitivas", Os rumos

serviço de permanentes e desafiantes apostas de promoção dos diferentes territórios, diluição de assimetrias e lutas pela igualização do bem-estar dos cidadãos onde quer que vivam, importa reconhecer que, para o desenvolvimento de um país, é necessário que a *Administração esteja o mais próxima possível dos cidadãos, do conhecimento e aferimento das coisas e com uma atenta e estimulada ligação o mais umbilical possível das realidades físicas,, ou seja, vivendo segundo estímulos diferenciados, quer de cima pra baixo, de que administra face aos administrados, quer de baixo para cima*, das Comunidades específicas, dos seus cidadãos, seus interesses e suas culturas de mobilização, expressando-se quer democraticamente na escolha dos dirigentes quer, disseminada e espontaneamente, a cada momento e perante a multitude de problema por resolver que se vão apresentando, assim respondendo, decidindo, aferindo, corrigindo, em tempo útil e com conhecimento concreto a esses dramas do quotidiano, sendo certo que quer os atrasos no agir quer as insuficiências ou deficiências de perceção no modo de intervir podem influenciar fortemente o futuro da Comunidade.

Por isso, os municípios e, sobretudo em certas matérias que escapam a visões restritas ou visões únicas sobre os problemas, porque exigem enquadramentos mais alargados em termos de território e população, do que o pequeno nível meramente municipal, mas também com as suas naturais especificidades face às ponderações de nível nacional, como é o caso da promoção dos diferentes territórios regionais, não há alterativa à existência de *regiões autárquicas continentais*[231].

atuais e futuros dos sistemas de planificação e da política territorial europeia". *In Ordenamento do território: Administração e Políticas Públicas, Direito administrativo e Desenvolvimento Regional*. Lisboa: UTL-ISCSP (atual Universidade de Lisboa), respetivamente, p. 160-238, p. 85-116, 118-158, 469-478, 647-.

-"Planeamento e qualidade de vida: uma visão de administração territorial. Pela reforma global da organização do Estado". In *II Conferência nacional de qualidade de vida*. Organização do Centro de Administração e Políticas Públicas do ISCSP (CAPP) e Instituto de Tecnologia Comportamental (INTEC), Lisboa: ISCSP, 29 de novembro de 2010; – "Desigualdades por nascimento em Portugal e direitos humanos". In *VII Colóquios do Porto: Psicanálise e Cultura*. (Temática: Psicanálise e Cidadania. Integrado no Programa das Comemorações do Centenário da República), Lisboa: Fundação Eng. António de Almeida, 5 e 6 novembro 2010; *Ordenamento do Território: Administração e Políticas Públicas, Direito Administrativo e Desenvolvimento Regional*.Lisboa: ISCSP, UTL, 2005, 964 pp.

231 Previstas no artigo 255.º e seguintes da Constituição e objeto da "vigente" Lei n.º 56/91, de 13 de agosto, LQRA. Nesta matéria falta apenas a concretização territorial destas e consequente eleição dos seus órgãos.

Estas são instituições fundamentais neste plano, se estiverem legitimados e controladas de modo democrático, quer originariamente e com titulares de mérito, quer funcionalmente no agir quotidiano.

São *figuras territoriais de administradores públicos*, não burocratas, não tecnocratas, mas de concidadãos eleitos, de representantes das populações, que atuam em termos melhor colocados e conectados, ao serem facilmente responsabilizáveis no quotidiano e nos atos eleitorais, dado que são atores localmente mais conhecidos e mais facilmente escrutináveis em termos personalizados, sobretudo se forem eleitos pessoalmente, uninominalmente.

Estão mais próximas dos problemas, frequentemente diferenciados de região para região e, portanto, desde que dirigidas por órgãos eleitos, são mais dinâmicas, mais tempestivas na procura e decisão de soluções específicas, mais sujeitas a mecanismos efetivos de controlo local.

Com efeito, quanto às *políticas de desenvolvimento*, entre os principais fatores que explicam a *debilidade dos processos e da própria cultura do desenvolvimento regional e local*, na maior parte do nosso território, temos as condições políticas, que vigoraram durante grande parte do século XX, com poderes ultraconcentrados em Lisboa, sem que o simulacro de substituição da regionalização que, para uns, seria apenas dar mais poderes a municípios, por muito eficaz que tal seja em certos domínios que, como resulta do princípio canónico da subsidiariedade, funcionem bem em termos de escala e, para outros, seria suficiente criar associações, somando representantes de municípios, seja em áreas metropolitanas ou em geral, com dirigentes que respondem perante parcelas de eleitorados alheados e responsabilizados pelas suas meras lógicas eleitorais infrarregionais, em duplicação de cargos (muitas vezes, para colocar autarcas impossibilitados de se manterem nos seus municípios, por limites de tempo, pensando no regresso e favorecimento ou não agastamento dos seus eleitores do futuro) e esbanjamento de dinheiros públicos. Soluções ineficazes, resultantes de lógicas partidárias ou de personalidades imbuídas do preconceito antirregionalista, com ambição de ficarem para a história como "inventores de soluções velhas" e há muito tidas, empiricamente, noutras paragens, como caducas, extintas ou para extinguir.

Em Portugal continental, sempre assistimos (na linha de um anterior modelo francês anterior à presidência de Giscard d'Estaing e ao repetido e finalmente vitorioso referendo então desencadeado), à afirmação de um *modelo centralizado de organização política e administrativa*, cuja expressão mais grave para o desenvolvimento igualitário do nosso país se pode sintetizar na falta de uma *verdadeira regionalização administrativa*, com base eleitoral e de controlo de mérito autónomos do Estado e dos Municípios, continuando a existir uma elevada centralização no seio da Administração Pública estatal, pela ausência de um *processo de descentralização regional representativa.*

*

Historicamente, em geral, as regiões administrativas "nasceram de um duplo imperativo, económico e técnico, e não apenas de uma vontade política de reconhecer uma qualquer identidade regional"[232].

Aliás, hoje, a razão fundamental mobilizadora do fenómeno regionalizador, bebida precisamente na lição da história e da análise da evolução do desenvolvimento económico-social a níveis infra-estaduais, prende-se com a necessidade de acelerar o bem-estar das populações, em Estados com assimetrias de desenvolvimento.

Isto, independentemente da questão da existência ou não de regiões naturais e culturais[233].

Não é importante discutir a questão da "regionalização natural"[234], ou a de uma eventual regionalização assente na ideia de complementaridade.[235].

[232] Dayries, Jean-Jaques; Dayries, Michèle – *La Regionalisation,* 3.ª edição, Paris: Presses Universitaires de France, 1986, p. 18-19.

[233] Oliveira, Luís Vicente – *Novas considerações sobre a Regionalização,* Porto: Edições ASA, 1997, p. 17.

[234] Que, como referem Santos Pereira, Brandão Alves, Marques Reigado e Gomes Costa, teria que ver com "uma área homogénea em termos geográficos, ou que, pelo menos, contenha um grande conjunto de características que a distinga das outras": Pereira, António dos Santos; Alves, Manuel Brandão; Reigado, Felisberto Marques; Costa, Pedro Gomes – *Regionalização: Textos oportunos.* Covilhã; Universidade da Beira Interior, 1998, p. 43.

[235] Questão diferente, face à necessidade de trabalhar na Europa com um conceito abrangente para efeitos estatísticos e de apoios regionalizados, que não excluam nenhum Estado, é a da adoção de um conceito unionista para aplicação de fundos e outos objetivos, estendendo o *conceito de regionalização* "às situações de existência de estruturas intermediárias não eletivas". Neste sentido, a "Comunidade Europeia", hoje União, designa por "região" quaisquer áreas "situadas abaixo do Estado-nação", podendo ela ser "de nível 1, de nível 2 ou de nível 3", em que a unidade essencial para efeitos de *política regional* é a do nível 2, que acaba por integrar "realidades tão diferentes, como províncias na Bélgica, as *regieriungsbezike* na Alemanha, região em desenvolvimento na Grécia, comunidades autónomas em Espanha, *régions* em França, *regioni* em Itália, províncias nos Países Baixos, comissões de coordenação regional em Portugal e *groups of countries* no Reino Unido". Isto é, no fundo, estamos face à adoção de um "conceito de região como sendo não só uma área para efeitos estatísticos, como também uma base espacial para a criação de estruturas administrativas, eletivas ou não, para efeitos de adoção de políticas regionais da União Europeia. Melhor, "estas estruturas tanto têm subjacentes entidades com órgãos eleitos como serviços territorialmente desconcentrados" do Estado: FORUM 2000 – "Renovar a administração". *Regionalização e desenvolvimento*; Lisboa; Instituto Superior de Ciências Sociais e Políticas, 1996, p. 29 e 30.

O aparecimento de estruturas regionais, convencionalmente organizadas, "deve transformar-se num fator de minoração, e se possível de erradicação, daqueles graves problemas que a Administração Pública vem resolvendo e a que não tem sabido por cobro", pois "as regiões não vão criar novos serviços: antes vão receber serviços da Administração Central, fazendo um aproveitamento e gestão dos meios materiais e humanos muito mais eficiente que a Administração Central o pode fazer"[236].

A regionalização leva, "não (...) à duplicação de serviços", antes à "transferência de meios da Administração Central para a Regional", pelo que "não haverá sobrecarga de despesa, uma vez que se pretende que a maior eficácia obtida se traduza em poupança nos orçamentos"[237].

Podem enumerar-se *várias causas justificativas para o desencadear de um processo de regionalização,* ligadas a objetivos incontornáveis, desde a preservação e aproveitamento de identidades culturais, étnicas, "linguísticas", geográficas, ao reequilibro da responsabilidade entre cidadãos e atores públicos, garantindo a existência de mais órgãos eleitos e menos funcionariais ou caixas de ressonâncias de interesses endogâmicos, ao estrem já dotados de representação própria a outros nível, cuja lógica, por razões de dependência democrática original, apenas podem defender, até à procura de uma melhor localização das decisões e aligeiramento da sobrecarga administrativa do Estado e da sua Administração Central (Administração Geral do Estado, quer centralizada em Lisboa, quer periférica)[238].

Deve destacar-se que "as regiões são subsistemas do sistema nacional, onde se integram" e há "equipamentos sociais e produtivos, há projetos económicos e infraestruturas de desenvolvimento científico e tecnológico, que não têm uma função meramente municipal[239] e só são visíveis a nível regional, extravasando alguns mesmo para o âmbito multirregional", como acontece com o *desenvolvimento económico e social da região, o ordenamento territorial, a preservação do ambiente (ar, água, solos, etc.), a valorização do meio natural e cultural e a qualidade de vida das populações,* tudo "objetivos gerais de desenvolvimento

[236] FERNANDES, Manuel Ramires – *A problemática da regionalização,* Coimbra: Livraria Almedina, 1996, p. 45.

[237] Ibidem.

[238] TORCHIA, Luísa – *Poder Local, Revista de Administração Democrática,* n.º 128, Lisboa: Editorial Caminho, setembro 1996, p. 16.

[239] PEREIRA, António dos Santos; ALVES, Manuel Brandão; REIGADO, Felisberto Marques; COSTA, Pedro Gomes – *Regionalização: Textos oportunos,* Covilhã: Universidade da Beira Interior, 1998, p. 32 e 33.

regional, cuja especificação dependerá das *condições geoeconómicas, políticas e humanas de cada região concreta*"[240].

Em Portugal, a Lei Quadro da Regionalização, aprovada em 1991, pela Assembleia da República, define onze áreas de atribuição que constituirão objetivos da ação das regiões administrativas, a saber[241]: desenvolvimento económico e social; ordenamento do território; ambiente e conservação da natureza e recursos hídricos; equipamento social e vias de comunicação; educação e formação profissional; cultura e património histórico; juventude, desporto e tempos livres; turismo; abastecimento público; apoio às atividades produtivas; e apoio à ação dos municípios[16]. Assim, aqui, "o carácter de instrumento de democratização, de racionalização e de qualidade da organização administrativa que caberia às regiões tem sido privilegiado no caso do continente", aparecendo a região configurada, "em diversos casos, menos como uma entrega de poder a comunidades populacionais que o reivindicam e mais como um instrumento de ordenamento do território, de planeamento, de organização da Administração Pública, em termos descentralizados, de partilha vertical de poder, de mobilização de recursos endógenos para o desenvolvimento, de eficiência na gestão de recursos, etc."[242].

As matérias de atribuições das futuras regiões estão concebidas[243]para terem em conta "as assimetrias e as diferenças de desenvolvimento económico, para que possam transformar-se nos principais catalisadores do desenvolvimento harmonioso do país, quebrando o isolamento das zonas periféricas e tornando-as reciprocamente complementares"[244]. Em termos de planeamento, está em causa o levar a que "a dinâmica dos sistemas regionais seja incorporada no próprio processo de planeamento"[245].

[240] Ibidem.

[241] Artigo 17.º.

[242] Lopes, António Simões – "Regionalização e eficiência na gestão dos recursos". *Brotéria*, vol. 140, n.º 1, janeiro, 1995, p. 27

[243] Sem deixar de "contribuir para um reforço da unidade nacional".

[244] Pereira, Paulo Tiago – *Regionalização: Finanças locais e Desenvolvimento*, Lisboa: Ministério do Equipamento, do Planeamento e da Administração do Território, Comissão de Apoio à Reestruturação do Equipamento e da Administração do Território, outubro, 1998, p. 60.

[245] O que "exige que o sistema-região seja visto, por um lado, como subsistema do sistema nacional e, por outro lado, como conjunto articulado e hierarquizado de subsistemas que constituem, por sua vez, sistemas a níveis inferiores": Pereira, António dos Santos; Alves, Manuel Brandão; Reigado, Felisberto Marques; Costa, Pedro Gomes – *Regionalização: Textos oportunos*. Covilhã: Universidade da Beira Interior, 1998, p. 28.

Uma visão realista da regionalização assenta na ideia de que esta não implica, por si só, a reforma do aparelho de Estado[246]; pode favorecer o desenvolvimento regional, embora, só por si, não garanta a inversão das forças económicas[247].

A eficácia da regionalização para o desenvolvimento de uma região não está, necessariamente, correlacionada com o volume dos respetivos meios financeiros, pois a *qualidade dos recursos humanos e a imaginação e dinamismo das suas novas lideranças* eleitas são vitais para o seu impacto positivo[248].

Tudo isto exige que a definição das *atribuições regionais*, na lógica da distribuição do poder global num dado país, seja enformada, de modo interligado, por *cinco princípios essenciais*: *coordenação, parceria, igualdade, coerência espacial e mobilidade.*

Isto é, as *funções transferidas* para as Regiões devem:

a) prever "a possibilidade de melhorar a alocação dos recursos e um efetivo valor acrescentado", ou em "termos de eficácia ou em termos de participação dos cidadãos" (*princípio da coordenação*), de modo que:
b) o "exercício das competências regionais possa conduzir ao reforço das articulações e parcerias entre a Administração Central e a Administração Local e entre o sector público e o sector privado" (*princípio da parceria*), e que:
c) as competências regionais se traduzam, "de preferência, na mobilização dos serviços de ação dos outros", pois as Regiões deveriam ter sobretudo um papel impulsionador de políticas, deixando a outros a sua execução (*princípio da centralização e da mobilização*), mas:

246 Pressupondo uma clarificação de estratégias nacionais, em particular no que respeita à organização do território. O sucesso da regionalização depende de uma cultura de partenariado e contratualização.

247 Sem prejuízo de também poder agravar os desequilíbrios territoriais, em face de processos diversificados, alguns mais dinâmicos de aproveitamento da regionalização, o que não deve ser especialmente sobrevalorizado pois, de qualquer modo, a prazo, criar-se-ão sinergias contaminadoras. A regionalização só faz sentido se conduzir a novas formas de coordenação propiciadoras da melhoria na afetação de recursos. Em geral sobre as políticas de ordenamento territorial, a nova ETE e o desenvolvimento autocentrado, CONDESSO, F. – *O Ordenamento do Território da Península Ibérica no Novo Contexto da Estratégia Territorial Europeia*. Tese de doutoramento em Geografia (Ordenamento e Planeamento do Território). UNEX, Março de 2003. Para publicação pela UNEX, Espanha.

248 VVAA – *FORUM 2000, Renovar a administração: Regionalização e desenvolvimento*, Lisboa: Instituto Superior de Ciências Sociais e Políticas, 1996, p. 161-162.

d) sem regionalizar "funções em que possa haver um sério risco de as diferenças de meios e opções entre as Regiões vir a conduzir a *desigualdades nas condições de acesso* dos cidadãos a serviços essenciais" (*princípio da igualdade*); e em termos que:
e) as funções relacionadas com as matérias que "relevam da concorrência inter-regional" ou as "funções que apresentam fortes externalidades sobre outros espaços regionais" devem permanecer como atribuições gerais do Estado (*princípio da unidade e coerência territorial*)[249].

A regionalização leva a um *planeamento local com uma lógica endógena, de implosão progressiva e perequativa do desenvolvimento*[250].

A questão fundamental prende-se com a descoberta das "vias que assegurem o encontro entre a política de desenvolvimento nacional, que vem sendo veiculada, a nível regional, pela Comissão de Coordenação Regional (extensão da Administração Central), e os processos de planeamento local e intermunicipal conduzido pelos municípios", o que "só é alcançável por vontade própria e não por imposição de qualquer nível de poder ou sequer da reivindicação de outros grupos de interesses"[251]. Mas não será que "a criação de regiões administrativas abre um novo espaço de poder entre a Administração Central e os municípios, cuja utilidade para o planeamento estará sobretudo na promoção do encontro entre as políticas nacionais e locais através do fortalecimento dos valores de cooperação intra e interníveis e do apoio à aplicação do *princípio de subsidiariedade* (e seus limites)", num "novo contexto", em que o planeamento físico e regional e a operacionalização da sua execução tem todo o sentido "se forem efetivamente transferidas competências da Administração Central para os órgãos das regiões neste âmbito, bem como os meios necessários à execução de planos, designadamente dos PROT e programas integrados e sectoriais de âmbito regional", sem prejuízo

[249] Sobre o tema, ver *FORUM 2000, Renovar a administração: Regionalização e desenvolvimento*. Lisboa: Instituto Superior de Ciências Sociais e Políticas, 1996, p. 162.
[250] Em geral, CONDESSO, F. – *O Ordenamento do Território no novo contexto da Estratégia Territorial Europeia*. Tese Doutoral, 8.3.2002. UNEX, inédita. Em Portugal, "A nível subregional e intermunicipal, o primeiro diploma sobre a figura do Plano Director Municipal (DL 208/82) abre explicitamente a possibilidade de planos diretores intermunicipais", mas, "na prática e com o regime introduzido pelo DL 69/90, os Planos elaborados a nível intermunicipal foram consagrados separadamente para cada município afastando o embrião de cooperação que se tinha alcançado". Agora, com o recente Decreto-Lei n.º 380/99, de 22 de setembro, eles são instrumentos programáticos supra PMOT, que não substituem, subordinados eventualmente a PROT, da autoria estadual, no continente, que existam.
[251] Como se referiu, no FORUM 2000, do ISCSP-UTL.

de que "os municípios se revejam nos órgãos regionais quanto à defesa das políticas de ordenamento supramunicipais e cooperem ativamente na sua prossecução"[252], o que é coisa distinta, embora importante na lógica, não representativa, mas participativa global, de impulsos *from below*.

Quanto à *questão das finanças locais* num Estado regionalizado, este tema em Portugal tem merecido um debate incipiente ou pré-orientado. Sinteticamente, importa referir que no FORUM 2000 do ISCSP se defendeu uma solução continuísta, segundo a qual "a opção por um regime de receitas regionais assente, não em dinâmicas de fiscalidade local, ou da sua afetação direta às regiões, onde são cobradas, mas, pelo contrário, em uma participação em receitas gerais do Estado, e distribuída entre as regiões por critérios tendentes a assegurar um carácter redistributivo pode constituir um fator de aproximação dos índices de desenvolvimento entre as várias regiões"[253].

Outra preocupação dos economistas regionais, liga-se à questão dos possíveis *efeitos do fornecimento de bens públicos* numa dada região.

Referindo-se ao tema em termos de lógica municipal, Tiago Pereira considera que "um fornecimento eficiente dos bens públicos locais requer, ainda, que não haja efeitos externos entre municípios vizinhos, ou seja, que os contribuintes (munícipes) e beneficiários sejam aproximadamente os mesmos". E acrescenta que, "na presença de efeitos externos positivos (negativos) existem benefícios (custos) para os munícipes de concelhos vizinhos que não contribuem, pelo que se espera que o nível de fornecimento dos bens sejam abaixo (acima) do nível ótimo", fenómeno que "é evidente no que toca à relação entre municípios centrais (por exemplo os municípios de Lisboa e Porto) e os municípios suburbanos.

Os residentes nos subúrbios que trabalham nos municípios centrais usufruem de benefícios nesses municípios (estacionamento de acesso público, jardins, rede viária) sem para isso contribuírem, conduzindo a um fornecimento insuficiente destes bens e podendo dar origem a uma situação

[252] VVAA – *FORUM 2000, Renovar a administração; Regionalização e desenvolvimento*, Lisboa: Instituto Superior de Ciências Sociais e Políticas, 1996, p. 98 e 99

[253] Reconhece-se que esta solução, "na linha do regime em vigor para a administração municipal", se afasta de "procedimentos verificados em alguns países da Europa", mas justificando a ideia referindo que nessas experiências "a opção por uma estrutura de receitas, determinada pela arrecadação, por cada região, de impostos nela cobrados (de que a França é um exemplo) não concorre para a desejável e necessária aproximação entre as diversas regiões": CORDEIRO, Jorge; Poder Local, Revista de Administração Democrática n.º 128; Lisboa; Editorial Caminho; Setembro 1996; p. 35. Registe-se a importância deste contributo para o debate geral, embora a solução retire às Regiões dinâmicas, que conduzam com sucesso as suas políticas regionais, trunfos que podem merecer em termos de projecto de desenvolvimento.

de *stress* fiscal municipal"[254]. Este autor, tendo estudado a *capitalização da contribuição autárquica*, nas várias regiões, analisando "cada um dos impostos separadamente", verificou que "o Algarve (18 contos/hab.), Lisboa e Setúbal (9 contos/hab.) e Entre Douro e Minho (6 contos/hab.) são as regiões que geram maior capitação de contribuição autárquica". E que, por outro lado, "é nas regiões dos "Açores, Trás-os-Montes e Alto Douro e Madeira que esse valor é mais baixo, não excedendo os 3 mil escudos por habitante". E, também quanto à SISA, a "situação é semelhante, o que comprova as dificuldades que estas regiões têm em gerar receita própria". Assim conclui que, em termos "de pesos relativos, a contribuição autárquica é mais importante na receita fiscal para o Algarve, Trás-os-Montes e Alto Douro, Beira interior e Açores e é menos significativa como receita fiscal para Lisboa e Setúbal, Madeira, Alentejo e Entre Douro e Minho". Já no que concerne ao IVA do turismo, "este apresenta maior expressão no Algarve e Madeira", e o imposto sobre veículos aponta para "valores mais significativos para os Açores e Trás-os-Montes e Alto Douro"[255].

Ora, "quanto menor for o grau de autonomia fiscal, maior a importância que um sistema de subvenção terá em determinar a posição fiscal das autarquias locais, sejam elas municípios ou regiões administrativas", sendo certo que numa ótica de desenvolvimento, "parece ser desejável que se introduzam os incentivos para que uma região desenvolva uma base económica minimamente sólida, a fim de que possa alargar a sua base tributária e, consequentemente, a capacidade de gerar receitas fiscais de forma endógena".

Assim, parece seguro para o autor que a "manutenção de elevadas transferências *per capita* para as regiões menos desenvolvidas poderá (...) ter, como efeito perverso, um incentivo ao atraso económico das regiões"[256].

No entanto, não pode esquecer-se que "o regime de subvenção da Administração Central e da União Europeia, favorável às regiões menos desenvolvidas do continente, conseguiu que essas regiões disponham hoje de equipamentos coletivos e serviços públicos em alguns casos melhores, do ponto de vista do capital físico (infraestruturas), que os das regiões mais desenvolvidas", mas isso, "não arrastou consigo nem uma melhoria do capital humano (médicos, professores, etc.) nem o desenvolvimento económico

[254] Pereira, Paulo Tiago; *Regionalização: Finanças locais e Desenvolvimento*; Lisboa; Ministério do Equipamento, do Planeamento e da Administração do Território, Comissão de Apoio à Reestruturação do Equipamento e da Administração do Território, outubro, 1998, p. 25.

[255] Idem, p. 58-59.

[256] Idem, p. 71.

sustentado dessas regiões, que continuam na sua maioria, em processo de despovoamento".

Com esta constatação, não se pretende contestar o interesse da intervenção incentivadora, pois, como bem refere o autor, estamos perante um problema de insuficiência, não de rejeição. Isto é, "o modelo de financiamento regional é importante como pano de fundo da descentralização política e administrativa", mas deve ser complementado "com medidas de âmbito mais microeconómico (de benefícios e incentivos fiscais aos investimentos), se se quer chegar a um maior desenvolvimento das regiões menos desenvolvidas"[257].

Ora, aqui a regionalização também ganha significado, pois "a criação das regiões administrativas contribuirá necessariamente para aproveitar de uma forma mais racional, sistemática e coerente as potencialidades que a União Europeia oferece para a correção das assimetrias existentes entre as diversas regiões europeias preenchendo os três níveis de integração regional consagrados pela União: NUTS[258]1: Continente, Açores e Madeira; NUTS 2: Regiões Administrativas e NUTS 3: Municípios ou agrupamentos de municípios.

As Regiões devem ser a *base gestionária dos fundos comunitários*, destinados a programas operacionais de âmbito regional. Elas devem geri-los e efetivar a sua coordenação, em sentido ascendente e descendente, isto é, em "estreita cooperação com a administração municipal e com o Estado"[259].

Quanto à questão do *modelo espacial* adequado de regionalização e às funções a que a regionalização deverá, prevalecentemente, satisfazer, João Saraiva afirma que a prevalência deve ser dada às "funções de desenvolvimento económico, social e cultural, inscrito no projeto constitucional".

Devem ser elas a determinar "o modelo espacial de regionalização do país e não considerações especificamente geográficas ou de simples planeamento económico".

Por isso, "o modelo espacial de regionalização deverá adequar-se à possibilidade de inserção de mecanismos e instrumentos de planeamento".

Isto é, devem estimular e garantir "as finalidades de desenvolvimento económico e social do país, a justa *repartição de recursos*, a descentralização de políticas e a *participação*, na elaboração dos diversos planos e programas nacionais e a elaboração e execução dos planos e programas de ação regional, sectoriais e locais", considerando "as especificações das áreas metropolitanas a admitir no interior do espaço regional", como "espaço de desenvolvimento

[257] Idem, p. 71 e 72

[258] NUTS – Nomenclatura das Unidades Territoriais Estatísticas.

[259] Pereira, o.c., p. 51

integrado, espaço de expressão geográfica mais reduzida, com características de desenvolvimento e afirmação sociocultural específicas".

Deverá prosseguir o "alargamento da esfera de autogovernadas populações e confirmar a possibilidade de estabelecer um subsistema administrativo à escala regional, de forma a garantir a proximidade das decisões das populações abrangidas, mediante a descentralização de funções, meios financeiros, técnicos e humanos, provenientes da Administração Central". E deve ser pioneira em soluções modernizadoras da Administração Pública como administração aberta, participada, mobilizada e orientada para o desenvolvimento, com formas de descentralização e de desburocratização.

O futuro modelo espacial de regionalização e sua institucionalização[260] tem de potenciar a autonomia e um real poder autárquico infrarregional, num quadro de ampla cooperação intermunicipal e estadual[261]. Alheia à conceção de um mapa artificial anacrónico e distantes das solidariedades funcionais historicamente construídas, como o que fora proposto e rejeitado em referendo para a criação das regiões administrativas portuguesas[262].

Não podemos deixar de partilhar esta visão das coisas.

Com efeito, em termos de Desenvolvimento Regional, são várias as razões "que justificam a necessidade da formulação e implementação da política regional e dos planos". Por um lado, as "dificuldades que se levantam às políticas de âmbito nacional em face da existência de regiões-problema"[263] e a "necessidade, generalizadamente sentida, de dar concertação e eficiência às ações de política global e política sectorial[264], tal como de criar uma base espacial integradora para as próprias ações da política urbana"[265].

[260] Realidade "polinucleada e sem determinação de uma capital ou sede regional, aberta ao princípio de uma repartição dos principais órgãos e serviços da administração pública regional pelos principais núcleos populacionais existentes, com possibilidades de delegações regionais e desconcentração de serviços públicos" Saraiva, João – *Poder Local: Revista de Administração Democrática*, n.º 128, Lisboa: Editorial Caminho, setembro, 1996, p. 44-46.

[261] Idem

[262] Vide Fonte: Lopes, José – *Regionalização: Portugal e as experiências na União Europeia.* Coimbra: CEFA – Centro de Estudos e Formação da Administração. (Colecção Actas). Junho de 1997, p. 267.

[263] Lopes, A. Simões – "As políticas e o Planeamento do Desenvolvimento Regional" (Capítulo IV), in *Desenvolvimento Regional: Problemática, Teoria, Modelos*, 3.ª Ed., Lisboa: Fundação Calouste Gulbenkian, 1987, p. 272

[264] Dando unidade às ações de planeamento físico e planeamento económico e, dentro deste, de planeamento sectorial.

[265] Kuklinski, A. – "Regional development, regional policies and regional planning", in *Regional Studies*, Vol. IV.

Outro especto a ponderar, é a necessidade da evolução dos processos estar sempre subordinada a relações de interdependência de vária ordem, cuja consideração se tornará mais fácil, à medida que nos aproximamos das escalas mais elementares a que os problemas se manifestam[266]. Porém, a necessidade das políticas e dos planos encontra fundamentação evidente ao nível dos próprios problemas e dos objetivos do Desenvolvimento Regional.

Para tal, deve ser estabelecido um processo de controlo, que Simões Lopes também designa de planeamento, que, "nas economias de mercado, é apenas indicativo", mas que, de qualquer maneira, "deve assentar no pressuposto básico de que o espaço não é em elemento neutro"[267].

O planeamento pode ser considerado numa "perspetiva adaptativa" ou "passiva", onde o espaço é tido como um elemento neutro, a evolução do sistema espacial (físico) processando-se, apenas, por forma a atingir a satisfação das necessidades do processo económico.

Ou então, numa perspetiva "desenvolvimentista" ou "ativa", em que ficam em primeiro plano as relações entre desenvolvimento e evolução espacial numa "conceção dinâmica"[268], procurando-se chegar a um modelo que vise o desenvolvimento.

A organização espacial surge frequentemente apontada como meio para o desenvolvimento, mas mais que meio será também objetivo sempre que os aspetos quantitativos do crescimento não se imponham como fim e sobretudo quando o desenvolvimento se aferir por condições de acesso das populações aos bens e serviços básicos e às oportunidades em geral[269].

A análise das teorias do desenvolvimento regional revela fatores atuantes à escala regional, cujo menosprezo pode dificultar o processo de desenvolvimento e cuja correta consideração pode ao contrário facilitá-lo.

Uma escala regional suficientemente pormenorizada possibilita o diagnóstico dos problemas, sempre diferenciados, ao permitir a identificação dos fatores que os condicionam e que têm de ser tidos em conta na procura das

[266] Lopes, A. Simões – oc, p. 273.

[267] Idem, p. 274.

[268] Hermansen, T. – "Spatial organization and economic development: The scope and task of spatial planning", in *Regional Disaggregation of National Policies and Plans*. A. Kukling (Ed.), Paris: Mouton, 1975, apud Lopes, A. Simões – oc, p. 274.

[269] Lopes, A. S. – "Desenvolvimento regional e integração". Comunicação apresentada à *II Conferência Internacional sobre Economia Portuguesa*, Lisboa: Gulbenkian, 1979.

soluções. Esses fatores podem ser agrupados em naturais, humanos, económicos e institucionalo-políticos (de enquadramento)[270].

Não há nenhuma atuação de política sectorial, cuja implementação possa ser feita fora de um contexto espacial concreto que deverá impor a necessidade de considerar as suas características estruturais.

As políticas setoriais podem existir isoladamente, mas terão nesse caso caracter abstrato, porque, para acontecerem efetivamente, têm de ponderar a estrutura regional de implantação, sob pena de correrem riscos de insucesso, cuja amplitude pode ser, aliás, mascarada, exatamente por um nível de agregação mais elevado.

A política regional não pode ser uma categoria de políticas, pois para ser eficaz tem de ser a síntese das políticas, que dela necessitam para se efetivarem de forma coerente e consistente, em face dos objetivos globais e sectoriais.

O desenvolvimento nacional é a resultante do desenvolvimento regional. Este não pode deixar de ser visto numa perspetiva integradora, seja através da consideração dos fatores específicos das regiões, de uma panorâmica de desenvolvimento ou através da conciliação, compatibilização a hierarquização dos objetivos de desenvolvimento e crescimento.

A política regional tem de ter, imperiosamente, carácter integrador; e é ao nível regional e particularmente local em que os problemas se manifestam, que grande parte dos conflitos têm de ser resolvidos. Uma hierarquização correta dos objetivos e uma orgânica político-institucional apropriada podem eliminar muitas das questões.

O interesse pelos estudos de políticas regionais surge, sobretudo, como fruto de problemas específicos à escala regional, que acabam por ser dificilmente resolvidos a escalas nacionais e não o virão a ser, a não ser em termos de impulso e apoio, ou, apenas assistencialmente, em escalas europeias.

Há diferentes conceções das políticas e dos planos em relação às quais é necessário tomar posição. De um lado, as que se encaminham no sentido de admitir a necessidade de desagregação, numa via que poderá designar-se de '*regionalização dos planos nacionais*' e em que as regiões ficam a ser simples 'objetos de planeamento'.

De outro lado, as que defendem a necessidade de ver nas regiões autênticos '*sujeitos de planeamento*', a eles cabendo a definição dos objetivos e das

[270] Lopes, A Simões – "As políticas e o Planeamento do Desenvolvimento Regional" (Capítulo IV), in *Desenvolvimento Regional: Problemática, Teoria, Modelos.* 3.ª Ed., Lisboa: Fundação Calouste Gulbenkian, 1987, p. 275.

estratégias e o controlo da sua execução, havendo naturalmente que promover a conciliação entre os vários planos regionais e locais, e os acomodar dentro das capacidades globais dos meios.

A última opção, sendo a "mais difícil do ponto de vista operativo", é, à partida, a mais prometedora em termos da eficácia potencial, indo no sentido do '*planeamento compreensivo*'. Importa destacar que esta abordagem sistémica, ao tomar as regiões como componentes de um todo organizado, lhes atribui um papel fundamental no âmbito das relações que se estabelecem entre as componentes e entre elas e o todo.

A gestão de um sistema regional implica a definição dos objetivos, a inventariação dos meios e o controlo da evolução do sistema.

A formulação de objetivos deve ser tomada necessariamente como predecessora de qualquer tentativa de elaboração de estratégias. Há objetivos últimos que são finais e há os instrumentais que são meios.

No entanto, tudo depende da escala, quer temporal, quer espacial, em que se trabalha.

O desenvolvimento tem de ser considerado um fim último e o crescimento apenas um meio, um dos meios que poderá criar condições para que o primeiro seja atingido, sempre numa ótica de longo prazo.

Fundamental será, do mesmo modo, que os fins últimos sejam suscetíveis de avaliação para que o processo de planeamento não seja arbitrário e o controlo venha a ser concretamente possível. E não menos importante, o processo de participação, que ao nível dos fins se localizará na instância política representativa mais elevada, tem de estender-se às outras instâncias participativas, aos níveis inter-regional, regional e local, para que a eficácia e a validade possam vir a ser asseguradas.

Quanto aos objetivos, nem sempre são quantificáveis, o que se justifica devido à existência de determinados aspetos qualitativos, como os culturais e estéticos, associados a valores.

O fim último é o desenvolvimento, qualificado ainda por preocupações de justiça económica a social, equilíbrio ecológico, defesa do ambiente a qualidade de vida.

As formas de o atingir, os objetivos podem sintetizar-se na organização do espaço, única via de criação de condições de acesso válidas a bens e serviços básicos. Isto é, devem ser as Regiões os sujeitos de planeamento e não apenas as sujeitas ao planeamento. As teorias de Desenvolvimento Regional, especialmente as de índole económica, preocupam-se fundamentalmente com o crescimento regional e podem ser arrumadas em dois grandes grupos, consoante o tomam como "*crescimento visto de fora*" da região ou "*crescimento visto de dentro*"[271]. No primeiro, cabem as tentativas de explicação que se apoiam sobre os mecanismos subjacentes à transmissão do crescimento económico no espaço, enquanto no segundo a atenção se concentra no processo interno à região.

A realidade portuguesa caracteriza-se por um quadro espacial de dualismo profundamente marcado, em que os desequilíbrios regionais se agravam num processo que é já cumulativo. Em Portugal, existem várias regiões com características próprias, que interatuam entre si.

No entanto, não nos podemos esquecer que o nosso país não se encontra isolado, estando inserido num contexto mais vasto, desde logo o Ibérico, onde estabelece relações que é importante equilibrar.

Para tal, o crescimento deveria ser efetuado de uma forma concertada com o devido controlo, tendo em conta a assimetrias regionais, que muitas vezes são também assimetrias sociais[272].

Em 1987, dizia Simões Lopes que, em Portugal, a política regional, *per se*, era, praticamente, inexistente, embora, de há muito, se falasse nos desequilíbrios regionais e na necessidade de os corrigir.

Hoje, tendo presente o modo de criar e a autoria dos planos regionais, chamados de Desenvolvimento Regional ou de Ordenamento Territorial, podemos continuar a dizer que o verdadeiro planeamento regional, capaz de desenvolver as regiões segundo os seus recursos e dinâmicas, ainda não chegou.

Com efeito, como assinala o mesmo Simões Lopes, não há política que, na prática, aconteça fora do contexto regional, assim como é inteiramente descabido falar da política regional como mais uma categoria de políticas.

[271] Desenvolvimento do tema a páginas 290 e 291 de: Lopes, A Simões – "As políticas e o Planeamento do Desenvolvimento Regional". (Capítulo IV), in *Desenvolvimento Regional: Problemática, Teoria, Modelos.* 3.ª Ed., Lisboa: Fundação Calouste Gulbenkian, 1987

[272] Em Portugal, a um modelo operativo de longo prazo assente nos lugares centrais vem a corresponder um enquadramento conceptual do tipo do desenvolvimento integrado. Em vários países da Europa existem diversas experiências no âmbito da política regional. Tem sido assim, que a coberto da designação de desenvolvimento regional se tem colocado o crescimento como fim na generalidade dos casos. Na Itália, a propósito da intenção de reduzir desequilíbrios, na França com a preocupação da dispersão do crescimento do "centro" para a "periferia". É de salientar em França a aplicação do modelo Regina, que permitiria passar a avaliar o impacto dos fatores espaciais sobre o desenvolvimento do país, a que se seguiu o modelo REGIS. O REGIS é um modelo de médio prazo, pressupondo a existência de atividades induzidas pela procura a de atividades induzidas pela oferta. A estrutura deste modelo foi adotado ao caso português, passando a ter a denominação de MORENA, que são mais consequência da inexistência de uma base estatística do que especialidades do funcionamento da economia portuguesa, embora estas não possam deixar de ser consideradas.

Tudo começa nas regiões e termina nas regiões, porque há necessidade da política se aproximar das pessoas. O desenvolvimento nacional é afinal a resultante do desenvolvimento regional, é o desenvolvimento regional. A regionalização é um fator de crescimento e desenvolvimento económico.

*

Os objetivos essenciais de um Estado europeu são a construção de uma sociedade livre, justa e solidária[273], não podendo deixar de lhe caber um conjunto de tarefas fundamentais entre as quais está a realização do bem-estar social, com a melhoria da qualidade de vida das populações e a minimização das desigualdades entre os cidadãos[274], designadamente os que vivem em territórios diferentes. Por mais liberal que seja a filosofia económica e social, compete sempre aos poderes públicos estabelecer os quadros gerais em que toda a atividade económica deve desenvolver-se e que traduz o processo orgânico de satisfação de necessidades humanas mediante a afetação de bens materiais raros a fins alternativos individuais ou sociais, privados, comunitários ou públicos[275].

Uma real afirmação no contexto da democracia europeia necessita de uma reforma da Administração Pública, que, no caso português, é ainda hoje marcada por um excessivo centralismo prejudica a eficácia das várias políticas públicas, com ou sem apoios da União e torna as decisões administrativas lentas[276]. A modificação do relacionamento entre os cidadãos e o Estado constitui um verdadeiro desafio que só poderá ser ganho, embora a longo prazo, através do processo de descentralização[277]. E, desta modificação de relacionamento, deverá ainda resultar a desconcentração de muitos serviços[278].

[273] Constituição da República Portuguesa, Art. 1.º.

[274] Moreno, Carlos – *O Sistema Nacional de Controlo Financeiro*, Lisboa: Universidade Autónoma de Lisboa, 1997, p. 29-37.

[275] Franco, António L. De Sousa – *Finanças Públicas e Direito Financeiro*, Coimbra: Livraria Almedina, 1990, p. 5-48.

[276] Cravinho, João – *Descentralização Regionalização e Reforma Democrática do Estado*. Lisboa: Ministério do Equipamento, do Planeamento e da Administração do Território Comissão de Apoio à Reestruturação do Equipamento e da Administração do Território, 1998, p. 13-14. Ministro português do Equipamento, do Planeamento e da Administração do Território, em 1998.

[277] Cravinho, João – *Descentralização Regionalização e Reforma Democrática do Estado*. Lisboa: Ministério do Equipamento, do Planeamento e da Administração do Território Comissão de Apoio à Reestruturação do Equipamento e da Administração do Território, 1998, p. 13-14.

[278] Oliveira, Luis Valente de – *Regionalização*, Porto: Edições Asa, 1996, p. 74-96.

O desenvolvimento harmonioso é o primordial objetivo da instituição das regiões administrativas, pois elas estão vocacionadas para atuar nos domínios do planeamento, da programação das políticas públicas e da afirmação das potencialidades regionais[279].

Ora, a meta subjacente à criação das regiões administrativas é precisamente o aumento da eficiência do Estado, na medida em que tal permite tornar as decisões mais céleres, mais participadas e mais próximas dos destinatários[280].

As regiões administrativas, a criar em Portugal, por previsão constitucional, constituirão autarquias locais de nível intermédio, entre o Estado e os municípios, vocacionadas para intervir ao nível do planeamento[281]e da definição das prioridades de atuação do sector público em cada uma das regiões[282-283].

A regionalização deverá, pois, procurar criar capacidades adicionais de intervenção nos espaços regionalmente partilhados, promovendo a *solidariedade e a cooperação* entre municípios e entre regiões, evitando o egocentrismo da capitalidade nacional e dos municípios, contribuindo, assim, desta forma para a coesão e a coerência nacionais[284]. E o aproximar as estruturas e polos de decisão administrativa dos cidadãos deve ser outra das metas a atingir pela regionalização[285].

[279] Cravinho, João – *Descentralização Regionalização e Reforma Democrática do Estado*. Lisboa: Ministério do Equipamento, do Planeamento e da Administração do Território Comissão de Apoio à Reestruturação do Equipamento e da Administração do Território, 1998, p. 13-14.

[280] Cabrita, Eduardo – *Descentralização Regionalização e Reforma Democrática do Estado*. Lisboa: Ministério do Equipamento, do Planeamento e da Administração do Território Comissão de Apoio à Reestruturação do Equipamento e da Administração do Território, 1998, p. 15-17.

[281] Mesmo na ótica do Tratado da União Europeia, a região administrativa é uma estrutura intermédia entre o Estado e os municípios, a quem compete efetuar o planeamento regional. (SÁ, Luis de – "Modelos Políticos de Regionalização: Sobre os 'Modelos' Para Portugal", in *Regionalização e desenvolvimento*, Lisboa: ISCSP, 1997, p. 27-49).

[282] Cabrita, Eduardo – *Descentralização Regionalização e Reforma Democrática do Estado*, Lisboa: Ministério do Equipamento, do Planeamento e da Administração do Território Comissão de Apoio à Reestruturação do Equipamento e da Administração do Território, 1998, p. 15-17.

[283] Estas regiões administrativas serão apenas estruturas autárquicas locais, portanto pessoas coletivas públicas territoriais, dotadas de órgãos representativos, que visam a prossecução de interesses próprios das populações respectivas e que terão uma assembleia dotada de poderes deliberativos e um órgão colegial executivo perante ela responsável (Oliveira, António Cândido de – "A Centralização está em Alta", in *Regionalização e desenvolvimento*, Lisboa: ISCSP, 1997, p. 63-92).

[284] Cabrita, Eduardo – *Descentralização Regionalização e Reforma Democrática do Estado*, Lisboa: Ministério do Equipamento, do Planeamento e da Administração do Território Comissão de Apoio à Reestruturação do Equipamento e da Administração do Território, 1998, p. 44.

[285] Carvalho, Virgílio de – *Regionalização do Continente Informação que tem faltado*, Lisboa: Sociedade Histórica da Independência de Portugal, 1998, p. 76-80.

Há que referir o facto das estruturas intermédias de poder existentes em certos Estados europeus desenvolvidos, como a Bélgica, a Holanda e a Dinamarca, terem, em média, menor área e menos população do que teriam as regiões administrativas de Portugal[286].

As grandes dificuldades que possam surgir aquando da divisão do país em regiões não deveriam provocar pelo menos pelas razões apresentadas, a inviabilização do processo de regionalização[287].

Pois, como resulta da Constituição (*princípio da aproximação dos serviços aos cidadãos, princípio da desconcentração, princípio da descentralização,* promoção do *princípio da participação*) e é universalmente aceite, administra melhor os interesses públicos quem se encontra mais próximo dos titulares desses mesmos interesses[288].

*

Em termos de regionalização, tem especial relevo a temática do enquadramento teórico da planificação territorial e do ordenamento do território, e o planeamento.

O *plano* é o instrumento básico do ordenamento do território e de orientação para o desenvolvimento dos respetivos espaços, integrando as opções de política, constantes ou não de aprovação de planeamento específico no plano dos destinos económicos em geral. Ele concretiza-se sobretudo na aprovação pelas entidades públicas de planos elaborados de acordo com uma *tipologia e regras pré-definidas,* para permitir a audição e enriquecimento quer de todas as entidades da Administração com responsabilidades nos diversos sectores implicados, quer (como estratégia pré-mobilizadora da sociedade, além da função democratizadora) dos particulares, proprietários e cidadãos em geral, enquanto interessados diretos, pela sua ligação real aos solos considerados ou enquanto cidadãos interessados no respeito de padrões de legalidade e qualidade do ordenamento e de vida coletiva.

As definições, conceitos e princípios sobre planeamento decorrem de diferentes "visões de planeamento", que podem ser questionadas, como o faz, v. g., Friedman, que se demarca daquela visão normalmente seguida e

[286] SÁ, Luis de – "Modelos Políticos de Regionalização: Sobre os "Modelos" Para Portugal", in *Regionalização e desenvolvimento,* Lisboa: ISCSP, 1997, p. 27-49.

[287] SÁ, Luis de – "Modelos Políticos de Regionalização: Sobre os "Modelos" Para Portugal", in *Regionalização e desenvolvimento,* Lisboa: ISCSP, 1997, p. 27-49.

[288] COVAS, António – "Políticas de inovação e cultura administrativa: velhas e novas contradições", in *Políticas de Inovação e Desenvolvimento Regional e Local,* Lisboa: ISC, 1995, p. 71-83

"preside na prática, em geral, aos processos de planeamento territorial efetivamente desenvolvidos, de cuja metodologia, ligada à escola de pensamento que designa de "análise de políticas" se demarca, defendendo que "the time would therefore seem to be ripe for a new conceptual approach", mas a que, no entanto, reconhece importância actual ("The rational-choise model of planning has stagnated for nearly two decades")[289-290].

Na linguagem anglo-saxónica, não há dois termos distintos para designar planificar e planear, planificação e planeamento, apenas se usa *to plan* e *planning.* Assim, o *planning* é definido por Faludi, em 1973, como "a rational process of thought and action which ultimately aims, as science does, at promoting human frowth". Uma década depois, em 1983, foi entendido por Fror, como "the process of preparing a set of decisions for action in the future, directed at archieving goals by preferable means" e, na década seguinte, em 1993, Hall dirá que "Planning, as a general activity, is the making of an orderly sequence of action that will lead to the achievement of a stated goal or goals"[67]. Romà transcreve a definição de D. Keeble, segundo a qual ele é "el arte e la ciencia de ordenar el uso del suelo y el emplazamiento de los edificios con el máximo grado posible de economía, comodidad y belleza"[291]. António Pais Antunes, fazendo a síntese operacional entre várias perspetivas, considera que o "planeamento territorial é a atividade realizada pela Administração no sentido de definir as orientações e as medidas (disposições e ações) suscetíveis de promover, de forma tão adequada quanto possível, o desenvolvimento global de um dado sistema territorial"[292], que é o "conjunto formado pelas atividades realizadas numa dada área e pelos fluxos gerados por

[289] Diz Friedmann: "Since the early major contributions of Simon, Banfield (Meyerson and Banfield, 1955), Lindblom and Eltzioni, little that is new had been added.despite extensive and even virulent criticism (Caiden and Wildavski, 1979), the model continues to be in vogue, chiefly, one suspects, because nothing better has come along" (Friedmann, J.; Douglass, M. – "Agropolitan Development:Towards a new Strategy for regional plannung in asia", in *Growth Pole: Strategy and Regional Development Policy.* Lo, F. e Salih, K, (ed.), Oxford: Pergamon Press, 1978, p. 35-40).

[290] Fluxograma sobre a plurifuncionalidade interativa da planificação: Friedman – *Territory and Function.* University of California, 1979, apud Sotelo Navalpotro, J. A. – *Modelos de Organizaión y Desarrollo regional.* Madrid: IUCA, s.d., p. 43. Sobre a intervenção pública no território, ver, ainda, Sotelo Navalpotre, J.A. – *Modelos de Organizaión y Desarrollo regional,* Madrid: IUCA, s.d., p. 42.

[291] Romà Pujadas – oc, p. 27.

[292] Antunes, António Pais – *Lições de Planeamento Territorial: Conceitos e princípios Fundamentais.* Texto policopiado. Departamento de Engenharia Civil, faculdade de Ciências e Tecnologia, Universidade de Coimbra, 1996, p. 1.

essas atividades, e ainda pelos espaços onde essas atividades se desenvolvem e pelas redes por onde esses fluxos circulam"[293].

Em Portugal usa-se, normalmente, o termo planeamento, mas mesmo quando se utiliza o vocábulo planificação, os dois termos aparecem com o mesmo significado, enquanto em Espanha, a doutrina usa dominantemente os mesmos termos para traduzir realidades de intervenção material, territorial e institucional diferentes, falando-se de planificação económica, planificação territorial, talvez até porque sempre comunga algo dos objetivos económicos, embora situados, e planeamento urbano, em princípio puramente físico, sendo certo que por detrás destas distinções há diferentes atribuições materiais e portanto territoriais de poderes legislativos e administrativos, num fenómeno de descentralização que vai desde o Estado aos municípios, passando pelas CCAA.

A planificação em países democráticos pode ser definida como a positivação e cartografização de linhas de ação orientadas à prossecução de objetivos pré-fixados pelos representantes legítimos da Comunidade, a que se reportam as intervenções perspetivadas sobre o território, isto é, pelo legislador e pela Administração pública. Como refere Romà Pujadas, "Dentro del campo de la ordenación del territorio, planificar implicará trazar unas líneas de acción dirigidas a alcanzar unos determinados objetivos territoriales"[294], ou, talvez, numa perspetiva menos neutra, pois cada vez mais integradora de políticas com influência no território e de ordenamento sustentável, prosseguir objetivos territoriais, físicos, e conjugar objetivos sectoriais, designadamente de desenvolvimento económicos e ambientais, num território considerado[295]. No fundo, como refere Giannini, a ação de planificar decide sempre acerca da utilização dos recursos existentes[296].

A análise territorial, independentemente do seu enquadramento legal, nunca poderia ser anómica, no sentido de que sempre teria de obedecer a regras lógicas de encadeamento do seu *iter* racional, sem as quais não lograria os objetivos do ordenamento correto do território.

Há um ciclo procedimental natural à sua elaboração, de natureza técnica, indisponível para o próprio legislador, que implica um conjunto de fases que

[293] ANTUNES, o.c., p. 2

[294] A Real Academia da Língua Espanhola define *planificar* como seno o acto de "submeter a acção a um plano": apud ROMÀ – oc, p. 27

[295] Sobre o tema, ver, ainda, ALVES CORREIA, Fernando – "Significado geral da planificação administrativa", in *O Plano Urbanístico e o Princípio da Igualdade*, Coimbra: almedina, 1989, p. 168 e ss.

[296] GIANNINI, M. S. – "Pianificazione", n *ED XXXIII*, Milano: Giuffrè, 1983, p. 629, apud ALVES CORREIA, Fernando – oc, p. 169.

vão desde o levantamento das situações, designadamente das potencialidades, e diagnóstico dos problemas.

Isto é, a análise da realidade territorial em presença, do "modelo existente", a transformar, seguida da conjeturarão dos objetivos adequados e possíveis, em termos do novo modelo a construir, o modelo proposto para o território considerado. Este, a resultar da *prognose, antecipação do futuro, determinações, interdições e medidas do plano*, composto no final por uma parte escrita, o relatório, justificativos da proposta e descritivo do procedimento, o regulamento impositivo do agir conformador com os objetivos traçados e a planta ou carta, traduzindo, graficamente, melhor geograficamente, as *orientações e determinações aprovadas*.

Embora esta descrição tão linear esconda uma natureza sempre inacabada[297], exigindo a atenção cíclica à evolução da comunidade e readaptação à margem de fuga da coletividade à prognose e consequente disponibilidade para a abertura a alterações e revisões, impostas também pelas circunstâncias e o "progresso"[298-299].

*

O ordenamento territorial regional mexe, hoje, com a globalização, pelo que tem uma importância determinante na organização do espaço europeu a todos os níveis, desde o supranacional ao estadual, regional e local, e esta tem de assumir o desafio que ela cria. Mas esta dinâmica admite a consideração de valores próprios, das diferenças regionais, pelo que as qualificações de um território e a afirmação da sua identidade devem ser tidos como tendo elementos-chave para as estratégias de desenvolvimento regional[300].

A Península apresenta, em geral, regiões fortemente litoralizadas, com algumas áreas metropolitanas, normalmente no litoral, e com vastos territórios do interior fronteiriço com baixa densidade populacional, de povoamento

[297] Ver a Figura 1.9 sobre o "Esquema del ciclo del análisis territorial", em Romà – oc, p. 28.

[298] Neste sentido, ver as etapas apontadas por Herington, G. – *Planning process: Na introduction for geographers*. Cambridge: Cambridge University Press,1989, apud Romà – oc, p. 29, que assinala que "a planificação tende a ser vista cada vez mais como um processo contínuo, com um efeito retro-alimentador que coloca continuamente novos desafios que irão requerer, por sua vez, novas respostas".

[299] Ver figura com as escalas territoriais e os níveis de desequilíbrios regionais em Romà Pujadas e Font – oc, p. 75, fig. 3.5.

[300] Fernandes, J. L. – "Factores imateriais na definição da Geografia de Portugal: Cultura, posição de Portugal no Mundo e contrastes internos de desenvolvimento". *Cadernos de Geografia*, n.º 17, Coimbra, 1998, p. 68.

tendencialmente disperso, com escassez de capitais e de recursos humanos qualificados, caracterizando fortemente esta interioridade desta peninsularidade europeia, em geral periférica, impondo intervenções adaptadas dos poderes públicos, a vários níveis. O governo da Estremadura adotou um modelo territorial cuja tipologia base de configuração passa por ações sobre o meio físico, de fortalecimento e reequilíbrio da malha urbana, sobre as áreas rurais e programas de dinamização territorial[301-302].

Em geral os modelos de organização territorial das regiões têm de ter presentes os elementos relevantes que potenciem o desenvolvimento e o ordenamento racional, desde "as características do relevo, do solo e coberto vegetal, a riqueza dos recursos hídricos e do património natural e cultural, e a forma como se tem verificado o povoamento da região", partindo da determinação do capital endógeno, portanto da caracterização física e socioeconómica, e das potencialidades e constrangimentos, sem deixar de ter em conta os recursos exógenos mobilizáveis e as políticas adequadas, a desencadear[303].

A *ratio* de um ordenamento do território sustentável impõe a construção de espaços regionais equilibrados em termo de criação do bem-estar das populações e do ambiente, conciliando-os, exigindo a inserção dos territórios interiores, periféricos e infradesenvolvidos, numa dinâmica de coesão total, europeia, peninsular e nacional, nas dinâmicas competitivas globais, criando espaços de equidade social, ambiental e territorial, com a utilização sustentável dos recursos naturais e incentivos à emergências de elementos territoriais inovadores[304], para efetivar uma melhor integração na economia mundial e assim levar à redução das assimetrias europeias e intraestaduais[305-306].

Tendo presentes as orientações do ETE, as reflexões peninsulares em ordem à sua integração no ordenamento regional podem seguir vários caminhos, segundo as formas de perspetivar "a integração da economia e do território nacional nas dinâmicas europeias e mundiais"[307]. Em teoria, vários

[301] Junta da Extremadura - *Estudio territorial de Extremadura II*, Cáceres, 1997, p. 106-111, apud Matos - oc, p. 313.

[302] Sobre as mudanças nos instrumentos de política regional, vide ROMÀ - oc, p. 85.

[303] Idem.

[304] MEPAT - Grandes Opções do Plano 1999, Lisboa: MEPAT, 1998.

[305] MEPAT - *Plano Nacional de Desenvolvimento Económico e Social 2000-2006: Uma Visão Estratégica para Vencer o Século XXI*, Lisboa: MEPAT, 1998, p. VIII, ponto 1.

[306] Sobre a evolução da conceção material e instrumental política regional. Vide Del Río, C.; Cuadro Roura, J.R. - "La importancia de los servicios a la producción en la nueva política regional", in *Territorrios en transformación*. Madrid:Feder, CSIC, 1994.

[307] Matos - oc, p. 315.

cenários são concebíveis, com distintos modelos, adaptados às variáveis consideradas, desde o conservador, o evolutivo ou um renovador. RIBEIRO parte da consideração das variáveis da dinâmica de atividades e especialização, da inserção geoeconómica e do sistema urbano e de organização do território, para a formulação de três cenários alternativos[308].

Os modelos do cenário da continuidade partem da ideia de inserir as regiões peninsulares na dinâmica autárcica, denotando apenas uma estratégia de reação passiva aos desafios da integração europeia, subalternizando as regiões desfavorecidas aos interesses das desenvolvidas, e em termos estaduais, o território português aos interesses dominantes em Espanha.

Este cenário assenta, essencialmente, na valorização dos polos industriais já existentes (sem preocupações de criação de novos polos de especialização industrial), da floresta, investimento direto estrangeiro pontual e de média dimensão e turismo de massas, europeização do mercado e, no caso português e das áreas desfavorecidas de Espanha, importância crescente do mercado ibérico, intensa exploração das complementaridades transfronteiriças, polarização urbana nas metrópoles, manutenção da urbanização difusa, com resistência ao desenvolvimento de redes ou eixos urbanos e criação de alguns polos urbanos, designadamente nos corredores de aceso a Espanha com despovoamento rural.

Tendo presente os constrangimentos e as oportunidades em termos de território português, este cenário reformista, evolutivo, exigiria alguma inovação, participação da Administração e dos particulares em geral, valorização da pertença à Região europeia atlântica e um papel ativo no processo geral da integração da Europa.

Ela assenta na desvalorização do peso relativo de certos polos de especialização tradicional, valorização das indústrias agroalimentares, apostas nas indústrias do automóvel, elétricas, eletrónicas e aeronáuticas, materiais de embalagem, artes gráficas, material escritório, serviços internacionais de turismo, teletrabalho e "forte dinâmica de 'clausterização' da economia", exploração de complementaridades com todas as regiões de Espanha, com maior utilização por Portugal dos portos marítimos, nas relações com

[308] Ver, a propósito da reflexão sobre o ETE, o estudo de RIBEIRO, J. F. et alteri – *Portugal 2010: Posição no Espaço Europeu: uma reflexão prospectiva*, Lisboa: MEPAT/SEDR, Departamento de Prospectiva e Planeamento, 1995, p. 12-22. O cenário mais conservador, o cenário I, com modelos de tradição modernizada, o modelo euro-ibérico e o bipolar com urbanização litoral difusa; o cenário II, com modelo de renascimento industrial, modelo euro-atlântico e o modelo de malha urbana polarizada e o cenário de rutura, o cenário III, com os modelos de terciarização internacionalizada, euroglobal e de região metropolitana atlântica.

Europa[309], importância da IDE, forte investimento português no exterior, designadamente na península, nos sectores do cenário I e eletricidade, ambiente e redes de transportes, estruturação urbana do litoral e expansão das áreas metropolitanas, desenvolvimento rápido de cidades médias com efeitos polarizadores tendo em conta os macrocorredores urbanos das "novas" áreas metropolitanas ampliadas e redinamização de certas zonas interiores bem colocadas (IP2).

O cenário da construção de novas soluções, visando o desenvolvimento equilibrado do território nacional, o III, na formulação de Ribeiro, pressupõe uma discriminação positiva a favor das regiões menos desenvolvidas.

Basta referir que em termos de distribuição da despesa pública per capita tem sido favorecida, no continente, a região mais desenvolvida, que é Lisboa, aumentando-se, assim, as assimetrias regionais (no período de 1994-98, na região de Lisboa e Vale do Tejo, ela atinge 225 mil escudos, enquanto no Alentejo, rondou 177, no Centro, 174 e no Norte, 142)[310].

Este cenário apontaria para a inserção do território numa Grande Região Metropolitana Europeia e exige uma forte inovação nas tecnologias de informação, um maior esforço de diversificação industrial para sectores dinâmicos a nível mundial (eletrónica, comunicações, material saúde, aeroespacial, com polos de especialização; novos veículos urbanos, aproveitamento da energia solar, com atração de investidores estrangeiros e dinamização das pequenas e médias empresas; maior interação com as regiões peninsulares, diminuição investimento das grandes empresas nacionais no estrangeiro, IDE no terciário e indústrias inovadoras, acentuar da internacionalização, funções geoeconómicas reforçadas nos transportes, utilização do ciberespaço, sistema urbano português transformado em fator de aglutinação do Sudoeste europeu da Região Atlântica; expansão das duas áreas metropolitanas portuguesas, com a internacionalização e articulação das grandes metrópoles Lisboa-Setúbal e Porto-Braga, organização em redes das cidades litorais ligando as metrópoles, desenvolvimento de eixos urbanos interiores articulados, com dinamização turística[311]e esbatimento das assimetrias.

O resultado seria "competitividade nacional, afirmação regional e bem-estar individual"[312].

309 Idem.

310 DPP – *Situação Económico-social em Portugal*, Lisboa: Ministério do Planeamento, 1999, p. 38.

311 Idem.

312 Sousa, F. F. – "Articulação economia, território e cidadão resume bem-estar nacional". *Economia Pura*, n.º 20, jan. 2000, p. 64.

Segundo refere o Relatório do Estado do Ordenamento do Território de 1997, Portugal apresentaria já alguns *corredores de desenvolvimento em consolidação*, com fortes investimentos designadamente em transportes[313], em território nacional (corredor nacional, seguindo o eixo Guarda-Covilhã-Castelo Branco, junto à fronteira al longo do IP2), peninsular (eixos galaico-português, pela maior parte do litoral; Faro-Sevilha, pela orla costeira algarvia) e mesmo europeu (eixos Portugal-Irun, pelo IP5; Lisboa-Madrid-França, pela fronteira de Segura)[314].

Em termos de desenvolvimento regional e política regional, exige-se a "formulação e implementação da política regional e dos planos", que lhe deem tradução, dado que há "dificuldades que se levantam às políticas de âmbito nacional em face da existência de regiões-problema"[315] e afirma-se a "necessidade, generalizadamente, sentida de dar concertação e eficiência às ações de política global e política sectorial[316], e de criar uma base espacial integradora para as próprias ações da política urbana"[317].

Uma *planificação integral*, incidindo globalmente num dado território como um todo, perspetivada para o ordenar com preocupações de desenvolvimento económico, mas também de sustentabilidade.

Neste sentido, como refere Sotelo Navalpotro, a planificação integral é aquela que efetua a "definição e concretização de uma racionalidade global que possa tornar coerentes as atuações sociais com as estruturas ecossistémicas, em que se inserem", pois, em termos de planificação integral, o "desenvolvimento e o meio ambiente são dois aspetos do processo harmónico entre sociedades e a natureza, como integrantes de um mesmo sistema", pois ele, ganha "relativa importância, o que passa a denominar-se como 'eficiência integral do sistema', base e fundamento do ordenamento territorial, no seu conjunto[318]".

313 Ministério de Equipamento, Planeamento e da Administração do Território – *Relatório do Estado do Ordenamento do Território de 1997.* Lisboa: MEPAT, 1998, p. 66.

314 Ministério de Equipamento, Planeamento e da Administração do Território – *Relatório do Estado do Ordenamento do Território de 1997.* Lisboa: MEPAT, 1998, p. 67.

315 Lopes, A Simões – "As políticas e o Planeamento do Desenvolvimento Regional" (Capítulo IV), in *Desenvolvimento Regional: Problemática, Teoria, Modelos.* 3.ª Ed., Lisboa: Fundação Calouste Gulbenkian, 1987, p. 272.

316 Dando unidade às ações de planeamento físico e planeamento económico e, dentro deste, de planeamento sectorial.

317 Kuklinski, A. – "Regional development, regional policies and regional planning", in *Regional Studies*, Vol. IV.

318 Dando unidade às ações de planeamento físico e planeamento económico e, dentro deste, de planeamento sectorial.

A eficiência ou a produtividade do território, "marcada pela sua capacidade para produzir, de forma mais ou menos permanente, materiais ou energias que possam ser utilizados pare satisfazer as necessidades em bens e serviços, consequência do processo social de desenvolvimento, servirá de base à produtividade do próprio subsistema económico"[319].

Para integrar o desenvolvimento económico e social com a manutenção dos processos ecológicos – *desenvolvimento autossustentado* – exige-se a diretriz fundamental da planificação integral, de tal modo que, para conseguir esta integração importa balizar o modelo territorial dentro de um processo dinâmico, integral e de ordenamento global, harmónico com o modelo de desenvolvimento escolhido e com a "situação ambiental"[320].

*

A *questão do desenvolvimento não assimétrico e regionalização* merece algumas considerações especiais[321].

No que diz respeito à relação entre a política regional europeia e a regionalização, há que referir que a Política Regional Europeia está ligada à *ideia de regionalização, descentralização e de desenvolvimento regional.*

Há quem mesmo quem considere que, no futuro, a União Europeia não deverá ter como centro fundamental de organização do poder os Estados-Membros, mas sim os Estados federados e as Regiões autónomas e administrativas. A ser assim, isto significa que uma verdadeira política regional não pode ser separada do processo de transferência do exercício de uma certa "soberania" do nível central para o regional e local[322].

A descentralização pressupõe a distribuição do poder pelos três níveis territoriais clássicos: o central, o regional e o local. Esta fórmula admite a

[319] SOTELO NAVALPOTRO, José A. – *Modelos de organización y desarrollo regional.* Madrid: Rev. del Observatorio Medioambiental del Instituto Universitario de Ciencias Ambientales, IUCM, s/d, p. 138

[320] Idem.

[321] Vide, v.g., MYRDAL, Gunnar – *Economic theory and under-developed regions.* Londres: Methuen, 1963; WILLIAMSON, J. G. – *Regional inequality and the process of national development: a description of the patterns. Economic Development and Cultural Change,* v. 13, n. 4, 1965, p. 1-84; KUZNETS, S. – "Economic growth and income inequality". *The American Economic Review,* v. 45, n.º 1, 1955, p. 1-28; BARRIOS, S.; STROBL, E. – "The dynamics of regional inequalities": *Regional Science and Urban Economics.* Vol. 39, n. 5, 2009, p. 575-591.

[322] CRUZ – "Relações do Planeamento Regional com os outros níveis de Planeamento", in *Forum 2000: Estratégia e Planeamento na Gestão e Administração Pública,* p. 128. [98]ROSADO – op. cit. p. 20.

existência de um espaço-região, com a delimitação clara das atribuições e competências para cada um dos níveis que estiverem ou vierem a ser definidos.

Torna-se evidente que o desenvolvimento regional exige capacidade de decisão ao nível regional e local, de acordo com o princípio geral, vigente em todo o espaço da União, da subsidiariedade. Por outro lado, deve dispor de mecanismos de planeamento e programação suficientemente operacionais para a tomada de medidas adequadas ao progresso da respetiva região[323].

Já a regionalização, enquanto processo de decisão de um território autónomo, com poderes supra-administrativos, não tem sido considerada como objeto de valor e necessidade constantes e generalizáveis. Requer que o Estado aceite organizar diversos domínios governamentais de atividade, com uma organização do território eficaz e democrática[324].

Porém, as dificuldades em "dividir" o país em regiões, em alguns casos não devem pesar no processo institucional de regionalização[325].

Em todo o caso, e seja por que via for, o que se deve pretender é, essencialmente, potenciar os seguintes objetivos:

a) combater os desequilíbrios espaciais ou assimetrias regionais;
b) aproveitar os recursos e potencialidades endógenas das regiões;
c) promover o ordenamento do território e assegurar as respetivas condições ambientais; e
d) garantir a ampliação da participação dos cidadãos na resolução dos seus problemas[326]. Contudo, e apesar dos vários objetivos propostos, a realidade brinda-nos com a existência de regiões que estão menos desenvolvidas do que outras[327].

Assim sendo, torna-se imperativo levar a cabo ações adequadas de apoio ao seu desenvolvimento, fundamentalmente na sua ajuda à dinamização das condições endógenas e ao aproveitamento das suas especificidades.

As regiões insulares, devido ao facto de estarem separadas do Continente, enfrentam à partida um forte isolamento, pelo que as mesmas devem ser alvo

[323] Rosado – op. cit. p. 20.

[324] Sá – op. cit. p. 40.

[325] Rosado – oc., p. 22.

[326] Estas são normalmente caracterizadas por: Baixo rendimento (PIB/Per Capita), Baixa produtividade dos fatores de produção e do emprego, Baixo nível tecnológico, Elevado peso do sector agrícola, Elevada taxa de desemprego;
Baixa participação dos sectores industriais e dos serviços na economia da região. (Rosado – o.c., p. 51).

[327] Rosado – oc, p. 50-52.

de especial atenção por parte da política Regional, especialmente ao nível da melhoria das acessibilidades e na valorização dos elementos naturais que normalmente as caracterizam. Também às regiões fronteiriças deve ser dada atenção, na medida em que as mesmas se tornam decisivas para uma Europa sem fronteiras e para uma perspetiva transnacional do desenvolvimento regional.

Por último, há que considerar que as regiões rurais necessitam de uma ação muito ativa, caso se queira continuar a manter um mínimo de ocupação humana[328]e um dado mundo rural-humano tradicional. Em resumo, tornou-se claro que a construção de uma Política Regional no seio da Comunidade Europeia não pode ficar cingida aos órgãos da mesma, ela também passa pelos próprios Estados-Membros e Regiões, que têm que levar a cabo ações internas, de modo que se alcance a tão almejada harmonização, que se trilhe pela convergência.

O objetivo da convergência tem como pressuposto a redução das disparidades inter-regionais, na medida em que constitui uma condição para o sucesso da União. Por seu turno, a convergência implica uma evolução coerente do poder económico, de forma que se alcance o bem-estar global. Traduz essencialmente a situação de que se vive num mundo internacionalizado, ou seja, a consciência de que o que acontece num país acaba por se repercutir noutros.

Há ainda a realçar que o regionalismo e a integração europeia não constituem processos divergentes, antes coincidem. Ambos os processos são necessários para aproximar a Comunidade aos cidadãos e para assegurar uma participação futura nas políticas da União Europeia[329].

As principais oportunidades para uma participação efetiva das regiões no processo de tomada de decisão da União Europeia estão diretamente relacionadas com a remoção de divergências entre as suas atuais posições (divergentes[330]).

As políticas a adotar têm que ter em atenção os novos problemas que o desenvolvimento regional acarreta, nomeadamente a nível do ambiente, do ordenamento do território, desemprego e utilização de recursos naturais[331].

Apesar de Portugal ser um país pequeno, está muito longe de ser um país homogéneo. É um dos Estados-membro da União Europeia que, apesar de

[328] *Réflexion stratégique sur les mécanismes de participation des régions à l'Union européenne dans la perspective de la CIG de 1996*, p. 296.

[329] Ibidem, p. 297.

[330] Rosado – oc, p. 167.

[331] Cruz – oc., p. 127.

ter as suas fronteiras estabilizadas há mais tempo, possui uma das mais ricas diversidades regionais[332].

O desenvolvimento harmonioso é o primordial objetivo da instituição das regiões administrativas, pois elas estão vocacionadas para atuar nos domínios do planeamento, da programação das políticas públicas e da afirmação das potencialidades regionais[333]. Ora, a meta subjacente à criação das regiões administrativas é precisamente o aumento da eficiência do Estado, na medida em que tal permite tornar as decisões mais céleres, mais participadas e mais próximas dos destinatários[334].

As regiões administrativas, a criar em Portugal, por previsão constitucional, terão de constituir autarquias locais de nível intermédio, entre o Estado e os municípios, vocacionadas para intervir ao nível do planeamento[335] e da definição das prioridades de atuação do sector público em cada uma das regiões[336-337]. Estrategistas, como Virgílio de Carvalho, têm afirmado que, em Portugal, uma regionalização que responda às suas necessidades, no momento presente, pode aumentar a capacidade nacional de influenciar os acontecimentos exteriores que lhe dizem respeito, e que, portanto, lhe interessam, e, dessa forma, poder vir a ser suficientemente dono do seu próprio destino[338].

A verdade é que, pese a aprovação por unanimidade parlamentar, em meados da década de noventa, quase trinta anos após a vigência da Constituição,

[332] Cravinho, João – *Descentralização Regionalização e Reforma Democrática do Estado.* Lisboa: Ministério do Equipamento, do Planeamento e da Administração do Território Comissão de Apoio à Reestruturação do Equipamento e da Administração do Território, 1998, p. 13-14.

[333] Cabrita, E.–o.c., p. 15-17.

[334] Mesmo na ótica do Tratado da União Europeia, a região administrativa é uma estrutura intermédia entre o Estado e os municípios, a quem compete efetuar o planeamento regional. (Sá, Luis de – "Modelos Políticos de Regionalização: Sobre os 'Modelos' Para Portugal", in *Regionalização e desenvolvimento.* Lisboa: ISCSP, 1997, p. 27-49).

[335] Cabrita, Eduardo – *Descentralização Regionalização e Reforma Democrática do Estado.* Lisboa: Ministério do Equipamento, do Planeamento e da Administração do Território Comissão de Apoio à Reestruturação do Equipamento e da Administração do Território, 1998, p. 15-17.

[336] Estas regiões administrativas serão apenas estruturas autárquicas locais, portanto pessoas coletivas públicas territoriais, dotadas de órgãos representativos, que visam a prossecução de interesses próprios das populações respetivas e que terão uma assembleia dotada de poderes deliberativos e um órgão colegial executivo perante ela responsável (Oliveira, António Cândido de – "A Centralização está em Alta", in *Regionalização e desenvolvimento,* Lisboa: ISCSP, 1997, p. 63-92).

[337] Carvalho, Virgílio de – *Regionalização do Continente Informação que tem faltado,* Lisboa: Sociedade Histórica da Independência de Portugal, 1998, p. 76-80.

[338] Sá, Luis de – "Modelos Políticos de Regionalização: Sobre os 'Modelos' para Portugal", in *Regionalização e desenvolvimento.* Lisboa: ISCSP, 1997, p. 27-49.

tal não foi ainda cumprido e, pelo resultado do referendo sobre o tema, não foram ainda criadas as condições políticas e funcionais necessárias para cumprir aquele que é um dos seus imperativos: a criação das regiões administrativas ou autárquicas[339].

O interesse nacional exige pugnar por tudo o que possa potenciar as possibilidades de um desenvolvimento nacional homogéneo autossustentável. A regionalização, clara e corretamente assumida, pode cumprir esse escopo. Não as comunidades intermunicipais, para dar lugares sem escrutínio popular, a antigos dirigentes em escala municipal ou nacional, em substituição camuflada copiada de figuras de velhas soluções de "Deputações Provinciais" espanholas, hoje em vias de extinção.

*

No continente, o papel que os municípios e as regiões administrativas (quando funcionarem) podem desempenhar no desenvolvimento local algo fundamental e insubstituível, apesar das dificuldades resultantes da gestão de um processo para apoio do qual as atuais autarquias têm poucos meios. Por isso, há muitos melhoramentos a fazer na sua gestão, na introdução de uma perspetiva estratégica nos investimentos que realizam, na distinção entre as funções dos representantes que as dirigem e as dos técnicos, na prática de "mecanismos de análise crítica acerca das escolhas que fazem, na desburocratização dos seus serviços", na aproximação aos cidadãos.

Claro que é muito diversa a dimensão territorial e a densidade populacional dos municípios. Há municípios rurais com estruturas administrativas demasiado grandes e dispendiosas para a população que servem e simultaneamente nas periferias urbanas existem freguesias sem uma estrutura capaz de responder aos problemas das populações, que aí se têm fixado nestes últimos anos. Existem questões de índole municipal, cuja solução mais racional e adequada, quer em termos de eficácia, quer em termos de economia de meios, implicaria a regionalização e, até à sua efetivação, o agrupamento de municípios a uma escala espacial apropriada à dimensão dos problemas (Associações de Municípios, Juntas Metropolitanas), além de um reforço dos poderes das Comissões de Coordenação Regional, com uma organização e funcionamento mais participado pelas populações.

[339] V. g., ""Portugal Plural' compara Guterres a De Gaule", in *JN* 16.9.1998; Mota, Isabel Teixeira – "'Portugal Plural' separa águas", in *JN*, 9.9.1998.

As Regiões e os municípios são incontornáveis na abordagem das questões do planeamento e do desenvolvimento local. Estão mais próximos dos cidadãos. Por isso, em melhores condições para detetar os problemas e determinar os objetivos e os investimentos mais apropriados. Todavia para um bom desempenho do seu papel, os dirigentes têm de estar informados da multiplicidade de soluções à sua escolha e têm de ter capacidade de determinar aquela que melhor se adequar ao problema específico.

*

Quais as atribuições e a participação do atual poder autárquico no sistema de planeamento nacional, quer no domínio económico-social e quer no territorial?

Num contexto Unionista, em que o crescimento económico anda associado a significativas entradas de subsídios no âmbito dos Quadros Comunitários de Apoio da União Europeia, Portugal tem multiplicado realizações públicas, que passam por processos de planeamento, transformado em instrumento importante no âmbito da gestão pública.

As autarquias regionais e municipais têm ganho importância nos processos de planeamento, porque elas estão em *situação privilegiada, dada a sua proximidade das populações*, para aferir da correção dos elementos evolutivos do modelo de desenvolvimento que se pretende para o país.

*

Quanto ao *desenvolvimento económico*, por que razão subsistem as *assimetrias regionais*, existe um *crescimento desordenado dos grandes centros urbanos*, se verifica uma *desertificação do interior*, se faz sentir a incidência do desemprego em áreas tradicionais, ocorre a emergência de áreas de pobreza, tudo dados negativos reveladores dos desajustamentos no processo de desenvolvimento económico, que o processo de planeamento deveria corrigir?

Quanto à utilização dos solos, o ordenamento do território é tarefa constitucionalmente atribuída ao Estado. Mas é, também, da responsabilidade das autarquias, dado que ele só pode ter um correto enquadramento no tempo através de um planeamento físico em que elas tenham o papel devido.

As *mudanças socioeconómicas e o desejo de bem-estar ligado a padrões de qualidade de vida*, podendo aproveitar com os fluxos financeiros, no âmbito da UE, impõem a necessidade de uma abordagem integrada de toda a realidade regional e municipal, mobilizadoras dos agentes socioeconómicos, o que passa pela elaboração de Planos Estratégicos, articuladores dos vários níveis de planeamento nacional.

As autarquias são instituições de base para a organização do espaço social em todas as suas dimensões, tanto física, como económica e cultural. E, simultaneamente, constituem centros de reflexão e de controlo sobre o estado das comunidades, nas suas permanentemente evolutivas *realidades locais*. Podem conhecer melhor e agir de modo mais adaptado e rápido, em face das transformações sociais e dos novos desafios da inovação permanente.

Os Planos Diretores Municipais, protagonizando uma parte relevante das relações entre o Poder Local e a Administração Estadual, são instrumentos de autonomia local. E também são planos de desenvolvimento, sem prejuízo das suas finalidades globais, dado que são peças indispensáveis ao ordenamento do território e ao planeamento urbanístico.

A *participação pública* é ainda incipiente, o que não tem sujeitado o processo de planeamento à *crítica e refutação*, única forma de garantir a sua adequação e o rigor do seu conteúdo, questões de mérito, mas também de *adesão social* que deve suscitar, que não admite peças dogmáticas, impostas com *autoridade tecnocrática*.

Além disso, os planos devem informar e fundamentar os planos de atividade e de investimento autárquicos. *Basear a programação* do seu desenvolvimento. O que não ocorre em muitos casos, porquanto não existe uma ligação dinamizadora entre a conceção dos planos e a gestão da autarquia.

Questão de sempre e que é a pedra de toque de um verdadeiro poder local passa por *dotar as autarquias com recursos, meios e estruturas* que lhe assegurem a capacidade para o cabal e eficaz cumprimento das atribuições que, naturalmente, segundo o *princípio da subsidiariedade*, lhe devem caber.

Os planos são apenas instrumentos que nada valem sem os meios para os executar. É necessário *valorizar a relação de vizinhança propiciadora de uma dinâmica operativa da solidariedade* que só as autarquias podem dar, levando ao envolvimento indispensável dos habitantes dos vários territórios que formam o Estado.

A intervenção ativa das autarquias, no domínio do planeamento físico, decorre há já algum tempo e assume hoje uma dinâmica significativa, apesar da reavaliação que esse processo requer.

*

Vejamos, primeiro a temática da necessária *pluralização escalonada do sistema autárquico*, enquanto poder considerado como "local" pela Constituição, regiões autárquicas e municípios e depois como se enquadram os vários atos de planeamento público. Nos países e para o seu desenvolvimento democrático e económico-social faz falta, em geral, o aceitar a virtualidade do *fenómeno da regionalização, mesmo que meramente autárquica* (se, em concreto, não se justificar a constituição de Comunidades ou Regiões com autonomia político-administrativa, como se entendeu justificar-se nos casos dos territórios insulares dos Açores e Madeira). Portanto, uma regionalização mesmo de natureza meramente administrativa[340], onde deve residir um forte poder nos domínios de *definição, ordenadora em escalão supramunicipal, da administração e do planeamento territorial.*

Com efeito, em geral, estão relacionados os temas do desenvolvimento socioeconómico, Administração Pública "democratizada", mais controlada pelos cidadãos e mais eficiente e a realização do fenómeno da autodeterminação regional, seja política, seja meramente administrativa, mesmo em Estados relativamente pequenos, como vemos ocorrer em Estados do norte da Europa.

Há que aceitar um novo mundo, onde a vontade dos povos, democraticamente expressa, sem invocados bloqueamentos de procedimentos, processos, tempos ou Constituições agregadoras, vençam legítimos desejos de autodeterminação de um dado Estado ou de reformas de governabilidades regionalizadoras e avançar com políticas que terminem com *diferenças de desenvolvimento que mantêm assimetrias crónicas, fustigando a vivência em condições de igualdade dos cidadãos dentro do mesmo espaço político*, o que implica a abertura, não só a processos de secessão, como de federação ou de regionalização autónoma ou só administrativa e, de qualquer modo, criar estruturas capazes de encetar políticas públicas de incentivos ao desenvolvimento regional e local com bases participativas, democráticas.

Com efeito, no âmbito de reforma do Estado-Administração, haverá que executar adequados projetos de concretização política de regionalizações, algo fortemente propiciador dos reptos de desenvolvimento de todas as partes do território nacional e de um correto planeamento estratégico e territorial regional, fator de desenvolvimento endógeno próprio e colchão

[340] *Autarquização regional* necessária, desde que os órgãos de administração sejam de base eleitoral plenamente assente em escolhas radicadas, direta e pessoalmente, nos cidadãos eleitores. Regra que, em Estado Demosoberano, deve ser sempre respeitada, em qualquer escalão de poder territorial (de funções genéricas, embora não necessariamente em instituições de tarefas específicas, dependentes e de desenvolvimento de atribuições de órgãos constitucionalmente previstos), em termos uninominais, e não em listas elaboradas e de afirmação de meros militantes associados em partidos, que os cidadãos em geral não controlam e, aliás, cujas decisões internas, normalmente derrapam para soluções autocráticas e não verdadeiramente colegais.

de esbatimento das consequências dos erros das políticas da Administração nacional, em termos que potenciem níveis iguais de qualidade de vida dos cidadãos, vivam onde viverem.

As regiões, territórios federados de Estados ou constituídas em entidades político-administrativas autónomas ou mesmo de natureza meramente autárquica, com meros poderes administrativos e não político-administrativos, estão mais vocacionadas para a *afirmação proactiva de lideranças e governações dinamizadores dos distintos territórios.*

Para atuar, essencialmente, nos domínios do planeamento e da definição das prioridades de atuação do sector público em cada uma delas, da programação das políticas públicas e da afirmação das potencialidades regionais, endógenas, com acréscimos de eficiência, com decisões mais céleres, mais participadas e mais próximas dos destinatários.

Uma reforma eficaz e de poupança de despesas públicas só pode concretizar-se através da regionalização do país.

Não é por acaso que os grandes problemas atuais de endividamento se passam nos três países não regionalizados, pese embora a especificidade da Irlanda, e que o Fundo Monetário Internacional imporá à Grécia uma reforma do Estado no sentido da criação de regiões administrativas.

Tudo para impedir novas derrapagens do poder central. E tal deve mesmo funcionar como uma condição de regeneração da política portuguesa, pelo que devia também ser uma das exigências, por parte da UE-Fundo Monetário Internacional, integrantes da reforma administrativa do Estado, no atual processo de resgate financeiro para garantir, no futuro, a divisão das decisões de investimentos e multiplicação do controlo no campo dos gastos futuros.

Uma Administração Pública com excessivo centralismo afeta negativamente a rapidez aplicativa e adaptativa das políticas e hegemoniza soluções não sempre adequadas no todo e sem permitir resultados comparativos e correções face aos modelos de êxito.

A eficácia das políticas públicas e o desenvolvimento harmonioso dos seus territórios, objetivo primordial de uma necessária instituição de regiões autárquicas, vocacionadas para a afirmação proactiva de lideranças e governações dinamizadores dos distintos territórios.

Embora limitada a atuações essencialmente nos domínios do planeamento e da definição das prioridades de atuação do sector público em cada uma delas, da programação das políticas públicas e da afirmação das potencialidades regionais, endogenizantes, com acréscimos de eficiência, com decisões mais céleres, mais participadas e mais próximas dos destinatários, urge concretizar, em Portugal, este projeto constitucional da regionalização, que é algo ínsito ao desafio de desenvolvimento de todas as partes do território nacional e a um correto planeamento estratégico e territorial regional que potencie níveis iguais de qualidade de vida, em que se exige novos enquadramentos e procedimentos que a viabilizem.

O seu enquadramento deve processar-se em novos moldes e tem real sentido, essencialmente, numa *visão reformista global do Estado.*

No âmbito do quadro constitucional da regionalização, há muito que se teria exigido uma *revisão do contexto realizador constitucionalizado,* de molde a corrigir aspetos politologicamente anómalos, eliminando quer certas exigências absurdas como o da votação não se reportar apenas à vontade dos cidadãos diretamente interessados, mas também os dos territórios dos Açores e Madeira, já regionalizados (aliás, não só administrativamente, mas até politicamente, sendo regiões autónomas, de natureza político-administrativa).

Portanto, se tratar de algo que não lhes diz respeito, tal como a exigência da criação simultânea das regiões, prejudicando as populações que queiram regionalizar-se face ao poder, também de natureza interditador das outras, na medida em que a imposição de referendo está concebida em termos de um só e não se reporta a cada região consultada.

Se já somos um Estado unitário, com duas regiões políticas, qual a razão para impedimentos de o sermos com mais outra ou outras regiões administrativas, mesmo que algumas populações vierem a preferir não se administrarem a elas próprias.

Uma vez que foi decidida a sua criação futura pela Constituição desde 1976 e nunca tal tendo sido eliminado em nenhuma revisão posterior ("et pour cause?") e, pelo contrário, tendo o processo sido já completado com uma lei orgânica e atributivas de matérias, em 1991, a efetivação final depende da concretização dos territórios e suas sedes de Administração regional, pelo que um *referendo,* a existir como pretende a lógica constitucional, só tem sentido quanto à *fixação-criação em concreto do território de cada região.* Portanto, em consulta apenas ao eleitorado da respetiva região, não sendo aceitável que regiões já existentes ou em formação, decidam por si e pelos outros, assim podendo pronunciar-se a seu favor e contra o desejo das outras, ou seja, em geral podendo bloquear outras que se pretendam instituir.

*

Atendendo ao facto de que, depois do último referendo de 1998, enformado por uma simulacro de discussão esclarecedora, as forças anti-regionalização acabaram por impor um modelo distinto, com tentativas de evolução inconstitucional e, de qualquer modo assente numa modulação "aconstitucional", aliás com todos os vícios financeiros e outros que imputavam à regionalização, importa atentar na situação empírica criada, em que deparamos quer décadas de funcionamento de Comissões de Desenvolvimento Regional, recentemente objeto de alterações na sua titulação orgânica, e a existência das Associações intermunicipais mais recentes e partir de uma dela, efetivando uma *revisão do contexto realizador constitucionalizado.*

Isto, ou optando pela solução, politicamente, mais fácil, de aceitação de grandes regiões (eventualmente autonomizando as duas áreas metropolitanas dominantes de Lisboa e Porto) correspondentes à CCDR, que já foram criando laços panregionais ao longo de décadas e cuja sede aí estão, em geral, afirmadas sem colocar lutas bairristas pelas capitais; passando apenas a ser eleitas democraticamente e a receber todas atribuições da lei de 1991; fazendo acabar as Associações, que não sejam de meras atribuições específicas, que não contendam com os poderes regionais. Ou, se se quiser ousar optar por uma regionalização territorialmente diferente, com os olhos no mapa de 1998, embora passível de acertos, tais como a autonomização da Área Metropolitana do Porto e outros, como o espeço que integra parte norte do distrito de Lisboa, Leiria, Santarém e Portalegre, atendendo a lições motivantes do resultado no anterior referendo), partindo-se da organização das atuais associações, implicando um maior número de regiões, a menos que ainda se associem mais, integrando legalmente as áreas municipais eventualmente ainda isoladas, inseridas dentro do seu espaço ou nas suas imediações, procedendo-se depois a eleições para o exercício das tarefas legalmente previstas na lei das autarquias regionais (LQRA).

Embora esta última solução possa deixar o desenvolvimento regional menos dependente de lógicas dominantes dos grandes e tradicionais centros urbanos localizados mais no litoral, e assim melhor servir os interesses de áreas menos desenvolvidas que não ficariam à partida dominadas pelo maior desenvolvimento e infraestruturas tradicionais e suas lógicas de desenvolvimento centrado nelas, de facto não deixa de conter a dificuldade das lutas bairristas, se o método da decisão sobre o apuramento da respetiva sede não ficar estipulado na lei com claros elementos de apoio decisório (não necessariamente de natureza qualitativa e quantitativa, mas sobretudo um método de escolha o mais consensual possível, eventualmente em referendo na própria geral, sendo certo que não tem de ser necessariamente a cidade maior ou já mais desenvolvida ou historicamente mais importante), que apontem não para integrar na região áreas que favoreçam uma escolha em função de capitais pré-pretendidas pelos partidos e governantes, mas para povoações, dentro da áreas a constituir, que podendo ter, ou não, um mínimo de centralidade ou de estruturas de ensino e possibilidade de desenvolver sinergias no todo em causa, que pareça justificar, sobretudo seja uma escolha livre do eleitorado[341].

No entanto, a seguirem-se soluções de necessário recorte territorial, no seu âmbito procedimental, quer se parta em termos reformistas de atuais realidades associativas quer não, a conformação geográfica final deve resultar da pronúncia dos cidadãos. Mas não através de qualquer unitário referendo-ratificação de um mapa nacional, pré-decidido pelos poderes nacionais e partidários ou referendo inicial de qualquer projeto quanto ao sentido, tempo construtivo, territórios e capitais ou atribuições. Devendo mesmo aceitar-se que a decisões positivas não devem ficar bloqueadas pelas de regiões que tenham votado contra na criação da sua região; ou seja, não deve afastar-se a hipótese de ritmos diferentes do projeto global de reenquadramento georegional, e ter presente lições de preferências face a lições já adquiridas nas experiências associativas alargadas desta década e tal. Certas rejeições de mapa em 1998 não foram contra a regionalização, mas contra o mapa proposto, o que inquinou o processo, em vez de levar a revisões do território em causa, o que o referendo global não ajudou a clarificar.

A aprovação final de cada território regionalizado deve, só depois, passar por uma lei da Assembleia da República e consequente marcação de eleições para os novos órgãos da Região, em substituição dos órgãos associativos e dos das Comissões de Coordenação e Desenvolvimento Regional (representatividade direta).

No âmbito da estrutura orgânica, poderes e atribuições destas autarquias supranacionais, deve aceitar-se a aplicação da atual Lei-Quadro das Regiões Administrativas, aprovada por unanimidade em 1991, sem prejuízo de futuros aperfeiçoamentos, aliás exigíveis em todas as entidades territoriais infraestatais, não tanto no plano macro-orgânico ou material, mas da interadministratividade, cooperativa ou integrativa, substituindo poderes de intervenção excessiva, por partilha de poderes de pronúncia ou decisão.

Em geral, em Portugal é urgente avançar-se com modificações no sentido da Reforma da Organização da Administração Pública com a racionalização dos seus gastos, através da reorganização e extinção ou concentração de inúmeras entidades institucionais dos poderes públicos, uniformização das circunscrições de Administração regionalizada do Estado em linha com os

[341] Aqui bem ao lado, temos, no caso da constituição das Comunidades Autónomas espanholas, aliás de natureza política, v.g., a situação da escolha da capital da Extremadura, que não foi a cidade mais desenvolvida e histórica de Cáceres, mas Mérida.

territórios da futura regionalização, e reformulação dos entes autárquicos já existentes, freguesias e municípios[342].

1.8. Ciência jurídico-urbanística

1.8.1. Direitos administrativos ligados ao território

Numa abordagem jurídica destes temas, isto é, referente aos direitos administrativos ligados à utilização do território, há que avançar com noções que tomem em consideração a *relação evidenciada* entre o direito urbanístico e outros ramos do direito administrativo referentes ao território ou aos edifícios.

Comecemos por os encarar em si.

O *direito do ordenamento do território* é o conjunto de normas jurídicas que disciplinam a atuação da Administração em ordem a assegurar uma distribuição racional do homem e das suas atividades, num dado território.

É o direito *concretizador da política de ordenamento do território*, tal como a definimos acima, resultante da Carta Europeia de Ordenamento do Território e da Lei de Bases Gerais desta política (lei n.º 31/2014, de 30.5).

O seu *objetivo geral* aparecia já no Preâmbulo do Decreto-Lei n.º 309/95, de 20 de novembro, que o enunciava como sendo "criar e estimular as condições de *ocupação, uso e transformação do solo* favoráveis ao *desenvolvimento social e económico coerente, equilibrado e sustentável das várias áreas do país*").

O *direito do ambiente* é formado pelo conjunto de normas jurídicas reguladoras da atividade da Administração e dos particulares em ordem a *garantir a conservação da natureza e defender a qualidade de vida humana.*

Tem uma forte componente de preocupações territorialmente situadas.

*

O *macro-enquadramento da política dos solos*, consta dos artigos 65.º, n.º 4 do artigo 80.º, al. c) do artigo 65.º, al. d) da Constituição, que fixam os seguintes princípios:

a) o *princípio do controlo efetivo do parque imobiliário* por parte da Administração Pública (Estado e autarquias);

[342] Naturalmente que a reforma da organização do Estado tem que ir mais longe, urgindo, também, rever outras questões, tais como a revisão Parlamento-Governo, a organização do poder jurisdicional em geral, o sistema eleitoral em geral e o poder-funcionamento dos partidos na vida nacional, em termos que não ponham em causa uma genuína conceção de regime demosoberano, em que os representantes do poder derivam e dependem dos cidadãos, permitindo o controlo direto e permanente do seu exercício.

b) o princípio da admissibilidade de expropriação dos solos de acordo com o interesse urbanístico;
c) o *princípio da definição do direito de utilização dos solos*, pelo Estado e pelas autarquias locais, com afetação de atribuições comuns e o princípio da promoção pelo Estado do aproveitamento racional dos recursos naturais e também dos solos.

O *direito dos solos* visa concretizar a política nacional sobre os solos, a qual, em relação aos solos para aproveitamento urbano, viria dotar a Administração Pública de instrumentos para prosseguir os objetivos urbanísticos fixados nos planos, evitar a especulação imobiliária, propiciando a oferta de terrenos em quantidades e preços razoáveis, e permitir a solução do défice habitacional.

A *intervenção ordenamental e urbanística nos solos* processa-se, quer pela utilização de técnicas estabelecidas, que vão desde atuações incentivadoras ou impositivas da oferta de terrenos (v.g. obras públicas, designadamente de urbanização, sujeição por poder municipal a construção obrigatória (18 meses após notificação em terrenos aptos a edificação, nos termos do artigo 48.º da Lei de Solos), fixação de prazos e eventuais *prorrogações dos trabalhos de loteamento, obras de urbanização e de construção*, a que há a juntar os prazos legais curtos de *caducidade das licenças* que os viabilizam), quer de recurso a *orientações desincentivadores do seu inaproveitamento urbanístico* (manejo de mecanismos tributários, etc.), assim como *medidas circunscritivas* (sujeição a licenciamentos), previsão de *atividades de colaboração* (associação da Administração Pública com proprietários dos terrenos), *instrumentos de aquisição pública de terrenos* (além dos meios de gestão privada, o direito administrativo de preferência, o direito de expropriação de áreas necessárias para a criação e expansão de aglomerados urbanos ou parques industriais, espaços verdes, recuperação de áreas degradadas, etc.), e a obrigação de *cedência gratuita de parcelas de terrenos para o domínio público* municipal (destinados a infraestruturas urbanísticas, ou não sendo necessário, em compensação e nos termos a regular em regulamento municipal, para o domínio privado, passível de alienação em propriedade plena ou de cedência em termos de direito administrativo de superfície).

O *direito dos solos*, que faz parte do direito urbanístico, disciplina em geral a alteração do uso ou da ocupação dos terrenos para fins urbanísticos, em ordem a um adequado ordenamento do território, visando o desenvolvimento socioeconómico equilibrado das diversas regiões, e abrangendo também o controlo e a superintendência dos empreendimentos de iniciativa particular.

A nossa legislação dos solos consagra ainda vários *princípios, orientações, faculdades e sujeições,* que configuram os aspetos fundamentais da disciplina dos solos, de que destacaria os seguintes:

a) o *princípio do controlo público das iniciativas particulares,* designadamente a aprovação administrativa prévia da alteração do uso ou da ocupação dos solos para fins urbanísticos (licenciamento);
b) o *princípio da apropriação pública,* designadamente através de expropriações ou direito de preferência, de solos necessários para a criação, expansão ou desenvolvimento de aglomerados urbanos, criação ou ampliação de parques industriais, espaços verdes urbanos de proteção e recreio, e para a recuperação de áreas degradadas;
c) o *princípio da admissibilidade de cooperação dos particulares na urbanização,* através da realização de obras de urbanização de terrenos para construção;
d) *a possibilidade de expropriação total, em bloco ou sucessivamente por zonas, da área necessária à execução de um plano ou empreendimento;*
e) a possibilidade *da cedência aos particulares do direito à utilização de terrenos,* para os fins que legitimam a sua apropriação pública ou de renovação urbana, apenas em direito de superfície, por prazo máximo de 50 anos (prorrogável), exceto se se encontrarem em áreas abrangidas por planos de urbanização legalmente aprovados (situação passível de cedência em propriedade plena) ou de cedência para cooperativas de habitação ou para habitação própria, em que o prazo mínimo será de 70 anos;
f) a *obrigatoriedade de fixação de um prazo máximo para construção no ato de transmissão em propriedade plena,* a cumprir sob pena de reversão à Administração Pública, com a perda de 30% dos montantes pagos pelos mesmos;
g) uma *diretiva à Administração planificadora e de gestão urbanística, no sentido de fixar os números ou percentagens de fogos a construir, com fixação ou controlo dos valores das rendas ou dos preços de venda, para fins destinados a habitação social,* aquando da execução de qualquer plano de expansão, desenvolvimento ou renovação urbana ou de criação de novos aglomerados;
h) o *princípio da aplicação de medidas preventivas ou medidas provisórias* na previsão da aprovação de um plano;
i) a faculdade de a Administração Pública se relacionar com os particulares, para assegurar a *disponibilidade de terrenos para expansão, desenvolvimento e renovação urbana ou de criação de novos aglomerados urbanos e execução do plano de urbanização;*

j) a sujeição a *interdição ou a restrições de demolição de edifícios destinados a habitação*;

l) a *previsão de legislação especial para proteção de edifícios e zonas de interesse histórico, cultural e artístico, ou limitação a certos tipos de atividade e ainda interdição, em zonas a delimitar, de uma utilização de edifícios ou parte deles para o exercício de atividades industriais ou profissões liberais*;

m) a faculdade de *declaração administrativa de áreas críticas de recuperação e de reconversão urbanas*, delimitadas em função da falta ou insuficiência de equipamento social, de áreas livres e espaços verdes ou com edifícios deficientes, em termos de *solidez, segurança, salubridade*, pela gravidade da sua situação, para superar os inconvenientes e perigos da situação;

n) a faculdade de *expropriação administrativa de faixas adjacentes*, com profundidade máxima de 50 m, destinadas a habitação, em caso de abertura, alargamento de ruas, praças, jardins e outros lugares públicos, assim como de *terrenos rústicos a aproveitar para construção urbana*, derivado de obras, ou de terrenos próprios para fins de construções adjacentes a vias públicas de aglomerados urbanos ou prédios urbanos a reconstruir ou remodelar quando sem motivo justificado, devidamente notificado, o proprietário não atue no prazo de 18 meses (arts. 47.º e 48.º); e

o) o *princípio da interdição de desalojamento administrativo de habitantes de prédios a demolir ou a desocupar temporariamente, sem se encontrar providenciado o respetivo realojamento*;

p) a *delimitação de zonas da defesa e de controlo urbanos*, incidindo sobre os solos circundantes dos aglomerados ou incluídos neles e sobre alterações ao uso dos mesmos, em termos inconvenientes para os interesses comunitários, designadamente o equilíbrio biofísico e a preservação de condições para o desenvolvimento futuro dos aglomerados urbanos ou de parques industriais, com interdições ou sujeição a autorização e condicionamentos à construção.

Tradicionalmente à legislação dos solos vem cabendo traçar uma *política geral do aproveitamento dos solos*, com duas vertentes, uma, visando "concretizar" uma política pública setorial que apoie a *oferta de terrenos suficientes e a preços anti-especulativos* para a construção em aglomerados urbanos, e, por isso, teoricamente, foi sempre uma política programático ao serviço de um urbanismo em sentido simultaneamente económico e social, preocupado em dar instrumentos jurídicos à Administração Pública para prosseguir pré-objetivos.

A outra vertente foi contendo normas de aplicação direta aplicáveis a certos tipos de bens imóveis e tornando nulas normas de planeamento que fossem incompatíveis com eles.

Em causa, estaria uma política facultando à Administração Pública *instrumentos corretivos dos defeitos ou excessos do jogo do livre funcionamento do mercado* de terrenos para ajudar a regularizar os preços dos terrenos passíveis de construção, sem especulação, e sobretudo permitir obtê-los a preços baixos para construção social e constituição de património imobiliário público face a programas de urbanização, com o controlo público da iniciativa privada, recurso à expropriação e direito de preferência. Ou seja, para apoio à atividade económica da administração como agente imobiliário (comprando, trocando e vendendo terrenos para construção)[343].

A nossa *lei dos solos*, na parte respeitante à política dos solos, aponta sobretudo para a aquisição de reservas de terrenos para urbanização, tendo, no entanto, falhado neste aspeto, por inexistência de meios financeiros por parte dos municípios.

1.8.2. Noção e características do direito do urbanismo. Conteúdo e natureza. Regime de expropriação. Propriedade privada e direito de construir. Direito do urbanismo e direito privado da construção

Na perspetiva da delimitação do conceito em justificação desta publicação e, portanto, pressupondo uma aceitação ampla do conteúdo do direito do urbanismo, apontaria a um tratamento temático que englobe:

[343] Naturalmente, no caso de compra, nunca à custa de negociações de compra de bens valiosos de institutos públicos, como a Segurança Social, com forte base contributiva laboral, aliás, desde o final do século passado, onerada ilegitimamente com a erosão contínua de pagamento de encargos sociais não contributivos, que apenas deveriam sair dos impostos do orçamente do Estado e nunca de fundos de base contributiva e claras dificuldades financeiras, como ocorreu recentemente com a vendas de imenso imobiliário da Segurança Social de todos os portugueses a uma câmara (Câmara Municipal de Lisboa) e que, sob o diáfano manto da não especulação, retirou, admitindo que a Segurança Social necessitava de verbas nesta altura, receitas vultosas que o mercado normal atual lhe atribuiria, o que traduz um escandaloso negócio público de cariz leonino a favor da autarquia. Algo difícil de compreender e aceitar, sem ter ocorrido uma (re)negociação justa de valores face à evolução do mercado. Pois, trata-se de bens de todo país a favor de interesses, embora públicos, de uma parcela de beneficiários de um concelho. Isto, aliás, para já. Pois, também, já vimos a mesma CM, a vender bens valiosos de propriedade municipal a empresas privadas e em condições questionáveis, assim como assistimos mesmo à história de empresas dos entes públicos no regime de direito público a passarem a entidades de direito comercial e, depois, a sua "venda" em termos passíveis de polémica.

a) o *direito dos planos urbanísticos*
O *direito da planificação urbanística* integra aspetos dos planos territoriais supramunicipais e locais, designadamente, os de natureza ordenamental de fins omniabrangentes, na medida em que tenham diretrizes e normas dirigidas ou com implicações no urbanismo, apesar de haver um tratamento específico do direito do planeamento territorial em geral, estudo das normas de planeamento dirigidas apenas às administrações públicas de origem não municipal, junta-se também o tratamento destes seus instrumento de urbanismo, sendo-o especificamente os PMOT e os PIMOT.
b) O *direito dos solos*, nos aspetos *da sua utilização ou ao serviço do melhor aproveitamento urbanizador*; direito que (em geral, seja normativizador das políticas nacionais de solos e não apenas dos solos urbanos), na medida em que tenham implicações restritivas ou condicionadoras do desenvolvimento urbano ou construtivo, tendo assim uma importante função auxiliar do "estrito" direito urbanístico, com o instituto da expropriação, direito de preferência, loteamento territorial, obrigatoriedade de construção, etc. As preocupações do moderno direito do urbanismo apontam, desde logo, em primeiro lugar, para a disciplina da atividade da Administração e dos particulares, em ordem ao desenvolvimento racional e sadio dos meios urbanos,
c) o *direito das operações urbanísticas* e o *direito da construção de edifícios* e, naturalmente, o direito da *organização administrativa urbanística*, embora o direito referente à construção não seja apenas direito público da construção[344], mas na medida em que o seja ou este tenha implicações

[344] Por questões administrativo-funcionais, os legisladores ocidentais desligaram quase completamente o direito do urbanismo do direito privado da construção, não tanto por serem defensores estritos da separação desta duas grandes áreas do direito, com repercussões na diferenciação das jurisdições, assim deixando tudo o que é direito privado para os tribunais (razão que seria incongruente com a existência de ramos materiais mistos e, neste caso, ou com competências jurisdicionais separadas ou com atribuições também mistas por conexão temática), sem tal dele afastando a intervenção das Administrações públicas, isto é, não por serem defensores da negação do princípio da unidade da ordem jurídica, levando ao extremo a separação do direito público e direito privado, pois este até é já minimamente implicado em procedimentos de viabilização de operações urbanísticas privadas, mas por razões práticas, medo e alienação da responsabilidade civil por danos de base procedimental-decisória, sendo certo que a verificação da lei privada (que não tem, em geral, ajudas regulamentares) era mais um encargo exigencial de conhecimentos que a unidade do sistema e o serviço público de controlo da aplicação do direito pelas autoridades não deveria descartar, para não empurrar tudo para contenciosos pessoais (acrescidos com decisões administrativas, eventualmente erradas e não contestadas por aqueles

nele (v.g., título de propriedade como comprovação legitimadora da pretensão de operar sobre um dado solo, certas regras de conduta urbanística que, sendo formalmente de interesse público, estão interligadas a relações de vizinhança entre terrenos urbanos, mesmo entre particulares, tais como imposições de espaços, alturas, luminosidade, vistas, etc., e que podem funcionar cobrindo normas de direito privado que, eventualmente, eram menos exigentes).

Portanto, em conclusão, o *conceito amplo* parece traduzir melhor a legislação internacional, constitucional e ordinária vigente, ao jeito do direito comparado, englobando todos os elementos das várias conceções parcelares.

Por um lado, conceber o direito do urbanismo como o direito do plano, na medida em que seria este que lhe daria o carácter e unificaria as suas normas é insuficiente, dado que há normas onticamente urbanísticas "extra-planeadas". Ou conceber o direito do urbanismo como *direito público da construção*, referente à utilização do solo para a edificação, ou como *direito da ponderação e superação dos conflitos de interesses* a propósito dessa utilização do solo, seria esquecer os normativos enquadradores destas normas, em geral instrumentais de opções político-urbanísticas consagradas pelo legislador noutras normas, naturalmente de natureza urbanística.

Por outro lado, ele não pode definir-se excluindo ou pressupondo a inexistência de *condicionantes ordenamentais gerais e ambientais*, que orientam

a quem a legalidade interessa) e decisão dos tribunais, sobretudo quando em casos de tratamento administrativo de uma situação, a ilegalidade civil surge em termos notórios, implicando aquilo mesmo que à Administração cabe decidir. Importa não esquecer, a norma – cabeça do título IX da Constituição portuguesa, o n.º 1 do artigo 266.º, que situa devidamente a Administração, nestes termos: "A administração Pública *visa* a prossecução do interesse público", mas "*no respeito pelos direitos e interesses legalmente protegidos dos cidadãos", coisa de que também trata e também cabe ao Código Civil e demais legislação, no que ao direito da construção tange.* Sendo certo que a referência, explicitada no n.º 2 do art. 269.º da Constituição, de que os trabalhadores da Administração Pública "estão exclusivamente ao serviço do interesse público", visa apenas impedir a sua hipotecação decisória a outros interesses, fora do respeito pelo princípio da legalidade positiva, e em geral interditar a atribuição de supremacia decisória a interesses corruptores da sua lógica de serviço no interesse geral. Embora sem chegar a ser um argumento direto, neste tema, de facto do seu art. 271.º não deixa de estar subjacente uma ideia geral de cuidado a caber na ação administrativa por tudo de que possa resultar a violação dos "direitos ou interesses legalmente protegidos dos cidadãos". E importa não esquecer que existe um princípio de afirmação fundamental no planeamento, que é o da *justa ponderação panificadora de todos os interesses envolvidos (todos,* sejam públicos, sejam privados), o que o ostensivo desprezo, mesmo que conhecidos, de direitos privados presentes no decurso de procedimentos de elaboração, que também regula tais interesses, pode prejudicar, pela mão da Administração.

a concretização, quer do planeamento urbanístico, quer das imposições ou interdições concretas.

Tem que ver, portanto, com as *reservas de solos para certos fins*, cuja normação se prende com a necessidade de interditar ou restringir a atividade construtiva.

O direito do urbanismo é também direito do ordenamento (*ordenação urbanística*) e mesmo quando os ordenamentos sejam territorialmente regionais, à maneira dos das Regiões Autónomas, ou pararegionais (intermunicipais) à maneira do continente, o direito do urbanismo vem integrar-se neles, que *se impõem, comandam a jusante as normas e até as decisões administrativas e operações urbanísticas*, prolongando as suas orientações para o nível micro-territorial urbano (este executando-as, desenvolvendo-as e concretizando-as).

De qualquer modo, é verdade que nem todo o direito ordenamental é direito do urbanismo, tal como nem todo o direito do urbanismo é ordenamental.

Do mesmo modo, apesar de o direito ordenamental e o direito do urbanismo terem também objectivos ambientais, estes não passam só pelas estratégias ordenamentais ou normas de índole urbanística, até porque, muitas vezes, não estão envolvidos na urbe, mas no campo e nas águas e porque *ultrapassam também a referência territorial e o processo planificador*, essencial ao ordenamento e ao urbanismo, embora também importante para o ambiente.

A justificação desta opção de análise foi sendo dada nas exigências da docência. Tudo, sem prejuízo de o estudo da evolução histórica deste ramo do direito ajuda a cimentar a sua compreensão.

No século passado, chegou-se à conclusão de que os atuais problemas da urbe só podem ser resolvidas olhando não só sobre a cidade, mas para além dela. Onde muito do que se passa, se repercute necessariamente nela, condicionando-a. Este entendimento é pacífico na linha do pensamento anglo-saxónico, ínsito à matéria do planeamento territorial (da cidade e do campo, *Town and Country Planning Law*). Ele parte, precisamente, da conceção de que há fenómenos no *hinterland da urbe* e até no país em geral, que acabam por conformar as cidades, o que implica um planeamento territorial que faça o seu levantamento e proponha soluções globais.

Em conclusão, o direito do urbanismo é o conjunto de todas as normas jurídicas (regras e princípios) que disciplinam o regime jurídico da *propriedade do solo, a ordenação urbanística, a organização e a atividade administrativa planificadora e gestionária do uso do solo, da urbanização e da construção.*

No fundo, numa abordagem material, objetiva, trata-se da atividade da Administração Pública e dos particulares, desenvolvida em ordem a obter uma organização racional das construções sobre o solo.

Ou seja, trata-se essencialmente da *organização do desenvolvimento dos aglomerados populacionais, e das limitações às faculdades de construção prejudiciais para a agricultura, o ambiente e a estética urbana,* E por outras razões de interesse público, especialmente, da irracional *expansão da urbanização e conservação-renovação das edificações e burgos.* E, em geral, das intervenções administrativas no solo, assim como das formas da utilização deste (edificação, defesa e recuperação-valorização do património, construído ou natural, designadamente o histórico-cultural e elementos paisagísticos, etc.).

*

Em termos do *conteúdo do direito do urbanismo*, o seu objeto, como se constata pela noção dada, trata da organização da Administração urbanística, do planeamento materialmente enquadrador de intervenções nos solos, em termos de faculdades ou interdições construtivas, especialmente dos urbanos e urbanizáveis.

Segundo a normação básica existente, as duas categorias são unificadas em termos que o *solo urbano*, que passa a ser todo aquele ao qual, nos termos regulados na lei e nos planos regulamentares, é "*reconhecida vocação* para o processo de urbanização" e para a edificação, "nele se compreendendo os terrenos *urbanizados* ou cuja urbanização seja *programada*, constituindo o seu todo o *perímetro urbano*". E, no seu cerne, encontram-se as normas sobre operações urbanísticas, centradas na problemática final das construções em geral.

O "corpus normativo" que trata desta temática integra, não só normas internacionais, unionistas, de direito constitucional e de legislação ordinária, mas também, fortemente e de modo decisivo, de natureza regulamentar, as normas de nomogénese estadual, regional e autárquica, designadamente as inseridas nos regulamentos dos diferentes planos e outros regulamentos municipais.

O *conteúdo do direito do urbanismo*, visando a localização da população, orientado à ordenação das construções e especialmente dos aglomerados urbanos, determinando *como, quando e onde* devem aparecer as localizações urbanas, integra a normação dos poderes atribuídos ou controlados por entidades públicas, dispostos ao enquadramento ou desenvolvimento de variadas realidades e atividades:

a) No *regime jurídico da propriedade do solo*, conta-se com a *classificação e qualificação* urbanística, o regime das classes de solos, os direitos e deveres dos seus proprietários, os critérios valorativos dos mesmos, o regime de expropriação normal e sistemática por utilidade pública, o direito de preferência administrativa, o sistema de perequação redistributiva realizador do princípio da igualdade;
b) No *planeamento urbanístico*, temos a tipologia, o conteúdo, o procedimento de elaboração e eficácia dos diferentes planos, os quais concretizam o conteúdo do direito das diferentes propriedades, desde logo ao defini-las como propriedades urbanas ou rústicas, e programam o desenvolvimento da gestão urbanística;
c) Na administração *urbanística*, efetivam-se os sistemas de execução dos planos, as atuações assistemáticas e quase arbitrárias no solo urbano, o regime da associação urbanística, os acordos inter-administrativos ou com particulares; e
d) Na polícia e no sancionamento urbanístico, deparamos com os "licenciamentos" e respetivo direito procedimental em face das normas circunscritivas da atuação urbanística, atos administrativos coercivos nos termos de legislação específica e da legislação geral sobre procedimentos administrativos (CPA), as ordens de execução, designadamente de construção em prazo pré-notificado, de acordo com a lei dos solos e o RJUE, e de demolição em situações de ruína, as *vistorias* sobre a situação dos imóveis e atuações de proteção da legalidade urbanística, designadamente *inspeções, configuração de infrações contraordenacionais ou penais e seu sancionamento* (constante do direito sancionatório urbanístico e da criminalização de situações mais graves quer no código penal quer no RJUE, sejam crimes de desobediência as decisões administrativas, sejam os designados "novos crimes" urbanísticos[345]).

*

Quanto à *natureza do direito do urbanismo*, várias teorias se têm tentado afirmar, desde a que defende que ele é um *direito especial*, um ramo jurídico interdisciplinar, conjunto de normas de natureza eclética, público-privatista, ou ramo do direito administrativo.

[345] Rodrigues, João Manuel Ferreira Marques – *Reflexões teórico-práticas sobre os 'novos crimes' urbanísticos: Uma perspetiva jurídico-administrativa e jurídico-penal*. Tese de 2016, Coimbra: FDUC, 2016.

É, seguramente, uma área com tratamento sistematizado dentro do direito administrativo. É um ramo especial deste. E, portanto, com uma autonomia relativa de tratamento doutrinal mas que não pode prescindir da teoria geral do direito administrativo material, procedimental e de livre acesso pelos cidadãos aos documentos e informação que o implicam (nos termos impostos pela Constituição, desde logo, dos n.º 2 do art. 266.º, n.º 1 do art. 268.º, normas de relevância geral fundamental que os aplicam.

É uma parte especial, operando dentro do direito administrativo, embora *adaptando e valorizando alguns princípios e categorias* deste, como o instituto do plano, que aqui adquire, hoje, a sua real dimensão operativa.

É um conjunto operativo que procura, não só consagrar princípios próprios à sua natureza poliplanificada e ordenadora, como dar especial relevo, em face da putativa "discricionariedade" urbanística", aos vários princípios constitucionais da atividade administrativa. Desde logo, o *princípio da legalidade, da igualdade, da proporcionalidade, da justa ponderação panificadora de todos os interesses envolvidos* sejam públicos sejam privados (resultante da cláusula do Estado de Direito), etc..

Nesta publicação, consideraremos as normas pertinentes sobre a *propriedade,* interferindo com a matéria (proteção internacional do direito de propriedade, que de qualquer modo, na medida em que se inscrevem em textos convencionais internacionais são direito público) e sobre a construção, inseridas no Código Civil, regulando as puras relações entre os particulares, embora elas, não sendo direito público, não pertencem a este ramo do direito administrativo, que é o direito do urbanismo.

*

Quanto às suas *características,* elas podem ser sintetizadas dizendo que ele é um *direito novo, experimental, integrador dos valores ambientais, planificador, de génese hiperbólica, composição dispersa e contingente e com uma ampla nomogénese.*

Embora seja, essencialmente, originado a nível nacional, é fortemente condicionado pelas políticas e direitos unionistas e internacionais, de aplicação local, de atribuição de poderes concorrentes às várias Administrações territoriais.

É um direito de *produção e conteúdo tecnocrático, definidor das faculdades urbanísticas do solo e condicionador do exercício dos direitos subjetivos ligados ao urbanismo, discriminatório e só relativamente compensador das soluções desiguais,* mesmo com a previsão de modelos possíveis de perequação, de *sancionamento deficiente* e aplicado em termos que devem ser, *plenamente, abertos ao conhecimento e à participação dos cidadãos*.

Não tem, ainda, uma *elaboração dogmática* fixada.

É um *direito novo, disperso e experimental*. É um direito que, com as suas características modernas, se afirma recentemente, sobretudo no pós-guerra, por exigência da cláusula do Estado Social de Direito. Este ramo do direito não só é recente, mas também carece de *sedimentação*, por ainda não estar suficientemente formado, evoluindo ou alterando-se constantemente. Assim, aparecendo dotado de mobilidade, com mudanças frequentes de normas de âmbito geral, v.g. quer a anterior Lei de Bases da Política de Ordenamento do Território e de Urbanismo (1998) que a atual de 2014, e com as normas de aplicação local, passíveis de revisão e alteração, a qualquer momento ou quase, nos termos dos diferentes procedimentos planificadores. E é, ainda, um *direito disperso*, porque consta de muitas leis e regulamentos e nem sequer existe uma codificação geral, uma legislação fundamental, de fonte nacional.

É um *direito para-ambiental*, pois tem tendido cada vez mais, sobretudo sob orientação e imposição das instituições da União Europeia, a integrar as preocupações ambientais.

É condicionado quer por programação supramunicipal quer diretamente dependente de planificação municipal. Ele enquadra-se e realiza-se através de um desenvolvimento urbanístico em conformidade com planos, ou seja, com estratégias de implantação futura das construções. O planeamento, que realiza também outros fins do Estado, de desenvolvimento económico-social, aparece no âmbito da afetação do território a certos fins como uma técnica processual fundamental. Até há bem pouco tempo, os administrativistas permitiam-se destacar, em termos de tipologia da atividade da Administração segundo um critério dos seus efeitos no plano da intensidade interventora na liberdade dos cidadãos, a divisão clássica, tripartida, de atividades de polícia ou limitadora, de fomento e de serviço público.

Acontece que é inegável que há outras tipologias de atividade, que justifica a referência não só a uma *Administração circunscritiva, uma Administração incentivadora, uma Administração prestadora, mas também uma Administração sancionatória, uma Administração conciliadora, e uma Administração programadora e planificadora*.

O direito do urbanismo desenvolve-se com *contributos de todos estes tipos de intervenção da Administração pública*, sem prejuízo de se ter de reconhecer, hoje, o papel primordial do planeamento, como técnica urbanística procedimentalmente condicionante ou mesmo logo constitutiva, para evitar o caos do casuísmo conatural à ausência de ordenamento territorial.

*

Quanto à caracterização, o direito do urbanismo é um direito de *fiscalidade e taxas complexas, excessivas e inibidoras de uma correta política de habitação.*

A análise sobre o conceito, a normação e os objetivos da *fiscalidade do urbanismo*, mostra que, também em Portugal, têm sido criadas imposições destinadas a fazer participar os construtores, os utilizadores e os proprietários nas *despesas induzidas pelo urbanismo*, ainda que a legalidade desta tributação seja questionada, na medida em que se remete quase exclusivamente o regime jurídico destes impostos para regulamentos aprovados por deliberações municipais, ao abrigo de vagas autorizações legais.

A criação progressiva de imposições ligadas ao urbanismo pode dizer-se generalizada em quase todos os países europeus, incluindo Portugal[346].

As chamadas "taxas" do urbanismo no *sistema tributário*, além das pretendidas "taxas" municipais devidas por deficiência de estacionamento (declaradas feridas de inconstitucionalidade, por serem impostas sem cobertura legal), são as "taxas" por realização de infraestruturas municipais, as taxas por concessão de licenças de loteamento, as "taxas" de saneamento urbano e de esgotos e as "taxas" por aumento de valor urbanístico dos terrenos.

O *direito tributário do urbanismo* é constituído pelo conjunto das *imposições, taxas e participações*, com que se pretende agir na limitação da especulação imobiliária e fazer participar os construtores no financiamento dos equipamentos públicos desencadeados pela urbanização.

[346] De qualquer modo, a contribuição autárquica e taxas urbanísticas não são o meio fiscal mais adequado para centralizar o financiamento das despesas públicas locais, como defendeu a CRF. O domínio do urbanismo propicia demasiado poder nas mãos dos municípios, pese o enquadramento do direito do urbanismo, facilmente contornado ou mesmo fraudulentamente esquecido e sempre cada vez menos controlado, em crescimento exponencial do fenómeno de corrupção, pelas verbas envolvidas e, sobretudo, desde 2005, Face à alteração legislativa efetivada com a concentração de toda a fiscalização nas mãos da Inspeção-Geral de Finanças. A solução dual tradicional de lhe entregar apenas as questões financeiras e integrar numa inspeção geral do pode local todas as matérias administrativas, sem prejuízo das inspeções periódicas, por sorteio ou por denúncia, poderem constatar atuações criminais gerais (falsificações de documentos, corrupção, crimes ambientais, etc.) a comunicar de imediato à Procuradoria-Geral da República. Além disso, ela promove as assimetrias existentes no país, pois os núcleos mais desenvolvidos são os que produzem mais receita municipal e maiores possibilidades de maior financiamento promotor de desenvolvimento local. Importa rever positivamente a parte das verbas nacionais (e, mesmo, em solução de solidariedade interterritorial, parte das dos municípios "ricos") a canalizar para as autarquias mais pobres do interior, acompanhando projetos de desenvolvimento social debatidos e aprovados diretamente pelas populações e dimensionamento de suas estruturas económicas e infraestruturas condicionantes.

Portanto, a criação progressiva de imposições ligadas ao urbanismo parte do facto construtivo, do substrato da "licença" de construção particular.

É este recurso à técnica e meios fiscais na gestão urbana, que teoricamente devia ser para *melhorar a política predial e urbana,* que se tornou hoje um facto autonomizador do conceito de tributação ou fiscalidade do urbanismo. Área normativa, que se autonomizou da fiscalidade predial e imobiliária. Em causa, não está propriamente a tributação da riqueza predial urbana, mas o *recurso à fiscalidade para a gestão urbana.*

Na atualidade, os principais tributos referentes ao urbanismo são os envolvidos nos procedimentos de operações urbanísticas, loteamentos, construções, os ligados às mais-valias derivadas da *valorização tida como extraordinária* de imóveis, designadamente face a intervenções públicas, que tornam os terrenos de valor rural aptos para a construção, diferença que se justifica que seja arrecadado a favor da sociedade, ou seja, de todos os cidadãos (em termos de putativa redistribuição isonómica de tais benefícios trazidos a alguns por efeito da ação dos representantes de todos) ou devido a meros aumentos no mercado de valor próprio no que concerne a transações de imóveis edificados e as putativas "valorizações" efetivadas com elas, situação de duvidosa aceitabilidade, dada a desvalorização relativa dos valores numismáticos, que as técnicas de cálculo da inflação não evidencia, na sua "pool" de produtos considerados[347].

[347] Se uma moradia, um andar ou um terreno, em 1999, custava 20 milhões de escudos, pode custar hoje 2milhões. Quem vende, pode depositar e vir (não só logo, em que beneficiaria de solução não prejudicial), passados alguns anos, a comprar um outro semelhante, na mesma cidade ou noutro local, por esses 2 milhões de euros faciais (em geral, por mais e mesmo bastante mais; descontadas as mais; aliás, sempre seria com mais algum numerário, dado que o montante numérico, facial, de ecus, ao fim dos anos vai valendo menos – quer os bancos nas suas alavancagens, quer o BCE com as suas emissões no âmbito da UE, inundam mais e mais "moeda"). Mas mesmo que fossem os mesmos 2 milhões. Onde estaria o lucro, se voltaria a ter o mesmo bem ou, no caso, um bem equivalente? Se tem de pagar impostos de mais valias e transacionais, no mínimo, mesmo que o bem em causa ou semelhante, não tivesse aumentado de custo, falta-lhe o valor pago em tributos, pelo que não poderia sem mais, comprá-lo. Porque? Porque teria empobrecida, não só devido aos aumentos dos preços, como porque mesmo que tal não tivesse existido, o Estado lhe teia cobrado um enriquecimento que não existiu e a que o próprio Estado ou qualquer entidade pública não havia dado causa, o que significa que estamos face a um ato de natureza empobrecedora, sem fundamento na invocada lógica de mais-valia, enriquecimento, ou seja, de natureza confiscatória sobre uma falsa obtenção de um alto valor de mais-valias. Teoricamente, esta tese das mais-valias vale para ganhos reais, não numéricos, como é o caso de venda de um bem que, em si, sofreu aumentos de valor especulativo, desligado dos valores correntes desse bem, no momento ou previsivelmente no futuro, não quando está em causa um montante que, se se quiser na altura ou depois, recomprar o mesmo bem ou comprar um bem semelhante, terá de se dar o mesmo

Como a doutrina tem chamado à atenção, esta *complexidade e excessividade fiscal*[348], é contrária a uma *correta política de habitação*[349]

Temos, historicamente, o que o atual encarecimento pelo dinamismo do mercado por força de interesse de investidores estrangeiros, volta a sentir-se para certas camadas da população com menores rendimentos. Temos estado, ao longo de décadas, perante um *sistema inibidor da construção de prédios urbanos para arrendar*, dada a anterior e tradicional intocabilidade histórica do valor das rendas, cumulado com a não alteração da responsabilidade de *conservação*

montante ou superior. Claro que não choca e merece apoio a situações de cobrança de mais valias aos proprietários de terrenos, tornados em planos públicos, por mero discricionariedade de um planificador municipal imóvel já não para plantar árvores ou casas de r/c, mas áreas construíveis em altura, a partir de dois andares, o normal para o dono de um terreno construir a sua casa de habitação no seu terreno, sendo que a lógica da vida social e licenciamentos municipais lhe permitiram construir, não dois, mas 3, 4, 10, 20 andares, mas pela venda do que existe e que falsas correções inflacionárias apenas disfarçam esbulhos significativos e empobrecimentos, é eticamente demais. Uma coisa são as técnicas de perequação entre particulares proprietários dos vários destinos com valorizações diferente numa mesma zona de planificação, que, apesar de nunca ser isonómica e sempre comportar composições com componentes de injustiça, em que de qualquer modo há mais valias por fruto de uma planificação pública, outra é a contratação de compra e venda de imóveis constituídos cujo mercado não garante sempre o mesmo nível de valor de compra futura, mesmo que faça alterar o montante numérico no tempo das coisas. Se há uma ou duas décadas um imóvel custa x euros e agora, o mesmo imóvel, custa mais euros, não por milagre, mas porque é assim como se vê no facto de os imóveis semelhantes a ele e os mesmos locais, também custarem isso, onde está o ganho real, para se justificar essa imposição? Se ele se arrependesse e o novo titular aceitasse revendê-lo, pedia-lhe o montante com que ficara depois de pagar as mais-valias? Não. Então, ao ter menos valor, teria empobrecido. Porque pagou um enriquecimento que não teve. Se é que até não teria de pagar um montante superior ao que recebeu? Onde está, então, o enriquecimento?

348 Em geral, em Portugal há sobre-tributação predial urbana. Podemos dizer que, no seu conjunto, o sistema apresenta-se em termos para-confiscatórios, funcionando como se os prédios fossem do estado e lhe pagassem rendas, nem sempre modestas. É necessário um desagravamento fiscal neste domínio, nos vários impostos, os que incidem sobre o rendimento (imposto sobre o rendimento singular e imposto sobre o rendimento coletivo), e os que, estáticos (contribuição autárquica) ou dinâmicos (selo, transações e sucessório). No que diz respeito à fiscalidade urbanística, também as compensações cobradas (contribuições de melhoria e taxas para a realização de infraestruturas urbanísticas), atingem, em certas situações, montantes excessivos. Além de que, historicamente, tem reinado uma grande *insegurança jurídica*, resultante da multiplicidade de diplomas, publicados ao longo de quase um século, e até à existência do código de mais-valias, conflitualidade devida à praticável *duplicidade de incidências tributárias*, com certas normas muito antigas, sobre cuja vigência se divide a doutrina e a jurisprudência. De qualquer modo, hoje os montantes pagos a título de mais-valias, como contribuição especial, em princípio (nada dizendo o legislador em contrário) deverá ser deduzido ao montante sobre que vai incidir o IRS.

349 Na medida em que é responsável pelos altos preços de venda dos prédios urbanos, em que a fiscalidade se repercute, o que foi durante muito tempo algo incompatível com a necessária promoção de casas, num país onde havia, ainda, um défice habitacional.

do proprietário para o locatário e a inadequação em geral do direito do arrendamento, desde logo embora não só, em termos de "rendas" urbanas inerentes à uma remuneração aceitável do capital investido e aos rendimentos da população portuguesa. Sistema fiscal, também, prejudicial em termos de arrendamento dos prédios antigos, que fiquem desocupados com necessidade de obras de manutenção. Algo objeto recente de uma aproximação corretiva, mas que incidiu totalmente nos seus intervenientes mais frágeis e, portanto, não sem criar *graves problemas sociais.*

O direito do urbanismo é, também, um *direito de sancionamento, essencialmente de natureza contraordenacional,* mas contendo normas *criminalizadoras*[350]. *No direito urbanístico português, tudo se vinha, tradicionalmente, passando legislativamente no, historicamente, âmbito do ilícito de mera ordenação social.*

Em princípio, ele configura infrações administrativas, através de normas contraordenacionais, quase inexistindo uma verdadeira construção material com tipificação direta num "direito penal do urbanismo", a que se veio somar à punição, por remissão, com o crime de desobediência por incumprimento de decisões da Administração urbanística, *três tipos de normas referentes a procedimentos de licenciamento e utilização de imóveis*[351], *desde que haja consciência da desconformidade da conduta* (em caso de comprovação da existência de dolo direto, na decisão tomada ou na prestação da informação emitida) com as normas jurídicas aplicáveis[352].

Resumindo o tema, o direito penal relacionado diretamente com a *utilização dos solos (tal como a preservação do ambiente)* acabou, atualmente, como se referiu, por, além doutros *tipos genéticos utilizáveis,* se afirmar nos "crimes de violação de regras urbanísticas", hoje também vigentes em Portugal, indo além de um mero conjunto de normas "subsidiárias" em relação ao direito contraordenacional em geral e, portanto, também, ao direito sancionatório urbanístico.

Em causa estão sempre *limitações às faculdades de construção, prejudiciais* não só para o correto desenvolvimento urbano e para a agricultura como também

[350] Embora se *revelem pouco eficazes e, mesmo, de aplicação limitada (estas de sancionamento típico como as normas de "sancionamento específico" de reconstituição situacional da legalidade), a uns porque são demasiado "poderosos" junto de partidos, governantes e autarcas, e a outros porque são demasiados carentes financeiramente e, muitas vezes, estão implicadas situações de direito a habitação.*

[351] Artigos 278.º-A, sobre *violação de regras urbanísticas,* 382.º-A, sobre *proteção pelos agentes da Administração dos recursos do solo, nos procedimentos relacionados com o urbanismo* e o atual art. 18.º-A da Lei 34/87, de 16.7, sobre *responsabilidades de atores públicos,* diploma que parte de projeto da autoria do deputado Correia Afonso.

[352] No RGEU, RJUE e PMOT ou PIMOT e outras aplicáveis.

para o *ambiente*. Especialmente quando se trata de *lógicas de expansão*, mas também de renovação urbana. Em geral, trata-se de *intervenções administrativas no solo e das formas da sua utilização, edificação, defesa e recuperação-valorização do património, construído ou natural, designadamente o histórico-cultural e elementos paisagísticos*, etc.

Reconhecendo esta abordagem, não é por caso que o Código Penal vem criminalizar, no âmbito temático da defesa ambiental (arts. 277.º[353] e 278.º-A) atuações especificamente contrárias a regras urbanísticas. Prevê sanções para proteção de certas preocupações ambientais no art. 278.º-A (violação de regras urbanísticas), que pune criminalmente "quem proceder a obra de construção, reconstrução ou ampliação de imóvel que incida sobre via pública, *terreno da Reserva Ecológica Nacional, Reserva Agrícola Nacional"* e do domínio público ou *terreno especialmente protegido por disposição legal*, consciente da desconformidade da sua conduta com as normas urbanísticas aplicáveis, responsabilizando mesmo as pessoas coletivas e entidades, nos termos gerais, pelo referido crime. E permite que o tribunal ordene, na decisão de condenação, a demolição da obra ou a *restituição do solo ao estado anterior, à custa do autor do facto*[354]. Direito criminal que consta da Lei n.º 32/2010, de 2.9 (adição ao Código Penal dos artigos 278.º-A, 278.º-B e 382.º-A, relativamente a

[353] O art. 277.º refere-se a infração de regras de construção, dano em instalações e perturbação de serviços e o art. 278-A refere-se diretamente a violação de regras urbanísticas. Para o primeiro, quem, no âmbito de atividade profissional, criar perigo para a vida ou para a integridade física de outrem, ou para *bens patrimoniais alheios de valor elevado*, é punido com pena de prisão se tal resultar por haver infringido regras legais, regulamentares ou *técnicas* que devam ser observadas no planeamento, direção ou execução de construção, demolição ou instalação, ou na sua modificação ou conservação; destruir, danificar ou tornar não utilizável, total ou parcialmente, *instalação para aproveitamento, produção, armazenamento, condução ou distribuição de água, óleo, gasolina, calor, eletricidade, gás ou energia nuclear*, ou *para proteção contra forças da natureza*; impedir ou perturbar a exploração de serviços de comunicações ou de fornecimento ao público de *água, luz, energia ou calor*, subtraindo ou desviando, destruindo, danificando ou tornando não utilizável, total ou parcialmente, coisa ou energia que serve tais serviços; destruir, danificar ou tornar não utilizável, total ou parcialmente, aparelhagem ou outros meios existentes em local de trabalho e destinados a prevenir acidentes, ou, infringindo regras legais, regulamentares ou técnicas, omitir a instalação de tais meios ou aparelhagem. De facto, estamos aqui face a um "crime de infração de regras de segurança (art. 277.º, n.º 1, al.b), 2.ª parte do Código Penal), que pode tocar também em bens ambientais. Face a um crime de perigo concreto quanto ao grau de lesão dos bens jurídicos, e de resultado, quanto à forma de consumação do ataque ao objeto da ação. As condutas assumem relevância criminal ao preencher o tipo incriminador do crime de infração de regras de construção com criação de perigo concreto para a vida ou para a integridade física de outrem, ou para bens patrimoniais alheios de valor elevado.

[354] Em geral, *vide* LOPES, Mouraz – "Os Novos Crimes Urbanísticos no Código Penal". in *As Alterações de 2010 ao Código Penal e ao Código de Processo Penal*. Coimbra Editora, CEJ, 2010.

responsáveis pela execução de obras (incluindo pessoas coletivas e entidades equiparadas) e funcionários intervenientes que informem ou decidam favoravelmente processo de titulação urbanística em desconformidade com as normas legais e a Lei n.º 41/2010, de 3.9 (aditamento à Lei n.º 34/87, de 16.7 do artigo 18.º-A, relativamente a crimes de titulares de cargos políticos e administrativos públicos eleitos, ou seja, autarcas, que informem ou decidam favoravelmente processos de licenciamento em desconformidade com as normas urbanísticas.

Os responsáveis pela execução de obras ficam sujeitos a prisão até 3 anos ou multa, eventual obrigação de demolição ou reposição do solo no estado anterior à sua custa. Embora, se demolir a obra ou restitui o estado do solo possa ser dispensado de pena. E se existir um processo-crime em que efetive essas correções até ao encerramento da audiência de julgamento em primeira instância pode beneficiar de uma atenuação especial da medida da pena.

Os funcionários e os autarcas sujeitam-se a cumprir penas de prisão até 3 anos ou multa, agravada até 5 anos ou na multa se a informação ou decisão favorável prestada incidir sobre via pública, terreno da Reserva Ecológica Nacional, Reserva Agrícola Nacional, domínio público ou terreno especialmente protegido por outra disposição legal, designadamente de proteção do património cultural.

*

Voltando ao direito contraordenacional, ele está sujeito aos *princípios da legalidade* (face a vinculações "inaedificandi"), *da tipicidade e da não retroatividade da norma*, sendo certo desde logo que a legalidade dos ilícitos é enquadrada através da técnica da tipicidade, traduzida na *descrição, de forma clara, precisa e rigorosa, da conduta ou do facto* considerados reprováveis.

Do princípio da legalidade sancionatória resulta que a norma sancionadora *não admite interpretação extensiva, nem lacunas supríveis através do recurso à analogia*.

As *infrações urbanísticas* contraordenacionais são as ações ou omissões que violam as prescrições contidas na legislação e nos regulamentos do planeamento urbanístico, tipificadas e sancionadas pela lei. É um tipo específico de infração administrativa, definível "ratione materiae".

Qualquer infração urbanística tem acarretado a imposição de sanções aos responsáveis, e a obrigação de ressarcimento dos danos, isto é, de indemnização pelos prejuízos, independentemente das medidas específicas de proteção da legalidade urbanística.

Para haver uma contraordenação, é necessário a coexistência de um ato simultaneamente *ilícito, típico, culposo e punível*. Ninguém pode ser condenado ou sancionado por qualquer ação ou omissão que, no momento em que foi efetivada, não era ilegal.

Isto é, a norma sancionadora terá de anteceder a prática do facto descrito, para que este possa ser punido[355], tal como se estatui no artigo 2.º do regime geral: "Só será punido como contraordenação o facto descrito e declarado passível de coima por lei anterior ao momento da sua prática".

Por vezes, o direito urbanístico consagra um princípio sancionatório, mas, por razões de défice habitacional, obriga à inaplicação da sanção cominada para situações regularizáveis (matéria que trataremos no capítulo referente ao licenciamento urbanístico, uma vez que a disciplina das áreas urbanas com origem ilegal (AUGI) tem regras jurídicas próprias, de natureza *substantiva, procedimental e financeira*, que importa considerar).

Fora destas e outras situações previstas na lei, considerando em princípio fora de questão as sanções de *demolição*, que são o último recurso, a Administração tem ao seu dispor a adoção de medidas tendentes a sancionar e restaurar o ordenamento urbanístico ofendido, mandando corrigir ou repor os bens afetados no estado anterior à produção da situação ilegal.

Quando as atuações sejam contrárias ao ordenamento urbanístico, mesmo que não coubessem em condutas tipificadas e sancionadas legalmente como infração, elas sempre constituiriam uma *irregularidade jurídica*, que deveria criar a obrigação de restaurar a ordem urbanístico alterada. Só não sendo passíveis de sanção propriamente dita, ficando desde logo sem a aplicação das habituais coimas.

Se causarem *danos a terceiros*, obrigam a indemnizar.

Em geral, importa explicitar que a cláusula constitucional do Estado de Direito, postula a limitação do poder sancionatório das Administrações públicas pelo *princípio da proporcionalidade*, do mesmo modo que exige a prossecução do interesse público no respeito pelos direitos, liberdades e garantias individuais.

É da exclusiva competência da Assembleia da República, salvo autorização ao Governo, a definição de crimes e penas em sentido estrito, o que comporta o poder de variar os elementos constitutivos do facto típico, de extinguir modelos de crime, de desqualificá-los em contraordenações e de alterar as penas previstas para os crimes no direito positivo, e legislar sobre o regime geral de punição das contraordenações e dos respetivos processos.

[355] Pellicer, José Antonio Lópéz – *"Régimen de las infracciones y sanciones administrativas en materia de disciplina urbanística"*. *RDU*, n.º 62, 1979.

É da competência concorrente da Assembleia da República e do Governo definir, dentro dos limites do regime geral, contraordenações, alterar e eliminar umas e outras e modificar a sua punição; desgraduar as contravenções existentes, não puníveis com pena restritiva de liberdade, em contraordenações.

Portanto, é da competência legislativa concorrente da Assembleia da República e do Governo a criação ex-novo de contraordenações ou a conversão em contraordenações de anteriores contravenções puníveis com pena não restritiva de liberdade e, bem assim, a fixação da respetiva punição. Mas o Governo *não pode ultrapassar o regime geral de punição contraordenacional* (isto é, não pode fixar à coima um limite mínimo inferior nem um limite máximo superior aos fixados na lei que consagra o regime geral das contraordenações e coimas, só podendo fixar às coimas limites mínimos superiores ou limites máximos inferiores aos aí fixados.

Esta doutrina é aplicável às posturas obre coimas estabelecidas pelas autarquias no âmbito dos seus poderes regulamentares, as quais devem ter em conta o disposto no regime financeiro das autarquias locais e entidades intermunicipais, que permite que as entidades com competência para emitirem *posturas e regulamentos policiais dependentes*, de natureza genérica e de execução permanente, ao nível das autarquias locais fixem coimas, que podem variar, nos seus valores máximos. Dispondo-se que a violação de posturas e de regulamentos de "natureza genérica e execução permanente das autarquias locais" constitui contraordenação sancionada com coimas e que estas não podem ser superiores a 10 vezes a retribuição mínima mensal garantida para as pessoas singulares e a 100 vezes aquele valor para as pessoas coletivas, nem (como resultava da jurisprudência do Tribunal Constitucional) exceder o "montante das que sejam impostas pelo Estado para contraordenação do mesmo tipo"[356]. Também não podem entrar em vigor antes de decorridos 15 dias sobre a sua publicação.

A *coima* é sempre e só uma pena pecuniária, tal como as multas aplicáveis com base no direito criminal, mas que, ao contrário destas, em nenhum caso podem implicar ou levar, substitutivamente, à privação da liberdade, pois a uma coima administrativa, mesmo que confirmada em tribunal, em via garantida de impugnação da decisão sancionatória da Administração, nunca pode corresponde a pena de prisão em alternativa.

[356] No caso das freguesias, o salário mínimo nacional mais elevado, mas sem poder exceder o "montante das que sejam impostas pelo Estado ou pelo município para contraordenação do mesmo tipo".

No entanto, a coima pode ser, total ou parcialmente, substituída por trabalho a favor da comunidade, a "a requerimento do condenado". Pode, ainda, ser aplicada, em substituição da coima, uma *censura solene* (pena de admoestação, escrita).

*

O direito do urbanismo, durante muito tempo, foi um direito de ampla atribuição de poderes impositivos e decisórios concorrentes aos vários escalões territoriais de administração, designadamente pela via de homologações e pareceres vinculativos de CCDR[357]. Um direito que, antes, quer para os cidadãos, quer para os municípios, pela via dos PROT ou dos PEOT, tinham sistematicamente também eficácia plurisubjetiva de planeamento supramunicipal, e em que, mesmo as normas autárquicas dos planos urbanísticos eram normalmente assentes em homologações por parte do governo ou outras entidades regionais tecnocratas integrantes do Estado, num modelo heterodoxo de tutela aprovativa "a posteriori", atualmente substituída pelo mero controlo de legalidade através de sistema de registo prévio à produção de eficácia.

Hoje, temos um modelo que, funcionando como diretivas vinculativas para as autarquias, a traduzir nos PMOT e PIMOT, os únicos vinculativos para os particulares. Avançou-se, pois, na *concentração do carácter vinculativo direto aos proprietários do planeamento* apenas pelos planos aprovados pelo poder local, pelas assembleias municipais por proposta das suas câmaras[358], e sujeitos apenas a registo governamental e respetiva publicação no órgão oficial do Estado.

[357] Estas eram entidades não autárquicas, de base funcional estadual, de administração regional, não eleitas localmente, mas antes totalmente nomeadas pelo Governo nacional e, hoje, com um enquadramento diferente e de legitimação incatalogável, face à atual legislação de designação endogâmica de raiz partidária e putativa "coonestação" intermunicipal, que, há muito, numa lógica democratizadora autárquica de base histórico-funcional, deveriam ser dirigidas por administradores plenamente eleitos pelas populações a nível regional, ou seja, em termos de real autarquia administrativa e, portanto, eleitas pelos cidadãos eleitores.

[358] Executivos, formalmente, colegiais, mas na prática unipessoais, nas figuras dos seus presidentes. Fenómeno viabilizado pelo legislador, na lei orgânica das autarquias locais. Mas solução rejeitada pela Assembleia Constituinte de 1975-1976, Ou seja, solução que vai contra a vontade do poder constituinte original, de 1975-76, e que não mereceu aceitação na Revisão Constitucional, na sua ampla reforma de 1982. Ou seja, não alterado na Constituição atual de 1976-1982, em cuja Comissão Parlamentar, o autor foi primeiro vice-presidente e coordenador pelo seu partido). Os presidentes funcionam em termos de *poder unipessoal*, que favorece o autocratismo e a corrupção. O legislador transformou o mero presidente-coordenador, figura autárquica inicialmente concebida

Já não é, portanto, um direito com partilha de poderes de imposição plurisubjetiva, simultaneamente a entidades públicas de base não municipal e cidadãos, envolvendo o Governo nacional e das Regiões Autónomas e a Administração dos Municípios.

Deixou de aparecer a atividade da Administração Estadual dotadas com competências concretas e individuais próprias, face aos proprietários imobiliários, mesmo em relação a atos municipais. Embora configurada em geral como atribuidora de eficácia a planos aprovados, numa espécie de tutela integrativa "a priori" ou "a posteriori".

No entanto, não deixa de se manter, embora, razoavelmente, uma participação adequada em termos orgânicos ou de audição, na fase endoprocedimental por via de comissões de acompanhamento, relatórios da Administração estadual, obrigação de obtenção de pareceres (vinculativos, mas apenas quando fundados com real fundamente em razões normativas).

Já não há aprovações ou autorizações, após a elaboração municipal dos projetos de planos ou na fase da apreciação liminar de pedidos de licenciamento municipal.

Tudo sem prejuízo da inspeção "a posteriori", que funcionou razoavelmente até ao fim da Inspeção-Geral da Administração Local e das suas duas partilhadas congéneres anteriores, e, praticamente, atualmente quase deixou de existir e de funcionar de modo minimamente eficaz com a extinção daquelas. Com o superveniente aparecimento impune, de novo, de

apenas como coordenador dos vereadores e do funcionamento do executivo municipal (e, portanto, não sendo um órgão, e, portanto, sem poderes decisórios próprios, numa figura ao estilo decisivo do Estado Novo de António de Oliveira Salazar. Tornou-o num real órgão camarário, com podres decisório, com virtualidade dominadora da gesdtão municipal, em que a Câmara se tornou crescentemente decisiva na regulamentação fce à assembleia parlamentar (com exceção, formalmente, do poder tributário, aliás sempre dependente da iniciativa do executivo) e o presidente se foi tornando decisivo na sua gestão e comando. A atual admitida alternativa prevista na Constituição de possível solução eleitoral diferente para a câmara municipal não resolve esta questão, apesar de certa parlamentarização do elenco camarário em geral, pois antes reforça esta figura e poder ao manter garantida a sua designação à cabeça da lista mais votada e assim separada da sorte da restante equipa na sua designação e não criar a figura da moção de confiança construtiva no ambiente parlamentar com a possibilidade de substituição do elenco e do próprio presidente, a quem de qualquer modo deve caber o mero papel constitucionalmente concebido de coordenador da Câmara, sem poderes decisórios, com interdição de delegação de poderes do elenco camarário e entrega de todo o poder regulamentar à Assembleia municipal, embora aqui com possibilidade de autorização reguladora desde que enquadrada ao jeito do instituto constitucional de autorização legislativa no governo nacional e consequente possibilidade de ratificação ou não.

imensas construções, após a passagem ("et pour cause") destes poderes para a Inspeção-Geral de Finanças, já neste século XXI.

A Administração e os tribunais verificam a *regularidade dos planos municipais*, por referência à "lei" ou a outros planos, em termos de conformidade ou simples compatibilidade. Já não através do instituto da ratificação, mas do registo, sem poder substituir os planos aprovados pelos municípios (reserva derivada do princípio da autonomia na conformação dos interesses locais no desenvolvimento urbanístico), mas por razões legais ou de defesa de interesses sectoriais que lhe cumpre também prosseguir.

O papel do Estado que revelava, mais do que uma hierarquização dos planos sub-ordenados aos de aprovação governamental, uma real supra-ordenação de poderes urbanísticos. Ao ponto de até poder tornar válido o que era legalmente inválido (pela admissibilidade de planos municipais de qualquer tipo), mesmo discordantes dos de maior abrangência territorial e, portanto, fazendo com que, derrogavelmente, em termos de singularidade de cada plano e do seu regulamento, as suas normas, nascidas nulas, por mero poder casuístico em relação às regras do planeamento geral, passassem "a posterior" à sua aprovação estadual, a ser plenamente válidas, desde que ratificadas pelo governo, contra a própria estatuição de uma legalidade de planeamento orgânica e materialmente escalonador.

No extremo desta visão atribuidora de poderes urbanísticos, a Administração estadual direta e empresas suas concecionárias no âmbito das suas explorações continuam a gozar do poder de (com mera junção comunicativa dos projetos) construir sem sujeição a licenciamento municipal.

Assim como há a possibilidade de o Governo, através de decreto-lei, decretar a *suspensão total ou parcial de planos municipais*, no caso de não conseguir a iniciativa municipal para desencadear a sua revisão viabilizadora de uma obra pública.

O direito do urbanismo é uma *área aberta à transparência e controlo dos cidadãos*, detentores de um direito à informação (após tomada das decisões da Administração ou mesmo antes, desde o início e durante o processo de instrução, se houver interesse público e privado concreto que o justifique) à *total informação pelos municípios dos dossiers e procedimentos terminados por resolução em "caso decidido"* (por aí não existirem nem dados da vida íntima das pessoas, nem informações da vida interna das empresas que as possa prejudicar em termos técnicos ou científicos, nem dados de reserva temporária por motivos de segurança interna ou externa do Estado ou, em princípio, pela jurisdição penal declarado segredo de justiça).

Tudo para viabilizar enquanto cidadãos (embora direito, pela sua razão de ser, que não é "ut singuli", estendido a qualquer pessoa), quer para *controlo da correção da atuação pública*, quer para viabilizar a *participação dos cidadãos* nas importantes matérias de urbanismo, ambiente e planeamento, o que, por falta de hábitos, criados na cultura autocrática vigente até 1974, de participação pública não funciona eficientemente.

No entanto, quer o acesso à informação (informação instrumental da participação, informação prévia vinculativa (prevista no RJUE e que se impõe obrigatoriamente como procedimentalizada "declaração de informação prévia") e *livre acesso das pessoas à documentação em matérias administrativas detida pelas administrações públicas* (possuídas diretamente ou possuídas por outrem, a quem cabe cumprir o direito de comunicação), por aplicação (eventualmente com apoio do RJUE) da LADA[359], que é a legislação aplicável, que, em princípio, deve respeitar uma total abrangente, em termos constitucionalizados, regulação deste direito a nível nacional; e com possibilidade de apresentação de queixas, por incumprimento, através de www.cada.pt), quer à *intervenção, em consultas e inquéritos públicos, dos interessados e da população em geral.*

[359] Repete-se o que já se afirmara no tema específico do Direito de Acesso dos cidadãos, enquanto tais, aos Documentos Administrativos, direito ao conhecimento e não direito de acesso para fins particulares, comerciais. "Atualmente, a lei em vigor é a Lei n.º 26/2016, de 22.8, alterada pela Lei 58/2019, de 8.8, e Lei 33/2020, de 12.8, que, em geral, segue o texto da primeira LADA resultantes de dois projetos de lei do autor, na primeira parte da década de noventa do século passado, transformado em Lei n.º 65/93, de 26 de agosto, embora pela mistura que faz entre estatutos diferentes da normação sobre o direito fundamental à informação e o acesso solicitado para fins comerciais, em que a liberdade excecionatória deixa toda a liberdade ao legislador, desde que não atropele a lei sobre dados pessoais (que, a Constituição apenas permite restringir a dados informatizados, com lei especial, face à norma especial do artigo 35.º, em que o legislador só pode dar um conceito de dados pessoais ou nominativos referido no n.º 2 e com restrições previstas no n.º 4 alheadas do de intimidade das pessoas do art. 268.º, n.º 2, no domínio restrito da "Utilização da Informática" e não do direito geral (acesso a tos os continentes de informação diferentes dos de automatização), o que torna inconstitucional a definição da dado pessoal remetida para o conceito especial da lei de proteção aos dados pessoais informatizados), pelo eu há que entender haver uma lacuna, que só pode ser preenchida com um conteúdo igual do aprovado na primeira Lei de 1993; ao não poder aplicar-se o conceito da lei de 2016, sem forte reinterpretação restrita constitucionalizadora (pelo menos, quanto ao exercício do direito fundamental análogo aos DLG, de livre acesso, pois quanto ao acesso para fins comerciais, de reutilização deste, a definição de um conceito com a designação de nominativo é completamente livre) ou, sendo o atual de todo imprestável, e ter de se considerar haver lacuna, para não deixar sem definição um conceito que corresponda à noção da exceção referente aos documentos e dados que se reportem à vida íntima das pessoas, que se podem designar diretamente com a linguagem constitucional ou manter com a tradicional designação francesa de "documentos nominativos", que decidi utilizar no meu projeto de 1993, entender-se-á que o legislador apenas o fez para efeitos de documentos para reutilização no interesse particular, que não pode ser utilizado na sua aplicação de modo a englobar todo o regime."

Como *direito, simultaneamente, descrimininatório e descriminador-corretor das desigualdades e sacrifícios*, merecedores de proteção, tende a ser, em face das opções e sacrifícios impostos aos interesses particulares (conflito entre o direito de propriedade e o interesse público ordenamental do território), e também a certos interesses públicos conflituantes.

É, em geral, um *direito discriminatório*, dado que na prática tem, ainda, dificuldade em realizar em termos aceitáveis, ou seja, senão em termos muito incompletos, o *princípio da igualdade, face ao carácter desigualitário das técnicas adotadas* para o prosseguimento do interesse público urbanístico (antinomia técnica intrínseca, ultrapassável só por soluções externas ao plano, de criação jurídica, mesmo que com implicações no "iter" urbanístico), apresentando ainda soluções de incompatibilização com garantias e princípios constitucionais, por dificuldades naturais e inércias de enquadramentos anteriores à atual Constituição e deficiente aplicação dos métodos perequativos.

Muitos destes problemas traduzem o seu estádio de evolução, aparecendo ainda muito como um *direito tecnocrático*, dado que ainda não chegou a época de os juristas terem um papel fundamental na sua criação e adequação às exigências constitucionais. São os políticos e os urbanistas que o têm feito avançar, uns sob o impulso das necessidades sociais e os outros normativizando as opções e orientações prospetivas daqueles.

Tudo, porque o planeamento o torna um direito definidor das faculdades urbanísticas do solo, constituídas pela Administração (numa revisão redutora do conteúdo civilista do direito de propriedade, que fora do campo da propriedade urbana, já não integra em princípio o *"ius aedificandi"* (ao existir um *"ius inaedificandi"*, em regulamentação abrangente de todo o território, impondo regras no "interesse público", cujas disposições e limitações não dependem de decisões dos proprietários), embora o solo seja o natural suporte físico de eventuais direitos de desenvolvimento urbanístico atribuíveis ao longo dos procedimentos planificador e "licenciador" (aparecendo hoje algumas das licenças municipais como verdadeiras concessões de construir, quando o respetivo direito, não estando pré-definido em regulamento de plano, dependa da deliberação camarária).

Os planos têm uma função concretizadora do conteúdo do direito de propriedade do solo. Ou seja, definidora da ocupação, uso e transformação do solo e edificações e, eventualmente, da sujeição a expropriações.

Ela concretiza-se através da densificação locativa e temporalmente situada das faculdades, servidões e restrições a que ficam sujeitos os titulares dos direitos de propriedade imobiliária. E passa tecnicamente por classificações do uso e destino do solo, zonamento, parametrização das zonas em termos de ocupação, uso e transformação, em ordem à coordenação, compatibilização e faseamento dos interesses e iniciativas da Administração e dos particulares.

Portanto, o plano tem como efeito a prescrição de possibilidades, interdições e condicionamentos que mexem com conteúdos que, na conceção tradicional e expressa no nosso Código Civil, pertencem ao direito de propriedade. Esta função não resulta, hoje, do PROT, que se limita a ter objetivos de definição de opções e de estabelecimento de critérios, criação de normas gerais para um correto zonamento e gestão posterior do território, e em geral a definir diretrizes para a sua execução em PMOT e PIMOT. Ele é essencialmente programático.

*

Hoje, são os planos intermunicipais e municipais que vêm especificar o destino concreto das áreas do território abrangido.

Os planos diretores intermunicipais ou municipais estabelecem a estrutura espacial para o território do município, a classificação dos solos, os perímetros urbanos (compostos dos espaços urbano, urbanizável e espaços industriais contíguos) e os indicadores urbanísticos.

Os *planos de urbanização* definem a organização para o meio urbano, estabelecendo nomeadamente o respetivo perímetro urbano, a conceção geral da forma urbana, os parâmetros urbanísticos, o destino das construções, os valores patrimoniais a proteger, os locais destinados à instalação de equipamentos, os espaços livres e o traçado esquemático da rede viária e das infraestruturas principais (n.º 3).

A sua *planta de zonamento* delimita as categorias de espaços, em função do uso dominante (art. 10.º, n.º 4).

O *zonamento* define as áreas destinadas à habitação, á indústria, ao comércio, à agricultura, para espaços livres públicos e outros usos.

Ao *plano de pormenor* cabe definir pormenorizadamente a tipologia de ocupação de qualquer área específica do município e estabelecendo, no caso de área urbana, a conceção do espaço urbano, dispondo designadamente sobre usos do solo e condições gerais de edificação, quer para as novas edificações, quer para a transformação das existentes, e a caracterização das fachadas dos edifícios e os arranjos dos espaços livres (n.º 4 do art. 9.º).

Através da *planta de implantação*, ele estabelece o *parcelamento, os alinhamentos, a implantação de edifícios, número de pisos ou cérceas, número de fogos e respetiva tipologia, área total do pavimento e respetivos usos, demolição, manutenção ou reabilitação das construções* existentes e natureza e localização dos equipamentos e os *arranjos paisagísticos e outras intervenções* (n.º 5 do art. 10.º).

Ao direito do urbanismo faltava na prática uma isenta real consagração. Hoje, é deficiente a execução de técnicas de perequação dos benefícios e encargos resultantes do plano.

Em geral, no domínio do direito dos solos, as *proibições, limitações ou condicionamentos ligados à sua vinculação situacional* não dá direito a indemnização, a não ser em situações excecionais de grave restrição à sua utilização.

Ainda é no domínio da *transferência da propriedade* que o legislador mais se tem preocupado por realizar a justiça.

Com efeito, instrumento fundamental da *administração urbanística* e especialmente da execução dos planos é a *expropriação.*

*

A *expropriação,* neste âmbito urbanístico, segue o regime geral previsto no Código das Expropriações[360]. Instrumento que vem dos romanos e há milénios, que o legislador é o nosso que, ainda, não o conseguiu definir estavelmente!

Resumindo, o *essencial do direito das expropriações,* no que diz respeito ao binómio *direito dos solos e expropriação,* importa referir que instrumento fundamental do direito dos solos, e em geral da gestão urbanística e especialmente da execução dos planos, é a expropriação dos mesmos, que segue o regime previsto no Código das Expropriações[361].

O *direito da expropriação* contém, em geral, as regras fundamentais deste instituto, constantes do designado Código, mas deixando a "regulamentação do encargo de mais-valia" e a delimitação da área valorizada pelas obras para efeitos de decisão e fixação de encargos de mais-valia[362], nas mãos das assembleias municipais competentes, "quando estejam em causa obras de urbanização ou de abertura de vias de comunicação municipais ou intermunicipais", cabendo à câmara municipal "determinar as áreas que vão sendo concretamente beneficiadas para tal efeito[363] e para abatimento ao valor do encargo das mais-valias por eventuais custos com que o obrigado tenha arcado no âmbito de obras por ele realizadas.

[360] Constante atualmente da Lei 168/99, de 18.9 (que, com sucessivas revisões, a última das quais em 2008, veio revogar o Decreto-Lei n.º 38/9, de 9,11.1991.

[361] Decreto-Lei n.º 168/99, de 18.9.

[362] Artigo 2.º e n.º 2 do artigo 17.º da Lei n.º 2030, de 22.7.1948.

[363] N.º 5 do artigo 17.º da Lei n.º 2030, de 22 de julho de 1948.

O regime expropriativo tem que ver com bens imóveis e direitos (*direito de propriedade*, outros direitos reais (usufruto, superfície, uso e habitação e servidões prediais) ou direitos obrigacionais (v.g. o *direito de habitação*).

Em geral, as regras fundamentais do instituto da expropriação são as seguintes: o seu objeto são bens imóveis e direitos a eles inerentes (direito de propriedade, outros direitos reais (usufruto, superfície, uso e habitação e servidões prediais) ou direitos obrigacionais, v.g. o direito de habitação).

*

Os seus *pressupostos* normativos de legitimação são:

a) o *princípio da legalidade*. Só é possível com base na lei;
b) o *princípio da utilidade pública*. Apenas se impõe em razão de uma causa concreta de utilidade pública, compreendida nas atribuições da entidade beneficiária;
c) o *princípio da interdição de excesso*. Nas suas várias componentes, quer de necessidade, em termos de objetivo e da inexistência de um diferente meio, de natureza pública, de o realizar com menos sacrifícios para os particulares, quer de idoneidade ou adequação para esse efeito específico, quer de proporcionalidade ou equilíbrio entre o meio e o fim em termos relacionais entre custos e benefícios públicos. Portanto, implica idoneidade da medida, a sua necessidade em termos de princípio-finalidade e em concreto na provocação do sacrifício real do expropriado e uma adequada demonstração de equilíbrio entre a medida e os custos para o interesse público. Necessidade escatológica, adequação física e proporcionalidade de encargos. Portanto, existe apenas para a realização do seu fim, mas podendo "atender-se a exigências futuras, de acordo com um programa de execução faseada e devidamente calendarizada, o qual não pode ultrapassar o limite máximo de seis ano", sem prejuízo de, no caso de apenas ser necessária uma "parte de um prédio", o proprietário poder requerer a expropriação total se a "parte restante não assegurar, proporcionalmente, os mesmos cómodos que oferecia todo o prédio" ou se esses "cómodos assegurados pela parte restante não tiverem interesse económico para o expropriado, determinado objetivamente", o que se aplica mesmo que o título expropriativo não abranja toda a área)
d) o *princípio da garantia patrimonial*. Exige uma indemnização justa, isto é, uma compensação total do valor do bem, medido pela quantia que

seria recebida na alienação livre no mercado, descontando os fatores especulativos. Quer a expropriação seja de facto realizada como tal, quer no caso de o proprietário ou outros interessados terem tido "prejuízos direta e necessariamente resultantes de o bem ter estado sujeito a expropriação".

São da competência material dos tribunais judiciais as ações que têm como "objeto o arbitramento da justa indemnização devida ao proprietário pela oneração do seu direito, determinante da desvalorização do bem, pela constituição lícita de uma servidão administrativa por ato de entidade concessionária de serviço público, decorrente de um precedente processo expropriativo"[364].

A sua efetivação desenrola-se em *procedimento administrativo* (com destaque para o ato de declaração de utilidade pública, indicação do fim concreto e identificação do bem necessário, pelo Ministro competente) e jurisdicional (para a solução do preço, caso não haja acordo, em recurso de uma arbitragem anterior).

Havendo *acordo*, quanto ao montante da indemnização e forma de pagamento, a propriedade transfere-se com o auto ou a escritura pública de expropriação amigável.

Não havendo acordo, compete ao tribunal judicial efetivar a *adjudicação* da propriedade e também a sua posse, se a autorização para a *posse administrativa* não tiver sido concedida pelo Ministro respetivo, quando tenha carácter urgente, no caso de trabalhos necessários à execução de projeto de obras aprovado que não possam esperar e ela seja indispensável para o seu início imediato ou para a sua prossecução ininterrupta.

Os cidadãos ficam garantidos contra a ilegalidade através de *recurso de anulação da declaração de utilidade pública* e contra a inatividade ou a não utilização para os fins previstos, com meios específicos, desde logo:

- α) a *caducidade da decisão*, se inexistir a promoção da arbitragem no prazo de um ano ou não ocorrer a remissão do processo ao tribunal no prazo de dois anos, a contar da publicação no Diário da República; e
- β) o *direito de reversão* ao proprietário expropriado, se não forem aplicados, no prazo de dois anos, para o fim a que foram expropriados; a menos que tenha decorrido 20 anos após a adjudicação ou tenha sido promovida uma nova declaração para fim diferente ou, ainda, a renúncia expressa ao seu direito, por parte do expropriado.

[364] Nos termos do Acórdão do Tribunal dos Conflitos n.º 26/16.

Além dos princípios da legalidade, da proporcionalidade e da garantia indemnizatória (através de regime específico de responsabilidade civil extracontratual da Administração pública por ato lítico), respeita, ainda:

e) o *princípio da utilidade pública*. Exige a existência de uma causa de interesse público compreendido nas atribuições da entidade beneficiária.

*

Importa referir que a entidade pública interessada na expropriação tem de, antes de requerer a declaração de utilidade pública, "diligenciar no sentido de adquirir os bens por via de direito privado"[365], exceto em situações de justificada urgência (a atribuir e fundamentar no ato declarativo[366], e nas "situações em que, jurídica ou materialmente, não é possível a aquisição por essa via", desde logo por não haver aceitação da venda ou do preço oferecido, por parte do proprietário. notificação deve incluir a "proposta de aquisição, por via de direito privado, que terá como referência o valor constante do relatório do perito".

Se o proprietário ou outros interessados não forem conhecidos ou forem devolvidas as cartas ou ofícios derivados do procedimento, a existência de proposta é publicitada através de editais a afixar nos locais de estilo do município do lugar da situação do bem ou da sua maior extensão e das freguesias onde se localize e em dois números seguidos de dois dos jornais mais lidos na região, devendo um destes ser de âmbito nacional.

Os interessados têm o prazo de vinte dias, desde a receção da proposta ou de 30 dias a contar da última publicação nos jornais, para responderem face à proposta apresentada. A sua contraproposta pode "ter como referência o valor que for determinado em avaliação documentada por relatório elaborado por perito da sua escolha".

No caso de recusa ou de falta de resposta no prazo em causa ou de desinteresse na contraproposta, tal "confere, de imediato, à entidade interessada na expropriação a faculdade de apresentar o requerimento para a declaração de utilidade pública", notificando desse facto os interessados que responderam.

Se, entretanto, ocorrer um acordo, então a aquisição nos termos do direito privado pode ter lugar mesmo que "a área da parcela, ou da parte sobrante, seja inferior à unidade de cultura".

[365] Artigo 11.º.

[366] Artigo 15.º.

O requerimento da declaração de utilidade pública deve ser remetido, "conforme os casos, ao membro do Governo ou ao presidente da assembleia municipal competente para a emitir"[367].

A declaração de utilidade pública caduca se não for "promovida a constituição da arbitragem no prazo de um ano ou se o processo de expropriação não for remetido ao tribunal competente no prazo de 18 meses", a contar da data da publicação da declaração de utilidade pública.

Se a declaração de utilidade pública caducar (o que depende de requerimento de interessado), ela *pode ser "renovada* em casos devidamente fundamentados e no prazo máximo de um ano, a contar do termo do prazo de 18 meses. Se houver renovação da declaração, o expropriado tem de ser notificado para poder optar "pela fixação de nova indemnização ou pela atualização da que estava prevista[368].

No caso de "obra contínua[369], a caducidade "não pode ser invocada" depois de aquela ter sido iniciada em qualquer local do seu traçado, a menos que os trabalhos sejam suspensos ou estejam "interrompidos por prazo superior a três anos".

Há *situações de expropriação urgentíssima*, sempre que a necessidade da expropriação decorra de "calamidade pública ou de exigências de segurança interna ou de defesa nacional", casos em que pode ser tomada "posse administrativa imediata dos bens destinados a prover à necessidade que determina a sua intervenção"[370].

Isto, "sem qualquer formalidade prévia", a que se segue sem mais o procedimento de "fixação da indemnização em processo litigioso". E sempre que possível, deve ser promovida uma "vistoria *ad perpetuam rei memoriam*[371].

O *princípio da garantia patrimonial* exige normativos precisos da fixação do conteúdo da indemnização que deve ser justa[372], em ordem a "ressarcir o prejuízo que para o expropriado advém da expropriação", a calcular pelo "valor real e corrente do bem", tendo em conta não só "o seu destino efetivo", como o que seria "possível", em termos de "utilização económica normal, à data da publicação da declaração de utilidade pública, tendo em consideração as circunstâncias e condições de facto existentes naquela data".

[367] Art. 12.º, n.º 1.

[368] Artigo 24.º.

[369] N.º 3, art. 5.º.

[370] Arts. 19.º e 20.º.

[371] Nos termos do artigo 21.º.

[372] Artigo 23.º.

Sem entrar no cálculo nem valorizações resultantes de "obras ou empreendimentos públicos concluídos há menos de cinco anos, no caso de não ter sido liquidado encargo de mais-valia e na medida deste", nem resultante da criação de "benfeitorias voluptuárias ou úteis ulteriores à notificação para expropriação[373], nem de "informações de viabilidade, licenças ou autorizações administrativas requeridas ulteriormente a essa notificação, tal como não são de considerar "fatores, circunstâncias ou situações criadas com o propósito de aumentar o valor da indemnização".

Em geral, o valor dos bens é calculado de modo a "corresponder ao valor real e corrente dos mesmos, numa situação normal de mercado", sem prejuízo de a entidade expropriante ou o expropriado poderem, quando tal se não verifique requerer, ou o tribunal decidir oficiosamente, que na avaliação sejam atendidos outros critérios para alcançar aquele valor".

O *montante da indemnização* é calculado com referência à data da declaração de utilidade pública, mas é atualizável à "data da decisão final do processo de acordo com a evolução do índice de preços no consumidor, com exclusão da habitação", publicado pelo INE.

Importa, de qualquer caso, esta atualização abrange também o período que mediar entre a data da decisão judicial que fixar definitivamente a indemnização e a data do efetivo pagamento do montante atualizado[374]. Importante no cálculo do montante e distinguir entre as duas diferentes classificações dos solos, que ou é "solo apto para a construção" ou "solo para outros fins"[375].

É apto para a construção se dispuser de "acesso rodoviário e de rede de abastecimento de água, de energia elétrica e de saneamento, com características adequadas para servir as edificações nele existentes ou a construir", se embora apenas disponha de "parte destas infraestruturas, se integrar em núcleo urbano existente", "está destinado, de acordo com instrumento de gestão territorial, a adquirir as características descritas de acesso e redes; ou mesmo que, não estando nestas várias situações, já possuir "alvará de loteamento ou licença de construção em vigor no momento da declaração de utilidade pública, desde que o processo se tenha iniciado antes da data da notificação para expropriação.

É "solo para outros fins", o que não for apto para construção[376].

[373] N.º 5, art. 10.º.

[374] Art. 24.º.

[375] Art. 25.º.

[376] O Acórdão do Supremo Tribunal de Justiça n.º 6/2011 veio uniformizar jurisprudência considerando que os terrenos "integrados, seja em Reserva Agrícola Nacional (RAN), seja em Reserva Ecológica Nacional (REN), por força do regime legal a que estão sujeitos, *não podem ser classificados*

*

O *valor do solo apto para a construção* é calculado tendo presente a construção que "nele seria possível efetuar se não tivesse sido sujeito a expropriação, num aproveitamento económico normal, de acordo com as leis e os regulamentos em vigor[377], sendo o *valor resultante da "média aritmética atualizada* entre os preços unitários de aquisições", ou de "avaliações fiscais que corrijam os valores declarados, efetuadas na mesma freguesia e nas freguesias limítrofes nos três anos, de entre os últimos cinco, com média anual mais elevada, relativamente a prédios com idênticas características", devendo atender-se aos "*parâmetros fixados em instrumento de planeamento territorial, corrigido por ponderação da envolvente urbana do bem expropriado,* nomeadamente no que diz respeito ao tipo de construção existente, numa percentagem máxima de 10%".

No caso de não ser possível aplicar o critério estabelecido, por falta de elementos, o valor deste tipo de solos "calcula-se em função do custo da construção, em condições normais de mercado", atendendo, como referencial, aos "montantes fixados administrativamente para efeitos de aplicação dos regimes de habitação a custos controlados ou de renda condicionada".

Num *aproveitamento economicamente normal,* o valor será o correspondente a um "máximo de 15% do custo da construção, devidamente fundamentado, variando, nomeadamente, em função da localização, da qualidade ambiental e dos equipamentos existentes na zona", mas a "percentagem fixada pode ser "acrescida até ao limite de cada uma das percentagens e com a variação que se mostrar justificada, conforme haja "acesso rodoviário, com pavimentação em calçada, betuminoso ou equivalente junto da parcela", em 1,5%; passeios em toda a extensão do arruamento ou do quarteirão, do lado da parcela, em 0,5%;

como "solo apto para construção", nos termos do artigo 25.º, 1, al. a), e 2 do Código das Expropriações (...), ainda que preencham os requisitos previstos naquele n.º 2". O Acórdão n.º 196/2011, Processo n.º 996 09, do Tribunal Constitucional veio julgar inconstitucional a norma do artigo 26.º, n.º 12, do Código das Expropriações, aprovado pela Lei n.º 168/99, de 18 de setembro, quando interpretada no sentido de um *terreno com aptidão edificativa, integrado na RAN,* ser indemnizável como solo apto para construção".

[377] Sem prejuízo do cálculo da justa indemnização tendo em conta quanto à determinação do valor (seu n.º 2) e sua fixação (n.º 3), importa considerar a orientação geral do valor normal de mercado, como estipula o n.º 5 do artigo 23.º: "Sem prejuízo do disposto nos n.os 2 e 3 do presente artigo, o valor dos bens calculado de acordo com os critérios referenciais constantes dos artigos 26.º e seguintes deve corresponder ao valor real e corrente dos mesmos, numa situação normal de mercado, podendo a entidade expropriante e o expropriado, quando tal se não verifique requerer, ou o tribunal decidir oficiosamente, que na avaliação sejam atendidos outros critérios para alcançar aquele valor."

rede de abastecimento domiciliário de água, com serviço junto da parcela, em 1%; rede de saneamento, com coletor em serviço junto da parcela, em 1,5%; rede de distribuição de energia elétrica em baixa tensão com serviço junto da parcela, em 1%; rede de drenagem de águas pluviais com coletor em serviço junto da parcela, em 0,5%; estação depuradora, em ligação com a rede de coletores de saneamento com serviço junto da parcela, em 2%; rede distribuidora de gás junto da parcela, em 1% e rede telefónica junto da parcela, em 1%.

Se o *custo da construção* for "substancialmente agravado ou diminuído pelas especiais condições do local, o montante do acréscimo ou da diminuição daí resultante é reduzido ou adicionado ao custo da edificação a considerar para efeito da determinação do valor do terreno".

Se o *aproveitamento urbanístico* que serviu de base à aplicação do critério fixado[378] constituir, comprovadamente, uma *sobrecarga incomportável para as infraestruturas existentes*, no cálculo do montante indemnizatório deverão ter-se em conta as despesas necessárias ao reforço das mesmas".

O valor resultante da aplicação desses critérios e do anteriormente referido[379] é objeto da aplicação de um *fator corretivo pela inexistência do risco* e do esforço inerente à atividade construtiva, no montante máximo de 15% do valor da avaliação.

No *cálculo do valor* deste tipo de solo, em áreas críticas de recuperação e reconversão urbanística legalmente fixadas, ter-se-á em conta que o volume e o tipo de construção possível não devem "exceder os da média das construções existentes do lado do traçado do arruamento em que se situe, compreendido entre duas vias consecutivas".

Se for necessário expropriar solos "classificados como zona verde, de lazer ou para instalação de infraestruturas e equipamentos públicos" por planeamento municipal plenamente eficaz (cuja aquisição seja anterior à sua entrada em vigor), o valor de tais solos será "calculado em *função do valor médio* das construções existentes ou que seja possível edificar nas parcelas situadas numa área envolvente cujo perímetro exterior se situe a 300 m do limite da parcela expropriada".

O regime da expropriação trata ainda em pormenor do *cálculo do valor* de edifícios ou construções e suas áreas de implantação e logradouros[380],

[378] N.ºs 4 a 8 do artigo 26.º.

[379] N.ºs 4 a 9 do artigo 26.º.

[380] O artigo 28.º sobre o valor de edifícios ou construções e suas áreas de implantação e logradouros, dispõe que, "1 – Na determinação do valor dos edifícios ou das construções com autonomia económica atende-se, designadamente, aos seguintes elementos: a) Valor da construção, considerando

do cálculo do valor nas expropriações parciais"[381], da indemnização respeitante ao arrendamento[382], da indemnização pela interrupção da *atividade*

o seu custo actualizado, a localização, o ambiente envolvente e a antiguidade; b) Sistemas de infra-estruturas, transportes públicos e proximidade de equipamentos; c) Nível de qualidade arquitectónica e conforto das construções existentes e estado de conservação, nomeadamente dos pavimentos e coberturas, das paredes exteriores, partes comuns, portas e janelas; d) Área bruta; e) Preço das aquisições anteriores e respectivas datas; f) Número de inquilinos e rendas; g) Valor de imóveis próximos, da mesma qualidade; h) Declarações feitas pelos contribuintes ou avaliações para fins fiscais ou outros. 2 – No caso de o aproveitamento económico normal da área de implantação e do logradouro não depender da demolição dos edifícios ou das construções, a justa indemnização corresponde ao somatório dos valores do solo e das construções, determinados nos termos do presente Código. 3 – No caso contrário, calcula-se o valor do solo, nele deduzindo o custo das demolições e dos desalojamentos que seriam necessários para o efeito, correspondendo a indemnização à diferença apurada, desde que superior ao valor determinado nos termos do número anterior."

381 O Artigo 29.º dispõe que, quanto ao valor a atribuir em expropriações parciais, "os árbitros ou os peritos calculam sempre, separadamente, o valor e o rendimento totais do prédio e das partes abrangidas e não abrangidas pela declaração de utilidade pública" (n.º 1). E acrescenta: "2 – Quando a parte não expropriada ficar depreciada pela divisão do prédio ou desta resultarem outros prejuízos ou encargos, incluindo a diminuição da área total edificável ou a construção de vedações idênticas às demolidas ou às subsistentes, especificam-se também, em separado, os montantes da depreciação e dos prejuízos ou encargos, que acrescem ao valor da parte expropriada. 3 – Não haverá lugar à avaliação da parte não expropriada, nos termos do n.º 1, quando os árbitros ou os peritos, justificadamente, concluírem que, nesta, pela sua extensão, não ocorrem as circunstâncias a que se referem as alíneas a) e b) do n.º 2 e o n.º 3 do artigo 3.º".

382 Artigo 30.º. (Indemnização respeitante ao arrendamento): "1 – O arrendamento para comércio, indústria ou exercício de profissão liberal, ou para habitação no caso previsto no n.º 2 do artigo 9.º, bem como o arrendamento rural, são considerados encargos autónomos para efeito de indemnização dos arrendatários. 2 – O inquilino habitacional obrigado a desocupar o fogo em consequência de caducidade do arrendamento resultante de expropriação pode optar entre uma habitação cujas características, designadamente de localização e renda, sejam semelhantes às da anterior ou por indemnização satisfeita de uma só vez. 3 – Na fixação da indemnização a que se refere o número anterior atende-se ao valor do fogo, ao valor das benfeitorias realizadas pelo arrendatário e à relação entre as rendas pagas por este e as praticadas no mercado. 4 – Na indemnização respeitante a arrendamento para comércio, indústria ou exercício de profissão liberal atende-se às despesas relativas à nova instalação, incluindo os diferenciais de renda que o arrendatário irá pagar, e aos prejuízos resultantes do período de paralisação da actividade, necessário para a transferência, calculados nos termos gerais de direito. 5 – Na indemnização respeitante a arrendamento rural atende-se, além do valor dos frutos pendentes ou das colheitas inutilizadas, ao valor das benfeitorias a que o rendeiro tenha direito e aos demais prejuízos emergentes da cessação do arrendamento, calculados nos termos gerais de direito. 6 – O disposto nos números anteriores é também aplicável se a expropriação recair directamente sobre o arrendamento e no caso de resolução do contrato de arrendamento nos termos dos artigos 8.º e 11.º do Decreto n.º 139-A/79, de 24 de dezembro".

comercial, industrial, liberal ou agrícola[383] e pela expropriação de *direitos diversos da propriedade*[384].

*

Característica moderna determinante é, hoje, a de *direito condicionador do exercício dos direitos subjetivos ligados à propriedade*, E mesmo eliminador de possibilidades construtivas em geral, substituídas pela criação desses direitos por génese urbanística e planificadora.

Os direitos a exercer em relação ao solo, uma vez *definidos as faculdades construtivas em relação a certa zona*, ficam mesmo assim sujeitos a um exercício condicionado procedimentalmente (por uma Administração urbanística circunscritiva).

Isto é, a existência de *direitos de transformação e ocupação do solo* não dispensa o uso da técnica da "autorização", para verificar o cumprimento das condições, a que esses direitos, já existentes em princípio, em face da aprovação e publicação dos planos, estão sujeitos.

A questão do planeamento urbanístico e do *direito de construir* merece algumas reflexões, dado que o urbanismo é um processo com uma *vertente jurídica que conflitua com institutos jurídicos tradicionais*, designadamente com a conceção civilista das faculdades do direito de propriedade do solo, obrigando a uma releitura dos mesmos.

Com efeito, o *direito do urbanismo*, como abemos, é um conjunto de regras e de instrumentos de atuação de poderes públicos criados, não só com o objetivo de *condicionar*, mas também de *regular a transformação e o ordenamento* dos solos para efeitos de desenvolvimento urbano.

Vejamos a *evolução histórica do enquadramento jurídico da terra.*

383 Artigo 31.º. (Indemnização pela interrupção da atividade comercial, industrial, liberal ou agrícola): "1 – Nos casos em que o proprietário do prédio nele exerça qualquer actividade prevista no n.º 4 do artigo anterior, à indemnização pelo valor do prédio acresce a que corresponder aos prejuízos da cessação inevitável ou da interrupção e transferência dessa actividade, pelo período de tempo objectivamente necessário, calculada nos termos do mesmo preceito.2 – Se da expropriação resultarem prejuízos para o conjunto da exploração agrícola efectuada directamente pelo proprietário, à indemnização correspondente acresce a relativa àqueles prejuízos, calculada nos termos gerais de direito."

384 Artigo 32.º. (Indemnização pela expropriação de direitos diversos da propriedade plena): "Na expropriação de direitos diversos da propriedade plena, a indemnização é determinada de harmonia com os critérios fixados para aquela propriedade, na parte em que forem aplicáveis.

A passagem da vida nómada e de pastorícia para uma de sociedade sedentária vivendo da agricultura levou ao surgimento do direito de propriedade do solo.

Na *história do direito*, a conceção sobre este direito chegou, na *propriedade quiritária*[385], a integrar faculdades de disposição e destruição absoluta sem quaisquer restrições ao direito de edificar do proprietário do solo. Em geral, o *direito romano*[386], que o liberalismo e os diferentes códigos civis quase recaptam totalmente, fez-lhe compreender o "ius utendi, fruendi et abutendi", o que traduz uma conceção sem admissão de quaisquer limites.

O *Estado moderno* levou à privatização de propriedade, rejeitando as orientações e confusões de patrimónios de entidades públicas ou "estatutos" de feudalismo, e veio simultaneamente desprivatizar o próprio Estado ou parcelas do Estado, que deixa de ser património privado de quem quer que seja, acabando a confusão entre poder público e propriedade privada dos dirigentes políticos.

A Revolução Francesa impõe um direito de propriedade que funciona como direito absoluto às intervenções dos poderes públicos. Portanto, consagra um direito de propriedade como um *direito ilimitado*. Só ficaria em causa com a teoria do uso com abuso de direito, derivada precisamente de dada utilização do direito de propriedade e com que se inicia um processo de reenquadramento do seu exercício, que se traduz na aceitação de limitações ao direito de propriedade.

A estas *limitações intrínsecas* viriam juntar-se depois as *limitações extrínsecas, de carácter social*.

Estas mantêm uma postura de rutura com conceções do direito absoluto e até podem colocar em causa o direito de propriedade, conforme se traduzam em restrições ou servidões administrativas ou mesmo na sujeição a expropriações por utilidade pública.

Temos então, um direito de propriedade da terra com um regime jurídico de *direito privado, sujeito a limitações de direito administrativo, por razões de interesse público*.

[385] O direito de propriedade era um direito absoluto no direito romano mais arcaico, mas antigo, de génese mais ocidental, titulado em quem tinha capacidade eleitoral, caracterizado pela oralidade, rigidez e formalismo, desprezando quaisquer razões de equidade.

[386] Que se afirma em Roma desde o século oitavo antes de cristo e vigora, não só no império romano do oriente, em 565 depois de cristo, onde aparece compilado em grandes códigos, como por via destes, prolongará a sua vigência em muitos estados europeus, desde logo germânicos com as escolas históricas, até ao século XIX.

Esta conceção tem assento no nosso ordenamento jurídico, por imposição de normas de origem interna e internacional.

*

Na Constituição, garante-se o *direito de propriedade com limitações*[387]. No Código Civil, há a acrescentar-lhe a *cláusula de admissão de criação de legislação extravagante*[388]. Começando por dar uma definição absolutizadora do direito, abre-se a qualquer limitação criada por via legislativa.

Trata-se de um *direito fundamental corporalmente limitado*, embora as suas restrições não possam diminuir[389] a *extensão e o alcance do seu conteúdo essencial*, sob pena de inconstitucionalidade. Isto, no caso de o legislador eliminar faculdades que se devam considerar como correspondendo a um mínimo, em termos de *uso e gozo do solo*.

Ora, o urbanismo é *direito dos solos*, enquanto processo ordenamental ou de operatividade direta na afetação de destinos de utilização e de densificação quantitativa de faculdades sobre o solo.

Ele coloca questões sobre as *fronteiras da aceitabilidade* ou não das suas disposições, no plano dos poderes dos proprietários desses solos.

Umas questões têm que ver com a *funcionalização diferenciadora de espaços* e outras com a *sucessão de normas no tempo*.

Sobre a *constituição do "ius aedificandi"*, importa notar que o direito de ordenamento e de transformação dos solos está disperso por vários diplomas,

[387] Artigos 62.º, n.º 4 (direito de propriedade), 65.º, al. c), n.º 2 (valorização do património cultural, existência de parques habitacionais e interesses públicos nos solos urbanos), 78.º, al. c) e h), 81.º, 83.º, 89.º, etc.,

[388] Artigo 1305.º do Código Civil (DL n.º 47344/66, de 25 de novembro): "O proprietário goza de modo pleno e exclusivo dos direitos de uso, fruição e disposição das coisas que lhe pertencem, dentro dos limites da lei e com observância das restrições por ela impostas". Portanto, conceção normada de base romana, pois os "limites", a que se reporta, não implicam a estatuição "do modo pleno" na definição ontológica.

[389] Artigo 18.º do Constituição (orça jurídica): "1. Os preceitos constitucionais respeitantes aos direitos, liberdades e garantias são diretamente aplicáveis e vinculam as entidades públicas e privadas. 2. A lei só pode restringir os direitos, liberdades e garantias nos casos expressamente previstos na Constituição, devendo as restrições limitar-se ao necessário para salvaguardar outros direitos ou interesses constitucionalmente protegidos. 3. As leis restritivas de direitos, liberdades e garantias têm de revestir carácter geral e abstrato e não podem ter efeito retroativo nem diminuir a extensão e o alcance do conteúdo essencial dos preceitos constitucionais. Art. 17.º (Regime dos direitos, liberdades e garantias): "O regime dos direitos, liberdades e garantias aplica-se aos enunciados no título II e aos direitos fundamentais de natureza análoga.

desde os planos, a lei dos solos, a legislação das reservas agrícolas e ecológicas, etc.

A *legislação dos solos* dá instrumentos à Administração Pública. Mas onde está a legislação diretamente aplicável aos direitos urbanísticos dos particulares?

*

Quem quiser *construir num determinado terreno* pode ver-se impedido ou limitado por todas estes diplomas? Os programas de ordenamento territorial são, hoje, dirigidos apenas às entidades administrativas, mas aos particulares deparam-se planos de ordenamento e outras decisões, que os implicam enquanto proprietário na sua disposição sobre terrenos.

Em geral, hoje, em situações normais de vigência dos planos a nível municipal, de aglomerado populacional ou parte deste ou terrenos exteriores a estes últimos, basta consultar o plano intermunicipal, se existir, e se não há, um dos planos municipais de escalão inferior, mais pormenorizado que possa existir, começando por analisar o plano de pormenor, depois o plano de urbanização e, inexistindo, o plano diretor do município que se lhe aplique, sendo certo que os diferentes programas ordenamentais terão aplicação nestes, quer conformando-os ou, pelo menos, não admitindo que estes contestem as suas orientações, ao dever ser compatíveis com o disposto nos programas tal como acontece entre a hierarquia dos planos de base municipal, em que os PP devem respeitar os pU e todos o PDM ou PIDM. Pois, contrariamente ao que acontecia antes, hoje estes planos de base local devem integrar todas as limitações existentes e nas questões duvidosas ser interpretados de acordo comos planos de escalão territorial mais amplo e com os aspetos de programas que sejam materialmente pertinentes. Anteriormente era sempre necessário começar por verificar quase todo o sistema de ordenamento nacional, pois a grande maioria eram planos físicos, mesmo com origem na administração estadual ou regional autónoma, especialmente – durante um certo tempo – os planos regionais (PROT, que tinham aplicabilidade nas normas concretizáveis, incondicionais, precisas) e os planos especiais (PEOT, dada a sua natureza protetora do ambiente em zonas exigentes de especiais cuidados, orla costeira, albufeira das águas públicas, estuários e, em certos momentos, os florestais), ordenações que o legislador os municípios mandou integrar nos municipais. No entanto, além do regime de planeamento, de qualquer modo, deve merecer atenção especial a consulta dos mapas e regimes de solos referentes à Reserva Agrícola Nacional e Reserva Ecológica Nacional, ou atentar se o terrenos pertence a uma *zona "non aedificandi" marginal de uma via de comunicação terrestre ou fluvial,* junto à *via marítima ou a um curso de água flutuável, a uma instalação militar, aeroporto,* etc..

No que diz respeito à planificação, hoje é fundamental prestar atenção aos nomes das coisas, pois os programas são "planos territoriais" para a Administração e não para os cidadãos. No nosso atual direito, os programas têm força jurídica "paradiretiva", ao não serem de aplicação direta para os proprietários, mesmo independentemente do seu conteúdo mais ou menos preciso e incondicionado, sendo apenas dirigidos aos órgãos municipais para os cumprirem e fazer cumprir através de planos, enquanto regulamentação municipal, em grande parte dependente. Ou seja, "em princípio", apenas funcionam com um "relativo" (na sua construção, em que a cúpula nacional ficou para o fim) *princípio de hierarquia subsuntiva,* especialmente para a normação autárquica. O que impede a aprovação, sob pena de invalidade, de planos locais que não se harmonizem com os de escalão territorial mais abrangente.

As autoridades territoriais terão que conferir as disposições, desde logo dos programas regionais e especiais (e mesmo setoriais) e dos planos de salvaguarda e valorização para as zonas de proteção de imóveis ou conjuntos classificados, proteção que, como noutras situações específicas, tais como os de augi, reabilitação, etc., também podem assumir aplicabilidade plurisubjetiva, como planos de pormenor especializados.

*

Sendo assim, então qual é a relação existente entre a faculdade de construir e o direito de propriedade?

No que diz respeito ao direito de propriedade sobre os solos, as leis e os *planos já não aparecem apenas a recortar um direito,* que tinha inicialmente uma extensão maior, mas vem *definir em cada caso,* qual é a própria extensão desse direito, ao precisar as fronteiras normais em função da classificação dos espaços e da qualificação urbanística dos terrenos.

Estas normas jurídicas *definem os limites ou fronteiras e não recortam apenas algo previamente definido.*

O ordenamento urbanístico, isto é, a definição das faculdades inerentes à propriedade dos terrenos, não origina um direito a indemnização. Apenas existente nos casos de ablação do direito de propriedade sobre o solo, recorte ou privação de um direito previamente delimitado com maior extensão.

Os solos qualificados como espaços não urbanísticos não são suscetíveis de nenhum desenvolvimento urbanístico, devendo ter um aproveitamento inerente às suas qualidades estritamente naturais (uso rústico, aproveitamento agrícola, florestal ou pecuário) e, por isso, a classificação dos solos como não urbanizáveis não confere direito a qualquer indemnização.

Precisamente, porque as normas jurídicas que as classificam *partem de uma situação em que não tiram, mas apenas não criam faculdades*. Porque a situação de que se parte é a da "natureza", considerando a *realidade natural (do que aí está e como está) como o único conteúdo inicial* da propriedade.

Se o Estado não tira nada a alguém a favor de "todos", não tem que indemnizar nada em nome de "todos", pois o sentido da responsabilidade pública consiste em compensar o que se tira, havendo a perda ou qualquer dano causado a título singular, definitivamente ou mesmo a título transitório.

Quando se classifica o solo como urbano reconhece-se-lhe uma operativa "vocação para o processo de urbanização e de edificação", integrando os "terrenos urbanizados ou cuja urbanização seja programada", no solo do perímetro urbano. Aqui, já se adiciona ao conteúdo normal do direito de propriedade outros possíveis conteúdos "artificiais", que não estão, em si mesmos, na natureza das terras e que dependem de uma "vontade" exterior e alheia à do proprietário, que é a vontade do legislador e da Administração planificadora[390].

Esta *adição de conteúdos* é uma atribuição "modal", adquirida com a condição de o beneficiário ter um prévio comportamento de contraprestação compensatória, traduzido num dever dos proprietários afetados de se incorporarem no processo urbanizador e edificatório, nas condições e prazos previstos na legislação e no planeamento urbanísticos.

Os *aproveitamentos urbanísticos* materializados na edificação, nos termos previstos no plano, pressupõe a cedência gratuita à Administração dos terrenos destinados a obras públicas, estradas, jardins, e bens do domínio público, ou deveres garantidos com a "cominação" da expropriação.

Via permitida para substituir o proprietário original incumpridor.

[390] Administração pública que indemniza se prejudicou e deve fazer o Estado "ganhar" em parte se beneficiou certos particulares (planeamento urbanizador, infraestruturas envolventes, etc.), cobrando mais-valias, não falsas "mais-valias" pelo mero decurso do tempo e, portanto, por meras razões de injusta, e até eventualmente danosa para os proprietários, ganância tributária, ligadas a desvalorização no tempo da moeda, beneficiando com falso lucro particular, com cobranças como rendimento na diferença entre o valor de compra e o de venda quando, de facto, ela é apenas numericamente diferentemente (sendo certo que se houver uma depressão ou recessão económica e os valores reais se degradarem não faz o contrário, compensar os proprietários prejudicados). Países há em que as mais-valias tributais são inquestionáveis, pois incidem sobre as construções acima daquilo que é o normal para habitação familiar e, portanto, são para venda, seguramente sempre com ganhos significativos para o proprietário do solo e, eventualmente, para quem o vendeu.

Os *limites e os deveres* definem casuisticamente o conteúdo normal último do direito de propriedade do solo, a partir do conteúdo normal inicial criado pela própria natureza.

O planeamento de iniciativa pública ou o "planeamento-licenciamento" do loteamento situa o exercício pelo proprietário dos "ius aedificandi".

Como resulta da legislação, o *regime de uso do solo* é estabelecido em instrumentos de planeamento territorial, sendo estes que definem as adequadas classificação e qualificação. Estas vêm regular, no respeito pela sua classificação básica, o aproveitamento dos terrenos "em função da atividade dominante que neles possa ser efetuada ou desenvolvida, estabelecendo o respetivo uso e edificabilidade" (n.º 3 do mesmo artigo).

Como "ler" o Código Civil, que, neste plano, contem uma componente jurídica revogada pelo direito público?

Com efeito, nos termos do direito privado, o direito de propriedade incluiria o direito de construir[391], embora condicionado e modelado pela vontade da Administração Pública, que desempenha uma função compatibilizadora das exigências da função social da propriedade do solo. Mas em face do Direito Administrativo, que se lhe refere, outra é a solução: hoje, ele é um poder fundado no próprio plano urbanístico.

Os *planos de iniciativa pública ou os de iniciativa particular* (estes, resultantes de "licenças" de loteamento, tituladas por alvará municipal), são decisões da Administração que, sendo favoráveis ao proprietário do solo na sua pretensão edificatória, traduzem uma *atividade constitutiva de direitos*.

Os *direitos reais* são direitos que incidem sobre coisas e facultam o seu aproveitamento.

O proprietário tem o direito de *usar, fruir, dispor jurídica e materialmente da coisa*, diz o Código Civil. A disposição material traduziria o poder de transformação, desde a alteração física da coisa, às modificações e destruição. Mas, de facto, engloba, hoje, estes poderes?

A conceção tradicional do direito de propriedade, oriunda do *direito romano* dá ao seu titular a *liberdade de construir ou não* no imóvel rústico, *demolir, alterar o imóvel urbano ou reconstruir*. A primeira codificação jurídica moderna, o *Allgemeines Landrecht für die Preussischen Staaten (lei geral das terras do Reino da*

[391] Artigo 1344.º (Limites materiais): "1. A propriedade dos imóveis *abrange o espaço aéreo correspondente à superfície, bem como o subsolo*, com tudo o que neles se contém e não esteja desintegrado do domínio por lei ou negócio jurídico. 2. O proprietário não pode, todavia, proibir os atos de terceiro que, pela altura ou profundidade a que têm lugar, não haja interesse em impedir".

Prússia), de Frederico Guilherme II da Prússia, datado de 1794, dispunha no mesmo sentido. Embora sempre tenham existido *limites de vizinhança e outros*, traduzindo proibições jurídicas de raiz jurisdicional. Mas hoje, não foi tirado em geral ao proprietário o direito de construir?

Em certos países, o urbanismo e a sua execução são uma função pública, sendo reservado como tarefa da Administração tudo o que respeita à construção, restando aos proprietários dos terrenos rústicos o gozo no estado rústico. Há uma *grande discricionariedade administrativa* na concessão do exercício da faculdade de planear e construir, enquadrado num apertado *tecido de planos e autorizações ou concessões*, que põem em causa o direito de transformação, e particularmente de construção.

Hoje, em Portugal, ao proprietário só cabem os direitos que o plano e a Administração Pública em concreto, outorguem em cada caso, desafetando-se da propriedade do solo rústico as faculdades de construção ou de construção em concreto. Essa realidade jurídica acaba por vir a ser reconhecida pelas normas da LBPOTU.

Tem, assim, que se considerar ultrapassado por normas posteriores de direito administrativo, o disposto no n.º 1 do artigo 1344.º do Código Civil, que já não rege, segundo o qual a propriedade dos imóveis abrangeria o *espaço aéreo* correspondente à superfície, bem como o *subsolo* com tudo o que nele se contém e não esteja desintegrado do domínio, por lei ou por negócio jurídico.

Esta inclusão do espaço aéreo na propriedade dos imóveis traduziria uma densificação do direito ou propriedade fundiária que engloba o "ius aedificandi", tanto em altura como em profundidade, o que é contrariado pela inexistência da faculdade de o proprietário decidir, por si, se pode e como pode construir no seu terreno.

Num *país panplanificado*, é o direito público que regulamenta essa possibilidade, através de definições dadas, sobretudo ao nível dos planos urbanísticos, dos tipos e intensidades de utilização do solo. Altera-se a conceção civilista do direito de propriedade, em termos, aliás, *sufragados pela jurisprudência constitucional*, a propósito do conceito de propriedade privada, tal como o n.º 1 do artigo 62.º da Constituição, que não inclui (embora também não exclua) nele o direito de construção.

Como bem refere o Acórdão do Tribunal Constitucional n.º 341/88, publicado no Diário da República, de 19.3.87, *o "ius aedificandi" não está incluído na garantia constitucional do direito de propriedade*. O que significa que os pressupostos de existência e as condições de exercício do direito de edificação podem radicar-se numa atribuição efetivada pelo direito urbanístico. É, realmente, o que acontece.

Quais as normas ou atos administrativos criadores do direito de construir? As licenças de construção ou outros títulos simplificadores nesse sentido, face à existência de plano urbanístico, classificando dados terrenos para construção, através do respetivo zonamento, servindo apenas para controlar o cumprimento das disposições do plano e das normas de direito público de construção, designadamente referentes à estética, salubridade e segurança das edificações.

Acontece que esta *atividade licenciadora pode ser constitutiva*, quando não há plano de urbanismo aprovado. Quando o há, o momento criador do direito de construir encontra-se a jusante deste ato (que será, então, meramente "autorizativo" do exercício de um direito já existente e, assim, verdadeira licença. Porquanto a faculdade de edificação no solo, a implantação do edifício, o número de pisos ou a cércea, estando determinados, a atividade autorizatória concreta, posterior, é quase *totalmente vinculada ao conteúdo do plano*, origem do direito que se pretende exercer. O que resulta em geral do *"princípio" da taxatividade* dos fundamentos de recusa da licença ou comunicação prévia e dos projetos e do princípio da aceitação tácita em certos casos.

Em conclusão, o direito a construir não integra o conteúdo natural de um direito próprio do dono da terra, sendo uma faculdade atribuída ou conferida pela Administração planificadora e urbanística, decorrente de um acto de atribuição de direito público, de normas próprias de um plano ou de uma "licença de construção", dado que compete ao direito urbanístico definir o conteúdo e limites do direito de propriedade, segundo o *princípio da função, vinculação e obrigação social das normas em geral e o princípio da especial vinculação social da propriedade do solo.*

Assim, podemos afirmar que a configuração legal do direito de propriedade do solo, não resulta hoje do direito privado, dado que, para além das situações de domínio público, as suas faculdades construtivas e modificativas estão sujeitas a normas públicas referentes à *apropriação, gozo, transformação e disposição do solo.*

Estas normas públicas, de natureza constitucional e administrativa, afastam o estatuto resultante do direito privado e estabelecem, para além das situações de uso, gozo e disposição correspondente à sua natureza em termos rústicos, um regime diferente, próprio, de transformação e de aproveitamento urbanístico, *configurado segundo o interesse público, conformado pela Administração* urbanística e *acompanhado de certas obrigações compensatórias*, como a de cedência de parcelas e de pagamento de infraestruturas, etc..

Desde logo, o princípio da função social da propriedade delimita o conteúdo das faculdades urbanísticas e condiciona ou impõe o seu exercício.

Estas faculdades referentes ao uso do solo e sobretudo as de urbanização e de edificação, encontram-se enquadradas em termos, limites, e com o cumprimento de deveres estabelecidos pela lei, em planos e atos da Administração planificadora e urbanística, segundo técnicas de classificação e planificação urbanística dos imóveis, sem direito a indemnização (salvo disposição legal).

O conteúdo normal do direito de propriedade, integrando faculdades e deveres impostos, é determinado positivamente pelo ordenamento urbanístico, constituído pelo bloco da legalidade urbanística e pelo sistema de planeamento ordenamental e urbanístico.

É o planeamento urbanístico que cria o estatuto jurídico-urbanístico da propriedade, ou seja, é ele que define o seu conteúdo normal, através de instrumentos de conformação sucessiva em termos de classificação e qualificação urbanística do solo.

O direito de propriedade não integra nem o desenvolvimento urbanístico do solo, nem o aproveitamento do espaço aéreo acima do solo, embora este o faculte como substrato físico indispensável, nos termos do interesse público.

Portanto, depende da decisão do poder público, definidor do conteúdo urbanístico do direito de propriedade.

Como dissemos, esta regulação pública do domínio privado sobre os solos não põe em causa o enquadramento constitucional.

Pelo contrário, é conforme à Constituição, que consagrando um princípio de garantia do direito de propriedade, não impede que ele seja sempre conformável pela lei, em Estado Social *razão da sua função social, critério último de densificação do conteúdo* do direito de propriedade, justificativo de outras normas constitucionais e dos regimes diversificados dos solos em face da diversidade da sua funcionalidade económico-social, e que justifica a responsabilidade pública da definição do conteúdo dominial dos solos.

A integração sucessiva do estatuto urbanístico do direito de propriedade processa-se através de um primeiro processo de divisão dos solos, segundo uma estrutura genérica do seu aproveitamento urbanístico (classificação do solo como urbano ou não); e, depois, da divisão de cada solo, não afastado da urbanização, em termos de zonas, segundo *destinos funcionais diversificados,* concretizadores de uma ocupação e transformação diferente do uso natural e, finalmente, da definição administrativa das intensidades do seu aproveitamento.

Esta definição, só por si, sendo um *processo de produção de utilidades não homogéneas de todo o território,* tem *consequências discriminatórias,* ao criar para os diferentes proprietários, distintas possibilidades de utilização e de aproveitamento.

Isto significa que o debate sobre as oportunidades dos proprietários dos solos urbanos já se transferiu do domínio da reivindicação das faculdades próprias de construir para o da correção das consequências da definição dessas faculdades, dependente de uma vontade alheia, norteada por interesses alheios aos do simples lucro do proprietário, atentos os interesses coletivos a prosseguir.

Quanto mais não seja, porque essa tarefa é uma atividade da Administração Pública, que está sujeita ao *princípio da igualdade* no tratamento dos administrados e, por isso, o legislador criou sistemas de tendencial igualização (perequação) dos benefícios, rendimentos globais, produzidos pelo processo planificador, face aos destinos dos diferentes solos de uma dada área territorial.

O aparecimento de normas definitórias e condicionadoras de transformação do espaço é indiferente para os processos particulares de intervenção, consumados ou em curso?

Há que saber se o plano deve ou não aceitar que as *afetações e utilizações* em curso, ou previstas antes da sua vigência, são ou não salvaguardadas, mesmo que contrariem as suas disposições (situações já consumadas ou em curso de concretização, já autorizadas pela Administração urbanística, mas *não iniciadas, ou mesmo utilizações pendentes* de procedimento administrativo, sem decisão expressa ou tácita).

É a questão dos direitos urbanísticos adquiridos.

*

Como se relaciona a discricionariedade (teórica e, em grandes doses, arbitrariedade prática) do planeamento com os *direitos adquiridos*?

O processo de ordenamento conforma um espaço rústico em espaço urbano, com as respetivas afetações.

Ele consubstancia regras e instrumentos interditadores e condicionadores da transformação do solo, que cria tensões em relação aos proprietários.

Quanto à atribuição dos diferentes destinos, o *carácter seletivo dos aproveitamentos urbanísticos* determina o *valor económico dos solos*. É esta consequência económica natural, a montante do planeamento que mexe com o princípio da igualdade. A menos que se implantem técnicas de perequação, que realizem o princípio de igual de tratamento a jusante desse processo, pela via da *repartição igual dos encargos públicos e dos benefícios para todos de tal afetação.*

O sistema jurídico enquadra o jogo social, cuja dinâmica implica que os cidadãos se possam autodeterminar segundo as regras vigentes, pelo que a liberdade do legislador e da Administração Pública atua no quadro de legalidade em que se movem com *respeito pelos direitos adquiridos e decisões tomadas ao abrigo dos mesmos*, sob pena de o sistema jurídico ser atacado num dos seus princípios fundamentais, que faz estruturar o agir social segundo o direito que está em vigor e não segundo *juízos de prognose* sobre um direito que há-de vir.

Os cidadãos estão submetidos ao direito em vigor, não ao que seria ou será o direito, sendo este o único modo de garantir o *princípio da confiança dos cidadãos* no sistema jurídico, como ordenamento estruturante do Estado, em Estado de Direito.

Que ocorre se uma lei vem alterar ou mesmo revogar ou permitir revogar direitos urbanísticos constituídos? Se ela tiver, desde logo, efeitos retroativos, em relação a direitos constituídos anteriormente à sua previsão?

Uma vez adquirido o direito, a sua revogação através de disposições legais posteriores retroativas é, sem mais, algo inconstitucional. Mesmo que seja uma atuação lícita, legalmente enquadrável, tem de respeitar o *princípio da garantia patrimonial*. Ou seja, implica uma *indemnização*, nos termos do regime de responsabilidade extracontratual da Administração pública (danos anormais e danos especiais).

*

No direito urbanístico, além da nulidade dos negócios jurídicos entre particulares, com violação do regime legal dos loteamentos e da multitude de normas que estabelecem como sanção jurídica para os atos administrativos ordenamentais e urbanísticos praticados pela Administração, a nulidade dos mesmos, e das normas sancionatórias (e de imposição da reposição das situações "ante-infração") dos particulares pelos atos de desrespeito das suas estatuições específicas, existe uma pormenorizada disciplina referente à execução da política de ordenamento do território[392], que pretende levar à aplicação de uma rigorosa disciplina corretiva, designadamente no que diz respeito à intervenção administrativa do Estado, das Regiões Autónomas e das

[392] Normas que estavam insertas de modo disperso em diferentes diplomas de aplicabilidade direta, e foram unificadas em meados de noventa pelo Decreto-Lei n.º 92/95, de 9 de maio, já revogado e com a matéria, hoje, transcrita para o DL 555/99, referente a regras de execução de ordens de embargo, de demolição ou de reposição de terreno nas condições em que se encontrava antes do início das obras. Ele veio tratar de modo mais impositivo da reposição da legalidade, matéria depois tratada no RJUE, estabelecendo um regime especial urbanístico uniformizado de execução de ordens de embargo, de demolição ou de reposição de terrenos nas condições em que se encontravam antes do início das obras.

autarquias locais na fiscalização do cumprimento das normas de *ocupação, uso e transformação dos solos* e, em caso de ilegalidade, por normas de regulação, sob pena de se proceder, imediatamente, ao embargo, depois passar-se à previsão de demolição das obras ilegais.

Tratou-se de um *articulado uniformizar do modo de atuação das Administrações*, por forma a que as ações realizadas em desconformidade com o regime jurídico aplicável ao ordenamento do território e urbanismo pudessem estar sujeitas a um único quadro normativo definindo e disciplinando, com precisão, a execução das ordens de embargo e de demolição e a de reposição do terreno, em casos extremos não passíveis de mera solução reordenadora das coisas.

Este regime especial urbanístico uniformizado de execução de ordens de embargo, de demolição ou de reposição de terrenos nas condições em que se encontravam antes do início das obras pretende impor a execução de uma correta política de ordenamento do território, que passa, indiscutivelmente, por uma rigorosa aplicação da lei em vigor, designadamente no que diz respeito à intervenção administrativa do Estado, das Regiões Autónomas e das autarquias locais na fiscalização do cumprimento das *normas de ocupação, uso e transformação dos solos e, em caso de ilegalidade, por normas de regulação sob pena de se proceder, imediatamente, ao embargo e depois passar-se à previsão de demolição das obras ilegais.*

Hoje, está uniformizado o modo de atuação das Administrações, por forma a que as *ações realizadas em desconformidade* com o regime jurídico aplicável ao ordenamento do território e urbanismo ficaram sujeitas a um único quadro normativo que define e disciplina, com precisão, a execução das ordens de embargo, demolição e de reposição do terreno na situação anterior à prática de atos que determinaram o embargo e a demolição.

Os direitos e legítimos interesses dos particulares de boa-fé não devem ser prejudicados por via da execução de embargos e demolições de obras.

O legislador estatui que a entidade licenciadora será civilmente responsável pelos prejuízos causados aos particulares em consequência das ordens de embargo e de demolição de obras ilegais.

Os funcionários, incumbidos de proceder à execução das ordens de embargo, demolição ou reposição do terreno na situação anterior à do início das obras, passaram a gozar de proteção policial (disponibilização dos meios humanos e materiais necessários, a cargo da Polícia do Segurança Pública ou da Guarda Nacional Republicana), a pedido da Administração urbanística.

A *notificação do embargo administrativo* deve ser efetuada no *local e na pessoa responsável pela direção técnica da obra*, ou, se isso não for possível, a qualquer das pessoas que executam os trabalhos ou ao titular do alvará de licença de construção, de loteamento ou de obras de urbanização.

Lavra-se logo o auto do embargo (redigido em duplicado e assinado pelo funcionário e pelo notificado, ficando o duplicado na posse deste), que contém, obrigatória e expressamente, a identificação do funcionário da entidade embargante, das testemunhas e do notificado, a data, hora e local da diligência, as *razões de facto e de direito* que a justificam, o estado da obra, a indicação da ordem de suspensão e de proibição de prosseguir a obra e das sanções legais pelo seu incumprimento. Se a ordem de embargo incidir só sobre uma parte da obra, o auto mencionará o facto e identificará com precisão a parte da obra embargada.

A *ordem de embargo* produz efeitos em relação ao dono da obra e ao construtor contratado, no caso de o titular da licença não ser o seu construtor.

O *auto* é comunicado para a sede social ou representação em território nacional, no caso de se terem embargados obras executadas por pessoa coletiva.

O *incumprimento da ordem de embargo*, para além da responsabilidade criminal por desobediência à autoridade, nos termos previstos em diferentes normas urbanísticas, implica para a Administração embargante a obrigação de proceder à *imediata selagem do estaleiro da obra e do equipamento* que se encontrar no local e que estiver a ser utilizado em desobediência à ordem de embargo.

De imediato, deve ser *lavrado o auto da ocorrência, contendo a identificação do funcionário selador, das testemunhas e do notificado*, a data, a hora e o local da diligência, as razões de facto e de direito e o número de instrumentos constituintes do equipamento em causa, designadamente a identificação técnica e seu estado de conservação.

A *selagem do estaleiro e do equipamento* mantém-se enquanto a obra estiver embargada, mas a Administração urbanística pode, em casos devidamente justificados, a requerimento do interessado, autorizar a retirada do equipamento e a quebra dos respetivos selos, a efetivar em dia e hora que determinará, na presença de funcionários seus, que devolverão ao dono da obra ou ao construtor o equipamento em causa no estado em que nesse momento se encontrar[393].

[393] Para além disso, quando seja de prever que os trabalhos de demolição possam vir a causar dano ao equipamento, a Administração deve mudar o equipamento para outro local. Durante o período em que o equipamento se encontrar depositado e selado fora do local originário, a Administração deve zelar, em colaboração com a autoridade policial, pela sua conservação, evitando a ocorrência de danos.

Uma vez efetivado, o *embargado* (a menos que o tribunal administrativo profira sentença de suspensão da eficácia do ato administrativo em causa), deve cessar o fornecimento de *energia elétrica, gás e água* para as obras[394].

A *decisão de demolição* fixa os trabalhos a realizar pelo dono da obra e o *prazo* para o início e conclusão dos mesmos, sob pena de, estando ultrapassado esse prazo, sem a sua efetivação, a Administração embargante dever tomar posse administrativa do terreno[395]. Após a posse do edificado, promove a demolição da obra (realizada por ajuste direto, mediante a consulta a três empresas titulares de alvará de empreiteiro de obras públicas, a processar-se no mesmo prazo, que para o efeito, fixou ao particular, contado a partir da tomada de posse).

O *ato decisor da posse administrativa* é notificado ao dono da obra e aos titulares de direitos reais sobre o terreno por meio de carta registada com aviso de receção[396].

A *posse administrativa* terá lugar mediante a elaboração de um auto, que identifica os titulares de direitos reais sobre o terreno, a data do ato administrativo que decidiu a tomada de posse, especifica o estado em que o terreno se encontra no momento da posse, incluindo a descrição de outras construções que aí possam existir, e enuncia os equipamentos que não tiverem sido selados. Esta posse administrativa só *caduca (automaticamente)* após o termo dos trabalhos de demolição[397].

1.9. Direito privado da construção

1.9.1. Considerações genéricas

O direito privado da construção regula a atividade de construção física em si mesma e as questões que envolvem particulares entre si.

Reportando-me à questão das designações, atente-se que o direito urbanístico na Alemanha aparece designado por direito público da construção,

[394] A Administração urbanística fica coma a obrigação de enviar uma certidão autenticada do ato que tiver determinado o embargo às entidades que os fornecem.

[395] Instalando aí o estaleiro de apoio às obras de demolição e usando-o para facilitar a circulação de viaturas e de trabalhadores durante a demolição.

[396] As despesas com a atuação substitutiva correm por conta do infrator, que paga voluntariamente no prazo de 20 dias, a contar da notificação para o efeito, ou sujeita-se à sua cobrança judicial (a certidão passada pela entidade ordenante comprovativa das despesas efetuadas vale título executivo), gozando o crédito de privilégio imobiliário sobre o lote ou terreno onde se situa a edificação.

[397] Estas regras são aplicáveis igualmente à ordem de reposição do terreno nas condições em que se encontrava antes do início das obras. A ordem de embargo, a ordem de demolição, e a sua revogação ou anulação serão anotadas à descrição predial, devendo para o efeito ser objeto de comunicação da Administração ao conservador do registo predial.

que integra também o tratamento das matérias referentes ao solo e ao plano, além das normas do direito administrativo da construção.

O direito público do urbanismo, hoje e bem, voltou, tal como ocorre em Espanha, à designação de "edificação", para integrar esta vertente do direito no que diz respeito às normas que se lhe referem e que têm natureza administrativa. É, essencialmente, direito administrativo da urbanização, edificação e sua utilização e regras sobre a supervisão e controlo da Administração Pública, visando a fiscalização do cumprimento das normas de edificação, desde as referentes à segurança, salubridade, higiene, estética, até às de habitabilidade, alteração e demolição das construções, mudança de utilização e verificação da conformidade das operações de construção com as normas do plano urbanístico em vigor.

Sendo, assim, do direito administrativo e, portanto, do direito do urbanismo excluem-se as normas do Código Civil, que se referem a empreitadas e subempreitadas, responsabilidade civil contratual e extracontratual dos construtores, designadamente as relações entre o dono da obra e os técnicos e projetistas, o empreiteiro, os encarregados da execução, e as referentes às relações entre os proprietários dos prédios construídos ou dos terrenos em que se estejam a implantar edifícios e os proprietários dos prédios vizinhos, afetados com ocorrências do processo construtivo, e as respeitantes às distâncias entre paredes, aberturas de janelas ou frestas, etc., reguladas, entre outros relacionais entre proprietários vizinhos em vários aspetos[398], 1360.º[399], 1356.º[400] e 1365.º[401] (e, desde logo, também, as integradas nos artigos 1207.º a 1230.º[402]).

*

Sobre a propriedade privada, a Constituição da República Portuguesa diz que "a todos é garantido o direito à propriedade privada e à sua transmissão em vida ou por morte, nos termos da Constituição"[403]. E acrescenta que "a requisição e a expropriação por utilidade pública só podem ser efetuadas

[398] Especialmente nos artigos 1346.º a 1350.º. Art. 1346.º (Emissão de fumo, produção de ruídos e factos semelhantes); 1347.º (Instalações prejudiciais); 1348.º (Escavações); 1349.º (Passagem forçada momentânea); 1350.º (Ruína de construção).

[399] Artigo 1350.º (Ruína de construção).

[400] Artigo 1356.º (conteúdo do direito de tapagem)

[401] Artigo 1365.º (Estilicídio).

[402] Articulado sobre empreitada.

[403] N.º 1 o artigo 62.º da Constituição.

com base na lei e mediante o pagamento de justa indemnização"[404]. O Código Civil, que se limitava a fixar um conteúdo amplo do direito de propriedade[405] (hoje a interpretar com redução no que concerne à livre disposição sobre as coisas, face ao interesse público ligado à política dos solos, e consequente evolução do direito administrativo do urbanismo), diz que "o proprietário goza de modo pleno e exclusivo dos direitos de uso, fruição e disposição das coisas que lhe pertencem, dentro dos *limites da lei e com a observância das restrições por elas impostas*". Portanto, a lei não define o conteúdo do direito de propriedade, apenas lhe aponta princípios de fruição, deixando para a lei a sua concretização.

O *direito de propriedade* confere ao proprietário, dentro dos limites da lei e de modo pleno e exclusivo, o chamado *"jus fruendi", mas já não completamente o "ius abutendi" nem o "ius utendi,* face a razões *non aeedificandi*. Em causa, poderes do proprietário, que se limitam através de restrições que a lei concretiza e, em geral, taxativamente impõe ou permite interditar[406].

1.9.2. Características do direito de propriedade

Quanto às suas características, elas são as seguintes:

a) Relativa *plenitude e exclusividade*. Apenas, dentro dos limites da lei e com as restrições por esta taxativamente impostas. Não é permitida a constituição, com carácter real, de restrições ao direito de propriedade ou de figuras parcelares do direito de propriedade, senão nos casos previstos na lei (princípio de "*numerus clausus*").
Toda a restrição negocial a esse respeito, fora destas condições, terá, necessariamente, natureza obrigacional[407]. Ninguém pode ser privado, no todo ou em parte, do seu direito de propriedade senão nos casos fixados na lei[408].

b) *Elasticidade*. O direito de propriedade reconstitui-se em toda a sua "plenitude", extinta a causa que o comprimia em dada situação legalmente prevista (direito limitado sobre ela).

[404] N.º 2 do art. anterior.

[405] Art. 1305.º do Código Civil.

[406] Art. 1306.º do Código Civil.

[407] Art. 1306.º do Código Civil.

[408] Art. 62.º da Constituição. Tendo de se atentar nos arts. 130.º a 1310.º do Código Civil e legislação sobre a expropriação por utilidade pública ou particular e a requisição.

c) *Perpetuidade*. Não há propriedade temporária, a não ser nos casos expressamente previstos na lei[409].
d) *Possibilidade de constituição sob condição*. Ela pode constituir-se sob condição, aplicando-se-lhe o regime dos negócios condicionais[410].

*

1.9.3. Objeto e limites civilistas do direito de propriedade

A propriedade de imóveis aparece no direito civil como tendo vários limites materiais[411], para além desta normação ser, hoje, objeto de redução no contexto global do ordenamento jurídico. Ou seja, baseada, ainda, na conceção romana, abrangeria o espaço aéreo correspondente à superfície, bem como o subsolo, com tudo o que neles se contém, embora excluindo já o que estivesse desintegrado do domínio, por lei ou negócio jurídico.

No entanto, estatui-se que o proprietário não pode impedir atos de terceiro que, pela altura ou profundidade a que têm lugar, não haja interesse em impedir. Teoricamente, inexistiam quaisquer limites materiais à propriedade sobre coisas imóveis, que não sejam relativos às suas extremas horizontais (*qui dominus est soli, dominus est usque ad coel um et usque ad inferos*). Porém, na prática, só se deve considerar integrado no domínio privado, quer o espaço aéreo quer o subsolo, que seja susceptível de apropriação. Pertencerá ao proprietário do solo o espaço aéreo e o subsolo até à altura e profundidade, respetivamente, que corresponda a um seu interesse efetivo.

A lei civil prevê *restrições de direito privado* ao direito de propriedade[412], mas há-as também de direito público, entre as quais avultam as estabelecidas, sobretudo com carácter geral, a partir de meados do século XX, no Regulamento Geral das Edificações Urbanas e diplomas a que se refere.

Com efeito, as restrições ao direito de propriedade sobre os imóveis podem ser de interesse público, de interesse particular, (como se disse, respeitantes a atos de terceiros que, devido à altura ou profundidade a que ocorrem, não haja interesse em proibir), ou convencionais.

[409] Art. 1307.º do Código Civil. V.g. o direito do fiduciário nos fideicomissos (arts. 2286.º e segs.), considerado um direito de "propriedade a termo", pois termina com a morte do fiduciário ou o caso de negócio translativo de propriedade com condição resolúvel, ou de uso temporário em "time shering", etc.

[410] Nos termos do art. 1307.º do Código Civil, aplicando-se-lhe o regime dos negócios condicionais, dos arts. 272.º a 277.º (v.g. venda duma coisa com reserva de propriedade).

[411] Fixados no art. 1344.º do Código Civil.

[412] Arts. 1344.º e segs. do Código Civil.

Além do direito do urbanismo e, também, passando ao largo das restrições legais de direito público (estabelecidas no interesse da coletividade, v.g. expropriação e requisição[413]; fracionamento e emparcelamento[414], e atravessadouros[415], quanto às restrições de interesse particular, derivadas, normalmente, das relações de vizinhança, temos as seguintes:

a) proibição de emissão de fumos, fuligem, vapores, cheiros, calor, ruídos, trepidações, provenientes de prédio vizinho, mais ou menos contíguo naturalmente alheio ou não usufruído pelo próprio[416].
O proprietário pode opor-se em duas situações: quer quando isso importe um prejuízo substancial para o uso do imóvel[417]; quer quando não resultem da utilização normal do prédio de que emanam. As limitações deste artigo só se aplicam às emissões de elementos que tenham *natureza incorpórea* (ex. vapores, ruídos, raios luminosos, etc.) e às de elementos corpóreos de tamanho ínfimo (fuligens, poeiras, cinzas, etc.), pois às emissões de outros corpos, *sólidos ou líquidos*, poderão sempre os proprietários opor-se.
b) Proibição de construir e manter instalações prejudicais[418]. A norma destina-se a *afastar o perigo de prejuízos* para os prédios vizinhos. Refere-se apenas a um receio de prejuízo[419]. Mas se as obras, instalações ou depósitos tiverem sido autorizadas por entidade pública competente, ou tiverem sido observadas as condições especiais prescritas na lei, a sua inutilização só é admitida a partir do momento em que o prejuízo se torne efetivo, isto é, se se refere já a um *prejuízo efetivo*[420].
c) Proibição de *escavar com risco de desmoronamento*[421]. A faculdade de abertura de minas, poços ou de feitura de escavações pelo proprietário em prédio seu está condicionada à não privação dos prédios vizinhos

413 Art. 62.º da Constituição.

414 Arts. 1376.º e seguintes do Código Civil.

415 Art. 1384.º do Código Civil.

416 Art. 1346.º do Código Civil.

417 Esse prejuízo deve ser aferido pelo fim a que está afetado o imóvel e não segundo uma pura consideração subjetiva do proprietário. Por exemplo, o proprietário de imóvel destinado a uma clínica pode opor-se à emissão de ruídos que emanem de um prédio vizinho, embora tal direito possa não caber ao proprietário que seja simplesmente avesso a ruídos sem significado.

418 Artigo 1347.º do Código Civil.

419 N.º 1 do art. anterior.

420 N.º 2 do art. anterior.

421 Artigo 134.º do Código Civil.

do apoio necessário para evitar desmoronamentos ou deslocação de terras[422]. Se o prédio vizinho vier a sofrer danos, mesmo apesar de precauções, o proprietário lesado tem direito a indemnização[423]. Essa responsabilidade do proprietário lesante (ainda que por empreiteiro[424] é objetiva, ou seja, independente de culpa.

d) Obrigação de permitir a *passagem forçada momentânea*[425], para a reparação de edifício ou construção, quando seja necessário levantar andaime, colocar objetos sobre prédio alheio ou fazer passar por ele materiais; para recuperar as coisas suas que acidentalmente se encontrem no prédio (mas o proprietário pode impedir a entrada no prédio, entregando a coisa) e para fazer a apanha de frutos que não seja possível fazer do seu lado[426]. Havendo prejuízos com a passagem haverá obrigação de indemnizar.

e) Obrigação de *eliminar todos os perigos* resultantes de edifício ou qualquer outra construção suscetível de ruir[427].

f) Obrigação de *receber as águas* que, naturalmente, escoam dos prédios superiores, assim como as terras e entulhos que elas arrastam[428]. Refere-se ao escoamento que se procede naturalmente e sem obra do homem (não a águas nocivas, não naturais[429]. Nem o proprietário do prédio pode fazer obras que estorvem o escoamento, nem o dono do prédio superior pode fazer obras que o agravem.

g) Restrições à abertura de *janelas, portas, varandas e obras semelhantes.* Terá de aguardar uma *distância mínima de metro e meio* entre essas aberturas, varandas, terraços ou eirados e o prédio vizinho[430]. Se os prédios forem oblíquos entre si, essa distância conta-se perpendicularmente do prédio para onde deitam as vistas até à construção. Mas a restrição não tem aplicação, se a obliquidade for superior a 45 graus. O objetivo desta restrição é evitar que sobre o prédio vizinho se façam despejos e que este seja devassado com a vista. Não tem aplicação quando os prédios estejam separados entre si por estrada, caminho, rua, travessa

[422] N.º 1 do art. anterior.

[423] N.º 2 do art. anterior

[424] Vide Coletânea de Jurisprudência, STJ (CJSTJ), ano 96, tomo II, pág. 91.

[425] Art. 1349.º do Código Civil.

[426] Art. 1367.º do Código Civil.

[427] Art. 1350.º do Código Civil.

[428] Art. 1351.º do Código Civil.

[429] CJSTJ, ano 95, tomo III, pág. 106.

[430] Art. 1360.º Código Civil.

ou outra passagem por terreno do domínio público[431]. Mas caso a estrada, caminho, etc. perca a natureza dominial pública funcionará a restrição do art. 1360.º[432].

Podem constituir-se *servidões de vistas*, mas neste caso os proprietários dos prédios servientes, que as concederam, ficam obrigado a só poderem construir nesse prédio desde que deixem entre a nova construção e a janela, terraço eirado, etc., um espaço de metro e meio[433].

As *frestas, seteiras, ou óculos para luz e ar*, mesmo que abertos em conformidade com a lei[434], não conferem ao respetivo proprietário nenhum direito adquirido. O proprietário vizinho pode sempre levantar a sua casa ou um contramuro ainda que vede tais aberturas[435]. Contudo, essas aberturas de tolerância "devem (...) situar-se pelo menos a um metro e oitenta centímetros, a contar do solo ou do sobrado, e não devem ter, numa das suas divisões, mais de quinze centímetros"[436]. O regime destas frestas, seteiras, ou óculos para luz e ar, também é aplicável a quaisquer aberturas mesmo que se situem "a mais de um metro e oitenta centímetros do solo ou do sobrado, com grades fixas de ferro ou outro metal, de secção não inferior a um centímetro quadrado e cuja malha não seja superior a cinco centímetros"[437].

h) Obrigação de edificar por forma a que o prédio não goteje sobre o prédio vizinho. Esta imposição exige um distanciamento de meio metro da beira do telhado ao terreno vizinho, a não ser que de outra forma possa ser evitado o gotejamento sobre o prédio vizinho[438]. Podem constituir-se servidões de estilicídio, caso em que os proprietários dos prédios servientes não poderão fazer obras que obstem ao escoamento[439].

i) O proprietário vizinho pode *cortar ou arrancar as raízes que se introduzam no seu terreno e os ramos que sobre este propenderem*, se o dono, interpelado para o fazer, não o fizer em três dias[440]. O corte ou arranque das raízes

[431] Art. 1361.º do Código Civil.

[432] Contudo, se já tiverem sido construídas portas ou janelas, a deitarem diretamente sobre o caminho, então manter-se-ão inalteradas, porque o ato de desafetação de coisa dominial tem natureza constitutiva e, por isso, opera *"ex nunc"*, não podendo ofender os direitos adquiridos.

[433] Art. 1362.º do Código Civil.

[434] N.º 1 do art. 1363.º Código Civil

[435] N.º 1 do art. anterior.

[436] N.º 2 do art. anterior.

[437] Art. 1364.º do Código Civil.

[438] Art. 1365.º do Código Civil.

[439] Art. 1365.º, n.º 2 do Código Civil.

[440] Art. 1366.º do Código Civil.

e ramos pendentes não dão qualquer direito de indemnização, uma vez que o direito ao corte é conferido *independentemente de qualquer prejuízo concreto*. Também não pode o vizinho obrigar o dono das arvores ou arbustos a *arrancar as raízes ou cortar as ramadas*.

j) Comunhão forçada na *parede ou muro confinante*, pagando metade do seu valor e metade do valor do solo sobre que estiver construído[441]. Trata-se de uma expropriação forçada das paredes e muros de meação, por interesse particular. Existe uma presunção (ilidível) de comunhão da parede ou muro divisório entre dois edifícios[442]. Estabelece a mesma presunção relativamente a muros entre prédios rústicos, ou entre pátios e quintais de prédios urbanos. Os sinais que excluem a presunção de comunhão são enumerados na lei (enumeração que parece taxativa)[443], que também estabelece a presunção da propriedade do muro que sustente em toda a largura uma construção que esteja só de um dos lados, a favor do dono da construção[444]. Todas essas presunções são ilidíveis. Mas é categórica a jurisprudência no sentido de que a presunção de comunhão de muro divisório só ocorre quando o muro sirva dois prédios da mesma natureza[445].

Todas estas *restrições ao direito de propriedade* podem extinguir-se por negócio jurídico, constituindo-se por exemplo, uma servidão de vistas[446], de *estilicídio*[447], uma "servidão inominada" (manutenção contratual de uma ramada a propender sobre o prédio vizinho), etc.. Qualquer destas servidões pode também constituir-se por usucapião[448].

Quanto às *restrições respeitantes a atos de terceiros* que, pela altura ou profundidade a que tenham lugar, não haja interesse em impedir[449], o proprietário não pode proibir tais atos (trânsito de aeronaves por cima de prédios particulares).

[441] Art. 1370.º do Código Civil.

[442] N.º 1 do art. 1371.º do Código Civil.

[443] N.º 3 do art. anterior.

[444] N.º 5 do art. anterior.

[445] Por exemplo, dois pátios, dois quintais, dois prédios rústicos, e não, por exemplo, um pátio e um quintal ou um prédio rústico e um quintal (Acórdão da Relação do Porto, de 17.03.92, XVII, 2.º, 217: o simples facto de a construção do muro divisório entre dois prédios ter sido custeado por só um dos comproprietários, devido a acordo celebrado com o outro, não é suficiente para ilidir a presunção da compropriedade do muro.

[446] Art. 1362.º do Código Civil.

[447] N.º 2 do art. 1365.º do Código Civil.

[448] Arts. 1287.º e 1293.º, *"a contario sensu"*.

[449] N.º 2 do art. 1344.º do Código Civil.

Quanto às *restrições convencionais*, não é permitida a constituição, com carácter real, de restrições ao direito de propriedade ou de figuras paralelas, senão nos casos previstos na lei. Toda a restrição resultante de negócio jurídico, que não esteja nestas condições, tem natureza obrigacional e não terá, portanto, eficácia *erga omnes*. É a consagração do princípio de "*numerus clausus*" em matéria de restrições aos direitos de propriedade.

Capítulo II

Direito fundamental ao conhecimento de todas as informações e documentos sobre a atuação do governo e diferentes administrações. Livre conhecimento pelos cidadãos da intervenção pública na sociedade. Crítica da atual lada e subjacente cultura de opacidade das administrações públicas. Ambiente de ilegalidade e corrupção, alterações permissivas de opacidade e incumprimentos ostensivos

"Um governo popular sem informação popular ou a adoção de caminhos para a adquirir ou é um prólogo de uma farsa ou uma tragédia ou talvez ambas".

Presidente dos EUA de 1809 a 1811 7 JAMES MADISON – *The Complete Madison*, S. Padover, Ed., 1953, p. 337 (reproduzindo a carta escrita em 4 de agosto de 1822 a Thomas Barry).

*

"O maior problema que se coloca às Administrações é o de governar na transparência, na equidade, com celeridade e sem conflitos".

Presidente dos EUA de 1913 a 1921 WOODROW WILSON – "The Study of Administration". In *Political Science Quartely*, Vol.II, n.º 2, junho 1887, p. 197-222.

A *razão de ser* da Administração pública e do direito administrativo aparece expressamente afirmada na Constituição da República Portuguesa, que diz que a Administração Pública visa a prossecução do interesse público, no respeito pelos direitos e interesses legalmente protegidos dos cidadãos[450].

É essa prossecução do interesse público, das necessidades coletivas, que justifica a *existência da Administração Pública*, enquanto o respeito pelos direitos e interesses legítimos dos cidadãos é exigível pela natureza do Estado de Direito democrático, funcionando simultaneamente como fundamento e limite da atuação da Administração. É tudo isto que dá *conteúdo, expressão concreta às normas* de direito administrativo, de que trata em geral esta publicação.

Essa prossecução e estes direitos estão em permanente tensão dialética proporcionada à medida dos interesses gerais a satisfazer. O que permite, dentro de certos limites, o sacrifício dos interesses particulares em nome dos interesses coletivos. Portanto, a necessidade de dar a *supremacia ao interesse geral* com a garantia do respeito adequado dos direitos dos particulares marca a essência, num plano escatológico e ôntico, do Direito Administrativo).

A *Constituição*, em termos que aparecem repetidos no artigo 4.º do Código do Procedimento Administrativo, diz, no n.º 1 do seu artigo 266.º, que "A Administração Pública visa a *prossecução do interesse público*, no respeito pelos direitos e interesses legalmente protegidos dos cidadãos". Devidamente interpretada, não pode deixar de se concluir que esta norma *justifica* a existência da Administração Pública em termos *instrumentais* (do latim, "ad manus trahere"), para servir *o interesse público* e, simultaneamente, impõe um princípio *macrolimitador* da sua atuação, o do "*respeito pelos direitos e interesses legalmente protegidos dos cidadãos*", que, claramente, destaca de todos os outros, ao dar-lhe o mesmo estatuto sistemático, inultrapassavelmente copulado.

Deste modo, exige uma *conceção existencial intrinsecamente interligada*, ao não conceber o interesse público sem o respeito pelos direitos e interesses dos administrados e *em termos quase isónomos*, na medida em que, por um lado, não deixa de referir primeiro o do interesse público, mas, por outro, coloca o do respeito pelos direitos ao mesmo nível deste e não dos outros *princípios fundamentais*, enunciados no n.º 2 do mesmo artigo, que considera meras aplicações ao serviço destes. De ambos: diretamente, o do respeito casuístico pelos direitos e interesses em presença com proteção jurídica; e, indiretamente, o do interesse público, pois a imposição do respeito pelos direitos e interesses dos administrados não se limita a encabeçar a enunciação dos princípios, em geral referidos no n.º 2, mas vem antes e interligado ao do interesse público.

[450] N.º 1 do artigo 266.º da CRP e artigo 4.º do CPA.

Portanto, esta norma constitucional sobre o tema, que implica uma interpretação que aponta para o prosseguimento do interesse público no respeito dos direitos subjetivos e interesses legalmente protegidos, não está colocada numa *perspetiva puramente competencial*, porque este *enquadramento teleológico* no plano orgânico. Como "*ratio existencialis*" da Administração Pública, *envolve e legitima toda a sua atuação*, mesmo em *gestão privada* (mera questão de meio para atingir o fim), quer se trate de atos jurídicos, quer de operações materiais, enformando assim a própria densificação do *princípio da legalidade*, base e baliza da sua atuação em todos os domínios e sob qualquer tipo de intervenção (*princípio da legalidade positiva*).

Os *interesse sociais*, qualificados pelo legislador como públicos ou que o legislador habilitou a Administração a prosseguir, mesmo que se esteja no âmbito do *exercício discricionário do poder administrativo* (em que este aparece dotado de uma maior margem de escolha e conformação, ou pelo menos de apreciação caso a caso, sobre a oportunidade e as soluções, face às circunstâncias concretas), devem ser *executados sujeitos a responsabilização.* Não só *político-eleitoral, como financeira*[451]. *Devendo agir-se dentro de balizas* que implicam a limitação da atuação da Administração, em face da *obrigatória ponderação das decisões* a tomar. Ou seja, da procura da *realização mais adequada*

[451] Responsabilização que, em geral, passa pela *obrigação de indemnizar danos,* sejam de natureza *patrimonial ou não patrimonial, já produzidos e a produzir no futuro,* em face de *factos (ações ou omissões),* culposos *(responsabilidade subjetiva, pela culpa individualizável* ou por invocável *"culpa dos serviço", no caso de difícil apuramento individual do agente promotor)* ou resultantes de atividades, coisas ou serviços especialmente perigosos *(responsabilidade objetiva* ou pelo *risco)* ou sacrificadoras de um particular bem, ao serem-lhes impostos encargos ou a causar prejuízos especiais ou anormais (no interesse público, nessa medida, por factos lícitos), *originados* por *entidades com poderes públicos e seus atores funcionais,* na medida em que exista um *nexo de causalidade adequada* na sua produção. Sendo, pois, elementos constitutivos da responsabilidade: facto; dano; culpa (*facto interdito*: culpa, *facto "permitido"*: risco; ou *facto justificado:* interesse público e cláusula vital: normalmente previsto na lei ou com base em razões de legalidade excecional). Quanto aos modos de reparação dos danos, nos termos gerais de direito, a obrigado de reparar um dano implica a reconstituição da situação que existiria se não se tivesse verificado o evento que obriga à reparação, devendo a respetiva indemnização ser fixada em dinheiro apenas quando essa reconstituição natural já não seja possível, não seja adequada a reparar integralmente os danos ou, em situações excecionais, se torne desproporcionalmente inexigível, por excessivamente onerosa e tal substituição não ofenda manifestamente o valor justiça que deve nortear a aplicação do direito, cabendo aqui ao juiz um papel aberto à criatividade em termos de uma normatividade jusracional. Portanto, a regra geral é a reconstituição natural e só nas situações legalmente previstas existe indemnização por compensação financeira. Há, hoje, não um mero direito disponível, mas uma obrigação de impor o regresso, a reposição da Administração Pública, dos montantes por ela pagos por indemnização face à regra da responsabilidade solidária, e mesmo procedimento disciplinar contra os agentes que tenham agido com dolo ou culpa grave.

do interesse público, tendo presente todos os interesses envolvidos (*princípio da justiça*[452], *princípio da justa ponderação dos interesses relevantes* (decorrente da *cláusula do Estado de Direito*); da *igualdade*[453], *da boa fé*, respeito pela *confiança depositada nas anteriores atuações dos poderes públicos e expectativas legítimas*[454],

452 É o principal princípio enformador da construção do sistema jurídico, desde logo das regras positivas e da sua própria interpretação quer em concreto quer no deslizar das exigências dos tempos. Este princípio constitui a *"ultima ratio" da subordinação da Administração ao direito, intervindo residualmente apenas "em situações concretizadoras do princípio da justiça em sentido amplo, onde não sejam aplicáveis outras condicionantes da atividade administrativa"(Ac. STA, de 12.5.98, Caso Oliveira Fernandes e Ribeiro, Lda.), que evitem que sejam intoleráveis as soluções que as regras e outros princípios não excluam.* No fundo, podemos afirmar que existe um *direito à justiça*

453 Veda, desde logo, à Administração qualquer favorecimento ou desfavorecimento em relação a alguém por razões de ascendência, sexo, raça, língua, território de origem, religião, convicções políticas ou ideológicas, instrução, situação económica ou condição social. Mas, em geral, este princípio não impõe uma igualdade de tratamento absoluta e pode mesmo justificar descriminações positivas, que levem a igualizar oportunidades e injustas diferenças materiais. A igualdade justifica-se em relação a situações equiparáveis, pois se estão em causa situações objetivamente diferentes, elas devem ser tratadas por forma adequadamente diversa (*discriminação positiva*). V.g., quando há diferente tratamento com valorização diferente da experiência de candidatos nacionais e da UE; ou repetição de prova em concurso público apenas para alguns candidatos, com base n suspeita em relação a estes de que tiverem conhecimento prévio da prova; depois de encerrado o período instrutório e imediatamente antes da decisão, a aceitação de um nova proposta mais baixa do que a originalmente apresentada por um concorrente sem ouvir o outro, que juntamente consigo havia sido preliminarmente selecionado.

454 Tendo presente, por um lado, a confiança e previsibilidade suscitada na contraparte, que podem resultar dos seus comportamentos, em especial, respeitando essa *confiança* que possa ter sido criada pela sua atuação anterior e que merece tutela por parte do direito e, por outro, a *primazia dos aspetos materiais subjacentes à questão* em apreço nas decisões em que, apesar das irregularidades formais, não saem prejudicados os objetivos ínsito á normatividade, na medida em que não deixem de ser atingidos. A *proteção da confiança legítima* (que não permite a frustração dessa confiança) pode ocorrer, v.g., com o encurtamento de um prazo anunciado ou pretensão de sancionar um funcionário que se ausentou autorizado, mesmo que em termos ilegais ou perseguindo atividades que incitou o outro a promover; o decidir contra informação, retirando aquilo a que anteriormente se comprometera dando em geral o dito por não dito, etc. A entender-se que o princípio da igualdade não funciona em situações anteriores que eram ilegais, então em face de diferente tratamento, a tutela da confiança exige indemnização pelos gastos, desde que lesado demonstre carácter não censurável do seu desconhecimento da ilegalidade da conduta administrativa esperada, ao invocar a expectativa a uma solução igual.). Os pressupostos jurídicos da tutela da confiança são quatro: a)-confiança criada na outra parte (*crença subjetiva na possibilidade de um certo comportamento futuro*);b)-idoneidade dos elementos em si mesmos para poderem ter razoavelmente criado a plausibilidade de um certo comportamento (*existência de – fundamento objetivo da confiança*);c)-ocorrência de situações preparatórias de atuações futuras na crença de comportamentos administrativos concordantes ou viabilizadores das mesmas e cujo impedimento ou bloqueamento provoque danos à outra parte (*provocação de prejuízos, resultantes de atuações*

imparcialidade[455], *interdição de excesso* (de modo a atingir o interesse público sem sacrifícios desnecessários ou desproporcionados dos interesses dos particulares, titulares de posições materiais legalmente protegidas)[456-457].

concretas baseadas na confiança criada); e, finalmente; d)-um *nexo relacional* permitindo imputar os prejuízos à frustração da confiança (*relação adequada entre dano e comportamento alheio à confiança criada*).

455 O princípio da imparcialidade, integrante do *princípio da objetividade*, que, pela sua importância, assumiu uma regulação garantística especialmente cuidadosa no CPA: conteúdo, importância do princípio, delimitação da imparcialidade numa abordagem subjetiva e objetiva, o procedimento garantístico de imparcialidade subjetiva, a falta de imparcialidade objetiva (défices absoluto e relativo de ponderação e excesso de ponderação dos interesses), as situações de impedimentos e de mera suspeição, os deveres do titular do órgão e do agente público envolvido, a delimitação dos casos de impedimento e de suspensão, a escusa, o sub-procedimento Administrativo, os efeitos sancionatórios em relação ao acto administrativo e ao agente, são tudo temas que não podem deixar de ser abordados. Em geral, podemos, *prima facie*, reduzir a ideia central deste princípio, dizendo que, na sua acção concreta, os órgãos da Administração Pública devem ser *isentos*, não se deixando influenciar por razões subjetivas ou pessoais, que os levem a *favorecer ou desfavorecer indevidamente* certos particulares (art. 6.º), designadamente tomando em consideração todos os interesses públicos e privados juridicamente relevantes.

456 Este princípio impede o exercício desproporcional da margem de livre decisão no uso de poderes discricionários, atentatório de bens ou interesses privados em termos inidóneos (inadequados, meios manifestamente incapazes de atingir o objectivo em causa) ou mais lesivos do que o estritamente necessário para se atingir o fim público visado ou, de qualquer modo, desrazoável (ou mesmo intolerável) por traduzirem soluções de grande desequilíbrio (desproporção) entre os benefícios esperáveis e os custos a suportar. As decisões administrativas que atinjam *direitos ou interesses legítimos dos particulares* têm de ser *idóneas (adequadas)*, *estritamente necessárias* (não causando mais prejuízos àqueles do que os necessários para alcançar estas finalidades) e *proporcionadas aos seus objectivos* (respeitando um equilíbrio, segundo parâmetros materiais razoáveis, em termos de custo benefício) na justa medida entre os meios utilizados e os fins a alcançar através deles (art. 5.º, n.º 2).

457 Isto, quer estas posições jurídicas se traduzam em direitos subjetivos, em que a pretensão da posição traduz um interesse específico num determinado bem (coisa, conduta ou utilidade), previsto na norma legal criada para o proteger diretamente, em termos que lhe atribuam o poder de exigir da Administração Pública condutas em conformidade com ele, pois ele está dentro das condições legais vinculadas à sua satisfação, quer ainda quando estas posições traduzam "só" interesses legalmente protegidos de que um particular é titular, quando a norma o faz beneficiar de uma tutela ou proteção jurídica indireta, na medida em que se por um lado a norma invocada a favor da existência de tal interesse, tutela diretamente interesses e não a sua própria posição jurídica concreta envolvida na decisão a tomar; por isto mesmo, também lhe são conferidos poderes jurídicos instrumentais que lhe permitem, caso se realize o interesse público pretendido, ver reflexamente satisfeito o seu próprio interesse. Não podendo exigir diretamente da Administração a conduta que realiza o seu interesse, pode exigir que ela respeite a legalidade que se apresenta, em ordem à realização prevista do interesse público, quando tal for o meio adequado para poder esperar também do seu interesse próprio. Estamos aqui face a algo que devemos entender abranger todas as posições jurídicas dos particulares merecedoras de proteção, todas as situações

Além da proteção das devidas posições jurídicas dos cidadãos, impõe-se, também, a *ponderação dos interesses* de certos círculos de cidadãos, cujos interesses ou direitos podem não estar especialmente personalizados, mas que merecem acolhimento (e devem mesmo contar com a atribuição ao cidadão "*uti cives*" de meios de defesa preventiva ou sucessiva, do tipo procedimental e jurisdicional), na medida em que traduz a incorporação em cada um dos indivíduos desse círculo de interesses comunitários a preservar.

Face ao Estado de Direito Democrático, importa atentar na consagração dos seus corolários essenciais, tais como o cumprimento, pelos diversos poderes públicos, do dever de agirem nessa prossecução do interesse geral em termos legalmente pré-fixados (não há espaços de *exercício arbitrário da atividade administrativa pública, cuja legitimação (fora de estados de necessidade de imposição vital), depende do princípio da legalidade positiva, implicando a precedência e a reserva de suficiente densificação normadora, para uma concretização controlada com suas regras e princípios, mesmo que viabilizando* o exercício de *poderes discricionários*[458]

de vantagem derivadas do ordenamento jurídico, que não apenas as protegidas individualmente por uma dada norma, como as inseridas em relações jurídicas poligonais ou multipolares (v.g,. interesses na fixação de planos urbanísticos, interesses ambientais, etc.), que colocam certas pessoas em situações diferentes da generalidade dos administrados, de modo a merecer especial proteção, dado estarem ligadas a interesses públicos latentes, serem titulares de interesses difusos. Em toda esta matéria, *vide*, v.g., Vieira de Andrade, Freitas do Amaral e Fernando Condesso, respetivamente, *Justiça Administrativa* (Lições). 6.ª Edição, Coimbra: Almedina, 2004; *Curso de Direito Administrativo*. Vol. II, Coimbra: Almedina, 2001, p. 61-73 e *Direito Administrativo*. Lições Policopiadas. Lisboa: AISCSP, 2006/2007 e *Relatório Sobre o Programa, o Conteúdo e os Métodos do Ensino de Direito Administrativo*, Provas de Agregação em Ciências Jurídico-Políticas, 2005.

[458] Poder exercido sempre consequente a uma atribuição competencial e impondo a juridicidade na atuação, que se traduz na obrigação de prosseguir a solução que, na perspetiva de um decisor competente e responsável, seja tida, entre as várias possíveis, como a mais ajustada para o interesse público específico em causa, em face da ponderação devida de todas as circunstâncias no caso concreto, aparecendo aqui o titular do órgão competente para decidir não como um executor autómato, mas como um executor inteligente e diligente. quando a norma atributiva não aponte para a manutenção do poder de livre apreciação das circunstâncias e condicionalismos de cada caso, apenas abalizado pela ela, ou seja a isso se não oponha, pode passar pela elaboração prévia de normas genéricas dos critérios decisórios no futuro, situação em que esta autovinculação se impõe, sem prejuízo da sua revogação, tal como mesmo independentemente de qualquer normação, em nome do princípio da igualdade de tratamento e da proteção da confiança de terceiros não pode altera os critérios que vá aplicando sem a devida fundamentação da referida modificação. Os atos derivados do poder discricionário são jurisdicionalmente impugnáveis na medida em que os poderes públicos os atuem sem atribuições ou sem competência própria ou os concretizem com defeitos de vontade (erro de facto, etc.), com desrespeito de forma ou formalidades exigidas para a sua prática (de que se destacam a falta de fundamentação, de audiência de outras entidades, pareceres, ou quando exigida e audiência dos interessados prévia à decisão, como é hoje princípio

ou o *preenchimento de conceitos imprecisos*[459] ou a *aplicação de regras extra-jurídicas* de natureza técnica ou moral, para que a normação positiva (norma escrita ou costume oral) remeta, mas sempre *sem permissão de inderrogabilidades singulares*).

Quando haja conflitualidade de interesses, há que aplicar o *princípio da devida ponderação dos interesses relevantes envolvidos em todas as decisões normadoras ou resolutórias concretas*, sejam públicos ou privados (algo ínsito nessa cláusula do Estado de Direito). O que, aliás, estando de facto, na realidade, cumprido em termos substantivos, implica a desvalorização de formalidades predispostas a atingir um dado fim, que, se se apresenta realizado na decisão, acautela e logo degrada a exigência procedimental, assim como se exige sempre aos poderes públicos um comportamento em geral próprio de uma "pessoa" de bem, obedecendo aos princípios da *boa fé*[460], do respeito pela confiança legitimamente criada e respetivas expetativas[461], *da igualdade*

geral), ou com conteúdos contrários ao disposto materialmente nas normas ou alheios à finalidade que deveriam visar, pelo menos que traduzam uma motivação que não foi decisiva na sua produção (motivo não principalmente determinante: na linguagem tradicional jurisprudência) ou com desrespeito da aplicação dos princípios aqui analisados. No que se reporta em geral ao controlo dos atos discricionários, ele tanto se efetiva em face do vício típico de *desvio de poder*, como de vícios de *violação de lei* (desrespeito dos princípios gerais da atividade administrativa, de que aqui se trata), vícios orgânicos (*usurpação de poder, incompetência absoluta* ou *relativa*), vícios de *forma* (falta de forma ou formalidades exigidas), ou mesmo *erro de facto* (defeitos de vontade).

[459] O conceito de *conceitos imprecisos* integra um conjunto variado de expressões linguísticas com um conteúdo caracterizado por revelar uma maior incerteza e, portanto, dificuldade concretizadora e, portanto, traduzem uma exigência acrescida no plano interpretativo ou mesmo no plano recreativo no seu momento aplicativo.

[460] Artigo 10.º – CPA.

[461] Como diz o Acórdão n.º 232/88 do TC, o *princípio da proteção da confiança* aplica-se à *relação de todos os cidadãos com o Estado* e com as instituições que o integram. Postula "uma ideia de *proteção da confiança dos cidadãos e da comunidade na ordem jurídica* e na atuação do Estado, o que implica um *mínimo de certeza e segurança jurídica nos direitos das pessoas* e nas suas *expectativas juridicamente criadas* e, consequentemente, a *confiança dos cidadãos e da comunidade na tutela jurídica*". Tal como resulta, por exemplo, dos Acórdãos n.º 287/90 ou n.º 188/2009, nos casos em que haja por parte dos sujeitos beneficiários de um direito um "*investimento de confiança na manutenção de um regime legal*", há um "*direito à não-frustração de expectativas jurídicas* ou a *manutenção do regime legal em relações jurídicas duradoiras* ou relativamente a *factos complexos já parcialmente realizados*" (portanto, mesmo que no caso de não totalmente realizados), no seguimento da jurisprudência constitucional europeia, v.g., alemã e jurisdição da UE), na medida da existência de uma "situação de confiança constitucionalmente tutelada", nos "casos em que se verifiquem cumulativamente três requisitos: a)-as *expetativas de estabilidade* do regime jurídico em causa tenham sido induzidas ou alimentadas por comportamentos dos poderes públicos; b)-as expectativas sejam *legítimas*, fundadas em boas razões, a avaliar no quadro axiológico jurídico-constitucional; c) – o cidadão tenha *orientado a sua vida e feito opções decisivas* com base em expectativas de manutenção de um determinado regime jurídico". Em 2012, no Acórdão n.º 353/2012, o TC repete a inaceitabilidade constitucional dos

de tratamento[462], da *justiça e imparcialidade* (com o respetivo regime de impedimento-suspeição[463]) e da interdição de excesso funcional (*proporcionalidade*, em sentido amplo: idoneidade ou adequação da medida prevista, necessidade e proporcionalidade em sentido estrito), cada vez ganha maior relevo, com o aprofundamento da construção do consagrado modelo democrático de governação da sociedade, a necessidade de fomentar a participação dos cidadãos na vida e decisões públicas e, mesmo permitir-se aos próprios cidadãos velarem, fiscalizando, no dia-a-dia, o agir dos representantes da sociedade nos órgãos públicos, o que implica atuações com publicidade e *transparência* (artigos 268.º, n.º 2, da Constituição; 82.º a 85.º do CPA (aqui com um conceito excecionatório ampliador e amplo e, neste sentido, não respeitador da CRP, como se explica aquando das referências à inconstitucionalidade orgânica e substantiva das normações existentes sobre os encargos exigíveis) e a LADA, lei de acesso aos documentos administrativos, n.º 46/2007, de 24.8)[464].

*

Albert Camus dizia que "a liberdade absoluta mata a justiça e a justiça absoluta nega a liberdade". É inquestionável que esta "liberdade" de informar próprio da comunicação social, assim como o direito geral a ser-se informado das coisas da governação-administração (em sentido amplo), não podendo ser concebida em termos absolutos (e o direito à informação cujo conhecimento,

efeitos retrospetivos/ retroativos de medidas que, em vez de *atingirem futuros destinatários, beneficiários, de uma dada* medida antes prevista, atingem, antes, aqueles que já a viram atribuída, em conformidade com a lei que a conferiu. O que, aliás, em muitas situações simétricas pode ainda agredir o próprio artigo 117.º da Constituição, ao colocar em causa o *princípio da igualdade* mantendo uns beneficiários e não outros, por meras razões de tempo, o que também pode violar o *princípio da proibição do arbítrio* e outros. Portanto, o respeito pelos *princípios da segurança jurídica e da confiança*, tal como fluem do artigo 2.º da CRP é uma constante da jurisprudência do TC, como ele recorda no Acórdão n.º 128/2009 ou no Acórdão n.º 413/2014, expressa em numerosas decisões anteriores e posteriores tal como o ATC 3/2016.

462 Artigo 6.º CPA.

463 Artigos 69.º a 76.º do CPA

464 A Administração Pública deve respeitar sempre os princípios gerais de atuação: não só quando *exerce poderes de autoridade ("em gestão pública", com aplicação de direito administrativo:* ao conceder uma licença ou nomear um funcionário), mas também quando age *"em gestão privada"*: como se fosse uma entidade privada: ao comprar um automóvel ou alugar uma máquina) ou quando pratica *simples atos ou operações técnicas ou materiais* (ao construir uma estrada ou tratar um doente num hospital público). E no conceito, não pode deixar de se integrar no quadro da gestão privada não só as entidades que pertencem ao Estado-Comunidade, como as que pertencem a particulares que cooperem com este na realização de fins e interesses públicos.

do lado que não se pretenda publicitar, viabiliza), "é uma pedra angular do regime democrático", devendo as preocupações com a realização da justiça ser enquadradas em termos que não a possam colocar em causa.

Como recordava o Tribunal Constitucional, em Acórdão de 15 de setembro de 1992, a *democracia é "o Governo do poder visível, o Governo do poder público em público"*, pelo que temos de reconhecer que a validade do exercício dos poderes, do poder sancionatório, como aliás de todos os poderes, em *sociedade de matriz democrática*, depende da sua *transparência processual*. O que parece despertar os medos e efetivar revisões reacionárias de leis e inaplicações por governações públicas é o facto de o livre acesso e a comunicação social poderem transformar, cada vez mais, a *visibilidade simbólica da teoria liberal*, a visibilidade meramente *proclamada, formal, jurídica* (dos que se sentavam nos poucos bancos dos tribunais ou dos parlamentos), numa visibilidade geral, de toda a sociedade, isto é, o acesso real e controlo efetivo, generalizado a todos os níveis, ao funcionamento dos órgãos do Poder[465].

A *legitimidade do exercício do poder democrático* implica a análise e medição do seu *funcionamento quotidiano, o* que é cada vez mais importante do que a legitimidade originária, embora a genuinidade desta, maior ou menor, enquanto título designativo para a função, condicionando (mais ou menos ou nada) a verdadeira vontade de escolha esclarecida dos mandatários pelos cidadãos, implica a sorte da funcionalidade futura dos órgãos públicos[466].

O *princípio da publicidade* conatural à ideia de democracia no exercício dos poderes, mantêm-se igual a si mesmo, com a transparência imposta ao último reduto da opacidade dos poderes, a Administração a entrar finalmente vitorioso onde ainda faltava, no reino das governações executoras públicas[467].

465 Sobre toda a temática politológica do acesso à informação detida por poderes públicos, Fernando Condesso, em *Derecho a la Información: Crisis del sistema político, Tranparencia de los Poderes Públicos*. Madrid: Dykinson, 2011, 256p. e quer o *Derecho de acceso de los ciudadanos a la documentación e información. Cuestiones y fundamentos politológicos, económico-financieros, comunicacionales y ambientales*. Tomo I, quer o *Derecho de acceso de los ciudadanos a la documentación e información: Regímenes jurídicos en Unión Europea y Península Ibérica.*. Tomo II. Tubinguen: Lambert Academic Publishing GMBH & CO. KG. EUA, RU, 2012.

466 Atente-se, por exemplo, no caso do holocausto germânico, resultante da vitória eleitoral de Adolfo Hitler, democraticamente eleito para a chancelaria alemã, e mesmo a sua anterior governação com nomeação também constitucionalmente aceite.

467 Em Portugal, com a Lei do Acesso aos Documentos Administrativos. Vide, em geral, CONDESSO, F. – *Direito à Informação Administrativa*. Lisboa: PF, Jan. 1995; – *La defensa del medio ambiente y el Derecho de Acceso a la información administrativa en la Unión Europea y en las Administraciones ibéricas*. Tese de Doutoramento em Direito. Madrid: Biblioteca URJC, 2003; – "Os Instrumentos de Intervenção Ambiental: VII-Os Meios informativos". In *Direito do Ambiente*. Coimbra: Almedina,

Mas, desde a sua simples afirmação teórica, com sua tradicional possibilidade de vivência discreta ou meramente oficiosa (ocultadoras do inconveniente e até favorecedora de estratégias de propaganda), até à possibilidade de realização prática, pelo *poder natural de o cidadão a exigir ou pelo poder difusor generalizado* dos potentes meios de comunicação social atuais, houve um longo *tempo histórico de tranquilidade* não só opacitante do indesejável, mas de assunção de um poder de gestão, sem controlo, de decidir o que se quer comunicar e se pode esconder. Ou seja, do que devia ser transparente, mas que não era, de modo que só, agora, se impõe também ao poder executivo-administrativo, através do acesso livre dos cidadãos, da abertura a esse conhecimento, até mesmo para conferir a informação ministrada pela própria comunicação social[468]. Algo conquistado no aprofundamento natural da democracia, mas

2001, p. 645-688; Condesso, F. - "O direito à informação administrativa". In *Legislação: Cadernos de Ciência de Legislação*, n.º 17. Oeiras: INA, Outubro-Dezembro 1996, p. 63-100; - "O Acesso aos Dossiers Públicos (Lei n.º 65/93, de 26 de Agosto)". In *Revista Jurídica da Universidade Moderna*, Ano I, n.º 1, 1998, p. 258-287; - "Política Ambiental". *A Reforma do Estado em Portugal: Problemas e Perspectivas. Actas do I Encontro Nacional de Ciência Política*. Organizado pela Associação Portuguesa de de Ciência Política. Lisboa: Editorial Bizâncio, 2001, p. 571-640; - *Ciência Política*. Lições. Policopiadas ao 4.º ano da Licenciatuira de Segurança Social. Instituto Politécnico Internacional. Universidade Internacional. Lisboa, 1993/1994; - *Direito do Urbanismo: Noções Fundamentais*. Lisboa: Quid Juris?, 1999, p. 489-520; - *Diário da Assembleia da República*, de 16 de Julho de 1992, I.ª Série, n.º 89, p. 2917; - *Direito Administrativo: Noções Fundamentais*. Apontamentos policopiados. Licenciatura de Gestão e Administração Pública, ano 1992/1993, ISCSP-UTL, Lisboa; e Licenciatura de Direito, Ano 1993/1994, UML, Lisboa, p. 320-322; 457-462; - "A Convenção de Äarhus sobre o direito à informação ambiental".In *Direito do Ambiente*. Coimbra: Almedina, 2001, p. 657-659.

[468] Não importa discutir, aqui e agora, se a comunicação social pode, ainda hoje, controlada pelos poderes económico-financeiros e não por instituições de jornalistas, não contaminadas pelo poder de outro poder social, não menos ganancioso para a influenciar e dominar, o do dinheiro ou seja, se ainda é o *quarto poder do Estado*, ou se esse controlo, umas vezes pelos grandes grupos económicos, outras pelos poderes políticos, muito e muito um poder dentro do poder e ao serviço desses poderes, pois, reconhecendo-se tudo isso, não deixa de manter-se a cumprir um *papel essencial à vida democrática e à sua transparência*, ao continuar a colocar em causa o Poder, ou abatendo-se sobre ele, seja executivo ou legislador, ou fazendo-o agir, como é frequente nos processos judiciais penais, que desencadeia, não sendo necessário recordar os mais mediáticos. Embora certas situações recentes permitam que se possa questionar quem faz o quê; e sempre se possa dizer que aqui nem sempre se percebe bem quando é a comunicação social a forçar a entrada nos tribunais para informar ou os investigadores e tribunais a querer mediatizar-se, interferindo nos outros poderes. Há que reconhecer que o investigador penal, fazendo chegar ao jornalista um ato processual, num dado momento escolhido, pode influenciar um partido ou o próprio eleitorado, pelo que a composição subjetiva dos poderes pode depender de uma gestão política dos processos.
A questão do segredo judiciário em face da comunicação social, significa que esta quer informar, mas o legislador entende criar mundos opacos, num inerente conflito entre instituições de

afirmação dogmática que parece abalada, afinal não pela ideia em si, mas pela verificação de que ela é verdadeiramente praticável, isto é, não pelo valor do axioma inquestionável, mas pelo advento e crescendo da sua eficácia real. É caso para dizer que a crise da democracia (vivida agora na praticabilidade do aprofundamento da transparência e há muito sentida na *falta de controlo dos poderes*[469] e no falhanço da sua simples divisão, assim como da representatividade organizada dos interesses, aumenta com a eficácia dos institutos da sua efetivação. Algo a fazer pensar....

*

A obrigação de exercício de qualquer mandato, desde logo pela sua especial importância e função, o mandato político, implica tomar conhecimento do modo como ele vai sendo efetivado. Aqui, temos um novo tipo de intervenção administrativa, que se aplica a todos os outros controlando os seus conteúdos resultantes da vontade ou omissão dos agentes públicos. Um novo tipo, que desde o século XVIII, na Suécia, se passou a assumir claramente, com a criação de serviços específicos para "dar a conhecer em tempo, o exercício dos poderes governativo-administrativos", a juntar à pluralidade tradicional de formas da atividade da Administração. Pluralidade de tipos de ação das Administrações públicas, destinados a viabilizar o modo mais adequado para

informação e de controlo público e instituições de investigação e de punição clássica. Reconheça-se que o *segredo judiciário* tem colhido apoios maioritários nas nossas culturas jurídicas, como o direito da comunicação social a informar e o segredo das fontes jornalísticas também são incontestáveis, embora nenhum afirmado em termos de valor absoluto. Com efeito, como recorda um parecer da Procuradoria-geral da República de 1981, "o segredo não tem valor absoluto". E acrescentava-se: "o segredo judicial servindo variados interesses, da realização de uma justiça isenta e independente, à defesa da presunção de inocência do arguido, deve ceder se perante ele surgirem interesses processuais superiores". Importa elucidar sobre o quadro jurídico que enquadra estas figuras, os problemas que levanta e suas justificações. Mas antes, será elucidativo elencar alguma factualidade que implica algumas interrogações sobre o sistema penal em geral e que os casos mediáticos justificam. Os factos são conhecidos: os *processos* demoram a instruir-se, a terminar; os *investigadores*, nos assuntos mais conhecidos pela opinião pública, abrem os processos a partir de eventos e relatos que conhecem pela imprensa; e os *suspeitos*, apesar de presumidos inocentes, passam longos períodos na prisão, sem terem sido condenados, e às vezes são-no em tempo semelhante ao da prisão preventiva, o que leva à suspeita de simetrização desresponsabilizadora pelo tempo de prisão sem condenação e à natural censura do aparelho judicial. Será que pode adiar-se mais o combate à hiperbolização dos mandamentos penais? À demora das investigações? À solução da prisão preventiva? Será que pode aceitar-se uma expressão numérica de processos-crime de tal ordem que qualquer investigador jornalístico pode bater sempre recordes temporais?

469 CONDESSO, F. – *Direito à Informação Administrativa*. Lisboa: PF, 1995.

a *correta prossecução das múltiplas tarefas*, que, legalmente, lhe estão confiadas na sociedade. implicando o recurso a formas diferentes de atuação, selecionadas em ordem à realização das finalidades e de objetivos de eficácia, de modo a as poder atingir em cada matéria. Em geral, quais os comportamentos que a Administração Pública desenvolve no cumprimento dos seus fins[470]? E quais os utilizados, correntemente, na Administração ambiental e urbanística[471]?

A *teoria das formas de intervenção* interessa à realização do direito administrativo geral e sua análise, na medida em que dá critérios gerais de sistematização das normas contidas no ordenamento jurídico-administrativo. Cada tipo de atividade ou tipo de intervenção supõe a aplicação de um regime jurídico diferenciado. Esta teoria fornece os conceitos para sistematizar o material normativo. E permite, também, a avaliação do grau de intensidade da intervenção do Estado (em sentido amplo, Estado-Comunidade), em cada sector da vida social. Com efeito, a sistematização das normas administrativas pode efetivar-se a partir da arrumação dos fins prosseguidos, dos sectores ou das matérias reguladas pelas diferentes normas. O critério, que preferimos, para orientar o enquadramento teórico, em geral, referente à tipologia da intervenção ambiental, é o do efeito da atividade administrativa[472]. Este

[470] Ramon Parada – *Derecho Administrativo I: Parte General*. 6.ª ed., Madrid:Marcial Pons, 1994; Wolff e Bachof – *Verwaltungsrecht I*. 9.ª Ed., Munique:Beck, 1974; Sciullo, Girolamo; – *Planificazione amministrativa e Participazione I: Procedimenti*. Milano: Giuffrè, 1984; Giannini, M. S. – "Planificazione". In *ED*, XXXIII, Milano: Giuffrè, 1983; Moncada, Luís Solano Cabral de – *Direito Económico*. Coimbra: Coimbra Editora, 1988; Melo, Antonio M. Barbosa de – *Introdução às Formas de Concertação Social*. (Separata do Vol. LIX, 1983, do BFDUC). Coimbra, 1984.

[471] Os tipos de atividade, hoje, utilizados pela Administração pública são variados, denotando a conquista pelo poder público de espaços e formas de intervenção, que ou são novos ou acentuaram a intensidade do seu uso, com o Estado Social de Direito. A Administração pública intervém cada vez mais, e cada vez mais intensamente, em toda a vida da sociedade. Historicamente, podemos dizer que as atuais sociedades passam pela fase do Estado Administrativo.

[472] A classificação das formas de intervenção, de acordo com um critério parasectorial, tendencialmente assente na organização das Administrações, que, no fundo, aponta para um critério material, tendo presente os domínios em que a Administração Pública intervem, leva-nos à distinção v.g. entre a Administração Militar, a Política Externa, a Segurança Interna, as Obras Públicas, o Comércio, a Indústria, a Agricultura, a Educação, a Segurança Social, a Saúde e, também, o Ambiente. Zanobini entendia que o único critério classificatório possível da actividade administrativa era o do objecto material dessa actividade. Mas esta doutrina não é pacífica. Entendemos que o critério sectorial-material nos fornece uma macrotipologia, de natureza departamental, útil no plano orgânico e da identificação das tarefas legalmente cometidas ao "serviço público", enquanto o critério funcional a completa a juzante, com especial capacidade de enquadramento tipológico, dentro de cada área de intervenção pública. Uma define as áreas de intervenção pública, a outra o modo de agir dentro das várias áreas. Estamos perante tipologias que se completam, em abordagens efectuadas sob ângulos diferentes, e portanto sem vocação para se se excluirem.

critério funcional procura ver as consequências da intervenção, em termos da liberdade de ação e dos direitos dos cidadãos. É um critério que permite uma classificação multipartida, com a distinção entre a intervenção, que podemos crismar como intervenção de tipo circunscritiva (limitadora[473]), a de natureza prestadora (constitutiva)[474], a de carácter sancionatório (ordenadora, repressiva[475]), a incentivadora (de fomento, subsidiadora), a planificadora (e programadora), a conciliadora (arbitral) e a técnica ou material[476]. A atividade circunscritiva, natural à "polícia", isto é, ao governo da cidade, do quotidiano, da vida em comum, traduz-se em limitações, restrições (mesmo com recurso à coação) à liberdade, aos direitos ou à atividade dos particula-

A tipologia funcional não contesta, nem substitui a tipologia sectorial, nem esta prescinde daquela.

[473] Normalmente, este tipo de intervenção administrativa aparece designada como atividade de polícia, que no Estado pré-nomocrático, não governado por normas jurídicas pré-determinadas para todos, vigente até aos fins do século XVIII, designava toda a atividade do governo do Estado, ou seja, de Governo em sentido amplo, como gestão da vida comunitária, sendo certo que polícia vem de "polis", cidade. Daí, que seja natural que a Administração, omnicompreensiva, de um Estado, em que não vigorava o princípio da separação de poderes, fosse designada por Polícia e o Estado do período anterior ao do Estado de Direito fosse designado por Estado de Polícia. O Estado Constitucional liberal reduziu-o à atividade regulamentadora e a medidas executoras enquadradas pelo Direito Administrativo. Hoje, o vocábulo polícia tanto designa os órgãos da Administração encarregados da Segurança Pública (PSP, GNR, etc.) ou auxiliares dos órgãos do Estado encarregados de perseguir e punir as infrações às leis penais e que colaboram na investigação criminal (Polícia Judiciária), como a atividade administrativa que prossegue o objetivo de conservação da ordem pública. Neste sentido restrito, de atividade de certas estruturas orgânicas da Administração, a atividade de polícia é uma parte da atividade circunscritiva da Administração Pública. Traduz-se em medidas de limitação substantiva da liberdade ou dos direitos dos particulares, em consequência do exercício de um poder administrativo concretizado por intermédio de um ato, decisão administrativa.

[474] SILVA, Vasco Manuel Pascoal Dias Pereira da – *Em Busca do Acto Administrativo Perdido*. Coimbra: Almedina, 1995, p. 71 e segs.

[475] Traduzem-se em medidas (de coação e sanção) aplicadas "a posteriori", destinadas a garantir o cumprimento do direito administrativo (em situação mais gardes, assumindo a natureza de direito penal), em face de situações anti-jurídicas do particular, que exigem o restabelecimento da ordem jurídica perturbada.

[476] Vidé, em geral, sobre as operações materiais, GOMES, Carla Amado – *Contributo para o Estudo das operações materiais da Administração Pública e do seu Controlo Jurisdicional*. Coimbra Editora, 1999, especialmente p. 197-297; CAUPERS, João – *Direito Administrativo*. Lisboa: Notícias editorial, 1998; GARCÍA DE ENTERRÍA, E. e TOMÁS-RAMON FERNÁNDEZ – *Curso de Derecho Administrativo I*. 5.ª Ed., Madrid: Civitas, 1990, p. 777 e segs.. Sobre o princípio da legalidade e as várias formas da actividade administrativa, AMARAL, Diogo Freitas do – *Direito Administrativo*. Volume II, Lisboa, 1988, p. 42 e segs..O elenco das normas constitucionais sobre a actividade administrativa em geral, pode ver-se em MARTINS, Guilherme d'Oliveira (Org.) – *Direito Administrativo: Colectânea de Legislação*. 1.º Volume – Parte Geral, Lisboa: Quid Juris, 1998.

res[477]. A atividade incentivadora visa o fomento da atuação dos particulares, em especial no plano económico, levando-os a aderir, voluntariamente, à execução de objetivos de interesse geral. A atividade prestacional visa o fornecimento de certos serviços e bens aos particulares. A atividade sancionatória que, em verdade, tem natureza judicial, de aplicação punitiva, imposta, do direito infringido, pressupõe uma infração ou conduta antijurídica do destinatário da sanção[478]. A *atividade programadora e planificadora* pode ter conteúdos muito diversos. Cabem aqui os programas ou compromissos de ação futura[479] e os compromissos com o sector privado, definindo políticas económicas indicativas[480]. Ela pode, também, prefigurar, regulamentarmente, limitações futuras de direitos subjetivos públicos[481]. A Administração Pública, em certos países, também, desempenha uma outra atividade quase-jurisdicional, a atividade arbitral, traduzida em atos de mediação entre os direitos e os interesses dos particulares, através dos quais a Administração decide entre pretensões contrárias dos particulares[482]. A *atividade técnica*, também classificável como puramente material, resulta do facto de nem toda a atividade da Administração Pública assumir a natureza de atuação jurídica, dado que, muitas vezes, se exterioriza sem atos formais, que traduzam atos jurídicos. Neste caso, estamos perante simples atos materiais ou técnicos[483]. Esta classificação funcional aparecia, tradicionalmente, em termos tripartidos, abrangendo apenas a atividade de polícia, de prestação e de fomento. Mas ela

[477] Trata-se, portanto, de uma intervenção limitadora da liberdade.

[478] Aqui, a Administração Pública não age em termos limitadores da actuação do particular, mas pune-o por uma conduta contrária a normas que garantem qualquer tipo de actividade administrativa. A actividade sancionatória traduz, muitas vezes, o exercício de um poder de auto-tutela administrativa. Em geral, introduz a Administração e, portanto, integra na Função Administrativa do Estado-Comunidade, uma certa administração da justiça. Ela retira a os tribunais o monopólio do sancionamento, da aplicação da justiça. E, por isso, deve restringir-se às situações em que a criminalização seja excessiva. E deveria respeitar, sempre que possível, os princípios do direito penal. Vidé, v.g., PAREJO ALFONSO, L.; J. MÉNEZ-BLANCO, A. e ORTEGA ÁLVAREZ, L. – *Manual de Derecho Administrativo*. Barcelona: Ariel, 1990, p. 247.

[479] V.g. planos de obras públicas, reforma da Administração Pública, programas armamentistas.

[480] Planos de fomento, planos de desenvolvimento económico e social, mas também planeamento físico previstos no regime dos IGT.

[481] V.g. programas e planos do ordenamento do território, desde o programa nacional aos planos regionais, intermunicipais ou municipais, que compreendem hoje os PDM, os PU e os PP, até planos ambientais, quer os sectoriais do ministério do Ambiente, quer os planos especiais.

[482] Aqui, actua não tanto como juiz penal, como na actividade sancionatória, mas como substituto do juiz civil, substituindo-se a sua actividade e actos à sentença daquele.

[483] Aqui, actua não tanto como juiz penal, como na actividade sancionatória, mas como substituto do juiz civil, substituindo-se a sua actividade e actos à sentença daquele.

não esgota, hoje, o âmbito das funções da Administração. Esta, também, tem outras funções, de grande relevo, na sociedade actual, em que se destaca a função programadora e planificadora (com importância, desde logo, no plano do ordenamento territorial, ambiente e urbanismo)[484].

*

O *controlo da governação e das administrações públicas em geral* é algo ínsito à natureza dos regimes democráticos, não se reduzindo à publicidade por elas desenvolvida ou a obrigações ativas de "dar a conhecer"[485]. Em causa, está a abertura à fiscalização dos cidadãos e da comunicação social, que não deve restringir-se apenas à atividade dos parlamentos e aos tribunais. Ela tem de ser praticada, naturalmente, em relação a todas as organizações públicas, que desempenhem tarefas de serviço à sociedade e por conta da sociedade. Prestados diretamente ou através de terceiros, delegados ou concessionários.

Naturalmente, que este controlo tem um relevo especial em certas questões de maior acuidade, tais como as de saúde pública, alimentação e

[484] Sobre esta temática, desenvolvidamente e com exemplos, vide Condesso, F. – Direito do Ambiente. Almedina, 2001, p. 535-553.E sobre a tipologia de intervenção ambiental, p. 553-572 e sobre técnicas específicas no domínio do ambiente, p. 618-630.

[485] *Sobre o tema, entre outras publicações do autor sobre o tema, vide, resumidamente, Condesso, Fernando – "O direito à informação administrativa". In Legislação. Cadernos de Ciência de Legislação. Lisboa: INA, n.º 17 Outubro/Dezembro 1996, pp. 63-100;* – "Direito da informação e direito à informação".In Direito da Comunicação Social. Coimbra: Almedina, 2007, pp. 27-82; – "Derecho de acceso de los ciudadanos a la información. Cuestiones y fundamentos politológicos, económico-financieros, comunicacionales y ambientales". Tomo I, EUA, RU, Tubinguen: Lambert Academic Publishing Gmbh & CO. KG, março de 2012, 646 p. ; – *Derecho de acceso de los ciudadanos a la información Unión Europea y Península Ibérica". Tomo II, EUA, RU, Tubinguen: Lambert Academic Publishing Gmbh & CO. KG, abril de 2012, 676 p.* ; – Derecho a la Información: Crisis del Sistema Político.Transparencia de los Poderes Públicos. Madrid: Dykinson, 2011; – "Sistema penal, prisão preventiva e segredo de justiça". In Revista Política Social. Lisboa: ISCSP-UTL, 2000; – Portugal em Crise: Pela Reforma Global do Sistema Político e das Políticas Públicas. Proposta de Reformas Institucionais em Momento de Debate Anti-Crise situadas no âmbito das concepções do Estado Constitucional Democrático Social de Direito. Prefácio de Eurico Figueiredo. Lisboa: Ed. Livros do Brasil, 2011; e, ainda, Direito à Informação Administrativa, Lisboa: PF, 1995, publicação em que se coligem e ordenam apontamentos escritos em 1993, para a preparação do projeto da Lei n.º 65/93, de 26 de agosto, a primeira lei nacional sobre a matéria, da autoria do autor, dando cumprimento ao artigo 268.º, n.º 2 da Constituição. Para uma análise mais compelta e com direito comparado, vide o seu La defensa del medio ambiente y el derecho a la información en las Instituciones de la Unión Europea y en la Península Ibérica. Volume: I, 2003, 995 p. , (Tesis Doctoral, Biblioteca de la URJC, Madrid).

consumo, ambiente, urbanismo e, em geral, em questões de defesa de valores constitucionalmente protegidos.

Está em causa "o dar conhecimento público" total, livremente, sem limites que não sejam estritamente necessários para a defesa do próprios interesses públicos e matérias alheadas da vida da Comunidade, ou seja, que n não sejam da intimidade pessoal. Um direito de acesso durante o desenrolar dos procedimentos (para prevenir ilegalidades, erros, ocultamentos, imparcialidades, corrupção) e após decisão (para viabilizar rapidamente a procura de correções ou soluções alternativas ou complementares que não ofendam ou, pelo menos, sejam menos prejudiciais ao interesse geral).

Direito que se aplica em geral a todos os setores da administração de natureza pública, dado que os atores públicos ou privados que atuam em seu nome e por sua delegação ou concessão, atuam em nome dos cidadãos, a quem devem prestar contas do seu correto agir. O que tudo, também, é de aplicação aos procedimentos urbanísticos e ambientais, matérias estas onde, pela suja natureza, nenhumas razões de reserva, mesmo que temporalmente, se vislumbra, dado não poderem cair no âmbito das restrições constitucionalmente permitidas a este direito fundamental de natureza análoga à dos "direitos, liberdades e garantias, e portanto apenas quebrável nos estritos termos excecionais do regime destes, fora das limitações expressas no artigo 268.º, n.º 2, eventualmente abarcantes de limitações ponderáveis de natureza imanente ao próprio direito constitucional, ou seja, face à necessidade inultrapassável de defesa de outros consagrados direitos fundamentais da mesma natureza.

Enunciamos o atual regime do direito de acesso e criticamos quer evoluções na atual lei de aplicação do direito constitucional, Lei de Acesso à Documentação Administrativa (LADA), quer certo seguidismo jurisdicional, de natureza inconstitucional face ao poder dos juízes de controlar e, reinterpretar na linha da Constituição, ou mesmo inaplicar normas inconstitucionais. São muitas as ambições de setores partidários para fazer esquecer a Constituição e a natureza de um Estado de demosoberania: uns, por ambições de se servir e não de servir a causa pública; outros, conhecedores de vícios das suas organizações, para tapar crimes variados de quadros políticos, corrupções ou erros de governantes nacionais, regionais e do mundo autárquico; sobretudo, setores próximos do mundo dos negócios sem ética e de culturas de corrupção e de laxismo ou parcialidade, e que propendem a querer descaracterizar as normas ou a contornar a sua aplicação (com consequentes alterações recentes, por parte de decisores políticos). Assim, atropelando este direito fundamental (aliás, direito maior de um regime de democráticos não direta) de grande exigência aplicativa conatural ao regime dos direitos liberdades e garantias, dando livre acesso a documentos e informações (do governo representativo da coisa pública por mandatários eleitos.

Em demosoberania, todos os documentos e elementos preparatórios de decisões públicas, pagas pelos impostos e "taxas" dos cidadãos, devem ser públicas e acessíveis a qualquer cidadão. São muitas as tentativas para reconverter o conteúdo da LADA de 1993, dando-lhe formas normadoras extensas, e algo tem resvalado, exigindo jurisdições reinterpretativas dos seus conteúdos face ao texto constitucional nacional. No caso atual, não apenas a descaracterização do conceito-limite de "dados da vida íntima", que vinha assumindo uma designação conforme, com um especial significado, de dados ou documentos "nominativos", significado bem clarificado, dado na própria lei, agora feito em termos inconstitucionais, como, aliás, até misturando, no mesmo diploma, o exercício de um direito fundamental com a legítima comercialização pelas entidades públicas das informações detidas por estas (e bem, dada a riqueza de muitas documentação pública que pode funcionar não só a favor da Comunidade ativa como aumentar receitas para ações públicas), mas numa mistura que pretende confundir coisas radicalmente distintas e, assim, alinhar o seu regime com culturas permissivas ou impositivas de opacidade nas administrações públicas (tal como para impedir retirar do livre acesso as declarações de evolução da riqueza dos atores públicos com significativos poderes decisórios, tais como todos os titulares de cargos públicos, magistrados do ministério público, autarcas e dirigentes municipais de serviços especialmente propensos a atuações ilegais, como dirigentes de departamentos de urbanismo, inspeções, etc.), em ordem a propiciar um ocultar de informações e decisões, a ficar sem visibilidade, facilitador de ambientes de corrupção de atuações e, mesmo, um ambiente geral de incumprimentos ostensivos da própria legislação sobre transparência, designadamente por parte dos poderes locais.

*

O direito de livre acesso à documentação e informação detida por entidades públicas[486] é, em Portugal, um direito fundamental constitucionalizado,

[486] Lei n.º 26/2016, de 22.8 (que veio revogar a primeira sobre a matéria, a Lei 65/93, de 26.8), alterada pela Lei n.º 58/2019, de 8.8 e Lei n.º 33/2020, de 12.8. A lei original, inspirada em deslocações à Suíça, Suécia, França e EUA e consulta de larga doutriane jurisprudência destes países, em preparação de tese de doutoramento em "Direito do Estado", foi aprovada em 1993 (ao mesmo tempo que a Lei do Segredo de Estado, esta da autoria do ministro da justiça Laborinho Lúcio), sendo influenciada (como é explicado em Condesso, F. – *Direito à Informação Administrativa*, Lisboa:

de aplicação direta e já disciplinado em lei própria da primeira metade da década de noventa.

Ele visa permitir o *acompanhamento e fiscalização* pelas pessoas em geral. Qualquer pessoal, nacional ou estrangeira, pode exigir tal acesso[487].

As primeiras experiências de codificação ou de proclamação de regras sobre a transparência e a comunicação dos documentos administrativos são antigas, situando-se quase em simultâneo na segunda parte do século XVIII (Suécia, em 1766[488], República de Veneza, em 1781 e França, em 1789). No

Pedro Ferreira, 1995, fruto da seleção e organização de alguns textos preparatórios do projeto de lei), pela plurissecular lei constitucional sueca e segue as lições recolhidas nas experiências norte-americanas (a nível da Administração federal, a aplicação da *Freedom of Information Act* de 4.7.1966, de Lyndon B. Johnson, integrada na "Adminitrative Procedure Act" de 1946) e francesas do pós-guerra do século XX (lei de 17.7.1978, depois complementada no Código das Relações entre o Público e a Administração).

487 Tal como pelos profissionais da comunicação social ou pelos autarcas, que não tenham esse acesso quotidiano por não exercerem funções executivas, embora aqueles já detenham *normação especial protetiva* do "jornalismo" e estes a detenham tal direito resultante da inerente lógica funcional pública; mas como também são "pessoas" e, aliás, muitos deles cidadãos nacionais ou europeus, também gozam deste direito de livre exigência e comunicação de documentação detida por qualquer entidade pública.

488 http://www.riksdagen.se/arbetar/grundbok_en/ The freedom of the press ACT do Reino da Suécia; Chapter 2. On The Public Nature Of Official Documents: Art. 1. In order to encourage the free interchange of opinion and the enlightenment of the public, every Swedish subject shall have free access to official documents. Art. 2. The right of access to official documents may be restricted only if restriction is necessary having regard to:1. the security of the Realm or its relations with a foreign state or an international organisation; 2. the central finance policy, monetary policy, or foreign exchange policy of the Realm; 3. the inspection, control or other supervisory activities of a public authority; 4. the interest of preventing or prosecuting crime; 5. the public economic interest; 6. the protection of the personal integrity or economic circumstances of private subjects; or 7. the preservation of animal or plant species. Any restriction of the right of access to official documents shall be scrupulously specified in the provisions of a special act of law, or, if this is deemed more appropriate in a particular case, in another act of law to which the special act makes reference. With the authority of such a provision the Government may however issue more detailed regulations concerning the application of the provision by statutory order. Notwithstanding the provisions of paragraph two of this Article, the Riksdag or the Government may be empowered, by means of a provision such as is referred to therein, to authorise, having regard to the circumstances, that a particular official document shall be made accessible. Art. 3. Document includes any written matter, picture, or record which can be read, listened to, or otherwise comprehended only by means of technical aids. A document is official if it is in the keeping of a public authority, and if it can be deemed under the terms of Article 6 or 7 to have been received or drawn up by an authority. A record of the nature referred to in the preceding paragraph shall be considered to be kept by a public authority, if the record is available to the authority for communication, using technical aids which the authority itself employs, in such a form as to be read, listened to, or otherwise rendered comprehensible. The foregoing provision shall not, however, apply to a record which forms part of

século XIX, em 1858, o Conselho de Estado do Cantão suíço de Zoug, para dar execução prática à disposição constitucional referente à publicidade das contas do Estado, reconheceu a qualquer cidadão residente, através de simples pedido oral com satisfação imediata e sem necessidade de invocar qualquer interesse, o direito de examinar os documentos possuídos pela Administração Pública.

Mas só no nosso século, nos anos setenta, viria a expandir-se em geral uma nova sensibilidade, que lhe é propícia, no domínio das relações entre a Administração e os cidadãos. A nível europeu, importa destacar a Recomendação da Assembleia Parlamentar do Conselho da Europa n.º 854, adotada em 1 de fevereiro de 1979, relativa ao acesso público aos documentos governamentais e à liberdade de imprensa e a Recomendação n.º R (81) 19 de 25 de novembro de 1981 do seu Comité de Ministros sobre o acesso à informação detida pelas autoridades públicas. Esta nova sensibilidade tem levado à contestação do próprio modelo vigente de Administração, fechada, fundada no autoritarismo, no afastamento dos cidadãos e no segredo administrativo e que é detetável desde logo também em documentos do Comité de Ministros do Conselho da Europa, como a Resolução (77) 31 sobre a proteção do indivíduo em relação aos atos da Administração, a Recomendação n.º R (80) 2 referente ao exercício dos poderes discricionários da Administração e a Recomendação n.º R (87) 16 relativa aos procedimentos administrativos interessando um grande número de pessoas.

O modo como os outros sistemas jurídicos enquadram a participação dos cidadãos, a própria exigência de fundamentação das decisões unilaterais e em geral a procura de novos caminhos de relacionamento dos administradores com os administrados não deixa de revelar até que ponto este movimento de transparência é motivado por um processo de profunda reforma administrativa. Já vai longe a Administração de estrutura e teorização weberiana, dotada de instrumentalidade, unidade e racionalidade. Separada da sociedade, esta Administração clássica, exógena, apresentava-se como "o autor, a origem e o fim de toda a ação pública". Era instrumental em relação ao poder político, a cujas orientações devia submissão legitimadora, e monolitizada pela hierarquização a partir de um centro de autoridade.

a register of persons, if by law, or statutory order, or by a special decision taken by virtue of law, the authority is not entitled to prepare such a transcription. Register of persons shall be understood to mean any register, list, or other record containing information which concerns a private subject and which can be related back to that private subject.

Hoje, a engenharia institucional poliarquiza o Estado, e a Administração autonomiza-se, separa-se em segmentos heterógenos e aceita interiorizar linhas de interesses conflituantes ou divergentes em que se procura reinventar o interesse público, pondo em causa o conceito desencarnado do velho "interesse geral", bebido na universalidade hegeliana, em nome de cuja prossecução legitimava o seu afastamento da sociedade, em benefício de um dialogismo aberto à multiplicidade dos interesses e valores existentes no mundo, que lhe compete administrar, num crescendo do paradigma analítico, assumidamente balcanizante do universo administrativo moderno.

É um processo que aponta para um tipo diferente de Administração, não só mais participada, mas também mais relacionada, comunicada e controlada, inserindo-se esta escatologia como elemento importante ultraconjuntural, explicativo da transparência que se tem consagrado por toda a parte quer no plano administrativo quer político, a considerar também como fundamento do direito de acesso aos documentos da Administração, pelo menos quando ele assume a forma de direito dos cidadãos a conhecerem o modo como as entidades públicas exercem a sua atividade. Mesmo no Leste europeu, os últimos anos dos regimes socialistas foram sacudidos pela proclamação gorbatcheviana da transparência.

Com efeito, a reestruturação (*pereströika*) vinha acompanhada pelo desejo de dar publicidade à vida administrativa soviética e "dar voz" (dar o "direito à palavra") aos cidadãos (glasnost), não deixando de ser sobretudo significativo o facto de no Ocidente se ter generalizadamente traduzido esta última expressão do último líder da URSS por transparência, traduzindo: "queremos mais transparência nos assuntos públicos em cada sector de atividade"; "o essencial é a verdade (...) precisamos de mais luz". A publicidade e o acesso aos documentos da Administração Pública são uma questão ínsita ao Estado de Direito democrático, na medida em que, no seu enquadramento, conflui a ponderação de vários princípios fundamentais do ordenamento jurídico.

*

O nosso direito geral de acesso cabe *a qualquer pessoa*, independentemente da nacionalidade e da residência e *sem necessidade de se enunciar qualquer interesse*, compreendendo os *direitos de consulta, de reprodução e de informação sobre a sua existência e sobre o seu correto conteúdo*, impondo-se a cada ministério, secretaria regional, autarquia local, instituto público, associação pública, fundação pública, empresa pública ou concessionária de entidades públicas, empresa regional, empresa intermunicipal e empresa municipal e quaisquer entes públicos, ou melhor, exercendo tarefas públicas.

A informação produzida ou meramente detida por entidades públicas é dos cidadãos, da sociedade, que a paga e que paga aos servidores públicos o seu labor; por isso, ela pertence-lhe. O que acontece é que pode haver momentos em que, no interesse, não desses servidores, mas da sociedade em geral, para a sua defesa e a defesa de interesses maiores desta ou de partes desta, da eficiência dos serviços, ela, em certas momentos e fases de desenvolvimento da atividade pública, não deva ser publicitada, ou mesmo para proteção de cidadãos que entram topicamente em relação com os poderes públicos, em aspetos íntimos da vida individual, ou de perigo para a vida relacional leal no mundo económico, nesses momentos ou nesses dados íntimos ou propiciadores de atuações danosas, o seu conhecimento deva ser deferido.

É, por isso, que há exceções restritivas, em âmbitos e tempos enquanto se justificarem, para o acesso dos cidadãos e deva haver uma lei geral de acesso que enquadre adequadamente esses momentos, não para esconder dossiers inteiros, qualquer que seja o domínio da alção pública, mas apenas para defender aspetos deles que possam colocar em causa a segurança do Estado e das pessoas, eventualmente as fases de investigação criminal ainda não terminadas ou mesmo ainda sem condenação e a intimidade pessoal e familiar, embora as partes não acessíveis de documentação onde tais dados íntimos constem só devam ceder, normalmente (não havendo autorização pessoal ou comprovado conferimento de uma especial justificação para o acesso de terceiros), após a cessação de eventual prejuízo económico para as empresas ou para a vida individual das pessoas, neste último caso mesmo após longos períodos depois da morte nos termos de legislação especial dos arquivos históricos.

Portanto, *nem sequer há exceções, nem perpétuas, nem sequer temporariamente, em relação a documentos das forças armadas ou forças policiais (apenas aos dados concretos existentes nesses documentos sobre informações que ponham em causa a segurança interna ou externa, classificadas como tal e pelo tempo estritamente necessário, nos termos exatos fundamentados pelos agentes governamentais enumerados na Lei de Segredo de Estado), ou a documentos com nomes de pessoas (ocultados os dados com elementos integrantes da sua "vida pessoal íntima", caso em que acabarão por, sendo o caso, ficar sujeitos aos prazos muito dilatados da legislação dos "arquivos históricos", amenos que haja autorização dos próprios ou um justificado interesse pré-ponderado pela CADA e, eventualmente, pelos tribunais) ou a processos administrativos (sejam disciplinares, contraordenacionais, enquanto em desenvolvimento, ou mesmo criminais, a menos que estes sejam objeto de despacho de magistrado, declarando-os em segredo de justiça) ou assuntos empresarias (exceto na parte em que estejam em causa matérias que possam por em causa a "alma do negócio" e, portanto, a leal concorrência, de natureza tecnológica-científica ou de "inteligência financeira", ou seja, não toda a informação empresarial, comercial ou financeira, mas apenas a que as possam vulnerabilizar face a outros concorrentes).*

Portanto, a legislação sobre o acesso a documentos detidos por entidades públicas não pode ir tão longe, na aplicação de cláusula restritivas, que permita escapar ao conhecimento dos cidadãos todos os *ocultamentos de informação comprometedora para os serviços e agentes públicos em geral, por inércias, erros, desvios decisionais, parcialidades, tratamentos desiguais e injustiças, falta de devida ponderação dos valores e interesses em presença, corrupção, enfim, ilegalidades, desleixos e incompetências.*

Todas as entidades obrigadas a dar acesso devem designar um "responsável" pelo acesso (a quem cabe decidir os requerimentos e dar acesso na prática, segundo o pedido efetivado, ou nos termos relativos possíveis, em casos de restrições constitucionalmente admitidas em termos temporalmente limitados, a certas informações), exigência que está por cumprir em muitas instituições, designadamente as competentes em matéria ambiental, o que, juntamente com excessos do valor das taxas cobradas em geral e sobretudo por muitas instituições (em termos, aliás lucrativos, dissuasores da transparência da AP pelos cidadãos, quando taxa não é negócio lucrativo...), por incumprimento que a primeira lei de 1993, que impunha de um *valor fixado em diploma nacional*, como acontece noutros países), está na origem da continuação da grande opacidade no funcionamento das diferentes entidades públicas. Tal deve ser realçado tanto mais que, em Portugal, se tratar de exercício de um direito fundamental e o custo em si, tal como a contabilização da tarefa de serviço administrativo de procura e reprodução do documento (sendo certo que a boa organização dos arquivos cabe aos serviços (neste caso, muitos escândalos noutros países levaram a interditar legalmente tal cômputo), não podem, globalmente (caso os meios de acesso não sejam todos gratuitos, como acontece noutros países, em que ele n em sequer se constitui como um direito fundamental constitucionalizado, pelo menos num número razoável de cópias), ser um fator de impedimento de tal exercício para amplas camadas da população, sobretudo em processos que se reportem a matérias de grande sensibilidade na opinião pública, o que só pode ocasionar e ser usado pelos poderes públicos como meio hábil de afastar o recurso ao controlo geral da sua atividade.

*

Importa, pela sua excecional importância, começar por analisar a questão das *inconstitucionalidades de várias soluções legais, existentes ou possíveis,* no âmbito do direito fundamental dos cidadãos de acesso à informação *detida por entidades de direito público ou privado, designadamente concessionárias, que prestam tarefas de serviço público ou realizam de obras públicas,* em concretizam da chamada Administração Aberta ou princípio da transparência das Administrações públicas, consagrado no art. 268.º, n.º 2, da Constituição.

Nos termos do art. 18.º, n.º 2 da CRP, a consagração do direito fundamental de acesso aos documentos das administrações que tratam de assuntos públicos, consagrado no art. 268.º, n.º 2, pela sua natureza integra o *grupo normativo sujeito ao regime exigente de direitos, liberdades e garantias.* Por isso, é um direito não só *"ab origine" diretamente aplicável às entidades públicas* (art. 18.º, n.º 1[489]), como um direito que só admite as estritas *"exceções expressamente" enunciadas* no art. 18.º, n.º 2 da Constituição.

Estas são, pois, as únicas restrições estritamente permitidas[490]. E devem mesmo limitar-se ao que for estritamente necessário para salvaguardar outros direitos ou interesses constitucionalmente protegidos. Sem, no entanto, o seu enquadramento legal poder diminuir a sua "extensão e o alcance do conteúdo essencial deste direito (art. 18, n.º 3[491]).

Isto é assim, embora, a título excecional, o tribunal constitucional tenha admitido por maioria de votos, em termos mutantes da Constituição (ou seja, contra o disposto na CRP), um expressado, por ele, novo limite", tido como imanente ao próprio direito constitucional, relacionado com "segredos económico-financeiros" (para salvar uma lei posterior, da minha autoria), que, por a entender passível de declaração de inconstitucionalidade, uma vez que uma coisa é a vida íntima das pessoas, referida na exceção possível constitucionalizada e outra os problemas de segredos empresariais, e para não colocar em causa a vigência imediata da lei de acesso no seu conjunto, que era pacífico, eu próprio havia proposto, posteriormente, à parte desse texto original da LADA, referindo tal exceção como segredos da "vida interna" das empresas, tema a que voltarei abaixo, a propósito quer da doutrinação

[489] Art. 18.º, n.º 1 (Força jurídica) "Os preceitos constitucionais respeitantes aos direitos, liberdades e garantias são diretamente aplicáveis e vinculam as entidades públicas e privadas".

[490] Art. 18.º, n.º 2. A lei só pode restringir os direitos, liberdades e garantias nos casos expressamente previstos na Constituição, devendo as restrições limitar-se ao necessário para salvaguardar outros direitos ou interesses constitucionalmente protegidos.

[491] Art. 18.º, n.º 3: "As leis restritivas de direitos, liberdades e garantias têm de revestir carácter geral e abstrato e não podem ter efeito retroativo nem diminuir a extensão e o alcance do conteúdo essencial dos preceitos constitucionais".

constantes dos Pareceres da CADA, quer das jurisprudências, do tribunal constitucional e das outras jurisdições.

Sobre a CADA, não deixaria de referir que é de todo exigível nesta matéria, ligada ao controlo institucionalizado do funcionamento da Administração que não só representantes dos governos, para mais do que serem vencidos terem representantes que fiquem convencidos, como da maioria e da oposição parlamentar, solução nacional inspirada na CADA francesa e nunca questionada, pois é a maneira de manter o Parlamento a par da evolução quer da aplicação do princípio da Administração Aberta quer da prática seguida e dos problemas, soluções, acertos e desacertos, que a informação encerra e que quer os partidos apoiantes do governo quer os da oposição devem ter sempre presentes e estar preparados para debater.

Já quanto à entrega a uma comissão parlamentar, em estruturação distinta, separada, do acesso a questões que possam implicar segredos de Estado, é algo errado no que concerne a conflitualidade de obstrução ao acesso em relação a cidadãos, porquanto do que se trata é de dirimir as situações de livre acesso e as de acesso temporalmente condicionado, que, tal como noutros países, deve caber à mesma instituição. O que nada tem que ver com o acesso a segredos de Estados por um grupo restrito de deputados e sujeito a especiais deveres de reserva durante e após funções, o que em Espanha foi resolvido em termos que pode não ser a de uma comissão de natureza e sede parlamentar aberta ao a cesso público como a portuguesa, mas especificamente restrita ao conhecimento de representantes parlamentares, de uma "mesa de parlamentares" de fiscalização política quotidiana da assuntos sujeitos a atividade reservada do governo (defesa nacional e negócios estrangeiros), e não de resolução de direitos de acesso público, que são coisas distintas.

Por um lado, que, posteriormente à lei de 1993, copiando legislações em que o direito ao conhecimento dos documentos públicos não está constitucionalizado como fundamental (e tudo o que isso significa) se tenha junto outra completamente distinta normação sobre o uso económico de informação detida pelas administrações públicas de base unionista europeia, mas cujos fins comerciais nada têm que ver com o direito à informação por parte dos cidadãos "uti cives" (LADA) ou "uti singuli" (CPA, nem este tem que se debruçar com tal matéria e muito menos revisionisticamente, com redações que pretendem revogar, não só a LADA como a Constituição, admitindo exceções aqui não admitidas, norma que para nada interessa face à LADA e não pode deixar de ser lida, tal como a LADA, em termos compatíveis com o art. 268.º, n.º 2 da CRP, como tem feito a jurisprudência dominante dos altos tribunais). Ambas, acesso por interessados para defender de seus direitos e acesso por desinteressados, cidadãos, para controlo da ação administrativa, são matérias de direitos fundamentais dos cidadãos, obrigatoriamente acessíveis e tendencialmente gratuitas (sendo direito fundamental, não pode haver lucro: a taxa não pode ultrapassar o cálculo do custo do papel, da tinta e da amortização da impressora, quando seja requerida em papel e gratuitamente, se por exame, cópia pessoal, ou carregada em "pen" do próprio). Em causa, estão, pois, situações e regimes diferentes. As solicitações de documentos e informações detidas por entidades públicas para fins económicos dos requerentes nada têm que ver com a defesa de direitos dos cidadãos, mas apenas aproveitamento, lucrativo para a Administração Pública, do possível aproveitamento económico, que os particulares pretendam fazer dela.

*

Começaria por referir que a amplitude subjetiva ligada à prestação quer do direito ao acesso quer da obrigação de facultar acesso, na solução portuguesa.

Quanto ao direito de acesso, ele *não é restrito a cidadãos nacionais,* nem depende da *indicação das razões ou dos efeitos* para que se pretende tal acesso. Aliás, de exigência interdita por tais entidades. A sua finalidade liga-se à *atividade cidadã de conhecer a correção da atividade* pública. Serve ao exercício de funções do seu controlo público, para denúncia, crítica, sugestão, etc., de entidades de direito público ou privado que devem estar *adstritas ao interesse público e cumprimentos estrito do direito.*

Qualquer pessoa (diz a lei: "Todos"), independentemente da cidadania, e *sem necessidade de enunciar qualquer interesse,* tem direito de acesso aos documentos administrativos, compreendendo os "*direitos de consulta, de reprodução e de informação sobre a sua existência e conteúdo*", no caso de não ser claro, designadamente quando contém siglas ou rúbricas.

O direito de acesso realiza-se, "independentemente da integração dos documentos administrativos em arquivo corrente, intermédio ou definitivos.

Há certas restrições temporais ao direito de acesso. Desde logo, em relação aos documentos que contenham informações cujo conhecimento seja avaliado como podendo pôr em *risco interesses fundamentais do Estado,* que ficam sujeitos a interdição de acesso ou a acesso sob autorização, mas apenas durante o *tempo estritamente necessário, através de classificação,* operada através do regime da lei do segredo de Estado ou por outros regimes legais relativos à *informação classificada.*

Esta classificação é constitucional se se reportar à *defesa nacional ou à segurança interna,* em sentido amplo, integrando designadamente *razões de prevenção de saúde pública.* Ou se se referir a *segredos de justiça*, desde que declarados em processos que corram em tribunal e por despachos expressos das magistraturas. Ou, por fim, independentemente disso, se se reportar a informações sobre a *vida (íntima" das pessoas* singulares[492], ou seja, *aquilo que cada um fecha aos outros dentro da sua "casa", nascimentos, mortes, afetividades e sexualidades, o que, portanto, não corresponde ao conjunto de toda a sua vida privada, quer porque dentro de casa pode haver dados que não sejam da vida íntima, quer porque elementos desta podem ser praticados ou atirados para a vida pública pelos próprios, deixando de ser reservado o que os próprios atual e querem ou admitam eu seja público, de qualquer modo a abrangência do público e do privado não é a mesma para o cidadãos comum e as figuras de exposição e intervenção pública)* ou (considerado pelo Tribunal Constitucional como um "limite imanente", face a proteção constitucional, sobre segredos da "vida interna das empresas".

Tratando-se de documentos informatizados, eles devem ser ou copiados para suporte informático ou de papel, ou, se o requerente o preferir, enviados diretamente por transmissão eletrónica de dados, neste caso se tal for possível e sempre sem prejuízo da garantia de adequada inteligibilidade e fiabilidade do seu conteúdo, mesmo que tal implique o labor informativo autónomo da respetiva descodificação de siglas, rubricas ou linguagem burocrática, e em termos rigorosamente correspondentes ao do conteúdo do registo tal como existe.

Alguma jurisprudência tem tentado salvar algumas exceções, que, segundo ela (em termos questionáveis – não seriam meramente "secundum constitucionem", ou seja, segundo uma demonstração dos "limites imanentes", o que

[492] Quanto a terceiros em relação a documentos administrativos com dados da vida íntima das pessoas (único conceito interditável nos termos constitucionais, que normalmente, por influência doi direito francês, aparece traduzido na expressão "documento nominativos", que nesta matéria nada tem que ver com documentos que contenham ou não nomes de pessoas, pois a AP existe para servir as pessoas e todos os documentos que verdadeiramente interessa analisar e atuações a fiscalizar pela comunicação social e pelos cidadãos ao abrigo do art. 268.º, n.º e da Constituição, contêm nomes e hoje, em geral têm existência automatizada, pelo que aplicar o regime de dados pessoais automatizados a todas a informação administrativa, significaria ocultar, impedir, o controlo dos difuso, em termos "ur cives", de cidadania, aos mais importantes atos, documentos e informações que precisamente este direito fundamental pretende dar acesso. Em causa num constitucionalizado conceito de dados, informações sobre a vida íntima das pessoas ou "documentos nominativos" estão apenas os relacionados com a vida emocional, afetiva, sexual ou com juízos de valor negativo sobre um dado indivíduo. É apenas, neste caso, que só assiste a um interessado no acesso se estiver munido de autorização escrita da pessoa a quem os dados digam respeito ou demonstrarem perante a administração ou a CADA um interesse direto, pessoal e legítimo suficientemente relevante (repercussão negativa ou positiva nas suas posições jurídicas), segundo o princípio da proporcionalidade.

implica limitações muito excecionais, em geral materialmente excludentes da maioria das ousadias dos últimos tempos do legislador, parlamentar e governamental, de que o jurisdicional não pretende afastar-se, mas mesmo "contra constitucionem", apesar de a jurisdição raciocinar sobre eles em moldes apenas de um aceitável "praeter constitucionem", na linha de uma demonstração de que tais exceções estão tituladas em titulares de "um *interesse direto, pessoal, legítimo e constitucionalmente protegido* suficientemente relevante após ponderação concreta, no quadro do princípio da proporcionalidade, de todos os direitos fundamentais em presença e do princípio da administração aberta, que justifique o acesso à informação, aqui como no campo do conceito de "vida interna das empresas" visando-se impedir *práticas de aproveitamento ilícito de saberes gestionários ou descobertas técnicas ou científicas, ou em geral desvirtuamento de "concorrência leal"* (colocando em causa a lógica da leal concorrência, no mundo empresarial), existindo, por isso, neste sentido, legislação de proteção de segredos industriais, patentes, etc.

Os documentos protegidos por direitos de autor ou direitos conexos, designadamente os que se encontrem na posse de museus, bibliotecas e arquivos e os que revelem segredo relativo à propriedade literária, artística, industrial ou científica, são acessíveis, em termos não sujeitos às restrições do Código do Direito de Autor e dos Direitos Conexos ou do Código da Propriedade Industrial e outras normas aplicáveis à proteção da propriedade intelectual.

Pode deferir-se ainda o acesso aos documentos administrativos que sejam *preparatórios de decisões ou integrantes de processos não concluídos*, entrando-se aqui na invocação racional de "espaço de reserva de intimidade da Administração em diálogo consigo mesma, sem influência externa", o que não parece colher aceitação em geral designadamente em domínios, como ambiente, ecotoxicidade, doenças epidémicas, previsões de acontecimentos naturais graves e outros, sobretudo tendo em conta, quer naturais períodos de reflexão íntima quer os riscos das pressões de lobbies não declarados nem publicamente controláveis, embora este argumento se vire contra si mesmo, pois os lobbies agindo na opacidade é que, precisamente, melhor pressionam os poderes públicos a seu belo interesse.

A haver alguma reserva administrativa seria apenas no domínio decisório e nunca no da preparação de normas.

O direito de acesso a documentos constantes de inquéritos e sindicâncias só existe após o decurso do prazo para o exercício de eventual procedimento disciplinar ou terminado este. Em geral no do acesso a documentos administrativos preparatórios de uma decisão ou constantes de processos ainda não concluídos, existe um poder discricionário para o seu diferimento até à tomada de decisão. Neste caso, não tendo sido cumpridos os prazos legais para o terminar, o direito de acesso ocorre um ano após a sua elaboração, momento a partir de quando se torna de comunicação obrigatória.

No entanto, se em situações de livre acesso, este se pode processar por opção do interessado através de consulta pessoal, emissão de fotocopia ou suporte físico de gravação e por certidão, acontece que, tratando-se de documentação com segredos, fica interdito o acesso por exame direto, sem prejuízo da fotocópia "parcial", impondo-se o respeito pelos princípios do sombreamento (das partes com informação não comunicável) ou acantonamento (exclusão em bloco da parte inicial ou final do texto) das informações confidenciais, em ordem a permitir o acesso às restante constantes de dossiers ou documentos, através de fotocópias truncadas, prevendo a lei que os documentos administrativos sujeitos a restrições de acesso são "objeto de comunicação parcial sempre que seja possível expurgar a informação relativa à matéria reservada". Portanto, em geral, a entidade requerida não tem o dever de criar documentos, mas tem o de os adaptar e de fornecer extratos dos mesmos, para satisfazer os pedidos, desde que tal não implique um labor desproporcionado, que ultrapasse a simples manipulação dos mesmos.

Quanto à divulgação de informação, existe a obrigação dos órgãos e entidades sujeitas ao regime de transparência administrativa assegurarem a sua divulgação, enunciando-se designadamente especificações técnico-materiais de suporte: bases de dados eletrónicas, facilmente acessíveis ao público e redes públicas de telecomunicações, e impondo-se isso nalguns tipos de informação administrativa, a atualizar no mínimo semestralmente, a saber, todos os documentos que comportem: enquadramentos da atividade administrativa, designadamente despachos normativos internos, circulares e orientações; e enunciação de todos os documentos que comportem interpretação de direito positivo ou descrição de procedimento administrativo, mencionando designadamente o seu título, matéria, data, origem e local onde podem ser consultados.

Portanto, o acesso torna-se obrigatório após a tomada de decisão, o arquivamento do processo ou o decurso de um ano após o início do procedimento da sua elaboração[493], consoante o evento que ocorra em primeiro lugar.

[493] Limite temporal que constitui uma norma que formulamos, colhendo a sua necessidade na leitura da problemática aplicativa do direito em França, derivada da pressão constatada pela jurisprudência no início da aplicação da respetiva lei, como estratégia de certos decisores para evitar, com tais protelamentos das decisões em questões, que, entretanto, fossem conhecidas

Também pode ser deferido o acesso ao *conteúdo de processos de auditorias, inspeções, inquéritos, sindicâncias ou averiguações*, até ao decurso do prazo para se instaurar o *procedimento disciplinar*. Se estes procedimentos se arquivarem ou não derem lugar ao processo, passa tudo a ser passível de livre conhecimento.

Assim como, justificadamente, por decisão fundamentada do órgão competente, embora por período estritamente necessário, se puder colocar em causa a "capacidade operacional ou a segurança das instalações ou do pessoal das Forças Armadas, dos serviços de informações da República Portuguesa, das forças e serviços de segurança e dos órgãos de polícia criminal", a segurança das representações diplomáticas e consulares; se puder causar "danos graves e dificilmente reversíveis a bens ou interesses patrimoniais de terceiros que sejam superiores aos bens e interesses protegidos pelo direito de acesso à informação administrativa ou consistentemente puder afetar "interesses juridicamente relevantes", se contiverem informações realmente suscetíveis de afetar a "eficácia da fiscalização ou supervisão".

Em qualquer destas restrições, que resultem de ponderações referidas, existe sempre a *obrigação de dar acesso* a documentos sujeitos a restrições, não poe exame direto do documento, mas através de uma *comunicação parcial*, se for possível "expurgar a informação relativa à matéria reservada" (sem obrigação de reconstruir o documento, e portanto, com mera aplicação ou do princípio do acantonamento de parte do texto e/ou do princípio do sombreamento de partes interiores deste, prévias à efetivação de fotocópias ("borramento", "sombreamento", cobertura eficaz, com tinta ou através de colagem de pedaços de papel).

Portanto, se existe uma "exceção" de acesso (que, no fundo, é um deferimento temporário, pelo tempo regulado, na LADA, na Lei do Segredo de Estado (enquanto durar a classificação documental, de qualquer modo com limitações não arbitrárias) e do regime de acesso aos arquivos "históricos" (aqui, em geral, reportando-se a limitações ligadas à vida de pessoas, por longo tempo mesmo após a morte, para terceiros aos dados em causa, que não estejam autorizados pelos próprios ou tribunais), nos termos da legislação dos arquivos públicos (por força constitucional do art. 268.º, n.º 2), nos pedidos de acesso a documentos nominativos no sentido da jurisprudência dominante que corresponde a uma releitura da LADA em termos re-interpretataiva de modo constitucionalizador. E que, para obedecer à Constituição, tem correspondido ao texto da inicial da Lei n.º 65/93, de 26.8. O que significa

motivações e mesmo aspetos das soluções que suscitavam polémica junto dos cidadãos e que os dirigentes pretendiam manter escondido.

que, para efeito do direito de acesso à informação, são convencionalmente "nominativos", não dados que contenham nomes, mas apenas os que (exceto se for aceite pelo requerente a sua despersonalização ou anonimização), contêm informação da vida íntima de uma pessoa.

Neste sentido, uma coisa é a interdição de discriminação do artigo 13.º da Constituição[494] e outra coisa é querer impedir o acesso pelos cidadãos a todos estes dados para se saber se, em função deles, alguém foi marginalizado ou prejudicado pelas administrações públicas, para assim poder atacar o eventual desrespeito pelo princípio da igualdade de tratamento.

*

Em resumo quanto à exceção constitucional de "intimidade das pessoas", atualmente, a lei em vigor é a Lei n.º 26/2016, de 22.8, alterada pela Lei 58/2019, de 8.8, e Lei 33/2020, de 12.8, que, em geral, segue o texto da primeira LADA resultantes de dois projetos de lei do autor, na primeira parte da década de noventa do século passado, transformado em Lei n.º 65/93, de 26 de agosto, embora pela mistura que faz entre estatutos diferentes da normação sobre o direito fundamental à informação e o acesso solicitado para fins comerciais, em que a liberdade excecionatória deixa toda a liberdade ao legislador, desde que não atropele a lei sobre dados pessoais (que, a Constituição apenas permite restringir a dados informatizados, com lei especial, face à norma especial do artigo 35.º, em que o legislador só pode dar um conceito de dados pessoais ou nominativos referido no n.º 2 e com restrições previstas no n.º 4 alheadas do de intimidade das pessoas do art. 268.º, n.º 2, no domínio restrito da "Utilização da Informática" e não do direito geral (acesso a tos os continentes de informação diferentes dos de automatização), o que torna inconstitucional a definição da dado pessoal remetida para o conceito especial da lei de proteção aos dados pessoais informatizados), pelo eu há que entender haver uma lacuna, que só pode ser preenchida com um conteúdo igual do aprovado na primeira Lei de 1993; ao não poder aplicar-se o conceito da lei de 2016, sem forte reinterpretação restrita constitucionalizadora (pelo menos, quanto ao exercício do direito fundamental análogo aos "direitos, liberdades e garantias" (DLG), de livre acesso, pois quanto ao acesso para

[494] Artigo 13.º – (*Princípio da igualdade*): "1. Todos os cidadãos têm a mesma dignidade social e são iguais perante a lei. 2. Ninguém pode ser privilegiado, beneficiado, prejudicado, privado de qualquer direito ou isento de qualquer dever em razão de *ascendência, sexo, raça, língua, território de origem, religião, convicções políticas ou ideológicas, instrução, situação económica ou condição social.*"

fins comerciais, de reutilização deste, a definição de um conceito com a designação de nominativo é completamente livre) ou, sendo o atual de todo imprestável, e ter de se considerar haver lacuna, para não deixar sem definição um conceito que corresponda à noção da exceção referente aos documentos e dados que se reportem à vida íntima das pessoas, que se podem designar diretamente com a linguagem constitucional ou manter com a tradicional designação francesa de "documentos nominativos", que decidi utilizar no meu projeto de 1993, entender-se-á que o legislador apenas o fez para efeitos de documentos para reutilização no interesse particular, que não pode ser utilizado na sua aplicação de modo a englobar todo o regime.

É, portanto, inconstitucional convencionar um conteúdo de qualquer vocábulo, que fuja ao conceito de "intimidade" expresso na Constituição, designadamente o que (por influência francesa), a nossa lei utiliza, o termo "nominativo" (importante em sentido mais literal no direito dos dados informatizados), mas de sentido diferente, de informações em que os dados da intimidade das pessoas coexistem com nomes concretos de pessoas individuais, tratando como interditos (num convencionado, para efeitos específicos da LADA, conceito de nominativo, inspirado pela legislação pioneira de origem francesa, ou outro que se entenda mais adequado) para lhe integrar a "origem étnica, as opiniões políticas, as convicções religiosas ou filosóficas, a filiação sindical, dados genéticos, biométricos", pois apenas poderão entrar na intimidade individual "os relativos à saúde (não ao dossier da hospitalização em geral, mas apenas à concreta doença que tenham, que juntamente *com a sua vida sexual e orientação sexual*" são *também dados relativos à intimidade da vida privada, e que ou só por médico assistente (para proteção do doente)* ou em geral por terceiros que justifiquem tal interesse direto, apreciar pela CADA, pode legitimar o pedido, se fundamentado, nos termos do direito de acesso a documentos administrativos.

Hoje, o legislador, ao juntar no mesmo diploma duas questões totalmente distintas (copiando soluções estrangeiras, onde não está consagrado o direito dos cidadãos ao acesso à informação pública como direito fundamental, como a francesa), veio confundir na mesma designação o acesso restringível e comercializável de dados públicos para efeitos de aproveitamento empresarial[495], com o direito fundamental de acesso à documentação administrativa

[495] Diretiva 2003/98/CE, de 17.11.2003, relativa à reutilização de informações do setor público, JOUE de 31.12.2003 e seu conceito de "dados pessoais", definidos nos termos da al. a) do art. 2.º da Diretiva 95/46/CE, que se reporta a informação relativa a pessoa singular identificada ou identificável.

constante da Constituição portuguesa (e, na parte referente ao ambiente, também em normação internacional e unionista europeia), sendo certo que, nesta matéria, segue o direito unionista, nada na Constituição lhe impedindo restrições ou critérios de preço nesses acessos para reutilização que entender nem, sob a designação de documentação "nominativa", e tendo em conta que muita documentação estará automatizada, ocultar grande quantidade desta, com uma remissão para um conceito nominativo justamente operativo no direito aplicável aos dados pessoais (remetendo, como fez, para a disciplina do diploma centrado em preocupações sobre tratamento informatizado de dados).

Só que, eliminando o conceito referente ao direito constitucionalizado ou, de qualquer modo, não dando uma definição de informação, seja ou não, designada por "nominativa" para efeito do artigo 268.º, n.º 2 da Constituição (ou seja, condizente com o conceito de intimidade da vida dos cidadãos), ou, não querendo repetir a mesma designação para este efeito, dado os dois assuntos estarem no mesmo diploma, tratar de dar diretamente o conceito excecionatório de "intimidade das pessoas", para efeitos de regulação restritiva, permitida por tal norma fundamental.

Face a esta *lacuna legal, tem sido a jurisprudência a afirmar-definir, como lhe cabe, o conceito que resulta do enquadramento geral da matéria na lei e na Constituição, seguindo, aliás, a linha doutrinal e jurisprudencial dominante, resultante do anterior texto da LADA de 1993*[496].

*

O pedido de acesso aos documentos administrativos deve ser *solicitado por escrito*, através de requerimento que contenha os elementos essenciais à

[496] V.g., ATC 117/2015, 12.2.2015; Proc. n.º 586/19.6BELSB, CA, de 27.2.2020, pontos XIV e XV do Sumário e parte final da fundamentação; n.º 0169/10, STA de 12.5.2010; ATC n.º 117/2015, de 12.2.2015. Em geral, como dissemos na justificação do projeto de lei parlamentar e escrevemos designadamente no primeiro livro sobre o tema publicado em Portugal (*Direito à Informação Administrativa. Lisboa: Pedro Ferreira, 1994; e em textos de artigos e livros de Dinkynson, de Espanha; EAE, de Alemanha)*, só podem ser excluídos as partes a ocultar ou sombrear de documentos, se eles contiverem dados referentes à intimidade da vida privada, o que abrange quer apreciações ou juízos de valor (depreciativos ou negativos) quer aspetos relativos a sentimentos e convicções pessoais, designadamente comportamentos sexuais, características físicas e fisiológicas, e, em geral, tudo o mais que ocorra "dentro de casa", que o próprio não divulgue ou permita que terceiros acedam, ou seja, se pretenda que seja mantido reservado a uma pessoa ou núcleo muito restrito de pessoas, designadamente eventos de nascimentos, mortes, doenças, diálogos e modos normais de relacionamento-tratamento interpessoal

identificação do requerente (nome, dados de identificação pessoal ou coletiva, dados de contacto e assinatura), em princípio, se existir, em modelo de requerimento próprio que deve ser disponibilizado pelas respetivas entidades (desde logo, no seu sítio na Internet), sem prejuízo da aceitação de pedidos escritos informais ou verbais, que devem ser passados a escrito, com entrega de cópia de receção ao requerente.

Na falta de comunicação da informação no prazo legal, pode ser apresentada queixa à CADA, através de pedido escrito de acesso ou de prova da formalização por escrito do indeferimento de pedido verbal. Todos os órgãos e entidades sujeitas à aplicação da LADA devem nomear e anunciar um responsável por essa aplicação a quem incumbe prestar assistência ao público na identificação dos documentos e dados pretendidos, nomeadamente informando sobre a forma de organização e utilização dos seus arquivos e registos, publicando no seu "sítio na Internet" a "forma, meio, local e horário", se seguir esta solução, apenas aceitável sem prejuízo de situações de informação imediata, designadamente face a perigo para valores imediatos.

*

Um pedido *não "suficientemente preciso*, obriga a entidade em causa a indicar, de imediato ou logo que constate tal dificuldade em encontrar o documento solicitado, ou seja, no mais curto prazo possível após a sua receção, qual a "deficiência", convidando-o a supri-la, fixando prazo para isso, mas devendo procurar assisti-lo na sua formulação e fornecer informações sobre a utilização dos seus arquivos e registos.

Uma lei geral de livre acesso aos documentos administrativos, que concretize um direito fundamental do cidadão agindo no interesse da Comunidade, tem de ser aplicável a todas as matérias integrantes da Administração pública, porque só assim é concretizadora daquele normativo da Constituição, na área de poder público que historicamente se manteve ainda opacizada, terminando o processo histórico de transparência de funcionamento de todos os órgãos representantes da soberania popular, no seguimento do que as revoluções foram criando, de um legislador aberto e de jurisdições abertas (embora teoricamente ainda não totalmente, pois quer os órgãos colegais das administrações públicas a todos os níveis ainda não funcionam, em Portugal, em termos das *"sunshine laws" americanas (estaduais e federal)*, tal como as *comissões parlamentares e os tribunais superiores*, designadamente os constitucionais, continuam a ser instituições de *funcionamento em grande parte de reuniões, distribuição de processos e avanços processuais opacos e de análises e debates decisórios à porta fechada.*

Se o pedido de acesso for *formulado em termos genéricos*, numa interpretação condizente com o CPA, deve a autoridade pública *suprir oficiosamente a deficiência*, desde logo por se referirem a dados de conhecimento direto ou acessíveis nos seus arquivos. E, só se não puder, é que deve convidar, apoiando o requerente, o reformular o pedido, para o efeito tendo de existir em cada instituição pública um *agente designado como responsável* pelo acesso à informação. E se é responsável, significa que lhe cabe decidir e o que decidir é da sua responsabilidade funcional.

No entanto, esclareça-se que o requerimento deve ser feito com *"suficiente precisão"* para situar o objeto do pedido e *não necessariamente "de forma precisa"*. A menos que a Administração em causa tenha publicitado elementos que *facilitem tal identificação com grande precisão*, fornecendo designadamente informações sobre a utilização dos registos[497].

A LADA tem de ser aplicada não só pelos órgãos de soberania e outros do Estado e das regiões autónomas que integrem Administrações Públicas ou na medida em que exerçam *funções materialmente administrativas*, a nível de funcionamento de apoio ao poder judiciário, dos conselhos superiores das magistraturas, da Administração do pessoal dos parlamentos, como dos conselhos dos institutos públicos, entidades administrativas independentes, associações e fundações públicas, órgãos das empresas públicas, autarquias

[497] A normação sobre informação ambiental, na nova lei de 2018, volta a manter-se, a que se acrescenta a discipliana da comercialização de dados de detenção pública, copiando a lei francesa, que mistura os regimes (sendo certo que alí, diferentemente de Portugal, o direito de acesso geral não é um direito fundamental) no diploma geral de execução do direito fundamental à informação administrativa (266.º, n.º 2, tal como resultava da primeira lei portuguesa sobre a matéria, projeto da nossa autoria, a lei 65/93, de 26.8, inspirada sobretudo nas normas e jurisprudência aplicativa francesa e dos EUA e que veio aplicar o dispositivo constitucional, tendo portanto a mesma natureza material constitucional, ao regular as exceções por esta permitida e não outras nela não incluídas. Há uma restrição específica à informação ambiental, justamente imposta pela legislação da união europeia e a ter em conta, que é aquela que prevê restrições ao acesso que por razões fundamentadoras do indeferimento do pedido (assentes com um tom de originalidade, mas a considerar constitucionalmente como aceitável ou até constitucionalmente imposta), que se traduz na imposição da exceção de "defesa do ambiente", sobretudo ligada à localização de espécies protegidas. Esta exceção impõe-se por força do princípio da primazia do direito da União, mas, diga-se, ainda, que apesar de não considerada expressamente no n.º 2 do art. 268.º da Constituição, seria aplicável como um real limite imanente à defesa dos valores ambientais constitucionalmente protegidos no artigo 65.º, resultando da necessidade de proteger esses valores ambientais.

locais, entidades intermunicipais e quaisquer outras associações e federações públicas locais, assim como das empresas regionais, municipais, intermunicipais ou metropolitanas e quaisquer outras empresas locais ou serviços municipalizados públicos; associações ou fundações de direito privado nas quais os órgãos e entidades anteriormente referidas exerçam *poderes de controlo de gestão* ou designem, direta ou indiretamente, a maioria dos titulares do órgão de administração, de direção ou de fiscalização; de outras entidades responsáveis pela gestão de arquivos com caráter público.

Em geral, entidades, públicas ou privadas, no *exercício de funções materialmente administrativas ou de poderes públicos*, nomeadamente as que são titulares de concessões ou de delegações de serviços ou obras públicas.

Também aos documentos *detidos ou elaborados* por quaisquer entidades dotadas de personalidade jurídica, que tenham sido *criadas para satisfazer de um modo específico necessidades de interesse geral*, sem caráter industrial ou comercial, e a sua atividade seja maioritariamente financiada por alguma das entidades antes referidas ou cuja gestão esteja sujeita a um controlo por parte de outra entidade a que se aplica a lei ou os respetivos órgãos de administração, de direção ou de fiscalização sejam compostos, em mais de metade, por membros designados por alguma dessas entidades referidas.

Aplica-se ainda a qualquer pessoa singular ou coletiva, de natureza pública ou privada, que *pertença à administração indireta dos órgãos ou entidades* antes referidas e que tenha atribuições ou competências, exerça funções administrativas públicas ou preste *serviços públicos relacionados com elas*, nomeadamente entidades públicas empresariais, empresas participadas e empresas concessionárias. Obriga a qualquer pessoa singular ou coletiva que *detenha ou materialmente mantenha* alguma informação em nome ou por conta de qualquer dos órgãos ou entidades que exerçam a função administrativa pública e que, aliás, uma lei de acesso, pelo menos exemplificativamente, deve enunciar.

Aliás, mesmo que não integrem o âmbito de entidades a que se aplica em geral a lei, terá de a aplicar-se se se tratar de entidades que preencheram em momento anterior os requisitos, quando estiverem em causa documentos correspondentes a esse período de aplicação

Quanto à *forma do acesso* aos documentos (se não se tratar de documento nominativo, em segredo de estado ou policial ou contendo informação sobre a vida íntima das pessoas singulares ou dados empresariais protegíveis em termos concorrenciais; ou, sendo informação automatizada, se não contiver dados nominativos definidos nos termos e para efeitos da lei de proteção de dados pessoais (informatizados), pode fazer-se (conforme *opção que só depende da livre opção do requerente*), através de "consulta gratuita", exame, cópia manual direta ou por via eletrónica. Portanto, em geral, pode ser efetuada "presencialmente nos serviços que os detêm", por "reprodução" em fotocópia simples ou por qualquer outro meio técnico (designadamente visual, fotográfico, sonoro ou eletrónico) ou por certidão.

No caso de se tratar de solicitação de informação não automatizada, que contiver "dados que o legislador convencionalmente designe como nominativos" ou com terminologia en quadrável no conceito de "intimidade" individual (portanto, no sentido que caiba na excecionalidade constitucionalizada do art. 268.º, n.º 2), que mexe com a intimidade das pessoas singulares, ou no caso de se tratar de informação automatizada com dados realmente nominativos, no sentido de referenciar nomes de pessoas, tal como definido na respetiva lei de dados pessoais (informatizados, neste caso, com prévia emissão em papel), a informação só pode ser facultada através por reprodução em fotocópia e entrega após sujeição a prévio acantonamento ou sombreamento de elementos confidenciais que contenha.

Os documentos transmitidos em cópia, por opção do requerente ou por imposição legal face à sua nominatividade real, devem ser "transmitidos em forma inteligível" (siglas de assinaturas ou entidades explicadas) e em termos rigorosamente correspondentes aos do conteúdo do registo.

Se houver *risco de a reprodução frequente causar dano ao documento*, o requerente pode, a expensas suas e sob a direção do serviço detentor, promover a cópia manual ou a reprodução por outro meio que não prejudique a sua conservação.

No entanto, neste caso, a própria entidade detentora em causa deve tirar uma fotocópia que facilite a reprodução.

Se se tratar de envio de documentos informatizados, eles devem ser enviados gratuitamente por qualquer meio de transmissão eletrónica de dados, sempre que tal seja possível (isto é, sem dados nominativos ou podendo estes ser ocultados) e desde que se trate de meio adequado à inteligibilidade e fiabilidade do seu conteúdo, e sempre em termos rigorosamente correspondentes ao do conteúdo do registo.

Portanto, se eventualmente em caso de solicitação de fotocópias ou em forma automatizada, se colocar alguma *questão de restrição de acesso, ela não pode ser facultada sem mais.* Mas estas restrições, que impõem ou a anonimização do documento ou o ocultamento de dados temporariamente impedidos de comunicação, são apenas as referentes a dados da vida íntima de pessoa singular ou com segredo de segurança interna, de defesa nacional, de justiça declarado ou comercial relevante (no estrito sentido acima melhor explicitado, para efeitos desta lei, pois se lhe fosse um sentido comum de conter um mero nome, não valeria a pena a lei nem a consagração de tal direito constitucional, pois tudo na relação cidadãos com poderes públicos que possa terminar com decisões a controlar publicamente, que importe fiscalizar, tem nomes, o que tornaria inaplicável, com real interesse de transparência no agir público, qualquer legislação, dado que, portanto, a Administração lida com os cidadãos e estes têm nomes e não números ou símbolos.

No caso de já existir acessível ao público tal documento solicitado, a entidade requerida pode *limitar-se a indicar a exata localização, na Internet ou nos "locais de estilo"* do documento requerido (salvo se o requerente lhe indicar a impossibilidade justificada de utilização dessa forma de acesso).

De qualquer modo, *para não sobrecarregar os serviços* e dado que, contrariamente ao que acontece noutros países como a Suécia, não existem propriamente específicos gabinetes e serviços de livre acesso (e a figura do *Responsável institucional* visa apenas a análise documental face aos requerimentos e respetiva decisão), pelo menos em todas as instituições, a entidade requerida nem de facultar em geral imediatamente nem "tem o dever de criar ou adaptar documentos".

Se a *técnica de sombreamento* exigir uma *profunda e demorada intervenção no dossier ou difícil de operar em agenda* profissional ou mista (pessoal mas misturando elementos da vida privada com a profissional), ou seja, segundo a justa jurisprudência norte-americana, misturando "dados relacionados com a vida pública e privada" (telefones, informações direções, marcações de reuniões, etc., em geral mistura intencional que vise obstaculizar ao exercício do direito de acesso), não há para o agente da Administração, em princípio (independentemente do que, a haver um contencioso, a jurisdição competente possa vir a decidir), a obrigação de o fazer, para posteriormente se fotocopiar a restante informação, nem a obrigação de fabricar e fornecer extratos desses extensos documentos, caso isso envolva um *esforço desproporcionado, ao ultrapassar desmedidamente a mera manipulação documental.*

*

No que concerne aos *encargos* de reprodução (que não visem reutilizações comerciais, o que deve ser considerado legislação à parte e com regime próprio que nada tem que ver com o direito fundamental de acesso a documentos administrativos na qualidade de mero cidadão), só são sujeitas a pagamento as certidões (porque, segundo as regras normais, implicitamente são para fins de interesse do próprio requerente, com regulação específica de taxas) e as fotocópias simples, para efeitos de propiciação da transparência, ou seja, se for expressamente invocada que é feita nos termos da LADA. Estas fotocópias entregues neste caso de exercício de um direito fundamental (de serviço à Comunidade para exercício corrente de controlo do funcionamento das entidades públicas que agem em nome da própria Comunidade) ou são gratuitas ou, pelo menos, têm uma taxa mínima, que não pode conter qualquer integração de componentes lucrativos.

Portanto, estas fotocópias, que, sendo como no caso português emitidas ao abrigo de um direito fundamental de natureza dos "Direitos, Liberdades e Garantias", e sendo certo que o seu exercício depende sobretudo do valor a pagar por eles (estimulando-o ou impedindo-o pela via dos *custos e, portanto, é o elemento mais essencial, fundamental, da sua realização ou não*[498]), só podem ter um valor fixado pelo próprio legislador nacional (o que, aliás, por exemplo, a França, onde este direito não está constitucionalizado, faz na própria legislada da LADA) para todas as entidades abrangidas. Não fixado por livre vontade de cada entidade, transformada lucrativamente no regulador de direitos fundamentais.

Só podem estar sujeitas a pagamento, se existir um regulamento de tributação de taxas da instituição sobre o tema específico da lei de acesso documental. E, no caso de um país em que esse acesso livre constitui um direito fundamental, e portanto estando em causa um exercício de cidadania e não no interesse direto próprio do requerente (pedido "uti singuli" como diretamente interessado no assunto nos termos do art. 268.º, n.º 1 e não n.º 2 da Constituição e CPA, nos termos normas de interveniente em procedimento administrativo), não optando um dado legislador pela gratuitidade, sobretudo em solicitações de grandes quantidades de documentos (nos EUA, pode requerer-se diariamente de modo gratuito até 100 páginas, nas UE temos a solução da gratuitidade das 20 primeiras páginas), a taxa só pode consistir na soma de verbas que não integrem elementos de lucro comercial, ou seja que não excedam o *custo do papel, tinta e amortização da fotocopiadoras.*

[498] Basta analisar a jurisprudência americana de obstaculização do acesso e sobretudo em tempo útil. Basta referir o célebre caso da Marinha, que fez afundar ilegalmente um navio carregado de mercúrio nas águas atlânticas junto à Flórida pela via da inclusão do tempo de procura dos documentos que alongou até oito meses e cobrou por isso um montante impeditivo do acesso do jornalista em causa, o que levou à alteração da FOIA. Ou em Portugal, entre muitos outros, na década de noventa passada, a cobrança pela Câmara Municipal de Coimbra de fotocópias de um processo de licenciamento urbanístico, a 500 escudos cada fotocópia, e, aliás, sem haver norma que lhe permitisse qualquer cobrança a não ser de certidões, montante que teve de restituir, facultando gratuitamente os documentos, face ao parecer da CADA de então.

No caso de transferência de dados automatizados, é gratuita se o requerente solicitar o envio por "email" ou facultar o meio pessoal para gravação do documento. Caso, esse meio seja facultado pela instituição, o requerente pagará apenas o custo que ela teve com a aquisição da respetiva "pen", sem qualquer acrescento lucrativo.

O pagamento, a existir, faz-se através de "um único exemplar, sujeito a pagamento, pelo requerente, da "taxa" não lucrativa (sendo inaceitável qualquer disposição legal que permita, mesmo que no máximo, um "valor médio praticado no mercado por serviço correspondente"), sem prejuízo de acréscimos de "encargos de remessa, quando esta seja feita por via postal" e não por via de internet ou com recolha pessoal no serviço respetivo (não levantados diretamente na data e hora que, então, devem indicados para o efeito.

As ONG (ambiente, saúde, alimentação, ecotoxicologia, urbanismo, cultura, em geral os diferentes interesses difusos constitucionalmente previstos e regulados na lei do procedimento administrativo e ação popular), dado não terem fins económicos e a especial qualidade social e papel comunitário da instituição, devem gozar de isenção de pagamentos ou, se requeridas em grande volume, de forte redução de encargos (e não apenas a atualmente prevista redução de 50 % na taxa devida pelo acesso à informação ambiental).

A entidade requerida tem 10 dias para comunicar a "data, local e modo para se efetivar a consulta, se requerida", "emitir a reprodução ou certidão requeridas", comunicar "por escrito as razões da recusa, total ou parcial, do acesso ao documento" e "quais as "garantias de *recurso administrativo e contencioso* de que dispõe o requerente contra essa decisão, nomeadamente a apresentação de *queixa* junto da CADA (que nada deveria ter que ver com os acessos e custos documentais para fins de interesse particular, individual ou empresarial) e a intimação judicial da entidade requerida. Prazo que vigora também pra efeitos de informação de que a entidade requerida não possui o documento solicitado.

No caso de ela não o ter, mas souber qual a entidade que o detém, deve remeter-lhe o requerimento", dando conhecimento disso ao requerente. Se o tem, em alternativa a facultá-lo, por dúvidas, deve nesse mesmo prazo, expor à CADA as "dúvidas que tenha sobre a decisão a proferir, a fim de esta entidade emitir parecer". Se necessário, nos casos em que não foi apresentado por escrito nenhuma queixa, a entidade requerida deve informar o requerente e enviar à CADA cópia do requerimento e de todas as informações e documentos que contribuam para convenientemente o instruir.

Não há obrigação de satisfazer *pedidos repetitivos e sistemáticos* ou o número de documentos requeridos forem *manifestamente abusivos*, o que deve ser comunicado fundamentadamente para efeitos de eventual queixa à CADA[499]. De qualquer modo, os *pedidos volumosos* podem ser, ou objeto de prazo mais longo ou de comunicação faseada segundo prioridades a indicar pelo requerente, ou, notificado para se pronunciar e na falta desta, pela ordem do requerimento.

O requerente pode queixar-se à CADA em caso de falta de resposta decorrido o prazo de 10 dias, face a recusa total ou parcial ou sem qualquer informação sobre o requerimento. Esta queixa interrompe o prazo para introdução em juízo de "petição de intimação para a prestação de informações, consulta de processos ou passagem de certidões", nos termos do Código de Processo nos Tribunais Administrativos.

Neste sentido, o direito referente ao acesso à informação em certos domínios que, por razões históricas ou de linguagem técnica, se entenda útil que possam dispor sobre o tema, tais como o urbanístico ou o ambiental, pese essa sua normação também em diplomas setoriais, ela deve, não só receber, nas suas omissões, as soluções da LADA (lei geral onde são "esgotantemente" reguladas as previstas exceções constitucionalmente admitidas pela Constituição, tal como, aliás, já apreciadas e aceites pelo próprio Tribunal Constitucional), como também em geral ver as suas normas interpretadas de acordo com ela, na medida em que a lei geral de acesso é a concretização geral do direito constitucional de acesso e tal releva, sobremaneira (quanto mais não seja, para evitar inconstitucionalidades) no âmbito das exceções, dado apenas estas serem admissíveis por lei, naturalmente desde que esta não desrespeite constitucionalmente as limitações constantes do artigo 268, n.º 2 e ultra-excecionalmente outras "imanentes" à defesa de valores constitucionais que fundadamente o exija e em termos muito estritos, face ao regime constitucional dos direitos, liberdades e garantias, que sobrelevam outros valores.

Dada a natureza da LADA, devem constar nela todas as admissíveis exceções ao acesso-direito político do cidadão, pelo que outras normas, quando muito podem traduzir a sua aplicação por razões que possam servir a uma melhor aplicação em termos práticos.

Não para a contrariar nem para dispor sobre exceções que ela não preveja em aplicação da Constituição em termos que esta não admita, designadamente

[499] www.cada.pt

para clarificar tecnicamente aspetos de apoio à AP ou de melhor interpretação na matéria, tendo em conta a evolução jurisprudencial que se entenda ter sobretudo interesse aplicativo em terarmos materialmente limitados e sem alcance geral.

Assim, há que entender que *a lei com a disciplina geral é legislação de aplicação geral sobre tal direito fundamental*, funcionando as normações sectorialmente previstas em outras normas específicas (tais como a legislação de urbanismo, planeamento territorial, ambiente ou defesa do património cultural, em termos pormenorizadores ou subsidiários, ou seja, em tudo o que não contrarie a Constituição (se a LADA não contiver normas inconstitucionais) ou se encontre especialmente regulado na LADA ou em tudo quanto a legislação setorial for mais favorável que a geral, que funciona como o mínimo para qualquer situação, sem prejuízo de normas em matérias que se possa ou deva consagrar-se maior abertura à transparência da atividade pública.

Aliás, não existiria, em geral, nenhuma razão para impor normações cuja lógica implicaria maiores deveres de transparência administrativa na própria LADA, como a ambiental e outras em que se imponham especiais valores, que obrigam a consagrar os princípios da precaução e da prevenção, as que admitem maior e mais rápido acesso à informação que outras onde em geral as razões para a transparência podem não ser em geral tão cogentes ou urgentes.

Para garantir o máximo e coerente controlo da atuação administrativa, diga-se, também, que, sendo à Comissão de Acesso aos Documentos Administrativos (CADA) que cabe zelar pelo cumprimento das normas constantes desta matéria, tal função interpretativa e corretiva da leitura de outras normas setoriais cabe facilmente nas suas funções, o que a lei aponta e se justifica pela grande *experiência teórica e aplicativa da CADA* em matéria de acesso à informação desde 1993, no nosso país.

Isto aplica-se à possíveis invocações de *interdições de comunicação relacionadas com interesses ou a proteção de quem tenha fornecido voluntariamente a informação*, sem que esteja ou venha a estar legalmente obrigado a fazê-lo, ou outras genéricas de proteção de um interesse público que a Constituição não tenha prevenido e, por isso, na medida em que exista tal ocultação que seja inconstitucional.

O acesso, na vertente de direito fundamental, visa controlar a AP e seu funcionamento, pelo que é indiferente o modo e razões, coagidas ou meramente voluntárias, que levaram à detenção administrativa de tal documentação, que, uma vez presente no interesse de quem a apresentou, pode sempre ter sido influenciadora ou mesmo determinante, bem ou mal valorada, em decisões públicas, até porque, se não fosse essa a intenção, não seria prestada, ao não ser como tal exigida. Portanto, se, por qualquer razão, mesmo indevida, ou se a tem por vontade dos particulares, mesmo que não estritamente necessária, mas porque estes, se a juntaram ou se ela não foi devolvida, foi ou podia ter sido para os favorecer, e por isso a tem, também deve comunicá-la, para se poder avaliar a conduta final da Administração.

*

Quanto ao *direito de acesso a documentos ambientais* a nossa lei geral de 1993 era a mais permissiva ao acesso do que a imposição "de minimis" (algumas inicialmente por força das posições ultraconservadoras de governos britânicos) da normação unionista europeia, pelo que esta não serve de recurso opacitante. Deve entender-se que a legalização de qualquer exceção especial que não proceda constitucionalmente, em Portugal obriga a administração e os tribunais a demarcar-se delas, aplicando a LADA, onde o direito de livre e geral acesso à informação o não admite.

Com efeito, se uma limitação mesmo que constante do Direito Internacional Pública ou Direito da União Europeia, não tem qualquer *base constitucional permissiva* e não é também integrável em qualquer possível argumento sobre um incontornável *limite imanente*, não pode aplicar-se no nosso país.

Não são admissíveis *redações opacitantes* que traduzam a mera transcrição, ilegítima no caso português, do direito da União Europeia, designadamente da atual, ainda minimalista, diretiva sobre a matéria do ambiente ou da Convenção referente ao direito internacional europeu (Convenção de Aärhus).

Há limites permitidos (e não impostos) pelo direito da União Europeia, e tal possibilidade não é passível de ser aproveitada por defensores nacionais de posturas mais opacitantes, porquanto tal agride o *quadro das exceções explícitas ou meramente imanentes face ao texto constitucional*.

A sua admissão deve ser rejeitada pelos tribunais e, por isso, desde logo, *afastada pelos próprios dirigentes máximos da Administração pública,* nas suas decisões concretas, dentro dos princípios norteadores da "aplicação condicionada", apenas pelos dirigentes de cada instituição, colocada que lhe seja a questão do princípio da constitucionalidade (controlo da constitucionalidade das normas pelos órgãos da Administração, imposto pela Constituição).

Os *fundamentos de indeferimento* devem ser sempre interpretados de forma restritiva pelas autoridades públicas. Ponderando o interesse público servido pela divulgação da informação e os interesses protegidos que legalmente podem ser invocados para fundamentar o indeferimento. Qualquer informação deve ser sempre *parcialmente disponibilizada*, desde que seja possível *expurgar ou esconder a informação passível de ocultamento.*

A possibilidade de o pedido de acesso à informação ser recusado se a *informação solicitada não existir nos serviços* da administração requerida, deve ser seguida de informação do *local onde se encontre, se lhe pertence ou devia pertencer* e a inexistência, se lhe cabia detê-la, devidamente justificada e comprovada, para não viabilizar intencionais "destruições opacitantes", que devem ser punidas.

Deve seguir-se uma interpretação desta norma no sentido de *não permitir nem a destruição nem a deslocação de informação comprometedora* do serviço em causa. Se não tinha de estar na posse da autoridade pública, mas está em si ou por exemplar, é inaceitável que, existindo nesses serviços, se possa invocar uma não obrigação de comunicação.

Uma coisa é poder remover-se informação automatizada no seu respetivo sítio de internet quando já desnecessária (ou de vitrinas de estilo) e outra, não deixar a documentação em arquivo intermédio, em que ainda lhe pode ser útil, e de qualquer modo, tratando-se de decisões e seus elementos preparatórios, estudos, atas, etc., não a manter depois nos seus arquivos definitivo ou histórico, o que propiciaria a eliminação de elementos desresponsabilizantes, mesmo que de acesso dependentes de certos tempos previstos em legislação de arquivos históricos, o que não é aceitável.

*

O critério sobre a *obrigação de comunicação,* se invocada para efeitos da LADA, não é o da *elaboração ou criação ou direito a detenção, mas meramente o da detenção a qualquer título.*

A LADA não permite que quem a detenha *em nome da autoridade pública* a quem o pedido for dirigido, a oculte por meio de estratagemas da sua deslocação, cabendo ao detentor facultá-la diretamente ou à entidade a quem pertence, obtê-la e facultá-la.

O *critério da posse é de valor absoluto.* Se não está na Administração pública em sentido orgânico ou material, mas *lhe pertence, face à matéria competencial ou ao simples facto de ser detentora dela ou com direito a ela (parecer, relatório, projeto de plano ou programa, mesmo que solicitado a entidade privada), no momento do pedido,* deve ser obrigada a revocá-la para a dar a conhecer ou então instruir o detentor ocasional para a comunicar.

Não é aceitável qualquer previsão de recusa se uma autoridade pública não tem ou não tem ainda o documento com tal informação sem dever tê-la à "disposição", se se serviu dele, do seu conteúdo, pagou a sua elaboração e por vontade própria ou podia requisitar exemplar pois o seu conteúdo também implica ou pode implicar a sua atividade.

No caso de um documento administrativo solicitado não estar, sem que deva estar, na posse do órgão ou entidade a quem o pedido for dirigido, esta entidade, se conhecer ou puder tomar conhecimento de que a informação está detida por outra entidade, deve remeter o pedido diretamente a esta, informando o requerente desta sua atitude de colaboração. Portanto, se a entidade solicitada não a tem nem lhe pertence a documentação solicitada, que está na posse de outra entidade, pública ou privada, desempenhando funções administrativas, não deve indeferir ou manter inativo o requerimento, mas se possível agir para lhe dar seguimento o mais rápido possível em termos que não atrase o tempo da receção da informação.

Se um dado pedido se referir a um "procedimento em curso", sem estar na posse de quem deve tomar a decisão nesse assunto, o "responsável do procedimento", nos termos do CPA, deve remeter o requerimento de acesso para posterior decisão ao seu titular na entidade competente ou entidade coordenadora do procedimento, a qual deve informar o requerente não só do prazo previsível para a sua conclusão, como, sendo razoavelmente previsível o regime de acesso e exceções materiais e em concreto face ao seu tema do procedimento, qual o direito que lhe será em geral aplicável na apreciação do pedido de acesso.

*

Quanto às *exceções*, de facto, nunca há informação não acessível.

O que as leis podem é restringir esse acesso livre, sem justificação de fim e sem necessidade de autorizações, apenas em matéria constitucionalmente permitidas e sempre de modo limitados no tempo necessário para proteção dos valores que justificam legalmente essas limitações (deferimento dela para datas posteriores, maiores ou menores, mas nunca uma imposição de incomunicação "ad aeternum", no limite aplicando-se legislação sobre prazos de acesso em arquivos históricos)e, mesmo assim, aliás, apenas às estritas informações a ocultar (nunca ao ou aos dossiers ou documentos solicitados, de onde constem outras informações acessíveis, desde que tal seja passível de redução de acesso).

Estão causa apenas, quer públicos, segredos de defesa nacional ou segurança interna (lei de segredo de Estado) ou informações sob investigação com segredo de justiça (declarado nos termos da codificação processual), quer dois tipos de segredo particulares, segredos referentes à intimidade de pessoas ou de natureza económico--financeira (desde que possam colocar em perigo aproveitamentos desleais, para falseamento da concorrência industrial e comercial. é o deferimento dela no tempo para datas posteriores, maiores ou menores, mas nunca uma imposição de incomunicação "ad aeternum".

*

Quanto à aplicação da justiça, o *critério* só pode ser o da *publicidade*, a funcionar sempre como regra. O segredo (mesmo que funcionasse, e não funciona precisamente onde, por ser mais difícil mantê-lo, mais necessário seria garanti-lo) gera mais desvantagens do que vantagens. A administração da justiça, tal como o exercício de todos os poderes públicos, deve em geral ser conhecida, transparente. Tal exige um direito à informação sobre a própria aplicação da Justiça. Uma coisa é, quando necessário, justificado para evitar fugas de pessoas ou alteração de provas, a confidencialidade sobre *a investigação policial, judiciária,* traduzido na discrição dos agentes da investigação, com eventuais infrações administrativas disciplinares, mas outra coisa, se estes facultarem informação, é a posterior perseguição criminal dos agentes da comunicação social, que apenas cumpram deveres de comunicação, não interditada pelo poder judicial. É insustentável um segredo geral, indiscriminadamente declarado, incondicionalmente *ex lege* em todo e qualquer processo e assunto.

O segredo deve depender dos riscos objetivos para a descoberta da verdade; ponderado discricionariamente, caso a caso, limitado designadamente pelo princípio da interdição do excesso, segundo a tríade lógica de juízos de idoneidade, necessidade efetiva da proteção da investigação e proporcionalidade, em face dos fins da investigação e dos riscos da informação.

O *segredo, temporal e faseadamente situado, independentemente de razões substantivas casuísticas,* não tem sentido. Permite a gestão política discricionária por parte das instâncias investigadoras. Quem zela pelo segredo de justiça? Os próprios que o podem violar? O Ministério Público? A Polícia Judiciária? Quando ofendido, devido aos agentes das instâncias oficiais, que controlo cabe aos cidadãos materialmente envolvidos, sujeitos ao mesmo desrespeito ao princípio da interdição de indefesa que vigorara nas notícias ofensivas da presunção de inocência saídas na comunicação social? Quem serve e a quem serve o segredo de justiça?

A aplicação de um regime de segredo em termos excessivos, não estritamente necessários, fere o princípio da proporcionalidade entre objetivo e medida adotada, agredindo o n.º 2 do art. 10.º da Convenção Europeia dos Direitos do Homem, diga o legislador nacional o que disser, pois o *princípio do primado do direito internacional*[500], sendo certo que, de qualquer maneira, ele está constitucionalmente admitido, mas não imposto nem regulado.

Deve ser o tribunal, casuisticamente, a decidir, considerando que, mesmo onde vigora o princípio da reserva procedimental e processual, é, "*praeter legem*", isso que na prática ocorre, ou porque o segredo não é respeitado, ou porque o tribunal dá informação sobre certos atos judiciais de modo mais ou menos oficioso, ou porque não se sancionam as violações pelas partes e pessoas ligadas ao processo. Constatação empírica que mostra que a solução da total opacidade tem um sentido muito relativo[501].

[500] Independentemente de se considerar que a Constituição recebe os direitos de que trata e segundo a interpretação do TEDH, pela via do n.º 1 ou do n.º 2 do artigo 8.º, ou mesmo que, ante a sua natureza transcendente à positividade nacional, não existisse artigo algum.

[501] Estas práticas informativas contra o regime estabelecido do segredo não deixam de permitir revelações segundo soluções comunicacionais arbitrariamente selecionadas segundo conveniências nem aceitáveis para a informação pública, criando espaços de gestão com possíveis fins alheios à lógica do segredo-informação. Importa que não exista uma clandestinidade de ponderações interessadas, que, porque desreguladas no hábito continuado da prática do incumprimento impune, podem funcionar precisamente contra os interesses do processo penal e do Estado. Na versão restritiva anterior à alteração processual atualmente em vigor, perguntávamo-nos sobre o porquê da geral criminalização da difusão de informações, tanto em processos de homicídio ou de colarinho branco, como em processos de trânsito ou de furto-uso de bicicleta; ou por meras infrações contraordenacionais ou em processos disciplinares. Porquê um segredo em sentido amplíssimo, cobrindo todos os atos processuais no inquérito e instrução até à decisão instrutória? Porquê o segredo inexistindo risco para a investigação? Segredo para a boa investigação ou para a falta de controlo público dos investigadores? Ocorria a ausência de um critério material, claramente ultrapassando a *ideia equilibrada de tanto segredo quanto necessário e tanta publicidade quanto possível*, mas medido pelo poder judicial. E como aceitar que os jornalistas possam cometer crime de desobediência simples ao desrespeitar as restrições à publicidade na fase pública do processo (artigo 88.º). Cometa crime o participante processual e outras pessoas, como os jornalistas, que tenham "tomado contato com o processo" e conhecimento de elementos a ele pertencentes. Mesmo os jornalistas que, por meios diversos da consulta do processo ou a qualquer outro título (n.º 2 do artigo 86.º do CPP), tenham tomado contacto com o "processo" e conhecido os seus elementos? Os jornalistas, através de informação de particulares e pessoas em contacto com o processo não ficam protegidos com o segredo profissional? Invocando-se a norma do CPP que os pode obrigar a depor como testemunhas em situações excecionais em que o seu testemunho é imprescindível para a descoberta da verdade e punição de criminosos? Mas se foram parte no crime, são obrigados a confessar? Naturalmente, que fomos assistindo a atenuações. Por exemplo, o Acórdão da Relação de Lisboa de 3.10.1989, lá foi tendo de reconhecer que não ficam abrangidos o conhecimento de factos de forma lícita, v.g., a audição não proibida do arguido ou testemunha no processo. Quanto ao segredo das fontes jornalísticas consagrado na alínea b) do n.º 2 do artigo 38.º da Constituição da República Portuguesa, transformado em dever pelo Código deontológico do Sindicato, com exceção naturalmente das situações de transmissão falsa (leia-se, errada e de má fé) de informações, aparece condimentado no artigo 135.º do CPP com a previsão da possibilidade da jurisdição ordenar a prestação de depoimentos pelo jornalista mesmo que com escusa legítima por

Não vou referir-me, especificamente, ao Ministério Publico, mas sempre diria que o afirmado *princípio da legalidade* sempre se escapou, insuperavelmente, de modo profissionalmente "impune" na afirmação da *capacidade relativa da investigação* e numa *releitura prática da ideia de oportunidade,* assente na leitura da *existência ou do valor das provas.* Por isso, mais-valia um princípio de legalidade, conjugado com uma oportunidade (assumida, legalizada, saída assim da clandestinidade dos ocultamente insindicáveis) da não processualização, embora controlada por instâncias oficiais e, sobretudo, pelas vítimas, desde logo em domínios de disponibilidade individual de direitos e bens, seguindo apenas e automaticamente o processo, sem necessidade de patrocínios judiciários, se a vítima manifestasse essa vontade.

E o *sistema civil,* sem permitir a *vindicta privada,* pode levar a uma justiça comunitária, com entrega organizadamente do conflito aos interessados, sem alienação do sistema público de controlo, mas mais vigilante que ator.

Quanto à *questão da liberdade de informação e segredo de justiça,* dizia-se num congresso sobre o tema, realizado em Avignon, há alguns anos, que a regra fundamental é a de que deve haver tanto segredo quanto for necessário e tanta liberdade de informação quanto possível.

Eu creio que, para ajuizar sobre o regime do segredo de justiça, importa saber *que valor tem pretendido o legislador tutelar,* para vermos se, em coerência, ele se justifica ou, pelo menos, se justifica como está concebido?

Como referíamos a propósito da anterior redação do n.º 1 do artigo 86.º do Código do Processo Penal, o segredo de justiça, que impunha o segredo de justiça desde o início do processo até à decisão instrutória ou ao

os factos terem sido conhecidos no exercício da profissão, pelo que o ordenamento jurídico, dada a prevalência da lei processual, pode ficar sujeito à decisão do tribunal de lhe impor o testemunho por interesse preponderante (solução inspirada no regime do segredo médico e farmacêutico), o que só pode ter a interpretação possível de se considerar o segredo como decisivo para o apuramento dos factos e condenação do arguido, ficando então o jornalista na mesma situação jurídica do sacerdote que ouve em confissão a revelação de um crime. Um e outro só conhecem os factos porque confiaram no sigilo profissional. Se o tribunal impõe a revelação, eles deixam no futuro de poder conhecer tais tipos de factos porque serão públicos. No caso Luís Manso Preto, sobre uma notícia referente a droga, revelada no jornal Expresso, o Tribunal Constitucional em setembro de 2002 (Ac.4/1987) não deixou de ir corrigindo os excessos, considerando que o seu testemunho não agredia desproporcionadamente o segredo profissional, mas a verdade é que a confiança no sigilo é condição essencial do exercício profissional pleno. O testemunho num caso compromete tal profissão e retira a hipótese de testemunhos no futuro por falta de revelações confidenciais. E como disse o sindicato, há sempre o risco de um processo de denúncia caluniosa porque não o jornalista não tem como provar as suas declarações confidenciais.

momento em que esta podia ser requerida (a menos que apenas o arguido a requeresse e ele se opusesse à publicidade) e, em geral, logo que passível de publicidade, desta se excluindo os dados relativos à reserva de vida privada (n.º 3) não constituindo meios de prova (porque é como se não estivessem no processo, podendo mesmo ser destruídos ou entregues à pessoa a quem respeitem).

Em geral, são públicos os *atos processuais posteriores*, tais como as audiências (n.º 1 do artigo 87.º do Código do Processo Penal), embora possa ser afastada a assistência das pessoas em geral, por apreciação casuística do juiz. Os atos processuais envolvendo ofendidos por crime sexual a menores de dezasseis anos são sempre secretos (n.º 3 do artigo 87.º do CPP). Quanto aos *meios de comunicação social*, o artigo 88.º do CPP permite a "crónica judiciária" (narração circunstanciada do teor de atos processuais fora da fase do segredo ou em momento em que o público em geral possa assistir (n.º 1 do art. 88.º do CPP), embora com limitações, não de informação, mas, a menos que seja concedida autorização para tal, da *reprodução de peças processuais ou de documentos do processo* até à sentença da primeira instância (alínea a do n.º 2 do artigo 88.º) ou da *transmissão de imagens ou de som* (a menos que a pessoa envolvida de oponha: alínea b) do n.º 2 do artigo 88.º).

Em face do articulado legal, e pela sua exegese, entendíamos dever considerar-se que, das razões aduzidas no Parecer da Procuradoria-Geral da República, inicialmente citado, nas interdições declaradas pela lei como regra, em causa *não estão preocupações com a vida privada*, o bom-nome, em geral, os direitos de personalidade constitucionalizados, que aparecem acauteláveis caso a caso, em qualquer fase do processo e, por vezes, pelo próprio. E nem a *presunção de inocência* aparecia a dar relevo ao instituto do segredo de justiça, pois este segredo era apenas imposto *de plano* na fase inicial e a publicidade, sob pena de nulidade do processo, brotava com a simples acusação, ou seja, antes do julgamento e não após a sentença firme. Tudo visto, considerava que o *critério do segredo*, imposto por lei, no momento processual referido, se posicionava ao serviço da tutelar da qualidade da investigação e não da defesa de direitos fundamentais dos cidadãos. Entendia, pois, que, na lei portuguesa, esse era o único bem realmente protegido pela regra do segredo, que é um instrumento de espera para o labor da prova, tal como essencialmente a prisão preventiva, ou seja, estávamos perante configurações de interesse estritamente público.

Não se pode condenar a comunicação social pela informação anterior ao inquérito (o segredo vive no processo e dele, não antes ou ao lado dele, pelo que a informação pode servir para o processo e assim levar a posterior segredo, lá onde nem sequer haveria processo sem ela e a investigação pré-oficial que a motivou), mas pode condenar-se a comunicação social por difusão de informação externa às entidades públicas de controlo social, ao retirar o monopólio do saber aos agentes de investigação, permitindo que estes não corram atrás da realidade (como faz a comunicação social, para poder noticiar), e possam aguardar que a realidade vá atrás deles. E em geral temos uma *prisão preventiva* que tem sido o interruptor "paradiscricionário" para as instâncias oficiais encontrarem a "sua" luz e o segredo a não passar da escuridão que funciona essencialmente como a prisão preventiva da liberdade de comunicação social[502]. E onde é que, em geral, o segredo melhora a qualidade da investigação, quando a comunicação social investiga mais rápida e mais profundamente, mesmo sem meios dos contribuintes e sem poderes de autoridade policial ou judicial?

Quantas vezes não é a *investigação jornalística*, apesar de desprovida dos meios técnicos e legais das polícias e Ministério Público, que, não tendo sido aberto inquérito pelas instâncias oficiais de controlo, por dificuldades investigatórias ou "esquecimentos" (caso ofensas ao Presidente da República, em carta anónima, só mandadas investigar muito tempo depois do devido, por pressão da comunicação social e do meio políticos e jurídicos, exteriores à PGR), que obriga a abrir os processos? Felizmente, porque ainda não há segredo sem processos, sem o início dos processos.

Quantas vezes, a investigação jornalística não acelera ou melhora a investigação oficial, levando esta a ir atrás dela? E não pode ajudar a descobrir paradeiros, capturar criminosos, libertar vítimas em perigo, etc.? Nem sempre o segredo é *bom instrumento da investigação* e nem sempre está guardado contra os seus guardadores. E, por isso, face ao sem sentido da solução vigente em face do objetivo afirmado como justificativo do segredo de justiça, perguntávamos: porque não inverter a regra do segredo em todas as fases? Porque argumentar com a afirmação de uma *capitus diminutio* intelectual de que os agentes de investigação ou os juízes não estão preparados?

Numa Europa sem "prosecutor" ou investigadores, nem "plea bargaining" americanos[503], eles não são independentes das pressões dos eleitorados, da opinião pública, podendo e sabendo resistir à informação que corre extra-instâncias oficiais, apenas efetivando recolhas e fazendo as triagens

[502] CONDESSO, Fernando – "VI–Direito dos jornalistas à informação e documentação detida por entidades públicas". In *Direito Da Comunicação Social.* Coimbra:Almedina, 2007.

[503] DIAS, Jorge Figueiredo e ANDRADE, Manuel da Costa – Criminologia: O homem delinquente e a sociedade criminógena, 2.ª reimpressão, Coimbra Editora, 1997, p. 487 e ss.

aceleradoras da investigação que considerem adequadas? Como dizia o juiz Sérgio Betício, do Conselho Superior de Magistratura italiana, este argumento não colhe, dado que um verdadeiro Juiz não deve deixar-se instrumentalizar por fins estranhos à administração da justiça.

De qualquer modo, como justificar segredos informativos onde estes não se imponham, por não servirem nenhum escopo instrumental, por os factos se considerarem investigados, se tratar de factos-evidência, de provas já recolhidas ou de provas periciais com dados guardados, isto é, em geral, situações sem riscos para a investigação ou danos previsíveis para qualquer direito individual ou para a independência do tribunal? Quanto segredo sobre o segredo não é uma muralha sem nada dentro. Como sempre se defendeu, só seria defensável apontar-se a um *critério material,* mas *aceitando-se a sua dificuldade de enquadramento e aplicação e sendo o segredo, em parte, algo instrumental para objetivos do processo, desde logo a medir sobretudo de acordo com os interesses e direitos em conflito nos atos processuais,* algo que eliminasse *fases-padrão, não um baseado num critério formal,* cego, com faseamento processual rígido, para todos os casos, ou seja alheado dos interesses desligados à sua "*ratio legis*", como o que então vigorava. No entanto, este *regime limitador da ideia da transparência* da "*jurisdictio*", também aparece justificado na necessidade de defender a "honorabilidade" dos arguidos, ainda apenas em investigação e eventualmente inocentes, e não só a investigação face ao arguido e suas "manobras de limpeza de provas" ou de fuga, o que deve permitir que o processo se mantenha "fechado" ao conhecimento público em certos momentos do desenvolvimento processual (e inclusive ao arguido e seus advogados, na fase de investigação), pelo que os autos serão apenas passíveis de consulta e de entrega de cópias, se tal não estiver interdito.

Dito isto, compreender-se-á que em posteriores alterações legislativas, o regime do segredo de justiça (tal como o da prisão preventiva) fosse alterados no sentido destas posições[504], passando o *processo penal* a ser, em geral e sob pena de nulidade, público, ressalvadas as exceções legalmente previstas[505]. Importa clarificar que a *publicidade* do processo implicar não só o direito de assistência pelo público em geral à realização dos atos processuais (artigo 87.º), como o direito da comunicação social à narração dos atos processuais

[504] Condesso, F. – *Democracia contra a Democracia* ("30 anos de Democracia", organizada pela associação 25 de Abril), Conferência na Gulbenkian; – *Direito Da Comunicação Social* (anteriores redações dos artigos 86.º e seguintes do Código do Processo Penal). Coimbra: Almedina, 2007; – *La defensa del medio ambiente y el Derecho de Acceso a la información administrativa en la Unión Europea y en las Administraciones ibéricas.* Madrid, BURJC, 4.12.2003.

[505] N.º 1 do artigo 86.º do CPP.

(artigo 88.º), a possibilidade de reprodução dos seus termos, a consulta do auto e a obtenção de cópias, extratos e certidões de quaisquer partes dele (artigo 89.º)[506].

Quando exista *publicidade do processo*, a sua limitação só abrange os dados relativos à reserva da vida privada, que não constituam *meios de prova*, devendo a autoridade judiciária especificar por escrito, oficiosamente ou a requerimento dos interessados, os elementos do processo relativamente aos quais se mantém o segredo de justiça. Ordenando, se for caso disso, o desentranhar processual e destruição de dados que não sirvam como meio de prova, ou que os mesmos sejam entregues à pessoa pública ou privada a quem dizem respeito. No entanto, se entre os elementos impertinentes para o processo constarem dados referentes à atividade administrativa de entidades governamentais e, em geral, de quaisquer entidades, públicas ou privadas, desempenhando tarefas de natureza pública, passam a ter de ser enviados para os arquivos dessa entidade, ficando sujeitos ao livre acesso e consulta da comunicação social e dos cidadãos, enquanto documentos de natureza administrativa, nos termos impostos na LADA para o exercício do direito fundamental à informação pelos cidadãos em geral.

O direito de livre assistência aos atos processuais, nomeadamente às audiências, aplica-se a qualquer pessoa. Mas tal não impede que possa haver

[506] A comunicação social "julga" antes do julgamento? Mas ela continua sempre a julgar ainda antes dos julgamentos após a simples acusação. E os julgamentos, decorrido tanto tempo depois da acusação, até passam despercebidos, da imprensa e do grande público sem que ninguém até hoje se tenha verdadeiramente importado com os silêncios ou a descrição generalizada da informação social no momento do veredicto, muitas vezes ilibatório ou relativizador da acusação. E aqui é que haveria que regular cuidadosamente, diferentemente, a notícia corretora. Mas e porque esquecer que a comunicação social também propõe que os tribunais julguem. O direito a informar não exerce também uma função de controlo social da própria administração da justiça? Ele é uma função social a considera como regra, mesmo no âmbito da investigação nos domínios da ordem pública e do fenómeno criminal desde que implique a obrigação do proporcionar um contraditório sério, a exercer pelos agentes de defesa, enquadrado em termos mais eficazes do que o do regime do direito geral de resposta ou de correção. Podemos considerar que, hoje, com mais ou menos segredo de justiça, e atendendo a que (como já BECCARIA referia, a *prevenção geral* não depende da representação prévia da dor-pagamento, abstratamente prevista, mas da *representação da probabilidade da ameaça punitiva* vir a ter *alto grau de aplicação efetiva e imediata*, como dor seguida no processo de ação desviante) a comunicação social sempre representou e representará para os criminosos mais significativos, uma pena que se vai arrastando ao longo de anos de processualidade, bem maior do que a das sentenças que acabam por ter longe dos factos, que os advogados e tribunais fazem tardar ou não ter, por dificuldades ou descuidos dos acusadores ou pressões políticas junto das judicaturas e seus órgãos de governo, ditas independentes, mas geridas com influência de representantes da classe política.

atos com exclusão da publicidade, embora nunca abrangendo a leitura da sentença, que terá de ser sempre aberta ao público em geral[507]. Com efeito, mesmo que não declarado o segredo de justiça, o juiz deve, em regra, em caso de processo por crime de tráfico de pessoas ou contra a liberdade e autodeterminação sexual, quanto a atos processuais, excluir a publicidade, e pode decidir, por despacho, *restringir a livre assistência do público* ou que o *ato, ou parte dele, decorra com exclusão da publicidade*, oficiosamente ou a requerimento do Ministério Público, do arguido ou do assistente, com base em factos ou circunstâncias concretas que façam presumir que a publicidade possa causar *grave dano à dignidade das pessoas, à "moral pública" ou ao normal decurso do ato*. Mas, este despacho deve ser revogado quando cessarem os motivos invocados. Se o ato dever processar-se sem publicidade, apenas podem assistir, além das pessoas que nele tiverem de intervir, quem o juiz admitir, por razões atendíveis, nomeadamente de ordem profissional ou científica.

Os órgãos de comunicação social podem, dentro dos limites da lei, efetuar a *narração circunstanciada do teor de atos processuais*, não cobertos por segredo de justiça ou a cujo decurso for permitida a assistência do público em geral. Mas a lei interdita a *reprodução de peças processuais ou de documentos incorporados no processo*, até à sentença de 1.ª instância, a menos que tenham sido obtidos mediante *certidão*, solicitada com menção do fim a que se destina, ou se para tal tiver havido autorização expressa da autoridade judiciária que presidir à fase do processo no momento da publicação[508]; a transmissão ou registo de *imagens ou de tomadas de som*, relativas à prática de qualquer ato processual, nomeadamente da audiência, exceto se a autoridade judiciária que presidir à fase processual em desenvolvimento, a autorizar; por despacho, mas tal não é possível se a pessoa a que tal se referir se opuser à difusão da sua imagem ou voz; a *publicação*, por qualquer meio, a menos que o crime tenha sido cometido através de órgão de comunicação social, da *identidade de vítimas de crimes de tráfico de pessoas, contra a liberdade e autodeterminação sexual, a honra ou a reserva da vida privada*, exceto se a própria vítima consentir de modo expresso nessa revelação. Nestes casos de interdição judicial de reprodução de documentos ou difusão de imagens ou sons, está proibida[509], até à decisão sobre a publicidade da audiência, a narração de atos processuais que a antecedam, quando

[507] A proibição, pelo juiz, por razões educacionais ou de disciplina da audiência, da assistência de menores de 18 anos ou de quem, pelo seu comportamento, puser em causa a dignidade ou a disciplina do ato não se considera restrição ou exclusão da publicidade. (n.º 6 do artigo 87.º).

[508] Também sob pena de desobediência simples.

[509] Também sob pena de desobediência simples.

o juiz, oficiosamente ou a requerimento, a tenha proibido com fundamento nos mesmos factos ou circunstâncias. E também não é permitida a publicação, por qualquer meio, de *conversações ou comunicações intercetadas*, no âmbito de um processo, exceto se elas não estiverem sujeitas a segredo de justiça e os intervenientes expressamente consentirem na publicação. Uma pessoa que demonstre um interesse legítimo na consulta do processo ou na obtenção de certidão, pode requerê-lo.

Em causa estarão situações em que o desconhecimento ou a não possibilidade de comprovação sobre os elementos constante do processo que envolve terceiros lhe possa causar prejuízos ou desse conhecimento e posse de elementos comprovativos lhe possa advir vantagens legalmente protegidas.

Nestes casos, se o processo não se encontrar em segredo de justiça, deve ser requerida a consulta de auto ou que seja fornecida, à sua custa, cópia, extrato ou certidão de auto ou de parte dele. A autoridade judiciária que presidir à fase em que se encontra o processo ou que nele tiver proferido a última decisão deverá apreciar e despachar o requerimento em causa. Se a consulta de auto ou a obtenção de cópia, extrato ou certidão for autorizada, deve realizar-se, sem prejuízo da proibição, que no caso se verificar, de narração dos atos processuais ou de reprodução dos seus termos, através dos meios de comunicação social (artigo 90.º).

Quanto à consulta de autos e à obtenção de certidões e informações pelos sujeitos processuais (artigo 89.º), é possível, em geral, durante o *inquérito*, ao arguido, assistente, ofendido, lesado e responsável civil, consultarem, mediante requerimento, o *processo ou elementos* dele constantes e obter os correspondentes *extratos, cópias ou certidões*. Mas, isso fica excluído, no caso de processos que se encontrem em segredo de justiça, se o Ministério Público a isso se opuser, por considerar, fundamentadamente, que tal pode prejudicar a *investigação* ou os *direitos dos participantes processuais ou das vítimas*. Se o Ministério Público se opuser à consulta ou à obtenção desses elementos, o requerimento do interessado será apreciado pelo juiz, a quem cabe decidir o assunto, por despacho irrecorrível. O auto ou as suas partes, a que o arguido, o assistente, o ofendido, o lesado e o responsável civil possam ter acesso, são depositados na secretaria, por fotocópia e em avulso, sem prejuízo do andamento do processo, e persistindo para todos o *dever de guardar segredo de justiça*. Quando o processo for público, arguido, assistente, ofendido, lesado e responsável civil podem requerer à autoridade judiciária competente o seu *exame gratuito* fora da secretaria, com obrigação de devolução á secretaria no prazo que o despacho de autorização fixar[510]. Mas, logo que finde o inquérito ou os prazos de duração máxima do inquérito (artigo 276.º), o arguido, o assistente e o ofendido podem consultar todos os elementos de processo, que se encontre em segredo de justiça, salvo se o juiz de instrução determinar, a requerimento do Ministério Público, que o acesso aos autos seja adiado por um período máximo de três meses, o qual, quando estiver em causa a criminalidade relacionada com terrorismo[511], criminalidade violenta[512], criminalidade especialmente violenta[513] e criminalidade altamente organizada[514], pode ser prorrogado, por uma só vez, por um prazo objetivamente indispensável à conclusão da investigação.

No entanto, quer o juiz de instrução quer o Ministério público, podem determinar a confidencialidade revisível do mesmo. O juiz de instrução, mediante *requerimento* do arguido, do assistente ou do ofendido e ouvido o Ministério Público, pode determinar, por despacho irrecorrível, a sujeição do processo, durante a *fase de inquérito*, a *segredo de justiça*, quando entenda que a *publicidade prejudica os direitos daqueles sujeitos ou participantes processuais*. E também o Ministério Público, quando entenda que os *interesses da investigação ou os direitos dos sujeitos processuais* o justifiquem, pode determinar a aplicação ao processo, durante a *fase de inquérito*, do segredo de justiça, ficando essa decisão *sujeita a validação pelo juiz de instrução no prazo máximo de setenta e duas horas*. Neste caso de imposição do segredo por iniciativa do Ministério Público, este pode, depois, oficiosamente ou mediante requerimento do arguido, do assistente ou do ofendido, determinar o seu *levantamento em qualquer momento do inquérito*. Se o arguido, o assistente ou o ofendido tiverem requerido o *levantamento do segredo de justiça*, mas o Ministério Público não o determinar, os autos são remetidos ao juiz de instrução para decisão, por despacho irrecorrível.

[510] Ao caso aplicam-se as normas processuais civis respeitantes à falta de restituição do processo dentro do prazo. No caso de a falta ser da responsabilidade do Ministério Público, a ocorrência é comunicada ao superior hierárquico.

[511] Constituído por condutas que integrarem os crimes de organização terrorista, terrorismo e terrorismo internacional.

[512] Constituído por condutas que dolosamente se dirigirem contra a vida, a integridade física ou a liberdade das pessoas, que sejam puníveis com pena de prisão de máximo igual ou superior a 5 anos.

[513] Constituído por condutas que dolosamente se dirigirem contra a vida, a integridade física ou a liberdade das pessoas, que sejam puníveis com pena de prisão de máximo igual ou superior a 8 anos.

[514] Constituído por condutas que integrarem crimes de associação criminosa, tráfico de pessoas, tráfico de armas, tráfico de estupefacientes ou de substâncias psicotrópicas, corrupção, tráfico de influência ou branqueamento.

O segredo de justiça não impede a prestação de *esclarecimentos públicos* pela autoridade judiciária, se forem necessários ao *restabelecimento da verdade* e não prejudicarem a investigação, se tal for pedido por pessoas publicamente postas em causa ou se isso garantir a *segurança de pessoas e bens ou a tranquilidade pública*. O segredo de justiça vincula todos os sujeitos e participantes processuais e as pessoas que, por qualquer título, tenham tomado contacto com o processo ou tenham conhecimento de elementos a ele pertencentes. E implica as proibições de assistência à prática ou tomada de conhecimento do conteúdo de ato processual a que não tenham o direito ou o dever de assistir e de *divulgação da ocorrência de ato processual* ou dos seus termos, independentemente do motivo que presidir a tal divulgação.

A autoridade judiciária pode, fundamentadamente, dar ou ordenar ou permitir que seja *dado conhecimento a determinadas pessoas* do conteúdo de ato ou de documento em segredo de justiça, se tal não puser em causa a investigação e se afigurar conveniente ao esclarecimento da verdade ou indispensável ao exercício de direitos pelos interessados. Estas pessoas em causa ficam sempre vinculadas pelo segredo de justiça. A autoridade judiciária pode autorizar a passagem de certidão em que seja dado conhecimento do conteúdo de ato ou de documento em segredo de justiça, desde que *necessária a processo de natureza criminal, à instrução de processo disciplinar de natureza pública* ou à dedução do *pedido de indemnização civil*.

A autoridade judiciária deve autorizar a passagem de certidão, quer quando o processo respeite a *acidente* causado por veículo de circulação terrestre nos casos em que seja dado conhecimento de ato ou documento em segredo de justiça, para instruir *processo de natureza criminal, processo disciplinar de natureza pública, para deduzir pedido de indemnização civil* ou, em face de requerimento fundamentado, para efeitos de *pedido de indemnização em separado* perante tribunal civil, estando o processo penal não tiver conduzido à acusação dentro de oito meses a contar da notícia do crime, ou estiver sem andamento durante esse lapso de tempo (alínea a) do n.º 1 do artigo 72.º); quer se se tratar de certidão do *auto de notícia do acidente levantado por entidade policial*, para efeitos de *composição extrajudicial de litígio*, em que seja interessada entidade seguradora, para a qual esteja transferida a responsabilidade civil.

E no que se refere a acesso a qualquer informação detida pela Administração Pública, nos termos da Lei n.º 46/2007, de 24 de Agosto, ela só pode invocar o segredo de justiça com base em participações a tribunal como motivo de recusa se a informação em causa estiver efetivamente declarada pela autoridade judiciária em segredo de Justiça, nos termos do Código de Processo Penal. Os dados referentes à investigação administrativa em matéria passível de atuação criminalizadora, fora de processo judicial, em princípio está já protegido pela cláusula geral legal de acesso condicionado a documentos em procedimento não findo, mas, neste caso, a interdição de acesso a documentos com mais de um ano pode ter proteção excecionatória legalmente prevista[515].

Dito isto, concluo que, na minha perspetiva os novos normativos quer de prisão preventiva quer de segredo de justiça obedecem mais aos bons princípios dos que os anteriormente vigentes. Isto, sem prejuízo de se reconhecer que estamos perante matérias em que muitos aspetos, procedimentais, institucionais designadamente ao nível dos investigadores e mesmo da judicatura, continuam a falhar e a inviabilizar de facto que eles se revelem no acerto principiológico que os orientou, aspetos mais colaterais ao atuais regimes do que dos regimes em si mesmos, mas que nem por isso deixam de exigir reflexão aturada e alterações essenciais, sem o que porão em causa a própria bondade das soluções ora vigentes, resultantes da alteração da legislação respetiva. Anteriormente funcionava mal porque era incongruente com os seus objetivos, hoje não funciona bem porque não basta decretar alterações num instituto quando em causa estão intervenientes fundamentais aculturados em sentido diferente e apropria alteração do xadrez legislativa se revela em aspetos conexos omissa ou insuficiente.

*

A exceção ao acesso à informação administrativa toca com direitos e deveres fundamentais. O *direito à reserva da intimidade da vida privada e familiar* engloba várias facetas da vida do indivíduo. Ele implica principalmente o

[515] Qualquer que seja o regime estipulado no CPP, para que o mesmo possa ser invocado pela Administração é necessário que *esta demonstre verificarem-se os respectivos requisitos.* Com efeito, no que se refere ao segr*edo de justiça,* imagine-se que alguém pede fotocópias de um documento e que a Administração Pública se limita a responder que não as pode comunicar porque contêm referências a um funcionário que foi objecto de processo disciplinar e que, nesse âmbito, o documento em causa também foi enviado ao Ministério Público para procedimento criminal, *quid juris*? Ou que, v.g., o presidente de uma câmara municipal recusa comunicar um documento com fundamento em que ele faz parte de um processo com informações enviadas ao tribunal para efeitos de investigação criminal e, portanto, está coberto pela excepção do segredo de justiça, questão que foi apreciada num dos primeiros pareceres da Comissão de Acesso aos Documentos Administrativos, em meados da década de noventa, *quid juris*? Esta entidade não poderia senão considerar insubsistente a recusa, a menos que a Administração Pública comprovasse que ele estava e continuava efectivamente sujeito a segredo (eventualmente no inquérito ou noutra fase) e que o processo não tinha terminado por arquivamento, nos termos do Código de Processo Penal.

não acesso de estranhos a informações sobre a vida privada e familiar de uma pessoa e a não divulgação de informações sobre a vida privada e familiar de outrem (1). Mas os limites deste direito não são fáceis de estabelecer. Há sem dúvida outros direitos fundamentais que, sem entrarem na densificação do seu conteúdo, funcionam como suas garantias, como o direito à inviolabilidade do domicílio e da correspondência (art.º 34.º), a proibição de utilização de dados privados informatizados. E instrumentos jurídicos privilegiados de garantia deste direito são igualmente o sigilo profissional e o dever de reserva das cartas confidencias e demais papéis pessoais (2). Aliás, a Constituição incumbe a lei de garantir efetiva proteção a esse direito (n.º 2), compreendendo-se essa preocupação suplementar face aos meios que a técnica põe à disposição da devassa da vida privada e da colheita de dados sobre ela. Não é fácil demarcar a linha divisória entre o campo da vida privada e familiar que tem jus a gozar da reserva de intimidade e o domínio mais ou menos aberto à publicidade, mas que também merece a proteção legal, e por isso a existência de diversas teorias que pretendem fornecer um critério operativo que balize os respetivos campos, que sem dúvida se acabaram por encontrar num sistema anelar de diferentes dimensões de compreensividade. Na doutrina distingue-se entre uma esfera pessoal íntima que seria absolutamente protegida e uma esfera privada simples que seria relativamente protegida, no sentido de que poderia ter de ceder em conflito com outro interesse ou bem público. Mas à face do art. 26.º da Constituição a doutrina propende a considerar que não há espaço para tal distinção.

No entanto, não parece que este raciocínio colha. Registe-se que enquanto o art. 26.º sobre os direitos pessoais fala em intimidade da pessoa e família, o art. 268.º sobre o direito à informação, fala a propósito das exceções em intimidade da pessoa e o art. 35.º reconhece um direito à não informatização de dados da vida privada. Ora se o direito constitucional do uso da informática permite o uso de dados pessoais mas exclui o de dados da vida privada, significa que este ainda não é o último anel de informação referente à pessoa: há assim dados "pessoais", dados "privados" e dados "íntimos"; os primeiros (que a lei da proteção de dados pessoais informatizados assumiu do direito internacional europeu, definindo-o de uma maneira simples: dado que identifica ou permite identificar uma pessoa singular), podendo ser tratados pela informática (com a simultânea atribuição de um direito a controlar esse tratamento informático), que se traduz num feixe de direitos que traduzem um direito a fiscalizar a informação automatizada que lhe diz respeito (art. 35.º, n.º 3), mas já não podendo ser os segundos; estes só podendo ser tratados em termos manuais e mecanográficos e abertos à informação pública em geral; mas já não os últimos que podem, como todos os outros, ser tratados também por estes meios, mas não sendo acessíveis senão, em princípio, aos próprios.

O conceito que nos importa aqui densificar não é pois de fácil apreensão. O artigo 268.º refere a exceção de acesso devido "à intimidade das pessoas". Mas o que significa este conceito no ordenamento jurídico português, em termos que balizam o legislador ordinário no reconhecimento do direito à documentação administrativa e que a não ser respeitado poderá vir, em sede de controlo à posteriori das normas da Lei do Acesso, a implicar a sua declaração de inconstitucionalidade? Temos que reconhecer que o artigo 26.º da Constituição da República Portuguesa não é suficiente para orientar a densificação do conceito. O critério constitucional deve encontrar-se a partir de uma articulação equilibrada dos conceitos de "privacidade" e "dignidade humana", de modo a definir-se um conceito de esfera íntima de cada pessoa, culturalmente adequado à vida contemporânea.

O âmbito normativo do direito fundamental à reserva da intimidade da vida privada deverá delimitar-se com base num conceito de "vida íntima" que tenha em conta a referência civilizacional e cultural moderna, sob os aspetos essenciais do respeito pelos comportamentos, o respeito do anonimato que pertence à opacidade da sua vida familiar e da sua vida de solidão, que não seja aberta, mas já não uma preocupação pela vida relacional que obedece à normalidade da vida relacional de todas as pessoas que não se processe por princípio em termos abertos. O n.º 2 do artigo estabelece uma imposição legiferante que vincula o legislador, obrigando-o a estabelecer garantias contra a utilização abusiva, ou contrária à dignidade humana, informações relativas às pessoas e famílias. Entre essas garantias contam-se, desde logo, as sanções penais e de carácter civil. O legislador penal tipifica e penaliza os comportamentos que violem a intimidade (violação do domicílio, da correspondência, das conversas), que "gravem" dimensões da vida privada (através do registo de imagens, de conversas, de informações nominativas) ou que tornem públicos aspetos da intimidade (revelação de segredos, transmissão e publicação de palavras e imagens). As sanções de carácter civil são, sobretudo, de natureza ressarcidora, destinando a possibilitar a compensação dos danos morais e materiais resultantes de comportamentos lesivos da intimidade (ações de responsabilidade). Podem também consistir em medidas judicialmente decretadas (apreensão de máquinas, filmes, medidas cautelares). A proibição de informações relativas às pessoas e à família abrange não apenas as "abusivas" (isto é, as não autorizadas) mas também as contrárias à dignidade humana. Pretende-se assim reforçar a ideia de que certas informações relativas às pessoas e famílias podem despersonalizar, degradar, humilhar, desindividualizar os seres humanos.

Este problema está hoje também em debate vivo nalguma doutrina espanhola, em termos que merecem ser referidos. A lei das Administrações Públicas e do Procedimento Administrativo Comum espanhola distingue entre "el acceso a los documentos que contengam datos referentes a la intimidad de las personas" (art. 37.º, n.º 2) e "el acceso a los documentos de caráter nominativo que sin incluir otros datos pertenecientes a la intimidad de las personas figuren en los procedimientos de aplicación del derecho" (n.º 3). Parece poder concluir-se que se trata de disciplinar o acesso a documentos nominativos, em que se separa aqueles que contêm dados pessoais com informações sobre a sua intimidade e aqueles que não contêm informações sobre a sua intimidade. A questão fundamental que se coloca pressupõe também uma clara exigência de densificação do conceito de intimidade, com agravante de que essa necessidade não visa apenas o cumprimento do texto constitucional, mas aplicação no dia a dia da própria legislação do acesso geral aos documentos. Qual a extensão deste conceito, que a Constituição espanhola também utiliza várias vezes (no art. 18.º, n.º 1.º – garantia do direito à intimidade pessoal e familiar, n.º 4 – limitação do uso da informática também para garantir a intimidade pessoal e familiar, e no art. 20.º, n.º 4 (direito à intimidade como limite às liberdades fundamentais), e cuja concretização, por isso, tem que passar por ela? A intimidade que aqui se refere pode cingir-se apenas à "esfera pessoal íntima", ou é um conceito que no fundo se reporta à vida privada, à privacidade da pessoa, e que teria de ser preenchido em termos socioculturalmente adequados às exigências razoáveis da vida em coletividade em cada geração. Parece ser esta a visão de Rafael Velázquez Bautista[516], que em comentário ao art. 18.º da Constituição espanhola sobre o direito à intimidade pessoal, liga a ideia de intimidade à de privacidade, tal como o parece fazer em Portugal Gomes Canotilho.

A evolução histórica do conceito de intimidade, a situar hoje em termos de uma conceção moderna que efetive claramente um corte com a conceção do direito à intimidade construída no âmbito do direito de propriedade. A intimidade deixa de ser concebida como um bem cuja titularidade correspondia absolutamente ao indivíduo, como se se tratasse de uma coisa. É com o virar do século que o conceito de privacidade se desliga de uma conceção jusprivatista própria do liberalismo, começando a configurar-se como um

[516] Bautista, Rafael Velázques – *Protección jurídica de datos personales automatizados*, ED. Collex: Madrid, 1993, pp. 39 e ss.

pressuposto da liberdade individual, um atributo da personalidade do indivíduo, ligando-se aos direitos ou bens da personalidade, inerentes a cada pessoa, independentemente da sua possibilidade de patrimonização quando a sua lesão poder ser avaliada em termos financeiros.

Sobre a delimitação do conteúdo da ideia de intimidade, Rafael Bautista refere uma interessante sentença condenatória do Diário de Mallorca, a propósito de um artigo intitulado "Un arquitecto palmesano con SIDA" que considerou uma intromissão ilegítima a imiscuição no âmbito privado das pessoas realçando a sua situação e condições mesmo que a descrição se baseie em factos reais, sem prejuízo de exclusão da ilegitimidade quando opere uma permissão prevista na lei ou então o consentimento expresso do interessado nos termos da Lei 1/1982 sobre a Proteção Civil do direito à Honra, à intimidade pessoal e familiar e à própria Imagem. Mas o conteúdo das exigências no plano da *proteção da intimidade* evolui "de acordo com os usos sociais e especialmente tendo em conta, diz Rafael Bautista, o modo de atuação das próprias pessoas a respeito das suas realidades mais íntimas". Como sentenciou o Supremo Tribunal espanhol: "para trazer os limites da intimidade (...) é decisivo atender aos usos sociais e, mais ainda, aos próprios atos e padrões de comportamento escolhidos e assumidos por cada pessoa". Isto é, o direito à intimidade não tem um carácter absoluto e ilimitado.

No entanto, na exposição de motivos da recente Ley Orgânica 5/1992 de 29 de Outubro, sobre a regulação do tratamento automatizado dos dados de carácter pessoal[517], o legislador espanhol, independentemente do regime consagrada que não tem limitações materiais constitucionalizadas, logo se demarca desta indiferenciação dos conceitos de intimidade e privacidade, considerando este termo dotado de um sentido mais amplo, na medida em que a intimidade só "protege a esfera em que se desenvolvem as facetas mais singularmente reservadas da vida da pessoa", partindo de uma conceção geral "muito estrita e limitada da intimidade" (documentos "*nominativos íntimos*", que corresponde ao conceito constitucionalizado em Portugal).

No nosso direito mais aberto à transparência por vontade do poder constituinte, o terceiro tem de ter de modo claramente demonstrado, em princípio, um interesse pessoal e direto para aceder a dados íntimos. Embora possa também ter acesso sem a invocação de qualquer interesse, quando autorizado pelo próprio ou no interesse deste. Se assim não for tem de demonstrar um interesse simultaneamente pessoal e direto, que lhe permita o acesso às partes do documento íntimas, pois as outras partes do documento, segundo a

[517] BOE, n.º 262, de 31.10.1992.

legislação portuguesa, são de acesso geral. Caberá à jurisprudência interpretar as exigências de referências legislativas quer do interesse legítimo e direto quer do interesse pessoal e direto.

Nos termos do Código do Procedimento Administrativo, o interesse direto reporta-se às pessoas que sejam diretamente interessadas no andamento do processo, ou seja, aqueles a quem o processo administrativo diz respeito. Os terceiros com interesse legítimo, ou seja, derivado de uma situação conexa com aquela que forma o objeto do processo, já tinham também a possibilidade de serem autorizados a ter acesso, durante o procedimento administrativo. As novas normas, para terem sentido, exigem uma interpretação dos conceitos de modo a não restringir inadequadamente face aos objetivos deste direito fundamental e abertura à possibilidade de acesso a quaisquer tipos de procedimentos, mesmo que não de iniciativa privada e mesmo sem regulação de mecanismos de participação na decisão administrativa, e substituem a simples autorização administrativa por um parecer da CADA. fortemente influenciador da Administração, no sentido de a dissuadir a fechar-se.

Quanto à proteção das pessoas envolvidas nos documentos nominativos, o direito à intimidade e à privacidade é parte integrante dos direitos positivos dos Estados democráticos, sendo consagrado em muitos países pelas próprias constituições, como acontece em Portugal. Embora o preenchimento deste conceito efetuado pela lei do acesso seja o mais restrito possível: apenas apreciações e juízos pessoais que não sejam já do domínio público.

Ao nível das informações detidas pela Administração fiscal, já se defendeu[518] (8) que, apesar dos termos em que o direito de acesso está consagrado na Constituição, e que o legislador ordinário não pode senão desenvolver, o direito de acesso exige um interesse legitimador da comunicação. A verdade é que esta posição não colhe à base da lei do acesso, como não era já possível à base do n.º 2 do art. 268.º da Constituição, aliás diretamente aplicável. Este é um domínio quase todo informatizado, e, portanto, onde se aplica, sobretudo, em termos de direito de acesso a lei da Proteção dos Dados Pessoais. E por outro lado, além dos valores do direito à intimidade, numa ótica patrimonial, também tem de preocupar o Estado a tutela da confiança dos contribuintes cedentes de informações a nível instrumental, dado que a Administração Fiscal tem como função objetivos de receita que estão ligados à capacidade contributiva dos cidadãos. Mas isso não significa que possa "não se ter acesso

[518] Carlos Pamplona corte Real, Jorge Bacelar Gouveia e Joaquim Pedro Cardoso da Costa – *Breves Reflexões em Matéria de confidencialidade Fiscal.* In *Ciência e Técnica Fiscal,* n.º 368, 1991.

a dados fiscais que não tenham carácter pessoal, quando não haja um interesse juridicamente atendível na sua obtenção".

O princípio da confidencialidade está previsto na alínea d) do artigo 17.º do Código de Processo Tributário e é tutelado com sanções nos arts. 27.º e 30.º da RJIFNA. Diz esta norma que "atividade tributária respeitará, designadamente (...) a confidencialidade dos dados relativos à situação tributária dos contribuintes". Mas é de prever a verificação de problemas na aplicação da nova legislação. De qualquer maneira, a exegese desta disposição tem que passar pelo crivo do conceito de documento nominativo quando estiver em causa a aplicação da lei do acesso e com o princípio do acantonamento da incomunicabilidade da informação documentada.

*

Quanto às *informações de segurança e outras com dados oficiais*, interditáveis ao conhecimento público e de proteção reguladas na Lei do Segredo de Estado, deve dizer-se que, também, não há classificações secretizadoras de *matérias, dossiers ou documentos*. A interdição passa por una apreciação casuística da informação em si, que tem de ser prévia à apreciação e manifestação de qualquer interesse de acesso à mesma por parte de qualquer pessoa. Apreciação em que se analisa se a *difusão dessa concreta informação pode ou não vir a causar dano ao Estado*, em termos de *existência e de subsistência*. Usa-se, aqui, uma técnica que combina simultaneamente o manejo de conceitos imprecisos e a atribuição de um poder discricionário para efetuar uma classificação[519], não havendo interdições originárias. Pode-se interditar no caso de difusão da informação poder levar a "pôr em risco ou causar dano à segurança do Estado". Trata-se de uma possibilidade de interdição temporal controlada. Para impedir que a Administração abuse da cláusula permissiva, o n.º 3 do artigo 2.º da lei do Segredo enuncia os *âmbitos materiais normais* de produção de informação passível de ser ocultável. Trata-se de *exemplos-padrão materiais*. Ou seja, trata-se da explicitação de matérias cujo conhecimento parece ao legislador, à partida, que, pela sua natureza, normalmente podem implicar o referido risco[520].

[519] V.g., SOARES, Rogério Ehrhardt – *Derecho Administrativo*. Lições ao Curso Complementar de Ciências Jurídico-Políticas da Faculdade de Direito de Coimbra, ano letivo de 1977/78. Coimbra, 1978, p. 299-303.

[520] Tendo presentes as matérias previstas na lei, cito, tendo presentes casos apreciados na doutrina e jurisprudência comparada, apontam-se alguns exemplos entre os segredos de defesa nacional: informações referentes a instalações de carácter ou com uso militar, procedimentos de atuação

No plano da política de segurança civil, é de considerar incomunicável, v.g., a lista de túneis e cavidades subterrâneas, podendo servir de abrigo às populações em caso de conflito armado, estudos sobre águas subterrâneas ou procedimentos de mensagens radiotelefónicas da polícia.

Quanto a informações referentes à segurança pública, não é qualquer *parecer, instrução ou processo policial* que está interdito, exceto se formar parte de um dado procedimento administrativo ainda sem decisão final. No fundo, é sempre preciso verificar se uma determinada comunicação informativa em concreto pode colocar em causa a segurança de pessoas e de bens ou pôr em causa a ação em favor da manutenção da ordem e da segurança públicas. Nesta perspetiva, foram considerados comunicáveis, pela CADA francesa, o organigrama de uma prisão, as orientações do emprego de aparelhos medidores de álcool para condutores, circulares relativas ao controlo de velocidade, ou atas de comandos de bombeiros sobre intervenções de socorro já efetuadas. Mas já são considerados incomunicáveis os documentos ou parte deles em que constem informações que possam por em perigo uma futura testemunha ou uma pessoa deslocada confidencialmente, devido ao facto de que o seu testemunho anterior por em perigo, um quadro de pessoal de serviço numa prisão, um processo de transferência de um preso, as orientações sobre o fluxo de correspondência governamental, os documentos que permitam identificar os informadores de certas entidades de investigação criminal atuando legalmente, as orientações para melhorar a segurança pessoal policial na sua atividade, principalmente intervenções em estradas, registros de passagem de comboios com indicação de mercadorias transportadas, medidas de segurança de áreas residenciais ou andares, relatórios de inspeção bancária referentes a agressões e roubos de caixas de agências, ou medidas de intervenção previstas por corporações de bombeiros, como dispositivos de segurança colocados previamente. No entanto, há que distinguir entre atos de classificação de documentos, sem eficácia externa direta, e o ato administrativo de denegação de acesso. O ato classificador interno é um ato discricionário. Efetiva-se, obviamente, num dado documento, mas isso não impede a aplicação do princípio do acantonamento informativo. A sua localização num documento não significa que toda a informação aí existente seja secretizável, mas unicamente que nesse documento existe informação secretizável. E a classificação tem que ser fundamentada, através de despacho que ofereça a devida justificação para

relacionados com a defesa nacional, atividades de centros de estudos e investigação militares, dispositivos de segurança de centros e instalações, planos de segurança de instalações, documentos com pareceres e relatórios de segurança de fábricas em sectores económicos estratégicos.

as decisões posteriores de recusa da informação em causa. A sua validade é relativamente curta, podendo afirmar-se que está em vigor aqui um simples princípio do deferimento do acesso à informação.

A sua duração está limitada a 4 anos, no máximo, salvo revisão com justificação da prorrogação efetuada[521]. São poucas as entidades competentes para efetuar as classificações. A LSE permite-o hoje, unicamente ao Presidente da República, Primeiro-Ministro e Ministros[522]. Provisoriamente, podem fazer classificações, por 10 dias, sujeitas a ratificação, o Chefe do Estado Maior Geral das Forças Armadas e o Diretor do Serviço de Informações da República[523]. Dito isto, há que clarificar que somente o ato classificador pode justificar, desde que corretamente efetuado, as decisões concretas de recusa de acesso, face a requerimentos posteriores. No entanto, tal classificação por si só não ofende diretamente os direitos subjetivos na matéria. Por isso, o ato de classificação não é impugnável diretamente. Somente o ato que nele se fundamente.

A recusa sem prévia classificação é ilegítima. E assim, independentemente da eventual verificação dos requisitos estatuídos na lei n.º 6/94. E também a denegação com repetição indevida de fundamentos da classificação é inválida. Face a isto, há que concluir pelo carácter decisivo da classificação para efeitos da validade da recusa de acesso. Se a classificação não impede o acesso, a sua falta impede a recusa de acesso. E a sua fundamentação incorreta leva à anulação das decisões de recusa de acesso. É, portanto, um ato "decisivo" na perspetiva da administração do segredo.

À Comissão de Fiscalização do Segredo de Estado (CFSE), cabe, legalmente, apreciar os pedidos de parecer fundados na denegação por segredo de Estado (art. 14.º da Lei n.º 6/94, de 7 de Abril), embora a CADA deva apreciar as denegações de acesso fundadas nas outras exceções para que remete a LADA. Isto impõe a formulação de critérios diferenciadores das

[521] Há um regime especial para as classificações feitas anteriormente à entrada em vigor da Lei. As classificações anteriores a 25 de abril de 1974, caducaram um ano depois da entrada em vigor da Lei do Segredo de Estado, se não foram revistas. As classificações efetuadas entre 25 de abril de 1974 e a vigência da Lei n.º 6/94, caducaram 4 anos depois, exceto se ocorreu uma revisão da classificação, no sentido da sua manutenção. Não há ainda um diploma regulando as classificações nos termos da LSE.

[522] As classificações efetuadas pelo Governador de Macau, território recentemente devolvido à República da China, na medida em que haja documentos transportados para Portugal, manteve a sua validade apenas durante quatro anos, pelo que tendo estes findado caducaram, a menos que, entretanto, a classificação existente dessa documentação tenha sido objeto de renovação por uma destas entidades nacionais.

[523] Os poderes classificatórios não podem ser objeto de delegação.

respetivas competências, que não passem por procedimentos subjetivos. Mas que se baseiam em razões objetivas, face aos valores a proteger nas respetivas legislações[524].

Quanto a todas estas *exceções*, nunca há informação não acessível. O que as leis podem restringir em matéria constitucionalmente permitida, tal como segredos de defesa nacional ou segurança interna (lei de segredo de Estado) ou sob investigação com segredo de justiça declarado nos termos da codificação processual ou sobre a intimidade de pessoas ou perigo de aproveitamento para falseamento da concorrência industrial e comercial, é o deferimento

[524] Com efeito, não é possível aceitar una leitura literal das leis, remetendo para a CFSE las recusas que a Administração motive em razões de Segredo de Estado e para a CADA as que ela tenha de fundar na Lei geral de Acesso. Seria deixar nas mãos da Administração, com ofensa dos direitos dos particulares ou mesmo nas mãos dos particulares, com ofensa dos interesses públicos envolvidos na busca da transparência, a manipulação legislativa ao serviço de estratégias de eleição subjetivas que, em um dado momento, mais convenha. Não pode ser pelo facto de um presidente de Câmara Municipal invocar o Segredo de Estado que a CADA vai deixar de apreciar a recusa de acesso, dado que tal recusa municipal nunca poderá fundar-se legalmente em Segredo de Estado. Isto é, não basta uma recusa com fundamento em Segredo de Estado, pois é necessário que a ela esteja subjacente una classificação e uma classificação não caducada, independentemente da legalidade dessa classificação. Uma invocação indevida não basta, pois não é uma qualquer invocação do Segredo de Estado que coloca a apreciação do requerimento de acesso dentro da Lei n.º 6/94, para efeito da concretização da Comissão competente para dar parecer. Da mesma maneira que não é qualquer invocação da Lei referente ao conhecimento dos dados pessoais com tratamento automatizado ou do tratamento informatizado ou para informatização que fará deslocar a competência da CADA para a CPDP. A discussão só se efetuará na CFSE se a recusa de difusão da documentação estiver ou puder estar relacionada com um provável risco ou dano para a segurança nacional, interna ou externa. Se o documento não estiver classificado como Segredo de Estado, a recusa de acesso não pode colocar-se em termos de Segredo de Estado e por tanto será a CADA a apreciá-la. Como o será se o documento for anterior a 25 de Abril sem reclassificação entre a entrada em vigor da Lei, ou seja, entre 7 de Abril de 1994 e 7 de Abril de 1995. Ou se o documento estiver classificado há mais de 4 anos sem reclassificação tempestiva (7 de Abril de 1998 ou posteriormente), se o documento tiver sido classificado por entidade indevida, v.g. um Diretor Geral, etc., se o documento tiver sido classificado por urgência a título provisório sem ratificação no prazo de 10 dias (mas já não se se quiser apreciar a urgência da classificação provisória dentro dos 10 dias de interdição válida), se se tratar de recusa de parte do documento não classificada sem invocação estrita de necessidade da mesma para proteger devidamente a parte classificada, se a classificação do documento em que assenta a recusa não estiver sequer fundamentada, se a recusa do documento classificado ou parte deste se processar sem invocação da argumentação classificatória que possa situar a recusa no âmbito do Segredo de Estado, a menos que se juntem elementos de informação que façam constatar a existência de uma classificação não caducada. Já a motivação errónea, independentemente de corresponder ou não a da classificação, deve ser apreciada pela CFSE (Condesso, F. – "A fiscalização do Segredo de Estado". In *Direito à Informação Administrativa*. Lisboa: PF, Janeiro 1995, p. 441-455).

dela no tempo para datas posteriores, maiores ou menores, mas nunca uma imposição de incomunicação "ad aeternum".

*

Se o pedido se referir a *documentos e dados incompletos ou a "comunicações internas" (subentenda-se, aqui, enquanto se reportem a temas em análise na "intimidade" dos serviços, para apoio a futuras decisões e, portanto, a matérias ainda não objeto de decisão ou arquivamento, pois não há exceções intemporais a documentos públicos)*, há em geral deferimento da obrigação (se a AP, entender de interesse público não comunicar quando solicitado), para momento posterior à decisão, mas não se vê razão para esse acesso em matéria sensíveis de conhecimento patentemente urgente face ao princípio do conhecimento em tempo útil, designadamente em questões ambientais, ser adiado, seguindo essa regra geral permissiva de adiamento do direito de acesso da lei geral, diferindo-o, nesses "procedimentos em curso", até à tomada de decisão ou ao arquivamento do processo.

Fora disto, se o pedido de acesso se reportar a "procedimentos em curso", o agente ou a entidade pública, que são responsáveis pelo seu andamento, em princípio deve remetê-lo à autoridade coordenadora do procedimento, para vir a proceder à informação, mas dando dessa remessa o devido conhecimento ao requerente, informando-o do prazo previsível para a sua conclusão, e das disposições legais previstas no respetivo procedimento relativas ao acesso à informação.

Entendemos que deve haver acesso mesmo a *documentos e dados incompletos ou a comunicações internas* em domínios sensíveis para a vida das pessoas e da sociedade, desde logo no domínio de matérias ambientais, tal como em geral sempre na fase endoprocedimental, a qualquer documento constante de um processo administrativo por decidir, independentemente da regra da LADA de o documento aí existente ter ou não mais de um ano de redação, que aqui não se justifica. Em geral, é inaceitável o regime opacitante, designadamente o do não acesso a informações na fase endoprocedimental da informação requerida. Estamos face ao direito fundamental ao ambiente sempre que o bem deste em causa se reporte ao "valor da vida", e cujos princípios, que exigem eficácia no acesso, são os da precaução e prevenção, mais do que da correção, denúncia ou indemnização.

É constitucionalmente inaceitável a exceção referente a "comunicações internas", em que apenas seria deferido quando o interesse público subjacente à divulgação da informação se devesse considerar prevalecente, sendo certo que a Constituição erigiu o acesso à informação pública como um interesse público de especial relevância, dotada de fundamentalidade jurídica por princípio e, portanto, em geral, acima de outros interesses não catalogados como tal., o que impede que seja descartada e apenas admite esforços de certa compatibilização, desde que não anule a essencialidade realizadora deste direito, como DLG que é, e portanto acima doutros e mesmo face a outros da mesma natureza apenas relativamente sacrificável naquilo que não ponha em causa os seus objetivos escatológicos de obrigar a AP a dar transparência, obrigatoriamente, sobre toda a sua atuação.

Em geral, se o pedido não constar de informação disponibilizada no Diário da República (sendo este gratuito a todo o momento como deve ser, para não fazer claudicar a ficção de que todos os cidadãos e pessoas, que se apresentem em território nacional, têm a possibilidade de conhecimento imediato ou quase, face à "vacatio legis" normal de 5 dias), ou nos sítios institucionais (designadamente através de publicações de sinalização dos várias matérias ou, na sua falta, por devida informação personalizada) ou não for repetido em termos manifestamente abusivos ou não tiver por referência documentos ou dados errados ou incompletos, que impeçam mesmo qualquer apoio dos serviços à sua identificação, não podendo a deficiência originar ser superada.

No entanto, a Constituição não permite legislar nem à jurisdição aplicar normas que admitam que seja a Administração Pública a catalogar documentos que possua como estando em segredo de justiça, apenas admite adiamentos de informações constantes de procedimentos contraordenacionais e disciplinares, exceto se houver especial justificação para acesso antecipado. E não admite a invocação de segredos "meramente administrativos, ou ao mero "bom funcionamento de funções" de qualquer género.

Quanto à confidencialidade de certas informações comerciais ou industriais, referida na LADA e aceite pelo TC, deve estar especificamente prevista em lei e na medida apenas em que vise "proteger um interesse económico legítimo", nos termos atrás enunciados em geral na medida em que a legislação referida na LADA (de direitos de propriedade industrial e de patentes e, ainda, a de direitos de autor e direitos conexos) não os cubra, em geral na medida em que possa viciar investigações científicas ou técnicas ou usurpar saberes práticos empresarias em prejuízo dos seus detentores.

Mas não se encontra fundamento, sem mais, encaixável em qualquer mera invocação genérica de "interesse público no segredo estatístico, fiscal e bancário", domínios aliás em que os cidadãos cumpridores e a comunicação social terão mais interesse e até dever de maior fiscalização de condutas anómalas de prevaricadores, por incapacidade das AP ou viciações dos obrigados aos seus deveres para com o Estado e a sociedade, que tal opacitação só favoreceria e por isso foram clausulado, a seu tempo discutido e excluído da norma constitucional.

*

Quanto à possibilidade de se obstar à comunicação de *segredos empresariais, referentes às informações comerciais, industriais e da vida interna das empresas* (enquanto elemento de *proteção da confidencialidade dos negócios* face aos concorrentes há situações) que admitem que as informações solicitadas não sejam livremente comunicadas[525], ou, mesmo que a Administração entenda comunicá-los numa *leitura ponderada da prevalência do interesse* concreto da transparência administrativa, estar interditada a sua publicação e difusão em geral. Caberá aos tribunais ir preenchendo um conceito tão impreciso, donde não pode sair um saco sem fundo que sirva para ocultar todo que diga respeito à organização e atividade das empresas. O n.º 2 do artigo 268.º da Constituição não prevê esta exceção, mas a questão da constitucionalidade da consagração legal considera-se superada, face à aplicação da doutrina dos limites imanentes, aceite no Acórdão do Tribunal Constitucional n.º 245/99, de 4 de Maio de 1999[526].

[525] Sobre o conceito de "vida interna de uma empresa", vejam-se dois pareceres. O n.º 86/96, de 12.12.1996, referente a um pedido de um presidente de Câmara Municipal: síntese apresentada na Internet (*www.cada.pt*): "Pedido de parecer sobre a natureza nominativa ou não nominativa da declaração de rendimentos – modelo 22 – apresentado pelos concorrentes aos concursos de empreitadas de obras públicas, a CADA foi de parecer que a declaração de rendimentos modelo 22 não constitui documento nominativo, desde logo pelo facto de nem sequer conter informações relativas a pessoa singular. Porém, como o documento deve traduzir com veracidade dados reveladores do *rendimento empresarial* e porque esses dados configuram a noção de secretos sobre a vida interna das empresas, a Administração pode recusar o respetivo acesso, o que não pode merecer coonestação se este conceito apenas se pretende a lucros, que é matéria sujeita a IRC e constante de relatórios de atividade empresarial. O parecer n.º 32/98, processo n.º 311, 4.3.1998, trata de um "Pedido de parecer sobre a possibilidade de revelar cópia do contrato celebrado entre o Ministério da Economia e a Grão-Pará, AS, englobando o Autódromo do Estoril, face à eventualidade de serem criados constrangimentos à vida interna das empresas envolvidas, nomeadamente no que diz respeito a outros credores. Face à concreta objeção levantada pelo Ministério da Economia, a CADA foi de parecer que da leitura do acordo global *não transparece que a sua divulgação constitua revelação de informações não comunicáveis em nome da proteção da "vida interna das empresas nele envolvidas,* pelo que deve ser facultado o acesso ao referido contrato (síntese difundida em *www.cada.pt*).

[526] Embora com doutrina que não pode ser aproveitada para descaracterizar a norma constitucional e o direito fundamental à informação dos cidadãos, com imposição legal outras exceções, pelo que convém ter, também, presente a argumentação dos conselheiros vencidos. Independentemente da

Trata-se de uma exceção difícil de delimitar, cujo conteúdo deverá ir sendo preenchido de modo casuístico.

Um dos casos levados a tribunal, teve por base de recurso de inconstitucionalidade as normas constantes dos artigos 17.º do Decreto-Lei n.º 72/91[527], artigo 62.º do Código de Procedimento Administrativo[528], artigo 10.º da Lei n.º 65/93 (na redação dada pela Lei n.º 8/95[529]), e artigo 82.º, n.º 3 da Lei de

posição concreta, teria sido possível uma doutrina compromissória, menos permissiva, e que poderia ter evitado a clivagem tão profunda operada no TC. O "Acórdão" venceu, apenas, por um voto.

527 O artigo 17.º do Decreto-Lei n.º 72/91 classifica como confidenciais os elementos apresentados para instrução dos processos de autorização de introdução no mercado, de fabrico e de comercialização de medicamentos de uso humano e sujeita ao dever de sigilo os funcionários que deles tenham conhecimento. O recorrente requereu o acesso a todos os documentos dos processos de autorização de introdução no mercado, incluindo os de renovação de autorização e de alteração de medicamento. E requereu-o como titular de um direito procedimental e instrumental ao acesso, com o fim de possibilitar o uso de meios administrativos ou contenciosos, nos termos do artigo 82.º da Lei de Processo dos Tribunais Administrativos. A decisão recorrida entendeu que o recorrente tinha um interesse procedimental ao acesso, nos termos do artigo 62.º do CPA, por aplicação extensiva deste artigo, por força do artigo 64.º da mesma Lei, não por ter um interesse direto no procedimento, mas por ter um interesse legítimo no conhecimento dos elementos que pretende, porque esse interesse só era tutelado, nos termos desse artigo 62.º, do artigo 82.º da LPTA e do artigo 17.º do Decreto-Lei n.º 72/91, relativamente a certos documentos e não a outros. Em especial foi proibida a consulta integral de qualquer dos processos de autorização no mercado, de renovação da autorização e de alteração de medicamento, dos elementos que contem, com exceção dos certificados relativos à composição qualitativa e quantitativa dos componentes, à documentação toxicológica ou farmacológica, aos ensaios clínicos, aos pareceres de inspeção, e com exceção ainda da consulta dos documentos relativos às matérias assim delimitadas e dos certificados dos pedidos de renovação de autorização e de alteração de medicamento e respetivas decisões fundamentadas. Fica assim abrangida pela proibição de consulta e de emissão de certificado toda a restante documentação científica, nomeadamente a relativa ao modo de preparação, ao controlo das matérias-primas, ao controlo efetuado nas fases intermédias do processo de fabrico, ao controlo do produto acabado, aos ensaios de estabilidade, de biodisponibilidade/ bio-equivalência, e a de farmacologia clínica.

528 Artigo 62.º do Código de Procedimento Administrativo (*Consulta do processo e passagem de certificados*): "1. Os interessados têm direito de consultar o processo que não contenha documentos classificados, ou que revelem secreto comercial ou industrial ou secreto relativo à propriedade literária, artística ou científica. 2. O direito referido no número anterior abrange os documentos nominativos relativos a terceiros, desde que excluídos os dados pessoais que não sejam públicos, nos termos legais. 3. Os interessados têm o direito, mediante o pagamento das importâncias que forem devidas, de obter certificado, reprodução ou declaração autenticada dos documentos que constem dos processos a que tenham acesso".

529 Na redação original do artigo 10.º da Lei n.º 65/93 (Uso ilegítimo de informações): "1-A Administração pode recusar o acesso a documentos cuja comunicação ponha em causa segredos comerciais, industriais ou sobre a vida interna das empresas.2-É vedada a utilização de informações com desrespeito dos direitos de autor e dos direitos de propriedade industrial, assim como a

Processo dos Tribunais Administrativos (Decreto-Lei n.º 267/85, de 16 de Julho)[530], com fundamento de que seriam "incompatíveis com os n.º 1, 2 e 4 do artigo 268.º da Constituição, na medida em que excluíam ou poderiam ser interpretados como excluindo do direito "à informação procedimental e instrumental – documentos cuja comunicação ponha em causa segredos comerciais, industriais ou sobre a vida interna das empresas, ou segredos relativos à propriedade literária, artística ou científica".

Nesta sentença estava em causa o direito de acesso, na forma de direto de consulta e de direito de obter um certificado do documento administrativo, por parte de una pessoa com interesse legítimo no conhecimento dos elementos que lhes permitam usar meios administrativos ou contencioso-administrativos, aos documentos de um processo administrativo, tidos como relevantes para o fim jurisdicional. Segundo indica o n.º 7 da sentença, a recorrente "pretende que os limites do direito de acesso do n.º 2 do artigo 268.º são só os que resultam da reserva de lei em matérias relativas à segurança interna e externa, à investigação criminal e à intimidade das pessoas e que estes limites valham para todos os direitos de informação consagrados explícita ou implicitamente no mesmo artigo", a que o TC não deu razão. Este acórdão foi tirado por um único voto de diferença, o que augurava possíveis repetições da reflexão sobre o tema[531]. Como enuncia o seu número 11, a argumentação

reprodução, difusão e utilização de estes documentos e respetivas informações que possam configurar práticas de concorrência desleal.3-Os dados pessoais comunicados a terceiros não podem ser utilizados para fins diversos dos que determinaram o acesso, sob pena de responsabilidade por perdas e danos, nos termos legais".

[530] Artigo 82.º da Lei de Processo nos Tribunais Administrativos (*Intimação para consulta de documentos ou passagem de certificados; Pressupostos*): "1. A fim de permitir o uso de meios administrativos ou contenciosos, devem as autoridades públicas facultar a consulta de documentos ou processos e passar certificados, a requerimento do interessado ou do Ministério Público, no prazo de 10 dias, salvo em matérias secretas ou confidenciais.2. Decorrido esse prazo sem que os documentos ou processos sejam facultados ou as certificados passadas, pode o requerente, dentro de um mês, pedir ao tribunal administrativo de círculo a intimação da autoridade para satisfazer o seu pedido. 3 – Só podem considerar-se matérias secretas ou confidenciais aquelas em que a reserva se imponha para a prossecução de interesse público especialmente relevante, designadamente em questões de defesa nacional, segurança interna e política externa, ou para a tutela de direitos fundamentais dos cidadãos, em especial o respeito da intimidade da sua vida privada e familiar." (Sentença do TC n.º 254/99, de 4 de Maio de 1999: *www.tribunalconstitucional.pt*).

[531] A Declaração de voto de Bravo Serra foi compartilhada pelo vice-presidente do Tribunal, Luís Nunes de Almeida, e por mais quatro juízes, Maria dos Prazeres Pizarro Beleza, Maria Helena Brito, Artur Maurício, Guilherme da Fonseca. Vencidos por um voto, quanto à decisão e à motivação, declararam claramente a sua oposição à aplicação da doutrina dos limites imanentes, neste caso. Como refere Bravo Serra, "a questão que se coloca é, justamente, a de saber se tal direito

pode ser restringido pelas normas em apreço, quando interpretadas de sorte a salvaguardarem 'segredos comerciais, segredos industriais, segredos sobre a vida interna das empresas ou segredos relativos à propriedade literária, artística ou científica'." Acrescentando a declaração de voto: "(...) não acompanho, porém, a fundamentação – e conclusões doa extraídas (...), no particular em que se refere a que o estatuído na parte final do n.º 2 do artículo 268.º da Constituição não constitui, em retas contas, qualquer restrição ao direito aí consagrado, antes se perspetivando como o estabelecimento de limites resultantes da reserva de lei (em matérias conexionadas com a segurança interna e externa, investigação criminal e intimidade das pessoas). (...), pelo contrário, aquele direito – o direito de acesso aos arquivos e registos administrativos-, de natureza análoga aos direitos, liberdades e garantias enunciados no Título II da Parte I da Lei Fundamental, deve ser visualizado como de 'livre expansão'. Todavia, tal como estes últimos, admite-se a possibilidade da respetiva restrição, conquanto, como é óbvio, isso esteja expressamente previsto na Constituição. Neste contexto, leio a parte final do n.º 2 do aludido artículo 268.º como um expresso estabelecimento, pela própria Constituição, de restrições à 'livre expansão' do direito de acesso aos arquivos e registos administrativos, caso estejam em causa aquelas matérias. Simplesmente, a meu ver, nem tudo o que, em abstrato, com elas se relacione ou possa relacionar, veda esse direito, mas sim, e só, o que, sendo incluível em tais matérias, a lei ordinária venha a prescrever". Y añade el juiz que é inaceitável considerar que "a parte final do n.º 2 do artículo 268.º mais não estabelece do que uma remissão para a lei ordinária ou, se se quiser, de uma enunciação, por esta, dos limites do próprio direito. Não se nega que, havendo conflitos ou 'pontos de contacto' tendencialmente contraditórios entre direito fundamentais ou outros a eles análogos, e postando-se situações de não existência de relações de hierarquia ou especialidade, se lance mão de critérios de harmonização tendente ao melhor equilíbrio possível. Contudo (...), não faria sentido que, por apelo à teoria dos 'limites a posteriori' ou dos 'limites imanentes' (recte, 'limites imanentes' não expressos), pudesse um tal exercício, para além daquelas restrições, ser objeto de uma eventual "compressão' ou 'diminuição' da sua livre 'expansão', ditada pela casuística ponderação de bens e interesses constitucionalmente protegidos, (...) tendo levado a efeito aquela prescrição, ainda admita situações que, na prática e vista uma eventual concorrência com outros direitos ou interesses constitucionalmente protegidos, redundem na ocorrência de outras 'compressões' ou 'limitações', já não fundadas numa concretização ou delimitação legal do texto constitucional onde expressamente se previram aqueles modos". Mesmo que se conceda "que existam bens ou interesses, nomeadamente tutelados pela Constituição, que imporiam a necessidade de serem ressalvados do livre exercício de um direito análogo a um direito fundamental como o em causa, tendo em conta que o legislador constituinte apenas estatuiu a possibilidade de um dado corte de ressalvas, não se me afigura lícito que aquele operador possa ir para além da vontade do mencionado legislador (cfr., sobre a dificuldade advinda para o legislador ordinário no estabelecimento de restrições ao livre acesso aos registos e arquivos administrativos, face ao que se estabelece na parte final do n.º 2 do artículo 268.º da Constituição, Fernando Condesso – *Direito à Informação Administrativa*, 1995, 359)." E o juiz, na sua argumentação, segue dizendo que a conclusão ainda se torna mais clara "(...) quando em causa está o exercício do direito de acesso aos registos e arquivos administrativos como condição instrumental indispensável, quer para a formação da vontade de impugnar determinada decisão administrativa, quer para o exercício da garantia da tutela jurisdicional efetiva dos seus direitos e interesses legalmente protegidos", pois "nesses casos, em nome de uma 'harmonização'

usada no acórdão do Tribunal Constitucional[532], é de molde a considerar essa hipótese. "Demonstrada a possibilidade em abstrato de restrições aos

dos dois direitos em conflito – de uma banda, o direito de propriedade e, de outra, o direito de acesso aos arquivos e registos administrativos –, suportada na consideração que o primeiro apresenta determinados limites cuja enunciação é 'degradada' pela Constituição para a lei ordinária, vai-se, ao fim e ao resto, para além da diminuição de um dado conteúdo do primeiro, postergar irremediavelmente aqueloutro direito que o próprio Acórdão reconhece não apresentar limites a priori". Com feito, considera-se que "uma limitação ao direito de acesso aos registos e arquivos administrativos em nome da resolução de situações de conflito em matéria de secreto comercial ou industrial, (...) vai, de todo, impedir a possibilidade de o interessado formar a sua vontade de impugnação do ato administrativo – por isso que aquele acesso se desenha, como se viu, como uma condição indispensável para tanto – e, em consequência, essa limitação posta-se, na minha perspetiva, como desnecessária e desproporcionada, indo, porventura, ao ponto de diminuir o conteúdo essencial da garantia de tutela prescrita no n.º 4 do artículo 268.º da Constituição, com o que se desenhará a violação do n.º 2 do seu artigo 18.º". E, assim, conclui que, no caso, deveriam julgar inconstitucionais, por violação da conjugação dos números 2 e 4 do artigo 268.º da Lei Fundamental, as normas constantes dos artículos 17.º, do Decreto-Lei n.º 72/91, de 8 de Fevereiro, 62.º, do Código de Procedimento Administrativo, aprovado pelo Decreto-Lei n.º 442/91, de 15 de Novembro, na redação introduzida pelo Decreto-Lei n.º 6/96, de 31 de Janeiro, e 82.º, n.º 3, da Lei de Processo nos Tribunais Administrativos, aprovada pelo Decreto-Lei n.º 267/85, de 16 de Julho, quando interpretadas no sentido de que, por razões de proteção de propriedade intelectual e respetivos secretos comerciais e industriais, é possível restringir o acesso aos arquivos e registos administrativos, quando esse acesso se configure como condição instrumental indispensável para o eventual exercício da tutela jurisdicional efetiva de direitos ou interesses legalmente protegidos de quem quer aceder a tais arquivos e registos." (ibidem)

532 Sobre as razões da admissão tão ampla de limites, mesmo em relação com o acesso para fins impugnatórios administrativos e jurisdicionais, a sentença, no ponto 7, diz o seguinte: "Em primeiro lugar, a Constituição claramente diz o contrário, ao dispor apenas no caso do direito de acesso do n.º 2 quais os limites que podem ser estabelecidos por uma reserva de lei", pelo que representa uma degradação ou uma hipoteca (usando a terminologia de Gomes Canotilho, *Revista de Legislação e Jurisprudência*, 125, 1992, p. 254), relativamente ao regime do direito à informação procedimental do n.º 1 e do direito instrumental à informação derivado do direito do administrado à tutela jurisdicional dos n.º 4 e 5 do artigo 268.º. Estes direitos são reconhecidos sem limites explícitos. A formulação da reserva de lei, ao dizer que o direito de acesso é reconhecido "sem prejuízo do disposto na lei em matérias relativas à segurança interna e externa, à investigação criminal e à intimidade das pessoas", implica até uma prevalência de princípio dos interesses na confidencialidade regulados nessas matérias sobre o direito ao acesso que podem, porventura em nome do critério do melhor equilíbrio possível entre os direitos em conflito (invocado no acórdão recorrido), justificar, nas circunstâncias dadas, o sacrifício da confidencialidade (ver as cautelas do Acórdão n.º 177/92, l. c., p. 405). Nada disto se aplica aos outros direitos à informação consagrados no artigo 268.º. Em segundo lugar, sem excetuar o do n.º 2, todos os direitos de informação frente à Administração Pública consagrados no artículo 268.º estão limitados por outros direitos ou bens constitucionalmente protegidos que com eles conflituam (assim Gomes Canotilho, ibidem). Tais limites, ditos "a posteriori", por se determinarem depois da determinação do conteúdo do direito por via de interpretação (a qual poderá determinar limites desse conteúdo), sempre

seriam admissíveis, quer no direito de informação procedimental do n.º 1, quer no direito de informação instrumental do direito de tutela jurisdicional. Os dois direitos estão, aliás, estreitamente ligados na sua regulação legal, na medida em que o CPA e a LPTA integram o último no regime do direito de informação procedimental do artigo 62.º do CPA e do artigo 82.º do LPTA, e ainda na medida em que se considera, como o Acórdão aqui recorrido, que o interesse na informação pretendida para uso administrativo ou procedimental é um interesse legítimo no conhecimento dos elementos pretendidos, a que se refere o 64.º do CPA, para o efeito de considerar o direito de informação procedimental reconhecido no artigo 62.º extensivo às pessoas que provem ter tal interesse. Ora, não há nenhuma razão para que limites do mesmo género não existam no caso do direito de acesso do n.º 2. É que se trata de um género de limites que existe qualquer que seja o modo de definição de um direito na Constituição, porque resultam simplesmente da existência de outros direitos ou bens, igualmente reconhecidos na Constituição e que em certas circunstâncias com eles conflituam, bem como da possibilidade de conflitos em certas circunstâncias entre direitos idênticos na titularidade de diferentes pessoas. Os conflitos não podem ser evitados a não ser pela previsão na Constituição dessas circunstâncias e pela consequente transformação dos elementos do conflito em elementos da definição dos direitos ou bens constitucionais em jogo. Ora a previsão exaustiva das circunstâncias que podem dar lugar a conflitos deste tipo é praticamente impossível pela imprevisibilidade das situações de vida e pelos limites da linguagem que procura prevê-las em normas jurídicas, além de que a Constituição nunca pretendeu regular pormenorizadamente, ou tão exaustivamente quanto possível, os direitos que consagra. Estas considerações aplicam-se a todos os direitos fundamentais reconhecidos na Constituição. Todos esses direitos podem ser limitados ou comprimidos por outros direitos ou bens constitucionalmente protegidos, sem excluir a possibilidade de conflitos entre direitos idênticos na titularidade de diferentes pessoas (pense-se, quanto ao direito à vida, no regime legal de legítima defesa e do conflito de deveres, e no dever fundamental de defesa da Pátria – artigo 276.º, n.º 1, da Constituição), sendo sempre necessário fundamentar a necessidade da limitação ou compressão quando ela não se obtém por interpretação das normas constitucionais que regulam esses direitos". E no ponto 8, o Acórdão volta à questão dos limites expressos e implícitos, argumentando-se que:"Não vale dizer, em contrário, que quando a Constituição consagra um limite expresso, seja ele uma reserva de lei, implica que nenhum outro limite foi desejado. Este argumento obviamente não procede. Ele subentende que o limite expresso, ou a reserva de lei, é uma exceção e que existe uma regra que proíbe a existência de outras exceções além das expressas. A primeira premissa não é verdadeira. A reserva de lei do n.º 2 é uma remissão da Constituição para a lei e não uma exceção constitucional a normas constitucionais. É certo que da existência de uma remissão explícita não se deduz qualquer outra remissão e pode deduzir-se o carácter excecional da remissão. Assim o n.º 2 do artículo 268.º implica que em matérias que não sejam relativas à segurança interna e externa, à investigação criminal e à intimidade das pessoas, o direito de acesso aos arquivos e registos administrativos não tem à partida (prima facie, a priori) os limites que resultam da lei nestas matérias. Nessas outras matérias apenas pode ter a posteriori os limites que resultam da solução constitucional das situações de conflito com outros bens ou interesses constitucionalmente protegidos, que são os únicos que valem para os direitos de informação procedimental ou instrumental do direito de tutela jurisdicional dos n.ºs 1, 4 e 5 do artículo 268.º. Assim, em relação a direitos que formula à partida sem qualquer limite, para além do que resulta imediatamente da definição constitucional do seu objeto

direitos de informação previstos, tanto no n.º 2 do artigo 268.º – que não está diretamente em causa – , como no n.º 1 do artigo 268.º, ou derivados dos n.ºs 4 e 5 do mesmo artigo, em situações de conflitos entre direitos fundamentais (ou interesses constitucionalmente protegidos), tanto em matérias relativas à segurança interna e externa, à investigação criminal e à intimidade das pessoas, como noutras matérias[533]."

como a liberdade de expressão e informação (artículo 37.º, n.º 1), a própria Constituição admite que o seu exercício pode constituir infração criminal, ilícito de mera ordenação social e ilícito civil (n.ºs 3 e 4 do artículo 37.º) e o Tribunal Constitucional entendeu que o seu exercício poderia ainda constituir ilícito disciplinar (Acórdão n.º 81/84, Acórdãos cit., 4, pp. 225 ss., especialmente 233-234; cfr. sobre conflitos com o mesmo direito, o Acórdão n.º 113/97, Diário da República, II série de 15-4,1997, pp. 4478,4481). Temos aqui um direito fundamental sem explícitos limites a priori, que a Constituição reconhece ter limites a posteriori em certas áreas e em que a lei criou limites a posteriori em outras áreas. Também o direito à reserva da intimidade da vida privada e familiar é consagrado à partida no n.º 1 do artículo 25.º da Constituição sem qualquer limite e, no entanto, o Tribunal Constitucional admitiu que em hipóteses de grande interesse para a descoberta da verdade ou para a prova (e, portanto, de conflito com o interesse na prossecução penal e com o princípio da verdade material) pode haver interceção e gravação de comunicações telefónicas (Acórdão n.º 7/87, Acórdãos cit., 9, pp. 7 ss., 35; cfr., de modo semelhante, quanto ao uso, não consentido pelo visado, de fotografia como prova em processo de divórcio, o Acórdão n.º 263/97, Diário da República, II série, de 1-7-1997, pp. 7567, 7569). É certo que no acórdão n.º 7/87 o Tribunal invocou a reserva de lei em matéria de processo criminal que limita à partida o direito ao sigilo da correspondência e dos outros meios de comunicação privada (arts. 34.º, n.ºs 1 e 4), mas estava em causa apenas a hipótese em que o sigilo diz respeito a matéria de reserva da intimidade, em que não há reserva de lei. Também o direito de acesso a cargos públicos eletivos (artículo 50.º, n.º 1 da Constituição) era, antes da revisão de 1989, consagrado sem limites à partida além dos que resultavam de outros preceitos constitucionais diretamente para os magistrados judiciais (artículo 221.º, n.º 3, hoje 216 n.º 3) ou através de reservas de lei para os militares e agentes militarizados (artículo 270.º) e para as eleições para a Assembleia da República (artigo 153.º, hoje 150.º). Mas nos acórdãos n.ºs 225/85 e 244/85 (Acórdãos cit., 6, pp. 793 ss., 798-801 e pp. 211 ss., 217-228) o Tribunal admitiu restrições legais para os funcionários judiciais (em vista do interesse na separação e independência das funções autárquica e judicial) e para os funcionários e agentes da administração autárquica direta da mesma autarquia (em vista do interesse na independência e imparcialidade do poder local). Em ambos os casos as restrições expressas na Constituição ou resultantes das reservas de lei em certas matérias fundaram argumentos no sentido da admissibilidade de outras restrições, em hipóteses de conflito de direitos ou interesses constitucionalmente reconhecidos" (ibidem).

[533] Além disso, vencido o principio dos limites imanentes, haveria também que saber, se, em concreto, o tribunal *a quo* teria ofendido o princípio da interdição de excesso, por que que se reflete sobre tal, fazendo-se as seguintes considerações: "falta demonstrar a necessidade e a proporcionalidade de restrições determinadas por situações de conflito em matéria de secreto comercial ou industrial, de direitos de autor ou de direitos de propriedade industrial, e de concorrência desleal, tendo em vista os critérios dos n.ºs 2 e 3 do artículo 18.º. Como se disse no acórdão n.º 282/86 (Acórdãos cit., 8, p. 223), o princípio da necessidade e da proporcionalidade – esta não

Mas certas informações são apenas objeto de proibição de uso fora dos fins da legislação do acesso, em nome do respeito pelos direitos de autor e da propriedade industrial[534].

Em geral, a razão de ser destas proibições pretende impedir o aproveitamento do direito de acesso para *fins comerciais, um uso indevido do direito de acesso*. De qualquer modo, quando entenda não comunicar uma dada informação nestas matérias, a Administração não está isenta do *comprimento do princípio geral consagrado na lei, do ocultamento através de acantonamento ou sombreamento da informação a interditar*, revelando toda a restante informação, que se recolha no dossier ou documento em causa. Com esta possibilidade de que a Administração não efetue a comunicação, pretende-se a proteção da confidencialidade dos negócios, quando tal possa causar dano às empresas implicadas, e evitar a difusão de informações prejudiciais aos interesses comerciais e ao crédito das empresas.

Há dados económicos, cuja interdição de acesso derivará da invocação do segredo de Estado, sempre que, no exercício do seu poder discricionário, a Administração Pública leve a cabo a respetiva classificação, em matérias de natureza comercial, industrial, científica, técnica e financeira, que interessem à preparação da defesa militar do Estado[535].

Quanto aos segredos comerciais e industriais, diretamente invocáveis para recusar o acesso, temos as informações não indiferentes à concorrência, como os segredos de dados económicos e financeiros ou das estratégias comerciais, segredos fiscais sobre la situação económico-financeira das empresas,

é mais do que a necessidade não apenas da existência de restrição, mas de certa medida ou modo de restrição – enunciado no artículo 18.º, n.º 2 vale diretamente para todas as medidas restritivas dos direitos fundamentais. A sua aplicação exige a definição genérica ("tem de revestir carácter geral e abstrato": n.º 3 do artículo 18.º) das situações de conflito entre direitos fundamentais ou interesses constitucionalmente protegidos, o que equivale à enunciação das circunstâncias ou dos pressupostos de facto em que o direito prevalece e das circunstâncias ou dos pressupostos de facto em que o direito é restringido. As longas demonstrações da existência ou inexistência de necessidade e de proporcionalidade da restrição em determinados pressupostos constituem a substância quer das opiniões que fizeram vencimento como das vencidas no referido Acórdão n.º 282/86 (sobre a suspensão e o cancelamento dos direitos emergentes dos técnicos de contas), assim como, também por exemplo, no Acórdão n.º 103/87 (sobre restrições aos direitos fundamentais dos agentes da Polícia de Segurança Pública).

534 Veja-se o artigo 10.º da Lei n.º 65/93 (*Uso ilegítimo de informações*), transcrito na nota 755.

535 Diga-se, além disso, que a ligação das informações desta natureza aos aspetos militares de defesa denota uma conceção restrita e imperfeita de defesa nacional. Veja-se, em várias diretrizes nacionais, as cláusulas de ordem pública de contratos internacionais, em domínios tecnológicos desligados do plano militar. A própria Constituição, no artigo 88.º, deu à economia um dado papel garantístico da independência nacional.

segredos de negócios, procedimentos e técnicas de fabrico, operações e métodos de trabalho, dados estatísticos confidenciais, ficheiros de clientes, informações sobre lucros e cargas, inventários, resultados de investigações, relaciones comerciais, pareceres sobre quotas de mercado, etc.[536].

No fundo, podemos distinguir informações que desde o princípio aparecem como, naturalmente, interditáveis, sem necessidade de apreciações sobre a sua confidencialidade, e, portanto, as que a Administração deverá, em princípio, sob pena de responsabilidade civil por danos, tratar "automaticamente" como confidenciáveis, não sendo conhecidas ou difundíveis por outros meios e inexistindo autorização da empresa para que as informações sejam públicas. E outras informações, que somente são interditáveis se implicarem inconfidências passíveis de, em concreto, poder causar prejuízos às empresas, implicam uma apreciação caso a caso[537].

Em alguns casos, o poder de não comunicar corresponde a um dever de ocultar, de reserva. A lei deixou, em geral, à apreciação casuística da Administração a questão da comunicabilidade ou não. E este enquadramento é correto, na medida em que as soluções rígidas sacrificariam, sobretudo, o âmbito material de informação, no que o interesse particular é relativo e o interesse da fiscalização pública pode ser grande, como sucederá em situações de risco ambiental ou de suspeita de atuação parcial de a Administração[538]. Portanto, o critério interditador do acesso, a praticar pela Administração, independentemente do atribuído "poder discricionário", efetuado em termos genéricos, tem que partir da ideia de que existem documentos confidenciais por natureza e outros documentos que somente o serão, ao admitir-se que a sua difusão possa causar prejuízo. Isto pressupõe um juízo de apreciação no que aparece como relevante a efetivação de uma ponderação conjunta de três elementos. Por um lado, naturalmente, o eventual valor comercial do documento ou da informação. Depois, a não comprovação de que a informação já

[536] Scoffoni, Guy – *Le Droit a l'information Administrative aux États-Unis:Du modèle americain au sistéme français de transparence.* Paris: Economica, 1992, p. 192 e ss.

[537] Isto, por cautela, deverá levar a Administração Pública a ouvir, previamente à sua decisão, as próprias empresas, a que se referem as informações envolvidas nos documentos solicitados, como eventuais contrainteressados na comunicação, nos termos da intenção decisória a proferir. Nestas situações, havendo conflitualidade e duvidas, a decisão da Administração, ponderados os distintos interesses, e sobretudo se forem meramente económicos, o que não ocorre com a defesa do ambiente e dos interesses difusos em geral, não deveria ser executada, existindo declaração de intenção de interposição de recurso administrativo ou contencioso e os mesmos ocorram dentro dos respetivos prazos procedimentais e processuais.

[538] De qualquer modo, qualquer comunicação que cause danos a particulares é justificativa da responsabilidade civil extracontratual.

é do domínio público. É importante que esta, todavia, não seja conhecida fora do âmbito da empresa implicada na informação e da Administração detentora do documento solicitado, onde esta se insere. E, finalmente, a não verificação da possibilidade de a obtenção da informação constante deste documento, por outras vias.

Podemos decompor o conjunto de informações comerciais e industriais interditáveis, essencialmente em *três grandes grupos temáticos*[539]: o dos *procedimentos técnicos de fabricação o de comercialização, o de as informações económicas e financeiras de carácter relacional concreto e o de as estratégias comerciais de a empresa* em causa.

Enquanto a as informações referentes a procedimentos de atividade, v.g. as técnicas de fabricação usadas o os trabalhos de investigação em curso, não devem ser comunicados, pois isso seria desvendar o saber-fazer da empresa. Aqui estamos perante segredos vinculados a patentes de invenção, equipamentos usados, partes de pareceres de inspeção de instalações, quando descrevam procedimentos de fabrico e de contratos de ajuda à inovação, entre uma empresa e um instituto público de apoio à investigação. E no âmbito de questões ambientais, são interditáveis as análise de resíduos de uma fábrica, quando a composição destes possa permitir chegar aos procedimentos de fabrico, ou análises periódicas com informações sobre o volume das produções ou técnicas usadas, etc..

De qualquer modo, em geral, em relação a todas estas situações, deve entender-se que esta orientação não somente não prejudica, naturalmente, a divulgação prevista em leis especiais como "sanções" pela prática de irregularidades, como, independentemente disto, não pode impor-se sempre que esteja em causa a saúde pública ou grave atentado contra os valores ambientais. Em nome de uma cláusula vital, tal deve ter primazia sobre qualquer tipo de regras de secretismo.

Quanto às *informações económico-financeiras*, ou seja, aos dados sobre a situação económica de una empresa, a sua saúde financeira e o seu crédito, não devem ser livremente comunicáveis documentos que revelem o volume de negócios e o nível de atividade empresarial. A doutrina da CADA francesa revelou-se desfavorável à revelação de, v.g. estatísticas referentes ao consumo de farinha por parte dos padeiros, ao consumo de eletricidade ou relatórios de

[539] CASTRO MARTINS, A. – "Acesso à informação do Sector Público: Princípios Gerais". In *Comissão de Acesso aos Documentos Administrativos: 3.º Relatório da Actividades.* Lisboa: CADA, 1997, p. 20-21; CONDESSO, F. – "O direito à informação administrativa". In *Cadernos de Ciência da Legislação.* Oeiras: INA, 1996, p. 92-5.

auditorias. Obviamente, que esta interdição se refere aos cidadãos em geral e não a pessoas que justifiquem ter um interesse legítimo no acesso à referida informação.

Quanto às *estratégias comerciais*, esta temática ganha acuidade no domínio dos contratos de concessão da Administração Pública. Não está em causa o acesso a toda a documentação referente aos concursos públicos ou determinando as condições de preço acordadas entre a Administração Pública e a empresa, que afetam o custo do serviço público ou a faturas ou documentos de execução contabilística[540]. Somente a análise de cada caso pode permitir concluir sobre a razoabilidade de uma eventual interdição de acesso ou, pelo contrário, da ofensa ao princípio da interdição do excesso administrativo, com tal comportamento[541].

*

Como princípio jurídico vigente nesta matéria, como já referimos, temos o muito importante para o regime da transparência ligado à sua razão e à razões de ser das restrições impostas nas *áreas de exceções constitucionalizadas*: o de que a informação solicitada deve ser sempre, pelo menos, parcialmente disponibilizada se for possível "expurgar" a informação que fundamentou o indeferimento: não se podendo dar exame direto, mas podendo efetivar-se ocultamentos eficazes, por *métodos físicos, acantonamentos ou sombreamentos parciais*, efetivando fotocópias de uma fotocópia que se torne ilegível por

[540] Mas, por exemplo, os resultados das empresas concessionarias foram considerados inacessíveis no Parecer BISSON, da CADA francesa, emitido em 26.4.1990. Em França, o segredo das estratégias comerciais también protege as empresas, quanto aos documentos remitidos para obter autorizações ou subvenções, o que, em termos genéricos, parece contraditório com os objectivos de transparência que justificam o direito geral de acesso, precisamente nas áreas onde ele mais se exige.

[541] ONGA, GEOTA e Liga para a Protecção da Natureza solicitaram ao presidente do GATTEL cópias do contrato de concessão e construção da nova ponte sobre o Tejo, celebrado entre o Governo e a LUSOPONTE (*Caso LPN contra Gattel*). A CADA pronunciou-se desfavoravelmente ao livre acesso a uma parte desses documentos: anexo 1 (Contrato de Projecto e de Construção); anexo 2 (Contrato de Exploração e Manutenção); anexo 3 (Contrato de Financiamento); anexo 9 (Caso Base); anexo 11 (Acordo de Subscrição e Realização do Capital). Esta parte era constituída por minutas de contratos de direito privado, em que o Estado não é parte, pois neles só intervêm a concessionária e terceiros. E no Anexo 9 refere-se ao modelo de engenharia financeira do empreendimento (Vide Comisão de Acesso aos Documentos Administrativos – "Parecer n.º 17/95, de 20.61995". In *Relatório de Actividades da Comissão de Acesso os Documentos Administrativos 1994-1995*. Lisboa: CADA, 1996, p. 136-142).

coloração ou fazendo aderir previamente pedaços de papel sobre vocabulário a interditar[542]) e sem obrigação de reconstituição de documentos escritos.

*

Em geral, pelo contexto do regime de Liberdades e Garantias, em que se insere o regime da LADA, os seus fundamentos de indeferimento, face aos interesses constitucionais protegidos (e apenas estes, independentemente das exigências unionistas em geral minimalistas, exceto quanto a emissões ambientalmente nocivas para a saúde, mesmo que fossem mais exigentes, face à primazia aplicativa de todo o direito da UE sobre todo o direito de génese estadual, mesmo que com prejuízo de exceções constitucionais – se não considerarmos uma exceção, que não precisa de consagração jurídica positivada, a da supremacia da cláusula vital – ou de direito internacional, que possam ser mais permissivas em termos de confidencialidades), devem sempre ser *interpretados de forma restritiva* face a eventual concreto interesse público ou privado subjacente à divulgação da informação.

*

No que concerne à estatuição de, quanto ao prazo para a comunicação da informação, esta deve *processar-se o mais rapidamente possível, sob pena de a AP ter de efetivar a devida justificação pelo acesso deferido, o que deve fazer na data do aviso da sua entrega ou da colocação à disposição,* e, esta, de qualquer modo, sem que se possa ultrapassar o prazo máximo de dez dias úteis.

Regra e motivação de deferimento que deve tão mais estrita e convincente quanto mais se constatar estar-se no âmbito de *assuntos ultrassensíveis,* aliás nunca em tempo que leve ao conhecimento das matérias em fase já não passível de prevenir as ocorrências eventualmente indesejáveis, tornando inútil ou mais oneroso o exercício de lógicas de contestação ou o direitos procedimentais ou jurisdicionais de oposição a que o acesso aos documentos e à informação naturalmente visariam, designadamente nos termos da legislação procedimental especial e acionária pública (o que mesmo que não

[542] Aliás, importa, também, efetivar um fotocopiamento prévio, quando houver risco de deterioração do exemplar original, a efetivar para propiciar novas fotocópias, com direito a conferimento desse original, se solicitado. Sem prejuízo do exercício do direito a mera consulta documental e depois efetivar reprodução manual do seu conteúdo, o que sempre é possível, se o cidadão não quiser fotocópia, tal como pode fotografar o texto em vez de requerer fotocópia ou reprodução por qualquer outro meio que não danifique o documento.

referenciado no requerimento, cabe logo à AP, numa imediata vista sumária organizadora dos tempos de comunicação, analisar em ordem a dever detetar as maiores urgências comunicacionais perante matérias de interesse difuso ou de possível processo jurisdicional cautelar.

*

Esta a regra geral de admissibilidade de deferimento do acesso torna mesmo, à partida para o legislador, inaceitável, sobretudo e de todo em matérias fundamentais para a vida das pessoas e bem-estar da sociedade, qualquer restrição ou acrescento normador ocultador laxista, segundo o qual pode haver deferimento do próprio tempo máximo de acesso que seja fixado.

O tempo de concessão do acesso por exame direto deve ser imediato ou quase imediato, mesmo que não solicitado presencialmente, até para impedir a eliminação, apesar da interdição de eliminação (para sonegação) documental, ou ocultar temporariamente informação. E, em geral, deve ser o mais curto possível. Tudo sem prejuízo de imediata informação sobre a existência e o conteúdo concreto do próprio documento a solicitar.

Aliás, deve ser regulado de modo escalonado segundo a importância da matéria, obrigando a dar acesso mais urgente, desde logo em temas saúde (alimentação, ecotoxicologia, doenças infeciosas, etc.), ambiente (contaminações empresarias criminosas e poluições de águas, ar, solos, perigos para a vida animal), perigos de distúrbios sociais ou criminalidade, decisões referidas na comunicação social como passíveis de corrupção ou de forte prejuízo para os interesses públicos).

A experiência em vários países revela que não pode haver com permissividades de atrasos de prazos fixados quanto a pedidos que tenham por objeto informação que a autoridade pública, no âmbito das respetivas atribuições tem sempre, o que é obrigação sua, de ter (possuir) devidamente tratada e coligida.

Num Estado democrático e de transparência funcional, a que a Constituição obriga, não pode aceitar-se argumentos justificativos de uma dada entidade com conteúdo motivacional, a que ela própria quer atribuir causa de adiamento, com isto pretendendo viabilizar uma dada opacidade temporal.

A menos que tenha razoáveis dúvidas sobre aspetos parciais de conteúdo comunicacional de informação e solicite no prazo legal o devido parecer da CADA. Algo que, aliás, nunca se justifica em relação a documentos com informação íntima, que seja solicitada despersonalizada, anonimizada, ou seja, com sombreamento da parte em que aparece indicado o nome da pessoa a que se refere.

Em relação a quaisquer documentos detidos, que não sejam demasiado volumosos, que não suscite parecer à CADA ou que não exijam demasiados sombreamentos (caso em que, no prazo legal de apreciação, o requerente deve receber comunicação disso, para se evitar queixa à CADA), não se justifica nenhum prolongamento de prazo, nem muito nem pouco dilatado, independentemente de, de qualquer modo, a haver, sempre ter de ser devidamente justificado (legal e factualmente, em termos sucintos, mas claros e precisos), na comunicação para o acesso.

Ou seja, a AP deve fundamentar não só os indeferimentos (sempre parciais) de acesso, como não havendo acesso imediato por exame informacional, em dossier documental ou automatizado), também pelo deferimento temporal, sem prejuízo de este se ter por justificado à partida no caso de pedidos de pareceres ou de sombreamentos (mas não de acantonamento em dossiers físicos de partes inteiras, iniciais ou final, de folhas deste, a menos que sejam pedidos tidos por volumosos ou, tratando-se de acantonamentos, se reportem a várias folhas).

Quanto aos documentos detidos, ou sejam, que estejam nos próprios serviços, e não por razões justificáveis, noutros serviços ou entidades, tal iria contra o critério numa leitura de "posse atual", o que já não contradiz a necessária obrigação de o serviço (que o produziu ou o recebeu ou o deve manter) ter os seus arquivos organizados e tratados, ol que é sua responsabilidade funcional, dele nenhuma culpa e aliás nele nenhuma influência em princípio, tem o requerente, para ter de sofrer o ónus negativo, a cair sobre ele, sendo certo que a jurisprudência noutros países revela bem como justificações destas foram recorrentemente usadas de modo ilegal para dilatar, no tempo, o "dar conhecimento" dos "dossiers" ou para invocar labores excecionais para operar aumentos nos custos das fotocópias referentes ao "tempo de procura" ou o "tempo de organização dos documentos" tiveram que ser prontamente contestados e condenados pelos tribunais, e consequentemente clarificada a legislação e a prática administrativa, interditando a contagem desta componente na taxa das meras "fotocópias simples" ao abrigo do direito de livre acesso dos cidadãos segundo a legislação "uti cives".

*

É indiferente a questão de quem é ou não a autoria de um documento, pública ou privada, e se o documentos era exigível para qualquer fim ou o cidadão o juntou por sua livre iniciativa (pois, se foi juntou, se instrui um dado processo, era para influenciar uma decisão e tal podia ter acontecido ou, face a ele, tal devia ocorrer, dentro do princípio da verdade material, pelo que não pode deixar de ser comunicado e valorado livremente pelo cidadão solicitantes) e e quer exista a obrigação de coligir ou não, e quem quer que seja o titular da atribuição de decidir ou da competência para a tratar, para que, estando na posse de uma entidade ou devendo está-lo, se deva cumprir o acesso e no prazo geral normal, que é tido como máximo, para dar acesso, constante da lei.

A experiência mostra ser fácil recorrer a expedientes variados para justificar a dilatação deste prazo, fazendo perigar interesses públicos, designadamente os ligados a questões de necessário conhecimento urgente, como ocorre, por exemplo, no domínio do ambiente, questões energéticas (energia atómica), ecotoxicidade, epidemias, etc..

*

Quanto a prazos, só em *casos excecionais, justificados com fundamento no volume ou complexidade da informação*, estes prazos podem ser ultrapassados; isto sem poderem ser prorrogados para se iniciar a comunicação dos documentos.

De qualquer modo, se o critério básico é em geral o da entrega em tempo útil, no máximo em 10 dias, nestes casos não cumprível, mas este macrocritério deve ser tido em vista em caso de solicitações volumosas de diferente urgência, para se poder terminar a entrega de todas as reproduções em tempo útil. Embora, não sendo o caso de estarem em causa questões de urgência assimétrica, se dever começar por ir entregando (na falta de indicação expressa, original ou face a notificação para tal do requerente), em tempos razoáveis aqueles que, em princípio, estejam solicitados em primeiro lugar no requerimento ou que, por acordo, se combine dar prioridade na impossibilidade dos serviços cumprirem em tais circunstâncias a comunicação total no prazo máximo de 10 dias[543].

[543] Nestes casos, é de todo infrutífero marcar legalmente um prazo, bastando o critério de "prazo razoável", a apreciar casuisticamente pela CADA (neste caso – recordo a situação de processo que analisei e chegou aos tribunais americanos, referente ao acesso, por parte de um jornalista, a uma informação das forças armadas, que teria, pelo volume, demorado vários meses, tal era a quantidade de documentação em causa e certas tarefas que, na situação temporal em causa, a mesma desenvolvia), por questões de maior eficiência e não se colocarem questões essenciais em termos de acesso e apenas em termos de tempo, devendo a decisão da CADA ser de respeito obrigatório) ou, se necessário, pelos tribunais.

*

Entre as funções da CADA consta, além da emissão a pedido dos particulares requerentes de parecer sobre a comunicação, designadamente de documentos nominativos, mas também pareceres entre serviços e organismos da Administração, neste caso, havendo dúvidas sobre a admissibilidade dessa revelação, exceto nos casos em que o acesso deva ser autorizado nos termos da lei n.º 67/98, de 26 de Outubro, e, por outro, tem a obrigação, pouco motivada, de efetivar diligências para contribuir para a aclaração e divulgação das diferentes vias de acesso aos documentos administrativos, no âmbito do princípio da administração aberta para os cidadãos. E cabe-lhe apreciar as queixas que lhes sejam dirigidas pelos interessados, dar parecer sobre o acesso aos documentos nominativos, nos casos de invocação de interesse por parte de terceiros, a pedido do interessado ou do serviço requerido.

O procedimento de acesso pode iniciar-se sem o parecer prévio favorável, caso em que o parecer da CADA se integra no procedimento. Por isso, para que se estivesse a introduzir um esquema codecisor seria necessário que o legislador o dissesse, o que não sucede. Sendo assim, há que entender que a Administração pode superar o parecer da CADA. Tem de o pedir, mas não está obrigada a segui-lo. E mais: uma vez obtido o parecer pela Administração ou pelo particular (casos de pareceres obrigatórios), já não parece existir obrigação de "queixa" prévia para a CADA, como condição para o exercício da ação contenciosa. Sobre esta matéria, a redação da LADA de 1999 impõe à entidade a que se dirige o requerimento de acesso a documentos nominativos de terceiros, desacompanhado de autorização escrita deste, que solicite um "parecer à CADA sobre a possibilidade da revelação do documento, enviando à requerente cópia do pedido" (n.º 2 do artigo 15.º), o que vem flexibilizar o sistema. O particular pode pedir o parecer, mas se não o faz, deverá fazê-lo a Administração[544].

*

[544] Artigo 15.º: "2-A entidade a quem foi dirigido requerimento de acesso a documento nominativo de terceiro, desacompanhado de autorização escrita deste, solicita o parecer da Comissão de Acesso aos Documentos Administrativos sobre a possibilidade de revelação do documento, (...)".Aqui, é obrigatório solicita-lo e não solicitar ao cidadão que o faça, enquanto no número seguinte, o pedido da Administração é facultativo: "3-O mesmo parecer pode ainda ser solicitado sempre que a entidade a quem foi dirigido requerimento de acesso tenha dúvidas sobre a qualificação do documento, sobre a natureza dos dados a revelar ou sobre a possibilidade da sua revelação".

O requerente de informação que considere que o seu pedido foi ignorado, *indevidamente indeferido, total ou parcialmente, que obteve uma resposta inadequada ou que não foi dado cumprimento à lei* (por exemplo, em caso de recusa de acesso, total ou parcial, às informações sob a *forma ou formato pedidos ou excesso de cobrança*), tal como qualquer *terceiro lesado pela decisão de divulgação de informação* podem impugnar a legalidade da decisão, ato ou omissão, nos termos do Código do Processo nos Tribunais Administrativos, sem prejuízo de poderem igualmente apresentar queixa à Comissão de Acesso aos Documentos Administrativos (CADA), nos termos e prazos previstos na Lei geral de Acesso aos Documentos Administrativos.

Acontece que existindo uma Comissão, que aliás deveria funcionar como *instância de pré-contencioso*. Isto, face à sua natureza de entidade especializada, amplamente colegial e representativa das mais importantes Administrações, pelos seus membros, com possibilidade de sistemática assistência do Responsável da própria instituição objeto de queixa ou do pedido de parecer e, portanto, com funções "pedagógicas" de debate e convencimento. E também por ser de pronúncia gratuita, o que permitiria evitar quer a natural retração cidadã de se dirigir aos tribunais, quer a sobrecargas destes (logo que, com o tempo e devida difusão, a consciência cidadã se aprofunde, a lei saia do desconhecimento generalizado a que em certos sítios é votada e os processos brotem).

Com efeito, este direito cabe face a qualquer ocorrência da Administração requerida, que não satisfaça, totalmente ou em tempo, o podido do cidadão (indeferimento, deferimento parcial, falta de resposta no prazo de 10 dias após receção do requerimento ou do Relatório-Parecer da CADA, a sua solicitação ou face a queixa do requerente, comunicações de dilações de a cesso não fundamentadas ou de fundamentação não aceite, invocação de inexistência do documento, ausência indevida noutra instituição, ou informação de que o mesmo não é revelável por deficiência ou risco de deterioração, ocultamentos ou sombreamentos indevidos ou invocação de inexistência de obrigação de ocultamentos face à sua "considerada" extensão, reprodução ilegíveis ou desautomatização não fidedigna, recusa de aceitação das reproduções por exigência de taxas indevidas ou cobranças já efetivadas para efeitos de devolução, etc.) por parte do serviço público em causa, os queixosos devem apresentar pedido de relatório-parecer à CADA num prazo que nunca deve ser superior a quinze ou, muito excecionalmente, no máximo, vinte dias.

Prazos de um mês ou mais são, em geral, apenas aceitáveis em situações de grande volume de documentação a analisar ou especial complexidade temática (em Comissões, cujos membros não funcionem a tempo inteiro, por, sobretudo no início do seu funcionamento, normalmente haver volumes de pedidos de acesso e queixas reduzidos), e mesmo assim sempre que não ponham em causa a utilidade prática do pedido de acesso. Não tendo esta funções de pré-contencioso obrigatório, este prazo assim como o do decurso até à receção da decisão do parecer da CADA, não contam para efeitos de processo jurisdicional (para intimação da AP). O prazo máximo para emissão de parecer-relatório da CADA era, na legislação inicial (Lei n.º 65/93 de 26.8, resultante de projeto da nossa autoria), de 20 dias, o que em geral, mas sobretudo face à defesa de certas questões, designadamente do ambiente e em relação a pedidos da comunicação social, que tem a função-direito fundamental constitucionalizado de informar atempadamente, era já por vezes excessivo.

Deve atentar-se na competência pré-contenciosa da CADA francesa (evitando praticamente processo jurisdicionais), o regime dos seus membros e os prazos de resposta.

Aliás, nada justifica, nem uma solução à francesa de juntar legislações de sentido diferente, uma materialmente constitucional, que deve ser a LADA e outra de acesso interessado à informação pública, seja para reutilização-comercialização, seja para exercício do direito de acesso a informação procedimental pelo implicado, apesar de também ter a mesma dignidade de direito fundamental, mas que pela especificidade e lógica deve a constar de CPA, tal como não se justifica a existência de duas comissões referentes ao mesmo tipo de direito acesso, uma independente dos agentes políticos dita de acesso aos documentos em geral (CADA) e outra, político-partidária, claramente dominada pela classe política, de acesso por parte dos cidadãos a documentos em segredo de Estado, a qual só deve funcionar a favor de um grupo restrito de deputados de controlo do governo nessa área, com especiais obrigações funcionais e pós-funcionais, de confidencialidade geral. E que, ao apreciar a matéria de acesso, analisa apenas as questões de segredo de Estado, podendo dar acesso a partes de documentos classificados sem conter matéria que lhe cabe apreciar, deixando passar outros tipos de exceções, sob pena de ter de repetir to um papel que cabe à cada, eventualmente em sentido diferente. Não é por acaso que em França, a CADA é a única entidade de apreciação de pedidos de apreciação e queixa em todas as matérias "excecionáveis"[545].

[545] Esta solução, que partiu do facto de a lei do segredo de Estado ter sido preparada pelo ministro da Justiça do governo de então, na mesma altura em que o autor apresentou e se fez debater a LADA e não ter sido possível um entendimento no sentido de alterar a proposta do governo (cujo

A decisão, tal como a falta de decisão no termo do prazo legal, podem ser impugnadas pelo interessado na jurisdição administrativa (processo de intimação específico para acesso a documentação previsto no Código de Processo nos Tribunais Administrativos[546].

*

O critério de cálculo e o tipo de diplomas com as taxas a pagar pelo acesso *ut cives* à informação, o que integra o núcleo essencial que leva a viabilizar ou a impedir o acesso, merecem em geral fortes críticas. Desde logo, muito mais à documentação ambiental, que só é gratuita se se processar por exame direto de dossiers ou eletrónico, a registos ou listas públicas ou, em geral, quaisquer documentos elaborados e mantidos pela Administração Pública.

Quanto aos outros *meios de acesso*, as autoridades públicas podem cobrar uma taxa pelo fornecimento de informação com *impressão em papel*, a partir de documento em papel ou reprodução de documento informatizado (que não seja enviado diretamente por email, que deve ser gratuito), mas qualquer reprodução por fotocópia não pode ultrapassar os termos inicialmente previstos no original n.º 2 do art. 12.º da Lei n.º 65/93, de 26 de agosto[547], não podendo (se não for para fins de reutilização económica) incluir nenhuma verba pelo "serviço prestado" (uma vez que resulta da aplicação de um direito constitucionalizado, apelando ao labor cívico dos cidadãos para o controlo da própria ação dos seus representantes públicos), apenas podendo integrar o custo dos materiais (papel ou peça de mecanismo de registo de conteúdos) e amortização de fotocopiadora. Aliás, um número moderado de exemplares deveria mesmo ser gratuito, como acontece nos EUA e na União Europeia, quando o direito for exercido invocando-se a norma específica que o caracterize como atividade *ut cives* (e não para efeitos comerciais, cujo regime é diferente e nem sequer deveria prestar-se a confusões, estando junto no mesmo diploma).

único tema de debate polémico, foi e acabou por ser resolvido pelo TC, o da imposição do recurso administrativo pré-jurisdicional obrigatório, resolvido com uma temporalização tida como não excessiva deste recurso e, assim, não declarada "inconstitucional").

[546] *Processo* de *intimação* para prestação de informações, consulta de *documentos* e passagem de certidões, previsto no artigo 104.º do *C.P. T.A.*

[547] Fruto de um estudo de direito comparado, por parte do autor (que elaborou o projeto de lei), de todas as leis existentes na altura, no mundo, e já abundante jurisprudência resultante da sua aplicação e, aliás, apesar de a nossa realidade jurídica ser, na altura, muito mais exigente, ao ter uma base constitucional como direito fundamental, caracterizadora e estritamente limitadora de exceções, face a estritos valores também constitucionais.

Sendo inaceitáveis redações (que apontem para cálculos à base de valores relacionados com o *comércio ou custeando o "serviço prestado" com a reprodução, que é um ónus público ao serviço da cidadania*), que possam impedir ou desencorajar para todos os estratos da população, mesmo a mais carenciada em rendimentos, o exercício normal deste direito de cidadania, do género da portaria e atual LADA [sendo reprovável na Lei n.º 46/2007, de 24.8, art. 14.º, quer o n.º 1, alíneas a) a c), tal como a remissão efetivada, nos seus números 2 e 3, para regulamentações institucionais, propiciando diferentes valores de taxas]. A fixação dos custos de um direito fundamental deve único, a nível nacional para qualquer instituição, efetivado por remissão para decreto-lei do governo (devidamente fundamentado, com discriminação dos valores atribuídos às duas componentes referidas), de modo a ser igual para todos os cidadãos e em todas as entidades obrigadas à aplicação da LADA, na parte em que realize o direito fundamental de acesso (sejam de direito público ou privado, desde que desempenhem, diretamente ou por concessão ou delegação, a função administrativa pública).

No entanto, se a documentação se destinar a reutilização, deverá o Estado atuar como ator económico, cobrando, a favor de toda a comunidade, quer o serviço prestado quer uma "componente de utilidade propiciada" em termos de comercialização, dado servir a "favor do lucro de alguns com um bem que é de todos".

Portanto, tal norma devia ser reposta. Foi, depois, inconstitucionalmente incumprida, através de um decreto-lei não autorizado, que "deslegalizou" a matéria do cálculo (a fazer segundo critério fixado na lei parlamentar que legalmente remeteu ao governo apenas o cálculo concreto periódico, ou seja, apenas para fixação para todos as administrações do país, a nível nacional, mas respeitando os critérios de cálculo pré-fixados em decreto-lei do governo, para ter eficácia a nível nacional. Isto, naturalmente, sempre segundo esses estritos parâmetros, apenas com as alterações resultantes de uma eventual evolução periódica desses componentes referidos no diploma parlamentar. Tendo, no entanto, o governo degradado esta normação parlamentar e aprovado uma taxa por mera portaria, sem respeitar os referidos parâmetros, antes usando *critérios comerciais e técnicas de promoção do consumo de fotocópias*, ao ponto de elas serem mais baratas se fossem solicitadas em número maior de fotocópias. Portanto, com um a taxa (custo lucrativo) aplicável apenas para a Administração do Estado, através de mero regulamento do Ministério das "Finanças". Assim, deixando a regulação desse aspeto essencial do valor para se poder exercer o direito, ao critério das diferentes entidades públicas e privadas exercendo funções públicas, o *exercício concreto de um direito fundamental,* que inconstitucionalmente retirou das mãos do legislador nacional e mesmo da exigência conatural de lei material, que ficou disperso por todo o tipo de pessoas coletivas exercendo funções públicas, o que a posterior lei de 2007 mantendo a inconstitucionalidade[548], veio, indevidamente, fazer constar. Pelo meio, houve municípios a pedir verbas astronómicas, e aliás até sem base regulamentar tributária, e em geral os valores cobrados, umas vezes dissuasoriamente e outras igualizando, aberrantemente, os valores, quer se trate de fins de acesso à informação dos cidadãos como tal, quer de aquisição dessa informação para fins comerciais, sem que os "responsáveis" pelo acesso, de existência legal obrigatória, e quando existam como tal, agem sem autonomia face aos decisores, que sempre procuram ocultar ou deferir no tempo a informação que não lhes convém publicitar, tenham preparação ou autonomia para orientar as soluções que escatologicamente se impõem face à LADA, devidamente interpretada nos termos constitucionais.

Ora, sendo a questão do *valor das taxas de fundamental importância na economia desse exercício do direito de acesso* em si mesmo, tal como a deslegalização da sua fixação para normas das várias instituições, em vez de uma lei nacional e de valor igual para todos os cidadãos, a normação atual é inconstitucional.

Para além desta *questão orgânico-formal da fixação da taxa*, é inaceitável que um cidadão, agindo como tal e não no seu interesse, tenha de arcar com preços lucrativos e não meras taxas de custo. Cremos que, a menos que o legislador venha a rever a sua posição regulando a matéria (que é de "reserva relativa"

[548] E, aliás, acrescentando uma exceção não prevista na CPR, como se constata da redação de 2015, quando isso não está previsto expressamente no seu articulado, nem era aqui o lugar de falar em exceções devendo a norma remeter simplesmente para o regime da LADA, hoje existente ou, quando muito, limitar-se a enunciar-se à clausa de xceção acrescentada pelo TC referente a certos segredos do mundo económico-concorrencial e não propriamente da fiscalidade. Este novo inciso do artigo 17.º é questionável por acrescentar sem mais uma genérica exceção e como tal é uma norma inconstitucional, a reler de acordo com a LADA, se esta estiver e se contiver, nas sempre laxistas tentativas de alteração, dentro dos limites constitucionalmente aceites. Diz p artigo (Princípio da administração aberta): "1-Todas as pessoas têm o direito de acesso aos arquivos e registos administrativos, mesmo quando nenhum procedimento que lhes diga diretamente respeito esteja em curso, sem prejuízo do disposto na lei (...). De qualquer modo, nada a criticar quanto à referência de "matérias relativas à segurança interna e externa, à investigação criminal" e "à privacidade das pessoas" e apenas ao aproveitamento do comboio para embarcar aquilo que nem políticos nem grandes interesses querem, "o sigilo fiscal" "tout court". Uns para esconder o que deve ser público num agente eleito e os outros, para fugir ao controlo público dos seus deveres contributivos, quando apenas dados em documentos cujo conhecimento possa causar prejuízo ao negócio poderá justificar a opacidade e apenas durante o tempo de proteção-reserva tido como estritamente necessário, devidamente comprovado pelo interessado nisso, previamente ouvido de modo expressamente, face a pedido de acesso informacional de qualquer cidadão.

do parlamento e, portanto; só ele ou o governo por ele autorizado podendo legislar) por lei formal ou por um decreto-lei autorizado e não por portaria, a inconstitucionalidade mantém-se.

*

Quanto às *taxas em matérias sensíveis* para a saúde, alimentação, ecotoxicidade, ambiente, putativa corrupção, e outras decisivas e de especial necessidade de conhecimento imediato, devia aplicar-se a regra da gratuitidade ou, pelo menos, até a um certo número significativo de pedidos de fotocópias, podendo aqui servir de inspiração o regime vigente no acesso a documentos das instituições da UE, até porque a administração portuguesa nesta matéria, atribuição da UE, é mera Administração indireta ou "delegada" dela.

A atribuição de gratuitidade a meros "beneficiários de apoio judiciário", como se se tratasse de um direito de acesso para fins de interesse próprio (art. 268.º, n.º 1, e CPA) e não no interesse da Comunidade (art. 268.º, n.º 2) e, aliás, até chocantemente, se ligado apenas a pedido de reprodução para efeitos de um processo jurisdicional (e, só se ele já estiver aí reconhecido em qualquer questão e não genericamente sempre para efeitos de questionamento de incumprimento pela AP do direito fundamental de acesso), revela o total e desconcertante desconhecimento da natureza e consagração deste direito (na vertente de uso como direito fundamental, ou seja quando não é para efeitos de reutilização mas somente no exercício de controlo da atividade pública).

Em geral, não se justifica que apenas as ONGA ambientais e associações equiparadas gozem de uma redução de 50% no pagamento das taxas "devidas". Aliás, quanto a elas, a regra da gratuitidade devia ser generalizada a todo o tipo de comunicação de informação ambiental, pese embora a conformidade da lei de acesso e matéria ambiental ao direito da União.

*

Quanto ao direito de *acesso à informação ambiental*, importa também considerar que a Lei de Acesso deve conter normas especiais, não tanto por haver diretiva unionista europeia, sempre minimalista, mas face à natureza da matéria.

Além de terem de ser disponibilizadas, gratuitamente, listas de todos os serviços que tenham informação ambiental (tendencialmente em sítios institucionais e num sítio da Internet que "centralize" todos esses sítios onde ela está acessível, com a identidade do responsável, também devem ser criados serviços preparados para a sua consulta fácil e prestação de apoio, existência de procedimentos de "uniformização da informação ambiental" garantindo informação permanentemente atualizada, exata e "comparável" diacrónica e se possível sincronicamente; a indicação de local onde pode obter informações sob qualquer forma referente ao estado do ar e atmosfera, água, solo, terra, paisagem e áreas de interesse natural, designadamente zonas húmidas, zonas litorais e marinhas, a diversidade biológica e seus componentes, incluindo os organismos geneticamente modificados, e elementos sobre a interação entre esses elementos, tal como informação sobre fatores e substâncias, energia, ruído, radiações e resíduos, designadamente radioativos e suas emissões, descargas e outras libertações para o ambiente, que afetem ou possam afetar quaisquer elementos do ambiente, assim como a informação sobre os procedimentos de medição utilizados para recolha daquela, incluindo os métodos de análise, de amostragem e de tratamento prévio das amostras, ou referência ao procedimento normalizado utilizado na recolha de informação; e, ainda, sobre a confidencialidade de processo ou de informações neste domínio, previstas na lei portuguesa, ou seja, por razões de segurança pública ou defesa nacional, em documentação devidamente classificada, que integra segredos referentes a relações internacionais. Exceto se se tratar de segredos sobre elaboração de tratados internacionais, cuja secretização o DIP hoje não admite. Tal como não é admissível, em geral e, portanto, também está vedado à secretização sem mais, casos de segredo bancário, de segredo estatístico ou de sigilo fiscal (apesar da legislação unionista o admitir na Diretiva Europeia).

Quando o pedido de informação ambiental se referir a informação constante de comunicações internas, não arquivadas e ainda em procedimento de preparação de decisões não tomadas, ou se reportar a acesso a documentos referentes à vida íntima de pessoas singulares (também, na LADA referidos como nominativos mas apenas com conteúdo no único sentido constitucionalizado da "intimidade das pessoas"), aqui nesta matéria, o deferimento impõe-se se o pedido incidir sobre informação que se reporte a *emissões para o ambiente* e também terá lugar se o interesse público subjacente dever prevalecer sobre o da intimidade pessoal ou familiar.

Para além do regime geral de acesso, e o que acabamos de referir de específico, também o acesso a documentos administrativos com informação ambiental pode ou deve ser indeferido quando a divulgação dessa informação puder prejudicar os próprios valores ambientais a proteger, v.g., localização de ninhos de aves ou de animais em recuperação ou protegidos, em geral a localização de espécies protegidas.

Capítulo III
Sistema de planeamento e programação territorial (IGT)

"A escassa atenção prestada a esta questão ocasiona, como necessário ponto de partida, a procura do vocábulo que traduza a fase de desencadeamento e de execução no território dos instrumentos de planificação territorial. A aceção empregada, gestão territorial, não tem grande importância, o que interessa é a conceção que ela acolhe. Num primeiro momento, observa-se que o termo não é novo para esta função pública; existem referências que evocam, tanto a nível legislativo como instrumental, termos como gestão, implementação, execução, seguimento ou avaliação; juntamente com outros similares, sucedem-se no argot do ordenamento territorial. Mas junto a estes, rapidamente se observa a já referida imprecisão e inclusive, em certas ocasiões, a sua inadequação; que não é infrequente que se empreguem; assim como, na maioria de ocasiões, aparecem referidos a questões intrínsecas e circunscritas à própria planificação territorial."

Esther Burgos – *La ordenación del territorio en España: Análisis jurídico de los instrumentos de gestión.* Tese doutoral lida na Universidad de Málaga, BUM, 2017.

Elenco temático capitular: 3.1. Sistema de gestão territorial. Âmbitos de ordenamento. Articulação relacional. Invalidade de normas e sanções jurídicas. Garantias dos particulares. 3.2. Conteúdos dos diferentes programas e planos de ordenamento territorial. Uso dos solos. Qualificação dos solos. 3.3. Situações de suspensão de IGT e de procedimentos. Regime de recurso a medidas cautelares no âmbito do ordenamento do território. Avaliação. 3.4. Caraterísticas e princípios gerais da política e direito do planeamento territorial em Portugal. 3.4.1. Conceitos, fundamentos, objetivos e características. 3.4.2. Macroprincípios jurídicos do planeamento físico. A) Supremacia do planeamento sobre a gestão urbanística. Princípio da gestão urbanística de conformidade com o planeamento. B) Princípio de tipicidade. C) Princípio da procedimentalização ordenamental. D) princípio da segurança jurídica. E) Princípio da participação. F) Princípio da transparência. Direito de livre aceso aos processos ambientais e urbanísticos. 3.4.3. Ampla margem de conformação administrativa e suas limitações. Princípio da discricionariedade da programação e planificação territorial. 3.4.4. Planeamento e princípios da igualdade e da interdição de excesso. A) Aplicação do princípio da igualdade. B) Aplicação do princípio da interdição de excesso. 3.4.5. Princípio da prevalência dos planos supra-ordenados sobre os PIMOT ou PMOT. 3.4.6. Princípio da integração de todas as regras sobre o uso do solo. 3.4.7. Imposição de padrões urbanísticos. 3.4.8. Princípio da justa ponderação dos interesses relevantes envolvidos. 2.4.9. Princípio da sujeição do conteúdo futuro dos instrumentos de planeamento à sua prévia avaliação. 3.5. Planeamento e edificação. Princípio da demolição de uma edificação contra-plano como "última solutione". 3.6. Princípio da estabilidade relativa e da reformabilidade dos planos. 3.7. Pluralização das intervenções dos poderes públicos e princípio da interação coordenada dos IGT. 3.8. Resumo sobre o regime da administração do planeamento físico.

3.1. Sistema de gestão territorial. Âmbitos de ordenamento. Articulação relacional. Invalidade de normas e sanções jurídicas. Garantias dos particulares

O "sistema de gestão territorial", em que assenta a política de ordenamento do território e de urbanismo, é organizado em *três âmbitos de interação coordenada*, através de programas e planos de ordenamento do território[549].

[549] Sobre a matéria da teorização em geral referentes ao ordenamento do território, vide Condesso, Fernando – *Desarrollo y Cohesión en la Península Ibérica: El problema de la Ordenación Territorial*. Barcelona: Erasmus Ediciones, 2010 (teoria geral do ordenamento do território); – *Ordenamento do Território: Administração e Políticas Públicas, Direito Administrativo e Desenvolvimento Regional*. Lisboa: ISCSP, UTL-Universidade de Lisboa, 2005 (desenvolvimento da matéria em 964 páginas, 4 capítulos, 3 anexos, 18 figuras, 8 fluxogramas 58 quadros, 37 mapas); – "El acceso a la información

O *âmbito nacional*, constituído pelo programa nacional da política de ordenamento do território, programas setoriais e programas especiais, todos eles com fortes preocupações e implicações em matéria ambiental. Há uma linha de programas, os especiais, que se dedicam dominantemente à problemática ambiental.

Os programas setoriais, especiais ou regionais de criação do Estado ou Regiões políticas das Ilhas, de aplicação apenas às diferentes Administrações, que os têm de absorver, transcrevendo as suas orientações, não deixa de poder ter um papel direto de importância, no caso de dúvidas sobre o sentido de vocábulos e construções constantes das as normas do planos locais vinculativos dos particulares, ou seja, para a interpretação desses planos de origem municipal, cuja redação e escatologia deva ser esclarecida tendo presente os princípios da subordinação e da unidade do sistema jurídico-ordenamental (pese, embora, hoje, a sua característica alheia à lógica do exercício da democracia dos respetivos territórios), nos momentos da sua concretização decisória, de aplicabilidade direta aos particulares dos planos municipais que lhes estão materialmente subordinados, segundo o natural sistema piramidal, escalonado, do planeamento físico. Embora, nas questões supra-municipais, visem especificamente a prossecução de objetivos considerados indispensáveis à *tutela de interesses públicos e de recursos de relevância nacional* para o território nacional, setores ou regiões sob a perspetiva da visão central do governo do país e não da livremente debatidas específicas necessidades nas lógicas infranacionais, que ainda não têm veiculação de expressão, face à inexistência de regiões autárquicas de base eleitoralmente aferida. Os valores e opções do ministério do ambiente e não só ambientais têm repercussão territorial, estabelecendo, exclusivamente, regimes de salvaguarda de recursos e valores naturais.

Os ditos planos do ambiente na organização dos territórios, mesmo nos urbanos, têm como objeto *quatro áreas territoriais de especial sensibilidade ambiental*. Devem, desde logo, para introduzir limites nos territórios de planeamento municipal, visar salvaguardar (com base em determinados por *critérios de proteção e de valorização*) os *sistemas e valores naturais*, para poder compatibilizá-los com a fruição pelas populações. Os "especiais" do ministério do ambiente,

medioambiental en poder de las administraciones públicas portuguesa y española". In *Observatorio Medioambiental*, n.º 9, p. 27-41, 2006; – "O direito à informação administrativa". Em *VVAA: Revista: Legislação: Cadernos de Ciência de Legislação. INA, n.º 17* (Out.-Dez.1996). INA. Lisboa, p. 63-100 "Medio Ambiente y Territorio en Europa: Propuestas para una Política de Ordenación Espacial en la Península Ibérica". *Revista del Consejo General del Poder Judicial. Escuela Judicial*, Madrid, Vol. 67, 2004, p. 95-124.

na medida em que existam e vigentes, são para as orlas costeiras (POOC), as áreas protegidas (POAP), as albufeiras de águas públicas (POAAP) e os estuários (POE). Embora se tenham considerado, também, como especiais como tal, os planos de ordenamento dos parques arqueológicos (POPA) e tenham ainda especial relevo os *planos florestais*.

O *âmbito regional* continental é concretizado através dos Programas Regionais de Ordenamento do Território (PROT) e o regional insular autónoma, que não é de mera natureza administrativa, mas política, derivando de um autogoverno, são verdadeiros planos plurisubjetivos e, portanto, de normal vinculatividade direta também para os cidadãos.

O *âmbito local*, que é quer o de exercício associativo – "delegatório" intermunicipal, abrange quais quer planos territoriais intermunicipais, desde os planos diretores intermunicipais, os planos de urbanização intermunicipais até aos planos de pormenor intermunicipais. No âmbito autárquico, temos, pois, os Planos Intermunicipais ou, inexistindo estes, os Municipais de Ordenamento do Território. Compreendem os planos diretores intermunicipais ou municipais (PDIM/PDM), os planos intermunicipais ou municipais de urbanização (PUI/PU) e os planos intermunicipais ou municipais de pormenor (PPI/PP).

Estes planos locais estabelecem, no *quadro definido por todos os programas e medidas territoriais cuja eficácia condicione o seu conteúdo, os parâmetros urbanísticos de ocupação e de utilização do solo*, que se pretende de modo adequado à salvaguarda e à *valorização dos recursos e valores naturais*.

Em geral, quanto às matérias reguladas pela atual legislação de organização territorial, refira-se que as normas que a orientam podem agregar-se em *grandes princípios, regimes normativos e regulação de instrumentos*. Em causa, em termos de referências de partida, temos a definição dos seguintes regimes gerais:

a) coordenação dos âmbitos nacional, regional e municipal do sistema;
b) elaboração, aprovação, execução e avaliação dos IGT;
c) instrumentos operacionais necessários à programação da execução dos planos;
d) uso do solo e a regulamentação da política de solos;
e) regulamentação dos instrumentos de transformação da estrutura fundiária;
f) mecanismos de perequação compensatória, realizadores do *princípio da igualdade* (ou seja, *técnicas de compensação de benefícios e encargos* entre proprietários afetados pela execução dos planos municipais); e

h) regime de coordenação destes âmbitos do sistema, a legislação procede à definição do regime aplicável aos diferentes IGT, criados ou reconduzidos ao sistema por força da *lei de bases dos solos e do RJIGT*.

Importa, neste âmbito, efetivar a *revisão dos regimes dos instrumentos já existentes*, atribuindo *novo valor a dinâmicas concentradoras de visões constantes de planos intermunicipais*, e, sobretudo, dando expressão a um nível intermédio entre o Estado e a realidade territorial da municipalidade, com uma regionalização autárquica, de natureza não política, mas meramente administrativa autónoma, de índole autárquica, ou seja de poder eleito pelas respetivos habitantes, incluindo estes domínio que tocam estreitamente o campo do desenvolvimento económico-social, sendo algo previsto mas ainda não cumprido na Constituição. E cujo questionamento ou dependência de "plebiscito anticonstitucional" não é possível, pese um dado sabor a tal que teve o conjunto de proposta em referendo na década de noventa, admitido pelo TC, e assim revelando, a sua propensão para orientações com aspetos mutantes do Magna Carta nacional. Numa linha de falta de independência, face aos poderes partidário-políticos dominantes num dado momento histórico. E, portanto, a necessidade de uma revisão mais judicializadora deste ramo do direito e deste tipo de tribunal.

Este objetivo só se consegue, afastando-nos da conceção kelsiana, compreensível no início da década de vinte do século XX, mas hoje já não justificável com o incremento do estudo das Constituições, como normas fundamentais no topo do ordenamento e dotadas de primazia aplicativa ou exigentes de conformação material e sua teorização nas escolas europeias, devendo ser integrados na judicatura geral, como acontece nos sistemas jurisdicionais, ou, pelo menos, impondo-lhes uma lógica global concursal de ingresso e acesso, aliás a aplicar a todo o tipo de tribunais.

Face ao texto constitucional, o processo regionalizador da regionalização apenas está dependente de *referendo* de concretização dos seus territórios e aprovação desta pelos eleitores, e após um amplo debate que garanta que as circunscrições são fruto das vontades regionais e não invenções, quiçá claramente anómalas preparadas para a rejeição, como ocorreu no final do século passado.

Em causa, com os planos intermunicipais, está a possibilidade de uma afirmação cooperativa. Não apenas de um novo valor atribuído aos planos intermunicipais (acabando com a manutenção da sua caracterização meramente endo-administrativa, como programa territorial, fruto de mera ampliando territorial de soma de pluri-interesses que possam caber nesta categoria que é resultante da colaboração intermunicipal, de legitimações eleitorais diferentes e concorrentes ou antagónicas, neste caso entrando o "bargain" – do toma lá e dá cá-, independentemente dos interesses totais), ou seja, ainda uma abordagem não verdadeiramente pan-municipal, supramunicipal, porquanto o "bargain" não deriva da sua natureza mas das mantidas separadas e não dotadas de visões de interesses supramunicipais, face à manutenção das dependências eleitorais e, portanto, algo simétrico da lógica dos planos meramente municipais, aqui como que apenas meramente somados, mesmo que facilitando algumas articulações físicas ou financeiras.

Ora, muitas vezes, o que se imporia seriam visões autárquicas supramunicipais, com uma veiculação própria de interesses públicos translocais, que podendo sacrificar interesses de um local, favoreça os interesses do todo e, no fundo, por repercussão de uma visão menos estreita de uma lógica de mero município-Estado, que na intermunicipalidade sempre pode opor-se e bloquear soluções desejáveis para o futuro da região.

Não fora assim e a realidade do Estado territorial atual dimensionado, também não se justificaria lógicas de afirmação de ampliados interesses próprios, nem Regiões autónomas, nem as uniões europeias ou norte-americanas, germânicas, etc., no fundo, lógicas dos países mais evoluídos, restando, então, o indefensável regresso apenas a um mundo de cidades-Estados segundo a história grega, mais ou menos dimensionadas.

Quanto à *defesa da legalidade, sanções jurídicas e à garantística administrativa e jurisdicional dos particulares*, importa dizer que, em termos gerais, em face da intervenção programadora e planificadora da Administração, têm de ser reconhecidas e aplicadas aos interessados todas as garantias gerais consagradas no código do procedimento administrativo e no *regime de participação procedimental*. E, também, no *direito de ação popular*. Esta deve ser aferida na sua razoabilidade face ao quadro factual e racionalmente normador e, se for *considerada pertinente pelo ministério público, deve operar-se sem custas*. E, em qualquer caso, ganhando sustentabilidade, o ministério público deve assumi-la, no caso de haver posterior desistência do particular, ao percecionar-se minimamente a desconfiança sobre a possibilidade de ter havido pressões ou interesses supervenientes, desde que haja um mínimo de provas no decurso do processo de acionamento. Assim como importa contar com o direito de apresentação de *queixa por ilegalidade*, quer ao Provedor de Justiça, quer ao Ministério Público, tal como com os direitos processuais nos tribunais competentes.

A questão das custas dos processos paralisa a defesa de interesses sociais relevantes, importando uma triagem pelo ministério público, sendo que se forem causas justificáveis, no plano jurídico e possivelmente probatório, em que o Estado deve aparecer como elemento oficioso de investigação e apoio, deve promover-se uma total isenção de pagamentos, independentemente dos rendimentos de quem "ut cives", e não "ut singuli", pretende defender interesses públicos plausivelmente vencedores ou clara mente merecedores de defesa. Princípio que deve vigorar na ação popular, se não houver ação pública, e também deve merecer tratamento semelhante na jurisdição administrativa em geral.

No âmbito dos *instrumentos de ordenamento do território* que possam ter *implicações diretas para os particulares* é, ainda, reconhecido o direito de promoverem a sua *impugnação direta, por ilegalidade ofensiva de direitos e interesses* legalmente protegidos.

O cumprimento das normas dos planos territoriais intermunicipais e municipais têm de merecer constante fiscalização pelas câmaras municipais territorialmente competentes e outras entidades estaduais e regionais legalmente competentes para o efeito.

Neste aspeto, importa destacar que as *ações de inspeção.*

Em geral, trata-se da fiscalização, no cumprimento geral do *dever de vigilância ou pontualmente,* em função das *queixas e denúncias.*

Neste âmbito, merece *radical crítica o fim em 2005 da AGAL* e a substituição das suas funções num só organismo, altamente criticado pelo anterior presidente do Tribunal de Contas[550].

A fiscalização passa para um organismo impreparado nos temos administrativos em geral, a IGF. Por isso, no passado apenas o fazia no domínio financeiro.

Praticamente, a solução tornou-se infuncional, com uma falta na prática de controlo, quer por amostra quer mesmo por queixa, com proliferação exponencial de ilegalidades autárquicas neste século, em termos nunca vistos no passado, designadamente em zonas bordejantes de praias, e águas e áreas ambientais a defender.

Chega-se mesmo ao ponto de se demolirem vivendas históricas em zonas privilegiadas para construir ampliadíssimos edifícios com muito maior

[550] Os critérios endogâmicos de controlo da administração pela mesma entidade, o governo nacional, que também a dirige e controla, e pode alterar a sua composição sempre que não goste das suas posições críticas, pondo em causa a própria lógica da sua existência, controlo, atuação pedagógica, sancionamento e crítica, exige que a independência da nomeação dos seus membros, o que, num sistema, como o português, de índole presidencialista ou semiparlamentarista, cabe bem ao Presidente da Républica e num sistema parlamentarista deve assentar numa maioria qualificada do parlamentos (e sempre, com o para conselhos superiores de magistraturas e outros titulares de órgãos públicos independentes, tais os governadores do Banco Central, com exclusão de figuras ligadas a partidos e a governações anteriores).

densidade de ocupação em arribas marítimas[551], agressões ostensivas pelos municípios das normas de gestão das áreas abrangidas pelos vários programas ambientais, o que caberia às entidades que legalmente são competentes em matéria de proteção e salvaguarda de recursos e valores naturais.

A isto, importa juntar quer o *regime de embargo e demolição* quer o das *contraordenações* e mesmo o da penalização com os novos crimes apontados a agentes público-políticos ou mesmo materialmente previstos e, por vezes, mesmo diretamente tipificados com dados concretos, algo que previsto não sofre executado, pois na maioria dos casos iria contra os partidários dirigentes municipais[552].

Com efeito, sem prejuízo da coima aplicável e das atribuições de outras entidades, pode ser determinado o *embargo de trabalhos ou a demolição de obras em várias situações irregulares*, desde logo pelo presidente da câmara municipal face a violação dos planos intermunicipais e municipais, até repressão nos casos em que esteja em causa a prossecução de objetivos de interesse nacional ou regional (inspeção-geral da agricultura, do mar, do ambiente e do ordenamento do território ou presidente da comissão de coordenação e desenvolvimento regional territorialmente competente, respetivamente). Sendo certo que a continuação dos trabalhos embargados constitui um crime de desobediência).

No plano da vinculatividade dos IGT, só os locais (planos intermunicipais ou municipais, PIMOT e PMOT) vinculam não só as entidades públicas como também, direta e imediatamente, os particulares. Os programas territoriais, designadamente os ainda vigente PEOT, e enquanto existirem, tal como quaisquer outros planos do ministério do ambiente, vinculam as e apenas as entidades públicas.

Só indiretamente, após transcrição em PIMOT e PMOT, virão a vincular nas suas orientações dirigidas às administrações públicas.

551 Veja-se, na estrada marginal, do lado que dá para o mar, meio escondido por altas tuias, quase junto ao Hotel-Casino da Praia da Rocha, o caso do prédio familiar sobre a praia e mar, apoiada em nova construção de muralha na ribanceira em cimento agressivo no ambiente para construir um gigantesco edifício "unifamiliar, diz o anúncio virado para zona de difícil leitura, com dezenas de andares em fase final para grandes negócios, que não valoriza o meio.

552 Sendo sabido que, em não raros casos, se constata que autarcas, e não apenas algarvios (pelo PSD, a presidente da Silves, pelo PS, a presidente de Portimão), que ajudam as finanças partidárias e chegam às vice-presidenciais partidárias, tal como os ajudantes das finanças partidárias no mundo económico (alguns grupos ajudam mesmo as campanhas de todos os partidos, que podem ganhar) chegam ou colocam membros seus no pessoal político, governantes, deputados ou candidaturas a autarcas, por vezes completando-lhes os ordenados dessas cargos políticos, o que eles pagam principescamente à custa do interesse do Estado ou das autarquias.

No entanto, existe a *vinculação direta e imediata dos particulares* relativamente às normas de intervenção sobre a ocupação e utilização dos *espaços florestais*.

Portanto, quanto à sua vinculação jurídica, o programa nacional da política de ordenamento do território, os programas sectoriais com incidência territorial, os programas regionais e eventuais programas especiais vinculam apenas as entidades públicas, que estão obrigados a transcrevê-los para os instrumentos do "tipo fechado" de planos territoriais enunciados na lei dos IGT.

Só as normas dos planos podem ser invocadas face aos particulares como fundamento para a inviabilização ou não das suas operações nos solos. Outras normas ou orientações políticas que, em função da sua incidência territorial urbanística, condicionem a *ocupação, uso e transformação do solo*, constantes de programas territoriais, em nenhum caso têm primazia sobre os planos, que existam validamente, devendo, para o efeito da sua aplicabilidade aos particulares, dever o seu conteúdo ser obrigatoriamente integrado nos pan-vinculativos planos territoriais.

Só os atos praticados em violação de uma norma de um plano de âmbito intermunicipal ou municipal são, em condições legais normais, inválidos, feridos de nulidade, sem prejuízo do mesmo efeito doutros instrumentos na sua ausência, tal como dispõe o RJUE e legislação complementar sobre património cultural, REN, RAN, e tendo presente o CPA.

Quanto à *invalidade das normas dos planos e programas*, elas são nulas se violarem qualquer norma de programa ou plano territorial com o qual devessem ser compatíveis (solução relativamente livre, desde que não contrariante daquilo que está previsto) ou conformes (solução vinculada no seu conteúdo a uma dada previsão, "copiada", encaixável dentro do que está disposto).

Em geral, as orientações e as normas dos programas e dos planos territoriais que extravasem o seu âmbito material são nulas, tal como o são as normas de *regulamentos deste sistema de IGT*, que desrespeitem as normas legais ou outras regulamentares com que devam conformar-se ou com elas sejam *incompatíveis*.

Os programas e os planos territoriais aprovados em violação de instrumentos de ordenamento do *espaço marítimo* também são nulos, se não tiverem previsto as necessárias medidas de compatibilização.

O regime a *declaração de nulidade* não prejudica os efeitos dos atos administrativos anteriormente praticados com base num plano, salvo disposição expressa em contrário, que, porque "expropriativa", deve ser acompanhada da necessária comunicação do dever de indemnizar.

Os programas e planos territoriais devem aplicar os conceitos técnicos e as definições fixados por decreto regulamentar, sem que sejam admissíveis outros conceitos, designações, definições ou abreviaturas para o mesmo conteúdo e finalidade.

Os regulamentos dos IGT ficam também sujeitos à aplicação do regime da anulabilidade face ao desrespeito de princípios gerais da atividade administrativa, tais como o da falta de (justa) ponderação dos interesses públicos e privados relevantes, tratamentos desiguais, parcialidades nas diferentes soluções telúricas sincrónicas ou diacrónicas, desproporcionalidade das soluções face aos objetivos, falta d transparência-conhecimento público, etc..

No que diz respeito à *relação entre os instrumentos de autoria estadual ou regional e os autárquicos*, cabe aos regionais definir o quadro estratégico a desenvolver pelos programas e pelos planos intermunicipais e municipais, que devem assegurar a programação e a concretização das *políticas com incidência territorial*. Como tal, estas devem estar assumidas pelos programas territoriais de âmbito nacional e regional.

A *vigência superveniente de um programa territorial* de âmbito nacional e regional ou de normas legais e regulamentares obriga à alteração ou atualização das normas desconformes ou incompatíveis dos planos territoriais intermunicipais e municipais subordinados.

O PNPOT e os PROT definem o *quadro estratégico* a desenvolver pelos planos locais de OT. Com os de âmbito local a terem de atender também às orientações definidas em programas intermunicipais preexistentes.

Os *planos locais* de ordenamento do território definem a política municipal de gestão territorial de acordo com as diretrizes estabelecidas pelos pertinentes programas de ordenamento do território (nacional de política de ordenamento do território, especiais e regionais) e, sempre que existam, pelos planos intermunicipais (e metropolitanos) de ordenamento do território.

Os planos locais de ordenamento do território devem acautelar a programação e a concretização das políticas de desenvolvimento económico e social e de ambiente, com incidência espacial, promovidas pela administração central, através dos planos sectoriais. E os seus próprios *planos estratégicos locais*, designadamente económico-sociais, quando elaborados, só têm sentido se transcritos atempadamente para os PIMOT ou PMOT.

Os antigos PEOT, que atualmente são programas intra-administrativos, apenas diretamente impositivos para as várias Administrações, quando se mantenham ou venham transitoriamente a existir, já não prevalecem sobre planos locais, tendo, tal como acontecera antes com os PROT, de ser transcritos nestes para se aplicarem aos particulares, embora sirvam de *parâmetros interpretativos*[553].

No plano da *invalidade do licenciamento ou comunicação prévia*, são nulos os atos administrativos que decidam pedidos de licenciamento ou admitam comunicações prévias, contrários a proibições ou limitações decorrentes de *medidas preventivas e de normas provisórias*, que violem os *pareceres vinculativos*, emitidos ou praticados sem prévia solicitação dos pareceres vinculativos devidos (se expressamente negativos e emitidos nos prazos legalmente previstos), sem prejuízo da eventual possível aplicação do princípio da "materialidade subjacente".

As *obras e os trabalhos* efetuados com desrespeito das proibições, condicionantes ou pareceres vinculativos decorrentes das medidas preventivas e das normas provisórias, mesmo que licenciados ou objeto de comunicação prévia, são nulos, ficando sujeitos a ser *embargados ou demolidos*.

No caso de *terrenos*, pode ser imposta (pelo presidente da câmara municipal ou, quando se trate de medidas preventivas estabelecidas pelo Governo, pelo membro do Governo) a *reposição da configuração do terreno e recuperação da anterior cobertura vegetal*.

Quanto às *situações de desconformidade com planos*, o princípio geral sobre a validade de planos e de decisões urbanísticas é o da exigência de compatibilidade entre os IGT e de conformidade das decisões com os PIMOT e PMOT, sendo nulos os planos e atos administrativos que não respeitem estas regras.

A *declaração de nulidade de um plano ou norma de um plano*, a ocorrer, não prejudica os efeitos dos atos administrativos entretanto praticados com base no plano (exceto se houver menção expressa em contrário acompanhada da comunicação do dever de indemnizar).

3.2. Conteúdos dos diferentes programas e planos de ordenamento territorial. Uso dos solos. Qualificação dos solos

O legislador estabelece com precisão nos diferentes tipos de programas e planos a sua abrangência espacial e objetivos genéricos.

Quanto ao *programa nacional* de ordenamento do território (PNPOT), ele tem a natureza de referência estratégica global.

É um *instrumento essencial articulador das políticas* de ordenamento do território e de desenvolvimento económico e social situado.

[553] Tendo um efeito orientador de sentido semelhante à figura das diretivas da EU, que uma vez aplicadas ao direito nacional, necessitam de aferimentos de sentido correto os textos que desenvolvem aplicativamente.

Os *objetivos* são a enunciação das grandes e relevantes opções de organização do território nacional, face aos compromissos de cooperação com outros Estados europeus (EDEC/ETE; EU), consubstanciando verticalmente o enquadramento geral de todos os programas e planos territoriais.

Ele define os *princípios orientadores* da disciplina de ocupação do território ao mesmo tempo que aponta no espaço nacional as estratégias de desenvolvimento económico e social, definindo elementos de base para o desenvolvimento territorial integrado, harmonioso, ambientalmente compatível e parametrizador de todo o território nacional, articulando as políticas sectoriais com incidência territorial, racionalizando a implantação de equipamentos estruturantes e redes.

Em concreto, fixa as *opções e diretrizes* relativas à configuração do sistema urbano, redes, infraestruturas e equipamentos de interesse nacional, de salvaguarda e valorização das áreas de interesse nacional em termos ambientais, patrimoniais e de desenvolvimento rural e impõe princípios e finalidades estatais, quanto à localização de atividades, serviços e investimentos públicos e em matéria de qualidade de vida em ordem à promoção de uma efetiva equidade a nível territorial.

O seu *relatório prospetivo* define cenários de desenvolvimento territorial, assente em cenários contrastados e o seu programa de ação define os objetivos a atingir numa perspetiva de médio e longo prazo.

Os *programas regionais* (e sub-regionais) de ordenamento do território (PROT) definem a estratégia de desenvolvimento do respetivo território, integrando as opções nacionais e considerando as estratégias sub-regionais, intermunicipais e municipais de desenvolvimento local.

Podem existir *unidades de planeamento de espaços sub-regionais*, por proposta das CCDR ao Governo (designadamente, correspondentes às áreas geográficas das entidades intermunicipais e integrados em áreas de atuação e suscetíveis de elaboração e de aprovação faseadas).

Os PROT e PSROT servem de referência, territorialmente próxima ou mais próxima, para a elaboração dos planos intermunicipais (PIMOT) e municipais (PMOT).

Eles devem *explicitar a sua articulação com a pré-estabelecida estratégia regional de desenvolvimento económico e social* (planos de desenvolvimento regional), os instrumentos plurianuais de desenvolvimento regional ligados à UE, equacionando medidas para a atenuação das assimetrias de desenvolvimento do espaço regional, definir a política ambiental (estrutura ecológica de proteção e valorização ambiental) e integrar as políticas e medidas dos programas setoriais e especiais.

Os PIMOT e PMOT configuram o *modelo de estrutura espacial do território* municipal (em articulação com os planos regionais autónomos das Regiões insulares (e com os futuros planos das regiões administrativas, uma vez definidos os seus territórios e eleitos os eus órgãos), representado na planta de ordenamento) assente na classificação e regras de uso do solo e desenvolvem-se através da qualificação deste.

Os PIMOT são facultativos (visando definir o modelo de organização do território), mas hoje sobrepõem-se, substituindo, quando existam, qualquer tipo de PMOT.

Quer os PIMOT quer os PMOT são ou Planos Diretores Intermunicipais ou municipais (PDIM/PDM), Planos de Urbanização (PUIM/PUM) e Planos de Pormenor (PPIM/PPM). Se abrangerem apenas uma área parcial (dois ou mais municípios), estas áreas da mesma entidade intermunicipal devem ser contíguas.

Cabe-lhes imprescindíveis funções, tais como:

a) traçar as *opções estratégicas de organização do território e de investimento público, prioridades e programação, em articulação com as estratégias definidas* nos programas de âmbitos nacional e regional;
b) proceder à *avaliação dos impactos* das estratégias de desenvolvimento adotadas e desenvolvidas; e
c) coordenar a *incidência intermunicipal dos projetos de redes, equipamentos, infraestruturas e de distribuição das atividades industriais, turísticas, comerciais e de serviços*[554].

Fica interditada na mesma área de abrangência, a existência de planos municipais territoriais (plano diretor, plano de urbanização ou plano de pormenor de âmbito municipal), quando já existam aí planos intermunicipais do mesmo tipo, sem prejuízo das regras relativas à dinâmica de planos, passando o plano diretor intermunicipal, a existir, a definir o quadro estratégico de desenvolvimento territorial do município, em termos de elaboração dos seus planos, substituindo assim o papel dos planos diretores (PDM), planos de urbanização (PU) e planos de pormenor (PP) intermunicipais ou municipais.

Em geral, cabe-lhes articular melhor a estratégia intermunicipal e municipal de desenvolvimento económico e social, atendendo a padrões mínimos e objetivos em matéria de qualidade ambiental, de conservação da natureza e de valorização paisagística.

[554] Constantes do PNPOT, PROT e PSIT e PEOT.

Os PIMOT e PMOT têm natureza regulamentar, com *aplicação direta para os particulares (eficácia externa)*, concretizando o regime de *uso do solo* (regras de ocupação, transformação e utilização do solo), definindo modelos de ocupação territorial e da organização de redes e sistemas urbanos e os parâmetros de aproveitamento do solo, garantir a sustentabilidade socioeconómica e financeira e a qualidade ambiental da zona abrangida.

O *uso dos solos* é definido nos PIMOT ou PMOT através de uma dupla e escalonada definição: primeiro, a classificação do solos (destino básico dos terrenos, assentando na distinção fundamental entre solo urbano e solo rústico) e, se seguida, a qualificação das diferentes classes de solos (integração em diferentes categorias e subcategorias dos solos (segundo as suas duas distintas classes), com o estabelecimento do respetivo aproveitamento face à utilização dominante considerada e às regras de ocupação, uso e transformação do solo para cada uma dessas categorias e subcategorias).

O solo deve considerar-se como urbano se está total ou parcialmente urbanizado ou edificado, e, como tal, afetado em plano territorial à urbanização ou edificação.

O solo considera-se rústico se não está classificado como urbano e se, tendo aptidão para isso, se destine o outros fins diferentes da urbanização, designadamente para o aproveitamento agrícola, pecuário, florestal ou a conservação, a valorização e a exploração de recursos naturais, de recursos geológicos ou de recursos energéticos, ou ainda se destine para espaços naturais, culturais, de turismo, de recreio e de lazer ou vise a proteção de riscos, independentemente de ser ocupado por infraestruturas.

Pode ocorrer sempre e apenas a reclassificação de solo urbano em solo rústico. Não é livre, antes excecional, a reclassificação do solo rústico para solo urbano. Esta só deve ocorrer se inequivocamente puder contribuir para o desenvolvimento sustentável do território.

Tal apenas deve ocorre nos casos de inexistência de áreas urbanas disponíveis e comprovadamente necessárias para o desenvolvimento económico e social e tal seja indispensabilidade de qualificação urbanística, desde que traduza uma opção de planeamento sustentável em termos ambientais, patrimoniais, económicos e sociais.

A *invocação da sustentabilidade económica e financeira* depende de várias condicionantes: demonstração da indisponibilidade de solo urbano na área urbana existente para a finalidade em concreto (v.g., face aos níveis de oferta e procura de solo urbano, com *diferenciação tipológica* quanto ao uso, e dos fluxos demográficos); impacto da carga urbanística proposta, no sistema de infraestruturas existente; previsão dos encargos necessários ao seu reforço à execução de novas infraestruturas e à respetiva manutenção (obrigando à fixação contratual dos encargos urbanísticos das operações, prazo de execução e condições de redistribuição de benefícios e encargos, considerando todos os custos urbanísticos envolvidos) e *viabilidade económico-financeira da proposta* (com identificação dos sujeitos responsáveis pelo financiamento, demonstração das fontes de financiamento contratualizadas e de investimento público).

Findo o prazo fixado sem a realização das operações urbanísticas em causa, sem necessidade de nenhuma decisão administrativa declarativa, meramente "ope legis", *automaticamente, ocorre a caducidade, total ou parcial, da classificação do solo como urbano (sem prejuízo das faculdades urbanísticas adquiridas, mediante título urbanístico nos termos da lei)*, situação em que a câmara municipal deve, no prazo de 60 dias, iniciar o *procedimento de alteração ou de revisão do plano, em ordem a garantir a coerência do modelo territorial.*

Quanto à *qualificação do solo*, sem pôr em causa a sua classificação, ela define o conteúdo do seu aproveitamento, face às suas potencialidades no âmbito dos objetivos de desenvolvimento do território, fixando os usos dominantes e, quando admissível, a sua edificabilidade.

Ela processa-se através da sua *integração em categorias* (de que vai depender a suscetibilidade de urbanização ou de edificação, obedecendo a critérios uniformes regulamentados e aplicáveis a todo o território nacional): espaços agrícolas ou florestais, de exploração de recursos energéticos e geológicos, afetos a atividades industriais diretamente ligadas às diferentes utilizações, espaços naturais e de valor cultural e paisagístico, espaços destinados a infraestruturas ou a outros tipos de ocupação humana (que não impliquem a classificação como solo urbano), para usos múltiplos compatíveis com espaços agrícolas, florestais ou naturais (como o turismo), etc..

*

Hoje, o território nacional está já totalmente ordenado por estes planos físicos[555].

[555] Sendo por isso, na prática, os mais importantes instrumentos de "gestão" territorial existente em Portugal, embora, sem a devida fiscalização estatal, não tenham evitado erros, experimentações desenquadradoras "in situ" em zonas já cultural e esteticamente consolidadas, ou mesmo aberrações e agressões ao bom gosto e harmonia edificatória de conjunto de "cidade", generalizados desrespeitos quer pelo RGUE quer pelo RJUE, com apoio dos planos ou não, em termos de menos adequados crescimentos dos povoados, ofensas a cérceas e a direitos constituídos de vistas e "solaridade", tudo face a decisões ou silêncios eivados de generalizada corrupção no mundo autárquico, que, ao longo dos anos, o Estado partidário não quer agir devidamente para cercear.

Estabelece, embora numa *lógica de interdependência coerente* com os municípios vizinhos, o modelo de estrutura espacial do território municipal.

Deve constituir a *síntese da estratégia de desenvolvimento e de ordenamento local*, com as opções de localização e de gestão de equipamentos de utilização coletiva, integrando as opções de âmbito nacional, setoriais, regionais e intermunicipais, com incidência na respetiva área de intervenção.

As *plantas de ordenamento* dos planos diretores representam o *modelo de estrutura espacial do território local* de acordo com a *classificação e a qualificação dos solos* e com as *unidades operativas* de planeamento e gestão definidas, cabendo à *planta de condicionantes* identificar as *servidões e restrições de utilidade pública* em vigor, que possam constituir *limitações ou impedimentos* a qualquer forma específica de aproveitamento. Além destas plantas e do seu regulamento, deve, entre outros elementos, ser também acompanhado de uma *Relatório ambiental e de um Mapa de ruído*.

As suas funções são muito amplas, dada a sua natureza e abrangência, abarcando:

a) a caracterização concreta dos *elementos económicos, sociais e biofísicos*, designadamente definindo a *estrutura fundiária* da área de intervenção, com a *referenciação espacial dos usos e das atividades*, nomeadamente através da definição das *classes e categorias de espaços*;
b) a *especificação, qualitativa e quantitativa, dos índices, indicadores e parâmetros de referência*, urbanísticos ou de ordenamento, a estabelecer no planeamento (de urbanização e de pormenor) e, nos de natureza supletiva, aplicáveis na ausência destes, com a *identificação das áreas e a definição de estratégias de localização*, distribuição e desenvolvimento das *atividades industriais, turísticas, comerciais e de serviços*, assim como os *critérios de perequação compensatória de benefícios e encargos* decorrentes desta administração urbanística, que devem passar a ser concretizados nos instrumentos de planeamento previstos nas unidades operativas de planeamento e gestão, e em geral, apontar os *critérios para a definição das áreas de cedência*, ou seja, procedendo à definição das regras de administração.
c) a *definição e caracterização da área de intervenção* (identificando as redes urbana, viária, de transportes e de equipamentos de educação, de saúde, de abastecimento público e de segurança, os sistemas de telecomunicações, de abastecimento de energia, de captação, de tratamento e abastecimento de água, de drenagem e tratamento de efluentes e de recolha, depósito e tratamento de resíduos);

d) a definição dos *sistemas de proteção dos valores e recursos* naturais, culturais, agrícolas e florestais (identificando a estrutura ecológica municipal), com a identificação e a *delimitação dos perímetros urbanos* (com a definição do sistema urbano municipal) e a definição de *estratégias para o espaço rural* (identificando aptidões, potencialidades e referências aos usos múltiplos possíveis, assim como a definição de *programas na área habitacional*;

e) a definição de *unidades operativas de planeamento e gestão*, para efeitos de programação da execução do plano (estabelecendo para cada uma das mesmas os objetivos, os termos de referência para a necessária elaboração de planos de urbanização e de pormenor) e a programação da execução das opções de ordenamento estabelecidas, com a identificação de *condicionantes* (designadamente reservas e zonas de proteção e as necessárias à concretização dos planos de proteção civil de carácter permanente);

f) as condições de atuação sobre *áreas críticas, situações de emergência ou de exceção, sobre áreas degradadas em geral, com as condições de reconversão das áreas urbanas de génese ilegal (AUGI), identificação das áreas de interesse público para efeitos de expropriação,* definindo as respetivas regras de administração.

*

O *planeamento de urbanização* desenvolve e concretiza os planos diretores e estrutura a ocupação do solo e o seu aproveitamento, em ordem à devida adequação do perímetro urbano e aplicação das políticas urbanas.

Contém, além do mais, o regulamento e o seu relatório explicativo, também um relatório ambiental. Cabe-lhe a *definição do zonamento* para localização das diversas funções urbanas (planta de zonamento). Estrutura as *ações de compensação e redistribuição de benefícios e encargos* e identificando os sistemas de execução do plano.

O *planeamento de pormenor*, abrangendo áreas de intervenção contínuas, efetiva a *delimitação dos valores culturais e informação arqueológica* contida no solo e no subsolo, os *valores paisagísticos e naturais* e todas as infraestruturas relevantes, com a previsão detalhada das *operações de transformação fundiária*, seus sistemas de execução do plano e soluções de perequação, e com a definição de *parâmetros urbanísticos*, sua densidade máxima de fogos, número de pisos e altura total das edificações ou *altura das fachadas*, operações de demolição, conservação e reabilitação das construções existentes (PP).

Em geral, com *regulamentação da edificação e regras sobre a implantação das infraestruturas e desenho dos espaços de utilização coletiva*, assim como a *implantação, a volumetria e as regras para a edificação* e a disciplina da sua integração na paisagem, a localização e a inserção urbanística dos equipamentos de utilização coletiva e a organização espacial de todas as atividades de interesse geral. Ou seja, o *desenho urbano*, com os espaços públicos, incluindo os espaços de circulação viária e pedonal e de estacionamento, e o tratamento, a localização de *equipamentos e zonas verdes, os alinhamentos, as implantações, a modelação do terreno e a distribuição volumétrica*.

Existem várias modalidades específicas de planos de pormenor, desde os planos de intervenção no espaço rústico (que regula diretamente no essencial) aos planos de reabilitação urbana (solo urbano correspondente à totalidade ou a parte de centro histórico delimitado em plano diretor ou plano de urbanização eficaz ou área de reabilitação urbana legalmente constituída), aos planos de reconversão urbana e aos planos de salvaguarda do património cultural (cuja disciplina remete para diplomas próprios).

Os *planos de pormenor* são compostos de um regulamento, uma planta de implantação (desenho urbano e parcelas, alinhamentos e polígono-base para a implantação de edificações, *altura total das edificações* ou altura das fachadas, número de pisos, número máximo de fogos, área de construção e seus usos, demolição e manutenção ou reabilitação das edificações existentes e natureza e localização dos equipamentos, dos espaços verdes e de outros espaços de utilização coletiva), planta de condicionantes (*servidões administrativas e restrições de utilidade pública*, implicando limitações ou impedimentos a qualquer forma específica de aproveitamento), plantas e quadros da operação de transformação fundiária (novos prédios, bens do domínio público, etc.) e de áreas a ceder para o domínio municipal e planta de localização (enquadramento do plano no território municipal envolvente, indicando principais vias de comunicação e outras infraestruturas relevantes, estrutura ecológica e grandes equipamentos, existentes e previstos e demais elementos considerados relevantes).

O *relatório ambiental*, existente quando justificado pela necessária avaliação de efeitos significativos no ambiente, resultantes da aplicação do plano; deve identificar, descrever e avaliar as alternativas razoáveis, face aos objetivos e ao seu âmbito de aplicação territorial).

Elemento importante de controlo da aplicação do *princípio da justa ponderação dos interesses relevantes*, públicos e privados, é a exigência da *junção das participações recebidas durante a discussão pública e o relatório da sua ponderação*.

O *plano de intervenção no espaço rústico*, que não pode promover a reclassificação do solo rústico em urbano, é um plano que se reporta a solo rústico, devendo estabelecer regras sobre a construção de novas edificações e a reconstrução, alteração, ampliação ou demolição das edificações existentes (se necessárias ao exercício das atividades autorizadas no solo rústico), sobre a implantação de novas infraestruturas de circulação de veículos, de animais e de pessoas, e novos equipamentos, públicos ou privados, de utilização coletiva, assim como sobre a remodelação, ampliação ou alteração dos existentes.

Deve, ainda, proceder à criação ou beneficiação de *espaços de utilização coletiva, públicos ou privados* e seus acessos e áreas de estacionamento, assim como à criação de condições para a prestação de serviços complementares das *atividades autorizadas no solo rústico e operações de proteção, valorização e requalificação da paisagem natural e cultural.*

*

No que se reporta à *articulação relacional dos conteúdos dos IGT*, os programas territoriais traduzem um compromisso recíproco de compatibilização das suas opções.

O PNPOT, PSIT e PEOT estabelecem os princípios e as regras orientadoras para os PROT, desde logo com o PNPOT a fornecer orientações a desenvolver e concretizar. Os programas sucessivos sobre um mesmo território devem-se respeito segundo a procedência cronológica.

Quando procedam à alteração de programa ou de plano territorial preexistente, os novos programas e planos territoriais devem indicar expressamente as normas incompatíveis que determinam a sua alteração.

Independentemente da eventual data pré-fixada de vigência, todos os planos municipais têm, também, de ser revistos quando a sua *monitorização e avaliação*, traduzida em *relatórios de estado do ordenamento* do território, revelarem níveis de execução e evolução das condições ambientais, económicas, sociais e culturais que exijam a modificação do modelo territorial.

De qualquer, modo, independentemente também dessa data pré-fixada, que, apesar disso, tal como logicamente estabelece o CPA e para evitar o vazio regulador, não o foi no tempo previsto, o regulamento não deixa de se manter sempre eficaz até à devida aprovação de novo regulamento, mesmo que este tivesse data prevista de revisão não cumprida.

No entanto, esta referida anterior prorrogação automática, se nada, entretanto, se legislou em contrário ou de modo alterado, é algo que nada tem que ver com a situação diferente de uma regulamentação em matéria que, nos seus expressos termos iniciais ou supervenientes, disponha que apenas existe para regular, durante esse marcado tempo, um dado problema existente.

No caso de não haver *atualização tempestiva* (prazo fixado pelo programa) dos planos de âmbito local pré-existentes, tal implica a suspensão das normas dos planos que deviam ter sido alteradas (declaração da comissão de coordenação e desenvolvimento regional territorialmente competente), que vigora até à atualização dessas normas. Nesse período de suspensão do plano, *não pode praticar-se nenhum ato ou operação administrativa*, que implique a *ocupação, uso e transformação do solo na área abrangida.*

3.3. Situações de suspensão de IGT e de procedimentos. Regime de recurso a medidas cautelares no âmbito do ordenamento do território. Avaliação

Em geral, a suspensão dos IGT ou é *preventiva face a processos de revisão ou face a procedimento de concessão de licenças ou autorizações* ou obedece a *razões de excecionalidade da suspensão, por circunstâncias supervenientes.*

Neste caso, em princípio, face a *circunstâncias excecionais*, que se repercutam no ordenamento do território, pondo em causa a prossecução de interesses públicos relevantes, na medida em que traduzam uma alteração significativa das perspetivas de desenvolvimento económico-social incompatíveis com a concretização das opções estabelecidas no plano).

Os *procedimentos de informação prévia especificamente urbanística, de comunicação prévia e de licenciamento*, nas áreas a abranger por novas regras urbanísticas constantes de planos intermunicipais ou municipais ou da sua revisão, ficam suspensos a partir da data fixada para o início do período de discussão pública e até à data da entrada em vigor daqueles planos. E cessando a suspensão do procedimento, ele é decidido de acordo com as novas regras urbanísticas em vigor.

Caso as *novas regras urbanísticas* não entrem em vigor no prazo de 180 dias desde a data do início da respetiva discussão pública, cessa a suspensão do procedimento, devendo neste caso prosseguir a apreciação do pedido até à decisão final de acordo com as regras urbanísticas em vigor à data da sua prática.

Não se *suspende o procedimento* quando o pedido seja feito ao abrigo de normas provisórias ou tenha por objeto obras de reconstrução ou de alteração em edificações existentes, desde que tais obras não originem ou agravem desconformidade com as normas em vigor ou tenham como resultado a melhoria das condições de segurança e de salubridade da edificação.

Quando haja lugar à *suspensão do procedimento*, os interessados podem apresentar novo requerimento com referência às regras do plano colocado à discussão pública, mas a respetiva decisão final fica condicionada à entrada em vigor das regras urbanísticas que conformam a pretensão. Caso a versão final do plano aprovado implique alterações ao projeto, os interessados podem, querendo, reformular a sua pretensão. Em situações em que se imponha a elaboração, alteração ou revisão de um plano de âmbito intermunicipal, municipal ou programa especial (neste caso, só a título excecional) podem ser estabelecidas medidas preventivas ou normas provisórias, que têm a natureza de regulamentos administrativos.

As *medidas preventivas* visam prevenir alterações concomitantes das circunstâncias e condições de fato existentes na altura quer com o objetivo de vir a limitar a liberdade de planeamento quer de comprometer ou de tornar mais onerosa a execução do programa ou do plano. Estas medidas provocam a suspensão da eficácia do plano na área abrangida e pode também levar à suspensão de outros programas e planos territoriais na área.

Com exceção das *ações validamente autorizadas* antes da sua entrada destas medidas e aquelas em que exista já informação prévia favorável ou aprovação do projeto de arquitetura válidas, tal *ato precautivo* leva à aplicação de medidas preventivas[556], que implica, sejam interdições de atuação, seja a limitação ou a sujeição a parecer vinculativo de certas operações e ações, desde as operações de loteamento e obras de urbanização, construção, ampliação, alteração e reconstrução (com exceção das que estejam isentas de controlo administrativo prévio), demolição (não regulamentarmente dispensadas de controlo administrativo prévio), trabalhos de remodelação de terrenos, ou derrube de árvores em maciço ou destruição do solo vivo e do coberto vegetal.

O legislador prevê que o Governo possa também, segundo o mesmo regime substantivo, estabelecer medidas preventivas visando salvaguardar situações excecionais de reconhecido interesse nacional ou regional (execução de empreendimentos de relevante interesse público, situações de calamidade pública ou outras situações de risco) ou para garantir a elaboração, alteração ou revisão de programas especiais.

Quando a ação em causa *prejudique de forma grave e irreversível a finalidade do plano*, as exceções à aplicação destas medidas podem, nesses casos excecionais devidamente fundamentados, ser afastadas, o que implica a devida indemnização.

Se a imposição de *proibições e limitações* a prever nessas medidas se revelar *desadequada ou excessiva* e se se verificar cumulativamente a existência de opções de planeamento suficientemente densificadas e documentadas no âmbito do procedimento de elaboração, revisão ou alteração do plano

[556] N.º 7 do art. 126.º RJUE.

territorial em causa e a necessidade dessas medidas para a salvaguarda de interesses públicos inerentes à elaboração, revisão ou alteração do plano em causa, ponderados os vários interesses públicos em causa, poderá optar-se por normas provisórias que definam de forma positiva o regime transitoriamente aplicável a uma determinada área do território.

Há um limite material das medidas cautelares. A imposição de medidas preventivas ou de normas provisórias só é possível nos casos em que fundadamente se preveja ou receie que os prejuízos resultantes da possível alteração das características do local sejam socialmente mais gravosas do que os inerentes à sua adoção, tendo, por isso, de ser demonstrada a necessidade e clarificadas as vantagens e os inconvenientes económicos, técnicos, sociais e ambientais derivados dessa adoção.

A extensão da área sujeita a medidas deve ser apenas a que se demonstre adequada à consecução dos fins protetivos em causa. E devem ainda ser enunciadas as normas do futuro plano que ficariam comprometidas na sua execução caso essas medidas e normas não sejam tomadas, se o estado dos trabalhos de elaboração ou de revisão o permitir.

O prazo da sua vigência não pode ser superior a dois anos, sem prejuízo de poder ser prorrogado por mais um, quando se demonstre essa necessidade. Deve ser fixado no ato que as decrete, mas na falta dessa fixação, elas regem apenas pelo prazo de um ano, prorrogável por seis meses.

As prorrogações processam-se nos mesmos termos do seu estabelecimento, devendo o parecer da CCDR, para ser considerado, ser emitido no prazo de 10 dias. E não só deixam de vigorar se forem revogadas ou tiver decorrido o prazo fixado, como caducam se entrar em vigor o plano que motivou a sua adoção (caso em que os planos devem referir tal fato expressamente), se a entidade competente desistir da elaboração do plano que as motivara ou se cessar o interesse na salvaguarda das situações excecionais de reconhecido interesse público.

As *medidas preventivas* devem ser, total ou parcialmente, revogadas quando se revelem desnecessárias no decorrer dos trabalhos de elaboração ou de revisão do plano. E, a menos que ocorram casos excecionais fundamentados, uma área só pode voltar a ser abrangida de novo por medidas preventivas ou normas provisórias quatro anos depois da data da sua anterior caducidade. Por fim, refira-se que a adoção de tais medidas e normas cautelares implica o dever de indemnizar nos casos em que delas resulte sacrifício de direitos preexistentes e juridicamente consolidados.

Quanto à *avaliação da adequação e concretização* das normas consagradas nos IGT, impõe-se que as entidades responsáveis pela sua elaboração promovam a sua avaliação permanente. Para este efeito, impõe-se a recolha e tratamento da informação de carácter estatístico, técnico e científico relevante, e a elaboração de relatórios periódicos de avaliação, articulando as vertentes técnica e política da avaliação do sistema e devendo efetivar o balanço da execução dos instrumentos e os níveis de coordenação interna e externa obtidos.

As entidades locais implicadas nos planos devem elaborar, também de quatro em quatro anos, um relatório a submeter às respetivas assembleias.

Todos estes devem traduzir o balanço da execução dos programas e dos planos territoriais, que são objeto de avaliação e os níveis de coordenação interna e externa obtidos, fundamentando, sendo o caso, a necessidade de uma revisão.

A aprovação dos relatórios é precedida de um período de discussão pública não inferior a 30 dias.

Fica interdita a revisão dos programas e planos sem a elaboração destes relatórios, que devem ser revistos no prazo de quatro anos[557], sem prejuízo de, durante esse período, poder ser objeto de revisão qualquer IGT, através de uma ponderação assente num *relatório de avaliação ad hoc*, desde que ele permita comprovar existir a sua necessidade que não apareça fundamentada em Relatório normal sobre o estado do ordenamento do território.

3.4. Caraterísticas e princípios gerais da política e direito do planeamento territorial em Portugal

3.4.1. Conceitos, fundamentos, objetivos e características

A problemática do ordenamento físico, visando pré-configurar uma perspetiva global do território (como quadro geral de referência, essencialmente estratégico, para os municípios) e do urbanismo a ele subordinado e mais diretamente vocacionada a estabelecer a ordem concreta no espaço urbano e na edificação em geral, tem sofrido um *tratamento de complexificação crescente, face à hiperbolização da factualidade* que lhe subjaz.

Assistimos a uma irreversível *lógica de concentração da radicação da população nos espaços físicos plurifuncionais e a integração das preocupações ambientais*, o que vai transformando as políticas e normações territoriais em áreas fundamentais de ação pública, nacional e europeia, para garantir a sanidade e qualidade de vida do homem.

O ordenamento do território é um tema clássico, pois nasce ligado ao urbanismo, tendo como *inspiração e precedente a planificação económica e de desenvolvimento regional*.

557 Art. 202.º).

Só, recentemente, tal foi assumido constitucionalmente. Foi ganhando *dimensão prática e fortemente jurídica*, especialmente através do planeamento físico e mesmo no plano unionista europeu como função pública. É o *lugar de encontro e atuação coordenada de todos os poderes* públicos com jurisdição territorializada, designadamente a União Europeia, face à *repercussão das suas políticas setoriais e à Estratégia Territorial Europeia* (ou "Esquema de Desenvolvimento do Espaço Comunitário", na tradução literal, enquanto *estratégia pan-europeia de desenvolvimento do seu Espaço*).

Tal evolução levou à ultrapassagem da mera abordagem municipal tradicional do território como solo. Obtendo-se mesmo avanços "parahiperbólicos" na Administração do território, para efeito da correta prossecução de um desenvolvimento económico-social, ambientalmente resiliente. E, para além das políticas nacionais mais ou menos liberalizantes, prosseguidas a partir da União Europeia e das novas Escolas de Economia mainstream), permitindo potenciar a nível da União Europeia, a luta contra as assimetrias de desenvolvimento, de dotação de equipamentos, de enquadramento de investimentos e de coordenação das novas problemáticas campo-cidade (integração da vertente da coesão territorial no atual Tratado de Lisboa).

O ordenamento do território e o planeamento, como seu instrumento fundamental, são a política, a técnica e a arte de situar adequadamente as populações e as atividades económicas nos diferentes territórios, numa perspetiva racional de conciliação entre o desenvolvimento económico-social, a defesa de uma ambiente urbano e rural promotor da qualidade de vida (ou seja, naturalmente resiliente) e atento aos interesses coletivos essenciais, tais como a beleza das paisagens, a estética dos aglomerados de vivência humana e o património arqueológico, histórico, cultural ou paisagístico, natural ou edificado.

Face à *supremacia do direito territorial*, construído à base de vinculações segundo escalões dos vários poderes de intervenção no território, importa que vigore globalmente entre estes uma distribuição de funções regida pelo princípio do equilíbrio de todo o sistema na articulação desses poderes, de modo que os municípios, local das decisões concretas, não fiquem, competencialmente, esvaziados de todo o conteúdo conformador do desenvolvimento futuro dos territórios concretos que administram. Ou seja, há limites à vinculação do plano.

A limitação tem de processar-se de acordo com o concreto carácter do escalão em que é criada, de diretriz ou com fins locais específicos, com sujeição estrita dos planos de ordenamento do território a uma concreta definição normativa e balizas substantivas e procedimentais, o que impede o uso do planeamento físico para "legislar" ou confiscar livremente poderes decisórios. Tal como impede regulamentações de natureza territorial sem seguir procedimentos especiais, em qualquer escalão do poder territorial, para fugir à específica lógica exigencial da regulamentação de planificação.

A legislação nacional disciplina em termos amplos os instrumentos de administração territorial[558], objeto contínuo de alterações, pretendendo dar-lhe conteúdos mais precisos e articulados, numa lógica de hierarquização, conforme se vai descendo na sua escala territorial e se vai substituindo orientações mais gerais por imposições face à colocação de questões mais concretas.

No que concerne aos elementos essenciais, referentes ao conteúdo do planeamento, eles devem desempenhar três tarefas condicionantes do seu êxito: a identificação dos recursos e valores territoriais, a determinação do destino básico dos terrenos, através da definição do uso do solo (pelos planos municipais de ordenamento), por meio da sua classificação e a determinação da definição do perímetro urbano, através da qualificação do solo urbano (terreno para o qual é reconhecida vocação para o processo de urbanização e de edificação: solos urbanizados ou cuja urbanização seja possível programar e afetos à estrutura ecológica necessários ao equilíbrio do sistema urbano) e da classificação dos solos (segundo o princípio de que, nesta fase de revisão geral do planeamento municipal, deve já ser apenas excecionalmente admitida a transição de solos rurais como solo urbano).

A Lei de Bases da Política pública de Solos[559] (de Ordenamento do Território e Urbanismo) veio propiciar uma nova reforma dos diplomas que regulam todo o planeamento do território, urbanismo e edificação, ou seja, essencialmente os diplomas sobre IGT e RJUE.

Esta lei de bases tem como *novidade* integrar num só diploma as matérias respeitantes a todas as políticas nestas áreas. Lança, assim, as bases para uma "nova fase" da afirmação destas políticas.

Está em causa, na justificação governamental assumir, expressamente, o *solo como "fator decisivo de competitividade,* associando positivamente a conservação e o *aproveitamento eficiente dos recursos,* a qualidade ambiental e a criação de boas condições para o desenvolvimento económico e social".

[558] Essencialmente no Decreto-Lei n.º 80/2015, com as alterações dos decretos-leis, n.º 81/2020, de 2.10 e 25/2021, de 29.3

[559] Lei n.º 31/2014, de 30.5, alterada pela lei 74/2017, de 16.8 (sem transposição de PEOT; PDM ou PIMOT e outros aplicáveis à área abrangida até 13.2.2020).

Pretende-se reforçar: a) – a *integração de políticas no território;* b) – a eficácia dos mecanismos de execução dos planos; e c) – a *sustentabilidade económica e financeira* dos processos de desenvolvimento urbano. Tal como se visa: a) – simplificar as condições de realização das operações urbanísticas; e b) – promover uma maior *equidade e coesão social e territorial.*

Ela veio consagrar um *direito geral "ao ordenamento do território"*, numa postura semelhante ao disposto no texto constitucional em relação ao ambiente ("um ordenamento do território *racional, proporcional e equilibrado*), através de um *intervencionismo público* em matéria de solos, ordenamento do território e urbanismo com respeito pelos direitos e interesses legalmente protegidos.

Os fins deste direito político sobre solos são vários:

No domínio dos solos em geral, o seu aproveitamento *racional e eficiente,* com a devida valorização das suas potencialidades, quer em relação às áreas agrícolas, florestais e silvo-pastoris quer à orla costeira, margens dos rios e albufeiras, quer ao património natural, cultural e paisagístico (garantindo adequadamente as suas funções ambientais, económicas, sociais e culturais).

No âmbito da *economia situada,* o desenvolvimento sustentável (compatível com a economia territorial[560]) e avanço para a correção das assimetrias regionais.

No plano do ordenamento físico e urbanístico, a reabilitação dos centros urbanos e dos aglomerados rurais, a requalificação de áreas degradadas e a reconversão de áreas urbanas de génese ilegal, a limitação da expansão urbana e da edificação dispersa.

No campo específico do ambiente, a *potenciação da resiliência do território e o combate à contaminação dos solos,* face aos fatores agressivos do ambiente e da saúde humana.

*

Quanto às *características atuais do direito do ordenamento do território,* podemos referi-lo como um direito estratégico porque, cada vez mais, pelo menos em parte para atingir eficazmente os seus objetivos, exige intervenções planificadoras e programadoras.

[560] Condesso, F. – "Teorías de la economía territorial", "Evolución de la 'ciencia regional'". "Ordenación territorial regional", Desarrollo regional, globalismo e y regionalismo". In *Desarrollo y Cohesión en la Península Ibérica: El problema de la Ordenación Territorial.* Barcelona: Erasmus Ediciones, 2010, respetivamente p. 93-104, 105-108, 113-124, 159-188.

Umas, visando diretamente a problemática ambiental, ligada à proteção de zonas naturais ou altamente sensíveis num plano ambiental. Outras, visando objetivos ordenamentais físicos autónomas, mas que não podem deixar de considerar as perspetivas de defesa ambiental.

Também é um *direito prospetivo*, no sentido de que se concebe tendo presente que há que impor o dever dos sujeitos de hoje não prejudicarem os direitos ambientais dos homens de amanhã.

Estamos face a um direito com uma *componente territorial geral*. Mas, mesmo assim, um direito cada vez mais preocupado com o *homem sedentário e concentracionário*, que tudo complica, ao tender viver *polarizado em aglomerados urbanos*. Um direito em que a urbe aparece enquadrada como um ecossistema. Portanto, como um bem globalmente considerado. Exigindo uma polarização normativa adequada.

Como *direito de intervenção pública hiperbólica*, implica legislação panterritorial enquanto direito de interesse global, no sentido que supõe, em geral, uma interdependência dos homens e das regiões. O que pressupõe o desenvolvimento de uma visão global dos problemas. É, por isso, um direito de nomogénese global, integrando desde normas de direito internacional, nível de intervenção onde começaram por singrar as primeiras normas significativas modernas, até normas regulamentares autárquicas.

Portanto, é um *direito de atribuição de intervenções concorrentes* aos vários escalões dos poderes públicos estabelecidos, internacionais ou nacionais, e dentro destes.

3.4.2. Macroprincípios jurídicos do planeamento físico

São muitas as questões fundamentais que o atual sistema de planeamento físico suscita, designadamente relacionadas com a *aplicabilidade direta ou não dos regulamentos dos planos, a compatibilidade e conformidade das normas dos diferentes planos e a sua função integradora*, a leitura doutrinal do *princípio da "discricionariedade"* do plano, o significado e operatividade do *princípio da justa ponderação dos interesses relevantes*, os *standards (padrões urbanísticos) de operatividade imediata e de operatividade diferida*, a relação do direito geral dos solos com o planeamento e entre eles e o *direito de construir*.

Todas estas vertentes implicam a questão da *natureza do direito de propriedade, do planeamento e dos instrumentos jurídicos de administração* urbanística.

São muitos os princípios a que obedece o planeamento territorial. Todos eles, desde os *substantivos, operativos aos orgânico-procedimentais, de importância axilar* para que esta função pública possa atingir os seus objetivos globais em termos de adequada administração do território.

Importa começar por referir que o planeamento, enquanto atividade regulamentar pública de natureza especial, está sujeito aos princípios constitucionais da atividade administrativa, com realce para o da proibição de excesso, e ainda aos princípios específicos ou que, nele, assumem um especial enfoque.

Da vasta gama de *princípios do planeamento*, destacarei os basilares, muitos deles mera modulação específica da aplicação a este campo de estudo de princípios gerais da atividade administrativa, agregando-os em *quatro grandes tópicos caracterizadores do direito do planeamento* territorial, que se prendem com:

a) a supremacia do planeamento face à administração urbanística;
b) a tipicidade e a procedimentalização do planeamento;
c) a ampla margem de conformação administrativa; e
d) a hiperbolicidade da intervenção administrativa.

A) Supremacia do planeamento sobre a gestão urbanística. Princípio da gestão urbanística de conformidade com o planeamento.

A *natural supremacia dos planos*, face à administração urbanística e seus corolários, é conatural quer ao princípio geral, que rege sempre e legitima a atuação da Administração pública, da *legalidade positiva* (só pode fazer o que a lei permite ou manda fazer e estritamente dentro dos limites consagrados), quer ao princípio da inderrogabilidade singular das normas (que visa impor a igualdade de tratamento de todos os administrados, designadamente dos dirigentes públicos face aos cidadãos).

A gestão ou Administração individual e concreta dos solos está condicionada à partida pelos regulamentos planificantes de base autárquica. Todas as normas, para poderem ter aplicação direta pelos proprietários no território municipal, devem estar aí obrigatoriamente.

Não exclusivamente. Também fica sujeita ao direito do urbanismo, especialmente ao seu regime geral, o RJUE, que prevalece sobre regulamentos desconformes com ele.

Este e outras *normas específicas do direito do urbanismo* podem permitir ou mesmo legitimar o afastamento do regulamento planificante, que assim perde o carácter "absoluto" no plano da regulação situada, concreta, pela possibilidade de ultrapassagem em situações excecionais devidamente justificadas, tendo presente o art. 65.º da Constituição (direito à habitação), em geral traduzidas nas normas referentes às *AUGI, RJRU, RJUE e seu art. 60.º sobre a conservação do existente e os corolários sobre alterações futuras, ou a possibilidade de licenciamentos especiais contra-plano do art. 88.º, ou de alterações durante a execução da obra, com ou sem a aplicação do regime das comunicações*, etc..

O *princípio geral da precedência e vinculação pelo planeamento* da administração territorial concreta visa executar a política de solos, de ordenamento do território e de urbanismo, de acordo com os planos em vigor.

Na linha lógica desta exigência, desde logo, temos o *princípio da obrigatoriedade de planeamento* no âmbito municipal, consequência do *princípio da precedência do planeamento* como fundamento legitimador da administração territorial. Com efeito, é, hoje, inquestionável esta necessidade de imposição da *administração urbanística de conformidade com os planos*[561].

Este princípio da "gestão" urbanística impede um desenvolvimento urbanístico espontâneo, segundo meras decisões privadas ou públicas casuísticas, sem ordenação e disciplina, face à imposição da vigência e execução de um sistema legal de planificação. Implica um dever de planificação. Perdidas, na generalidade dos municípios do país, mesmo onde era obrigatório e não foram elaboradas, as oportunidades legislativas ligadas aos regimes dos planos designados como "áreas de desenvolvimento prioritário" e "áreas de construção prioritária", hoje, quanto aos planos gerais dos territórios municipais, PDIM ou PDM, existe uma obrigação de os elaborar por parte dos municípios.

A lei impõe procedimentos estritos para a elaboração destes planos, no chamado regime jurídico dos instrumentos de "gestão" territorial, não só para garantir a necessária *ponderação e cooperação interadministrativa* e participação cidadã, em face de todos os interesses relevantes envolvidos, como para propiciar a *concertação e contratualização* entre os interesses públicos e privados implicados, incentivando uma vinculação recíproca entre a iniciativa pública e a privada na concretização dos programas e planos territoriais[562].

B) Princípio de tipicidade

O princípio da tipicidade, para além da densificação do princípio da legalidade em termos meramente atributivos, legitimador, de tarefas públicas e de sujeição a um sistema de vinculações, é fundamental para impor o cumprimento

[561] Por mais que proliferem, sobretudo em grandes cidades e zonas marítimas, agressões contínuas às suas estatuições, que, sem eles, não haveria atrevimento para efetivar; assim servindo à pressuposição pública, confiante na (inexistente) fiscalização estatal, de que certas enormidades estarão previstas (com a consequente passiva e resignada "aceitação" daquilo que, sem a existência de planeamento, levantaria suspeitas e reações contra os poderes públicas, e não apenas críticas "silenciosas" aos planos, que os autarcas afirmam que as permitem. Basta rever as últimas décadas de Quarteira, de Armação de Pera pu de Praia da Rocha.

[562] Art. 3.º, n.º 1, al. H da LBGPPSOTU e art. 47.º sobre a contratualização do planeamento.

de regras substantivas e procedimentais conaturais à lógica e objetivos ínsitos ao planeamento.

Este princípio aplica-se aos programas e aos planos. É um *corolário do princípio da legalidade da Administração,* que justifica e implica uma especial procedimentalização, com destaque para as especialidades sobre prazos de elaboração, regras estritas sobre participação e acesso permanente à informação pública e ativa da Administração (designadamente publicitação de Relatórios periódicos, com os resultados dos processos de acompanhamento de execução, sobre segurança jurídica, face ao plano, intervenções hiperbólicas articuladas e harmonizadoras de todas as entidades territoriais implicadas), com possíveis *pareceres bloqueantes-vinculativos do poder discricionário.*

A lei indica a designação obrigatória, define os objetivos e determina o conteúdo técnico de cada plano.

Este princípio da tipicidade dos planos resulta da *definição por lei das figuras e dos procedimentos* de formação dos planos físicos. Impõe e *permite apenas as figuras de planos legalmente criadas e procedimentalizadas,* impedindo a Administração Pública de elaborar os planos que quiser, o que lhe iria permitir fugir ao procedimento legalmente previsto para os diferentes objetivos planificadores.

Ela só pode criar as espécies de planos que o legislador regula. Só podem elaborar-se os previstos na lei. Embora a sua elaboração técnica possa ser atribuída por concurso ou contratação a particulares, a sua aprovação cabe às entidades territoriais competentes na matéria, parlamento (PNPOT), Governo e regiões autónomas (todos os planos não municipais) e assembleias municipais (PMOT ou PIMOT). Isto sem prejuízo da determinação em lei especial de regimes particulares para certos tipos de bens.

C) Princípio da procedimentalização ordenamental

Em geral, o direito do ordenamento do território é um direito procedimentalizador especial dos condicionamentos e operações das entidades públicas e dos particulares relacionados com a *ocupação, o uso e a transformação do solo.*

A intervenção administrativa no domínio do planeamento e urbanismo encontra-se sujeita a normas de procedimento, quer no domínio da planificação, quer no da viabilização de construções.

Quanto aos diferentes procedimentos administrativos de elaboração dos planos, podemos defini-los, dizendo que o procedimento de ordenamento territorial, e portanto o urbanístico, é a sucessão ordenada de atos e formalidades integrando designadamente a audição dos particulares, a colaboração e concertação de várias entidades públicas e a ponderação dos diferentes interesses relevantes envolvidos, tendentes à manifestação de vontade das Administrações competentes para a formulação racional das opções a ordenar em geral e das de urbanização, sobretudo no domínio da ocupação, uso e transformação dos solos. Os procedimentos são variados, de acordo com a diferente tipologia planificante.

D) Princípio da segurança jurídica

No atual ordenamento jurídico vigora uma clara limitação do direito de propriedade pelo planeamento. Princípio que convive em geral também com um regime planificador respeitador dos princípios da estabilidade e da flexibilidade.

Quanto à aquisição das faculdades urbanísticas, que integram o conteúdo do aproveitamento do solo urbano, como refere a art. 15.º da atual LBGPPSOTU, ela "é efetuada de forma sucessiva e gradual", ficando sujeita ao cumprimento dos ónus e deveres jusurbanísticos, leis e planos territoriais de âmbito intermunicipal ou municipais aplicáveis.

A inexistência das faculdades urbanísticas pode implicar legalmente uma "indemnização por expropriação". Com efeito, hoje, os proprietários do solo têm apenas o direito a "utilizar o solo de acordo com a sua natureza", observando o previsto em programas e planos territoriais.

Sendo solos rústicos, o direito de explorar a sua aptidão produtiva, mas preservando e valorizando os bens culturais, naturais, ambientais e paisagísticos e de biodiversidade.

Este *uso legal do solo* deve respeitar os limites constantes dos planos intermunicipais e municipais, face à classificação e qualificação aí efetivada, cabendo ao regime de uso do solo definir a disciplina relativa à sua ocupação, utilização e transformação (art. 9.º LBGPPSOTU).

Com efeito, o uso do solo é definido exclusivamente pelos planos territoriais de âmbito intermunicipal ou municipal, ao indicarem as áreas de construção ou, na impossibilidade dessa definição, ao preverem parâmetros e índices legais quantitativos e qualitativos de aproveitamento ou de edificabilidade.

No entanto, segundo a nova Lei de Bases, garante-se a "segurança jurídica" e a "proteção da confiança", através da estabilidade dos regimes legais e do respeito pelos direitos preexistentes e juridicamente consolidados.

Em causa, não estará em geral a estabilidade dos regimes legais, face à garantia do adequado desenvolvimento dos direitos dos cidadãos pelo reconhecimento das situações jurídicas validamente constituídas e dos direitos a tal ligados.

Há a *garantia da existência de um período de vigência mínima* dos planos vinculativos. Embora seja uma *garantia de natureza relativa*. Existe, também, a admissão legal de um *princípio da adaptação*, em face da *evolução das perspetivas de desenvolvimento económico e social*.

Também os instrumentos de aplicabilidade direta (vinculativos dos particulares) ficam, assim, sujeitos quer ao *princípio da revisão obrigatória* (segundo prazos ou condições a prever legalmente), quer da *revisão excecional* fora desse prazo.

A *garantia mínima* serve, ainda, à ideia de segurança e de confiança, com aplicação do *princípio geral da não retroatividade*. Embora, sem prejuízo de ela poder ocorrer quanto a certas normas jurídicas, no caso de *instrumentos supervenientes* com que colidam ou se criarem servidões ou restrições de utilidade pública, afetando as suas disposições.

Não pode, ainda, esquecer-se o *princípio da suspensabilidade dos planos em casos excecionais*, de relevante interesse público, ou de normas de planos vinculativos dos particulares, no caso dessas normas não terem sofrido a devida alteração no prazo fixado por planos não vinculativos sobre-ordenadores, segundo o disposto na atual lei de bases.

Por fim, refira-se que esta garantia não impede o direito planificador físico de admitir o sacrifício de direitos preexistentes e juridicamente consolidados, quer nos casos legalmente expressamente previstos quer através de planos territoriais aplicáveis. No entanto, estas situações, como expropriações do plano que são, implicam adequadas soluções de pagamento de indemnização. Estas compensações segundo valores reais do mercado têm mesmo de ser previstas obrigatoriamente e de forma expressa no plano territorial de âmbito intermunicipal ou municipal, que fundamenta a imposição deste sacrifício, onde nomeadamente pode passar pela definição dos seus *mecanismos de perequação*. No entanto, é inquestionável que serão indemnizáveis todos *sacrifícios impostos aos proprietários do solo que tenham efeito equivalente a uma expropriação*[563].

Além disso, a *reserva de solo para infraestruturas urbanísticas, equipamentos, espaços verdes ou outros espaços de utilização coletiva*, incidindo sobre solos privados, implica a obrigatoriedade da aquisição pela Administração Pública, em prazo certo consignado no plano territorial ou instrumento de programação, sob pena de caducidade. A menos que o atraso seja imputável à falta de iniciativa do proprietário ou ao incumprimento dos respetivos ónus ou deveres urbanísticos).

563 Art. 17.º, LBGPPSOTU.

De tal modo que, no caso de *não haver fixação de prazo*, essa reserva do solo caduca no prazo de cinco anos, contados a partir da data da entrada em vigor do plano territorial que a prevê[564]. Ficando as "associações" de municípios (institucionalizadas ou formadas "ad hoc" apenas para a elaboração de planos intermunicipais) e os municípios obrigados a *declarar a caducidade* dessa reserva de solo e a efetivar uma *redefinição do uso do solo*, no caso de o plano territorial vigente não haver previsto um *regime supletivo* para tal.

E) Princípio da participação

Este princípio vive de várias vertentes. Umas, condicionantes do conhecimento para a vigência das normas. Outras, favorecedoras do conhecimento, para o devido *controlo da legalidade e do mérito* das decisões públicas.

Uma dessas vertentes é o *princípio da publicidade* (diário da república e outros meios de divulgação adequada). As outras estão ligadas aos importantes *princípios da transparência e da informação cidadã, de imposição constitucional.*

No que concerne à publicidade, ela é condição de produção de eficácia destes instrumentos de ordenamento territorial, que depende da sua publicação em Diário da República, onde têm de ser publicitados todos os planos ou programa nacional de política de ordenamento do território, os planos regionais de ordenamento do território acompanhados do esquema respetivo, os planos especiais de ordenamento do território, os planos municipais e intermunicipais de ordenamento do território e os planos e programas de ação sectorial com incidência na organização do território.

Quanto à *participação dos cidadãos* (desde a ligada a iniciativas particulares até às ligadas à *discussão pública das versões dos planos*), a al. g) fala nessa participação como condição do reforço do acesso à informação e à *intervenção nos procedimentos de elaboração, execução, avaliação e revisão dos programas e planos* territoriais. E a al. e), ao falar na *subsidiariedade, na simplificação e coordenação dos procedimentos* dos diversos níveis da Administração Pública, mostra ter em vista "aproximar o nível decisório ao cidadão".

Este princípio da participação das populações e a salvaguarda dos direitos e interesses legalmente protegidos dos particulares que também propicia é uma *peça axilar de um planeamento não autocrático.*

Ele tem hoje assento concreto, além do art. 267.º da normação constitucional e no art. 12.º do CPA, desde logo, também, no art. 6.º, n.º 1 da lei dos solos.

Este estabelece que "todos gozam dos direitos de intervir e participar nos procedimentos administrativos relativos ao solo, ordenamento do território

[564] Art. 18.º da lei de bases do solo.

e urbanismo", nomeadamente do direito de participação efetiva nos procedimentos com incidência na ocupação, uso e transformação dos solos, através da apresentação de *propostas, sugestões e reclamações,* do direito a obter uma "resposta fundamentada da administração" e do direito de acesso à informação de que as entidades públicas disponham e aos documentos que integram os procedimentos.

Expressamente, o art. 8.º, 2, al. b), refere-se à igualdade e à transparência no exercício dos direitos e no cumprimento dos deveres relacionados com o solo, designadamente, através do direito de participação e do direito à informação dos cidadãos.

Em causa, um direito à intervenção dos particulares nos processos de elaboração, execução, avaliação e revisão dos IGT, designadamente na *fase prévia à aprovação.*

Todos os IGT estão sujeitos ao *conhecimento permanente no seu desenvolvimento e à discussão pública.*

Os diferentes *interessados no planeamento, titulares de direitos subjetivos, como os proprietários dos terrenos ou de direitos reais sobre eles, ou portadores de interesses legítimos ou difusos* (relacionados com um âmbito especial) podem participar na elaboração do plano, designadamente na fase do inquérito público e da sua aplicação.

Podem fazê-lo mesmo os próprios *cidadãos em geral,* enquanto tais e sem Terem de dar qualquer fundamento para tal, ao estarem interessados e preocupados com a evolução territorial, macro-urbanística.

O *direito procedimental administrativo* permite-o ao integrar a legitimidade dos interessados e contrainteressados, associações de residentes e de cidadãos envolvidos na atuação de Administração que possa provocar prejuízos.

Hoje, a legislação do planeamento só prevê explicitamente a participação na *fase sucessiva à elaboração do projeto, através da participação na consulta ou inquérito público, para os cidadãos apresentarem propostas e comentários* sobre documentos expostos formalmente para o efeito. Os próprios loteamentos e até certos licenciamentos de grande significado podem ser processados com inquérito público, embora tenha sido eliminado do texto legal anterior, por supérflua para os fins de participação no esclarecimento dos vários interesses pessoais, a referência expressa à participação preventiva dos cidadãos nos próprios planos de pormenor. No entanto, essa *participação continua a ser possível pelas regras procedimentais gerais e face ao direito constitucional de petição, até previamente a qualquer iniciativa pública,* para se solicitar a *criação, extinção ou alteração de um plano.*

Portanto, esta participação traduz-se mesmo na possibilidade de os cidadãos solicitarem a elaboração dos planos pertinentes, em requerimento devidamente fundamentado, e ainda na possibilidade de os cidadãos fazerem as observações e sugestões que entenderem, preventivamente aquando da manifestação de tal intenção pelos poderes públicos.

*

No início da elaboração do plano, mas também durante o procedimento ou antes, pelo menos, na fase oficialmente prevista e regulada, do inquérito público e da formulação do projeto final, embora aqui se esteja já no momento em que as opções dos responsáveis pela criação do plano começam a ficar muito sedimentadas em face das posições de múltiplas entidades estaduais e, portanto, possa haver maior resistência à alteração.

Os cidadãos e os vários interessados podem não se reservar apenas para a *fase da divulgação pública* do projeto já elaborado. Isto é, além da participação na fase de inquérito público, os interessados podem também participar na fase anterior e até apresentar petições fundamentadas, integrando ou não projetos, e solicitar a elaboração, a alteração, a revisão ou revogação de um regulamento ordenamental ou urbanístico ou parte do mesmo[565].

Aliás, nada impede que os cidadãos se pronunciem sobre os próprios objetivos e fins gerais da planificação, embora sem impor apreciações e motivações à Administração pública.

O princípio da participação procedimental vem realizar um princípio constitucional, previsto no art. 267, n.ºs 1 e 5 da Constituição. Aparecendo, além do mais, na Administração planificadora, como um instrumento de apoio à realização do *princípio da justa ponderação dos interesses relevantes envolvidos no planeamento*, na medida em que é um meio de recolha dos interesses privados e até públicos.

Assim sendo, podemos dizer que o *princípio da participação* tem, simultaneamente, uma *finalidade subjetiva*, que é a tutela procedimental dos direitos e interesses legalmente protegidos) e um *fundamento objetivo*, que é dar a conhecer à Administração Pública todos os interesses que possam vir a revelar-se relevantes para as opções do plano, sem cujo levantamento e pesagem o plano será inválido.

No que diz respeito à *legitimidade de intervenção dos particulares*, quaisquer pessoas singulares ou coletivas podem participar no debate planificador. Não

565 Nos termos do art. 97.º do CPA, Lei n.º 42/2014, de 11.7, alterada pela Lei n.º 72/2020, de 16.11.

apenas nas situações em que possam ser atingidas com as disposições de um plano, mas mesmo, simplesmente, como desinteressados a título pessoal, mas nas preocupados pelas suas opções, "meramente" como cidadãos. A estes cabe sempre efetivar um *controlo, individual ou em grupo, da atividade administrativa.*

A *participação coletiva*, através de associações de defesa dos portadores de interesses públicos, é frequente nos domínios do ambiente, mas não tanto no do ordenamento do território e é quase nula no do urbanismo.

Quer na modalidade de *participação-audição,* com pareceres, observações, sugestões, representação de interesses sociais e profissionais, muitas vezes em órgãos consultivos ou de gestão da Administração, quer na de *participação--negociação,* numa linha de Administração concertada, com troca de pontos de vista, informação e negociação, para acertar uma *linha convergente de soluções* no âmbito dos meios e dos objetivos e até, muitas vezes, *executar as decisões administrativas,* estamos perante mecanismos ínsito ao moderno direito administrativo e naturalmente ordenamental físico. As relações participativas com os diretamente interessados na orientação do plano podem terminar por um contrato administrativo ou desembocar na solução de tomada de decisão unilateral da Administração Pública.

*

Os cidadãos afirmam a *democracia administrativa* também (independentemente dos resultados ou do vencimento do conteúdo das suas posições, forma ou efeitos), pela participação no processo de formulação das soluções.

A participação tem que ver com o "agree" do procedimento ou "adesão da sociedade" e não com o ato ou decisão concreta ou a forma que ela assuma. A Administração mantém os seus poderes públicos, podendo impor a sua vontade na *equação dos interesses* referentes aos solos, que entenda dever prevalecer. Mas as *observações da população* têm de constar de um relatório da Câmara Municipal, que acompanha cada proposta de plano, dirigida à Assembleia Municipal, aquando da sua aprovação. No entanto, no caso de, sobre as várias soluções, haver uma *divergência profunda* das entidades que se pronunciaram, designadamente dos munícipes, não sanáveis na altura da aprovação, a Câmara Municipal *deve alterar as suas opções no projeto final do plano.*

As formas de participação no procedimento planificador devem ser adequadas a compensar o enorme poder discricionário da Administração planificadora e a *conciliar os diferentes interesses envolvidos na planificação,* que acabam por configurar, embora com limitações normativas, a programação contida em cada plano.

A lei programa finalisticamente, quase sem possibilidade de condicionar o conteúdo concreto dos planos.

Os *fins ou objetivos*, resultantes da lei de planificação ou de outras leis, são *diretivas* ("richt punkten" da planificação), que referem os *meios e os momentos adequados* a atingi-los. Mas são incapazes e não podem tocar na natureza criadora da planificação, inconciliável com uma mera atividade executiva de normas legais. Mesmo que os interesses superiores levem o Estado a formular padrões urbanísticos, estes são limitações de mínimos à discricionariedade, que traduzem preocupações de equilíbrio, o que não impede que, designadamente por solicitação dos cidadãos, o planificador possa dar uma concretização mais exigente.

Importa reter é que o *direito de participação*, com a formulação de *críticas, queixas, reclamações, observações e sugestões*, propostas concretas recomendadas, levantamentos de interesses relevantes, obriga a Administração Pública a *considerá-las, aceitando-as ou contraditando-as com razoabilidade e lógica*. Exige-se que as decisões tenham uma *fundamentação suficientemente pormenorizada, precisa, coerente*. Condicionam ou limitam as opções finais, ao permitir o devido *controlo público e jurisdicional*.

F) Princípio da transparência. Direito de livre aceso aos processos ambientais e urbanísticos

Quanto ao *direito à informação*, hoje, vigoram em Portugal, para qualquer matéria (não excecionada pelo n.º 2 do artigo 268.º ou outra de base constitucionalmente imposta que imana doutro direito fundamental que, embora de modo estritamente proporcionado, indiscutivelmente o exija), algumas componentes importantes da efetivação do princípio da transparência em relação à atividade administrativa, quer por imposições ativas à própria entidade pública, quer pela criação de um regime concretizador de direitos fundamentais, quer pelos diretamente interessados nas fases endoprocedimentais (acesso pelos interessados, contrainteressados e terceiros com interesse legítimo), quer pelos meros administrados, em geral após as tomadas de decisão, mas por vezes também, embora em muitas matérias, que não a do planeamento, condicionadamente na fase endoprocedimental.

Este princípio aplica-se a esta matéria, mesmo na fase de preparação e elaboração do plano.

Como estabelece a artigo 49.º da lei dos solos (LPSOTU), o procedimento de elaboração, alteração ou revisão dos programas e planos territoriais assegura aos particulares as *garantias gerais que a lei lhes confere*, nomeadamente, a informação e os meios de participação pública efetiva", e o "direito de apresentação de observações e sugestões à entidade responsável pela sua elaboração e de consulta do respetivo processo, o que a legislação sobre os IGT concretiza nos termos mais amplos.

Com efeito, existe o livre acesso à informação administrativa sobre o planeamento, quer na *fase do procedimento*, quer *após a sua aprovação e publicação, através de exame direto, de emissão de fotocópia e de certidão*. Portanto, consagra-se um direito geral de acesso, em qualquer fase do procedimento.

Neste aspeto, ultrapassando os atuais direitos instrumentais referentes aos interessados na fase endoprocedimental, assim amplificando o direito geral de acesso (previsto na LADA e na Convenção Europeia sobre o acesso à informação oficial assinada sob a égide do Conselho da Europa), em princípio nas matérias em geral restrito ao momento posterior às tomadas de decisão administrativa, sem prejuízo de regras mais abertas constantes, se for mais favoráveis, da Lei de aceso à informação ambiental, tal como impõe a diretiva europeia e a Convenção de Aärhus.

O legislador atribui carácter público a todos os IGT e estipula os meios de acesso à informação ordenamental.

As Câmaras Municipais, aliás, para além das *declarações vinculativas sobre viabilidade construtiva*, no domínio do *controle prévio* da operações urbanísticas (pedido procedimentalizado de informação prévia, com deliberação formal válida por um ano ou, mesmo depois, porque não é "passível" de ser contrariada enquanto não ocorrerem alterações normativas supervenientes), deveriam, em face de pedido de informação concreta de qualquer interessado que pretendesse efetivar uma intervenção no solo, ter de emitir uma informação escrita sobre o possível aproveitamento do solo, a qual fizesse menção expressa dos IGT, cujo teor *fundamente a resposta*, assim como uma informação completa e atualizada relativamente à disciplina de ordenamento do território aplicável à área em causa.

3.4.3. Ampla margem de conformação administrativa e suas limitações. Princípio da discricionariedade da programação e planificação territorial

Sobre a discricionariedade planificadora, imporá referir que a discricionariedade do conteúdo do plano é *limitada em geral por princípios constitucionais* da atividade administrativa e também por normas legais que se referem a alguns de planos e mesmo a alguns tipos de imóveis que ficam sujeitos a um regime jurídico particular.

São *limitações de preservação, de índole real* (impostas em face das características das próprias coisas imóveis, como acontece com os *solos da reserva agrícola nacional*, interdição de ações, em especial operações urbanísticas, que ponham em causa a sua *utilização para a agricultura*, ou as *áreas da reserva ecológica nacional*, interdição de edificação, *aterros, escavações, destruição do coberto vegetal e da vida animal e de construção de vias de comunicação e outros acessos, as áreas incluídas em parques e reservas naturais e em áreas de paisagem protegida com condicionamento rigoroso de obras de modificação ou transformação, servidões "non aedificandi" junto de estradas e terrenos adjacentes a vias ferroviárias*, em geral restrições referentes ao regime de bens do domínio público ou *motivações funcionais*, por ter de ver com o destino que os bens por razões de interesse público recebem por determinação legal.

A atividade de planificação territorial, de natureza provisional, assente na situação local e em juízos de prognose, exige o exercício daquilo que a doutrina tem chamado "discricionariedade de planeamento".

Esta assume especial relevo no domínio da conformação do conteúdo do plano, ou seja, das opções a adotar no domínio do regime de ocupação, uso e transformação dos solos. Desde logo, na determinação dos *destinos funcionais* das diferentes parcelas do território, através da técnica do zonamento.

Tudo, dentro dos *princípios básicos da política ordenamental, que importa destacar.*

a) o *macroprincípio da preservação e defesa dos solos com aptidão natural ou aproveitados para atividades agrícolas, pecuárias ou florestais* (restringindo-se a sua afetação a outras utilizações aos casos em que tal for comprovadamente necessário);
b) o princípio do estabelecimento do regime de uso dos solos, que deve fazer-se de modo que a sua qualificação regule, com respeito pela sua classificação básica, o aproveitamento dos terrenos em função da atividade dominante que neles possa ser efetuada ou desenvolvida;
c) o princípio da salvaguarda dos valores naturais essenciais, não só integrando as edificações na paisagem, como preservando os recursos hídricos, as zonas ribeirinhas, a orla costeira, as florestas e outros locais com interesse particular para a conservação da natureza, e as paisagens resultantes da atuação humana, caracterizadas pela diversidade, pela harmonia e pelos sistemas socioculturais que suportam;
d) o princípio da adequação dos níveis de densificação urbana (impedindo a degradação da qualidade de vida, bem como o desequilíbrio da organização económica e social); e
e) o princípio da rentabilização das infraestruturas (evitando a extensão desnecessária das redes e dos perímetros urbanos e racionalizando o aproveitamento das áreas intersticiais).

De qualquer maneira, em relação à chamada "discricionariedade de planificação", importa referir que os poderes de planificação são atribuídos com demasiada liberdade criadora, que traduz uma forma de atuação específica em face da discricionariedade administrativa tradicional, na medida em que se entenda que esta é a faculdade resultante da lei de, dentro de certos pressupostos, a Administração poder escolher entre várias soluções, consideradas igualmente justas, corretas, como defende certa doutrina, o que não comungamos e sobretudo aqui rejeitamos, dado que, mesmo assim, a heurística decisória que se impõe, começando por selecionar aquelas que são idóneas, seguindo uma heurística decisória que impõe a mais adequada em todos os aspetos, entre todas as que sejam igualmente corretas, tendo em conta todos os interesses públicos e privados em causa, questão que, em geral, podem ser dirimidas num esforço ponderativo global em prognose escatológica.

No entanto, a *liberdade de decisão no domínio da planificação* releva da natureza programática das suas normas, orientadas para situações futuras.

Trata-se de uma *liberdade para criar normas e executá-las ao longo do tempo*, implicando a *ponderação e a prognose.*

A *decisão planificadora, entrando na política* da Administração, pauta-se, não obstante, essencialmente por *critérios jurídicos*, resultando, aliás, em geral do *preenchimento de conceitos jurídicos indeterminados, que não deixam de ser de aplicação vinculada na sua densificação aplicativa.* Nessa medida, portanto, atuação intelectual vinculada à realidade através do direito, passível de total controlo jurisdicional na reconstituição, integralmente a executar, do que é direito assente essencialmente na ponderação de interesses e na prognose consequencial.

O posterior controlo pelo tribunal só fica limitado na medida em que haja real discricionariedade da Administração, devido à liberdade de inovação existente nas mãos desta. Mas o controlo jurisdicional não sofre limitações no preenchimento dos conceitos imprecisos ou vagos ou polissémicos devidamente contextualizados, no controlo dos trâmites processuais, da forma e da fundamentação, do tratamento das informações e da fundamentação da ponderação. Fora destes domínios, fica limitado aos seus contornos externos: existiu ou não uma ponderação de interesses?

O tribunal poderá saber se *todos os interesses a integrar na ponderação* foram ou não tomados em consideração, se o *princípio da proporcionalidade* foi ou não violado num exercício em que os vários interesses deviam ser objeto de *adequada ponderação*, se os diferentes interesses foram ponderados com o *devido significado*. Isto é, no fundo, o tribunal "limita-se" a verificar a *exatidão dos dados objetivos* (desde logo, o material a ser ponderado), e a *coerência da fundamentação* aduzida, mas tendo presente os *padrões gerais de atuação e com "uma representável apreciação de prognoses"*.

Portanto, a "margem de liberdade" é limitada. Limitada mesmo pelo *princípio da sujeição às diretivas gerais e setoriais de planeamento e pelos padrões urbanísticos* (critérios materiais de planeamento, impostos por normas jurídicas; limites antepostos à planificação e gestão, de garantia mínima inderrogável de certas soluções, fixando a proporção de espaços públicos e equipamentos coletivos, limite máximo de densidades urbanas, etc.) e pelas *diretivas sectoriais e gerais de planeamento*, entre as quais, a que obriga à *justa ponderação dos interesses públicos e privados dignos de relevo.*

Mas a discricionariedade está limitada, também e em geral, pelos *princípios do planeamento urbanístico.* Desde logo pelos importantes *princípios constitucionais da legalidade, da proporcionalidade em sentido amplo ou princípio da proibição de excesso,* que engloba exigências operativas em termos de *adequação, de necessidade e de equilíbrio entre benefício a obter e sacrifício a despender* (numa lógica de proporcionalidade em sentido estrito), o *princípio da igualdade no tratamento face a situações semelhantes* e a exigências de *imparcialidade e respeito por valores constitucionais, desde logo ambientais.*

Portanto, a planificação dos aglomerados urbanos do território é naturalmente uma atividade "discricionária", embora sempre norteada pelo interesse urbanístico, que é o *desenvolvimento racional,* isto é, mais correto e adequado, da urbe ou em geral do território abrangido.

Em geral, está, juridicamente, obrigada ao respeito de certos princípios fundamentais da atividade administrativa.

Quanto às limitações, umas impõem-se "a priori" e outras, durante o procedimento.

As limitações à priori são de ordem material, derivadas da obrigação de integrar as orientações resultantes de interesses públicos com assento legal, que funcionam como *diretrizes condicionadoras "a priori" do conteúdo planificado.*

Trata-se de linhas gerais e específicas de conformação do plano, que se impõem ex-ante à concretização intraplanificante. Trata-se das *diretrizes gerais e setoriais de planeamento e de padrões de urbanização.*

Não são interesses públicos a ponderar pela Administração planificante, mas valorados como uma primeira prioridade. Trata-se de interesses enquadradores do plano, *estruturantes do plano,* e não a estruturar pelo plano.

São *interesses dirigentes do plano* e não dirigidos pelo plano. Nesta medida, são *constitutivos do plano* e não apenas recolhidos e selecionados, privilegiados, ou preteridos e que, portanto, poderão ser esquecidos pelo plano.

As *limitações setoriais* são derivadas de normas de proteção específica dos solos, ou de regimes jurídicos próprios para certos tipos de bens imóveis, obrigando a compatibilizar com eles os planos. Estas limitações resultam das *características e qualidades dos solos ou do destino* que as normas lhes atribuem. Ou seja, resultam dos atributos dos imóveis, e das atribuições dadas aos imóveis. Logicamente, visam a *manutenção deles como estão*, na medida em que a modificação da sua estrutura ou da sua função iria contra interesses públicos específicos, que a sua legislação material visa salvaguardar.

Em causa está o *princípio da preservação de bens de interesse público nacional*, que deve prevalecer sobre o interesse do desenvolvimento urbanístico e, portanto, *não admite derrogações urbanísticas*. Em regra, é definido pelo legislador estadual, pelo Direito Comunitário ou pelo Direito Internacional Público, *sem admitir juízos de comparação* com outros interesses públicos ou privados.

Estes outros terão de ser *medidos apenas no procedimento*, ao ficar sujeitos ao jogo de avaliação, que apenas exige que sejam tomados no seu devido significado, porque assumem uma relevância relativa ou necessariamente relativizada pela natureza ôntica do ordenamento territorial.

São um *limite absoluto* à atividade planificadora. Temos aqui o regime dos solos incluídos na RAN, REN, terrenos florestais incendiados, terrenos da faixa costeira, de áreas protegidas e de albufeiras públicas. No entanto, há *limitações de ordem procedimental* com influência na conformação do conteúdo do plano, visando o levantamento e o arrolamento dos interesses implicados, a audição dos particulares e de entidades públicas sectoriais sobre eles, a *consensualização de posições destas, a ponderação e a priorização dos interesses relevantes* a considerar para viabilizar o plano, e a motivação das soluções adotadas e das rejeitadas, quando explicitadas pelos diferentes implicados.

Tudo isto exige a aplicação não só dos *princípios constitucionais* referentes à atividade administrativa já referidos, como dos *princípios da cooperação* entre Administrações, da *participação dos particulares*, da *harmonização dos planos, vertical* (compatibilização ou conformação) e *horizontal* (articulação) e da *justa ponderação dos interesses, que mereçam relevância jurídico-factual suficiente para poderem orientar as futuras soluções finais do plano.*

3.4.4. Planeamento e princípios da igualdade e da interdição de excesso

A) Aplicação do princípio da igualdade

No que concerne ao princípio da igualdade, este princípio exige que a *desigualdade natural à natureza discriminatória do planeamento* não traduza uma desigualdade de tratamento.

Implica que haja uma equilibrada *repartição dos benefícios e encargos* decorrentes do plano, através de *adequadas técnicas perequativas* a favor dos proprietários dos terrenos abrangidos pelo plano e suas medidas expropriativas.

Este princípio da atividade administrativa resulta de um imperativo constitucional (n.º 1, art. 13.º, n.º 2, art. 266.º). A Constituição impõe o respeito pela Administração Urbanística da igualdade de tratamento dos vários proprietários. Acontece que a planificação territorial concretiza, em termos diferentes, os usos futuros do solo.

Portanto, o plano urbanístico é, por natureza, revelador, por "vontade" reguladora do poder público, da realização de *oportunidades desiguais entre os proprietários dos terrenos* abrangidos, dado que é ele, no interesse geral (e não a vontade do proprietário), que *cria, prescreve, diferentes tipos e níveis de intensidade na utilização* das parcelas sujeitas a planificação. Isto significa que o princípio da igualdade exige a *reconstrução a nível extraterritorial* desse tratamento igual em termos de benefícios finais.

Para além das situações em que a igualdade não possa ser efetivada por si, com afetações niveladas pelas intervenções que mais favorecem os proprietários locais, há *princípios de aproximação igualizadora*, a respeitar:

a) o princípio da *motivação* e *racionalidade* do plano;
b) o princípio da *compensação dos sacrifícios especiais*; e
c) o princípio da *correção da desigualdade de destinos dos terrenos.*

Em face do *princípio da igualdade de tratamento dos cidadãos* por parte da Administração Urbanística, impõe-se a criação de técnicas corretoras dos efeitos discriminatórios da planificação territorial.

O *princípio da racionalidade ou da igualdade imanente ao plano* exige sempre, desde logo, que o plano, para diferenciar o tratamento dos destinatários, tenha de fazê-lo com disposições objetivamente fundadas na razoabilidade das coisas em função dos objetivos impostos.

O *princípio da compensação ou da igualdade em face dos encargos públicos* implica que as disposições do plano respeitem a igualdade perante os encargos, o que em si transcende a dinâmica do plano, mas equilibra as medidas expropriativas geradas por ele, ao repor ou restabelecer no plano jurídico a igualdade entre todos, pela indemnização dos especialmente sacrificados no contexto dos tocados pelas soluções do plano.

O *princípio da correção da desigualdade de oportunidades* implica uma igualização de tratamento no domínio das oportunidades urbanísticas, em face das medidas que definem formas e intensidades de utilização das diferentes parcelas de solo. Dado que não conferem direito a indemnização, implicam *técnicas perequativas adjacentes ao plano*, corretora das desigualdades resultantes do plano para os vários proprietários.

Quanto às *técnicas realizadoras da igualdade da planificação* em face das medidas não expropriavas, existem várias soluções:

a) a *socialização do solo urbanizável*;
b) a *reprivatização do "ius edificandi"*, separando a dominialidade sobre o solo da referente ao espaço aéreo supra-ordenado;
c) a *associação da Administração Pública e dos proprietários* (abrangidos por uma zona, plano ou por todos os planos); e
d) a *tributação das mais-valias dos proprietários beneficiados* com identificação dos sacrificados e a *criação de um plafond legal de densidade de edificação* (publicização do espaço supra-telúrico, para além de um certo volume de construção).

Estas várias soluções agrupam-se em *dois tipos de técnicas*, que são de *diferente densificação igualizadora*.

Há técnicas que visam realizar a *igualdade de tratamento em termos territoriais supra-plano*. Exercem-se, não dentro do mesmo plano, mas dentro de todos os planos urbanísticos: a publicização dos solos urbanizáveis, dos espaços de edificação (ius aedificandi ou para além do Plafond Legal de Construção) e da *totalidade das mais-valias geradas pela urbanização*.

Há *outras técnicas que se contentam com a mera igualdade dos vizinhos*, sujeitos a uma dada planificação, os integrados no mesmo plano ou até só na mesma zona de um plano: *técnicas de transparência de coeficientes de ocupação do solo, do aproveitamento médio e as de perequação através da constituição de associações de execução dos planos*, englobando a Administração e os proprietários implicados pelo plano. Trata-se de um objetivo de *igualização restrita*, que sendo menos justo é, de qualquer modo, mais fácil de aplicar e, por isso, muitas vezes mais eficaz; ou porque permite *critérios de comparação entre os diferentes proprietários* ou porque *dispensa critérios, ao emparcelar, dividir custos e dividir em termos proporcionais os diferentes lotes*.

De qualquer modo, nenhuma técnica é eficaz sozinha, exigindo-se, em termos de igualdade geral, o recurso a várias técnicas, que os municípios, dado que não ofendem princípios fundamentais do direito dos solos e do direito de propriedade, podem e devem consagrar nos planos, nos cumprimentos da obrigação, dirigida a toda a Administração Pública, de realizar o princípio da igualdade consagrado na Constituição, em termos de norma de aplicabilidade direta.

O *princípio da isonomia ou igualdade* pode ser referido como *"perequação compensatória"*, a qual visa realmente trazer equidade ao planeamento, em face da sua natureza fisicamente discriminatória.

O anteprojeto da lei dos IGT exigia apenas uma "justa repartição" dos encargos e benefícios decorrentes da aplicação dos IGT. A referência inicial ao tema, no referido anteprojeto governamental, considerava que os IGT vinculativos dos particulares "poderiam" (em vez do atual "devem") prever um mecanismo equitativo de perequação compensatória das vantagens e inconvenientes para os particulares. Com a designação dada à exigência da não discriminação no tratamento, em face da desigual oportunidade para os proprietários, implicada pelos planos, parecia pretender ser uma releitura soft do princípio constitucional da igualdade, realizador de uma fórmula restrita do mesmo.

Hoje, dispõe-se que os *IGT vinculativos dos particulares* devem prever mecanismos equitativos de perequação compensatória, destinados a assegurar a redistribuição entre os interessados dos encargos e benefícios deles resultantes, nos termos a estabelecer na lei.

Além disso, existe o *dever de indemnizar* sempre que os IGT vinculativos dos particulares determinem *restrições significativas de efeitos equivalentes à expropriação*, a direitos de uso do solo preexistentes e juridicamente consolidados (que não possam ser compensados pelas técnicas de perequação), em prazo e condições de exercício a definidos na lei sobre o RJIGT.

Acrescente-se que, agora, já numa linha do *princípio da responsabilidade civil extracontratual da Administração territorial*, entre outras normas que preveem compensações, a nova LBPSOTU vem manter que são *indemnizáveis quaisquer sacrifícios impostos aos proprietários do solo que tenham efeito equivalente a uma expropriação*, além de dispor, naturalmente que o sacrifício de direitos preexistentes e juridicamente consolidados só pode ter lugar nos casos expressamente previstos na lei ou nos planos territoriais aplicáveis e mediante o pagamento de compensação ou indemnização. Acrescentando que esta *compensação ou indemnização é prevista, obrigatoriamente e de forma expressa, no plano territorial* de âmbito intermunicipal ou municipal que fundamenta a imposição do sacrifício, nomeadamente através da definição de mecanismos de perequação deles resultantes.

B) Aplicação do princípio da interdição de excesso

O princípio da proporcionalidade, na sua proibição de excesso, proíbe que as medidas do plano estabeleçam *restrições ou interditem realizações transformadoras nos imóveis*, que não se apresentem como idóneas, necessárias, adequadas.

Elas não são *necessárias* se se pode prosseguir o mesmo fim com outros *meios menos sacrificadores* dos particulares.

Não são *adequadas* se não forem idóneas para o efeito pretendido.

Nem são *proporcionadas* se os custos ou inconvenientes daí resultantes são notoriamente excessivos em comparação com o fim público a prosseguir.

3.4.5. Princípio da prevalência dos planos supra-ordenados sobre os PIMOT ou PMOT

Este princípio implica uma dada *hierarquia*. Esta, hoje, ainda sofre o ataque do *princípio da contracorrente planificadora*. Mas impõe em geral ou a *não incompatibilidade ou mesmo a conformidade entre planos* (programas planificantes e planos planificadores, no conjunto funcionando em cascata respeitadora da sua lógica organizacional), com os devidos sancionamentos jurídicos das infrações, a invalidação com nulidade da norma infra-ordenada antinómica e mesmo o contraordenacional. Consequência do facto do princípio da hierarquia implicar a imposição da *prevalência dos "planos" supra-ordenados.*

Este princípio aplica-se em geral entre planos em relação de *escalões descendentes na carta territorial e dos poderes orgânico-administrativos implicados*, desde a Lei do PNPOT até à base territorial.

Assim, os IGT supra-autárquicos (PROT, PEOT, etc.) impõem-se à elaboração dos planos de génese local, tal como os programas intermunicipais, se existir em vez de plano intermunicipal, se impõe aos PMOT (não a um PIMOT de aprovação posterior, que o revoga). Entre estes, a relação de conformação é clara: PDIM ou PUIM ou PU e PPIM ou PP. Nesta relação entram também os "planos-programas" sectoriais, desde que tenham incidência territorial, como resulta naturalmente do RJIGT.

Sobre este sistema, importa ter presente que o *princípio da legalidade-tipicidade da Administração* implica necessariamente que só possam ser considerados planos de ordenamento do território os planos expressamente previstos em lei e que, consequentemente, quaisquer outros planos devam ser entendidos como *documentos de trabalho programáticos ou estratégicos*, eventualmente vinculando as administrações públicas ou, se forem publicitados em termos que criem expetativas de seguimento, impondo mesmo obrigações compensatórias face ao princípio da boa-fé e confiança que as afirmações públicas de responsáveis ou instituições credíveis impliquem.

No entanto, este princípio convive com a possibilidade, embora excecional, da ratificação governamental de normas autárquicas nulas.

Em geral, é de diferente natureza a vinculatividade derivada dos diferentes tipos de "planificação".

A lei dos solos (LBPSOTU) não toca na diferenciação e respetiva *localização tipológica*, no que concerne ao conceito de plano-programa apenas vinculativo para a Administração pública (na *lógica do princípio da hierarquia e sanção de invalidade*) e os planos também vinculativos dos particulares (que permitem a tal invocação direta pela administração urbanística para interditar ou condicionar o desenvolvimento urbanístico e, em geral, qualquer operação urbanística e a que, aliás, as próprias entidades públicas estão sujeitas, mesmo que dispensadas dos *mecanismos camarários de controlo prévio*).

Neste campo, a grande inovação opera-se no âmbito da vinculação, não positiva, mas negativa, aos planos de aplicabilidade indireta. Com efeito, em termos de vinculação[566], não só se mantém a *dualidade de "planos"*. Uns, que apenas se impõem ao planeamento infraterritorial, e outros, que se aplicam diretamente aos particulares, como se resolve o problema da inação reconfiguradora destes planos quando não transcrevam aquelas orientações.

Os planos territoriais de âmbito municipal, e agora também os intermunicipais e as normas legais ou regulamentares em matéria de recursos florestais, "vinculam as entidades públicas e ainda, direta e imediatamente, os particulares". Mas os "plano-programas", que vinculam apenas as entidades públicas, que prossigam objetivos de interesse nacional ou regional, cujos conteúdos, em função da sua incidência territorial urbanística, devam ser vertidos em plano diretor intermunicipal ou municipal e em outros planos territoriais (no caso de a respetiva associação de municípios ou o município não ter procedido à atualização), no prazo aí estabelecido para a atualização, implica a suspensão das normas do plano territorial intermunicipal ou municipal que deveriam ter sido alteradas. Neste caso, não pode, na área abrangida, haver lugar à *prática de quaisquer atos ou operações que impliquem a alteração do uso do solo*, enquanto durar a suspensão". Ocorre, ainda, que, no domínio da elaboração e aprovação dos "planos", se constata a vigência de um *princípio da pluralidade de intervenção de poderes políticos e administrativos*. Depende do âmbito territorial de competências a exercer, com exceção do âmbito regional, na ausência de regiões autárquicas, pouco ocupado por municípios associados e em geral coberto pela Administração estatal.

Tradicionalmente, não sem alguma polémica sobre a sua inconstitucionalidade, existia generalizadamente a figura da *ratificação governamental dos planos* aprovados pelas assembleias municipais, até que este instituto foi evoluindo para um *princípio da excecionalidade* da ratificação governamental dos planos da autoria das autarquias.

[566] Art. 46.º da LBPSOTU.

Ela podia ser total ou parcial, de acordo com a conformidade das suas disposições com as normas e os instrumentos vigentes e eficazes. Mas era sempre uma *legalização pela via estatal* de uma regulamentação que, sem ela, seria nula.

Portanto, visando fazer respeitar a lei e o *princípio da hierarquia dos "planos"*, permitia que o poder estatal afrontasse este princípio, em aplicação, primeiro distorcida e mais tarde coerente (derrogação automática da norma supraordenadora e obrigação de substituição da mesma), do princípio da contracorrente, cuja admissibilidade marcava, portanto, a vigência, não de uma hierarquia de planos, mas realmente de uma hierarquia de poderes, com domínio final do poder estadual.

Após a *aprovação do programa nacional da política de ordenamento* do território e dos novos IGT regionais, a ratificação de planeamento municipal pelo Governo passou a só ter lugar nos casos em que fosse suscitada, no âmbito do procedimento da sua elaboração e aprovação, a *desconformidade com as disposições legais e regulamentares* vigentes ou com IGT eficazes e supraordenadores.

A não revisão normal dos planos locais de natureza panterritorial, após 10 anos de vigência, obrigava à ratificação dos planos de aglomerações urbanas ou partes destas (PU e PP), que se elaborassem após aquele período.

Entretanto, tornou-se um instituto excecional. Atualmente, nos termos da LBPSOTU, reafirma-se que a *ratificação pelo Governo dos planos locais,* que pode ser total ou parcial (aproveitando apenas a parte objeto de ratificação é excecional), só pode ocorrer nas situações em que, no âmbito do respetivo procedimento de elaboração e aprovação, seja "suscitada pela associação de municípios ou pelo município a sua incompatibilidade com *programa-plano especial, regional ou sectorial*". A acontecer, essa ratificação tem como efeito a revogação ou alteração das normas incompatíveis do programa regional, sectorial ou especial[567], a substituir.

3.4.6. Princípio da integração de todas as regras sobre o uso do solo

Este princípio da integração das regras sobre a utilização do espaço deriva do facto de um correto ordenamento do território só ser possível através da existência e preservação de todas as normas que o implicam, designadamente da Reserva Agrícola Nacional e Reserva Ecológica Nacional, das áreas naturais protegidas, do património classificado, da disciplina da faixa costeira, da planificação do sector florestal, dos terrenos baldios, etc., cada uma visando acautelar *interesses públicos específicos de valor prevalecente,* que se impõem à

[567] Art. 51.º.

partida. Com todos os outros a serem ponderados e conjugados. Por isso, passíveis de *derrogação parcial* (v.g. recuo da zona agrícola para permitir a expansão urbana, construções de carácter excecional nos baldios, etc.), recebem um enquadramento aglutinador capaz de estabelecer o necessário equilíbrio, em termos de um ordenamento integrado do território.

Esta *integração* de todas as regras de disciplina do território implica a alteração dos planos quando os regimes específicos de utilização do solo sofram alterações derivadas das suas dinâmicas, autónomas do planeamento na execução de uma política integrada de ordenamento do território, para assegurar um desenvolvimento económico e social sustentável. Com a definição dos princípios e regras de ocupação, uso e transformação do solo e de utilização de áreas protegidas, a compatibilização com a proteção e valorização dos recursos naturais, das áreas agrícolas e florestais e do património natural e construído e com a previsão de zonas destinadas ao recreio e lazer, a aplicação das disposições legais e regulamentares vigentes e dos princípios legais de ordenamento do território e com a salvaguarda e valorização do *património natural e construído* e a articulação do planeamento geral, programas e projetos de âmbito nacional, municipal ou supramunicipal.

As *restrições de utilidade pública,* com caráter permanente e expressão territorial suscetíveis de impedir ou condicionar o aproveitamento do solo, são obrigatoriamente transcritas nos planos territoriais de âmbito intermunicipal ou municipal.

3.4.7. Imposição de padrões urbanísticos

Os padrões urbanísticos funcionam como *limites à liberdade de intervenção* da Administração urbanística, antepostos à discricionariedade planificadora e à gestão do território.

A sua teorização resulta da criação de regras que consagram soluções que impõem limites de garantia mínima na elaboração planificadora.

Numa *linha geral de evolução da legislação do pós-guerra,* que tem tendido, crescentemente, à imposição de limites e vínculos, de vária ordem, impostos à atividade administrativa, antepostos à planificação e à gestão urbanística.

Em geral, podemos constatar a existência normativa de limites, quer para condicionar ex-lege o conteúdo dos planos físicos, aquando da sua formação (que designaria por padrões de aplicação mediata ou padrões para transposição. São normas que exigem o método da concretização, isto é, de "transcrição" do conteúdo da norma extra-planificante para a do plano. Em obediência a exigências ordenamentais mínimas, a integrar no regulamento dos planos.

Portanto, de *aplicabilidade diferida,* porque obrigam o planificador, e só por via dele vinculam os particulares.

Há, também, normas dirigidas a estes, ou seja, à atividade de construção, na fase do seu concreto desenvolvimento (*padrões de aplicação direta*), independentemente da existência do plano ou na omissão dispositiva deste, nas situações de normas supletivas.

Assim, há normas de operatividade direta, que se impõem à Administração e aos particulares, na ausência de planos. Com elas, a lei pretende evitar o comprometimento negativo do ordenamento do território.

Por isso, ela visa sujeitar posteriormente a atividade de construção a um regime particularmente limitativo, com interdição de lotear, urbanizar e edificar, antes da aprovação de instrumentos de urbanização geral. São normas interditadoras, próprias da *atividade circunscritiva dos poderes públicos.*

Intentam, por vezes, limitar a atividade de edificação na ausência de instrumentos urbanísticos fundamentais.

Em geral, o direito de intervenção nos solos conta com normas de aplicação direta, impostas. Com ou sem plano, há limites "ex-lege" (v.g., reservas de solo junto ao mar, distâncias mínimas de proteção estradal fora do aglomerado urbano, normas de proteção do ambiente que imponham restrições para a manutenção de certo habitat, de proteção da zona costeira, de centros históricos, interdição de construções de qualquer tipo em zonas de incêndios de florestas, etc.

No entanto, há algumas normas que, mais do que impedir o atuar dos particulares, interditam o atuar de um certo modo, para garantir a configuração e utilização das coisas face a objetivos funcionais pré-fixados.

Impõem apenas um dado atuar, ou seja, enunciam *exigências padronizadas ao desenvolvimento urbanístico,* a integrar em todas as situações previstas no quadro de referência indicado. Aqui temos um tipo de "normas-padrão", no sentido de padrões urbanísticos de aplicabilidade direta.

Basta que tal seja a intenção da norma jurídica e que a sua *configuração técnica* permita essa aplicação imediata, sem a intermediação regulamentar do plano. Ou seja, que tenha carácter impositivo para uma dada *realidade urbanística concreta,* pela sua pormenorização, incondicionalidade e precisão. Sem o que a sua invocação para indeferir qualquer projeto introduziria *insegurança jurídica e arbitrariedade,* o que chocaria com a realização do direito de propriedade urbana, com as faculdades edificatórias já definidas).

Aqui cabem todas aquelas normas extra-planificantes com indicação de limites variados de *volume, altura,* etc., em conformidade com a tipologia das zonas em que se pretende construir (centro histórico, centro habitado ou restante parte do território) e em relação com as funções da própria construção (residencial, comercial ou industrial).

À *teoria do planeamento* interessam os *padrões de planeamento.*

Há *padrões urbanísticos* (a final, dirigidos aos particulares, de aplicação derivada do plano), contidos em *normas extra-planificantes de operatividade diferida* (só são aplicáveis aos particulares depois da aprovação do plano). Ou seja, normas com padrões a inserir nos instrumentos planificadores.

Elas funcionam como limite importante à discricionariedade da planificação. São *padrões de fixação de limites mínimos,* a ser concretizados (e que podem ser elevados) em sede de formação do plano, correspondendo a exigências de interesse público, em face dos dados factuais justificativos de um maior sacrifício da posição do proprietário.

Os *parâmetros concretizadores destes padrões* dependem, por vezes, da individualização de zonas territoriais homogéneas. Prevendo, para cada uma, padrões adequados para cada tipo de zonas ou face à simples situação de expansão urbana, prevendo uma dada proporção de equipamentos comunitários ou estabelecimentos de serviços e comércio na inserção urbana (nos ordenamentos jurídicos em que tal ocorre, articulando o planeamento comercial de natureza económica com o urbanismo comercial).

A sua função é de *ordenação de interesses e poderes administrativos diferentes.* A fixação ou modificação dos "padrões urbanísticos" configuram modos de explorar funções de orientação e coordenação da atividade administrativa local e regional, atribuídas ao Estado.

Mesmo podendo as regiões definir *padrões urbanísticos,* o Estado fica com a possibilidade de impor *padrões mínimos.* Neste caso, eles impõem-se, não só ao planificador municipal, como ao legislador padronizador regional.

Os *padrões de planeamento* urbanístico, como critérios materiais de planeamento e edificação impostos por normas jurídicas, se existem num dado ordenamento jurídico, implica que a *ordenação concreta* pelo planificador fique limitada nas suas escolhas. Diferentemente do que ocorre quando o poder legislativo e regulamentar se limita a remeter para o plano a livre ordenação territorial.

Em geral, visam garantir um melhor equilíbrio entre o homem e o ambiente, para assegurar a conservação e o aproveitamento da *paisagem urbana tradicional.*

Há a imposição de um mínimo inderrogável, porque o conteúdo do plano tem obrigatoriamente de se conformar com ele (em nome da qualidade de vida no meio urbano), o qual pode chegar à *pré-fixação do limite máximo de densidade urbana,* em termos de edificações ou de residentes. Aliás, pode passar, também, pela *fixação de uma proporção de espaços públicos e equipamentos coletivos*, como instalações desportivas, áreas de estacionamento, espaços verdes, etc.

Em geral, com especial interesse, estão os *parâmetros do dimensionamento das parcelas* que, em loteamentos futuros, deverão ser destinadas a espaços verdes e de utilização coletiva, infraestruturas viárias e de equipamentos de utilização coletiva.

Neste caso, eles dirigem-se aos urbanizadores e loteadores, aos promotores urbanísticos e aos proprietários. Isto é, não se aplicam diretamente ao licenciamento da construção, mas à formulação do loteamento intermediador da atividade construtiva. Só se aplicam diferidamente, na concretização do conteúdo deste tipo de planos de pormenor, de iniciativa particular, que são os loteamentos. Pela abordagem planificadora, são realmente *padrões de aplicabilidade diferida* em relação à atividade construtiva. Mas na perspetiva da vinculatividade para os particulares, eles impõem-se na ausência de plano ou na falta de disposições divergentes inseridas em plano de iniciativa pública.

Também os *padrões de equipamentos desportivos comunitários* aparecem a pretender a sua aplicação aos loteamentos, com a diferença que os planos públicos que se elaborem anteriormente não podem desconhecer as suas imposições, pois não são de aplicação supletiva, isto é, na falta de ordenamento com disciplina distinta, porquanto o ordenamento, a existir, tem que os respeitar.

Poderíamos considerar os padrões que se dirigem aos loteamentos como exemplo de *estatuição de padrões de aplicação diferida*, de planeamento (embora nalguns casos, de aplicação apenas a título supletivo, isto é, na ausência de normas nos planos de iniciativa pública sobre a matéria, os PHOT), que se impõem aos particulares (licenciamento loteador)?

Deve caber ao Estado, numa *lógica de igualdade de exigências*, regulamentar os critérios gerais e parâmetros do dimensionamento das parcelas destinadas a *espaços verdes e de utilização coletiva, infraestruturas viárias e equipamentos de utilização coletiva.*

Estes não visam a sua aplicação à construção, por isso não seriam "padrões de aplicação direta", apesar de vincularem os particulares loteadores e a Administração licenciadora dos lotes.

O loteamento é uma atividade de mero planeamento, embora de iniciativa particular.

Por isso, as limitações ao loteamento são *padrões dirigidos a uma planificação e não ao desenvolvimento construtivo.*

Aliás, os *limites diretos à construção*, mais do que padrões urbanísticos, ao imporem certas soluções, proíbem outras. São interdições construtivas. O que significa que os verdadeiros padrões seriam apenas as exigências ordenadoras dirigidas aos conteúdos dos planos urbanísticos.

Mas qual o interesse da fronteira definidora dos tipos de padrões? Será que a atividade destinatária decide tudo neste campo, sendo irrelevante a sua força obrigatória ou não para o planeamento de iniciativa pública? Que se imponham sempre à Administração que planifique e não só à atividade loteadora, quando não há planeamento público? Ou que apenas se imponha à atividade loteadora, se não houver plano que, sem vinculação às suas regras, imponha uma dada disciplina? Qual a imperatividade jurídica, a vinculatividade decisiva a referenciar no plano classificativo?

Se se reporta mais ao ângulo da aplicação direta ou não, das normas que os contêm, aos particulares, independentemente de serem loteadores ou construtores, e não tanto da sua aplicação direta ou não à construção, isto é, se o interesse do conceito o faz inserir em geral no desenvolvimento urbanístico, e não apenas no domínio de licenciamento de obras particulares, há que considerar que devem ser tidos como *padrões de aplicabilidade direta, embora de natureza supletiva* (se a Administração urbanística nada disser de diferente nos planos da sua autoria).

Em boa verdade, seriam padrões que apenas se dirigem ao loteamento, ou seja, padrões de loteamento, que podem não o ser, e nessa medida não funcionando como garantia de mínimos, porquanto o poder planificador municipal pode assumir outros valores e o eventual remanescente *poder ratificativo do governo* (permitindo bloquear a eficácia do plano, mas não substituir as soluções propostas) não é suficiente para acautelar em geral o respeito pelos parâmetros que a Administração estadual considerar de seguir no interesse público para os aglomerados urbanos do país em geral.

O interesse do conceito coloca-o no âmbito da limitação à discricionariedade do planeamento.

Assim, será de considerar de aplicabilidade diferida em termos do desenvolvimento construtivo, todo o padrão que se coloque a qualquer tipo de planeamento, mesmo que apenas seja aplicável ao plano de iniciativa particular (cuja responsabilidade última é da Administração, que o aprova ou não), na ausência de normas diferentes sobre a matéria, em plano supra-ordenado de iniciativa pública?

A *falta de equipamentos coletivos* tem sido responsável pela proliferação de cidades-dormitórios, em que o espaço de recreação e de desporto praticamente se confina aos caminhos de peões, completados por pequenas zonas tratadas especialmente para crianças, o que tornava indispensável preencher esta lacuna normativa.

Importa, pois, estabelecer um conjunto de regras destinadas a uniformizar os tipos de equipamentos coletivos a consagrar nos vários instrumentos de planeamento.

Deve impor-se a obrigação de, nos instrumentos de planeamento, serem previstos equipamentos convenientemente integrados na estrutura urbana, com vista à sua adequada utilização pela população interessada.

Deve exigir-se que, nos estudos de expansão urbana dos aglomerados existentes, sejam tomadas em consideração as eventuais insuficiências desses equipamentos.

Os equipamentos coletivos devem ser previstos quer nos PMOT quer nos loteamentos e urbanizações urbanos.

A razão de ser da imposição destes parâmetros tem que ver, desde logo, com o objetivo de "reduzir a arbitrariedade e de balizar a discricionariedade, de salvaguardar a existência de *espaços* para a implantação de infra-estruturas e de equipamentos, indispensáveis ao quotidiano da vida urbana, à criação, ao desenvolvimento e à manutenção de funções urbanas e, ainda, acautelar níveis mínimos de desafogo, de conforto e de fruição aos cidadãos, pela criação de espaços verdes e de utilização coletiva".

Dada a sua importância teórica (e apesar da atual cobertura do território nacional por PDMs), também operativa, dada a sua aplicação no silêncio das normas dos planos ordenamentais, as normas sobre os *padrões ou parâmetros urbanísticos* merecem uma referência pormenorizada.

O dimensionamento das parcelas destinadas a *espaços verdes e de utilização coletiva, infraestruturas viárias e equipamentos de utilização coletiva* são os fixados em normas, tidos como valores mínimos a considerar, atendendo à tipologia de ocupação do espaço.

Em termos de *tipologia de ocupação, nos espaços habitacionais,* temos os espaços verdes e os espaços de utilização coletiva (espaços livres, entendidos como espaços exteriores que se prestam a uma utilização menos condicionada a comportamentos espontâneos e a uma estada descontraída por parte da população utente, que inclui, nomeadamente, jardins, equipamentos desportivos a céu aberto e praças), que devem ocupar uma dada área por cada porção definida de solo em área bruta de construção para habitação (superfície total da edificação, medida pelo perímetro exterior das paredes exteriores, incluindo varandas privativas, locais acessórios e espaços de circulação, mas não áreas em cave destinadas exclusivamente a estacionamento) ou então uma certa área por fogo, no caso de moradias unifamiliares.

Os equipamentos de utilização coletiva [edificações destinadas à prestação de serviços à coletividade (saúde, educação, assistência, social, segurança, proteção civil, etc.), à prestação de serviços de carácter económico (matadouros, feiras, etc.) e à prática, pela coletividade, de atividades culturais, de desporto e de recreio e lazer, etc.] devem ocupar uma área razoável de cerca de um quarto de área bruta de construção para habitação ou definida por fogo nas moradias unifamiliares.

A *rede viária e o estacionamento* devem ter também exigências mínimas, por área bruta de construção para habitação, com dimensões diferentes conforme o lugar é à superfície ou em estrutura edificada[568].

Nos espaços para serviços e comércio (inserem-se nesta tipologia todos os casos em que a percentagem de área construída destinada a serviços e comércio exceda uma significativa percentagem do total da área construída), impõe-se cerca de um quarto por cada área bruta considerada, quer quanto a espaços verdes e de utilização coletiva, quer também quanto a equipamentos de utilização coletiva.

Nos espaços industriais, o dimensionamento destes espaços obrigatórios pode reduzir-se face à área bruta de construção para a indústria.

Nos espaços mistos, de habitação, comércio e serviços, devem aplicar-se as mesmas dimensões, de acordo com a área-destino, a cada uma das áreas brutas para habitação ou comércio e serviços.

Quanto a estacionamento em áreas não habitacionais ou mistas (além de se dever destinar uma percentagem da área de estacionamento a uso público, grátis ou não: cerca de um terço da área de estacionamento afeta a habitação e indústria; dois terços da área de estacionamento afeta a comércio e serviços), há que reservar espaços com as dimensões significativas.

Quanto às áreas de arruamentos (isto é, o espaço construído destinado à circulação de pessoas e viaturas, incluindo a faixa de rodagem e os passeios e com exceção de arruamentos em áreas urbanas consolidadas com alinhamentos definidos), nas várias zonas funcionais, deve impor-se o respeito de um dado perfil tipo total, face à dimensão da faixa de rodagem e também quanto à dimensão mínima dos passeios.

Nesta linha de orientação, vigora, hoje, regulamentação[569] que fixa os parâmetros para o dimensionamento das áreas destinadas a espaços verdes e de utilização coletiva, infraestruturas viárias e equipamentos de utilização coletiva, tendo presente que o RJUE, impõe que os projetos de loteamento

[568] Para o cálculo das áreas por lugar de estacionamento devendo considerar-se certos valores normais para os veículos ligeiros (v.g., 20 m2 por lugar à superfície e 25 m2 por lugar em estrutura edificada) e os veículos pesados (v.g., 75 m2 por lugar à superfície e 130 m2 por lugar em estrutura edificada.

[569] Portaria n.º 216-B/2008, de 3 de Março.

prevejam áreas destinadas à sua implantação, com parâmetros de dimensionamento a definir em plano local de ordenamento e fixando valores mínimos por tipos de ocupação do espaço (quadros I e II, anexos à portaria).

Em suma, no poder planificador coexistem *áreas de discricionariedade e áreas com soluções vinculadas pelo legislador*, desde logo os padrões urbanísticos, porquanto os critérios materiais condicionam o poder discricionário de disposição sobre o plano.

3.4.8. Princípio da justa ponderação dos interesses relevantes envolvidos

Trata-se de um princípio da prevenção (ponderação prévia de todas as intervenções com impacto relevante no território).

O planeamento é afirmado (al. f) na nova Lei dos Solos, como visando a *equidade, a justa repartição dos benefícios e dos encargos* decorrentes da aplicação dos programas e planos territoriais e dos instrumentos de política de solos.

No que se refere a este *princípio da adequada ponderação dos interesses envolvidos*[570], para além do levantamento geral, pesagem e seleção dos *interesses públicos e particulares relevantes*, implica que, na elaboração de novos IGT, devam ser identificados e ponderados os interesses com incidência na área a que respeitam, já existentes ou em preparação, e asseguradas as necessárias compatibilizações.

O *princípio da ponderação é uma "diretiva"* que se impõe ao planificador, pois ele não é livre de efetivar essa ponderação ou não. Mas a ponderação não impõe ex-ante os interesses a ponderar. Senão não seria uma ponderação, mas a concretização desses interesses.

Estes não são interesses a preservar obrigatoriamente, mas a ponderar obrigatoriamente.

Eles não são impostos. O que se impõe é que não sejam desconhecidos. Não esquecidos na planificação, mesmo que "esquecidos" no plano.

A *proteção dos interesses relevantes* em presença faz-se através do processo de ponderação, que em si se impõe como uma das diretivas da planificação, não podendo haver plano sem a sua efetivação.

A ponderação dos interesses é realizada dentro da planificação, enquanto as diretivas em geral orientam desde o início a planificação, limitando permanentemente esta atividade. Não se trata apenas de posições a obrigar à consideração do planificador, mas, também, de posições já consideradas pelo legislador e que se impõem ao planificador. Neste sentido, o princípio da justa

[570] Art. 39.º, LBPSOTU.

ponderação dos interesses envolvidos no plano é uma, embora apenas uma, dentro várias, das diretivas da planificação.

Este princípio da ponderação dos interesses em conflito assume uma primordial importância no planeamento, porque ele exige a *apreciação e valoração, em termos proporcionais à sua importância relativa, de todos os interesses relevantes envolvidos no plano, sejam eles públicos ou privados.*

Ele impõe, sob pena de invalidade do plano, que é anulável pela via administrativa ou jurisdicional, um levantamento de todos os interesses juridicamente protegidos (método tópico), a sua pesagem relativa (método da balança) e, a final, um juízo de primazia relacionadora ou hierarquizadora do conjunto, isto é, dos interesses interponderados (método relacional).

Tem que haver uma ponderação, colocando em apreciação todos os interesses, que segundo a natureza das coisas, devam ser enquadrados, de molde a não se desconhecer o significado de todos os interesses atingidos pelo plano, para não haver qualquer desequilíbrio entre eles, por atribuição desproporcional de peso objetivo aos vários interesses em presença. Há aqui uma *obrigação constitutiva, fundamental,* de toda a planificação e que é de raiz constitucional, porque naturalmente exigida pela *cláusula do Estado de direito*[571].

É um princípio característico também da planificação estritamente urbanística, criando para os particulares um direito subjetivo a ver os seus interesses individuais juridicamente protegidos, em jogo no processo de ponderação num dado plano, ponderados com justiça relativamente aos outros interesses concorrentes, por muito relevantes que sejam.

A *garantia constitucional da propriedade* não admite expropriações ilegais por parte da Administração, apenas se podendo expropriar para servir o interesse público, o que leva à exigência de um direito a um controlo jurisdicional da justa ponderação de interesses conflituantes. Há direitos subjetivos dos particulares, imediata e mediatamente, atingidos.

O plano pode visar a expropriação direta, quando implica a transferência da propriedade. Mas pode também ter efeitos expropriativos materiais intensos, *efeitos "expropriativos" mediatos* sobre prédios vizinhos. A realização de certos planos pode ainda ter efeitos negativos consideráveis (o que exigirá uma compensação). Ou ter reflexos negativos na propriedade dos particulares.

Tudo isto impõe a ponderação dos interesses em jogo pelos efeitos ocasionados. Os titulares de prédios vizinhos de área em intervenção podem ser mediatamente atingidos, estando defendidos na medida em que haja normas que os protegem, v.g. do RGEU.

[571] Art. 2.º, art. 3.º, 2 e 3, e art. 266.º da CRP.

Neste domínio dos interesses a ponderar, temos a segurança pública, a ordem pública, a proteção da natureza, da paisagem, da vizinhança, a segurança e fluidez do tráfego, a saúde das pessoas, a posse e a propriedade, *direitos adquiridos à construção ou loteamento ou aprovação favorável pós-informativa*, etc.

Em termos da ponderação dos interesses, a planificação tem *três fases*: reunião do material a sujeitar a ponderação (levantamento dos interesses a recolher), *valorização-pesagem* em si de cada um desses interesses (*atribuição de relevo*) e a sua *ponderação no conjunto* (*relativização*). A este procedimento seguem-se as decisões de integração na solução global do plano, em termos conjugados ou excludentes, isto é, a sua aceitação ou não.

Através da *participação dos particulares,* quanto seja eficaz, e, de qualquer modo, de *métodos prognósticos* que se efetiva a investigação, a determinação dos interesses futuros a ponderar, recorrendo-se assim *juízos de plausibilidade, princípios da experiência na procura de padrões de probabilidade, naturalmente algo muito inseguros.*

Quanto à *medição relativa* do valor dos interesses reunidos não há normalmente critério normativo definidor da sua priorização. Tem de se proceder, tendo presente os objetivos a alcançar e os princípios gerais da planificação, sem bitolas rígidas ou listagens fixas de valor universal. Não há, de antemão, interesses com primazia, nem se pode, de antemão, fazer uma ordenação objetiva dos interesses concorrentes. Apenas se pode, uma vez recolhidos os interesses relevantes, conformar aproximativamente critérios de ponderação orientadores para ajudar o planeador desde o início do processo de valorização relativa.

Um interesse privado pode ter valor semelhante ou superior a um dado interesse público. Há interesses originariamente privados que, pelo seu alcance, podem acabar por dever assumir carácter de interesse público. O peso dos interesses só pode resultar de uma apreciação, caso a caso.

Há *vícios do planeamento,* quer quando o resultado não aparece orientado pelo princípio da ponderação, como quando o processo de criação de um plano de urbanização padece ele mesmo de vícios evidentes de procedimento, que tenham influenciado os resultados da ponderação.

Deve entender-se que há *violação do princípio da ponderação justa dos interesses concorrentes* quando a ponderação não existiu, ou não foram tomados em consideração interesses que o deveriam ser, ou seja desconhecido o valor e significado de cada interesse em apreciação, desde logo desprezando-se o valor-prioridade resultante de norma jurídica ou de princípios gerais reconhecidos, ou, ainda, se constate uma *hierarquização desequilibrada* ou uma *falta de relação objetiva desse peso relativo* de cada interesse em presença.

3.4.9. Princípio da sujeição do conteúdo futuro dos instrumentos de planeamento à sua prévia avaliação

O *acompanhamento e a avaliação* dos programas e planos territoriais têm de ser *periódica*. Com base em relatórios desta avaliação (relatórios sobre o "estado do solo, do ordenamento do território e do urbanismo").

Eles devem ser *objeto revisão, alteração, suspensão ou revogação*, face à evolução ou reponderação das condições económicas, sociais, culturais e ambientais subjacentes à sua elaboração[572].

Além disso, nos termos do RJIGT deve ser publicado bienalmente um "relatório sobre o estado do ordenamento do território" e deve existir um sistema nacional de dados sobre o território, articulado aos níveis regional e local.

Quanto ao acompanhamento desta política de solos, a lei estabelece também formas de acompanhamento permanente e de *avaliação técnica* da gestão territorial e prevê mecanismos que garantam a eficiência dos instrumentos que a concretizam.

Assim, é estabelecida a criação de um *sistema nacional de informação territorial* para disponibilizar informaticamente dados sobre o território, articulado aos níveis nacional, regional e local e um sistema nacional de *informação cadastral* que identifique as unidades prediais.

Além disso, todos os programas e planos territoriais têm de *definir parâmetros e indicadores* para viabilizar a *monitorização da estratégia, objetivos e resultados da sua execução*.

Todas as entidades de poder territorial ficam obrigadas a recolher esta informação e promover a elaboração dos relatórios de execução e a normalização de fontes de dados e de indicadores comuns. Esta informação tem de ser *disponibilizada publicamente*, pelos meios informáticos adequados, promovendo-se a interoperabilidade e a articulação aos vários níveis territoriais. A necessidade da alteração, revisão ou revogação de um programa ou plano territorial fundamenta-se no respetivo relatório de execução.

3.5. Planeamento e edificação. Princípio da demolição de uma edificação contra-plano como "ultima solutione"

Sobre a magna questão da *"regularização" de operações urbanísticas*, especialmente quando implicam o direito fundamental à habitação, a nova Lei de Bases da Política de Solos, do Ordenamento do Território e de Urbanismo refere um *"procedimento excecional* para a sua regularização da ilegalidade

[572] Arts. 50.º e 72.º, LPSOTU.

de operações urbanísticas tidas como ilegais, no sentido geral de obras realizadas sem o devido controlo prévio, quando exigido. Tal como para a *"finalização de operações urbanísticas inacabadas ou abandonadas* pelos seus promotores", matéria que hoje deve ter-se por enquadrada já no art. 88.º do RJUE e outros.

Estão em geral em causa, obras inacabadas por caducidade de existentes licenciamentos ou de admissões, expressas ou tácitas, de comunicações prévias, ou, por maioria de razão, obras prosseguidas ou acabadas depois da caducidade ou mesmo com génese, substantiva ou procedimental, ilegal. Regularização que não prejudica a aplicação de *sanções e de medidas de tutela da legalidade urbanística* diferentes da demolição, v.g. embargo ou imposição de alterações, ou mesmo, fora das situações previstas designadamente no seu n.º 3 do art.60.º do RJUE, o cumprimento de planos locais e outras normas legais e regulamentares vigentes "à data em que tenham lugar".

A lei pode sempre "dispensar o cumprimento de requisitos de legalidade relativos a construções", cuja aplicação se tenha "tornado impossível ou que não seja razoável exigir", desde que fique pelo menos assegurado o cumprimento dos "requisitos atinentes à saúde pública e à segurança de pessoas e bens" (requisito de "habitabilidade" em sentido amplo).

No fundo, tudo deve ser tendencialmente regularizável, em solos urbanos ou rurais, mesmo que com imposição de alterações por razões de *sanidade e segurança* (ou seja, por falta de condições mínimas de habitabilidade).

Embora possam ocorrer dificuldades acrescidas em zonas de *comprovado risco de instabilidade geotécnica ou incontornável perturbação da lógica ínsita a áreas protegidas.*

Algo regularizável, não só estando em causa meras *desconformidades com normas procedimentais de controlo prévio, como implicando ou não o planeamento dos diferentes momentos e quaisquer normas que, na altura da edificação, já inviabilizavam a construção ou que passaram a inviabilizá-la no momento da regularização.*

O *critério auxiliar da regularização* do edificado pode ser algo mais captado, face ao estatuído sobre o seu critério de "utilização e conservação"[573].

A existência ou não de condições de *segurança, salubridade e estéticas,* necessárias ao fim a que se destinam (n.º 1), é o *critério direto da aceitabilidade da utilização das edificações.* Portanto, indiretamente a orientação para a sua subsistência. Por isso, com respeito, desde logo, do macro-princípio essencial quanto ao edificado, que impõe que os proprietários devam "manter as edificações existentes em boas condições de utilização, realizando as obras

[573] Art. 60.º do RJUE.

de conservação ou de outra natureza que, nos termos legalmente definidos, se revelem indispensáveis a essa finalidade.

Já, face ao atual RJUE, à partida sem possibilidade jurídica de contestação (por interpretação extensiva), devia ter-se como resolvida a questão prévia de saber se a preservação do existente contra-plano, a regularizar ou demolir, face ao art. 106.º, e tendo presente os termos constantes do licenciamento especial previsto no art. 88.º do mesmo RJUE, expressamente preocupado em responder a situações de obras inacabadas, também se aplica àquelas entretanto ou em geral já acabadas, algo a responder positivamente.

Em causa podem estar *obras inacabadas*, sem possibilidade de serem terminadas face à caducidade da licença ou da admissão de comunicação prévia, mesmo que com construções pós-caducidade e mesmo que contra-plano (alterações desconformes com normas atualmente em vigor; art. 88.º, 1 e 2).

Podem estar, também, em causa *obras efetivadas sem qualquer controlo prévio*, partindo erradamente do pressuposto de isenção legal para tal.

Serão ilegalizáveis apenas as *situadas dentro de áreas ambientalmente protegidas*, cujas normas de oriundas dos antigos planos e atuais programas especiais de ordenamento tenham sido transcritas para PIMOT ou PMOT.

Em geral, situações de planeamento ambiental para *áreas naturais, albufeiras de águas públicas, estuários, orla marítima, águas, restrições e servidões administrativas e normas ambientais integrantes de planos locais de aplicabilidade direta*, que subsistam. A menos que haja *normas excecionatórias* que o permitam. Tal como pode tratar-se de *obras já acabadas, efetivadas sem controlo prévio na altura legalmente exigido*, e já antes ou atualmente em desconformidade com normação atualmente em vigor[574].

Se se pretende preservar as "quase acabadas" (em estado avançado de construção), por igual ou mesmo maioria de razão, ele deve ter-se como, no mínimo, se outro mais favorável ainda não existir, o regime aplicável, também às *já fisicamente tidas como acabadas*, em situação ilegal, quer tenham partido de situações com título de admissão de comunicação prévia já caducada (n.ºs 1 e 2), quer não tenha havido qualquer título de controlo prévio legal (n.º 3).

Podemos, pois, com propriedade, face à normação atual, falar em preservação do existente não só face ao art.60.º referente a *construções feitas antes da existência de legislação de controlo prévio*, em que não há qualquer anomalia da construção original, efetivada à base da legislação então vigente, como para além do disposto nele, com controlo administrativo ou sem ele, com garantia

[574] Art. 88.º, n.º 3.

de não afetação dessa construção existente, nem (em princípio) de obras futuras nela a efetivar (*preservação relativa a partir do existente de possibilidades edificatórias, segundo a legislação original*), apesar de desconformidade com normação superveniente, designadamente planificadora; e quer a construção esteja ainda totalmente erigida (em caso de pretendidas alterações ou mesmo reconstrução), quer já em ruínas (ou melhor em situações de existência de anterior construção não ilegal: para as situações em que se pretenda a reconstrução)

Do mesmo modo, embora já apenas segundo um *princípio do primado da preservação habitacional do construído*), embora com disciplinas reguladoras distintas daquela e mesmo entre si, àquelas em que, face a construções ilegais ou que entretanto se tornaram ilegais, vemos o legislador a criar *soluções próprias de regularização*, seja o art. 106.º, "secundum legem geral", seja as distintas normas do art. 88.º do RJUE (contra legem geral, e cujo n.º 2 remete para o art. 60.º), assim como os artigos 84.º e 85.º, ambos em casos de atuações inacabadas de urbanização e o artigo 84.º ainda também em *situações de edificação* (obras inacabadas, passíveis de serem terminadas pela Câmara Municipal ou por terceiros).

Com efeito, o art. 106.º, em si e juntamente com os artigos 84.º, 85.º, 88.º, n.º 1, o regime das AUGI, os artigos 59.º, 60.º e 61.º da LBPSOTU, o artigo 65.º da Constituição, tal com a mais recente jurisprudência do STA e dos TCANS, consagram claramente *o princípio da demolição como última solução*. Só tem de haver demolição se, de todo em todo, não houver outro modo de ultrapassar as deficiências no sentido de uma reconfiguração minimamente aceitável em termos de segurança para os que habitam e terceiros e de salubridade: ou porque o proprietário não está disposto a regularizar a situação, com pedido de licenciamento especial ou com as alterações propostas pela Câmara Municipal, ou porque, mesmo que esteja ou passe estar, como pode acontecer, o construído já não tenha por onde se aproveite, por razões insupríveis de segurança da habitação ou de incapacidade de lhe introduzir modificações que resolvam os problemas de insalubridade.

O proprietário, estando ou passando a estar interessado na sua "salvação", no termos do ordenamento jurídico, no plano material, a Câmara Municipal tem de demonstrar que não é possível aproveitar a obra ilegal, acabada ou inacabada, ou mesmo com título construtivo válido, mas caducado (inacabada, mas em estado avançado de conclusão), ou, por maioria de razão, se já acabada, mesmo que fosse recente (mas muito mais se, pelo tempo decorrido, se tiver sedimentado no património do respetivo proprietário, e desde logo com elementos de oficialidade, registos para efeitos fiscais ou prediais), numa *situação de isotonia*, exigindo tratamento igual à de uma situação de construção sem licença, por esta ser nula e portanto de nenhum efeito, mas ter decorrido já um tempo longo, tudo hoje com cobertura expressa ou por analogia, dado não se constatarem argumentos que possam justificar tratamento distinto, com base mesmo em lei escrita (n.º 3, art. 162.º, CPA; *efeitos putativos* de ato nulo, ou seja, ato ilegal, mas que a Administração deve fazer de conta que é legal e tratar como se o fosse, em nome de princípios basilares do direito, como o da segurança jurídica e o da boa fé, da proporcionalidade, etc.).

Casos há em que este *princípio do aproveitamento do existente total ou do existente parcial*, quando seja o fato, pode mesmo ser, se não diretamente baseado, pelo menos apoiado, em razões relacionadas com a existência anterior a legislação impositiva de controlo prévio (zonas urbanas e envolventes, 1951; zonas rurais, inexistindo regulamento municipal de extensão do RGEU, 1991); neste caso, fatos passíveis de constatação por inspeção local e análise física ao solo e subsolo de terrenos com vestígios de ruínas referentes a casario de família ou de apoio agrícola, até documentos de acesso oficial, e mesmo um amplo conhecimento de cidadãos da zona, ainda vivos.

Portanto, de facto, temos hoje vigente este princípio da demolição apenas quando nada em termos regularizadores o proprietário queira fazer ou, mesmo que o queira, nada seja possível fazer para dar ao edificado condições de legalização. O art. 106.º do RJUE pressupõe um licenciamento de regularização edificatória normal, em situações que caibam na normação vigente no momento em que se pretende regularizar a ilegalidade, mas não pode deixar de se invocar extensivamente o art. 88, n.º 3, para o licenciamento especial aí previsto (situações quase acabadas, em que seria desperdício demolir, e por maioria de razão, situações de construção já acabadas, em que o desperdício seria maior).

*

Concluindo este ponto, face ao ordenamento jurídico português, são *absolutamente residuais os casos em que, por incapacidade total de dotar o imóvel de condições de salubridade e segurança*, a sua salvação (mesmo que com imposição eventual de condições para o efeito), se revele, em apreciação casuística, completamente e na totalidade impossível.

Mesmo que um proprietário não tenha apresentado, em dado momento pretendido pelo município, um pedido de licenciamento com *projeto de regularização-legalização*, pode sempre fazê-lo e o pedido de licenciamento deve ser deferido, mesmo que possa haver norma de PIMOT ou PMOT aplicável (então face ao art. 88, n.º 3, *seja obra acabada, seja obra inacabada*, em ordem a evitar uma demolição.

Cabe ao município atentar, nos arts. 115.º e 116.º do CPA, e ter presente que, também, é tarefa sua *tentar por sua iniciativa enquadrar e apoiar, resolver, as situações construtivas anómalas*, sob pena de um eventual assumir de responsabilidades e de obrigação de indemnizar por uma demolição que poderia ser evitada, tal como a construção que apenas o foi por falta de inspeções e diligência supervisionadora que lhe cabia efetivar, por lhe caber em primeira linha aplicar devidamente o direito aos factos, que, portanto, também lhe cabe diligenciar apurar[575].

Decidir mandar demolir e executar tal ordem sem diligenciar a efetivação do preceituado no art. 106.º, n.ºs 1 e 2, ou sem ter presente o art. 60.º, caso seja aplicável, ou desprezando a possibilidade de licenciamento especial do art. 88.º, a justificar adequadamente quer nas situações de poder vinculado quer nas de "poder discricionário", é algo inadmissível e responsabilizante.

Face às normas citadas, pode referir-se que o art. 65.º da Constituição tem, também, de ser chamado à colação em matéria de regularização de edificações ocupadas ou aptas para habitação. Nele, o urbanismo está intimamente, teleologicamente, imbricado no *direito fundamental à habitação, integrante da disciplina natural aos "direitos económicos, sociais e culturais"*, que integra e consagra, o que, na medida do passível, impõe mesmo apoios do Estado.

Pelo que, independentemente da sua possibilidade concreta de maior ou menor concretização pelo legislador, pelo menos há que considerar as *situações urbanísticas* (e, nesta linha protetiva de loteamentos e edificações ilegais em ordem à regularização a todo o custo, temos as leis das AUGI) *referentes a edificações* ou edifícios isolados *aptos a habitação* e, por maioria de razão, se já habitados, se não for uma habitação secundária e, em geral, se os proprietários não tiverem outra habitação para viverem e, em princípio, se a regularização não ofender regras ambientais ordenamentais diretamente aplicáveis aos cidadãos em função da localização, em que só casuisticamente poderá haver alguma justificação excecionatória face à cumulativa dimensão e estilo da construção, riscos endossistémicos para os valores ambientais em causa e meios económicos do proprietário, o que em Estado Social não é um elemento de somenos na ponderação global.

*

[575] Decreto-Lei 67/2007, de 31 de dezembro, em concretização do art. 22.º da Constituição.

O art. 88.º do RJUE refere-se expressamente a obras muito adiantadas, embora ainda não acabadas, ou seja, quase acabadas, inacabadas, mas que estão tão adiantadas que é como se já estivessem acabadas. Tendo presente a boa interpretação, aliás acolhida no direito comparado, é obra em "estado avançado" de construção mas ainda inacabada, v.g., aquela a que falte colocar na totalidade ou em parte o telhado, rebocar paredes em tijolo, não pintada exteriormente, com incompletudes várias visíveis a um simples olhar... Embora, face à "ratio legis", seja tanto mais aplicável esta norma do art. 88.º (pequenas coisas que não implicam "onticamente" diferenças que mereçam favor promocional para o inacabamento) quanto mais acabada estiver a obra, porque obviamente *maior seria o desaproveitamento da construção quanto mais se tivesse de destruir, para voltar, eventualmente depois, a construir.*

Refere-se, pois, as situações em que os seus proprietários, face à aplicação de novas normas (por exemplo, normas de um PIMOT ou PMOT, etc.), posteriores à caducidade do título construtivo, não conseguiriam reaver uma *licença normal,* segundo o art. 106.º, para serem terminadas como estava previsto anteriormente, face à "necessidade", que o legislador possa admitir como "normal", de novo procedimento de licenciamento, segundo as novas regras.

Estando sem possibilidade disso, a construção já quase acabada (ou acabada, por maioria de razão) teria de seguir a nova legislação. Portanto, teria de ser demolida e reconstruída em termos "diferentes" com nova licença, como se nada tivesse acontecido antes. Se chegou a haver antes um título licenciador ou admissão de comunicação prévia, aplicam-se os n.ºs 1 e 2 e as regras do art. 60.º, que deve ser *lido como um poder vinculado*: *o município é obrigado a legalizar o resto da construção com uma licença especial* não obrigando a aplicar as novas normas, embora o "construtor" também não possa aproveitar-se para agravar o desrespeito delas (apenas fazer como estava no título caducado).

Se, em qualquer outra situação, ou seja, se não houve nunca tal título (isto é, se estamos face a uma *construção isolada de génese ilegal*; se fossem várias, uma área delas, aplicar-se-ia também normação semelhante, a AUGI, que aliás pode servir de *orientação analógica* quanto ao construído passível de ser salvo), que na totalidade ou em parte, não está conforme às novas regras, temos o seu n.º 3 do art. 88.º do RJUE: "Podem ser concedidas as licenças" no caso de a câmara municipal dever "reconhecer o interesse na conclusão da obra" e se mostre não aconselhável, isto é, seja aconselhável a não demolição da mesma, por razões ambientais, urbanísticas, técnicas ou económicas" e mesmo em Estado de Direito Social (ideologia configuradora e enformadora em plenitude do Estado português, nos termos constitucionais), ou seja, pelo contrário o que poderia até ser desaconselhável em absoluto seria, por essas mesmas razões, eliminá-las.

Deve entender-se que esta orientação anti-demolição obriga a Câmara Municipal, mesmo em *construções ilegais* que foram contra normas legais atuais e, portanto, não suscetíveis de legalizar nos termos do art. 106.º (mesmo que fossem concluídas ontem e não acabadas ou, como até é o caso, estivessem inacabadas há 20 e tal anos) a *permitir acabar ou manter o já construído*, desde que haja razões para não demolir.

Se este *poder discricionário* existe, como fundamentar o interesse da Câmara em as demolir? Aliás, em certas povoações rurais, em expansão nas últimas décadas, em rigor, não seria demolir uma imensa parte do edificado? Como não ofender o princípio constitucional de tratamento igual de todos os cidadãos, mandando demolir umas e não outras? Razões urbanísticas podem existir para se defender tal interesse?

Com efeito, havendo ocupação habitacional, não é verdade que o art. 65.º da Constituição ("Constituição do Urbanismo"), intitulado "Habitação e Urbanismo", consagra o direito à habitação como um direito económico, social e cultural, a privilegiar sobre meras razões que não impliquem um direito fundamental.

Estamos face a um artigo constitucional fundador, portanto, de um direito fundamental económico-social do cidadão, que – embora não obrigue a dar casa gratuita num país que não é rico de meios públicos para o efeito-, pelo menos, tem de impedir, em princípio, a sua demolição, quando seja uma obra (para ou) já ocupada para habitação de uma família, e ainda mais se não tem outra para o efeito.

Portanto, independentemente da densidade, maior ou menor, com que o legislador ordinário o possa ou venha a concretizar, pelo menos, integra e exige a *ponderação regularizadora* pelo município, "aberta-permitida" pelo legislador, para levar, neste caso de habitação, impor mesmo, m geral, o reconhecimento do "interesse", referido no normativo em apreço (art. 88.º, 3, RJUE), na manutenção e mesmo na conclusão (situação expressada, por que seria aquela em que as dúvidas legitimadoras da emissão de uma licença especial poderiam ocorrer: se o que ainda não está concluído deve ser defendido, muito mais o já concluído, sem necessidade de o expressar e a resultar, portanto, da incontornável escatológica metodologia científica de interpretação jurídica).

Basta fundar a concessão da licença numa das razões. Mas, naturalmente, que razões técnicas e ambientais (ambiente rural ou urbano) podem existir também, v.g., se não se vislumbrar a vantagem de transformar um pequeno terreno, sem unidade mínima legal de cultura, em terreno agrícola, quando não serve a mais do que a construção e horta de subsistência familiar: inútil para a atividade agrícola, a não ser de apoio à casa, ficaria abandonado, numa zona de casario, irracionalmente, sem se ver qual o interesse público a criar à custa do desinteresse privado!?

Tecnicamente e economicamente, poderíamos estar face a uma demolição que só poderia ser utilmente seguida de uma reconstrução sensivelmente idêntica. Ofendendo o princípio da proporcionalidade e de economia de ação pública, se tudo fosse deitado abaixo e não só algo disforme, em grande desproporção face à relação custo económico e também como se referiu custo de agressão ao direito fundamental à habitação, valor superior a qualquer norma regulamentar de duvidosa legalidade, porque valor constitucional em comparação com o benefício municipal concreto, que em geral não se enxergaria.

O *macro-princípio do direito urbanístico,* mesmo colocando em causa a normação de planeamento geral em vigor, hoje claramente previsto no ordenamento jurídico vigente, é o da *preservação do edificado ilegal,* mesmo que tenha de haver *"dispensa" do cumprimento de "requisitos* de legalidade relativos à construção, cuja *aplicação se tenha tornado impossível ou que não seja razoável exigir",* desde que se assegure o *mínimo de condições vivenciais,* que é o cumprimento dos "requisitos atinentes à saúde pública e à segurança de pessoas e bens"[576].

A demolição é, pois, a "ultima solutione licet". Reservada licitamente, apenas, para os casos em que, por sua iniciativa ou, na inércia do proprietário, ou por iniciativa a efetivar pela Câmara Municipal, ou no caso dos proprietários não terem querido diligenciar a sua regularização, no todo ou em parte. Isto, aliás, se o município não entender haver interesses públicos que permitam mesmo impor-lhe a "salvação" do edificado ou do já edificado, designadamente face às razões relacionadas com os condicionalismos do art. 88.º e outros, que justifiquem não a demolição, mas um procedimento expropriativo para-regularizador[577].

3.6. Princípio da estabilidade relativa e da reformabilidade dos planos

O legislador consagra o princípio da estabilidade do conteúdo dos planos. Atenta a natureza da *vinculação plurisubjetiva dos planos intermunicipais e municipais* e o consequente acréscimo da relevância da salvaguarda dos princípios da estabilidade do planeamento e da *segurança jurídica,* estabelece-se um período

[576] Art. 59.º, n.º 3, LBGPPSOTU.

[577] Arts. 34.º e 35.º, LPSOTU, etc.

de *três anos após a respetiva entrada em vigor*, durante o qual apenas poderão ser objeto de alteração em *circunstâncias excecionais*, por força da entrada em vigor de leis ou regulamentos ou para introdução de meros ajustamentos de natureza técnica. Estando, então, nos dois últimos casos, a alteração sujeita a um procedimento simplificado e célere, mas igualmente sujeito a publicidade.

Portanto, os IGT podem ser objeto de alteração e de revisão.

A dinâmica dos IGT estrutura-se em torno do *conceito central de alteração*. Estabelece-se que ela pode decorrer, para além da entrada em vigor de leis ou regulamentos que colidam com as respetivas disposições ou estabeleçam servidões administrativas ou restrições de utilidade pública que as afetem, da *evolução das perspetivas de desenvolvimento económico e social*, que lhes estão subjacentes. E, nos casos de *planos regionais, sectoriais e intermunicipais*, ainda da ratificação de planos municipais ou aprovação de planos especiais que com eles não se conformem.

O *conceito de revisão* é reservado para os planos de génese municipal. Isto é, para os de aplicabilidade direta às operações urbanísticas. Estabelece-se que a mesma pode decorrer da necessidade de adequação à evolução, a médio e longo prazos, das condições que determinaram a respetiva elaboração. Tendo em conta os *relatórios de avaliação da sua execução*. Ou, ainda, da respetiva suspensão e consequente necessidade de adequação à prossecução dos interesses públicos que a determinaram. Apenas poderá ocorrer, à exceção da decorrente de situações de suspensão, após o referido período de três anos.

Como se enquadram as alterações consequentes da programação e planificação e revisão?

Os *programas e planos territoriais* podem ser objeto de alteração quer na sua regulamentação quer na parte da respetiva área de intervenção, face à evolução, não só das condições económicas, sociais e culturais subjacentes, como das condições ambientais, em que se fundamentam as suas opções. Pode sempre verificar-se a sua *suspensão*, se existirem circunstâncias excecionais, que se repercutam no ordenamento do território, de modo a colocar em causa a prossecução de interesses públicos relevantes, tais como os ambientais.

No entanto, o legislador veio dispensar da avaliação ambiental as "*pequenas alterações" aos programas e aos planos territoriais*. Em causa, a redefinição do uso do solo, determinada pela cessação de servidões administrativas e de restrições de utilidade pública ou pela desafetação de bens imóveis do domínio público ou dos fins de utilidade pública a que se encontravam adstritos, designadamente os do domínio privado indisponível do Estado. Desde que a entidade competente para a sua alteração assuma a responsabilidade de determinar que essas alterações não são suscetíveis de ter efeitos significativos no ambiente.

No que concerne à revisão dos IGT, tendo em conta o Relatório sobre o estado do ordenamento do território, deve proceder-se à revisão dos programas sempre que ela se imponha face à necessidade de *adequação das opções estratégicas*, que tenham determinado a sua elaboração e à revisão dos planos, caso exista a necessidade de adequação à evolução, a médio e longo prazo, das condições ambientais, económicas, sociais e culturais, que estiveram presentes na sua origem. Mas esta revisão só é admitida depois de decorridos três anos desde a entrada em vigor do plano. Assim como é admitida em situações de suspensão do plano e necessidade da sua adequação à prossecução dos interesses públicos que a determinaram.

Esta disciplina é, também, aplicável aos programas setoriais e outros eventualmente especiais que existam, com as necessárias adaptações. A *revisão do programa nacional de política de ordenamento* do território fica dependente do resultado da avaliação do seu programa de ação.

3.7. Pluralização das intervenções dos poderes públicos e princípio da interação coordenada dos IGT

Quanto à organização do sistema, ele assenta na *interação coordenada, estruturada em três âmbitos geográficos distintos*:

a) o âmbito nacional, que define o quadro estratégico para o ordenamento de todo o espaço nacional, estabelecendo as diretrizes a considerar no ordenamento regional e municipal e a compatibilização destas com os diversos instrumentos de política sectorial, e instituindo, quando necessário, os instrumentos de natureza especial;

b) o âmbito regional, que define o quadro estratégico para o ordenamento do espaço regional, em estreita articulação com as políticas nacionais de desenvolvimento económico e social, estabelecendo os *grandes princípios orientadores do ordenamento municipal*, âmbito que, nesta fase histórica, continuará nas mãos do Estado, embora deficiente sem o papel fundamental a desempenhar por *estruturas periféricas, desconcentradas*. Este, aliás, deve tender a acentuar-se em termos de um *reforço de legitimidade*, com uma *participação institucionalizada dos administrados* enquanto se aguarda a exigível alternativa ao vigente défice democrático, resultante do atraso na anacrónica não criação das *autarquias regionais-continentais*, dotadas de poder próprio, de fonte eleitoral. Esta componente de legitimação eleitoral em termos de poder regional falta em todas as fases do planeamento, independentemente da participação dos seus representantes municipais e da audição alargada, universal, situada na fase da apreciação de "projeto", o que cria uma questão não só de inexecução da previsão-vontade constitucional, como, sendo a regionalização elemento importante de desenvolvimento não tão assimétrico do todo nacional e existindo já duas regiões com autonomia de poder eleito (aliás, mais do que autárquicas, mesmo de natureza política, o que a Constituição entendeu não impor em geral, considerando suficiente para o desenvolvimento equilibrado e aprofundamento da democracia territorial, do todo nacional, os poderes autónomos meramente administrativos no continente), de qualquer modo, há uma desigualdade de direitos das populações a uma dada autonomização do poder estadual, que mexe com padrão principiológico e desenvolvimentista do todo constitucionalizado, eu o mero fator da insulariedade não justifica em si, embora possa justificar a maior densidade de poder político e não meramente administrativo para as Ilhas mais distantes e mais isoladas, e apenas uma autonomia autárquica na regionalização do Continente (ou acabam as constitucionalizadas Regiões Autónomas – poder supra-local, de natureza político-administrativa e não meramente autárquica – ou criem-se, pelo menos, as administrativamente autónomas Regiões Autárquicas – poder local –, ainda segundo a Constituição, no Continente; desigualdades destas é que não são ideológica e constitucionalmente aceitáveis e as consequentes extremadas diferenças de desenvolvimento, de captação de quadros e de investimentos e de qualidade de vida); e

c) o âmbito municipal, que define, de acordo com as *diretrizes e os princípios de âmbito nacional e regional e com opções próprias de desenvolvimento estratégico, o regime de uso do solo*. Cabe aos programas nacional da política de ordenamento território e sectoriais prosseguirem os objetivos de interesse nacional e estabelecer os princípios e as regras orientadoras da disciplina a definir pelos programas regionais.

Os programas regionais prosseguem os objetivos de interesse regional e respeitam o disposto nos programas territoriais de âmbito nacional.

Os planos territoriais de âmbito intermunicipal e municipal devem desenvolver e concretizar as orientações definidas nos programas territoriais preexistentes de âmbito nacional ou regional, com os quais se devem compatibilizar.

A existência de um plano diretor municipal, de um plano de urbanização ou de um plano de pormenor de âmbito intermunicipal exclui a possibilidade de existência, ao nível municipal, de planos territoriais do mesmo tipo, na área por eles abrangida, sem prejuízo das regras relativas à dinâmica de planos territoriais.

Sempre que entre em vigor um programa territorial de âmbito nacional ou regional, é *obrigatória a alteração ou atualização dos planos territoriais de âmbito intermunicipal e municipal*, que com ele não sejam compatíveis, nos termos da lei.

O programa e plano territorial posterior avalia e pondera as regras dos preexistentes ou em preparação, identificando expressamente as normas incompatíveis a alterar ou a revogar nos termos da lei.

Neste aspeto da interação, os planos obedecem ainda a exigências específicas de *harmonização dos planos e de homogeneidade da planificação*.

A homogeneidade existe sempre que a lei exija a sujeição de todo um território a um mesmo tipo de plano, independentemente de tratamentos específicos em outros planos de acordo com as suas características próprias.

Assim, o PDIM ou o PDM trata das áreas urbanas e rurais, sem prejuízo de as áreas urbanas e urbanizáveis serem tratadas especificamente nos planos de urbanização (PU) e planos de pormenor (PP).

Mas há que proceder, também, à *harmonização e à hierarquização ou graduação dos interesses* com expressão territorial. Para tal exige-se *coordenação, seja em termos de endocoordenação (intra-administrativa), seja heterocoordenação (de políticas, externa, interadministrativa)* das intervenções. E mesmo, se necessário, *concertação e articulação das soluções e posições*.

Em causa também a *coordenação e compatibilização das diversas políticas públicas com incidência territorial com as políticas de desenvolvimento económico e social*, sem o que não estaria assegurada a adequada ponderação dos interesses públicos e privados em presença.

Impõe-se uma *harmonização horizontal (articulação) e uma harmonização vertical (em termos de não incompatibilização ou mesmo de conformação, segundo o modelo de respeito hierárquico* mais (PIMOT ou PMOT sobre-ordenador em relação aos sub-ordenados, PU e PP) ou menos estrito (PIMOT ou PMOT em relação aos PROT e programas setoriais).

Portanto, a harmonização exerce-se em duplo sentido. Por princípio, *descendente, em modelo hierárquico* (embora relativo, porquanto também pode ser ascendente, quando disposições de planos de maior abrangência territorial não são respeitadas, por proposta municipal e ratificação governamental, implicando o princípio da contracorrente, com a derrogação automática e necessária substituição das normas de escalão territorial superior.

O *instituto da ratificação*, mais do que afirmar a *hierarquização dos instrumentos*, traduz (inconstitucional e enviesadamente) a afirmação de um domínio estatal, através de uma *hierarquização de poderes*.

Nesta lógica, *normas incompatíveis ou desconformes* com um plano-programa sobre-ordenador são nulas, por força de "sentença" do Estado administrador, atuando como julgador. V.g., as normas dos planos de urbanização e planos de pormenor que sejam desconformes (ou seja, se entenda que apresentam qualquer diferença com normas legais gerais ou de programação planificadora ou com o disposto no PDIM ou no PDM, e deixam de o ser se fossem ratificadas por Resolução do Conselho de Ministros.

3.8. Resumo sobre o regime da administração do planeamento físico

Em termos de *principiologia constitutiva do modelo ordenamental físico*, a legislação aponta pata um novo modelo de ordenamento do território, que se baseia em vários princípios, em face dos quais são delimitadas as responsabilidades públicas, quer do Estado, quer das autarquias locais, e dos particulares, em ordem a assegurar-se o desenvolvimento económico e social e o princípio da igualdade no acesso aos equipamentos e serviços públicos.

Estes princípios são as seguintes:

a) *princípios da obrigação de promoção articulada da elaboração dos vários instrumentos*, por parte do Estado e das autarquias locais, segundo as atribuições respetivas, e no cumprimento dos *limites materiais impostos à intervenção dos diversos órgãos e agentes* relativamente ao processo de planeamento nacional, regional e municipal, da política de ordenamento do território, com imposição de uma *coordenação efetiva de intervenções das entidades públicas* intervenientes no processo de planeamento e concomitante estabelecimento, como regra, da criação de uma comissão (mista, plural) de *coordenação*, cuja composição deve traduzir a *natureza dos interesses a salvaguardar* e a relevância das implicações técnicas a considerar;
b) *princípios da primazia dos interesses públicos*, em ordem ao mais adequado *uso do solo*, em termos ambientais, económicos, sociais e culturais, com *priorização de ações relacionadas com interesses ligados à saúde pública, à proteção civil e à prevenção e minimização de riscos, à segurança* interna e externa do Estado com imposição *da prévia devida identificação, hierarquização, harmonização de todos interesses públicos, e compatibilização das opções* tomadas nos diferentes instrumentos, com a devida *interação coordenada na organização do sistema de administração territorial*, regulando-se formas

de coordenação das diversas intervenções públicas com impacte territorial interadministratividade, quer no âmbito de cada uma das pessoas coletivas responsáveis pelas diversas fases do processo de planeamento, quer no âmbito das relações entre as mesmas;

c) *princípios da justa ponderação e eventual relativização de todos interesses relevantes para as decisões a tomar, sejam públicos ou privados*, com formulação de regras de funcionamento da comissão de coordenação, visando ajudar a assegurar o seu contributo para a efetiva consideração, responsabilização e concertação desses interesses tidos como relevantes, em presença e para uma *efetiva discussão pública*;

d) *princípios da racionalidade geral do planeamento através da imposição da devida fundamentação quer dos critérios de identificação e hierarquização, quer da de natureza técnica, das soluções expressas* face aos *interesses públicos* a tutelar nos diferentes IGT;

e) *princípios da participação interventiva e publicitadora* aos interessados e a todos os cidadãos na elaboração dos instrumentos de planeamento territorial (com a formulação de regras de funcionamento da comissão de coordenação, em ordem a assegurar o contributo desta para uma discussão pública), *liberdade de acesso, a todo o tempo, a informação planificadora e estabilidade do planeamento em ordem a garantir a segurança jurídica, com a da explicitação dos efeitos das medidas protetoras*, estabelecidas nos IGT;

f) *princípios da sustentabilidade dos ecossistemas*, da *excecionalidade da transformação de solo rural* em solo urbano (*dependência da alteração da classificação do solo rural* da sua comprovada indispensabilidade económica, social e demográfica) e *da solidariedade intergeracional.*

Capítulo IV
Regime jurídico da urbanização, loteamento e edificação urbana. Reabilitação e reconversão urbana

"O urbanismo depende atualmente do ordenamento físico da cidade existente e do desenvolvimento desta. Os urbanistas, principalmente arquitetos e engenneiros, determinam as formas futuras da cidade, e quase sempre os usos. São os criadores de planos e projetos. As outras profissões (juristas, economistas, sociólogos ou geógrafos) podem dar contributos complementares, que se supõe servirem para viabilizar as propostas. Isto é a aparência. Na realidade as dinâmicas do mercado evoluem mais rapidamente do que a elaboração e execução dos planos e projetos. Ou mesmo os comportamentos sociais. As decisões políticas devem implementar mudanças, aprovar alterações, estabelecer outras prioridades ou simplesmente interpretar permissivamente o que exige o negócio mercantil ou as reivindicações dos cidadãos. A cidade atual é mais processo do que estrutura, pelo menos se se pretende intervir nela. É um fluído permanente que tem de ser orientado num sentido ou noutro. Há que reconhecer as tendências em curso, sempre contraditórias, e decidir quais são as tendências a reprimir ou a reduzir e as que é preciso potenciar. Como no campo, o trinador deve ir modificando os posicionamentos e as colocações dos atores".

Jordi Borga – "El urbanismo frente a la ciudad actual: sus desafíos, sus mediaciones y sus responsabilidades". *Texto en relación al Foro Social que se prepara con ocasión de Habitat III conferencia de las Naciones Unidas*, Quito, oct. 2016, https://www.jordiborja.cat/el-urbanismo-frente-a-la-ciudad-actual-sus-desafios-sus-mediaciones-y-sus-responsabilidades.

***Elenco temático capitular*: 4.1. Direito constitucional do urbanismo. Urbanismo e desigualdades sociais. 4.2. Análise crítica de deficiências, incongruências e insuficiências na normação e aplicação do direito urbanístico. 4.2.1. Considerações gerais. 4.2.2. Incapacidade resolutória das irregularidades urbanísticas face à rigidez do conceito de "reposição" da legalidade. 4.3. Proteção das edificações "existentes". Regime especial de obras inacabadas e de execução de operações urbanísticas privadas pela câmara municipal ou por terceiro. Alterações durante a execução da obra. Interdição de deterioração e obrigação de conservação do edificado. 4.4. Procedimento de regularização de operações ilegais. Regularização oficiosa. 4.5. Tipologia dos procedimentos e títulos comprovativos do controlo prévio. 4.6. Papel regulamentar dos municípios. obrigação de discussão pública. 4.7. Isenção de controlo prévio. Obras de escassa relevância urbanística. Destaque. Obras de entidades "públicas". 4.8. Formas de procedimento. 4.9. Disciplina da consulta a entidades externas. 4.10. Procedimentos especiais. Empreendimentos turísticos. 4.11. Condicionamentos aos loteamentos. 4.12. Cedência gratuita de parcelas. Espaços verdes e equipamentos de utilização coletiva. 4.13. Regime de loteamento e execução de IGT e de outros instrumentos urbanísticos. 4.14. Obras de urbanização e edificação. Execução por fases. Prazos para urbanização e para edificação. 4.15. Pedido de informação prévia. 4.16. Procedimento de licenciamento de operações urbanísticas. 4.16.1. Tipologia das operações urbanísticas e controlo prévio. operações sujeitas a licenciamento e seu regime. licença parcial de antecipação. 4.16.2. Conteúdos dos projetos urbanísticos. 4.17. Situações de interdição ou de condicionamento dos pedidos de licenciamento. Poderes vinculados, poderes discricionários e aplicação de conceitos imprecisos. 4.18. Regime de alterações ao licenciamento urbanístico. 4.19. Regime da comunicação prévia. 4.20. Regime de utilização de edificações. 4.21. Caducidade e revogação da licença e da autorização de utilização e cessação de efeitos da comunicação prévia. Titulação das operações. Tutela da legalidade. 4.22. Títulos das operações urbanísticas. 4.23. Execução das operações urbanísticas. Demolição, escavação**

e contenção periférica. 4.24. Medidas de tutela da legalidade urbanística. Reposição da legalidade urbanística. Legalização e embargo. Trabalhos de correção ou alteração. Demolição da obra e reposição do terreno. Posse administrativa. Cessação da utilização de edifícios ou frações. Direito à salubridade e insolação. A) Regime geral de invalidade dos atos urbanísticos. B) Responsabilidade autárquica e direito de regresso obrigatório face ao decisor público. C) Fiscalização administrativa, concomitante e sucessiva às operações. D) Direito sancionamento civil, administrativo e jurisdicional. E) Embargo. F) Demolição e reposição. G) Posse administrativa. H) Novo regime regulador de intimações face à substituição interventiva das autarquias. I) Cessação da utilização de edifícios. J) Garantias dos particulares e direito processual. Intimação judicial. Impugnação de pareceres. Sanção pecuniária compulsória. Processo urgente de intimação judicial para a prática de ato legalmente devido. Impugnação de pareceres. Ação administrativa especial contra ordens de embargo e de reposição da situação anterior. L) Regime jurídico da participação procedimental e ação popular. 4.25. RJRU-Regime jurídico da reabilitação urbana. 4.25.1. Considerações gerais. Nova conceção e proteção do existente. 4.25.2. Regime jurídico de aplicação geral à reabilitação urbana. A) Princípios orientadores da reabilitação urbana. B) Síntese do regime próprio da reabilitação urbana em geral em áreas urbanas delimitadas. C) Tipologia de planeamento reabilitador, execução de operações de reabilitação sistemática, programa estratégico e delimitação de unidades de intervenção. D) Enquadramento orgânico do desenvolvimento do procedimento reabilitador. E) Modelos de execução das operações de reabilitação. E) Modelos de execução das operações de reabilitação. F) Poderes da entidade gestora. G) Respeito e "desrespeito" das normas urbanísticas em vigor. Realização da garantia da proteção do existente. H) Procedimento simplificado de controlo prévio de operações urbanísticas. I) Autorização de utilização. Documentação de substituição de alvará. J) Instrumentos de política urbanística. Execução de política urbanística. Empreitada única. Demolição.Direito de preferência. Arrendamento forçado. Servidões.Expropriação.Venda forçada. Reestruturação da propriedade. K) Questões relacionadas com a conservação de prédios, prédios devolutos. Regime especial de taxas e compensações. L) Participação e concertação de interesses. Direitos dos ocupantes de edifícios ou frações. M) Financiamento dos particulares e das entidades gestoras.Apoios do Estado e dos municípios. Fundos de investimento imobiliário. N) Regime especial da reabilitação para edifícios mais antigos. O) Regime do controlo prévio de operações urbanísticas. P) Regime das áreas de reabilitação urbana.Delimitação e objeto das áreas de reabilitação urbana. Q) Aprovação das operações de reabilitação urbana. R) Aprovação de operações de reabilitação urbana através de plano de pormenor de reabilitação urbana. S) Acompanhamento e avaliação da operação de reabilitação urbana. T) Objeto e regime jurídico aplicável aos planos de pormenor de

reabilitação urbana. U) Âmbito territorial dos planos de pormenor de reabilitação urbana. V) Conteúdo material dos planos de pormenor de reabilitação urbana. W) Conteúdo documental dos planos de pormenor de reabilitação urbana. X) Elaboração dos planos de pormenor de reabilitação urbana. Y) Regime dos planos de pormenor de reabilitação urbana em áreas que contêm ou coincidem com património cultural imóvel classificado ou em vias de classificação e zonas de proteção. 4.26. Direito à habitação e regimes privilegiados de legalização e reabilitação de edifícios. Estatuto das "construções" existentes. "Reposição" da legalidade. Visão geral da normatividade. Artigos 102.º e 102.º-A Do RJUE. 4.26.1. Considerações iniciais. 4.26.2. Reposição da legalidade urbanística.Visão geral da normatividade. Artigos 102.º e 102.º-A do RJUE. 4.27. Problema da caducidade dos títulos urbanísticos permissivos. 4.28. Análise do artigo 106.º do RJUE sobre demolição. 4.29. Análise do artigo 88.º do RJUE. 4.30. Análise do artigo 60.º do RJUE e 51.º do RJRU. 4.31. Considerações finais globais sobre os regimes previstos no RJUE. 4.32. Conclusões gerais com considerações finais tendo em conta o RJRU, o regime excecional anterior (RJETRU, de 2014) e o atual regime especial (RJOEFA, de 2019). 4.33. Regime jurídico da reconversão das áreas urbanas de génese ilegal. 4.33.1. Regime das áreas urbanas de génese ilegal. Noção de AUGI. 4.33.2. AUGI e construções habitacionais ilegais. Razão de ser do regime excecional de reconversão operação de loteamento ilegal. Ponderação dos interesses em jogo. 4.33.3. Condições mínimas de legalização. Delimitação do perímetro das AUGI. Regime de construções posteriores à deliberação de reconversão. Reafetação de usos. 4.33.4. Regime especial de divisão de coisa comum. acordo de uso. 4.33.5. Questão das cedências e parâmetros urbanísticos. 4.33.6. Dever de reconversão urbanística do solo e da legalização das construções integradas numa augi. Direito de regresso sobre os vendedores dos prédios. suspensão da ligação às redes de infraestruturas. 4.33.7. Procedimento de legalização de construções existentes nas AUGI. Dispensa do cumprimento de normas técnicas. 4.33.8. Procedimentos de reconversão. Loteamento e plano de pormenor. Contrato de urbanização. Execução das infraestruturas. 4.33.9. Celebração de quaisquer atos ou negócios jurídicos. Encargos com a realização das obras de urbanização. 4.33.10. Síntese dos aspetos gerais e conclusões sobre o regime das AUGI. 4.34. Jurisprudência e pareceres da Procuradoria-Geral da República sobre urbanismo e planificação física. Delonga processual. Alteração de uso. Competência jurisdicional sancionatória. Construção de marquises. Sanções jurídicas face a vícios de ilegalidade.

4.1. Direito constitucional do urbanismo. urbanismo e desigualdades sociais

O direito do urbanismo tem o seu *enquadramento, orientações e limitações básicas,* no topo das normas de produção interna, que estão na Constituição[578].

No todo, assistimos a um ramo do *direito económico-social,* que perpassa em geral por muitas *normas dispersas* e exigindo uma abordagem que não se pode limitar a meras *interpretações exegéticas, literalistas, das estatuições abstratas, alheadas,* não só deste quadro referencial direto legitimador constitucional e básico, que direta ou reflexamente se lhe impõe, designadamente face ao *direito fundamental à habitação e aos mandatos constitucionais da promoção, em democracia, do bem estar geral de toda a população e a clausula maior da defesa da dignidade das pessoas enquanto tais.* Exigências que impõem quer a positivação de normas condizentes por parte do legislador quer a leitura e releitura do regime positivado por parte do "aplicador" face à atual legislação urbanística, que podemos considerar de *triplo carácter, normal, especial e excecional.* Mas, portanto, toda ela a interpretar, macro-escatologicamente, tendo sempre presente a Constituição e a Lei de bases gerais dos solos[579] de que depende a sua legitimação hierarquicamente, se não logo na normação, sempre a controlar pela respetiva jurisdição e, em última instância, pelo Tribunal Constitucional, pelo menos pela via jurisprudencial[580].

Hoje, impõe-se a tomada em conta de modo interligado de normas e princípios do Regime jurídico da Urbanização e Edificação[581], e Código do Procedimento Administrativo (face às invalidades de títulos urbanísticos), assim como de disposições inseridas nos regimes jurídicos da reabilitação urbana[582], assim como um regime (anteriormente extraordinário e temporal da reabilitação urbana[583]) hoje normalizado em termos de soluções especiais

[578] Sobre questões gerais, em 2012, vide "*O Novo Regime Jurídico da Urbanização e da Edificação: J.M. Sérvulo Correia, Fernando Condesso, José Eduardo simões, Sofia Galvão, António Duarte de Almeida, Manuel Jorge Goes, Ferananda paula Olivira, Pedro Silva Pereira.* Lisboa:LEX, 2012

[579] Lei de bases gerais de política pública de solos, de ordenamento do território e de urbanismo (LBGPPOTU), Lei n.º 31/2014, de 30.5, que sofreu alterações através dos decretos-leis n.º 52/2021, de 15.6 e n.º 3/2021, de 7.1, assim como já antes da Lei n.º 74/2017, de 16.8.

[580] Naturalmente que isto sem desconsiderar as orientações, que podem ajudar na respetiva interpretação, constantes do Programa Nacional da Política de Ordenamento do Território, Lei n.º 58/2007, de 4.9, alterado pela Lei n.º 99/2019, de 5.9 e "retificado" duas vezes em 2007 (n.º 103-A/2007, de 2.11 e n.º 80-A/2007, de 7.9).

[581] Desde logo, nos seus artigos 59.º, 106.º, 102.º e 102.º-A, 88.º e artigo 60.º (Lei n.º 555/99, de 16.12, como incontáveis alterações e, também, períodos de suspensão, RJUE).

[582] RJRU.

[583] RJETRU.

(mas com condições mais exigentes do que o diploma excecional e temporário que o precedeu), através de um atual regime especial[584] e, ainda, o regime da áreas urbanas de génese ilegal[585], quer pelas suas normas, quer pela principiologia afirmada, ajudando à *adequada apreensão e compreensão geral do tema da regularização, também de loteamentos e edificações individuais.*

Os princípios contextualizadores do direito do urbanismo apontam para especificidades no campo do direito urbanístico, que adequam complementarmente o princípio da legalidade geral, sem pôr em causa a igualdade jurídica, face a incontornáveis e justas descriminações impostas pelos valores constitucionais.

A *demolição* é, hoje, uma solução apenas admitida para o que não tem solução. Independentemente de razões desviantes de *direito material ou formal-procedimental* ocorridas. Sobretudo no domínio do *direito urbanístico habitacional.* Em geral, são convocáveis conaturais de um Estado de Direito e Social, tais como os *princípios da interdição da retroatividade, da proporcionalidade, da confiança, da boa-fé, da igualdade do respeito pelas legítimas expetativas por uma normação vigente em que se basearam opções a considerar como normais no quandro do ordenamento jurídico em causa e consequente imposição da proteção do existente e do "inacabado" ou do invalidado,* face à atual teleologia global "enformante" dos diplomas e regras de regularização e reabilitação do construído, desde que no mínimo não se comprovem comprovadas razões de insegurança para os próprios ou terceiros ou de insalubridade habitacional ou o edificado não seja recuperável como tal.

*

A *Constituição habitacional* mexe com os termos da regularização urbana, havendo ocupação habitacional, face ao seu artigo 65.º, intitulado "Habitação e Urbanismo", consagra o direito à habitação como um direito económico, social e cultural.

Estamos face a um artigo constitucional fundador de um direito fundamental do cidadão que, embora não obrigue a propiciar casa gratuita, nem sempre e em todo o lado a fazê-lo em regime de renda social, num país que não é rico de meios públicos para o efeito (e o Estado centralista e de capital

[584] O atual RJRERA, constante do decreto-lei n.º 95/2019, 18.7, entrado em vigor em 15.11, sem prejuízo da aplicação ainda do, já revogado, excecional RJETRU às situações a que se reportem os requerimentos apresentados até 15.11.2019.

[585] RAUGI.

macrocéfala é, naturalmente, incapaz de evitar a manutenção de assimetrias regionais e, em geral, os fenómenos gritantes de desigualdade de bem-estar e qualidade de via, num país que teima em ter cidadãos e eleitores de primeira e de segunda), pelo menos impede em princípio a sua demolição ou que se obstaculize quaisquer melhoramentos (quer para aumentar a segurança e salubridade e outros tidos como minimamente pertinentes, designadamente no plano estético, quer para não criar insegurança ou insalubridade), quando seja uma obra para habitação ou já ocupada como habitação de uma família, e ainda mais se não têm outra para o efeito.

Portanto, independentemente da densidade, maior ou menor, com que o legislador ordinário tenha concretizado até agora ou venha depois a concretizar o conteúdo realizador deste direito, pelo menos, ele integra e exige a *ponderação regularizadora pelo município, aberta-permitida pela ordem jurídica*, para levar – neste caso de habitação, impor mesmo o reconhecimento do "interesse", referido nos normativos em apreço.

Veja-se, por exemplo, a obrigação de o município, que pretenda demolir obras inacabadas[586] (e, por maioria de razão, as acabadas, precedidas das mesma razões procedimentais) a ter de invocar, expressa e fundamentadamente, numa interpretação adequada face à sua lógica finalística de "salvar o edificado que está", pertinentes *razões económicas, técnicas, ambientais e urbanísticas* que não tornem desproporcional tal objetivo. Ou a obrigação de afastar as normas, hoje aplicáveis, para alterações, reconstruções ou ampliações, desde que tal sirva ao melhoramento de condições de segurança e salubridade[587], assim impondo como normal novas obras e a manutenção e mesmo a conclusão de outras fora de regras do direito material atual. Portanto, situação expressada, por que seria aquela em que, se o que ainda não está concluído deve ser defendido, muito mais o já concluído, sem necessidade de o expressar e a resultar, portanto, da incontornável metodologia científica de interpretação jurídica[588]. Ou prevê que, para regularizar obras ilegais, se dispense atuais normas técnicas, se tal já for impossível ou exigência desrazoável[589].

Hoje, o *macro-princípio do direito urbanístico básico*, mesmo colocando em causa a normação de planeamento geral em vigor, claramente previsto no ordenamento jurídico vigente, é o da *preservação do edificado*, seja legal ou ilegal, mesmo que tenha de haver "dispensa" do cumprimento de "requisitos de

[586] Artigo 88.º do RJUE.
[587] Artigo 60.º do RJUE
[588] Artigo 60.º do RJUE.
[589] Artigo 102.º-A do RJUE.

legalidade relativos à construção, cuja aplicação se tenha tornado impossível ou que não seja razoável exigir"[590]. Desde que se assegure o mínimo, que é o cumprimento dos "requisitos atinentes à saúde pública e à segurança de pessoas e bens"[591].

A demolição é, pois, a última solução a apontar ("ultima solutione"). Algo reservado apenas para os casos em que não exista outra solução material, que possa repor a regularidade com atuações, minimalistas que sejam. Nem por iniciativa do proprietário, nem, na inércia deste, por iniciativa da Câmara Municipal, sendo o caso, e se os proprietários, querendo manter o edificado habitacional, não tiverem querido diligenciar a sua regularização-reconstrução, no todo ou em parte, podendo ou devendo evitar a demolição. Isto, existindo um interesse público, designadamente social; ou seja, por invocado interesse público na sua manutenção e o proprietário não entender assumir a devida regularização. Portanto, se o município não entender haver interesses públicos que permita mesmo impor-lhe a "salvação" do edificado ou do já edificado, designadamente face a razões que justifiquem, não a demolição, mas um procedimento expropriativo para-regularizador[592].

Na linha de preocupações para levar a alterações favoráveis à *melhoria das habitações, qualidade de vida e adequado ambiente urbano,* ínsitas ao direito da reabilitação urbana, o direito urbanístico conta hoje com medidas regularizadoras, que têm vindo a evoluir num sentido positivo, não de regularizações deficientes ou de demolição por princípio de obras ilegais, inacabadas, de título invalidado ou irregulares, mas de *regularização com eventual imposição de alterações necessárias para a defesa do mínimo de condições.*

Estas, embora por vezes assentes em normas demasiado tímidas e, por isso, ainda sem a devida capacidade para resolver os maiores problemas reais que têm perdurado, exigem uma interpretação que tem de ser efetivada de modo *contextualizado,* face à Constituição e atualizado pela e face à jurisprudência. Tendo presente, no primeiro caso, quer o disposto no artigo 65.º da Constituição e as cláusulas do Estado de direito social e seus princípios, designadamente os explicitados pela Tribunal Constitucional, como os já referidos princípios da proporcionalidade, da confiança e respeito pelas expetativas legítimas, quer o princípio da demolição como "ultima solutione", última justificada razão solutiva quanto a vias regularizadoras da habitação. Apenas com o incontornável limite da preservação ou promoção da segurança

[590] Artigo 102.º, n.º 5 do RJUE.

[591] Artigo 59.º, n.º 3, LBPSOTU.

[592] Artigos 34.º e 35.º, LBGPSOTU, etc.

e salubridade mínimas, sem o que a habitabilidade é, em termos de normalidade, de todo impossível de realizar.

No domínio do urbanismo, as normas ainda hoje não sedimentadas, dado o desnorte da "governação" na matéria, foram sendo produzidas ao longo do tempo, regulando cada vez mais, mas umas vezes não regulando antecipadamente ou não prevendo tudo e, outras vezes, copiando sem mais soluções estrangeiras, regulando muito para uma sociedade ideal e mesmo sancionatoriamente para o passado. Sem tomar em conta, por um lado, as *culturas edificatórias instaladas e as dificuldades sociais* para largas franjas da população se dotar, por si mesma, segundo as leis, das habitações nos termos procedimentais, financeiros e materiais dispostos e, por outro, *sem atentar no tempo das coisas feitas e mantidas*, distanciado do tempo de inovações ou para as tentar emendar.

No funco, abstraindo do estado da sociedade real, sua capacidade de assumir ou regular as indesejáveis situações fora do "normal", tentando forçar a razoabilidade e a equidade contra os impulsos sociais.

Isto levou à *flexibilidade praticada pelas autarquias e tribunais e aos prolongados "silêncios" do Estado*, sobre o que fazer e quando não fazer. Ou seja, coexistiu mesmo com a pública falta de fiscalização e posterior inação das autoridades face à impossibilidade local de agir contra o "estado das coisas" e de o regular, face à incapacidade do legislador e da Administração pública, ao longo do tempo, em criar ou aplicar um regime resolutório possível.

Por isso, as ilegalidades continuam por resolver. Nesta matéria, as decisões têm de ser materialmente factíveis. Ou seja, conformes aos diferentes interesses públicos subjacentes, um dos quais é resolver agora o que antes os poderes públicos não conseguiram controlar ou resolver, mas na prática devendo levar a ponderações que impliquem soluções razoáveis.

Os municípios e tribunais produziram no passado decisões que não se contentaram com visões formalistas do direito, próprias da rigidez da ideologia do positivismo jurídico, que o mundo ocidental foi ultrapassando, e levaram a alterações legislativas.

Há muito que o poder legislativo devia ter deixado de ir atrás dos "incumprimentos por impossibilidade prática de aplicar as leis".

Cabe à Administração pública e, em última instância, ao poder jurisdicional, evitar a aplicação de soluções regulamentares "contra legem" e, também, das leis "contra constitucionem", suas regras e seus princípios. Assim, manda a Constituição[593], que obriga os atores administrativos e jurisdicionais a

[593] Artigos 266.º, n.º 2, e 204.º da CRP.

subordinarem-se não só à lei, mas à Constituição e aos princípios gerais de direito.

Os juízes administram a justiça em nome do povo[594]. O que significa que, se a sua legitimidade decisória resulta do povo (e não de rejeitáveis critérios eleitoralo-políticos que, no atual contexto concreto do regimes democráticos, os partidarizariam e acentuariam a sua parcialidade decisória, resultante de velhos contextos de filiações ou atuais lógicas da composição dos órgãos, ditos independentes, da sua direção), então devem, transparentemente, convencer o povo da razoabilidade das suas decisões, que as tornem aceitáveis para e por esse povo que representam e, assim, mereçam a sua adesão.

De onde, se tem de deduzir que a visão constitucionalizadora da Justiça em Estado de democracia de direito implica decisões de Justiça, que (baseando-se na interpretação de regulamentos ou de leis) sejam conformes à Constituição e seus princípios, em leitura necessária para que sejam traduções de valores aceites pela sociedade. O que exige que coincidam ou, pelo menos, não se oponham abertamente a *valores socialmente reconhecidos*, que têm de transparecer mais do que os silogismos mecânicos, de um sempre reforçado *papel da argumentação e da retórica jurisdicionalizada*, escolhendo, entre várias possíveis, a interpretação normativa mais razoável, face aos princípios constitucionais e valores sociais dominantes.

Vejamos, então, as medidas adequadas de tutela da legalidade e de reposição ou regularização urbanística.

Em geral, não cabe neste trabalho desenvolver, nem termas-chaves da politologia e sociologia, nem uma teoria "mater" do direito público não constitucional, que é em geral assente na "ciência do direito administrativo".

Tudo, sem prejuízo de introduzir certas abordagens de "*pensamento jurídico*", em termos de criação e aplicação do direito e da justiça e de referenciação e desenvolvimento de conceitos. Com frequência, conceitos e disciplinas substantivas e procedimentais da teoria geral de direito administrativo, que possam condicionar a compreensão de normas urbanísticas ou ambientais, assim fornecendo conceitos básicos e a razão de ser de certas normas, com *preocupações temeliológicas, nomológicas, catastésicas* (a geneseologia jurídica não se limita às fontes formais), tipologia das normas (com a macro distinção entre normas *diagogéticas e as diquéticas*, diferenciando a natureza do procedimento e do processo) e *normas onomáticas*, assim como o poder relativo das normas jurídicas (*ontologia e ergonologia jurídica; dianemologia jurídica e nomocracia*).

*

[594] Artigo 202.º da CRP

A Constituição Portuguesa visa a realização da "democracia económica, social e cultura"[595], devendo, por isso, o Estado "promover o bem-estar e a *qualidade de vida do povo e a igualdade real entre os portugueses*"[596], sendo consequentemente suas incumbências prioritárias promover "o aumento do bem-estar social e económico das pessoas, em especial das mais desfavorecidas" e promover "a justiça social, assegurar a igualdade de oportunidades e operar as necessárias correções das desigualdades na distribuição da riqueza e do rendimento" e promover "a coesão económica e social" (artigo 81.º).

Nesta linha de orientação, uma teoria territorial do urbanismo tem de ajudar os poderes públicos, a superar a histórica desigualdade social, que, neste âmbito, as meras normas gerais repressivas reforçam, agredindo os ideias da democracia social que a Constituição consagra.

As regras construtivas e planificadoras e a introdução do seu controlo exigiam historicamente um modelo administrativamente controlado de edificação, mas, embora necessário, o país esqueceu-se em parte das *dificuldades das camadas mais débeis da população e que as políticas de coesão social também passam pela justiça social territorial e urbanística*, que não permite, de facto, querer generalizar, antes e aplicar agora ao passado, este inultrapassável evolutivo modelo de regulação pública.

Ao lado do evoluir da correção da qualidade do construído que o planeamento e as regras técnicas e jusmateriais vieram impor e bem, com o RJUE, e já desde o RGEU de 1951, e por vezes até antes, um coonestado *trajeto inaplicativo* dessas normas construtivas de edificação.

As frequentes ilegalidades surgiram sobretudo junto das grandes metrópoles e o direito sancionatório contraordenacional urbanístico vai-se avolumando. Não podemos descansar na condenação de ilegalidades de um passado que se deixou sedimentar, colocando em causa o já construído em situações sociais, económicas e culturais diferentes (desde que não sejam totalmente desaproveitáveis ou que, no caso de habitações, os poderes públicos não facultem meios e apoios para o exercício paulatino de correções e reabilitações para uma habitabilidade mais adequada), em geral em vez de legalizar, urgentemente, esse passado.

Exigem-se *regras flexíveis* perante os factos passados, que não foram totalmente controlados ou que a situação económica do país e do Estado Social de então não conseguiram evitar ou fazer emendar ao longo do tempo e assim permitiram realisticamente manter e que, de qualquer modo, se deparamos

595 Artigo 2.º Constituição sobre a natureza do Estado português.

596 Alínea d) do artigo 9.º da Constituição, sobre tarefas do Estado

com construções que, minimamente são recuperáveis, ao não colocar em causa a segurança pessoal ou, nos casos graves de insegurança da construção para os próprios ou terceiros, ou risco sanitário, devem ser objeto de alterações apoiadas publicamente, e todas legalizadas "ope legis", em vez da atual situação de dependência do voluntarismo, disponibilidade e ativismo municipal (ou, no limite, "interpretação" jurisdicional) e consequente eventual regularização "à la carte", que não garante a igualdade de tratamento a nível nacional, num domínio que mexe com o direito humano à habitação.

Em geral, as normas não podem ser *aplicadas assepticamente*, quando possam estar em causa direitos como o da *habitação e a dignidade da pessoa humana*, que exige (não apenas um salário mínimo e consequente rendimento vivencial para todos numa economia, democracia e sociedade "saudáveis", não à custa da caridade do Estado para com os numa habitação adequada ou, enquanto tal não for possível para todos, pelo menos um teto albergante.

Da história passada, herdamos um urbanismo que não conseguiu sempre defender, já não digo em termos de estética ou arranjos exteriores, mas de condições mínimas de segurança e salubridade, a dignidade e a saúde das pessoas que não detinham, e continuam a não ter, suficientes recursos.

De novo, em ambiente crescentemente ultraliberal, num país de rendimentos exponencialmente desiguais, não ousemos continuar, em Estado e país que não é rico, a exigir um urbanismo revisionista do passado, que continua não consentâneo com a atual realidade humana de todos os concidadãos. De facto, temos cada vez mais com uns, poucos, mais ricos, e uma maioria, antes e agora, mais carenciada.

A política habitacional também tem efeitos redistributivos. O espaço social não consegue viver divorciado do processo social de cada território, com diferença de rendimentos e custos de acessibilidade e de proximidade, diferenças no acesso ao crédito, etc.

O poder público não pode esquecer que a organização espacial, quantas vezes sendo legalmente discricionária, não passa, factualmente, por vezes, de ser muito arbitrária, o que implica complexos processos redistributivos ou equilibradores de rendimentos e não só, também processos políticos, económicos e sociais em geral, que têm falhado. Não é só o dinheiro ou a falta dele que provoca guetos.

As autoridades e normas autocráticas perante as realidades sociais, fluindo tantas vezes de modo quase cego às possibilidades das realidades, interferem fortemente com o mercado territorial e o urbanismo e as normas genericamente produzidas com que o social real não consegue conviver e, para sobreviver, quer desconhecer (como os exemplos materiais da proliferação da ilegalidade urbanística e das AUGI), fruto de necessidades aproveitadas, e não impedidas, por detentores de terrenos que agiram impunemente "contra legem".

Portanto, fruto de *incapacidade dos poderes políticos e administrativos instalados* de criarem outras opções ou pararem tais processos, acelerando opções mais realistas e decididas por lei, para serem igualitárias e não "a la carte".

Os poderes públicos não podem condenar o que propiciarem por ausência de políticas sociais adequadas e depois mantiveram sem solução ao longo dos tempos. Tem de se acabar com dolorosas e crónicas incertezas pela impossibilidade legal de alienações ou de alterações legais do edificado que o melhorem para além das putativas cláusulas gerais que perduram em décadas sem nada resolver, quer nas AUGI, quer em muitas outras áreas do país.

As normas têm de ter sentido para o indivíduo e a vida social a que se destinam em cada momento. E quanto mais distantes da história e do caso ou dos casos de que o legislador parte para a sua generalização e impessoalidade (da sua génese ideocrática e do modo de a conceber, em que a história e o contexto contam), elas vão-se enchendo de conteúdos factuais e ideológicos próprios de uma evolução normativa que exige interpretação aplicativa de cariz atualista e teleológica, ou seja, metahistórica, sob pena de se tornar velha em sociedade nova e ter de ser alterada.

Por isso, a interpretação das regras é sempre criativa e, por vezes, se o legislador adormece e a vida da justiça desperta, será mesmo mutagénica, sempre norma, socializada, em parte lei e em parte metalei, embora válida se sempre sintonizada com o devir exigencial do ambiente social que a necessita, sobretudo se vivificada por quem verdadeiramente aplica e decide direito, que não é o legislador, mas a administração pública e a Jurisdição.

*

Se o direito é algo que tem de se ajustar aos valores morais e culturais em geral para responder aos problemas sociais concretos historicamente situados, ele só pode desenvolver-se segundo raciocínios práticos, numa postura de realismo regulador e decisor radical (que atente na raiz dos problemas), em visão permanentemente sintonizada com o sentir da Comunidade política em que serve de *guia comportamental*.

Por isso, o direito não se pode querer ancorado nem num jusnaturalismo de qualquer índole (embora tenha de ser construído a partir de valores, princípios gerais de direito e conceções sedimentadas de direitos humanos nas suas dimensões fundamentais consagradas na Constituição), nem pode encontrar-se adequadamente em dogmas legalizados.

Partindo embora das leis, encontra-se em justiça a meio caminho entre os formalismos e as prescrições legais estáticas e os necessários *pragmatismos racionais dinâmicos*, em termos evolutivos situados num espaço-tempo não redutível a esses meros formalismos ou a conceções juspositivistas.

Portanto, rejeitando uma *"conceção dada da justiça"*, de *natureza universal e absolutista*, que pudesse ficar esculpida apenas na letra de uma lei, dado que a justiça resulta, em cada caso particular, acima de tudo e sempre de *demonstrações assentes em argumentações situadas*, que impliquem uma "racionalidade aceitável para um resultado razoável", na linha de uma permanente procura de convergência com o *senso comum*, ligado a um *certo consenso social*.

Esta orientação exige a adaptabilidade de cada decisão para "o ser em justiça", sem o que o direito não realiza a sua *função primordial de criador de paz social* pela pacífica resolução dos conflitos que se apresentem.

Se isto é assim para a efetivação da justiça em geral, muito mais claramente transparece em vertas áreas da vida coletiva e individual, como acontece na realização da justiça urbanística de legalizações de operações irregulares.

O "direito significativo" exige, sob pena de acabar por ser apenas um "direito putativo", o afastamento em cada momento de soluções extremas por desrazoáveis e desproporcionadas, convocando não só o legislador, como a Administração e a Jurisdição para uma adaptabilidade do presente às limitações oriundas do passado.

Não se trata aqui de defender um *direito alternativo ou uma nomogénese de juiz face às propostas do legislador* (e renúncia da Administração a ter presente a primazia da Constituição face a normas hierarquicamente dependentes dela), à maneira defendida pelo juiz do Supremo Tribunal dos EUA americano do princípio do século XIX, Holmes.

Trata-se apenas de chamar à atenção para os papéis, cada vez mais simultaneamente *complementares da criação formal e interpretação real do direito*. Ou seja, referir apenas quem é quem, no "dizer" do direito real, "legislador", a Administração Pública e os Tribunais, estes senhores da aplicação (que, normalmente é a ultima palavra, face aos os valores "comerciais" dos custos dos processo em tribunal, para a generalidade da classes médias e mesmo dos mais carenciados, que de facto não propendem a recorrer ao instituto "caritativo" da assistência judiciária, na grande maioria dos casos) e sempre das "últimas palavras" por parte do juiz, uns e outros no decurso-discurso da sua aplicação normal ou contenciosa.

Referido que é o nome de Holmes, deixa-se aqui uma nota sobre o direito dos EUA. Importa dizer que a decisão pela orientação anglosaxónica deriva de meados do seculo XIX, com a derrota do movimento codificador[597], com o sistema federal admitir uma pluralidade de sistemas judicialistas, apurando-se em geral o direito através da análise de processos judiciais concretos, independentemente da tendência legislativa que se revela, por exemplo, na legislação sobre o procedimento administrativo ou da tentativa dogmatizadora, como ocorre em JOHN RAWLS que coloca em causa a conceção do "legal realismo", que prevalece nos antíteses da "Analitycal jurisprudence" de BENTHAM ou AUSTIN, ao ser baseado na abordagem empírica recebida da prática jurisprudencial real dos tribunais (HOLMES[598], ROSCOE POUND[599], BENJAMIM CARDOZO[600], KARL N. LLEVELLYN[601]). A influência do realismo jurídico dos EUA na jurisprudência dos interesses e na corrente do direito livre na Europa nórdica é patente, mas não ocorre na Europa continental, onde predomina o pensamento dogmático-legalista, embora com reações no plano doutrinal, com as teorias hermenêuticas (DWORKIN, BETTI, GADAMER) ou com a teorização da argumentação jurídica (PERELMAN). Na Europa nórdica-escandinava aparece o "realismo jurídico" e o "direito livre" (Escola de Upsala), que tiveram como precursores ALEX HÄGERSTRÖM e WILLELM LINDSTED, o discípulo dinamarquês de KELSEN, ALF ROSS[602] e K. OLIVECRONA[603].

A realidade da permanente fuga à aplicação das estatuições do século XX, demasiado assentes normativamente na solução de demolições do urbano construído ou de imposição de normas supervenientes aos momentos construtivo do legal ou ilegal. Por isso, bloqueadoras na sua realização pelo fenómeno das dificuldades sociais de as executar, já levara há muito a jurisdição administrativa a declarar que a *regularização era a solução normal e a demolição apenas a aplicar se nenhuma outra fosse possível, a "ultima solutio"* (ou melhor, *dissolutio*, para usar expressão de Cícero), porque em geral *"contra ratio"*.

Por isso, face à impotência de a Administração Pública para "legalizar" nos prazos previstos, e não se querendo demolir, logo o legislador foi prorrogando prazos do regime das Áreas Urbanas de Génese Ilegal e avançou

[597] KEMPIN, F. G. – Historical Introduction to Anglo-American Law, 1990.

[598] The Common Law, 1881.

[599] Na Introduction to the philosophie of law, 1921; The spirit of Common law, 1921; The path of law, 1897.

[600] The nature of Judicial process, 1921; The groeth of law, 1924.

[601] Jurisprudence, 1962

[602] Theorie der Rechtsquellen, 1929 (teoria das fontes); Kritik der Sizenananten pratiktischen Erkenntaris (ciência do chamado mconhecimento prático)

[603] Law as a fast, 1939; Towards a realistic jurisprudence 1946; On law and Justice, 1938; Directives and Norms, 1967.

em 2014 com procedimentos derrogatórios de normas materiais para a regularização excecional e temporária face às situações em geral. Embora, mesmo assim, hoje, ambas de novo com improváveis limites estabelecidos. O legislador ainda teme ter de encarar a realidade do país e seus problemas urbanísticos vindos do passado, exigindo medidas que não estão ao dispor de todos, em vez de decidir em geral, de modo igualitário, "ope legis", deixando à Administração apenas o conferimento das coisas pressupostas, sempre que em causa não esteja, ou possa deixar de estar, *a segurança geral e a salubridade dos habitantes*, o que só impedira a "automática" regularização se expressamente comprovado pelas autoridades (e não discricionárias "a la carte"), a efetivar pelos municípios.

4.2. Análise crítica de deficiências incongruências e insuficiências na normação e aplicação do direito urbanístico

4.2.1. Considerações gerais

Há vários temas de especial importância social, e em que a legislação é *deficiente, insuficiente ou incoerente.*

Importa considerar, desde o da incapacidade real de reposição da legalidade das construções habitacionais[604], do ineficaz sancionamento dos irregulares processos urbanísticos, ao das alterações criadoras de ineficácia e mesmo de natureza inconstitucional no domínio do direito fundamental de acesso à informação (nesta área, como no do ambiente, de especial importância social, em termos de controlo público e pela comunicação social de atos imbuídos de ilegalidade e onde larvam culturas de corrupção), tal como ao da *degradação estético-cultural do ambiente urbano* e quotidiano desprezo incompreensível pela *estética urbana* (por demissão dos poderes administrativos envolvidos), que trataremos no capítulo sobre o património cultural, tal como, no âmbito do direito do ambiente, que trataremos no respetivo capítulo, ao tema da melhor defesa do direito humano ao ambiente[605] (hoje, por vezes, "enformado" de lógicas desviantes e, em geral, perpassado de lógicas reguladoras de ineficácia teleológica, como acontece com o concreto enquadramento das sanções financeiras), inadequação de certas previsões criminais em certas matérias fundamentais em que, sobretudo, releva a reposição das coisas no estado original, a incoerência global da disciplina dos instrumentos de administração territorial de aplicação plurisubjetiva, regime jurídico do direito da água e sua

[604] Artigo 65.º (Habitação e urbanismo): "1. Todos têm direito (...) a uma habitação de *dimensão adequada, em condições de higiene e conforto* e que preserve a intimidade pessoal e a privacidade familiar".

[605] Artigo 66.º, n.º 1: "Todos têm direito a um ambiente de vida humano, sadio e ecologicamente equilibrado (...)".

problemática como direito humano, impotências quanto à resolução tempestiva dos conflitos no poder jurisdicional, ou, ainda, entre muitos outros[606], o da ineficácia aplicativa do controlo integrado da poluição na indústria.

*

[606] Importa, aliás, lembrar, face à consagração pela ONU de vários direitos humanos e, mesmo alguns como direitos fundamentais na nossa Constituição, no domínio dos direito económicos, sociais e culturais, tais como os textos nacionais sobre direitos fundamentais à habitação (artigo 65.º da CRP), o direito humano à agua, à energia, ao saneamento e à alimentação (ONU e 67.º; 81.º da CRP), o direito à promoção da igualdade social (al. a), b), d) e e) do art. 81.º; al. b) e c) do 93.º e n.º 1 do art. 104.º CRP;), ou os factos da redução, em termos de direitos universais, no que concerne ao direitos à saúde (64.º) e à educação (73.º a 77.: Art. 81.º (Incumbências prioritárias do Estado): "Incumbe prioritariamente ao Estado no âmbito económico e social: a) Promover o aumento do bem-estar social e económico e da qualidade de vida das pessoas, em especial das mais desfavorecidas (...); b) Promover a justiça social, assegurar a igualdade de oportunidades e operar as necessárias correções das desigualdades na distribuição da riqueza e do rendimento, nomeadamente através da política fiscal". Todos têm direito à educação e à cultura"; "Direito ao ensino) ou a inexistência de um verdadeiro "direito fundamental à justiça" [art. 20.º:" (sobre o direito de acesso ao direito e à tutela jurisdicional efetiva:" (...)" e, aliás, da ordem das funções soberanas, exercidas em nome de todo o povo), que é um serviço público do Estado não acessível à mioria dos cidadãos; dado que, face aos códigos de custas judiciais, apenas a têm ou os muito pobres (que tenham coragem e consigam assistência judiciária competente, e não a atribuição a profissionais inexperientes ou inqualificados), ou os muitos ricos e o mundo empresarial, com a maioria, nas classes médias, impedida, quer da vindicta privada (que é crime, mas vai avançando), quer da justiça pública, com suas brutais opções de gastos, face às economias das famílias; o que cria fortes disrupções contra o disposto no n.º 1 do art. 13.º (Princípio da igualdade), que dispõe que "Todos os cidadãos têm a mesma dignidade social (...), o que tal tipo de Justiça, cara e atrasada, põe em causa, sendo certo que não é, por muito ajuda que possa dar, o Provedor de Justiça, que, embora gratuitamente, mas sem naturais poderes impositivos, que pode colmatar todas estas deficiências (art. 23.º, n.º 1: "Os cidadãos podem apresentar queixas (a título gratuito) por ações ou omissões dos poderes públicos ao Provedor de Justiça, que as apreciará sem poder decisório, dirigindo aos órgãos competentes as recomendações necessárias para prevenir e reparar injustiças". Impondo-se, pois (não só, nos termos do art. 64.º, n.º 1 ("Todos têm direito à proteção da saúde...) um "serviço nacional de saúde" "universal", enquanto direito ligado à defesa da vida, em que pode entrar parte da medicina estomatológica-dentária mas, portanto, deixando para a medicina privada ou para serviço público igualmente pago, tudo o que não tem que ver com a razões de salvação da vida, a cura de doenças, tais como tratamentos meramente estéticos, abortos não problemáticos, tratamentos capilares e outros), também um "serviço nacional de justiça, restrito aos cidadãos a título individual", enquanto cidadãos e sobretudo nos contenciosos com entidades públicas (em que, em vez do Estado, que estava isento, começar a pagar, a ele mesmo, o que devia ter acontecido era os cidadãos enquanto tais deixarem de lhe pagar), que garanta gratuitamente julgadores e advogados, a pagar normalmente pelo Estado (como os médicos e enfermeiros no SNS), sem prejuízo de (como também ocorre na saúde), as pessoas que queiram (e, sempre, naturalmente, o mundo do direito privado empresarial), poderem optar pela advocacia privada ou por acordos assentes soluções orgânicas privadas, arbitrais e outras que tragam a paz social).

4.2.2. Incapacidade Resolutória das Irregularidades Urbanísticas Face à Rigidez do Conceito de "Reposição" da Legalidade

A realidade da permanente fuga à aplicação das estatuições do século XX, demasiado assentes na solução de demolições ou de imposição de normas supervenientes aos momentos construtivo, legal ou ilegal, e, por isso, bloqueadoras na sua realização pelo fenómeno das dificuldades sociais de as executar, já levara há muito a jurisdição administrativa a declarar que a regularização era a solução normal e a demolição apenas a aplicar se nenhuma outra fosse possível.

O legislador ou pretende realmente perpetuar o problema da ilegalidade edificatória historicamente criada ou ela é um instrumento nas mãos de interesses elitistas de irracionalidade política, que não tem qualquer sentido. E sabemos não ocorrer ciclicamente só nas políticas económicas e fiscais, com a natural corrosão dos regimes políticos, face a adesões ao ultraliberalismo e sua exponencial diferenciação de rendimentos e posições contra o Estado social, cuja incorreção deu origem a ideologias revolucionárias e a experiências extremas de coletivismo antidemocrático.

*

Vejamos.

Durante muito tempo vingou uma normação principiológica sem assento escrito, depois passada a lei, segundo a qual o legislador consagrou expressamente que, decorrido um certo tempo em que uma decisão administrativa ferida de invalidade grave já não poderia ser considerada nula e atacada administrativa ou jurisdicionalmente, por consequente atribuição de efeitos putativos, que obrigava a tratar o caso como se tivesse tido origem legal.

Em causa, estão muitas vezes nulidades não meramente formais, mas por incumprimento de normas materiais, designadamente normas substantivas de direito urbanístico, quer derivadas diretamente da lei, quer de regulamentos de planificação territorial, ou seja, de gravidade real, em termos de ordenamento do território ou de deficiências construtivas.

Esse mesmo legislador confunde no mesmo regime de afirmação de ilegalidade atacável pelas autoridades impondo exigências do direito material atual a diligências procedimentais de reposição da legalidade urbanística?

De acordo com as normas vigentes no momento da regularização, tratando-se não só de situações em que no momento da construção não se cumpriram as normas substantivas exigidas na altura, como se elas foram cumpridas e apenas faltou requerer e obter um garantido deferimento expresso?

Não se olvide que, nessas décadas anteriores, muitas ilegalidades feridas de nulidade ficaram sistematicamente cobertas por deferimentos tácitos legalmente aceites pelo anterior Código do Procedimento Administrativo de 1991 e mesmo pelo direito do urbanismo até 1999. Se não da totalidade da construção, pelo menos de aspetos parciais dela, que eram precisamente os que seriam legalmente de rejeitar face às leis em vigor por implicarem a nulidade.

Isto significa que não são razões de interesse público que fazem o Estado calar-se face a irregularidades construtivas. Cala-se mesmo que as construções em causa ofendam gravemente as regras em vigor na altura da construção. E é, genericamente, autocrático na imposição de demolições ou correções segundo as novas regras do momento futuro, mesmo que passadas décadas, para a efetivação da regularização pretendida (regras atualmente vigentes do RGEU, PMOT, RJRU, etc., e por isso, os cidadãos evitam regularizar! Mesmo que apenas tenha faltado o procedimento, mas se comprove cumpridas as normas materiais e de planeamento físico geral e mesmo ambiental?

Uma coisa é "punir" a falta de procedimento com sanções, outra é dar tratamento diferente ao putativamente atribuído a construções antigas mantidas por não intervenção contra nulidade de título expresso ou por deferimentos tácitos.

Isto mostra-nos um *Estado irracional, autocrático, aferidor do correto* pelas lógicas dos interesses urbanísticos e vivenciais das elites mais abastadas.

Há muito deveria ter considerado "ope legis" legalizadas todas as ilegalidades construtivas mantidas há décadas, acabando com a atual "vida suspensa", designadamente impossibilitando o "comércio jurídico" normal de milhares de cidadãos. E mesmo impor a não ocorrência futura de tais situações, obrigando os municípios a ter de tomar posições corretivas face a construções ilegais num prazo razoável de 2 ou 3 anos. Prazo que é mais do que suficiente para as tarefas de fiscalização normais. Findo o qual, só pode haver, genericamente, a produção de efeitos de natureza putativa, obrigando a um relatório de arrolamento anual das situações anormais fiscalizadas e medidas corretivas tomadas, a enviar à Assembleia Municipal e ao Governo.

Tudo sem prejuízo da responsabilização dos autarcas, se se provarem inércias coniventes com a ilegalidade.

Face à impotência contínua da Administração Pública para "legalizar" nos prazos previstos, e não se querendo demolir como resulta da prática autárquica e orientação jurisdicional, logo tem vindo o legislador a prorrogar prazos, designadamente, do regime das áreas urbanas "clandestina", ou melhor permanente "de génese ilegal", e avançou mesmo em 2014 com procedimentos derrogatórios de normas para uma regularização excecional e temporária face às situações em geral.

Embora este, atualmente, tenha sido alterado em confissão de impotência resolutória no tempo previsto, retirando-se qualquer limite temporal, mas, mesmo assim, não deixam de ser ambas as normações, de novo algo que deixa o problema sem fim à vista.

Tudo, porque o legislador ainda teme ter de encarar a realidade do país e seus problemas urbanísticos vindos do passado, que exigem medidas "ope legis" e não "a la carte" municipal, sempre que em causa não esteja, ou possa deixar de estar, a segurança e salubridade habitacional, o que só impedira a regularização se expressamente comprovado pelas autoridades, e não discricionárias, por vezes medidas por interesses eleitorais dos dirigentes das AUGI e eleitorais dos autarcas.

4.3. Proteção das edificações "existentes". Regime especial de obras inacabadas e de execução de operações urbanísticas privadas pela câmara municipal ou por terceiro. Alterações durante a execução da obra. Interdição de deterioração e obrigação de conservação do edificado

As edificações construídas ao abrigo de normas de direito urbanístico anteriormente existente e suas utilizações não são afetadas por normas legais e regulamentares supervenientes[607].

As licenças para obras de *reconstrução ou de alteração das edificações* nestas condições não podem ser recusadas com fundamento nas normas legais ou regulamentares supervenientes a essa construção originária, a menos que tais obras originem ou venham agravar a desconformidade com as normas em vigor nesse momento. E, mesmo assim, tal exceção só se impõe se as obras novas não vierem *melhorar as condições de segurança e de salubridade da edificação*.

Neste caso e, pelo menos, na estrita medida em que tal ocorra e seja necessário, são sempre legítimas.

Esta disciplina deve também ser respeitada em sede de fiscalização sucessiva de obras sujeitas a comunicação prévia.

Sem prejuízo de tudo isto, a lei para o exercício de certas atividades em edificações já construídas que se pretendam para fins diferentes e mesmo já afetas a tais atividades ao abrigo do direito anterior há leis que impõem legitimamente condições específicas para tais obras ou utilizações.

607 Art. 60.º do Regime jurídico da urbanização e edificação, segundo o DL n.º 136/2014.

A lei também pode condicionar a execução destas obras à realização dos *trabalhos acessórios* que sejam necessários para a melhoria das condições de segurança e salubridade da edificação.

Quando as *obras iniciadas* normalmente ao abrigo de lei em vigor, já tenham atingido um *estado avançado de execução*, mas a licença ou comunicação prévia tenha caducado, pode ser requerida a concessão de uma licença especial para a sua conclusão, desde que não haja razões ambientais, urbanísticas, técnicas ou económicas que "impeçam" a sua demolição.

Em obra já em execução podem ser realizadas alterações ao projeto, mediante comunicação prévia efetuada com a antecedência necessária para que as obras estejam concluídas antes da apresentação do requerimento de autorização de utilização da obra.

Essas alterações podem ser efetuadas sem dependência de comunicação prévia à câmara municipal, se a obra não estivesse sujeita a controlo prévio.

As alterações em obra ao projeto inicialmente aprovado ou apresentado que envolvam a realização de *obras de ampliação ou de alterações* à implantação das edificações estão sujeitas aos procedimentos de licença ou comunicação prévia, conforme o que couber. Nestas situações, apenas são apresentados os elementos instrutórios que sofreram alterações.

Em ordem a salvaguardar o património cultural, qualidade do meio urbano e o meio ambiente, a segurança das edificações e do público em geral ou, no caso de obras de urbanização, também para proteção de interesses de terceiros adquirentes de lotes, a câmara municipal pode promover a realização das obras por conta do titular do alvará ou do apresentante da comunicação prévia quando, por causa que seja imputável a este último, não se tiverem iniciadas no prazo de um ano a contar da data da emissão do alvará ou do título da comunicação prévia.

A câmara municipal declara a caducidade das obras que tenham estado interrompidas por mais de um ano ou não tiverem sido concluídas no prazo fixado ou das suas prorrogações ou, ainda, não tenham sido efetivadas as correções ou alterações que hajam sido objeto de intimação municipal para o efeito[608].

A execução destas obras e o pagamento das despesas suportadas pela Câmara municipal obedecem às mesmas regras gerais da posse administrativa e execução coerciva e das despesas realizadas com a execução coerciva[609], podendo ainda a câmara municipal acionar as respetivas cauções.

[608] RJUE, art. 105.º.

[609] Id., arts. 107.º, 108.º, 25.º e 54.º.

Logo que se mostre reembolsada das despesas efetuadas, a câmara municipal procede ao levantamento do embargo que possa ter sido decretado ou, quando se trate de obras de urbanização, emite oficiosamente alvará[610].

*

Qualquer adquirente dos lotes, de edifícios construídos nos lotes ou de suas frações autónomas tem também legitimidade para requerer a autorização judicial para promover diretamente a execução das obras de urbanização[611] quando, verificando-se as situações anteriormente enunciadas, a câmara municipal não promova a sua execução[612].

Se deferir o pedido, o tribunal fixa especificadamente as obras a realizar e o respetivo orçamento e determina que a caução (a que se refere o art. 54.º) fique à sua ordem, a fim de responder pelas despesas com as obras até ao limite do orçamento[613].

Da sentença cabe recurso nos termos gerais. Compete aos tribunais administrativos de círculo onde se localiza o prédio no qual se devam realizar as obras de urbanização conhecer estes pedidos.

A câmara municipal deve emitir oficiosamente alvará para execução de obras por terceiro, competindo ao seu presidente dar conhecimento das respetivas deliberações à Direção-Geral do Território, para efeitos cadastrais, e à conservatória do registo predial, quando tenha havido receção provisória das obras. Ou seja, logo que integralmente reembolsada das despesas efetuadas.

*

[610] Competindo ao presidente da câmara dar conhecimento das respetivas deliberações, quando seja caso disso, à Direção-Geral do Território, para efeitos cadastrais, e à conservatória do registo predial.

[611] Este processo, pesem embora alterações da lei de custas anteriores à última revisão deste RJUE, é urgente e deve continuar a considerar-se isento de custas, dados os próprios interesses públicos envolvidos.

[612] O requerimento é instruído com cópia do alvará ou do título da comunicação prévia, orçamento a preços correntes do mercado relativo à execução das obras de urbanização em conformidade com os projetos aprovados e condições fixadas no licenciamento e quaisquer outros elementos que o requerente entenda necessários para o conhecimento do pedido. Antes de decidir, o tribunal notifica a câmara municipal, o titular do alvará ou o apresentante da comunicação prévia para responderem no prazo de 30 dias e ordena a realização das diligências que entenda úteis para o conhecimento do pedido, nomeadamente a inspeção judicial do local.

[613] Na falta ou insuficiência da caução, o tribunal determina que os custos sejam suportados pelo município, sem prejuízo do direito de regresso deste sobre o titular do alvará ou o apresentante da comunicação prévia.

As *edificações existentes*, qualquer que tenha sido o regime jurídico que as amparou, têm de ser objeto de *conservação* pelo menos de oito em oito anos, devendo o proprietário, independentemente desse prazo, realizar todas as obras necessárias à manutenção da sua segurança, salubridade e arranjo estético.

A câmara municipal pode ainda, a todo o tempo, oficiosamente ou a requerimento de qualquer interessado, obrigar a obras de conservação que sejam necessárias para a correção de más condições de segurança ou de salubridade ou à melhoria do arranjo estético. Tal como pode, oficiosamente ou a requerimento de qualquer interessado, ordenar a demolição total ou parcial das construções que ameacem ruína ou ofereçam perigo para a saúde pública e para a segurança das pessoas.

O proprietário ou qualquer pessoa singular ou coletiva não pode, dolosamente, provocar ou agravar uma situação de falta de segurança ou de salubridade, provocar a deterioração do edifício ou prejudicar o seu arranjo estético.

Não havendo prova em contrário, presume-se existir violação desta obrigação por parte do proprietário se o edifício, encontrando-se total ou parcialmente devoluto, tiver apenas os vãos do piso superior ou dos pisos superiores desguarnecidos ou estiverem em falta elementos decorativos (v.g., cantarias ou revestimento azulejar relevante), em áreas da edificação que não sejam acessíveis pelos transeuntes, sendo patente que tal falta resulta de atuação humana.

As deliberações referentes a imposição camarária de obras de conservação ou demolição devem ser precedidas de vistoria, o que implica procedimentos e várias formalidades que só podem ser preteridas quando exista *risco iminente de desmoronamento ou grave perigo para a saúde pública*, nos termos previstos na lei para o estado de necessidade.

Uma vistoria prévia, a realizar por três técnicos a nomear pela câmara municipal, dois dos quais com habilitação legal para ser autor de projeto, correspondentes à obra objeto de vistoria, segundo o regime da qualificação profissional dos técnicos responsáveis pela elaboração e subscrição de projetos.

Do ato que determinar a realização da vistoria e respetivos fundamentos é notificado o proprietário do imóvel, mediante carta registada expedida com, pelo menos, sete dias de antecedência. Até à véspera da vistoria, o proprietário pode indicar um perito para intervir na realização da vistoria e formular quesitos, a que deverão responder os técnicos nomeados.

Da vistoria é imediatamente lavrado auto, do qual constam obrigatoriamente a identificação do imóvel, a descrição do estado do mesmo e as obras preconizadas e, bem assim, as respostas aos quesitos que sejam formuladas pelo proprietário.

A descrição do estado do imóvel inclui a identificação do seu estado de conservação, apurado através da determinação do nível de conservação do imóvel[614], e na respetiva regulamentação.

O auto é assinado por todos os técnicos e pelo perito que hajam participado na vistoria e, se algum deles não quiser ou não puder assiná-lo, faz-se menção desse facto.

Quando o proprietário não indique perito até à data devida, a vistoria é realizada sem a presença deste. Sem prejuízo de, em eventual impugnação administrativa ou contenciosa da deliberação em causa, o proprietário poder alegar factos não constantes do auto de vistoria, quando prove que não foi regularmente notificado.

Quando o proprietário não iniciar as obras de conservação ou não as concluir dentro dos prazos fixados, a câmara municipal pode tomar posse administrativa do imóvel para lhes dar execução imediata.

A esta execução coerciva aplicam-se regras gerais da posse administrativa e execução coerciva e da cobrança de despesas realizadas com essa execução[615].

A câmara municipal pode também ordenar o *despejo sumário* dos prédios ou parte de prédios, onde importa realizar as obras de conservação, se tal for necessário para a sua execução. Ele pode ser determinado oficiosamente ou, quando o proprietário pretenda proceder às mesmas, a requerimento deste.

Se não houver risco iminente de desmoronamento ou grave perigo para a saúde pública, em que o despejo poderá executar-se imediatamente, ele deve executar-se no prazo de 45 dias a contar da sua notificação aos ocupantes.

A deliberação que ordene o despejo é eficaz a partir da sua notificação aos ocupantes[616].

4.4. Procedimento de regularização de operações ilegais. Regularização oficiosa

Quando se verifique a realização de *operações urbanísticas ilegais*, se for possível assegurar a sua conformidade com as disposições legais e regulamentares em vigor, a câmara municipal deve notificar os interessados para a legalização dessas operações urbanísticas, fixando um prazo para o efeito.

[614] Art. 5.º, Decreto-Lei n.º 266-B/2012, 31.12.

[615] RJUE, arts. 107.º e 108.º.

[616] Ao despejo de ocupante titular de contrato de arrendamento aplica-se o disposto no Decreto-Lei n.º 157/2006, de 8.8, cuja última alteração é de 2019 (DL n.º 66/2019, de 21.5), sobre o regime jurídico de obras em prédios arrendados.

O procedimento de legalização deve ser instruído com os elementos exigíveis em função da pretensão concreta do requerente, mas com algumas especificidades.

A câmara municipal pode solicitar a entrega dos documentos e elementos, nomeadamente os projetos das especialidade e respetivos termos de responsabilidade ou os certificados de aprovação emitidos pelas entidades certificadoras competentes, que se afigurem necessários, designadamente, para garantir a segurança e saúde públicas.

Para estes efeitos[617], pode ser *dispensado o cumprimento de normas técnicas* relativas à construção, se o seu cumprimento torna impossível ou que não for razoável exigi-las, caso tenham sido cumpridas as condições técnicas vigentes à data da realização da operação urbanística, mas cabe ao requerente fazer a prova dessa data, designadamente por meio do Serviço de finanças.

O interessado na regularização, em termos legais da operação urbanística, pode solicitar à câmara municipal informação sobre os termos em que esta se deve processar. Ela deve fornecer essa informação no prazo máximo de 15 dias.

Os municípios aprovam os regulamentos necessários para concretizar e executar estas orientações, devendo, designadamente, concretizar os *procedimentos em função das operações urbanísticas e pormenorizar, sempre que possível, os aspetos que envolvam a formulação de valorações próprias do exercício da função administrativa, em especial os morfológicos e estéticos.*

Nos casos em que os interessados não promovam as *diligências necessárias à legalização voluntária das operações urbanísticas,* a *câmara municipal deve proceder oficiosamente à legalização.* Neste caso, também tem direito a exigir o pagamento das taxas fixadas em regulamento municipal[618].

A legalização oficiosa tem por único efeito o reconhecimento de que as obras promovidas cumprem os parâmetros urbanísticos previstos nos IGT aplicáveis, sendo efetuada sob reserva de direitos de terceiros. No entanto a lei impede esta regularização pelo poder local caso estejam em causa obras que impliquem a realização de cálculos de estabilidade.

617 Além de diversa documentação, nos casos em que não haja obras de ampliação ou de alteração a realizar: apresentação da calendarização da execução da obra, estimativa do custo total da obra, documento comprovativo da prestação de caução, apólice de seguro de construção, apólice de seguro que cubra a responsabilidade pela reparação dos danos emergentes de acidentes de trabalho, títulos habilitantes para o exercício da atividade de construção válidos à data da construção da obra, livro de obra, plano de segurança e saúde.

618 Caso o requerente, tendo sido notificado para o pagamento das taxas devidas, não o faça, abre-se um processo de execução fiscal.

4.5. Tipologia dos procedimentos e títulos comprovativos do controlo prévio

Os proprietários não são obrigados ao procedimento de licenciamento de atos de reparcelamento de propriedade se as parcelas daí resultantes não forem destinadas de imediato a urbanização ou a edificação.

A concessão de licenças, tal como a aprovação da informação prévia urbanística, é da competência da câmara municipal[619].

A comunicação prévia[620] consiste numa declaração que, desde que corretamente instruída, permite ao interessado proceder imediatamente à realização de operações urbanísticas após o pagamento das taxas devidas, por autoliquidação, dispensando a prática de quaisquer atos permissivos.

Reporta-se a um conjunto alargado de outras operações urbanísticas, não só operações urbanísticas precedidas de informação prévia favorável[621] e edificação de piscinas associadas a edificação principal, como mesmo a obras de reconstrução desde que dela não resulte um aumento da altura da fachada ou do número de pisos, obras de urbanização e trabalhos de remodelação de terrenos em área abrangida por operação de loteamento, obras de construção, de alteração ou de ampliação em área abrangida por operação de loteamento ou plano de pormenor, obras de construção, de alteração ou de ampliação em *zona urbana consolidada*[622], que respeitem os planos municipais ou intermunicipais e das quais não resulte edificação com cércea superior à altura mais frequente das fachadas da frente edificada do lado do arruamento onde se integra a nova edificação, no troço de rua compreendido entre as duas transversais mais próximas, para um e para outro lado.

A *figura da autorização* é exigida para a utilização dos edifícios ou suas frações e alterações da utilização dos mesmos, ligada ou à verificação do respeito pela lei e disciplina imposta através de atos administrativos por parte de uma operação acabada de efetivar, ou a certas situações de construções já existentes quando se pretenda dar-lhe uma vocação de uso, mesmo que

[619] Passível de delegação no presidente e de subdelegação deste nos vereadores.

[620] Nas situações em que é permitida, tal é meramente opcional ao regime de licenciamento, pois o interessado pode sempre preferir o mais exigente procedimento licenciador e que consiste numa declaração que, desde que corretamente instruída, permite ao interessado proceder imediatamente à realização de operações urbanísticas após o pagamento das taxas devidas, por autoliquidação, dispensando a prática de quaisquer atos permissivos.

[621] N.ºs 2 e 3, art. 14.º.

[622] Uma zona consolidada é uma zona caracterizada por uma densidade de ocupação, que permite identificar uma malha ou estrutura urbana já definida, onde existem as infraestruturas essenciais e onde se encontram definidos os alinhamentos dos planos municipais.

originariamente a mesma construção tenha sido erigida face a regime que não implicou nenhum controlo administrativo, mas que exige na altura do uso um controlo da sua aptidão ou podendo levar à exigência de adaptação para o efeito[623].

4.6. Papel regulamentar dos municípios. Obrigação de discussão pública

Para dar plena execução ao RJUE, impõe-se a formulação quer de portarias governamentais de natureza procedimental e aplicação nacional quer de regulamentos municipais, que por sua vez estão dependentes, diretamente, de normas legais e regulamentares do planeamento territorial e, indiretamente, da programação ordenamental, disciplinada no RJIGT.

Quanto ao papel regulamentar dos municípios, no exercício de poderes próprios ou remetidos pela lei material, cabe-lhes aprovar regulamentos municipais quer de urbanização e edificação quer relativos ao lançamento e liquidação das taxas e prestação de caução legalmente devidas.

Estes *regulamentos* devem ter como objetivo a concretização e execução do RJUE, designadamente:

a) a concretização das *obras de escassa relevância urbanística* para efeitos de delimitação completa das situações isentas de controlo prévio;
b) a pormenorização possível dos aspetos que envolvam a formulação de valorações próprias do exercício da função administrativa, em especial os *aspetos morfológicos e estéticos,* a que devem obedecer os projetos de urbanização e edificação e as condições exigíveis para avaliar da idoneidade da utilização dos edifícios e suas frações;
c) a disciplina dos aspetos relativos ao projeto, execução, receção e conservação das obras e serviços de urbanização, podendo, em particular, estabelecer normas para o controlo da qualidade da execução e fixar critérios morfológicos e estéticos a que os projetos devam conformar-se;
d) a regulação dos aspetos relativos à segurança, funcionalidade, economia, harmonia e equilíbrio sócio-ambiental, estética, qualidade, conservação e utilização dos edifícios, suas frações e demais construções e instalações;

[623] A comunicação prévia é dirigida ao presidente da câmara municipal, efetuada através da plataforma eletrónica. A concessão da autorização é da competência do presidente da câmara, podendo ser delegada nos vereadores, com faculdade de subdelegação, ou nos dirigentes dos serviços municipais.

e) a fixação dos critérios e trâmites do reconhecimento de que as edificações construídas se conformam com as regras em vigor à data da sua construção;
f) o licenciamento ou apreciação da comunicação prévia de obras de reconstrução ou de alteração das edificações para efeitos da aplicação do regime da garantia das edificações existentes;
g) a estipulação dos montantes das taxas a cobrar;
h) a indicação da instituição e o número da conta bancária do município onde é possível efetuar o depósito dos montantes das taxas devidas, identificando o órgão à ordem do qual é efetuado o pagamento;
i) a informação sobre as condições a observar na execução de operações urbanísticas objeto de comunicação prévia;
j) a determinação dos atos e operações que devem estar submetidos a discussão pública, designadamente, para a concretização das operações de loteamento com significativa relevância urbanística e a definição dos termos do procedimento da sua discussão e a disciplina de outros aspetos relativos à urbanização e edificação, cuja regulação não esteja efetivada ou reservada por lei e IGT.

Têm de ser submetidos à discussão pública[624] antes da sua aprovação pelos órgãos municipais, todos os projetos dos regulamentos municipais[625] de urbanização, edificação e os relativos ao lançamento e liquidação das taxas e prestação de cauções devidas pela realização de operações urbanísticas.

Os projetos de regulamento municipal da taxa pela realização, manutenção e reforço de infraestruturas urbanísticas devem ser acompanhados da fundamentação do cálculo das taxas previstas.

Para o efeito, a assembleia municipal tem de ponderar, entre outros elementos pertinentes, o programa plurianual de investimentos municipais na execução, manutenção e reforço das infraestruturas gerais (que pode ser definido por áreas geográficas diferenciadas), os usos e as tipologias das edificações e, eventualmente, a localização e correspondentes infraestruturas locais.

Para a resolução de conflitos na aplicação dos regulamentos municipais, podem os interessados requerer a intervenção de uma *comissão arbitral*, cuja constituição e funcionamento obedece à lei sobre a arbitragem voluntária.

[624] Por um prazo não inferior a 30 dias.

[625] Uma vez aprovados, os regulamentos são publicados na 2.ª série do Diário da República, independentemente da efetivação de outras formas legais de publicidade.

As associações públicas de natureza profissional e as associações empresariais do setor da construção civil podem promover a criação de centros de arbitragem institucionalizada para a realização de arbitragens neste âmbito.

Fora destes centros, a comissão arbitral é constituída por um representante da câmara municipal, um representante do interessado e um técnico designado por cooptação que seja especialista na matéria sobre que incide o litígio, que preside, mas, na falta de acordo, este técnico é nomeado pelo presidente do tribunal administrativo de círculo competente.

4.7. Isenção de controlo prévio. Obras de escassa relevância urbanística. Destaque. Obras de entidades "públicas"

Estão isentas de expresso prévio controlo (sem prejuízo da sujeição a comunicação prévia):

a) as obras de construção, de alteração ou de ampliação em zona urbana consolidada que respeitem os planos municipais ou intermunicipais, se edificação não aumentar a cércea face à altura mais frequente das fachadas da frente edificada do lado do arruamento onde se integra a nova edificação, no troço de rua compreendido entre as duas transversais mais próximas, para um e para outro lado[626];
b) as obras de conservação, de alteração no interior de edifícios ou suas frações se não implicarem modificações na estrutura de estabilidade, das cérceas, da forma das fachadas e da forma dos telhados ou das coberturas;
c) as obras de escassa relevância urbanística[627]; e
d) os destaques de parcelas de terreno quer esteja dentro do perímetro urbano quer fora do dele[628].

Este regime não isenta a realização das operações urbanísticas nele previstas da observância das normas legais e regulamentares aplicáveis, designadamente as constantes de planos municipais, intermunicipais ou especiais de ordenamento do território, de servidões ou restrições de utilidade pública, as normas técnicas de construção, as de proteção do património cultural

[626] RJUE, alínea d), n.º 2, art. 4.º.

[627] Consideram-se como tal quaisquer obras de edificação ou de demolição que, pela sua natureza, dimensão ou localização, tenham "escasso impacte" urbanístico.

[628] Parecer n.º 115/2005, 25.10.2005, CCDR Alentejo.

imóvel, e a obrigação de comunicação prévia[629] estabelecida no regime jurídico da Reserva Agrícola Nacional[630].

No caso de destaque, estão isentos de licença os atos que tenham por efeito a separação de uma única parcela de prédio com descrição predial, que se situe dentro de perímetro urbano, desde que as duas parcelas resultantes do destaque confrontem com arruamentos públicos, quer esses atos de divisão ocorram em áreas situadas fora dos perímetros urbanos. No entanto, neste caso, apenas se, cumulativamente, se mostrarem cumpridas certas condições: na parcela destacada só pode ser construído um edifício que se destine exclusivamente a fins habitacionais e que não tenha mais de dois fogos, e na parcela restante se respeite a área mínima fixada no projeto de intervenção em espaço rural em vigor ou, quando aquele não exista, a área de unidade de cultura fixada nos termos da lei geral para a região respetiva. Se a parcela a destacar se situar simultaneamente em perímetro urbano e fora deste, o regime a aplicar é o respeitante à localização da área maior.

Em nenhum caso é permitido, durante um prazo de 10 anos, contados a partir da data da separação-destaque anterior, efetuar na área correspondente ao prédio originário um novo destaque sem que se siga para todo o prédio originário, tomando em consideração a parte destacada, o devido procedimento de controlo administrativo.

*

O conceito, legalmente expresso, de obras de escassa relevância urbanística[631] conta com especificações concretizadoras, embora aberto a maiores exigências limitadoras de origem municipal, englobando obras de ereção ou demolição referentes:

a) as pequenas obras de arranjo e melhoramento da área envolvente das edificações que não afetem áreas do domínio público;
b) a substituição dos materiais de revestimento exterior ou de cobertura ou telhado por outros que, conferindo acabamento exterior idêntico ao original, promovam a eficiência energética e outras obras, como tal qualificadas em regulamento municipal.

[629] Nos termos do art. 24.º do Decreto-Lei 73/2009, de 31 de março.

[630] O registo predial da parcela destacada efetiva-se face a certidão emitida pela câmara municipal comprovativa da verificação dos requisitos do destaque.

[631] Qualquer descrição predial pode ser atualizada mediante declaração de realização de obras de escassa relevância urbanística, nos termos da normação urbanística.

c) as edificações contíguas ou não ao edifício principal com altura não superior a 2,2 m ou, em alternativa, à cércea do rés-do-chão do edifício principal com área igual ou inferior a 10 m2 e que não confinem com a via pública;
d) a construção de muros de vedação até 1,8 m de altura, que não confinem com a via pública e de muros de suporte de terras até uma altura de 2m ou que não alterem, "significativamente", a topografia dos terrenos existentes;
e) a edificação de estufas de jardim com altura inferior a 3 m e área igual ou inferior a 20 m2;
f) a edificação de equipamento lúdico ou de lazer, associado a edificação principal com área inferior a ela;
g) a instalação de painéis solares fotovoltaicos[632] ou geradores eólicos[633], associada à edificação principal, para produção de energias renováveis, incluindo de microprodução, tal como a colocação de coletores solares térmicos para aquecimento de águas sanitárias[634].

Excetuam-se quaisquer obras e instalações em imóveis classificados ou em vias de classificação, de interesse nacional ou de interesse público, em imóveis situados em zonas de proteção de imóveis classificados ou em vias de classificação e imóveis integrados em conjuntos ou sítios classificados ou em vias de classificação.

Além disso, o regulamento municipal pode estabelecer-lhes limites além dos previstos na lei.

No entanto, há, ainda, outras situações isentas de controlo prévio com base na qualidade das instituições operadoras, sejam públicas ou promovidas por entidades privadas na realização de poderes e serviços públicos.

Não só as operações urbanísticas promovidas pelas *autarquias locais e suas associações na sua área municipal* (cujos projetos são, naturalmente, aprovados pela própria autarquia municipal), como ainda existem outras situações que escapam à procedimentalização normal do direito urbanístico, embora estejam sujeitas a *parecer municipal não vinculativos*

Em geral, as operações urbanísticas promovidas pela *Administração Pública estadual e por entidades concessionárias de tarefas administrativas*, isto é, as operações

[632] Desde que os painéis não ultrapassem a área de cobertura da edificação e a cércea desta em 1m de altura.

[633] Se os geradores não excedam a cércea da edificação em 4m e este equipamento gerador não tenha raio superior a 1,5m.

[634] Não podem exceder os limites previstos para os painéis solares fotovoltaicos.

urbanísticas promovidas pelo ou ao serviço do Estado relativas a *equipamentos ou infraestruturas, desde que destinados à instalação de serviços públicos ou afetos ao uso direto e imediato do público.*

Ficam abrangidas neste regime as obras de edificação ou demolição promovidas por *institutos públicos ou outras entidades da Administração Pública*, que tenham por atribuições específicas a *salvaguarda do património cultural ou a promoção e gestão do parque habitacional* do Estado ou a administração de *áreas portuárias ou do domínio público ferroviário ou aeroportuário*, quando realizadas na respetiva área de jurisdição e diretamente relacionadas com a prossecução daquelas atribuições; e, ainda, estas obras e outros trabalhos promovidos por *entidades concessionárias* de obras ou serviços públicos, desde que se reconduzam à prossecução do objeto da concessão, tal como as operações urbanísticas promovidas por *empresas públicas* relativamente a *parques empresariais* e similares, nomeadamente zonas empresariais responsáveis (ZER), zonas industriais e de logística.

A execução destas operações (com a referida exceção das promovidas pelos municípios), fica sujeita a parecer prévio não vinculativo da câmara municipal, que deve ser emitido no prazo de 20 dias a contar da data da receção do pedido.

As operações de loteamento e as obras de urbanização promovidas pelo Estado devem ser *previamente autorizadas* pelo ministro da tutela e pelo ministro responsável pelo ordenamento do território, depois de ouvida a câmara municipal[635].

As operações de loteamento e as obras de urbanização promovidas pelas autarquias locais e suas associações em área não abrangida por plano municipal ou intermunicipal de ordenamento do território devem ser previamente autorizadas pela assembleia municipal, depois de submetidas a parecer prévio não vinculativo da CCDR[636].

Todas as operações de loteamento e as obras de urbanização, promovidas pelas autarquias locais e suas associações ou pelo Estado, em área não abrangida por plano de urbanização ou plano de pormenor, têm de ser *submetidas a discussão pública*, nos termos estabelecidos no regime jurídico dos Instrumentos de administração territorial (IGT), com as necessárias adaptações[637]. Estas operações têm de respeitar todas as normas legais e regulamentares que lhes

[635] Esta tem de se pronunciar no prazo de 20 dias após a receção do respetivo pedido.

[636] A qual deve pronunciar-se no prazo máximo de 20 dias a contar da receção do respetivo pedido.

[637] Exceto no que se refere aos períodos de anúncio e de duração da discussão pública que são, respetivamente, de 8 e de 15 dias.

forem aplicáveis, designadamente as constantes de instrumento de gestão territorial, do regime jurídico de proteção do património cultural, do regime jurídico aplicável à gestão de resíduos de construção e demolição, e as normas técnicas de construção. E, de qualquer modo, elas só podem iniciar-se depois de emitidos os pareceres ou autorizações ou após o decurso dos prazos fixados para a sua emissão.

A todas as operações urbanísticas tem de se aplicar a disciplina referente ao termo de responsabilidade, publicitação do início e fim das operações e pagamento de taxas urbanísticas, a realizar através de autoliquidação antes do início da obra, nos termos dos regulamentos municipais.

No caso de operações isentas de controlo prévio, o interessado particular deve notificar a câmara municipal dessa intenção, até cinco dias antes do seu início, comunicando também a identidade da pessoa, singular ou coletiva, encarregada da execução dos mesmos, para efeitos de eventual fiscalização e de operações de gestão de resíduos de construção e demolição.

4.8. Formas de procedimento

O controlo prévio das operações urbanísticas obedece às formas de procedimento previstas no RJUE, devendo ainda ser observadas condições especiais de licenciamento previstas.

Os procedimentos iniciam-se através de requerimento ou comunicação, apresentados com recurso a meios eletrónicos e através do sistema previsto, dirigidos ao presidente da câmara municipal.

Dele devem constar a identificação do requerente ou comunicante, incluindo o domicílio ou sede e a indicação da qualidade de titular de qualquer direito que lhe confira a faculdade de realizar a operação urbanística, *a indicação do que se pretende em termos claros e precisos*, identificando o tipo de operação urbanística a realizar e a localização visada e acompanhado pelos documentos instrutórios necessários para o efeito.

Cada procedimento é acompanhado por gestor de procedimento[638], a quem compete assegurar o normal desenvolvimento da tramitação processual,

[638] Sem prejuízo das competências do gestor de procedimento, a direção da instrução do procedimento compete ao presidente da câmara municipal, podendo ser delegada nos vereadores, com faculdade de subdelegação nos dirigentes dos serviços municipais. O comprovativo eletrónico de apresentação do requerimento de licenciamento, informação prévia ou comunicação prévia contém a identificação do gestor do procedimento e a indicação do local, horário e forma pelo qual pode ser contactado. Em caso de substituição do gestor de procedimento, é notificada ao interessado a identidade do novo gestor e os elementos pertinentes.

acompanhando, nomeadamente, a instrução, o cumprimento de prazos, a prestação de informação e os esclarecimentos aos interessados.

O controlo prévio das operações urbanísticas obedece às formas de procedimento consagradas pelo legislador no RJUE com a observação das condições especiais de licenciamento ou comunicação prévia, sendo proibido o recurso a tipos de procedimento não legalmente previstos ou o desrespeito de exigências procedimentais legalmente impostas.

4.9. Disciplina da consulta a entidades externas

A consulta às entidades que devam emitir *parecer, autorização ou aprovação* sobre o pedido, que não respeitem a aspetos relacionados com a localização, é promovida pelo gestor do procedimento e é efetuada em simultâneo através da plataforma eletrónica.

Com exceção de *planos de salvaguarda* que exijam expressamente a consulta, está dispensada a consulta a entidades externas em procedimentos relativos a operações urbanísticas que já tenham sido objeto de apreciação favorável no âmbito do procedimento de informação prévia, de aprovação de operações de loteamento urbano ou de aprovação de planos de pormenor[639].

Considera-se haver *concordância* daquelas entidades com a pretensão formulada se os respetivos *pareceres, autorizações ou aprovações* não forem recebidos dentro deste prazo.

Os pareceres das entidades exteriores ao município, desde que sejam recebidos dentro do prazo, têm *caráter vinculativo se isso resultar da lei e se se fundamentarem em condicionamentos legais ou regulamentares, não citados em termos de referenciação genérica ou de mero conteúdo normador, mas indicando os factos situados que preencham em concreto o "tatbestand" da enunciação abstrata da norma.*

Os *projetos de arquitetura e de especialidades*, tal como os *pedidos de autorização de utilização*, quando acompanhados por termo de responsabilidade subscrito por técnico autor de projeto legalmente habilitado[640], que ateste, justificadamente, o cumprimento das normas legais e regulamentares aplicáveis, incluindo a menção a plano municipal ou intermunicipal de ordenamento em vigor ou licença de loteamento, estão dispensados da apresentação na câmara municipal de *consultas, certificações, aprovações ou pareceres externos* (sem prejuízo da necessidade da sua obtenção, quando legalmente imposta).

[639] Nestes casos, o gestor do procedimento comunica à CCDR o pedido, com a identificação das entidades exteriores ao município a consultar, as quais se devem pronunciar exclusivamente no âmbito das suas atribuições, no prazo de 20 dias a contar da data de disponibilização do processo.

[640] Lei da qualificação profissional exigível aos técnicos responsáveis pela elaboração e subscrição de projetos, fiscalização de obra e direção de obra.

A realização de *vistoria, certificação, aprovação ou parecer*, pelo município ou por entidade exterior, sobre a conformidade da execução dos projetos das especialidades e outros estudos com o projeto aprovado ou apresentado é dispensada mediante emissão de *termo de responsabilidade* por técnico legalmente habilitado para esse efeito, de acordo com o respetivo regime legal, que ateste essa conformidade, com exceção das especialidades de *eletricidade* e de *gás* que são reguladas por legislação especial que assegure a *segurança das instalações*.

No termo do prazo fixado para a promoção das consultas, o interessado pode solicitar a passagem de certidão dessa promoção, a qual é emitida pela câmara municipal no prazo de oito dias e, se esta for negativa, promover diretamente as consultas que não hajam sido realizadas[641], ou pedir ao tribunal administrativo que intime a câmara municipal[642], podendo o interessado obter comprovativo eletrónico da promoção ou não promoção da consulta das entidades externas pela câmara municipal e promover diretamente a consulta das entidades externas.

A consulta de entidades da administração central, direta ou indireta, do setor empresarial do Estado e de entidades concessionárias que exerçam poderes de autoridade, que se devam pronunciar sobre a operação urbanística em razão da localização (parecer, aprovação ou autorização), é efetuada através de uma única entidade coordenadora, a CCDR territorialmente competente, a qual emite uma decisão global e vinculativa de toda a administração.

A CCDR identifica, no prazo de cinco dias a contar da receção dos elementos, as entidades que legalmente devam emitir parecer, aprovação ou autorização de localização, promovendo dentro daquele prazo a consulta, a efetivar em simultâneo e com recurso ao sistema informático. As entidades consultadas devem pronunciar-se no prazo imperativo de 20 dias.

Todos estes prazos se suspendem, por uma única vez, quando as entidades consultadas verificarem que existem *omissões ou irregularidades* no requerimento e nos elementos instrutórios cuja junção é obrigatória e requererem à CCDR, no prazo de 8 dias, que convide o requerente a supri-las, no prazo de quinze dias, retomando-se o seu curso com a receção pela entidade consultada dos elementos adicionais solicitados ou com o indeferimento do requerimento de aperfeiçoamento pela CCDR ou quando as entidades consultadas estejam, por força de compromissos assumidos no âmbito de tratados internacionais,

[641] Art. 13.º-B.

[642] Art. 112.º.

ou de obrigação decorrente da legislação comunitária, sujeitas à obtenção de parecer prévio de entidade sediada fora do território nacional[643].

Caso não existam *posições divergentes* entre as entidades consultadas, a CCDR toma a *decisão final*[644].

Caso existam *pareceres negativos* das entidades consultadas, a CCDR promove uma reunião, preferencialmente por videoconferência, a realizar no prazo de 10 dias a contar do último parecer recebido dentro do prazo de 20 dias, com todas as entidades e com o requerente, tendo em vista obter uma solução concertada que permita ultrapassar as objeções formuladas, e toma decisão final vinculativa no prazo de 10 dias[645].

Quando a CCDR não adote *posição favorável* a uma operação urbanística por esta ser desconforme com instrumento de gestão territorial, ela pode, quando a operação se revista de *especial relevância regional ou local*, por sua iniciativa ou a solicitação do município, respetivamente, propor ao Governo a aprovação em resolução do Conselho de Ministros da *alteração, suspensão ou ratificação, total ou parcial, de plano* da sua competência, relativamente ao qual a desconformidade situada no PMOT ou PIMOT se verifica.

Quando a decisão seja proferida em conferência decisória, os pareceres emitidos têm *natureza não vinculativa*, independentemente da sua classificação em legislação especial.

A CCDR comunica ao município a decisão da conferência decisória no prazo de cinco dias após a sua realização[646].

Caso a CCDR não cumpra este dever de comunicação no prazo devido, considera-se que as consultas tiveram um sentido favorável.

O interessado na consulta a entidades externas pode solicitar previamente os pareceres, autorizações ou aprovações legalmente exigidos junto das entidades competentes, entregando-os com o requerimento inicial, caso em que não há lugar a nova consulta desde que, até à data da apresentação de tal pedido ou comunicação na câmara municipal, não haja decorrido mais de *dois*

[643] Esta circunstância deve ser comunicada à CCDR e não podendo a suspensão ter uma duração superior a 20 dias

[644] Decisão a emitir no prazo de cinco dias, a contar do fim do prazo de 20 dias.

[645] Nesta conferência decisória, as entidades consultadas são representadas por pessoas com *poderes para as vincular*. Não sendo possível obter a posição de todas as entidades, por motivo de falta de comparência de algum representante ou por ter sido submetida a apreciação alguma questão nova, os trabalhos da conferência podem ser suspensos por um período máximo de cinco dias.

[646] O procedimento de decisão da administração estadual, anteriormente previsto, é objeto de portaria dos membros do Governo responsáveis pelo ordenamento do território e pela administração local.

anos desde a emissão dos pareceres, autorizações ou aprovações emitidos ou desde que, de qualquer modo, caso tenha sido esgotado este prazo, não se tenham verificado alterações dos pressupostos de facto ou de direito em que os mesmos se basearam.

As *comunicações prévias* de operações urbanísticas são sempre precedidas das consultas às entidades externas a que haja lugar. Para estes efeitos, na falta de pronúncia da entidade consultada no prazo legal, o requerimento inicial ou a comunicação prévia podem ser instruídos com *prova da solicitação das consultas* e declaração do requerente ou comunicante de que os mesmos não foram emitidos dentro daquele prazo.

Nos *procedimentos de licenciamento* (portanto, de controlo prévio, com exceção das comunicações prévias), se o interessado não tiver diligenciado as consultas necessárias ou parte delas, o gestor do procedimento deve promovê-las.

4.10. Procedimentos especiais. Empreendimentos turísticos

Os empreendimentos turísticos estão sujeitos ao regime jurídico das operações de loteamento nos casos em que se pretenda efetuar a divisão jurídica do terreno em lotes.

Nestas situações a operação de *loteamento* pode realizar-se em áreas, em que o uso turístico seja compatível com o disposto nos IGT válidos e eficazes.

Se as obras se situarem em área que nos termos de plano de urbanização, plano de pormenor ou licença ou comunicação prévia de loteamento em vigor esteja expressamente afeta ao uso proposto, é dispensada a *autorização prévia de localização* que, nos termos da lei, devesse ser emitida por parte de órgãos da administração estatal, sem prejuízo das demais autorizações ou aprovações exigidas por lei, relativas a servidões administrativas ou restrições de utilidade pública.

4.11. Condicionamentos aos loteamentos

Há certas *condições especiais* a preencher no licenciamento ou na comunicação prévia de loteamentos.

Em geral, as operações de loteamento podem realizar-se normalmente em áreas dentro do perímetro urbano e em terrenos já urbanizados ou cuja urbanização se encontre programada em plano municipal ou intermunicipal de ordenamento do território.

No caso de *área não abrangida por qualquer plano* municipal ou intermunicipal territorial vinculativo, o licenciamento de operação de loteamento depende de parecer prévio favorável da CCDR.

Este parecer caduca no prazo de dois anos, se, dentro desse prazo, não for licenciada a operação de loteamento. Ou se, uma vez esgotado, existirem alterações nos pressupostos de facto e de direito em que ele se fundamentou.

A CCDR deve avaliar a operação do ponto de vista do ordenamento do território e verificar a sua articulação com os instrumentos legais de desenvolvimento territorial, pronunciando-se no prazo de 20 dias a contar da data de disponibilização do processo, sob pena de se ter por concordante com o loteamento pretendido.

A apresentação de requerimento de intimação jurisdicional para a prática de ato legalmente devido suspende a contagem do prazo da CCDR[647].

O RJUE refere-se expressamente a questões relacionadas com áreas para *espaços verdes e de utilização coletiva, infraestruturas e equipamentos* (art. 43.º), que os projetos de loteamento têm de prever. Estes espaços que sejam de natureza privada constituem partes comuns dos lotes resultantes da operação de loteamento e dos edifícios que neles venham a ser construídos[648].

Os *parâmetros para o dimensionamento* destas áreas são os definidos no plano aplicável.

Para aferir se o projeto de loteamento respeita estes parâmetros, consideram-se quer as parcelas de natureza privada a afetar àqueles fins quer as parcelas a ceder à câmara municipal nos termos previstos para a sua gestão.

O RJUE viabiliza esta *administração por moradores e grupos de moradores das zonas loteadas e urbanizadas*, através de acordos de cooperação ou de contratos de concessão do domínio municipal, com sujeição a um prazo de vigência e a fiscalização pela câmara municipal sobre o respeito pelas regras referentes ao conteúdo do direito de uso privativo, obrigações do concessionário e do município em matéria de obras, prestação de serviços e manutenção de infraestruturas, garantias a prestar e modos e termos do sequestro e rescisão[649]).

[647] Artigo 112.º.

[648] Arts. 1420.º a 1438.º-A, Código Civil.

[649] O *sequestro* traduz-se (na expectativa de dificuldade meramente transitórias de cumprimentos do acordo) na substituição temporária da sua gestão, com posse momentânea por parte da entidade pública de todos os meios usados pelos moradores, enquanto os gestores particulares não estiverem em condições de desempenhar as suas tarefas normalmente. O *resgate*, em princípio, é uma rescisão que pressupõe ou um interesse público para o município entender dever reassumir diretamente as tarefas de gestão dessas áreas ou a desconfiança credível sobre a possibilidade de os moradores poderem voltar a desempenhar tais tarefas nos termos acordados.

4.12. Cedência gratuita de parcelas. Espaços verdes e equipamentos de utilização coletiva

O proprietário e os demais titulares de direitos reais sobre o prédio a lotear têm de ceder gratuitamente ao município as parcelas para implantação de espaços verdes públicos e equipamentos de utilização coletiva e as infraestruturas se, de acordo com a lei e a licença ou comunicação prévia, eles deverem passar a integrar o *domínio público municipal*[650]. Por isso, com o pedido de licenciamento ou comunicação prévia, o requerente deve assinalar as áreas de cedência ao município em planta a entregar.

No caso do prédio a lotear já estar servido pelas infraestruturas ou não se justificar a localização de qualquer equipamento ou espaço verde públicos no prédio em causa ou, ainda, nos casos em que os espaços verdes e de utilização coletiva, infraestruturas viárias e equipamentos de natureza privada constituam partes comuns dos lotes resultantes da operação de loteamento e dos edifícios que neles venham a ser construídos (regidos pelo Código Civil), não há lugar a qualquer cedência para esses fins. No entanto, o proprietário fica obrigado ao pagamento de uma *compensação* ao município, em numerário ou em espécie, nos termos definidos em regulamento municipal[651].

O proprietário e demais titulares de direitos reais sobre prédio a sujeitar a qualquer operação urbanística de natureza edificatória, que nos termos de regulamento municipal, seja considerada como de "*impacte relevante*" ficam também sujeitos às cedências e compensações previstas para as operações de loteamento.

Quanto esteja em causa a realização de operação urbanística sujeita a *avaliação de impacte ambiental* (AIA), não pode ser emitida licença ou apresentada comunicação prévia ao abrigo do RJUE sem previamente ter sido emitida uma declaração de impacte ambiental (DIA) favorável ou condicionalmente favorável ou, no caso de o procedimento de AIA ter decorrido em fase de estudo prévio ou de anteprojeto, sem ter sido emitida uma decisão favorável sobre a conformidade do projeto de execução com a declaração de impacto ambiental.

O proprietário tem *direito de reversão* sobre as parcelas cedidas sempre que já não se destinem ao fim para as cedências. No entanto, neste caso de se pretender afetar aos fins para que tenham sido cedidas, o legislador impôs a

650 As parcelas de terreno cedidas ao município integram-se no domínio municipal com a emissão do alvará ou, nas situações e comunicação prévia, através de instrumento notarial próprio a realizar no prazo de 20 dias após a receção da comunicação prévia, devendo a câmara municipal definir, no alvará ou no instrumento notarial, as parcelas afetas aos domínios público e privado do município.

651 Art. 44.º.

ficção de que "não existe alteração" de afetação se as parcelas cedidas forem depois afetadas à implantação de espaços verdes públicos, equipamentos de utilização coletiva e infraestruturas a integrar no domínio municipal, independentemente das especificações eventualmente constantes do documento que titula a transmissão.

Este direito, também, não pode ser exercido se a pretendida alteração dos fins a que se destinavam, essas parcelas forem de considerar como necessárias pela câmara municipal para a devida execução de plano territorial aplicável ou para uma área de reabilitação urbana.

Em alternativa ao exercício do direito de reversão (Código das Expropriações) ou quando o exercício deste direito não possa ser atuado (alteração da finalidade das cedências por referida necessidade de execução de plano municipal ou intermunicipal de ordenamento ou de "área de reabilitação urbana"), o proprietário-cedente tem o direito de exigir ao município uma *indemnização*, determinado nos termos estabelecidos no Código das Expropriações, calculada tendo em conta o fim da parcela e a data em que nasceu o direito, em princípio, o direito à reversão.

As parcelas que tenham sido objeto de reversão ficam sujeitas às mesmas finalidades a que deveriam estar afetas aquando da cedência, exceto se se tratar de parcela a afetar a equipamento de utilização coletiva. Neste caso, deve ser afeta a espaço verde, caso em que é obrigatório proceder-se ao averbamento do facto no alvará ou à sua integração na comunicação prévia.

Estes direitos podem ser exercidos pelos proprietários de, pelo menos, um terço dos lotes constituídos em consequência da operação de loteamento.

O tribunal, a pedido do cedente, se na parcela revertida existirem imóveis construídos, pode ordenar a sua demolição, sendo o município responsável pelos prejuízos causados aos proprietários dos imóveis por atos ilícitos, tudo sem colocar em causa os direitos legalmente previstos de realojamento dos ocupantes.

4.13. Regime de loteamento e execução de IGT e de outros instrumentos urbanísticos

As operações de loteamento já licenciadas ou que foram legalmente objeto de comunicação prévia podem ser alteradas por iniciativa da câmara municipal se elas se revelarem necessárias à execução de um plano territorial de base municipal ou da criação de uma área de reabilitação urbana.

Esta deliberação camarária, devidamente fundamentada. Cabe ao município os custos, face à emissão de novo alvará, da publicação e registo deste. Ela tem de ser precedida de *audiência prévia* do titular do alvará e outros interessados, os quais têm 30 dias para se pronunciarem sobre o projeto de decisão de alteração.

A pessoa coletiva que aprovar os instrumentos de alteração que impliquem, direta ou indiretamente, *danos causados* ao titular do alvará e outros interessados é responsável nos termos do regime geral aplicável às situações de *indemnização pelo sacrifício*.

Mesmo nas situações de *"afetação" das condições* da licença ou comunicação prévia desde que, pela sua *gravidade ou intensidade, eliminem ou restrinjam o seu conteúdo* económico, o titular do alvará e outros interessados nele têm direito a uma indemnização correspondente ao valor económico do direito eliminado ou da parte do direito que tiver sido restringido.

No entanto, enquanto não forem alteradas as condições das operações de loteamento, permanecem as obras de construção, de alteração ou de ampliação na área abrangida por aquelas operações de loteamento, pois não têm que se conformar com futuros previstos planos para o território ou para áreas de reabilitação urbana, que sejam posteriores à licença ou comunicação prévia da operação de loteamento.

Quanto a alterações de uma operação de loteamento que tenha sido objeto de comunicação prévia, a sua apresentação e efetivação depende da demonstrada *não oposição dos titulares da maioria dos lotes* constantes dessa comunicação.

4.14. Obras de urbanização e edificação. Execução por fases. Prazos para urbanização e para edificação

O órgão competente para o licenciamento das obras de urbanização, face à deliberação ou através de regulamento municipal, deve enunciar as condições a observar na sua *execução*, incluindo o cumprimento das normas sobre a gestão de *resíduos* de construção e de *demolição* produzidos e o *prazo* para a sua conclusão, o montante da caução para garantir a regular execução das obras e, se for caso disso, as *condições gerais do contrato de urbanização*.

A execução das obras pode efetivar-se por fases, se o interessado o requerer, discriminando para cada fase, quer as obras a fazer, quer o orçamento e prazos, devendo no caso de procedimento de licenciamento o mesmo ser decidido no prazo de 30 dias.

Em qualquer caso, cada fase a efetivar deve ter *coerência interna* e corresponder a uma zona da área a lotear ou a urbanizar, que possa funcionar com autonomia.

As obras de urbanização com as condições definidas na licença ou comunicação prévia podem ser alteradas por iniciativa da câmara municipal.

O prazo de execução, nas situações de declaração em comunicação prévia, é o fixado pelo interessado, sem poder ultrapassar os limites fixados mediante o regulamento municipal.

O prazo pode ser prorrogado a requerimento fundamentado do interessado, por uma única vez e por período não superior a metade do prazo inicial, quando não seja possível concluir as obras dentro do prazo fixado.

No entanto, se a obra se encontrar em *fase de acabamento*, o presidente da câmara municipal, a requerimento fundamentado do interessado, pode conceder uma nova prorrogação. O prazo pode também ser prorrogado se houver alteração da licença ou da comunicação prévia.

Quanto ao *contrato de urbanização*, se o interessado apresentar proposta de contrato de urbanização até à aprovação das obras de urbanização, ele pode ser celebrado, estipulando-se então as obrigações das partes contratantes sobre a execução das obras de urbanização, responsabilidades a que ficam sujeitas as partes e o prazo de cumprimento, quando a execução de obras de urbanização envolver, em virtude de disposição legal ou regulamentar ou por força de convenção, mais de um responsável.

No que concerne às *obras de edificação*, cabe à câmara municipal fixar as condições da sua execução, ao deferir o pedido de licenciamento ou, no caso das obras sujeitas a comunicação prévia, através de regulamento municipal.

Deve cumprir-se sempre o regime da gestão de resíduos de construção e de demolição que se tenha de efetivar.

Cabe ao requerente ou comunicante propor as condições referentes à *ocupação da via pública, colocação de tapumes e vedações*.

Quanto ao *prazo*, as soluções são idênticas às anteriormente referidas.

4.15. Pedido de informação prévia

Qualquer interessado e em *qualquer circunstância* pode pedir à câmara municipal que, previamente, não só uma informação quer de natureza meramente orientativa quer mesmo vinculativa habilitadora de futura atuação. Pedido que lhe faculte uma informação simples[652], a qual não, tendo o mesmo valor da deliberação camarária vinculativa, efetivada face a pedido de informação

[652] Nos termos do artigo 11.º do Código de Procedimento Administrativo. Com efeito, nos termos do artigo 11.º do CPA (Princípio da colaboração com os particulares), "1 – Os órgãos da Administração Pública devem atuar em estreita colaboração com os particulares, cumprindo-lhes, designadamente, prestar aos particulares as informações e os esclarecimentos de que careçam, apoiar e estimular as suas iniciativas e receber as suas sugestões e informações. 2 – A Administração Pública é *responsável pelas informações prestadas por escrito aos particulares, ainda que não obrigatórias*".

prévia nos termos do RJUE[653], não deixa de responsabilizar o município pelo conteúdo dessa informação, caso haja despesas que propiciou desencadear e o município, depois, não respeite o afirmado, pondo assim em causa o princípio da boa-fé e confiança nos poderes públicos por parte dos cidadãos. Portanto, não deixa de ser uma informação que, depois, obriga a autarquia a respeitar ou, em alternativa, a indemnizar os particulares pelos prejuízos causados, e que, apesar existir uma normação específica do RJUE, é também um direito dos cidadãos em geral, a complementar com o constitucionalizado direito fundamental do cidadão à informação e o direito à informação formal vinculativa do regime jusurbanístico. Este direito permite requerer que a Câmara municipal delibere, seguindo toda a completa tramitação jusurbanística de eventuais pareceres externos, uma "informação" de valor vinculativo sobre a *viabilidade de realizar uma pretendida operação* urbanística ou um conjunto delas diretamente relacionadas e seus diferentes eventuais condicionamentos normativos aplicáveis à intenção urbanística em causa (infraestruturas, servidões administrativas, restrições de utilidade pública, índices urbanísticos, cérceas, afastamentos e quaisquer outras condicionantes).

No caso de pedidos de informação nos termos do RJUE, o município fica ligado à sua deliberação-resposta, dispensa procedimento licenciador

653 RJUE, artigos 14.º a 17.º. Como refere o artigo 14.º (Pedido de informação prévia), "1-Qualquer interessado pode pedir à câmara municipal, a título prévio, informação sobre a viabilidade de realizar determinada operação urbanística ou conjunto de operações urbanísticas diretamente relacionadas, bem como sobre os respetivos condicionamentos legais ou regulamentares, nomeadamente relativos a infraestruturas, servidões administrativas e restrições de utilidade pública, índices urbanísticos, cérceas, afastamentos e demais condicionantes aplicáveis à pretensão. 2-O interessado pode, em qualquer circunstância, designadamente quando o pedido respeite a operação de loteamento em área não abrangida por plano de pormenor, ou a obra de construção, ampliação ou alteração em área não abrangida por plano de pormenor ou operação de loteamento, requerer que a informação prévia contemple especificamente os seguintes aspetos, em função da informação pretendida e dos elementos apresentados: a) A volumetria, alinhamento, cércea e implantação da edificação e dos muros de vedação; b) Projeto de arquitetura e memória descritiva; c) Programa de utilização das edificações, incluindo a área total de construção a afetar aos diversos usos e o número de fogos e outras unidades de utilização, com identificação das áreas acessórias, técnicas e de serviço; d) Infraestruturas locais e ligação às infraestruturas gerais; e) Estimativa de encargos urbanísticos devidos; f) Áreas de cedência destinadas à implantação de espaços verdes, equipamentos de utilização coletiva e infraestruturas viárias.3-Quando o interessado não seja o proprietário do prédio, o pedido de informação prévia inclui a identificação daquele bem como dos titulares de qualquer outro direito real sobre o prédio, através de certidão emitida pela conservatória do registo predial.4-No caso previsto no número anterior, a câmara municipal deve notificar o proprietário e os demais titulares de qualquer outro direito real sobre o prédio da abertura do procedimento".

normal e também importante é, ainda, o facto de não se suspenderem os procedimentos de licenciamento ou de comunicação prévia requeridos ou apresentados com suporte em informação prévia em áreas a abranger por *novas regras urbanísticas*, constantes de plano municipal ou intermunicipal de ordenamento ou sua revisão, a partir da data fixada para o início da *discussão pública* e até à data da entrada em vigor daquele instrumento.

*

Quando o interessado não seja o proprietário do prédio, o pedido de informação prévia inclui a *identificação quer dele quer dos titulares de qualquer outro direito real* sobre o prédio[654]. Neste caso, a câmara municipal deve *notificar o proprietário* e os demais titulares de qualquer outro direito real sobre o prédio da abertura do procedimento.

Este *direito a uma informação vinculativa*, evita a dispensa (e, eventualmente, despesa infrutífera) de apresentação prematura de projeto de arquitetura e de projetos de especialidades, em certos termos, permitindo efetivar a operação substituindo a exigência de licenciamento por uma mera comunicação prévia.

A *informação prévia favorável* vincula as entidades competentes na decisão sobre um eventual pedido de licenciamento e no controlo sucessivo de operações urbanísticas sujeitas a comunicação prévia.

Quando seja proferida, face a requerimento pormenorizado do requerente, proprietário ou não, ou quando respeite a área sujeita a plano de pormenor ou a operação de loteamento, tem por efeito a sujeição da operação urbanística em causa ao regime da *comunicação prévia*, a efetuar nos exatos termos em que foi apreciada, mas dispensando a realização de novas consultas externas. Este pedido de licenciamento ou a apresentação de comunicação prévia deve ser efetuado no *prazo de um ano* após a decisão favorável do pedido de informação prévia e é sempre acompanhado de declaração dos autores e coordenador dos projetos de que aquela respeita os limites constantes da informação prévia favorável. No caso de ter decorrido este prazo vinculativo, o particular pode requerer ao presidente da câmara a declaração de que se mantêm os *pressupostos de facto e de direito* que levaram à anterior decisão favorável, devendo o mesmo decidir no prazo de 20 dias e correndo *novo prazo de um ano* para efetuar a apresentação dos pedidos de licenciamento ou de comunicação prévia no caso de os pressupostos se mantiverem ou se o presidente da câmara municipal não tiver respondido no prazo legalmente previsto.

[654] Juntando certidão emitida pela conservatória do registo predial.

Em causa, pedidos que, além da informação sobre os possíveis condicionamentos, podem, desde que se juntem os elementos pertinentes para apreciação, abarcar tudo o que for de interesse do requerente no domínio do direito urbanístico aplicável à *situação territorial e construtiva concreta*, quer a operação pretendida se reporte a *loteamento* em área não abrangida por plano de pormenor, quer se trate de visar uma *obra de construção, ampliação ou alteração* em área não abrangida por plano de pormenor ou operação de loteamento, requerer que a *informação prévia contemple especificamente vários aspetos de interesse* (em função dessa informação pretendida e dos elementos apresentados).

Pode abranger a estimativa de *encargos urbanísticos* devidos e das *áreas de cedência* (destinadas à implantação de espaços verdes, equipamentos de utilização coletiva e infraestruturas viárias), questões relacionadas com o futuro projeto de arquitetura (e sua memória descritiva), questões sobre a *volumetria, o alinhamento, a cércea ou referentes à implantação da edificação ou dos muros da sua vedação,* assim como sobre o "programa" de utilização das edificações (área total de construção a afetar aos diversos usos e o número de fogos e outras unidades de utilização, com identificação das áreas acessórias, técnicas e de serviço, etc.), tal como sobre as infraestruturas locais e sobre a ligação às infraestruturas gerais[655].

*

No âmbito do procedimento de informação prévia, há lugar a *consultas externas* às entidades cujos *pareceres, autorizações ou aprovações* condicionem legalmente a informação a prestar, sempre que tal consulta seja exigível num eventual pedido de licenciamento ou com a apresentação de comunicação prévia. Esta pronúncia não incide sobre avaliação de impacte ambiental.

A câmara municipal deve deliberar sobre o pedido de informação prévia no prazo de 20 dias ou, no caso de no requerimento, se o particular, no pedido de informação prévia, contemplar especificamente aspetos pormenorizados atrás enunciados (em função da informação pretendida e dos elementos apresentados), no prazo de 30 dias.

Estes prazos são contados a partir da data da receção do pedido ou dos elementos solicitados na apreciação liminar do requerimento para suprir deficiências ou da data da receção do último dos pareceres, autorizações ou

[655] Artigos 14.º a 17.º do RJUE.

aprovações, emitidos pelas entidades exteriores ao município, quando tenha havido lugar a consultas ou, ainda, do termo do prazo para a receção dos pareceres, autorizações ou aprovações, sempre que alguma das entidades consultadas não se pronuncie até essa data.

Os *pareceres, autorizações ou aprovações* emitidas pelas entidades exteriores ao município são obrigatoriamente notificados ao requerente juntamente com a informação prévia aprovada pela câmara municipal, dela fazendo parte integrante.

A câmara municipal indica sempre, na informação favorável, o *procedimento de controlo prévio* a que se encontra sujeita a realização da operação urbanística projetada.

No caso de uma *informação desfavorável*, dela deve constar a indicação dos termos em que a mesma, *sempre que possível, pode ser revista* por forma a serem cumpridas as prescrições urbanísticas aplicáveis, designadamente as constantes de plano municipal ou intermunicipal de ordenamento do território ou de operação de loteamento.

4.16. Procedimento de licenciamento de operações urbanísticas

4.16.1. Tipologia das operações urbanísticas e controlo prévio. Operações sujeitas a licenciamento e seu regime. Licença parcial de antecipação

A realização de operações materiais de urbanização, edificação e de utilização dos edifícios ou do solo[656], depende (embora com certas exceções) da obtenção de uma licença, da efetivação de comunicação prévia[657] e de autorização de utilização posterior ao término das respetivas obras.

Em geral, estão sujeitas a procedimento de licenciamento todas as *operações de loteamento*[658], as *obras de urbanização*[659], os trabalhos de *remodelação de terrenos*[660] e as obras de *construção, de alteração ou de ampliação em área não abrangida por operação de loteamento ou por plano de pormenor.*

[656] Neste último caso desde que para fins não exclusivamente agrícolas, pecuários, florestais, mineiros ou de abastecimento público de água.

[657] Com um prazo de espera para permitir o controlo da sua legalidade.

[658] Todas as que tenham por objeto ou por efeito a constituição de um ou mais lotes destinados, imediata ou subsequentemente, à edificação urbana e de que resulte a divisão de um ou vários prédios ou do seu reparcelamento, com exceção do "destaque", nos termos legalmente previstos.

[659] Todas as que se traduzem na criação e na remodelação de infraestruturas destinadas a servir diretamente os espaços urbanos ou as edificações, designadamente arruamentos viários e pedonais, redes de esgotos e de abastecimento de água, eletricidade, gás e telecomunicações, e ainda espaços verdes e outros espaços de utilização coletiva.

[660] Todas as operações urbanísticas de tipo diferente do loteamento e urbanização, que impliquem a destruição do revestimento vegetal, a alteração do relevo natural e das camadas de solo arável ou

Também exigem licenciamento municipal:

a) as *obras de conservação*[661], tal como as de *reconstrução*[662], as de *ampliação*[663], ou de *alteração*[664] e, ainda, de *demolição*[665], se se tratar *de imóveis classificados* ou em vias de classificação e imóveis integrados em *conjuntos ou sítios classificados ou em vias de classificação*; as *obras de construção, reconstrução, ampliação, alteração exterior ou demolição de imóveis situados em zonas de proteção de imóveis classificados ou em vias de classificação*;
b) as obras de *reconstrução* das quais resulte um aumento da altura da fachada ou do número de pisos;
c) as obras de *demolição das edificações*[666] que não se encontrem previstas em licença de obras de reconstrução;
d) as obras de *construção, reconstrução, ampliação, alteração ou demolição de imóveis em áreas sujeitas a servidão administrativa ou restrição de utilidade pública* (sem prejuízo do disposto em legislação especial); e
e) em geral, *outras operações urbanísticas que não estejam isentas de controlo prévio, nem sujeitas apenas a comunicação prévia.*

o derrube de árvores de alto porte ou em maciço para fins não exclusivamente agrícolas, pecuários, florestais ou mineiros.

661 São todas as que visem manter uma edificação nas condições existentes à data da sua construção, reconstrução, ampliação ou alteração, integrando designadamente obras de restauro, reparação ou limpeza.

662 Construção subsequente a uma demolição, total ou parcial, de uma edificação existente, se se visar a "reconstituição da estrutura das fachadas".

663 Obra de que resulte o aumento da área de implantação, da área total de construção, da altura da fachada ou do volume de uma edificação existente.

664 Obras de que resulte a modificação das características físicas de uma edificação existente ou a sua fração, designadamente a respetiva estrutura resistente, o número de fogos ou divisões interiores, ou a natureza e cor dos materiais de revestimento exterior, sem aumento da área total de construção, da área de implantação ou da altura da fachada.

665 Obras de destruição, total ou parcial, de uma edificação existente. Atividade ou o resultado da destruição de construções existentes, erigidas segundo as regras do seu tempo.

666 Demolição de uma edificação é a atividade de eliminação que coloque em causa uma edificação, ou seja, uma obra que tenha resultado da construção, reconstrução, ampliação, alteração ou conservação de um imóvel, destinado à utilização humana, tal como qualquer outra *construção incorporada no solo com caráter de permanência*; enquanto que são obras de construção, em sentido físico amplo, as obras de criação de novas edificações ou o resultado da construção, reconstrução, ampliação, alteração ou conservação de um imóvel, desde que destinado à utilização humana e qualquer outra construção incorporada no solo com caráter de permanência, enquanto as obras de construção serão as obras de criação de novas edificações.

4.16.2. Conteúdos dos projetos urbanísticos

A apreciação licenciadora dos *projetos de loteamento, de obras de urbanização e dos trabalhos de remodelação de terrenos* pela câmara municipal também incide sobre a sua conformidade com planos territoriais do município diretamente aplicáveis, medidas preventivas, área de desenvolvimento urbano prioritário, área de construção prioritária, servidões administrativas, restrições de utilidade pública e quaisquer outras normas legais e regulamentares aplicáveis, bem como sobre o uso e a integração urbana e paisagística.

Os municípios podem determinar, através de regulamento municipal, a prévia sujeição a *discussão pública* do licenciamento de operações de *loteamento com significativa relevância urbanística*. Mas, independentemente desta regulação mais exigente existir, ou não, tem sempre lugar quando a operação de loteamento exceda 4ha ou 100 fogos ou 10% da população do aglomerado urbano em que se insere a pretensão.

*

Em geral, em todas as situações que impliquem a *apreciação de projeto de arquitetura*[667], incide sobre a sua *conformidade* com planos ordenamentais locais, medidas preventivas, área de desenvolvimento urbano prioritário, área de construção prioritária, servidões administrativas, restrições de utilidade pública e em gerais outras normas legais e regulamentares *referentes ao aspeto exterior e a inserção urbana e paisagística das edificações e sobre o uso proposto*[668].

Esta apreciação licenciadora, a não existir deliberação de informação prévia[669], tem de ocorrer nos casos de:

a) pedido de licenciamento relativo a obras de construção, alteração ou ampliação em *área não abrangida por operação de loteamento ou por plano de pormenor*;
b) obras de conservação, reconstrução, ampliação, alteração ou demolição de imóveis classificados ou em vias de classificação, bem como

[667] Alínea c) a f), do n.º 2 do art. 4.º RJUE.

[668] Artigo 20.º RJUE
Apreciação dos projectos de obras de edificaçã

[669] Como se referiu anteriormente, a apreciação dos pedidos relativos às operações urbanísticas sujeitas a licença administrativa permite a sua dispensa através de procedimento de informação prévia. Se as obras, depois, se realizarem à base da decisão favorável ou, não o sendo, se proceder à correção explicitada na decisão municipal, isto é, de acordo com as limitações e orientações da deliberação municipal (efetivação das alterações indicadas, ou seja, se se aceitar a sua realização nesses termos), tal pode dispensar o procedimento licenciador.

de imóveis integrados em conjuntos ou sítios classificados ou em vias de classificação, bem como das obras de construção, reconstrução, ampliação, *alteração exterior* ou demolição de imóveis situados em zonas de proteção de imóveis classificados ou em vias de classificação;

c) obras de reconstrução, das quais resulte um aumento da altura da fachada ou do número de pisos; e

d) obras de demolição das edificações que não se encontrem previstas em licença de obras de reconstrução.

Para estes efeitos, a apreciação da inserção urbana das edificações é efetuada na *perspetiva formal e funcional,* tendo em atenção o *edificado existente,* o espaço público envolvente e as *infraestruturas existentes e previstas.*

A câmara municipal deve deliberar sobre o projeto de arquitetura no prazo de 30 dias, contado a partir da data da receção do pedido (ou dos elementos solicitados pela Câmara Municipal, na apreciação liminar do requerimento, para sanear as suas deficiências), ou da data da receção do último dos pareceres, autorizações ou aprovações emitidos pelas entidades exteriores ao município, se houve lugar a consultas ou, ainda, do termo do prazo para a receção dos pareceres, autorizações ou aprovações, sempre que alguma das entidades consultadas não se pronuncie até essa data.

O interessado, caso não tenha, ainda, apresentado os *projetos de especialidades,* deve apresentá-los (ou os que ainda não o tenham sido), assim como outros *estudos necessários à execução da obra* no prazo de seis meses, a contar da notificação do ato que aprovou o projeto de arquitetura, podendo o presidente da câmara prorrogar este prazo, por uma só vez e por período não superior a três meses, mediante requerimento motivado efetivado antes do termo temporal fixado.

A falta de apresentação dos projetos das especialidades e outros estudos no prazo normal ou no da prorrogação implica a suspensão do processo de licenciamento pelo período máximo de seis meses, findo o qual é declarada a caducidade após audiência prévia do interessado.

As declarações de responsabilidade dos autores dos projetos de arquitetura, no que respeita aos aspetos interiores das edificações, bem como dos autores dos projetos das especialidades e de outros estudos, constituem hoje garantia bastante do cumprimento das normas legais e regulamentares aplicáveis, excluindo a sua apreciação prévia. Exceto se das declarações constar a referência a normas técnicas ou regulamentares em vigor que não foram observadas na elaboração dos projetos, fundamentando as razões da sua não observância.

*

A câmara municipal toma a deliberação final sobre o pedido de licenciamento no *prazo de 45 dias no caso de operação de loteamento, de 30 dias no caso de obras de urbanização e de 45 dias no caso de obras de construção, de alteração ou de ampliação* em área não abrangida por operação de loteamento ou por plano de pormenor, assim como de obras de conservação, reconstrução, ampliação, alteração ou demolição de imóveis classificados ou em vias de classificação e de imóveis integrados em conjuntos ou sítios classificados ou em vias de classificação, e obras de construção, reconstrução, ampliação, alteração exterior ou demolição de imóveis situados em zonas de proteção de imóveis classificados ou em vias de classificação; obras de reconstrução das quais resulte um aumento da altura da fachada ou do número de pisos e obras de demolição das edificações que não se encontrem previstas em licença de obras de reconstrução.

Os prazos para decisão sobre operações de loteamento e obras de urbanização contam-se a partir da data da receção do *pedido ou dos elementos solicitados para suprir deficiências de instrução, da data da receção do último dos pareceres, autorizações ou aprovações*, emitidos pelas entidades exteriores ao município, quando tenha havido lugar a consultas ou ainda do termo do prazo para a receção dos pareceres, autorizações ou aprovações, sempre que alguma das entidades consultadas não se pronuncie até essa data.

O prazo para outro tipo de operações conta-se da data da apresentação dos *projetos das especialidades e outros estudos ou da data da aprovação do projeto de arquitetura*, se o interessado os tiver apresentado juntamente com o requerimento inicial; ou quando haja lugar a consulta de entidades externas, a partir da data da receção do último dos pareceres, autorizações ou aprovações; ou ainda do termo do prazo para a receção dos pareceres, autorizações ou aprovações, sempre que alguma das entidades consultadas não se pronuncie até essa data.

Quando o pedido de licenciamento de *obras de urbanização* seja apresentado em simultâneo com o pedido de licenciamento de operação de loteamento, o prazo referente às obras de urbanização conta-se a partir da deliberação que aprove o pedido de loteamento.

*

Se o particular estiver interessado em iniciar, antecipadamente, os trabalhos, a câmara municipal pode aprovar uma *licença parcial para construção da estrutura*[670], imediatamente após a entrega de todos os projetos das especialidades e outros estudos.

Esta licença é emitida desde que já tenha sido aprovado o projeto de arquitetura.

Para o efeito, tem de ser prestada a devida *caução* para demolição da estrutura até ao piso de menor cota, em caso de indeferimento, sempre que estejam em causa casos de obras de construção, alteração ou ampliação em *área não abrangida por operação de loteamento ou por plano de pormenor*, ou de obras de conservação, reconstrução, ampliação, alteração ou demolição de *imóveis classificados* ou em vias de classificação e de imóveis integrados em conjuntos ou *sítios classificados* ou em vias de classificação e de obras de construção, reconstrução, ampliação, alteração exterior ou demolição de imóveis situados em zonas de proteção de imóveis classificados ou em vias de classificação, assim como *obras de reconstrução das quais resulte um aumento da altura da fachada ou do número de pisos* e *obras de demolição das edificações que não se encontrem previstas em licença de obras de reconstrução.*

4.17. Situações de interdição ou de condicionamento dos pedidos de licenciamento. Poderes vinculados, poderes discricionários e aplicação de conceitos imprecisos

Os pedidos de licenciamento, umas vezes têm de ser recusados sem mais tal como se apresentam e outras, podem ainda avançar, se puder haver possibilidade normativa com a cooperação dos interessados ou de aceitação de alterações conformadoras com as normas aplicáveis.

Eles têm de ser objeto de *indeferimento* se contrariarem o disposto numa norma que se imponha aos particulares. Seja o facto do seu conteúdo urbanístico agredir diretamente um plano de base municipal, desde logo a localização do terreno possível ou não da intervenção urbanística em causa, seja o facto de as pretensões constantes do projeto excederem o que é permitido face a quaisquer limitações materiais operativas territoriais locais estabelecidas nos diferentes PIMOT, inexistindo, nos PIMOT (planos diretores, urbanização, pormenor ou alvará de loteamento), assim como área de desenvolvimento urbano prioritário, área de construção prioritária, medidas preventivas, servidão administrativa ou restrição de utilidade pública ou quaisquer outras normas legais e regulamentares. Mas não só.

A recusa também se impõe, quer por razões de direto interesse público, face à ocorrência de uma declaração de utilidade pública para efeitos de

[670] Dando o deferimento lugar à emissão de alvará.

expropriação, que implique o prédio objeto do pedido de licenciamento (a menos que ela se reporte à própria operação urbanística) quer face a uma parecer negativo normativamente fundado[671] ou uma recusa de aprovação ou autorização de qualquer entidade consultada que possa sectorialmente impor-se, por a sua posição (desde que respeitadora do princípio da legalidade positiva e da garantia de autonomia local) permita ter uma natureza vinculativa para o interessado[672].

*

As obras de construção, de alteração ou de ampliação em área sem pp nem alvará de loteamento (al c) merecem pelo legislador especial preocupação tendo em conta designadamente as possibilidades e planos de atividades dos municípios (n.º 5 do art. 24.º e al. c) do n.º 2 do art. 4.º, mas passíveis de solução nos termos do art. 25.º).

O município pode rejeitar a operação solicitada, se o exigir um comprovado interesse urbanístico geral ou carências funcionais, em certo momento, de natureza financeira-orçamental implicada (e não existir cooperação supridora por parte do interessado, caso em que o pode discricionário legal se transforma em "dever legal") em três situações territoriais carenciais: quer se faltarem "arruamentos" (no sentido de caminhos, zonas que sirvam a circulação de pessoas e bens e não necessariamente de uma teórica largura habitual ou construído de um certo material seja cimento, empedrado ou o sempre presente alcatrão, que tem, erradamente, dominado o imaginário do progresso e de certas decisões públicas condicionantes fora das áreas protegidas, onde, pelo contrário, está proibido), quer por não existirem "infraestruturas" de abastecimento de água, de energia elétrica e de saneamento, quer devido ao facto de a obra projetada, pelo seu volume e encargos, constituir, comprovadamente, uma sobrecarga incomportável para as infraestruturas existentes.

[671] Desde que tenha sido emitido e recebido dentro do prazo legalmente previsto, findo o qual o procedimento municipal pode prosseguir sem qualquer vício formal, ou, se o parecer externo tiver sido processado posteriormente, não sendo vinculativo por extemporaneidades, a sua importância passa a depender da análise do seu conteúdo e constatação municipal das razões nele apontadas, a integrar expressamente na fundamentação da decisão final.

[672] Em geral, os planos locais, para além de sofrerem a necessidade, como regulamentos, de publicação oficial, também estão sujeitos a registo estadual, através do qual o Estado exerce a sua normal função de inspeção da legalidade, condicionadora desse registo, publicação e vigência. Com isto, acabou-se com a figura da homologação, que traduzia a afirmação de um poder de tutela "a posteriori", uma das espécies de controlo tutelar constitucionalmente interdito em matérias de competência própria do município.

Portanto, são várias as situações de obras cuja rejeição é ultrapassável: em si, a recusa resulta de um poder relativamente "discricionário", dependente das possibilidades da altura e da vontade-possibilidade de as ultrapassar no futuro, mas se a questão, mesmo que o município opte por recusar com os motivos legalmente previstos, se os particulares assumirem responsabilidades que comprovadamente os ultrapassem, o deferimento é obrigatório, sob pena de ocorrer arbitrariedade e, por vezes mesmo, situações agressoras do principio constitucional da igualdade de tratamento. Ou seja, há situações que comportam *soluções negociadas*, que permitem a viabilização do pedido, face a uma possível reapreciação do pedido. Esta permite superar as condições o indeferimento.

O poder discricionário[673], deixa de o ser e convola-se em dever institucional, face ao direito do particular a uma solução que só depende dele. Algo diferente de um poder que não seja ultrapassável em si face ao direito territorial ou sem reais alterações no próprio projeto, conformadoras com a decisão municipal.

Nestes casos, desde que o requerente, por si ou com outros residentes envolventes na questão, na audiência prévia, apresente um compromisso para a assunção da realização dos trabalhos necessários ou a assumir os encargos inerentes à sua execução e os encargos de funcionamento das infraestruturas por um período mínimo de dez anos, o pedido deve ser deferido, se outras razões impeditivas não existirem, em casos em que o projeto de decisão de indeferimento se reporte a alguns fundamentos referentes a questões especificamente da administração municipal.

Em caso de deferimento, o requerente deve, antes da emissão do alvará, celebrar com a câmara municipal um *contrato relativo ao cumprimento das obrigações assumidas e prestar caução adequada*, beneficiando de redução proporcional ou isenção das taxas por realização de infraestruturas urbanísticas (segundo o regulamento municipal), devendo ser mencionadas expressamente quer a prestação da caução quer a execução ou manutenção das obras de urbanização tidas como condição do deferimento do pedido. Os encargos contratuais a suportar pelo requerente devem ser proporcionais à sobrecarga resultante da operação urbanística para as infraestruturas.

673 Poder discricionário do decisor administrativo não é poder arbitrário para fazer o que quiser ou livremente entender, pois resulta de uma incumbência para aplicar o imperativo legal em termos que, nas situações reais, concretas, circunstanciais, com que se depara, o que melhor puder realizar o interesse normador subjacente e tendo em conta os princípios gerais, desde logo consagrados na Constituição no capítulo referente à Administração Pública (art. 266.º, n.º 2).

A deliberação final de deferimento do pedido de licenciamento consubstancia a licença para a realização da operação urbanística.

Em causa, as situações que constituam, comprovadamente, uma sobrecarga incomportável para as infraestruturas ou serviços gerais existentes, as que trazem implicações em termos de construção ou manutenção de equipamentos municipais, as que pressupõem a realização de trabalhos municipais ou as que imponham a prestação de serviços municipais não previstos.

Em causa e em geral, há situações em que o licenciamento pode ser indeferido com fundamento justificado em diversos factos ou não pode ser recusado.

Temos aqui quer situações que, em casos inquestionáveis, o deferimento deve mesmo ser recusado, como é, desde logo, em geral o caso de operações que iriam afetar negativamente o *património arqueológico, histórico, cultural ou paisagístico, natural ou edificado,* assim como a pretensão de demolição de fachadas revestidas de azulejos ou só a remoção destes (em geral, confrontem ou não com a via pública ou logradouros, por se presumir a sua relevância cultural e económica suficiente para se manterem, ou seja, face ao valor patrimonial deles) e outras que, embora sejam passíveis de rejeição, estando ligadas apenas a uma relação de valor (o caso de azulejos, em que o município pode deferir o projeto se justificar tal admissão com a comprovada falta ou diminuto valor dos mesmos), o significado e dificuldade local no contexto periurbano, podem ser ultrapassadas se forem reenquadradas contratualmente por vontade do particular interessado, em termos que deixem de fazer recair sobre o município os referidos encargos não previstos no seu plano de atividades ou no plano orçamental da altura ou que não lhe sejam mesmo comportáveis, o que, podendo passar a uma evolução procedimentalizada de tipo negocial, que, se tiver êxito sem implicar novas despesas da coletividade para mero benefício de um particular, o licenciamento deve obrigatoriamente ocorrer, se outras causas de recusa não existirem, quer no requerimento inicial quer na proposta de superação dos fatores causantes do possível indeferimento.

O projeto também pode ser indeferido nos casos de situações que se traduzem em operações de *loteamento*[674], assim como *obras de urbanização e trabalhos de remodelação de terrenos* em área não é abrangida por operação de loteamento[675], em certas situações[676].

674 RJUE, alínea a), n.º 2, art. 4.º.

675 RJUE, alínea b), n.º 2, art. 4.º.

676 RJUE, n.º 2, art. 4.º.

Além das operações com remoção de azulejos de fachada, confrontando ou não com a via pública[677], poder ser rejeitada, segundo a interpretação dada anteriormente, as obras de construção, de alteração ou de ampliação em área sem pp nem alvará de loteamento, assim como as obras de conservação, reconstrução, ampliação, alteração ou demolição de imóveis classificados ou em vias de classificação e de imóveis integrados em conjuntos ou sítios classificados ou em vias de classificação, podem ser objeto de indeferimento se forem houver suscetibilidade de manifestamente afetar o acesso e a utilização de imóveis classificados de interesse nacional ou interesse público, a estética das povoações, a sua adequada inserção no ambiente urbano ou a beleza das paisagens, designadamente em resultado da desconformidade com as cérceas dominantes, a volumetria das edificações e outras prescrições expressamente previstas em regulamento.

4.18. Regime de alterações ao licenciamento urbanístico

Os termos e condições de uma licença válida podem ser modificados, face a um requerimento do interessado nesse sentido.

Embora com várias especificidades, a alteração à licença obedece, pois, ao regime procedimental próprio das operações de loteamento.

Desde logo, todas as alterações de licenças de operações de loteamento têm de ser precedidas de uma *consulta pública,* quando o procedimento de licenciamento imponha isso em regulamento municipal ou sempre que sejam ultrapassados limites estabelecidos no RJUE.

É dispensada a *consulta às entidades exteriores* ao município se o pedido de alteração se conformar com os pressupostos de facto e de direito dos anteriores pareceres, autorizações ou aprovações já emitidos no procedimento.

Os documentos constantes do processo inicial que se mantenham válidos e adequados, mantêm-se válidos neste procedimento de alteração.

Deve, no entanto, a câmara municipal, se necessário, promover a sua *atualização.*

Para além disso, a alteração da licença de operação de loteamento não pode ser aprovada se ocorrer oposição escrita dos titulares da maioria da área dos lotes constantes do alvará, devendo.

Para o efeito, o gestor de procedimento deve proceder à sua notificação para pronúncia no prazo de dez dias.

Desde que respeitem os parâmetros urbanísticos ou as utilizações permitidas pelo plano intermunicipal ou municipal de ordenamento, quaisquer

[677] RJUE, alínea c), n.º 2, art. 24 e al. i), n.º 2 art. 4.º.

alterações (quer visem alterar número de lotes ou não), se se traduzirem na *alteração de áreas de implantação, de construção ou no número de fogos* até 3% do inicialmente previsto, são aprovadas por simples deliberação da câmara municipal, com dispensa de quaisquer outras formalidades, sem prejuízo do necessário cumprimento de todas as outras normas aplicáveis.

Quanto a alterações no interesse público, para a execução de IGT e outros instrumentos urbanísticos, por iniciativa pública, as condições são a sua *necessidade, fundamentação, emissão de novo alvará, não oposição dos titulares da maioria dos lotes*, etc.[678].

Quer a exigência de *concordância* (ou, pelo menos, a inexistência de oposição) da maioria dos titulares de lotes, quer a possibilidade de utilização dos documentos constantes do processo inicial não se aplicam a alterações às condições da licença que impliquem um *novo prazo* para a execução das operações urbanísticas licenciadas inicialmente ou se reportem ao montante da caução para garantia das obras de urbanização, que se regem pelas regras do procedimento de urbanização e de edificação.

4.19. Regime da comunicação prévia

A comunicação prévia traduz-se numa *declaração* que, desde que *corretamente* instruída (segundo portaria específica do governo e com junção de *termo de responsabilidade* subscrito por técnico legalmente habilitado), permite ao interessado (após o pagamento das taxas devidas, por *autoliquidação*, nos termos da regulamentação da assembleia municipal respetiva), com dispensa da prática de quaisquer outros atos permissivos, proceder imediatamente à realização de determinadas operações urbanísticas com respeito pelas normas legais e regulamentares aplicáveis. Designadamente, as relativas às *normas técnicas de construção* e o disposto nos IGT.

O prazo de pagamento não pode ser inferior a 60 dias, contados do termo do prazo para a eventual notificação de despacho de suprimento de deficiências da comunicação.

Não é possível apresentar a comunicação prévia para obras a efetivar numa área abrangida por uma operação de loteamento enquanto não tiver ocorrido a receção provisória das obras de urbanização ou a prestação de caução.

Quando sejam necessárias *consultas externas*, a comunicação prévia pode ter lugar quando tais consultas já tenham sido efetuadas no âmbito de pedido de informação prévia, de aprovação de planos de pormenor ou de operações

[678] Art. 48.º.

de loteamento urbano. Ou, não sendo os casos, se o interessado instruir a comunicação prévia, com as *consultas* promovidas por ele.

A comunicação prévia é dirigida ao presidente da câmara municipal através da plataforma eletrónica, com indicação do *prazo de execução das obras*, sem prejuízo das regras sobre caducidade ou renovação.

As operações urbanísticas objeto de comunicação prévia são objeto de emissão de comprovativo eletrónico da sua apresentação e o comunicante pode solicitar aos serviços municipais a emissão de certidão do facto, sem dependência de qualquer despacho.

Após a apresentação da comunicação prévia, aplica-se-lhe o regime de notificação para o aperfeiçoamento do requerimento ou da sua instrução, para, por uma única vez e no prazo de 15 dias, corrigir ou completar o pedido, ficando suspensos os termos ulteriores do procedimento.

Caso o suprimento das deficiências no prazo em causa não ocorra, o presidente da Câmara municipal deve rejeitar liminarmente a comunicação.

No entanto, a câmara municipal deve, de qualquer maneira, em sede de *fiscalização sucessiva*, inviabilizar a execução das operações urbanísticas objeto de comunicação prévia e promover as medidas necessárias à *reposição da legalidade urbanística*, quando constate que não foram cumpridas as normas e condicionantes legais e regulamentares. Ou se se constatar que estas não foram precedidas de pedido de *consulta obrigatória* das devidas entidades externas ou não estão conformes com a pronúncia destas.

4.20. Regime de utilização de edificações

A *autorização de utilização* de edifícios ou suas frações autónomas na sequência de realização de obra sujeita a controlo prévio destina-se a verificar a *conclusão da operação urbanística*, no todo ou em parte, e a conformidade da obra com o projeto de arquitetura, arranjos exteriores aprovados e com as condições do respetivo procedimento de controlo prévio, assim como a conformidade da utilização prevista com as normas legais e regulamentares que fixam os usos e utilizações admissíveis. Pode contemplar utilizações mistas.

No caso dos pedidos de autorização de utilização, de alteração de utilização ou de alguma informação constante de licença de utilização que já tenha sido emitida, que não sejam precedidos de operações urbanísticas sujeitas a controlo prévio, a autorização de utilização de edifícios ou suas frações autónomas destina-se a verificar a conformidade da utilização prevista com as normas legais e regulamentares que fixam os usos e utilizações admissíveis, bem como a idoneidade do edifício ou sua fração autónoma para o fim pretendido, podendo contemplar utilizações mistas.

O pedido de autorização de utilização deve ser instruído com as telas finais, acompanhadas de termo de responsabilidade subscrito pelo diretor de obra ou pelo diretor de fiscalização de obra, no qual aqueles devem declarar que a obra está concluída e que foi executada de acordo com os projetos de arquitetura e especialidades, bem como com os arranjos exteriores aprovados e com as condições do respetivo procedimento de controlo prévio e que as alterações efetuadas ao projeto estão em conformidade com as normas legais e regulamentares que lhe são aplicáveis.

O pedido de autorização de utilização pode ainda ser instruído com termo de responsabilidade subscrito por pessoa legalmente habilitada a ser autor de projeto, nos termos do regime jurídico que define a qualificação profissional exigível aos técnicos responsáveis pela elaboração e subscrição de projetos, pela fiscalização de obra e pela direção de obra.

A autorização de utilização deve ser concedida no *prazo* de 10 dias a contar da receção do requerimento, com base nos termos de responsabilidade, salvo situação legalmente prevista.

Apenas excecionalmente, o presidente da câmara municipal, oficiosamente ou a requerimento do gestor do procedimento e no prazo legal, determina a realização de *vistoria*. Tal deve ocorrer quando se verifique os seguintes casos:

a) se o pedido de autorização de utilização não está instruído com os *termos de responsabilidade*. Em geral, quando o pedido de *autorização de utilização* for instruído com termo de responsabilidade, é dispensada a realização de vistoria municipal e a apresentação na câmara municipal de certificações, aprovações e pareceres externos. Neste caso, basta a comunicação da conclusão dos trabalhos, acompanhada de declaração subscrita pelo autor do projeto e pelo diretor de obra ou diretor de fiscalização de obra, de que tais elementos foram obtidos.
b) se houver indícios sérios *de desconformidade* com o projeto ou as condições estabelecidas. Nomeadamente com base nos elementos constantes do processo ou do livro de obra, a concretizar no despacho que determina a vistoria.
c) se existirem indícios sérios de que o edifício ou sua fração autónoma não são idóneos para o fim pretendido, nos casos em que o pedido de autorização de *utilização, de alteração de utilização ou de alguma informação,* constante do título de autorização de utilização que já tenha sido anteriormente emitida, que não tenha sido precedido de operações urbanísticas sujeitas a controlo prévio. Aqui, a autorização

de utilização de edifícios ou suas frações autónomas destina-se a verificar a conformidade da utilização prevista com as normas legais e regulamentares, que fixam os *usos e utilizações admissíveis e a idoneidade do edifício ou da sua fração* autónoma para o fim pretendido (embora podendo contemplar utilizações mistas).

*

Não havendo vistoria no prazo devido, o requerente pode solicitar a emissão do alvará de autorização de utilização, a emitir no prazo de cinco dias, mediante a apresentação do comprovativo do requerimento da mesma.

Se houver vistoria, esta realiza-se no prazo de 15 dias a contar da decisão do presidente da câmara, decorrendo sempre que possível em data a acordar com o requerente.

Ela é efetuada por uma comissão composta, no mínimo, por três técnicos, a designar pela câmara municipal, dos quais pelo menos dois devem ter habilitação legal para ser autor de projeto, correspondente à obra objeto de vistoria, segundo o regime da qualificação profissional dos técnicos responsáveis pela elaboração e subscrição de projetos.

As conclusões da vistoria são obrigatoriamente seguidas na decisão sobre o pedido de autorização.

No caso da imposição de obras de alteração decorrentes da vistoria, a emissão da autorização requerida depende da verificação da adequada realização dessas obras, mediante nova vistoria a requerer pelo interessado, a qual deve decorrer no prazo de 15 dias a contar do respetivo requerimento.

Não sendo a vistoria realizada nos prazos devidos, o requerente pode solicitar a emissão do título de autorização de utilização, mediante a apresentação do comprovativo do requerimento da mesma devidamente instruído, o qual é emitido no prazo de cinco dias e sem a prévia realização de vistoria.

*

No caso de edifícios constituídos em regime de propriedade horizontal, a autorização pode ter por objeto o edifício na sua totalidade ou cada uma das suas frações autónomas. A autorização de utilização só pode ser concedida autonomamente para uma ou mais frações autónomas quando as partes comuns dos edifícios em que se integram estejam também em condições de serem utilizadas.

Caso o interessado não tenha ainda requerido a certificação pela câmara municipal de que o edifício satisfaz os requisitos legais para a sua constituição em regime de *propriedade horizontal*, tal pedido pode integrar o requerimento de autorização de utilização. Estas disposições são aplicáveis, com as necessárias adaptações, aos edifícios compostos por *unidades suscetíveis de utilização independente* que não estejam sujeitos ao regime da propriedade horizontal.

4.21. Caducidade e revogação da licença e da autorização de utilização e cessação de efeitos da comunicação prévia. Titulação das operações. tutela da legalidade

A licença ou comunicação prévia para a realização de operação de loteamento caduca, no caso de não ser apresentada a comunicação prévia para a realização das *obras de urbanização*, no prazo de um ano, a contar da notificação do ato de licenciamento ou, na hipótese de comunicação prévia, se não for apresentada comunicação prévia para a realização de *obras de urbanização* no prazo de um ano a contar da data daquela. Ou se não for requerido o alvará único correspondente à *operação de loteamento e de obras de urbanização*, no prazo de um ano a contar da comunicação prévia das respetivas obras de urbanização. Ou, ainda, se não forem *concluídas* as obras de edificação previstas na operação de loteamento no prazo fixado para esse efeito.

O Decreto-Lei n.º 120/2013 de 21.8, aprovou um regime excecional de extensão de prazos para o dobro, previstos para a execução de obras, caducidade de licença ou admissão de comunicação prévia e a apresentação de requerimento do respetivo alvará de licenciamento ou de autorização de utilização, previstos nos arts. 58.º, 59.º, 71.º e 76.º do RJUE.

A licença ou comunicação prévia para a realização de operação de loteamento que não exija a realização de obras de urbanização e a licença para a realização das operações urbanísticas, caducam, no caso da licença, se no prazo de um ano a contar da notificação do ato de licenciamento não for requerida a emissão do respetivo alvará ou, no caso da comunicação prévia e sendo devida, não ocorra o pagamento das taxas no prazo previsto para o efeito, determinando, em qualquer dos casos, a imediata cessação da operação urbanística.

Para além destas situações, a licença ou a comunicação prévia para a realização das operações urbanísticas referidas no número anterior, bem como a licença ou a comunicação prévia para a realização de operação de loteamento que exija a realização de obras de urbanização, caducam ainda se as obras não forem iniciadas no prazo de doze meses a contar da data de emissão do alvará ou do pagamento das taxas no caso de comunicação prévia, ou nos casos de deferimento tácito; as obras estiverem suspensas por período superior a seis meses, salvo se a suspensão decorrer de facto não imputável ao titular da licença ou da comunicação prévia; as obras estiverem abandonadas por período superior a seis meses; as obras não forem concluídas no prazo fixado na licença ou comunicação prévia, ou suas prorrogações, contado a partir da data de emissão do alvará ou do pagamento das taxas no caso da comunicação prévia.

O *abandono das obras ou trabalhos* por período superior a seis meses presume-se sempre que eles se encontrem suspensos, sem motivo justificativo registado no livro de obra; decorram na ausência do diretor da obra ou se desconheça o paradeiro do titular da respetiva licença ou comunicação prévia sem que este haja indicado à câmara municipal procurador bastante que o represente.

A *caducidade*, nestas situações, deve ser declarada pela câmara municipal, verificadas as situações-pressuposto, mas só depois de audiência prévia do interessado.

Tratando-se de licença para a realização de operação de loteamento ou de obras de urbanização, a caducidade da licença e da comunicação em certas situações segue regras específicas.

As situações em causa são as motivadas por vários motivos:

a) as obras de edificação previstas na operação de loteamento "*não concluídas*" no prazo máximo para a sua conclusão.
   O prazo que é previsto no instrumento de programação da execução do plano territorial de âmbito intermunicipal ou municipal aplicável, nunca pode ser superior a 10 anos;
b) as operações de loteamento que não exija a realização de obras de urbanização e operações urbanísticas;
c) no caso da licença, se no prazo de um ano a contar da notificação do ato de licenciamento não for requerida a emissão do respetivo alvará;
d) no caso da comunicação prévia e sendo devida, se não ocorrer o pagamento das taxas no prazo previsto para o efeito, determinando, em qualquer dos casos, a imediata cessação da operação urbanística; e
e) as operações de loteamento, que exijam a realização de obras de urbanização, se as obras *não forem iniciadas* no prazo de 12 meses a contar da data de emissão do alvará ou do pagamento das taxas no caso de comunicação prévia, ou nos casos de deferimento tácitos;
f) as obras que estejam suspensas por período superior a seis meses, por facto imputável ao titular da licença ou comunicação prévia;

g) as obras que estejam abandonadas por período superior a seis meses ou se as obras não forem concluídas no prazo fixado na licença ou comunicação prévia, ou suas prorrogações, contado a partir da data de emissão do alvará ou do pagamento das taxas no caso da comunicação prévia[679].

*

Os termos específicos do seu regime são os seguintes: a caducidade não produz efeitos relativamente aos lotes para os quais já haja sido deferido pedido de licenciamento para obras de edificação ou já tenha sido apresentada comunicação prévia da realização dessas obras; nem relativamente às parcelas cedidas para implantação de *espaços verdes públicos e equipamentos de utilização coletiva e infraestruturas* que sejam indispensáveis aos referidos lotes e sejam identificadas pela câmara municipal na sua declaração.

Nas situações de *abandono* por mais de seis meses, a caducidade não produz efeitos, ainda, quanto à divisão ou reparcelamento fundiário resultante da operação de loteamento, mantendo-se os lotes constituídos por esta operação, a respetiva área e localização e extinguindo-se as demais especificações relativas aos lotes.

O titular de licença ou comunicação prévia que haja caducado pode requerer nova licença ou apresentar nova comunicação prévia.

Neste caso, serão utilizados no novo processo os elementos que instruíram o processo anterior desde que o novo requerimento seja apresentado no prazo de 18 meses a contar da data da caducidade ou, se este prazo estiver esgotado, não existirem alterações de facto e de direito que justifiquem nova apresentação.

*

As licenças ou as autorizações de utilização só podem ser revogadas nos termos estabelecidos na lei para os atos constitutivos de direitos. Mas, nos casos de imposição de medidas de reposição da legalidade (art. 102.º) que tenham que ver com desconformidades cos estes atos de controlo administrativo ou face a decisões revogadas ou declaradas nulas, se as exigências de correção ou alterações a efetivar (n.º 2 do art. 105.º) não tiverem sido cumpridas, a licença pode ser revogada pela câmara municipal decorrido o prazo

[679] Art. 71.º.

de seis meses a contar do termo do prazo, simultaneamente estabelecido, de acordo com a sua natureza e grau de complexidade.

4.22. Títulos das operações urbanísticas

As operações urbanísticas objeto de licenciamento são tituladas por alvará, cuja emissão é condição de eficácia da licença.

O requerimento de emissão de alvará só pode ser indeferido com fundamento na caducidade, suspensão, revogação, anulação ou declaração de nulidade da licença, na caducidade ou cassação do título da comunicação prévia ou na falta de pagamento das taxas.

A comunicação prévia relativa a operações urbanísticas é titulada pelo comprovativo eletrónico da sua apresentação emitido pela plataforma eletrónica referida, acompanhado do documento comprovativo do pagamento das taxas e, no caso de operações de loteamento, é titulada, ainda, por documento comprovativo da prestação de caução e da celebração do instrumento notarial[680] ou por declaração da câmara municipal relativa à sua inexigibilidade.

A autorização de utilização dos edifícios é titulada por alvará.

Cabe ao presidente da câmara municipal emitir o alvará para a realização das operações urbanísticas, podendo delegar esta competência nos vereadores, com faculdade de subdelegação, ou nos dirigentes dos serviços municipais.

O interessado deve, no prazo de um ano a contar da data da notificação do ato de licenciamento ou da autorização de utilização, requerer a emissão do respetivo alvará, apresentando para o efeito os elementos previstos em portaria aprovada pelo membro do Governo responsável pelo ordenamento do território. Pode ainda o presidente da câmara municipal, a requerimento fundamentado do interessado, conceder prorrogação, por uma única vez, do prazo previsto no número anterior.

No caso de operação de loteamento que exija a realização de obras de urbanização, é emitido um único alvará, que deve ser requerido no prazo de um ano a contar da comunicação prévia das obras de urbanização.

Sem prejuízo do disposto sobre a *concessão* da autorização de utilização (art. 64.º) e sobre a realização da vistoria (art. 65.º), o alvará é emitido no prazo de 30 dias a contar da apresentação do requerimento ou da receção dos elementos referentes ao suprimento de deficiências da instrução inicial do requerimento, desde que pagas as taxas devidas.

680 N.º 3 do art. 44.º.

No caso de substituição do titular de alvará de licença, o substituto deve fazer disso prova junto do presidente da câmara para que este proceda ao averbamento no prazo de 15 dias a contar da data da substituição.

A titularidade do alvará de autorização de utilização de edifícios ou frações autónomas é transmitida automaticamente com a propriedade a que respeita.

O alvará ou o título da comunicação prévia é *cassado* pelo presidente da câmara municipal quando a licença caduque, seja revogada, anulada ou declarada nula ou a comunicação prévia caduque, não cumpra as normas legais ou regulamentares aplicáveis, não tenha sido antecedida dos pareceres, autorizações ou aprovações, legalmente exigidos ou não conforme com os mesmos.

4.23. Execução das operações urbanísticas. Demolição, escavação e contenção periférica

A execução das obras e trabalhos sujeitos a licença só pode iniciar-se depois de emitido o alvará, com exceção das situações referidas no artigo seguinte e salvo os casos de deferimento tácito.

As obras e os trabalhos sujeitos ao regime da declaração de comunicação prévia devidamente instruída podem iniciar-se. As obras e trabalhos urbanísticos promovidas pela Administração Pública só podem iniciar-se depois de emitidos os pareceres ou autorizações aí referidas ou após o decurso dos prazos fixados para a respetiva emissão.

No prazo de sessenta dias (a contar do início dos trabalhos) o promotor da obra deve apresentar na câmara municipal uma cópia das especialidades e de outros estudos relativos às obras de construção, de alteração ou de ampliação em área não abrangida por operação de loteamento ou por plano de pormenor, assim como obras de conservação, reconstrução, ampliação, alteração ou demolição de imóveis classificados ou em vias de classificação e de imóveis integrados em conjuntos ou sítios classificados ou em vias de classificação, e as obras de construção, reconstrução, ampliação, alteração exterior ou demolição de imóveis situados em zonas de proteção de imóveis classificados ou em vias de classificação e ainda obras de reconstrução das quais resulte um aumento da altura da fachada ou do número de pisos.

Quando o procedimento de licenciamento haja sido precedido de informação prévia favorável que vincule a câmara municipal, pode o presidente da câmara municipal, a pedido do interessado, permitir a execução de trabalhos de demolição ou de escavação e contenção periférica até à profundidade do piso de menor cota, logo após o saneamento das deficiências do requerimento, desde que seja prestada caução para reposição do terreno nas condições em que se encontrava antes do início dos trabalhos.

Nas obras sujeitas a licença, esta decisão referida autorizadora pode ser proferida em qualquer momento após a aprovação do projeto de arquitetura.

Para estes efeitos, o requerente deve apresentar, consoante os casos, o plano de demolições, o projeto de estabilidade ou o projeto de escavação e contenção periférica até à data da apresentação do pedido referido no mesmo número.

O presidente da câmara tem de decidir sobre o pedido no prazo de quinze dias a contar da data da sua apresentação.

É título bastante para a *execução dos trabalhos de demolição, escavação ou contenção periférica* a notificação do deferimento do respetivo pedido, que o requerente, a partir do início da execução dos trabalhos por ela abrangidos, deverá guardar no local da obra. Os alvarás de licenças de operações de loteamento ou de obras de urbanização e a notificação de deferimento do pedido de demolição, escavação ou contenção periférica referente a procedimento de apreciação de operação urbanística em curso (neste caso, desde que exista declaração de informação prévia favorável que ainda vincule a câmara municipal), constituem título bastante para instruir os pedidos de, de saneamento, de gás, de eletricidade e de telecomunicações, podendo os requerentes optar, mediante autorização das entidades gestoras, pela realização das obras indispensáveis à sua concretização nas condições regulamentares e técnicas definidas por aquelas entidades.

No caso de obras sujeitas a comunicação prévia, constitui título bastante para estes efeitos a apresentação do comprovativo eletrónico da sua apresentação emitido pela plataforma eletrónica, acompanhado do documento comprovativo do pagamento das taxas e, no caso de operações de loteamento, também pelo documento comprovativo da prestação de caução e da celebração do instrumento notarial devido ou por declaração da câmara municipal relativa à sua inexigibilidade[681].

Até à apresentação do alvará de autorização de utilização, as ligações referidas no número anterior são efetuadas pelo prazo fixado no alvará respetivo ou no título da comunicação prévia, e apenas podem ser prorrogadas pelo período correspondente à prorrogação daquele prazo, salvo nos casos em que aquele alvará não haja sido emitido por razões exclusivamente imputáveis à câmara municipal. No caso de obras sujeitas a comunicação prévia, se for necessária a compatibilização de projetos com as infraestruturas existentes ou

[681] Art. 78.º, n.º 2, RJUE.

a sua realização no caso de inexistência, estas serão promovidas pela entidade prestadora ou pelo requerente.

4.24. Medidas de tutela da legalidade urbanística. Reposição da legalidade urbanística. Legalização e embargo. Trabalhos de correção ou alteração. Demolição da obra e reposição do terreno. Posse administrativa. Cessação da utilização de edifícios ou frações. Direito à salubridade e insolação

A) Sancionamento jurídico. Regime geral de invalidade dos atos urbanísticos

Vejamos em primeiro lugar o *regime de invalidade das decisões urbanísticas,* que funciona em termos de sancionamento jurídico para operações indevidas. Ele deve ser articulado com a *teoria geral dos vícios e tipologia sancionatória da ilegalidade.*

A questão da validade e eficácia dos atos municipais de licenciamento e de autorização de utilização e dos efeitos da comunicação prévia são um tema importante na economia das decisões urbanísticas.

Essa validade depende da sua conformidade com as normas legais e regulamentares aplicáveis em vigor à data da sua prática, sem prejuízo do disposto em matéria de edificações que tenham tido origem no passado[682].

São nulas as licenças, as autorizações de utilização e as decisões relativas a pedidos de informação prévia que violem uma norma de plano intermunicipal ou municipal de ordenamento do território, medidas preventivas ou licença ou comunicação prévia de loteamento em vigor.

Também são nulas se não tiverem sido precedidas de consulta das entidades cujos pareceres, autorizações ou aprovações sejam legalmente exigíveis. Ou, se obrigatórios, nos casos em que é respeitado e, assim, recebidos em tempo legalmente imposto, não estiverem em conformidade com esses pareceres, autorizações ou aprovações.

Estes factos geradores das nulidades e quaisquer outros factos de que possa resultar a invalidade dos atos administrativos devem ser participados por quem deles tenha conhecimento ao Ministério Público, para efeitos de propositura da competente ação administrativa especial e respetivos meios processuais acessórios[683].

[682] Art. 60.º RJUE.

[683] A citação ao titular da licença ou da autorização de utilização para contestar a ação, se tiver por objeto estes atos com fundamento em qualquer invalidade, tem os efeitos do regime do embargo.

No entanto, nada impede que o tribunal, oficiosamente ou a requerimento dos interessados, autorize o prosseguimento dos trabalhos, se do recurso resultarem indícios de ilegalidade da sua interposição ou da sua improcedência.

O juiz tem o prazo de 10 dias para decidir esta questão, se houver lugar a isso. Tudo isto, sem prejuízo da responsabilidade da própria Administração urbanística e da possibilidade, nos termos gerais de direito, aos atos nulos se atribuírem *efeitos jurídicos putativos*, se estivermos face a situações de facto decorrentes desses atos.

Com efeito, a possibilidade de o órgão responsável pela decisão da matéria declarar a nulidade caduca no prazo de 10 anos. Caducando, também, o direito de propor a ação, se os factos que determinaram a nulidade não forem participados ao Ministério Público nesse prazo, exceto relativamente a monumentos nacionais e respetiva zona de proteção.

B) Responsabilidade autárquica e direito de regresso obrigatório face ao decisor público

Quanto à *responsabilidade civil do município*, este responde civilmente nos termos gerais do regime jurídico específico da responsabilidade "civil extracontratual da Administração Pública", por ações e omissões cometidas em violação das normas do RJUE.

Esta responsabilidade inclui a cobertura por prejuízos resultantes de operações urbanísticas executadas com base em atos de controlo prévio ilegais, nomeadamente em caso de revogação, anulação ou declaração de nulidade de licenças ou autorizações de utilização, sempre que a causa de revogação, anulação ou declaração de nulidade resulte de uma conduta ilícita dos titulares dos seus órgãos ou dos seus funcionários e agentes.

Para estes efeitos são *solidariamente responsáveis* o titular do órgão administrativo singular, que haja praticado os atos, ao abrigo dos quais foram executadas ou desenvolvidas as operações urbanísticas referidas sem que tivesse sido promovida a consulta de entidades externas ou em desrespeito do parecer, autorização ou aprovação emitidos, quando vinculativos, tal como os *membros dos órgãos colegiais* que tenham votado a favor desses atos; os *trabalhadores* que tenham prestado informação favorável à prática do ato de controlo prévio ilegal, em caso de dolo ou culpa grave (direito de regresso obrigatório no montante que a Administração tenha pago; a exercer pelo município em termos amigáveis ou por via judicial, designadamente devendo, neste caso de acionamento pelos prejudicados, o juiz, após decisão em processo indemnizatório, decidir também sobre o tipo de culpa do ou dos agentes); os *membros da câmara municipal* quando não promovam as medidas necessárias à reposição da legalidade, também em caso de dolo ou culpa grave, devendo entender-se como tal o desprezo sem análise séria de posições que lhes foram representadas contra a prática dos atos quer por outros membros dos órgãos, funcionários, juristas ou particulares).

Quando a ilegalidade que fundamenta a revogação, anulação ou declaração de nulidade de ato administrativo resulte de parecer vinculativo, autorização ou aprovação legalmente exigível, a entidade que o emitiu no prazo devido responde solidariamente com o município, que fica sobre aquela com direito de regresso nos termos gerais de direito.

Os titulares dos órgãos municipais devem desencadear obrigatoriamente procedimentos disciplinares aos seus trabalhadores, sempre que se verifique alguma das situações de *falta grave ou dolosa e os tribunais administrativos que decidam questões de responsabilidade* do município por ação de indemnização colocada por particulares prejudicados devem prosseguir para apurar o grau de responsabilidade dos vários agentes, para efeitos de eventual direito de regresso ao município.

Todos os intervenientes nas operações urbanísticas, pessoas jurídicas, que violem, com *dolo ou negligência*, por *ação ou omissão*, os deveres inerentes ao exercício da atividade a que estejam obrigados por contrato ou por norma legal ou regulamentar aplicável são responsáveis pelo *ressarcimento dos danos* causados a terceiros e pelos custos e encargos das medidas específicas de *reconstituição da situação* que existiria caso a ordem jurídica urbanística não tivesse sido violada.

Relativamente a operações urbanísticas sujeitas a controlo prévio que tenham sido desenvolvidas em violação das condições previstas na licença, comunicação prévia ou autorização, consideram-se solidariamente responsáveis os empreiteiros, os diretores da obra e os responsáveis pela fiscalização, sem prejuízo da responsabilidade dos promotores e dos donos da obra, nos termos gerais.

Relativamente a operações urbanísticas sujeitas a controlo prévio que tenham sido realizadas sem tal controlo ou estejam em desconformidade com os seus pressupostos ou com qualquer das condições previstas na lei para a isenção de controlo prévio, consideram-se solidariamente responsáveis os promotores (os responsáveis pela sua execução ou desenvolvimento) e donos da obra, os responsáveis pelos usos e utilizações existentes e os empreiteiros (quem exercer a atividade de execução das obras) e diretores da obra.

No caso de operações urbanísticas incompatíveis com os IGT aplicáveis, são solidariamente responsáveis os autores e coordenadores dos projetos e dos demais documentos técnicos, os diretores da obra e os responsáveis pela fiscalização.

A aprovação do projeto ou, depois, o invocado "exercício" da fiscalização municipal não isentam os técnicos, responsáveis pela sua fiscalização ou direção, da responsabilidade pela condução dos trabalhos em estrita observância operativa pelas condições da licença ou da comunicação prévia.

Todos os intervenientes na realização de operações urbanísticas respondem solidariamente quando se verifique a impossibilidade de determinar o autor do dano ou, havendo concorrência de culpas, não seja possível precisar o grau de intervenção de cada interveniente no dano produzido.

Os funcionários e agentes da Administração Pública que deixem de participar infrações às entidades fiscalizadoras ou prestem informações falsas ou erradas sobre as infrações à lei e aos regulamentos de que tenham conhecimento no exercício das suas funções incorrem também em responsabilidade disciplinar, punível com pena de suspensão a demissão.

Qualquer pessoa tem legitimidade para comunicar à câmara municipal, ao Ministério Público, às ordens ou associações profissionais, ao Instituto dos Mercados Públicos, do Imobiliário e da Construção, ou a outras entidades competentes a violação das normas do RJUE.

No entanto, não são admitidas denúncias anónimas, independentemente de nada impedir que se sirvam de informações e elementos factuais aí constantes sobre uma possível ilegalidade, para investigar. Portanto, sem prejuízo de, como indícios ou elementos de alerta, não deixarem de impor a um executivo diligente e responsável fazer as devidas verificações que esclareçam, para seus efeitos de controlo urbanístico, sobre a eventual veracidade do que consta da denúncia, mesmo que não assinada, sob pena de, a haver ilegalidade, a sua inércia fiscalizadora acabar por poder ser sancionada, por nem assim cumprir deveres institucionais a que está obrigado a todo o tempo no território sob sua administração.

C) Fiscalização administrativa, concomitante e sucessiva às operações

No domínio da fiscalização das operações urbanísticas e inspeções, a realização de quaisquer operações urbanísticas está sujeita a *fiscalização administrativa, concomitante e sucessiva às operações* (inspeções, vistorias), independentemente de estarem isentas de fiscalização prévia (controlo prévio, com sujeição a licenciamento, comunicação prévia) ou autorização de utilização.

A fiscalização administrativa visa assegurar a conformidade daquelas operações com as disposições legais e regulamentares aplicáveis e a prevenir os perigos que da sua realização possam resultar para a saúde e segurança das pessoas.

Esta fiscalização (em geral, municipal, sem prejuízo da exercível pelo Estado), com auxílio de funcionários municipais com formação adequada para preparar e executar as decisões, compete ao presidente da câmara municipal, com a faculdade de delegação em qualquer dos vereadores (sem prejuízo das competências atribuídas por lei a outras entidades). Os atos praticados pelo presidente da câmara municipal no exercício dos poderes de fiscalização e que envolvam um juízo de legalidade de atos praticados pela câmara municipal, ou que suspendam ou ponham termo à sua eficácia, podem ser por esta revogados ou suspensos.

O presidente da câmara municipal pode solicitar colaboração de quaisquer autoridades administrativas ou policiais. A câmara municipal pode contratar com empresas privadas habilitadas a efetuar fiscalização de obras a realização das inspeções e vistorias. Podem realizar inspeções aos locais onde se desenvolvam atividades sujeitas a fiscalização, sem dependência de prévia notificação, os funcionários municipais responsáveis pela fiscalização de obras ou as empresas privadas contratadas para o efeito. De qualquer modo, tal não dispensa a obtenção de prévio mandado judicial para a entrada no domicílio de qualquer pessoa sem o seu consentimento, requerido pelo presidente da câmara municipal junto dos tribunais administrativos[684].

O presidente da câmara municipal, para além dos casos especialmente previstos no RJUE, pode ainda ordenar a realização de vistorias aos imóveis em que estejam a ser executadas operações urbanísticas se o exercício dos poderes de fiscalização dependerem da prova de factos que, pela sua natureza ou especial complexidade, impliquem uma apreciação valorativa de caráter pericial.

As suas conclusões são obrigatoriamente seguidas na decisão a tomar.

Elas são efetivadas por três técnicos a nomear pela câmara municipal, dois dos quais com habilitação legal para ser autor de projeto, correspondentes à obra objeto de vistoria, segundo o regime da qualificação profissional dos técnicos responsáveis pela elaboração e subscrição de projetos. O proprietário do imóvel pode, se quiser, indicar um perito para participar e quesitar os técnicos nomeados.

[684] Código de Processo nos Tribunais Administrativos, processos urgentes.

D) Direito de sancionamento civil, administrativo e penal

No âmbito do direito penal, temos ao serviço do urbanismo, em geral, o crime de *desobediência* por desrespeito dos atos administrativos que determinem qualquer medida de tutela da legalidade urbanística. Ligado a esta matéria, também podem ocorrer *falsas declarações ou informações prestadas*, nos termos de responsabilidade dos técnicos ou no livro de obra e tal integra o crime de falsificação de documentos.

No entanto, hoje (como referido anteriormente, ao expor as características do direito do urbanismo), de modo mais direto, específico, temos ao serviço da defesa das normas urbanísticas, a considerar quer os artigos 277.º[685] e 278.º-A, que se refere à *violação de normas urbanísticas*, quer o 328.º-A do código penal, que enviou para regulamentos, normas urbanísticas e o artigo 18.º da lei 32/2010, de 2.9 e 41/2010, de 3.9; implicando o artigo 386.º da CP a lei 35/87, e art. 18.º da 34/87, de 6.7[686].

[685] Vide, sobre o tema, também o capítulo I. O art. 277.º refere-se a infração de regras de construção, dano em instalações e perturbação de serviços e o art. 278.º-A refere-se diretamente a violação de regras urbanísticas. Para o primeiro, quem, no âmbito de atividade profissional, criar perigo para a vida ou para a integridade física de outrem, ou para *bens patrimoniais alheios de valor elevado*, é punido com pena de prisão se tal resultar por haver infringido regras legais, regulamentares ou *técnicas* que devam ser observadas no planeamento, direção ou execução de construção, demolição ou instalação, ou na sua modificação ou conservação; destruir, danificar ou tornar não utilizável, total ou parcialmente, *instalação para aproveitamento, produção, armazenamento, condução ou distribuição de água, óleo, gasolina, calor, eletricidade, gás ou energia nuclear*, ou *para proteção contra forças da natureza*; impedir ou perturbar a exploração de serviços de comunicações ou de fornecimento ao público de *água, luz, energia ou calor*, subtraindo ou desviando, destruindo, danificando ou tornando não utilizável, total ou parcialmente, coisa ou energia que serve tais serviços; destruir, danificar ou tornar não utilizável, total ou parcialmente, aparelhagem ou outros meios existentes em local de trabalho e destinados a prevenir acidentes, ou, infringindo regras legais, regulamentares ou técnicas, omitir a instalação de tais meios ou aparelhagem. De facto, estamos aqui face a um "crime de infração de regras de segurança (art. 277.º, n.º 1, al. b), 2.ª parte do Código Penal), que pode tocar também em bens ambientais. Face a um crime de perigo concreto quanto ao grau de lesão dos bens jurídicos, e de resultado, quanto à forma de consumação do ataque ao objeto da ação. As condutas assumem relevância criminal ao preencher o tipo incriminador do crime de infração de regras de construção com criação de perigo concreto para a vida ou para a integridade física de outrem, ou para bens patrimoniais alheios de valor elevado.

[686] Artigo 278.º-A (Violação de regras urbanísticas): "1 – Quem proceder a obra de construção, reconstrução ou ampliação de imóvel que incida sobre via pública, terreno da Reserva Ecológica Nacional, Reserva Agrícola Nacional, bem do domínio público ou terreno especialmente protegido por disposição legal, consciente da desconformidade da sua conduta com as normas urbanísticas aplicáveis, é punido com pena de prisão até três anos ou multa. 2 – Não são puníveis as obras de escassa relevância urbanística, assim classificadas por lei. 3 – As pessoas colectivas e entidades equiparadas são responsáveis, nos termos gerais, pelo crime previsto no n.º 1 do presente artigo. 4 – Pode o tribunal ordenar, na decisão de condenação, a demolição da obra ou a restituição do

*

No que se reporta ao *sancionamento contraordenacional*, como dissemos, são sancionáveis como contraordenação as infrações urbanísticas por *desrespeito ao RJUE*, mesmo sob a *forma tentada e culposa*, cabendo ao presidente da câmara municipal a instauração dos processos de contraordenação para aplicar as coimas previstas neste regime segundo os parâmetros aplicativos do regime jurídico geral das contraordenações com as especificidades previstas no domínio urbanístico.

Tudo, sem prejuízo da *responsabilidade civil, criminal ou disciplinar*.

*

Quanto à *culpa*, ela é, um elemento constitutivo da contraordenação, diferenciando-se da questão "tipicidade e da ilicitude", analisando-se "na possibilidade de um juízo de censura ou de reprovação da conduta do agente, por, em face das circunstâncias, poder e dever agir de outro modo". Uma sentença é nula se omitir, na pronúncia sobre a questão da "ilicitude, culpa e gravidade da conduta de um arguido, inexistirem ou, pelo menos, de baixa intensidade[687].

A *fundamentação da decisão administrativa* sobre uma infração num processo contraordenacional pode ser feita no próprio ato. Mas considera-se efetivada nos termos gerais de direito procedimental, através de mera remissão para os meios de prova constantes do auto de notícia, desde que essa remissão possibilite ao destinatário ficar a conhecer esses meios de prova que suportam os factos dados como comprovados.

*

O *princípio do contraditório e o direito ao recurso* exigem que a AP ouça o transgressor e aceite reponderar o seu projeto de decisão assim como, depois,

solo ao estado anterior, à custa do autor do facto". Quanto ao direito criminal, Vide, v.g., Novo, Fernando – *A Violação das Regras Urbanísticas Reflexão Crítica*. Porto: UCP, 2013; Ignacio Berdugo Gómez de la Torre, Nuria Matellanes Rodríguez – "Respuesta penal frente a la corrupción y responsabilidad penal de las personas jurídicas". *Revista General de Derecho Penal*, N.º 20, 2013; Mandietta, Manuel Villoria – *Informe Global de la Corruption*, Londres: Pluto Press, 2006.Vide, ainda, Cunha, José Damião da – *A Reforma Legislativa em Matéria de Corrupção, Uma Análise Crítica das Leis n.ºs 32/2010, de 2 de Setembro, e 41/2010, de 3 de Setembro*, Coimbra Editora, 1.ª Edição, Abril 2011; – *O Conceito de Funcionário, para Efeito da Lei Penal e a "Privatização" da Administração Pública*, Coimbra: Coimbra Editora, 2008; "Funcionário/Função Pública e Direito Penal, Equívocos Jurisprudenciais, Legislativos e Doutrinais". *Revista Portuguesa de Ciência Criminal*, Ano 19, n.º 1, 2009.

[687] Acórdão do STA de 26.4.2007.

a sua decisão final (reclamação para o autor da decisão e recursos), e se, na pronúncia endoprocedimental prévia ou no requerimento de impugnação, o arguido solicitar a realização de uma prova, v.g., apresentando um rol de testemunhas, estas devem ser ouvidas previamente à decisão em causa.

No caso de processo jurisdicional que, eventualmente, ocorra por incumprimento ou desacordo do sancionado, tem de haver *audiência pública* e, face a esse recurso a tribunal da aplicação ou da medida de coima, "o juiz só pode decidir por despacho depois de notificados o arguido e o Ministério Público, anunciando essa sua intenção" (regime geral das contraordenações). A indicação pelo arguido nas suas alegações de testemunhas, tal conduta traduz a sua vontade de que as mesmas sejam ouvidas em audiência de julgamento, reveladora de uma oposição inequívoca do arguido a outra forma de apreciação da causa. Com a omissão de tal formalidade, o despacho enferma da nulidade insanável e da nulidade, pelo que é "inválido.

*

A realização de obra *sem a correspondente licença* trata-se de um ilícito instantâneo (que se consuma "com o ato final na realização total ou parcial da obra "projetada" sem licença, no momento em que efetuaram as obras sem essa necessária licença), embora com efeitos duradouros (sem prejuízo de prescrições sancionadoras), pois, no tempo, permanece a sua ressonância, traduzida nos efeitos dessa conduta. Ilícito instantâneo.

Portanto, não é um *ilícito contínuo, permanente*, a ser cometido ininterruptamente até à remoção do facto causal. Por si, a manutenção da obra ilícita não constitui elemento da contraordenação da realização de operações urbanísticas sujeitas a prévio licenciamento ou autorização sem alvará. E, por isso, a prescrição do procedimento criminal corre desde o dia em que o facto se tiver consumado. Ou seja, a *data da conclusão da obra*.

O *direito à defesa em processo contraordenacional* tem de ser assegurado proporcionando ao arguido um conhecimento efetivo dos elementos necessários para a sua defesa.

À luz das *garantias do direito de defesa*, constitucionalmente assegurado como verdadeiro *direito à interdição de indefesa* (administrativa, tal como jurisdicional), a *descrição factual* que consta da decisão de aplicação de coima deve ser suficientemente explícita para permitir apercebermo-nos dos factos que são imputados para se poder, com base nessa perceção, apresentar adequadamente a defesa, mesmo que se traduza numa descrição sumária, como requisito mínimo disso.

Não é suficiente enunciar a norma, mas, para impedir arbitrariedades ou más interpretações na sua aplicação, e permitir quer a pronúncia do infrator quer impugnações e recuso a tribunal, também, é, obrigatoriamente, necessário, sob pena de invalidade, a caracterização precisa da factualidade que preenche a previsão infracional abstrata dela constante (*tatbestand*), de que depende a consequência sancionadora imposta.

A "interdição de indefesa", como expressão do geral direito à defesa, mesmo em processo contraordenacional, implica que "da decisão de aplicação de coima constem todos os elementos que serviram de base à condenação", não podendo considerar-se como tal o mero cumprimento do requisito de que, na decisão de aplicação de coima, sejam indicados os elementos que contribuíram para a sua fixação através de uma simples "remissão para uma informação que consta do processo contraordenacional".

Em processo de contraordenação, "a não indicação na decisão de aplicação de coima dos *elementos que contribuíram para a sua fixação*, constitui nulidade insuprível".

No entanto, se estas exigências de conhecimento só devem considerar-se satisfeitas se as "indicações contidas na decisão" forem suficientes para permitir o *exercício efetivo dos direitos de defesa*, então, "pela mesma ordem de razões, se a coima for fixada no limite mínimo abstratamente aplicável ou num valor muito próximo deste limite", de tal modo, que a exigência da indicação dos elementos que contribuíram para a fixação da coima, em si mesmo não assume "relevo jurídico autónomo" quanto ao montante sancionatório, ao perder o sentido, a ratio legis, face ao não útil ou, pelo menos, não essencial significado, não impedindo a defesa geral, quanto à própria narração oficial no conteúdo da apontada infração, por o arguido não ter necessidade de conhecer os elementos que contribuíram para a concreta da fixação da coima nesses casos, ao não poder diminuir-se o seu valor, apenas eliminá-lo na totalidade, se a contestação à própria infração proceder face aos factos como tais, independentemente da ponderação medidora da gravidade.

Ocorrendo o limite mínimo de contextualização concretizadora da situação "abstratamente aplicável", desde que não esteja, por isso, "prejudicado o exercício efetivo dos seus direitos de defesa", temos situações em que "a omissão da indicação de tais elementos *não constitui nulidade insuprível*" no processo de contraordenação.

Mas uma decisão que aplique uma coima tem de conter não apenas a *descrição sumária dos factos e a indicação das normas violadas e punitivas como ainda tem de enunciar a coima e as sanções acessórias cominadas, com indicação dos elementos que contribuíram para o sancionamento* no caso concreto e individual, em ordem a "dotar o arguido das informações indispensáveis à preparação da sua defesa". Exigências que, portanto, se consideram efetivadas se as indicações contidas na decisão forem "suficientes para permitir ao arguido o exercício efetivo dos seus direitos de defesa"[688].

No entanto, em geral, este requisito de plena congnoscibilidade dos factos indicados na decisão administrativa de aplicação da coima, que se traduz na descrição sumária dos factos, tem de se "interpretar em *correlação necessária com o tipo legal de infração*, no qual se prevê e pune a contraordenação que for imputada ao agente", sendo para isso essencial, não apenas a indicação da tipificação da infração como a enunciação de *elementos essenciais referentes a ter sido cometida de forma negligente*, sendo o caso".

*

Em processo de contraordenação, a decisão da autoridade administrativa que aplica uma coima deve ser notificada ao arguido, face ao disposto no direito processual penal (aplicação subsidiária do regime jurídico das contraordenações).

Nos casos em que é utilizado o recurso a *carta registada*, presume-se que o arguido fica devidamente notificado no terceiro dia útil posterior ao do "envio" do registo postal, a partir de quando se inicia a contagem do prazo de 20 dias, para se interpor recurso de impugnação judicial[689].

*

A *definição de edificação*, para efeitos de aplicação da legislação urbanística, *não corresponde à noção física de imóvel, como algo que não se move*, pois assenta num conceito que implica uma imobilidade por incorporação no solo com carácter de permanência.

Em processo de contraordenação, a dedução da acusação pelo Ministério Público não impede que este magistrado promova e o juiz decida a declaração da *nulidade da decisão administrativa*. Tratando-se de *nulidades insupríveis*, sendo estas de conhecimento oficioso e podendo ser arguidas até a decisão se tornar definitiva, sempre se impunha a este agente público arguir tal nulidade, na defesa do princípio da legalidade, que lhe cabe acautelar.

O facto do Ministério Público não retirar a acusação, isso não significa que, ao defender a nulidade dos termos subsequentes do processo à decisão

[688] ASTA, de 7.11.2007, proc. n.º 814/07.

[689] Isto, independentemente de o arguido ter assinado em data anterior o aviso de receção com que se fez acompanhar tal meio de notificação.

administrativa, se está perante a nulidade de falta de promoção por não ter sustentado a acusação até ao julgamento. Com efeito, a falta de promoção do processo significará inexistência de acusação ou falta de impulso do processo, mas, aqui, ela existe e impulso do processo também existe, uma vez que o Ministério Público está a promover o seu andamento nos termos legais. De facto, a ser nula a acusação por esse facto e a decisão administrativa continuasse a figurar na ordem jurídica, com a consequente condenação do arguido, sem que tivesse sido exercida a ação processual, tal seria "manifestamente, ilegal".

O *recurso de impugnação da decisão da autoridade administrativa* no âmbito de um processo de contraordenação, pertence ainda à fase administrativa do processo, só começando a *fase judicial com a apresentação dos autos ao juiz* pelo Ministério Público. Este prazo não é um prazo judicial, não lhe sendo aplicáveis as regras do processo civil nem do processo penal, e não se presumindo a notificação ao mandatário efetuada no terceiro dia posterior ao registo (Código do Processo Civil), mas sim no próprio dia da sua receção.

Certas contraordenações podem ainda determinar, quando a *gravidade da infração* o justifique, a *aplicação de sanções acessórias*, desde a *apreensão dos objetos* pertencentes ao agente (que tenham sido utilizados como instrumento na prática da infração), a interdição do exercício no município, até ao máximo de quatro anos, da *profissão ou atividade* conexas com a infração praticada ou a *privação do direito a subsídios* outorgados por entidades ou serviços públicos.

As sanções aplicadas aos autores dos projetos, responsáveis pela direção técnica da obra ou a quem subscreva o termo de responsabilidade são comunicadas à ordem ou associação profissional. A interdição de exercício de atividade, quando aplicada a uma pessoa coletiva, estende-se a outras pessoas coletivas constituídas pelos mesmos sócios.

*

O *prazo para recorrer da decisão administrativa* que aplica coima por uma infração contraordenacional é de 20 dias a contar da sua notificação, suspendendo-se aos sábados, domingos e feriados[690].

Em matéria de direito sancionatório, "vale o princípio constitucional da aplicação do *regime globalmente mais favorável ao infrator*", pois, "embora apenas previsto expressamente para as infrações criminais", deve ser aplicado

[690] O prazo do regime geral das contraordenações para interposição do recurso da decisão de coima não é um prazo judicial, pelo que não se lhe aplica o art. 144.º, n.º 3, do Código do Processo Civil, mas sim o art. 279.º do Código das Contraordenações. Sendo vários os arguidos que sejam condenados numa coima, a pagar solidariamente por eles, o prazo de recurso a que se alude no art. 59.º, n.º 3, só começa a correr depois de efetuada a notificação do último (art. 47.º, 4RGCO).

"analogicamente aos outros procedimento sancionatórios e direito dos infratores a não serem punidos em medida que se venha posteriormente a considerar que, afinal, era inapropriada por excesso.

Por isso, "para além de nunca poder ser aplicável uma lei sobre prescrição mais gravosa para o arguido do que a vigente no momento da prática da infração, será mesmo aplicável retroativamente o regime que, globalmente, mais favoreça o infrator".

A *atenuação especial* da coima exige a verificação cumulativa de dois pressupostos, a saber: o reconhecimento da sua responsabilidade por parte do infrator e a regularização da situação infracional até à decisão do processo.

A falta de formulação de conclusões na motivação de recurso, por via do qual se intenta impugnar a decisão da autoridade administrativa que aplicou uma coima, só implica a rejeição do recurso se o recorrente, previamente convidado a efetuar tal formulação, o não fizer. Em processo de contraordenação, constitui nulidade insuprível, a falta de indicação, na decisão de aplicação de coima, dos elementos que contribuíram para a sua fixação, pelo que não satisfaz aquele requisito a remissão para uma informação que consta do processo de contraordenação. No entanto, uma declaração de nulidade insuprível consequente a esse facto, ou seja, em geral à falta de descrição sumária dos factos base do ato, não leva à absolvição da instância, existindo jurisprudência que entende que tal implica apenas "a remessa do processo à Administração, para possível sanação daquela irregularidade e renovação do ato sancionatório que ao caso caiba".

E) Embargo

No caso de embargo de obra nova (ou respetiva ratificação judicial), a lei contenta-se com a "verificação" de um dano jurídico.

Basta, pois, que o "facto tenha a feição de ilícito porque contrário à ordem jurídica concretizada num direito de propriedade (numa posse ou fruição legal)", para que deva considerar-se prejudicial para os efeitos do embargo.

No caso de ratificação judicial de embargo de obra nova, a ocorrência do requisito legal "obra nova não concluída" tem de estar verificado "na ocasião da notificação verbal"[691], e "não na data em que o respetivo requerimento judicial de ratificação entrou em juízo ou noutra data posterior".

Foi expressamente afastado pela lei o princípio da proporcionalidade, previsto para o procedimento cautelar comum, no que respeita ao decretamento (ou ratificação) de embargo de obra nova[692].

691 Art. 412.º, n.º 2, CPC.

692 Art. 392.º, n.º 1, CPC.

O *embargo extrajudicial*, consistente no simples aviso verbal dirigido ao responsável da obra para a não continuar, como intimação meramente verbal e produzida particularmente pelo cidadão interessado (feito na presença de duas testemunhas), "não carece, para ser válida e eficaz, de ser reduzida a qualquer documento escrito, que a descreva".

Trata-se de uma opção ao dispor do embargante que tenha especial urgência em obter aquela paragem da obra[693].

A junção, pelo embargante, de uma informação elaborada por polícia municipal onde esta refere ter-lhe sido dito pelo advogado do embargado que o mesmo ficara sem efeito e que as partes haviam chegado a acordo, não justifica o indeferimento liminar do requerimento inicial do pedido de ratificação judicial do embargo (n.º 3).

*

O campo de aplicação dos artigos 59.º (*altura* de qualquer edificação[694]) e 60.º (*distância mínima entre fachadas de edificações*[695]) do RGEU restringe-se às

[693] Art. 412.º, n.º 2, CPC.

[694] Artigo 59.º do DL n.º 38382/51, de 7 de Agosto (RGEU): "A altura de qualquer edificação será fixada de forma que em todos os planos verticais perpendiculares à fachada nenhum dos seus elementos, com excepção de chaminés e acessórios decorativos, ultrapasse o limite definido pela linha recta a 45.º, traçada em cada um desses planos a partir do alinhamento da edificação fronteira, definido pela intersecção do seu plano com o terreno exterior. § 1.º Nas edificações construídas sobre terrenos em declive consentir-se-á, na parte descendente a partir do referido plano médio, uma tolerância de altura até ao máximo de 1,50m. § 2.º Nos edifícios de gaveto formado por dois arruamentos de largura ou de níveis diferentes, desde que se não imponham soluções especiais, a fachada sobre o arruamento mais estreito ou mais baixo poderá elevar-se até à altura permitida para o outro arruamento, na extensão máxima de 15 metros.§ 3.º Nas edificações que ocupem todo o intervalo entre dois arruamentos de larguras ou níveis diferentes, salvo nos casos que exijam soluções especiais, as alturas das fachadas obedecerão ao disposto neste artigo. § 4.º Em caso de simples interrupção de continuidade numa fila de construções poderá o intervalo entre as duas edificações confinantes ser igual à média das alturas dessas edificações, sem prejuízo, no entanto, do disposto no artigo 60.º. Vide jurisprudência: Acórdão da Relação de Lisboa de 10-05-2011, Proc. 987/10.5TBALQ.L1-1 (embargo extrajudicial de obra nova. ratificação. plano director municipal. edificação urbana. direito de tapagem). O campo de aplicação dos arts. 59.º e 60.º "restringe-se às fachadas principais das edificações, regendo para as laterais o art. 73.º. Para além dos interesses públicos, que pretendem salvaguardar, existem normas do PDM que têm também em vista a proteção dos interesses particulares.3.A violação dos direitos à salubridade e à insolação, decorrente da edificação de um pavilhão com altura máxima superior ao previsto no PDM, confere aos ofendidos o direito de fazerem diretamente o embargo de obra nova por via extrajudicial).

[695] Artigo 60.º: "Independentemente do estabelecido no artigo anterior, a distância mínima entre fachadas de edificações nas quais existam vãos de compartimentos de habitação não poderá ser

fachadas principais das edificações, regendo para as laterais o art. 73.º (*janelas* dos compartimentos das habitações[696]), relativamente a muros ou fachadas fronteiras (mínimo de três metros), salvaguardando a que decorrer da altura da fachada fronteira[697].

Para além dos interesses públicos que pretendem salvaguardar, existem normas dos planos locais que têm também em vista a proteção dos interesses particulares.

A violação dos *direitos à salubridade e à insolação*, decorrente da edificação de um pavilhão com altura máxima superior ao previsto num plano intermunicipal ou municipal, confere aos ofendidos o direito de fazerem diretamente o embargo de obra nova por via extrajudicial.

O presidente da câmara municipal é, em geral, competente, sem prejuízo das competências de outras entidades, para *embargar obras de urbanização, de edificação, de demolição e quaisquer trabalhos de remodelação de terrenos*, quando estejam a ser executados sem a necessária licença ou comunicação prévia ou *desconformes* quer com projeto ou condições do licenciamento ou comunicação prévia (exceto em caso de alterações legalmente admitidas durante a execução da obra, comunicadas previamente em tempo ou isentas de controlo) quer com normas legais e regulamentares aplicáveis.

O embargo obriga à suspensão imediata, no todo ou em parte, dos trabalhos de execução da obra.

Tratando-se de obras licenciadas ou objeto de comunicação prévia, o embargo determina também a *suspensão da eficácia da licença* ou, no caso de *comunicação prévia, a imediata cessação da operação urbanística* e, no caso de *obras de urbanização, a suspensão de eficácia da licença de loteamento urbano*, a que a mesma respeita ou a cessação das respetivas obras.

O prazo do embargo interrompe-se com a apresentação de pedido de alteração à licença ou comunicação prévia.

inferior a 10 metros. § único. Tratando-se de arruamentos já ladeados, no todo ou na maior parte, por edificações, as câmaras municipais poderão, sem prejuízo do que esteja previsto em plano de urbanização aprovado, estabelecer alinhamentos com menor intervalo, não inferior, contudo, ao definido pelas construções existentes".

[696] Artigo 73.º As janelas dos compartimentos das habitações deverão ser sempre dispostas de forma que o seu afastamento de qualquer muro ou fachada fronteiros, medido perpendicularmente ao plano da janela e atendendo ao disposto no artigo 75.º, não seja inferior a metade da altura desse muro ou fachada acima do nível do pavimento do compartimento, com o mínimo de 3 metros. Além disso não deverá haver a um e outro lado do eixo vertical da janela qualquer obstáculo à iluminação a distância inferior a 2 metros, devendo garantir-se, em toda esta largura, o afastamento mínimo de 3 metros acima fixado.

[697] V.g., ASTA, de 8.7.1999, proc. 44785 (3m do limite do terreno vizinho mesmo sem construção.

O embargo, ainda que parcial, suspende também o prazo que estiver fixado no alvará de licença ou estabelecido na comunicação prévia pelo período da sua vigência.

A ordem de embargo *caduca* quando é proferida uma decisão com caráter definitivo definidora da situação jurídica da obra ou no termo do prazo que foi fixado, mas caduca automaticamente, inexistindo prazo pré-fixado ou, se não houver decisão definitiva, no prazo de seis meses, que pode ser prorrogável uma única vez, por igual período.

Nos caos de *ilegalidade por desconformidade com o projeto ou as condições* de licenciamento ou comunicação prévia, ou de violação das normas legais e regulamentares aplicáveis, o presidente da câmara municipal, se for caso disso, pode ainda ordenar a realização de trabalhos de correção ou alteração da obra, fixando um prazo para o efeito (maior ou menor conforme a sua natureza e grau de complexidade).

No entanto, a obra permanece embargada até ser proferida uma decisão definitiva, se decorrido o prazo fixado, os trabalhos não estiverem integralmente realizados. E a própria câmara municipal pode promover a realização dos trabalhos de correção ou alteração por conta do titular da licença ou do apresentante da comunicação prévia, se se estiver perante obras de urbanização ou outras indispensáveis para assegurar a proteção de interesses de terceiros ou o correto ordenamento urbano.

F) Demolição e reposição

O presidente da câmara municipal pode igualmente, quando for caso disso, ordenar a demolição total ou parcial da obra ou a reposição do terreno nas condições em que se encontrava antes da data de início das obras ou trabalhos, fixando um prazo para o efeito.

Mas a demolição pode ser evitada se a obra for suscetível de ser licenciada, de ser objeto de comunicação prévia ou se puder assegurar-se a sua conformidade com as normas legais e regulamentares aplicáveis, mediante a realização de trabalhos de correção ou de alteração.

A ordem de demolição ou de reposição deve ser precedida da audição do interessado. Este dispõe de 15 dias para se pronunciar, a contar da data da sua notificação.

O presidente da câmara municipal, decorrido o prazo para demolição ou reposição do terreno sem o cumprimento voluntário, ordena a demolição ou reposição por conta do infrator.

G) Posse administrativa

Em caso de incumprimento de medidas de tutela da legalidade urbanística (e independentemente de responsabilidade criminal), pode determinar a posse administrativa do imóvel onde está a ser realizada a obra, por forma a permitir a execução coerciva de tais medidas.

As quantias relativas às despesas realizadas com a execução coerciva, incluindo quaisquer indemnizações ou sanções pecuniárias que a Administração tenha de suportar para o efeito, são de conta do infrator.

A *posse administrativa* do terreno e dos equipamentos mantém-se pelo período necessário à execução coerciva da respetiva medida de tutela da legalidade urbanística, caducando no termo do prazo fixado para a mesma.

Tratando-se de execução coerciva de uma ordem de demolição ou de trabalhos de correção ou alteração de obras, estas devem ser executadas no mesmo prazo que havia sido concedido para o efeito ao seu destinatário, contando-se aquele prazo a partir da data de início da posse administrativa.

H) Novo regime regulador de intimações face à substituição interventiva das autarquias

O problema da *eficácia da imposição de decisões corretivas de ilegalidades* por parte do poder local no domínio do urbanismo, com importância também na temática do *arrendamento*, foi revisto no Decreto-Lei n.º 66/2019, de 21.5 (regras aplicáveis à intimação para a execução de obras de *manutenção, reabilitação ou demolição e sua execução coerciva*), que veio modificar a matéria quer no RJUE[698] quer no RJRU.

Esta normação parte corretamente da premissa ideológica estatal de que a *habitação* é um direito fundamental constitucionalmente consagrado, enquanto base indispensável de uma *sociedade estável e coesa* e alicerce para permitir aos cidadãos construírem as condições para acesso a outros direitos sociais fundamentais, tais como o direito ao emprego, educação e saúde.

O direito à habitação não é apenas o "direito a um teto", devendo consubstanciar-se numa "habitação adequada e condigna". Uma habitação que garanta "condições mínimas de habitabilidade, em particular de segurança, salubridade e conforto". Assim, quer a habitação quer a sua reabilitação são assumidas como "áreas estratégicas e fundamentais ao desenvolvimento humano e da vida em comunidade" e de "promoção da competitividade e coesão dos territórios".

[698] RJUE, artigos 2.º, 4.º, 89.º, 90.º, 91.º, 107.º e 108.º.

Tal não pode deixar de justificar o objetivo de atribuir prioridade política à "melhoria da qualidade de vida das populações", designadamente com a finalidade de interesse público de efetivar a "revitalização e competitividade das cidades" e a "coesão social e territorial"[699].

Há muito tempo que se vem assistindo à "progressiva degradação do edificado", não apenas devido à prolongada política legislativa das "limitações administrativas impostas ao valor das rendas", com consequente falta de "capacidade financeira dos proprietários para a realização das obras de conservação necessárias", como pela falta do contrapeso dessa política tida de interesse públicos. As suas cujas consequências recaíram apenas sobre os particulares, sem os devidos "apoios financeiros significativos" à sua reabilitação.

Esperemos que, com as atuais alterações ao "enquadramento legal e fiscal em matéria de arrendamento urbano e de reabilitação urbana" (embora essencialmente à custa de políticas, por vezes associais, quando não mesmo antissociais, referentes ao *valor das rendas e precaridade contratual*), e o previsto "conjunto de instrumentos de financiamento para as obras de reabilitação" (IFRRU 2020, "Reabilitar para Arrendar"), os proprietários respeitem obrigações de conservação ou recuperação de edifícios, com procedimentos de reabilitação, e em geral garantam as "condições mínimas de habitabilidade". Visa-se acabar com a "persistência de edifícios degradados", com riscos para segurança de pessoas e bens, desde logo sobretudo os edifícios habitados.

O Decreto-Lei n.º 66/2019[700] pretende, num "quadro das soluções e respostas de *política pública* aperfeiçoar o regime da "execução de *obras coercivas*", na medida em que sejam indispensáveis à correção de falta de "*condições de segurança ou de salubridade* das edificações".

Desde logo, estão em causa os proprietários que não cumpram as obrigações legais e estejamos face a situações em que as autarquias, apesar do *risco à segurança de pessoas e bens*, não conseguem levar os proprietários a executar obras devidas. Situações em que os proprietários são incertos ou com paradeiro desconhecido ou perante a sua inércia. Sempre a apenas para se garantir essa segurança e a salubridade ou condições mínimas de habitabilidade. Após a *intimação dos proprietários* para o fazer e se deva seguir vias de tomada de "posse administrativa" para a execução municipal de obras ou, executadas

[699] O diploma segue as linhas de orientação da "Nova Geração de Políticas de Habitação constante da RCM n.º 50-A/2018, de 2.5,, que consagrou como missão central do governo a garantia do "acesso de todos a uma habitação adequada e criar as condições para que a reabilitação passe de exceção a regra e se torne na forma de intervenção predominante, tanto ao nível dos edifícios como das áreas urbanas".

[700] O decreto-lei n.º 67/2019, de 21.5, veio agravar o IMI em prédios de zonas de pressão urbanística.

em substituição do proprietário sem posterior reembolso voluntário, haja dificuldades em desencadear *mecanismos coercivos de ressarcimento*[701].

Tal ocorre porque o procedimento para execução de obras coercivas, não sendo operativo, não é eficaz por se traduzir numa faculdade autárquica não efetiva de intervenção pública.

Há muito que se constatam *imensas faltas de atuação pública*, com obstáculos reais a uma "efetiva garantia das *condições mínimas de segurança e habitabilidade* do parque edificado". Exigindo alterações legislativas no regime da "notificação para a intimação de ato devido", no domínio do instituto da "posse para execução de obra coerciva" e no campo da previsão correta de mecanismos legais de "ressarcimento de todas as despesas incorridas na execução de obras coercivas por uma autoridade administrativa". Tal como no de uma *modelação clara das "exigências de controlo prévio"* para a execução de obras determinadas pelas autarquias. Por isso, optou-se agora pelo *regime da comunicação prévia*, como meio idóneo e suficiente de conferimento de que o "âmbito e a extensão" da obra corresponde aos termos da intimação e ao regime do "arrendamento forçado"[702].

A câmara municipal pode a todo o tempo, oficiosamente ou a requerimento de qualquer interessado, determinar a *execução das obras necessárias à correção de más condições de segurança ou de salubridade* e às de *conservação necessárias à melhoria do arranjo estético*[703].

A decisão que impuser a realização da vistoria com seus fundamentos é notificada ao proprietário por carta registada ou, se não for conhecida a sua identidade ou o paradeiro, é feita mediante edital, nos termos do CPA e a afixação de um edital no imóvel.

Caso o proprietário não inicie as obras (artigo 89.º), nem apresente os *elementos instrutórios* no prazo fixado, ou se estes forem rejeitados, ou não se concluir as obras dentro dos prazos fixados, a câmara municipal pode

[701] E mesmo dos *custos de realojamento definitivo dos inquilinos e indemnizações ou sanções pecuniárias* que a Administração tenha de suportar, em dinheiro, dação em cumprimento ou consignação voluntária de rendimentos do imóvel.

[702] Artigo 59.º, RJRU.

[703] Esta notificação é acompanhada da indicação dos elementos instrutórios necessários para a execução daquelas obras, incluindo a indicação de medidas urgentes, quando sejam necessárias, bem como o prazo em que os mesmos devem ser submetidos, sob pena de o notificando incorrer em incumprimento do ato, com as devidas consequências (artigos 91.º e 100.º). Estes atos tornam-se eficazes desde a sua notificação ao proprietário, devendo ser promovido oficiosamente para efeitos de averbamento, o registo predial da intimação para a execução de obras ou para a demolição, servindo de título a certidão passada pelo município, que só é cancelado face a atestação da conclusão das obras e do cumprimento da ordem de demolição ou pela junção da autorização de utilização.

(também após notificação postal ou edital e com sua obrigatória afixação no imóvel), tomar *posse administrativa* do imóvel para proceder à *execução coerciva imediata das obras necessárias.*

Neste caso, aplica-se, de modo adaptado, a todos os *atos preparatórios, levantamentos, sondagens, realização de estudos e projetos, adaptações,* o disposto no RJUE[704].

I) Cessação da utilização de edifícios

Compete ao presidente da câmara ordenar e fixar prazo para a *cessação da utilização de edifícios ou frações autónomas,* quando sejam ocupados sem a necessária autorização de utilização ou quando estejam a ser afetos a fim diverso do previsto no seu alvará.

A câmara municipal, quando os ocupantes não cessarem a utilização indevida no prazo fixado, pode ordenar o despejo administrativo. Este deve ser sobrerrestado quando, tratando-se de edifício ou fração que estejam a ser utilizados para habitação, se o ocupante apresentar atestado médico que confirme *doença aguda,* de modo que a execução possa pôr em risco de vida de quem se encontre no local.

Neste caso, a câmara municipal tem de providenciar, previamente, pelo *realojamento* da pessoa em questão à custa do responsável pela utilização indevida.

J) Garantias dos particulares e direito processual. Intimação judicial. Impugnação de pareceres. Sanção pecuniária compulsória. Processo urgente de intimação judicial para a prática de ato legalmente devido. Impugnação de pareceres. Ação administrativa especial contra ordens de embargo e de reposição da situação anterior

Face a ausência de decisão, ou seja, em caso de "silêncio" da Administração face a um requerimento, decorrido que sejam os prazos fixados para a prática de uma decisão urbanística, sem que o mesmo tenha sido praticado, o interessado pode recorrer ao *processo urgente de intimação judicial para a prática de ato legalmente devido,* no caso de se tratar de decisão que devesse ser praticado por qualquer órgão municipal no âmbito do procedimento de licenciamento. Exceto se, no caso de uma dada decisão, por força de disposição legal expressa,

[704] Artigos 107.º, 108.º e 108.º-B. As quantias relativas às despesas realizadas, incluindo os custos com o *realojamento dos inquilinos* a que haja lugar, e quaisquer outras, tais como despesas realizadas para fazer face aos *encargos de gestão e manutenção do imóvel* que, comprovadamente, se realizar durante o período em que durar o arrendamento, são de conta dos proprietários faltosos.

o interessado dever considerar, com todas as consequências a retirar disso, a pretensão constante do seu requerimento como *tacitamente deferida*.

*

Quanto à *intimação judicial*, esta traduz-se na apresentação de um pedido, instruído com cópia do requerimento apresentado na administração pública, ao tribunal administrativo competente, solicitando uma sentença que interpele a entidade administrativa faltosa para efetivar o cumprimento do seu dever de decisão.

Esta entidade pode apresentar a sua contestação ao pedido no prazo de 14 dias.

Mas, no caso de o ato pretendido vir a ser, ainda, adotado dentro do prazo para a contestação, o processo termina por inutilidade superveniente da lide.

Findo o prazo para a contestação sem comprovação da prática do ato solicitado, o processo vai ao juiz que tem 5 dias para decidir pela intimação ou pela rejeição do pedido (no caso de inexistirem os pressupostos para a constituição do dever de decisão, por violação de disposições legais ou regulamentares).

Na decisão, o juiz estabelece *um prazo não inferior a 30 dias* para o cumprimento do dever de decisão e, simultaneamente, fixa uma *sanção pecuniária compulsória*, na medida em que estamos face a decisão condenatória para emissão de um ato administrativo, assim impondo explicitamente o cumprimento de *deveres de respeito do tribunal*, por parte do seu destinatário público. Portanto, o tribunal tem, não só o poder de fixar oficiosamente um prazo para o seu cumprimento (sem prejuízo de, justificadamente, poder prorrogá-lo), como, também, quando entender que se justifica, para prevenir o incumprimento, tem o poder de impor uma sanção pecuniária compulsória.

*

Esta *sanção pecuniária compulsória* consiste na *condenação dos titulares dos órgãos incumbidos da execução*, que para o efeito devem ser individualmente identificados, ao pagamento de uma quantia pecuniária por cada dia de atraso que, para além do prazo limite estabelecido, se possa vir a verificar na execução da sentença.

Deve ser fixada de acordo com *critérios de razoabilidade*, podendo o seu montante diário oscilar entre 5% e 10 % do salário mínimo nacional mais elevado em vigor no momento.

Se o órgão ou algum dos órgãos obrigados for colegial, não são abrangidos pela sanção pecuniária compulsória os membros do órgão que *votem a favor* da *execução integral e imediata*, nos termos judicialmente estabelecidos, desde que façam registar em ata o seu voto favorável, nem aqueles que, não estando presentes na votação, *comuniquem por escrito* ao presidente a sua vontade de executar a sentença.

O pagamento só cessa logo que se comprove ter sido realizada integralmente a execução da sentença[705], se o exequente desistir do pedido ou, ainda, se a execução já não puder ser realizada pelos destinatários da medida, por terem cessado ou terem sido suspensos do exercício das respetivas funções.

Neste âmbito, o titular ou titulares do órgão podem deduzir oposição à decisão compulsória com fundamento na existência de *causas de justificação ou de "desculpação"* da conduta.

Quando, no processo, tiver sido deduzido pedido de condenação da Administração à adoção de atos jurídicos ou comportamentos que envolvam a *formulação de valorações próprias* do exercício da função administrativa, e portanto o exercício de poderes discricionários, sem que a apreciação do caso concreto permita identificar apenas uma atuação como legalmente possível, o tribunal não pode determinar o conteúdo do ato jurídico ou do comportamento a adotar, mas deve *explicitar tudo o que nesse âmbito a entidade pública deve fazer*, ou seja, as devidas *vinculações a observar pela Administração*, de modo, não só que não ocorram decisões arbitrárias, ou que se repitam opções livres alheadas da solução que, no caso em apreço, claramente transpareça como diferente da adotada.

Há que rejeitar-se, totalmente, a defesa tradicional de que o "poder discricionário" (que, apenas, é atribuído face a uma incontornável dificuldade do legislador, porque só pode atuar normando de modo abstrato, poder prever e abranger todas as situações factuais da vida), como se esse poder pudesse servir de veículo para uma posterior redução à arbitrariedade decisora, mesmo que limitada, ao permitir-se qualquer uma das diferentes soluções "tidas" como possíveis em termos apenas de idoneidade da solução ou mesmo de imparcialidade e de proporcionalidade, pois tem de esgotar um racional processo de ponderação global de todos os fatores que a questão posa suscitar, designadamente os pertinentes para afunilar as distintas hipóteses, em termos de custos atuais, mas também de encargos futuros, de tempo de realização, de eficiência prática futura, tudo de modo que se adote aquela solução que,

[705] A liquidação das importâncias devidas em consequência da imposição destas sanções é feita pelo tribunal, trimestralmente e, no final, quando cessar a aplicação da medida.

de facto, melhor venha a satisfazer o interesse públicos e mais cabalmente realize o direito ou interesse legítimo do cidadão.

Já, no caso de aplicação, que tenha por incorreta dentro do devido quadro interpretativo, situações que exigem densificações de conceitos imprecisos, cabe-lhe a devida interpretação

No caso de, na matéria, o quadro normativo permitir ao juiz especificar o *conteúdo dos atos e operações a adotar*, mas da instrução realizada não resultem *elementos de facto suficientes* para proceder a essa especificação, o tribunal notifica a Administração para apresentar, no prazo de 20 dias, uma *proposta fundamentada* sobre a matéria, para, depois de ouvir os demais intervenientes no processo, poder, eventualmente, *ordenar as diligências complementares* que considere necessárias, em ordem a "ditar" a sentença.

O recurso desta decisão tem efeito meramente devolutivo. E, portanto, não impede logo o cumprimento do que nela consta, ou seja, permite executar a solução em reapreciação na pendência desta, mas impondo no fim, eventualmente, as devidas correções que resultem dessa reapreciação final[706].

Decorrido o prazo fixado pelo tribunal, sem que se mostre praticado o ato devido, o interessado pode prevalecer-se do deferimento tácito.

*

Quanto à execução das operações urbanísticas, tratando-se de aprovação do projeto de arquitetura, em que o interessado pode juntar os projetos das especialidades e outros estudos ou, caso já o tenha feito no requerimento inicial, então inicia-se a contagem do prazo fixado.

O interessado pode iniciar e prosseguir a execução dos trabalhos de acordo com o requerimento apresentado e acompanhado dos elementos instrutórios necessários ou, no caso de pedido de autorização, dar de imediato utilização à obra, desde que pague previamente as taxas devidas.

Neste caso, se a câmara municipal se *recusar a liquidar ou a receber as taxas* devidas, o interessado *procede ao depósito* do montante devido em instituição de crédito à ordem da câmara municipal, ou, quando não esteja efetuada a liquidação, provar que se encontra garantido o seu pagamento mediante *caução*, por qualquer meio em direito admitido, por montante calculado nos termos do regulamento municipal de taxas[707].

[706] V.g., a noção em Acórdão do tribunal da relação de Guimarães, proc. 2743/17.0T8GMR,G1, de 3.5.2018.

[707] Para tal devem ser afixados nos serviços de tesouraria da câmara municipal o número e a instituição bancária em que a mesma tenha conta e onde seja possível efetuar o depósito, bem como a indicação do regulamento municipal de taxas.

Caso a câmara municipal não efetue a liquidação da taxa devida nem tenha afixado os elementos necessários para o depósito, o interessado pode iniciar os trabalhos ou dar de imediato utilização à obra. Deve dar desse facto conhecimento à câmara municipal e requerer ao tribunal administrativo de círculo da área da sede da autarquia que intime esta (nos termos já analisados para a intimarão de condenação para a prática do ato), para emitir o *alvará de licença ou autorização de utilização.*

De qualquer modo, mesmo que não o faça, *a certidão da sentença transitada em julgado que haja intimado à emissão do alvará de licença ou autorização de utilização passa a substituir, para todos os efeitos legais, o alvará* não emitido.

Nestas situações, a obra não pode ser embargada por qualquer autoridade administrativa com fundamento na falta de licença.

Os *pareceres expressos* que sejam emitidos por órgãos da administração estadual no âmbito dos procedimentos regulados no RJUE podem ser objeto de *impugnação administrativa autónoma.*

A impugnação perante os órgãos administrativos, reclamações ou recursos, de todos os atos praticados ou dos pareceres emitidos ao abrigo deste RJUE deve ser decidida no prazo de 30 dias, findo o qual se consideram deferida.

A *ação administrativa especial* contra os atos de imposição de demolição de obra e de reposição do terreno tem efeito suspensivo.

Com a citação da petição de recurso, a autoridade administrativa tem o dever de impedir, com urgência, o início ou a prossecução da execução do ato recorrido.

No entanto, a todo o tempo e até à decisão em 1.ª instância, o juiz pode conceder o *efeito meramente devolutivo à ação,* oficiosamente ou a requerimento do recorrido ou do Ministério Público, caso do mesmo resultem indícios da ilegalidade da sua interposição ou da sua improcedência.

Desta decisão cabe recurso com efeito meramente devolutivo, que sobe imediatamente, em separado.

L) Regime jurídico da participação procedimental e ação popular

A Lei n.º 83/95, de 31 de agosto[708], define os casos e termos em que é conferido e pode ser exercido quer o direito de participação popular em procedimentos

[708] Com as alterações da Lei 214-G/2015, de 2.10 (depois da retificação n.º 4/95, de 12/10 de 1995), alterando os artigos 12.º, 16.º e 19.º, para os adaptar ao regime entretanto criado pelo CPTA e sua estrutura de formas de processo. O artigo 8.º desta lei de 2015 dispõe que, no art. 12.º, n.º 1: "A ação popular administrativa pode revestir qualquer das formas de processo previstas no Código de Processo nos Tribunais Administrativos"; o 16.º, n.1, passa e concentrar os anteriores

administrativos quer o direito de ação popular, concebidos em geral para a prevenção, cessação e perseguição judicial de infrações a quaisquer normas de defesa de interesses difusos, desde a qualidade de vida, constitucionalmente também conexionada com o urbanismo, além do património cultural, a saúde pública, o ambiente e a proteção do consumo de bens (especialmente, os alimentares e em geral ligados a direitos fundamentais), e mesmo estes interesses autonomamente considerados.

Assim, a titularidade dos direitos de participação procedimental e do direito de ação popular na defesa dos valores sociais tidos como "interesses difusos" pertence a quaisquer cidadãos (e ONGA), quer tenham ou não um interesse direto na matéria e às autarquias locais (em relação aos interesses de que sejam titulares os residentes na área da circunscrição).

Esta legislação define os casos e termos em que são conferidos e podem ser exercidos estes direitos procedimentais e o de ação popular (a acrescentar a outros meios e normas de defesa de interesses difusos[709], visando a *prevenção, cessação ou perseguição judicial das infrações* previstas, desde logo, no n.º 3 do artigo 52.º da Constituição, designadamente estando em causa o ambiente, a qualidade de vida, a saúde pública, a proteção do consumo de bens e serviços, o património cultural e o domínio público.

Ela atribui, além do mais, e sem necessidade do filtro pré-contencioso da Comissão de Acesso aos Documentos Administrativos, e mesmo na fase endoprocedimental, um direito instrumental de acesso à informação, com possibilidade de intimação judicial imediata para prestação da referida informação, em caso de recusa administrativa. E constitui um poderoso instrumento jurídico de reação dos cidadãos, enquanto tais, contra incumprimentos normativos ofensivos de valores que também envolvem, direta ou indiretamente, o ambiente.

Caracterizando resumidamente o seu regime, vejamos as suas linhas fundamentais.

n.ºs 2 e 3, dispondo sobre a possibilidade de representação de outras pessoas coletivas além das titulares aqui prevista e de substituição na lide do Ministério Público no caso de o autor desistir ou entrar em transação ou condutas lesivas do interesse em causa; e, no n.1 do 19.º, sobre "Decisões transitadas em julgado", refere que: "Salvo quando julgadas improcedentes por insuficiência de provas ou quando o julgador deva decidir por forma diversa fundado em motivações próprias do caso concreto, os efeitos das sentenças transitadas em julgado proferidas no âmbito de processo que tenham por objeto a defesa de interesses individuais homogéneos abrangem os titulares dos direitos ou interesses que não tiverem exercido o direito de se autoexcluírem da representação, nos termos do artigo 16.º".

[709] Designadamente, tendo em conta meios jurisdicionais já consagrados noutras legislações, tais como a lei de bases do ambiente, do consumo, do património, da saúde pública, etc.

No que se refere à titularidade destes direitos de participação procedimental e do direito de ação popular, ela pertence a quaisquer cidadãos no gozo dos seus direitos civis e políticos e às associações e fundações defensoras dos interesses em causa, independentemente de terem ou não interesse direto na demanda.

São igualmente titulares desses direitos, as autarquias locais em relação aos interesses de que sejam titulares residentes na área da respetiva circunscrição.

Quanto à legitimidade ativa das associações e fundações são requisitos da mesma a personalidade jurídica, a inclusão expressa, entre as suas atribuições ou nos seus objetivos estatutários, da defesa dos interesses em causa no tipo de ação de que se trate, o não exercício de qualquer tipo de atividade profissional concorrente com empresas ou profissionais liberais.

No que se refere ao direito de participação popular, o artigo 4.º impõe o dever de *prévia audiência na preparação de planos ou em matéria de localização e realização de obras e investimentos públicos.*

Assim, a adoção de planos de desenvolvimento das atividades da Administração Pública, de planos de urbanismo, de planos de ordenamento do território em geral e a decisão sobre a localização e a realização de obras públicas ou de outros investimentos públicos, com impacte relevante no ambiente (ou nas condições económicas e sociais e da vida em geral das populações ou agregados populacionais) de certa área do território nacional, devem ser precedidos, na fase de instrução dos respetivos procedimentos, da audição dos cidadãos interessados e das entidades defensoras dos interesses que possam vir a ser afetados por aqueles planos ou decisões.

Considera-se como equivalente aos planos, a preparação de atividades coordenadas da Administração, a desenvolver com vista à obtenção de resultados com impacte relevante e como obras públicas ou investimentos públicos com impacte relevante aquelas que se traduzam em custos avultados, aí especificados, ou que, sendo de valor inferior, influenciem significativamente as condições de vida das populações de determinada área, quer sejam executados diretamente por pessoas coletivas públicas, quer por concessionários.

Será dado conhecimento público do início do procedimento para elaboração dos planos ou decisões de realizar as obras ou investimentos, para permitir a realização da audição dos interessados, através da afixação de editais nos lugares de estilo, quando os houver, e ainda publicados anúncios em dois jornais diários de grande circulação, bem como num jornal regional, quando existir.

Os editais e anúncios devem identificar as principais características do plano, obra ou investimento e seus prováveis efeitos e indicar a data a partir da qual será realizada a audição dos interessados.

Entre a data do anúncio e a realização da audição deverão mediar, pelo menos, 20 dias (salvo casos de urgência devidamente justificados pela Administração pública), durante os quais estarão disponíveis para consulta dos interessados os documentos e demais atos do procedimento, isto é, os estudos e outros elementos preparatórios dos projetos dos planos ou das obras.

Destes elementos preparatórios têm de constar obrigatoriamente indicações sobre as eventuais consequências que a adoção dos planos ou decisões possa ter sobre os bens, o ambiente e as condições de vida das pessoas abrangidas.

Durante este período, os cidadãos podem pedir, oralmente ou por escrito, esclarecimentos sobre os elementos facultados.

No prazo de cinco dias, a contar do termo do período da consulta, os interessados deverão comunicar à autoridade instrutora a sua pretensão de serem ouvidos oralmente ou de apresentarem observações escritas.

Se preferirem ser ouvidos, os interessados devem indicar os assuntos sobre que pretendem intervir e qual o sentido geral da sua intervenção[710].

*

Os interessados serão ouvidos em audiência pública, devendo a autoridade encarregada da instrução prestar os esclarecimentos que entender úteis, durante a audiência. A Administração Pública tem um dever de ponderação fundamentada em face das alegações dos cidadãos, e de resposta às considerações efetivadas.

A autoridade instrutora ou, por seu intermédio, a autoridade promotora do projeto, quando aquela não for competente para a decisão, deve *responder às observações formuladas e justificar as opções tomadas.*

A resposta será comunicada por escrito aos interessados.

Em certas situações, este processo pode ser substituído por um procedimento coletivo.

Com efeito, quando a autoridade instrutora deva proceder a mais de 20 audições, pode determinar que os interessados se organizem de modo a escolherem representantes nas audiências a efetuar, os quais serão indicados no prazo de cinco dias a contar do fim do período de consulta.

No caso de os interessados não se fazerem representar, poderá a entidade instrutora escolher, de entre os interessados, representantes de posições afins, de modo a não exceder o número de 20 audições.

[710] Das audiências serão lavradas atas assinadas pela autoridade encarregada da instrução.

As observações escritas ou os pedidos de intervenção idênticos são agrupados, a fim de que a audição se restrinja apenas ao primeiro interessado que solicitou a audiência ou ao primeiro subscritor das observações feitas.

No caso de se adotar a forma de audição através de representantes, ou no caso de a apresentação de observações escritas ser em número superior a 20, poderá a autoridade instrutora optar pela publicação das respostas aos interessados em dois jornais diários e num jornal regional, se existir.

***

Quanto à *ação popular*, temos o art. 12.º da Lei abre meios jurisdicionais administrativos e civis, referindo-se à *ação administrativa* e à *ação popular civil*.

A ação administrativa compreende a defesa dos interesses difusos protegidos por esta lei, com fundamento em ilegalidade contra quaisquer atos administrativos lesivos desses interesses.

A ação popular civil pode revestir qualquer das formas previstas no Código de Processo Civil. Há um regime especial de indeferimento da petição inicial.

Ela deve ser indeferida quando o julgador entender que é manifestamente improvável a procedência do pedido, ouvido o Ministério Público e feitas preliminarmente as averiguações que o julgador tenha por justificadas ou que o autor ou o Ministério Público requeiram.

Quanto ao *regime de representação processual*, dispõe especificamente a lei que, nos processos de ação popular, o autor representa por iniciativa própria, com dispensa de mandato ou autorização expressa, todos os demais titulares dos direitos ou interesses em causa, que não tenham exercido o direito de autoexclusão.

Recebida a petição de ação popular, a lei dispõe que se proceda à citação dos titulares dos interesses em causa na ação de que se trate, que não sejam intervenientes nela. Para o efeito de, no prazo fixado pelo juiz, passarem a intervir no processo, a título principal, se o quiserem aceitar na fase em que se encontrar, e para declararem nos autos se aceitam ou não ser representados pelo autor; ou se, pelo contrário, se excluem dessa representação, nomeadamente para o efeito de lhes não serem aplicáveis as decisões proferidas, sob pena de a sua passividade valer em princípio como aceitação[711].

[711] Mas a representação é ainda suscetível de recusa pelo representado até ao termo da produção de prova ou fase equivalente, por declaração expressa nos autos. A citação será feita por anúncio ou anúncios tornados públicos através de qualquer meio de comunicação social ou editalmente, consoante estejam em causa interesses gerais ou geograficamente localizados, sem obrigatoriedade de identificação pessoal dos destinatários, que poderão ser referenciados enquanto titulares dos mencionados interesses, e por referência à ação de que se trate, à identificação de pelo menos

No âmbito da *fiscalização da legalidade*, atribui a possibilidade do Ministério Público, que não tenha intentado ação, face a pendência de outros autores, possa, depois, substituir-se ao autor em caso de desistência da lide, tal como em situação que se lhe depare de uma transação ou outros comportamentos, desde que justifique a lesividade dos interesses em causa e a necessidade de os defender face a possíveis combinações negociais no decurso do processo, não motivadas pelo interesse público e respeito dos valores implicados. Previsão que, embora podendo constar do estatuto funcional do ministério público, deve constar expressamente deste diploma.

No que diz respeito às *regras probatórias*, à recolha de provas pelo julgador, prevê a lei que na ação popular e no âmbito das questões fundamentais definidas pelas partes, cabe ao juiz a iniciativa própria em matéria de recolha de provas, sem vinculação à iniciativa das partes.

Quanto à eficácia dos recursos, vigora um regime especial, segundo o qual, mesmo que determinado recurso não tenha efeito suspensivo, nos termos gerais, pode o julgador, em ação popular, conferir-lhe esse efeito, para evitar dano irreparável ou de difícil reparação.

No plano dos efeitos do caso julgado, dispõe a lei que as sentenças transitadas em julgado proferidas, em ações ou recursos administrativos ou em ações cíveis, salvo quando *julgadas improcedentes por insuficiência de provas, ou quando o julgador deva decidir por forma diversa, fundado em motivações próprias do caso concreto*, têm eficácia geral, não abrangendo, contudo, os titulares dos direitos ou interesses que tiverem exercido o direito de se autoexcluírem da representação[712].

o primeiro autor, quando seja um entre vários, do réu ou réus e por menção bastante do pedido e da causa de pedir. Quando não for possível individualizar os respetivos titulares, a citação far-se-á por referência ao respetivo universo, determinado a partir de circunstância ou qualidade que lhes seja comum, da área geográfica em que residam ou do grupo ou comunidade que constituam, em qualquer caso sem vinculação à identificação constante da petição inicial.

[712] Sobre a publicação da sentença e custas do processo, temos que as decisões transitadas em julgado são *publicadas* a expensas da parte vencida e sob pena de desobediência, com menção do trânsito em julgado, em dois dos jornais presumivelmente lidos pelo universo dos interessados no seu conhecimento, à escolha do juiz da causa, que poderá determinar que a publicação se faça por extrato dos seus aspetos essenciais, quando a sua extensão desaconselhar a publicação por inteiro. Pelo exercício do direito de ação popular não são exigíveis preparos. E o autor fica isento do pagamento de custas em caso de procedência parcial do pedido. Em caso de decaimento total, o autor interveniente será condenado em montante a fixar pelo julgador entre um décimo e metade das custas que normalmente seriam devidas, tendo em conta a sua situação económica e a razão formal ou substantiva da improcedência. A litigância de má-fé rege-se pela lei geral. A responsabilidade por custas dos autores intervenientes é solidária, nos termos gerais. O juiz da causa arbitrará o montante da procuradoria, de acordo com a complexidade e o valor da causa.

No plano da responsabilidade civil e penal pela violação dos interesses aqui protegidos, há que referir o seguinte: quanto à responsabilidade civil subjetiva, a responsabilidade por violação dolosa ou culposa dos interesses protegidos, constitui o agente causador no dever de indemnizar o lesado ou lesados pelos danos causados. A indemnização pela violação de interesses de titulares não individualmente identificados é fixada globalmente.

Os titulares de interesses identificados têm direito à correspondente indemnização nos termos gerais da responsabilidade civil.

O direito à indemnização prescreve no prazo de três anos, a contar do trânsito em julgado da sentença que o tiver reconhecido. Os montantes correspondentes a direitos prescritos serão entregues ao Ministério da Justiça, que os escriturará em conta especial e os afetará ao pagamento da procuradoria, e ao apoio no acesso ao direito e aos tribunais, de titulares de direito de ação popular que justificadamente o requeiram.

No plano da responsabilidade civil objetiva, existe também a obrigação de indemnização por danos, independentemente de culpa, sempre que de ações ou omissões do agente tenha resultado ofensa de direitos ou interesses protegidos nos termos da presente lei e no âmbito ou na sequência de atividade objetivamente perigosa. Em certas situações, é obrigatório ter seguro.

Quando o exercício de uma atividade envolver risco anormal para os interesses protegidos por esta lei, deverá ser exigido ao respetivo agente seguro da correspondente responsabilidade civil, como condição do início ou da continuação daquele exercício, em termos a regulamentar.

No que diz respeito ao regime de intervenção no exercício da ação penal, por parte dos cidadãos e associações, a lei reconhece aos titulares do direito de ação popular o direito de denúncia, queixa ou participação ao Ministério Público por violação dos interesses aqui protegidos, que revistam natureza penal, bem como o de se constituírem assistentes no respetivo processo, nos termos previstos nos arts. 68.º, 69.º e 70.º do Código de Processo Penal.

É dever dos agentes da administração estadual, regional e local, bem como dos institutos, fundações, empresas e demais entidades públicas, cooperar com o tribunal e as partes intervenientes em processo de ação popular.

As partes intervenientes em processo de ação popular poderão, nomeadamente, requerer às entidades competentes as certidões e informações que julgarem necessárias ao êxito ou à improcedência do pedido, a fornecer no prazo máximo previsto no artigo 82.º da LEPTA (10 dias). Sendo certo que não só há meios contenciosos contra a secretização desta informação, acessível quando inexistirem razões de segredo de Estado ou de justiça, como a recusa faz incorrer o agente responsável em responsabilidade civil e disciplinar, e a recusa de cumprimento de sentença também em responsabilidade criminal.

Em resumo, quanto à ação popular, ela reporta-se a meios jurisdicionais junto dos tribunais administrativos e civis (art. 12.º).

A ação jurisdicional administrativa compreende a defesa dos interesses difusos em geral, constitucional e legislativamente previstos. Pode ter como fundamento a ilegalidade de quaisquer atos administrativos lesivos desses valores.

A ação popular civil pode revestir qualquer das formas previstas no Código de Processo Civil. Há indeferimento da petição inicial sempre que o tribunal entender que é manifestamente improvável a procedência do pedido.

A lei reconhece aos cidadãos e ONGA, titulares do direito de ação popular, o *direito de denúncia, queixa ou participação* ao Ministério Público, por violação dos interesses em causa, que revistam natureza penal e o de se constituírem assistentes no respetivo processo[713].

4.25. Regime jurídico da reabilitação urbana

4.25.1. Considerações gerais. Nova conceção e proteção do existente

A reabilitação urbana, sendo diversa da construção nova, tem de ser olhada e regulada de acordo com essa diversidade natural[714]. A reabilitação do edificado em Portugal tem representado percentagens diminutas no campo da construção civil. De acordo com os Censos 2011, era apenas cerca de 6,5% de toda a atividade do setor, apesar de haver cerca de dois milhões de fogos a precisar de serem recuperados. Isto é, cerca de 34% do nosso parque habitacional. Portanto, atividade muito aquém da média europeia, que se situava já em 37%.

Importa referir que, em 2012[715], o regime jurídico da reabilitação urbana, sofrera já uma alteração significativa, que traduziu um avanço importante para a sua "agilização e dinamização". Flexibiliza e simplifica os procedimentos de criação de áreas de reabilitação urbana. Cria um procedimento simplificado de controlo prévio de operações urbanísticas. Regula a reabilitação urbana de edifícios ou frações, mesmo que localizados fora de áreas de reabilitação

[713] Arts. 68.º a 70.º, Código de Processo Penal.

[714] Condesso, Fernando e Ricardo – "Desafios da Reabilitação urbana na gestão territorial". In *Enfoques en la planificación territorial y urbanística*. Thomson Reuters, Aranzadi, 2018, p. 29-42.

[715] Alteração pela Lei n.º 32/2012, de 14.8, ao decreto-lei n.º 307/2009, de 23.10, e regime de conservação de prédios urbanos e frações do decreto-lei n.º 266/2012, de 31.12.

urbana, desde que a sua construção esteja concluída há pelo menos 30 anos, caso se justifique uma intervenção de reabilitação que permita conferir-lhes "adequadas caraterísticas de desempenho e de segurança". Esta revisão veio reforçar o conceito de "proteção do existente".

De acordo com este regime específico de proteção do existente, é permitida a não observância de normas legais ou regulamentares supervenientes à construção originária, desde que a operação de reabilitação urbana não origine ou agrave a desconformidade com essas normas ou permita mesmo a melhoria generalizada do estado do edifício.

Em todo o caso, a não observância de tais regras de construção deve ser identificada e fundamentada pelo técnico autor do projeto de reabilitação, mediante um termo de responsabilidade.

Portanto, reforça-se, simplificando, a responsabilidade do técnico, designadamente através de declarações sobre os factos em causa.

Aposta-se numa abordagem em que se pretende que a reabilitação urbana se assuma como uma realidade economicamente viável em todas as *áreas consolidadas*, garantindo-se a sua execução *para todas as populações e para a habitação já existente*, e não apenas para nichos de mercado.

Esta alteração de 2012, inscreveu-se num conjunto de reformas centrado nas ideias de r*equalificação e revitalização das cidades e dinamização das atividades económicas do setor da construção*. Por isso, abrange não só a *reabilitação urbana como o mercado de arrendamento*, que são tidos como "domínios estratégicos e essenciais, cuja estreita conexão se afigura indiscutível". Assim, são então objeto de um *tratamento integrado*, articulando-se a alteração ao regime jurídico da reabilitação com a reforma do arrendamento urbano.

*

A importância da reabilitação urbana como fator de desenvolvimento das cidades e da economia implicou medidas complementares.

O objetivo passou a ser a dispensa nas obras de reabilitação urbana da aplicação de certas normas técnicas da construção orientadas para a construção nova, que são inadequadas para a reabilitação de edifícios existentes, constituindo um inadmissível entrave à sua regularização ou dinamização da sua reabilitação.

Esta mudança veio adotar *medidas excecionais de simplificação* administrativa, reforçando o objetivo de dinamização efetiva dos processos administrativos de reabilitação urbana.

Na esteira, designadamente da Lei de Bases da Política de Solos, de Ordenamento do Território e de Urbanismo e do próprio Regime Jurídico da Urbanização e Edificação[716], veio adotar-se uma visão diferente.

Com efeito, a promoção da reabilitação urbana passou a constituir um *objetivo estratégico* central, a nível nacional. Atualmente, urbanisticamente, copiando um movimento europeu nesse sentido, os poderes públicos têm declarado atribuir prioridade a uma política baseada num "paradigma de cidades com sistemas coerentes e bairros aptos para uma habitação condigna" e com vida social, o pressupõe investimentos públicos e privados coerentes na reabilitação.

As soluções consagradas no atual regime jurídico da reabilitação urbana derivam de uma perspetiva distinta da que vinha "enformando" atualmente a *política do território, abrangendo edifícios, tecidos urbanos e património histórico*.

Passa a optar-se por um *conceito de "reabilitação evolutiva"*, visando a melhoria das *condições de habitabilidade*, tendo presente quer o edificado existente quer a capacidade económica do proprietário.

Deste modo, ao invés de uma aposta em novas construções, esta política e o ordenamento do território privilegia soluções mais adequadas à nossa realidade, com aposta na reabilitação, através de operações urbanísticas de *conservação, alteração, reconstrução e ampliação*.

Promove-se, desde logo, o regresso das populações aos *centros históricos* dos aglomerados urbanos, hoje em geral "despovoados e envelhecidos".

*

No regime jurídico da reabilitação urbana (RJRU), perpassam, em geral, também claras preocupações, não só com o urbanismo instalado, como com o ambiente, desde logo constatáveis nos objetivos expressos a prosseguir, ao visar, além da *valorização do património cultural, a regularização dos espaços verdes e urbanos* em geral, mas com clara preocupação de contribuir, também e em geral, para a promoção da sustentabilidade ambiental.

Este objetivo é destacado profusamente na lei e logo em sede dos *princípios orientadores* a que a reabilitação deve obedecer ("soluções inovadoras e sustentáveis do ponto de vista económico-social e ambiental").

[716] Destacando-se, ainda, quanto a aspetos técnicos outras normas, designadamente o DL n.º 80/2006, de 4.4, sobre as características de comportamento térmico dos edifícios e, de 2010, a NP Eurocódigo 8, do IPQ, sobre resistência aos sismos.

Tudo isto implica intervenções para melhorar o ambiente no âmbito urbano, desde a "criação de espaços verdes, a utilização de energias renováveis e a adoção de critérios de real promoção da eficiência energética dos edifícios, públicos e privados".

Aliás, hoje, a reabilitação urbana dos edifícios é mesmo uma *obrigação legal*, designadamente para realizar obras de arranjo estético, sendo também interdito que se possa provocar a sua deterioração e prejudicar esse arranjo estético na medida em que já exista.

Quanto a este aspeto, se for atribuído a um edifício ou sua fração um nível de "conservação 1 ou 2", pode impor-se ao proprietário a obrigação de o reabilitar, determinando-se a realização e o prazo para a conclusão das obras ou trabalhos necessários à restituição das suas características de *desempenho e segurança funcional, estrutural e construtiva*, de acordo com *critérios de necessidade, adequação e proporcionalidade.*

No caso de este não cumprir a *obrigação de reabilitar*, não iniciar as operações urbanísticas compreendidas na ação de reabilitação ou não as concluir dentro dos prazos fixados, o RJRU permite que seja tomada posse administrativa dos edifícios ou suas frações para dar execução imediata às obras determinadas.

No âmbito de *operações de reabilitação urbana sistemática*, em alternativa à aplicação deste regime de obras coercivas e na estrita medida em que tal seja necessário, adequado e proporcional, atendendo aos *interesses públicos e privados* em presença, pode recorrer-se aos regimes de expropriação ou de venda forçada.

Os próprios *conteúdos materiais dos planos de pormenor* de reabilitação urbana devem integrar essas preocupações ambientais, designadamente estabelecendo a valorização e proteção de bens culturais, naturais e paisagísticos existentes na sua área de intervenção.

De facto, o regime jurídico da reabilitação urbana, que, em evolução acelerada, pretenderia efetivar claramente a passagem de mero ramo especial do direito do urbanismo (cuja centralidade, a par crescentemente com o planeamento físico, vinha estando assente essencialmente nas disciplinas da urbanização, loteamento e edificação), para entrar já no âmago mesmo do direito do urbanismo, da edificação, da atualidade.

Visa-se secundarizar a aplicação das normas tradicionais ao serviço da expansão dos aglomerados e das construções, com *alargamento exponencial de perímetros urbanos e a expansão incontrolada ou, com o planeamento, relativamente irracional* das construções e infraestruturas no território e em geral com desnecessários custos territoriais, financeiros, ambientais e sociais, e criar uma lógica de centralidade estratégica que permita a *consolidação e ocupação do já edificado e dos espaços existentes* dentro das cidades.

O grande objetivo é integrar, no coração do próprio direito do urbanismo, uma salutar tendência para a contenção estabilizadora dos perímetros urbanos existentes, mas devidamente reabilitados, quando necessário. Sendo a RU uma *forma normal e não excecional de gestão urbanística*, a par com a construção a que se reporta o RJUE.

Aliás, se nas zonas urbanizadas tidas como consolidadas, esta gestão urbanística se deve processar de modo dominante e preferencialmente por apelo a operações urbanísticas disciplinadas pelo RUI, já nas zonas urbanizadas a consolidar ("colmatar"), ela passará a ser efetivada por meio da prévia delimitação de unidades de execução (RJIGT), se se justificar que as intervenções passem por uma solução integrada de conjunto, como será normalmente a situação frequente de espaços vazios ou carentes de melhorias no meio do aglomerado, a colmatar por projeto conjunto, etc. e, nas zonas urbanizadas muito insuficiente ou que estejam deficientemente consolidadas ou degradadas tal como nas zonas urbanizadas a renovar, essa gestão passará por delimitação áreas de reabilitação urbana segundo o RJRU (podendo abarcar em parte zonas de colmatação) e nas zonas de urbanização programada ("zonas urbanizáveis"), ela passará sobretudo pela criação de unidades de execução a delimitar pelo município (RJIGT).

Portanto, o um correto e eficaz *conceito de reabilitação urbana* implica a *intervenção pública no edificado existente*, com obras de remodelação e beneficiação, não só das *infraestruturas urbanas, equipamentos e espaços urbanos*, como, em geral, imbuído de preocupações essenciais com *espaços verdes* e os *arranjos estéticos*, embora pretendendo-se, ainda, a eficiência energética e a maximização do uso de energias alternativas.

*

Quanto a *aspetos essenciais* do regime jurídico geral da reabilitação urbana, esta assume-se hoje como uma componente indispensável da política das cidades e da política de habitação, na medida em que nela convergem os objetivos de requalificação e revitalização das cidades, em particular das suas áreas mais degradadas, e de qualificação do parque habitacional.

Procura-se atribuir-se um funcionamento globalmente mais harmonioso e sustentável das cidades e garantir, para todos, uma *habitação condigna*.

Os atuais programas governamentais conferem à reabilitação urbana uma elevada prioridade, tendo, neste domínio, sido já adotadas medidas que procuram, de forma articulada, concretizar os objetivos traçados. Designadamente, ao nível fiscal e financeiro, cumprindo destacar o regime de incentivos fiscais à reabilitação urbana, por via das alterações introduzidas em Orçamento do Estado, Estatuto dos Benefícios Fiscais e, ainda, a exclusão da reabilitação urbana dos limites do endividamento municipal.

O atual regime jurídico da reabilitação urbana procura responder à necessidade de encontrar soluções para os seus *cinco grandes desafios* colocados aos privados e aos poderes públicos.

São eles:

a) a *articulação público-privada.*
O *dever dos proprietários de reabilitarem* conjuga-se com a necessária atuação em concreto da responsabilidade pública de qualificar e modernizar o espaço, equipamentos e infraestruturas;
b) a *complementaridade e coordenação* entre os atores implicados.
Neste âmbito, importa concentrar recursos em operações integradas de reabilitação nas "áreas de reabilitação urbana" a delimitar pelos municípios e onde se intensificam os apoios fiscais e financeiros.
c) a *pluralização de modelos de gestão das intervenções.*
Abre-se, para isso, a possibilidade de intervenção dos proprietários e de outros agentes particulares.
d) a previsão de *mecanismos de agilização de procedimentos* de controlo prévio destas operações.
e) a *ampliação de instrumentos* face à diferenciada estrutura de propriedade em ordem a equilibrar os direitos dos proprietários e a necessidade de remover todos obstáculos à reabilitação.

O atual quadro legislativo tem apresentado um carácter disperso e assistemático. Trata, essencialmente, da disciplina das áreas de intervenção das *sociedades de reabilitação urbana* (SRU) e da figura das *áreas críticas de recuperação e reconversão* urbanística (ACRRU).

*

Em conclusão, o deste regime é abandonar o regime anterior que se reportava essencialmente a um modelo de gestão das intervenções de reabilitação assente na criação, funcionamento, atribuições e poderes das "sociedades de reabilitação urbana", e instituir um regime enquadrador no plano normativo da *reabilitação urbana ao "nível programático, procedimental e de execução".*

Complementarmente, visa-se associar à *delimitação das áreas* de intervenção (as "áreas de reabilitação urbana") a definição municipal dos objetivos da reabilitação da área delimitada e dos meios adequados para o efeito.

Em geral, este regime recebe um *conceito amplo de reabilitação urbana.*

Atribui-se relevo, simultaneamente, à *vertente imobiliária ou patrimonial* da reabilitação e também à *integração e coordenação da intervenção.*

Procede-se à *definição dos objetivos essenciais* a alcançar através da reabilitação urbana e à determinação dos *princípios* orientadores a aplicar, em ordem a se conseguirem *soluções coerentes* entre os "aspetos funcionais, económicos, sociais, culturais e ambientais" das áreas a intervir.

4.25.2. Regime jurídico de aplicação geral à reabilitação urbana

Vejamos o regime jurídico geral de aplicação à reabilitação urbana, deixando o regime privilegiado, em 2019 refeito e sem carácter temporalizado, para o capítulo seguinte[717].

A) Princípios orientadores da reabilitação urbana

O regime jurídico da reabilitação urbana é enquadrado por vários princípios axilares.

Importa destacar vários princípios axilares:

a) *princípio da proteção do existente.*
Dispensa-se o cumprimento de certas normas urbanísticas vigentes no momento da intervenção, em princípio desde que tenham respeitado as regras substantivas vigentes no momento da construção. Embora, procurando-se que, no momento da atual intervenção não se agrave a desconformidade dos edifícios com as novas regras, a menos que isso venha melhorar quer as condições de *segurança e salubridade* da edificação quer as condições de *desempenho e segurança funcional, estrutural e construtiva* da edificação, desde que, nestes casos, o sacrifício decorrente do cumprimento das novas regras seja desproporcionado em face da desconformidade criada ou agravada pela realização da intervenção.

b) *princípio da justa ponderação de todos os interesses relevantes implicados.*
Exige-se um *adequado sopesar, se possível relativamente conciliador, de todos os interesses respeitáveis implicados a valorar, sejam públicos sejam particulares,*

[717] Decreto-lei n.º 95/2019, de 18.7, que revogou o decreto-lei n.º 53/2014, de 8.4.

em face das operações de reabilitação, de tal modo que não possa concluir-se em análise retrospetiva que, se este ou aquele interesse que não foi devidamente levantado ou adequadamente valorado, o tivesse sido, a solução deveria ser diferente.

c) princípio da *atuação preponderante dos proprietários* e titulares de outros direitos, ónus e encargos sobre os edifícios.
Cabe-lhes a iniciativa e os custos, mesmo que apoiados.

d) *princípio da justa repartição dos encargos e benefícios.* Deve procurar-se soluções que efetivem a equidade na execução das operações, tal como já é imperativo geral decorrente do RJUE.

d) *princípio da subsidiariedade da ação pública.* As ações de reabilitação urbana de espaços privados só são diretamente promovidas por entidades públicas no caso de os particulares, isoladamente ou em cooperação com elas, não as poderem assegurar, desde logo se não tiverem condições para isso.

e) princípio da sustentabilidade. Qualquer intervenção deve basear-se num modelo financeiramente sustentado e equilibrado e contribuir para valorizar as áreas urbanas e os edifícios intervencionados através de soluções inovadoras e sustentáveis no plano sociocultural e ambiental.

f) princípio da integração. Deve dar-se preferência à intervenção em áreas cuja delimitação permita um enquadramento adequado e articulado em termos de componentes morfológicas, económicas, sociais, culturais e ambientais do desenvolvimento urbano.

g) princípio da coordenação. Impõe-se a aplicação de ideias de convergência, articulação, compatibilização e complementaridade entre todas as ações de iniciativa pública entre si e entre estas e as ações de iniciativa particular.

h) princípio da preferência pela contratualização. O regime pretende incentivar a adoção de modelos de execução e promoção de operações de reabilitação urbana e de operações urbanísticas tendentes a isso baseados na concertação entre a iniciativa pública e a iniciativa privada.

i) princípio da solidariedade intergeracional. As atuais gerações devem transmitir às gerações futuras espaços urbanos corretamente ordenados e conservados.

B) Síntese do regime próprio da reabilitação urbana em geral em áreas urbanas delimitadas

O regime jurídico da reabilitação urbana estrutura as intervenções de reabilitação com base em *dois conceitos fundamentais*:

a) o conceito de "área de reabilitação urbana". Exige-se a delimitação pelo município da parcela territorial que justifica uma intervenção integrada; e
b) o conceito de "operação de reabilitação urbana". Exige-se a estruturação concreta das intervenções a efetuar no interior da área.

Procurou-se, desde logo, regular de forma mais clara os procedimentos a que deve obedecer a definição de áreas a submeter a reabilitação urbana, tal como a programação e planeamento das intervenções a realizar nessas mesmas áreas.

*

A *delimitação de área* de reabilitação urbana, pelos municípios, pode ser feita através de instrumento próprio, precedida de parecer do Instituto da Habitação e da Reabilitação Urbana ou por via da aprovação de um plano de pormenor de reabilitação urbana, correspondendo à respetiva área de intervenção.

A esta delimitação é associada a exigência da determinação dos objetivos e da estratégia da intervenção. Este é, também, o momento da definição do tipo de operação de reabilitação urbana a realizar e da escolha da entidade gestora.

Com efeito, numa *lógica de flexibilidade* e com vista a possibilitar uma mais adequada resposta, em face dos diversos casos concretos verificados, permite-se, adequadamente, a realização de *dois tipos distintos de operações de reabilitação* urbana.

No mais singular, é designado por "operação de reabilitação urbana simples". É uma intervenção essencialmente dirigida à reabilitação do edificado. Tem como objetivo a reabilitação urbana de uma área.

O outro tipo, mais complexo e agregador, dirigido ao conjunto do meio urbanizado, designa-se por "operação de reabilitação urbana sistemática". Neste, é acentuada a vertente integrada e integradora da intervenção, dirigindo-se não apenas à reabilitação do edificado, mas à totalidade da necessária *qualificação das infraestruturas, dos equipamentos e dos espaços verdes e urbanos de utilização coletiva*, com os objetivos de requalificar e revitalizar o tecido urbano.

Num caso, como noutro, está em causa a delimitação da área de reabilitação urbana, a que se atribui um conjunto significativo de efeitos. Entre estes, destaca-se, desde logo, a emergência de uma *obrigação de definição dos benefícios fiscais*, associados aos impostos municipais sobre o património. Decorre também do ato, a atribuição aos proprietários do *acesso aos apoios e incentivos fiscais e financeiros* à reabilitação urbana.

O ato de delimitação da área de reabilitação urbana, sempre que se opte por uma operação de reabilitação urbana *sistemática*, tem, ainda, como imediata consequência a declaração de *utilidade pública da expropriação ou da venda forçada* dos imóveis existentes e constituição de servidões.

As entidades gestoras das operações de reabilitação urbana podem corresponder ao próprio município ou a entidades do sector empresarial local existentes ou a criar. Se estas entidades gestoras de tipo empresarial tiverem por objeto social exclusivo a gestão de operações de reabilitação urbana, revestem a qualidade de "sociedades de reabilitação urbana", admitindo-se, embora em casos a ter como excecionais, ou seja, apenas se for condição funcional, a participação de capitais do Estado nestas empresas municipais.

Em qualquer caso, cabe ao município, sempre que não promova diretamente a gestão da operação de reabilitação urbana, determinar os poderes da entidade gestora, por via do instituto da *delegação de poderes*[718].

O papel dos intervenientes públicos na promoção e condução das medidas necessárias à reabilitação urbana está razoavelmente delineado, desde logo ao atribuir o dever de reabilitação dos edifícios ou frações aos proprietários. Quanto a estes e outros interessados na operação, são reforçadas as garantias de participação no que concerne às consultas promovidas aquando da delimitação das áreas de reabilitação urbana e da elaboração dos instrumentos de estratégia e programação das intervenções a realizar e, também, no âmbito da execução dos objetivos, a este respeito aparecendo devidamente enquadrado o papel dos diversos atores, públicos e privados, na prossecução das tarefas a realizar.

De modo a *promover a participação* no projeto de particulares, permite-se às entidades gestoras o recurso a parcerias com entidades privadas. Estas podem

[718] Presume-se que, caso a entidade gestora revista a qualidade de sociedade de reabilitação urbana e o município nada estabeleça em contrário, que existe uma delegação na gestora de determinados poderes conaturais ao seu desempenho funcional.

ser estruturadas de várias formas, desde a "concessão da reabilitação urbana" à "administração conjunta entre entidade gestora e proprietários".

Relevante nesta disciplina é, também, a regulação dos planos próprios de reabilitação, como uma modalidade específica de planos de pormenor. Isto, em termos de *conteúdo material e documental* e quanto às *regras procedimentais de elaboração e acompanhamento.*

Procura-se ainda a devida articulação com os planos de pormenor de salvaguarda do património cultural.

O objetivo visado é, sobretudo, o de permitir uma melhor integração entre as políticas de planeamento urbanístico municipal e as políticas de reabilitação, embora de elaboração facultativa.

Quanto à aprovação destes planos, eles habilitam à dispensa de *audição das entidades públicas* que em geral seriam de ouvir no âmbito dos procedimentos de controlo prévio das operações urbanísticas na área de intervenção do plano, no caso de elas já terem dado parecer favorável ao mesmo.

Trata-se de uma *significativa simplificação dos procedimentos* de licenciamento e comunicação prévia das operações urbanísticas.

Também o *controlo de operações urbanísticas* a realizar em área de reabilitação urbana, ele é objeto de um conjunto de regras especiais. Destaque-se, neste aspeto, a possibilidade de delegação destes poderes por parte dos municípios nas entidades gestoras, expressa ou tacitamente. Isto leva consigo, também, um conjunto de regras procedimentais, destinadas a agilizar os procedimentos de licenciamento promovidos por estas entidades gestoras.

*

No que respeita aos instrumentos de *política urbanística,* procura reunir-se as diversas figuras que se encontravam dispersas na legislação em vigor, agrupando-se os mecanismos essenciais à materialização das escolhas públicas em matéria de reabilitação.

Recupera-se um instituto com tradições antigas na legislação urbanística portuguesa, que é a venda forçada de imóveis. Face a proprietários que não realizem as obras e trabalhos ordenados, permite-se a sua alienação em hasta pública. Com isto, permite-se a sua substituição por outros que, sem prejuízo da sua utilidade particular, estejam, também, na disponibilidade de atuar a *função social da propriedade.*

O *procedimento de venda forçada* é construído de forma próxima ao da expropriação, consagrando-se as garantias equivalentes às previstas no Código das Expropriações e garantindo-se o pagamento ao proprietário de um valor nunca inferior ao de uma justa indemnização.

Para além de instrumentos jurídicos tradicionalmente utilizados no domínio do direito do urbanismo, tais como a expropriação, a constituição de servidões e a reestruturação da propriedade, permite-se, também, aos municípios a criação de um *regime especial de taxas*. Visa-se criar um incentivo à realização de operações urbanísticas.

A *participação* de interessados e a *concertação* de interesses merece uma regulação pormenorizada. Trata-se especificamente dos direitos dos ocupantes de edifícios ou frações.

*

Finalmente, o atual regime trata da matéria do financiamento é um aspeto essencial na lógica da eficácia das disposições para uma real efetivação da reabilitação urbana, pois, embora não seja objeto de uma *regulamentação exaustiva*, não deixa de ser relevante o facto de se prever aqui, expressamente, a "possibilidade de *concessão de apoios financeiros* por parte do Estado e dos municípios às entidades gestoras". Permite-se, ainda, a *criação de "fundos* de investimento imobiliário" para a reabilitação urbana.

Neste âmbito, há deveres quer das administrações públicas quer dos particulares. Ao Estado, Regiões Autónomas e autarquias locais incumbe assegurar a promoção das medidas necessárias à reabilitação de áreas urbanas que necessitem disso.

Os proprietários de edifícios ou de frações têm a obrigação de proceder à reabilitação, realizando todas as obras necessárias à *manutenção ou reposição da sua segurança, salubridade e arranjo estético*, além do mais que se imponha para cumprir o RJRU. Quer estes, quer os titulares de outros direitos, ónus e encargos sobre edifício ou frações não podem, dolosa ou negligentemente, provocar ou agravar uma situação de falta de segurança ou de salubridade, *provocar a sua deterioração ou prejudicar o seu arranjo estético*.

A reabilitação urbana pretende, em geral, contribuir, de forma articulada, para assegurar a reabilitação dos *tecidos urbanos degradados ou em degradação*. Mas não só. Ela abrange, ainda, *outros tipos de intervenções*.

Por um lado, quanto a edificações, prevê-se melhoramentos significativos:

a) a realização de operações em edifícios que se encontrem *degradados ou funcionalmente inadequados*;
b) a melhoria das *condições de habitabilidade e de funcionalidade* do parque imobiliário urbano e dos espaços não edificados, designadamente com o desenvolvimento de novas soluções de *acesso a uma habitação condigna*.

Por outro, ela também tem um papel a desempenhar no que concerne à proteção do *património cultural e ambiente*, desde logo:

a) a defesa de *valores patrimoniais, materiais e simbólicos*, como fatores de identidade, diferenciação e competitividade urbana, e, em geral, a proteção e promoção da valorização do património cultural;
b) a *requalificação de espaços verdes, espaços urbanos e equipamentos de utilização coletiva* e, em geral, a promoção da sustentabilidade ambiental, cultural, social e económica dos espaços urbanos, designadamente com.

*

Em geral, temos objetivos essenciais a um bom "ambiente" urbano:

a) o fomento da *revitalização urbana*.
esta revitalização deve ser orientada por objetivos estratégicos de desenvolvimento urbano, em que as ações de natureza material sejam concebidas de forma integrada e ativamente combinadas na sua execução com intervenções de natureza social e económica;
b) a *integração funcional e a diversificação* económica e sociocultural nos tecidos urbanos existentes;
c) a *requalificação e integração* das áreas urbanas especialmente vulneráveis. Em ordem a apoiar a inclusão social e a coesão territorial;
d) a *recuperação de espaços* urbanos funcionalmente obsoletos, promovendo o seu potencial para atrair funções urbanas inovadoras e competitivas;
e) a *modernização das infraestruturas* urbanas. Com a igualização tendencial de oportunidades dos cidadãos no acesso às infraestruturas, equipamentos, serviços e funções urbanas;
f) a melhoria geral da *mobilidade*. Nomeadamente através de uma melhor gestão da via pública e dos demais espaços de circulação e a criação e melhoria das acessibilidades para cidadãos com mobilidade condicionada; e
g) o fomento da adoção de critérios de eficiência energética em edifícios públicos e privados.

C) Tipologia de planeamento reabilitador, execução de operações de reabilitação sistemática, programa estratégico e delimitação de unidades de intervenção

A reabilitação em áreas urbanas é promovida pelos municípios e deriva da *aprovação da sua delimitação* específica e da operação de reabilitação, a desenvolver nelas, através de *instrumento próprio ou de um plano de pormenor* de reabilitação urbana. A aprovação da delimitação e da operação de reabilitação pode efetivar-se em simultâneo, embora nada impeça que a delimitação se efetive antes.

No entanto, a cada *área de reabilitação urbana* deve corresponder uma operação de reabilitação urbana.

Se a aprovação da delimitação de uma área de reabilitação urbana não for efetivada em simultâneo com a aprovação da operação de reabilitação urbana para a área, a operação de reabilitação deve ocorrer no *prazo de três anos*, sob pena de caducidade da delimitação.

*

Em temos de tipologia de planeamento das operações de reabilitação urbana, já referimos que temos operações de reabilitação urbana simples e operações de reabilitação urbana sistemática. Os municípios podem optar pela realização de uma ou decidir-se por outra.

A operação *simples* consiste numa intervenção integrada de reabilitação urbana de uma área, dirigindo-se primacialmente à reabilitação do edificado, num quadro articulado de coordenação e apoio da respetiva execução.

A operação *sistemática* traduz-se numa intervenção integrada de reabilitação urbana de uma área, dirigida à reabilitação do edificado e à qualificação das infraestruturas, dos equipamentos e dos espaços verdes e urbanos de utilização coletiva, visando a requalificação e revitalização do tecido urbano, associada a um programa de investimento público. Umas e outras são enquadradas por *instrumentos de programação.*

Na simples, temos a estratégia de reabilitação urbana. E, na sistemática, o programa estratégico de reabilitação urbana.

O *dever de reabilitação,* que impende sobre os proprietários e titulares de outros *direitos, ónus e encargos* sobre edifícios ou frações, compreendidos numa área de reabilitação urbana, é densificado em função dos objetivos definidos na *estratégia de reabilitação urbana ou no programa estratégico.*

Estas operações são coordenadas e geridas por uma entidade gestora. Existem vários tipos destas entidades, a escolha deve ser adotada na estratégia ou no programa estratégico. Pode ser o próprio município ou uma empresa do setor empresarial local. Neste caso, se ela tiver por objeto social exclusivo a gestão de operações de reabilitação urbana, designa-se por "sociedade de reabilitação urbana".

Quanto aos *modelos de execução das operações de reabilitação urbana*, temos os modelos de execução de *iniciativa dos particulares* (que pode desenvolver-se através da modalidade de execução pelos particulares com o apoio da entidade gestora ou através da modalidade de administração conjunta) e os de *iniciativa das entidades gestoras* (que pode desenvolver-se através da execução direta pela entidade gestora, por administração conjunta ou por parcerias com entidades privadas).

Estas só podendo ser adotadas no âmbito de operações de reabilitação urbana sistemática, no âmbito de unidade de intervenção ou de execução e efetivando-se ou através de *concessão da reabilitação ou de contrato de reabilitação urbana*.

*

A execução das operações de reabilitação simples passa por ações de *reabilitação de edifícios* tendentes à execução de uma operação realizada *preferencialmente pelos proprietários* e titulares de outros direitos, ónus e encargos.

Esta execução simples é orientada por uma estratégia, que deve, sem prejuízo do tratamento de outras matérias que sejam tidas como relevantes, apresentar as *opções estratégicas* de reabilitação da área que sejam compatíveis com as opções de desenvolvimento do município.

Com ela, devem ser estabelecidas algumas obrigações e prioridades:

a) estipular o prazo de execução da operação de reabilitação urbana;
b) definir as prioridades e especificados os objetivos a prosseguir na execução da operação de reabilitação urbana;
c) determinar o modelo de gestão da área de reabilitação urbana e de execução da operação;
d) apresentar o quadro de apoios e incentivos às ações de reabilitação executadas pelos proprietários e demais titulares de direitos e propor soluções de financiamento das ações de reabilitação;

e) explicitar as condições de aplicação dos instrumentos de execução de reabilitação urbana;
f) identificar os poderes delegados na entidade gestora, no caso o município não desempenhar diretamente as funções de entidade gestora (neste caso, juntando cópia do ato de delegação praticado pelo órgão delegante), os poderes que não se presumem delegados (quando as funções de entidade gestora sejam assumidas por uma sociedade de reabilitação urbana), e mencionar, se for o caso, a necessidade de elaboração, revisão ou alteração de plano de pormenor de reabilitação urbana, além de traçar os objetivos específicos a prosseguir.

A execução de operações de reabilitação urbana sistemática (sem prejuízo dos deveres de reabilitação de edifícios que impendem sobre os particulares e da iniciativa particular na promoção da reabilitação urbana), traduz-se em intervenções tendentes à execução de uma operação de reabilitação urbana ativamente promovida pelas entidades gestoras.

Nesta modalidade, importa a sua aprovação ligada a causa de utilidade pública para efeitos da expropriação ou da venda forçada dos imóveis existentes na área abrangida e da Constituição sobre os mesmos das servidões, necessárias à execução da operação de reabilitação urbana.

Aqui entram em funcionamento os novos conceitos de planeamento e “de programação”. As operações de reabilitação urbana sistemáticas são orientadas por um programa estratégico de reabilitação urbana.

Este programa obedece a certas exigências mínimas, tais como:

a) apresentação das opções estratégicas de reabilitação e de revitalização da área de reabilitação urbana, compatíveis com as opções de desenvolvimento do município (sem prejuízo do tratamento de outras matérias que sejam tidas como relevantes);
b) estabelecimento do prazo de execução da operação de reabilitação urbana;
c) definição das prioridades e especificação dos objetivos a prosseguir na execução da operação;
d) estabelecimento do programa da operação de reabilitação urbana, identificando as ações estruturantes de reabilitação urbana a adotar (distinguindo, nomeadamente, as que têm por objeto os edifícios, as infraestruturas urbanas, os equipamentos, os espaços urbanos e verdes de utilização coletiva, e as atividades económicas; a indicação

do modelo de gestão da área de reabilitação urbana e de execução da operação de reabilitação urbana;

e) enunciação de um quadro de apoios e incentivos às ações de reabilitação executadas pelos proprietários e outros titulares de direitos e proposição de soluções de financiamento das ações de reabilitação;
f) descrição de um programa de investimento público onde se discriminem as ações de iniciativa pública necessárias ao desenvolvimento da operação;
g) definição do programa de financiamento da operação de reabilitação urbana (incluindo uma estimativa dos custos totais da execução da operação e a identificação das fontes de financiamento).

E também, naturalmente, no caso em que não seja o município a assumir diretamente as funções de entidade gestora da área de reabilitação urbana, a *identificação dos poderes* que são delegados na entidade gestora[719], e, quando as funções de entidade gestora sejam assumidas por uma sociedade de reabilitação urbana, a enunciação dos poderes que não se presumem delegados, indicando, se for o caso, a necessidade de elaboração, revisão ou alteração de plano de pormenor de reabilitação urbana e definir os objetivos específicos a prosseguir.

*

O *programa estratégico* pode prever unidades de execução ou intervenção da operação de reabilitação urbana e definir os objetivos específicos a prosseguir no âmbito de cada uma delas.

A *delimitação da área, o programa estratégico, o programa da unidade de intervenção, a elaboração, revisão ou alteração de plano de pormenor e os termos da sua execução* podem ser, conjunta ou isoladamente, objeto de programa de ação territorial[720].

No âmbito da reabilitação urbana sistemática em áreas de reabilitação urbana, que correspondem à área de intervenção de plano de pormenor de reabilitação urbana, podem ser delimitadas unidades de execução, nos termos do RJIGT, embora com especificidades.

Estas operações devem ser aprovadas através de instrumento próprio, podendo ser delimitadas unidades de intervenção (fixação em planta cadastral dos limites físicos do espaço urbano a sujeitar a intervenção, com identificação

[719] Juntando cópia do ato de delegação praticado pelo respetivo órgão delegante.

[720] Nos termos previstos no Regime Jurídico dos Instrumentos de Gestão Territorial.

de todos os prédios abrangidos, podendo corresponder à totalidade ou a parte da área abrangida por aquela operação ou, em casos de particular interesse público, a um edifício).

Esta delimitação de unidades de intervenção é facultativa. Não é condição da execução da operação de reabilitação urbana, sem prejuízo de poder constituir um pressuposto do recurso a determinadas modalidades de execução de operações de reabilitação urbana sistemática em parceria com entidades privadas.

As unidades de intervenção devem ser delimitadas de forma a assegurar um *desenvolvimento urbano harmonioso, a justa repartição de benefícios e encargos pelos proprietários abrangidos e a coerência na intervenção,* bem como a possibilitar uma *intervenção integrada em vários imóveis* que permita uma utilização racional dos recursos disponíveis e a criação de economias de escala.

O ato de delimitação de unidades de intervenção inclui um programa de execução. Este deve, nomeadamente, explicar sumariamente os fundamentos subjacentes à ponderação dos diversos interesses públicos e privados relevantes. E tem de identificar os edifícios a reabilitar, o seu estado de conservação e a extensão das intervenções a efetivar.

Deve identificar os proprietários e titulares de outros direitos, ónus e encargos, ou então, se for o caso, mencionar que eles são desconhecidos. Tem de definir e calendarizar as várias ações de reabilitação urbana a adotar no âmbito da unidade de intervenção, distinguindo, nomeadamente, as que têm por objeto os edifícios, as infraestruturas urbanas, os equipamentos, os espaços urbanos e verdes de utilização coletiva e as atividades económicas.

Outra exigência prende-se com a enunciação do financiamento da operação no âmbito da unidade de execução e a especificação do regime de execução dessa operação a utilizar na unidade de intervenção.

A delimitação de unidades de intervenção é da competência da entidade gestora, no caso de se pretender efetuar a delimitação de unidades de intervenção nos termos previstos no programa estratégico de reabilitação urbana ou da câmara municipal, sob proposta da entidade gestora se esta for distinta do município, nos demais casos.

Neste âmbito da reabilitação urbana sistemáticas, os proprietários de edifícios ou frações, inseridos em área de reabilitação urbana, podem propor a delimitação de unidades de intervenção ou de execução relativamente à área abrangida pelos edifícios ou frações de que são titulares[721].

[721] Para este efeito, devem apresentar um requerimento (instruído com o projeto de delimitação da unidade de intervenção ou de execução e com o projeto de programa de execução) ao órgão competente para a aprovação da delimitação.

Esta delimitação das unidades de execução segue o procedimento estabelecido no RJIGT, com as necessárias adaptações.

A delimitação de unidades de intervenção ou de execução por iniciativa dos proprietários constitui a entidade gestora no *dever de ponderar a execução da operação nos termos do regime da administração conjunta.*

D) Enquadramento orgânico do desenvolvimento do procedimento reabilitador

Neste domínio, importa enquadrar a intervenção das entidades gestoras. O município pode optar entre assumir diretamente a gestão de uma operação de reabilitação urbana ou definir como entidade gestora uma empresa do setor empresarial local.

No caso de existir um excecional interesse público na participação de capitais do Estado nestas sociedades de reabilitação urbana e tal ser efetivado, o exercício dos poderes da entidade gestora dependem do protocolo efetivado entre o Estado e o município.

Neste caso, nas sociedades de reabilitação, tal rege-se ou pelo regime do setor empresarial local, se a maioria do capital social for seu, ou pelo regime do setor empresarial do Estado, se o capital maioritário for detido pelo Estado.

No caso de a câmara municipal pretender que seja uma empresa municipal a assumir a qualidade de entidade gestora, deve designá-la no ato de aprovação da operação de reabilitação urbana.

Estas empresas municipais podem assumir as funções de entidade gestora em mais do que uma operação de reabilitação urbana sistemática e cumular a gestão de uma ou mais operações de reabilitação urbana simples. Se as obras de execução das operações necessárias incidirem sobre bens do domínio municipal, público ou privado, o município passa a ser representado pela entidade gestora no exercício dos direitos referentes a esses bens[722].

Consideram-se equiparadas às áreas de reabilitação urbana as zonas de intervenção das sociedades de reabilitação urbana, equiparando-se as unidades de intervenção com documentos estratégicos aprovados às unidades de intervenção.

A reabilitação urbana nestas *zonas de intervenção* é prosseguida pelas sociedades de reabilitação urbana já constituídas, que assumem a qualidade de entidade gestora, mas então há especificidades em relação ao regime normal.

[722] Estas sociedades têm de ser extintas logo que concluídas todas as operações de reabilitação urbana a seu cargo, se ocorrer a caducidade da delimitação da área ou de todas as áreas de reabilitação urbana em que a sociedade de reabilitação urbana opera ou estão a seu cargo.

A reabilitação urbana nas zonas de intervenção das sociedades de reabilitação urbana é enquadrada pelos instrumentos de programação e de execução aprovados de acordo com o Decreto-Lei n.º 104/2004, de 7.5, designadamente os documentos estratégicos das unidades de intervenção.

As sociedades de reabilitação urbana consideram-se investidas nos poderes de reabilitação quer para a totalidade da zona de intervenção, que nas áreas das unidades de intervenção com documentos estratégicos aprovados[723].

Mas os municípios ficam obrigados a aprovar a estratégia de reabilitação urbana ou o programa estratégico de reabilitação urbana das zonas de intervenção e dar o subsequente seguimento ao procedimento, convertendo a zona de intervenção das sociedades de reabilitação urbana em uma ou mais áreas de reabilitação urbana.

No entanto, esta aprovação não impede que a conversão da zona de intervenção das sociedades de reabilitação urbana fosse feita faseadamente, nos casos em que o município optasse pela delimitação de mais de uma área de reabilitação urbana.

Estas áreas da zona de intervenção que não sejam objeto do faseamento deixam de se reger pelo regime da RJUE.

As sociedades de reabilitação urbana podem ser encarregadas pela câmara municipal para preparar o *projeto de delimitação de áreas de reabilitação* ou para preparar o *projeto de plano de pormenor e os elementos* que o acompanham.

E) Modelos de execução das operações de reabilitação

Em termos de *modelos de execução* de operações de reabilitação urbana, estas podem ser realizadas ou por iniciativa dos particulares (art. 39.º) ou por iniciativa das entidades gestoras.

Como foi referido, a operação de reabilitação simples *visa sobretudo a reabilitação do edificado*, num quadro articulado de coordenação e apoio da sua execução, enquanto na operação de reabilitação sistemática temos, em geral, a *intervenção integrada não só para uma área para a reabilitação do edificado*, mas também para a necessária *qualificação das infraestruturas, dos equipamentos e dos espaços verdes e urbanos* de utilização coletiva, em ordem à requalificação e revitalização do tecido urbano, associada a um programa de investimento público.

[723] Sem prejuízo dos contratos de reabilitação celebrados nos termos do Decreto-Lei n.º 104/2004 serem equiparados aos contratos de reabilitação urbana regulados no RJUE.

É, em geral, no âmbito de uma operação de reabilitação urbana sistemática que se desenvolve a estratégia de reabilitação urbana de uma área de reabilitação urbana.

Quanto à *regeneração urbana* por iniciativa pública, ele sofreu uma significativa alteração do *paradigma*, pois de um modelo anterior de conformação formal e rígida, temos agora uma *atuação flexível e "desformalizada"*, orientada essencialmente por uma preocupação operacional e de sustentabilidade financeira.

De qualquer modo, na componente da reabilitação do edificado, estas operações singulares devem ser promovidas pelos proprietários (ou titulares de outros direitos, ónus ou encargos). Tudo, sem prejuízo de, também, poderem ser efetivadas pelos privados com o apoio da entidade gestora ou mesmo através da *modalidade de administração conjunta*.

Na *componente alargada* de execução, as operações podem desenvolver-se ou diretamente pela entidade gestora, ou através de administração conjunta ou através de parcerias públicas com entidades privadas, embora estas apenas em operações sistemáticas, no âmbito de unidade de intervenção ou de execução. E podem ser concretizadas através de concessão da reabilitação ou contrato de reabilitação urbana.

*

Quanto à *modalidade de Administração conjunta*, a entidade gestora pode executar a operação ou uma parte dela associando-se com os proprietários (e titulares de outros direitos, ónus e encargos relativos aos imóveis existentes na área abrangida pela operação), recorrendo ao respetivo regime jurídico constante de decreto regulamentar.

A execução da operação de reabilitação urbana promovida pela entidade gestora permite-lhe, também, recorrer a parcerias com entidades privadas (concessão ou contrato de reabilitação urbana).

Os municípios, para promoverem operações sistemáticas, podem concessionar a reabilitação (RJIGT), para a execução de planos municipais de ordenamento do território, quer por sua iniciativa quer a solicitação da entidade gestora.

Esta *concessão* é feita no âmbito das unidades de intervenção ou das unidades de execução e é precedida de procedimento adjudicatório. O caderno de encargos deve especificar as obrigações mínimas do concedente e do concessionário ou os parâmetros a concretizar nas propostas.

A formação e execução do contrato de concessão regem-se pelo Código dos Contratos Públicos.

Todas as medidas de tutela da legalidade urbanística, previstas no RJUE, são delegáveis na entidade gestora, a quem passará a caber a cobrança de taxas e a arrecadação das compensações devidas[724].

F) Poderes da entidade gestora

A entidade gestora de uma operação de reabilitação urbana sistemática (com precedência se possível de negociação prévia com todos os interessados em ordem a assumirem o compromisso de reabilitação dos imóveis) pode celebrar contratos de reabilitação urbana, regido pelo Código dos Contratos Públicos, com entidades públicas ou privadas, para procederem à elaboração, coordenação e execução de projetos de reabilitação numa ou em várias unidades de intervenção ou de execução.

O contrato pode prever a transferência para a entidade contratada dos direitos de comercialização dos imóveis reabilitados e de obtenção dos proventos e, nomeadamente, a aquisição do direito de propriedade ou a constituição do direito de superfície sobre os bens a reabilitar por esta, ou a atribuição de um mandato para a venda destes bens por conta da entidade gestora.

Estes contratos devem regular a transferência para a entidade contratada da obrigação de aquisição dos prédios existentes na área em questão se essa aquisição se puder efetivar por via amigável[725]. E deles devem constar a repartição dos encargos decorrentes das indemnizações devidas pelas expropriações.

Os contratos devem, ainda, enunciar:

a) a obrigação de preparar os *projetos* de operações urbanísticas, a submeter a controlo prévio;
b) o dever de promover as *operações urbanísticas* compreendidas nas ações de reabilitação e de requerer as devidas *autorizações de utilização*;
c) os prazos em que as diferentes obrigações devem ser cumpridas;
d) concretizar as *contrapartidas a pagar* pelas partes contratantes, em espécie ou em dinheiro;
e) o dever de diligenciar *procurar chegar a acordo* com os proprietários interessados na reabilitação do edifício ou da fração em relação aos

[724] Nos termos de regulamentação das assembleias municipais, de acordo com o art. 67.º do RJRU)

[725] O contrário deve ser *comprovado* por meios previstos no regime geral das expropriações, no que concerne à preparação dos *processos expropriativos*, que se revelem necessários para a aquisição da propriedade pela entidade gestora.

seus termos de reabilitação e à *cessão da posição contratual* da entidade gestora a favor da entidade contratada, que, no caso daquela ter já chegado a acordo com os proprietários, impendente sobre a entidade contratada;

f) o dever de a entidade gestora ou da entidade contratada proceder ao *realojamento temporário ou definitivo dos habitantes* dos edifícios ou frações a reabilitar, face ao disposto sobre direitos dos ocupantes de edifícios ou das frações e as *garantias de boa execução do contrato* a prestar pela entidade contratada.

No que diz respeito aos *instrumentos de execução* destas operações, importa analisar os poderes relativos ao seu controlo (art. 44.º).

A entidade gestora da operação pode exercer, para efeitos da sua execução, os *poderes de licenciamento e admissão de comunicação prévia* de operações urbanísticas e autorização de utilização, inspeções e vistorias, adotar medidas de tutela da legalidade urbanística, cobrança de taxas e receção das cedências ou compensações devidas.

Se não for o município a assumir as funções de entidade gestora da área de reabilitação, a entidade gestora apenas exerce os poderes delegados pelo município. Mas, se for necessário, pode requerer diretamente ao órgão municipal o exercício dos demais.

No caso da delegação de poderes, o órgão executivo da entidade gestora pode subdelegar no seu presidente as competências que, de acordo com o disposto no regime jurídico da urbanização e da edificação, são diretamente cometidas ao presidente da câmara municipal ou neste delegáveis pela câmara municipal.

Estes poderes devem respeitar as pertinentes normas sobre a matéria, designadamente a obrigação de consulta a entidades externas, proteção do existente, responsabilidade e qualidade da construção[726].

Quanto ao *controlo prévio* destas operações urbanísticas, em tudo que não esteja regulado no RJRU, regem os procedimentos de licenciamento e de comunicação prévia disciplinadas no RJUE.

Se a entidade gestora não for o município, as competências da câmara municipal e do seu presidente para a prática dos atos administrativos referentes

[726] Em tudo que não esteja especificamente previsto no RJRU, as operações urbanísticas quanto à responsabilidade e qualidade da construção a realizar numa operação de reabilitação urbana têm de observar o RJUE (art. 10.º: termo de responsabilidade) e os regimes jurídicos sobre a qualificação exigível aos técnicos.

aos vários procedimentos, designadamente para ordenar e promover em relação a imóveis localizados na área de reabilitação urbana a realização de *inspeções e vistorias* de fiscalização (RJUE), são delegáveis na entidade gestora da operação de reabilitação urbana, devendo a empresa municipal, sendo ela a gestora, enviar todos os elementos a ser disponibilizados ao município por meios eletrónicos.

G) Respeito e "desrespeito" das normas urbanísticas em vigor. Realização da garantia da proteção do existente

A realização das operações urbanísticas deve observar as normas legais e regulamentares que lhes sejam aplicáveis, designadamente as constantes de instrumentos de gestão territorial, do regime jurídico de proteção do património cultural, do regime jurídico aplicável à *gestão de resíduos de construção e demolição e as normas técnicas* de construção.

Estão *isentas de controlo prévio* as operações urbanísticas promovidas pela entidade gestora que se reconduzam à execução da operação de reabilitação urbana, independentemente do tipo de operação.

A entidade gestora, se for entidade empresarial, tem de informar a câmara municipal até 20 dias antes do início da execução das operações urbanísticas. Quanto à aplicação das regras sobre a consulta a *entidades externas,* que devam emitir parecer, autorização ou aprovação sobre o pedido formulado em procedimentos de *licenciamento e comunicação prévia* de operações urbanísticas ou de *autorização de utilização* de edifícios, rege o RJUE, naquilo em que o RJRU não disponha especificamente.

A entidade gestora pode constituir uma comissão de apreciação para efeito dos diferentes procedimentos. Ela será composta pelas entidades que devem legalmente pronunciar-se sobre os pedidos formulados nesses procedimentos, a cujas reuniões podem assistir quer o município quer a entidade gestora.

Os *pareceres, autorizações e aprovações* que as entidades representadas na comissão de apreciação devam prestar são consignados na ata da reunião da comissão, assinada por todos os membros presentes na reunião (com menção expressa da sua qualidade), considerando-se estes atos de apreciação ou de coonestação "a priori" ou "a posteriori" substituídos deste modo para todos os efeitos legais.

Em caso de pronúncia desfavorável, as entidades consultadas devem indicar expressamente as razões da sua discordância e indicar, sempre que possível, quais as alterações que consideram necessárias para a viabilização do projeto.

Nas área de reabilitação urbana (fora dos casos ligados ao respeito pelo princípio da proteção do existente, já em geral consagrado no regime geral da urbanização e edificação, Decreto-Lei n.º 555/99, e para além dos fundamentos previstos em geral neste RJUE), os requerimentos de licenciamento podem ser indeferidos ou as comunicações prévias ser rejeitadas se as operações forem suscetíveis de causar um prejuízo manifesto à reabilitação do edifício ou à operação de reabilitação urbana da área em que se insere.

No âmbito de aplicação do RJRU, se estiverem em causa obras de reconstrução ou alteração de edifício, desde que haja uma declaração dos autores dos projetos identificando as normas técnicas ou regulamentares em vigor não cumpridas, não pode ser recusada a emissão da licença ou a admissão de comunicação prévia com fundamento em normas legais ou regulamentares supervenientes à construção originária, nas condições da aplicação normal do princípio da proteção do existente.

Portanto, se estas operações não vierem originar ou agravar a desconformidade com as normas em vigor ou, de qualquer modo, tiverem como resultado a melhoria das condições de segurança e de salubridade da edificação, e desde que as opções de construção sejam adequadas à segurança estrutural e sísmica desse edifício.

No caso de se tratar de obras de *ampliação ou mesmo obras de construção para substituição de edifícios previamente existentes,* desde que a não observância das normas em vigor fique devidamente fundamentada, o cumprimento de normas legais ou regulamentares supervenientes à construção originária também podem ser dispensadas desde que a realização destas obras posteriores levem a uma melhoria das condições de *desempenho e segurança funcional, estrutural e construtiva da edificação,* se se considerar que as opções de construção são adequadas à segurança estrutural e sísmica do edifício, e se o sacrifício decorrente do cumprimento das normas legais e regulamentares vigentes não for proporcionado face à desconformidade a criar ou a agravar pela sua efetivação.

H) Procedimento simplificado de controlo prévio de operações urbanísticas

Quando a entidade gestora da operação de reabilitação urbana é o município, pode ser criada uma *unidade orgânica flexível,* interna ao município, visando especialmente a apreciação do procedimento simplificado de controlo prévio.

Esta deve integrar técnicos com competências funcionais para a análise de todo o procedimento de comunicação prévia[727].

[727] Com a possibilidade de delegação ou subdelegação, consoante os casos, no dirigente desta "unidade", da competência para admitir ou rejeitar a comunicação prévia.

Às operações urbanísticas de reabilitação urbana de edifícios ou frações conformes com o plano de pormenor de reabilitação nas situações em que o RJUE exige comunicação prévia, para além das regras especiais antes enunciadas, aplica-se o regime subsidiário para o procedimento de comunicação prévia do RJUE com certas especialidades a considerar em vários aspetos.

Assim, a comunicação[728] deve ser apresentada ao município acompanhada dos pertinentes elementos instrutórios da comunicação prévia[729].

Neles se incluindo obrigatoriamente o termo de responsabilidade subscrito por técnico legalmente habilitado que ateste o cumprimento das normas legais e regulamentares aplicáveis.

Se o município não exercer diretamente as funções de entidade gestora, tem de remeter de imediato (por meios eletrónicos), esta comunicação à entidade gestora, notificando o interessado desse facto no prazo de cinco dias úteis.

A realização de consultas e a solicitação de qualquer parecer, autorização ou aprovação a entidades externas ou a serviços da organização autárquica municipal não é obrigatória.

No entanto, mas nada impede que a entidade gestora possa, a título meramente facultativo e não vinculativo, realizar consultas ou solicitar pareceres às entidades externas ou aos serviços da organização autárquica municipal que considere adequados, para obtenção de esclarecimentos.

Em qualquer caso, não pode ser efetuada a demolição total ou parcial de património cultural imóvel classificado ou em vias de classificação sem prévia e expressa autorização da administração do património cultural competente. Isto, exceto se estiver em causa património cultural imóvel cuja demolição total ou parcial tenha sido objeto de pronúncia favorável por parte da referida administração em sede de elaboração do correspondente plano de pormenor de reabilitação urbana.

Quanto à aplicação da proteção do existente, atrás em geral enunciada, a admissão da comunicação prévia de obras segundo o procedimento simplificado de controlo prévio para reconstrução ou alteração de edifícios não podem ser recusadas com fundamento em normas legais ou regulamentares supervenientes à construção originária, desde que tais operações respeitem o regime normal de *densificação do princípio do existente*[730].

[728] Elaborada segundo o modelo aprovado por portaria dos membros do Governo responsáveis pelas áreas das autarquias locais, da economia e do ordenamento do território.

[729] Regulados por portaria dos membros do Governo responsáveis pelas áreas do ordenamento do território e da administração local

[730] Cabe ao termo de responsabilidade, exigido ao técnico autor do projeto legalmente habilitado deve comprovar de modo fundamentado, essa aplicação.

I) Autorização de utilização. Documentação de substituição de alvará

Concluída a operação urbanística, no todo ou em parte, aplica-se à autorização de utilização de edifício ou sua fração, quando legalmente exigida, o disposto no RJUE, com as especialidades do RJRU.

Os termos de responsabilidade devem conter as declarações previstas no RJUE, e ainda identificar o titular da autorização de utilização, identificar o edifício ou a fração autónoma a que respeita, *indicar o uso* a que se destina o edifício ou a fração autónoma e declarar que estão cumpridos os requisitos legais para a *constituição da propriedade horizontal*, quando aplicável.

Não sendo determinada a realização da vistoria no prazo de 10 dias úteis a contar da receção do requerimento de autorização de utilização devidamente instruído, o termo de responsabilidade, acompanhado daquele requerimento e do comprovativo da apresentação de ambos à entidade gestora, vale como autorização de utilização, substituindo o alvará de utilização[731].

J) Instrumentos de política urbanística. Execução de política urbanística. Empreitada única. Demolição. Direito de preferência. Arrendamento forçado. Servidões. Expropriação. Venda forçada. Reestruturação da propriedade

A entidade gestora pode utilizar, consoante o tipo da operação de reabilitação urbana, os vários instrumentos de execução: a imposição da obrigação de reabilitar e obras coercivas, empreitada única, demolição de edifícios, direito de preferência, arrendamento forçado, servidões, expropriação, venda forçada e reestruturação da propriedade.

O recurso a servidões, expropriações, vendas forçadas e reestruturações da propriedade apenas pode ser utilizado nas operações de reabilitação urbana sistemática.

Se as funções de entidade gestora não forem desempenhadas pelo município ela utilizará os instrumentos de execução objeto de delegação expressa ou tácita.

Nada impeça que seja ela, face a *ponderações funcionais*, a requerer, diretamente, ao órgão municipal competente para o exercício doutros poderes.

Para a promoção da reabilitação de um conjunto de edifícios, a entidade gestora de uma operação de reabilitação pode recorrer a uma empreitada única.

Se não houver oposição dos proprietários, a entidade gestora, em sua representação pode contratar e gerir a empreitada única, que pode incluir a

[731] N.º 3 do art. 74.º do RJUE.

elaboração do projeto e a execução, e mesmo constituir parte de um *contrato de reabilitação*.

No caso de os proprietários entenderem opor-se à representação, então têm de contratar com ela as obrigações a que ficam adstritos no processo de reabilitação urbana, desde logo o que concerne à fixação de prazos para efeitos de licenciamento ou comunicação prévia e para a execução das obras.

A entidade gestora pode ordenar a demolição de edifícios se lhes faltar os requisitos de segurança e salubridade indispensáveis ao fim a que se destinam e a reabilitação nesse sentido for *técnica ou economicamente inviável*, aplicando, com as necessárias adaptações, o regime geral do RJUE.

A demolição total ou parcial não pode ser efetuada no caso de estarmos face a património cultural imóvel classificado ou em vias de classificação, sem a prévia e expressa autorização da administração do património cultural competente.

A aplicação deste regime de demolição não prejudica, caso se trate de imóvel arrendado, a aplicação do regime jurídico das obras em prédios arrendados.

A entidade gestora tem preferência nas transmissões a título oneroso, entre particulares, de terrenos, edifícios ou frações situadas em área de reabilitação urbana, nos termos do RJIGT, para o exercício pelo município sobre terrenos ou edifícios situados nas áreas do plano com *execução programada*.

Esta preferência pode ser exercida com a declaração de *não-aceitação do preço convencionado*.

Tratando-se de património cultural imóvel classificado ou em vias de classificação ou de imóveis localizados nas zonas de proteção, este *direito de preferência* da entidade gestora cede perante os direitos de preferência dos comproprietários, Estado, Regiões Autónomas e municípios (pela ordem indicada)[732].

Mas o direito de preferência da entidade gestora, quando exista, apenas pode ser exercido caso ela entenda que o imóvel deve ser objeto de intervenção no âmbito da operação de reabilitação urbana, pelo que na declaração de preferência deve discriminar, nomeadamente, a intervenção de que o imóvel carece e o prazo dentro do qual pretende executá-la.

No caso de declaração de não-aceitação do preço, assiste às partes do contrato (primeiro ao vendedor e depois ao comprador), o direito de reversão do bem quando não seja promovida a intervenção constante da declaração de

[732] Estes sem prejuízo dos direitos de preferência concedidos à Administração Pública pela *legislação avulsa* (LBPC).

preferência, aplicando-se, adaptadamente, o Código das Expropriações e o direito de preferência na primeira alienação do bem.

Depois da conclusão das obras realizadas pela entidade gestora, o proprietário tem o prazo de quatro meses para proceder ao ressarcimento integral das despesas feitas por ela com o edifício ou fração. Ou, então, para o dar de arrendamento pelo prazo mínimo de cinco.

Neste caso, deve afetar os montantes das rendas ao seu ressarcimento.

Se assim não fizer, a entidade gestora pode arrendar o prédio diretamente, mediante concurso público, por esse prazo de cinco anos, que é renovável, sendo necessário[733].

Este arrendamento não impede o exercício da preferência nas posteriores alienações ou locações de edifício ou da fração que foi objeto da ação de reabilitação.

É aplicável à relação entre os titulares dos contratos de arrendamento e a entidade gestora o regime de compensação.

Podem ser constituídas *servidões administrativas* que sejam necessárias para a reinstalação e o funcionamento das atividades localizadas nas zonas de intervenção, as quais se regem (de modo adaptado) pelo regime da expropriação.

Podem, também, ser *expropriados terrenos, edifícios e frações* que sejam necessários à execução da operação de reabilitação urbana. Isto, apenas na estrita medida em que respeite o *princípio da proporcionalidade* (ato, em si e no seu conteúdo concreto, necessário, adequado e proporcional, atendendo aos interesses públicos e privados em presença)[734].

[733] Nos termos do art. 1096.º do Código Civil.

[734] Sobre o enquadramento do princípio da proporcionalidade, diz o ATC n.º 197/2016 Processo n.º 465/2015 Diário da República, 2.ª série, n.º 99, de 23 de maio de 2016, p. 16056, que, referente à invocação da sua violação na vertente da necessidade e da justa medida, "à adequação do meio usado para a prossecução dos fins que são visados pela lei, cabe recordar que o princípio da idoneidade ou da aptidão significa que as medidas legislativas devem ser aptas a realizar o fim prosseguido ou contribuir para o alcançar. No entanto, o controlo da idoneidade ou adequação da medida, enquanto vertente do princípio da proporcionalidade, refere – se exclusivamente à aptidão objetiva e formal de um meio para realizar um fim e não a qualquer avaliação substancial da bondade intrínseca ou da oportunidade da medida. Ou seja, uma medida é idónea quando é útil para a consecução de um fim, quando permite a aproximação do resultado pretendido, quaisquer que sejam a medida e o fim e independentemente dos méritos correspondentes. E, assim, a medida só será suscetível de ser invalidada por inidoneidade ou inaptidão quando os seus efeitos sejam ou venham a revelar-se indiferentes, inócuos ou até negativos, tomando como referência a aproximação do fim visado" (ATC n.º 188/2009). O que não é o caso, pois "objetivamente, a norma em causa atinge o objetivo a que o legislador se propôs, sendo inteiramente irrelevante que a mesma finalidade pudesse ser alcançada por uma outra via, tendo em conta que a escolha

Pode, também, promover-se a *expropriação por utilidade pública* de edifícios e de frações se os proprietários não cumprirem a obrigação de promover a sua reabilitação, após notificação nesse sentido, ou não responderem à notificação alegando que não podem ou não querem realizar as obras e trabalhos ordenados.

A expropriação por utilidade pública inerente à execução da operação de reabilitação urbana rege-se pelo Código das Expropriações, com especificidades, que vão desde a competência para a emissão da resolução de expropriar que é da entidade gestora, a competência para a emissão do ato administrativo que individualize os bens a expropriar que é da câmara municipal ou do órgão executivo da entidade gestora, consoante tenha havido ou não delegação do poder de expropriação, quer o facto de estas expropriações possuírem caráter urgente.

No caso de a expropriação se destinar a permitir a reabilitação de imóveis para a sua colocação no mercado, os expropriados têm direito de preferência sobre a alienação dos mesmos, mesmo que não haja perfeita identidade entre o imóvel expropriado e o imóvel colocado no mercado.

Se existir mais do que um expropriado a querer exercer a preferência, procede-se a licitação, revertendo a diferença entre o preço inicial e o preço final para os expropriados, na proporção das suas indemnizações.

Se os proprietários não cumprirem a obrigação de reabilitar ou responderem à notificação alegando que não podem ou não querem realizar as obras e trabalhos indicados, a entidade gestora pode, em alternativa à expropriação, proceder à venda do edifício ou fração em hasta pública.

Esta operação efetivar-se-á a favor de quem oferecer o "melhor preço" e se dispuser a cumprir a obrigação de reabilitação no prazo inicialmente estabelecido para o efeito (contado desde a data da arrematação), tendo a entidade gestora e o município um direito de preferência nessa alienação.

Caso haja que proceder à *venda forçada de imóveis* constituídos em propriedade horizontal, apenas podem ser objeto de venda forçada as frações autónomas, ou partes passíveis de ser constituídas em frações autónomas, necessárias à realização da obrigação de reabilitar, financiando-se as obras do imóvel com a venda forçada destas e mantendo o proprietário o direito de propriedade das demais.

Para efeitos desta venda, a entidade gestora emite uma resolução fundamentada de promoção de venda forçada, notificada nos termos do Código das

dos meios destinados a obter um certo efeito de política fiscal se enquadra na margem de livre conformação legislativa".

Expropriações para a resolução de expropriar e requerimento da declaração de utilidade pública, com as devidas adaptações, devendo sempre indicar o valor base do edifício ou fração resultante de avaliação promovida nos termos e de acordo com os critérios nela previstos.

O proprietário tem o direito de alienar o edifício ou fração em causa a terceiro no prazo de 20 dias, e o de dizer o que se lhe oferecer sobre a proposta de valor base apresentada, no mesmo prazo. Pode apresentar *contraproposta fundamentada* em relatório elaborado por perito da sua escolha.

Para efeitos do exercício deste direito de alienação do imóvel, o proprietário informa a entidade gestora da intenção de alienação e, antes de esta ocorrer, da identidade do possível adquirente.

A entidade gestora deve, no prazo de cinco dias contados a partir da receção da informação legalmente prevista, notificar o possível adquirente da obrigação de reabilitação do edifício ou fração e do regime aplicável nos termos do RJRU. Mas a alienação só pode ocorrer após o possível adquirente ter sido devidamente notificado.

Caso o proprietário tenha apresentado contraproposta com um *valor superior ao valor-base* do edifício ou fração resultante da avaliação, entidade gestora promove uma tentativa de acordo sobre o valor-base da venda em hasta pública para a expropriação amigável e em geral aplica-se o regime descrito mais abaixo sobre o *montante pecuniário.*

A entidade gestora pode decidir iniciar o procedimento de venda em hasta pública, quando o proprietário estiver de acordo com o valor proposto pela entidade gestora ou não apresentar contraproposta.

A decisão de *início do procedimento de venda em hasta pública* é notificada ao interessado e publicitada.

Se o arrematante ou o adquirente não começar a reabilitação do edifício ou fração no *prazo de seis meses,* contado da arrematação ou da aquisição, ou, começando-a, não a concluir no prazo estabelecido, a entidade gestora deve proceder à expropriação do edifício ou fração ou retomar o procedimento de venda forçada, dando-se conhecimento da decisão ao primitivo proprietário.

O *arrematante ou o adquirente inadimplente* não tem direito a receber um valor que exceda o montante que haja despendido na aquisição do edifício ou fração em causa, revertendo o excesso desse valor para o primitivo proprietário.

Se, em qualquer das vendas em hasta pública, não comparecer licitante que arremate, a entidade gestora paga o preço em que o imóvel foi avaliado e reabilita-o por sua conta, no prazo inicialmente estabelecido para o efeito, contado da data da realização da hasta pública, sob pena de reversão para o primitivo proprietário.

O *direito de reversão* cessa se tiver decorrido 20 anos sobre esta data, haja renúncia do expropriado ou a declaração de utilidade pública seja renovada, com fundamento em prejuízo grave para o interesse público, dentro do prazo de um ano a contar de verificação da inércia da entidade gestora.

A reversão deve ser requerida no prazo de três anos a contar da ocorrência do facto que a originou, sob pena de caducidade, de modo que, decorrido esse prazo, o expropriado, até ao final do prazo de 20 anos, tem o direito de preferência na primeira alienação dos bens.

O acordo entre a entidade expropriante e o expropriado ou demais interessados sobre outro destino a dar ao bem expropriado ou sobre o montante do acréscimo da indemnização interpreta-se como renúncia aos direitos de reversão e de preferência.

Se a entidade expropriante pretender alienar parcelas sobrantes, deve comunicar o projeto de alienação ao expropriado e demais interessados conhecidos cujos direitos não hajam cessado definitivamente, por carta ou ofício registado com aviso de receção, com a antecedência mínima de 60 dias, findos os quais, não sendo exercido o direito de reversão ou, se for o caso, o direito de preferência, se entende que renunciam ao mesmo.

No caso de *nova declaração de utilidade pública ou de renovação da declaração* anterior, o expropriado é notificado para optar pela fixação de nova indemnização ou pela atualização da anterior.

Quanto ao montante pecuniário a entregar ao proprietário em caso de venda forçada, dispõe o RJRU que, nos casos em que o proprietário esteja de acordo com o valor proposto pela entidade gestora ou não tenha apresentado contraproposta, a entidade gestora entrega-lhe o produto da hasta pública, terminado assim o procedimento.

Caso o proprietário tenha apresentado uma contraproposta com um valor superior à proposta de valor-base apresentada pela entidade gestora, esta deve promover uma tentativa de acordo sobre o valor-base da venda em hasta pública (nos termos adaptados do Código das Expropriações para a expropriação amigável).

Na falta de acordo, é aplicável de modo adaptado o Código das Expropriações para a expropriação litigiosa (designadamente, sobre a arbitragem, designação de árbitros, a arguição de irregularidades e recurso da decisão arbitral).

Os prazos constantes do Código das Expropriações para a declaração de utilidade pública consideram-se reportados à resolução de promoção da venda forçada.

Quanto ao valor do imóvel, sujeito a venda forçada, o proprietário beneficia, de modo adaptado, de todas as *garantias conferidas ao expropriado* pelo Código das Expropriações, relativamente à justa indemnização. Designadamente, quanto às formas de pagamento, pagamento dos juros e atribuição desse valor aos interessados.

Fixado o valor-base da venda, a entidade gestora pode iniciar o procedimento de venda em hasta pública e, findo este, entrega o produto da venda ao proprietário.

O início das obras de reabilitação do imóvel não pode ocorrer antes da realização da vistoria "ad perpetuam rei memoriam", pare permitir fielmente o apuramento do valor em causa.

A entidade gestora da operação de reabilitação urbana pode promover a reestruturação da propriedade de um ou mais imóveis.

Para tanto, pode efetivar a expropriação por utilidade pública da operação de reabilitação urbana, designadamente as faixas adjacentes contínuas, com a profundidade prevista nos planos municipais de ordenamento do território, destinadas a edificações e suas dependências, nos casos de abertura, alargamento ou regularização de ruas, praças, jardins e outros lugares públicos.

Tal como pode expropriar os terrenos que, após as obras que justifiquem o seu aproveitamento urbano, não sejam assim aproveitados, sem motivo legítimo, no prazo de 12 meses a contar da notificação que, para esse fim, seja feita ao proprietário.

Este *poder expropriativo* estende-se, ainda, aos terrenos destinados a construções adjacentes a vias públicas de aglomerados urbanos, se os proprietários, notificados para os aproveitarem em edificações, o não fizerem, sem motivo legítimo, no prazo de 12 meses a contar da notificação. Assim como os prédios urbanos que devam ser reconstruídos ou remodelados, face a várias situações admitidas pelo RJRU. Em causa, as suas *pequenas dimensões, a posição fora do alinhamento ou as más condições de salubridade, segurança ou estética*. Isto, se o proprietário, no mesmo prazo e também sem motivo legítimo, não der cumprimento a notificação para o efeito.

Estes prazos são suspensos com o início do procedimento de licenciamento ou de comunicação prévia, sempre que estes procedimentos sejam aplicáveis, cessando a suspensão caso a realização da operação urbanística não seja licenciada ou admitida.

O procedimento de expropriação, nos procedimentos de reestruturação da propriedade abarcando mais do que um edifício ou do que um terreno, deve ser precedido da apresentação aos proprietários de uma proposta de acordo para estruturação da compropriedade sobre o ou os edifícios que substituírem os existentes, e de uma proposta de aquisição (por via do direito privado, sem prejuízo do seu *caráter urgente*), dos bens a expropriar que revertam para o domínio público.

K) Questões relacionadas com a conservação de prédios, prédios devolutos. Regime especial de taxas e compensações

A entidade gestora pode requerer a determinação do *nível de conservação* de um prédio urbano ou de uma fração, compreendido numa área de reabilitação urbana, mesmo que não estejam arrendados.

Caso seja atribuído a um prédio um nível de conservação 1 ou 2, a taxa do imposto municipal sobre imóveis pode ser agravada, de acordo com as normas para edifícios degradados.

A entidade gestora pode identificar os prédios ou frações que devolutos, para aplicação do regime de prédios devolutos (prédio urbano ou fração autónoma) para efeitos de aplicação da taxa do imposto municipal sobre imóveis.

Pode ser estabelecido um regime especial de taxas municipais, em regulamento municipal, para incentivar a realização das operações urbanísticas em regime de reabilitação, de taxas municipais para incentivo à instalação, dinamização e modernização de atividades económicas, com aplicação restrita a ações enquadradas em operações de reabilitação urbana sistemática e de cálculo das compensações devidas ao município pela não cedência de áreas para implantação de infraestruturas urbanas, equipamentos e espaços urbanos e verdes de utilização coletiva.

Se forem adotados mecanismos de perequação compensatória no âmbito das operações de reabilitação urbana, podem ser constituídos *fundos de compensação* para receber e pagar essas compensações devidas pela aplicação desses mecanismos[735].

L) Participação e concertação de interesses. Direitos dos ocupantes de edifícios ou frações

Em princípio aplicam-se em termos de delimitação da legitimidade procedimental as regras fixadas no Código do Procedimento Administrativo.

O RJRU considera interessados no âmbito dos seus procedimentos (cujo objeto é uma fração, um edifício ou um conjunto específico de edifícios), os proprietários e os titulares de outros direitos, ónus e encargos relativos ao edifício ou fração a reabilitar.

[735] A sua *constituição e gestão* pode ser passível de delegação na entidade gestora, se não for o município.

Esta qualidade tem de ser comprovada através do registo predial, matriz predial ou títulos bastantes de prova, em que figurem como titulares dos direitos ou, sempre que se trate de prédios omissos ou haja manifesta desatualização dos registos e das inscrições, desde que sejam tidos como tais em termos públicos e notórios, e todos os que demonstrem ter um interesse pessoal, direto e legítimo relativamente ao objeto do procedimento e, nessa qualidade, requeiram a sua intervenção.

A participação dos interessados nestes procedimentos pode ser exercida através de organizações representativas de interesses locais, nomeadamente no âmbito da *discussão pública de planos, programas e projetos.*

No âmbito destes procedimentos deve ser promovida a utilização de mecanismos de negociação e concertação de interesses, nomeadamente nos casos em que os interessados manifestem formalmente perante a entidade gestora vontade e disponibilidade para colaborar e concertar, nessa sede, a definição do conteúdo da decisão administrativa em causa.

A utilização destes mecanismos deve privilegiar a obtenção de soluções que afetem os direitos dos interessados somente na medida do necessário à tutela dos interesses públicos subjacentes à reabilitação urbana e que permitam, na medida do possível, a manutenção dos direitos que os mesmos têm sobre os imóveis.

A entidade gestora deve informar os interessados sobre direitos e deveres que lhes cabem na operação de reabilitação urbana, nomeadamente sobre os apoios e incentivos financeiros e fiscais existentes.

As pessoas que habitem em edifícios ou suas frações que sejam objeto de obras coercivas, desde que estejam de boa-fé, têm direito a realojamento temporário, a expensas do proprietário, exceto se dispuser no mesmo concelho ou em concelho limítrofe de outra habitação que satisfaça adequadamente as necessidades de habitação do seu agregado.

Se os prédios forem objeto de *reestruturação da propriedade, expropriação ou venda forçada*, têm direito a *realojamento equivalente.* Ou podem constituir-se como interessados no procedimento de determinação de *montante indemnizatório,* se prescindirem desse realojamento.

Estas pessoas têm *preferência nas posteriores alienações ou locações* de edifício ou fração objeto da ação de reabilitação, tal não prejudicando os direitos dos arrendatários previstos em legislação aplicável.

M) Financiamento dos particulares e das entidades gestoras. Apoios do Estado e dos municípios. Fundos de investimento imobiliário

O Estado pode, nos termos previstos na legislação sobre a matéria, conceder apoios financeiros e outros incentivos aos proprietários e a terceiros que promovam ações de reabilitação de edifícios. E, no caso de operações de reabilitação urbana sistemática, de dinamização e modernização das atividades económicas.

O Estado pode também conceder apoios financeiros às entidades gestoras, nos termos previstos em legislação especial.

Em qualquer caso, os apoios prestados devem assegurar o cumprimento das normas aplicáveis a respeito de proteção da concorrência e de auxílios do Estado.

Os municípios podem, nos termos previstos em legislação e regulamento municipal sobre a matéria, conceder apoios financeiros a intervenções no âmbito das operações de reabilitação urbana.

Os *apoios financeiros* podem ser atribuídos aos proprietários, às entidades gestoras da operação de reabilitação urbana e a terceiros que promovam ações de reabilitação urbana, incluindo as que se destinam à dinamização e modernização das atividades económicas.

As entidades gestoras podem contrair empréstimos a médio e longo prazo destinados ao financiamento das operações de reabilitação urbana, os quais, caso autorizados por despacho do ministro responsável pela área das finanças, não relevam para efeitos do montante da dívida de cada município[736].

Para a execução das operações de reabilitação urbana, podem constituir-se fundos de investimento imobiliário, nos termos definidos em legislação especial.

A subscrição de unidades de participação nos fundos referidos no número anterior pode ser feita em dinheiro ou através da entrega de prédios ou frações a reabilitar.

Para este efeito, o *valor dos prédios ou frações* é determinado pela entidade gestora do fundo, dentro dos valores de avaliação apurados por um avaliador independente registado na Comissão do Mercado de Valores Mobiliários e por aquela designado.

[736] A delimitação de uma área de reabilitação urbana confere ao município o poder de aceitar e sacar letras de câmbio, conceder avales cambiários, subscrever livranças e conceder garantias pessoais e reais, relativamente a quaisquer operações de financiamento promovidas por entidades gestoras no âmbito de uma operação de reabilitação urbana.

A entidade gestora da operação de reabilitação urbana pode participar no fundo de investimento imobiliário.

N) Regime especial da reabilitação para edifícios mais antigos

O *regime especial* da reabilitação urbana aplica-se às operações urbanísticas de reabilitação que, tendo por objeto *edifícios ou frações, localizados ou não* em áreas de reabilitação, tenham na data da construção sido erigidos nos termos legais previstos nessa altura, desde que concluída há, pelo menos, 30 anos, se necessitarem, em virtude da sua *insuficiência, degradação ou obsolescência*, designadamente face a *condições de uso e deficiências de solidez, segurança, estética ou salubridade*, de uma intervenção de reabilitação destinada a conferir *adequadas características de desempenho e de segurança funcional, estrutural e construtiva.*

Estas operações urbanísticas de reabilitação a efetivar devem, *cumulativamente*, respeitar certas condições:

a) preservar as *fachadas principais* do edifício com todos os seus elementos não dissonantes[737];
b) conservar os *elementos arquitetónicos e estruturais de valor patrimonial* do edifício, designadamente, *abóbadas, arcarias, estruturas metálicas ou de madeira*;
c) manter o mesmo número de pisos acima do solo e no subsolo:
d) respeitar a *configuração da cobertura*[738]; e, ainda,
e) não reduzir a *resistência estrutural do edifício*, designadamente, ao nível sísmico;
f) respeitar as *opções de construção adequadas à segurança estrutural e sísmica* do edifício.

*

O RJRU, que em geral não se aplica às operações urbanísticas realizadas em imóveis individualmente classificados ou em vias de classificação ou localizados em *áreas urbanas de génese ilegal* (AUGI), tudo objeto de legislação própria, no entanto aplica-se se eles estiverem incluídos em áreas de reabilitação urbana. E aplica-se, também, às operações urbanísticas realizadas em

[737] No entanto, é possível efetivar novas aberturas de vãos ou de modificação de vãos existentes ao nível do piso térreo, nos termos previstos nas normas legais e regulamentares e nos IGT aplicáveis.

[738] Admite-se o aproveitamento do *vão da cobertura como área útil*, com possibilidade de abertura de vãos para comunicação com o exterior, nos termos previstos nas normas legais e regulamentares e nos IGT aplicáveis.

bens imóveis que se *localizem em zonas de proteção e não estejam individualmente classificados nem em vias de classificação*, exceto em caso de previsão de novas aberturas de vãos na fachada ou na cobertura.

O) Regime do controlo prévio de operações urbanísticas

Às operações urbanísticas a efetivar segundo o regime especial da reabilitação urbana aplica-se com adaptações o *procedimento simplificado de controlo prévio.* Exceto se estiverem *isentas de controlo* prévio ao abrigo do RJRU ou do regime jurídico da urbanização e da edificação (RJUE).

Nos casos em que este regime especial é aplicável a operações urbanísticas realizadas em bens imóveis que se localizem em zonas de proteção e não estejam individualmente classificados nem em vias de classificação, uma vez apresentados ao município a comunicação e outros elementos necessários, eles são remetidos de imediato, por meios eletrónicos, à administração do *património cultural*, para emissão de parecer não vinculativo no prazo de 10 dias úteis.

Decorrido este prazo sem que a administração do património cultural se tenha pronunciado, considera-se que a entidade em causa não se opõe à comunicação[739].

P) Regime das áreas de reabilitação urbana. Delimitação e objeto das áreas de reabilitação urbana

As áreas de reabilitação urbana incidem sobre espaços urbanos que, em virtude da *insuficiência, degradação ou obsolescência dos edifícios, das infraestruturas urbanas, dos equipamentos ou dos espaços urbanos e áreas verdes de utilização coletiva*, justifiquem uma intervenção integrada. Elas podem abranger, designadamente, áreas e centros históricos, património cultural imóvel classificado ou em vias de classificação e respetivas zonas de proteção, áreas urbanas degradadas ou zonas urbanas consolidadas.

A delimitação das áreas de reabilitação urbana é da competência da assembleia municipal, sob proposta da câmara municipal.

A *proposta de delimitação,* tal como a de alteração da sua delimitação, é devidamente fundamentada. Deve conter a *memória descritiva e justificativa.* Esta inclui os *critérios subjacentes* à delimitação da área abrangida e os *objetivos estratégicos* a prosseguir, assim como a *planta com a delimitação* da área e o quadro dos *benefícios fiscais* associados aos impostos municipais. A delimitação

[739] Aprovação tácita, desde que não desrespeite a legislação cultural em causa.

implica a definição municipal dos benefícios fiscais associados aos impostos municipais sobre o património[740].

Para estes efeitos, pode a câmara municipal encarregar uma das entidades previstas neste RJRU para a preparação do projeto de delimitação das áreas de reabilitação urbana, desde que estabeleça, previamente, os objetivos em causa. O ato de aprovação da delimitação integra os elementos concernentes da memória descritiva e justificativa.

Q) Aprovação das operações de reabilitação urbana

As operações de reabilitação urbana são aprovadas através de *instrumento próprio ou de plano de pormenor*, contendo a definição do tipo de operação e a *estratégia de reabilitação* ou *programa estratégico de reabilitação urbana*, consoante a operação seja simples ou sistemática.

A aprovação de operações de reabilitação através de instrumento próprio é da competência da assembleia municipal, sob proposta da câmara municipal, que pode encarregar uma empresa do seu setor empresarial da preparação do projeto de operação de reabilitação urbana, com prévia fixação de objetivos e prazos para a sua conclusão.

Este projeto de operação de reabilitação urbana está sujeito a parecer não vinculativo do Instituto da Habitação no prazo de 15 dias, a quem é remetido ao mesmo tempo que é submetido a discussão pública (nos termos do RJIGT para a discussão pública dos planos de pormenor).

Este procedimento pode ocorrer simultaneamente com a elaboração, alteração ou revisão de IGT de âmbito municipal, caso em que fica submetido ao mesmo processo de *acompanhamento, participação e aprovação* pela assembleia municipal.

R) Aprovação de operações de reabilitação urbana através de plano de pormenor de reabilitação urbana

A aprovação de operações de reabilitação urbana pode fazer-se através de plano de pormenor de reabilitação urbana.

Em qualquer caso, obriga a entidade gestora a promovê-la, nos termos do RJRU.

[740] Designadamente, o imposto municipal sobre imóveis e o imposto municipal sobre as transmissões onerosas de imóveis e confere aos titulares do direito de propriedade e de outros direitos, ónus e encargos sobre os edifícios ou frações o direito de acesso aos apoios e incentivos fiscais e financeiros à reabilitação urbana (legislação própria), sem prejuízo de outros benefícios e incentivos relativos ao património cultural.

A operação é aprovada através de instrumento próprio vigora pelo *prazo fixado na estratégia* ou *programa*, com possibilidade de prorrogação, mas não pode, em qualquer caso, vigorar por prazo superior a 15 anos, a contar da data da referida aprovação. A prorrogação é aprovada pela assembleia municipal, sob proposta da câmara municipal. A operação de reabilitação urbana aprovada através de plano de pormenor de reabilitação urbana vigora durante o *prazo de execução nele previsto*, não podendo, em qualquer caso, vigorar por prazo superior a 15 anos a contar da data da aprovação.

Tudo isto não impede que, findos aqueles prazos, possa ser aprovada uma nova operação de reabilitação urbana abrangente dessa área.

S) Acompanhamento e avaliação da operação de reabilitação urbana

A entidade gestora elabora anualmente um relatório de monitorização de operação em curso.

Ele deve ser submetido à apreciação da assembleia municipal.

A cada cinco anos de vigência da operação de reabilitação urbana, a câmara municipal deve submeter à apreciação da assembleia municipal um relatório de avaliação da execução dessa operação, acompanhado, se for caso disso, de uma proposta de alteração do respetivo instrumento de programação.

Os *relatórios e os termos da sua apreciação* pela assembleia municipal são obrigatoriamente objeto de divulgação na página eletrónica do município.

À alteração do tipo de operação aprovada através de instrumento próprio é aplicável o disposto no art. 17.º do RJRU, não havendo lugar a discussão pública se se tratar de alteração de operação de sistemática para simples.

Os instrumentos de programação podem ser alterados a todo o tempo[741].

T) Objeto e regime jurídico aplicável aos planos de pormenor de reabilitação urbana

O plano de pormenor de reabilitação urbana obedece ao disposto no RJIGT, com as especificidades introduzidas pelo RJRU.

O plano de pormenor de reabilitação urbana estabelece a *estratégia integrada de atuação e as regras de uso e ocupação do solo e dos edifícios* necessárias para promover e orientar a valorização e modernização do tecido urbano e a revitalização económica, social e cultural na sua área de intervenção.

Sempre que a área de intervenção do plano de pormenor de reabilitação urbana contenha ou coincida com património cultural imóvel classificado ou

[741] A alteração dos instrumentos de programação é da competência da assembleia municipal, sob proposta da câmara municipal.

em vias de classificação, e respetivas zonas de proteção, que determine, nos termos da Lei n.º 107/2001, de 8.9, a elaboração de um plano de pormenor de salvaguarda do património cultural, cabe ao plano de pormenor de reabilitação urbana a prossecução dos seus objetivos e fins de proteção, dispensando a elaboração daquele.

Nestes casos e na parte que respeita ao património cultural imóvel classificado ou em vias de classificação e respetivas zonas de proteção, o plano de pormenor de reabilitação urbana obedece, ainda, a outras exigências. Com efeito, o facto de ter sido decretada a classificação de monumentos, conjuntos ou sítios, ou em vias de classificação como tal, obriga o município, em parceria com os serviços da administração estadual (ou regional autónoma) responsáveis pelo património cultural, a criar um plano de pormenor de salvaguarda para essa área.

Cabe à legislação específica de desenvolvimento destes PSPC, enunciar o *conteúdo destes planos de pormenor de salvaguarda do património cultural*, tendo presente quer as exigências do RJIGT quer ainda as normas específicas para a proteção do património arqueológico existente e linhas estratégicas de intervenção, nos planos económico, social e de requalificação urbana e paisagística. Assim como tudo o que se reporta à *ocupação e usos prioritários*, *áreas a reabilitar*, *critérios de intervenção* nos elementos construídos e naturais, cartografia e recenseamento de todas as partes integrantes do conjunto.

U) Âmbito territorial dos planos de pormenor de reabilitação urbana

O plano de pormenor de reabilitação incide, como referimos, sobre uma área do território municipal que, em virtude da *insuficiência, degradação ou obsolescência dos edifícios, das infraestruturas, dos equipamentos de utilização coletiva e dos espaços urbanos e verdes de utilização coletiva*, designadamente no que se refere às suas condições de uso, solidez, segurança, estética ou salubridade, justifique uma intervenção integrada.

Caso a área de intervenção do plano de pormenor de reabilitação urbana contenha ou coincida, ainda que parcialmente, com área previamente delimitada como área de reabilitação urbana em instrumento próprio, esta considera-se *redelimitada* de acordo com a área de intervenção do plano.

No caso, quando a área de intervenção do plano de pormenor não abranger integralmente a área previamente delimitada como área de reabilitação urbana em instrumento próprio, deve proceder-se à *redelimitação ou revogação da área* não abrangida pela área de intervenção do plano em simultâneo com o ato de aprovação deste instrumento de gestão territorial.

V) Conteúdo material dos planos de pormenor de reabilitação urbana
Além do conteúdo material próprio em geral dos planos de pormenor (RJIGT), o plano de pormenor de reabilitação urbana tem de adotar um *conteúdo material específico* adaptado à finalidade de promoção da reabilitação na sua área de intervenção.

Impõe-se que consigne, além do mais:

a) a delimitação das unidades de execução (para efeito da programação da execução do plano);
b) a identificação e articulação (numa perspetiva integrada e sequenciada) dos principais projetos e ações a desenvolver em cada unidade de execução;
c) os princípios e as regras de uso do solo e dos edifícios (em ordem à valorização e proteção dos bens patrimoniais, culturais, naturais e paisagísticos existentes na sua área de intervenção;
d) a adequação à estratégia de revitalização económica, social e cultural da área de intervenção, em articulação com as outras políticas urbanas do município); e
e) a identificação e a classificação sistemática dos edifícios, das infraestruturas urbanas, dos equipamentos e dos espaços urbanos e verdes de utilização coletiva de cada unidade de execução (enunciando as necessidades e finalidades de reabilitação e modernização ou prevendo a sua demolição, quando seja o caso).

Sem prejuízo do conteúdo ter de efetivar a delimitação das unidades de execução, essa delimitação, tal como a *redelimitação das unidades de execução*, mesmo que constantes do plano de pormenor, podem, por iniciativa da entidade gestora ou dos proprietários, ser feitas na fase de execução do plano.

Os planos de pormenor de reabilitação urbana cuja área de intervenção contenha ou coincida com património cultural imóvel classificado ou em vias de classificação e zonas de proteção, prosseguem os objetivos e fins dos *planos de pormenor de salvaguarda de património cultural.* Isto, significa que têm, também, de conter para aquelas áreas o conteúdo deste plano, consagrando as *regras e os princípios de salvaguarda e valorização do património classificado* ou em vias de classificação e suas zonas de proteção, de acordo com a lei de bases do património cultural e outra legislação de desenvolvimento.

W) Conteúdo documental dos planos de pormenor de reabilitação urbana

O plano de pormenor de reabilitação urbana, acompanhado pelos *instrumentos de programação* da operação de reabilitação urbana, considera-se concluído com a aprovação da proposta pela assembleia municipal.

Os procedimentos administrativos subsequentes à elaboração dos planos municipais devem ser concretizados de maneira que, entre a sua aprovação e a publicação no Diário da República, medeiem 30 dias, suspendendo-se este prazo no caso da sua sujeição a ratificação pelo Governo (art. 92.º do RJIGT).

As alterações ao tipo de operação de reabilitação urbana seguem o mesmo *procedimento competencial, de prazos e de parecer.* Mas não tem de haver lugar a *discussão pública,* se se tratar de mudança de uma opção de operação sistemática para uma operação simples[742].

X) Elaboração dos planos de pormenor de reabilitação urbana

A elaboração do plano de pormenor compete à câmara municipal, por iniciativa própria ou mediante proposta apresentada pelos *interessados.* É aprovada por deliberação da Assembleia, depois publicada e divulgada nos termos do RJIGT[743].

A câmara municipal nesta deliberação deve definir os termos de referência do plano de pormenor, e se a área de intervenção do plano abranger uma área de reabilitação urbana já delimitada em instrumento próprio, deve integrar a estratégia de reabilitação urbana ou o programa estratégico de reabilitação urbana em causa.

Nesta deliberação, pode decidir encarregar uma empresa do setor empresarial local para a preparação do "projeto" do plano de pormenor e dos elementos que o acompanham.

Nas situações em que já exista estratégia ou programa estratégico em vigor, que abranjam a totalidade da área de intervenção do plano, e se mantenham os *objetivos e ações* neles definidos, não há lugar a participação pública preventiva prevista no RJIGT.

742 As *alterações à estratégia ou ao programa estratégico* de reabilitação, que não impliquem alteração do plano de pormenor de reabilitação, vigoram pelo prazo da execução deste plano; mas com um limite temporal máximo até 15 anos (a contar da data da aprovação). No entanto, nada obste que, após este prazo-limite, possa ser aprovada uma nova operação de reabilitação urbana com a mesma área.

743 N.º 1 do art. 74.º.

O acompanhamento destes planos é facultativo[744]. No entanto, a câmara municipal, através o recurso à *plataforma colaborativa* de gestão territorial, pode, no decurso da elaboração do plano, solicitar o acompanhamento que julgue útil[745].

De qualquer maneira, *concluída a elaboração* da proposta do plano, a câmara municipal deve apresentar essa proposta juntamente com o *relatório ambiental* à CCDR.

Esta Comissão estatal, no prazo de 10 dias, deve remeter a documentação recebida a todas as entidades representativas dos interesses a ponderar. Deve convocá-las para uma Conferência Procedimental[746], dentro do prazo de 20 dias, a contar da data de expedição dessa documentação. Aplica-se as regras da representação das várias entidades públicas na comissão consultiva.

Na conferência de serviços, as entidades da administração estadual, direta e indireta, que devam pronunciar-se sobre o plano de pormenor em razão da *localização ou da tutela de servidões administrativas e de restrições de utilidade pública*, devem indicar expressamente, sempre que se pronunciem desfavoravelmente, as *razões de discordância* e enunciar as *alterações necessárias para a viabilização* das soluções do plano.

A pronúncia favorável destas entidades ou o acolhimento das suas propostas de alteração determinam a *dispensa de consulta dessas entidades em sede de controlo prévio* das operações urbanísticas conformes com o previsto no plano.

Y) Regime dos planos de pormenor de reabilitação urbana em áreas que contêm ou coincidem com património cultural imóvel classificado ou em vias de classificação e zonas de proteção

No caso de a área de intervenção do plano de pormenor *conter ou coincidir com património cultural imóvel classificado* ou em vias de classificação e suas zonas de proteção (o que implicaria a elaboração de um plano de pormenor de salvaguarda do património cultural[747]), temos uma situação em que os *objetivos e fins de proteção*, que a caberiam defender à administração cultural, passarão a ser realizados pelo próprio plano de pormenor de reabilitação urbana com a administração do património cultural competente a colaborar, em parceria,

[744] Art. 86.º do RJIGT.

[745] Pode pedir *pareceres* sobre as propostas de planos ou realização de *reuniões de acompanhamento* à comissão de coordenação e desenvolvimento regional territorialmente competente (CCDR) ou a outras entidades representativas dos interesses a ponderar.

[746] Incluindo todas as entidades às quais, em virtude das suas responsabilidades ambientais específicas, possam interessar os efeitos ambientais resultantes da aplicação do plano.

[747] Lei n.º 107/2001, de 8.9.

com o município na elaboração do plano de reabilitação, em geral prestando o apoio técnico necessário nos trabalhos de preparação e conceção do projeto do plano para as mesmas áreas, ocorrendo sempre o dever de acompanhamento do plano.

Aliás, os termos da colaboração da administração do património cultural podem ser objeto de um *protocolo de parceria* entre as duas entidades.

Esta específica administração patrimonial, neste âmbito, deve ser *ouvida na definição dos termos de referência* do plano no que concerne ao respeito do património cultural (quer do imóvel classificado ou em vias de classificação quer das *zonas de proteção*).

Aliás, a pronúncia da administração do património cultural quanto a este património que lhe cabe defender é obrigatória e vinculativa.

Em caso de *pronúncia desfavorável*, devem ser indicadas expressamente as *razões* dessa discordância. Se existirem alternativas possíveis, deve mesmo enunciar-se as alterações a fazer para a viabilização das soluções do plano de reabilitação, cuja alteração aplicativa permite a dispensa de consulta da administração do património cultural em sede de controlo prévio das operações que se realizem em conformidade com o previsto no plano.

A *demolição total ou parcial* de património cultural, em princípio, não pode ser efetuada sem a *prévia e expressa autorização da administração do património cultural*. No entanto, tal pode ser viabilizado se, devidamente fundamentado por "razões inultrapassáveis", vier a existir uma posterior *pronúncia favorável* por parte da administração competente em sede de elaboração do plano de pormenor de reabilitação urbana.

4.26. Direito à habitação e regimes privilegiados de legalização e reabilitação de edifícios. Estatuto das "construções" existentes. "Reposição" da legalidade. Visão geral da normatividade. Artigos 102.º e 102.º-A do RJUE

O tema desta análise é a regularização de loteamentos em terrenos já fisicamente parcelados e de edificações erigidas em qualquer terreno sem respeito pela legislação substantiva e procedimental em vigor, com especial enfoque na situação das construções existentes e na reabilitação do construído, especialmente em edificações para habitação.

Nos termos do artigo 65.º da nossa Constituição, sobre habitação e urbanismo, "Todos têm *direito, para si e para a sua família, a uma habitação* de dimensão adequada, em condições de higiene e conforto e que preserve a intimidade pessoal e a privacidade familiar", cabendo ao Estado, para assegurar este "direito à habitação", "Programar e executar uma *política de habitação*" e

"Promover, em colaboração com as regiões autónomas e com as autarquias locais, a *construção de habitações económicas e sociais*".

Acontece que a *falta de apoios suficientes e de políticas públicas*, sobretudo ao longo de toda a segunda metade do século XX, apesar de maciças deslocações de famílias, sem meios para adquirir *habitações condignas e cumprir ritualismo procedimentais impostos*, vindas, à procura de melhores condições de emprego e vida, das zonas rurais para as zonas urbanas, não só antes da aprovação desta Constituição democrática, nos tempos do Estado Novo, como durante todas as décadas da sua vigência, o Estado limitou-se a legislar e a prever sancionamentos no papel, mas ou não atuou diligentemente para resolver o problemas ou, pela dimensão das coisas em grande parte dos locais, não teve meios para agir adequadamente nesta situação.

Pressupostamente, não resolveu o problema habitacional ao longo de todo este processo demográfico e construtivo, designadamente por razões de escassez de meios orçamentais disponibilizáveis e, ainda hoje, face à má orientação dos recursos ou, mais recentemente derrotado com a necessidade de salvar o (autoconvencido, porque tido como demasiado grande para poder falir e portanto pensado como livre para todas os desvios morais, corrupções, enganos, misturando lógicas de depósitos e comerciais como atuações de banca especulativa, ao todo um sistema bancário que o Estado (governo e seu banco central, endogamicamente dirigido por gente do sistema), não soube fiscalizar preventivamente, e consequente privilegiamento de apoios para os grandes interesses económicos, que pretendem poder agir ao máximo num mundo livre do Estado, que facilmente "compra", com dinheiro e consequente colocação osmótica nos postos governativos, os seus dirigentes, por via das direções dos partidos num sistema eleitoral corporativo e sem responsabilização geral de todos os atores políticos.

Em economia excessivamente desprivatizada quanto a bens essenciais à vida doméstica e a setores essenciais, ou seja, escassamente regulada ou fiscalizada com privatização de seus setores-chaves, os meios financeiros públicos, aliás assentes em excessividade tributária, em que após a entrada na zona euro os preços de todos os bens a comprar se foi nivelando com os dos países mais desenvolvidos e a retribuição do valor trabalho e fruto dele na situações de reforma, ao invés, se foi degradando face à própria relação do poder de compra na década de noventa aparecem, deslocando-se as despesas do Estados para fins alheios aos serviços públicos[748], em montantes fenomenais para

[748] Com retrocessos até nos direitos sociais na educação e na saúde, o que obrigou a revisões constitucionais, para passarem a não ser totalmente gratuita, mas apenas "tendencialmente".

outros fins, designadamente quando o Estado e os lobbies bancários e financeiros precisam de montantes abismais para se salvarem dos seus próprios crimes, más gestões por vezes por dirigentes políticos pró-"corrupcionem" (e com péssimos exemplos de, comparativamente, excessiva remuneração dos seus administradores para os motivarem a provocar aumentos de lucros "a qualquer custo") e desvios ético-legais, que o Estado nem pôde nem soube como "punir").

Toda esta realidade omissiva de apoios e de vigilância e inelutabililidade das necessidades das famílias carenciadas, levou a construções ilegais e a novos comportamentos de inércia ao longo dos tempos, década após década, lei após lei. Foi-se "insistindo" em querer demolir ou alterar, medindo as exigências habitacionais à base das exigências de legislação posterior, aliás sempre em alteração.

Mesmo nas situações em que, embora sem um título construtivo válido, se constate que as habitações foram de facto e continuam construídas ("*tempus regebat actum*") segundo as normas substantivas, materiais, vigentes ao tempo da sua construção.

Face às *recorrentes condicionantes* impostas, designadamente em moldes de terminologia, tal como "legalização", entendida não como mera regularização administrativa do ato anterior segundo a lei procedimental do tempo, mas como reposição do edificado segundo a leis posteriores, incluindo as normas posteriores à edificação, de natureza material e de planeamento (ou seja, diferente da normação da altura, em que deveria ter ocorrido a mera exigida obtenção desses títulos), dificultou toda a *política autárquica de diligenciamento regularizador ou de sancionamento demolidor*, estimulando a perpetuação do problema.

Sendo certo que, a serem seguidas à letra, muitas famílias deixariam de ter habitação. Nem habitação, quanto mais condigna.

Muitas dessas exigências têm vindo a abarcar normas de *novos planos autárquicos*[749] de natureza física – de natureza vinculativa para particulares

Compreende-se que cursos dispendiosos m que os país necessite de profissionais, se ministrados com recursos do Estado, obrigue a prestar no país um dado número de anos de atividade ou a pretender-se deixar de trabalhar ou trabalhar no estrangeiro, se deva exigir o pagamento do custo do curso, pois nenhum país é obrigado a custear para mero benefício de outros países, mas já não se compreendem os retrocessos em relação ao Estado Novo na Educação superior ou às conquistas pós-25 de abril na Saúde.

[749] Não deixa de se referir que, se facto, quando se elabora um primeiro plano de natureza municipal, tem de ocorrer muita discricionariedade, que, se conhecermos bem certas localidades, constatamos que, por vezes, não deixam de resvalar em arbitrariedade embora sempre auxiliada

e administrações públicas – , ou alterações posteriores às operações a regularizar como tal ou com alterações requalificativas e nunca com demolições de habitações em geral com qualidade habitacional mínima em termos de segurança e salubridade.

Uma coisa é exigir requalificações, melhorias, outra é querer continuar a demolir. Tudo sem prejuízo de se favorecerem, se necessário face à incapacidade dos proprietários de modo apoiado técnica e financeiramente, operações quer de reabilitação, alterações, ampliações, reconstruções, em geral melhorias no património já edificado, especialmente quando destinado a habitação.

Embora tendo em conta em termos de *centralidade reflexiva*, em geral, a base do RJUE e RGEU, desde logo nos artigos 24.º, 25.º, 102.º do RJUE, importa analisar e enquadrar, adequadamente, os regimes de regularização (especiais, mas "pouco", ao continuar a não se aceitar legalmente, de modo expresso, claro, o *princípio regularizador básico "tempus regit ata", ou seja* os factos materiais efetivados, que são os dos "momentos construtivos", embora sancionando-se contraordenacionalmente também segundo o direito infracional administrativo dessa altura e até cabendo já pagar, em termos da atualidade em que ocorre a regularização, os encargos tributários neste momento posterior previstos. Portanto, aplicando ou obrigando apenas a alterar, se outra solução não for possível ou for muito onerosas, segundo as leis vigentes a que estava obrigado ao tempo dos factos. Isto é, tudo independentemente das sanções pela ausência de procedimento tempestivo de controlo autárquico e postergação do mesmo.

Em causa, pois, a redação dos artigos 102.º-A e 106.º do RJUE, no tratamento de edificações *necessitadas de alterações*, mas procedimentalmente ilegais, construções sem controlo prévio ou segundo procedimentos e regras de regimes anteriores aos hoje vigentes, segundo o artigo 60.º do RJUE e 51.º do RJRU, do regime especial possibilitador de continuação de obras após a caducidade do título do artigo 88.º do RJUE, regime de construções face a decisões autárquicas revogadas ou invalidadas (declarados nulos ou anulados) e, por fim, saindo do RJUE, dos atuais regimes de reabilitação, quer o normal geral do RJRU, quer o especial agora de aplicação generalizada, sem limites

com fundamentações, mas, quando se altera um plano já instalado, esta arbitrariedade modificativa, face a jogos de interesses quer para prejudicar uns proprietários ou, quer para beneficiar outros ou "futuros interessados proprietários em certas zonas", não é alheia a lógicas partidárias e pessoais.

temporais sobre o edificado e sobre o tempo para regularização e, portanto, normalizado, do RJOREFA[750]

Importa, no entanto, ter em conta as consequências de operações de génese ilegal segundo regras procedimentais desrespeitadoras do planeamento sem sanção jurídica na legislação urbanística que veio a cominar tais decisões como nulas ou sem sanção expressa em geral até à entrada em vigor do CPA de 1991. Ocorridas (embora como sendo faltas graves dos autarcas) no início da década de noventa, no período que mediou entre 7 de março de 1990[751] e a vigência dos diplomas-chaves de urbanismo em geral, pós-RGEU, publicados no final de em 1991, vigentes apenas quer desde 18 de fevereiro de 1992[752] quer desde 31 de março de 1992[753].

Pois, neste intervalo[754], não existia nenhuma norma específica a definir "a natureza do vício que afetava os atos administrativos de licenciamento de obras particulares ou de operações de loteamento e de obras de urbanização em violação dos planos de ordenamento municipais, em que *não existindo nenhuma norma específica a definir "a natureza do vício que afetava os atos administrativos de licenciamento* de "obras particulares ou de operações de loteamento e de obras de urbanização em violação dos planos de ordenamento municipais", importa considerar que (fora de situações graves para o interesse público, face a uma patente agressão ao conteúdo essencial de direitos fundamentais e, portanto, só sujeito a sanção de nulidade – e, mesmo assim, enquanto não se produziram efeitos putativos-, desde logo face o certas localizações de construções, em termos de não preservação de valores ambientais), temos que

[750] Decreto-Lei n.º 95/2019, de 18.7, entrado em vigor em 15.11.2019 e que veio substituir o anterior Decreto-Lei n.º 53/2014, aperfeiçoando e eliminando datas limites de aplicação das suas exceções em matéria de habitação.

[751] Entrada em vigor do Decreto-Lei n 69/90, de 2 de Março (que revogou os decreto-lei n.º 560/71, de 17.12; 208/82, de 26.5 e seus diplomas complementares, assim como os n.ºs 2 a 7 do art. 6.º e n.º 3 e 5 do art. 10.º do DL 77/84, de 8.3, sobre planos de pormenor)

[752] Entrada em vigor 90 dias após a publicação dos Decreto-Lei n.ºs 445/91, de 20 de novembro, sobre o licenciamento municipal de obras particulares, revogando em geral o decreto-lei 166/70, de 15.4 (sem prejuízo de disposições transitórias sobre processos pendentes e futuras alteações).

[753] Entrada em vigor após 120, depois da publicação, do decreto-lei n.º 448/91, de 29 de Novembro, ao abrigo da lei d eautorização n.º 7/91, de 15.3.,sobre *loteamento urbanos e obras de urbanização com preocupações urbanísticas gerais e ambientais*, "redefinindo" de modo sintetizado a "operação de loteamento" como quaisquer atuações "que tenham por objeto ou por efeito a divisão em lotes", independentemente da sua "dimensão, de um ou vários prédios, desde que pelo menos um dos lotes se destine imediata ou subsequentemente a construção urbana", com revogação do decreto-lei n.º 400/84, de 31.12 e legislação complementar e n.º 3 a 5 do art. 10.º do decreto-lei n.º 77/84, de 8.3.

[754] Parecer do Conselho Consultivo da PGR (PGR.P540).

tais situações se traduziram em meras anulabilidades e, portanto, ilegalidades sanadas ao fim de um ano da sua prática.

Assim, coloca-se uma questão de fundo, que é saber que consideração deve merecer quem, nesse período, construiu sem procedimento, designadamente, apesar da falta de controlo público, não deixando de respeitar o planeamento, enquanto ficou tudo ultrapassado com as construções pré-procedimentalizadas com licenciamento substantivamente ilegais, que passaram a estar na generalidade sanadas "ope legis" (anulabilidades, ao fim de uma ano) ou mesmo, muitas delas face ao decurso do tempo, "esquecidas" (nulidades, ao fim de 10 anos) por força de respeito segundo a lógica de produção de efeitos putativos, apesar de, elas sim, irem contra tudo o que eram regras substantivas de planeamento vinculativo.

Na nossa opinião, em causa, nem sequer se coloca a invocação de uma ofensa ao princípio da igualdade material de tratamento (que não está em causa, até porque as ilegais com decisão municipal substantivamente inválida não estão em situação igual às boas construções embora sem licença nenhuma, mas que cumpriram as regras substantivas de planeamento e outras normas legais de construção da mesma época). Em causa, está a própria condenação da ideia de a, ainda atual, legislação do urbanismo condenar tudo o que foi construído com respeito pelas regras do tempo da construção, embora sem formal controlo público, ou seja, situações ainda hoje tidas por ilegais face à falta de "licenças" municipais e, só por isso, sujeitas a uma legalização em geral pelas novas regras materiais e de planeamento, mas que na altura cumpriram todas regras exigidas e teriam sido licenciadas se procedimentalizadas. Matéria que, na omissão de justiça legislativa, cabe ao jurisdicional afrontar e emendar.

*

O Artigo 102.º do RJUE impõe várias medidas.

Além da *suspensão, embargo ou reposição* do estado original dos terrenos e *cessação da utilização* das edificações, temos a legalização material ou mera regularização procedimental das operações urbanísticas, com a realização de *trabalhos de correção ou alteração* (sempre que possível) e a *demolição total ou parcial* de obras.

Em causa, teoricamente podem estar:

a) operações urbanísticas sem os necessários atos administrativos de controlo prévio e em desconformidade com as aplicáveis normas de direito urbanístico de natureza substantiva;

b) operações urbanísticas sem os necessários atos administrativos de controlo prévio, mas de facto construídas em conformidade com as normas materiais aplicáveis naaltura;
c) operações urbanísticas realizadas em desconformidade com os títulos legalmente emitidos;
b) operações urbanísticas realizadas em conformidade com títulos urbanísticos que tenham sido revogados, anulados, declarados nulos ainda sem efeito os putativos, caducados, antes ou durante a fase, parcial ou total, de execução e finalização.

*

Importa referir, desde já, o disposto no n.º 3 deste artigo, que, independentemente desta *lógica "relegalizadora"*, vem logo aqui (com o legislador, claramente, a fazer sobressair quais são realmente os valores supremos a salvaguardar pelo poder público neste domínio do edificado), estatuir que a câmara municipal "pode" determinar a execução de *obras de conservação necessárias à correção* de más condições de *segurança ou salubridade ou à melhoria do arranjo estético*, tal como "pode"[755] determinar a *demolição, total ou parcial*, das construções que ameacem *ruína, seja física ou técnica*, ou ofereçam *perigo para a saúde pública e segurança* das pessoas.

*

Para as situações "ilegais", há hoje soluções regularizadoras normais, constantes dos artigos 102.º-A do RJUE e há, ainda, *normas especiais ou excecionais*, constantes quer deste, quer no artigo 88.º do RJRU, no do RJREFA de 2019 e no das AUGI. Sem prejuízo das normas *concretizadoras do princípio do respeito pelo que é "existente"*, quer no RJUE, quer no domínio da *reabilitação.*

Antes referirei que, face a medidas de embargo que se possam seguir, nos termos regulados no artigo 105.º ou decretamento da demolição, nos do 106.º, o RJUE, para evitar a demolição, ainda contém previsões solutivas de recurso sem demolição.

Quais são as soluções aplicáveis quando possíveis, tidas como normais?

[755] Ónus político de atribuição de um poder discricionário, que em geral fez os dirigentes eleitos dos municípios, próximos das situações e pessoas, fecharem os olhos e deixar que o tempo, o desinteresse dos herdeiros ou a natureza das coisas resolvam e, muitas vezes, os próprios juízes, a reinterpretarem estes conceitos indeterminados de modo a salvar os bens da sua mera destruição e mesmo dos encargos que tal implica.

A regra geral é que, "se for possível assegurar a sua conformidade com as normas em vigor no momento, a câmara municipal tem de *notificar os interessados para a legalização* ou regularização num dado prazo (102.º-A).

O momento normal regulador, quer de operações a fazer, quer das ilegalmente efetivadas, segundo a imposição do legislador, é o do tempo dos procedimentos urbanísticos, mesmo que elas ao tempo da construção tenham respeitado as normas substantivas urbanísticas vigentes tendo apenas faltado o respetivo procedimento administrativo, de cujo cumprimento resulta a validade dos títulos legalizadores em geral.

Ou seja, é o direito da vigência das normas "aplicáveis em vigor à data" da prática" procedimentalmente exigida (artigo 67.º). E, portanto, as alterações normativas supervenientes, designadamente nos PMOT ou PIMOT, RJUE e regulamentação concomitante, passam a ser aplicáveis.

No entanto, se na altura tiverem sido cumpridas as *normas técnicas* e todas as exigências materialo-construtivas e sobre enquadramento do direito dos solos, então aplicáveis à construção, agora só devem ser dispensadas as normas supervenientes se se tornar construtivamente impossível ou economicamente desrazoável impô-las no momento de regularização (n.º 5). De qualquer modo, nas situações de "reposição da legalidade", admitem-se *simplificações e menores exigências e dispensas* em termos documentais, exceto se houver alguns elementos que "se afigurem necessários, designadamente, para garantir a *segurança e saúde públicas*" (n.º 3).

O que constituindo exceção no plano dos princípios, não deixa de ter de ser interpretável com grande latitude factual quer pelas autarquias quer pelos tribunais, campo fértil para a corrupção dos titulares dos poderes locais, dirigentes e altos quadros, e mesmo que assim não fosse para a criação de cidadanias urbanísticas de conteúdo muito desigualitário dentro do mesmo país.

Quanto a estas exceções, importa perguntar quais são as fronteiras insuperáveis do construtivelmente possível ou do economicamente razoável ou para valorar problemas do que pode densificar o risco para a segurança ou o perigo para a saúde pública, se nem um apontamento anti-arbitrariedade municipal o legislador aponta para impedir desigualitárias decisões ao nível do poder local? Cada município, desde logo, adotando a conceção, ainda dominante na doutrina e jurisprudência, de que o poder discricionário permite qualquer das diferentes e desigualitárias soluções dentro do que é "possível" ou do que é "razoável". Assim, só pode entender-se este poder como aquele que entre as soluções tecnicamente igualmente possíveis e razoáveis, importa eleger apenas uma: a que melhor sirva simultaneamente o interesse público e o interesse particular encolhidos e nenhuma outra.

Para evitar uma demolição, nos casos em que não haja razões de *insegurança ou insalubridade ou inoportunidade económica na manutenção do construído*, no caso do notificado, interessado particular não promover as diligências regularizadoras, nos termos dos regulamentos municipais sobre o procedimento a seguir nestas situações, a Câmara Municipal, se constatar que as obras cumpriram os parâmetros urbanísticos, estando atualmente conformes com o planeamento de aplicação direta aos proprietários, e não implicam cálculos de estabilidade, pode ou, se houver interesse público relevante nisso (noção que aqui, para além de outras razões pertinentes, desigualdades culturais, estéticas, ambientais, engloba também razões constitucionais ligadas ao direito humano a uma habitação condigna), deve proceder oficiosamente a tal legalização.

No caso de obras *não conformadas com o título* permissivo, se forem ordenadas obras de *correção* e decorrido o prazo fixado, se estiverem incumpridas as *modificações conformadoras* com o título válido, a CM pode revogar o título. Desde que deixe escoar, ainda, mais seis meses, para permitir a apresentação de um requerimento para ponderação, face a eventual discordância com os termos da imposição e eventuais interesses dignos de proteção com a *"relegalização" de alterações fora do antes licenciado.*

4.27. Problema da caducidade dos títulos urbanísticos permissivos

Vejamos quer as situações de caducidade por *culpa do detentor do título* permissor da construção quer as situações de *revogação ou invalidação.*

O RJUE obriga a vários *prazos* referentes a loteamentos, urbanizações e edificações, de *contagem global e faseada*, cujo incumprimento leva à caducidade do título.

As obras que, depois, se venham a executar serão ilegais, a menos que haja uma *regularização para a continuação das obras,* com diligências para a obtenção de novo título. Este requerimento deve ser apresentado no prazo de 18 meses. No caso de apresentação no p3razo de 18 meses ou, se depois dele, ainda não tiverem existido alterações normativas, servem os elementos instrutórios anteriores.

Mas não há relevância protetora do constante do conteúdo do título, se as obras não tiverem ocorrido, dentro deste prazo limite e tiverem ocorrido alterações no direito urbanístico (artigo 72.º).

Nas outras situações, de desconformidade das obras com os títulos, ou de revogação ou invalidação administrativa ou jurisdicional deles, embargada a obras se estiver a realizar-se e sendo viável, para a reposição da legalidade, a efetivação de trabalhos de correção ou alteração, a CM deve fixar um *prazo razoável* para tal.

Sem prejuízo de, "para assegurar a proteção de interesses de terceiros ou o correto ordenamento urbano", ela dever promover "obras de urbanização" ou "outras obras indispensáveis", naturalmente por conta do detentor do título com *posse administrativa* e *execução coerciva,* sempre que haja incumprimento de quaisquer medidas de tutela da legalidade e posterior efetivação por *liquidação voluntária ou cobrança judicial* ou, mesmo, por *arrendamento forçado*[756].

Especificamente sobre o procedimento a seguir face a *revogações e invalidação de títulos emitidos,* a disciplina é mais complexa, dado que o detentor do título vê o mesmo ficar sem efeito.

Em síntese, as coisas passam-se assim: as possibilidades em geral de uma *revogação de títulos constitutivos de direitos construtivos,* fora das situações de execuções desconformes e sem reformulação nos prazos indicados, são limitadas.

A invalidação pelas entidades públicas depende de *verificação posterior de ilegalidades* ocorridas no âmbito administrativo ou objeto de sentenças anulatórias ou declarativas de nulidade nos tribunais.

De qualquer modo, mesmo a declaração de nulidade face a uma ilegalidade, pode esbarrar com *limites temporais ou limites substantivo-procedimentais.*

A possibilidade da declaração de nulidade caduca ao fim de 10 anos da sua subsistência para o órgão que emitiu esse título. O "direito" do MP dever intentar a respetiva ação, se a participação lhe for efetivada dentro desse prazo.

Só não há prazo para as situações relacionas com monumentos nacionais e suas zonas de proteção.

A partir dos 10 anos, uma vez caducado o poder de eliminar tal ato, tudo se passa para todos os efeitos como se ele fosse válido, pelo que, havendo razões para atuar contra obras efetivadas, tal obedece ao regime dos atos válidos, apenas passíveis de revogação e sujeito a indemnização.

De qualquer modo, quer a revogação quer as invalidações têm *consequências específicas* no plano consequencial.

A questão das possíveis *razões revogatórias ou invalidantes* de decisões urbanísticas emitidas pelos municípios, designadamente por ilegalidade cometidas no decurso procedimento e "erro oficioso" de enquadramento factual ou jurídico, exige uma análise sobre o enquadramento jurídico após as decisões administrativas que titulem direitos quando, depois as decisões venham a ser revogadas ou anuladas pela AP ou pelos tribunais.

[756] Artigos 107.º e 108.º-B.

Quando tal acontece, o ato administrativo não subsiste por decisão das autoridades, podendo colocar-se a questão das possíveis alterações ou medidas de legalização.

Acrescentaria que *mesmo os atos caducados ou já realizados podem ser* revogados se que tal tiver o efeito útil de impedir efeitos retroativos.

Face ao Código do Procedimento Administrativo atual, *não há a intocabilidade de títulos constitutivos de direitos* (artigo 167.º, n.º 2, Código do Procedimento Administrativo), *criadores de direitos subjetivos* privados de natureza real a que é aplicável o artigo 62.º da Constituição, desde que tal tenha assento na lei e ocorra mediante o pagamento de *justa indemnização.*

Em causa, no urbanismo, podem estar "*exigências alternativas posteriores* à emissão de título válido com fundamento em *supervenientes conhecimentos técnicos ou científicos ou mesmo comprovada alteração das circunstâncias* de facto". Desde que, em qualquer destes casos, se reconheça que, a serem conhecidos na altura do ato, este não teria sido praticado.

Esta revogação só pode ocorrer no *prazo de 1 ano*, embora dilatável se renovada justificadamente por mais dois, e implica sempre uma *indemnização pelo sacrifício*, na versão de "danos anormais", face ao regime geral da RCECAP.

Face a uma invalidade, importa referir que (não existindo falseamento do titular na *comunicação de elementos justificativos* do direito ao título, em que terá de assumir um novo processo, ao abrigo já não do direito da altura do requerimento invalidade, mas do *direito superveniente e, neste caso, sem direito a qualquer indemnização* pelas consequências onerosas da invalidação. Situação em que o prazo de anulação é de 5 anos. Portanto, face à *boa-fé do seu titular* e este não pretender aplicar as novas regras, tem de se legalizar à base das normas em vigor no momento da construção[757].

Nem sempre os *atos ilegais, praticadas pela Administração* Pública, devem ser invalidados por ela ou pelos tribunais. Aliás, alguns podem enfermar apenas de vícios, que os tornam meramente anuláveis e, portanto, podem (para além de se considerar regularizados por *ratificação, reforma ou reconversão*) considerar-se *sanados*, considerando-se legais "ope legis" ou, em certos casos especiais, mesmo mantendo-se em vigor produzem "efeitos para-putativos". Aqui, não pelo decurso do tempo como pode ocorrer com atos nulos, mas por *interdição legal de tirar as consequências* dessa nulidade por *razões de economia* procedimental. A sua invalidade não impede os seus efeitos normais, como se tivessem nascido no devido enquadramento legal.

[757] Artigo 163.º, n.º 5 do Código do Procedimento Administrativo.

Isto significa que, em geral, se mantêm aplicáveis, não só face ao decurso sanador dos seus vícios após curtos prazos para serem objeto ataque administrativo ou judicial.

No caso de já ter decorrido o prazo para ação jurisdicional e, portanto, o particular ter perdido o direito a pretender a sua anulação, nada impede essa sua anulação administrativa oficiosa. Tal como, sendo feridos de uma nulidade que se prolongou no tempo para além de 10 anos após a sua emissão. Assim como, mesmo que *meramente anuláveis*, de qualquer modo, também nem devem ser invalidados nem paralisados nos seus efeitos, em *três situações*[758],

a) – face à inutilidade da repetição do procedimento no caso concreto, por se constatar que, mesmo sem o vício legal em causa, a decisão administrativa teria o mesmo conteúdo.

E isto, seja por o seu conteúdo só poder ser o mesmo conteúdo do ato inválido, por o seu conteúdo ser fruto de poder aplicativo vinculado da norma em que se funda, sem poder fugir ao disposto em concreto na norma, seja por, sendo o ato discricionário, resultar que a reapreciação do caso concreto não pode permitir uma outra solução em qualquer caso, estando face a situações em que claramente se comprova que, mesmo sem o vício, o ato teria sido praticado com o mesmo conteúdo.

Aqui, mais do que um princípio de economia procedimental, é invocável o do predomínio das razões materiais. Sobre as formais, as formalidades erigidas cuja falta não prejudicou os objetivos normadores. Ou seja, se se constatar que o *fim visado* pela exigência procedimental ou formal, apesar de ilegalmente preterida, tiver na mesma acabado por aparecer acautelado, no que é *essencial* à sua real efetivação.

Portanto, em geral, quando se constate que, mesmo sem aquela ilegalidade em concreto, o resultado decisório seria o mesmo[759].

Destaque-se a importância atual neste tema de invalidades de atos urbanísticos praticados pela Administração Pública, com a possível *relativização da falta de requisitos não substanciais*, criando vícios formais no procedimento, designadamente por falta de pareceres e outros elementos instrutórios.

Os *vícios formais* visam invalidações por poderem evitar desvios ao intuito realizador da norma substantiva, mas se apear da sua falta, o objetivo que levou o legislador a impô-lo não deixou de se realizar, nenhum prejuízo para esse escopo existiu, nenhuma razão há para repetições "caucofónicas".

[758] Artigo 163.º, n.º 5, CPA.

[759] Artigos 167.º a 169.º do Código do Procedimento Administrativo.

Em muitas situações, eles podem ser irrelevantes, face a uma invocação de que o "fim visado" por essa preterida exigência procedimental ou formal, acabou, na mesma, por ter sido alcançado (embora por outra via).

Aqui, está em causa a *valorização prevalecente dos objetivos* efetivamente realizados, independentemente do incumprimento das meras formalidades dispostas na norma para o efeito, princípio que aliás deve orientar as diferentes matérias de direito administrativo em geral.

A sua afirmação resulta muito naturalmente do facto de vigorar na Administração um princípio de economia procedimental.

Este *impede invalidar um ato do "iter instrutório"*, imposto no procedimento como formalidades suas (designadamente, *pareceres, certos exames ou peritagens no seu contexto de constituição e outras diligências*), se, apesar de exigidas em norma e terem sido ilegalmente incumpridas (e, portanto, inexistentes, contra o que impunha uma dada norma procedimental geral ou prevista em diploma setorial, lei ou regulamento), em ordem a se efetivar a devida ponderação, em termos pré-visionados em geral na normação da matéria como sendo meios adequados (ou mesmo tidos como os mais adequados) para melhor garantir o justo resultado aplicativo de direito material, a obter na decisão final (ou mesmo em decisões intercalares, condicionantes dela.

Portanto, se vier a ser apurado que tal objetivo foi conseguido apesar disso, não deve legitimar a AP para exigir a repetição de um procedimento que levaria ao mesmo resultado.

Em causa, também, uma clara preocupação de *economia de tempo para o cidadão e o evitar a sobrecarga inútil ao serviço competente, em termos de responsabilidade pela procedimentalização e para a decisão,* na Administração, que se pretende eficiente nas suas funções em geral.

Este princípio da prevalência dos fins materiais em relação aos meios (formais) para os atingir (por vezes, designado, sincopadamente, como princípio da – prevalência da – "materialidade subjacente") tem tradução relevante tanto no domínio regulamentar (desde logo, na elaboração dos planos territoriais, enquanto ideia desconsideradora de interesses, públicos ou privados, não devidamente ponderados, se se vier a constatar a final na decisão, que eles seriam irrelevantes para o conteúdo final desta. Levando à formulação e aplicação de um *princípio complexo* (resultante da conjugação de preocupações de *imparcialidade, proteção da boa-fé* e, por vezes mesmo, do respeito de *direitos adquiridos*), que é o *princípio da justa ponderação de todos interesses territorialmente relevantes no procedimento de planeamento físico.*

Este princípio impõe o seu *levantamento oficioso* no procedimento planificador, nas *fases de pré-audiência e complementando-os a partir da consulta pública* de todos os participantes, diretos interessados ou não (uma vez que a incumbência é em primeira mão da Administração, no interesse público e não apenas dos interessados diretos), que os venham enunciar nesta fase.

Devem ser obrigatoriamente tomados em consideração, ao formular-se antes as propostas de soluções a positivar, *fundamentando a sua relativização* e consequente eventual *hierarquização*. E devem ser aceites de acordo com as *solicitações devidamente fundamentadas*, apresentadas até ao fim da consulta pública, com pronúncia dos cidadãos interessados. A falta de levantamento cabal dos interesses relevantes leva à invalidade do plano, invocável perante a própria administração e nos tribunais.

Isto, a menos que, explicadamente, no relatório fundante da parte regulamentar, em termos os *corretos, claros e coerentes*, se pretenda justificar o contrário com fundamento legal válido, sob pena dessa sanção jurídica de sujeição a vício de anulabilidade da aprovação dos planos pelos órgãos competentes.

A mesma ideia transparece na produção de decisões concretas e individualizadas, como afirmação da *prevalência do resultado material ou princípio da materialidade realizada* (independentemente da omissão de qualquer formalidade legal), desde que se comprove que o *objetivo motivador* da instituição normativa da formalidade aparece realizado na decisão final. Isto é, desde que o objetivo, que estava subjacente à exigência das formalidades não cumpridas, se encontre acautelado.

Tendo presente essas razões que levaram à sua imposição como meio para garantir ou, pelo menos, propiciar ao decisor um melhor esclarecimento possível da questão, no *plano jurídico ou factual* (recorde-se, por exemplo, que o regime-regra sobre pareceres no direito administrativo, não impõe em geral a sua aplicação, nem sequer a sua leitura, a menos que contenha uma posição assente em normativos) e ainda, propiciar a *participação de terceiras entidades* para defesa de interesses sectoriais, que lhe caiba proteger.

Tudo, visando a finalidade geral de se poder obter o resultado pretendido pela norma. Por exemplo, falta um parecer de entidade estadual a pedir normativamente no início do procedimento e não o foi, mas constata-se que seria inútil mesmo que positivo para a pretensão em análise, se afinal se concluir que, de qualquer modo, a decisão que visava acautelar não se produziu, por outras razões materiais ou formais.

Com efeito, um *parecer solicitado*, mesmo que de modo imposto pelo legislador, se emitido e mesmo que seja favorável, não exige uma decisão positiva, apenas podendo impedi-la, se for vinculativo. É-o, se tiver sido produzido em tempo e com a devida invocação de contradição com específicas normas urbanísticas. Neste caso, havendo discordância, é passível de impugnação mesmo jurisdicional. No entanto, importa atentar que, mesmo recebido fora do prazo legal, caso invoque razões de ilegalidade, estas devem ser conferidas com o devido cuidado, dado que, independentemente do que diga o parecer, a ilegalidade que vier a ser praticada, por esse simples facto, independentemente do parecer, inquina a validade da decisão autárquica.

Os vícios formais invalidantes, retirando os de forma do ato em sentido estrito, visam impedir certas decisões específicas sem a devida ponderação, em ordem a evitar *injustiças ponderativas finais*, com maior acuidade em caso de exercícios de poderes discricionários ou de recurso a *conceitos vagos*, com possíveis dinâmicas elásticas ou compressoras, usados pelo criador da norma, e mesmo *erros na aplicação* de normas jurídicas vinculativas.

Mas, se a formalidade incumprida, visava evitar uma solução que, por outras razões, já estava descartada à partida ou acabou por estar salvaguardada na decisão, nada justifica repetições de atos que conduzem a uma repetição do mesmo, designadamente de uma decisão igual.

Importa que os municípios e os interessados em geral comecem a invocar, neste campo do urbanismo, devidamente elaborado face à "ratio juris" de certas exigências formais, por vezes excessivamente valoradas, este racional princípio administrativo da devida valorização da materialidade subjacente ao ligado princípio da economia processual, que leva a uma revisão prática do tema da processualidade, por vezes muito importante e, por vezes, temporalmente muito bloqueante das soluções, com prejuízos desnecessários para os agentes económicos e a vida dos cidadãos.

Isto não apenas nas decisões da AP, e não apenas em irrealizadas formalidades ditas secundárias, mas em geral no âmbito da AP e dos tribunais.

Se o elemento formal é um mero veículo de afirmação de uma melhor garantia de procura precisamente daquela solução material que, afinal, está realizada, perde (não o elemento formal como disposição normativa) mas no caso enquanto despido já de "substantividade", como meio, o serviço de um fim, que já não possa ser outro.

O que pode levar à sua valorização substantivadora, embora naturalmente de eficácia relativa face à dependência da escatologia intrínseca realizada. Ou seja, ele pode ser decisivo para manter decisões municipais irregulares sempre que já não tenha nenhum *sentido útil* invocar a invalidade, naquelas situações em que os concretos objetivos de proteção de interesses públicos, de facto, apesar do incumprimento de formalidades, mesmo assim esses objetivos se mostram, em cada procedimento concreto, realmente acautelados.

Evidentemente que, tendendo este princípio a ser "cum grano salis", passível de aplicação geral no procedimento administrativa, mas diferentemente do que ocorre com o regime das anulações, não aparece no tema da declaração de nulidades do RJUE[760], temos de concluir que, constatada a invalidade, importa ser tanto mais exigente na fundamentação da manutenção dos efeitos do ato ilegal, ou seja, na justificação estabilizadora da decisão para o futuro, quanto mais importante o legislador considerar tal formalidade através da cominação de nulidade, caso em que a comprovação tem que resultar de argumentação expressa transparente.

Se mexer com direitos e interesses de terceiros, sujeita a contraditório, do que resulta que o princípio é sobretudo de aplicação nos casos de anulabilidade e só muito excecionalmente de nulidades, em que a preocupação do legislador por resultados menos corretos ou injustos aparece justificadamente como extremamente relevante.

De qualquer modo, no caso de atos permissivos urbanísticos que enfermem de nulidade de qualquer tipo, estes só podem ser questionados pela administração no prazo de 10 anos e pelos tribunais se o MP intentar a ação respetiva dentro desse mesmo prazo.

Nos casos de *atos meramente anuláveis,* resultantes do exercício de poderes discricionários, para evitar a arbitrariedade (embora já condicionada pelas soluções viáveis, mais ou menos adequadas, mas eventualmente nem sempre as mais equilibradas, mesmo que não impedidas à partida pela norma aplicanda), a AP deve *apurar a melhor solução para cumprir* o mais precisamente possível (atendendo a todos os princípios gerais de direito, regras técnicas e economia de meios), o objetivo pretendido pela norma.

Sendo o poder discricionário, realmente, um poder vinculado a uma futura concreta opção pela melhor realização do interesse público material subjacente e ao menor sacrifício dos particulares e do erário público. A discricionariedade não está na solução, mas no modo concreto de melhor a conformar, obrigando a justificar os motivos por que não se seguem outras soluções também passíveis de serem, em tese situada, tidas como idóneas para o fim em vista.

Pelo que, mesmo podendo haver *várias soluções,* o que é natural, pois se assim não fosse, o legislador não recorreria a conceitos demasiado imprecisos, só pode eleger a que melhor defenda o interesse público, medido nas suas diversas dimensões significantes e ponderações justificantes.

[760] Artigo 163.º, n.º 3, b).

Sendo os atos resultado quer do preenchimento de conceitos vagos, imprecisos, indeterminados, plurissémicos, mas também de diferentes possibilidades, não abertas a qualquer solução, mas de facto não concretizadas com conceitos normativizados que, em abstrato, apontem logo a solução pretendida pelo normador, antes deixem ao aplicador administrativo a devida integração da, "apenas aberta à sua análise", factualidade concreta em situação, integradora da situação factual, tal como configurada na norma (o "tatbestand" da norma), cabe ao decisor da AP, a justa ponderação de todas as possibilidades futuras do seu agir. Em ordem a, assim, escolher, não arbitrariamente, entre a panóplia de todas as possíveis, a que ele preferir, mas apenas a que, entre todas idóneas e possíveis, face a *informações burocráticas* dos serviços e *pareceres externos* (obrigatórios ou não, particulares ou públicos, desde que não vinculativos) para o ajudar a esclarecer e melhor decidir conclusivamente, a que é a melhor para realizar o interesse público ínsito ao seu poder de decidir atuar, face a procedimentos de iniciativa oficial, ou para permitir a realização de atuações solicitadas por particulares.

Contrariamente aos prazos normais para a anulação dos atos da AP (que é de seis meses, a contar da "data do conhecimento pelo órgão competente da causa de invalidade" ou, nos casos de invalidade resultante de erro do agente", seis meses a contar do momento da cessação do erro, mas sempre em qualquer dos casos dentro do prazo máximo de cinco anos, a contar da sua emissão), em princípio, como tituladores de direitos subjetivos, os títulos urbanísticos podem ser anulados administrativamente no prazo de um ano após a sua emissão[761]. Se ele estiver a ser *jurisdicionalmente ponderado* (ação de impugnação jurisdicional), essa anulação administrativa só pode ter lugar *até ao encerramento da discussão em tribunal* (n.º 3).

Mas, salvo norma que preveja prazo diferente (n.º 4), o prazo é de cinco anos após essa emissão se o beneficiário estiver na sua origem ao recorrer a *artifícios fraudulentos* para a sua obtenção.

De qualquer modo, quer a revogação quer a anulação administrativa de atos de natureza constitutiva de direitos constitui os particulares seus titulares, que desconhecessem sem culpa a existência da invalidade e já tenham "auferido, tirado partido ou feito uso da posição de vantagem em que o ato os colocava, no direito de serem indemnizados pelos danos anormais que sofram em consequência" dela. Considerando-se como anormais as consequências de um ato que ultrapassam os *custos próprios da vida em sociedade* que, pela sua gravidade, merecem a tutela do direito.

[761] Art. 168.º, n.º 2.

Perante um *ato invalidado*, o titular pode reivindicar a prática de um novo ato administrativo. Neste caso, a autarquia fica obrigada a "reconstituir a situação que existiria se o ato anulado não tivesse sido praticado". E, simultaneamente, também deve cumprir os "deveres que não tenha cumprido com fundamento naquele ato, por referência à situação jurídica e de facto existente no momento em que deveria ter atuado". Ou seja, regularizando-o sem ilegalidades, mas segundo o direito do "momento construtivo", não só o material e planificante, como o procedimental e tributário, então, aplicável.

4.28. Análise do artigo 106.º sobre demolição

A redação do RGEU de 1951, no seu artigo 165.º, permitiu que a jurisprudência considerasse que os municípios podiam mandar, mais "arbitrariamente" do que discricionariamente, demolir construções. Mesmo que elas, nascendo embora sem licença, fossem legalizáveis, com o possível respeito das regras aplicáveis, que supririam os problemas. Esta atuação manteve-se sem que os diplomas posteriores de 1991 e 1995 pudessem alterar tal inconcebível *postura de raiz "punitivo-dissuasora"* (alheada de uma apenas *exigível lógica promotora de correções*), independentemente das sanções previstas, em acumulação com a própria demolição. Isto até ao aparecimento da redação do n.º 2 do artigo 106.º do RJUE inicial, com o seu dever e depois poder-dever em 2001 imposto aos municípios, em que passa a impedir-se a demolição, se a obra puder ser legalizada, mesmo que com *alterações ou correções segundo as normas "aplicáveis"*.

Hoje com o favor da lei de bases dos solos[762], reforçado por jurisprudência e normas claras afirmando o *supremo valor da salvação do construído*, com reservas muito excecionais.

Antes tínhamos já o regime especial para certas zonas metropolitanas com legislação sobre construções clandestinas e, depois, as AUGI, cumulado pelo RJRU quer na disciplina geral da matéria quer no seu regime sucessivo e excecional, ainda mais permissivo no regime da RETRU de vigência temporal que terminou em 15 de novembro de 2019 para processos interpostos posteriormente, ou seja, sem prejuízo dos casos pendentes, introduzidos até essa data.

Hoje, a demolição aparece como solução absolutamente excecional, residual, mesmo em situações de construções ilegais passíveis da "regularização", se necessário, especialmente quando implicam o direito fundamental à habitação (tal como já reafirmado na atual Lei de Bases Gerais da Política de Solos, do Ordenamento do Território e de Urbanismo). E transparece, não

[762] LBGPPSOTU (Lei 136/2014).

apenas dos artigos 102.º, 102.º-A e 106.º do RJUE e do regime da RU, como também de procedimentos especiais e de um "procedimento excecional" para a regularização de operações urbanísticas ilegais.

A legislação em geral abarca, hoje, obras em realização ou realizadas sem o devido controlo prévio ou com o mesmo já caducado, quando exigido, e ainda para a "finalização de operações urbanísticas inacabadas ou abandonadas".

Matéria a ter-se por enquadrada já no artigo 88.º do RJUE e outros, embora aqui, expressamente, se trate de obras inacabadas por caducidade de existentes títulos legalizadores, expressos ou tácitos. A matéria transparece do artigo 106.º RJUE e no mesmo sentido no artigo 57.º RJRU, que prevê igualmente que só se pode *ordenar a demolição de edifícios* se lhes faltarem "requisitos de segurança e salubridade indispensáveis ao fim a que se destinam e cuja reabilitação seja *técnica ou economicamente inviável*".

Acrescentando o normativo atual que, no caso do património cultural imóvel (classificado ou em vias de classificação), a demolição total ou parcial depende de prévia expressa autorização da administração do património cultural[763]. E, ainda, tem de se contar com *limitações ligadas ao direito do arrendamento*, tudo devendo ter-se por aplicável em geral na questão da demolição.

Reportando-me ao RJUE, cabe ao presidente da câmara municipal a competência para ordenar, "quando for caso disso", a demolição total ou parcial da obra, mas refere que ela deve ser evitada, se a obra for *suscetível de ser legalizada* (licenciada ou objeto de comunicação prévia) nos termos *normais, especiais ou excecionais* ou mesmo que, sendo possível, se possa assegurar a sua conformidade com as normas aplicáveis com a realização de trabalhos de correção ou de alteração.

No entanto, o direito do urbanismo, independentemente das situações de ilegalidade, em que a mesma deve e possa ser reposta, atribui em geral à câmara municipal o *poder discricionário* para impor a execução de obras de conservação necessárias à correção de más condições de segurança ou salubridade ou à melhoria do arranjo estético da obra.

Naturalmente, que deve sempre determinar a demolição, total ou parcial, das construções em utilização, que ameacem ruína (material, ou seja, física ou técnica), ou em posição tal que ofereçam perigo para a saúde pública ou risco para segurança das pessoas. Se tal colocar em perigo iminente o proprietário e outros utentes, a imediata decisão e atuação de demolição nem depende de contraditório.

[763] Artigo 49.º da Lei n.107/2001, de 8.9.

Como referido anteriormente, independentemente de redações normativas de cada momento, face a uma lógica de razoabilidade condizente com o princípio da demolição como "ultima ratio", a câmara municipal ainda deve considerar o disposto no n.º 5 do art. 102.º-A e arts. 60.º, 88.º, etc.

Não pode deixar de ter um poder discricionário de dispensar o cumprimento de *normas técnicas relativas à construção* se a exigência do seu cumprimento já for impossível ou não for, razoavelmente, de exigir, pelo menos desde que se verifique que tinham sido cumpridas as condições técnicas vigentes à data da realização da operação urbanística em questão (102.º-A, n.º 5).

Aliás, a câmara municipal, desde que as obras em causa não impliquem a realização de *cálculos de estabilidade*, deve poder mesmo *suprir a inércia dos interessados*, procedendo oficiosamente à sua legalização.

Se a demolição chegar a ser ordenada, nada obsta a que o proprietário repense e decida, ainda, iniciar o devido procedimento de regularização ou, então, interpor ação administrativa de impugnação para tal ordem ficar suspensa[764].

Tal como deve ficar suspensa se se iniciar procedimento de revisão de um PMOT, quer panmunicipal quer outro abrangente da área.

Isto, não apenas se houver deliberação municipal em que fique seriamente comprovada a intenção-objetivo autárquico que permita concluir expectavelmente que será um plano "regularizador".

A parte fundamental da elaboração ou revisão de um plano ordenamental físico em regime democrático com respeito pelo *princípio da participação cidadã*, obedece, sob sanção de invalidade, ao "princípio da justa ponderação de todos os interesses públicos e privados relevantes", que cabe levantar e levar ao debate não só à AP como aos cidadãos em todo o momento e, especialmente, aquando da audição pública pré-decisional.

Tal significa que, iniciado o procedimento, fica então *aberto um levantamento de todos esses interesses territoriais e urbanísticos* presentes no terreno, tendo em conta direitos consolidados. Ou mesmo, também para ponderação, os "direitos ao exercício de direitos previstos". Só depois, as *fases da ponderação.*

Portanto, não é opção arbitrária, mas *pautada por valores relativos em tensão, a compatibilizar ou a hierarquizar*, dos interesses presente que o município e os cidadãos tenham "apresentado" e, ainda, a reponderar na *pós-fase oficial de pronúncia pública.*

Portanto, em *democracia participativa, com contraditório e "pesagem"* de todos os interesses em presença, a intenção inicial desencadeadora de revisões

[764] ASTA de 28.10.2009, proc. 0281/09.

planificadoras (mesmo que não apenas por força de prazos, que imponham essas revisões, e mesmo nos intervalos destas, embora mobilizada por algo concreto), terão de *ficar abertas à sociedade* e seus problemas territoriais, em ordem a tudo se ponderar.

Tal como, dependendo de regulamentos municipais a construção em concreto da disciplina aberta pelo RJUE dos procedimentos legalizadores, também deve ter-se como suspensa a intenção demolidora enquanto não produzidos e regularmente tornados eficazes.

A demolição é, hoje, entendida como a "ultima solutione". Ou seja, a solução pior e, por isso, só aceitável se nenhuma outra for possível dentro de vários quadros de resolução normativa que se colocam, técnica e financeiramente, à análise dos particulares e do município. A única "ratio essendi" aceitável só pode ser não haver outro modo de ultrapassar o problema, o que de facto, o direito reconhece hoje abertamente face a comprovadas mínima razões d segurança e salubridade sem que o particular ou o município as possam de todo ultrapassar.

Não estamos já face a um poder discricionário do município. E um poder de *exercício supletivo e sujeito ao contraditório e prova da impossibilidade de soluções* regularizadoras[765], porquanto não devem ser "infligidos sacrifícios aos cidadãos", quando não existam razões de interesse público que os possam justificar.

4.29. Análise do artigo 88.º do RJUE

O artigo 88.º do RJUE sofreu significativas *alterações substanciais*, primeiro em 2007 e, depois, em 2014, no sentido de uma maior permissividade da disciplina da *licença especial*. Elimina-se invocação de uma específica motivação. Abre-se à intervenção de um terceiro interessado no licenciamento especial. Traz uma nova e *concentrada redação*, invertendo o modo da administração pública enquadrar as razões passíveis de obstaculizar à sua concessão.

O sentido das alterações de 2014 deriva da orientação crescentemente permissiva que vinha apontada pela nova lei dos solos, LBPSOTU, demarcando-se claramente da demolição para as obras inacabadas.

Trata-se de uma orientação regularizadora, por igualdade de razão, por si e pela mesma razão do RJRU e até, mais, do contágio do pensamento por trás da legislação sobre regularização excecional, que vigoraria em termos

[765] V.g., Acórdão do TCAS no Proc.01582/06, Secção do Contencioso Administrativo, 2.º Juízo, de 5-3-2009, Relatora Teresa de Sousa.

temporários durante cerca de cinco anos[766], e outras situações mexendo, especialmente, com o direito de habitação.

O artigo 88.º[767] pretende proceder a uma alteração meramente simplificadora, sintetizadora do regime material, e eliminador de óbvias remissões para disposições procedimentais, que nada alteravam ao sentido substantivo.

O atual artigo 88.º reza que quando as obras já tenham atingido um *estado avançado de execução,* mas o título urbanístico haja caducado, pode ser requerida a concessão de licença especial para a sua *conclusão, se não se mostrar "aconselhável" a demolição da obra, por razões ambientais, urbanísticas, técnicas ou económicas"*.

Onde, antes estas razões eram chamadas a *justificar a licença especial,* face a regras gerais de demolição, agora elas impõem-se e funcionam ao contrário. Apenas para se poder, em último caso, impedir a licença. O que muda, totalmente a lógica da norma e o enquadramento da solução "demolidora". Hoje, a regra é a licença especial e a exceção justificada, cabalmente fundamentada, é a não regularização.

Face ao *objetivo declarado* da lei dos solos, as interpretações mais permissivas da regularização impõem-se mesmo que se tenha de seguir *interpretações extensivas,* que se justifiquem no contexto e teleologia global desta matéria, de modo a abarcar *situações de justificação semelhante,* em que nada justifica a divergência normadora, face ao facto de a demolição ser apenas a solução aceitável para situações residuais sem outra solução "de minimis" possível.

Na situação de um *edifício inacabado,* mas com novas normas de planeamento municipal que o tornaria desconforme ao ser acabado, a licença especial a conceder, se o titular não pretender alterações (caso sejam mais favoráveis aos seus objetivos de momento), pode *reivindicar a construção* de acordo com as novas normas (licença especial com alterações), mas não tem de se adaptar à normação superveniente ao título original, devendo a CM limitar-se a permitir tal futura desconformidade, concluindo-se a construção nos termos originalmente previstos.

A licença especial para a conclusão das obras *só cede perante razões que exijam a demolição,* por razões ambientais, urbanísticas, técnicas ou económicas.

Ora, só existem tais razões especiais quando *devidamente fundamentadas,* de modo que justifiquem, sem qualquer dúvida, a sua demolição. Não sendo permitido recorrer ao exercício de tal poder de modo arbitrário, pois a

766 Decreto-Lei n.º 53/2014, de 8 de abril.

767 Segundo já se dispõe no Decreto-Lei n.º 136/2014, de 9.9.

discricionariedade própria da função urbanística impõe a *escolha da melhor solução,* ao preencher estas razões com amplas situações concretas que justifiquem quer o recurso a elas se puderem caber nos conceitos indeterminados quer *prominência decisiva na ponderação racional,* face ao desfavor da demolição e ao *poder-dever de regularizar.*

Mas, importa aplicar os seus *princípios e soluções, também, por maioria de razão, de obras prosseguidas ou mesmo já acabadas depois da declaração de caducidade,* desde que respeitando o título original ou com alterações desnecessitadas de controlo público prévio, pois se se regulariza, em termos de licença, obras inacabadas, por *razões de desproporcionalidade e economia processual,* maior razão há para obras acabadas parcialmente com título caducado, mas respeitando o que era a licença original ou seria a licença especial, que esta, a ocorrer, nada mudaria em termos de solução legalmente permitida.

4.30. Análise do artigo 60.º do RJUE e 51.º do RJRU

O *princípio da garantia de proteção das edificações existentes,* tem a sua tradução concreta nos artigos 60.º do RJUE e 51.º do RJRU.

Nos termos do DU trata-se apenas do existente de génese procedimentalmente não ilegal, construído à base de normas anteriores ou em período histórico em que o ordenamento jurídico não impunha o controlo público nem regras jurídico-materiais.

Não resulta dele, em si mesmo, como tal (enquanto a abertura para tal no artigo 59.º da LBGPPSOTU não for acionada legalmente), uma qualquer proteção do existente de génese procedimentalmente ilegal, ou seja, mesmo que substantivamente erigido no respeito das regras materiais da altura da construção, matérias cujo enquadramento passa por outros normativos.

*

Nos termos do RJUE, as edificações, *com ou sem licenciamento,* mas que tenham sido "*construídas ao abrigo* do direito anterior" e suas utilizações não podem ser afetadas por normas supervenientes. Por isso, têm um regime especial para a eventual *necessidade de efetivação de obras,* quer de *alteração ou correção,* quer de *reconstrução e mesmo de ampliação.*

Com efeito, tais obras não podem ser recusadas com fundamento em quaisquer normas supervenientes à data da sua construção originária, a menos que tais obras não tragam uma "melhoria das condições de segurança e de salubridade" do já edificado, venham dar *originem ou tornar maior qualquer eventual desconformidade significativa* com as normas em vigor na data destas modificações. O que é de *verificar em "fiscalização sucessiva* no caso de obras sujeitas a comunicação prévia.

No entanto, em caso de *edifícios não habitacionais,* depende de legislação especial poder impor-se "condições específicas para o exercício de certas atividades em edificações já afetas a tais atividades ao abrigo do direito anterior", tal como em geral "condicionar a execução deste tipo de obras à realização de exigências sobre a execução de "trabalhos acessórios", necessários para a "melhoria das condições de segurança e salubridade da edificação".

No RJRU, o seu artigo 51.º, que apoia a melhor interpretação do RJUE nesta matéria, simetriza a solução, explicitando-a numa *redação mais clara e completa.* Tal deve ter-se como regendo o princípio do existente em todo o direito do urbanismo.

*

A permissão das *obras de reconstrução ou alteração de edifício* impõe-se sem necessidade de aplicação de normas supervenientes à construção originária, a menos que *crie ou aumente a desconformidade* com as normas atuais. Ou, mesmo se tiver tal consequência, desde que se comprove que vem melhorar "as condições de segurança e de salubridade da edificação".

De qualquer maneira, deve sempre observar-se "as opções de construção adequadas à *segurança estrutural e sísmica* do edifício".

No que concerne a obras de *reconstrução total,* ou seja, de obras de "*substituição* de edifícios previamente existentes" e de *ampliação,* elas "podem ser dispensadas de novas normas substantivas posteriores ao momento da sua génese, se a sua realização, por um lado, levar a uma "*melhoria das condições* de desempenho e segurança funcional, estrutural e construtiva da edificação", "observando-se as "opções de construção adequadas à segurança estrutural e sísmica do edifício, e, por outro, o "sacrifício decorrente do cumprimento das normas" materiais vigentes for "desproporcionado em face da desconformidade criada ou agravada" pela sua aplicação.

De qualquer modo, o artigo 52.º, permite indeferir ou rejeitar os pedidos sobre tais obras se estas operações puderem vir a "causar um *prejuízo manifesto à reabilitação do edifício"* ou, no caso de "operação de reabilitação urbana *sistemática*", à *reabilitação urbana da área* em causa.

Portanto, quanto ao *conteúdo do princípio* que lhe está subjacente (da inaplicabilidade do direito atualmente vigente às construções pré-existentes), vigora o *princípio "tempus regit acta" no sentido real* dos factos físicos, ou seja, o tempo das construções antes efetivadas.

*

Limito-me às seguintes análises sobre obtenção de títulos atuais para *alterações, reconstruções* e também, pese o silêncio do legislador do RJUE, *ampliações.*

Estão em causa, não apenas a construções segundo o direito anterior, existisse ou não regras de conformação à data dos pretendidos melhoramentos (antes do RGEU de 1951 e eventuais regulamentos municipais de extensão deste) ou normas de 1991 para as áreas não incluídas no RGEU, grosso modo, as rurais, e, também, construções *efetivadas sem título obrigatório,* se, entretanto, tinham sido regularizadas segundo regras especiais ou excecionais atuais, face a normas posteriores alterativas de regime que as quisesse condenar, enquanto tais, ou condenar à intocabilidade de futuras pretensões alterativas ou reconstrutivas do proprietário.

Só as de génese não legalmente aceite e nunca regularizadas é que terão de seguir as regras do artigo 102.º-A e outros do regime da reabilitação urbana geral ou excecional.

*

Quanto aos *meios de prova da data da construção,* não podem, sob pena de inutilidade significativa deste normativo especial) afastar-se nenhuns meios admitidos em geral no *direito de provas* regulado no ordenamento jurídico.

Desde logo, existe a obrigação de aceitação e integração de elementos resultantes de *conhecimentos oficiais ou de investigação e acesso a documentos depositados nos serviços administrativos,* de acordo com o disposto na legislação procedimental[768] e, designadamente, o que se reporta a *deficiências do requerimento inicial*[769].

Este normativo impõe que os órgãos e agentes administrativos *procurem "suprir oficiosamente as deficiências* dos requerimentos, de modo a evitar que os interessados sofram prejuízos por virtude de simples irregularidades ou de mera imperfeição na formulação dos seus pedidos". Tal como, sem esquecer as *exigências procedimentais do princípio do inquisitório,* orientado para a obtenção de uma "decisão legal e justa"[770], *prestando "as informações e os esclarecimentos*

[768] Artigos 115.º a 120.º do Código do Procedimento Administrativo.

[769] N.º 2 do artigo 108.º

[770] Artigo 58.º: "A construção ou reconstrução de qualquer edifício deve executar-se por forma que fiquem *assegurados o arejamento, iluminação natural e exposição prolongada à acção directa dos raios solares, e bem assim o seu abastecimento de água potável e a evacuação inofensiva dos esgotos.* § único. As

de que careçam", *apoiando* e estimulando as "suas iniciativas" e recebendo as "suas sugestões e informações"[771].

Em geral, as autoridades públicas estão obrigadas a colaborar na *descoberta da verdade*, procurando e investigando as possíveis provas. Tal como *elementos documentais, periciais* (designadamente, com análises de materiais), *declarações de juntas de freguesia* (que, salvo prova de falsidade ou corrupção, possam merecer crédito, enquanto autoridades públicas de proximidade), declarações e documentos contratuais dos empreiteiros e comerciantes de materiais, suas faturas de materiais e recibos laborais e, também, *testemunhas* (desde que não infirmadas por elementos documentais ou técnicos idóneos). Ou seja, quaisquer elementos esclarecedores nos termos gerais legalmente admitidos.

A ideia é facilitar *melhorias edificatórias* e, especialmente, se têm fins habitacionais, para não manter o "status quo" edificatório sem condições funcionais.

A *desafetação* permitida ao direito atual cria, inexistindo comprovadas razões fundamentadamente excludentes, um direito à sua não aplicação. Pelo que, os PMOT ou PIMOT ou outros regulamentos municipais não podem, livremente, pô-lo em causa e levar ao seu incumprimento, designadamente à demolição.

Com efeito, uma eventual aplicação do regime permissivo de novas regras de planeamento[772], seria de considerar *sacrificador de situações anteriores, direitos estabelecidos*, e, também, aqui inaceitável. Ou, como interpretou o Tribunal Constitucional, apenas admissível constitucionalmente numa lógica de proporcionalidade ao fim visado e sempre exigente de indemnização por tal *sacrifício de natureza expropriatória* de um direito.

Não existe qualquer poder ao não respeito de um direito ligado ao "princípio do existente", fora dos condicionamentos relacionados com edifícios de fins não habitacionais[773].

*

Esta flexibilização, face à sua "ratio legis", aplica-se, também, a novas normas sobre *ampliação do edificado*, especialmente, se coexistem claras *razões ligadas a uma "clausula vital"*, ligadas a *segurança física e salubridade*, como

câmaras municipais poderão condicionar a licença para se executarem obras importantes em edificações existentes à execução simultânea dos trabalhos acessórios indispensáveis para lhes assegurar as *condições mínimas de salubridade* prescritas neste regulamento.

[771] Artigo 11.º.

[772] Previsto nos artigos 171.º e 102.º, n.º 1, do RJIGT.

[773] N.º 4 do art. 60.º.

transparece em geral do direito do urbanismo (final do n.º 2) e em termos de regras de regulação do RU e RETRU, com extensão à ampliação também no RJUE, nos termos do disposto, expressamente, no RJRU (arts. 4.º, al. h e 51.º).

*

Quanto à *questão da utilização dos edifícios antigos* (sem prejuízo de um interesse de alteração de uso), a reconhecer atualmente, mas que não exigiu título de utilização até à vigência dos diplomas de licenciamento[774] e, com edifício agora em reconstrução, basta *provar que esse uso era o mesmo* que se pretende manter, se fisicamente se coaduna com tal. Ou, se isso não se prova, nem é constatável fisicamente, importa presumir o uso mais generalizado e mais favorecido, que é a habitação.

Mesmo se se quer alterar o uso anterior para habitação, deve admitir-se, dado o "favor iuris", de que esta utilização habitacional goza; e apenas se deve exigir uma prévia autorização, se a mudança for para fins não habitacionais[775].

*

Quanto à não aplicação deste regime legal posterior para a *reconstrução em caso de demolição total* já ocorrida, por vontade particular ou por força da erosão natural no tempo arruinador, e portanto, prévia ao procedimento de controlo municipal, entendemos que o regime *não sofre qualquer restrição,* desde que tenha havido, se necessário legalmente, a conformação legal anterior.

Isto, quer porque a *demolição, permitida ou não,* e mesmo que por *desinteresse ao longo do tempo e concomitante desgaste,* de facto, inexiste neste regime especial qualquer motivação, seja condicionante seja pressuposto legal de *desafetação legalizadora pelas normas atuais,* assente numa mera razão de impossibilidade fáctica de se cumprir as novas exigências, mesmo que tal ocorra, mas não é decisivo.

Isto, dado que o regime especial parte, essencialmente, do *direito ao respeito pela lei em vigor na altura da construção anterior – "tempus regit acta" reais*[776], sem

[774] Artigo 5.º, n.º 2 do Decreto-Lei n.º 160/2006.

[775] Artigo 4.º do Decreto-Lei n.º 160/2006.

[776] É o tempo das coisas que deve reger juridicamente as coisas. AS construções ilegais, por si, aliás, já haviam ganho existencialmente natureza jurídica assumida, ao terem merecido legalmente um dado sancionamento como transgressão administrativa ou crime, não podendo

descurar o *princípio da proporcionalidade e "para-expetativas" criadas* (que, embora nascidas em termos procedimentais não legítimos, com o decorrer do tempo e inércia administrativa para a imposição corretiva, ganharam foros de aceitação putativa), face a esse facto e às possibilidades que tais normas continham e com que, a inexistir alterações legislativas, no futuro se poderia contar. E, especialmente, a especial proteção a dar ao direito a uma *habitação condigna ou pelo menos funcionalmente melhorada.*

Ou seja, tudo ligado a um princípio da confiança no respeito futuro por um direito exercido situadamente no tempo e não se pondo em causa essas "legitimadas expetativas", para além do razoável, tendo presente o direito vigente para se viver no futuro, desde que, na atualidade, se intente melhorar o edificado, em termos de *segurança e salubridade*, que é o real objetivo superior a atingir, se se pretende atuar, mesmo criando ou agravando, se for o mais adequado, desconformidades com normais exigências supervenientes do direito.

Não pode caber a regulamentos municipais (de mera integração e regulação prática da matéria, e, aliás, posteriores ao já construído), vir criar *critérios disruptivos, restritivos,* sobretudo de *conteúdo discricionário* o mais lato possível do conceito legalizador de "melhoria das condições".

Dado o "princípio do existente", a apreciar casuisticamente e não a normar para regidificar a aplicação dos termos previstos no artigo 60.º, ao sabor de processos regulamentares e decisórios desigualitários de cada município, criadores de direitos diferentes conforme os distintos municípios, agredindo o princípio de um tratamento igual para todos ao nível nacional.

Por isso, como acontece em geral no direito, no limite de divergências contenciosas, não cabe senão aos tribunais em definitivo irem preenchendo *conceitos indeterminados* e *medir os excessos ou insucessos aplicativos* destes.

Realmente, temos aqui uma permissividade regularizadora livre de limites (não meramente formais), se tiver como resultado a "melhoria das segurança e salubridade" do edificado. Ou então, não sendo este o objetivo, limitada apenas pela preocupação de se aferir, na medida do possível, face ao direito

o legislador transformar a factualidade da vida datada, que legalmente já havia considerado e integrado no ordenamento jurídico, e que sancionou ou devia sancionar oportunamente, em factos formais autónomos, ficcionando-os no momento da mera regularização procedimental, a não ser como ficção "vingativa" por facto derivado da sua própria incapacidade de o evitar e por inércia (se não se quer alterar-melhorar, nada se aplica, deixa-se ficar, se se quer melhorar "recorda-se" penosamente a irregularidade existente para dificultar melhorias), o que tudo, aliás, só pode traduzir "justiça desigualitária", ou seja, "injustiça real" por comparação com essas outras situações da época, diferentemente enquadradas, mantidas ou tratadas.

atual, quando está em causa a situação das edificações existentes, com ou sem controlo pré-construtivo, conforme a legislação o exigisse, ou não, à data da obra, que ficam, de todo ou ficam apenas, relativamente *imunes ao direito superveniente*.

Tenham ou não título conforme à data de construção, dizendo naturalmente que as edificações construídas ao abrigo do direito anterior e as utilizações respetivas não são afetadas por normas legais e regulamentares supervenientes.

Mais importante que tudo, considerando-se que *posteriores obras no domínio do princípio do existente*, mesmo de novas edificações em substituição das existentes a demolir, não podem ser recusadas sem mais com fundamento em normas supervenientes à construção originária.

Isto sem prejuízo de, por lei, poder condicionar-se a execução dessas obras à realização de *trabalhos acessórios necessários* para o valor decisivo que é a sua funcionalidade vivencial, ou seja, a melhoria das condições de *segurança e salubridade* da edificação.

4.31. Considerações finais globais sobre os regimes previstos no RJUE

Resumiria o estado da questão, no domínio da problemática da demolição, articulando o artigo 106.º, 88.º e mesmo o 60.º (se o seu aproveitamento apenas se colocar já depois de efetivadas as obras que ele permite, mas ainda sem o controlo prévio da sua aplicação), começando por considerar o seguinte:

Sobre o artigo 88.º (embora ele vise diretamente resolver uma natural preocupação com *obras inacabadas, quase acabadas, mesmo já parcialmente efetivadas com base em títulos caducados*), não se vê como distinguir quantitativamente, para efeitos de *fronteira situacional*, a realidade conceptualizada no conceito de "estado avançado" *ou "inacabado"* sem grande margem de arbitrariedade criadora de desigualdades de tratamento dos cidadãos.

Por isso, a melhor aplicação do preceito, em termos teleológicos, passa uma interpretação extensiva, e, aliás, melhor será, em regulamento municipal, desde logo para evitar soluções disformes conformes os casos semelhantes, interpretar-se extensivamente o articulado legal com a *máxima densificação flexibilizadora material possível*.

Em geral, interpretando-o de modo a colocá-lo a reportar-se a *"obras em curso"*, com admissão de *licença especial de repetição da anterior na parte em falta*, sem alterações; ou mesmo que, relativamente, não estruturalmente totalmente conformadas, pelo menos desde que não tenham ocorrido modificações, no ordenamento jurídico, de normas materiais que impliquem o desenvolvimento dos momentos seguintes previstos.

E, além disso, verificados que sejam os requisitos no sentido, não apenas de o aplicar a obras inacabadas, também deve abranger obras já acabadas, embora com título já inexistente na parte final das mesmas.

De facto, nesta concreta problemáticas importa considerar que quem permite "o menos" para evitar certos prejuízos, deve permitir "o mais", não havendo razões substantivas para distinguir, se esses prejuízos ainda forem maiores. Pelo que devem também aplicar-se as normas do tempo do título anterior para obras mais do que avançadas, já praticamente "acabadas", já acabadas, embora já sem título. Em causa, a "ratio legis", razões tais como o aproveitamento económico do que existe, custos implicados, necessidade de habitação.

Deve, ainda, também, renovar-se o título, se as obras continuaram sem título, porque caducado a partir de certo andamento, mesmo que, então com entrada em vigor de novas normas, seja necessária a realização de trabalhos de correção ou de alteração, em princípio não face às exigências técnicas ou planificadoras atuais, mas sempre face a normas relacionadas com o tempo do título caducado ou mesmo também anulado.

Neste caso, em situação de comunicação prévia, o reconhecimento do interesse na conclusão da obra tem lugar através da não rejeição pela câmara municipal da comunicação, por referência aos fundamentos implícitos da existência do interesse na conclusão ou não interesse na não conclusão da obra. Tendo-se como não considerado aconselhável proceder-se à demolição da mesma, pelas referidas razões ambientais, urbanísticas, técnicas ou económicas. Sendo que a opção de demolição é que exigiria fundamentação em todas as vertentes pertinentes.

O atual direito do urbanismo não pode deixar de se reger pelo princípio constitucional da proporcionalidade. Em geral, há a obrigação de exigir, para a realização do interesse público urbanístico, o *menor sacrifício possível ao particular*, o que impede mandar efetivar demolições de obras não legalmente construídas, por falta de controlo prévio devido ou com título caducado, se elas cumprem ou são suscetíveis de vir a cumprir (mesmo que, com alterações a efetivar, como é normal), os requisitos normativos de urbanização, de estética, ou, pelo menos, desde logo, de *segurança e de salubridade*.

Em qualquer situação irregular, a Administração tem sempre de diligenciar a regularização. E, de qualquer modo, nunca pode ordenar demolições sem precedência de contraditório e da formulação de um juízo relativo à possibilidade dessas obras poderem ser legalizadas.

Só é admissível demolir em caso de *juízo negativo ou, pelo menos, de desinteresse ou recusa do particular, apesar de deter meios económicos para o fazer, a operar obras de alteração tidas como absolutamente necessárias.*

A demolição não é a primeira opção, antes a última. Ou seja, em caso de nada poder ser feito, designadamente pelo município, para regularizar, física e juridicamente, o construído, face no mínimo a exigências de segurança e salubridade.

O exercício normal capaz de *medir um interesse público* não passa em regra pela demolição, antes pelo aproveitamento da construção, ao reconhecer-se que ela pode vir a ser suscetível de satisfazer esses requisitos mais elementares que possam evitar tal solução.

Por exemplo, na execução da situação de decisão de anulação de um ato de licenciamento de uma construção, por ele aprovar uma obra que desrespeite as obrigações impostas no alvará de loteamento, obriga a "notificação do interessado para que apresente projeto que respeite os requisitos nele estabelecidos e só depois, em caso de impossibilidade de legalização da construção ilegal, se passará à sua demolição"[777].

Fora destas situações normais face ao RJUE, temos hoje normas do RJUE em defesa também do princípio da demolição como última solução.

Para breves incursões neste tema, convocarei em geral o artigo 51.º do RJRU e, também, a normação de reabilitação sobre as *medidas excecionais* para as edificações habitacionais, antes temporalmente limitada com grande abertura aplicativa e agora já sedimentada com expetativas de inexistência futura de novos retrocessos, enquanto a dimensão do fenómeno perdurar.

Já face ao atual RJUE, à partida sem possibilidade jurídica de contestação (por interpretação extensiva), devia ter-se como resolvida positivamente a questão prévia de saber se a preservação do existente contra novas regras de planeamento, face não só ao artigo 106.º, como também tendo presente os termos constantes do licenciamento especial tal como estava previsto no artigo 88.º do mesmo RJUE, expressamente preocupado em responder a situações de obras inacabadas, também se aplica àquelas entretanto ou em geral já acabadas após a caducidade.

Podem ser demolidas obras inacabadas, sem possibilidade de serem terminadas face à caducidade do título permissivo, mesmo que com obras nos edifícios em momento pós-caducidade e mesmo que desconforme com o título anterior e contra o planeamento municipal (alterações desconformes com normas atualmente em vigor)?

Ou mesmo obras efetivadas sem qualquer controlo prévio, partindo erradamente do pressuposto de isenção legal para tal, como ocorreu, frequentemente, no mundo rural em geral face ao diploma de 1991 ou em

[777] ASTA, 1.ª Subsecção do Contencioso Administrativo, Proc.0210/09, 30.9.2009.

certos municípios, desde logo face a regulamentação extensiva do RGEU, apenas em certas áreas do país e, portanto, durante algum tempo, de frágil conhecimento local.

Dadas as *cláusulas de salvação especial em situação irregular*, serão ilegalizáveis apenas as situadas dentro de áreas ambientalmente protegidas, constantes de normas com aplicabilidade plurisubjetiva (PMOT ou PIMOT). Em geral, pela sua incontornável razão de ser, aquelas normas municipais ou intermunicipais de planeamento integrando *matéria ambiental para áreas naturais, albufeiras de águas públicas, estuários, orla marítima, águas, paisagens, restrições e servidões administrativas*, em geral normas de proteção ambientais territorial, hoje obrigatoriamente integrantes dos planos locais, de aplicabilidade direta aos particulares.

Portanto, a regularização será a resposta adequada acerca de obras já acabadas, efetivadas sem controlo prévio na altura legalmente exigido, e já antes ou atualmente em desconformidade com normação atualmente em vigor.

Se se pretende preservar as obras iniciadas, tendo presente a sujeição a embargo e à aplicação do artigo 106.º ou o regime das obras tidas como "em estado avançado" ou "quase acabadas", segundo prevê o artigo 88.º, ou mesmo, numa interpretação mais extensiva, totalmente acabadas já sem título (e, materialmente, se respeitando o título mesmo caducado, materialmente sem razões para distinguir das em "estado avançado de construção"), importa clarificar tal interpretação e tudo regular e balizar em regulamentação municipal.

Esta, na medida do possível e numa visão mais englobante da realidade das coisas a resolver, dado que ocorrem obras que, previstas no título permissivo, avançaram na sua execução no terreno, poderia integrar-se numa interpretação que não exija ter de se *decidir, administrativa ou jurisdicionalmente, em termos casuísticos, erráticos e desigualmente em cada caso, sobre as sempre difíceis fronteiras acerca do que fica dentro e fica fora*, que acaba por beneficiar uns e prejudicar outros, ofendendo na prática o princípio da igualdade de tratamento dos cidadãos, algo conatural aos decisores de aplicação, mas a evitar sempre que possível.

Assim, fora da solução especial facilitadora deveriam ficar apenas as obras previstas no título, mas que não avançaram ainda na sua execução no terreno em termos da sua ereção. Sem o que o referido *princípio da igualdade*, na formulação concretizadora regulamentar em cada município, ou casuística, fica constitucionalmente em causa.

Por *igual ou mesmo maioria de razão*, se não se admite a aplicação também da solução do artigo 88.º, que é adequada a ter-se como aplicável, ou no mínimo (enquanto outro mais favorável ainda não existir) para as obras efetivadas com título caducado (e, portanto, com uma mera parcial ilegalidade, com data marcada sem necessidade de prova temporal, que é meramente superveniente e não originária, tal como o são as obras desconformes com um título em vigor), é o *mesmo regime aplicável às já acabadas*, embora em situação ilegal.

Portanto, quer essas obras tenham *partido de situações com título* já caducado, quer não tenha havido qualquer título de controlo prévio legal (106.º, n.º 2), todas podendo obter normalmente *um novo título*, com ou sem ter de assegurar, conforme os casos físicos em presença, a conformidade com normas aplicáveis ao caso, portanto, mesmo que com imposição de obras de alteração e correção.

*

Podemos, com propriedade, face à normação atual, falar em preservação do existente. Não só face ao artigo 60.º, aqui em *sentido literal estrito*, referente a construções feitas antes do momento das novas obras, se antes da existência de legislação de controlo prévio (RGEU de 1951, para áreas urbanas, e legislação de 1991, para áreas rurais, se não existiam anteriormente regulamentos municipais exigindo licenciamento). Situações em que não há qualquer *anomalia da construção original*, efetivada essencialmente tendo presente a legislação então vigente.

Mas também, para além do disposto nele, *com controlo administrativo ou sem ele*, conforme seja antes ou depois de 1951 e 1991, sem afetação dessa construção já existente, nem (em princípio) de obras futuras nela a efetivar (preservação relativa também a partir do direito ao "existente", de possibilidades edificatórias, tendo assim presentes limites face à origem da construção). Apesar de desconformidade com a normação superveniente, designadamente planificadora, que sendo necessário, pode ser desconvocada.

Quer a construção antiga esteja totalmente erigida (em caso de pretendidas alterações ou mesmo reconstrução), quer *já em ruína parcial ou total, designadamente já em terra, por destruição humana ou erosão do tempo, se ainda reconstruível por qualquer meio de prova, em desenho no terreno* (ou melhor, em situações de existência de *anterior construção não ilegal* e para as situações em que se pretenda a sua reconstrução). E, também, aqui, já apenas segundo um *princípio do primado da preservação do devidamente construído*), embora com disciplinas reguladoras distintas daquela e mesmo entre si, àquelas em que, face a construções ilegais ou que, entretanto, se tornaram ilegais, o legislador cria *soluções próprias de regularização*. Seja o artigo 106.º, *"secundum legem" geral*, mesmo que com dispensa de novas nomas técnicas (102.º-A, n.º 5). seja a norma do artigo 88.º do RJUE (*"contralegem" geral*, e que não prescinde, por exigência lógico-funcional, do enquadramento do artigo 60.º), assim como dos artigos 84.º e 85.º, de substituição do executor das obras, seja pela câmara municipal, seja pelos adquirentes judicialmente autorizados, ambos em *casos inacabados de urbanização*.

O artigo 84.º, ainda também, em situações de edificação, em relação a *obras inacabadas*, quer passíveis de serem terminadas pela Câmara Municipal, quer por terceiros.

Portanto, trata-se de situações de *substituição na execução* de obras em relação a *lotes, edifícios e frações*. Quer para salvaguarda da segurança das edificações e do público em geral, do ambiente e da qualidade do meio urbano, assim como do património cultural.

Em conclusão e, repetindo tudo, em termos mais ou menos resumidos, sobre o artigo 106.º, em si e juntamente com os artigos 84.º, 85.º, 88.º, 1, o regime das AUGI, os artigos 59.º, 60.º e 61.º da lei de bases dos solos (LBGPPSOTU), o artigo 65.º da Constituição, tal com a jurisprudência do STA e dos TCA-NeS, consagra-se claramente o *princípio da demolição como última solução*. Algo admissível apenas se nenhuma outra solução, ou seja, nenhum outro re*arranjo urbanístico*, por razões, pelo menos, mínimas de *segurança do edificado ou salubridade*, for possível. SE nenhuma outra decisão pública, minimamente viável e, em Estado Social, tendo em conta os rendimentos de quem aí vive e os meios financeiros da Administração para os suprir.

Só se, de todo em todo, não houver uma outra solução. Mesmo que o *proprietário, podendo, não o queira, por ter outros objetivos aceitáveis*, e, por isso, não esteja disposto a regularizar a situação com um pedido de licenciamento especial ou a fazer alterações propostas pela Câmara Municipal, esta entidade, se o prédio estiver habitado e não meramente abandonado, deve atentar na hipótese de execução forçada, sem mais ou publicamente apoiada.

A menos que a construção esteja ou passe a estar sem ter condições de se manter, por *razões insupríveis de segurança da habitação ou de incapacidade de lhe introduzir modificações* que resolvam problemas de insalubridade.

De qualquer modo, se o proprietário estiver interessado ou passar a estar interessado na sua "salvação" nos termos do ordenamento jurídico e no plano meramente material e não procedimental, a Câmara Municipal tem de *demonstrar que não é possível aproveitar a obra de efetivação não legal*, esteja *inacabada* ou, mesmo com anterior título construtivo válido, mas caducado, em estado avançado de conclusão, ou, por maioria de razão, se já acabada. Sendo recente, com muito mais razão se, pelo tempo decorrido, a administração urbanística a tiver deixado sedimentar no património do respetivo proprietário, que dela necessite para viver.

Importa destacar que, em geral, até há *elementos de relacionamento oficial*, como *registos para efeitos fiscais ou prediais*, o que tudo exige análises em *situação de isotonia de tratamento público*. Exige-se um tratamento igual à de uma situação de construção sem licença, por esta ser nula e, portanto, de nenhum efeito, mas em que decorrera já um tempo "longo". Tudo, hoje, com cobertura expressa ou por analogia, dado não se verem argumentos que possam justificar tratamento distinto, com base mesmo em lei escrita, como resulta do artigo 162.º do Código do Procedimento Administrativo e sua consideração pela ideia de *efeitos putativos, embora referido a ato nulo, sob pena do apego a uma tal interpretação estritamente literal, alheia a razões ínsitas ao sentido da vida real, significar uma inadmissível supremacia como tal de formalismos, procedimentos, isto é do instrumental face á substancia do "ser das coisas", sobre a realidade das coisas.* Seja como for, sem decisão ou com decisão nula, a atuação é ilegal, mas, sendo materialmente salvável, a Administração tem, para todos os efeitos, de "fazer de conta" que é "legal" e tratar a situação como se o fosse ou de modo aproximativo a esse "passar a ser como se fosse", em nome de *princípios basilares do direito e justiça "para-isonómica"* e, desde logo, os princípios da *segurança jurídica, da boa fé, da proporcionalidade*, etc..

Casos há em que este *princípio do aproveitamento do existente total ou do existente parcial*, quando seja o facto, pode mesmo ser, se não diretamente baseado, pelo menos apoiado, em razões relacionadas com a existência anterior a legislação impositiva de controlo prévio (zonas urbanas e envolventes, 1951; zonas rurais, inexistindo regulamento municipal de extensão do RGEU, 1991).

Nestes casos, factos passíveis de constatação por *inspeção local e análise física ao solo e subsolo de terrenos com vestígios de ruínas referentes a casario de família ou de apoio agrícola*, até documentos de acesso oficial, ou mesmo face a um amplo conhecimento de cidadãos da zona ou registos comprovativos.

Portanto, de facto, temos, hoje, em vigor esta exceção e não uma imposição de *interdição de demolição, sendo o edificado* passível de aproveitamento. Ela é solução apenas quando em termos regularizadores o proprietário não o pretenda justificadamente fazer por querer seguir outras alternativas. Ou mesmo que o queira, se nada se puder fazer para que seja possível dar ao já *edificado condições de legalização.*

De qualquer modo, a demolição, apesar da existência de irregularidades, passou a exigir uma apreciação e decisão pública favorável. Qualquer decisão de demolição de edifício, em qualquer fase e situação passível legalmente de se manter, com ou sem alterações, não pode, logicamente, ser arbitrariamente decidida, não deixando de merecer uma apreciação coonestadora da autoridade pública.

Tudo, sem que se possa justificar, para situações semelhantes, qualquer razão discriminatória fundada nas datas de construção, sem ou com legislação conformadora. A menos que se trate de atuação infratora recente e claramente dolosa e não ponha em causa a existência de um teto familiar, por se ter outra casa ou o "Estado" lha propiciar.

O país está *cheio de situações fora de perímetros urbanos,* desde logo vindas da parte final do século XX, em que aparece a normação de controlo para zonas rurais. Cidadãos antes habituados à liberdade de aí edificar, sem distinção de construções, com objetivos agrícolas ou meramente vivenciais, de quem trabalhava nos meios urbanos, com terrenos mais onerosos, em que as construções, aliás, na sua generalidade, apesar da falta de procedimento de controlo prévio e pelo chamado "efeito social de cópia", até preenchiam e preenchem os *requisitos de salubridade, segurança e outros fruto dos melhoramentos nos tempos decorridos,* constantes da novel legislação, apenas lhes faltando, pois, o procedimento licenciador, entretanto imposto, devido a compreensível desconhecimento legal (num mundo de hiper-normação, que até os juristas não conseguem abarcar), face a prazos de "vacatio" meramente presumidos ou carências financeiras.

Só com *soluções extremamente flexibilizadoras,* se pode regularizar e viabilizar reconfigurações de melhoramentos em muitas áreas e edifícios que vivem pendentes do destino... E não só nas AUGI, mas também nestas. No caso das construções e lotes das AUGI, tem de se aceitar, também, em nome do *princípio da proporcionalidade,* o preenchimento das *condições mínimas de habitabilidade* que garantam *padrões urbanísticos mínimos,* mesmo que especiais, face aos exigidos pela legislação normal no momento. Aliás, na linha de preocupações regularizadoras do já revogado RETRU e do novo reformulado RJOEFA.

Importa legalizar um passado que perdurou demasiado tempo. Aliás mais tempo do que as regras vigentes sobre impossibilidade de questionar edificações ilegais mesmo que por *agressões graves ao direito, dando efeitos putativos* e, portanto, impedindo de considerar seus títulos nulos passados 10 anos. Ou, muitos deles, plenos de ilegalidades, tidas por sanadas, após o decurso, em geral, de 3 meses para cidadãos e 1 ano para o MP, em aplicação do tempo de prazos processuais do contencioso administrativo.

É, também, impressionante o volume de construções habitacionais ilegais (não configuráveis no regime AUGI) existentes após o diploma de 1991 e no país em geral, *isolados ou em áreas que se foram povoando*, agora com construções legalizadas, no mundo rural, nos anos seguintes a esse período inicial da vigência da mera imposição de licenciamentos para a construção fora das áreas urbanas e envolventes, pois nestas, tal obrigação a nível nacional, nascera já com o RGEU de 7.8.1951.

Em causa, estão muitas construções, mesmo que com escrituras dos terrenos, erigidas, desde logo, a seguir aos anos de 1991, e que hoje devem ser regularizadas através ou de *licenciamento putativo*, aceitando-as apesar de em geral terem aplicado, quando muito, *normas em vigor naquele momento* ou de licenciamentos nos mesmos termos do artigo 88.º, também do RJUE, e tendo presente a *lógica da primazia da perspetiva anti-demolição*, ínsita, há muito já, ao próprio, e sempre renovado, regime das AUGI, e, hoje, de todo o direito do urbanismo.

4.32. Conclusões gerais com considerações finais tendo em conta o RJRU, o regime excecional anterior (RJETRU, de 2014) e o atual regime especial (RJOEFA, de 2019)

Quanto ao RJRU em geral, passando em resumo o tema, tal como aparece conformado na sua atual legislação, vemos que o artigo 51.º, sobre a "*proteção do existente*" (literal e tendencialmente, todo "o construído", património edificado, que exista, desde que minimamente "aceitável"), distingue entre *operações de reconstrução e alteração*, por um lado, e *operações de ampliação ou substituição*, por outro.

Favorece as primeiras, mas pretende impedir as segundas.

Com efeito, o texto interdita em geral que os municípios impeçam "obras de reconstrução ou alteração de edifício", em áreas de reabilitação urbana, com fundamento em normas legais ou regulamentares publicadas posteriormente à construção originária, aplicáveis à data da intervenção.

Favorece a *reconstrução e alteração*, com a condição de essas operações não originarem ou agravarem a sua desconformidade com as normas em vigor e serem relevantes para a melhoria das condições de salubridade da edificação ou das condições de desempenho e segurança funcional, estrutural e construtiva da edificação, desde que não atentem contra adequadas opções de construção sobre *segurança estrutural e sísmica* do edifício.

*

No entanto, as próprias *operações de ampliação ou de construções novas*, mesmo demolindo, em substituição dos edifícios anteriormente existentes, desde que inseridas no *âmbito de uma operação de reabilitação urbana*, podem também não cumprir normas legais e regulamentares posteriores à sua original construção, se essa ampliação ou construção "ex novo" implicar em relação à edificação existente uma *melhoria das condições de desempenho e segurança funcional, estrutural e construtiva* da edificação, desde que se respeitem opções de construção à segurança estrutural e sísmica do edifício e a desconformidade criada ou agravada não traduza um ato desproporcionado face às exigências do direito do ambiente vigente.

Em causa, obras de reconstrução alteração ou ampliação de um conjunto urbano ou de um edifício, permitindo, portanto, construções e utilização impedidas pela regra geral.

Em *áreas delimitadas* pelo município[778] ou projeto provado pela assembleia municipal[779] ou definida como de reabilitação urbana em Plano de Pormenor de Reabilitação Urbana (ou seja, em áreas ou edifícios em que seja necessária a *manutenção e mesmo arranjos estéticos*[780], porque os espaços urbanos em causa padecem de *insuficiências, degradação ou obsolescência, quer dos edifícios quer das infraestruturas urbanas, equipamentos ou espaços urbanos e verdes de utilização coletiva* que justifiquem uma intervenção integrada. Pode mesmo estender-se a *outras situações justificáveis*. tais como *áreas e centros históricos, património cultural, imóvel classificado* ou em vias de classificação e respetivas zonas de proteção, *áreas urbanas degradadas ou zonas urbanas consolidadas*[781].

*

Quanto ao Regime jurídico Excecional Temporário de Reabilitação Urbana de 2014, que se dispunha vigorar até 2021, mas que, por força do Decreto-Lei 95/2019 de 18 de julho, que o revogou, apenas continua a *aplicar-se aos processos que ficaram pendentes* até 15.11.2019, e, por isso, importa ainda analisá-lo, não só por ainda haver situações em execução, mas também por tal ser *útil para comparação e interpretação em certos aspetos com o atual,* que o veio substituir e que se afirma como o *novo regime geral especial,* sem limites temporais, *para edificações e frações para habitação.*

Portanto, o RETRU de 2014 aplicou-se e continua a reger os procedimentos em curso, pacíficos ou em contencioso que perdurará, quer para *áreas em*

[778] Artigo 7.º.

[779] Artigo 14.º.

[780] Artigo 6.º.

[781] Artigo 12.º.

reabilitação, ou convoladas para tal a partir de AUGI, quer mesmo, *fora destas, para habitações sozinhas ou frações construídas há pelo menos 30 anos*, desde que a operação urbanística não origine desconformidades, nem agrave as existentes, ou contribua para a melhoria, ou, pelo menos, não diminua a melhoria das condições de *segurança estrutural e sísmica e salubridade* do edifício ou fração.

Adota uma nova visão, optando-se por uma reabilitação evolutiva que não constitua um entrave à dinamização da reabilitação urbana, antes permita essa melhoria das condições de habitabilidade, em equilíbrio com o edificado existente e a *capacidade económica* do proprietário.

Em geral, este diploma dispensa a obrigação das obras de reabilitação urbana ficarem sujeitas a determinadas *normas técnicas* aplicáveis à construção, desde logo do RGEU, quando as mesmas, por terem sido orientadas para a construção nova e não para a reabilitação de edifícios existentes e determinando a não exigência de normas dos regimes especiais relativos à construção. Desde que, em qualquer caso, as operações urbanísticas não originem desconformidades, nem agravem as existentes, ou, pelo menos, contribuam para a melhoria das condições de segurança e salubridade do edifício ou fração.

Numa normação a pensar também na reocupação dos centros históricos dos nossos aglomerados urbanos, onde mais frequentemente estas questões se colocam.

A nova legislação veio regular a *resistência sísmica mínima* e a favorecer o *financiamento de obras de reforço estrutural* dos edifícios.

Este possível incumprimento das atuais regras do RGEU abrange nomeadamente o respeito pelas áreas mínimas de habitações, altura do pé-direito mínimo e ascensores.

Se as intervenções em edifícios existentes puderem manter o "existente", quanto às condições de segurança e de salubridade da edificação e quanto às de *segurança estrutural e sísmica do edifício* (*cláusula da salvaguarda estrutural*). Mas não têm de as aumentar, bastando que não as diminuam. Dispensam-se também as regras sobre *conforto térmico e acústico* e sobre *instalações de gás e de infraestruturas de telecomunicações*.

Portanto, a demolição é uma última das últimas soluções a ponderar[782]. É a "ultima solutione", apenas para edifícios degradados de todo não reabilitáveis.

Concluindo, estamos face a situações em que vigoraram, desde 2014 até 2019, o RJETRU do Decreto-Lei n.º 53/2014, de 8 de abril, que, tal com o novo diploma sobre o tema, é aplicável também à *reabilitação de edifícios*

[782] Por vezes, lemos na doutrina e jurisprudência, que é a "ultima ratio", sem perceber o significado: a demolição é a "ultima ratio" de quê? Para o agir público? Seguramente.

ou de frações, afetos ou que se destinem a ser afetos, total ou predominantemente, ao uso habitacional, desde que sejam construções com antiguidade, definidas como construídas há pelo menos 30 anos, ou, então, localizadas em áreas de reabilitação urbana.

Regime aplicável, portanto, a um *setor sensível e especialmente protegido para a reabilitação urbana*. Em causa, obras de *conservação, alteração, reconstrução, alterações de utilização e, ainda, de "construção ou de ampliação"*, se as circunstâncias preexistentes impossibilitarem o cumprimento da legislação técnica aplicável, desde que não ultrapassem os *alinhamentos e a cércea superior das edificações confinantes* e não agravassem as condições de salubridade ou segurança de outras edificações.

*

O atual regime jurídico de operações de reabilitação de edifícios e frações autónomas[783], tornando normal estas anteriores normas excecionais e temporárias. Portanto, *independentemente do ano da sua antiguidade e colocar uma limitação futura de vigência*. Aqui, assume-se os grandes objetivos do anterior diploma, mas com algumas justificadas modificações exigenciais, designadamente – embora não só – face a uma inquestionável comprovada tecnicamente falta de resistência sísmica; não uma invocada de modo discricionário-arbitrário, por exemplo só porque o prédio se situa numa encosta, por maiores que sejam as suas sapatas de resistências).

Este novo regime pretende afirmar-se como "um" enquadramento atualizado e adequado às especificidades da reabilitação de construções vivenciais, conciliando as "legítimas expetativas em termos de adequação aos atuais *padrões de segurança, habitabilidade, conforto e simplificação* do processo de reabilitação, com os *princípios da sustentabilidade ambiental e da proteção do património edificado*, em sentido lato". Conciliando a "melhoria das condições de habitabilidade com uma resposta responsável e proporcionada em termos de respeito pela preexistência e pela sustentabilidade ambiental" e impondo, na linha da nossa crítica ao regime anterior (que não garantia a segurança estrutural), a definição das situações de sujeição da reabilitação "à elaboração de *relatório de avaliação de viabilidade sísmica*", com as indicações de eventual *reforço dos edifícios*, se necessária.

Estes requisitos sobre a *análise da vulnerabilidade sísmica* são aplicáveis independentemente da data da *construção original* e, tais como os outros,

[783] RJOREFA, Decreto-Lei n.º 95/2019, de 18.7.

os requisitos *funcionais, de segurança contra incêndios, comportamento térmico e eficiência energética, acústicos, acessibilidades e instalação de infraestruturas de telecomunicações*, que se regem pelo disposto artigo 2.º e por Portarias específicas de regulamentação que entraram em vigor na mesma data do decreto-lei, de que dependem diretamente.

As obras de *ampliação, alteração ou reconstrução* podem ficar sujeitas à elaboração de *relatório de avaliação de vulnerabilidade sísmica*, que estabeleça a sua *capacidade de resistência* relativamente à ação sísmica e, se necessário, nas situações em que é exigível, a elaboração de *projeto de reforço sísmico*.

*

O *relatório* é exigido em várias situações, de acordo com as disposições construtivas e métodos de análise referentes às diferentes *tipologias de edifícios, localizações e tipos de intervenção* específicos.

Assim, deve acontecer quando[784]:

a) se verifique a existência de *sinais evidentes de degradação da estrutura do edifício*;
b) se procedam ou tenham por efeito uma *alteração do comportamento estrutural* do edifício;
c) se a extensão da *área intervencionada*, contabilizando as demolições e as ampliações, acabar por exceder os 25 % da área bruta de construção do edifício; ou, ainda,
d) se o *custo de construção* exceder em, pelo menos, 25 % do custo de construção nova de edifício equivalente;

E, ainda, nestes casos, se os edifícios forem das classes de importância III e IV, definidas de acordo com a norma NP EM 1998-1:2010, embora com *redução para 15%* dos limites referentes às áreas de intervenção ou custo da construção.

Os *requisitos funcionais da habitação e da edificação em conjunto* aplicam-se a estas operações de reabilitação em edifícios ou frações com licença de construção emitida até 1 de janeiro de 1977.

*

[784] Portaria n.º 302/2019 de 12.9.

Estas novas normas aplicam-se apenas aos *espaços, instalações e elementos construtivos em intervenção*, no caso de obras de "pequena reorganização espacial", em que se processe uma alteração de que resulte a *reorganização espacial de uma habitação* que, *cumulativamente*:

a) não altere a *localização, forma ou dimensão* de mais do que um terço do número total de compartimentos;
b) não aumente o *número de compartimentos* em mais do que um;
c) não altere a *localização, forma ou dimensão* da escada, quando esta existir;
d) não altere a *dimensão do corredor interior*,
e) não altera o *número de habitações*; e
f) não altere o *número de pisos*.

*

Para obras de "grande reorganização espacial", que se traduz numa alteração de que resulte a reorganização espacial de uma habitação, que vá além das dimensões anteriormente referidas, temos a sua aplicação a toda a habitação.

Para a "obras de ampliação", as obras de que resulte o aumento da área de implantação, da área total de construção, da altura da fachada ou do volume de uma edificação existente, quanto à parte preexistente da edificação é aplicável o disposto na portaria para as obras de pequena ou grande reorganização espacial, consoante o que for devido, face à amplitude da intervenção. E, quanto à parte ampliada, tem de se aplicar o RGEU.

Para as *obras de reconstrução*, isto é, de construção subsequente à demolição total ou parcial de uma edificação existente, das quais resulte a reconstituição da estrutura das fachadas, na parte reconstruída aplica-se o RGEU. Mas, se a reconstrução não for total, na parte preexistente, são aplicáveis estas novas normas da portaria, conforme as obras sejam de pequena ou de grande reorganização espacial.

De qualquer modo, quer nas *partes ampliadas*, quer nas *partes reconstruídas*, caso existam "fortes condicionantes" determinadas pela necessidade de coerência com o edifício existente, aplica-se esta portaria para as obras de grande reorganização espacial. Devendo o projetista fundamentar tal facto na *memória descritiva do projeto*[785]. No interior das habitações, pode manter-se o pé-direito desde que este não seja inferior a 2,30m nos compartimentos

[785] Segundo os princípios do novo Decreto-Lei n.º 95/2019, de 18 de julho, com o regime aplicável à reabilitação em edifícios ou frações existentes.

habitáveis e 2,10 m nos compartimentos não habitáveis, sem prejuízo de aceitação da sua diminuição para valores inferiores ao do artigo 65.º do RGEU, desde que se respeite estes valores e da diminuição resultar a melhoria das condições de "segurança, conforto, salubridade ou funcionalidade". E em situações excecionais, desde que justificados, caso se constatem garantidas as "condições de salubridade", pode manter-se um pé-direito existente inferior aos valores mínimos estabelecidos de 2,30 e 2,10, que é sempre o limite inultrapassável. Tal difere do regime normal e mesmo do excecional consagrado no artigo 65.º do RGEU que aponta para uma altura mínima de habitações, piso a piso, de 2,70m (27M), sem o pé-direito livre mínimo ser inferior a 2,40m (24M) e só excecionalmente, em vestíbulos, corredores, instalações sanitárias, despensas e arrecadações, sendo admissível um pé-direito com o mínimo de 2,20m (22M), e o pé-direito livre mínimo dos pisos destinados a estabelecimentos comerciais de 3m (30M) e nos tetos com vigas, inclinados, abobadados ou, em geral, contendo superfícies salientes, a altura piso a piso e ou o pé-direito mínimo anteriormente definidos devendo ser mantidos, pelo menos, em 80% da superfície do teto, admitindo-se na superfície restante que o pé-direito livre possa descer até ao mínimo de 2,20m ou de 2,70m, respetivamente, nos casos de habitação e de comércio.

No que concerne a *caves, sótãos, águas-furtadas e mansardas*, importa ter em conta que, nas *habitações situadas em sótãos*, os compartimentos devem ter um pé-direito não inferior no mínimo a 2,30m para área habitável e 2,10m nas restantes, em pelo menos 50% da sua respetiva área útil, correspondente em sótãos à soma da totalidade da área em planta com pé-direito não inferior a 2 m.

Mas, de qualquer modo, se não se verificar a redução das características de habitabilidade, pode não se cumprir o RGEU.

No regime normal do RGEU só se permitiria a construção de caves destinadas a habitação em casos excecionais[786], em que a *orientação e o desafogo do local* permitam assegurar-lhes boas condições de habitabilidade, reconhecidas pelas câmaras municipais.

Neste caso, devem, neste caso, todos os compartimentos satisfazer às condições especificadas no RGEU para os *andares de habitação*, além de a cave dever ter, pelo menos, uma parede exterior completamente desafogada a partir de 0,15m abaixo do nível do pavimento interior e todos os compartimentos habitáveis (segundo a qualificação do quadro inserido no n.º 1 do artigo 66.º do RGEU: quarto de casal, quarto duplo, quarto simples, sala,

[786] Artigos 77.º a 80.º.

cozinha e suplemento de área obrigatório) deverem ser contíguos à fachada completamente desafogada, ser adotadas todas as disposições construtivas necessárias para garantir a defesa da cave contra infiltrações de águas superficiais e contra a humidade telúrica e para impedir que quaisquer emanações subterrâneas penetrem no seu interior e o escoamento dos esgotos dever ser conseguido por gravidade.

No caso de *habitações unifamiliares isoladas* que tenham uma fachada completamente desafogada e, pelo menos, duas outras também desafogadas, só a partir de 1 metro de altura acima do pavimento interior poderão dispor-se compartimentos habitacionais contíguos a qualquer das fachadas. Para o caso de *habitações unifamiliares geminadas*, exigir-se-á, para este efeito, além de uma fachada completamente desafogada, apenas uma outra desafogada, nos termos já referidos para a outra hipótese.

Se da construção da cave resultar a possibilidade de se abrirem janelas sobre as ruas ou sobre o terreno circundante, não poderão aquelas, em regra, ter os seus peitoris a menos de 0,40m acima do nível exterior.

Quanto às *caves, sótãos, águas-furtadas e mansardas*, nos termos do artigo 80.º do RGEU só podem ter acesso pela escada principal da edificação ou por elevador quando satisfaçam as condições mínimas de habitabilidade fixadas neste regulamento, sendo proibida a construção de cozinhas ou retretes nestes locais quando não reúnam as demais condições de habitabilidade.

Pode proceder-se a *legalização de alteração de uso* de parte de um edifício em reabilitação, com a manutenção do pé-direito aí existente, desde que sejam garantidas as condições de "segurança, conforto, salubridade e funcionalidade".

No caso de obras de grande reorganização espacial deve existir, pelo menos; uma instalação sanitária completa, que inclui, pelo menos, um lavatório, uma sanita e uma base de duche, quando a tipologia resultante for inferior a um T3 e uma instalação sanitária completa e uma instalação sanitária complementar, quando a tipologia resultante for um T3 ou T4, e deve comportar duas instalações sanitárias completas, quando a tipologia resultante for superior a um T4.

Se se tratar de obras de pequena reorganização espacial, as instalações sanitárias devem cumprir os requisitos mínimos de equipamento de uma instalação completa ou, caso já exista outra nessas condições, os de uma instalação complementar.

Nesta intervenção, pode haver comunicação direta entre instalações sanitárias com sanita e compartimentos de habitação, exceto cozinhas, desde que sejam adotadas as disposições necessárias para que desse facto não resulte difusão de maus cheiros nem prejuízo para a salubridade dos compartimentos comunicantes; tal como pode haver comunicação direta entre instalações sanitárias com sanita e compartimentos de cozinha, copa ou despensa apenas quando esta comunicação se trate de uma situação preexistente e desde que se adotem as disposições necessárias para que desse facto não resulte difusão de maus cheiros nem prejuízo para a salubridade dos compartimentos comunicantes.

As escadas das habitações que sejam objeto de alteração devem ter uma largura mínima de 0,70 m e ser dimensionadas de modo a garantir uma utilização ergonómica. Nos corredores das habitações, que sejam objeto de alteração, a largura do corredor principal tem de ter, pelo menos, 1,10m e os secundários tem de ter a largura mínima de 0,90m[787].

Nos *compartimentos novos ou alterados* do regime de obras de pequena reorganização espacial, e todos os compartimentos habitáveis no regime de obras de grande reorganização espacial, exige-se que os compartimentos habitáveis sejam iluminados e ventilados por um ou mais vãos em comunicação direta com o exterior, cuja área total não seja inferior a um duodécimo da área do compartimento.

Se os vãos estiverem localizados em plano inclinado, a sua área mínima não pode ser inferior a um décimo da área do compartimento.

Os vãos devem situar-se entre 0,80 m e 2 m de altura em relação ao pavimento do compartimento em pelo menos 50 % destas áreas mínimas previstas.

Em situações excecionais, os compartimentos habitáveis podem ser iluminados e ventilados através de outros compartimentos, desde que, quer a área total dos vãos em comunicação direta com o exterior, quer a área total dos vãos de ligação dos compartimentos, não sejam inferiores a um décimo da área total dos compartimentos.

Neste caso, as marquises consideram-se espaços exteriores sempre que tenham uma área envidraçada não inferior a 60 % da superfície da fachada, ou, no caso de edifícios multifamiliares, da superfície da fachada do piso respetivo.

Os vãos exteriores que forem objeto de intervenção, que normalmente deveriam cumprir as regras dos artigos 73.º e 75.º do RGEU, ficam dispensadas delas se isso não for possível, por as "condições de coerência formal" com os restantes vãos não intervencionados da mesma fachada o impedirem.

[787] Artigo 70.º do RGEU.

A distância entre os vãos dos compartimentos das habitações e qualquer muro ou fachada fronteiros não obedece a estes artigos 73.º e 75.º do RGEU, quando sejam ambos preexistentes e não haja alteração de localização, forma ou dimensão dos vãos.

O artigo 73.º imporia normalmente que as janelas dos compartimentos das habitações fossem sempre dispostas de forma que o seu afastamento de qualquer muro ou fachada fronteiros, medido perpendicularmente ao plano da janela e atendendo ao disposto no artigo 75.º, não fosse inferior a metade da altura desse muro ou fachada acima do nível do pavimento do compartimento, com o mínimo de 3 metros e, além disso, não poderia haver a um e outro lado do eixo vertical da janela qualquer obstáculo à iluminação a distância inferior a 2 metros, tendo de garantir-se, em toda esta largura, o afastamento mínimo de 3 metros acima fixado.

O artigo 75.º imporia que, no caso das fachadas sobre logradouros ou pátios terem varandas, alpendres ou quaisquer outras construções, salientes das paredes, suscetíveis de prejudicar as condições de iluminação ou ventilação, as distâncias ou dimensões mínimas fixadas no artigo 73.º fossem contadas a partir dos limites extremos dessas construções.

Quanto aos *espaços comuns dos edifícios*, determina-se que, sendo de habitação coletiva, não é exigível o cumprimento do RGEU (artigos 46.º, 47.º e 50.º) sobre escadas e elevadores existentes, nem sobre logradouros (76.º), mas nestes casos interdita-se a redução das suas dimensões ou características funcionais. Nestes edifícios, também não é exigível respeitar o sistema de evacuação de lixos (artigo 97.º). Com efeito, o artigo 46.º sobre comunicações verticais, imporia normalmente que a largura dos lanços das escadas nas moradias unifamiliares fosse, no mínimo, de 0,80 m. e nas de habitação coletiva até dois pisos ou quatro habitações, servidas pela mesma escada, os lanços teriam de ter a largura mínima de 0,90 m e, nestas edificações com mais de dois pisos ou com mais de quatro habitações, servidas pela mesma escada, os lanços teriam de contar com a largura mínima de 1,10 m. E nestes edifícios de habitação coletiva, quando os lanços se situem entre paredes, a sua largura mínima, nos casos de dois pisos ou quatro habitações, de 1,10 m e, nos casos de ter mais pisos ou quartos, de 1,20 m. Nos edifícios que integrem um corpo de altura superior a 30 m, a largura mínima admissível das escadas seria de 1,40 m. As larguras mínimas dos patamares para onde se abrem as portas de acesso às habitações, 1,10 m ou 1,40 m, nos casos de terem mais de dois pisos ou quatro quartos, e 1,50 m, no caso de terem um corpo de altura superior a 30 m. Os degraus das escadas das edificações para habitação coletiva devem ter a largura (cobertor) mínima de 0,25 m e a altura (espelho) máxima de 0,193 m, mas, no entanto, nos edifícios de três, quatro ou cinco pisos e sempre que não seja instalado ascensor, a largura (cobertor) mínima tem de ser de 0,280 m e a altura (espelho) máxima de 0,175 m. Mantendo-se as dimensões adotadas constantes nos lanços entre pisos consecutivos.

O artigo 47.º sobre escadas de acesso, sendo este comum, normalmente imporia que, nas edificações com mais de três pisos terão, sempre que possível, de ser iluminadas e ventiladas por meio de aberturas praticadas nas paredes em comunicação direta com o exterior. Mas, nos dois andares superiores e no seu conjunto até três pisos, tal como no seu conjunto nas edificações até três pisos, a iluminação e ventilação das escadas de acesso comum podem fazer-se por claraboias providas de ventiladores, devendo as escadas ter no seu eixo um espaço vazio com largura não inferior a 40 centímetros.

O Artigo 50.º dispõe normalmente que, nas edificações para habitação coletiva, se a altura do último piso para habitação ultrapassar 11,5m (a partir da cota mais baixa do arranque dos degraus ou rampas de acesso do interior do edifício), isso obriga à instalação de ascensores. Estes ascensores, no mínimo de dois (têm de ser dimensionados tendo presente o número de habitantes), com a capacidade mínima para quatro pessoas, de modo a poder ser utilizado por todos os pisos de acesso aos fogos. Nestas edificações com mais de três pisos e em que a altura do último piso para habitação for inferior a 11,5 m, deve prever-se espaço para uma futura instalação, no mínimo, de um ascensor.

O artigo 76.º obriga a que, nos logradouros e noutros espaços livres se tenha de ter ao longo da construção uma faixa de, pelo menos, 1 metro de largura, revestida de material impermeável ou outra disposição igualmente eficiente para proteger as paredes contra infiltrações. A área restante deverá ser ajardinada ou ter outro arranjo condigno. Os pavimentos dos pátios e as faixas impermeáveis dos espaços livres deverão ser construídos com inclinações que assegurem rápido e completo escoamento das águas pluviais ou de lavagem para uma abertura com ralo e vedação hidráulica, que poderá ser ligada ao esgoto do prédio.

O artigo 97.º exige, em situações normais, que, nas edificações de mais de quatro pisos (contando a cave e o sótão), sempre que sejam habitáveis e se não estiver previsto nenhum outro sistema mais aperfeiçoado de evacuação de lixos, se tenha, pelo menos, um compartimento (facilmente acessível, bem ventilado e com disposições apropriadas para a sua lavagem frequente) para serem nele colocados contentores dos lixos dos pisos do prédio.

No que concerne à *altura máxima da edificação* nas edificações em conjunto[788], em princípio não é exigível o cumprimento do RGEU se a desconformidade for preexistente, embora também não seja permitido o seu agravamento.

Como resultaria da aplicação normal do artigo 59.º do RGEU, que impõe (embora com adaptações para terrenos em declive, edifícios em gaveto, construções que ocupem todo o intervalo entre dois arruamentos de larguras ou níveis diferentes e situações de interrupção de continuidade numa fila de construções) que nenhum dos elementos do prédio (com exceção de chaminés e acessórios decorativos) ultrapasse em *altura* o limite definido pela linha reta a 45.º, traçada em cada um desses planos a partir do alinhamento da edificação fronteira, definido pela intersecção do seu plano com o terreno exterior.

Aliás, face a "*direitos à salubridade e à insolação*", aplicável às fachadas principais, tal como para as fachadas laterais o artigo 73.º, está conferido aos proprietários ofendidos o direito de fazerem diretamente o embargo de obra nova por via extrajudicial e futura demolição ou indemnização).

Nas obras de ampliação, se dela resultar o aumento do número de pisos, tem de ser respeitado o RGEU, exceto desconformidade já preexistente e desde que não se agrave esta desconformidade.

No entanto, se o edifício se localizar em área disciplinada por regulamento planificador, as regras deste prevalecem.

Em termos de *afastamentos mínimos entre fachadas* de habitações com vãos de compartimentos habitáveis, a distância entre estes vãos de compartimentos preexistentes (se os vãos não forem objeto de alteração de localização, forma ou dimensão), pode não cumprir o valor mínimo do RGEU (artigo 60.º, que é de 10 metros, salvo exceção, se o plano municipal para a zona não o impedir, permitida pela Câmara Municipal para arruamentos já ladeados por edifícios, no todo ou em parte).

Mas, nas fachadas que não respeitem o RGEU, só poderão ser criados ou alterados vãos por motivos de segurança, salubridade ou coerência formal com os restantes vãos não intervencionados da mesma fachada.

Quanto ao *intervalo entre fachadas posteriores*, não é exigível o cumprimento do do RGEU e dispensando-se o parecer favorável da comissão municipal de higiene. Mas, nos casos em que se procede a uma total reorganização espacial do lote, tem de se cumprir o disposto no artigo 62.º do RGEU.

Com efeito, este artigo 62.º tem exigências normais, mas eventualmente difíceis de aplicar a construções antigas, ao mandar efetivar a disposição dos

[788] Artigo 15.º e Portaria n.º 304/2019, de 12.9.

lotes de modo que o menor *intervalo entre fachadas posteriores* esteja de acordo com as exigências do referido artigo 59.º – e consagrando exigências sobre dimensões dos logradouros em profundidade e largura-, no que se refere ao intervalo entre essas fachadas posteriores (sem exceções, salvo condições excecionais irremediáveis, embora podendo admitir-se soluções anormais se a natureza da construção seu destino ou caracter arquitetónico o exigir e estiverem garantidas condições de salubridade mínimas: artigos 63.º e 64.º do RGEU).

O Decreto-Lei n.º 95/2019 veio clarificar e densificar as situações em que é possível recorrer à aplicação de *métodos de verificação ligados à segurança contra incêndios*. No entanto, para o efeito, pode ser dispensada a aplicação de certas disposições da regulamentação de segurança ao incêndio quando a sua aplicação seja manifestamente desproporcionada, de acordo com os princípios deste diploma legal, mediante decisão da entidade competente para a apreciação do projeto de segurança contra incêndio em edifícios e que cabe ao projetista determinar as medidas de segurança contra incêndio a implementar no edifício, com fundamentação adequada na memória descritiva do projeto de segurança contra incêndio, recorrendo a métodos de análise das condições de segurança contra incêndio ou métodos de análise de risco, reconhecidos pela ANEPC ou por método a publicar pelo LNEC.

O relatório com o método ARICA:2019 – Método de avaliação da segurança ao incêndio em edifícios existentes, nos termos do estabelecido no artigo 14.º-A do Decreto-Lei 220/2008, na redação conferida pelo Decreto-Lei n.º 95/2019 vem hoje reger esta matéria. A versão apresentada neste relatório reflete uma reorientação do método, passando-se de uma versão vocacionada para a análise do risco de incêndio em centros urbanos antigos, para uma versão cujo objetivo é a análise das condições de segurança ao incêndio em projetos de intervenção em edifícios existentes, tendo por referencial a regulamentação em vigor.

*

No *âmbito energético*, em relação a edifícios com procedimento de controlo administrativo antes da entrada em vigor do Decreto-Lei 40/99, de 6.2, procedeu-se à alteração da Portaria n.º 349/2013, de 29.9, definidora da "metodologia de determinação da classe de desempenho energético para a tipologia de pré-certificados e certificados do SCE" e dos requisitos de "comportamento técnico e de eficiência dos sistemas técnicos dos edifícios novos e edifícios sujeitos a grande intervenção" e tendo presente quer a alteração à estatuição do art. 30.º do Decreto-Lei 118/2013 de 20.8, de que os edifícios de habitação existentes estão sujeitos a *requisitos de comportamento térmico,* quando sejam alvo de intervenção, nos termos previstos nos artigos 28.º e seguintes, e a *requisitos de eficiência dos sistemas*, sempre que se verifique a instalação de novos sistemas técnicos nos edifícios ou a substituição ou melhoria dos sistemas existentes, na medida em que tal seja possível do ponto de vista *técnico, funcional e ou económico*", quer os novos aditamentos legais, segundo os quais a metodologia deve ser feita em *função do tipo de edifício e do custo da intervenção.*

Este custo deve ser calculado de acordo com a portaria de aplicação para a área da reabilitação. As situações singulares nestas operações de reabilitação, quando aplicáveis, "são fundamentadas e reconhecidas ao abrigo dos princípios estabelecidos no Decreto-Lei 95/2019.

O Anexo II da Portaria vem agora estabelecer essa metodologia de certificação para habitações com construção anterior à aplicação do Decreto-Lei n.º 40/90 de 6 de fevereiro quanto a esses requisitos de eficiência energética e de qualidade térmica, com modelo facilitador de aplicação e requisitos (coeficientes de transmissão térmica superficial dos elementos a intervencionar, fatores solares; regras de simplificação adaptadas, valores dos fatores multiplicativos para determinação de perdas térmicas lineares, etc. (Portaria 297/2019, de 9.9).

*

Quanto aos *novos requisitos acústicos*[789], vem dispor-se que às operações de reabilitação de construções a que é aplicável o Decreto-Lei95/2019, desde que construídas ao abrigo do direito anterior, se aplica o seguinte regime: nas obras de alteração e nas obras de ampliação, relativamente à parte preexistente, as normas técnicas da mova Portaria se estas se revelarem mais adequados, em função dos princípios consagrados nesta lei.

Nas *obras de ampliação,* relativamente à parte ampliada, e nas *obras de reconstrução,* é aplicável o regime normal da lei, exceto se existirem "fortes condicionantes determinadas pela necessidade de coerência com o edifício preexistente", casos em que então se aplicará a portaria específica.

De qualquer modo, a aplicação das normas técnicas é sempre fundamentada pelo projetista na memória descritiva para apreciação pela entidade competente.

789 Face a um aditamento ao artigo 5.º do Decreto-Lei n.º 129/2002, de 11 de maio (Regulamento dos Requisitos Acústicos dos Edifícios, n.º 8.

*

Quanto ao *método de projeto para a melhoria da acessibilidade* das pessoas com mobilidade condicionada[790] em edifícios habitacionais existente, passou a dispor-se[791] que as normas técnicas sobre acessibilidades se aplicam aos edifícios habitacionais e predominantemente habitacionais.

No entanto, quando as operações urbanísticas ocorreram antes de 15.11.2019 (e as construídas depois, se resultarem de título referente à aplicação transitória do Decreto-Lei 53/2014), as medidas[792] definidas no método de projeto para a melhoria da acessibilidade das pessoas com mobilidade condicionada em edifícios de habitação existentes, são aplicáveis nas obras de *alteração*, à totalidade da área intervencionada, e nas obras de ampliação, à parte pré-existente.

Esta aplicação tem de ser *fundamentada pelo projetista na memória descritiva* e apreciada pela entidade competente para aprovação do projeto.

Nas *áreas ampliadas* de uma obra de ampliação e nas áreas reconstruídas de uma obra de reconstrução, aplica-se o disposto no anexo a este decreto-lei, podendo excecionalmente aplicar-se o método de projeto[793], nos casos em que existam *fortes condicionantes determinadas pela necessidade de coerência* com o edifício existente, ou for impraticável a satisfação de alguma ou algumas das especificações das normas técnicas do referido anexo, devendo, nesse caso, o projetista fundamentar tal facto na memória descritiva do projeto, a ser apreciada pela entidade competente para a aprovação".

No que concerne ao regime jurídico da construção, sobre o acesso e a instalação de *redes e infraestruturas de comunicações eletrónicas*[794], quando a licença de construção tenha sido emitida até 1 de janeiro de 1977, apenas é obrigatória a instalação de espaços para as tubagens da coluna montante do edifício e redes de tubagem necessárias para a eventual instalação posterior de

[790] Para este regime de acessibilidades, consideram-se "pessoas com mobilidade condicionada, as pessoas que, de forma temporária ou permanente, utilizam cadeiras de rodas ou produtos de apoio para a marcha, como canadianas, andarilhos ou bengalas, as pessoas com dificuldades de coordenação motora, as pessoas que não conseguem percorrer grandes distâncias, as pessoas com baixa estatura, as pessoas com dificuldades sensoriais, tais como as pessoas com deficiência visual ou surdas e, ainda, aquelas que, em virtude do seu *percurso de vida*, se apresentam transitoriamente condicionadas, como *grávidas, crianças e pessoas idosas*" (art.1.º, n.º 2, Portaria 301/2019, 12.9).

[791] O Decreto-Lei 163/2006, de 8.8 (sobre regime da acessibilidade aos edifícios e estabelecimentos que recebem público, via pública e edifícios habitacionais.

[792] Portaria de aplicação do Decreto-Lei 95/2019.

[793] Referido no n.º 2 da Portaria.

[794] Art. 59.º, Decreto-Lei 123/2009, 21.5.

diversos equipamentos, canos e outros dispositivos, passagem aérea de topo e entrada de cabos subterrânea e sistemas de cablagem em pares de cobre, cabo coaxial, para distribuição de sinais sonoros e televisivos do tipo A e em fibra ótica. Devendo as *tubagens* garantir a ligação das redes e infraestruturas públicas de comunicações do exterior do edifício até ao interior do mesmo e, no caso dos espaços e redes de tubagens, a uma das divisões secas de maior dimensão de cada fração.

*

No que concerne à aplicação dos Eurocódigos[795], foi publicada regulamentação, que veio aprovar as *condições para a utilização* dos eurocódigos estruturais nos *projetos de estruturas de edifícios* realizados com diferentes materiais, enquanto *regras de projeto de estruturas* e, como tal, a base para a elaboração de *cadernos de encargos* para a execução das obras de construção e para a *prestação de serviços de engenharia* correlacionados e servir de base para a elaboração de *especificações técnicas europeias harmonizadas* para os produtos de construção[796]. Como tal, *favorecem a internacionalização* do setor nacional da construção, designadamente das atividades relativas ao projeto de estruturas e à consultadoria, criando, assim, novas oportunidades de emprego[797].

4.33. Regime jurídico da reconversão das áreas urbanas de génese ilegal

4.33.1. Regime das áreas urbanas de génese ilegal. noção de AUGI

Em muitos locais, é visível que a construção se fez sem regras, sem planeamento público ou de iniciativa particular e aprovação pública. sem respeito por regras e condicionantes da realização de construções ou em zonas não destinadas a construção. Como é o caso de muitas operações urbanísticas, sobretudo nas áreas metropolitanas, não precedidas de loteamentos urbanos, legalmente exigidos.

[795] O Despacho Normativo n.º 21/2019, de 17.9, que está vigente a partir de 15.12.2019, sem prejuízo de regras de submissão à aprovação de projetos referentes ao período transitório de 3 anos, face a atuais regulamentos de segurança.

[796] São documentos de referência para comprovar a conformidade dos edifícios e das obras de engenharia civil com os requisitos básicos estabelecidos no Regulamento (UE) n.º 305/2011 do Parlamento Europeu e do Conselho, de 9 de março (Regulamento do Produtos de Construção), transposto pelo Decreto-Lei n.º 130/2013, de 10 de setembro.

[797] Um deles é um Eurocódigo relativo à resistência aos sismos que inclui uma parte relativa a avaliação e reabilitação de edifícios existentes. O anexo I da portaria contém as normas (NP EN) a observar na elaboração dos diversos projetos de estruturas, o Anexo II contém as pertinentes para os de betão e o Anexo III, as dos projetos das estruturas de aço.

Esta atuação, por vezes, depara-se com a incompatibilidade dos locais, sobretudo se destinados à habitação, com a necessária qualidade de vida. Este é um conceito, intrinsecamente ligado ao direito constitucional português, e que reflete, não apenas exigências ordenamentais físicas e sócio-vivenciais, como a *procura de um espaço que permita às pessoas, mais que estar e sobreviver, viver em condições edificatórias e ambientais sadias.*

Tem existido *legislação específica* para tentar ultrapassar o fenómeno AUGI, com sucessivas prorrogações temporais (ou seja, com prazos pretensamente fixados), agora calendarizada e com finalização balizada para final deste ano de 2021[798]. Como, de novo, se constata que se têm mantido fora de declarações e apreciações municipais muitas situações de *bairros de "ilegalidade suspensa"*. Melhor teria sido uma aprovação de *normação numa linha de forte apoio financeiro e imposição de iniciativas de intervenção autárquica.* Sem o que muitas situações continuarão inconsequentes, numa continuação de deslizamento no tempo ou de mera legalização singular, desigualitária, ou mesmo resolução "mascarada". Em causa, tantas vezes, um "status quo" alimentado por quotas dos residentes "desesperados" e promessas eleitorais de solução, criadoras de dependências partidárias, com a inércia de particulares, o desinteresse desses dirigentes associativos e mesmo a manutenção histórica de apoios a dirigentes autárquicos.

*

As AUGI continuam a afetar um número significativo de famílias e o seu património.

As últimas alterações de 2015 ao regime das AUGI visaram, face a pressuposta identificação dos condicionalismos existentes relativamente ao processo de reconversão. Eram e são muitos os motivos a obstar ao êxito deste processo regularizador das áreas ilegais. Estamos perante um problema que tem passado na prática por estreita articulação dos municípios com os habitantes destas áreas. A posição dos Municípios em geral foi sempre, primeiro permissiva, depois omissiva. Não admira que, em causa agora, estivesse, de novo de modo candente, a *questão de prazos* para finalizar os processos de reconversão e a questão da *clarificação das delimitações* do seu âmbito.

[798] A atual versão da lei pretendeu impor a delimitação das respetivas áreas até 31.12.2015 e a *emissão dos títulos de reconversão até ao passado dia 30 de junho de 2021.* Já decorreram estes prazos, mas esta legislação tem sido sucessivamente renovada, face a casos não resolvidos.

A Lei n.º 91/95, de 2 de setembro, apareceu para regular, em *regime excecional e pretensamente temporário*, a reconversão urbanística das áreas urbanas, prevendo o processo de reconversão e de administração das áreas urbanas de génese ilegal. Quer ela quer sobretudo as *sucessivas alterações* preocupavam-se com a *urgência da conclusão dos processos regularizadores*. Mas sempre houve desajustamentos da legislação existente relativamente à realidade atual das áreas urbanas de génese ilegal.

Estamos perante uma *"realidade complexa e desconexa"*, que não pode ficar meramente nas mãos de ineficazes direções de associações dos próprios e de cuja perpetuação dependem, por vezes, as suas desviadas receitas para proveito próprio, nem *sujeita promessas eleitorais seguidas de inércias em busa de uma dependência sempre repetida para manter zonas de voto autárquico "garantido"*, sendo que tudo dependente muito do *empenho, disponibilidade, dinamismo municipal, meios financeiros e consensos* entre os intervenientes públicos e privados envolvidos.

Por isso, teoricamente, a última reforma avançava com objetivos salutares, que a prática nem sempre acompanhou. Desde uma *simplificação de procedimentos;* redelimitação das restrições e servidões de utilidade pública; *agilização e aceleramento* dos procedimentos de reconversão; *articulação* dos vários regimes aplicáveis a edificações e construções; previsão de *mecanismos incentivadores* da reconversão e da conclusão dos processos, quer de iniciativa municipal, quer de iniciativa particular; previsão de maior *responsabilização* de todos os envolvidos; maior *monitorização* da realidade existente; garantia de maior *formação e informação* aos interessados quanto à tramitação dos processos de reconversão e de medidas para ultrapassar algumas dificuldades no âmbito do funcionamento dos órgãos de administração conjunta. Tudo em interligação, com um conjunto de *constrangimentos derivados do contexto socioeconómico, inércias dos poderes locais* e dificuldades económicas para *comparticipar nos pagamentos* com alterações e infraestruturas necessárias à regularização das obras de urbanização.

*

Não deixa de se referir que, a estas situações expressamente classificadas como áreas urbanas de génese ilegal, há que juntar o *volume impressionante de construções habitacionais ilegais*, não configuráveis no seu regime, mas difundidas pelo país XX, em lotes "urbanos" em zonas envolventes dos povoados anteriormente existentes e no mundo rural, efetivadas designadamente em períodos iniciais de vigências de novas regras. Desde logo, resultantes da imposição de licenciamentos para a construção fora das áreas urbanas.

Nestas, tal obrigação, *a nível nacional*, nasce com o Regulamento Geral de Edificação e Urbanização (RGEU), de 7.8.1951), sem prejuízo de regulamentações autárquicas anteriores em certos municípios.

São situações em que se justificaria, em muitas casos de *habitações agregadas*, a promoção de *planos de pormenor simplificados para as áreas rurais*, dotados de grande flexibilidade de arranjos coerentes e criadores de vida coletiva normal. São construções, mesmo que com escrituras dos terrenos, já não em avos mas em metros^2, muitas ainda relativamente recentes e bem conservadas, erigidas a seguir aos anos de 1991, ou mesmo aos anos em que, eventualmente, certos municípios tenham estendido, a partir da década de sessenta, o RGEU a áreas rurais. Casos que importa regularizar através ou de *licenciamento "putativo"*, mas dentro das normas em vigor no momento, previsto no art. 106.º do Regime Jurídico da Urbanização e Edificação, de "1999" (RJUE), ou de *licenciamentos especiais* do art. 88.º, também do RJUE, e tendo presente a lógica da *primazia da perspetiva anti-demolição,* ínsita também ao próprio regime das AUGI.

*

Consideram-se AUGI os *prédios ou conjuntos de prédios contíguos*, que, sem a competente licença de loteamento, legalmente exigida na data da sua realização, tenham sido objeto de *operações físicas de parcelamento*, destinadas à construção e com regime de compropriedade, efetivadas até à data da entrada em vigor do Decreto-Lei n.º 400/84, de 31.12[799], que, nos respetivos planos locais de ordenamento do território (PIMOT/PMOT) estejam classificadas como espaço urbano ou que tido como urbanizável, embora nas áreas de loteamento ou construção ilegais apenas parcialmente classificadas como *espaço urbano ou urbanizável* no plano local[800], a operação de reconversão possa abranger a sua totalidade, desde que a maior parte da área delimitada esteja

[799] No continente, a 24 de setembro, nas regiões autónomas de acordo com os decretos regionais de adaptação. Este diploma nacional, que seria revogado pelo DL n.º 448/91, de 29.11, de 1984, regula "o novo regime jurídico das operações de loteamento urbano", revogando o DL n.º 289/73, de 6.6, colhendo a experiência de aplicação desta durante a década anterior e as *lições da doutrina, tribunais e exigências de descentralização e desconcentração* que entendia impor-se, tendo designadamente em conta o DL n.º 77/84, de 8.3.

[800] Parcelamentos para construção em espaços classificados como urbanos ou urbanizáveis ou parcelados em geral antes da vigência do Decreto-Lei n.º 46.673, de 29.11.1965, predominantemente ocupados por construções ilegais.

classificada como urbana ou urbanizável e a *área não classificada como urbana ou urbanizável* esteja ocupada maioritariamente com construções destinadas a habitação própria, que preencham as *condições de salubridade e segurança* legalmente previstas (ou que, com alterações, o possam vir a preencher, numa interpretação contextualizada no ordenamento urbanístico geral de natureza excecionatória) e que se encontrem *participadas na matriz à data da entrada em vigor desta lei.* Assim como os prédios ou conjuntos de prédios parcelados anteriormente à entrada em vigor do Decreto-Lei n.º 46.673, de 29.11.1965, quando *predominantemente ocupados por construções não licenciadas.*

Portanto, estas são "prédios ou conjuntos de prédios parcelados" sem o devido loteamento municipal. Em causa, terrenos, na totalidade ou predominantemente, ocupados por construções não licenciadas e "prédios ou conjuntos de prédios contíguos", em área que, nos planos autárquicos de ordenamento do território estejam classificadas como espaço urbano ou estiveram como urbanizável, mas que legalmente pressupunham a existência de um loteamento devidamente licenciado pelo município, que não existe. Tudo, resulta, apenas, de "operações físicas de parcelamento destinadas à construção" e erigidas nas datas previstas no Decreto-Lei n.º 400/84, de 31.12.

Este regime excecional de regularização visa a reconversão urbanística das "*áreas clandestinas*" em causa, definindo os princípios gerais do procedimento, regulando o regime da administração dos prédios aí integrados. Atribui as competências e o funcionamento da assembleia de proprietários ou comproprietários e da comissão de administração daqueles prédios, os mecanismos conducentes a reconversão por iniciativa dos particulares (através de pedido de loteamento endereçado as câmaras municipais), ou por iniciativa municipal (mediante elaboração de planos de pormenor de reconversão). Dispõe-se sobre as *modalidades e os critérios de divisão* dos prédios integrados, além de outras matérias de interesse geral, tais como a questão dos *loteadores ilegais*, licenciamento condicionado, embargo, eventual demolição de construções e encargos.

Nestes prédios, submetidos a operação de loteamento ilegal, presume-se que o loteador ilegal pretendeu integrar no domínio público municipal as áreas que afetou a *espaços verdes e de utilização coletiva, infraestruturas viárias e equipamentos* de utilização coletiva. Esta presunção é ilidível judicialmente por ação do loteador ilegal ou seu sucessor contra a administração conjunta da AUGI[801]. No entanto, há áreas insuscetíveis de reconversão urbanística (art. 48.º).

[801] Prazo de seis meses, contado da data da assembleia constitutiva eleitora da administração conjunta, por iniciativa de qualquer proprietário ou comproprietário ou do poder local. Esta *ação*

Em geral, a legislação excecional veio permitir que as construções existentes nas AUGI pudessem ser legalizadas em conformidade com um instrumento titulante da operação de reconversão. Mas a sua legalização ficou dependente do preenchimento das *condições mínimas de habitabilidade*. Ficou a caber ao instrumento de reconversão estabelecer o prazo em que os donos das construções com ele não conformes são obrigados a proceder às alterações necessárias.

*

No que concerne à relação entre as áreas críticas de recuperação e reconversão urbanística e o regime jurídico da reabilitação urbana[802], o legislador admitiu uma passadeira, embora dependente da vontade do poder local.

O art. 78.º do RJRU, veio permitir converter as áreas críticas de recuperação e reconversão urbanística[803], numa ou mais áreas de reabilitação urbana, nos termos do regime específico das AUGI. Esta decisão conversora pode operar-se por deliberação da assembleia municipal, sob proposta da câmara municipal. Esta deve englobar a aprovação da estratégia ou do programa estratégico de reabilitação, nos termos deste regime específico. Pode ser feita através da aprovação de plano de pormenor de reabilitação, incluindo na sua área de intervenção a área crítica em causa. A conversão aparece no RJRU com prazo marcado para o efeito, mas com previsíveis renovações até que a problemática envolvida se encontre regularizada[804]-[805].

judicial deve ser intentada contra a câmara municipal, no prazo de seis meses, contados desde a data da deliberação camarária de *delimitação do perímetro da AUGI e fixação da modalidade de reconversão*, se o procedimento de reconversão urbanística for organizado como operação de loteamento ou mediante plano de pomenor (PPIM ou PPM) de iniciativa das autarquias locais, na modalidade de intervenção sem o apoio da administração conjunta.

802 RJRU: DL 307/2009, de 23.10, que vai na sua quinta versão, face ao Decreto-Lei n.º 66/2019, de 21.5.

803 Que derivam do regime do Decreto-Lei n.º 794/76, de 5.11, alterado pelos Decreto-Lei n.os 313/80, de 19.8, e 400/84, de 31.12.

804 Devia ocorrer no prazo de dois anos, contado da data de entrada em vigor deste diploma.

805 Os decretos de classificação destas áreas críticas de recuperação e reconversão urbanística, praticados ao abrigo do Decreto-Lei n.º 794/76, de 5.11, nas suas versões de 1980 e 1984, previam a sua caducidade face a não aprovação posterior, nos termos e prazo revistos, a *conversão* da área crítica em áreas de reabilitação urbana, mas sem prejudicou o exercício dos direitos aos benefícios fiscais, ou outros adquiridos. Nas *áreas críticas* de recuperação e reconversão urbanística não convertidas e até à caducidade dos decretos de classificação, tornou-se aplicável o regime previsto no "revogado" Decreto-Lei n.º 794/76.

4.33.2. AUGI e construções habitacionais ilegais. Razão de ser do regime excecional de reconversão operação de loteamento ilegal. Ponderação dos interesses em jogo

A razão de ser do *regime excecional*, que tem perdurado desde 1995, de reconversão de áreas urbanas de génese ilegal[806], para *resolver situações que veem desde a década de sessenta do século passado*, não é apenas a de "permitir às pessoas, normalmente de *parcos recursos económicos*, ver legalizadas as construções que levaram a cabo para sua habitação"[807]. De facto, pretende *evitar-se as demolições*, eventualmente em cadeia, o que, em grande número de casos seria a solução normal ou provável. De facto, procura evitar-se a perda de *valor económico e social relevante*. Por isso, o ter-se permitido a aceitação da manutenção das construções em áreas territoriais, putativamente tidas como "já adquiridas". Normalmente, a edificação, não só não teria sido legalmente possível, como continuaria a ser não passível de regularização pela legislação posterior. A não ser, eventualmente, em procedimento de *licenciamento especial individualizado*.

Aqui, a *solução permissiva* deriva de uma *ponderação dos interesses em jogo* e pressupõe o acordo dos diferentes proprietários, através de *alterações ou cedências*, voluntárias ou impostas, para tornar realizável a viabilidade do procedimento regularizador, quando e na medida do necessário, dentro do respeito do *princípio da proporcionalidade*. Pretende-se *garantir padrões urbanísticos mínimos*, mesmo que especiais face à legislação normal no momento a exigir.

O interesse deste regime excecional de *regularização de loteamentos e construções "clandestinos"* reside, também, no facto de a sua existência ser significativa e ser, como referido, fonte de atentados à *qualidade de vida e ao ambiente*. São situações eventualmente com falta de condições de *vida coletiva, associadas a ausências ou deficiências de saneamento, convivendo com acumulação de resíduos, lixeiras ao ar livre, não acesso à água potável, perigo para a saúde das crianças, atração de entulhos de construções, ilegal remoção de terrenos, o que tudo leva a paralisias reparadoras para por impossibilidade legal de alienações ou normais alterações legais que viabilizassem reconfigurações de melhoramentos*. Tudo, colocando reais problemas ao ambiente urbano, aí e nas áreas envolventes.

[806] Lei n.º 91/95, de 2.9, com uma última alteração em 2015.

[807] ASTJ n.º 3703/07.5TBALM-A.L1.S1, 19.4.2012.

4.33.3. Condições mínimas de legalização. Delimitação do perímetro das augi. Regime de construções posteriores à deliberação de reconversão. Reafetação de usos

Cabe às câmaras municipais a *delimitação do perímetro das AUGI,* existentes no seu território. Delimitação a efetivar com recurso a qualquer meio gráfico, cadastral ou registal, que *identifique com clareza* a área delimitada. Esta corresponde à área que, no entendimento da câmara municipal, deve ser objeto de um *único processo de reconversão* urbanística. Pode integrar um ou mais prédios contíguos. E cabe-lhes fixar, por sua iniciativa, a *modalidade da reconversão.* Pode, no entanto, *alterar o processo e a modalidade,* face a requerimento de qualquer interessado, que apresente uma proposta devidamente justificada. Ouvindo a comissão de administração, se já existir um pedido de declaração de AUGI. O pedido deve ser apreciado no prazo de 90 dias, sem o que ocorre se considera que há o seu indeferimendo tácito.

De qualquer modo, podem sempre ser propostas alterações à delimitação das AUGI, com fundamentados que sejam tidos por adequados (v.g., no melhor conhecimento da realidade local, nos ajustamentos de escalas e na melhor delimitação técnica), até à convocação da assembleia constitutiva da administração conjunta.

Quanto ao regime de construções posteriores à deliberação de reconversão, ele processa-se de modo que o dono de construção ou da obra vistoriada, que esteja em desconformidade com a planta, evidencie a realidade atual da AUGI, após notificação para proceder à reposição da situação anterior, no prazo de 30 dias, a menos que o interessado prove, na audiência prévia, que a construção ou obra é anterior à data dessa assembleia da AUGI, que deliberou promover a reconversão.

As áreas de loteamento e construções ilegais, que não sejam abrangidos pela normação pertinente, devem ser objeto de estudo que permita a sua reafetação ao uso previsto nos planos municipais.

A assembleia municipal, sob proposta da câmara municipal, também pode autorizar a manutenção de construções que não preencham os *requisitos necessários à legalização das construções,* mediante aprovação do regulamento municipal de carácter aplicativo geral, que viabilize as situações a prever.

4.33.4. Regime especial de divisão de coisa comum. Acordo de uso

Entre os aspetos a destacar, há o regime especial de divisão de coisa comum. As AUGI constituídas em regime de compropriedade até à data da entrada em vigor da legislação de 1984 sobre loteamentos[808]. Pode exigir-se a divisão após a emissão do *título de reconversão*. A divisão destes prédios efetiva-se em conformidade com o *alvará do loteamento ou a planta de implantação do plano de pormenor*, por *acordo de uso*. Sem prejuízo do recurso à divisão por *escritura pública ou por decisão judicial*.

A *divisão por acordo de uso* é possível se constar do alvará ou da deliberação municipal (que aprove o plano de pormenor a que o loteamento corresponde, na sua essência) à situação evidenciada na planta que evidencie a realidade atual da AUGI. Designadamente, a *repartição do solo emergente* do loteamento de génese ilegal, com a indicação concreta da implantação, da área de construção, do número de pisos, das cérceas e das cotas de soleira das construções existentes. Identificando, ainda, as *construções que não cumpram os requisitos* das várias disposições legais aplicáveis ao exterior das edificações, com indicação das construções a demolir e ou a alterar em face da proposta de reconversão[809].

4.33.5. Questão das cedências e parâmetros urbanísticos

No que importa ao ambiente urbano, a questão das cedências e parâmetros urbanísticos rege-se por regras menos exigentes. Não há exigência de *compensações* numas zonas e noutras, pelas dificuldades de respeitar as exigências normais.

Com efeito, este regime permite que as áreas de terreno destinadas a *espaços verdes e de utilização coletiva, infraestruturas viárias e equipamentos* possam ser inferiores às que resultariam da estrita aplicação dos parâmetros definidos pelo regime jurídico aplicável aos loteamentos nas situações em que o cumprimento estrito daqueles parâmetros possa inviabilizar a operação de reconversão. Os *índices urbanísticos e as tipologias de ocupação* da proposta de reconversão podem também ser diversos dos definidos pelos planos territoriais em vigor se a sua *aplicação estrita inviabilizar* a operação de reconversão. Estas alterações às regras normais estão sujeitas ao procedimento de *alteração por adaptação*, do regime jurídico dos IGT.

No entanto, se as parcelas que devam integrar, gratuitamente, o *domínio público*, face à operação de reconversão, forem inferiores às que resultariam do regime jurídico aplicável, haverá lugar à compensação. Os titulares dos prédios ficam obrigados ao *pagamento de uma compensação* ao município, em *numerário ou em espécie*, nos termos definidos em regulamento municipal.

[808] Decreto-Lei n.º 400/84, de 31.12.

[809] Na *divisão por acordo de uso*, nenhum dos interessados pode levar exclusivamente tornas, salvo se a tal se der o assentimento expresso em documento autêntico ou autenticado.

3.33.6. Dever de reconversão urbanística do solo e da legalização das construções integradas numa AUGI. Direito de regresso sobre os vendedores dos prédios. Suspensão da ligação às redes de infraestruturas

Existe quer para os proprietários e comproprietários dos lotes como para os donos das construções erigidas na área da AUGI (devidamente participadas na matriz, e para os promitentes-compradores de parcelas, desde que tenha havido tradição, os quais respondem solidariamente pelo pagamento das comparticipações devidas), o dever de reconversão urbanística do solo e da legalização das construções integradas numa AUGI, o qual integra o *dever de conformar os prédios* que integram a AUGI com o alvará de loteamento ou com o plano de pormenor de reconversão, de acordo com o estipulado e os prazos fixados pela câmara municipal e a obrigação de *comparticipar nas despesas globais* da reconversão.

Existe o direito de regresso sobre os vendedores destes prédios das importâncias em dívida no momento da sua aquisição, exceto se tiverem renunciado expressamente a tal.

As câmaras municipais podem deliberar, após prévia audição dos interessados, *suspender a ligação às redes* de infraestruturas já em funcionamento que sirvam as construções dos proprietários e comproprietários que violem o seu dever de reconversão[810].

4.33.7. Procedimento de legalização de construções existentes nas AUGI. Dispensa do cumprimento de normas técnicas

Quanto ao *procedimento de legalização* de construções existentes nas AUGI, elas são legalizáveis em conformidade com o instrumento que titule a operação de reconversão, após a sua entrada em vigor.

Esta legalização das construções, no âmbito dos procedimentos de reconversão de AUGI, deve observar o *procedimento previsto no art. 102.º-A do RJUE*, com as especificidades previstas nesta lei das AUGI[811]. Mas a legalização é possível mesmo que, ainda, não tenham sido cumpridas as normas em vigor à data em que foi executada a obra, se forem cumpridas as *condi-*

[810] Para efeitos de reconversão das AUGI, segundo a normação prevista no diploma em execução, estas devem dispor de uma comissão de administração validamente constituída até 31 de dezembro de 2016 e de título de reconversão até 30 de junho de 2021. As câmaras municipais puderam até 31.12.2015 proceder à delimitação das AUGI, fixando, como modalidade de reconversão, a iniciativa municipal sem o apoio da administração conjunta. O prazo que foi fixado para a constituição da comissão não era aplicável à comissão de administração devidamente eleita.

[811] A legalização não se efetiva enquanto não for realizada prova do pagamento dos encargos devidos pela reconversão imputáveis ao lote respetivo.

ções mínimas de habitabilidade[812]. Esta legalização deve, em geral, observar o previsto nos *regulamentos municipais* (art. 102.º-A, 7, RJUE), relativos à concretização dos procedimentos e dos aspetos que envolvam a *formulação de valorizações próprias do exercício da função administrativa*. Nomeadamente, as *exigências técnicas que se tornaram impossíveis ou que não é razoável exigir*. Presume-se, sem prejuízo da relevância de prova em contrário, que, para estes efeitos de tal dispensa, a construção foi efetivada na data da inscrição matricial indicada. O instrumento de reconversão estabelece o *prazo* em que os donos das construções com ele não conformes são obrigados a proceder às *alterações necessárias*. A *demolição* e alteração de qualquer construção para cumprimento do instrumento de reconversão não confere ao dono o *direito a indemnização* e constitui ónus sujeito a registo predial. O titular da construção inscrita na matriz predial tem legitimidade para promover o processo de legalização.

O processo de *licenciamento de alterações a construções existentes* para a sua conformação com o instrumento de reconversão segue, com as necessárias adaptações, este processo de legalização previsto no regime AUGI. Quanto à legalização de construções que não careçam de *transformação fundiária*, estas construções localizadas em parcelas que não o necessitem, podem ser legalizadas, desde que existam *arruamentos e infraestruturas de abastecimento de água e saneamento*. E esteja assegurado o pagamento da parte que lhes cabe nos encargos com as infraestruturas a executar ou executadas no âmbito da AUGI. A *definição da comparticipação* devida nos encargos com as infraestruturas é realizada pela câmara municipal, no âmbito dos custos gerais previstos no processo de reconversão da AUGI. Por isso, antes do deferimento do pedido de legalização, o requerente deve celebrar com a câmara municipal, um *contrato* relativo ao cumprimento das obrigações assumidas e prestar caução adequada. Aplica-se, com as necessárias adaptações, o regime do *requerimento de reapreciação do pedido por força de acordo saído da resposta em audiência prévia à decisão de indeferimento*. Em que, em geral, *deve haver deferimento do pedido*, desde que o requerente se comprometa a realizar os trabalhos necessários ou a assumir os encargos inerentes à sua execução e os encargos de funcionamento das infraestruturas, por um período mínimo de 10 anos[813].

[812] Portaria n.º 243/84, de 17.4. Os afastamentos mínimos, referidos no art. 73.º do RGEU, são reduzidos a metade, com o mínimo de 1,5 m ao limite de qualquer lote contíguo.
[813] Art. 25.º da AUGI e art. 7.º-A, RJUE.

4.33.8. Procedimentos de reconversão. Loteamento e plano de pormenor. Contrato de urbanização. Execução das infraestruturas

O procedimento de reconversão está organizado ou como operação de loteamento da iniciativa dos proprietários ou comproprietários; ou como operação de loteamento ou mediante plano de pormenor intermunicipal ou municipal da iniciativa da câmara municipal ou das câmaras municipais associadas para o efeito. Os loteamentos e planos de pormenor de reconversão regem-se subsidiariamente pelo RJUE e RJIGT.

A alteração aos termos e condições do alvará de loteamento e do plano de pormenor de reconversão é requerida pela administração conjunta até à sua extinção, com o consentimento dos proprietários dos lotes para os quais se requer alteração. Sempre que a sua localização atual seja inadequada, pode o plano de pormenor prever a possibilidade de transferência de edificabilidade e a inerente recuperação do solo da localização preexistente[814].

No que se reporta a áreas abrangidas por reserva ou servidão, podem ser desafetadas até ao estrito limite do necessário à viabilização da operação de reconversão. Desde que não seja posto em causa o *conteúdo essencial ou o fim da reserva ou da servidão,* situação que implica a alteração do PMOT em vigor. Nem envolva perigo para a segurança ou para a saúde das pessoas e bens.

Nos procedimentos de reconversão por iniciativa municipal, através de operação de loteamento, esta segue em geral o regime das "operações urbanísticas promovidas pela Administração Pública". Mas há especificidades impostas pela legislação própria. Fica sempre dispensada a apresentação de estudo de impacte ambiental, os elementos normais referentes à deliberação sobre o pedido de licenciamento da operação de loteamento nas AUGI, sujeição das obras de urbanização ao procedimento de comunicação prévia e à comparticipação nos custos de execução das obras de urbanização, a definir na comunicação prévia[815], com as necessárias adaptações, têm que ser incluídos na decisão que aprovar a operação de loteamento[816].

Quanto à *reconversão por iniciativa municipal* através da elaboração de plano de pormenor, ela obedece ao regime jurídico dos IGT. A deliberação que

[814] Nos termos da lei dos solos (art. 21.º da LBGPPSOTU).

[815] Art. 26.º e regras aí enunciadas.

[816] As *especificações, registo predial e publicitação* dos atos de aprovação ficam sujeitos ao regime de publicidade da deliberação sobre o pedido de loteamento no prazo de 15 dias, por editais locais (art. 28.º, AUGI) e, com adaptações, à emissão e enunciação de especificações do alvará de loteamento nos termos do RJUE e acrescentos específicos do n.º 2 do art. 29.º AUGI e a deveres fiscais, assim como atos de registo predial, constantes do art. 30.º (mas a certidão do plano de pormenor substitui o alvará de loteamento para efeitos de registo predial).

aprova o plano deve conter, adaptadamente, os elementos constantes dos arts. 24.º, 25.º e 26.º do Regime das AUGI. O plano de pormenor que aprova a reconversão pode alterar o plano diretor aplicável no município ou o plano de urbanização do aglomerado urbano (de acordo com o regime dos IGT). No caso de área territorial pertencente a dois ou mais municípios diferentes, pode ser elaborado um *plano de pormenor intermunicipal*, situação, aliás, em geral admitida pelo regime dos IGT, com força vinculativa plurisubjetiva.

No que se reporta às modalidades de reconversão por iniciativa municipal, podem seguir um modelo de reconversão "com o apoio da administração conjunta" ou sem esse apoio. A reconversão com o apoio da administração conjunta, delimitando as atribuições e o âmbito de intervenção da câmara municipal e a comissão de administração, constará de um contrato de urbanização. Na reconversão de reconversão sem o apoio da administração conjunta, sem prejuízo da reconversão urbanística do solo e a *legalização das construções integradas* numa AUGI implicarem o dever a cargo dos proprietários ou comproprietário[817], cabe à câmara municipal efetivar todos os atos relativos à emissão do título de reconversão e execução integral das infraestruturas. Todos os interessados com direito a fazer parte da assembleia de proprietários ou comproprietários, que não apenas estes[818], podem aderir individualmente ao processo de reconversão realizado sem o apoio da administração conjunta.

No que se refere à *garantia da execução das infraestruturas*, se a sua a execução, total ou parcial, couber à câmara municipal, a operação de loteamento ou o plano de pormenor só podem ser aprovados depois de demonstrada a viabilidade financeira da execução das obras e o modo e tempo da realização da receita para isso. Nos *instrumentos de execução dos planos* (IGT), as relações entre os particulares processam-se no âmbito da administração conjunta da AUGI e as relações entre aqueles e o município por intermédio da comissão de administração.

No caso de opção por reconversão por iniciativa dos particulares, a comissão de administração pode optar por requerer uma declaração municipal de "informação prévia" sobre o projeto de reconversão (RJUE). Apresenta, apenas, a *certidão do registo predial, memória descritiva e justificativa, levantamento topográfico, planta do solo e planta síntese do loteamento* pretendido e a *ata da reunião da assembleia* com as deliberações exigidas. Desde a deliberação para promover a reconversão, eleição dos membros da comissão de administração e comissão de fiscalização, assim como sobre o projeto de reconversão, a que deve anexar

[817] Art. 3.º.

[818] Art. 9.º.

mapas, métodos, fórmulas de cálculo e datas para a entrega das comparticipações, orçamentos e projeto de acordo de divisão da coisa comum. Tudo, sob pena de rejeição do pedido. Esta recusa, também, terá de ocorrer se existir desrespeito pelas prescrições desta lei das AUGI ou "desconformidade" do pedido quer com os planos territoriais em vigor quer com a delimitação da AUGI. No entanto, a proposta de indeferimento tem que *indicar a solução que viabilize o deferimento* da pretensão, a assumir na reelaboração do projeto de reconversão subsequente.

O licenciamento da operação de loteamento, neste âmbito da reconversão, está sujeito ao procedimento regulado no RJUE, com as devidas adaptações. É instruído com os mesmos elementos que são necessários para o pedido de informação prévia, mais uma *listagem dos possuidores* de cada uma das parcelas em que se subdividiu o loteamento ilegal, reportada à planta. Esta tem de evidenciar a realidade atual da AUGI. Nomeadamente, a repartição do solo emergente do loteamento de génese ilegal, com a *indicação concreta da implantação, da área de construção, do número de pisos, das cérceas e das cotas de soleira das construções existentes, identificando ainda as construções que não cumpram os requisitos* das várias disposições legais aplicáveis ao exterior das edificações. Com indicação das *construções a demolir e ou a alterar*, em face da proposta de reconversão. E juntar a certidão registal e uma fotocópia certificada das atas das reuniões da assembleia, onde tenham sido tomadas as deliberações de promoção da reconversão, eleição da comissão de administração e aprovação do projeto.

Após a *aprovação do loteamento* e para efeitos de apresentação de *comunicação prévia das obras de urbanização*, tem de se apresentar os *projetos das várias redes (viária, eletricidade, águas e esgotos)*, *arranjos de espaços exteriores, faseamento* da sua execução, e o *orçamento* das obras de urbanização e de outras operações, assim como o *mapa*, com o valor absoluto e quota de comparticipação de cada lote nos custos de execução das obras e da caução legal. Embora a câmara municipal possa dispensar a *apresentação os projetos* desde que seja reconhecido pelas entidades gestoras das redes que as mesmas já existem e estão em condições de funcionamento. Não se exige o estudo de impacte ambiental.

No que diz respeito à *apreciação liminar* aplica-se o CPA e quanto a consultas aplica-se o RJUE[819]. A câmara municipal pode, em sede de apreciação liminar, por uma só vez e no prazo de 15 dias a contar da receção do pedido de licença da operação de loteamento ou da apresentação da comunicação prévia das obras de urbanização, solicitar os elementos instrutórios em falta,

[819] Arts. 13.º a 13.º-B.

que sejam indispensáveis ao conhecimento do pedido e cuja falta não possa ser oficiosamente suprida do regime jurídico da urbanização e edificação. Mas os pareceres negativos das entidades consultadas têm sempre de *enunciar a solução* que permita o deferimento da pretensão, não carecendo as retificações e alterações efetuadas em conformidade com eles de sujeição a nova consulta, devendo as retificações e alterações efetuadas integrar-se no processo em curso.

A câmara municipal pode, no prazo de 30 dias a contar da receção do pedido, proceder à realização de *vistoria*, a realizar por uma *comissão especial* (que deve designar e a que assistirá o presidente da comissão de administração da AUGI), com o objetivo de verificar a conformidade da planta com a realidade existente na AUGI. A câmara municipal pode promover a realização das obras de urbanização por conta dos proprietários a acionar a caução. As obras particulares podem sofrer uma legalização condicionada, de acordo com o projeto de loteamento aprovado, desde que as devidas comparticipações imputáveis à parcela se achem integralmente satisfeitas e se observe o procedimento de legalização do RJUE, com as especificidades aplicáveis às AUGI. Segundo estas, nessa legalização que exige a prova do pagamento dos encargos devidos pela reconversão imputáveis ao lote respetivo, tenham sido cumpridas as normas em vigor à *data em que foi executada* a obra, cumpridas que sejam as *condições mínimas de habitabilidade*[820].

O instrumento de reconversão estabelece o prazo em que os donos das construções com ele não conformes são obrigados a proceder às alterações necessárias. A demolição e alteração de qualquer construção para cumprimento do instrumento de reconversão não confere ao dono direito a indemnização (constitui ónus sujeito a registo predial). O titular do rendimento de construção inscrita na matriz predial tem legitimidade para promover o processo de legalização.

[820] Como já se referira, os afastamentos mínimos podem ser reduzidos a metade, desde que tenham pelo menos uma distância de 1,5 m ao limite de outros lotes contíguos, respeite os regulamentos municipais (n.º 7, art. 102.º-A, RJUE), relativos à concretização dos procedimentos e dos aspetos que envolvam a formulação de valorizações próprias do exercício da função administrativa, podendo, nomeadamente, ser dispensado o cumprimento de normas técnicas relativas à construção cujo cumprimento se tenha tornado impossível ou que não seja razoável exigir, desde que se verifique terem sido cumpridas as condições técnicas vigentes à data da realização da operação urbanística em questão, cabendo ao requerente fazer a prova dessa data, sob pena de se presumir que a construção foi realizada na data da inscrição na matriz, sem prejuízo de o requerente poder ilidir esta presunção.

O processo de licenciamento de *alterações a construções existentes* para a sua conformação com o instrumento de reconversão segue, com as necessárias adaptações, os termos do processo de legalização. Esta legalização só pode ter lugar quando o requerente *invoque e prove a necessidade urgente de habitação própria e permanente de dotar a construção existente de condições de habitabilidade ou, ainda, do exercício de atividade económica de que dependa a subsistência do seu agregado familiar*. E a autorização de utilização só pode ser emitida após a entrada em vigor do título de reconversão. É atribuída competência aos fiscais municipais para determinar o *embargo* imediato de qualquer construção não licenciada ou autorizada na AUGI. Determinado o embargo, pode o presidente da câmara municipal ordenar a demolição da obra (RJUE). E pode mesmo ordenar essa demolição imediatamente, se se verificar o incumprimento do embargo. A *demolição total de construções* para cumprimento de deliberações necessita de licenciamento.

4.33.9. Celebração de quaisquer atos ou negócios jurídicos. Encargos com a realização das obras de urbanização

A celebração de quaisquer atos ou negócios jurídicos entre vivos de que resulte ou possa vir a resultar a constituição de compropriedade ou a ampliação do número de compartes de prédios rústicos carece de *parecer favorável* da câmara municipal do local da situação dos prédios, sob pena de nulidade dos mesmos. A câmara municipal também tem legitimidade para promover a *declaração judicial de invalidade*.

Este parecer não pode ser desfavorável a menos que haja fundamento no facto do ato ou negócio visar ou dele resultar parcelamento físico em violação ao regime legal dos loteamentos urbanos, nomeadamente pela *exiguidade da quota ideal* a transmitir para qualquer rendibilidade económica não urbana. O parecer é emitido no prazo de 45 dias, entendendo-se a sua omissão como parecer favorável.

Os titulares dos prédios, que tenham sido objeto de loteamento ilegal e que já disponham de alvará de loteamento emitido nos termos do regime jurídico da urbanização e edificação, ou de legislação anterior, podem beneficiar do *regime especial de divisão de coisa comum* previsto nesta lei.

Quanto a *custos* com a realização das obras de urbanização nestes processos de reconversão de AUGI, a assembleia municipal pode deliberar aceitar proposta da câmara municipal para os assumir, com eventual utilização das receitas do *fundo municipal de sustentabilidade ambiental e urbanística*.

4.33.10. Síntese dos aspetos gerais e conclusões sobre o regime das AUGI

Em muitos locais, é visível que a construção se fez, em muitos aglomerados urbanos, sem regras. sem deixar de mencionar que até na Idade Média nos deparamos com certas normas, nem as iniciais de "aplicação" geral, sobre salubridade, nem as de génese local existentes em certos municípios nos seculos XIX e primeira parte do seculo XX, nem as do RGEU de 1951 (que dispondo a nível nacional, as veio revogar) e diplomas complementares, que lhe sucederam, alterando profundamente este ramo do ordenamento jurídico, com sucessivas gerações de direito urbanístico.

As situações abrangidas pela regulação AUGI são *construções sem planeamento público ou sem projeto de loteamento de iniciativa particular e aprovação pública, sem respeito por regras urbanísticas de loteamento e de edificação e sem atenção por condicionantes à realização dessas construções.* Como é o caso de muitas operações urbanísticas que subsistem, sobretudo nas grandes áreas urbanas. Em geral, portanto, sem terem sido precedidas de loteamentos urbanos legalmente exigidos, nem enquadradas por planeamento físico público, nascendo sem controlo autárquico. Por vezes, embora nem sempre, traduzem situações de *incompatibilidade planificadora dos locais escolhidos* por loteadores clandestinos. Mesmo nos casos de áreas destinadas à habitação, esta aparecia frequentemente sem a necessária *qualidade de vida* mínima, conceito intrinsecamente ligado ao direito constitucional português, e que reflete apenas a *procura de um espaço que permita às pessoas, mais do que estar e sobreviver, viver em condições edificatórias e ambientais sadias.*

Embora uma coisa seja a ilegalidade por falta de controlo pré-edificador e outra a sua existência em situações de controlo público irregular e com ilegalidade grave, a que se reportam os artigos 67.º (sobre a validade dos títulos de construção ou utilização, conforme com a norma do tempo), 68.º e 69.º (sobre a nulidade e período da sua eficácia antes de produzir efeitos putativos ao fim de certo tempo), do regime jurídico da urbanização e edificação (RJUE, Decreto-Lei 555/99, de 16.12). Embora todas elas apontem para *consequências de sancionamento jurídico e corretivo,* previstas no artigo 102.º, 102.º-A e em outros do RJUE e a grande maioria possa ter resposta solutiva sem mais, ou nos termos do regime do RJRU e RJOREFA de 18.7.2019, das AUGI ou do próprio artigo 88.º deste RJUE. A *conversão das áreas críticas de recuperação e reconversão* urbanística pode operar-se com o regime das áreas de reabilitação urbana, por deliberação da assembleia municipal, sob proposta da câmara municipal, que deve englobar a aprovação da estratégia de reabilitação urbana ou do programa estratégico de reabilitação urbana, nos termos deste regime específico[821].

A conversão pode ser feita através da aprovação de plano de pormenor de reabilitação urbana que inclua na sua área de intervenção a área crítica de recuperação e reconversão urbanística em causa.

A razão de ser do regime excecional das AUGI (Lei n.º 91/95, de 2.9, com uma última alteração em 2015) é permitir às pessoas, normalmente menos abastadas financeiramente, a legalização de construções para sua habitação (vide o Acórdão do STJ n.º 3703/07.5TBALM-A.L1.S1, de 19.4.2012). Pretende-se *evitar ou a sua manutenção fora do comércio jurídico legalmente enquadrado*, face ao impedimento de escrituras notariais e à sua *degradação-ruína*, caso tenham condições de regularização procedimental e material mínima, ou a *impossibilidade de efetivação de alterações e melhoramentos* dignificadores, desde logo por razões impedimento de acesso a créditos de e *a sua demolição*, eventualmente em cadeia. O que, em grande número de casos, para o legislador e sua letra de lei geral seria a solução normal ou provável. Solução não só impossível, face à dimensão do fenómeno, criando outros problemas, sociais e orçamentais, extremamente onerosos, como implicaria a perda de imenso valor económico e social relevante. Por isso, veio permitir-se a manutenção dessa construção nessas áreas territoriais "já adquiridas", mas em que, normalmente, a edificação, não só não teria sido legalmente possível, como continuaria a ser não passível de regularização pela legislação posterior, a não ser, eventualmente, em procedimento de licenciamento especial individualizado.

As AUGI são "prédios ou conjuntos de prédios parcelados" sem o devido loteamento municipal. Em causa, terrenos, na totalidade ou predominantemente, ocupados por construções não licenciadas e "prédios ou conjuntos de prédios contíguos", em área que, nos planos autárquicos de ordenamento do território estejam classificadas como epaço urbano ou urbanizável, mas que legalmente pressupunham a existência de um loteamento devidamente licenciado pelo município, o qual não existe, resultando apenas de "operações físicas de parcelamento destinadas à construção" (até à "data" da entrada

[821] Sobre as Áreas Críticas de Recuperação e Reconversão Urbanística e regime jurídico da Reabilitação Urbana, importa referir que o artigo 78.º do RJRU veio permitir converter as AUGI [reguladas pela Lei n.º 91/95, de 2 de setembro de 1991 (com uma última alteração pela Lei n.º 70/2015, de 16 de julho), sucedendo ao anterior regime do Decreto-Lei n.º 794/76, de 5 de Novembro (alterado pelos Decreto-Lei n.os 313/80, de 19 de Agosto, e 400/84, de 31 de Dezembro)], numa ou mais áreas de reabilitação urbana, nos termos do regime específico das AUGI.

em vigor do Decreto-Lei n.º 400/84, de 31.12). Portanto, consideram-se AUGI os *prédios ou conjuntos de prédios contíguos que, sem a competente licença de loteamento, quando legalmente exigida, tenham sido objeto de operações físicas de parcelamento destinadas à construção,* até à data da entrada em vigor do Decreto-Lei n.º 400/84, de 31.12. Nos respetivos planos locais de ordenamento do território (PIMOT/PMOT), classificadas como espaço urbano ou urbanizável, embora nas áreas de loteamento ou construção ilegais apenas parcialmente classificadas como espaço urbano ou urbanizável no plano local. Desde que a operação de reconversão possa abranger a sua totalidade e a maior parte da área delimitada esteja classificada como urbana ou urbanizável. Ou a área não classificada como urbana ou urbanizável esteja ocupada maioritariamente com construções destinadas a habitação própria, que preencham ou possam preencher as condições de *salubridade e segurança legalmente previstas e que se encontrem participadas na matriz à data da entrada em vigor desta lei.* E, ainda, os prédios ou conjuntos de prédios parcelados anteriormente a 4 de dezembro de 1965[822], quando predominantemente ocupados por construções não licenciadas.

Cabe às câmaras municipais a delimitação do perímetro das AUGI existentes no seu território. Delimitação a efetivar com recurso a qualquer meio gráfico, cadastral ou registal que identifique com clareza a área delimitada, a qual corresponde à área que, no entendimento da câmara municipal, deve ser objeto de um único processo de reconversão urbanística, podendo integrar um ou mais prédios contíguos. Cabe-lhes fixar, por sua iniciativa, a modalidade da sua reconversão, podendo, no entanto, alterar o processo e a modalidade de reconversão, face a requerimento de qualquer interessado com uma proposta devidamente justificada, após audição da comissão de administração, se já existir (pedido de declaração de AUGI). Este pedido deve ser apreciado no prazo de 90 dias, sem o que ocorre o indeferido tácito

[822] Data da entrada em vigor do Decreto-Lei n.º 46.673, de 29.11.1965, que, constatando e prevendo ainda maior intensidade no desenvolvimento urbanístico e sua especulação com aproveitamento indiscriminado de terrenos e criação anárquica de novos aglomerados urbanos sem estarem asseguradas as necessárias infraestruturas urbanísticas e, porque desrespeitadores dos planos existentes, lesando compradores de boa-fé, veio dar meios legais de controlo, tidos como eficientes, para as intervenções públicas no domínio da ilegalidade de loteamentos. Aqui se vem definir "loteamento urbano" como a "operação ou o resultado da operação que tenha por objeto ou tenha tido por efeito a divisão em lotes e um ou vários prédios fundiários em zonas urbanas ou rurais, para venda ou locação simultânea ou sucessiva e destinados à construção de habitações ou de estabelecimentos comerciais ou industriais" (art. 1.º), dependentes de licenciamento municipal, com previsão de deferimento tácito passados 90 dias sem decisão pública (art.2.º).

do mesmo. De qualquer modo, podem sempre ser propostas alterações à delimitação das AUGI, com fundamentados que sejam tidos por adequados (v.g., no melhor conhecimento da realidade local, nos ajustamentos de escalas e na melhor delimitação técnica), até à convocação da assembleia constitutiva da administração conjunta.

No entanto, as *áreas de loteamento e construções ilegais,* não abrangidos pela normação anteriormente referida, devem ser objeto de estudo que permita a sua *reafetação ao uso previsto* nos planos municipais. E a assembleia municipal, sob proposta da câmara municipal, pode também autorizar (embora como solução generalizável sem agressão ao princípio da igualdade de tratamento, face razões justificadas) a manutenção de construções que *não preencham os requisitos necessários* à sua legalização, e por isso tal apenas é possível mediante aprovação prévia do seu quadro factual em regulamento municipal.

Sem prejuízo da obrigação de alteração do plano territorial, podem ser delimitadas áreas de classificação mista do solo. Permite-se estender a operação de reconversão também à parte de área rural, passível de integrar a delimitação a efetivar se esta parte de solo for minoritária em relação à parte não rural. Com efeito, nas áreas de loteamento ou construção ilegais parcialmente classificadas como espaço urbano ou urbanizável nos planos de ordenamento territoriais, pode em certas condições efetivar-se uma operação de reconversão abarcando toda essa área de bairro ilegal. Tal depende da área não classificada como urbana (ou urbanizável) estar ocupada maioritariamente com construções estarem participadas na respetiva matriz à data da entrada em vigor referida na lei da AUGI, serem *destinadas a habitação própria* e preencherem as *condições legalmente previstas de salubridade e segurança* (art. 5.º, n.ºs 1 e 3). No caso de áreas abrangidas por "reserva ou servidão", desde que não seja posto em causa o "conteúdo essencial ou o fim de uma ou outra, nem se coloque em perigo a segurança ou a saúde das pessoas e bens, elas podem ser desafetadas na parte estritamente necessária à viabilização da operação de reconversão (art. 5.º, n.º 2).

Cabe ao instrumento de reconversão estabelecer o prazo em que os donos das construções com ele não conformes são obrigados a proceder às alterações necessárias. Os titulares de direitos nas AUGI (donos de construções participadas na matriz predial, proprietários ou comproprietários, e promitentes-compradores já na posse do edificado, que respondem solidariamente pelas despesas) têm um dever de reconversão sob pena da autoridade municipal poder suspender a ligação às redes de infraestruturas (art. 3, n.º 7). Este dever obriga à conformação os prédios com o futuro alvará de loteamento ou plano de pormenor de reconversão de acordo com o decidido e dentro dos prazos indicado pelas câmaras municipais e comparticipar nas despesas necessárias da operação (n.ºs 2 e 3).

No que concerne às AUGI, o regime essencial pertinente em termos de normas materiais e procedimentais de regularização consta, quanto aos pedidos de informação prévia para os loteamentos e edificações efetivadas, do artigo 17.º, quando às construções, dos arts. 7.º, n.º 4, 7.º-A, 23.º e 46.º, quanto aos loteamentos, dos arts. 18.º, n.ºs 1 e 2, e 24.º, sobre os pareceres exteriores, o artigo 20.º, n.º 5 e sobre a legalização condicionada de edificações, o art. 51.º.

Este *regime excecional de regularização visa a reconversão urbanística das áreas clandestinas* em causa, definindo os princípios gerais desse processo, regulando o regime da administração dos prédios aí integrados, atribuindo as competências e o funcionamento da assembleia de proprietários ou comproprietários e da comissão de administração daqueles prédios, os mecanismos conducentes a reconversão por iniciativa dos particulares (através de pedido de loteamento endereçado as câmaras municipais), ou por iniciativa municipal (mediante elaboração de planos de pormenor de reconversão), as modalidades e os critérios de divisão dos prédios integrados, além de outras matérias de interesse geral, tais como a questão dos loteadores ilegais, licenciamento condicionado, embargo, eventual demolição de construções e encargos. Portanto, em causa está a reconversão urbanística do solo e a legalização das construções (art. 3.º, n.º 1).

O procedimento de legalização (com as alterações a efetivar sendo necessário em prazo fixado pelo instrumento de reconversão, nunca inferior a 3 anos) implica a obrigação de o efetivar, dando conformidade ao instrumento titulador da operação de reconversão. Este instrumento, em princípio, segue o procedimento previsto no art. 102.º-A do RJUE, mas com as especificidades do regime AUGI e tendo presentes as exigências técnicas tais como previstas em normas específicas de regulamentos municipais de urbanismo. Desde logo, permite-se que, mesmo que na altura da construção não tenham sido cumpridas as normas aplicáveis nessa data (que, salvo prova em contrário, se presume a da inscrição na matriz), a menos que não se encontrem *salvaguardadas as condições mínimas de habitabilidade* definidas na Portaria n.º 243/84, de 17 de abril (ficando os afastamentos mínimos referidos no artigo 73.º do regulamento geral das edificações urbanas reduzidos a metade, com o mínimo de 1,5 m ao limite de qualquer lote contíguo) ou, outras mais favoráveis em geral para a reabilitação de edifícios de habitação, tais como as do RJOREFA de 18.7.2019. Mas podem legalizar-se construções em parcelas não necessitadas de transformação fundiária, caso existam *arruamentos e infraestruturas de abastecimento de água e saneamento.*

Quanto a construções ou obras feitas posteriormente à deliberação de reconversão (ou que, face a vistoria, não se prove na audiência prévia que elas são anteriores à data dessa assembleia da AUGI que deliberou promover a reconversão), se estiverem em desconformidade com a planta real oficializada da AUGI, obrigam a proceder-se à reposição da situação anterior, no prazo de 30 dias após notificação para o efeito (artigo 23.º). Também as operações de loteamento no âmbito da reconversão (a deferir no prazo de 45 dias após o pedido de licenciamento, sob pena de deferimento tácito), seguem o RJUE, mas com adaptações pertinentes para o objetivo concreto, designadamente dispensas de elementos sobre redes existentes em condições de funcionamento e estudos de impacto ambiental (art. 18.º). O licenciamento só pode ser recusado se não respeitar a delimitação da AUGI, normas legais aplicáveis ou o instrumento de planificação aplicável. Os projetos de deliberação favoráveis ficam sujeitos a consulta pública pré-deliberativa (art. 24.º). Os perdidos de pareceres exteriores têm de ser construtivos, pelo que, processando-se nos termos do RJUE (arts. 13.º e 13.º-A), devem ser sempre pró-ativos, acompanhados da exposição clara, precisa, da *solução ou soluções que viabilizem* a legalização (20.º, n.º 5). Sobre a possibilidade de obras antecipadas anteriormente à aprovação final do instrumento de reconversão. de edificações, permite-se a legalização de modo condicionado dessa realização de obras pelos particulares desde que efetivadas em conformidade com o "projeto de loteamento aprovado", desde que (além do pagamento das as comparticipações devidas imputáveis à parcela se achem integralmente satisfeitas) seja observado o processo de legalização das construções das augi nos termos do seu artigo 7.º. Desde que seja provada a "*necessidade urgente* de habitação própria e permanente", sendo a finalidade de tais obras dotar a construção existente de *condições de habitabilidade*. Ou, também, se estiver em causa o exercício de atividade económica de que dependa a subsistência do respetivo agregado familiar. No entanto, o título legal resultante da autorização de utilização só é emitido depois da entrada em vigor do instrumento de reconversão (art. 51.º).

Nestes prédios, submetidos a operação de loteamento ilegal, presume-se que o loteador ilegal pretendeu integrar no domínio público municipal as áreas que afetou a espaços verdes e de utilização coletiva, infraestruturas viárias e equipamentos de utilização coletiva. Esta *presunção é ilidível judicialmente* por ação do loteador ilegal ou seu sucessor contra a administração conjunta da AUGI no prazo de seis meses, contado da data da assembleia constitutiva eleitora da administração conjunta, por iniciativa de qualquer proprietário ou comproprietário ou do poder local. Esta *ação judicial* deve ser intentada contra a câmara municipal no *prazo de seis meses*, contados desde a data da deliberação camarária de delimitação do perímetro da AUGI e fixação da modalidade de reconversão, se o processo de reconversão urbanística for organizado como operação de loteamento ou mediante PPIMOT ou PPMOT da iniciativa das autarquias locais, na modalidade de intervenção sem o apoio da administração conjunta.

Há áreas insuscetíveis de reconversão urbanística (art. 48.º). Em qualquer caso, como referimos, e embora a título "excecional" (e não como solução normal de acordo com a mera discricionariedade municipal), as Câmaras municipais podem, em certas situações e justificadamente, levar à aprovação das assembleias municipais uma proposta normadora de autorização para a manutenção de construções que não preencham os requisitos necessários. Esta legalização topoparlamentar das construções efetiva-se a partir de uma prévia aprovação de regulamento municipal (art. 46.º).

Entre os aspetos a destacar, há o *regime especial de divisão de coisa comum* das AUGI constituídas em regime de compropriedade até à data da entrada em vigor do Decreto-Lei n.º 400/84, de 31 de dezembro. Há o *direito de exigir a divisão* após a emissão do título de reconversão. A divisão efetiva-se em conformidade com o alvará do loteamento ou a planta de implantação do plano de pormenor, por acordo de uso, sem prejuízo do recurso à divisão por escritura pública ou por decisão judicial. A *divisão por acordo de uso* constará do alvará ou deliberação municipal, que aprove o plano de pormenor a que o loteamento corresponde na sua essência, por referência à situação evidenciada na planta que evidencie a realidade atual da AUGI. Designadamente com a *repartição do solo emergente do loteamento de génese ilegal, a indicação concreta da implantação, a área de construção, o número de pisos, as cérceas e as cotas de soleira das construções existentes*. Identificando, anda, as construções que não cumpram os requisitos das várias disposições legais aplicáveis, com indicação das construções a demolir e ou a alterar em face da proposta de reconversão. Na *divisão por acordo de uso*, nenhum dos interessados pode levar exclusivamente tornas, caso não dê o seu assentimento expresso em documento autêntico ou autenticado.

4.34. Jurisprudência sobre urbanismo e planificação física. Pareceres PGR. Delonga processual. Alteração de uso. Competência jurisdicional sancionatória. Construção de marquises. Sanções jurídicas face a vícios de ilegalidade

a) ATCAS, proc. 7084/11, 4.11.2013, relator Paulo Gouveia.
Assunto: Procedimento administrativo, a decidir em prazo razoável:

Refere que "embora o princípio jurídico que obriga o tribunal a decidir em prazo razoável não possa ser automática e simplesmente transferido para o procedimento administrativo, onde o princípio da eficiência da Administração não tem apenas natureza jurídica e não confere direitos subjetivos", cabe defender.se que também no procedimento administrativo "o prazo razoável é o período de tempo dentro do qual, para aquele processo concreto considerado na sua globalidade, seria expectável a emissão de uma decisão em tempo útil".

Se o prazo for de considerar razoável "sem margem de dúvidas, não importará que num ou em vários atos de trâmite tenha havido ligeiro atraso sem influência no resultado", sendo que no caso de haver dúvida sobre "se foi ultrapassado, ou não, o prazo razoável, deve-se ponderar in concreto, sob a égide da regra suprema da proporcionalidade, o cumprimento dos prazos processuais em cada ato da sequência, entre outros fatores" e considera-se "ilícita a violação de normas legais, normas de ordem técnica ou regras de prudência comum, desde que com tal violação sejam lesados" direitos ou interesses "localizados no âmbito de proteção de tais regras e princípios".

Sobre este aspeto, acrescente-se que o TCAS decidiu, em 21.11.2019 (1022/16.5BELRA, relatora Alda Nunes), que "Em matéria de indemnização por *delonga na decisão de processo judicial,* os conceitos de *prazo razoável, indemnização razoável e danos morais indemnizáveis* são densificados por reporte à jurisprudência do Tribunal Europeu dos Direitos do Homem", face aos princípios da Convenção Europeia dos Direitos do Homem, pelo que, "munidos dos critérios identificados pela jurisprudência", há que "aferir a *duração de cada processo* em função das circunstâncias de cada caso concreto e numa perspetiva global, para se concluir sobre a *razoabilidade do tempo* do processo.

b) ATC n.º 14/2009, Diário da República n.º 33/2009, Série II de 2009-02-17, p. 6650-6654 proc. 368/2008, Relator João Cura Mariano.

Assunto: decisão municipal desfavorável de um pedido de informação prévia, apresentado pelo Autor, em 5 de junho de 2001, sobre a viabilidade de reconstrução e ampliação da sua casa de habitação, inserida em área incluída na Reserva Ecológica Nacional.

O TC não considerou inconstitucional a norma constante do artigo 68.º, alínea a), do Regulamento de um PDM, na "interpretação segundo a qual a utilização de uma casa de habitação, existente em área incluída na Reserva Ecológica Nacional, como *casa de hóspedes, consubstancia uma alteração de uso para efeito de proibição de realização de obras de reconstrução e ampliação*", pois no plano se consagra que "as construções existentes em áreas de RAN ou REN poderão ser objeto de obras de reparação, reconstrução e ampliação, desde que não haja alteração de uso", o que não é o caso.

c) Acórdão do Tribunal Conflitos, Proc.023/18, 27.9.2018, Relator Carlos Carvalho

Assuntos: Contraordenação, ilícito em matéria de urbanismo, ilícito em matéria de publicidade, concurso de infrações, coima única, recurso de ato sancionatório, competência em razão da matéria.

Aqui, se refere que, partir de 1.9/2016 (arts. 4.º, n.º 1, al. l), e 5.º, ETAF e 38.º, 40.º, n.º 1, 130.º, n.º 2, al. d), da LOSJ, e 64.º do CPC/2013, se conclui que os tribunais administrativos gozam de competência "unicamente para os litígios impugnatórios de decisões que hajam aplicado coimas apenas fundadas na violação de normas de Direito Administrativo em matéria de urbanismo".

Estando excluídas todas as impugnações contenciosas relativas a atos sancionadores "nos demais domínios/matérias tipificados como constituindo ilícitos de mera ordenação social".

Quando ocorra impugnação de decisão administrativa sancionadora em "aplicação de uma coima que puna um concurso de infrações relativo à violação de normas em matéria urbanística, mas com violação de normas de outros domínios que não o urbanístico, a competência material para conhecimento dessa impugnação caberá aos *tribunais judiciais* e não aos tribunais administrativos". Exceto se existir "expressa disposição em contrário pela qual seja conferida aos tribunais administrativos a competência para as impugnações judiciais de atos administrativos sancionadores de ilícitos contraordenacionais em concurso por violação de normas em matéria urbanística com violação de normas de outros domínios que não o urbanístico".

A *competência do tribunal* fixa-se "no momento em que a ação é proposta, mostrando-se irrelevantes, salvo nos casos especialmente previstos na lei, as modificações de facto que ocorram posteriormente e as modificações de direito operadas". A menos que seja "suprimido o órgão a que a causa estava afeta ou lhe for atribuída competência de que inicialmente carecesse para o conhecimento da causa (arts. 38.º da LOSJ e 5.º, n.º 1, do ETAF)", não relevando "nesta sede um qualquer juízo que venha a ser firmado de procedência [total ou parcial] quanto ao de mérito da pretensão ou quanto à existência ou não de quaisquer outras questões prévias/exceções dilatórias".

Tal como a deliberação de 25.10.2018 do tribunal de conflitos, no processo n.º 9/18, Vinício Ribeiro, referia, cabe aos tribunais administrativos conhecer da impugnação de "decisão administrativa sancionadora com aplicação de uma coima que pune infração relativa à violação de normas em matéria urbanística, após 01/09/2016, por força do Decreto-Lei 214-G/2015".

d) ATCEN, proc. 01166/09.0BEPRT, relatora Helena Canelas.

Assunto: ação administrativa especial, tribunal constitucional sobre urbanismo, ordem de demolição, fundamentação do ato, obras de ampliação.

Este aresto aprovado por unanimidade refere que a "fundamentação da decisão administrativa deve conter, pelo menos, a indicação dos seus pressupostos de facto e de direito" (sua justificação, justificação da vontade administrativa dirigida pela lei) e, ainda, "quanto aos *aspetos não estritamente vinculados do ato administrativo, uma manifestação sobre os motivos da decisão"* (a *motivação das opções, escolhas, avaliações e valorações administrativas*).

Ao tempo o artigo 4.º n.ºs 1 e 2, alínea c) do RJUE, redação da Lei n.º 60/2007, de 4 de setembro, então aplicável, estavam sujeitas à "prévia obtenção de licença administrativa as obras de "...construção, de alteração e de ampliação em área não abrangida por operação de loteamento" e nos termos do seu artigo 2.º, alínea d), deve considerar-se estar-se perante "obras de ampliação sempre que delas resulte "...o aumento da área de pavimento ou de implantação, da cércea ou do volume de uma edificação existente".

Se, com a construção de uma *marquise no terraço do prédio*, constituído em propriedade horizontal, foi "ampliada a área habitável, da fração autónoma de que a autora é proprietária, com a abertura simultânea de um *vão de acesso ao terraço e colocação de porta e com a eliminação de chapéu de ventilação de chaminé da fração do rés-do-chão*, essas obras estavam sujeitas a prévio licenciamento".

e) Parecer do Conselho Consultivo da PGR (PGR.P3353), de 10.11.2015.

Assunto: Plano de Urbanização do Núcleo Histórico da Madragoa (PUNHM), a conjugar com o PDM de Lisboa.

Refere que ao PDM "cabe a definição do modelo de organização municipal do território (85.º, RJIGT), para o qual o PU remete e que as remissões são, "em regra, remissões dinâmicas ou formais-aceitam o conteúdo, ainda que posteriormente alterado, da norma remitida, o que se justifica "comummente com a igualdade de institutos e soluções" e também "os princípios da hierarquia e da articulação dos planos, bem como a sua dinâmica (a considerar feitas para um PDM revisto, logo que entre em vigor), impelindo a aceitar a absorção de novos valores e referências, consequentemente, das novas soluções, com vista a garantir uma estratégia una para todo o território municipal".

f) Parecer do Conselho Consultivo da PGR (PGR.P540).

Assunto: consequências de construções ilegais no início da década de noventa, no período que mediou entre a entrada em vigor do Decreto-Lei n 69/90, de 2 de Março, e a entrada em vigor dos Decretos-Leis n.ºs 445/91, de 20 de Novembro, e 448/91, de 29 de Novembro, em que *não existia nenhuma norma específica a definir "a natureza do vício que afetava os atos administrativos de licenciamento* de "obras particulares ou de operações de loteamento e de obras de urbanização em violação dos planos de ordenamento municipais.

Refere que antes da entrada em vigor do CPA de 15.11.1991, deve considerar-se *'nulo por "natureza', mesmo na falta de lei expressa, um ato administrativo que violasse o conteúdo essencial de um direito fundamental*", pelo que o "ato administrativo de licenciamento de obras violador de um plano municipal, mesmo na falta de lei expressa, seria considerado nulo – nulidade por natureza – se atingisse o *núcleo essencial do direito ao ambiente* (artigo 66.º da Constituição da República). Isto é, *aquele mínimo sem o qual esse direito não pode subsistir*" e decorrido o prazo para a impugnação de um ato de licenciamento de obras que esteja ferido de mera anulabilidade, já "não se pode aplicar o regime previsto no artigo 26.º do Decreto-Lei n 69/90, por ter, entretanto, ocorrido a sanação do vício", aplicando-se ao ato de licenciamento de obras violador do plano municipal plenamente eficaz, o artigo 24.º do Decreto-Lei n.º 69/90, ou seja, considerando violação "classificada de ilegalidade grave para efeitos de perda de mandato do membro de órgão e de dissolução de órgão autárquico", aplicável mesmo que o ato seja anterior e meramente considerado como "anulável" e "já tenha decorrido o respetivo prazo de impugnação".

Com efeito, a *sanação do ato anulável* pelo decurso do tempo, "só constitui caso decidido em relação aos seus efeitos diretos, no caso concreto, o licenciamento de obras, mantendo o ato violador do plano municipal todas as características que levam o legislador a considerá-lo de ilegalidade grave" para os efeitos previstos no Decreto-Lei n.º 69/90.

Dado que o n.º 3 do artigo 52.º do Decreto-Lei n 445/91 tem um "conteúdo mais favorável do que o do artigo 24.º do Decreto-Lei n.º 69/90, para que o ato administrativo do licenciamento de obra particular violador do plano municipal" possa ser considerado como uma "ilegalidade grave" deve, "independentemente do tempo em que tiver sido proferido, preencher ainda os requisitos previstos naquela norma, isto é, *afetar a qualidade do meio urbano e da paisagem ou implicar a degradação do património natural ou construído*".

Capítulo V
Direito do Ambiente

O urgente desafio de proteger a nossa casa comum inclui a *preocupação de unir toda a família humana na busca de um desenvolvimento sustentável e integral*, pois sabemos que as coisas podem mudar. O Criador não nos abandona, nunca recua no seu projeto de amor, nem se arrepende de nos ter criado.

A humanidade possui ainda a capacidade de colaborar na construção da nossa casa comum. Desejo agradecer, encorajar e manifestar apreço a quantos, nos mais variados setores da atividade humana, estão a trabalhar para garantir a proteção da casa que partilhamos.

Uma especial gratidão é devida àqueles que lutam, com vigor, por resolver as dramáticas consequências da *degradação ambiental na vida dos mais pobres do mundo.*

Os jovens exigem de nós uma mudança; interrogam-se como se pode pretender construir um futuro melhor, sem pensar na crise do meio ambiente e nos sofrimentos dos excluídos."

Papa Francisco I – *Enciclica Laudato si: sobre o cuidado da casa comum*, de 24 de maio de 2015 (contra o consumismo e o desenvolvimento irresponsável, incompatível com o ambiente e as políticas energéticas e económicas em geral, no seguimento do Discurso ao corpo Diplomático acreditado junto da Sanra Sé, a 8 de janeiro de 2007, sobre as causas estruturais das disfunções económicas e preços dos alimentos, da autoria de Bento XVI).

***Elenco temático capitular*: 5.1. Direito constitucional do ambiente. Ontologia, ergonologia e nomologia na constituição ambiental. Direito de resistência. 5.2. Conceito de ambiente e de direito do ambiente. Características do direito do ambiente. 5.3. Princípios fundamentais do direito ambiental. 5.4. Regimes disciplinadores da conservação da natureza, da água, proteção do ar e do solo e de luta contra o ruído. 5.4.1. Regime jurídico da conservação da natureza e da biodiversidade. 5.4.2. Enquadramento jurídico dos rios internacionais. Regime jurídico da água. 5.4.3. Proteção do ar e solo. Luta contra o ruído. 5.5. Proteção da paisagem. Convenção europeia sobre a paisagem. 5.6. Defesa da eficácia acrescida de certas medidas alternativas às sanções financeiras. 5.7. Inadequação de certas previsões sancionatórias contraordenacionais e criminais. 5.8. Inexistência de adequado regime do direito humano à água. 5.9. Deficiência da legislação de controlo integrado da poluição. 5.10. Orientações jurisprudenciais ambientais nos tribunais portugueses. 5.10.1. Análises de jurisprudência constitucional. 5.10.2. Análises de jurisprudência administrativa. 5.10.3. Análises de jurisprudência civilista.**

5.1. Direito constitucional do ambiente. Ontologia, ergonologia e nomologia na constituição ambiental. Direito de resistência

O direito nacional do ambiente é um *direito de transcrição da normação unionista europeia*, especialmente de diretivas e decisões pretorianas.

Dependente deste na sua interpretação concreta, e mesmo na aplicabilidade direta (*teoria pretoriana do efeito direto*).

O ordenamento jurídico português conta com grandes orientações na matéria ambiental inseridas no próprio texto constitucional. O direito português do ambiente é enquadrado por várias normas da Lei Fundamental[823].

Enuncia como tarefas fundamentais do Estado, não só a promoção do *bem-estar e qualidade de vida do povo*[824], como a efetivação dos *direitos ambientais*

[823] A Constituição refere-se a esta matéria em variados artigos (9.º, 52.º, 65.º, 90.º) e, sobretudo, diretamente, no art. 66.º.

[824] O que, em geral, deveria acontecer, sendo objetivo primacial dos governantes em regime democrático, se o povo realmente mandasse, pois isso estaria garantido através dos seus mandantes eleitos, que mandariam para si, mas são precisamente os exercícios ora autocráticos ou oligárquicos dos seus ditos "representantes" que revelam que o povo elege representantes "de outrem" que governam em geral a favor dos interesses das classes dominantes, "vendidos", transvertidos, com proclamações de afirmados putativos interesses gerais, em nome de apelativos slogans do chamado progresso económico, como a justificação da defesa do emprego para favorecer fiscalmente os investidores ou defesa do dinheiro do povo depositado nos bancos para os salvar com montantes astronómicos que ou saem dos excessiva tributação em geral sobre as classes médias ou sobrecarregam as gerações futuras, para pagar os desvios morais e gestionários dos

(mediante a transformação e modernização das estruturas económicas e sociais, a proteção e valorização do património cultural, a defesa da natureza e do ambiente, a preservação dos recursos naturais, assim como a prossecução de um correto ordenamento do território[825].

O *conceito constitucional de ordenamento do território* apela a processos integrados de organização dos diferentes *espaços biofísicos*, com a finalidade do seu uso e transformação de modo a compatibilizar-se com as suas *aptidões e vocações*, sem colocar em causa a permanência dos *valores de bem-estar biológico e de estabilidade geológica*, em ordem a viabilizar a potenciação da respetiva capacidade de suporte de vida.

Face a este imperativo estatal, não podemos, desde já, passar sem antecipar considerações sobre a Administração do território, a propósito da proteção e promoção de componentes ambientais no direito do ordenamento do território, do urbanismo e do património cultural (direito do ambiente e ambiente urbano) e que, aliás, também poderia reservar para a análise do art. 66.º, referente à tarefa aí enunciada de ordenar e promover o ordenamento do território.

*

O *direito do ordenamento do território* disciplina a atuação da Administração para assegurar, num dado território, uma distribuição racional das atividades humanas. É o direito concretizador da política de ordenamento do território, resultante da Carta Europeia de Ordenamento do Território e da Lei de Bases Gerais da Política de Solos, Ordenamento do Território e Urbanismo, com grande destaque quer na Lei de Bases do Ambiente quer na Lei dos solos.

O seu objetivo geral é criar e estimular as condições de ocupação, uso e transformação do solo favoráveis a um desenvolvimento social e económico coerente, equilibrado e resiliente das várias áreas do país. Em conexão com

seus administradores. Alguém acredita que se o povo mandasse, se os seus governantes fossem por ele realmente escolhidos nome a nome seriam pessoas que agiriam assim, deixando existir bancos de grande dimensão para depois se invocar o compreensível em termos dos depositantes e da economia em geral "too big, to fall"? Que o poder público pudesse demorar anos a castigar os criminosos? Que em nome de uma ideologia, apesar de mundializada, sobre políticas económicas favorecentes de grandes fortunas, se criassem poderes financeiros e empresariais que dominam o poder público e fizessem crescer exponencialmente a diferença "democrática" de rendimentos nesta colossal assimetria, negadora de um "real" sistema democrático, convivente com a pobreza, a destruição das classes médias, favorecente da pobreza, falseador do proclamado Estado Social e a prazo da paz social e do próprio regime político?

[825] Art. 9.º, alíneas d) e e).

ele, temos o direito dos solos, concretizador da política nacional sobre os solos, a qual, em relação aos solos para aproveitamento urbano, pretenderia dotar a Administração Pública de instrumentos para prosseguir os objetivos urbanísticos fixados nos planos, evitar a especulação imobiliária, propiciando a oferta de terrenos em quantidades e preços razoáveis, e permitir a solução do défice habitacional.

Ao enquadrar a problemática da habitação e do urbanismo, a Constituição atribui ao Estado, regiões político-administrativas (Autónomas) dos Açores e da Madeira e a todos os Poderes administrativos Locais ("autarquias") a tarefa de definirem as "regras de ocupação, uso e transformação dos solos urbanos", destacando como seus instrumentos essenciais o planeamento territorial no âmbito do direito do ordenamento do território e do urbanismo[826]. A atual Lei de Bases da política dos solos, ordenamento do território e urbanismo, também o refere.

De qualquer modo, de facto, cada vez mais o *ambiente e o fenómeno urbano* aparecem indissociáveis.

O ambiente do Homem nos países europeus, como vai ocorrendo noutras partes do mundo, é já o ambiente urbano.

Veja-se como, apesar das críticas de certa doutrina de teorizações multidisciplinares, face à questão da procura de um conceito ambiental restrito, mais operativo, é o conceito amplo, resultante já da Lei de Bases do Ambiente de 7 de abril de 1987, que vence de novo.

Com efeito, a atual lei não conseguiu erigir-se numa linha de "depuração" material, tal como a nova lei de bases da política dos solos se viu obrigada a agregar à sua designação os vocábulos e as grandes orientações para o "ordenamento do território" e o "urbanismo", não afastando aí a relativa centralidade da problemática ambiental.

Na maioria dos Estados Europeus, a *principal condição humana em situação* já é a condição urbana.

Portugal, embora os níveis de urbanização não sejam tão elevados, como na média Europeia, são já bastantes significativos e crescentes. Decorre desta condição que uma preocupação dominante em qualquer cenário de desenvolvimento é viver melhor nas cidades. Mas se o Homem Europeu vive em cidades, para viver melhor terá de ter melhores cidades.

A *qualidade de vida nas cidades* depende da qualidade do Ambiente Urbano, onde os problemas ambientais evoluem em ininterrupto rescendo de temas e de complexidade.

[826] Artigo 65.º.

Outra razão, mais ligada às problemáticas do Ambiente em geral, é que é nas cidades que se geram muitos dos *problemas associados à poluição*. É aí que o homem vive e produz para a sociedade grande parte dos bens transacionáveis poluentes do ar.

As cidades são focos e fontes de problemas ambientais.

Por isso, é também nelas que se devem procurar as soluções de muitos dos problemas do Ambiente. Até problemas transfronteiriços, originados pelas emanações originadas em torno das grandes cidades. Por isso, as políticas ambientais vão evoluindo continuamente, para integrar a componente urbana.

Esta avança numa linha paralela à do direito do urbanismo, que vai ter de caminhar rapidamente de um direito tradicional da construção e edificação para um direito centrado na reabilitação do edificado, *marginalizando o fenómeno expansivo dos lugares e do edificado*, e integrando fortemente as componentes de qualidade de vida e de defesa do ambiente, dos espaços de vida, das paisagens, no fundo da defesa do património histórico, estético e ambiental existente.

Também é importante que a *metodologia do ambiente* (a visão sistémica das questões ambientais e que constitui, hoje-em-dia, uma ciência) aborde o tratamento das questões da cidade.

O *habitat do homem*, o seu *espaço cultural, é a cidade*, pelo que é necessário procurar aplicar à cidade a metodologia das questões ambientais. Há que trazer a perspetiva dos ambientalistas à solução de alguns problemas urbanos. Outro motivo para o tratamento dos problemas do ambiente urbano, a nível comunitário europeu, é a grande semelhança entre as cidades europeias quanto aos problemas ambientais com que se debatem. Semelhança que se deve a terem tido quase todas processos muito semelhantes de crescimento, desenvolvimento e envelhecimento.

As *cidades europeias* e a sua vivência são *património cultural europeu* da maior relevância. Portanto, a posição que a Comissão Europeia tem vindo propor à reflexão é que o problema do ambiente nas cidades europeias oferece uma oportunidade grande à cooperação entre os Estados.

Aliás, o *ambiente urbano*, é hoje um dos temas de relevo da política europeia, precisamente porque, na União Europeia, cerca de 80 % da população vive em cidades e as áreas urbanas são os locais onde os problemas do ambiente mais afetam a qualidade de vida dos cidadãos.

As *tendências demográficas*, incluindo a evolução da população, a *dimensão dos agregados familiares e a ocupação do espaço*, continuaram a levar ao aumento das *pressões nas áreas urbanas*. Embora de acordo com o princípio da subsidiariedade, a responsabilidade pelas medidas de defesa, de correção e de melhoria da qualidade do ambiente urbano recaia sobre as autoridades competentes, nacionais e essencialmente as autoridades regionais e locais, a União Europeia também tem preocupações neste âmbito.

Parte da sua legislação sobre o ambiente, por exemplo as diretivas relativas à incineração de resíduos urbanos e ao tratamento de águas residuais urbanas e muitas atividades desenvolvidas através dos fundos estruturais e levam-na, inevitavelmente, a desempenhar um papel importante no desenvolvimento das cidades.

Os transportes, a energia, a indústria e, nalguns casos, o turismo constituem as principais atividades sectoriais com impacto na qualidade do ambiente urbano. Elas podem, ao mesmo tempo, beneficiar significativamente de um *ordenamento racional* e de uma gestão sustentável das áreas urbanas.

Já, em 1990, o Livro Verde sobre o Ambiente Urbano[827] apontava ações (para o efeito, passando pelo ordenamento do território urbano e rural, a otimização da gestão do crescimento industrial e económico do consumo de energia e da produção de resíduos, a racionalização do tráfego urbano, incluindo a melhoria dos serviços de transportes públicos, proteção e valorização do património histórico das cidades e a criação de espaços verdes. A Constituição é, desde logo, uma normação autorizatória das expropriações dos solos necessárias à satisfação de fins de utilidade pública[828].

*

Em geral, as *regras fundamentais do instituto português da expropriação* assentam um objeto que são bens imóveis e direitos a eles inerentes (direito de propriedade, outros direitos reais – usufruto, superfície, uso e habitação e servidões prediais – ou direitos obrigacionais, vg. o direito de habitação).

Os seus pressupostos de legitimidade são os seguintes: a)-o princípio da legalidade (só é possível com base na lei); b)-o princípio da utilidade pública (tem de ser por razões justificáveis de utilidade pública, compreendida nas atribuições da entidade beneficiária); c)-o princípio da interdição de excesso (depende estritamente em concreto e cumulativamente da justificação sobre a necessidade de expropriar um dado bem, a adequação desse bem ao objetivo invocado e a proporcionalidade entre custos e benefícios) e o princípio da garantia patrimonial (que exige uma indemnização justa, tendo em conta o

[827] COM (90) 218, de 27.6.1990.
[828] N.º 4 do art. 65.º da Constituição.

valor de mercado não especulativo, isto é a atribuição de uma compensação total do valor do bem, medido pela quantia que seria recebida na alienação livre no mercado, descontando os fatores especulativos, que possam coexistir).

Nesta linha, o artigo 90.º vem impor que os próprios planos de desenvolvimento económico e social tenham por objetivo promover a coordenação da política económica com as políticas de defesa do mundo rural, de preservação do equilíbrio ecológico e da defesa do ambiente e qualidade de vida. Importantes são ainda, como normas de aplicação geral (arts. 52.º e 268.º, 2).

O primeiro veio impor legislação específica que confira "a todos, pessoalmente ou através de associações de defesa dos interesses em causa", um amplo direito de ação popular (que garanta designadamente a devida indemnização dos lesados), em geral visando promover a prevenção, a cessação ou a perseguição judicial das infrações (não só atentatórias da saúde pública e direitos dos consumidores, como da qualidade de vida), e a preservação do ambiente e do património cultural (al. a, n.º 3, art. 52.º). Quanto aos n.ºs 1 e 2 do art. 268.º da Constituição, embora com caráter geral, vem consagrar direitos e garantias dos administrados, de extrema utilidade para a defesa de valores ambientais, não só no plano corretivo, como sobretudo preventivo e precautivo.

*

Aí se consagra, como direito fundamental, o *direito de se ser informado pela Administração*, não só sobre o andamento dos processos em que se seja diretamente interessado (e o Código de Procedimento Administrativo tal como o Código de Processo nos Tribunais Administrativos vêm consagrar um conceito amplo de interessado, integrando todos os titulares de interesses difusos), assim como também o direito de acesso aos "arquivos e registos administrativos", com exceções muito limitadas.

De base também constitucional, expressos a densificar ou imanentes a ponderar também face a outros valores constitucionais aí consagrados (art. 268.º, n.º 2), todos já densificados na lei de acesso à documentação pública (LADA).

Desde logo, a primeira e anterior legislação, a Lei n.º 65/93, de 26.8, complementada pela Lei n.º 8/95, de 29.3 (ambas, fruto de propostas de lei do autor), que integraram as expressas (relativas à segurança interna e externa, à investigação criminal e à intimidade das pessoas), e, numa conceção de limite imanente resultante de outros valores constitucionalmente previstos (referentes à vida interna das empresas), o que o Tribunal Constitucional viria a coonestar em posterior ATC de 1999 n.º 254/99.

A LADA de 1993 foi ainda objeto de alterações introduzidas pela Leis n.º 94/99, de 16 de julho, e n.º 19/2006, de 12 de julho. Atualmente, a matéria é regida pela deficiente e com intuitos opacitantes anticonstitucionais (conceito da norma definidora de intimidade das pessoais sob a designação alterada Lei n.º 26/2016, de 22 de agosto, depois de ter sido, pelo meio, transferida para dois diplomas e com algum sentido de retrocesso no domínio da transparência, as Leis n.º 46/2007, de 24 de agosto de 2007 (LADA, mas com novo âmbito mais vasto, passado a ter uma parte que trata da comercialização de dados públicos, misturando e confundindo um direito fundamental dos cidadãos, para controlo das decisões das entidades públicas, que em geral, devia ser gratuito e amplamente acessível, com regras de comercialização de informação para objetivos lucrativos) e a Lei 19/2006 de 12 de junho (acesso à informação ambiental).

É o art. 66.º da Constituição, com a significativa epígrafe "Ambiente e qualidade de vida", que consagra o direito de todos "a um ambiente de vida humano, sadio e ecologicamente equilibrado e o dever de o defender", incumbindo o Estado de, no quadro de um desenvolvimento sustentável, o garantir "por meio de organismos próprios e com o envolvimento e a participação dos cidadãos". A tipologia das normas ambientais resulta, em grande parte, de elas nascerem "enformadas" por orientações axilares, impostas pela Constituição de 1976-1982 e pela União Europeia1.Aqui não há Estado liberal mínimo para a economia.

O Estado está sujeito a respeitar o direito ao ambiente (com o controlo do tribunal constitucional sobre o poder normativo, que contrarie os valores consagrados na nossa *Grundnorm*), além de comprometido a prestações cujo cumprimento traduz regulações que, logo que possam e de fato comecem a ser aplicadas, se posteriormente omitidas ou questionadas normativamente, implicam "omissão específica", a qual, face ao *princípio da não regressão dos direitos fundamentais sociais*, viabilizam diretamente o desencadeamento do mecanismo de controlo da inconstitucionalidade.

Característica de um direito assente em *vertentes múltiplas e complementares e igualmente importantes, cuja concretização prestativa, defensiva ou corretiva*, exige disciplinas legais próprias, não ficando cumprido o imperativo regulador da Constituição com uma normação genérica.

No entanto, a água[829], que é uma vez declarada já pela ONU como um direito do homem, componente de um específico direito fundamental, dentro do próprio direito do ambiente, assumido na ordem jurídica pela via

[829] Matéria de regulação ambiental vertical.

aberta no art. 16.º, n.º 2, da Constituição, mais exigente e de aplicabilidade direta (regime dos tal como o direito fundamental de natureza análoga aos Decreto-Lei de acesso à informação: art. 268.º, n.º 2).

Tal exige, hoje, legislação que *garanta o mínimo de consumo* (nos termos apontados pela OMS), e mesmo gratuitamente ou taxas reduzidas às pessoas com rendimentos deficientes que a não possam pagar (a defesa do ambiente legitima restrições ao direito de propriedade e a direitos de iniciativa e expressão empresarial).

Estamos perante verdadeiras "restrições ambientais", isto é, *restrições e servidões ambientais, interdições e condicionamentos de direito administrativo*, por razão de interesse público ambiental. Em causa, designadamente, restrições às possibilidades de construção, configuradas apenas como faculdades dependentes do conteúdo de normas *interditadoras e circunscritivas* para o exercício do "ius aedificandi". Como são as *normas de proteção do ambiente e outras exigências*, tais como "aprovações" administrativas expressas no planeamento territorial em geral e no planeamento ambiental. Este integra toda uma regulamentação que densifica as diferentes faculdades construtivas na propriedade urbana e, em Estado Social, cria outras imposições na propriedade em geral.

*

Os *deveres do Estado* especificamente constitucionalizados e enfatizados com a inclusão da defesa do ambiente como tarefa funda mental deste, consistem essencialmente em *quatro importantes incumbências* (art. 9.º): a) a defesa dos *espaços naturais* de maior valor (territórios naturais, rios, lagos e mar, orlas costeiras, etc.); b) o ordenamento do espaço territorial; c) a gestão da utilização dos recursos naturais, ordenamento da implantação urbana e industrial e da exploração agrícola e florestal); d) a intervenção nos espaços ambientalmente degradados (regeneração de rios poluídos, replantação de florestas incendiadas e interdição de nelas construir, recuperação de áreas urbanas degradadas, reconversão de áreas urbanas de génese ilegal, etc.).

Não pode, ainda, deixar de se destacar que o *direito de impedir ou corrigir, preventiva ou sucessivamente, a degradação do ambiente* está reconhecido a todos os cidadãos e organizações, em conformidade com a natureza do bem ambiental. Justifica mesmo o exercício do *direito de resistência* em face da Administração ou de concessionários de bens (como é o caso da água) ou de serviços públicos.

Cabe à lei definir os termos do exercício dos direitos ambientais, que integra vários domínios de atuação de que destaco:

a) ações de manifestação e ações de representação individuais ou coletivas (ao abrigo dos direitos gerais de manifestação e petição),
b) acesso à informação ambiental, meios impugnatórios administrativos (reclamações e recursos hierárquicos ou tutelares;
c) meios jurisdicionais (desde a impugnação contenciosa dos atos administrativos, o acionamento dos meios de proteção penal e a ação popular, ação pública ou cível, para defesa do ambiente e execução do princípio poluidor-pagador).

Este princípio, de qualquer modo, porque já não evita o mal, não pode dispensar outras técnicas jurídicas com maiores virtualidades no domínio da prevenção de lesões ambientais.

Importa colocar a pertinente opção da possível *comutação de coimas e multas por medidas alternativas voluntárias.* Com efeito, mesmo com determinação do poluidor, a este (v.g., se for industrial) pode ser financeiramente preferível indemnizar a inovar tecnologicamente. Nestas situações, as indemnizações são configuradas em termos relativos, como custos menores, em termos de montante e de momento de desembolso. Aliás, alongado desde logo pela morosidade dos tribunais. Mesmo que se se tivesse como certa a condenação no seu pagamento, o que a dificuldade de prova e a impossível democratização do acesso à justiça em termos de condições de igualdade no mérito do exercício da procuradoria, não assegura.

A Constituição ambiental, formal e material e as normas que ela implica traduzem uma normação muito ampla.

Em geral, na sua linha de orientação, se quisermos defender um conceito material integral, teremos uma *tríade dos elementos implicados, naturais, sociais e territoriais* (ordenamento do território, meio urbano e infraestruturas, transportes, património cultural, etc.). Sem o que o direito não cobriria o espectro das exigências atuais de regulação jurídica. Como se o mundo pudesse ser visto sem a intervenção reconformadora do homem, ele mesmo destinatário do direito e o objeto central dos efeitos das condutas humanas face aos elementos naturais da vida e à sua *retroação imediata ou a posteriori sobre a natureza e os próprios homens.*

Face ao texto constitucional, legislação nacional básica, e ao direito unionista europeu que se lhe sobrepõe, temos um conceito bastante amplo. Não só um direito vertical do ambiente, mas também áreas materiais e planos, de interferência horizontal. Temos normas diversas integradores de preocupações ambientais em todas as políticas sectoriais, designadamente limitações à localização da vivência e das atividades humanas em geral: "ambiente de vida" humano, sadio e ecologicamente "equilibrado".

Ele poderá, ainda, ser devidamente operativo, sobretudo, se se reduzir a sua apetência hiperbólica a *três grandes objetivos essenciais*: a) – a proteção da natureza e recursos; b) – o combate à poluição e disfunções ambientais; e c) – a defesa da biodiversidade e da melhoria da qualidade de vida, em que confluem valores ligados simultaneamente ao direito do ambiente e aos direitos de personalidade, v.g., proteção contra o ruído de vizinhança, protegido também pelo direito civil.

Quais são os critérios fundamentais em que deveria assentar em geral o objeto do direito do ambiente, face aos problemas do "meio ambiente", a tratar, numa *guerra aberta ao desenvolvimento meramente quantitativo*, para a preservação da biodiversidade biológica e a promoção do tal desenvolvimento económico-social resiliente?

O direito do ambiente coloca especial relevância nestes fins, que ele visa alcançar, para além de se justificar nas ténues noções-barreira de resiliência ou de defesa da continuidade intergeracional.

Ele tem uma matriz ecológica, tendencialmente pan-natural. Mas não pode ter fins apenas antropocêntricos e nem apenas sobre o presente.

Na perspetiva fundante de um conceito de desenvolvimento ambientalmente compatível, tal implica regular não só as relações dos homens entre si, como também "as relações do homem com a natureza".

Esta é uma sua finalidade e o critério heurístico-base do direito do ambiente. Estruturalmente de base ecológica, sem prejuízo de implicar, pela sua teleologia, elementos económicos, sociais e culturais.

De abordagem sempre para-ecológica, mesmo que transnatural. Direito estratégico (objetivos, intervenções planificadoras e programadoras). Um direito fazendo ponte com uma componente territorial e urbana.

Com efeito, a temática relacional dos *solos, a urbanização e a edificação*, exige uma arquitetura verde ou ecológica. Direito de intervenção pública hiperbólica, mas carente de uma *jurisdição universal compulsória*, enquanto *direito de interesse global e ligado à "vida" atual e futura*.

É um direito de conformação da intervenção antropotópica, pois é o homem no território que modifica os ecossistemas (contaminando-os, e a partir deles os outros componentes naturais do ambiente), impondo o controlo da degradação e erosão dos solos e face a preocupações localizadas (situadas no ambiente urbano, v.g., sobre os resíduos, a conservação dos habitats para a proteção da vida selvagem e das áreas territoriais sensíveis, como as águas, costas marítimas e praias).

Como direito de proteção de um "bem de natureza complexa" (Gomes Canotilho), implicou um direito sancionatório e, desde logo, *direito criminal ambiental*. Sendo patente a tendência, na União Europeia, para um movimento *sancionador, pressionador de ultracriminalização*, em vez da admissão ponderada de medidas alternativas a favor do ambiente).

É um direito que não dispensa, no que se reporta ao grosso das suas normas, verticais e mesmo horizontais, que sejam de direito administrativo, a teoria geral deste e os seus princípios constitucionais. Ou seja, não vive apenas das normas especiais, mas também de normas gerais jusadministrativas.

Quanto às *normas de direito procedimental geral*, aplicam-se em tudo o que envolve, *orgânica, funcional e relacionalmente*, a atuação da Administração (ou de entidades particulares de regime jurídico misto, ou quaisquer que desempenhem tarefas da função administrativa do Estado-Comunidade), quer em gestão pública, quer em gestão privada, que é sempre administrativizada, pois os *princípios gerais da atividade* têm que estar sempre presentes, mesmo que se recorra ao direito privado (art. 266.º, n.º 2, da Constituição). E Administração que, aliás, não está dispensada de aferir da constitucionalidade e da legalidade das normas que pretenda aplicar. Em causa, quer os princípios da constitucionalidade quer o princípio da prevalência face à hierarquia das fontes do direito.

Em termos de posição geral sobre o direito constitucional do ambiente, em apreciação conclusiva. Portugal posiciona-se como um *Estado de Direito Ambiental*. Refiro que o normativo-chave para o enquadramento constitucional do direito do ambiente em Portugal é fruto do espírito já bastante evoluído da consciência ambientalista presente nessa época em que foi elaborada, no 1975-1976, embora ainda abordado em termos antropocêntricos.

Não se aposta, aqui, propriamente, numa conceção do ambiente como tal, mas em preocupações jurídicas com a *defesa da vida humana*, designadamente em termos de obrigações-atribuições constitucionalizadas do Estado.

*

Estas atribuições estaduais abarcam um *elenco material exemplificativo*, que é bastante amplo.

Ele abarca: a)-a prevenção e controlo da poluição, os seus efeitos e as formas prejudiciais de erosão; b) – a criação e desenvolvimento de reservas e parques naturais e de recreio; c) – a classificação, proteção e promoção de sítios e paisagens e sua valorização, de modo a garantir a conservação da natureza; d) – a promoção do aproveitamento racional dos recursos naturais, salvaguardando a sua capacidade de renovação e a "estabilidade" ecológica, com respeito pelo princípio da solidariedade entre gerações; e) – a promoção da integração de objetivos ambientais nas várias políticas de âmbito sectorial; f) – a promoção da educação ambiental e do respeito pelos valores do ambiente; g) – a garantia de uma política fiscal que compatibilize o desenvolvimento com a proteção do ambiente e qualidade de vida; h) – o ordenamento e a promoção do ordenamento do território, tendo em vista uma correta localização das atividades, um equilibrado desenvolvimento socio-económico; i) – a garantia da preservação de valores culturais de interesse histórico ou artístico e promover, em colaboração com as autarquias locais, a qualidade ambiental das povoações e da vida urbana, designadamente no plano arquitetónico e da proteção das zonas históricas.

*

Em termos de *considerações gerais* acerca deste conceito constitucional de ambiente, constata-se que a *Constituição não define nem distingue os conceitos de ambiente e qualidade de vida*, usados de modo interligado.

No entanto, a junção das duas expressões, com a referência autónoma à qualidade de vida, e tendo presente o amplíssimo espectro de matérias elencadas, revela que este conceito não só não se identifica com o de ambiente num sentido estrito, como é marcado pelo espírito da época.

Estávamos face a um espírito profundamente antropocêntrico. Desde logo, ao aparecer em geral a ligação do ambiente com a vida do homem. O que, de certo modo, tem o interesse de apontar, com grande antecipação histórica, para algo, então ainda, não defendido, que é o do direito ambiental como um novo direito do homem.

É sabido que, já neste século, um Organismo da ONU veio declarar uma sua componente, o direito à água, como direito humano, apesar da Cimeira de Istambul não se atrever a tanto, refugiando-se na declaração final a recorrer meramente à fórmula de "necessidade humana". Este "ambiente de vida" implica a qualidade de vida.

Com esta teleologia antropocêntrica, procura-se realçar não tanto onticidades, mas preocupações escatológicas, apontando-se para um conceito do bem ambiental composto pelo que importa à existência dos seres humanos e à subsistência da espécie humana.

Importa dizer que, hoje, quanto ao conceito de ambiente, objeto de proteção jurídica, ele aparece, na melhor doutrina, configurado de modo unitário, integrando uma vertente ecológica, como modo de ser global da realidade natural, em termos de "equilíbrio", "em equilíbrio", mesmo que naturalmente com momentos evolutivos ou instáveis, dos seus diferentes elementos. Sem prejuízo de abarcar ainda áreas territoriais particularmente importantes pela sua *beleza, valor paisagístico, científico ou histórico*, os suportes territoriais de referência relativamente a empreendimentos agrícolas, industriais e comerciais, que possam ter implicações no ambiente, negativas e, diria mais, também positivas.

Como entender a configuração estrutural-funcional do conceito constitucional português?

No quadro da Constituição e na linha de grande abrangência temática, colhida dos diplomas internacionais e unionistas europeus, cabem não só todo o conjunto dos sistemas físico-químicos e biológicos (ambiente natural), como também os fatores económicos, sociais e culturais (a que os cultores da geografia humana vêm apelidando de ambiente social e ambiente urbano).

Atenta a sua redação integral, abarca mesmo, neste direito a um ambiente de vida humano e a um direito a um ambiente sadio, elementos territoriais-urbanos, o próprio ambiente construído e elementos sanitários.

Assim, aparece, também claramente, a configuração estrutural-funcional do conceito constitucional.

Os sistemas físicos-químicos e biológicos, tal como os fatores económico-sociais e culturais, interativos entre si, produzem efeitos sobre todas os seres vivos e a qualidade de vida em geral.

Quanto ao seu conceito de qualidade de vida, ele aparece legalmente definido como uma consequência derivada da interação de múltiplos fatores no mecanismo e funcionamento das sociedades humanas. Implica, desde logo, a situação de bem-estar físico, mental, social e cultural, no plano individual, e relações de interdependência-solidariedade no plano coletivo.

O direito constitucional ao ambiente, na sua leitura de direito negativo, é não só diretamente vinculativo dos particulares, como também obriga à abstenção do Estado de práticas ambientalmente nocivas.

Aplica-se-lhe, aliás, nas áreas do direito à água, integrado por via do disposto na Constituição no elenco de maior exigência do direitos consagrados em Portugal, por ter sido, como referido, recentemente, declarado no âmbito da ONU, como direito do homem (dada a cláusula aberta na Constituição do art. 16.º, n.º 2) ena do livre a cesso dos cidadãos à informação detida por entidades públicas ou outras em atividades de natureza pública (direito fundamental análogo, art. 268.º, n.º 2), como direitos fundamentais regidos pela disciplina do grupo dos "direitos, liberdades e garantias", que é o regime constitucional específico e muito rigoroso destes e que nos obriga estritamente, quaisquer que sejam as imposições (normalmente minimalistas do direito europeu, cuja permissibilidade não pode ser integrada no direito de génese nacional e apenas as suas claras imposições, neste caso dado o principio da primazia do direito unionista europeu). E, em geral, como direto ao ambiente, englobado no regime geral dos direitos fundamentais sociais, de aplicação progressiva, mas sem retroação, embora – como se referiu anteriormente – com áreas deste que são destacáveis, como é o caso do direito humano à água.

Na sua leitura de direito positivo, de dever de defesa do ambiente, ele tem duas vertentes operativas, impondo a todos quer que não poluam, quer que impeçam que outros venham a poluir. Desde logo, obriga o Estado a atuar para defender esse direito ao ambiente. Isto é, para prevenir e controlar as ações poluidoras e para corrigir as situações-efeito da poluição e a erosão dos solos; planear a correta localização das atividades económico-sociais; conservar a natureza e o património cultural, natural e construído, com recurso a medidas legislativas, administrativas e penais, desde logo com recurso a medidas de política ambiental.

5.2. Conceito de ambiente e de direito do ambiente. Características do direito do ambiente

Mantém-se as divergências no debate sobre a problemática refente à densificação do conceito de ambiente e, portanto, sobre a amplitude temática do direito do ambiente. Sabemos que o conceito de ambiente, quanto à sua *extensão, dimensão, conteúdo e limites,* para efeitos de enquadramento jurídico, continua a não ser pacífico, havendo divergências sobre o conceito de ambiente, portanto, sobre a emergência de um valor ou bem ambiental.

Esta poderá ser, no futuro, uma questão teórica que não impede a força reguladora para imperialista da defesa de tudo que implique agressões humanas, direta ou indiretamente, à natureza, por mais que se acolha a ideia de que conceitos muito amplos podem desvalorizar o essencial no tratamento de uma dada matéria.

De facto, o avanço da noção prender-se-á com a necessidades práticas do avanço da sua proteção na sociedade internacional e seu direito punitivo, em geral colocando questões sobre o dano ambiental e sua exata configuração, sobre a forma de efetivar a responsabilidade decorrente de ações danosas[830].

[830] Sobre a responsabilidade de entidades públicas, em Portugal, temos o regime disciplinado na Lei n.º 67/2007, de 31.12, sobre a responsabilidade a nível privado, aplicam-se normas gerais e específicas previstas em legislação ambiental.

Sob re a discussão, dir-se-á que se discute, ainda hoje, a questão adjetiva sobre se o objeto de análise é o ambiente como envolvente que rodeia um sujeito e se consubstancia com ele; ou é o meio ambiente como conceito comumente aceite pelas instituições e pelo próprio ordenamento jurídico. No fundo, constatamos que vamos vivendo com um *conceito aberto e em contínua expensão,* dado que o objetivo do bem-estar do homem e da proteção da qualidade de vida é um objetivo de realização contínua. Por isso, é difícil formar um conceito material, tendo de nos contentar com um conceito normativo.

Entre os *conceitos materiais,* importa começar por referir que o mero conceito de matriz material não enquadra adequadamente as matérias submetidas à lei por razões ambientais. É puramente naturalista. Inclui apenas os recursos naturais abióticos e bióticos, a flora e fauna. Basta referir que certas interdições, condicionamento e sanções, fora do âmbito do ambiente natural, por exemplo no plano urbanístico, só têm sentido numa lógica ambiental. A exigência da aplicação de certos *instrumentos específicos de intervenção ambiental,* como a *avaliação do impacto ambiental,* estende-se a áreas que atiram o conceito para fora do *âmbito naturalocêntrico,* etc.

Tal implica a não vigência de uma conceção muito restrita. Em termos mais amplos, o conceito material "naturalo-social", embora acentue a abordagem antropocêntrica, vai mais longe, integrando ainda os *conceitos de bem-estar, qualidade de vida e desenvolvimento da personalidade.* E mesmo um *conceito material integral,* que abranja a *tríade dos elementos natural, social e territorial,* integrando os elementos do ordenamento do território, designadamente o meio urbano e as respetivas infraestruturas, como o habitat, transportes, património cultural, etc., não cobriria o espectro das exigências atuais de regulação jurídica. O conceito restrito procura reduzir a complexidade temática do conceito amplo, isolando o conceito de ambiente ao de ambiente natural, como se o mundo presente pudesse ser visto sem a intervenção reconformadora do homem. E como se o mundo do direito não tivesse que ter presente a "retroação", com o homem para regular o agir deste. Independentemente dos seus beneficiários, destinatário do direito é apenas o homem, na sua atuação, por si e por todos os elementos do ambiente.

O *objeto central da proteção jurídico-ambiental* diz respeito aos eventuais efeitos da adoção de certas medidas do homem relativamente aos elementos naturais da vida e a respetiva retroação sobre os próprios homens. O conceito normativo é amplo, embora não totalizante e imperialista, mas tendo em conta o âmbito normativo e os domínios de proteção das normas jurídicas incidentes sobre os problemas do ambiente. Portanto, tal não significa que, face ao quadro de regulação jurídica, ou seja, em termos de conceito de operatividade normativa, embora não se possa aceitar um conceito restrito, se possa defender um conceito totalizante.

Atendendo à normação internacional, europeia e nacional, constata-se que só é possível construir um conceito "intermédio", que seja fruto de uma contenção artificial, negociada, conjuntural, que não esconde as dificuldades de contrariar outros interesses instalados e de balizar uma área de vocação para-imperialista, como é a do tratamento da problemática ambiental.

O ambiente é uma área do real, construível de acordo com o *princípio da verticalidade ou o da transversalidade*, no tratamento dos elementos que o compõem. Isto é, sem poder também esquecer o *princípio da integração* das preocupações ambientais, económicas, urbanísticas, culturais, etc. Em todos os sectores de atividade. O que aponta para a consideração dos elementos do ambiente humano, quando tal for necessário à consecução de objetivos ambientais.

Se o conceito de direito do ambiente em sentido estrito é o sistema de normas jurídicas que, tendo especialmente em vista as *relações do homem com o meio*, prossegue certos objetivos específicos (*conservação da natureza, manutenção dos "equilíbrios" ecológicos, salvaguarda do património genético como conjunto de espécies vivas que atualmente existem na face da Terra*), efetiva a *proteção dos recursos naturais* e o leva ao combate às diversas *formas de poluição*, sendo, neste sentido, um conceito naturalocêntrico), a verdade é que a Lei Fundamental prevê outras *regulações, desde o ordenamento do território e a defesa da qualidade ambiental das povoações e da vida urbana, a proteção das zonas históricas, como, em geral, a preservação de valores culturais de interesse histórico, artístico e arquitetónico.*

Há, nesta perspetiva, uma integração no conceito de ambiente de matérias que *ultrapassam o âmbito da natureza*, que são enquadráveis, numa delimitação temática estrita, nos conceitos de direito do ordenamento do território, do urbanismo e da proteção do património cultural. Tal como as normas criadas para satisfazer as orientações protetivas em termos de *medicina*, designadamente no âmbito da *ecotoxicologia*, são em termos estritos enquadráveis no conceito de direito da saúde dependente do "meio ambiente".

As referentes ao enquadramento da *economia*, no *direito agrícola ambiental, industrial ambiental, turismo ambiental*, etc., sendo de direito económico, implica-o num conceito amplo, mas que pode ser tão extensivo, que se torne totalizante, indistinto, embora tendo, pelo menos, de admitir o *complexo de relações de uma unidade vital para com a sua envolvência específica, exprimindo no essencial a globalidade das condições de vida, isto é, os animais, as plantas e o aspeto do mundo social e artificial, humanamente conformado.*

Em termos *tendenciais*, poderá, pois, afirmar-se que nos interessarão, sob o ponto de vista jurídico, todas as medidas juridicamente vinculantes que se destinem a proteger e a regular, de forma planificada, conformadora, preventiva e promocional, o ambiente natural e humano perante os feitos perturbadores do processo civilizacional.

Um *conceito unitário* passa pela formulação de um conceito funcional, escatológico ou teleológico pode ter em conta a transversalidade, a horizontalidade, a integração em geral das preocupações ambientais. Em relação a todos os bens a considerar subsiste uma ideia finalista: proteger e melhorar a qualidade de vida e em concreto a qualidade de vida do homem, a sua saúde, a sua cultura, o seu bem-estar, a sua envolvente natural.

*

A *Constituição* não define nem distingue os *conceitos de ambiente e qualidade de vida*, usados de modo interligado.

No entanto, a junção das duas expressões, com a referência autónoma à qualidade de vida, e tendo presente o amplíssimo espectro de matérias elencadas, revela que este conceito não só não se identifica com o de ambiente num sentido estrito, como é marcado pelo espírito da época, profundamente antropocêntrico, desde logo ao aparecer em geral a ligar o ambiente à vida do homem, o que de certo modo tem o interesse de apontar, com grande antecipação histórica, para algo então ainda não defendido, que é o do direito ambiental como um *novo direito do homem*.

É sabido que só relativamente em tempo recente é que a ONU veio declarar uma sua componente, o *direito à água, como direito humano*, apesar da anterior Cimeira de Istambul não se ter atrevido a tanto, refugiando-se, na altura, na declaração final, a recorrer à fórmula de "necessidade humana".

Este "ambiente de vida" é assim o ambiente que permita uma "qualidade de vida", com esta *tendencial teleologia antropocêntrica* (que apenas é aceitável, numa leitura de uma natural lógica de quem deve proteger a natureza e não só de redução ao homem como sendo quem deve ser protegido, o que seria inaceitável e inconsequente), procura-se realçar *preocupações escatológicas*, apontando-se para o conceito do bem ambiental composto apenas pelo que importa à existência dos seres humanos e à subsistência da espécie humana.

Hoje, há que dizer, quanto ao conceito de ambiente, que o seu *objeto de proteção jurídica*, aparece, na melhor doutrina, configurado de modo unitário, integrando uma *vertente ecológica*, como modo de ser global da realidade natural, em termos de equilíbrio, mesmo que naturalmente instável, dos seus diferentes elementos, sem prejuízo de abarcar ainda *áreas territoriais particularmente importantes pela sua beleza, valor paisagístico, científico ou histórico e os suportes territoriais de referência relativamente a empreendimentos agrícolas, industriais e comerciais, que possam ter implicações no ambiente.*

Em termos de *configuração estrutural-funcional do conceito constitucional*, diria que no quadro da Constituição, na sua correta visão unitária, e na linha de grande abrangência temática, colhida dos diplomas internacionais e unionistas europeus, cabe não só todo o conjunto dos sistemas físico-químicos e biológicos (ambiente natural), como também os fatores económicos, sociais e culturais (a que os cultores da geografia humana vêm apelidando de ambiente social).E, até, atenta a sua redação integral, abarca mesmo neste direito a um ambiente de vida humano e a um direito a um ambiente sadio, o próprio *ambiente construído e elementos sanitários*. Assim, aparece, também claramente, a *configuração estrutural-funcional* do conceito constitucional.

*

Quanto ao *conceito de qualidade de vida*, ele é uma consequência derivada da interação de múltiplos fatores no mecanismo e funcionamento das sociedades humanas, implicando desde logo a situação de bem-estar físico, mental, social e cultural, no plano individual, e relações de interdependência-solidariedade no plano coletivo.

O direito constitucional ao ambiente, na sua leitura de direito negativo, é não só diretamente vinculativo dos particulares, como também obriga à abstenção do Estado de práticas ambientalmente nocivas.

Aplica-se-lhe, aliás, como direi to fundamental de natureza análoga aos mais importantes dos direitos, o grupo dos "direitos, liberdades e garantias", o regime constitucional específico e muito rigoroso destes. Na sua leitura de direito positivo, de dever de defesa do ambiente, ele tem duas vertentes operativas, impondo a todos que não poluam e que impeçam que outros poluem.

Desde logo, obriga o Estado a atuar para defender esse direito ao ambiente. Isto é, para prevenir e controlar as ações poluidoras e para corrigir as situações-efeito da poluição e a erosão dos solos; planear a correta localização das atividades económico-sociais; conservar a natureza e o património cultural, natural e construído, com recurso a medidas legislativas, administrativas e penais, desde logo com recurso a medidas de política ambiental. Defendendo ordenamentalmente as *paisagens e áreas naturais, através de delimitações territoriais e medidas circunscritivas protetoras.*

Quanto à *noção de direito ambiental*, que concluir então?

Em face do direito unionista, do texto constitucional e da legislação nacional básica parece que se aponta para a *consagração tendencial de um conceito que poderíamos designar de conceito para-imperialístico* do ambiente, que aparece sobremaneira, quer na *amplitude vertical* da temática abrangida, isto é, no plano da sua concretização objetiva, referente às águas, ar, conservação da natureza, resíduos, etc. (direito vertical do ambiente), quer no plano da *interferência horizontal*, em face do mandato comunitário e constitucional de integrar as preocupações ambientais em todas as políticas sectoriais, desde logo as limitações à localização da vivência e das atividades humanas em geral. Isto é assim, compreensivelmente, porque se trata de um conceito que tem que ver com um *"ambiente de vida" "humano, sadio e ecologicamente equilibrado"*, a que o homem tem direito.

De qualquer modo, em termos genéricos, podemos afirmar que, sem prejuízo de se integrarem *normas de cunho ambiental em todos os ramos de atividade*, em Portugal as principais normas vigentes na matéria, que são abordadas apenas com a designação de direito do ambiente, e que aparecem designadamente nas normas constitucionais e nas incluídas na Lei de Bases, têm três grandes objetivos essenciais: a proteção da natureza e dos recursos, o combate à poluição e às disfunções ambientais e a melhoria da qualidade de vida.

O direito do ambiente coloca especial relevância nos *fins que visa alcançar* e que têm a ver com os direitos fundamentais do homem, sendo o direito "o meio privilegiado para toda a política a favor do ambiente" (Declaração de Limoges, de novembro de 1990, proclamada em reunião de associações ambientalistas de todos os continentes).

O direito vem combater a agressão ao ambiente para salvar o homem da devolução natural da sua agressão. Isto é, temos um ambiente, que cada vez mais agredido é também agressor, ao reagir às condutas humanas, o que levou à criação do direito ambiental, na medida em que isso, por mexer com o *"equilíbrio" ecológico da biosfera ou dos diferentes ecossistemas*, seja necessário para a conservação e continuidade dos ecossistemas.

Desde logo, evitando mudanças danosas ao nível climático, hidrográfico, edáfico, que podem pôr em causa a espécie humana e a continuidade intergeracional.

Este é o *critério fundamental* em que tem assentado em geral o direito do ambiente (sem prejuízo das motivações referentes à melhoria da qualidade de vida). Não porque os problemas do ambiente sejam só da espécie humana, mas porque, no estádio atual de enquadramento do tema, a grande tensão passa pela ação nefasta do homem.

Com efeito, os problemas do ambiente colocam, há muito, frente a frente, em guerra contra o desenvolvimento quantitativo, a preservação da biodiversidade biológica e a promoção de um desenvolvimento económico-social sustentável. Como direito com uma parte de matriz ecológica é um direito tendencialmente pan-natural. E é-o, na medida em que não é apenas antropocêntrico e do presente, mas protege cada vez mais os outros seres vivos, todos os seres vivos e a natureza enquanto tal, independentemente das razões escatológicas subjacentes.

É um ramo do direito que, na *perspetiva fundante do conceito de desenvolvimento sustentável*, limitado por lógicas de resiliência e compatibilidades, implica direitos do homem atual, concebidos como se fossem "direitos" de outros seres, regulando não só as relações dos homens entre si como também as relações entre o homem e a natureza e "direitos" de homens que ainda não existem, concebidos abstratamente como vindouros, direitos de uma geração, humanidade, que virá. Esta é uma sua finalidade e o critério heurístico-base do direito do ambiente.

O *critério de descoberta das suas normas* no emaranhado da sua atual dispersão.

Posto isto, o direito do ambiente pode ser definido como o conjunto de normas jurídicas que enquadram o relacionamento do homem com os elementos naturais e artificiais, que condicionam, direta ou indiretamente, os seres vivos em geral e a qualidade de vida humana. Ou, se se preferir, numa leitura antropocêntrica, que não exclui a proteção da natureza, essencial à própria vida do homem e à sua qualidade, e à subsistência do género humano, o direito ambiental é o direito que regula a atuação do homem em relação ao conjunto dos sistemas físico-químico-biológicos, as suas relações ecossistémicas e os fatores económico-culturais com efeito direto e indireto, mediato e imediato, na natureza e na vida do homem, em si, e em termos da sua qualidade.

*

Independentemente do conceito a defender, face à normação que via irrompendo, em termos de características do direito do ambiente, tal como o concebemos hoje, ele revela-se com um *direito constituído por normas recentes. É um direito novo.* E, embora não somente por isso, é um direito ainda *não sedimentado, mesmo dogmática e conceptualmente,* densificado sobretudo a partir da década de sessenta, em grande parte integrando e vivendo da tipologia da intervenção administrativa, mas que tende a avançar para uma construção científico-jurídica autónoma. É um *direito disperso* por um número extenso de diplomas normativos e, portanto, não codificado. Mesmo as suas regulamentações verticais constam de normas dispersas de acordo com as diferentes matérias. Devido à sua *horizontalidade* tem muitas *normas avulsas, extravagantes*, isoladas em diplomas que visam regular diversos aspetos da vida em sociedade, das atividades humanas, designadamente, no campo económico, sanitário, ordenamental, urbanístico e do patrimonial cultural.

Além disso, é um direito de *base complexa e terminologia científica*, o que força a sua nota de *direito experimental e revisível* por natureza (dado o aprofundamento contínuo dos conhecimentos sobre ecologia e das tecnologias para responder aos vários problemas) e pelas *limitações da sua concretização*. Muitas vezes, "confiscada" pelo poder dos grandes grupos económicos e pela génese negocial das suas *normas de mínima exigência protetora*, as normalmente toleradas e muitas vezes adiadas, por força das pressões das organizações económicas, mas abaixo, em termos menos exigentes, do que no momento normativo já se devia considerar necessário em face das exigências ecológicas[831].

Além de ser uma área do direito relativamente nova, em geral ele afirma-se como um *direito de natureza eclética, pluridisciplinar, de natureza pública e privada*, cruzando na sua defesa ou na defesa dos cidadãos perante as agressões sofridas, mesmo pelas entidades públicas, o direito público (especialmente o direito constitucional, o administrativo de fonte nacional, o direito internacional, o direito administrativo comunitário, e o direito penal), e o direito privado (designadamente o direito da responsabilidade civil por danos e o direito internacional privado). Temos ramos de direito não administrativo que tratam matéria ambiental. Além do direito ambiental internacional, o ambiente é objeto de normação em vários ramos do direito interno, embora o direito administrativo seja aquele que se revela mais adequado para o enquadramento da proteção do ambiente.

Quanto a estes *outros ramos do direito*, o direito constitucional contém normas fundamentais nesta matéria (direito constitucional ambiental). O direito civil afeta interesses de ordem particular, onde historicamente apareceram colocadas as primeiras normas ambientais, sobre fumos e cheiros agredindo as relações de vizinhança (direito civil ambiental). O direito criminal conta com os, por vezes, impropriamente chamados delitos ambientais, o direito penal ambiental). O direito laboral ambiental é indiscutível na sua necessária visão da relação trabalhador-ambiente, desde a localização das indústrias, aos processos de fabrico, manuseamento de produtos, sistemas de gestão de resíduos, etc. (Declaração de Cocoyoc, Programas Comunitários do Ambiente).

[831] Em Portugal, só a partir de 1971 se começou a tratar autonomamente os problemas relacionados com a defesa do ambiente, sendo criada uma Comissão Nacional do Ambiente, que ficou integrada na Junta Nacional de Investigação Científica e Tecnológica.

As áreas do direito administrativo versam interesses e nomas avulsas de defesa de interesses ambientais, desde o direito da saúde, o direito do consumo, o direito do ordenamento do território em geral, direito do urbanismo em geral (posições interditadoras ou condicionadoras em planos e obras particulares, com exigências de licenças ou de comunicações pré-operativas à Administração urbanística, para efetivar urbanizações, loteamentos e construções), o direito do património cultural, o direito dos bens do domínio público (designadamente, hídrico, águas continentais e do mar), o direito administrativo da economia (especialmente o direito agrário, o direito industrial e também o direito público do comércio, v.g., condicionantes à implantação de hipermercados ou centros comerciais, eventualmente com exigências de estudos de impacto ambiental, etc.). De facto, em geral, dominam as áreas do direito administrativo referido, e o direito da organização administrativa do ambiente, embora as áreas materiais mais importantes sejam as das normas sobre a prevenção e correção das poluições, com medidas técnicas, limitadoras e incentivadoras (al. a, n.º 2, art. 66.º, Constituição), as do direito ambiental sancionatório, seja o contraordenacional, seja o penal, as do direito fiscal ambiental (al. h, n.º 2,), do direito da conservação da natureza (al. c, 2) e do direito da conservação dos recursos naturais (espaços naturais, al. d, 2), do direito ambiental da regulação da atividade económica (al. f, 2), designadamente agrícola (alínea d) do n.º 1 e n.º 2 do art. 96.º), do direito do planeamento ambiental (al. b, 2, art. 66.º, hoje com uma vinculatividade geral resultante de uma tipologia de base intermunicipal ou municipal, planos de ordenamento de todo o território, ou ditos de urbanização de uma povoação ou de pormenor numa dada pequena zona territorial), do direito à *informação administrativa abrangendo a matéria ambiental*, quer por publicação de obrigação oficial, quer designadamente face ao direito constitucional geral de acesso a documentos administrativos (n.ºs 1 e 2, art. 268.º) e o direito de *participação procedimental e de acesso à jurisdicional ambiental*, designadamente através da ação popular[832].

[832] Lei n.º 83/95, de 31 de Agosto (direito de participação procedimental e de ação popular) em concretização do imperativo constitucional: artigo 52.º (Direito de petição e direito de ação popular): "1. Todos os cidadãos têm o direito de apresentar, individual ou coletivamente, aos órgãos de soberania, aos órgãos de governo próprio das regiões autónomas ou a quaisquer autoridades petições, representações, reclamações ou queixas para defesa dos seus direitos, da Constituição, das leis ou do interesse geral e, bem assim, o direito de serem informados, em prazo razoável, sobre o resultado da respetiva apreciação. 2. A lei fixa as condições em que as petições apresentadas coletivamente à Assembleia da República e às Assembleias Legislativas das regiões autónomas são apreciadas em reunião plenária. 3. É conferido a todos, pessoalmente ou através de associações

Portanto, se em geral falamos de *direito ambiental vertical em sentido estrito*, no sentido de corpo de normas que constituem o tratamento integrado do direito ambiental, há também que atentar com especial destaque, além da organização da Administração ambiental, nos *princípios constituintes da política e do direito ambiental*, nos seus princípios teleológicos e nos princípios ambientais constitucionalmente expressos assim como no direito ambiental instrumental e seus meios de ação, designadamente o planeamento, o estudo de avaliação do impacto ambiental, o direito internacional e europeu de acesso à informação ambiental, a enquadramento da eco-etiqueta e a auditoria ambiental; no direito ambiental das águas doces e marítimas; o direito da conservação da natureza (conservação dos espaços naturais; proteção dos habitats, zonas húmidas, fauna, flora, florestas) e a conservação dos solos; no direito da antipoluição na atmosfera, isto é, o direito ambiental atmosférico, visando a proteção do ar e a proteção contra a emissão de ruídos, no direito dos resíduos (com os regimes jurídicos dos resíduos urbanos, dos resíduos perigosos, desde os químicos, hospitalares até aos radioativos, e do vasilhame).

Em síntese, é um *direito recente, não sedimentado, disperso, experimental*, até porque de *matriz e base científica ecológica*, e, por isso, especialmente vocacionado para a *evolução permanente, porque estratégico, prospetivo*.

É um direito atributivos de direitos e deveres ligados a ele.

Há várias teorias sobre a *natureza do bem jurídico ambiental*. Nem as teorias do bem ambiental individual ou nem as do bem coletivo, indivisível, parecem poder merecer acolhimento. Desde logo, o direito do ambiente assenta na necessidade de proteger em termos autónomos, um bem ou o seu gozo, o bem ambiental, simultaneamente pela comunidade ou pelos indivíduos como cidadãos. Este é o seu fundamento, que implica que haja necessidade de normações circunscritivas ao exercício de direitos dominiais ou a atividades humanas, sejam públicas ou particulares.

Nos termos constitucionais, como *princípio geral, todos os cidadãos têm direito a um ambiente humano sadio e ecologicamente equilibrado e o dever de o defender, incumbindo ao Estado, por meio de organismos próprios e por apelo a iniciativas populares e comunitárias, promover a melhoria da qualidade de vida, quer individual, quer coletiva.*

de defesa dos interesses em causa, o direito de ação popular nos casos e termos previstos na lei, incluindo o direito de requerer para o lesado ou lesados a correspondente indemnização, nomeadamente para: a) Promover a prevenção, a cessação ou a perseguição judicial das infrações contra a saúde pública, os direitos dos consumidores, a qualidade de vida, a preservação do ambiente e do património cultural; b) Assegurar a defesa dos bens do Estado, das regiões autónomas e das autarquias locais."

Neste plano, os cidadãos diretamente ameaçados ou lesados no seu direito este um ambiente, nos termos constitucionalmente imposto, podem pedir, nos termos gerais de direito, a *cessação das causas de violação e a indemnização pelos danos causados*.

O direito ao ambiente e qualidade de vida é um direito fundamental autónomo, referido essencialmente à defesa da *qualidade dos elementos naturais, componentes ambientais naturais* (art. 7.º da lei de bases do ambiente). E, portanto, é estruturalmente, um "direito ecológico", sem prejuízo de implicar, pela sua teleologia, elementos económicos, sociais e culturais.

A sua abordagem é sempre para-ecológica, mesmo que transnatural. Isto é, ele gira em geral à volta da perspetiva ecológica, que unifica os *diferentes elementos de incidência*, sem negar importância a dimensões económicas, sociais e culturais. Há, desde logo, na própria Constituição, normas sobre o direito subjetivo ambiental, e portanto, no nosso ordenamento jurídico, ele é um direito fundamental. E não há apenas normas sobre tarefas e fins ambientais do Estado.

É um direito tendencialmente de *vocação para-imperialista, de intervenção radical, aberto à informação e participação dos cidadãos em geral, de nomogénese global, atribuição de poderes concorrentes aos vários escalões de poder nacional e supranacional, com uso de todo o tipo de formas de intervenção administrativa*, e incidindo sobre um bem jurídico de natureza complexa, com pluralização de titularidade acionária e indemnizatória e um direito de sancionamento simultaneamente administrativo e criminal.

O direito do ambiente é um *direito estratégico*, porque exige cada vez mais, pelo menos em parte, para atingir eficazmente os seus objetivos, *intervenções planificadoras e programadoras*. Umas visando diretamente a problemática ambiental, ligada à proteção de zonas naturais ou altamente sensíveis num plano ambiental. Outras, visando *objetivos ordenamentais físicos autónomas*, mas que não podem deixar de considerar as perspetivas de defesa ambiental. E mais, é um *direito prospetivo*, no sentido de que se concebe tendo presente que há que proteger "o não direito" dos homens de hoje em prejudicar os direitos ambientais dos homens de amanhã. Mas, mesmo assim, é um direito cada vez mais preocupado com o *homem sedentário e concentracionário*, que tudo complica ao tender a viver polarizado em aglomerados urbanos, ou seja, um direito em que a urbe aparece enquadrada como um ecossistema, e assim um bem globalmente considerado exigindo uma polarização normativa adequada.

É um direito com uma *componente territorial e urbana*. Também é um direito de intervenção pública hiperbólica, exigindo legislação universal enquanto direito de interesse planetário, global, no sentido que supõe, em geral, uma interdependência dos homens e das regiões, o que pressupõe o desenvolvimento de uma visão global dos problemas.

É um *direito de fundamentação e consequências hiperbólicas*. Um direito de fontes poluidoras localizadas, mas de *incidência e génese global*, exigindo pensar globalmente e agir localmente, um direito de nomogénese global, integrando desde normas de direito internacional, nível de intervenção onde começam por singrar as primeiras normas significativas modernas, até normas regulamentares autárquicas.

É um *direito de atribuição de poderes públicos concorrentes*, aos vários escalões dos poderes políticos estabelecidos, internacionais ou nacionais, e dentre destes. Sobre a natureza das intervenções e das normas ambientais, ele recorre a *toda a tipologia de intervenção administrativa e de normação*, designadamente administrativa.

Embora devendo ser um direito *essencialmente preventivo e circunscritivo* da liberdade individual (limitando e condicionando através de valores-limites permitidos e autorizações prévias de atividade), também é corretivo das poluições e sancionatório, simultaneamente contraordenacional e criminalizador, isto é, de sanções administrativas e criminais, mas, também, incentivador[833], com uma gama de instrumentos de subsidiação financeira promotores de boas práticas e inovações para-ambientais. Enfim, é um direito tendencialmente imperialista ou para-imperialista, porque não se contenta em criar normas próprias, verticalmente enquadradas, na defesa de bens-objetivos.

Exige, já, o respeito de todas as atividades particulares ou públicas, transversalmente, interditando ou condicionando atuações em setores de intervenção humana, independentemente da importância permanente daquelas suas normas naturais.

Quanto a ser um *direito de conformação da intervenção antropotópica*, que é, face à intervenção do homem no território capaz de modificar os ecossistemas existentes e contaminando-os, e a partir deles os outros componentes naturais do ambiente.

Por isso, uma vertente fundamental da defesa do ambiente passa pelo controlo da degradação e erosão dos solos e por preocupações localizadas, situadas no ambiente urbano, v.g. sobre os resíduos, a conservação dos habitats para a proteção da vida selvagem e das áreas territoriais sensíveis, como as costas marítimas e as praias.

[833] V.g., Regulamento n.º 2092/91, de 24.6.1991, Regulamento n.º 2080/92, de 30.6.1992, Regulamento 1765/92, de 30.6.1992, etc..

A *temática relacional dos solos, a urbanização e a construção* passa pela procura de um novo modelo de arquitetura, a arquitetura ambiental, que vai ganhando adeptos e doutrinadores sob a designação de "arquitetura verde" ou "arquitetura ecológica". Tudo revelações de uma incidência crescente da aplicação ambiental do princípio da transversalidade, no que diz respeito ao uso, transformação e ocupação dos solos. Como direito de proteção de um bem de natureza complexa, destaco apenas que existe um direito criminal ambiental, embora as diferentes legislações divirjam sobre o âmbito do penalmente punível.

Os diferentes códigos penais foram recolhendo orientações oriundas de organismos e congressos internacionais. Com efeito, a criação de novos tipos de crimes, em vários países, deve-se a tomadas de posição de organismos internacionais.

Em Portugal, a punição criminal vem expressa desde logo no Código Penal. Esta criminalização, iniciada com as alterações de 1995 ao Código penal, vêm proteger o ambiente de forma direta, em si mesmo, embora com limitações subjetivas. As suas normas rest3ringem-se à proteção dos elementos componentes do ambiente natural e não com a mesma intensidade aos elementos referentes ao ambiente humano, isto é, aos *aspetos culturais, históricos ou artísticos ligados a um conceito amplo de ambiente, ao ambiente construído*[834].

Dito tudo isto, não deixo de afirmar que o direito ambiental é já um corpo de normas passíveis de agregação, no que é fundamental e de natureza vertical, como direito tendencialmente autónomo. Autonomia que não dispensa, em grande parte, a teoria geral do direito administrativo, nem normas, gerais ou outras especiais, deste.

Enquanto direito dependente da legislação unionista europeia, especialmente de diretivas e jurisprudência supranacional, é dependente destas na sua nacionalização, com a devida *transcrição e interpretação concreta*, e mesmo em termos de aplicabilidade direta, produzindo um *efeito direto invocável* pelos interessados particulares, sempre que as normas destas diretivas sejam passíveis de aplicação a casos concretos, não cobertos ou ainda não cobertas por normas nacionais.

[834] Diferentemente do que há muito ocorre noutros países, não sofre criminalização materialmente propriamente tipificada, antes em geral tem vivido de infrações meramente administrativas. Por exemplo, tradicionalmente, o direito do urbanismo, contrariamente do que acontece noutros países, sofre sempre e apenas sanções contraordenacionais e nunca é objeto de tipificações criminais específicas, hoje, por inspiração do direito espanhol, atente-se na Lei n.º 32/2010, de 2.9, com os seus artigos 278-A.º, 382-A.º e 18.º da lei dos crimes funcionais públicos, além do artigo 100.º do RJUE.

Estas normas aplicam-se-lhe em tudo o que envolve, orgânica, funcional e relacionalmente, a atuação da Administração (ou de entidades particulares de regime jurídico misto, desempenhando tarefas da função administrativa do Estado-comunidade), quer em gestão pública, quer em gestão privada (que é sempre administrativizada, impondo a aplicação dos princípios gerais de direito público[835]).

É um direito com especificidades, em termos do valor protegido. Há a autonomia do bem jurídico ambiente, tutelado por si e em si, como bem jurídico da comunidade dos viventes, abrangendo valores e interesses integrantes do interesse geral da sociedade. Em termos da sua operatividade e indivisibilidade das ordens jurídicas e do seu conteúdo, de contenção dos objetivos, em termos de contributo de todos os ramos clássicos do direito e da sujeição intensa às ciências naturais, natural ao seu destacado carácter para-autónomo, e, sobretudo, em termos de princípios fundamentais.

*

No que concerne às *normas ambientais e suas características*, que estão enquadradas pelo direito constitucional, dependem, além disso e fortemente, do *direito unionista europeu e mesmo de direito internacional*. Mas é um ramo do jurídico, essencialmente, constituído por normas jusadministrativas e regido à cabeça pelos princípios gerais do direito administrativo.

No plano do *conteúdo do direito do ambiente*, apesar da amplitude do normativo constitucional, discute-se se não estaremos caminhando ou mesmo já funcionando com um *conceito demasiado gordo e difícil para o tratamento científico*, por vezes entrando em normas que são fontes de direito ligadas a ramos distintos e, que, aliás, não são só de direito público. Que dizer da amplitude temática do conceito constitucional de ambiente para que a Lei Fundamental apontou, para efeitos de enquadramento jurídico, quanto à sua extensão, dimensão, conteúdo e limites?

[835] Nos termos do n.º 2 do art. 266.º da Constituição e do art. 2.º do CPA. Segundo determina este artigo 2.º (âmbito de aplicação), "1 – As disposições do presente Código respeitantes aos *princípios gerais, ao procedimento e à atividade administrativa* são aplicáveis à conduta de quaisquer entidades, independentemente da sua natureza, adotada no exercício de poderes públicos ou regulada de modo específico por disposições de direito administrativo. (...). 3 – Os princípios gerais da atividade administrativa e as disposições do presente Código que *concretizam preceitos constitucionais* são aplicáveis a toda e qualquer atuação da Administração Pública, ainda que meramente técnica ou de gestão privada."

Na doutrina ambiental, de facto, há divergências, não só sobre o *conceito* como sobre a emergência ou não de um *valor ou bem ambiental*, sobre a *exata configuração do dano* ambiental e sobre a forma de efetivar e *limites da responsabilidade* (pública e privada) decorrente de atuações prejudiciais ao ambiente. A que se liga um mundo alargado de reflexões, desde logo referentes à questão adjetiva sobre se o objeto de análise é o ambiente como envolvente que rodeia um sujeito e se consubstancia com ele, ou é o ambiente como conceito comumente aceite pelas instituições e pelo próprio ordenamento jurídico.

No fundo, vamos vivendo com um *conceito aberto*, em incontida expensão de conteúdo e fontes-ramos de direito, dado que o objetivo do bem-estar do homem e da proteção da qualidade de vida é um objetivo de realização contínua. Daí, não ser pacífico formar um *conceito material*, tendo de, independentemente do quadro constitucional ou de legislação de enquadramento existente, nos comprimirmos no seu tratamento científico, apontando para um conceito normativo menos amplo do que resultaria da Constituição portuguesa e da Lei de Bases do Ambiente ou de toda a normação europeia, tocando a preocupações ambientais.

Deveria ser mais operativo e, portanto, mais restrito? Mesmo que, sem prejuízo de muitas normas de génese europeia se terem de aplicar a setores materiais mais amplos, que parte, no âmbito das fontes de direito, dos domínios de proteção, incidentes sobre os problemas do ambiente, mas que, face ao quadro de regulação jurídica e, portanto, em termos de conceito de operatividade jurídica, pode fugir a um tendencialmente totalizador e "para-imperialista" conceito?

Entre os conceitos materiais, refira-se que o mero conceito de matriz material (puramente naturalista, incluindo apenas os recursos naturais abióticos e bióticos, a flora e fauna), não enquadra adequadamente as matérias submetidas à lei por razões ambientais. Por isso, sem deixar de atender à normação internacional, europeia e nacional, impõe-se construir um "conceito intermédio", indo além do conceito naturalocêntrico, mas sem a abrangência hiperbólica para que apontaria a Constituição portuguesa e a LBA. Algo a configurar como uma contenção artificial, convencional, conjuntural. Mas que não esconda nem as dificuldades de contrariar outros interesses instalados, nem a necessidade de balizar minimamente uma área de vocação tendencialmente sem fronteiras no âmbito das atividades humanas (para-imperialista).

Uma área do real, construível de acordo com o *princípio da verticalidade* sem prejuízo de imprescindíveis incursões transversais, no tratamento dos elementos que o compõem.

Isto é, sem poder também esquecer aspetos essenciais da realização do *princípio da integração das preocupações ambientais noutros sectores de atividade de interesse geral*. O que não pode negar de todo a consideração dos elementos do ambiente humano, quando tal for necessário à consecução de objetivos ambientais.

O conceito de direito do ambiente em sentido estrito concebido como o sistema de normas jurídicas que, mesmo tendo especialmente em vista o enquadramento das relações do homem com o seu "meio" existencial, prossegue objetivos de conservação da natureza, manutenção dos "equilíbrios" ecológicos, salvaguarda do património genético (como conjunto de espécies vivas que atualmente existem na face da Terra), proteção dos recursos naturais e combate às diversas formas de poluição, é ainda um conceito meramente naturalocêntrico, naturalmente incontornável, quer seja tratado em normas verticais ou horizontais, como as de direito económico, etc..

Mas a lei fundamental portuguesa prevê outras regulações, que constituem disciplinas teóricas distintas, desde o *ordenamento do território* e a defesa da *qualidade ambiental das povoações e da vida urbana, a proteção das zonas históricas e, em geral, a preservação de valores culturais de interesse histórico, artístico e arquitetónico, em geral do ambiente urbano*. Há, nesta perspetiva, uma integração material de temas do direito do ordenamento do território, do urbanismo e da proteção do património cultural, para além de outros entrando mesmo no âmbito da ecotoxicologia (ambiente-saúde) ou de direito económico (enquadramento da economia: agricultura ambiental, indústria ambiental, turismo ambiental), etc.. No entanto, um conceito mesmo amplo não pode ser tão extensivo.

O equilíbrio objetivador desta área jusambiental, não poderia ir além de admitir estender-se ao complexo de relações de uma unidade vital para com a sua envolvência específica, exprimindo no essencial a globalidade das condições de vida. Isto é, não só os animais e as plantas, mas no fundamental, para não fugir totalmente ao quadro constitucional, o mundo social e artificial, humanamente conformado, na medida em que toque a "qualidade de vida".

O que significa que, em termos tendenciais, incorporaria, sob o ponto de vista jurídico, todas as medidas juridicamente vinculantes que visem proteger e regular, de forma *planificada, conformadora, preventiva e promocional*, o ambiente natural e humano perante os feitos perturbadores do processo civilizacional, com incidência na problemática vertical do ambiente (de certo modo, normas de veiculação sectorial deste).

Um conceito unitário só pode ligar-se à formulação de um *conceito funcional, escatológico ou teleológico*, que considere a problemática da sua transversalidade, horizontalidade na medida em que processe a integração em geral de preocupações estritamente verticais do ambiente. Ou seja, normação de outros domínios que vise dar efetividade, mesmo que avulsa, a normas de direito relacionadas com os elementos naturais do ambiente.

Com isto restringe-se, mas não se apaga o artigo 66.º da Constituição portuguesa.

Tudo sem prejuízo da concretização legislativa noutras áreas do direito administrativo dos objetivos de proteção de outros bens segundo a abordagem da ideia finalista: proteger e melhorar a qualidade de vida e em concreto a qualidade de vida do homem, a sua saúde, a sua cultura, o seu bem-estar, a sua envolvente natural.

Assim, o legislador realiza globalmente a visão constitucional portuguesa que aponta para a defesa do conjunto de normas jurídicas reguladoras da atividade da Administração pública e dos particulares com o objetivo de garantir a conservação da natureza e todos os elementos naturais e culturais que sejam aptos a defender a qualidade e sobrevivência da vida humana, mesmo que a tratar cientificamente noutras áreas do direito.

Em termos da sua concretização, em Portugal, o direito do ambiente apresenta-se, em geral, ainda hoje, como um *direito recente, novo,* também ainda *não sedimentado,* mesmo *dogmática e conceptualmente,* nem fechado em termos de objeto. Em causa, temos um *direito tecnocrático* (de base e terminologia científica), o que reforça a sua nota de direito *experimental e revisível por natureza,* contingente e em *evolução permanente,* dado o aprofundamento contínuo dos conhecimentos sobre ecologia e das tecnologias para responder aos vários problemas e face às limitações da sua concretização, confiscada frequentemente pela génese negocial das suas *normas de "mínimos" e prazos diferidos de realização* (os normalmente tolerados pelas organizações económicas, mas com permissões acima do que, em cada momento normativo, já se devia considerar necessário em face das exigências ecológicas).

É um *direito de composição dispersa* (não codificado, dividido por um número extenso de diplomas normativos e normas avulsas; mesmo as suas regulamentações verticais constam de normas dispersas de acordo com as diferentes matérias. E devido à sua também horizontalidade, se amplia bastante em muitas normas *avulsas, extravagantes, isoladas* em diplomas, que visam regular diversos aspetos da vida em sociedade, das atividades humanas, designadamente, no campo económico, sanitário, ordenamental, urbanístico e do patrimonial cultural.

É de *nomogénese hiperbólica, com fontes orgânicas diversificadas,* simultaneamente intergovernamentais, unionista europeia e internas. Estas fortemente condicionadas pelas políticas e pelo direito supranacional e internacional universal e europeu. Direito dominantemente de *aplicação local*, convive com a atribuição de poderes concorrentes às várias Administrações territoriais. Direito de *sancionamento* simultaneamente contraordenacional e penal. Aplicável com transparência dos poderes que nele intervêm e aberto à participação dos cidadãos.

Para além disso, o ordenamento jurídico português, mesmo na componente do direito público, tem uma forte componente de preocupações territorialmente situadas, cuja "ratio legis" é a defesa de valores ambientais, mas com tratamento legislativo e cientificamente autónomo. Por um lado, é integrador de valores ordenamentais do território e valorizador da planificação física. Por outro, vive de técnicas interditadoras ou condicionadoras de faculdades de uso do solo e de iniciativas no âmbito económico, designadamente urbanísticas. Ou seja, é condicionador do exercício dos *direitos subjetivos ligados à propriedade*. Umas vezes, discriminatório na sua utilização. Outras, em princípio, sem se assumir compensador dos proprietários sujeitos a limitações por interesse público, fruto da invocada mera natureza e virtualidades dos territórios enquanto portadores de valores ambientais.

Como *ramo especial do direito administrativo*, que essencialmente é, rege-se pela sua teoria e por normas de procedimento geral desta área de atividade, designadamente por princípios gerais constitucionalizados deste direito público, como é o caso do princípio da proporcionalidade ou o da materialidade subjacente. Sem prejuízo de especificidades enfatizadoras de certos princípios próprios, como é o caso dos da prevenção, precaução, poluidor-pagador ou da ponderação dos justos interesses relevantes.

Em geral, é quantitativamente e no essencial um direito administrativo vertical (de fontes nacionais, intergovernamental e, portanto, direito internacional, e unionista europeia. Além de se expandir para áreas do direito administrativo com interesse ou com nomas avulsas de defesa de interesses ambientais: direito da saúde, direito do consumo, direito do ordenamento do território, direito do urbanismo (posições interditadoras ou condicionadoras em planos e obras particulares, com exigências de licenças ou de comunicações pré-operativas à Administração urbanística, para efetivar urbanizações, loteamentos e edificações); *direito do património cultural, direito dos bens do domínio público* (designadamente, hídrico); direito administrativo da economia (especialmente o direito agrário, o direito industrial e também o direito público do *comércio*, v.g., condicionantes à implantação de hipermercados ou centros comerciais, eventualmente com exigências de estudos de impacto ambiental, etc.).

Mas não dispensa o recurso a nomas de outros ramos, como as civilistas e criminais. Não pode negar-se a sua *vocação pluridisciplinar, de natureza eclética.* Cruza, na sua defesa ou na defesa dos cidadãos perante as agressões sofridas, mesmo pelas entidades públicas, não só o direito público como o privado (direito civil ambiental, se estão afetados interesses de ordem particular, onde historicamente apareceram colocadas as primeiras normas ambientais, sobre fumos e cheiros agredindo as relações de vizinhança; institutos de ressarcimento dos danos, responsabilidade civil e direito "internacional privado": normas constantes do código civil).

Quanto ao direito constitucional ambiental (concretizado e desenvolvido sobretudo pelo direito administrativo), dominam os temas da organização administrativa do ambiente, prevenção e correção das poluições (medidas técnicas, limitadoras e incentivadoras), fiscalidade ambiental, conservação da natureza e dos recursos naturais, regulação da atividade económica, designadamente agrícola, planeamento, informação ambiental, participação procedimental e acesso à jurisdição, designadamente ação popular.

Nos termos constitucionais, e como princípio geral, todos os cidadãos têm *direito a um ambiente humano e ecologicamente equilibrado e o dever de o defender, incumbindo ao Estado,* por meio de organismos próprios e por apelo a iniciativas populares e comunitárias, promover a melhoria da qualidade de vida, quer individual, quer coletiva. E os cidadãos diretamente ameaçados ou lesados neste direito podem pedir, nos termos gerais de direito, a cessação das causas de violação e a respetiva indemnização.

A doutrina e a jurisprudência portuguesas têm debatido as várias teorias sobre a natureza do bem jurídico ambiental. Nem as teorias do bem ambiental individual, nem as do bem coletivo, indivisível, parecem poder merecer isolado acolhimento, na medida em que o direito do ambiente assenta na necessidade de proteger, em termos autónomos, um bem ou o seu gozo, o bem ambiental, simultaneamente pela comunidade ou pelos indivíduos como cidadãos.

Este é o seu fundamento, que implica que haja necessidade de normações circunscritivas ao exercício de direitos dominiais ou a atividades humanas, sejam públicas ou particulares. Mas temos o direito criminal ambiental (os impropriamente chamados delitos ambientais) e o direito laboral ambiental (relação trabalhador-ambiente: localização das indústrias, processos de fabrico, manuseamento de produtos, sistemas de gestão de resíduos, etc.: Declaração de Cocoyoc, Programas Comunitários do Ambiente).

Sobre a *natureza das intervenções e das normas ambientais,* importa constatar que o direito do ambiente recorre a toda a tipologia de intervenção administrativa e de normação, especialmente administrativa. Embora seja essencialmente preventivo e circunscritivo da liberdade individual (limitando e condicionando, designadamente através de valores-limites permitidos e autorizações prévias de atividade), também é corretivo das poluições e sancionatório (simultaneamente contraordenacional e criminalizador, isto é, dotado de sanções administrativas e criminais) e incentivador (com uma gama variada de instrumentos de subsidiação financeira, promotores de boas práticas e inovações para-ambientais).

Enfim, é um direito tendencialmente imperialista (para-imperialista), porque não se contenta em criar normas próprias, verticalmente enquadradas, na defesa de bens-objetivos. Exige, já, o respeito de todas as atividades particulares ou públicas, transversalmente, interditando ou condicionando atuações em todos os setores de intervenção humana, independentemente da importância permanente daquelas suas normas naturais.

Uma coisa é certa, é um ramo em grande parte, integrando e vivendo da *diversificada tipologia da intervenção administrativa*, embora com especificidades na sua construção científico-jurídica, mas que entra em vários ramos e um direito, elaborado a partir de fontes orgânicas e formais hiperbólicas.

*

No domínio do ambiente, em certas situações de infração corrigíveis, pugno, claramente, pela defesa de possível aplicação, para uma eficácia acrescida da sua proteção, de certas medidas alternativas às sanções financeiras.

O Estado funciona normalmente à base da cobrança de impostos, não de multas ou coimas, que são fruto de um agir anómalo, não normal na sociedade. Daqui deve derivar um principio geral, que se pode enunciar dizendo que o destino das sanções financeiras, independentemente de poderem coexistir com indemnizações por danos concretos, deve, em si mesmo, ser relacionado com melhorias funcionais que possam ajudar a evitar, compensar, prevenir, a sua repetição, quer meios informativos, pedagógicos, técnicos, corretivos de fatores favorecentes das transgressões, e outros, em cada momento e situações concretas, tidos como mais adequados à sua prevenção e dissuasão.

Ora, o *sistema de sancionamento ambiental* exige uma reflexão acerca da *comutação* ou não de coimas e multas para responder devidamente à questão de saber se tal é uma medida desviante do sistema sancionatório, de generosidade ou de demissionismo, face ao infrator ambiental, quaisquer que sejam as razões invocadas, ou, pelo contrário, pode funcionar como uma *real e útil "alternativa" na própria defesa do ambiente.*

Qual o papel que estas previsões de sancionamento podem desempenhar, sem ser apenas o punir? Porque não propiciar *acordos endoprocedimentais de restauração e (ou) de compensação de danos ambientais?*

A *agressão contínua e progressiva ao ambiente*, em grande parte na atualidade devida ao homem, com destaque no quotidiano para a *poluição da envolvente em que habitamos*, com modificações no *"equilíbrio" na natureza*, com problemas com origens localizadas, mas muitas crescentemente de *consequências globalizantes*, multiplicam-se em problemas internacionais, tais como as *chuvas ácidas, o aquecimento global, o buraco de ozono na estratosfera, a perda de regiões densamente florestadas, a crescente desertificação de partes significativas da terra e de solos de cultivo.*

Tudo, a exigir, não só *punição para os danos como imaginação para a sua melhor prevenção, com normas e políticas de preservação, conservação e restauro* do ambiente que nos envolve e de que dependemos como seres individuais e como espécie.

Há uma tendência para as questões do ambiente, com o aumento do povoamento global e a lógica liberal e de regulações assimétricas do desenvolvimento económico e social, com a permanente prevalência, de facto, da desoberanização e afirmação do poder económico sobre os poderes da política e os crescentes reptos das necessidades, reais e artificializadas, aliás cada vez mais desigualizadoras, das populações, se agravarem no futuro, ao continuar a pôr-se em perigo a *manutenção dos habitats e dos processos ecológicos; sistemas vitais animais e vegetais*; sistemas físicos de que depende a vida, como a água mal distribuída, o ar cada vez mais intoxicado, o solo com riquezas naturais ancestrais que se vão esgotando, uns e outros sujeitos ao nuclear, seus riscos e acumulação ocultada de resíduos, a flora e fauna que se vai perdendo em dimensões cada vez maiores na sua biodiversidade, etc.

Não havendo um poder político universal, nem sendo desejável pelo perigo de descambar em autocracia mundial, estamos nas mãos de muitos *poderes públicos*, suas diferentes ideologias, prioridades e políticas (em que a maior parte das mais urgentes e populares entram facilmente, para render votos, nos discursos democráticos, mas não da realização prática coerente e persistente, como já o teórico da economia Schumpeter destacava há décadas).

*

No entanto, de facto, só os poderes públicos articulados (simultaneamente lúcidos, competentes e plenamente ligados aos cidadãos dos diferentes países, e não aos lobbies económico-financeiros ou os poderes económicos ou tecnocráticos), com suas faculdades e atribuições, podem garantir que se leve a cabo uma *proteção consequente e efetiva* do ambiente. Isto, através da *procura de todos os meios* que tenham como finalidade a preservação, a restauro e o melhoramento desse ambiente nos seus diferentes aspetos.

Um dos meios na *tradição punitiva pública* é o estabelecimento de obrigações a cargo dos particulares frente aos poderes públicos, que em caso de não serem cumpridas trazem a imposição de sanções.

Importa constatar *situações típicas* em que as coimas ou multas a impor numa futura decisão administrativa ou judicial não são aptas a *garantir o restauro ou a remediar os danos ao ambiente* e outras em que, mais do que obter esses montantes financeiros para o Estado, importaria *impor ações preventivas para o futuro.* Inclusive, há situações em que as coimas e multas ambientais, mesmo que a lei permita que sejam muito elevadas, podem ficar relativamente "reduzidas" ou sejam *comparativamente insignificantes, face aos cálculos de lucros muito superiores que os grandes contaminadores pensam conseguir* por poderem continuar a violar a norma, pagando sem custo uma parcela do que ganham.

A *eficácia das sanções financeiras* pode ser frágil, mesmo que os montantes dependam não só do *dano e sua gravidade*, mas também muito da *relatividade da capacidade económica do responsável.* Sempre pode sair-lhe mais rentável agredir o ambiente, pagando uma multa ou coima, do que cumprir a lei ambiental.

Sem desconhecer que, nesta área do direito, a doutrina e mesmo o legislador e a UE pressionam para a crescente criminalização, a verdade é que estas constatações exigem reflexões e *soluções imaginativas, umas complementares, outras alternativas às sanções* tradicionais.

Importa destacar, como referem as Constituições mais recentes, a importância da colaboração da sociedade na proteção do ambiente que implica um direito, mas também deveres gerais dos cidadãos.

Nesta matéria, existe uma responsabilidade partilhada entre os poderes públicos e os cidadãos.

Na atualidade, não podem pensar-se que as tarefas das autoridades se restringem à imposição de sanções.

Têm de abarcar *estímulos e benefícios* aos que realizem condutas que incidam de maneira favorável no ambiente ou tenham um *enfoque preventivo.* Já que os danos ocasionados aos elementos naturais são de graves consequências e em muitas ocasiões, irreversíveis.

A *comutação de multa ou coima*, que se vem incorporando em certas legislações ambientais, não pode traduzir um aligeiramento sancionatório ou sua mera flexibilização. Só tem sentido perante a necessidade de *procurar novos meios* de levar o infrator a melhorar o ambiente. Isto é, algo a considerar também como uma alternativa para os infratores da legislação ambiental.

Em casos em que, estando de acordo com uma resolução, em que lhes é imposta uma sanção económica, eles *aceitem sem serem diretamente obrigados por lei a tal, realizar investimentos, em prol do ambiente e dos recursos naturais.* Ou seja, independentemente do cumprimento que tem de ser dado à normatividade ambiental.

O *objetivo* é privilegiar condutas alternativas apenas às meras sanções financeiras previstas na lei e que tenham efeitos úteis sobre o ambiente.

No *plano concetual sobre a comutação e figuras afins* como os *acordos endoprocedimentais,* diria que, pelo que respeita à pena, a doutrina em geral atribui à comutação a natureza de um "indulto" parcial, ao alterar a natureza do castigo a favor do réu; ou então como a substituição de uma sanção por outra.

Esta figura responde à necessidade de contar com *instrumentos voluntários* que beneficiem o meio ambiente assim como a *melhoria do desempenho ambiental* dos infratores, privilegiando as condutas que tenham efeitos diretos benéficos sobre as condições do ambiente em que vivemos e trabalhamos.

Próximo da *comutação técnica* estão a admissibilidade em geral de *acordos de autocomposição,* visando a recomposição e a compensação de danos, hoje também já praticados em certos ordenamentos.

Aqui estabelece-se a possibilidade de o interessado e a autoridade ambiental acordarem na realização dessas ações *a pedido do infrator* antes que se conclua o procedimento.

As *medidas compensatórias,* tal como as *repressivas e dissuasórias,* podem perseguir *dois tipos de objetivos.* Uns, de carácter *preventivo* (taxas sobre derramamentos e outros tributos fiscais, destinados a eliminar ou atenuar a contaminação). Outros, de natureza *reparadora* (como as que visam tornar efetivo o princípio de justa redistribuição, compensando as vítimas pelos prejuízos sofridos ou pelos danos causados ao ambiente).

Efetivamente, perante a ineficácia do direito administrativo em razão da sua própria natureza, para reparar, restaurar ou compensar os danos ambientais, a juntar às soluções alternativas ao cumprimento das sanções, pode recorrer-se também aos *mecanismos alternativos de resolução de conflitos.*

A sua crescente importância resulta de em causa estar precisamente o *objetivo imediato* de assegurar a *restauração ou a compensação do prejuízo ou dano ao ambiente* ou aos recursos naturais, dando ao interessado a oportunidade de, na fase endoprocedimental, antes do procedimento concluído, concordar com a autoridade na realização dessas ações.

Estes acordos são mecanismos alternativos não à sanção decretada, de pagar pela infração, mas de resolução da própria controvérsia sem chegar a colocar-se a questão da sanção.

A *razão última da comutação por medidas e projetos alternativos voluntários de sanções*, até mesmo já declaradas, tal como a possibilidade da sua *substituição* na hora de sancionar os comportamentos, pode de facto ser um *instrumento útil, como técnica de potenciar melhorias na problemática da defesa ou reparação* do ambiente.

A comutação ou qualquer substituição em geral tem de aparecer como traduzindo uma mais-valia ambiental e um estímulo pedagógico individual para o agressor ambiental, para além dos custos (sempre exigíveis face a poluições ou outras condutas danosas) da reparação do dano, já obrigatórios pelo princípio poluidor-pagador.

A alternativa à multa ou à coima só pode ser aceite como solução, desviada do seu objetivo punitivo, por interesse público ambiental, traduzindo uma parte apenas de um projeto de reparação ou investimento ambiental, embora também a favor do próprio.

Quanto aos *requisitos para a comutação*, a ideia geral é que o infrator possa solicitar a comutação da coima ou multa por ações tendentes a proteger, preservar ou restaurar o ambiente e os recursos naturais.

Mas, para que a autoridade outorgue o benefício da comutação, é necessário exigir certas *condições que permitam deduzir o êxito da medida alternativa.*

Por isso, devem exigir-se *requisitos mínimos* que possam justificar a substituição da sanção, v.g., referente à proposta de investimentos, garantias de cumprimento ou de pagamento da coima ou multa por um terceiro, etc. Afastando tal hipótese em casos de infrações graves e de reincidências. E sempre sem pôr em causa as obrigações não financeiras que já resultariam da lei, tais como atuações de reparação, reposição das coisas ou indemnizações que caibam ao ato infrator.

A medida alternativa substitui a sanção financeira (aliás, esta funcionando hoje a favor do Estado e não do ambiente), mas não se confunde nem substitui outras *sanções acessórias ou obrigações em espécie* que já resultariam da norma sancionatória. Todos os requisitos negativos e positivos devem estar devidamente *ponderados na fundamentação da decisão* sobre a aceitação da medida alternativa.

Devem ficar *claramente explicitadas as razões* que levam a Autoridade decisora a considerar que o *projeto de investimento (viável*, com ações que superem ou cumpram com os maiores níveis estabelecidos na normatividade ambiental, melhorando os processos produtivos das empresas, a fim de otimizar o seu desempenho ambiental e traduzindo-se em *encargos superiores ou, excecionalmente, pelo menos equivalentes à coima ou multa* imposta, na aquisição e instalação do equipamento para inovar ou evitar contaminação, v.g., equipamento anti-contaminante) ou outra medida alternativa vai evitar a contaminação ou vai proteger, preservar ou conservar o ambiente e os recursos naturais.

No entanto, discordamos com soluções consagradas em algumas normas, doutrinas ou jurisprudências, hoje vigentes em alguns ordenamentos jurídicos.

Destaco, por exemplo, que a nossa posição é a favor da comutação também com *afetação de montante de coima ou multa já pago*, se os requisitos substitutivos substantivos se verificarem.

O facto de a multa já ter sido paga à autoridade cobradora (independentemente da presunção de confissão, que tal possa significar, e da aceitação da sua responsabilidade, e de assim o assunto já estar resolvido sem impugnações e sem finalização conflitual do processo), tal não deve impedir a comutação, pois a obtenção de uma solução sem conflitualidade não deve ser o único objetivo-critério do instituto da comutação, sendo mais importante o objetivo de melhorar a defesa do ambiente.

Com efeito, se tecnicamente, ao estar a multa já paga, já não se trata de substituição, mas de um *novo acordo com utilização parcial do valor da multa*, nem por isso é despiciendo o objetivo que justifica este acordo, de, mais do que o arrecadar da multa, se conseguirem *investimentos mais poderosos*, sobretudo se em causa estiverem *valores ambientais difusos, de abrangência coletiva, ou ligados à defesa futura da saúde* de uma população.

Destaco a discordância com alguma doutrina sobre o sentido do poder discricionário outorgado à autoridade decisora.

A autoridade competente, nas situações legislativamente possíveis, deve não só assegurar ao próprio infrator o exercício do direito de solicitar a comutação, como deve concedê-la, desde que haja uma perspetiva de cumprimento do acordado alternativamente. E isto, embora a legislação deva marcar tal instituto como uma faculdade discricionária da autoridade sancionadora, no sentido, não de permissão a essa autoridade para poder livremente aprovar ou não aprovar o pedido de comutação, devendo fazê-lo nos casos em que hajam sido satisfeitos os seus requisitos sem que haja outros legalmente impeditivos.

Uma faculdade discricionária não pode ser um poder arbitrário ou de mera escolha livre entre várias hipóteses, apenas balizada pela idoneidade de uma qualquer das diferentes medidas possíveis, mas uma opção por aquela que, em concreto, seja tida como sendo a melhor para a realização do fim material em causa. É um poder dirigido por uma *ponderação subjetiva de natureza casuística, situada*, o que implica que, se o agente aplicador da norma conclui que a alternativa é a melhor solução para melhorar a aplicação dos objetivos ambientais, legalmente consagrados, deve concedê-la ou inclusive deve promovê-la, tentando a sua aceitação voluntária pelo infrator.

A Administração ou a jurisdição nunca podem usar de poderes arbitrários, só de um poder discricionário.

Nunca uma discricionariedade infundada. Nem enquanto ao *tempo de atuar*, nem enquanto ao conteúdo da sua decisão.

Não é permitido ao titular de um poder discricionário escolher livremente não atuar se tal é necessário para o interesse público específico presente ou escolher uma qualquer solução, afastando aquela que melhor sirva os interesses públicos que pela lei deva prosseguir.

A *discricionariedade*, para não ser arbitrariedade, não pode traduzir-se num poder de escolher "arbitrariamente" uma de várias soluções possíveis, mas o de escolher, de entre todas as possíveis e idóneas, a que melhor serve o *objetivo material ao serviço do qual o legislador colocou a decisão final nas suas mãos*, face às *circunstâncias concretas* que o legislador não pode conhecer em profundidade, e só o aplicador pode tentar captar e analisar ponderadamente.

Não pode considerar-se a aceitação da alternativa como uma mera prorrogativa potestativa do administrador ou do julgador.

Não é aceitável que à legalidade funcional do agente sancionador e comutador baste o facto de a solução estar dependente do seu "prudente juízo", que estaria exercido pelo mero analisar, como sempre deve, em cada caso, as circunstâncias particulares desse caso, os elementos sobre as capacidades pessoais do infrator e as circunstâncias da execução das infrações, decida depois como decidir.

Pode dizer-se que nenhum agravo causa ao solicitante da comutação o facto de a entidade responsável não lhe haver comutado a pena de coima ou multa, ou outra sanção que seja?

Mas, não é verdade que ele (a sua empresa, a sua região), pode ser um beneficiário, reflexamente falando, de tal comutação, pelo que a *denegação poder prejudicar objetivos de melhoria de realização de um bem ambiental*, que aliás a todos cumpre defender, se se impedem benefícios possíveis ao ambiente e aos recursos naturais?

E a denegação não pode estar isenta de ilegalidade se não aplica os princípios gerais do direito administrativo (*igualdade de tratamento, imparcialidade, proporcionalidade*, boa-fé, justiça), o que, se frustrados, implica vício de violação de lei ou seja uma ilegalidade, impugnável jurisdicionalmente.

Destaco a questão do "cálculo de equivalência" tratada em alguma doutrina. Aceitando o princípio de que a alternativa deve ser *aceite se trouxer uma mais-valia ao ambiente* face às obrigações que já impenderiam sobre o infrator, não deixo de discordar também que se ligue inexoravelmente a questão da medida alternativa a um mero cálculo de equivalências.

Deve permitir-se a realização de um investimento apenas equivalente à coima ou multa ou, excecionalmente, mesmo em alternativa à restituição do local, tal como se encontrava antes da infração, o que não sendo em si uma alternativa ao sancionamento previsto, pode ser aconselhável se puder trazer essa mais-valia numa abordagem meramente ambiental, v.g., se houvesse interesse ambiental à *replantação* a que estaria obrigado no local original, mas a efetivar noutro. Mas sempre será um caso de exceção, exigindo ponderação casuística situada, pois permitir como sanção ou como comutação a plantação em local distinto pode ser compensador para os urbanizadores, que assim se veem compensados e continuarão a agredir o ambiente.

No entanto, uma reparação do dano pode não ser equivalente à multa imposta, sendo certo que, no caso da vida selvagem, é difícil quantificar com exatidão os custos dos exemplares.

Solução pertinente será por exemplo comutar certas sanções, como a admoestação escrita, a coima ou a multa ou o arresto administrativo por um trabalho comunitário em atividades de conservação da vida selvagem e do seu habitat natural.

Em conclusão, em princípio seria defensor que este regime de comutação pudesse conviver com a ideia de um infrator sancionável pela Administração ambiental que reconhece a infração e não contesta a sanção, nem administrativa nem jurisdicionalmente, o que economizaria a ocupação de recursos humanos.

Aceitando-se a infração e a coima legalmente prevista, ser-lhe-ia possibilitado usar o montante da coima para destinos, mesmo empresariais seus, visando melhorar no plano ambiental os seus *equipamentos e aparelhos tecnológicos*, fabris. Mas não excluo também essa possibilidade pelos tribunais no momento de sancionar.

Sendo de aceitar, ainda, a *ideia da comutação superveniente*, mesmo que já haja sanções decretadas ou mesmo que já tenha sido paga a coima administrativa ou a multa judicial, se os benefícios ambientais da proposta de comutação forem indiscutíveis.

Além disso e em geral, defendo que o legislador deve canalizar sempre qualquer montante de sanção por razões ambientais para fins ambientais. Mas se de facto o uso da multa deve ir para o ambiente, tal deve ser a lei a impô-lo à autoridade, que a cobra, que é o Estado ou outra entidade pública.

Imponha-se legislativamente como critério geral, abstrato, que tal montante não deve ser usado para outros fins que não os de *política preventiva ou reparadora ambiental* em geral ou no caso concreto, na medida preferencial, em que o agente anti-ambiental não o consiga promover por si.

*

Certas previsões sancionatórias contraordenacionais e criminais são inadequadas face os objetivos que pretendem prosseguir.

Para além do direito sancionatório com coimas, sanções financeiras impostas em procedimentos administrativos, em que os montantes a pagar muitas vezes não têm ligação nem aos *valores lucrados* com a infração administrativo ambiental, nem com os *danos difusos* nas populações, exigindo reformas no *critério de cálculos* para não induzir aos incumprimentos e antes ao respeito escrupuloso das normas interditadoras. E, de qualquer modo, montantes sempre a orientar não para o genérico orçamento de Estado, quais "impostos", mas para objetivos estritamente ambientais.

Importa ter uma especial preocupação com a *proteção penal do ambiente,* que se tem imposto, aparecendo o legislador a despertar para a necessidade de usar os meios oferecidos pelo direito criminal em face do alarme implicado com o conhecimento do número crescente de informações referentes aos desvios ecológicos.

Os danos espetaculares no *meio aquático e na atmosfera, a destruição das florestas, a contaminação dos solos, a destruição irreversível de espécies vivas,* etc.

O que deve proteger-se no ambiente?

Desde logo, a *exploração e o uso irracional quer dos recursos, quer dos componentes naturais.* A *água, o ar e o solo* (enquanto meios recetores de *efluentes, derramamentos, emissões ou resíduos),* que são frequentemente agredidos pela ação humana.

Portanto, importa defender o ambiente e a natureza em geral da *exploração irracional dos recursos naturais,* que o compõem, e do seu *uso degradante,* como lugar de lançamento de *resíduos líquidos, sólidos e gasosos.* Defendê-lo do uso abusivo ou da extração de *recursos minerais, vegetais e animais,* renováveis ou não, e da sua contaminação.

O código penal foi recolhendo orientações oriundas de organismos e congressos internacionais. Esta criminalização em Portugal, iniciada com as alterações de 1995 ao Código penal, vem proteger o ambiente de forma direta, em si mesmo, embora com limitações subjetivas.

As suas normas referem-se, tradicionalmente, à proteção dos elementos componentes do ambiente natural e já também aos elementos referentes ao ambiente humano. Isto é, aos *aspetos culturais, históricos, urbanísticos ou artísticos* ligados ao conceito amplo de ambiente, incluindo o *ambiente construído*, que já não sofre apenas sanções contraordenacionais.

No entanto, merecem reparo os pressupostos de certas *sanções penais*, que *remetem a tipificação criminal* para outras normas materiais em geral já com previsão de sanções contraordenacionais.

Com efeito, como exemplo, transcreve-se do Código Penal português, o n.º 1 do art. 279.º (poluição): "1 – Quem, *não observando disposições legais, regulamentares ou obrigações impostas* pela autoridade competente em conformidade com aquelas disposições, provocar poluição sonora ou poluir o ar, a água, o solo, ou por qualquer forma degradar as qualidades destes componentes ambientais, causando danos substanciais, é punido com pena de prisão até 3 anos ou com pena de multa até 600 dias".

Estas agressões ambientais já estão sancionadas com coimas na normação respetiva.

Não seria de tipificar de modo claro, direto, concentrado, como crime as situações factuais mais graves e deixar tipificado como contraordenação, nos respetivos diplomas, as menos graves?

Ou distinguir na própria legislação específica, remetendo para o código penal a criminalização.

Por outro lado, também nada reforça o sancionamento de incumprimento de "obrigações impostas pela autoridade competente em conformidade com as disposições legais" como crime autónomo, não só porque já sujeitas a coimas nos respetivos diplomas, como porque, de qualquer modo, optando-se pela criminalização, o seu sancionamento já resultaria do crime de desobediência à autoridade, funcionando na imposição do cumprimento das leis.

*

Nesta matéria, são também muitas as deficiências da legislação, desde logo, referentes ao controlo integrado da poluição. Basta recordar o fenómeno e o incumprimento reiterado em Portugal dos níveis de ozono (0^3) troposférico nas nossas cidades, além de muitas outras situações palpáveis no dia-a-dia.

No que concerne à prevenção e controlo integrado de poluição, apesar dos esforços que a indústria tem realizado no controlo das principais substâncias poluentes, os processos de produção industrial ainda são uma fonte muito importante de poluição a nível europeu. O conceito de Prevenção e Controlo Integrados de Poluição[836] foi introduzido pela Diretiva n.º 96/61/CE, do

[836] Integrated Pollution Prevention and Control (IPPC).

Conselho, de 24 de setembro, transposta para o Direito Português através do D-L n.º 194/2000, de 21.8, com o objetivo de promover a adoção de uma abordagem comum ao controlo da poluição industrial nos Estados Membros. No fundo, este enquadramento legal traduz o reconhecimento da existência de abordagens diferentes no controlo da poluição do ar, das águas e do solo pode favorecer a transferência de problemas de poluição entre os meios físicos, em vez de incentivar a proteção do ambiente no seu todo.

A Diretiva IPPC e sua legislação de aplicação nacional visa, essencialmente, a adoção de uma abordagem integrada no controlo de poluição, que assenta, prioritariamente, na *prevenção das emissões* de poluentes e na sua minimização. A Diretiva IPPC aplica-se à generalidade das atividades industriais (discriminadas no seu Anexo I) e a algumas atividades agrícolas.

5.3. Princípios fundamentais do direito ambiental

Quais os princípios gerais detetáveis na atualidade no nosso direito do ambiente? No que concerne aos *princípios de aplicação geral*, como o que se liga à exigência de *intervenção "radical"*, visando impor o ataque aos males na sua origem, obrigando a procurar e atuar na raiz das coisas, na origem das poluições e dos desvios, em todos os azimutes, *vertical e horizontalmente.* Com efeito, ele obedece aos *princípios da transversalidade, horizontalidade ou integração*, além do tratamento vertical dos elementos ambientais. Daqui deriva já a força deste *princípio da correção na fonte ou na fase mais recuada.*

Com efeito, sem prejuízo do *princípio da correção dos efeitos nefastos das poluições entretanto ocasionadas*, ganham realce os princípios que visam *prevenir* tais ocorrências.

Face à sua ocorrência em concreto, impõe-se, consequentemente, o *princípio do poluidor-pagador* (a recair, por exemplo, no engarrafamento de água e quaisquer bebidas em garrafas e garrafões de plástico em vez de vidro, e mesmo em certas situações também o do poluído-utilizador-consumidor, por exemplo, o uso por empresários da restauração e de bares de vasilhame em plástico em vez de optar por vidro ou materiais de uso permanente e não poluente e o uso pelos consumidores de sacos de plástico, em vez de outros de pano ou outro material reciclável) e o *princípio da restituição da situação ao momento "ex-ante" à provocação do dano.*

De qualquer maneira, em termos gerais, sempre, o *princípio da responsabilidade do poluidor* e, eventualmente, do utilizador, causador dos problemas, que pode implicar, não só condenações financeiras, face ao desencadear de procedimentos de contraordenação, como processos e condenações criminais.

A *reparação ou a prevenção* contra o dano ambiental pode, também, legitimar a interposição de ações populares por cidadãos e organizações não governamentais e, ainda, ações públicas pelo ministério público. Até ações em relação ao consumidor, se conivente, em vez de possível instrumento de pressão na correção dos comportamentos do produtor (v.g., a técnica da eco-etiqueta, etc.) e a ligação à afirmação dos princípios da globalidade e da processualidade.

Daí, a afirmação, em termos amplíssimos, de um *princípio de transparência ambiental,* com grande amplitude, titulando um direito aberto à informação dos cidadãos em geral e das ONGA, suscetível de viabilizar, o mais cedo possível, a participação esclarecida e o desencadear de mecanismos de ação popular na defesa dos bens que protege.

Trata-se de um direito protegido pelo *livre acesso à informação,* nos termos da Constituição, da lei de acesso aos documentos administrativos, da legislação europeia e da Convenção de Aärhus, não só a instrumental do direito de participação procedimental, como, mesmo e sobretudo, por um direito, livre de qualquer objetivo institucional, exercido num contexto da mera cidadania, sem necessidade de qualquer justificação concreta, ou exigência de enunciação pelo particular requerente de qualquer fim, que não seja o de fiscalizar os poderes públicos e cumprir o dever constitucional de zelar pela defesa do ambiente e da qualidade de vida.

Aqui, estamos perante, não só a um direito de acesso a qualquer documento com matéria ambiental, na face pós-procedimental, em que o processo está findo com decisão administrativa decidida, como mesmo, para viabilizar eventual tarefa de prevenção e dissuasão de cometimento de danos ambientais, de acesso a quaisquer documentos solicitados em qualquer fase do procedimento que possa reportar-se, em princípio, a problemáticas ambientais.

Tal direito *assiste a todo e qualquer indivíduo*, interessado, diretamente ou não, numa dada matéria ou em conhecer algo sobre uma dada matéria e em relação a informações constantes de documentos detidos ou que deviam ser detidos por poderes públicos ou em seu nome, ou seja, sobre matérias pertencentes ou envolventes de atuações implicando poderes públicos.

Tudo, portanto, nos termos da Lei de Acesso aos Documentos Administrativos e a complementar, entre outras, com normas de acesso em documentos sobre planeamento territorial, urbanismo e, em geral, com normas em matéria ambiental, se eventualmente em parte, de acesso mais favorável do que as norma sobre acesso em geral, dado que a lei de aplicação constitucional sobre o acesso é a legislação de aplicação geral quer face ao mandato do artigo 266.º, n.º 2 da Constituição quer do Direito da União

Europeia e do Direito Internacional Europeu nesta matéria em que rege a Convenção de Aärhus[837]. Destaque-se, designadamente, o regime jurídico da urbanização e edificação, direito do urbanismo em sentido estrito (tal como várias outras, que existam, desde que não estejam em contradição com as exceções constitucionalmente admissíveis ou passíveis de interpretações conformadora que possa não levar à sua nulidade e inaplicação, o que não é admissível na própria, por exemplo recorrer a um vocabulário conceitualizador, como o de documentos "nominativos" ou outra expressão com o sentido atribuído no direito da proteção contra a informativa, dados automatizados, simetrizando a expressão constitucional da vida íntima como dados pessoais automatizados), contém matérias, que, pelo menos, após a sua finalização ficam abertas ao conhecimento de qualquer pessoa e que, se estiverem em causa questões que impliquem a defesa do ambiente (bem especialmente protegido) e da saúde (cláusula vital), mesmo antes dessa decisão final.

Com efeito, o direito do ambiente aparece, em muitos aspetos, ligado ao direito do ordenamento físico e do urbanismo. Este reporta-se ao conjunto de princípios, regras de atuação dos poderes públicos, visando regular, designadamente com objetivos orientadores, interditadores ou condicionadores, o uso, ocupação e transformação dos solos, segundo lógicas de ordenamento físico, para efeitos de um adequado desenvolvimento e conservação do espaço urbano, integrando ou estando sujeito à aplicação de importantes cláusulas de proteção ambiental.

No fundo, trata-se essencialmente da organização do desenvolvimento dos aglomerados populacionais, e das limitações às faculdades de construção prejudiciais para a agricultura e o ambiente ou por outras razões de interesse público, e especialmente da sua expansão e renovação, e em geral das intervenções administrativas no solo, assim como das formas da sua utilização (edificação, defesa e recuperação-valorização do património, construído ou natural, designadamente o histórico-cultural e elementos paisagísticos, etc.).

O *direito à informação* referente ao planeamento territorial compreende as faculdades de examinar livremente e onde quer que se encontrem os processos em elaboração ou findos. Acedendo, designadamente, aos *estudos de base e a qualquer outra documentação, escrita e desenhada*, que fundamentem as opções estabelecidas; obter cópias simples ou autenticadas de atas de reuniões deliberativas e certidões dos instrumentos aprovados; serem-lhe comunicadas informações sobre as disposições constantes de instrumentos de gestão territorial (IGT) e tomar conhecimento através das entidades

[837] LADA, www.cada.pt.

responsáveis pela elaboração dos planos sobre as *condicionantes e as servidões aplicáveis ao uso do solo.*

Aliás, as entidades responsáveis pela elaboração e pelo registo dos instrumentos de gestão territorial devem criar e manter sempre atualizado um sistema que assegure o exercício do direito à informação, designadamente através do recurso a meios informáticos. Os cidadãos e as associações representativas dos interesses económicos, sociais, culturais e ambientais têm o direito de participar na elaboração, alteração, revisão, execução e avaliação dos IGT.

O *direito de participação* compreende a possibilidade de formulação de *sugestões e pedidos de esclarecimento ao longo dos procedimentos* de elaboração, alteração, revisão, execução e avaliação e a intervenção pública na fase de discussão pública das diferentes políticas e IGT, que precede obrigatoriamente a aprovação.

As entidades públicas responsáveis pela elaboração, alteração, revisão, execução e avaliação dos IGT são obrigadas a *divulgar, designadamente através da comunicação social,* a decisão de desencadear o processo de elaboração, alteração ou revisão, identificando os objetivos a prosseguir; a conclusão da fase de elaboração, alteração ou revisão, bem como o teor dos elementos a submeter a discussão pública; a abertura e a duração da fase de discussão pública; as conclusões da discussão pública, os mecanismos de execução utilizados no âmbito dos IGT e o início e as conclusões dos procedimentos de avaliação.

As entidades responsáveis estão sujeitas ao *dever de ponderação das propostas* apresentadas no respetivo relatório do plano e de dar resposta fundamentada a todos os *pedidos de esclarecimento formulados.* Durante a elaboração dos PIMOT ou PMOT, as câmaras municipais devem facultar aos interessados todos os elementos relevantes para que estes possam conhecer o estádio dos trabalhos e a evolução da tramitação procedimental, bem como formular sugestões à autarquia e à comissão mista de coordenação.

*

Concluído o *período de acompanhamento* e, quando for o caso, decorrido o *período adicional de concertação,* a câmara municipal procede à abertura de um período de discussão pública, através de aviso a publicar no Diário da República e a divulgar através da comunicação social e da respetiva página da Internet. No que tange à abertura da discussão pública, no aviso sobre esta deve fazer-se constar a indicação do período de discussão, das eventuais sessões públicas a que haja lugar e dos *locais onde se encontra disponível a proposta, o respetivo relatório ambiental, o parecer da comissão de acompanhamento (ou a ata da conferência decisória nos PDIM/PMOT*), os demais pareceres eventualmente emitidos, os resultados da concertação, bem como da forma como os interessados podem apresentar as suas reclamações, observações ou sugestões.

O período de discussão pública deve ser anunciado com a antecedência mínima de 5 dias, e não pode ser inferior a 30 dias para os planos diretores locais e a 22 dias para os Planos de Urbanização e Planos de Pormenor.

*

Quanto à *participação e informação*, as entidades autárquicas ponderarão as *reclamações, observações, sugestões e pedidos de esclarecimento* apresentados pelos particulares, ficando obrigadas a resposta fundamentada perante aqueles que invoquem, designadamente a desconformidade com outros IGT eficazes; a incompatibilidade com planos, programas e projetos que devessem ser ponderados em fase de elaboração; a desconformidade com disposições legais e regulamentares aplicáveis e a eventual lesão de direitos subjetivos. A resposta será comunicada por escrito aos interessados. Mas, no caso de se adotar a forma de audição através de representantes, ou no caso de a apresentação de observações escritas ser em número superior a 20, poderá a autoridade instrutora optar pela publicação das respostas aos interessados em dois jornais diários e num jornal regional, quando exista (LPPAP).

Findo o período de discussão pública, a câmara municipal ou a entidade estadual responsável ponderam e divulgam, designadamente através da comunicação social e da respetiva página da Internet, os respetivos resultados e elaboram a versão final da proposta para aprovação. E, aliás, há mesmo obrigações informativas ativas, que se impõem ao labor da própria Administração. Com efeito, as entidades públicas responsáveis pela elaboração, alteração, revisão, execução e avaliação dos IGT (uns programáticos, designadamente os ambientais, emitidos pelo ministério do ambiente para enformar políticas, projetos e outro planeamento, PSIT de conteúdo ambiental, os atuais PEOT – que hoje não passam de planos setoriais tipificados de vigência transitória –, os programas intermunicipais (PIMOT, estes, de génese local, que podem existir como uma alternativa soft, sujeitando apenas as autoridades municipais locais pois serão somente orientativos no domínio hermenêutico de normas, eventualmente imprecisas, de PMOT subordinados –, outros vinculantes para os agentes económicos e particulares em geral, os planos intermunicipais de aplicabilidade plurisubjetiva: al. a, 2, art. 4.º, Decreto-Lei 80/2015, 14.5) e outros oriundos de outras entidades, e a integrar-se em planos de aplicação plurisubjetiva (PIMOT e PMOT), todos devem ser respeitados pelas Administrações e só depois pelos particulares: só indiretamente, após serem absorvidos-integrados pelo planeamento dos poderes locais E todos implicam deveres de publicidade. Devem ser divulgados, designadamente através da comunicação social: a) Decisão de desencadear o processo de elaboração, alteração ou revisão, identificando os objetivos a prosseguir; b) Conclusão da fase de elaboração, alteração ou revisão, bem como o teor dos elementos a submeter a discussão pública; c) Abertura e a duração da fase de discussão pública; d) Conclusões da discussão pública; e) Mecanismos de execução utilizados nos IGT; e f) O início e as conclusões dos procedimentos de avaliação. As entidades públicas estão sujeitas ao dever de ponderação das propostas e dever de resposta fundamentada aos pedidos de esclarecimento formulados. Ou seja, o domínio do ambiente é orientado (porque a defesa do ambiente é um direito e também um dever de todos), pelos princípios de um forte apelo à participação e à afirmação do princípio da informação pública, oficiosa ou por livre iniciativa dos cidadãos. Isto é, pela obrigação de dar a conhecer e promover a intervenção ("apelo e apoio" a iniciativas particulares) dos cidadãos e das ONG na elaboração e aplicação da política do ambiente.

*

Começo por destacar, agora, *dois princípios axilares,* cuja distinção nem sempre é bem compreendida:

a) o *princípio da prevenção,* com medidas atuando na *fonte comprovada das poluições,* para evitar a sua criação, prevenir a degradação ambiental, sempre mais eficaz do que a repressão e a correção "a posteriori" dos males causados, demonstrado que esteja a relação de causalidade adequada, ele entra em ação; e
b) o *princípio da precaução,* que impõe medidas preventivas mesmo sem a existência de prova científica, para interditar ou condicionar certas condutas, em certas situações especiais com um mínimo de constatação relacional factual (designadamente face à repetição de eventos perniciosos consequentes de outros que os precederam) independentemente da incapacidade de se perceber cabalmente as razões de nexo e de não se poder apresentar ainda uma prova cientificamente comprovada. Portanto, ele impõe-se quando a evolução da ciência e da tecnologia disponíveis ainda não permitiram comprovações sobre a sua origem, desde que haja suficientes razões-acontecimentos que

pareçam factualmente poder estar ligadas, para poder suspeitar-se de tal poder desencadear de um dado mal ambiental ou à saúde. Portanto, para se colocar a hipótese da *existência de uma dada fatoriedade, relacional ou possibilidade disso.*

O próprio direito do urbanismo já assumiu este princípio ambiental no caso de *instalações eletromagnéticas.* Isto é, ele é invocável desde que haja a constatação-suspeição ou desconfiança, fundada em certa repetição de efeitos, repetidos face a certos factos, de que pode haver uma dada relação ou propiciação entre certos eventos anti-ambientais face a certas condutas, mesmo que a ciência ainda não tenha podido dar como provada uma relação de causalidade (fatoriedade)-efeito.

Neste âmbito, apontarei ainda outros *dois subprincípios, um de natureza cautelar, o da resiliência, e outro, ativo, o da cooperação.* O princípio da cooperação, a todos os níveis das administrações nacionais, intergovernamentais e supranacionais, implica a concertação também internacional de soluções adequadas à dimensão dos problemas. Aliás, mais do que isso, a globalização económica e, independentemente desta, sempre a inultrapassável *globalização da economia e dos mercados e da problemática ambiental,* exigem há muito uma organização jurisdicional ambiental de sujeição obrigatória. No entanto, a inoperatividade da sociedade internacional não tem conseguido impor o, até há pouco super-proclamado e pouco-defendido *princípio da sustentabilidade,* procurando a *compatibilização conciliadora entre o desenvolvimento e o ambiente,* através da integração das políticas de "crescimento" económico e social e de defesa da natureza, foi dando lugar, face à sua excessiva imprecisão e falta de critérios operativos, ao conceito de ambientalmente compatível ou mesmo de resiliência, cuja utilidade, não sendo meramente ética, apropriado e reinterpretado a favor de todos os interesses, poderá não vir a ter melhor sorte. Com efeito, qualquer que seja o conceito mais adequados, os objetivos que o devia comandar têm cedido, em parte, a poderosos interesses económicos, com compromissos anti-ambientais com o mundo empresarial de cedência nos conteúdos impositivos e na dilação do tempo de "vacatio legis", entre organismos empresariais dos diferentes setores, União Europeia e Estados.

Neste plano, aparece, por vezes, como um direito negociado com os próprios causadores das agressões ambientais, quer no conteúdo quer no tempo (v.g. na indústria automóvel, energética, tabaqueira, etc.). Por isso, configura-se, em geral, na prática, como um direito de proteção de um bem que é *relativizado excessivamente* pela lógica do desenvolvimento económico-social.

Seja ele referido como sustentável, compatível ou resiliente, tem tido uma tutela normativa medida por *níveis de tolerabilidade e de aceitabilidade* dos meros interesses egoístas dos titulares dos grandes grupos económicos.

O ambiente poderá continuar a acomodar-se ao instalado conceito de soberania e às vedações estaduais? A soberania dos Estados poderá vigorar no âmbito da defesa do ambiente, mesmo que limitada por um futuro direito internacional à "ingerência ambiental" (em nome dos direitos humanos e da sua natureza de "ius cogens"), que, eventualmente, se consiga impor? Hoje, vivemos um processo de desvios e ameaças ambientais de repercussão mundial. Trata-se de um processo, que vai sendo conhecido pelos cidadãos, em geral, em si, e na sua inexorável capacidade de destruição globalizadora, o que acentuará a *"angústia ecológica"*, designadamente entre os jovens. A factualidade ambiental exige, por um lado, a necessidade de retorno a um mundo ecocêntrico e, por outro, a integração do direito ao "ambiente são" no catálogo internacional dos direitos do homem, com o *devido enquadramento em termos de administração e de jurisdição mundial.*

As preocupações ínsitas aos *dados factuais ambientais, em permanente agravação,* têm de passar a ter resultados palpáveis nos meios dirigentes das sociedades deste novo século. Como referimos anteriormente, impõe-se, incontornavelmente, uma *nova reorientação dos poderes no plano supranacional.* Ou seja, exigem-se *estruturas organizacionais universais para uma efetiva aplicação das normas internacionais.* Seja a nível de instituições administrativas mundiais independentes, seja mesmo de um *tribunal ambiental mundial com jurisdição obrigatória* sobre todos os Estados e outras instituições públicas e particulares, que atuem como agentes contaminadores do ambiente, pelo menos quando impliquem *consequências transfronteiriças.*

5.4. Regimes disciplinadores da conservação da natureza, da água, proteção do ar e do solo e de luta contra o ruído

5.4.1. Regime jurídico da conservação da natureza e da biodiversidade

Neste âmbito, destaco os seguintes diplomas: sobre a rede nacional das áreas protegidas e conservação da natureza e biodiversidade, o Decreto-Lei n.º 142/2008, de 24.7 e sobre a Rede Natura 2000, os Decreto-Lei n.ºs 93/90, de 19.3 e 196/89, de 14.6.

O *conceito de conservação da natureza* aponta para a ideia de utilização humana cautelosa da Natureza, de modo a não pôr em causa de forma perene simultaneamente quer máxima rentabilidade das atividades e usos quer a sua compatibilidade com a manutenção da capacidade de regeneração de todos os recursos vivos.

O Decreto-Lei n.º 142/2008, de 24.7, rege o regime jurídico da conservação da natureza e da biodiversidade, aplicando-se ao conjunto dos valores e recursos naturais existentes no território nacional e nas águas sob jurisdição portuguesa.

Nele, se consagram vários princípios, a destacar, desde o da *função social e pública do património natural*, na medida em que o património natural constitui a infraestrutura básica integradora dos recursos naturais indispensáveis ao desenvolvimento social e económico e à qualidade de vida dos cidadãos, ao da *sustentabilidade*, implicando a promoção do aproveitamento racional dos recursos naturais, conciliando a conservação da natureza e da biodiversidade com a criação de oportunidades sociais e económicas e garantindo a sua disponibilidade para as gerações futuras, até ao da a *identificação* dos valores em causa (promoção do conhecimento, classificação e registo dos valores naturais que integram o património natural)e da *compensação, pelo utilizador, dos efeitos negativos* provocados pelo uso dos recursos naturais, sem esquecer o da *precaução na proteção* desses valores naturais mais significativos.

Hoje temos a Rede Fundamental da Conservação da Natureza (ICNF). Esta Rede, no âmbito conservacionista da natureza, é composta por áreas nucleares de conservação da natureza e da biodiversidade e áreas de reserva. As *áreas nucleares* são as integradas no Sistema Nacional de Áreas Classificadas, que é constituído pela Rede Nacional de Áreas Protegidas, áreas classificadas integradas na Rede Natura 2000 e outras áreas classificadas ao abrigo de compromissos internacionais do Estado. As *áreas de reserva ecológica nacional*, de *reserva agrícola nacional* e do *domínio público hídrico* são áreas de continuidade.

A lei cria o Cadastro Nacional dos Valores Naturais Classificados, a que cabe arquivar a informação sobre os valores naturais classificados ou considerados sob ameaça pela autoridade nacional.

O Decreto-Lei n.º 142/2008, de 24.6, estatui sobre o regime jurídico da conservação da natureza e da biodiversidade. Este conceito de biodiversidade reporta-se à variedade existente das formas de vida e dos processos que as relacionam, com todos os organismos vivos, as diferenças genéticas entre eles e as comunidades e os seus ecossistemas, enquanto *complexos dinâmicos constituídos por comunidades vegetais, animais e de microrganismos*, relacionados entre si e com o meio envolvente, considerados como uma unidade funcional.

Este regime, que visa *intervenções físicas, ecológicas, sociológicas ou económicas* para a manutenção ou recuperação dos valores naturais e para a valorização e uso sustentável dos recursos naturais (enquanto "componentes ambientais naturais com utilidade para o ser humano e geradores de bens e serviços, incluindo a fauna, a flora, o ar, a água, os minerais e o solo"), aplica-se a todos os "valores e recursos naturais" existentes no território nacional e nas águas sob jurisdição portuguesa. Sem prejuízo da aplicação de *regimes especiais* de classificação para "áreas definidas e delimitadas cartograficamente do território nacional" e das águas sob jurisdição nacional, que, em função da sua relevância para a conservação da natureza e da biodiversidade", tenham sido objeto de regulamentação específica, sendo "valores naturais classificados" os valores naturais que, face à sua relevância para a conservação da natureza e da biodiversidade, estão sujeitos a regimes legais de proteção" e gestão de áreas marinhas protegidas para além do mar territorial, reserva ecológica nacional, domínio público hídrico, reserva agrícola nacional, recursos florestais, fitogenéticos, agrícolas, cinegéticos, pesqueiros e aquícolas das águas interiores, etc.).

Este regime jurídico aplica-se ao conjunto dos valores e recursos naturais existentes no território nacional e nas águas sob jurisdição nacional, sem prejuízo de regimes especiais (classificação e gestão de áreas marinhas protegidas para além do mar territorial, reserva ecológica nacional, domínio público hídrico, reserva agrícola nacional, recursos florestais, fitogenéticos, agrícolas, cinegéticos, pesqueiros e aquícolas das águas interiores, etc..

Nesta matéria, regem os *princípios gerais e específicos* afirmados na Lei de Bases do Ambiente e, ainda, o *princípio da função social e pública do património natural*.

Este é a infraestrutura básica integradora dos recursos naturais indispensáveis ao desenvolvimento social e económico e à qualidade de vida dos cidadãos[838].

A Rede Fundamental de Conservação da Natureza é formada pelo Sistema Nacional de Áreas Classificadas (áreas nucleares: áreas protegidas integradas na Rede Nacional de Áreas Protegidas, Sítios da lista nacional de sítios e zonas de proteção especial integrados na Rede Natura 2000 e as outras demais áreas classificadas face a acordos internacionais) e pelas áreas de continuidade (Reserva Ecológica Nacional, Reserva Agrícola Nacional e domínio público

[838] O *princípio da sustentabilidade dos recursos naturais* implica a promoção e utilização racional, em ordem a conciliar a defesa da natureza e a criação de oportunidades sociais e económicas e garantindo a sua disponibilidade para as gerações futuras. O *princípio da identificação dos valores naturais* (promoção do conhecimento, classificação e registo), o *princípio da compensação* pelo utilizador dos efeitos negativos provocados pelo uso dos recursos naturais, o *princípio da precaução* face a possíveis impactos negativos (adoção de medidas ou interdição de atuações mesmo sem existir ainda uma certeza científica da relação causa-efeito, situação em que se impõe *o princípio da prevenção,* impedindo ou condicionando atuações), o *princípio da proteção* (efetiva salvaguarda dos valores mais significativos do património natural).

hídrico), que efetivam ou salvaguardam a ligação e o intercâmbio genético de populações de espécies selvagens entre as áreas nucleares de conservação, visando quer a adequada proteção dos recursos naturais, quer a promoção da continuidade espacial, coerência ecológica das áreas classificadas e conectividade das componentes da biodiversidade em todo o território, quer a adequada integração e desenvolvimento das atividades humanas.

A *conservação da natureza e da biodiversidade* desdobra-se em ações de conservação ativa (intervenções para o maneio direto de *espécies, habitats, ecossistemas e geossítios e outras associadas a atividades socioeconómicas, v.g., silvicultura, mineração, agricultura, pecuária, caça ou pesca*, com implicações significativas nesse maneio e ações de suporte (regulamentação, ordenamento, monitorização, acompanhamento, cadastro, fiscalização, apoio às ações de conservação ativa, visitação, comunicação e vigilância dos valores naturais classificados).

As autoridades primárias para a conservação são o Instituto da Conservação da Natureza e da Biodiversidade (funções de autoridade nacional), comissões de coordenação e desenvolvimento regional (nível regional), associações de municípios (ao nível intermunicipal) e os municípios (nível local), umas e outras com integração nos conselhos estratégicos das áreas protegidas de âmbito nacional.

Coube a esta lei prever a criação do *Fundo para a Conservação da Natureza e da Biodiversidade,* no âmbito do ICNF, que visa apoiar, através da afetação de recursos a projetos e investimentos necessários e adequados, a gestão da infraestrutura básica de suporte à conservação da natureza, especialmente das áreas que compõem a Rede Fundamental de Conservação da Natureza.

Esta *conservação* pode ser promovida através de instrumentos de *compensação ambiental* que garantam a satisfação das condições ou requisitos legais ou regulamentares de que esteja dependente a execução de projetos ou ações (nomeadamente decorrentes do regime jurídico da avaliação de impacte ambiental ou do regime jurídico da Rede Natura 2000), sem prejuízo da *compensação ambiental* se poder concretizar pela realização de projetos ou ações pelo próprio interessado, previamente aprovados e posteriormente certificados pelo ICNF, desde que produzam um *benefício ambiental equivalente ao custo ambiental causado.*

Nada impede que o próprio ICNF acorde realizar a compensação ambiental, através da realização de projetos ou ações, financiadas pelo interessado, situação em que os pagamentos a efetivar têm de ser adstritos às finalidades pretendidas com a compensação ambiental. O sistema Nacional de Áreas Classificadas é constituído pela Rede Nacional de Áreas Protegidas, pelas áreas classificadas integradas na Rede Natura 2000 e pelas áreas classificadas ao abrigo de compromissos internacionais.

Neste âmbito, além da existência dos instrumentos de gestão territorial, também pode haver planos de gestão para áreas classificadas ou planos específicos de ação para a conservação e recuperação de espécies e habitats.

*

Quanto à Rede Nacional de Áreas Protegidas, com diversa tipologia no plano territorial e densificador da sua natureza, é constituída pelas áreas protegidas (classificadas segundo este regime jurídico de conservação e o dos diplomas regionais de classificação), desde logo devendo ser classificadas como áreas protegidas as *áreas terrestres e aquáticas interiores e áreas marinhas* (rede nacional de áreas protegidas marinhas: áreas protegidas delimitadas exclusivamente em águas marítimas sob jurisdição nacional e áreas de reservas marinhas e parques marinhos demarcadas nas áreas protegidas) em que a biodiversidade ou outras ocorrências naturais, pela sua *raridade, valor científico, ecológico, social ou cénico*, apresentem uma relevância especial que exija medidas específicas de conservação e gestão. Visa regulamentar as *intervenções artificiais suscetíveis de degradar os recursos naturais e valorizar o património natural e cultural.* Pode, além delas, abranger o *domínio público e o domínio privado do Estado*, a *zona económica exclusiva* e, em geral, *quaisquer bens imóveis*.

As *áreas protegidas* podem ter âmbito nacional, regional ou local, e classificam-se como *parque natural e áreas protegidas privadas.*

Nas situações de classificação de áreas de âmbito nacional, em que seja obrigatória a elaboração de programa especial, o Conselho de Ministros também pode *suspender os planos territoriais de âmbito intermunicipal e municipal* abrangidos pela área protegida e estabelecer medidas preventivas para evitar a alteração das circunstâncias. Neste caso, é aplicável o regime jurídico dos instrumentos de administração territorial vinculativos. Tal classificação deve ser, obrigatoriamente, precedida de um período de *discussão pública*[839], para a recolha de observações e sugestões sobre a classificação e simultaneamente promovida a audição das autarquias locais envolvidas.

Não há caducidade da classificação pelo facto de ter decorrido o prazo de suspensão dos planos e de aplicação de medidas preventivas.

[839] Anunciado com uma antecedência mínima de 10 dias e que tem de ter uma duração entre 20 a 30 dias.

*

As diferentes áreas protegidas (parques, reservas e paisagens) de âmbito nacional dispõem obrigatoriamente de um programa especial de ordenamento, a elaborar, executar e avaliar pelo ICNF. É-lhe aplicável o regime jurídico dos instrumentos de gestão territorial, em articulação com o regime jurídico que desenvolve as bases da política de ordenamento do espaço marítimo nacional.

As suas normas que, em função da sua incidência territorial urbanística, *condicionem a ocupação, o uso e a transformação do solo* são obrigatoriamente integradas nos planos territoriais e as relativas aos regimes de salvaguarda de recursos e valores naturais das áreas marinhas protegidas e dos volumes relevantes para a conservação da natureza e da biodiversidade são integradas nas *normas de execução* dos instrumentos de ordenamento do espaço marítimo nacional.

A *classificação como áreas protegidas* pode levar à criação de zonas de proteção integral ou zonas de proteção dirigida. As primeiras são reservas integrais, sujeitas a *expropriação*, visando especialmente manter os processos naturais num *estado dinâmico e evolutivo*, sem o desenvolvimento de atividades humanas regulares e em que a investigação científica, a monitorização ambiental ou a visitação ficam sujeitas a autorização prévia do ICNF. As *zonas de proteção dirigida* são *microreservas*, visando a conservação de uma *pequena área isolada de ocupação de uma espécie, ou grupo de espécies, ou de um habitat, ou grupo de habitats, muito raros ou ameaçados*, com o objetivo de desenvolver as ações de conservação adequadas à manutenção ou recuperação do seu estado de conservação favorável, designadamente programas de gestão próprios.

A *delimitação destas zonas* e as normas que regulamentam a sua salvaguarda condicionando a *ocupação, o uso e a transformação do solo* têm de ser integradas nos planos territoriais de origem autárquica para terem *aplicabilidade direta aos particulares*.

No *meio marinho* até ao limite do mar territorial, nas áreas protegidas podem levar a delimitar-se, nos *programas especiais e instrumentos de ordenamento do espaço marítimo nacional*, reservas marinhas para a proteção das comunidades e habitats marinhos sensíveis, de forma a assegurar a biodiversidade marinha ou *parques marinhos* para a *proteção, valorização e uso sustentado* dos recursos marinhos, através da integração harmoniosa das atividades humanas.

No âmbito do *ordenamento do espaço marítimo nacional*, importa considerar a necessidade de eles e os programas e os planos territoriais deverem assegurar a sua compatibilidade sempre que incidam sobre a mesma área ou sobre áreas que, pela interdependência estrutural ou funcional dos seus elementos, necessitem de uma *coordenação integrada*. Dando prioridade às soluções que determinem uma utilização mais sustentável do espaço.

As normas de administração das áreas protegidas constantes dos programas especiais podem ser complementadas nos termos definidos no programa especial por regulamentos para essas áreas.

*

O *regime de proteção de cada área protegida*, a efetivar tomando em conta a existência das *construções e direitos juridicamente consolidados ou indemnizando* nos casos em que tal não seja possível, é definido de acordo com a importância dos valores e recursos naturais presentes e a sua sensibilidade ecológica. Podem ser delimitadas na *planta de síntese do programa especial*, áreas de proteção total, parcial e complementar, e áreas de intervenção especial.

Devem ser de proteção total aquelas onde os valores naturais e paisagísticos assumem um *caráter de excecionalidade*, com características de elevada sensibilidade ecológica, em ordem a garantir a manutenção ou recuperação do estado de conservação dos valores naturais em presença e a integridade dos processos ecológicos que lhes estão associados, com o mínimo de perturbação humana).

Devem ser *áreas de proteção parcial* sempre que haja valores naturais e paisagísticos que se assumem, no seu conjunto, como relevantes para a garantia da biodiversidade e manutenção do estado de conservação favorável de habitats naturais e de espécies da fauna e da flora, onde as atividades humanas e os usos do solo fiquem articularmente adaptados aos objetivos de conservação, promovendo os valores naturais em presença.

As *áreas de proteção complementar* destinam-se a estabelecer o enquadramento em espaços de transição ou para o amortecimento de impactes que afetam de forma negativa as áreas sujeitas a níveis de proteção total e proteção parcial e que incluem elementos naturais e paisagísticos com um elevado potencial de valorização mediante o desenvolvimento de ações de gestão que promovam o uso sustentável dos recursos e o desenvolvimento socioeconómico local e a compatibilização da intervenção humana com os valores naturais e paisagísticos, incentivando a fixação das populações e a melhoria da qualidade de vida.

As *áreas de intervenção específica*, independentemente dos níveis de proteção aplicáveis, visam desenvolver um plano, programa ou projetos de intervenção específica.

Os programas especiais podem sujeitar certas operações a parecer prévio vinculativo ou autorização do ICNF, embora, salvo previsão nesses programas, o parecer do ICNF não incida sobre o uso, a ocupação e a transformação do solo em matéria urbanística, tal como fazer depender a prática de determinadas ações ou projetos de análise de incidências ambientais quando sejam previsíveis impactes sobre o património natural. Por outro lado, podem também estabelecer que certas atividades, ações ou projetos que, em geral, não admite, venham, nas condições aí enunciadas, a ser autorizados pelo ICNF desde que não impliquem impactes negativos significativos em matéria de proteção e salvaguarda de recursos naturais.

Além da *rede das áreas protegidas e da Rede Natura 2000*, com seus diferentes ecossistemas, existem de *outras áreas classificadas* espaços naturais, devidas a acordos ou convenções internacionais, as "áreas protegidas transfronteiriças" e as "áreas abrangidas por designações de conservação de caráter supranacional".

*

Quanto à Rede Natura 2000, cujo *objetivo* é contribuir para assegurar a biodiversidade através da conservação dos habitats naturais e da fauna e da flora selvagens no território europeu dos Estados-membros da EU, é uma *rede ecológica de âmbito europeu* com um regime de diploma próprio, compreendendo as áreas classificadas como zona especial de conservação (ZEC) e as áreas classificadas como zona de proteção especial (ZPE). Deriva da aplicação da Diretiva Aves e da Diretiva Habitats.

Em diplomas específicos, temos os regimes de *exploração e gestão dos recursos cinegéticos, pesqueiros, aquícolas das águas interiores, de conservação e proteção do lobo ibérico, dos mamíferos marinhos na zona costeira e zona económica exclusiva continental portuguesa, dos animais selvagens, necrófagos e predadores, do azevinho espontâneo, do sobreiro e da azinheira e da introdução na natureza e detenção de espécies não indígenas da flora e da fauna, comércio internacional de espécies da fauna e da flora selvagens ameaçadas de extinção, face à* Convenção sobre o Comércio Internacional das Espécies da Fauna e da Flora Selvagens Ameaçadas de Extinção, adotada em Washington em 3.3.1973, e regulamentos unionistas europeus; proteção de espécies relacionadas com Relativa à Conservação da Vida Selvagem e dos Habitats Naturais da Europa (a Convenção de Berna, adotada em 19.9.1979), conservação e proteção de espécies constantes da Convenção sobre a Conservação das Espécies Migradoras Pertencentes à Fauna Selvagem (Convenção de Bona, 23.6.1979) e Convenção das Nações

Unidas sobre a Diversidade Biológica (Rio de Janeiro, 5.6.1992), proteção de espécies e habitats naturais e seminaturais ao abrigo de legislação comunitária, designadamente Diretiva Aves e Diretiva Habitats (Conservação de espécies e habitats in situ). Cabe à Rede Nacional de Centros de Recuperação para a Fauna a recolha e tratamento de animais selvagens em ordem à sua possível devolução ao meio natural e detenção de animais irrecuperáveis, em articulação com outras entidades pertinentes.

Quanto a *espécies ameaçadas* inscritas no Cadastro, o ICNF deve promover, sempre que adequado, a cooperação com e entre autoridades públicas e privadas (ONGA, jardins botânicos e zoológicos e universidades, para o desenvolvimento de programas de criação em cativeiro ou de propagação fora do habitat, devendo ainda colaborar na criação de *bancos de tecidos biológicos e germoplasma*, para garantir uma reserva de recursos genéticos de espécies selvagens, de variedades cultivares, de raças autóctones e dos parentes selvagens de espécies domésticas (Conservação *ex situ*).

As autoridades administrativas, para o seu normal desempenho de funções de *inspeção e fiscalização*, têm direito a *entrada livre nas instalações e locais* onde se exerçam as suas atividades. Podem determinar, dentro da área de atuação geográfica que lhes compete, o embargo de quaisquer construções em áreas de ocupação interdita ou condicionada em zonas de proteção estabelecidas por lei ou em contravenção à lei, aos regulamentos ou às condições de licenciamento ou autorização.

A entidade competente para a *aplicação de sanções* pode proceder a apreensões cautelares e aplicar *sanções acessórias adequadas*, sem prejuízo do infrator estar obrigado a remover as causas da infração e a reconstituir a situação anterior à prática da mesma, o que se não for voluntariamente cumprido, permite ao ICNF atuar diretamente por conta do infrator, cobrando as despesas se necessário nos termos do processo para as execuções fiscais.

5.4.2. Enquadramento jurídico dos rios internacionais. Regime jurídico da água

O setor do *abastecimento de água e saneamento de águas residuais* tem especial importância para a preservação do ambiente e para o desenvolvimento económico e social. Nas últimas duas décadas, Portugal fez significativos investimentos no setor, com impactos positivos nas áreas da saúde, ambiente, desenvolvimento económico e qualidade de vida das populações, com a revitalização e desenvolvimento de atividades económicas locais, melhoria da qualidade da água para consumo público e usos balneares, valorização e proteção dos recursos naturais e salvaguarda dos ecossistemas.

No entanto, o setor continua a defrontar-se com *novos desafios*, desde o da resiliência e segurança dos serviços de água e saneamento, reconhecidos como um direito humano e exigindo legislação prática que os realize, quer o seu apoio ao "crescimento verde", exigindo uma estratégia voltada para um *paradigma mais focalizado na gestão eficiente dos recursos*, com serviços de qualidade sustentável social, económica e financeiramente[840]. A *avaliação ambiental estratégica* que acompanhou o Plano anterior, centrou-se na identificação e avaliação, nos planos ambiental e de sustentabilidade, das opções estratégicas definidas no PENSAAR do período.

Em causa, esteve a vontade de *garantir a integração das questões ambientais na sua preparação e aprovação, em termos de proteção da saúde pública e do ambiente, eficiência no uso dos recursos e adaptação a alterações climáticas e catástrofes naturais*, assente num quadro de sustentabilidade económica e social, em articulação com as macropolíticas e estratégias de relevância para o setor. A avaliação ambiental do plano levou a recomendações estratégica, para reforçar o contributo para uma e estratégia de desenvolvimento sustentável, com destaque para a promoção quer do envolvimento das partes interessadas quer das entidades responsáveis para assegurar as medidas de proteção das massas de água e da garantia ao acesso a um serviço de qualidade de distribuição de água e saneamento, e na promoção do na concretização dos objetivos preconizados no Plano.[841]

[840] Despacho n.º 4385/2015, 30.4, do Secretário de Estado do Ambiente, foi aprovado para o período 2014-2020. O atual "Plano Estratégico de Abastecimento de Água e Saneamento de Águas Residuais 2020: "PENSAAR 2020: Uma nova estratégia para o setor de abastecimento de água e saneamento de águas residuais", para Portugal continental. Em 2020, em ordem a adequar, atualizadamente, a estratégia a longo prazo com um novo plano para orientar as políticas para o ciclo urbano e efetivar a articulação com outras políticas setoriais, cuja missão consta do ponto 2, foi emitido o Despacho 5316/2020, que cria o grupo de trabalho do plano estratégico para o setor da *abastecimento de água e gestão de águas residuais e pluviais*, para o período 2021-2030 (GT PENSAARP 2021-2030, DR 89/2020, II série de 7.5.2020), complementado pelo Despacho 60/SEAMB/2020 nomeando os grupos de trabalho, que começaram a reunir a partir de 3.7.2020

[841] A estratégia para 2014-2020 teve em conta os problemas, resultados e propostas feitas noutros planos nacionais relevantes para o setor, caso do PNUEA e da ENEAPAI, mas o atraso na implementação destes planos não permitiu ainda coordenar e criar abordagens comuns, o que levou agora no quadro do PENSAAR 2020 a contemplar também os objetivos operacionais para a definição da estratégia quer referentes ao uso eficiente da água para consumo doméstico quer a gestão de efluentes não domésticos (v.g., agropecuários e agroindustriais). Com relevância para o setor temos ainda o Plano Nacional da Água. E articulou-se o PANSAAR com o PERSU 2020 (passando a tratar o tema das *lamas*, embora seja um resíduo, no PENSAAR 2020. Estando também a promover-se a articulação desta estratégia setorial com o Programa Nacional de Política de Ordenamento do Território (PNPOT) e restantes IGT.

Quanto à *problemática da planificação e gestão da água*, começo por referir a questão da atribuição dos recursos hídricos e do valor jurídico dos planos no setor e o seu procedimento de elaboração.

No que se refere à *noção e titularidade originária dos recursos hídricos* e aos fundamentos concetuais, patrimoniais, orgânicos prévios à compreensão do modelo português de planificação e gestão da água, importa afirmar que, hoje, a água (recursos hídricos, compreendendo não só as águas assim como os leitos e margens, zonas adjacentes, zonas de infiltração máxima e zonas protegidas[842]), estão na titularidade das várias entidades territoriais (seja domínio marítimo, lacustre, fluvial, seja de quaisquer outras águas): Estado, Regiões Autónomas e municípios, podendo a gestão caber legalmente a entidades de direito público, sem prejuízo das competências da Autoridade Nacional da Água[843], ou a entidades de direito privado, mediante licenciamento e títulos de utilização[844].

Assim, a água (ou seja, os recursos hídricos), compreendendo não só as águas, assim como os *leitos e margens, zonas adjacentes, zonas de infiltração máxima e zonas protegidas*[845], estão na titularidade, no que se reporta ao domínio público, das várias entidades territoriais (seja domínio marítimo, lacustre e fluvial, seja de quaisquer outras águas): Estado, Regiões e municípios, podendo a gestão caber legalmente ou a entidades de direito público a que o domínio público fique afeto, sem prejuízo das competências da Autoridade Nacional da Água (art. 9.º, n.º 1) ou a entidades de direito privado mediante licenciamento e títulos de utilização.

*

O *domínio público lacustre e fluvial* compreende os cursos de água navegáveis ou flutuáveis, seus leitos, as margens pertencentes a entes públicos, os lagos e lagoas navegáveis ou flutuáveis, seus leitos e as margens pertencentes a entes públicos (art. 6.º), cursos de água não navegáveis nem flutuáveis, seus leitos e margens localizados em terrenos públicos ou os que legalmente sejam reconhecidos como aproveitáveis para fins de utilidade pública (v.g., produção de energia elétrica, irrigação, canalização de água para consumo público, etc.), canais e valas navegáveis ou flutuáveis ou abertos por entes

[842] N.º 1 da Lei 54/2005, 15.11.

[843] N.º 1 do art. 9.º.

[844] N.º 2 do art. 9.º.

[845] N.º 1 da Lei n.º 54/2005, 15.11, cuja última alteração ocorreu pela Lei n.º 34/2014, de 19.6, sobre a titularidade dos recursos hídricos.

públicos e suas águas, albufeiras criadas para fins de utilidade pública (v.g., produção de energia elétrica, irrigação) e seus leitos, os lagos e lagoas não navegáveis ou flutuáveis e seus leitos e margens, formados pela natureza em terrenos públicos, lagos e lagoas circundados por diferentes prédios particulares ou existentes dentro de um prédio particular, se forem alimentados por corrente pública, cursos de água não navegáveis nem flutuáveis nascidos em prédios privados, logo que estas águas transponham, abandonadas, os limites dos terrenos ou prédios onde nasceram ou para onde foram conduzidas pelo seu dono, se no final forem lançar-se no mar ou em outras águas públicas.".

O *domínio público lacustre e fluvial* pertence ao Estado às Regiões Autónomas, exceto em certas situações. Pertencem ao domínio público hídrico do município os lagos e lagoas situados integralmente em terrenos municipais (ou em terrenos baldios, solução legal de duvidosa constitucionalidade, pois os baldios pertencem aos "povos" e não ao município, pessoa coletiva de natureza administrativa distinta dos povos que o habitam) e de logradouro comum municipal.

O *domínio público hídrico* das restantes águas é integrado pelas águas nascidas e águas subterrâneas existentes em terrenos ou prédios públicos, águas nascidas em prédios privados, que transponham, abandonadas, os limites dos terrenos ou prédios onde nasceram ou para onde foram conduzidas pelo seu dono, águas pluviais que caiam em terrenos públicos, águas abandonadas caindo em algum terreno particular, quando transpuserem abandonadas os limites do mesmo prédio, muitas das quais no final se lançam no mar ou em outras águas públicas, ou águas das fontes públicas e dos poços e reservatórios públicos, incluindo todos os que vêm sendo continuamente usados pelo público ou administrados por entidades públicas.

O *domínio público hídrico* das restantes águas pertence ao Estado ou às Regiões Autónomas, no caso de os terrenos públicos atrás mencionados que lhes pertençam e no caso de ter cabido ao Estado ou à Região a *construção das fontes públicas*. Ou pertence ao município e à freguesia, conforme eles pertençam ao concelho e à freguesia ou sejam terrenos "municipais ou "paroquiais", ou consoante tenha cabido ao município ou à freguesia o "custeio e administração das fontes, poços ou reservatórios públicos". A menos que se trate de terrenos "baldios"[846], cuja "propriedade conjunta" pertença aos

[846] E daí, logicamente, o artigo 15.º da atual lei dos baldios. Regulados, dentro da previsão da al.b) don.º 4 do artigo 82.º da Constituição, com especial esforço e amplo consenso nacional (excetuando certos autarcas ou deputados ex-autarcas), em termos reconformador com a sua índole económica setorial, para devolver aos "povos" estes terrenos na "posse" indevida das autarquias ou auferimento de vantagens por estas da exploração florestal pelo Estado. Ainda

"povos", tal como a *solução atributiva* dos direitos de propriedade reconhecidos aos privados (sem prejuízo, hoje, em geral do direito unionista europeu e as constantes do direito das águas, que o aplica cujas normas a integre no domínio público)[847].

Há leitos e margens privados de águas públicas. Com efeito, são de particulares, sujeitos a servidões administrativas, os leitos e margens de águas do mar e de águas navegáveis e flutuáveis que forem objeto de desafetação e ulterior alienação, ou que tenham sido ou venham a ser reconhecidos como privados (por força de direitos adquiridos anteriormente, ao abrigo de disposições expressas desta lei, devendo presumir-se como públicos em todos os outros casos), tal como as *margens das albufeiras públicas de serviço público* (exceto as parcelas que tenham sido objeto de expropriação ou que pertençam ao Estado por qualquer outra via). No caso de *águas públicas não navegáveis e não flutuáveis* localizadas em prédios particulares, o leito e margem são particulares (art. 1387.º, Código Civil), sujeitos a servidões administrativas. Além disso, são propriedade privada os terrenos das Regiões Autónomas tradicionalmente ocupados junto à crista das arribas alcantiladas das ilhas.

A *gestão, a exploração, a execução de infraestruturas* dos sistemas ligados ao sector da água são tradicionalmente (com duas exceções, há muito extintas, em Lisboa e Porto), tarefas da competência municipal, que as desempenham diretamente através de serviços, com ou sem autonomia administrativa.

restam no centro e sul, pois foram "usurpados" pelos latifundiários no sul, embora objeto de tentativa de devolução que ficou meramente na letra de lei (decreto-lei n.º 40/76, de 19.1.). E os que restavam na altura, estavam ou em mãos da administração florestal do Estado ou ligados à putativa gestão e "apetites" do poder local e sua aquiescência para indevidas soluções urbanísticas). Esta legislação respeitadora e reabilitadora da sua natureza é da primeira metade da década de noventa, efetivada pela Lei n.º 68/93, DR n.º 208/1993, I Série-A, de 4.9.1993, resultante de proposta de lei elaborada pelo autor e aditamentos da autoria de Almeida Santos. Toda a conceção substantiva e, organizacional e procedimental deste diploma se mantém, pese embora a sua revogação, que não passa e uma tentativa de afirmação pessoal de legisladores de 2017, na linha de muitas situações da mesma índole em que, em vez de se aditar com junção de letras, meros aditamentos a leis existentes, sem necessidade de alterarem numeração, não o fazem, obstaculando a uma sedimentação que só favoreceria um melhor conhecimento e reprodução sedimentada do articulado, seja da Constituição, seja da legislação ordinária. Esta lei de 1993, foi, depois, objeto de uma alterada pelas versões de 1997 (para resolver "um caso", numa dada autarquia...), objeto de aditamentos pela Lei n.º 72/2014, de 2.9, e, logo, em 2017, substituído pela "revogadora" Lei 75/2017, de 17.8, que não deixou de "repristinar remissivamente" partes quer do decreto-lei n.º 39/76, de 19.1, quer do decreto-lei n.º 40/76, de 19.1.

[847] Alíneas d), e) e f) do n.º 1 e n.º 2 do art. 1386.º e do art. 1397.º do Código Civil.

Quanto à organização e competências das Administrações[848], cabe ao Estado, seu titular, promover a *gestão sustentada das águas*[849]. E a lei orgânica do ministério, em cada momento com esta atribuição (constante das leis orgânicas de cada governo), dá-lhe tarefas e poderes em relação com a água e a planificação física em general, o que facilita a interação.

Assim, compete-lhe "definir, executar e coordenar" as políticas dos recursos hídricos, planeando e gerindo-os de maneira integrada, e assegurar a proteção do domínio público hídrico, garantir a existência e a qualidade dos serviços de abastecimento de água em níveis adequados, inclusive para consumo humano, a drenagem de águas residuais e o controlo da sua contaminação. E também "definir a política de ordenamento do território e urbanismo e garantir a sua execução e avaliação, com destaque para o Programa Nacional da Política de Ordenamento do Território, e assegurar a articulação com as políticas setoriais com incidência na organização do território".

O Estado exerce funções de Administração Pública nesta matéria a nível nacional, por meio do Instituto da Água (INAG), em nome do Estado e a nível da região hidrográfica, das Administrações Regionais Hidrográficas (ARH), que têm atribuições de gestão das águas, incluindo *planificação, licenciamento e fiscalização do sistema*.

A intervenção dos *utilizadores dos recursos hídricos* e representantes de setores de atividade, durante a elaboração dos planos processa-se livremente e obrigatoriamente em consultas públicas, e na sua execução e a gestão quotidiana em órgãos consultivos[850]: o Conselho Nacional da Água, consultivo do

[848] A principal legislação vigente desdobra-se na Lei n.º 58/2005, de 29.12, que aprova a *Lei da Água*, estabelecendo as *bases e o quadro institucional*, o decreto-lei n.º 76/2016, de 9.11 (que veio substituir o anterior regime do Decreto-Lei 112/2002, de 17.4, Plano Nacional da Água), o Decreto-Lei 152/2017, de 7.12, que veio substituir o decreto-lei n.º 243/2001, de 5.9, sobre normas relativas à qualidade da água destinada ao *consumo humano*, o Decreto-Lei 236/98, de 1.8, que contém normas, critérios e objetivos de qualidade com a finalidade de proteger o meio aquático e melhorar a qualidade das águas em função dos seus principais usos, o Decreto-Lei n.º 92/2013, de 11.7, alterado em 2016 e 2021, com o regime de exploração e gestão dos *sistemas multimunicipais* e o decreto-lei n.º 194/2009, 20.8, sobre os *sistemas municipais de captação, tratamento e distribuição de água para consumo público, de recolha, tratamento e rejeição de efluentes e de recolha e tratamento de resíduos sólidos* (ambos substituindo o decreto-lei n.º 379/93, de 5.11, complementado com o Decreto-Lei 103/2003, de 23.5, que adita o art. 4.º-A), o Decreto-Lei 90/2009, de 9.4, sobre o regime de parcerias na exploração e gestão destes sistemas, o Decreto-Lei n.º 152/97, de 19.6, alterado pelo Decreto-Lei 149/2004, de 22.6, sobre o tratamento de *águas residuais urbanas* e o Decreto-Lei n.º 235/97, de 3.9 (alterado pelo Decreto-Lei 68/99, de 11.3), relativo à proteção das águas contra a *poluição causada por nitratos de origem agrícola*.

[849] Art. 5.º, Lei 58/2005, LA.

[850] Art. 7.º da lei da água.

governo, e os Conselhos de Região Hidrográfica, consultivos das ARH, para as cinco bacias hidrográficas.

Às Comissões de Coordenação e Desenvolvimento Regional (CCDR), órgãos com competências delegadas do governo, cabe a articulação entre IGT com normas da Lei das Águas e Planos de Águas, assim como a integração política de água nas políticas transversais do ambiente[851].

Ao INAG cabe o papel mais importante de autoridade de administração nacional. Tem como tarefas:

a) a construção do *sistema de planificação integrada das águas*. Ou seja, o Plano Nacional da Água, Planos Específicos de Gestão das Águas e Planos de Gestão das Bacias Hidrográficas;
b) a *planificação do ordenamento adequado em termos de usos* das águas, através de planeamento territorial. Portanto, todos os Planos especiais tipificados no ordenamento português, com exceção naturalmente de planos espaciais de áreas protegidas, que da são competência técnica do Instituto de Conservação da Natureza (ICN).
c) a *declaração de situação de alerta* em caso de seca e iniciação das atuações recomendadas e a promoção do uso eficiente da água. Desde logo, com programas de *medidas preventivas*, em situações normais e *medidas imperativas*, em situações de seca real.

Às ARH cabe ao nível de Bacia[852], a responsabilidade de elaborar planos de gestão de bacias hidrográficas e planos específicos de gestão das águas, assim como de decidir em concreto sobre utilizações de recursos hídricos, efetivar a fiscalização da sua utilização e proceder à identificação de zonas captação para consumo humano.

Algumas destas tarefas podem ser delegadas ou no IN, ou nos municípios ou em associações implicadas. Em causa, a tarefa de planificação e de licenciamento.

A planificação traduz-se na elaboração dos *planos específicos de gestão da água e em programas de medidas*, que podem ser delegados IN ou em *associações de utilizadores ou concessionários* de utilização dos recursos hídricos.

O *poder licenciador e de controlo* da utilização da água pode ser objeto de delegação nos órgãos do município.

851 Art. 7.º, n.º 3 da lei da água.

852 N.º 6 do art. 9.º da lei da água.

Há planos de ordenamento dos recursos hídricos[853], cujas normas são vinculativas, com objetivos de *utilização sustentável, proteção e valoração.*

Os instrumentos de intervenção hídrica de ordenamento e planificação destes recursos vinculam as autoridades em geral. São *planos específicos* de ordenamento do território, da autoria estatal, cujo conteúdo deve ser transcrito para os outros planos de qualquer entidade pública, especialmente os planos municipais e intermunicipais de ordenamento do território.

Há, ainda, não só os diretamente tipificados como planos setoriais dos recursos hídricos, que vinculam todas as Administrações Públicas, como também variadas medidas de proteção e valorização (conservação e reabilitação da rede hidrográfica, estuários; proteção especial dos recursos hídricos, secas, captação de águas, zonas de infiltração; regularização e prevenção).

Podem ser impostos condicionamentos ou restrições para a proteção e gestão das águas (sujeitas à aprovação por Regulamento do Governo).

*

Quanto às *medidas de proteção contra a seca*[854], o seu procedimento passa por "Programas de Intervenção em Situação de Seca" para as áreas sujeitas a escassez de água. Neles definem-se sanções financeiras administrativas, medidas e mecanismos de execução para setores afetados, que tocam com a prevenção, alteração ou a limitação de procedimentos ou usos; redução de pressões no sistema e uso de tarifas teleologicamente orientadas à sua racionalização; priorização de disponibilidades para o abastecimento público e depois para atividades e setores económicos vitais.

Quanto à planificação dos recursos hidráulicos e planificação territorial e urbanística, há conexão entre la planificação de los recursos hidráulicos e a planificação territorial e urbanística.

Quanto ao ordenamento do território e planificação[855], há que articular e compatibilizar o Programa Nacional da Política de Ordenamento do Território com o Plano Nacional da Água. Os *planos ou programas setoriais* com impactes significativos nas águas devem integrar objetivos e medidas dos instrumentos de planificação das águas.

E o que se impões no âmbito da disponibilidade de água, face aos projetos de novos desenvolvimentos urbanos?

[853] Art. 14.º da citada LA.

[854] Art. 41.º, LA, etc.

[855] Art. 17.º da LA.

A questão da *infraestruturação e distribuição da água* no domínio das grandes decisões macro-urbanísticas é algo previamente enquadrado, em termos de planeamento territorial, à extensão urbana e é-o também, dado haver sempre conjuntamente com a apreciação dos projetos de urbanização ou de edificação, antes do licenciamento final de tais pedidos, sempre dependentes em geral da Administração urbanística do Município e do Estado, desde logo pelas, regionalmente desconcentradas, Comissões de Coordenação e Desenvolvimento Regional (CCDR), entidades subordinadas periféricas da Administração estatal (apesar de atualmente terem entrado num processo evolutivo de designação dos seus dirigentes), que se pronunciam vinculadamente em relação ao cumprimento do quadro normativo vigente, sejam planos do ordenamento e ambiente sejam regras próprias de urbanismo, criadas a nível local.

Há uma *obrigação legal de disponibilizar água em solo urbanizado.* Embora haja algumas situações limitadoras da sua exigência, mas que não são excludentes, pois apenas impõem a *colaboração financeira*, para impedir aprovações de *operações de grande impacte* com encargos municipais não programados e desproporcionados ou impossíveis para a Administração num dado momento orçamental.

Os *desenvolvimentos urbanos*[856] estão submetidos a legislação de planeamento físico e urbanístico que enquadram a questão dos problemas relacionados com a *insuficiência de infraestruturas*, designadamente na distribuição da água.

Com efeito, isto é um *fator relativo e ultrapassável*[857] de recusa do licenciamento de urbanizações e edificações.

O pedido para tal é recusado não só quando está desconforme com uma norma de base municipal, desde o plano municipal ou plano especial de ordenamento do território e outros planos em áreas municipais legalmente tipificados, medidas preventivas administrativas, a restrições administrativas de utilidade pública ou quaisquer outras normas legais e regulamentares aplicáveis, como quando em causa está a realização das operações urbanísticas que constituam, "comprovadamente, uma *sobrecarga incomportável para as infraestruturas ou serviços gerais existentes ou implicar, para o município, a construção ou manutenção de equipamentos, a realização de trabalhos ou a prestação de serviços por este não previstos*, tais como a criação de novas ruas e redes de abastecimento de água, de energia elétrica ou de saneamento". Ou, então, se estamos perante "obras de construção, alteração e ampliação em *área não abrangida*

[856] N.ºs 4 e 5 do art. 24.º da Lei que consagra o RJUE

[857] Art. 25.º do mesmo diploma.

por operação de divisão de um terreno em lotes", na ausência de "infraestruturas de *abastecimento de água e saneamento* ou se a obra projetada constituir, comprovadamente, uma sobrecarga incomportável para as infraestruturas existentes".

Isto nunca obsta a que, nestas situações, o particular possa *impor o seu projeto*, desde que "se comprometa a realizar os trabalhos necessários ou a assumir os *encargos inerentes à sua execução*, assim como os encargos de funcionamento das infraestruturas por um período mínimo de dez anos". Tal deve processar-se através da celebração prévia com o município de um *contrato relativo ao cumprimento das obrigações acordadas* e prestar caução adequada para o efeito".

Com isso, beneficia da *redução proporcional* ou mesmo de *isenção das taxas* por realização de infraestruturas urbanísticas, de acordo com a regulamentação municipal do local". Para sua proteção, a lei estipula que os encargos a suportar pelo solicitante do projeto e a constar do contrato nunca podem deixar de ser "*proporcionais à sobrecarga* para as infraestruturas existentes resultante da sua operação urbanística". E sendo assim, podemos dizer que ao nível microterritorial quem decide em última instância neste caso é o promotor, o particular interessado no projeto.

No entanto, se há *discrepância* (o particular intentando propor uma solução legal, mas continuando a haver recusa), aí entram em campo os *tribunais da jurisdição administrativa*.

Hoje, estes já não são meros tribunais de recurso anulatório, mas têm também poderes de *plena jurisdição* perante as administrações, substituindo-se às suas decisões em caso de poder vinculado (e sendo discricionário, dando orientações para a decisão final que elas têm de aceitar.

Em geral, quanto ao *enquadramento orgânico e da gestão e ao modelo jurídico* fixado para a administração do sector da água em Portugal, ele caracteriza-se pela passagem de um modelo de propriedade pública e de gestão pública para um outro que, seguindo em propriedade pública, admite a gestão, conforme os casos, privada ou mista. Com exclusão da venda das infraestruturas dos sistemas aos privados, como aconteceu nos finais de 1989 na Inglaterra. Apenas se permitem as *fórmulas de concessão e outras figuras jurídicas adequadas* agora permitidas, em que os investimentos são assegurados pelo setor privado e a propriedade dos bens fica afeta a ele até ao termo da concessão, e mesmo assim exclusivamente nos sistemas municipais.

Há abertura ao sector privado ou acesso as atividades de gestão e de exportação dos sistemas municipais nas várias modalidades de regime de concessões e outras figuras já testadas noutras *experiências extranacionais*.

Há, também, a possibilidade de entrada sem limites desde 1999 do setor privado nas empresas concessionárias dos sistemas multimunicipais.

O modelo assenta e continua a funcionar em *dois sistemas distintos*, o multimunicipal, de facto nas mãos do Estado, e o municipal, nas mãos dos municípios sozinhos ou associados.

O Estado intervém diretamente na execução de parte dos investimentos necessários, através da criação de *sistemas multimunicipais*, que venham servir, uma vez criados, à volta de metade da população quanto ao abastecimento de água e uma percentagem pequena dela quanto as águas residuais, geridos por empresas concessionarias, sociedades anónimas de capitais originariamente públicos detidos pelo Estado e pelos municípios integrados nos sistemas multimunicipais.

Em abril de 2009, o *sistema foi reconfigurado*, com um *novo regime de parcerias* e promoção da *integração dos sistemas*, com responsabilidades compartilhadas do Estado e municípios, mas passíveis da intervenção dos privados em geral.

Poderemos, assim, concluir que o sistema português constitui, à escala europeia, algo de original quanto a participação dos setores público e privado, de facto ambos podendo desempenhar papéis relevantes no sector da água, mas mantendo-se a propriedade pública das infraestruturas.

Trata-se, no entanto, de um modelo que demorou a burilar e não parece inteiramente dotado de características estabilizadora na sua concretização, podendo vir a sofrer, ainda, ajustamentos. Aliás, foi *incumprida temporalmente a meta* inicial, que estava comprometida a nível da União Europeia, que era já para o virar do anterior século. Nem mesmo até 2006, dado ter se objeto de *programas, avaliações e diferentes correções*[858]. Em 2009, tivemos a publicação do Decreto-Lei 90/2009, de 9.4, de legalização e regime de parcerias Estado-Municípios, o qual previu *importantes modificações no modelo de gestão dos sistemas hídricos*. Esta passa a estar baseado em *contratos de colaboração Estado--municípios*. Numa *nova conceção*[859], assente em termos de normatividade numa abordagem menos exclusivista de poderes e menos assente nas teorias das divisórias dos pretensos interesses nacionais e meros interesses locais (que

[858] Com efeito, iniciados em 2000, quando se publica o PEAASAR 2000-2006, e a regulamentação de poderes de Regulação pelo Instituto Regulador das Águas e dos Resíduos (IRAR), foi seguido, face a não realização parcelar do primeiro PEAASAR, pelo anterior PEAASAR 2007-2013, que foi o documento fundamental de orientação da política nacional, previsto então até 2013.

[859] De cariz mais burmeisteriana (dominante na Alemanha do pós-guerra e que, em Espanha, sempre foi defendida e impulsionada legislativamente por Luciano Parejo Alfonso, da Universidade Carlos III e, em Portugal, pelos meus escritos e lições académicas em diferentes licenciaturas e em mestrados sobre Administração Autárquica).

devem ser de diálogo intercompetencial, pois a teoria dos poderes exclusivos legalmente fixados no estatuto dos poderes infra-estaduais, torna estes sempre desgastáveis por força do pode legislativo do Estado, separando-os orgânico-funcionalmente, competencialmente), passam a melhor "repartir" as atribuições, e a permitir iniciar a necessária integração dos sistemas em baixa nos sistemas em alta, e assim a exploração e gestão compartilhada de todos os sistemas.

Deste modo, ocorre simultaneamente a indispensável promoção de uma *nova cultura interadministrativa*, de que vai depender o êxito futuro do chamado "modelo português" de gestão da água.

Antes de entrar na regulação dos nossos rios internacionais, vejamos o regime geral de direito internacional, seus fundamentos factuais e o tratamento da questão da água por organizações privadas. Procurando situar a origem de normas sobre a águas de cursos e bacias internacionais, constata-se que ele deriva da necessidade de gerir e minorar os ricos de crescentes tensões, procurando dar orientações para melhorar a cooperação interestadual através de normas de "soft law" e de tratados bilaterais ou regionais com o fim de garantir primeiro a livre circulação de mercadorias e mais recentemente a satisfação das necessidades básicas de todos os homens. Aqui não desenvolverei temas relevantes como o da importância histórica das regras de soft law, com génese em organizações particulares, que funcionaram como fonte material para o progresso do DIP na matéria nem esgotar o tema das tendências da evolução deste e desde logo a crescente aceitação do direito da água como direito humano de natureza mista e suas incontornáveis implicações para os nossos Estados (natureza, conteúdo mínimo, implicações para as políticas públicas e direitos nacionais e mesmo a evolução do próprio DIP, por muito limitado que continue a ser para concretizar tal direito).

No que concerne a *regras internacionais sobre a água*, antecedentes jurídicos e materiais do direito universal, constatamos que o debate mundial sobre o futuro DIP na matéria se efetiva, durante 23 anos, na Comissão do Direito Internacional da ONU, que influenciada por regras de *soft law, standarts* normativos produzidos pelo Instituto e Associação de Direito Internacional, acabaria por redigir a Convenção da ONU sobre o Direito dos Usos não Navegáveis dos Cursos de Água. Adotada em 1997. Solução que nunca chegaria a entrar em vigor. Com efeito, as regras universais do direito internacional só entraram em vigor em 2013. É o Tratado sobre o tema já anteriormente vigente na Europa, logo que aberto à adesão extraeuropeia.

Quanto a *fontes materiais e sua evolução*, anteriormente a estes textos, apareceram as Regras de Helsínquia de 1996, acerca do Uso da Água dos Rios

Internacionais, que são influenciadas pela Declaração de Estocolmo sobre o Ambiente de 16 de junho de 1972.

Estas Regras de *soft law* motivarão a adoção (embora sem êxito designadamente pelo fato de favorecer os Estado a montante dos cursos de água internacionais), do referido texto da Convenção de 1997, elaborado pela Comissão de Direito Internacional da ONU. A fase atual, moderna e operativa, inicia-se com a entrada em vigor da Convenção Europeia da Água de 1992, aberta posteriormente à adesão de todos os Estados do mundo e com entrada em vigor, a nível mundial, em 2013. Aqui se desenvolve um novo paradigma principiológico, que em termos de *soft law* constam também das Regras de Berlim de 2004.

Em breve descrição e comentário à evolução verificada na segunda metade do século XX, temos as Regras de Dubrovnik de 1956 e de New York de 1958.

Elas consagravam ainda, a primeira o direito ao controlo soberano da cada Estado sobre o rio internacional dentro de suas fronteiras, embora temperado com a orientação de que deveriam acautelar as consequências para os outros Estados vizinhos. A segunda, acrescentando, embora sem concretizar, que cada Estado ribeirinho tinha direito a uma parte razoável e equitativa das águas de rios comuns, regulando as *águas superficiais*, não deixava de prever já a sua aplicação (marginal) aos aquíferos, embora restritivamente só quando em conexão direta com água de superfície.

Este *princípio do uso razoável e equitativo das águas partilhadas*, embora oriundo de um texto de entidade particular, em si sem carácter vinculativo, tornar-se-ia a *chave posterior da solução* plasmada nas regras de Helsínquia e logo se transformaria em princípio jurídico consolidado do direito internacional da água.

Também reproduziam um princípio já de direito consuetudinário referente ao uso dos rios para fins de navegação. Em causa, o direito da *livre navegação por parte dos Estados ribeirinhos* em todo o curso do rio, segundo um princípio de reciprocidade.

Aqui, há que dizer que estamos face à consagração, embora em termos de mero "soft law", de um princípio da primazia do uso para fins de navegação. Isto, conjugado com outros usos. E com *princípios de criteriação*, que consagra. Desde logo, o do *uso segundo critérios de razoabilidade e de equidade*. Ou seja, estes sem necessidade de repartição igual.

Em geral, há que destacar aqui a *ideia de paridade entre todos os diferentes usos*, assim perdendo a primazia absoluta do uso para navegação.

Vai ser a emergência do tema do ambiente nas agendas políticas nacionais que vai levar a integrar na Declaração de Estocolmo de 1972, embora mero "soft law", os *princípios estruturantes fundamentais do futuro direito internacional do ambiente.*

O seu princípio 21, depois consolidado no direito consuetudinário, provoca uma alteração de paradigma. Isto, ao conjugar o *binómio direitos-deveres,* o direito sobre os recursos naturais e a sua exploração com o *dever de não provocar dano ambiental no território de terceiros Estados ou regiões* não submetidas à jurisdição de um Estado (*global Commons).*

Isto introduz uma *limitação à soberania estadual,* terminando com o *dogma da soberania absoluta dos poderes estaduais face aos recursos,* constante v.g. da Resolução n.º 1803 (XVII) de 1962 da AG da ONU, ao impor responsabilidades aos Estados, face aos recursos existentes nos seus territórios.

*

No que concerne às Regras de Berlim de 2004, elaboradas pela Associação de Direito Internacional, procura enquadrar os *novos desafios* na matéria, atualizando Helsínquia e incorporando as orientações da Convenção Europeia e tendo em conta a evolução verificada na doutrina internacional quanto ao direito à água como direito humano.

Destaco seis inovações essenciais neste novo paradigma. Ele abarca as águas superficiais e subterrâneas. Reporta-se, não só às águas internacionais, como às meramente nacionais, *eliminando fronteiras artificiais,* com um quadro global em termos de aplicação territorial e revelando que as *regras consuetudinárias afirmadas* se aplicam, independentemente do marco dos poderes políticos e territoriais. Regula a água, não só isoladamente, como também o ambiente aquático em geral. Disciplina, autonomamente, o *princípio da obrigação de não provocar dano.*

Tudo isto, submetendo cada um dos princípios-chaves do uso ao outro, dando-lhes paridade aplicativa, alterando assim o modo da sua aplicação concreta, criando um maior *equilíbrio dos interesses* das diferentes categorias de Estados ribeirinhos, com interdependência entre os dois e impondo a obrigação de garantir, em conjunto e simultaneamente, a quantidade a qualidade da água, perante o facto de que, muitos Estados com suficiente quantidade têm problemas graves com a sua qualidade não adequada ao consumo humano.

O direito à água é concebido como *direito humano*[860], regulando-se também o *direito do indivíduo à água e os deveres dos Estados* para o garantirem, numa nova e revolucionária síntese entre o princípio da soberania ligada ao direito

[860] Art. 17.º.

dos Estados e o *princípio da soberania da responsabilidade,* funcionando como elemento de limitação do direito dos Estados, sendo o acento tónico colocado nos deveres dos Estados na proteção dos direitos das pessoas e grupos à água (carenciados, minorias, etc.).

Consagra, pela primeira vez, o *princípio da prioridade absoluta do uso da água para a satisfação das necessidades humanas vitais.* Submete-lhe todos os outros usos. Portanto, termina com o princípio da não preferência de uso, próprio da segunda fase da evolução do direito internacional. Um Estado, a montante ou não, para *delimitar o uso razoável e equitativo,* não pode fazê-lo sem antes atribuir prioritariamente a água para respeitar o direito humano dos indivíduos e povoações, que não admite qualquer sacrifício a qualquer outra finalidade.

Estas regras, em si, geneticamente não vinculativas (ao não terem origem em nenhuma Autoridade supranacional ou Estados), de fato são um instrumento misto, no sentido de que *consagram em parte normas costumeiras já vinculativas* e noutra parte de normas com origem em organizações particulares, não vinculativas, mas também já emergentes *a caminho da sua consolidação como direito,* numa interação construtiva e "pedagógica" muito conseguida. Consagram-se aqui *regras de direito humanitário,* referentes à proteção da água no caso de *conflitos armados* sejam internacionais sejam intranacionais, interditando aos combatentes ou beligerantes o envenenamento das águas indispensáveis para a saúde e sobrevivência das populações civis e de destruir essas águas potáveis. Assim, evitando a morte de civis, segundo o direito das Convenções de Genebra, dando maior positividade ao *direito humanitário internacional.*

Vejamos o primeiro instrumento internacional relevante a vários títulos, a Convenção europeia de 1992 e, depois, estendida a nível mundial sobre a Água (Convenção europeia aberta a ratificação universal e vigente desde 2013). É um tratado regional, a Convenção sobre a Proteção e Uso dos Cursos de Água Transfronteiriços e Lagos internacionais, de 1992.

Fruto de várias regras estabelecidas a nível europeu por entidades particulares, como a Declaração de Âmbito Político sobre Prevenção e Controlo da Poluição da Água.

Incorporou um *conjunto de princípios,* que superam não só as Regras de Helsínquia como o próprio texto da posterior Convenção Mundial de 1997.

É o único *tratado-marco internacional vigente acerca de questões da água,* regulando a gestão das águas transfronteiriças. Além disso, recentemente, em fevereiro de 2013, converteu-se num tratado universal. Com efeito, aberto à adesão de todos os membros da ONU em 2003, em novembro de 2012 já tinha o número mínimo de ratificações para entrar em vigor como texto de valor mundial, assim ficando resolvida a questão da não vigência da Convenção de 1997[861].

Quais as inovações fundamentais do direito internacional europeu?

O êxito de *tratado-quadro de génese europeia* resulta de estar vocacionado para promover a cooperação entre Estados, através de *direito bilateral e multilateral* e outros acordos institucionais, face à consagração de princípios adequados. Ele consagra dois tipos de obrigações. Umas, para todos os Estados (Parte I). E outras, específicas, só para os Estados ribeirinhos, que dividam recursos hídricos (Parte II).

Destaco, ainda, *quatro aspetos fundamentais*, consagrando designadamente um conceito amplo de dano ambiental, em abordagem holística. Impõe-se o dever de *não causar dano ambiental* (obrigação de prevenir, controlar e reduzir a poluição). Integra a água no seu *ecossistema complexo*, que os Estados devem cuidar, conservando como um todo. Incorpora as *regras sobre as águas subterrâneas em geral.* Torna *vinculativa* a prossecução simultânea, articulada, dos aspetos quantitativos e qualitativos na gestão da água, face à consagração da regra da paridade de princípios entre o *princípio do uso razoável e equitativo*[862] e o princípio de não provocação de dano significativo. Aplica no direito da água os princípios ambientais que são chaves quanto à atuação dos Estados[863], desde o *princípio da precaução* em caso de grande *risco social "causante" de danos graves e irreversíveis* (ainda não pacífico no direito internacional do ambiente em geral), o *princípio do poluidor-pagador*, para os Estados que não cumpram obrigações, assumindo os custos de reparação, ao princípio da *equidade intergeracional.*

Tentando sintetizar a evolução do Direito Internacional até à consagração dos direitos a "água segura e em quantidades razoáveis" e ao saneamento como um direito humano, referiria que, face a tudo que referimos, se conclui que o processo de construção do direito à água sofreu uma evolução que começa por uma conceção em que a água é enquadrada "per se", como recurso isolado restrito às águas de superfície transfronteiriças e só depois passa a uma conceção holística, como *parte de um ecossistema*, integrando todos os tipos de água doce. Ou seja, também águas subterrâneas, nacionais e não só internacionais. E com uma regulação da atuação dos diferentes atores,

[861] Esta, dezassete anos depois ainda não havia recebido as 35 ratificações mínimas, dado que os Estados ribeirinhos, a jusante, se sentiam prejudicados por dar prevalência ao princípio da utilização razoável e equitativa, desfavorecendo a regra de não dever causar-se dano significativo a estes Estados. Deste modo, não os protegia equilibradamente contra as atuações negativas a montante, o que a Convenção Europeia faz.

[862] Art. 2.º, n.º 2, al. c).

[863] Art. 5.º, n.º 5.

seja em tempo de paz ou de conflito armado. Passando de uma abordagem exclusivamente quantitativa e de mera divisão entre os Estados ribeirinhos com prevalência do princípio do uso razoável e equitativo, favorecendo os Estados a montante para outro, combinando também aspetos qualitativos e com base num princípio de paridade entre os princípios do uso e o dever de não provocar dano significativo.

Finalmente integrando os *deveres dos Estados*, num conceito limitador da soberania nacional com a responsabilização ligada a direitos dos indivíduos (no sentido do DIP) à água: primeiro, como simples direito conexo a uma necessidade e, logo, a seguir já consagrado como um direito humano.

Em certas legislações, e na mais avançada, que é a Constituição Sulafricana, aparece mesmo como *um dos direitos fundamentais do cidadão*, com concretização na Lei dos Serviços de Água da África do Sul de 1997.

Em termos dos diferentes *paradigmas históricos* sobre a conceção da Água no DIP, na sua gestão, desde a década de setenta, assistimos ao resvalar da conceção da água como recurso natural, antes não regulado, depois sentido como escasso e logo disciplinado e protegido ambientalmente, com a Declaração de Estocolmo de 1972.

Em 1977, com a Conferência da ONU de Mar da Prata, como já direito. Com a Decisão de Dublin sobre a Água e o Desenvolvimento Sustentável de 1992, é concebida como um bem económico, privatizável, passível de apropriação privada. Na Cimeira de Istambul, ainda aparece só como necessidade humana.

É com as Regras de Berlim de 2004 (art. 17.º) e o n.º 2 do Comentário Geral n.º 15, de 2002, do Comité dos Direitos Económicos Sociais e Culturais da ONU que emerge o direito à água como um direito humano. Com efeito, em novembro de 2002, este Comité das Nações Unidas adotou o seu comentário geral n.º 15, sobre o direito à água, afirmando que "O direito humano à água prevê que todos tenham *água suficiente, segura, aceitável, fisicamente acessível e a preços razoáveis para usos pessoais e domésticos*".

Refere, ainda, além do direito a uma *quantidade contínua e suficiente* de água para os usos pessoais e domésticos, compreendendo uma adequação que permita o *acesso universal ao saneamento*, que é, "não apenas fundamental para a dignidade humana e a privacidade, mas também um dos principais mecanismos de proteção da qualidade" dos recursos hídricos"[864]. Em causa,

[864] Interpretação dos arts. 11.º e 12.º do Pato (comentário adotado na 29.ª sessão do Comité, 2002), no seguimento do Comentário Geral n.º 12, sobre o direito a uma alimentação adequada, assente também no art. 11.º do Pacto (20.ª sessão do Comité, 1999) e dos Comentários Gerais n.º 4 (6.ª sessão do Comité, 1991) e n.º 7, sobre o direito a uma habitação condigna (art. 11.º, 1, Pacto, contra desalojamentos forçados (16.ª sessão do Comité, 1997).

um direito a complementar o direito a uma alimentação suficiente e adequada, tal como o direito a uma habitação condigna, cuja tripla afirmação como direito humano é tão mais necessária quanto as conceções do ultraliberalismo, ainda reinante e que se vem acentuando, tende a tudo privatizar em propriedade ou em exploração concessionada e lógicas capitalistas concorrenciais e de mero lucro e favorecimentos dos quadros de diretivos com desprezo do fator trabalho, acentuando cada vez mais a realidade desigualitária da população em geral, em termos de rendimentos e de pobreza e crescentes carências no acesso aos bens sociais. O que nos leva a defender como o faz o tribunal constitucional alemão que a questão dos salários não é uma questão meramente de jogo económico em nome de lógicas concorrenciais que procurem sacrificar o trabalho e não outros elementos, designadamente o volume dos lucros do capital e ganhos dos altos cargos nessas lógicas,

O preenchimento do *conceito de suficiente* em termos de acesso à água traduz-se no facto de o abastecimento de água e a disponibilidade de saneamento para cada pessoa dever ser "contínuo e suficiente para usos pessoais e domésticos". Estes usos incluem, habitualmente, *beber, saneamento pessoal, lavagem de roupa, preparação de refeições e higiene pessoal e do lar.* De acordo com a Organização Mundial de Saúde (OMS), são necessários entre 50 a 100 litros de água por pessoa, por dia, para assegurar a satisfação das necessidades mais básicas e a minimização dos problemas de saúde".

Já depois, em 28 de julho de 2010 a Assembleia Geral das Nações Unidas através da Resolução A/RES/64/292 declarou a *água limpa e segura e o saneamento um direito humano essencial para gozar plenamente a vida e todos os outros direitos humanos.*

Em abril de 2011, o Conselho dos Direitos Humanos, com a Resolução (n.º 16/2), repete que o *acesso a água potável segura e ao saneamento como um direito humano: um direito à vida e à dignidade humana.*

Estamos, portanto, face a um *direito universal, inalienável e interdependente,* exigindo atuações para sua proteção e assumindo-se como vinculativo em termos de imposição de obrigações aos Estados e a outros atores.

O *direito à água* tem implicações concretas importantes: os serviços de água e saneamento têm de ser fornecidos a todos a *preços razoáveis.* Embora isto não dispense os *utilizadores de contribuir,* financeiramente ou de outra forma, de acordo com as suas possibilidades.

No entanto, todos devem ter acesso a *água suficiente* para os usos pessoais e domésticos. A água deve ser potável, desde logo devendo ter *cor, odor e sabor "aceitáveis" para o consumo pessoal e doméstico.*

As *instalações e serviços de água e saneamento* devem ser "culturalmente adequados e ter em conta requisitos de género, ciclo de vida e privacidade".

As instalações de água e saneamento não têm de estar dentro de casa, local de trabalho e instituições de ensino ou de saúde, mas neste caso, pelo menos, devem encontra-se na *proximidade imediata* desta. Pode efetivar-se, no entanto, através de instalações diversificadas, desde que adequadas a garantir a sua qualidade, tais como poços de água e latrinas de fossa para o saneamento.

De acordo com a OMS, a fonte de água deverá localizar-se a uma distância máxima de 1.000 metros do lar e o tempo necessário para a sua recolha não deve ultrapassar 30 minutos.

Embora as pessoas não possam reclamar para si a água de outros países, importa referir que o *direito consuetudinário internacional* sobre cursos de água transfronteiriços já estipula hoje que esses cursos de água deverão ser *partilhados de forma equilibrada e razoável* e sempre atendendo à prioridade de uso para as necessidades humanas vitais.

Em geral, este enquadramento exige que os Estados tomem medidas adequadas até ao máximo dos recursos disponíveis para concretizar gradualmente este direito humano.

*

Importa, ainda, analisar o *direito luso-espanhol sobre a gestão integrada dos recursos hídricos*, desde o direito ibérico anterior à Convenção de Albufeira.

O objeto e o âmbito da Convenção ampliou o conteúdo dos tratados anteriores, alheios às exigências do direito internacional e da União Europeia, reportando-se somente aos rios internacionais, limitados aos percursos fronteiriços e às águas superficiais, com objetivos principais ligados à maximização da produção energética, mantendo muitos aspetos insuficientes, desde a falta de normas processuais sobre a informação, consulta e monitorização de parâmetros comparáveis às normas ambientais, não orientados à proteção ambiental das águas e dos ecossistemas terrestres associados (zonas húmidas).

Numa breve descrição do regime do direito luso-espanhol sobre as águas internacionais, refiro que temos hoje, no plano do direito internacional particular sobre a gestão dos rios e bacias hidrográficas, o Protocolo de Revisão da Convenção sobre a Cooperação para a Proteção e o Aproveitamento Sustentável das Águas das Bacias Hidrográficas Luso-Espanholas (Convenção de Albufeira) de 30.11.1998 e o Protocolo Adicional, acordado a nível político durante a 2.ª Conferência das Partes da Convenção, realizada em Madrid, a 19.2.2008 e assinado em 4.4.2008. Agora, trata-se de uma Convenção que se pretende sobre Cooperação para a Proteção e o Aproveitamento Sustentável das Águas das Bacias Hidrográficas Hispano-Lusas". Aliás, as águas subterrâneas, não estando quantificadas, não eram divididas. Face ao seu objetivo, a conceção de 1998 é, pois, diferente.

Agora, visa-se a *cooperação* para proteger e aproveitar de modo sustentável as águas das bacias internacionais e não só repartir os caudais e os usos hidroelétricos (1964) e hidráulicos (1968), impondo estas negociações de um novo tratado, ante sus limitações. Esta Convenção de 1998 contempla os princípios do Direito da União Europeia e o direito internacional, sem atentar noutros tratados como o ligado às Comissões Internacionais para o Danúbio ou o Reno, ou na Convenção de Berna, o las regras de Helsínquia de 1966, estas inspiradas em duas resoluções da Associação de direito internacional de 1956 e 1958.

A *Convenção de Albufeira* tem sido concebido e atualizado com una mayor sensibilidade ambiental e está mais de acordo com a Diretiva-Marco da Água da EU. Criando como instituições, a Conferencia das Partes e a Comissão para a Aplicação e Desenvolvimento da Convenção, com o objetivo de a impulsionar, em vez da anterior Comissão Hispano-Portuguesa para Regular o Uso e a Utilização dos Troços Fronteiriços dos Rios Internacionais, composta sobretudo por funcionários e representantes das companhias com concessões hidroelétricas, com objetivos de construção de infraestruturas para a utilização hidroelétrica dos rios, com una "jurisdição" restrita ao âmbito territorial destes troços, sem abranger as atividades e questões relacionadas com a gestão dos rios internacionais, nem a totalidade das bacias hispano-portuguesas.

Com os acordos anteriores, Espanha limitava-se a garantir que os rios hispano-portugueses, como o Douro, o Tejo ou o Guadiana, levariam até à fronteira um *caudal mínimo anual*, que podia sofrer grandes oscilações dependendo da época do ano. Agora, em cada trimestre fixa-se um mínimo, de acordo com a *pluviosidade* nas bacias hidrográficas e, em alguns casos, junta-se um limite semanal muito inferior, que não admitirá exceções e servirá para *preservar o caudal ecológico* do rio e garantir o *caudal técnico necessário* para as centrais hidroelétricas portuguesas.

Aprovou-se a cessão de vários hectómetros cúbicos da barragem portuguesa de Alqueva, a maior da Europa, a regantes espanhóis ao mesmo preço que se aplica aos regantes portugueses. Os governos aprovaram a criação de um secretariado técnico permanente para assegurar a eficácia da Comissão para a Aplicação da Convenção, cuja sede será alternadamente, por dois anos, Lisboa e Madrid, composta de dois funcionários de cada país.

Todos os acordos e a informação sobre os caudais mínimos têm se ser de *acesso público*, recolhendo toda a atividade da Comissão.

Importa ainda referir que Portugal e Espanha subscreveram o Protocolo de Atuação entre o Governo do Reino de Espanha e o Governo da República Portuguesa sobre a aplicação nas avaliações ambientais de planos, programas e projetos com efeitos transfronteiriços, o que constitui um novo marco de atuação na avaliação ambiental dos impactos transfronteiriços.

De qualquer modo, há que referir que os mecanismos institucionais competentes para aplicação da cooperação prevista, não funcionam eficazmente, perante a sua estrutura limitativa. É necessário modificar a *estrutura institucional*, com um órgão independente dos governos, que possa fazer cumprir os acordos (o que hoje não acontece), por bacia ou por todas as bacias, com poderes não só para aplicar e resolver administrativamente possíveis conflitos entre os Estados, mas também desenvolver as potencialidades económicas do tratado, logrando avanços na sua aplicação equitativa e eficiente.

Em jeito de considerações finais sobre o direito internacional público, este tema coloca-nos perante um *futuro de conflitualidade* que exige sérias reflecções e *novas políticas e normações* para evitar tensões internacionais relacionadas com a água, tendo presente os limites do direito internacional nesta matéria e mesmo incumprimentos, assim como a sua insuficiente capacidade para responder aos desafios atuais, em termos de acesso das populações e de controlo das ameaças decorrentes do problema global da água.

Concluindo, a estruturação do direito internacional da água consolida-se a partir da década de 60, com a produção de instrumentos de *soft law*, numa evolução que se orientou para uma abordagem holística, em que a água é tida como parte de um ecossistema. Em causa, uma abordagem que combina *aspetos quantitativos e qualitativos*, assente no equilíbrio entre o *princípio do uso razoável e equitativo* e a obrigação de *não causar dano significativo*. Uma abordagem que passa a incorporar os deveres dos Estados e os direitos dos indivíduos à água.

As implicações, a que nos referiremos mais abaixo, da consagração do direito humano à água ainda estão por retirar. Tudo complicado com a tendência das políticas ultraliberais da privatização da sua captação, tratamento e distribuição que não são especialmente assertivas. O *direito à água* consta já de textos recentes da ONU, posteriores à Conferência de Istambul de 2009[865], na qual não passou da aceitação de mero reconhecimento da água como uma necessidade humana.

865 Quinto fórum Mundial da água, em Istambul, de 16 a 22.3.2009.

Na vertente, não já do direito internacional, mas da *problemática portuguesa, sobre este aspeto específico do direito à água* como um direito de acesso à água potável em quantidades e qualidade para poder, segundo as posições e teses da OMS, satisfazer as necessidades do homem (usos humanos vitais, de que ninguém pode ser privado), ele está consagrado, em Portugal, na Lei da Água[866], em transcrição da diretiva europeia.

Está consagrado na nossa normação como um *direito ao abastecimento suficiente, fisicamente acessível a um custo acessível de água salubre* para as utilizações pessoais e domésticas de cada um. Mas falta regular o seu conteúdo concreto, desde logo tendo presente as orientações da OMS de fixação do *consumo mínimo vital* de cerca de 20 a 50 litros por pessoa; E, se ou logo que possível, um *consumo ótimo que rondaria pelos 100 a 200 litros*, garantido para as zonas urbanas (como, acontece, v.g., na Bélgica ou Catalunha).

5.4.3. Proteção do ar e solo. Luta contra o ruído

No quadro da política do ambiente da União Europeia e no sentido de cumprir as conclusões das Comunicações relativas à estratégia sobre a poluição atmosférica, a proteção do solo e a prevenção e reciclagem de resíduos, de acordo com os Programas de Ação em Matéria de Ambiente, vigentes ao longo de 40 anos, adotados pelo Conselho.

Em 2010, aparece a Diretiva da UE n.º 2010/75/UE, de 24.11.2010, por força do sexto programa, sobre a prevenção, evitando ou reduzindo, da poluição, com o controlo integrado das emissões para o ar, a água e o solo e em relação à produção de resíduos (PCIP), veio iniciar a concretização de uma nova política na matéria.

Temos, hoje, em vigor nesta matéria, o decreto-lei n.º 127/2013, de 30 de agosto[867], sobre emissões industriais e o controlo integrado, emissões no ar de poluente derivados de grandes instalações de combustão, regime de incineração e coincineração de resíduos, emissão e compostos orgânicas voláteis, licenciamentos de descargas, armazenagem, deposição ou injeção no solo de águas residuais ou resíduos da indústria de dióxido de titânio.

Hoje, estamos face ao oitavo programa ambiental, que irá reger no período de 2021 a 2030, construído com base no pacto ecológico europeu[868], que ousa querer ser o primeiro continente com impacto neutro no clima, e atende à necessidade de redução de gases com efeito de estufa, alterações climáticas,

[866] Lei n.º 58/2005.

[867] ippc@apambiente.pt.

[868] 11.12.2019, COM/2019/640 final.

modelo de crescimento com redução e pressões sobre o ambiente, poluição, restauração da biodiversidade, etc..

De qualquer modo, o legislador português (que antes já dera corpo à Lei de Bases do Ambiente de 1984 e ao direito europeu de acordo com a sua evolução), procedeu à publicação deste Decreto-Lei 127/2013, de 30.8, com esta nova legislação estando em causa atividades industriais e agropecuárias (anexo I) e as que usam solventes orgânicos acima de certos limiares e ainda a incineração e coincineração de resíduos. Não estão abrangidas as atividades de investigação e desenvolvimento e ensaio de novos produtos e processos, estabelecendo-se, com objetivos transversais a todas as políticas, o regime de *libertação direta ou indireta de substâncias, vibrações, calor ou ruído para o ar, água ou solo*, a partir de fontes pontuais ou difusas com origem numa instalação ("emissões industriais") aplicável à prevenção e ao controlo integrados da poluição, com regras destinadas a evitar e ou reduzir as emissões para o ar, a água e o solo e a produção de resíduos, a fim de alcançar um elevado nível de proteção do ambiente no seu todo[869].

Este regime criou um organismo público, a Comissão Consultiva para a Prevenção e Controlo Integrados da Poluição, para o acompanhamento da atividade das instalações poluentes, a funcionar sob a presidência da Agência Portuguesa do Ambiente, com especial importância no acompanhamento da evolução e na promoção da adoção das "melhores técnicas disponíveis" (MTD), cuja identificação e análise deve apoiar, e acompanhamento das medidas de monitorização.

Face ao facto da existência de abordagens diferentes no controlo das emissões para o ar, para a água e para os solos refletidas em diversos diplomas legais específicos poder favorecer a transferência dos problemas de poluição entre os vários meios físicos, em vez de favorecer a proteção do ambiente no seu todo, conduziu a uma abordagem integrada do controlo das emissões através de um novo quadro jurídico agregador num único diploma legal de todas as matérias sobre o tema.

É estabelecida a obrigação de apresentar, com o pedido de licenciamento ou autorização, um relatório de base que inclua informações que permitam determinar o *estado de contaminação do solo e das águas subterrâneas*, para permitir estabelecer uma comparação quantitativa com o estado do local após a cessação definitiva das atividades. Incorporam-se as orientações em matéria de *egovernment*. Em geral, visa-se contribuir para as boas práticas de relacionamento entre os operadores económicos e a Administração Pública.

[869] Art. 1.º.

Este *novo quadro jurídico* visa facilitar a captação de novos investimentos e a geração de novos projetos para as empresas, baseado num modelo com procedimentos mais céleres e transparentes, facilita o licenciamento ou autorização no domínio do ambiente e, por outro lado, promove uma maior responsabilização dos operadores económicos e das demais entidades intervenientes no processo.

Num único diploma legal temos a disciplina dos cinco regimes anteriores sobre a matéria, o que facilita a *harmonização e a articulação sistémica dos respetivos regimes jurídicos e a adoção de condições técnicas padronizadas e a intervenção de entidades* acreditadas na garantia da boa instrução dos processos de licenciamento ou autorização, permitindo uma redução significativa dos prazos.

Passa a ser emitida uma única licença (condição obrigatória prévia à exploração da instalação), a qual incorpora as condições de exploração das instalações nos vários domínios ambientais.

No que concerne aos *valores-limite de emissão* (VLE aplicáveis no ponto onde são libertadas as emissões à saída da instalação, ou, caso não seja possível, no ponto considerado mais adequado, após dedução de uma eventual diluição), *parâmetros equivalentes, medidas técnicas e requisitos de monitorização*, prevê-se que, em caso de libertação indireta para meios aquáticos, ao serem fixados os "VLE" da instalação possa ser considerado o efeito de uma estação de tratamento, desde que se garanta que o nível de proteção do ambiente no seu todo é equivalente e que não conduz a uma maior contaminação do ambiente.

Estes *valores de emissão, parâmetros e medidas técnicas* assentam na lógica das "melhores técnicas disponíveis" (MTD) em cada momento, mas sem estar a impor a utilização de uma técnica ou de uma tecnologia específica. Os VLE definidos nas licenças ambientais não devem exceder, em condições normais de funcionamento, os valores de emissão associados às MTD estabelecidas nas suas conclusões, reportados ao mesmo período ou a períodos mais curtos e às mesmas condições de referência. No caso de não existirem valores de emissão associados às MTD nas conclusões, os VLE devem garantir os melhores níveis de desempenho ambiental que a instalação consegue atingir, em operação normal.

No entanto, desde que não seja gerada uma poluição significativa e desde que seja atingido um nível elevado de proteção global do ambiente, a APA pode definir valores menos rigorosos (que não podem exceder os VLE definidos nos anexos ao Decreto-Lei 27/2013, quando aplicáveis), se o operador puder demonstrar que a obtenção destes valores acarretaria *custos desproporcionadamente elevados face aos benefícios ambientais obtidos*, devido ou à localização geográfica ou às condições ambientais locais da instalação em causa ou às características técnicas da instalação em causa. Mas, nesta situação, a Agência tem de anexar à licença ambiental o resultado da avaliação e a justificação das condições impostas às condições de licenciamento.

Sempre que possível, será com base nas conclusões sobre a monitorização descritas nas conclusões MTD que serão definidos os requisitos de monitorização. Se possível, o operador deve utilizar métodos de monitorização cujo limite de deteção seja, no máximo, de 10%. do VLE estabelecido na licença.

A *monotorização* deve ser periódica, determinada pela APA na licença ou nas regras vinculativas gerais. De qualquer modo, a periodicidade mínima da monitorização é de 5 anos para as águas subterrâneas e 10 anos para o solo. Exceto se ela se basear numa *análise sistemática dos riscos de contaminação*, a monitorizar periodicamente, conforme for indicado na licença.

No que se refere às *"melhores técnicas disponíveis" e objetivos de qualidade ambiental*, elas devem corresponder à fase de desenvolvimento mais avançada e eficaz das atividades e modos de exploração, que demonstre a aptidão prática de técnicas específicas para constituírem a base dos valores-limite e de outras condições de licenciamento, para se evitar ou, quando tal não seja possível, reduzir as emissões e o impacte no ambiente no seu todo.

No entanto, se para se poder cumprir um dado objetivo de qualidade ambiental forem exigíveis condições mais restritivas do que as previsivelmente obtidas com recurso às MTD, a licença deve prever condições suplementares para o atingir.

Devem ser promovidos o desenvolvimento e a aplicação de *técnicas emergentes*, em especial das que são indicadas nos documentos de referência MTD, consideradas como as técnicas utilizadas pela primeira vez numa atividade industrial que, se comercialmente desenvolvida, pode assegurar um nível geral de proteção do ambiente mais elevado ou permitir, pelo menos, o mesmo nível de proteção do ambiente e maiores poupanças.

O *título de exploração* de uma instalação pela entidade coordenadora fica dependente do *deferimento expresso ou tácito* do pedido de licença ambiental (cujo pedido é apresentado pelo operador à entidade coordenadora), que fica a fazer parte integrante do título de exploração, embora (com exceção de licenças padronizadas) a decisão sobre o título de exploração possa ser proferida antes da decisão final no procedimento de licença ambiental.

O *indeferimento do pedido* pela entidade coordenadora quer do título de exploração quer da licença ou autorização de exploração implicam a caducidade automática (com efeitos imediatos) da licença ambiental.

Há deferimento tácito nos casos em que não exista nenhuma causa de indeferimento, mas, decorrido o prazo para a decisão, não tenha havido nenhuma resolução.

Neste caso, cabe à APA emitir certidão comprovativa do decurso do prazo para a emissão da licença ambiental, que produz os mesmos efeitos enquanto não for substituída pela licença, devendo a decisão da entidade coordenadora sobre o início da exploração basear-se no conteúdo do pedido da licença.

De qualquer modo, o explorador da instalação está sempre obrigado ao cumprimento das obrigações legais aplicáveis (VLE aplicáveis, valores de emissão associados à utilização das MTD, deveres de informação e resultados da participação do público, condições impostas quer na Declaração de Impacte Ambiental (DIA) e ou no parecer sobre o relatório descritivo da conformidade do projeto de execução com a declaração de impacto, no *parecer sobre avaliação de compatibilidade de localização*, no relatório de segurança aprovado pela entidade competente e, no caso de já haver decisão sobre a mesma, na licença ambiental, quer no título ou na informação prévia de utilização de recursos hídricos, assim como no título de emissão de gases com efeito de estufa (TEGEE). As instalações que desenvolvem uma ou mais atividades previstas no anexo I e as instalações de combustão ou de incineração de resíduos e de coincineração de resíduos, só podem ser exploradas após a emissão das respetivas licenças.

Qualquer *transferência de responsabilidades* é efetuada mediante documento assinado pelos representantes legais das partes e deve discriminar a atribuição de responsabilidades, nomeadamente na operação das atividades, utilidades, emissões e reporte de dados.

*

No caso da atividade principal ser a *gestão de resíduos*, é emitida apenas a licença de exploração, que integra as condições de licenciamento ambiental, enquanto nos outros casos é emitida apenas a licença ambiental que integra as condições de licenciamento.

A *licença ambiental* integra as condições relativas ao licenciamento de instalações de incineração ou coincineração de resíduos e é integrada na licença de exploração, sempre que a atividade principal da instalação seja a incineração ou a coincineração de resíduos, tal como são integradas na licença ambiental as condições relativas ao licenciamento de instalações de combustão ou de produção de dióxido de titânio (cap. III e VI) e as condições do licenciamento das instalações que desenvolvem a atividade de tratamento de águas residuais que não estejam abrangidas pelo Decreto-Lei 348/98, de 9.11, sobre *tratamento de águas.*

No caso de *instalações,* que desenvolvam as atividades enunciadas no anexo I, os operadores, demonstrando não se encontrar em condições de utilizar a capacidade nominal da instalação, podem, fundamentadamente, requerer à entidade coordenadora, a exclusão da sujeição ao *regime de prevenção e controlo integrados da poluição,* enquanto se mantiver essa situação. Caso em que, havendo deferimento (sujeito a *prévio parecer vinculativo da APA,* no prazo de 15 dias contados da receção do processo) com indicação do limite de capacidade autorizado e condições impostas pela APA, e já existindo anteriormente licença ambiental, esta caduca.

Se não for comunicada nenhuma decisão, ocorre *deferimento tácito* (com adaptação do art. 23.º). Sendo o caso, o operador continua a estar obrigado a prévio licenciamento da utilização dos recursos hídricos, e ao cumprimento de toda a pertinente legislação ambiental e as instalações ficam sujeitas a verificação anual da capacidade nominal da instalação, para efeitos de eventual revogação na ultrapassagem da capacidade autorizada.

Nos casos em que se verifique o incumprimento de alguma das condições impostas nas licenças, o operador deve não só informar em 48 horas a entidade competentes (EC, APA ou CCDR territorialmente competente), como executar o mais rapidamente possível as medidas necessárias para repor as condições da licença e outras complementares que elas considerem necessárias para esse restabelecer.

Independentemente disso, qualquer *incidente ou acidente,* afetando significativamente o ambiente (sem prejuízo da aplicação do regime jurídico da responsabilidade por *danos ambientais*), implica a execução imediata de medidas adequadas para limitar as consequências para o ambiente e a sua repetição. Assim como de, no prazo máximo de 48 horas, informar a autoridade ambiental nacional, com a obrigação de executar as medidas que ela vier a entender necessárias a título complementares para limitar eficazmente essas consequências.

O funcionamento da instalação deve ser interrompido, até que sejam executadas as medidas referidas, nas *situações de perigo imediato para a saúde humana ou ameaça de produção de um efeito nocivo imediato significativo para o ambiente* (face a incumprimentos de condições de licenciamento e, por igual razão, nas de incidentes ou acidentes).

No caso de haver uma *modificação das características ou do funcionamento ou uma ampliação da instalação,* que possa ter consequências no ambiente, nomeadamente as que *induzam um efeito relevante* nas condições especificamente estabelecidas na licença ambiental em vigor, assim como uma *alteração substancial nas atividades* desenvolvidas, que corresponda aos limiares estabelecidos no anexo I, a transmissão, a qualquer título, da exploração ou propriedade de parte da instalação, sujeita a uma mesma licença ou a atualização da licença ambiental considera-se que se está face a *alterações da exploração* da instalação, o que obriga a um *procedimento de reapreciação* dos seus termos.

No que se reporta à *licença de exploração de instalação de incineração ou coincineração de resíduos*, só pode haver alteração por decisão fundamentada da APA, impondo a adoção das medidas adequadas para minimizar ou compensar os efeitos negativos não previsíveis para o ambiente ou para a saúde pública ocorridos durante a exploração da instalação ou a pedido do operador, se pretender introduzir uma alteração ou ajustamento ao projeto da instalação (cap. IV), neste caso instruindo o pedido com os elementos relevantes para o efeito.

As licenças podem ser transmitidas, desde que o transmissário declare obrigar-se à exploração da instalação nas condições constantes da licença emitida. O pertinente requerimento, devidamente instruído, deve ser dirigido à entidade coordenadora e apresentado junto da APA (acompanhado do comprovativo de subscrição de seguro de responsabilidade civil extracontratual), a quem cabe decidir da licença de exploração, atualizando-a e comunica as alterações à entidade coordenadora.

Findo o *prazo de validade* de uma licença de exploração, caduca se não for renovada. Nesta situação, sendo caso disso, o operador deve enviar atempadamente (à APA, através da EC, até seis meses antes) todos os elementos aptos a atualizar os constantes do pedido original de licenciamento, ou informar que não existem alterações. A licença é renovada por igual período, podendo ser previamente realizada uma vistoria considerada necessária ou quando seja obrigatória[870].

No entanto, a licença também *caduca se deixar de existir atividade* por motivo imputável ao operador por período igual ou superior a três anos, no caso da licença ambiental e igual ou superior a um ano, no caso da licença de exploração (seis meses no caso de exploração da instalação de incineração ou coincineração de resíduos, embora passível de prorrogação por igual período, uma única vez, se tiver ocorrido motivo atendível do atraso), tal como caduca automaticamente também se ocorrer a diminuição da capacidade instalada para valores inferiores aos limiares de abrangência do anexo I, obtenção da exclusão de aplicação do atual regime legal, transmissão de parte da

[870] Tratado no capítulo IV da lei.

instalação que desenvolva atividades previstas no anexo I sem o cumprimento do disposto legalmente[871]. No caso de o operador não prestar informações solicitadas.

Este regime de licenciamento articula-se com outros regimes legais, designadamente o Sistema da Indústria Responsável[872], o novo regime do exercício da atividade pecuária[873], pelo que vem salvaguardar-se a harmonização dos procedimentos de forma a facilitar a sua execução e cumprimento por parte dos operadores.

No que concerne ao *regime das instalações de incineração e coincineração de resíduos sólidos ou líquidos* (com aplicação a instalações de incineração ou coincineração de subprodutos de origem animal), a lei vem considerar integrada nas instalações quer o local quer tudo quanto englobe as linhas de incineração ou de coincineração, as áreas de receção, armazenamento e meios de tratamento prévio dos resíduos no local, os sistemas de abastecimento de resíduos, combustível e ar, os fornos e as caldeiras, equipamento destinado ao tratamento dos efluentes gasosos, os meios no próprio local para tratamento ou armazenamento dos resíduos produzidos na instalação e águas residuais, chaminés, dispositivos e sistemas de controlo das operações de incineração ou coincineração e de registo e monitorização das condições de atividade.

Se para o tratamento térmico dos resíduos, se aplicarem processos distintos do da oxidação (pirólise, gaseificação, processos de plasma, etc.) as instalações abarcam o processo de tratamento térmico e o de incineração subsequente.

Além disso, no caso de a coincineração se efetivar de modo que o objetivo principal da instalação passe a ser o tratamento térmico dos resíduos e não a produção de energia ou de materiais, a instalação passa a ser tida como de incineração de resíduos.

Se existirem fundadas razões de ordem pública ou saúde públicas, a APA pode dispensar de licenciamento, a título excecional, a realização de operações de incineração ou coincineração de resíduos com vista à sua eliminação, a solicitação de entidades judiciais, policiais ou outras entidades públicas com competência na matéria.

Estão excluídas deste regime instalações onde sejam tratadas menos de 50 toneladas de resíduos por ano se forem de natureza experimental para a investigação, desenvolvimento e ensaio, visando aperfeiçoar o processo de

[871] Al. c) do n.º 1 do art. 20.º.

[872] SIR: Decreto-Lei 169/2012, de 1.8.

[873] NREAP: Decreto-Lei 81/2013, de 14.6, com alterações em 2019 (designadamente, é objeto de uma Resolução da Assembleia da República (R. n.º 138/2019, de 8.8; fazendo-se cessar a vigência do decreto-lei n.º 20/2019, DE 30.1.)

incineração, aquelas onde apenas sejam tratados certas matérias e resíduos considerados como biomassa (enunciados na lei), ou tratados os resíduos radioativos; onde apenas sejam tratados os resíduos resultantes da prospeção e exploração de recursos petrolíferos e de gás a partir de instalações offshore e incinerados a bordo; onde apenas sejam tratadas carcaças de animais.

Quanto ao *licenciamento da atividade de incineração ou coincineração*, que abrange as *fases de conceção, construção e exploração* da instalação e dos seus modelos de resíduos[874] é à APA que cabe a decisão final, de modo expresso ou tácito, e que será válida por sete anos, em ambos modelos de licenciamento[875]. Essa atividade deve ser minimizada, através de restrições à admissão nas instalações para qualquer operação de incineração ou coincineração de resíduos com *potencial de reciclagem ou de valorização* (definidos por portaria), atendendo, além do mais e especialmente, ao instrumento nacional de gestão de resíduos e outros textos específicos da sua gestão.

O pedido de licenciamento merecerá o indeferimento liminar se o operador não apresentar à APA previamente à sua emissão uma cópia de apólice do contrato de seguro de responsabilidade civil extracontratual para a cobertura dos riscos decorrentes da exploração da instalação de incineração e ou coincineração de resíduos, nos termos da pertinente portaria governamental.

Com efeito, além de os operadores, tais como os seus representantes, agentes ou mandatários, ficam sujeitos ao regime jurídico da responsabilidade por *danos ambientais* (e, quanto a estes, da responsabilidade profissional), isso não os dispensa da exigência de celebração de um contrato específico ou, se o operador já tiver um seguro de responsabilidade civil a cobrir riscos associados à exploração de uma instalação que depois venha incluir a incineração ou coincineração de resíduos, de vir concomitantemente a ampliar os seus termos de modo a incluir no anterior contrato estes novos riscos.

A lei impõe requisitos técnicos para viabilizar o licenciamento destas instalações, desde logo sobre a sua conceção, equipamento, construção e exploração, designadamente quanto às temperaturas.

Para além do regime de alterações no funcionamento destas instalações, em termos substanciais ou não, a lei prevê certas condições excecionais de funcionamento, a autorizar pela APA, tratando-se de instalações de incineração, para determinadas categorias de resíduos ou para processos térmicos específicos, caso estejam preenchidos os restantes requisitos normalmente exigidos.

[874] Arts. 60.º e ss.

[875] Decreto-Lei 102/2020, de 10.12, regulamento geral de gestão dos resíduos, de sua deposição em aterros e atual regime dos fluxos de resíduos.

A alteração das condições de exploração não pode implicar uma maior produção de resíduos ou a produção de resíduos com um teor mais elevado de poluentes orgânicos em comparação com os resíduos previsíveis nas condições normais.

Para além disto, no caso de instalações de coincineração, a autorização pode ser para determinadas categorias de resíduos ou para processos térmicos específicos em condições diferentes das normalmente exigidas, desde que sejam preenchidos os restantes requisitos[876].

*

Em matéria de *proteção e controlo da qualidade do ar ambiente*, estão em causa *valores-imites e valores-guias*, avaliação e gestão da sua qualidade, limite e tetos de emissão de poluentes, prevenção e controlo de emissões e comércio de licenças de emissão.

Destaco o Decreto-Lei 102/2010, de 23.9, que fixa os atuais objetivos de qualidade do ar, tendo em conta as normas, as orientações e os programas da Organização Mundial de Saúde, destinados a preservar e melhorar a qualidade do ar ambiente.

Como destaca o preâmbulo do diploma, "a qualidade do ar ambiente é uma componente ambiental determinante, em particular para a saúde pública e para a qualidade de vida dos cidadãos". É, por isso, que aqui se regula o regime da avaliação e gestão da qualidade do ar ambiente, com especial cuidado no que concerne ao "combate das emissões de poluentes na origem e à aplicação das medidas mais eficazes de redução de emissões, a nível local e nacional, como formas de proteção da saúde humana e do ambiente".

Importa destacar que os efeitos dos vários poluentes atmosféricos na saúde se traduzem no aparecimento ou agravamento de doenças respiratórias e

[876] Em geral, em matéria de gestão, incineração, aterros e transporte de resíduos destaco os diplomas fundamentais. O *regime geral de gestão dos resíduos consta do* decreto-lei n.º 102-D/12, de 10.12, sobre gestão e deposição de resíduos em aterros (que veio substituir, entre outras normas, o Decreto-Lei n.º 178/2006, 5.9, com exceção do n.º 2 do artigo 5.º, em vigor até 31.12.20201 e do art. 78.º; diploma com muitas alterações, sendo as mais recentes o decreto-lei n.º 92/2020, 23.10, retificado em 6 de maio de 2021 e alterado pelo decreto-lei n.º 20/2021, de 16.4, sobre tarifas, prestações, receitas e despesas relacionadas com os resíduos. O Decreto-Lei 85/2005, de 28.4, D.R. I Série, n.º 82/2005, de 28.4, sobre incineração e coincineração, alterado pelo Decreto-Lei 178/2006, de 5.9, rege o regime de inceneração e coincineração. A Lista Europeia de Resíduos e os regimes de transporte de resíduos em território nacional, assim como dos movimentos transfronteiriços de resíduos, constam de portarias governamentais.

cardiovasculares. Sobretudo, naturalmente, "em populações sensíveis como as crianças, idosos e indivíduos com problemas respiratórios".

São, hoje, indiscutíveis esses efeitos nefastos, bastando lembrar os estudos científicos realizados por incumbência da Comissão Europeia[877], que revelaram a nocividade para a saúde das populações europeias dos níveis de poluição do ar existentes na Europa, fenómenos que ocorre designadamente em Portugal.

Sempre que os objetivos de qualidade do ar não forem atingidos, são tomadas medidas da responsabilidade de diversos agentes em função das suas competências, as quais podem estar integradas em planos de ação de curto prazo ou planos de qualidade do ar, concretizados através de programas de execução.

Atendendo aos *objetivos da estratégia temática sobre poluição atmosférica*, no que respeita à redução da mortalidade e morbilidade devido aos poluentes, foram adotados objetivos de melhoria contínua quanto à concentração no ar ambiente de partículas finas (PM2,5).

*

O *regulamento geral do ruído*, na designação tradicional em Portugal, consta do Decreto-Lei n.º 9/2007, de 17.1[878]. Ele define os mecanismos de prevenção e controlo da poluição impondo valores-limites de exposição ao ruído ambiente exterior, os procedimentos de controlo prévio das operações urbanísticas, a regulação da instalação e do exercício das atividades ruidosas permanentes e temporárias; o regime a que ficam sujeitas as infraestruturas de transporte e o regime de outras fontes de ruído.

O Regulamento procura harmonizar o seu regime com os regimes jurídicos do ordenamento do território, urbanização e edificação, autorização e licenciamento de atividades, etc.

Por esta razão e outras que aponta naturalmente para a importância do planeamento em geral no âmbito ambiental, nesta publicação não deixamos de realçar a importância quer do regime dos IGT quer do RJUE. Com efeito, no regime jurídico que regula a urbanização e edificação, temos a obrigatoriedade de análise da vertente ruído e fixação dos documentos (*projeto acústico, mapa de ruído, relatório de recolha de dados acústicos*) a entregar para efeitos de procedimentos de licenciamento ou autorização de utilização. No regime jurídico dos IGT determina-se que o mapa de ruído constitua um

[877] Programa Clean Air For Europe.

[878] Com alterações do decreto-lei n.º 278/2007, de 1.8, e retificação n.º 18/2007, de 14.3.

documento integrante dos planos municipais de ordenamento do território (resultante dos *quatro tipos de fontes sonoras: tráfego rodoviário, ferroviário e aéreo e ruído industrial*).

O Regulamento procede, ainda, à harmonização com o regime das atividades ruidosas temporárias, integrando o regime de licenciamento de *espetáculos e divertimentos* em espaços públicos ao ar livre.

Clarifica conceitos fundamentais do diploma que permitem a sua ligação com a dinâmica do planeamento e licenciamento municipais (*definição de zona sensível*, possibilidade de a mesma conter pontualmente pequenas unidades de comércio e serviços de complemento à *função residencial, equiparação de recetores sensíveis a zonas sensíveis ou mistas*, permitindo que os valores-limite lhes sejam aplicáveis.

Ocorre também a alteração do regime aplicável a *infraestruturas de transporte*. Cria-se um regime de exceção, dando possibilidade de, em situações específicas, passarem a ser exigidos valores-limite menos restritivos.

A avaliação e gestão do ruído ambiente consta do Decreto-Lei 146/2006, de 31.7. Este diploma, de âmbito mais reduzido do que o Regulamento, obriga à recolha de dados acústicos, elaboração de relatórios sobre o ambiente acústico e planos de ação, com o objetivo de criar a base para a definição da futura política comunitária do ruído.

Abrange Grandes Infraestruturas de transporte aéreo, ferroviário, rodoviário e aglomerações de maior expressão populacional.

Impõe a obrigação de divulgação e participação do público na informação sobre ruído ambiente.

Destaco o facto de o art. 8.º do Regulamento do Ruído prever *planos municipais de redução de ruído para as zonas sensíveis ou mistas* com ocupação expostas a ruído ambiente exterior que exceda os valores-limite legalmente fixados e considera estes planos vinculativos também para os particulares.

5.5. Proteção da paisagem. Convenção europeia. PNPA. Reabilitação urbana.

A Convenção Europeia aplica-se tanto a paisagens que possam ser consideradas *excecionais*, como as paisagens da vida quotidiana e as paisagens degradadas (arts. 2.º e 15.º).

As *medidas nacionais de caráter geral* (art. 5.º) implicam o reconhecimento da paisagem como uma componente essencial do ambiente humano, uma expressão da diversidade do seu património comum cultural e natural e base da sua identidade. Expressão cultural que se concretiza em procedimentos para a participação do público, das autoridades locais e das autoridades regionais e de outros intervenientes interessados na definição e implementação das políticas da paisagem.

Eles pressupõem a integração da paisagem nas suas políticas com *aptidão protetora* das paisagens (art. 6.º).

O estabelecimento e aplicação de políticas da paisagem visam a proteção, a gestão e o ordenamento da paisagem. Tal deve ser efetivado através da adoção das *medidas específicas,* que vão desde a sensibilização aculturadora da sociedade civil, *educação e formação,* designadamente programas para profissionais dos sectores público e privado e a associações e formação de especialistas, até cursos escolares e universitários, assim como o acompanhamento e a avaliação das suas transformações, prezando os valores específicos atribuídos pelos intervenientes e pela população, após prévia identificação das paisagens no conjunto do seu território e a análise das suas características e dinâmicas modificadoras.

Em geral, os objetivos são a qualidade paisagística pelo que os Estados devem definir objetivos nesse sentido, após consulta pública (art. 5.º).

Tendo em vista a aplicação das políticas da paisagem, os Estados comprometem-se a estabelecer os instrumentos que visem a proteção, a gestão e ou o ordenamento da paisagem.

O artigo 7.º reporta-se à adoção de possíveis políticas e programas internacionais em termos de uma lógica de cooperação europeia. Quanto às paisagens transfronteiriças, os Estados comprometem-se aqui a encorajar a cooperação ao nível local e regional e, mesmo, a elaborar e implementar programas comuns da sua valorização (artigo 9.º). E, quanto à relação com outros instrumentos, as normas da Convenção não prejudicam a aplicação de disposições mais rigorosas relativas à proteção, à gestão e ou ao ordenamento da paisagem estabelecidas noutros instrumentos nacionais ou internacionais vinculativos, em vigor ou que venham a entrarem vigor (art. 12.º).

Neste âmbito, no que se reporta aos *grandes princípios orientadores da Programa Nacional* do Ambiente, reconhecidamente de interesse público ligado à *arquitetura. paisagem e direito a uma arquitetura e a uma paisagem de qualidade*, na linha dos objetivos fundamentais, podem sintetizar-se dizendo que se aposta numa *democracia cultural assente na reabilitação e regeneração* como um sector estratégico e na implementação de políticas conducentes à melhoria das *condições de habitabilidade, à segurança de pessoas e bens, à inclusão e coesão social e à defesa e recuperação das paisagens culturais,* participação cidadã, proteção e valorização do património cultural e natural.

Tudo numa perspetiva que possa contrariar a expansão urbana e garantir a qualidade construtiva e ambiental das edificações, em especial dos espaços e edifícios públicos em ordem à melhoria da qualidade de vida e do bem-estar geral.

Impõe-se a promoção da qualidade do *ambiente construído e das paisagens*; responsabilização do Estado, com *transversalidade e integração de políticas setoriais*, procura permanente da sustentabilidade e da eficiência, assegurando a integração da arquitetura e da paisagem nas políticas de ordenamento do território e o urbanismo e noutras políticas setoriais, em especial nas áreas da *cultura, ambiente, agricultura, turismo, economia e social*. Promovendo a manutenção e *valorização das funções ecológicas da paisagem*, estimulando a sua inclusão nos instrumentos de gestão territorial, estimulando a adoção de práticas (de projeto, de construção, de gestão e ordenamento das paisagens) éticas e responsáveis. Privilegiando soluções e metodologias sustentáveis e valorizadoras da qualidade. Promovendo uma arquitetura e um urbanismo ecológicos e eficientes na utilização dos recursos, em especial, a energia e a água, e a sustentabilidade do ambiente construído e das paisagens. Contribuindo, ao nível da gestão e ordenamento das paisagens, do planeamento e da construção para a implementação das estratégias de mitigação e de adaptação às alterações climáticas, e as de prevenção e redução dos riscos. Promovendo a proteção e valorização do património natural e dos sistemas de produção agrícola que contribuam para a qualidade e para o carácter da paisagem rural. Investindo na qualificação de todos profissionais ligados à arquitetura e à paisagem. Sensibilizando-os para os desafios da reabilitação urbana, da sustentabilidade, da eficiência energética e da conservação da natureza. Incentivando a investigação e educação ligadas à construção sustentável. Estimulando a sua ligação à indústria e a inovação tecnológica no âmbito da construção, dos materiais, do conforto térmico e da produção e consumo de energia.

Tendo em atenção a natureza transversal, na defesa destes valores, a vários setores e níveis da administração pública, deve potenciar-se, a todos os níveis da administração territorial, a aplicação das orientações quanto à arquitetura e à paisagem, como recursos estratégicos para as políticas de desenvolvimento do país, no sentido da integração de critérios de qualidade, de estética, de durabilidade e racionalidade nos vários processos de transformação, proteção e reabilitação do meio urbano e rural, dos seus espaços, das suas construções ou dos seus elementos naturais e paisagísticos, numa linha de generalização de políticas públicas do desenvolvimento sustentável, ordenamento do território, conservação da natureza, biodiversidade, reabilitação urbana, desenvolvimento rural, defesa do património cultural, valorização turística e proteção da orla costeira.

Em causa está a apoio a processos de conservação e valorização do património cultural, incentivando a preservação, a salvaguarda e a valorização do património arquitetónico, arqueológico e paisagístico, adoção de metodologias e processos de gestão integrada do património, arquitetónico, urbano e da paisagem, e a implementação de práticas de reabilitação adequadas à conservação da história das coisas, planeamento das áreas urbanas e rurais orientado pelo respeito do património cultural e natural e atenuar os efeitos da urbanização extensiva e da exploração agrícola e turística intensivas, estimular o sentido de pertença, identidade e responsabilidade das pessoas perante a comunidade e o território, potenciar a visibilidade internacional da arquitetura e da paisagem nacionais, integração pela Administração Estadual de temáticas do ordenamento da paisagem, qualificação da arquitetura e dos espaços urbanos nas políticas sectoriais, em particular nas que têm impactos no território, definindo princípios gerais, estratégias integradas e linhas orientadoras que permitam a adoção de medidas específicas tendo em vista a sua proteção e gestão.

Ao nível local, onde se encontram os atores privilegiados na ocupação, gestão dos usos e transformação dos solos, com poderes de controlo destas *intervenções físicas*, designadamente preventivo, com declarações de informação prévia, licenciamentos urbanísticos e face à sua proximidade com os cidadãos, cabe-lhes promover e dinamizar todas iniciativas pertinentes para a divulgação e implementação da PNAP.

Ao sector empresarial em geral, especialmente ao setor agrícola e florestal (construção da paisagem rural), e ao sector imobiliário e da construção (transformação do quadro de vida edificado e das paisagens urbanas), não pode deixar de caber um esforço significativo e estimulado pelo Estado no sentido da concretização destes objetivos de sustentabilidade, optando por soluções mais ecológicas e ambientalmente compatíveis, e apostando sobretudo na reabilitação urbana.

*

O *conceito de paisagem urbana* pretende representar a "arte de tornar coerente e organizado e visualmente agradável e empático, o complexo de construções num dado local povoado ou a povoar, designadamente *edifícios e ruas, a vegetação, os espaços intersticiais, a disposição de veículos automotores e sinalizações de trânsito* e outros elementos ambientalmente relevantes existentes dentro no aglomerado urbano em geral.

As árvores, arbustos e jardins envolventes também constituem elementos relevantes para a organização adequada deste espaço numa lógica de real valorização da paisagem urbana e mesmo de natureza essencial para potenciar a beleza local e a qualidade de vida dos moradores e a atração dos visitantes, pelo que se impõe que a *vegetação dos perímetros urbanos* seja considerada sempre pelos poderes públicos e cidadãos como parte inultrapassável do planeamento das zonas urbanas.

O problema da normação da edificação assenta muitas vezes em motivações de defesa ambiental em sentido estrito, com *interdições e condicionamentos*, que também avançam para fora de razões de mero ordenamento territorial ou legislação técnica da construção, abarcando a tentativa de evitar agressões estéticas, com conceitos indeterminados implicando elementos do macro-conceito de ambiente urbano, que tem base constitucional no artigo 66.º da Constituição Portuguesa, e que, apesar ultrapassar o âmbito de um direito administrativo da ciência jusambientalista, merece ser analisada em si e pelas observações sobre a temática dos conceitos imprecisos, com interesse no direito ambiental em geral) ser analisado. Ou seja, em parte pela imprecisão da normação, mas também em parte pela *ineficácia ou mesmo demissionismo das entidades administrativas e jurisdicionais*. Aqui em recente embora tímida e nem sempre cientificamente correta evolução.

Com efeito, tradicionalmente, tem campeado em Portugal o *mau gosto*. Por vezes, em nome de uma pretensa novidade e liberdade criativa, que, em vez de se ensaiar em zonas de extensão urbana, frequentemente funciona em termos destrutivos de urbanismos de épocas anteriores e em zonas antigas, que deveriam ser preservadas. O que faz que o tema também confluir com o *direito do património cultural*, não só construído como natural, com justificação pela atualidade.

5.6. Defesa da eficácia acrescida de certas medidas alternativas às sanções financeiras

O Estado funciona normalmente à base da cobrança de impostos, não de multas ou coimas, que são fruto de um agir anómalo, não normal na sociedade. Daqui deve derivar um principio geral, que se pode enunciar dizendo que o destino das sanções financeiras, independentemente de poderem coexistir com indemnizações por danos concretos, deve, em si mesmo, ser relacionado com melhorias funcionais que possam ajudar a evitar, compensar, prevenir, a sua repetição, quer meios informativos, pedagógicos, técnicos, corretivos de fatores favorecentes das transgressões, e outros, em cada momento e situações concretas, tidos como mais adequados à sua prevenção e dissuasão.

Ora, o *sistema de sancionamento ambiental* exige uma reflexão acerca da *comutação* ou não de coimas e multas para responder devidamente à questão de saber se tal é uma medida desviante do sistema sancionatório, de generosidade ou de demissionismo, face ao infrator ambiental, quaisquer que sejam as razões invocadas, ou, pelo contrário, pode funcionar como uma *real e útil "alternativa" na própria defesa do ambiente.*

Qual o papel que estas previsões de sancionamento podem desempenhar, sem ser apenas o punir? Porque não propiciar *acordos endoprocedimentais de restauração e (ou) de compensação de danos ambientais?*

A *agressão contínua e progressiva ao ambiente*, em grande parte na atualidade devida ao homem, com destaque no quotidiano para a *poluição da envolvente em que habitamos*, com modificações no *"equilíbrio" na natureza*, com problemas com origens localizadas, mas muitas crescentemente de *consequências globalizantes*, multiplicam-se em problemas internacionais, tais como as *chuvas ácidas, o aquecimento global, o buraco de ozono na estratosfera, a perda de regiões densamente florestadas, a crescente desertificação de partes significativas da terra e de solos de cultivo.*

Tudo, a exigir, não só *punição para os danos como imaginação para a sua melhor prevenção, com normas e políticas de preservação, conservação e restauro* do ambiente que nos envolve e de que dependemos como seres individuais e como espécie.

Há uma tendência para as questões do ambiente, com o aumento do povoamento global e a lógica liberal e de regulações assimétricas do desenvolvimento económico e social, com a permanente prevalência, de facto, da desoberanização e afirmação do poder económico sobre os poderes da política e os crescentes reptos das necessidades, reais e artificializadas, aliás cada vez mais desigualizadoras, das populações, se agravarem no futuro, ao continuar a pôr-se em perigo a *manutenção dos habitats e dos processos ecológicos; sistemas vitais animais e vegetais*; sistemas físicos de que depende a vida, como a água mal distribuída, o ar cada vez mais intoxicado, o solo com riquezas naturais ancestrais que se vão esgotando, uns e outros sujeitos ao nuclear, seus riscos e acumulação ocultada de resíduos, a flora e fauna que se vai perdendo em dimensões cada vez maiores na sua biodiversidade, etc.

Não havendo um poder político universal, nem sendo desejável pelo perigo de descambar em autocracia mundial, estamos nas mãos de muitos *poderes públicos*, suas diferentes ideologias, prioridades e políticas (em que a maior parte das mais urgentes e populares entram facilmente, para render votos, nos discursos democráticos, mas não da realização prática coerente e persistente, como já o teórico da economia Schumpeter destacava há décadas).

Mas, de facto, só os poderes públicos articulados (simultaneamente lúcidos, competentes e plenamente ligados aos cidadãos dos diferentes países, e não aos lobbies económico-financeiros ou os poderes económicos ou tecnocráticos), com suas faculdades e atribuições, podem garantir que se leve a cabo uma *proteção consequente e efetiva* do ambiente. Isto, através da *procura de todos os meios* que tenham como finalidade a preservação, a restauro e o melhoramento desse ambiente nos seus diferentes aspetos.

Um dos meios na *tradição punitiva pública* é o estabelecimento de obrigações a cargo dos particulares frente aos poderes públicos, que em caso de não serem cumpridas trazem a imposição de sanções.

Importa constatar *situações típicas* em que as coimas ou multas a impor numa futura decisão administrativa ou judicial não são aptas a *garantir o restauro ou a remediar os danos ao ambiente* e outras em que, mais do que obter esses montantes financeiros para o Estado, importaria *impor ações preventivas para o futuro*. Inclusive, há situações em que as coimas e multas ambientais, mesmo que a lei permita que sejam muito elevadas, podem ficar relativamente "reduzidas" ou sejam *comparativamente insignificantes, face aos cálculos de lucros muito superiores que os grandes contaminadores pensam conseguir* por poderem continuar a violar a norma, pagando sem custo uma parcela do que ganham.

A *eficácia das sanções financeiras* pode ser frágil, mesmo que os montantes dependam não só do *dano e sua gravidade*, mas também muito da *relatividade da capacidade económica do responsável*. Sempre pode sair-lhe mais rentável agredir o ambiente, pagando uma multa ou coima, do que cumprir a lei ambiental.

Sem desconhecer que, nesta área do direito, a doutrina e mesmo o legislador e a UE pressionam para a crescente criminalização, a verdade é que estas constatações exigem reflexões e *soluções imaginativas, umas complementares, outras alternativas às sanções* tradicionais.

Importa destacar, como referem as Constituições mais recentes, a importância da colaboração da sociedade na proteção do ambiente que implica um direito, mas também deveres gerais dos cidadãos.

Nesta matéria, existe uma responsabilidade partilhada entre os poderes públicos e os cidadãos.

Na atualidade, não podem pensar-se que as tarefas das autoridades se restringem à imposição de sanções.

Têm de abarcar *estímulos e benefícios* aos que realizem condutas que incidam de maneira favorável no ambiente ou tenham um *enfoque preventivo*. Já que os danos ocasionados aos elementos naturais são de graves consequências e em muitas ocasiões, irreversíveis.

A *comutação de multa ou coima*, que se vem incorporando em certas legislações ambientais, não pode traduzir um aligeiramento sancionatório ou sua mera flexibilização. Só tem sentido perante a necessidade de *procurar novos meios* de levar o infrator a melhorar o ambiente. Isto é, algo a considerar também como uma alternativa para os infratores da legislação ambiental.

Em casos em que, estando de acordo com uma resolução, em que lhes é imposta uma sanção económica, eles *aceitem sem serem diretamente obrigados por lei a tal, realizar investimentos, em prol do ambiente e dos recursos naturais.* Ou seja, independentemente do cumprimento que tem de ser dado à normatividade ambiental.

O *objetivo* é privilegiar condutas alternativas apenas às meras sanções financeiras previstas na lei e que tenham efeitos úteis sobre o ambiente.

No *plano concetual sobre a comutação e figuras afins* como os *acordos endoprocedimentais,* diria que, pelo que respeita à pena, a doutrina em geral atribui à comutação a natureza de um "indulto" parcial, ao alterar a natureza do castigo a favor do réu; ou então como a substituição de uma sanção por outra.

Esta figura responde à necessidade de contar com *instrumentos voluntários* que beneficiem o meio ambiente assim como a *melhoria do desempenho ambiental* dos infratores, privilegiando as condutas que tenham efeitos diretos benéficos sobre as condições do ambiente em que vivemos e trabalhamos.

Próximo da *comutação técnica* estão a admissibilidade em geral de *acordos de autocomposição,* visando a recomposição e a compensação de danos, hoje também já praticados em certos ordenamentos.

Aqui estabelece-se a possibilidade de o interessado e a autoridade ambiental acordarem na realização dessas ações *a pedido do infrator* antes que se conclua o procedimento.

As *medidas compensatórias,* tal como as *repressivas e dissuasórias,* podem perseguir *dois tipos de objetivos.* Uns, de carácter *preventivo* (taxas sobre derramamentos e outros tributos fiscais, destinados a eliminar ou atenuar a contaminação). Outros, de natureza *reparadora* (como as que visam tornar efetivo o princípio de justa redistribuição, compensando as vítimas pelos prejuízos sofridos ou pelos danos causados ao ambiente).

Efetivamente, perante a ineficácia do direito administrativo em razão da sua própria natureza, para reparar, restaurar ou compensar os danos ambientais, a juntar às soluções alternativas ao cumprimento das sanções, pode recorrer-se também aos *mecanismos alternativos de resolução de conflitos.*

A sua crescente importância resulta de em causa estar precisamente o *objetivo imediato* de assegurar a *restauração ou a compensação do prejuízo ou dano ao ambiente* ou aos recursos naturais, dando ao interessado a oportunidade de, na fase endoprocedimental, antes do procedimento concluído, concordar com a autoridade na realização dessas ações.

Estes acordos são mecanismos alternativos não à sanção decretada, de pagar pela infração, mas de resolução da própria controvérsia sem chegar a colocar-se a questão da sanção.

A *razão última da comutação por medidas e projetos alternativos voluntários de sanções,* até mesmo já declaradas, tal como a possibilidade da sua *substituição* na hora de sancionar os comportamentos, pode de facto ser um *instrumento útil, como técnica de potenciar melhorias na problemática da defesa ou reparação* do ambiente.

A comutação ou qualquer substituição em geral tem de aparecer como traduzindo uma mais-valia ambiental e um estímulo pedagógico individual para o agressor ambiental, para além dos custos (sempre exigíveis face a poluições ou outras condutas danosas) da reparação do dano, já obrigatórios pelo princípio poluidor-pagador.

A alternativa à multa ou à coima só pode ser aceite como solução, desviada do seu objetivo punitivo, por interesse público ambiental, traduzindo uma parte apenas de um projeto de reparação ou investimento ambiental, embora também a favor do próprio.

Quanto aos *requisitos para a comutação,* a ideia geral é que o infrator possa solicitar a comutação da coima ou multa por ações tendentes a proteger, preservar ou restaurar o ambiente e os recursos naturais.

Mas, para que a autoridade outorgue o benefício da comutação, é necessário exigir certas *condições que permitam deduzir o êxito da medida alternativa.*

Por isso, devem exigir-se *requisitos mínimos* que possam justificar a substituição da sanção, v.g., referente à proposta de investimentos, garantias de cumprimento ou de pagamento da coima ou multa por um terceiro, etc. Afastando tal hipótese em casos de infrações graves e de reincidências. E sempre sem pôr em causa as obrigações não financeiras que já resultariam da lei, tais como atuações de reparação, reposição das coisas ou indemnizações que caibam ao ato infrator.

A medida alternativa substitui a sanção financeira (aliás, esta funcionando hoje a favor do Estado e não do ambiente), mas não se confunde nem substitui outras *sanções acessórias ou obrigações em espécie* que já resultariam da norma sancionatória. Todos os requisitos negativos e positivos devem estar devidamente *ponderados na fundamentação da decisão* sobre a aceitação da medida alternativa.

Devem ficar *claramente explicitadas as razões* que levam a Autoridade decisora a considerar que o *projeto de investimento (viável,* com ações que superem ou cumpram com os maiores níveis estabelecidos na normatividade ambiental, melhorando os processos produtivos das empresas, a fim de otimizar o seu desempenho ambiental e traduzindo-se em *encargos superiores ou, excecionalmente, pelo menos equivalentes à coima ou multa* imposta, na aquisição e instalação do equipamento para inovar ou evitar contaminação, v.g., equipamento anti-contaminante) ou outra medida alternativa vai evitar a contaminação ou vai proteger, preservar ou conservar o ambiente e os recursos naturais.

No entanto, discordamos com soluções consagradas em algumas normas, doutrinas ou jurisprudências, hoje vigentes em alguns ordenamentos jurídicos.

Destaco, por exemplo, que a nossa posição é a favor da comutação também com *afetação de montante de coima ou multa já pago*, se os requisitos substitutivos substantivos se verificarem.

O facto de a multa já ter sido paga à autoridade cobradora (independentemente da presunção de confissão, que tal possa significar, e da aceitação da sua responsabilidade, e de assim o assunto já estar resolvido sem impugnações e sem finalização conflitual do processo), tal não deve impedir a comutação, pois a obtenção de uma solução sem conflitualidade não deve ser o único objetivo-critério do instituto da comutação, sendo mais importante o objetivo de melhorar a defesa do ambiente.

Com efeito, se tecnicamente, ao estar a multa já paga, já não se trata de substituição, mas de um *novo acordo com utilização parcial do valor da multa*, nem por isso é despiciendo o objetivo que justifica este acordo, de, mais do que o arrecadar da multa, se conseguirem *investimentos mais poderosos*, sobretudo se em causa estiverem *valores ambientais difusos, de abrangência coletiva, ou ligados à defesa futura da saúde* de uma população.

Destaco a discordância com alguma doutrina sobre o sentido do poder discricionário outorgado à autoridade decisora.

A autoridade competente, nas situações legislativamente possíveis, deve não só assegurar ao próprio infrator o exercício do direito de solicitar a comutação, como deve concedê-la, desde que haja uma perspetiva de cumprimento do acordado alternativamente. E isto, embora a legislação deva marcar tal instituto como uma faculdade discricionária da autoridade sancionadora, no sentido, não de permissão a essa autoridade para poder livremente aprovar ou não aprovar o pedido de comutação, devendo fazê-lo nos casos em que hajam sido satisfeitos os seus requisitos sem que haja outros legalmente impeditivos.

Uma faculdade discricionária não pode ser um poder arbitrário ou de mera escolha livre entre várias hipóteses, apenas balizada pela idoneidade de uma qualquer das diferentes medidas possíveis, mas uma opção por aquela que, em concreto, seja tida como sendo a melhor para a realização do fim material em causa. É um poder dirigido por uma *ponderação subjetiva de natureza casuística, situada,* o que implica que, se o agente aplicador da norma conclui que a alternativa é a melhor solução para melhorar a aplicação dos objetivos ambientais, legalmente consagrados, deve concedê-la ou inclusive deve promovê-la, tentando a sua aceitação voluntária pelo infrator.

A Administração ou a jurisdição nunca podem usar de poderes arbitrários, só de um poder discricionário.

Nunca uma discricionariedade infundada. Nem enquanto ao *tempo de atuar*, nem enquanto ao conteúdo da sua decisão.

Não é permitido ao titular de um poder discricionário escolher livremente não atuar se tal é necessário para o interesse público específico presente ou escolher uma qualquer solução, afastando aquela que melhor sirva os interesses públicos que pela lei deva prosseguir.

A *discricionariedade,* para não ser arbitrariedade, não pode traduzir-se num poder de escolher "arbitrariamente" uma de várias soluções possíveis, mas o de escolher, de entre todas as possíveis e idóneas, a que melhor serve o *objetivo material ao serviço do qual o legislador colocou a decisão final nas suas mãos,* face às *circunstâncias concretas* que o legislador não pode conhecer em profundidade, e só o aplicador pode tentar captar e analisar ponderadamente.

Não pode considerar-se a aceitação da alternativa como uma mera prorrogativa potestativa do administrador ou do julgador.

Não é aceitável que à legalidade funcional do agente sancionador e comutador baste o facto de a solução estar dependente do seu "prudente juízo", que estaria exercido pelo mero analisar, como sempre deve, em cada caso, as circunstâncias particulares desse caso, os elementos sobre as capacidades pessoais do infrator e as circunstâncias da execução das infrações, decida depois como decidir.

Pode dizer-se que nenhum agravo causa ao solicitante da comutação o facto de a entidade responsável não lhe haver comutado a pena de coima ou multa, ou outra sanção que seja?

Mas, não é verdade que ele (a sua empresa, a sua região), pode ser um beneficiário, reflexamente falando, de tal comutação, pelo que a *denegação poder prejudicar objetivos de melhoria de realização de um bem ambiental,* que aliás a todos cumpre defender, se se impedem benefícios possíveis ao ambiente e aos recursos naturais?

E a denegação não pode estar isenta de ilegalidade se não aplica os princípios gerais do direito administrativo (*igualdade de tratamento, imparcialidade, proporcionalidade*, boa-fé, justiça), o que, se frustrados, implica vício de violação de lei ou seja uma ilegalidade, impugnável jurisdicionalmente.

Destaco a questão do "cálculo de equivalência" tratada em alguma doutrina. Aceitando o princípio de que a alternativa deve ser *aceite se trouxer uma mais-valia ao ambiente* face às obrigações que já impenderiam sobre o infrator, não deixo de discordar também que se ligue inexoravelmente a questão da medida alternativa a um mero cálculo de equivalências.

Deve permitir-se a realização de um investimento apenas equivalente à coima ou multa ou, excecionalmente, mesmo em alternativa à restituição do local, tal como se encontrava antes da infração, o que não sendo em si uma alternativa ao sancionamento previsto, pode ser aconselhável se puder trazer essa mais-valia numa abordagem meramente ambiental, v.g., se houvesse interesse ambiental à *replantação* a que estaria obrigado no local original, mas a efetivar noutro. Mas sempre será um caso de exceção, exigindo ponderação casuística situada, pois permitir como sanção ou como comutação a plantação em local distinto pode ser compensador para os urbanizadores, que assim se veem compensados e continuarão a agredir o ambiente.

No entanto, uma reparação do dano pode não ser equivalente à multa imposta, sendo certo que, no caso da vida selvagem, é difícil quantificar com exatidão os custos dos exemplares.

Solução pertinente será por exemplo comutar certas sanções, como a admoestação escrita, a coima ou a multa ou o arresto administrativo por um trabalho comunitário em atividades de conservação da vida selvagem e do seu habitat natural.

Em conclusão, em princípio seria defensor que este regime de comutação pudesse conviver com a ideia de um infrator sancionável pela Administração ambiental que reconhece a infração e não contesta a sanção, nem administrativa nem jurisdicionalmente, o que economizaria a ocupação de recursos humanos.

Aceitando-se a infração e a coima legalmente prevista, ser-lhe-ia possibilitado usar o montante da coima para destinos, mesmo empresariais seus, visando melhorar no plano ambiental os seus *equipamentos e aparelhos tecnológicos*, fabris. Mas não excluo também essa possibilidade pelos tribunais no momento de sancionar.

Sendo de aceitar, ainda, a *ideia da comutação superveniente*, mesmo que já haja sanções decretadas ou mesmo que já tenha sido paga a coima administrativa ou a multa judicial, se os benefícios ambientais da proposta de comutação forem indiscutíveis.

Além disso e em geral, defendo que o legislador deve canalizar sempre qualquer montante de sanção por razões ambientais para fins ambientais. Mas se de facto o uso da multa deve ir para o ambiente, tal deve ser a lei a impô-lo à autoridade, que a cobra, que é o Estado ou outra entidade pública.

Imponha-se legislativamente como critério geral, abstrato, que tal montante não deve ser usado para outros fins que não os de *política preventiva ou reparadora ambiental* em geral ou no caso concreto, na medida preferencial, em que o agente anti-ambiental não o consiga promover por si.

5.7. Inadequação de certas previsões sancionatórias contraordenacionais e criminais

Para além do direito sancionatório com coimas, sanções financeiras impostas em procedimentos administrativos, em que os montantes a pagar muitas vezes não têm ligação nem aos *valores lucrados* com a infração administrativo ambiental, nem com os *danos difusos* nas populações, exigindo reformas no *critério de cálculos* para não induzir aos incumprimentos e antes ao respeito escrupuloso das normas interditadoras. E, de qualquer modo, montantes sempre a orientar não para o genérico orçamento de Estado, quais "impostos", mas para objetivos estritamente ambientais.

Importa ter uma especial preocupação com a *proteção penal do ambiente*, que se tem imposto, aparecendo o legislador a despertar para a necessidade de usar os meios oferecidos pelo direito criminal em face do alarme implicado com o conhecimento do número crescente de informações referentes aosdesvios ecológicos.

Os danos espetaculares no *meio aquático e na atmosfera, a destruição das florestas, a contaminação dos solos, a destruição irreversível de espécies vivas*, etc.

O que deve proteger-se no ambiente?

Desde logo, a *exploração e o uso irracional quer dos recursos, quer dos componentes naturais*. A *água, o ar e o solo* (enquanto meios recetores de *efluentes, derramamentos, emissões ou resíduos)*, que são frequentemente agredidos pela ação humana.

Portanto, importa defender o ambiente e a natureza em geral da *exploração irracional dos recursos naturais*, que o compõem, e do seu *uso degradante*, como lugar de lançamento de *resíduos líquidos, sólidos e gasosos*. Defendê-lo do uso abusivo ou da extração de *recursos minerais, vegetais e animais*, renováveis ou não, e da sua contaminação.

O código penal foi recolhendo orientações oriundas de organismos e congressos internacionais. Esta criminalização em Portugal, iniciada com as alterações de 1995 ao Código penal, vem proteger o ambiente de forma direta, em si mesmo, embora com limitações subjetivas.

As suas normas referem-se, tradicionalmente, à proteção dos elementos componentes do ambiente natural e já também aos elementos referentes ao ambiente humano. Isto é, aos *aspetos culturais, históricos, urbanísticos ou artísticos* ligados ao conceito amplo de ambiente, incluindo o *ambiente construído*, que já não sofre apenas sanções contraordenacionais.

No entanto, merecem reparo os pressupostos de certas *sanções penais*, que *remetem a tipificação criminal* para outras normas materiais em geral já com previsão de sanções contraordenacionais.

Com efeito, como exemplo, transcreve-se do Código Penal português, o n.º 1 do art. 279.º (poluição): "1 – Quem, *não observando disposições legais, regulamentares ou obrigações impostas* pela autoridade competente em conformidade com aquelas disposições, provocar poluição sonora ou poluir o ar, a água, o solo, ou por qualquer forma degradar as qualidades destes componentes ambientais, causando danos substanciais, é punido com pena de prisão até 3 anos ou com pena de multa até 600 dias".

Estas agressões ambientais já estão sancionadas com coimas na normação respetiva.

Não seria de tipificar de modo claro, direto, concentrado, como crime as situações factuais mais graves e deixar tipificado como contraordenação, nos respetivos diplomas, as menos graves?

Ou distinguir na própria legislação específica, remetendo para o código penal a criminalização.

Por outro lado, também nada reforça o sancionamento de incumprimento de "obrigações impostas pela autoridade competente em conformidade com as disposições legais" como crime autónomo, não só porque já sujeitas a coimas nos respetivos diplomas, como porque, de qualquer modo, optando-se pela criminalização, o seu sancionamento já resultaria do crime de desobediência à autoridade, funcionando na imposição do cumprimento das leis.

5.8. Inexistência de adequado regime do direito humano à água

Assistimos à inexistência de um adequado regime do direito humano à água potável para satisfação das necessidades básicas, ao saneamento básico, à energia nas habitações, à alimentação existencial e uma habitação segura permitindo o mínimo de dignidade vivencial das famílias.

O diploma que consagra os IGT (IGT) e especifica que as únicas normas restritivas com aplicação direta aos cidadãos são os PIMOT ou PMOT (e, na medida em que estes não integrem ainda a proteção ambiental física nos territórios por si cobertos, tal implica a sua revisão), que são assim (entre os programas de criação do ministério nacional do ambiental e outros em matérias setoriais, PSIT, ou âmbitos regionais, PROT), aqueles que são invocáveis perante os proprietários, face a requerimentos de edificação ou alteração de terrenos para fins urbanos. Acontece, que por força da legislação sobre águas, os Planos da Água também são de aplicação direta aos cidadãos.

Quanto ao direito à água, essencialmente, o acesso garantido à água potável para satisfação das necessidades básicas, ao saneamento básico, tal como importa enquadrar realmente um direito mínimo à energia nas habitações, à alimentação existencial e a uma habitação segura, permitindo o mínimo de dignidade vivencial das famílias.

Por força da legislação sobre águas, os Planos da Água também são de aplicação direta aos cidadãos, tal como os planos territoriais pluri-subjetivos[879].

O tema do *direito humano à água*, tema que vem sendo tratado em conferências internacionais sobretudo depois de 1977 (Mar del Plata) e sobretudo desde 2002 pelo Comité dos DESC da ONU (a que a Diretiva-Quadro da Água da UE não ficou completamente alheia), implica responder aos desafios atuais em termos de acesso das populações e de controlo das ameaças sociais decorrentes das dificuldades no seu casso, que não são apenas físicas, mas também económico-sociais.

Em termos de implicações de uma consagração do direito humano à água, recordo aliás que tal consta também já de textos recentes da ONU, posteriores à Conferência de Istambul de 2009 (Quinto fórum Mundial da água, em Istambul, de 16 a 22 de março de 2009), pese a dificuldade de entendimento nesta verificada face às responsabilidades concomitantes dos Estados, que não permitira passar-se do mero reconhecimento da água como uma necessidade humana básica.

Também aqui, na vertente não já só do direito internacional público mas da problemática portuguesa, designadamente face à privatização-conceção em curso dos sistemas de fornecimento de água, entendo que já devíamos ter passado para um debate nacional, e não meramente casuístico deste ou daquele município, sobre o enquadramento futuro do reconhecimento de um direito à água como direito de acesso à água potável em quantidades e qualidade suficiente para poder, segundo as posições e teses da OMS, satisfazer-se

[879] No que concerne à água, o diploma que consagra os IGT (IGT) e especifica que as únicas normas restritivas com aplicação direta aos cidadãos são os PIMOT ou PMOT (e, na medida em que estes não integrem ainda a proteção ambiental física nos territórios por si cobertos, tal implica a sua revisão), que são assim (entre os programas de criação do ministério nacional do ambiental e outros em matérias setoriais, PSIT, ou âmbitos regionais, PROT), aqueles que são invocáveis perante os proprietários, face a requerimentos de edificação ou alteração de terrenos para fins urbanos.

as necessidades do homem (usos humanos vitais, de que ninguém pode ser privado), e que está consagrado, em Portugal, na Lei da Água, n.º 58/2005, transcrição da Diretiva Europeia da Água, como um direito ao abastecimento suficiente, fisicamente acessível, a um custo acessível, de água salubre, para as utilizações pessoais e domésticas de cada um.

A nossa Constituição, sem consagração expressa de tal direito, aceita-o, integra-o sem mais, na medida em que a sociedade internacional o afirme (e, sobre essa problemática e evolução, o estudo do autor do artigo ora publicado é exaustivo), dado que ela manda integrar como direitos fundamentais todos os direitos humanos, inclusive de declaração com origem jusintergovernamental (cláusula constitucional de abertura e aplicação do seu estrito regime aos direitos humanos de fontes normativas, internas o internacionais).

Aliás, nossa Constituição de 1976-1982 (mais de 1982 do que 1976), embora sem referências expressas, conta com quatro normas importantes sobre o tema.

O art. 66.º, sobre ambiente e qualidade de vida que, programaticamente, impõe ao Estado que promova o aproveitamento racional dos recursos em geral e, sobretudo, em situações de crise, secas ou evoluções climáticas, que o justificam ainda mais.

Os art. 81, sobre organização económica, e 9.º sobre incumbências prioritárias do Estado, de onde resulta a obrigação de promoção da qualidade de vida das pessoas, especialmente, as mais desfavorecidas.

De onde resultam em geral a obrigação de em igualdade atribuir a todos um *direito à água em quantidades que garantam essa qualidade de vida e um direito de discriminação positiva no campo da diminuição dos custos ou mesmo a gratuitidade*; a interdição de corte nos abastecimentos pelo menos correspondentes a uma *quantidade mínima para as famílias que caiam na pobreza*; e, ainda, os arts. 60.º e 64.º, n.º 1, que consagram *direitos dos consumidores e à saúde*, mandando garantir-lhes qualidade, informação e proteção em termos de *saúde e segurança*.

Não está regulado o seu conteúdo concreto, desde logo tendo presente as orientações da OMS de fixação do *consumo mínimo vital* (20-50L por pessoa) e, se possível, até chegar a um *consumo ótimo* (100-200L), garantido para as zonas urbanas (como, v.g., na Bélgica ou Catalunha).

Recordo que o Bloco de Esquerda apresentou precisamente um projeto de lei nesse sentido[880], assente no direito à água e inspirado em soluções aventadas na doutrina e debates parlamentares nestes países, um dos quais é um Estado da UE e o outro uma Região Autónoma de outro. Este pro-

[880] PL n.º 720/X/4.ªSessão

jeto recorria a uma solução que partia da aplicação dos grandes princípios defesa do ambiente, desde lo o do poluidor-pagador para obter recursos que apoiariam um fundo de compensação financeira para viabilizar equilíbrios na aplicação de um adequado e realista direito à água. As empresas que têm concessões de concessão da água pública (que é de todos e é a matéria do negócio da água, com engarrafamentos, estranhamente ainda permitidos em plástico (engarrafadores e distribuidores das grandes cadeias), contribuiriam com uma parcela, mesmo que mínima, para os fundos de cobertura dos gastos dos utentes dos sistemas sem capacidade de pagamento.

Temos permissivamente. não só a apropriação de um bem público, como indevidamente a sua distribuição em recipientes de plástico e não de vidro, como deveria ser obrigatório, por razões simultaneamente de saúde (face aos conhecimentos que hoje temos sobre a contaminação pelas embalagens plásticas dos líquidos aí contidos) e de defesa do ambiente (num mundo cada vez mais saturado de objetos de plástico de difícil degradação temporal).

Portugal tem de enquadrar legislativamente a questão da interdição de corte do abastecimento mínimo vital em caso de pobreza.

Tem de se prever um abastecimento com isenção de pagamento de faturas por *carências económicas*, verificadas pelos Municípios, aspeto a considerar também no âmbito da energia doméstica, na lógica vivencial da atualidade histórica, tudo direitos humanos á subsistência (habitação, água, comida e energia, de exigências crescentes conforme as possibilidades dos diferentes Estados), como o sistema de segurança social e o acesso a tribunais ou entidades administrativas independentes. Em geral, desde logo, compensável com taxas superiores ao custo da água para gastos superiores aos níveis normais, supérfluos ou alheios ao consumo humano (jardins, piscinas, etc.) e em atividades económicas. De acordo, atendendo ao número de pessoas do agregado familiar. Aqui, há que apontar e bem para que os grandes grupos ganhadores com o *negócio da água e refrigerantes, engarrafadores e distribuidores das grandes cadeias,* contribuam com uma parcela, mesmo que mínima, para os fundos de cobertura dos gastos dos utentes do sistema sem capacidade de pagamento. Apesar de ser uma solução que irá esbarrar com os interesses dos grandes negociantes do setor, aliás também distribuidores de plástico, que não só de vidro, e assim sujeitos a princípios ambientais, como o do poluidor-pagador.

Portanto, urge encarar a a regulação em concreto da questão não só da interdição de corte do abastecimento mínimo vital em caso de pobreza, como tratar de enquadrar mais justamente escalões mais caros de usos não estritamente necessários à vida, para pagar as deficiências financeiras dos escalões baixos ou gratuitos, cuja fundamentação para evitar abusos deve ser escrutinado por entidades independentes

O princípio geral orientador e base do sistema e do fundo seria uma *taxa progressiva em função do consumo*, segundo destinos e segundo quantidades. Sem prejuízo de se garantir sempre um *acesso residencial.* tendo presente a *situação económico-social das pessoas* que deixem de pagar, na linha já prevista em geral pelo D-L n.º 97/2008, de 11.6 (isenções de pagamento da TRH definidas no n.º 6 do art. 7.º, n.º 6 do art. 8.º, n.º 6 do art. 10.º e n.º 4 do art. 11.º), com a criação de *fundos municipais de compensação*, para não fazer perigar a sustentabilidade financeira do sistema.

Não se trata de una teorização justificativa em termos de perequação no sentido do sistema do planeamento urbanístico.

No caso da água, tudo é público, a água e o seu abastecimento, mesmo que concessionado.

Trata-se, antes, de atuar um direito natural de realização positiva pública com uma compensação intrassistémica (escalonamento diferenciador dos custos). Financeiramente ainda adicionada à anteriormente apontada solução extrassistémica. Esta em cumprimento do princípio de que quem utiliza com lucro bens públicos e, aliás, com custos ambientais (v.g., resultante de negócio privado altamente lucrativo de engarrafamento de águas, minerais ou não, e faz comércio de bebidas em geral com recurso à água), deve ajudar a dotar um fundo com uma lógica de solidariedade nacional, para apoiar as situações de défice mais complexas, *nos municípios em que os níveis de consumo com taxas mais altas não tenham o volume compensador para as quantidades facultadas sem pagamento ou a taxas reduzidas.* Com uma percentagem, que mesmo que simbólica isoladamente, será de grande significado final no volume de receitas financeiras para o sistema global.

Se estas entidades empresariais têm alta lucratividade com um bem da Comunidade (lucratividade aliás, com estranha permissão legal, até reforçada com recurso em geral a engarrafamento de vasilhame em plástico e não em vidro) devem ajudar a dotar um fundo com uma *lógica de solidariedade nacional*, para resolver as *situações municipais de défice mais complexas*, nos municípios em que os níveis de consumo com taxas mais altas não tenham o volume compensador para as quantidades facultadas sem pagamento. Com uma percentagem, que mesmo que simbólica isoladamente, será de grande significado final no volume de receitas financeiras.

Registe-se recentemente o início de uma mudança na conceção de parte de responsáveis portugueses sobre este bem, tal como resulta de um estudo da Administração da Região Hidrográfica do Norte (ARHN). Ele, embora sem tomar partido sobre a natureza da *garantia mínima de acesso à água*, referindo-a ainda e apenas como uma "necessidade básica essencial à vida", no entanto (constatando, na atual situação, situações crescentes de crise económica de famílias em "risco de exclusão social, facto agravado com a necessidade de aumento de tarifas"), não deixa de defender já a definição de uma *tarifa de custo reduzido (sem corte de fornecimento de água por não pagamento) ou mesmo gratuita*. Por isso, aponta soluções alternativas ou conjugadas, algumas que nós mesmos há muito defendemos, tais como a *generalização de tarifas sociais e tarifários progressivos por blocos, redução de perdas de água no sistema distribuidor* que hoje implicam *custos acrescidos para os consumidores* que as pagam. Além de outras soluções, tais como *assistência direta ao rendimento*, com atribuição pública ou por entidades particulares de solidariedade social, através de "vouchers" para serviços de água ou compensado com subsídios oriundos de orçamentos municipais, novos instrumentos de gestão e procura de água, eventualmente com *tarifas sazonais*.

Em causa, neste estudo da ARHN, citando o exemplo da Bélgica, a *questão central da garantia aos consumidores domésticos economicamente carentes de um consumo mínimo de água*. O que se tem de traduzir desde logo, pelo menos, na *não exigência de aplicação da tarifa única nos consumos mais baixos*.

Por fim, não deixo de referir que toda a temática sobre o direito internacional da água e a conflitualidade internacional, assim como as implicações do reconhecimento da água como direito humano, é um tema complexo, que vem avançando apesar da polémica que tem gerado na atualidade, mas que é fundamental para as gerações futuras.

5.9. Deficiência da legislação de controlo da poluição. Abordagem de controlo integrado

Portugal depara-se, frequentemente e em geral, com índices acima dos máximos normativamente aceitáveis de poluição, como acontece, por exemplo, nas grandes cidades, com o ozono troposférico, gases de carbono e outros, devidos quer aos excessos de circulação de viaturas a energias fósseis quer à proximidade dos aeroportos, o que tudo se cumula com preocupantes índices de ruído, pelas suas consequências em geral na saúde, em geral e para quem pretende circular em veículos não poluentes, feito com absorção destes níveis de poluição.

Os governos locais, muitas vezes, preocupam-se mais com "lucrativos" lugares de estacionamento dentro das cidades, em vez de os transferirem para as periferias e dinamizarem bons transportes públicas dentro delas, com a ideia de evitar a entrada de tantas viaturas e simultaneamente potenciarem ao máximo locais públicos e privados arborizados. Falta uma política coerente de aculturação de transportes coletivos, que deverão ser movidos a energias não poluentes. Entretanto, uma coisa é incontestável: a normação existente, em muitos dos seus aspetos (sejam substantivos e sancionatórios, sejam promocionais, sejam laxistas pela temporalização e fiscalização, seja pelo maus exemplos transmitidos por entidades públicas), não tem sido suficiente, em si, na sua aplicação por entidades públicas ou privadas, nem para dissuadir os governantes locais, nem os cidadãos em geral, de práticas tradicionais, que se tornaram hoje inundantes, inadequadas e prejudiciais à vida humana.

No que concerne à prevenção e controlo integrado de poluição, apesar dos esforços que a indústria tem realizado no controlo das principais substâncias poluentes, os processos de produção industrial ainda são uma fonte muito importante de *poluição a nível europeu*, sem que se veja fim à vista, face aos interesses e às pressões dos grupos económicos, adiando frequentemente soluções e, também, à insuficiência normadora.

O conceito de Prevenção e Controlo Integrados de Poluição[881] foi introduzido por volta de meados da década de noventa na EU e no início do atual século na legislação em Portugal[882], com o objetivo de promover a *adoção de uma abordagem comum ao controlo da poluição industrial* nos Estados Membros.

Reconhecendo que a existência de abordagens diferentes no controlo da poluição do ar, das águas e do solo pode favorecer a transferência de problemas de poluição entre os meios físicos, em vez de incentivar a proteção do ambiente no seu todo, a Diretiva IPPC visa essencialmente a adoção de uma abordagem integrada no controlo de poluição, assente prioritariamente na prevenção das emissões de poluentes e na sua minimização. A Diretiva IPPC aplica-se à generalidade das atividades industriais (discriminadas no seu Anexo I) e a algumas atividades agrícolas.

5.10. Orientações jurisprudenciais ambientais nos tribunais portugueses

Na seleção dos *arestos do tribunal constitucional*, destacamos alguns temas fundamentais (tais como os concernentes aos princípios constitucionais da *transparência da informação, da participação cidadã, às relações entre áreas de direito do ambiente e o direito de propriedade e de iniciativa empresarial, relação entre interdições ambientais e direitos a indemnização, defesa da natureza e defesa de áreas protegidas*).

[881] *Integrated Pollution Prevention and Control* (IPPC).

[882] Diretiva n.º 96/61/CE, do Conselho, de 24 de setembro, transposta para o Direito Português através do D-L n.º 194/2000, de 21.8.

No que concerne à jurisdição administrativa, seleciono alguns daqueles, relativamente recentes, a que a doutrina portuguesa tem dado relevo.

Dos do Supremo Tribunal de Justiça, recolho, de entre os seus arestos com invocação de direito ambiental ou implicando temas de interesse ambiental, alguns sobre a, em geral muito desprezada ou condescendente, temática do *direito do ruído* (sobretudo, designadamente no meu comentário), face a essa despreocupação[883], que a todos deve merecer a difusão de uma *cultura de relativo silêncio sanitário e face à constatada ineficácia social generalizada*, (dedicando, em comparação com outros, um espaço mais amplo deste direito multifacetado com efeitos hiperbólicos, pluridisciplinares, que é o *direito ao descanso, sossego, repouso, à saúde e a defesa de todas as faculdades psicossomáticas que não se compadecem com ruído excessivo ou frequente, protegido pelo regulamento do ruído*).

5.10.1. Análises de jurisprudência constitucional

A) Assunto: *poluição atmosférica.*

Referência: *ATC n.º 274/2012*, 2.ª Secção, Proc. n.º 766/11.

Relator: João Cura Mariano. Data: 23.1.2012;

Normativa aplicável: n.º 1, art. 66.º, Constituição (direito ao ambiente e qualidade de vida) e diploma que define os valores dos seus limiares mássicos máximos e mínimos (VLE).

Factualidade:

Está em causa a falta de monitorização em contínuo das emissões poluentes (dióxido de carbono, dióxido de enxofre) resultantes da utilização de coque de petróleo como combustível na respetiva indústria e consequente sanção pela Inspeção-Geral do Ambiente e do Ordenamento do Território (IGAOT).

Fundamentação doutrinal:

A proteção do interesse geral, ligado ao direito também constitucionalmente tutelado a um ambiente de vida humano, sadio e ecologicamente equilibrado, prevalece face à liberdade de iniciativa privada.

[883] Tal só tem paralelo no direito do urbanismo, com a da aceitação municipal do "mau gosto" edificatório ou mistura insana de património histórico construído com novas tendências nos mesmo locais e não apenas nas novas extensões territoriais da cidade (como ocorre, por exemplo, em Viena de Áustria, revelando autarcas e juízes culturalmente atentos), assim aparecendo o Estado a defender, agora, o património que herdamos com qualidade dos que nos precederam, mas deixando, ao mesmo tempo, como herança aos vindouros, chocantes aberrações estéticas ou comunhões forçadas de estilo, por vezes na mesma rua, lado a lado, criando detestáveis conjunto de paisagens urbanas.

Sentido da Decisão:

Não é de considerar inconstitucional uma norma que estabelece a obrigatoriedade de monitorização em contínuo de emissões poluentes, independentemente do caudal mássico, por parte de instalações de combustão que consomem coque de petróleo como combustível.

Comentário:

Trata-se de saber se o legislador ofende ou não o princípio da liberdade de empresa e, portanto, se ele goza ou não de ampla liberdade de conformação, ao obrigar à monitorização em contínuo de emissões poluentes resultantes de processos de fabrico.

Corretamente, o Tribunal Constitucional não considerou arbitrário ou destituído de fundamento material bastante que exista uma intervenção normativa do Estado, que fixe essa obrigatoriedade, com o mero fundamento de isso implicar um acréscimo de custos de produção.

Não valorizou e bem, no caso, a eventual consideração de que tal possa agir como um desincentivo ilegítimo ou prejudicial em termos de concorrência. O ultraliberalismo reinante ainda não chegou a tal. Em Estado social e ambiental, a ponderação intervencionista deve colocar-se se funcionar ao serviço da Comumnidade e dos valores constitucionais a defender.

B) Assunto: *poluição sonora, sistemas sonoros de alarme.*

Referência: ATC n.º 221/89, Plenário, Proc. n.º 91/86.

Relator: Mário de Brito.

Data: 22.2.1989.

Normação apreciada: art. 66.º Constituição (direito ao ambiente e qualidade de vida) e art. 190.º (interdição de violação de domicílio (direito fundamental de primeira geração: categoria de "direitos, liberdades e garantias"), ambos da Constituição.

Factualidade: oposição a norma legal implicando entrada forçada de agentes policiais por razões de prevenção e controlo das diferentes formas e efeitos da poluição.

Fundamentação doutrinal: considera-se que que o direito ao ambiente é um direito social e não um direito do homem, cedendo face a um direito fundamental individual da primeira geração.

Decisão: norma declarada inconstitucional face à primazia do direito fundamental interditador de violação de domicílio, dado que a referida norma impõe que, para ser permitido, por razões ligadas à segurança de prédios instalar um sistema sonoro de alarme, o seu proprietário ou o possuidor tem de ficar obrigado a autorizar a entrada no edifício ou instalação onde o aparelho se encontra montado, servindo de domicílio, a agentes da autoridade, caso o sistema não seja desligado em certo prazo, causando poluição sonora.

Comentário:

O direito ao ambiente, na medida em que seja apenas um direito social cede face a um direito da categoria dos "direitos, liberdades e garantias", que tem proteção constitucional máxima, designadamente no que respeita às fortes limitações a restrições ao seu exercício.

Acontece que a obrigação imposta ao proprietário ou possuidor do sistema sonoro de alarme de autorizar expressamente a entrada no edifício, onde se encontra montado o aparelho, a agentes da autoridade, traduz-se numa "renúncia forçada" ao direito à inviolabilidade do domicílio.

Nos termos da norma apreciada, implica também a responsabilização do proprietário ou possuidor pelas despesas, o que foi considerado como tendo uma extensão incompatível com a natureza e alcance do direito fundamental em causa.

No conflito entre um direito fundamental de carácter pessoal à inviolabilidade do domicílio e o direito social ao ambiente revelam-se desproporcionadas normas que reduzam o conteúdo essencial do direito pessoal.

O objetivo de defesa do ambiente urbano deve passar por outras soluções eficazes que não ónus excessivo e eliminador do direito à inviolabilidade do domicílio. 6. Importa ainda notar que estamos face a uma norma inconstitucional, porque de fonte governamental numa matéria de reserva de lei parlamentar (em Portugal, o governo tem poder legislativo concorrente com o Parlamento, exceto em situações de reserva absoluta ou relativa de lei (a primeira admitindo normalmente propostas de lei ao parlamento e esta admitindo ainda uma lei de autorização e "balizamento" do governo para legislar em concreto).

Em singular solução, num regime democrático, com um sistema de dualidade de atribuição constitucional originária de poder legislativo, em que o governo, na esmagadora maioria das matérias, legisla o que ele próprio quer executar, à maneira do antigo "Estado Novo" e da sua plebiscitada Constituição de 1933, levando a que, apesar da proclamada supremacia dos deputados do povo, a supremacia legislativa e fiscalizadora do legislativo formal, segundo a teoria da "separação" dos poderes, deixe de funcionar, dado que a direção partidária presente no Executivo comanda os deputados-militantes não só por processos de disciplina partidária como pelo facto de os ter escolhido e os poder eliminar nas eleições seguintes.

Ora, qualquer matéria de direitos fundamentais está sujeita à reserva de lei, aqui na vertente negativa desse direito, no aspeto do seu conteúdo, que visa impedir a perturbação do meio ambiente (art. 66.º, 3).

Tudo visto a normação em causa é materialmente e organicamente inconstitucional.

C) Assunto: *limite máximo de alojamento turístico na ilha da Madeira constante de Plano de Ordenamento Turístico da Região Autónoma da Madeira.*

Referência: ATC n.º 387/12 Plenário, Proc. n.º 500/2012.

Relator: Vítor Gomes. Data: 25.7.2012. Normativa invocada: n.º 5, art. 65.º Constituição (habitação e urbanismo).

Factualidade: um decreto regional de suspensão do Plano setorial de turismo, elaborado sem se proceder à audição dos cidadãos, inexistindo razões de urgência que a pudesse dispensar.

Fundamentação doutrinal:

A garantia de participação dos cidadãos no procedimento planificador físico não se reduz apenas à fase de elaboração dos planos territoriais; nestas condições, não basta promover apenas a consulta a entidades administrativas externas, faltando a abertura de uma fase de audição pública.

Decisão:

A declaração de inconstitucionalidade por desrespeito da garantia de participação dos interessados na elaboração de instrumentos de planeamento físico do território.

Comentário:

Os planos setoriais são instrumentos de planeamento que programam ou concretizam as políticas de desenvolvimento económico e social com incidência espacial, ponderando e acautelando o seu impacto territorial. Embora disposições deste tipo de planos não tenham aplicabilidade direta aos proprietários, a sua execução e, portanto, a suspensão de disposições de um plano setorial deve ser analisada à luz dos valores e direitos constitucionalmente protegidos do ambiente e do ordenamento do território, pressupondo o direito de participação dos cidadãos, além de outras garantias de tutela, para a realização do princípio da justa ponderação dos interesses públicos e privados relevantes.

A Constituição consagra o ambiente simultaneamente como um valor em si (direito fundamental) e como um dever geral de proteção a cargo dos cidadãos.

Ora, o fundamental do direito ao ambiente, na sua dupla dimensão de direito negativo (impondo a abstenção por parte do Estado e de terceiros de ações ambientalmente danosas), e de direito positivo (exigindo ações dos poderes públicos para a sua defesa e preservação), funda incumbências interligadas com um correto ordenamento do território, visando designadamente a correta localização das atividades, um equilibrado desenvolvimento socioeconómico, a valorização da paisagem e o princípio da horizontalidade na defesa do ambiente (integração de objetivos ambientais nas várias políticas de âmbito setorial), sem o que o sistema de planeamento territorial e de defesa do ambiente perderia coerência global e este último seria sistematicamente sacrificado.

Por isso, a montante de todo o processo, ligado no direito do ordenamento do território e do urbanismo (art. 65.º da CRP), temos entre as tarefas fundamentais do Estado e Regiões Autónomas (al. e, art. 9.º), em geral interligadas entre si, não só as de proteger e valorizar o património cultural construído e natural, como de defender a natureza e o ambiente, de preservar os recursos naturais, assegurando um correto ordenamento do território, implicadas também no planeamento turístico.

D) Assunto: *reposição como medida retroativa, da classificação como área protegida já caducada ex lege (Parque Natural da Arrábida); participação pública (prévia audição dos cidadãos).*

Referência: ATC n.º 436/04, 1.ª Secção, Proc. n.º 829/03.

Relatora: Maria Helena Brito.

Data: 22.6.2004.

Normativa invocada: art. 66.º Constituição.

Factualidade:

O governo publicou o Decreto-Lei n.º 204/2002, de 1.10, que prolonga validamente os prazos para a elaboração dos planos de ordenamento e seus regulamentos das áreas protegidas; e repõe a classificação como área protegida já caducada ex lege, do Parque Natural da Arrábida (PNA).

A classificação das áreas protegidas está sujeita a tramitação legal não respeitada (art. 13.º e ss., Decreto-Lei 19/93, de 23.1).

Fundamentação doutrinal:

A retroatividade estabelecida em norma que veio manter em vigor a classificação de uma área protegida, enquanto não terminasse a elaboração do plano de ordenamento físico, não fere o regime constitucional das leis restritivas de direitos, liberdades e garantias (carácter geral e abstrato, não efeito retroativo, não diminuição da extensão e do alcance do conteúdo essencial dos respetivos direitos: art. 18.º, n.º 3), porque não ocorreu qualquer restrição aos direitos, liberdades e garantias com efeito retroativo.

Trata-se, apenas, de fazer retroagir o alargamento do prazo de aprovação dos planos de ordenamento dessas áreas, com a manutenção em vigor das anteriores classificações (vide os Acórdãos n.º 517/99, 329/99 e 95/92).

Segundo o Tribunal Constitucional, "não existe uma proibição geral de leis retroativas e estas só são inadmissíveis quando afetarem, de forma injustificada, arbitrária e intolerável, a certeza e a confiança dos cidadãos na ordem jurídica vigente".

A participação dos interessados está constitucionalmente prevista em todos os instrumentos de planeamento físico (art. 65.º, n.º 5, da Constituição). Mas apenas na sua elaboração.

Só se for referente à criação e desenvolvimento de parques naturais (reservas e parques de recreio) é que obriga à participação dos cidadãos (art. 66.º, n.º 2, al. c).

A prorrogação do regime pré-existente não exige obrigatoriamente a participação dos cidadãos.

As razões favoráveis à criação de Parques Naturais implicam a sua natureza permanente, salvo circunstâncias excecionais, e sem prejuízo da alteração do regime que lhes é aplicável (para o flexibilizar ou tornar mais exigente), justificando-se, de novo, a participação dos cidadãos ("criação e desenvolvimento de parques naturais": ATC 369/2004 e 394/2004 de 2.6.).

Decisão:

As normas dos n.ºs 1 e 3 do artigo único do Decreto-Lei 204/2002, de 1.10, de reposição de uma classificação como área protegida já caducada "ex lege", não violam a Constituição.

Comentário:

Trata-se de normação para aplicação, em defesa do ambiente, a todas as áreas sujeitas a um estatuto especial de proteção, integradas na Rede Nacional de Áreas Protegidas, com plano de ordenamento em elaboração.

O direito do ambiente condiciona necessariamente o direito de propriedade, na medida em que este não pode ser considerado um direito absoluto (na linha da ancestral conceção do direito romano, apesar de tal ainda transparecer, pese alguma ressalva final, do art. 1344.º do Código Civil.

A retroatividade aqui estabelecida não fere o art. 18.º, n.º 3, da Constituição, na medida em que há nenhuma com efeito retroativo.

Quanto à manutenção quer da classificação da área como Parque Natural, quer das competências da sua Comissão Diretiva, para emitir pareceres, nunca tendo os diplomas que os regulavam deixado de produzir efeitos, também não se trata de repor invalidamente qualquer classificação ou de a criar "ex novo", mas de a manter.

E) Assunto: *veículos em fim de vida.*

Referência: Acórdão do Tribunal Constitucional n.º 75/2013 2.ª Secção, Proc. n.º 550/11.

Relatora Conselheira Ana Maria Guerra Martins.

Data: 31.1.2013.

Normativa invocada: n. 1, art. 61.º (Iniciativa privada, cooperativa e autogestionária); art. 66, n.º 1 Constituição; arts. 20.º, 4 e 5, Decreto-Lei 64/2008, de 8.4.

Factualidade:

Uma empresa invoca a violação do direito fundamental de livre iniciativa privada, por entender estar face à imposição de prazos curtos e de um peso sancionatório excessivo (inconstitucionalidade material), porque está perante a fixação de prazos reduzidos para prática de "operações de despoluição", no caso de necessidade de retirada célere de componentes particularmente nocivos ao ambiente e à saúde pública (prazo de 8 dias: art. 20.º, n.º 4), e de "operações de reutilização e de reciclagem" (prazo mais amplo: 45 dias), para a remoção de componentes que, antes da destruição integral dos mesmos, fossem passíveis de reutilização ou de reciclagem (art. 20.º, n.º 5), com sanções que configurariam uma restrição desproporcionada ao direito à iniciativa privada. *Fundamentação doutrinal*:

A Constituição impõe ao Estado deveres de proteção do ambiente e da saúde pública, que implicam regimes de controlo administrativo prévio de certas atividades económicas.

O "direito à livre iniciativa privada" pressupõe que essas tarefas públicas sejam devidamente acauteladas, não se verificando nenhuma violação desse direito fundamental invocado, na medida em que está sujeito a limitações resultantes do confronto com outros direitos fundamentais (direito ao ambiente e à saúde).

A proteção do ambiente impõe e justifica a imposição de sanções contraordenacionais pela violação de normas de conduta destinadas à recolha e tratamento de veículos em fins de vida.

Em causa está o princípio da justa medida (proporcionalidade em sentido estrito) no aferimento o limite mínimo de coima aplicável a quem pratique uma infração qualificada como "muito grave".

Ora, são prazos razoáveis os fixados, tal como são adequadas as sanções impostas para estas infrações contra atuações que infringem regras destinadas a proteger bens jurídicos ambientais.

Decisão:

A previsão de prazos razoáveis impostos em nome de valores ambientais, para proceder a operações de despoluição e revalorização ou reutilização e sanções por incumprimento não poem em causa o núcleo essencial da liberdade de iniciativa económica privada.

Comentário:

O diploma transpõe a Diretiva da UE n.º 2000/53/CE, que, ao fixar prazos concretos, determina que as operações de tratamento de despoluição dos veículos em fim de vida sejam "efetuadas com a maior brevidade possível" (ponto 3 do anexo I e art. 6.º, 3, in fine).

Ou seja, o legislador está supranacionalmente vinculado ao cumprimento da exigência de "máxima brevidade no tratamento de tais resíduos".

A matéria ambiental embora em geral se integre na categoria de direitos fundamentais "sociais, económicos e culturais", cuja concretização pelo legislador no tempo e em conteúdo depende de condições que o permitam, no caso, de facto, deixou de ter a margem de discricionariedade legislativa permitida pela Constituição, para passar a ter apenas aquela com que deva conformar-se ou não contrarie o disposto pela Diretiva.

O Tribunal Constitucional apenas pode verificar se as normas sobre a matéria configuram uma violação manifesta do princípio da proporcionalidade; constata-se que a medida legislativa é adequada, pois os prazos reduzidos de tratamento dos veículos em fim de vida visam diminuir os riscos de contaminação do ambiente pelos seus resíduos nocivos, assegurando-se os valores ligados ao direito ao ambiente e à saúde.

Os prazos para as operações concretas que são muito curtos, mas em causa está apenas o tratamento dos componentes que se afiguram mais nocivos.

O núcleo essencial da liberdade de iniciativa privada (direito a não ser impedido, de modo absoluto, desrazoável e injustificado, de exercer uma atividade económica) não fica em causa com a obrigação imposta, pois ela não impossibilita para, de modo integral e definitivo, se exercer a atividade económica.

O condicionamento a aspetos organizacionais e de exercício da atividade apenas ode eventualmente diminuir as margens lucrativas do negócio, a não haver a sua repercussão no preço final, mas não impede a iniciativa empresarial.

Tal condicionamento orientado para a proteção de valores também constitucionalizados (direito ao ambiente) não mexe no núcleo essencial do direito fundamental em análise, mesmo que equiparado à dimensão negativa típica de um direito de liberdade.

Não deixa de se referir que, de qualquer maneira, qualquer real formulação restritiva caberia na reserva de lei parlamentar, sob pena de inconstitucionalidade orgânica.

F) Assunto: *sancionamento por atividades interditadas por razões ambientais, sem previsão "casuística" de indemnização; classificação do Monumento Natural (das Pegadas de Dinossáurios de Ourém/Torres Novas, administrado diretamente pelo Instituto da Conservação da Natureza).*

Referência: ATC n.º 57/2001, 1.ª secção, Processo 775/99.

Relator: Victor Nunes de Almeida.

Data: 13.2.2001.

Normativa invocável: art. 62.º Constituição (direito de propriedade).

Factualidade:

O infrator invoca a não previsão no diploma de uma indemnização pela imposição de obrigações, que diminuem drasticamente o direito de propriedade, impedindo "alterações à morfologia do solo" (coberto vegetal, escavações, aterros, depósitos de sucata, areias e outros resíduos sólidos) que causem um "impacto visual negativo ou que poluam o solo ou o ar".

Com efeito, o diploma interdita expressamente, na área abrangida pelo Monumento Natural, toda a atividade. O ICN aplicou uma sanção financeira (coima) por por alteração da morfologia do solo e do coberto vegetal no perímetro de Monumento Natural (das Pegadas de Dinossáurios de Ourém), em contravenção de interdições impostas (Decreto-Lei 169/2001, de 25.5, alterado pelo Decreto-Lei 155/2004, de 30.6).

Fundamentação doutrinal:

A imposição de interdições de intervenção em terreno integrante de plano especial (ambiental) de ordenamento do território é lícita tal como o seu sancionamento contraordenacional, pelo que não pode o proprietário furtar-se ao cumprimento dessas imposições apesar de diminuidoras do seu direito de propriedade, com o fundamento na falta de previsão de indemnização específica no diploma interditador.

Decisão:

Não se declara a inconstitucionalidade pela imposição de limitações graves ao direito de propriedade e consequentes sanções pelo incumprimento dessas interdições, face a medidas de efeitos semelhante a expropriação, mesmo sem uma concomitante previsão direta a indemnizações por tal facto concreto, pois deve entender-se que, a haver justificação indemnizatória, há legislação geral sobre o tema, que é aplicável.

Comentário:

A classificação regulamentar fez-se ao abrigo de normação habilitadora (art. 13.º, Decreto-Lei 19/93, sobre planos relativos à Rede Nacional de Áreas Protegidas, alterado pelo Decreto-Lei 213/97, de 16.8 e Decreto-Lei 151/95, de 24.6), que integra as áreas protegidas na categoria de planos especiais de ordenamento do território, os quais são diretamente aplicáveis aos titulares e possuidores dos terrenos em causa (hoje, disciplinados pelo Decreto-Lei 80/2015, de 14.5, com exceção de matéria sancionatória que continua disciplinada pelo anterior diploma, Decreto-Lei n.º 380/99, de 22.9, sobre o regime dos IGT).

O facto de não ter sido arbitrada ou pelo menos prevista diretamente indemnização a um proprietário ou arrendatário dos terrenos incluídos no monumento natural, como compensação da diminuição de utilidades a auferir do imóvel não o lhe permite incumprir nos deveres impostos para proteção dos interesses ambientais e culturais ligados à área protegida.

O art. 62.º só estaria a ser violado se as proibições e interdições de ampla extensão não fossem indemnizáveis, dado que correspondiam a uma "expropriação informal e não indemnizada dos estabelecimentos industriais pré-existentes e uma violação de direitos adquiridos".

As proibições impostas são adequadas ao fim visado de preservar a área do Monumento Natural, mas são realmente "expropriativas" para o proprietário, porque impedem a atividade de exploração de uma pedreira (alteração da morfologia do solo e do coberto vegetal mediante escavações e remoção de terras).

Acontece que a questão das indemnizações, que deveriam ser enquadradas no diploma especial de natureza expropriativa, sem prejuízo da aplicação adaptada do código das expropriações, tem merecido uma jurisprudência flexível, com apelo justificativo, para evitar a sua inconstitucionalidade, à existência daquele código geral.

Parece-nos discutível esta doutrina, ao deixar aos tribunais decidir se certas medidas normativas obrigam ou não a indemnização, face a um diploma que nada diz e consequente prática administrativa de fugir sem conflitualidade ao seu cálculo e pagamento.

Mas tal teve a sua origem na década de noventa anterior, quando um diploma de aplicação geral veio pôr em causa direitos urbanizadores e edificadores face a um regulamento de um plano físico com efeitos retroativos (Acórdão n.º 329/99, D.R., II Série, 20.7.99).

G) Assunto: *acesso à informação ambiental.*

Referência: ATC n.º 136/2005 2.º secção, Proc. n.º 470/02.

Relator Paulo Mota Pinto.

Data:15.3.2005.

Normativa invocada:

Em causa está o art. 286.º, n.º 2, da Constituição (direito fundamental à informação; direito de propriedade intelectual e industrial).

Factualidades:

Uma ONGA requereu a intimação do Primeiro-Ministro a facultar certidões referentes à totalidade do contrato outorgado entre o Estado Português e as empresas do grupo B, incluindo os Anexos e estudos técnicos, de modo a permitir avaliar a incidência ambiental e concorrencial do projeto de implantação de uma unidade industrial. Fundamentação doutrinal e Decisão: a negação de informação económica-empresarial não é inconstitucional (normas protetoras de segredo industrial, de propriedade privada, de liberdade de iniciativa e da propriedade privada dos meios de produção).

Comentário:

A doutrina do Tribunal Constitucional foi fixada pela primeira vez pelo Acórdão n.º 254/99, em que o autor foi invocado em argumentos quer dos defensores da tese dos limites imanentes, quer dos seus opositores, sendo certo que o artigo da Constituição não prevê, entre as exceções apontadas expressamente, os interesses económicos, mas apenas o segredo de Estado, de Justiça e da vida íntima das pessoas.

A norma legal permite à administração "recusar o acesso a documentos cuja comunicação ponha em causa certos interesses nos limites constiticionalizados, que o legislador ampliou com base na própria Constituição aos segredos comerciais, industriais ou sobre a vida interna das empresas" (na redação do art. 10.º da Lei n.º 65/93, de 26.8, através da redação construída na Lei n.º 8/95, de 29.3, ambos os textos resultantes de projetos de lei da nossa autoria), embora tal não se baseie na previsão permissiva expressa no art. 268.º, n.º 2 da Constituição, pois entra em causa a teoria dos limites imanentes, que foi caucionada pelo Tribunal Constitucional.

De qualquer modo, discordamos do modo extensivo como, posteriormente, tem sido aplicada e, designadamente, com desenvolvimentos materiais excecionatórios tão permissivos na legislação posterior, tratando-se de um tema onde mais se impõe a transparência da Administração no *combate à corrupção, imparcialidade e em geral desvios no cumprimento da legalidade*, dado estar em causa um direito fundamental.

Nesse sentido, viemos a discordar da norma segundo a qual "As informações relacionadas com operações de investimento estrangeiro não podem ser divulgadas sem autorização escrita dos seus intervenientes, exceto quando suscetíveis de conhecimento público" (art. 13.º, n.º 1, do Decreto-Lei 321/95, de 28.11) ou de densificação do conceito de vida íntima para abarcar tudo no vocábulo de documento nominativo, alterando o conceito coreto no plano constitucional do diploma original de 1993, e estendendo o segredo a domínios estranhos ao normativo constitucional, o que (fora do âmbito da informação automatizada, com base no direito unionista europeu e no do seu aproveitamento económico, estes do âmbito competencial da UE), só pode interessar aos grandes interesses e ao favorecimento de processos de corrução.

Esta exceção exige especial preocupação pela medição de razões muito especiais ligadas à estrita necessidade de relativo ocultamento e também da necessidade da aplicação do princípio da proporcionalidade nas aplicação de restrições, a ponderar casuisticamente em situações de conflito, sem dar prevalência por princípio em matéria de segredo económico (comercial ou industrial), direitos de autor ou direitos de propriedade industrial e concorrência desleal); ponderação a que têm de ser chamadas, em última instância, as jurisdições, sobretudo a administrativa, sob pena de as Administrações, sempre tendencialmente opacitantes, usarem o vocábulo "pode", de exercício excecional face ao princípio constitucional regra da transparência, em termos sistematicamente denegatórios de informação, o que tem acontecido com a "conivência" dos tribunais e nem sempre com a interpretação que era esperável da Comissão de Acesso aos Documentos Administrativos, encarregada de zelar pela boa aplicação da lei de acesso.

H) Assunto: *proteção dos Animais.*

Referência: *Acórdão do Tribunal Constitucional n.º 229/2007*, 2.ª Secção, Proc. n.º 1065/2006.

Relatora: Maria Fernanda Palma.

Data: 28.3.2007.

Normação envolvida: Decreto-Lei 314/2003, de 17.12; art. 3.º, n.º 6 e art. 10.º, 4, Decreto-Lei 317/85.

Factualidade: remoção de animais em número superior ao legal. Fundamentação doutrinal: A salvaguarda do ambiente e salubridade nos agregados populacionais são uma atribuição dos municípios (art. 14.º, n.º 1 alínea h) da Lei n.º 159/99, de 14.9), realizada em prol do interesse público. Logo, os atos a realizar pelo ente público competente serão necessariamente atos de gestão pública, por se compreenderem no exercício de um poder público, integrando a realização de uma função pública da pessoa coletiva, independentemente de envolverem ou não, eles mesmos, o exercício de meios de coerção.

Decisão: o Tribunal Constitucional decide confirmar o juízo de inconstitucionalidade do art. 10.º, n.º 4, do Decreto-Lei n.º 317/85, organicamente inconstitucional.

Comentário: o Decreto-Lei 317/85 regula matérias integradas no âmbito da reserva relativa de lei, pelo que sem lei de autorização nesta matéria, há inconstitucionalidade do normativo.

Ao atribuir-se legalmente competência ao tribunal judicial de comarca para julgar o recurso da decisão camarária de remoção de canídeos, vem definir a competência geral dos tribunais na matéria, alterando a repartição de competências entre os tribunais, que deriva do sistema geral vigente no ordenamento jurídico.

Ora, é entendimento pacífico que a reserva de lei integra a competência material dos tribunais (ASTJ n.ºs 230/86, 32/87, 25/88, 66/88, 101/88 e 126/88, Ac. da Relação de Coimbra de 20.1.87, da Relação de Lisboa de 6.10.87 e de 8.4.92 e da Relação de Évora de 7.6.1990 e ATC, v.g., n.º 158/95 e n.º 579/95).

I) Assunto: *reserva ecológica nacional* (REN), *dever de indemnizar, ius aedificandi.*

Ref.ª: ATC, 1.ª Secção, n.º 544/01 (REN), Proc. n.º 194/01.

Relatora: Maria Helena Brito.

Data: 5.12.2001.

Normação invocada: art. 62.º Constituição.

Factualidade:

Trata-se de resolução sobre um parecer da Comissão de Coordenação da Região de Lisboa e Vale do Tejo, desfavorável a projeto de loteamento industrial de uma parcela de terreno. Fundamentação doutrinal: a sujeição a aprovação das operações urbanísticas em certas áreas sujeitas ao regime da Reserva Ecológica Nacional, mesmo traduzindo uma restrição do direito de propriedade, é justificado pela hipoteca social que onera a propriedade privada do solo e, como tal, conforme com a tutela constitucional da propriedade privada e com os princípios da igualdade, justiça, proporcionalidade e prossecução do interesse público e boa administração.

As proibições de construção decorrentes dos planos urbanísticos (tal como as impostas pela REN, pela RAN ou pelo facto de determinada área ser qualificada como protegida; e, naturalmente, as limitações e condicionamentos impostos ao direito de edificar por esses instrumentos de gestão dos solos), resultam da necessidade de resolver as situações de conflito entre o direito de propriedade e as exigências de ordenamento do território. E os conflitos de direitos ou bens jurídicos resolvem-se, harmonizando esses direitos ou bens jurídicos em toda a medida em que tal seja possível ou não o sendo, fazendo prevalecer uns sobre os outros em parte sacrificados.

Decisão: as normas "subiudicio" não violam o art. 18.º, n.º 3, conjugado com o art. 6.º, n.º 1, da Constituição.

Comentário:

Em princípio, a situação de uma propriedade que seja sujeita a limites de uso, ocupação ou transformação meramente resultantes da sua natureza situacional (natureza intrínseca da propriedade ou da sua especial situação), para proteção da natureza e do equilíbrio ecológico, traduz o reconhecimento e não a criação de uma vinculação especial, manifestação de limitações sociais que oneram a propriedade privada do solo, pelo que a proibição de lotear, urbanizar ou edificar, decorrente dessa natureza intrínseca à propriedade ou à sua especial situação, não dá, em princípio, direito a uma indemnização, a menos que essa interdição implique uma gravidade e intensidade de dano para o proprietário que torne injusta a sua não equiparação a uma expropriação legal, para o efeito de dever ser-lhe paga uma indemnização.

A proibição de lotear, urbanizar e construir, decorrente dessa natureza ou especial situação não dá, em princípio, direito a indemnização, a não ser quando a proibição implicar um dano de gravidade e intensidade tais que torne injusta a sua não equiparação à expropriação, para o efeito de dever ser paga uma indemnização. Isto não dispensa o legislador de criar instrumentos ou mecanismos de perequação das mais-valias, de modo a garantir o respeito da justiça material, fazendo com que os proprietários ou titulares de outros direitos reais dos terrenos sujeitos a planos urbanísticos sejam tratados com igualdade. Criando instrumentos ou mecanismos para corrigir os efeitos desigualitários.

No domínio de restrições, por efeito de instrumentos de planeamento territorial, rege o RJIGT.

Segundo este regime de planeamento, as restrições determinadas pelos planos territoriais vinculativos dos particulares (certos planos ambientais – orla costeira, áreas protegidas, albufeiras de águas públicas e estuários de rios – e os planos municipais de ordenamento do território, além dos planos de água previstos na lei da água) geram um dever de indemnizar, não só quando a compensação nos termos dos mecanismos de perequação não for possível, como quando as restrições singulares às possibilidades objetivas de aproveitamento do solo, preexistentes e juridicamente consolidadas comportem uma restrição significativa, na sua utilização, de efeitos equivalentes a uma expropriação ou as restrições singulares resultem de uma revisão de planos territoriais vinculativos dos particulares se a revisão ocorrer dentro do período de cinco anos após a sua entrada em vigor, determinando a caducidade ou a alteração das condições de um licenciamento prévio válido (n.º 3). Situação em que são igualmente indemnizáveis as despesas efetuadas na concretização de qualquer modalidade de utilização ali prevista, se essa utilização for posteriormente alterada ou suprimida por efeitos de revisão ou suspensão daquele instrumento e essas despesas tiverem perdido utilidade (n.º 5).

O direito à indemnização caduca no prazo de três anos a contar da entrada em vigor do instrumento de gestão territorial ou da sua revisão (n.º 7).

Sobre este tema, refiro recente aresto do STJ sobre *indemnização por expropriação de tereno em REN*, que sentenciou que ao *cálculo da indemnização a pagar por expropriação de um terreno rústico* da Santa casa da Misericórdia, integrado na Reserva Ecológica Nacional, previsto no PDM como "espaço-canal" para a construção de uma infraestrutura rodoviária, aplica-se o critério definido pelo art. 27.º do Código das Expropriações, referente a solos para outros fins e não pelo critério do art. 26.º, n.º 12[884-885].

[884] ASTJ n.º 6/2017 (Revista n.º 6592/11.1 TBALM.L1.S1), DR IS n.º 128/2018, 5.7.2017, p. p. 3373-3383, httpd://data.dre.pt/eli/acstj/6/2017/07/05/p/dre/pt/html.

[885] Lei n.º 168/99, de 18.9, alterada pela Lei n.º 67-A/2007, de 31.12. Sobre o conteúdo da indemnização, regem vários artigos do CE. O art. 27.º (Cálculo do valor do solo para outros fins), dispõe o seguinte: "1-O valor do solo apto para outros fins será o resultante da média aritmética atualizada entre os preços unitários de aquisições ou avaliações fiscais que corrijam os valores declarados efetuadas na mesma freguesia e nas freguesias limítrofes nos três anos, de entre os últimos cinco, com média anual mais elevada, relativamente a prédios com idênticas características, atendendo aos parâmetros fixados em instrumento de planeamento territorial e à sua aptidão específica. 2 – Para os efeitos previstos no número anterior, os serviços competentes do Ministério das Finanças deverão fornecer, a solicitação da entidade expropriante, a lista das transações e das avaliações fiscais que corrijam os valores declarados efetuadas na zona e os respetivos valores. 3 – Caso não se revele possível aplicar o critério estabelecido no n.º 1, por falta de elementos, o valor do solo para outros fins será calculado tendo em atenção os seus rendimentos efetivo ou possível no estado existente à data da declaração de utilidade pública, a natureza do solo e do subsolo, a configuração do terreno e as condições de acesso, as culturas predominantes e o clima da região, os frutos pendentes e outras circunstâncias objetivas suscetíveis de influir no respetivo cálculo.". Considerou-se, portanto, não aplicável o art. 26.º (Cálculo do valor do *solo apto para a construção*): "1-O valor do solo apto para a construção calcula-se por referência à construção que nele seria possível efetuar se não tivesse sido sujeito a expropriação, num aproveitamento económico normal, de acordo com as leis e os regulamentos em vigor, nos termos dos números seguintes e sem prejuízo do disposto no n.º 5 do artigo 23.º. 2-O valor do solo apto para construção será o resultante da média aritmética atualizada entre os preços unitários de aquisições, ou avaliações fiscais que corrijam os valores declarados, efetuadas na mesma freguesia e nas freguesias limítrofes nos três anos, de entre os últimos cinco, com média anual mais elevada, relativamente a prédios com idênticas características, atendendo aos parâmetros fixados em instrumento de planeamento territorial, corrigido por ponderação da envolvente urbana do bem expropriado, nomeadamente no que diz respeito ao tipo de construção existente, numa percentagem máxima de 10%.". 3-Para os efeitos previstos no número anterior, os serviços competentes do Ministério das Finanças deverão fornecer, a solicitação da entidade expropriante, a lista das transacções e das avaliações

fiscais que corrijam os valores declarados efectuadas na zona e os respectivos valores.4-Caso não se revele possível aplicar o critério estabelecido no n.º 2, por falta de elementos, o valor do solo apto para a construção calcula-se em função do custo da construção, em condições normais de mercado, nos termos dos números seguintes. 5-Na determinação do custo da construção atende-se, como referencial, aos montantes fixados administrativamente para efeitos de aplicação dos regimes de habitação a custos controlados ou de renda condicionada.6-Num aproveitamento economicamente normal, o valor do solo apto para a construção deverá corresponder a um máximo de 15% do custo da construção, devidamente fundamentado, variando, nomeadamente, em função da localização, da qualidade ambiental e dos equipamentos existentes na zona, sem prejuízo do disposto no número seguinte. 7-A percentagem fixada nos termos do número anterior poderá ser acrescida até ao limite de cada uma das percentagens seguintes, e com a variação que se mostrar justificada: a) Acesso rodoviário, com pavimentação em calçada, betuminoso ou equivalente junto da parcela – 1,5%; b) Passeios em toda a extensão do arruamento ou do quarteirão, do lado da parcela – 0,5%; c) Rede de abastecimento domiciliário de água, com serviço junto da parcela – 1%; d) Rede de saneamento, com coletor em serviço junto da parcela – 1,5%; e) Rede de distribuição de energia elétrica em baixa tensão com serviço junto da parcela – 1%; f) Rede de drenagem de águas pluviais com coletor em serviço junto da parcela – 0,5%; g) Estação depuradora, em ligação com a rede de coletores de saneamento com serviço junto da parcela – 2%; h) Rede distribuidora de gás junto da parcela – 1%; i) Rede telefónica junto da parcela – 1%. 8 – Se o custo da construção for substancialmente agravado ou diminuído pelas especiais condições do local, o montante do acréscimo ou da diminuição daí resultante é reduzido ou adicionado ao custo da edificação a considerar para efeito da determinação do valor do terreno. 9 – Se o aproveitamento urbanístico que serviu de base à aplicação do critério fixado nos n.os 4 a 8 constituir, comprovadamente, uma sobrecarga incomportável para as infraestruturas existentes, no cálculo do montante indemnizatório deverão ter-se em conta as despesas necessárias ao reforço das mesmas. 10 – O valor resultante da aplicação dos critérios fixados nos n.os 4 a 9 será objeto da aplicação de um fator corretivo pela inexistência do risco e do esforço inerente à atividade construtiva, no montante máximo de 15% do valor da avaliação. 11 – No cálculo do valor do solo apto para a construção em áreas críticas de recuperação e reconversão urbanística, legalmente fixadas, ter-se-á em conta que o volume e o tipo de construção possível não deve exceder os da média das construções existentes do lado do traçado do arruamento em que se situe, compreendido entre duas vias consecutivas. 12 – Sendo necessário expropriar solos classificados como zona verde, de lazer ou para instalação de infraestruturas e equipamentos públicos por plano municipal de ordenamento do território plenamente eficaz, cuja aquisição seja anterior à sua entrada em vigor, o valor de tais solos será calculado em função do valor médio das construções existentes ou que seja possível edificar nas parcelas situadas numa área envolvente cujo perímetro exterior se situe a 300 m do limite da parcela expropriada.

Em geral, importa atentar nos artigos cimeiros do diploma na matéria, desde logo, o art. 23.º (Justa indemnização): "1-A justa indemnização não visa compensar o benefício alcançado pela entidade expropriante, mas *ressarcir o prejuízo* que, para o expropriado, advém da expropriação, correspondente ao *valor real e corrente do bem*, de acordo com o seu destino efetivo ou possível, numa utilização económica normal, à data da publicação da declaração de utilidade pública, tendo em consideração as circunstâncias e condições de facto existentes naquela data. 2-Na *determinação do valor* dos bens expropriados não pode tomar-se em consideração a mais-valia que resultar: a)-Da

5.10.2. Análises de jurisprudência administrativa

A) Assunto: *Intimação para prestação de informações ambientais*, EDP.
Referência: ASTA 0848/08.
Relator: Edmundo Moscovo.
Data: 7.1.2009.
Decisão: uma entidade exercendo a atividade de produção de energia elétrica face a contrato de concessão de uso privativo de recursos hídricos do domínio público é obrigada a prestar a informação pretendida pela ONGA Quercus, nos termos da Lei n.º 19/2006 de 12.6 (acesso à informação sobre ambiente na posse de autoridades publicas ou detidos em seu nome), facultando o acesso à documentação atualizada relativa ao processo de construção e exploração da Barragem do Baixo Sabor, nomeadamente relativa a Relatórios sobre a implementação da legislação ambiental no que diz respeito ao projeto do Baixo Sabor, designadamente a *análise custo-benefício e outras análises e cenários económicos*.
Fundamentação doutrinal: é considerada também como "autoridade pública" toda e qualquer "empresa participada" e toda e qualquer "empresa

própria declaração de utilidade pública da expropriação; b)-De obras ou empreendimentos públicos concluídos há menos de cinco anos, no caso de não ter sido liquidado encargo de mais-valia e na medida deste; c)-De benfeitorias voluptuárias ou úteis ulteriores à notificação a que se refere o n.º 5 do artigo 10.º; d)-De informações de viabilidade, licenças ou autorizações administrativas requeridas ulteriormente à notificação a que se refere o n.º 5 do artigo 10.º. 3-Na fixação da justa indemnização não são considerados quaisquer *fatores, circunstâncias ou situações criadas com o propósito de aumentar o valor da indemnização*. (...). 5-Sem prejuízo do disposto nos n.os 2 e 3 do presente artigo, o *valor dos bens calculado* de acordo com os critérios referenciais constantes dos artigos 26.º e seguintes, deve corresponder ao *valor real e corrente dos mesmos*, numa situação normal de mercado, podendo a entidade expropriante e o expropriado, quando tal se não verifique, requerer ou o tribunal decidir oficiosamente que, na avaliação, sejam atendidos outros critérios para alcançar aquele valor.6-O Estado garante o pagamento da justa indemnização, nos termos previstos no presente Código.7-O Estado, quando satisfaça a indemnização, tem direito de regresso sobre a entidade expropriante, podendo, independentemente de quaisquer formalidades, proceder à cativação de transferências orçamentais até ao valor total da dívida, incluindo os juros de mora que se mostrem devidos desde a data do pagamento da indemnização. Artigo 24.º (Cálculo do montante da indemnização): "1-O montante da indemnização calcula-se com referência à data da declaração de utilidade pública, sendo atualizado à data da decisão final do processo de acordo com a evolução do índice de preços no consumidor, com exclusão da habitação.2-O índice referido no número anterior é o publicado pelo Instituto Nacional de Estatística relativamente ao local da situação dos bens ou da sua maior extensão. 3-Nos casos previstos na parte final do n.º 8 do artigo 5.º e no n.º 6 do artigo 13.º, a atualização do montante da indemnização abrange também o período que mediar entre a data da decisão judicial que fixar definitivamente a indemnização e a data do efetivo pagamento do montante atualizado."

concessionária" que prestem serviços relacionados com o ambiente ou suscetíveis de incidência ambiental, independentemente de pertencerem ou não à Administração pública e independentemente de exercerem (ou não) poderes de autoridade ou funções administrativas públicas (art. 3.º, al. a), ii, da Lei 19/2006, de 12.6). 3[886]. Este âmbito de entidades sujeitas à aplicação do regime de acesso, não é desconforme à Diretiva 2003/4/CE, onde, além do mais, expressamente se prevê que as disposições nela contidas "não prejudicam o direito de um Estado-membro manter ou introduzir medidas que assegurem um acesso à informação mais amplo".

Comentário: A lei, para efeitos da subjetividade passiva com sujeição ao direito de acesso à informação, equipara à autoridade pública qualquer *empresa concessionária* que usufruía de bens ou interesses pertencentes ao domínio público, sendo equiparada a autoridade pública e, por isso, obrigada ao dever de prestar informação sobre ambiente a quem quer que a pretenda por imposição de fontes externas, a Convenção de Aärhus e a Diretiva 2003/4/CE). No entanto, a mesma doutrina já resultaria da Lei geral de livre acesso a documentos e informação administrativas (LADA, www.cada.pt), aplicável em todas as matérias e a todos os poderes públicos ou entidades particulares exercendo tarefas da Administração pública (art. 268.º, n.º 2 da Constituição e primeira parte da Lei n.º 46/2007, de 24.8.2007, com a devida interpretação constitucionadora da exclusão da intimidade da vida privada através da refundação do conceito, originalmente bem enquadrado em 1993 (revogada, sem sentido, a quando da junção-confusão nos termos das competências unionistas europeias por razões de direito económico europeu, que deveria merecer diploma à parte, abrangendo dados dados automatizados e não automatizados), entre acesso como direito fundamental e acesso para fins de negócios económicos) de "documentos nominativos" e não aplicação de normas inseridas noutra legislação avulsa interditadora do acesso noutras matérias, sem base constitucionalmente admissível, no que serve de orientação a LADA da data citada que representou à data).

[886] Sobre o tema, além de textos do autor especificamente sobre o tema ou sobre o direito do ambiente, o direito do urbanismo ou o direito do ordenamento do território, em editoras espanholas, alemãs e portuguesas, ver Relatórios-Parecer de autoria de Fernando Condesso ou posiçoes expressas em atas da CADA na década de noventa passada (coletâneas anuais em www.cada.pt).

B) Assunto: *dano ambiental, zona económica exclusiva, responsabilidade civil do Estado, lei de participação procedimental popular e a ação popular.*

Referência: ATAS sobre o "dano ecológico" na ZEE, proc. 05849/10, CA – 2.º Juízo, Relator Paulo Pereira Gouveia.

Data: 7.2 2013.

Normativa apreciada: art. 9.º, e), Constituição; art. 2.º, 2 e art. 34.º, Lei de Defesa Nacional; art. 56.º, CNUD-Mar.

Factualidade: Por sentença de 17-9-2009, o tribunal administrativo do círculo dos Açores condena o Ministério da Defesa Nacional a pagar aos autores o montante dos prejuízos sofridos por estes, decorrentes da omissão ilícita e culposa do dever de fiscalização por parte da marinha e da força aérea portuguesas, durante certo período, das pescas efetuadas por embarcações estrangeiras.

No recurso, considera-se provado que, após a publicação do Regulamento do Conselho n.º 1954/2003, de 7.11.2003, sobre "gestão do esforço de pesca no que respeita a determinadas zonas e recursos de pesca comunitários", a Marinha e a Força Aérea portuguesas deixaram de efetuar fiscalizações nos mares dos Açores para além das 100 milhas; desde novembro de 2003 em diante aumentou muito o número de barcos de pesca espanhóis naquelas águas; esses barcos têm uma capacidade piscatória muito superior à dos barcos açorianos e põem em perigo a manutenção da quantidade normal de peixe na zona.

O regulamento da UE só produziu efeitos a partir de 1.8.2004 e mantém a decisão do TAC. Fundamentação doutrinal: Sobre o dano ecológico e o dano ambiental, diz o aresto em apreço que o dano ecológico corresponde a lesões intensas causadas ao sistema ecológico natural sem violação dos direitos individuais. Há lesão causada a um recurso natural se ocorrer uma afetação significativa do equilíbrio do bem jurídico ambiente ou no património natural e na sua interação. Só releva o dano causado no elemento natural. O dano ecológico tem um certo grau de incerteza quanto ao seu alcance (nomeadamente, por falta de conhecimentos científicos). De acordo com o princípio da prevenção (art. 66.º, n.º 2, da Constituição), a indeterminabilidade não obsta à obrigação de reparação, mesmo que a danosidade efetiva fique por demonstrar. A reparação pode revestir duas modalidades (em parte, arts. 5.º, 6.º e 11.º, etc., Decreto-Lei 147/2008): *reparação in natura (restauração ecológica e compensação ecológica) e compensação pecuniária (indemnização em dinheiro).*

O dano ecológico não abarca a ofensa de interesses difusos, interesses coletivos e interesses individuais, por se aproximarem, no seu tratamento jurídico, dos direitos subjetivos e não se justificar o seu tratamento conjunto com lesões aos elementos naturais. Já o dano ambiental é aquele dano no meio ambiente que tem repercussões na esfera patrimonial de um particular (danos provocados a bens jurídicos concretos, através de emissões particulares ou através de um conjunto de emissões emanadas de várias fontes emissoras), refletindo uma lesão de direitos e interesses legalmente protegidos na sequência da afetação de um determinado componente ambiental[887].

A responsabilidade civil extracontratual do Estado e de outros entes públicos por factos ilícitos praticados pelos seus órgãos ou agentes assenta na existência de dano no património jurídico de uma pessoa, a lesada (prejuízo que o lesado sofre nos seus interesses materiais ou morais, que o direito violado ou a norma infringida visam tutelar); existência de uma ação ou omissão humana, de pessoa diferente da lesada; ilicitude (objetiva) dessa ação ou omissão humana; nexo de causalidade adequada entre ação ou omissão ilícita e o dano e imputação da ação ou omissão ilícita ao lesante a título de dolo (vontade no sentido do facto) ou de negligência (violação de deveres de cuidado contra o facto), sem exclusão do juízo de censura indiciado (ilicitude subjetiva e culpa).

Decisão: A conduta do Estado é ilícita se este, fora do quadro legislativo da UE, deixa de fiscalizar a sua zona económica exclusiva, pois desse modo contraria os interesses morais do país, os interesses unionistas europeus, comuns interesses de defesa económica e ambiental dos mares nacionais e os interesses protegidos pela nossa soberania[888] e também desrespeita o cumprimento de tarefas a cargo do Estado[889].

Comentário:

Na situação colocada, além dos danos patrimoniais sofridos pelos pescadores, temos também um dano especial, que é o dano ecológico, dano potencial consistente na diminuição provável e não precavida das populações de peixes da ZEE integrada nos Açores; o que atinge um interesse comum da comunidade nacional.

O dano ecológico provém do facto de um bem jurídico ecológico ser agredido ou perturbado ou da alteração negativa de um determinado estado-dever de um componente ambiental.

No atual regime de responsabilidade ambiental, a demonstração do nexo de causalidade adequada orienta-se para a preponderância de critérios de verosimilhança e de probabilidade de o facto danoso ser apto a produzir a lesão verificada.

[887] Em parte, os arts. 7.º a 10.º, Decreto-Lei 147/2008.

[888] Arts. 1.º a 5.º Constituição.

[889] Constituição e Lei de Defesa Nacional.

Além disso, há responsabilidade civil subjetiva e objetiva (os operadores--poluidores ficam obrigados a indemnizar os indivíduos lesados pelos danos sofridos por via de um componente ambiental).

O regime de responsabilidade administrativa destina-se a reparar os danos causados ao ambiente perante toda a coletividade. Com a Administração a assumir a garantia da tutela dos bens ambientais afetados, face a um grande número de lesados. Consagra-se um regime de responsabilidade solidária entre comparticipantes, pessoas coletivas e seus dirigentes.

Obriga-se à Constituição de garantias financeiras a certos operadores a partir de 1.1.2010 (garantindo as indemnizações face à sua atividade).

O atual *regime jurídico específico*, visando resolver as dificuldades com que tem convivido a responsabilidade civil ambiental, vem tentar enquadrar a superação de vários problemas, designadamente os que resultam da "dispersão dos danos ambientais (o lesado, numa análise custo-benefício, fica desincentivado a agir contra o poluidor), o da "concausalidade na produção de danos" (carácter técnico e científico, suscetível de impedir a efetivação da responsabilidade), o do "período de latência das causas dos danos ambientais" (um dano só se manifeste muito depois da produção da factualidade que o originou), o da "dificuldade técnica de provar que uma causa é apta a produzir o dano" (imputá-lo ao autor real) e o de ter a garantia de que o "poluidor tem a capacidade financeira suficiente para suportar os custos de reparação e a internalização do custo social gerado". Este regime aplica-se a danos ambientais (al. e), n.º 1, art. 11.º) e ameaças iminentes desses danos (al. b) do n.º 1, art. 11.º), causados em resultado do exercício de uma dada atividade desenvolvida no âmbito de uma atividade económica, independentemente do seu carácter público ou privado, lucrativo ou não, abreviadamente designada por "atividade ocupacional".

Há princípios presentes, v.g., na Lei de Bases do Ambiente (arts. 41.º, 48.º) e na Lei da Participação Procedimental e da Ação Popular (arts. 22.º, 23.º), que agora se tronam operacionais, processando-se uma evolução que complementa o princípio da prevenção com outro fundamental, o princípio da responsabilização (al. h), art. 3.º, LBA, de 1984).

Como refere o seu preâmbulo, da inicial responsabilidade ambiental assente meramente nos danos causados às pessoas e às coisas, sofridos nos bens jurídicos da personalidade ou nos bens patrimoniais face à poluição ambiental, levando à obrigação de reparação dos danos subsequentes a essas perturbações ambientais passa-se, com a consolidação do Estado de direito ambiental, para a criação de um conceito autónomo, paralelo, independente daquele, de danos causados à natureza em si, ao património natural e aos fundamentos naturais da vida" (dano ecológico ou "dano ecológico puro", "dano ecológico propriamente dito", "dano causado ao ambiente" ou "dano no ambiente"). Sobre ele também veio dispor a Diretiva n.º 2004/35/CE, da UE, de 21 de abril.

Há, também, fruto do estudo dos instrumentos de tutela ambiental a partir da análise económica do direito, a evolução para um regime de responsabilização atributivo de direitos aos particulares, que se espera "economicamente mais eficiente e ambientalmente mais eficaz do que a tradicional abordagem de mera regulação ambiental, comummente designada de comando e controlo".

O cidadão com direitos a indemnização e dotado de informação relativamente ao estado de conservação ambiental ou quanto ao risco próprio das atividades económicas torna-se mais facilmente "zelador do ambiente", procurando obter uma alocação economicamente mais racional dos recursos.

No entanto, é questionável que se possa defender um conceito de dano ecológico "coletivo", para efeito de ressarcimento por invocados danos morais (não patrimoniais) a uma dada área geográfica (para além do ressarcimento de indemnizações por danos patrimoniais a grupos de pessoais, como pescadores face a eventos no mar, designadamente marés negras),e cujas indemnizações seriam para aplicar na regeneração, reposição e correção resultantes de atividade danosas (v., as marés negras derivadas de petroleiros, incêndios florestais criminosos, obras públicas fragilizadoras da consistência dos solos ou desvios lícitos de correntes de água, etc.).

Portanto, a atribuir a atribuir a grupos de pessoas em função de um conceito de danos não patrimoniais "coletivos" assentes no mero critério residencial (os habitantes de um local, devido a privação de praias, cheiros, água de rega ou potável, ambiente despoluído agredido em caso de incêndios criminosos, atuações administrativas atentatórias e outras situações de dano ecológico com repercussões na qualidade de vida, independentemente de prejuízos patrimoniais concretos), o que nesta sentença é tido como inadmissível.

C) Assunto: destruição dos habitats naturais; plataformas das torres eólicas.

Referência: ATAS sobre o parque eólico de Algar de Água, proc. 06793/10.

Data: 31.3.2011.

Factualidade:

Trata-se de um projeto de parque eólico, com Declaração de Impacte Ambiental favorável condicionadamente. Há o receio da produção de prejuízos de difícil reparação para os interesses ambientais (espécies de morcegos, duas delas criticamente em perigo, uma espécie em perigo e oito com o estatuto de vulnerável). O Parque enquadra-se na Política Energética Nacional (Resolução de Conselho de Ministros n.º 63/2003, de 28.4), e visa contribuir para o aumento de fontes de energia renováveis. Existem condicionantes ambientais que não são compatíveis com o projeto, designadamente no que se refere à afetação de património cultural e de habitats prioritários, etc..

Fundamentação doutrinal:

As providências decretadas são suscetíveis de, na medida possível, preservar os quirópteros, eventualmente em risco, por via da implantação dos aerogeradores, mas não é menos relevante o aumento da produção da energia não poluente.

Decisão:

Nega-se a medida radical da suspensão de eficácia dos atos questionados. Mas manda não descurar a proteção dos quirópteros, através dessas medidas condicionantes da construção e exploração de aerogeradores. Proíbe qualquer atividade de construção ou montagem de qualquer parte ou componente de um dos aerogeradores, no período compreendido entre trinta minutos antes do pôr-do-Sol e o nascer do Sol, nos meses de outubro, novembro e dezembro e ainda março e abril. E, relativamente ao período da sua exploração, condiciona o início de rotação da turbina de rotação eólico ou arranque e o seu funcionamento à velocidade do vento (5) metros, no período compreendido entre trinta minutos antes do pôr-do-Sol e o nascer do Sol, nos meses de outubro, novembro e dezembro e ainda março e abril.

Comentário:

O critério da ponderação de interesses é uma novidade do contencioso administrativo resultante do Código de Processo nos Tribunais Administrativos (Lei 15/2002, de 22.2, alterada pela Lei n.º 4-A/2003, de 19.2). Com efeito, o juiz das providências cautelares tem amplos poderes de conformação, que lhe permitem adotar, em cumulação ou substituição das medidas requeridas, as providências que entender adequadas, para evitar a lesão dos interesses globalmente envolvidos, e que sejam menos gravosas para os outros interesses, públicos e privados.

D) Assunto: *avaliação de impacte ambiental (AIA), periculum in mora, prova pericial*. Ref.ª: ATCAS, proc. 04948/09, 2.ª secção, sobre a barragem do rio Sabor, Relatora Cristina dos Santos.

Data: 23.9.2010.

Normativa apreciada: arts. 114.º, n.º 3, al. g), *in fine*, CPTA; 384.º, n.º 1, Código de Processo Civil.

Fundamentação doutrinal:

A declaração de impacto ambiental, tal como ocorre com todas as "decisões administrativas em zonas de incerteza", com o fim de dar concretização à prevenção do risco em matéria ambiental, assume a natureza de ato administrativo de "conteúdo passível de sofrer alterações em virtude da superveniência de circunstâncias concretas". A Administração detém o poder de controlar e adequar os pressupostos do quadro regulativo configurado na declaração de impacte ambiental em função da realidade de facto e de juízos técnicos de avaliação do risco. A valoração ou qualificação jurídica de factualidade que reporta diretamente a conceitos e noções próprias de outros ramos da ciência e da técnica, que não a ciência jurídica, extravasam o âmbito de aplicação do juízo jurídico de probabilidade aplicável na valoração jurídica do "periculum in mora", em qualquer das vertentes do fundado receio de produção de danos ecológicos irreversíveis ou de difícil reparação.

Decisão:

A apreciação através do processo simplificado e rápido da prova sumária próprio dos procedimentos cautelares não é adequada às hipóteses em que a aplicação da lei passa por juízos técnicos de existência e juízos técnicos de valoração (qualificação técnica de situações reais que constituem pressupostos da hipótese ou previsão normativas aplicáveis ao caso concreto) e em que, por isso, não é possível cindir os dois juízos, o juízo técnico próprio da "lex artis" e o juízo técnico-jurídico. Nestas hipóteses a situação jurídica do caso concreto apenas é compatível com o processo de cognição profunda próprio do regime adjetivo de cognição em processo principal, instaurado pela parte e dirigido ao julgamento em que a instância tem por fim uma decisão de existência do direito e não de mera probabilidade.

Comentário:

Está em causa a aplicação do regime avaliação de impacto ambiental, na linha da Lei n.º 11/87, de 7.4, consta hoje do Decreto-Lei 151-B/2013, de 31.10 e Portarias n.º 1 067/2009, de 18.9, n.º 1102/2007, de 7.9, n.º 330/2001 de 2.4 e Decreto n.º 59/99, de 17.12).

E) Assunto: *ambiente, saúde pública-qualidade de vida, avaliação de impacte ambiental, coincineração de resíduos industriais perigosos, pedido cautelar de intimação, periculum in mora*. Proc. n.º 00064752, proc. 0675/07, 1.ª secção, processo urgente: providência cautelar, Relator Madeira dos Santos, de 10.1.2008. Normativa apreciada: princípio da precaução.

Referências: ASTA proc. 0438/09.

Relator: Freitas de Carvalho.

Data: 2.12.2009.

Factualidade:

É pedida a suspensão da eficácia de decisão ministerial, que dispensou o *procedimento de avaliação de impacte ambiental incidental* de um procedimento de licenciamento de uma atividade de coincineração de resíduos industriais perigosos.

Fundamentação doutrinal:

O ato incidental é um ato intercalar de um procedimento relativamente ao licenciamento. A sua função é eliminar um iter normal do procedimento licenciador, simplificando e acelerando os seus trâmites e esgotando nele a sua eficácia. Licenciada a atividade de coincineração, findo este procedimento-objetivo, mostrando-se integralmente executado o ato incidental, é já impossível suspender a eficácia do ato de dispensa de estudo de avaliação ambiental, por já não produz fora e ulteriormente quaisquer efeitos. O pedido cautelar de intimação de alguém para que provisoriamente se abstenha de um certo comportamento, alegadamente violador de normas de direito administrativo, supõe que haja um vazio decisório (que não exista ou subsista qualquer decisão legalmente justificativa desse comportamento). Portanto, não pode ser judicialmente intimada a abster-se de coincinerar resíduos a sociedade que está admitida a fazê-lo através de atos administrativos de licenciamento que persistem e operam eficazmente na ordem jurídica. Não se verifica um dos requisitos da adoção de providências cautelares conservatórias, que é a existência de "periculum in mora", em qualquer das suas modalidades. Não se comprova um fundado receio da Constituição de uma situação de facto consumado ou da produção de prejuízos de difícil reparação "para os interesses a assegurar no processo principal". Não pode ser decretada a suspensão de eficácia dos atos suspendendos. Uma decisão que, a culminar um meio administrativo incidental, dispensa o procedimento de avaliação de impacte ambiental, que deveria normalmente fazer-se num outro procedimento mais vasto, tendente a licenciar a atividade de coincineração de resíduos industriais perigosos, constitui um ato intercalar relativamente ao futuro licenciamento, que serve para eliminar um dos passos normais do procedimento principal, simplificando e acelerando os seus trâmites (e esgotando aí a sua eficácia). Licenciada a atividade de coincineração e findo o procedimento mais vasto, mostra-se integralmente executado o despacho de dispensa de AIA, deixando de ser possível suspender a eficácia dele, por ser de negar-lhe a produção ulterior de quaisquer efeitos. O pedido cautelar de intimação de alguém para que provisoriamente se abstenha de um certo comportamento, alegadamente violador de normas de direito administrativo, supõe que não exista ou subsista uma qualquer pronúncia justificativa de tal comportamento. Não pode ser judicialmente intimada a abster-se de coincinerar resíduos industriais perigosos uma empresa que fora admitida a fazê-lo através de atos administrativos de licenciamento, que subsistem eficazmente na ordem jurídica".

Decisão:

O pedido de suspensão de eficácia dos atos de viabilização da coincineração não procede. Ele era a decisão do tribunal a quo, o tribunal administrativo central norte, em acórdão que considerava que resultava do mini-teste de queima de resíduos industriais perigosos realizado no teste 2 da cimenteira que "não há emissões acrescidas de dioxinas/furanos pela combustão de RIP até ao máximo permitido para a percentagem de substituição de combustível normal"). O indeferimento dos pedidos de suspensão de eficácia e de intimação das entidades públicas implicadas e da fábrica de cimentos, recetiva à coincineração, para se absterem-se de licenciar, autorizar ou realizar os testes e demais operações de coincineração de resíduos industriais perigosos na referida fábrica. O acórdão recorrido é revogado, na parte em que, concedendo provimento ao recurso jurisdicional interposto da sentença do Tribunal Administrativo e Fiscal de Coimbra, julgou procedente o pedido de suspensão de eficácia dos atos aqui em causa"; "Sendo improcedente o pedido de suspenso de eficácia dos atos suspendendos, fica prejudicado, por ser inútil, o conhecimento das outras questões colocadas nos recursos, designadamente a de saber se podiam ser requeridas providências dependendo de duas causas principais e a de saber se a suspensão só se poderia justificar em relação ao ato que concedeu licença de exploração e não também em relação aos atos que concederam licenças de instalação e ambiental.

Comentário:

A intimação para a suspensão de uma decisão administrativa ambiental válida (por si ou "ope legis", pelo decurso de tempo, na hipótese de ter ocorrido um vício passível de anulabilidade não impugnada), interferindo para o futuro com um ato, tido como "caso definido" e plenamente eficaz, ofende o princípio da separação dos poderes, a menos que se conclua que tal ato é nulo ou inexistente (uma vez que, não sendo assim, já não se pode pôr a hipótese de um pedido de suspensão de ato em conexão com ação visando a anulação de ato anulável[890]; e o ato intercalar já não produz fora e ulteriormente quaisquer

[890] Art. 112.º, 2, al. a) do CPTA.

efeitos, não tendo sido impugnado na altura nem posteriormente impugnada a decisão licenciadora final.

Foram emitidos vários arestos nesta matéria relacionada com a coincineração, discorrendo designadamente sobre a sua *relevância social*, que não existiria a não ser que fossem *indicadas questões concretas* que, pela sua "relevância jurídica ou social", revistam importância ou por existir 'complexidade das operações lógicas implicadas pela questão a resolver e a probabilidade de esta se renovar em litígios futuros'"[891] ou por se considerar que, face à sua relevância social, seria de admitir revista quando as questões jurídicas a dirimir se relacionam com uma "matéria particularmente sensível em termos do seu impacto comunitário"[892].

Aqui afirma-se que "nem foi feita prova no sentido de demonstrar que a execução dos despachos pudesse provocar danos na saúde e no ambiente, nem que a eventual ocorrência desses mesmos danos (a existirem) criaria uma situação de facto consumado que não pudesse ser revertida no final da 'ação principal'"[893].

Não se verifica "um dos requisitos da adoção de providências cautelares conservatórias (existência de "periculum in mora", em qualquer das suas modalidades: 'fundado receio da criação de uma situação de facto consumado ou da produção de prejuízos de difícil reparação para os interesses invocados.

O *princípio da precaução, autonomizado do princípio da prevenção com o objetivo do reforço operacional* daquela sua componente, é uma norma de direito ambiental da UE.

O princípio da precaução ou de cautela, inibidora ou ativa, existe para proteger o meio ambiente[894], impondo que, quando houver ameaça de danos sérios ou irreversíveis, não é pelo facto de não existir absoluta certeza científica e apenas relações suspeitas de fatoriedades repetidas que se pode postergar medidas eficazes e economicamente viáveis para prevenir a eventual degradação ambiental ou em geral a agressão a um bem ambiental. Ele impõe-se como fonte que vincula o Estado português.

[891] ASTA, 22.03.2007, Proc. 223/07.

[892] ASTA de 26.06.2008, proc. 535/08.

[893] Aresto do STA, de 10.1.2008, vem na linha dos recursos de revista n.º 471/07, de 31.10.2007 (que revogou o ATCAN, suspendendo o despacho do Ministro do Ambiente, o qual dispensara a realização de novo Estudo de Impacto Ambiental) e do recurso n.º 675/07 (coincineração nas instalações industriais no Outão), ou do ASTA no Proc. 0438/09.

[894] Ele não resulta só da Declaração de princípios saída da Conferência das Nações Unidas sobre Ambiente e Desenvolvimento, realizada no Rio de Janeiro de 1992.

Não é, pois, admissível certa argumentação, laxista e ilegal, que o considera uma "mera orientação política dos Estados", a "ter em conta nas suas opções políticas e legislativas", posição errada que perpassa, expressa ou implicitamente, nesta apreciação.

Nem pode aceitar-se que se afirme que este princípio geral do DUE, como se fosse uma norma-regra, não está consagrado expressamente na lei portuguesa, designadamente na Constituição (art. 66, n.º 2), a qual prescreve, genericamente, que incumbe ao Estado "prevenir e controlar a poluição e os seus efeitos e as formas prejudiciais de erosão", ou que, porque, no Tratado da União Europeia se define princípios gerais de preservação e proteção ambiental, sem o citar e portanto sem lhe dar "suporte legal para o afirmar como princípio jurídico vigente na nossa ordem jurídica", desconhecendo o princípio do primado do DUE, a vinculatividade direta do direito derivado unionista europeu e a obrigação de respeito pelas sentenças do Tribunal de Justiça da União Europeia, que o reconhece e impõe (todo o acevo de direito que não apenas alguns princípios expressos).

Isto, com o argumento de que este princípio não tem a "potencialidade, nem de se sobrepor ao critério jurídico do CPTA no que respeita à verificação dos requisitos do deferimento das providências cautelares[895], nem de inverter a regra do ónus da prova consignada no art. 342.º do Código Civil".

Não pode aceitar-se o argumento de que, "À face do nosso ordenamento jurídico, o *princípio da precaução* não foi adotado como "critério de decisão da prova". Devidamente *demonstrados os elementos factuais relacionais* que o justifiquem, ele *legitima a dispensa de um critério de decisão assente em provas científicas* (a realizar, aliás, como é sabido e bem refere Karl Popper, elas próprias sempre revisíveis ou não seriam cientificamente afirmadas).

Questão a não confundir é que se pretenda que, com base na mera falta de certeza da não produção de danos ambientais ou para a saúde pública, o julgador conclua pela existência de receio de produção (probabilidade séria) de danos ambientais e para a saúde pública, ou que eles são de difícil reparação ou irreversíveis, sem a devida demonstração (positiva), mesmo que de forma sumária.

Uma coisa é o princípio da prevenção, relação entre fator e consequência cientificamente estabelecida, e outra, o de precaução, face a *possível relação entre fator e as consequências* tidas como embora ainda *sem prova cabal de uma relação de causalidade adequada*, merecer cautela enquanto não haja conclusivamente razões para afirmar (e frequentemente, tal acontece, embora com

[895] Máxime do art. 120.º, n.º 1, al. b).

exigências temporais dilatadas – e daí a necessidade da *cautela transitória* – , precisamente partindo de relações tidas como ainda inexplicáveis) ou afastar cientificamente essa relação entre eles.

Ambos os princípios estão há muito consagrados no direito do ambiente aplicável em Portugal, face ao princípio da primazia do direito da União Europeia.

Tal como é inaceitável que se pretenda justificar a não aplicação normativa do princípio da precaução "pela ponderação da necessidade de prossecução de outros interesses públicos", que o legislador tenha entendido não deverem ser obstaculizados "por meros receios de danos eventuais ou hipotéticos, se se demonstra um *grau de probabilidade séria* para invocar o princípio da cautela, aliás em geral bem conhecido de muitas áreas do direito.

Acertadamente, agiu o TCAN, ao proceder à sua aplicação jurisprudencial e com inversão do ónus da prova. Quanto à questão da *coincineração de resíduos industriais perigosos*, dela resultam substâncias muito mais perigosas do que aquelas que são submetidas àquele processo de queima.

Aliás, para além da invocação do *risco cientificamente comprovado para a saúde* humana, para a fauna e para a flora, resultante dos Poluentes Orgânicos Persistentes, que se formam durante a combustão dos resíduos industriais perigosos, existe a certeza consagrada pela Convenção de Estocolmo, subscrita por Portugal, da grande perigosidade inerente à *disseminação das dioxinas e furanos*.

O art. 5.º da Convenção de Estocolmo consagra medidas para reduzir ou eliminar as *libertações derivadas* da produção não intencional de Poluentes Orgânicos Persistentes, visando a sua contínua minimização e eliminação, com a Parte II do seu Anexo C, integrando substâncias com implicação neste debate ("Fornos de cimento que queimem resíduos perigosos").

F) Assunto: *avaliação de impacto ambiental (AIA), providência antecipatória, "fumus boni iuris" qualificado.*

Referências: ASTA, 1 Subs. do Contencioso Administrativo, sobre o Túnel do Marquês de Pombal, proc. 1011/04-11.

Relator: Santos Botelho.

Data: 24.11.2004.

Referência: TCAS, Secção Contencioso Administrativo, 2.º Juízo, Proc. n.º 251/04. Relatora: Cristina dos Santos.

Data: 14.9.2004.

Normativa aplicável: art. 1.º, 3, Decreto-Lei 69/2000 (atualmente alterado pelo Decreto-Lei 197/2005), sobre AIA e art. 120.º, 2 e 3 CPTA.

Factualidade:

A Câmara Municipal de Lisboa deliberou construir o Túnel do Marquês, no centro de Lisboa, sem estudo de avaliação de impacto ambiental. Fundamentação doutrinal: o STA considera que, para haver ampliação da matéria que constitui extensão da revista, nos termos do art. 684.º-A do CPC, é necessário que a parte a suscite de modo claro e expresso, não bastando a referência à questão nas conclusões da contra-alegação. A providência é conservatória quando se pretende manter ou conservar um "direito". Ou seja, o que se almeja é manter o statu quo. A providência é antecipatória quando se vise alterar o statu quo, mediante a antecipação de uma situação que não existia anteriormente. A alínea b), do n.º 1 do art. 120.º do CPTA consagra aquilo que se pode denominar como sendo um "fumus non malis iuris". Tudo se passa aqui pela indagação sobre se existe ou não um mínimo de verosimilhança dos fundamentos invocados, em termos de se não evidenciar o carácter manifesto da falta de fundamento da pretensão formulada ou a formular no processo principal. Em suma, trata-se de um juízo negativo, em que se não procura aferir da probabilidade do êxito da pretensão, mas tão-só da avaliação do carácter não manifesto da falta de fundamento. apesar da situação da construção do túnel do Marquês em Lisboa não cair numa das tipificadas, ela implicará a necessidade de AIA se, face aos pressupostos do exercício do poder discricionário atribuído em cláusula geral na lei, se entender que uma concreta obra urbana assume características que implicam a solução correta o estudo e declaração integrantes da AIA.

Decisão:

suspensão das obras municipais nos trabalhos de construção do túnel do Marquês, no centro de Lisboa.

Comentário:

O tribunal, na aplicação do regime sobre avaliação de impacto ambiental, distingue entre vias de circulação rodoviária interurbanas (autoestradas e estradas), que considera sujeitas a avaliação, e vias intraurbanas (avenidas e ruas), não sujeitas a tal.

Isto, porque a lei prevê uma "espécie de lista" e, portanto, invoca-se o princípio da tipicidade. E entende-se que, em princípio, tal exigência não deve ser alargada a casos não previstos.

Mas também existe uma cláusula aberta (por oposição ao sistema de lista fechada ou taxativa). E tal, de facto, poderá permitir que se considere que o projeto de túnel urbano também fique sujeito à AIA.

Embora se trate de uma cláusula aberta não reconduzível a uma analogia de situações com os casos expressos nas listas enunciadas na lei, pois as normas são autónomas. Uma serve-se do princípio da tipicidade, a outra exige a análise casuística de cada projeto concreto, a qual implica cero grau de vinculação aos pressupostos do exercício de um poder discricionário, enunciados além do mais nesta lei específica, que refere uma ponderação em função das suas "especiais características, dimensão e natureza".

No caso, pode colocar-se a questão do recurso ou não à cláusula geral. A usar apenas se fundamentada só nos pressupostos especificamente enunciados e não no recurso a qualquer analogia com os casos previstos nas listas.

5.10.3. Análises de jurisprudência civilista

A) Assunto: *emissão de fumo, fuligem, vapores, cheiros, calor, ruídos, trepidações e factos semelhantes; doutrina da causalidade adequada, ónus da prova.*

Referência: ATR de Guimarães, proc. 709/07-1.

Relator Carvalho Martins.

Data: 3.5.2007.

Normativa aplicável: art. 1346.º e art. 70.º do Código Civil (direitos de personalidade).

Factualidade: pedido de indemnização a título de danos patrimoniais e não patrimoniais por ofensa ao direito ao repouso, ao descanso e à saúde, causado por uma autoestrada, entretanto construída. Fundamentação doutrinal: o direito ao repouso, ao descanso e à saúde são corolários do direito da personalidade (art. 70.º, Código Civil). Havendo conflito entre tais direitos e o da atividade viária, preferem aqueles (art. 335, Código Civil). Nem afasta o carácter ilícito da ofensa o facto de a emissão de ruído estar contida nos limites legalmente fixados e de tal atividade viária ter sido autorizada administrativamente. Isto porque o direito à integridade física, à saúde, ao repouso e ao sono prevalece (art. 335.º, 2, CCivil.), sobre o "direito" à existência e utilização de autoestrada, mas que impõe a consideração de disfunções, exterioridades ou externalidades de carácter negativo. Estas têm de ser minoradas ou compensadas, garantindo-se a efetividade de direitos. A causa juridicamente relevante de um dano é (doutrina da causalidade adequada; art. 563.º, CCv), a que, em abstrato, se revele adequada ou apropriada à produção desse dano, segundo regras da experiência comum ou conhecidas do lesante. O ónus da prova traduz-se, para a parte a quem compete, no dever de fornecer a prova do facto visado, sob pena de sofrer as desvantajosas consequências da sua falta.

Decisão: Desatende-se qualquer indemnização por danos patrimoniais, por ausência de prova, concedendo-a, em termos de equidade, para ressarcimento de danos não patrimoniais.

Comentário: 1. A emissão de fumo, fuligem, vapores, cheiros, calor ou ruídos, tal como trepidações e factos semelhantes, podem ser objeto de impedimento por pessoa vizinha, no pressuposto de que um daqueles fatores (sem necessidade da sua conjunção), face ao art. 1346.º, CC. O facto de se habitar na vizinhança de autoestrada é relevante e confere direito à oposição a quem provoque prejuízo substancial. Face ao direito da personalidade (art. 70.º, art. 335.º, CC), deve cessar tudo o que o agrida, designadamente prejudicando o descanso, repouso e saúde das pessoas. 2. Isto sem excluir que, por exemplo, a atividade viária possa ser prosseguida se puder ser realizada sem prejudicar o direito de personalidade.

B) Assunto: *direitos de personalidade, contraordenação, direito ao descanso, direito à saúde, direito a um ambiente sadio e ecologicamente equilibrado.*

Referência: ASTJ n.º 8 TBVIS.C1.S1, proc. 3920/07, 2.ª Secção.

Relator Álvaro Rodrigues,

Data: 19.4.2012.

Normativa aplicável: arts. 66.º Constituição e art. 335.º CC.

Factualidade: ruído de vizinhança por parte de bares e discotecas. Fundamentação doutrinal: A atividade de bar com aparelhos de som e música, junto a residências privadas, especialmente com carácter habitual, nas horas consagradas ao descanso reparador da generalidade das pessoas, é, ainda que potencialmente, gravemente lesiva do sono dos habitantes de tais residências e, consequentemente, do seu indeclinável direito ao descanso e à saúde, como integrantes do direito à vida e à integridade física, além de outros, como o direito a um ambiente sadio e ecologicamente equilibrado, portanto, como direitos de personalidade, legal, constitucional e supranacionalmente tutelados.

Decisões: o estabelecimento aberto ao público, independentemente de licenciamento administrativo para funcionar até altas horas, não fica dispensado de tudo fazer para evitar ruídos prejudiciais aos vizinhos, designadamente em termos do direito do ambiente.

Comentário:

A poluição sonora (ruídos prejudiciais), sobretudo nas horas noturnas normais ao descanso reparador da generalidade das pessoas, é um atentado ao direito a um ambiente sadio e ecologicamente equilibrado. Importa distinguir dois âmbitos de análise jurídica, o da possível ilegalidade administrativa no exercício das atividades que geram a poluição ambiental, decorrente do desrespeito das normas regulamentares ou atinentes ao licenciamento e à polícia administrativa, e o da autónoma ilicitude derivada da poluição gerada, independentemente da existência ou não da legalidade administrativa do exercício da atividade.

O direito ao repouso é ofendido mesmo que a atividade de exploração de discoteca tenha sido autorizada administrativamente (ASTJ de 6.5.1998, revista n.º 338/98, 1.ª Secção). A legislação administrativa sobre ruído não visa resolver conflitos que possam surgir entre o direito de propriedade ou de arrendamento de prédios onde se desenvolvam atividades que produzam ruídos e os direitos à integridade física e moral das pessoas (ASTA de 13.3.1997, Proc. n.º 557/96, 2.ª Secção), embora também implique, com interesse para os direitos de personalidade, os direitos ao ambiente, qualidade de vida e saúde.

Os direitos da personalidade são protegidos contra qualquer ofensa ilícita, não sendo precisa a culpa para se verificar uma ofensa, nem sendo necessária a intenção de prejudicar o ofendido. Decisivo é a ofensa em si. O que conta é o facto objetivo da violação do direito de personalidade, pretendendo a lei a sua proteção o mais ampla possível.

No entanto, há que reconhecer que o direito ao repouso se integra não só no direito à integridade física como no direito a um ambiente de vida humana sadio e ecologicamente equilibrado e, através destes, direito à saúde e qualidade de vida. O Regulamento Geral do Ruído pode não obstar a que a Administração pública evite a prática do tiro aos pratos (atenta a tese da cindibilidade da ordem jurídica para efeitos de exercício de poderes orgânicos da Administração pública, face à tese da sua unicidade ainda preponderante, no silêncio da lei administrativa), mas não permite que, uma vez este administrativamente autorizado, se possa depois violar os direitos de personalidade dos vizinhos que habitam junto a um campo de tiro; ou seja a ruídos oriundos de explorações económicas ou recreativas não passíveis de insonorização ou não devidamente insonorizadas (ASTJ de 22.10.1998, revista n.º 1024/97, 2.ª Secção).

Os tribunais cíveis não podem deixar de atuar, apesar da regularidade da atividade no plano regulamentar ou de polícia da Administração (questão que não lhe cabe apreciar), na tutela prioritária do direito de personalidade lesado, pela invocação da mera circunstância de ter ocorrido um válido licenciamento administrativo da atividade lesiva ou por os níveis de ruído pericialmente verificados não ultrapassarem os padrões técnicos regulamentarmente definidos, designadamente em legislação ambiental.

Há uma última linha de defesa da pessoa, que é o direito fundamental de personalidade, que também serve à defesa cível do direito ambiental. Ou seja, mesmo que seja produzido ruído inferior ao máximo permitido pelo Regulamento sobre Ruído, isso "não quer dizer seja permitido afetar os direitos ao repouso e à saúde" (ASTJ, 28.10.1999, revista n.º 427/99, 2.ª Secção), pelo que o dono de uma discoteca ou outro estabelecimento que provoque ruído exterior, deve proceder às obras indispensáveis ao seu isolamento. Apesar de ter procedido a obras de insonorização, se continuam a ouvir-se, com origem no interior do prédio, emissões sonoras causadoras, de reclamações e de prejuízos para terceiros, uma vez que a prestação devida só se considera cumprida se for obtido o isolamento acústico de modo que as emissões não sejam audíveis nos apartamentos próximos (obrigação de resultado), tal situação traduz, objetivamente, um incumprimento.

Esta é a jurisprudência em geral do STJ na matéria, o qual tem reafirmado que a produção ou emissão de ruídos geradoras de poluição sonora, se for lesiva de direitos individuais ou coletivos, sendo estes carecidos de proteção e de tutela, deve ser enquadrada por três óticas distintas (em geral, conexionadas e interligadas): além da dos direitos fundamentais de personalidade e da referente à tutela do direito de propriedade, a do direito do ambiente (causa de evidente poluição ambiental, com assento primacial no próprio texto constitucional, no plano dos direitos e deveres sociais); este, por vezes tido como sujeito ao regime dos direitos de natureza análoga aos direitos fundamentais, em que se insere o direito a um ambiente sadio e ecologicamente equilibrado (art. 66.º, Constituição), complementado e densificado pelas normas constantes da Lei de Bases do Ambiente, fundamentalmente orientada, imediatamente e em primeira linha, para a proteção de interesses coletivos ou difusos.

Há a obrigação de especial contenção quanto aos níveis de poluição sonora que se provoca e o dever de se optar por soluções técnicas adequadas, no que respeita ao isolamento acústico das instalações, de modo a eliminar ou reduzir em termos eficazes os incómodos causados pelo ruído aos outros residentes, para não degradar a sua qualidade de vida. II: Caso semelhante é o que tem como factualidade a invocação de sono e sossego perturbado pelo ruído proveniente de um prédio vizinho, causado pelo funcionamento de um aparelho de ar condicionado, de dia e noite, ofendendo o direito a um ambiente de vida humano e sadio, segundo um critério de tolerabilidade normal. III. Ou concernente a ruído de vizinhança e convivência condominial (ASTJ proc. 3920/07.8TBVIS.CI-2.ª Secção,), com sentença de condenação em indemnização por danos morais, com o fundamento doutrinal de que quem, habitando o andar de um prédio, produz ruído, propositadamente, a partir das 22 horas, batendo com um objeto ruidoso (tipo martelo) ou atuando como tal, no soalho da sua habitação, ao longo das divisões, atirando com objetos pesados, que produzem estrondo no chão e pondo o volume da aparelhagem sonora e da televisão em registo audível no rés-do-chão do prédio, fazendo com que tal ruído, pela sua intensidade, duração e repetição, obrigue os habitantes do prédio a, por vezes, ter de pernoitar fora de casa, em hotéis e pensões, viola o direito ao descanso e ao sono, à tranquilidade e ao sossego destes, aspetos do direito à integridade pessoal.

Aqui, em causa podem estar, ainda, comportamentos ruidosos, que causam aos vizinhos sofrimento, angústia, ansiedade, dor, agitação, terror, crises compulsivas de choro, depressão, extremo cansaço, impossibilidade de dormir, o que implica naturalmente efeitos que, se se revestirem de certa gravidade, justificam a intervenção reparadora do direito por danos não patrimoniais.

A ilicitude, para efeito de reparação, não tem que ver com qualquer aferição do nível de ruído pelos padrões normativos estabelecidos, dado que, se a conduta ruidosa prejudicar o repouso, a tranquilidade e o sono de terceiros, em termos injustificados e para além dos limites do que possa considerar-se socialmente tolerável, tal lesa um dos direitos integráveis na categoria fundamental dos Direitos, Liberdades e Garantias pessoais.

Quando está em causa a violação dos direitos de personalidade, tal envolve uma apreciação concreta da conduta do lesante e da situação do lesado, no sentido de verificar se o ruído emitido no exercício de uma atividade, "mantendo-se embora dentro dos limites impostos legalmente" pelo direito administrativo, pode configurar uma infração àqueles direitos.

A passagem de veículos automóveis provoca ruído ao exceder o nível normal de tolerância, pela frequência ou pela intensidade, em termos que provoca um resultado traumatizante ou "intoleravelmente insuportável", há o direito à reconstituição natural, por meio da colocação de barreiras acústicas que eliminem ou, pelo menos, que baixem o nível de poluição sonora para "parâmetros toleráveis".

Por isso, em processo de expropriação, não constitui condenação num qualquer pagamento em espécie, nem é parcela da indemnização justa, a condenação da entidade expropriante no prolongamento e alteamento de uma barreira acústica, de forma a minorar o impacto ambiental negativo que adveio para a zona habitacional da propriedade dos expropriados em consequência do ruído proveniente de autoestrada construída em área expropriada.

Importa analisar se a passagem em concreto dos veículos atinge a própria substância do direito a defender e é ou não proporcional ao interesse público a prosseguir, sendo certo que a própria Administração pública deve condicionar a implantação de infraestruturas viárias, se elas causam impacto violento sobre a paisagem (princípio geral aplicável em matéria de ambiente, no sentido da tolerabilidade razoável da sua afetação).

A responsabilidade civil por danos causados a terceiros no âmbito da construção de autoestradas por uma concessionária de obras públicas rege-se pelo direito civil em geral. A indemnização pelo dano ambiental no quadro da responsabilidade civil objetiva depende de ocorrer afetação significativa, derivada de alguma atividade perigosa.

Ora, o facto de ocorrer uma ação da Administração pública ou omissão ilícita e culposa na edificação de viaduto da autoestrada, não pode deixar de se colocar à Administração pública a questão do direito a indemnização aos proprietários de moradias a quem aquela construção diminuiu a paisagem de que desfrutavam, lhe projetou sombra sobre ela antes do pôr-do-sol, lhe provocou a audição do vento e do ruído parcial dos veículos automóveis e lhe implicou a perceção do cheiro dos combustíveis neles queimados, com incómodos e desvalorização das moradias[896].

C) Assunto: *Proteção dos animais (concurso de tiro aos pombos ou outro com a utilização de alvos vivos).*

Referência: ASTJ n.º JSTJ000, Processo: 04B3354.

Relator: Salvador da Costa.

Data: 19.10. 2004.

Normativa invocada: Lei 92/95, de 12.9.

Factualidade:

Uma associação zoófila, com estatuto de utilidade pública, cujos fins, entre outros, são os de impedir e reprimir tudo quanto represente crueldade contra os animais e assegurar o respeito pelos seus direitos, pretende impedir a organização de um concurso de tiro com chumbo, com utilização de pombos, prova integrada no calendário oficial de 1999 de tiro com alvos vivos.

Fundamentação doutrinal:

A prática desportiva de tiro com chumbo aos pombos em voo, embora lhes implique prévio arrancamento de penas da cauda, a morte e a lesão física, que é instrumental desta, tal não envolve sofrimento cruel nem prolongado. A modalidade desportiva de "tiro aos pombos" vivos tem longa tradição cultural em Portugal. Está disciplinada por uma federação com o estatuto de utilidade pública desportiva. Segundo o tribunal, é legalmente justificada ou não desnecessária no confronto com o Homem e o seu desenvolvimento equilibrado, pelo que não é proibida por nenhuma disposição legal.

[896] Vide, ainda, ASTJ de 22.10.98, Revista1024/97, 2.ª Secção (ilicitude, reconstituição natural); de 13.3.97, 557/96; de 17.1.2, 4140/2001).

Decisão:

A prática desportiva de tiro ao voo de pombos não se enquadra na proibição a que se reporta o proémio e o n.º 1 do art. 1.º nem no seu n.º 3, alínea e), da Lei 92/95, de 12.9, pelo que não é proibida no nosso ordenamento jurídico.

Comentário:

O objetivo da lei de proteção dos animais não assenta numa conceção de titularidade de "direitos" por parte dos animais, mas na de os proteger contra violências cruéis, desumanas ou gratuitas, para as quais não exista justificação ou tradição cultural bastante.

Com isso pode considerar-se ser de ressalvar o tiro aos pombos e situações como as de "touros de morte" de Barrancos (estas, hoje, legalmente previstas, mas já antes, pela prática secular contra a lei, a constituir direito consuetudinário contra legam).

Isto é, tudo depende do confronto de meios e de fins ao "serviço do Homem" (ainda aqui a jurisprudência, por vezes, fazendo transparecer a conceção antropocêntrica, comungada do texto constitucional) com um quadro de razoabilidade e de proporcionalidade.

A lei refere os conceitos de violência injustificada, morte, lesão grave, sofrimento cruel e prolongado e necessidade (art. 1.º, n.º 1, da Lei n.º 92/95, de 12.9). Mas tal significa essencialmente ato "gratuito de força, brutalidade, eliminação da estrutura vital, golpe profundo ou extenso ou dor intensa, dor física "assaz" intensa e por tempo considerável".

Isto, sem a justificabilidade razoável ou utilidade no confronto com as necessidades vitais do Homem e o seu desenvolvimento físico e cultural equilibrado.

Capítulo VI

Direito de proteção do património cultural. Património urbano, património rural e turismo. Proteção da paisagem. Património do futuro e questão da estética

Elenco temático capitular: **6.1. Regime de proteção do património. Noções fundamentais de direito da defesa do património cultural. Fundamentos conceptuais e constitucionais. 6.2. Urbanismo, Cultura e Economia. Turismo e património cultural. 6.2.1. Considerações gerais. 6.2.2. Urbanismo e turismo urbano. 6.2.3. Património cultural, desenvolvimento económico-social e atividade turística em ambiente rural. 6.2.4. Fenómeno do turismo cultural e política europeia. 6.3. Património identitário do futuro. 6.3.1. Proteção da paisagem. 6.3.2. Programa nacional de arquitetura e paisagem. Convenção Europeia. Fundamentos concetuais, factuais e jurídicos. 6.3.3. Reconhecimento no plano Supranacional da Arquitetura e da Paisagem Como Bens Públicos. 6.3.4. Convenção Europeia sobre a Paisagem. 6.3.5. Paisagem, arquitetura e identidade dos povos. PNAP. 6.3.6. Transversalidade da política de arquitetura e paisagem. 6.3.7. Princípios Orientadores Da PNAP. 6.4. Património herdado e património a deixar aos vindouros. Urbanismo de hoje e questão estética. 6.4.1. Conceito de Paisagem Urbana. 6.4.2. Estética urbana e direito do urbanismo. Estado de cultura e Estado de ditadura cultural. 6.4.3. Evolução doutrinal do tema. 6.4.4. Estética e Direito. Lei e Jurisprudência.**

6.1. Regime de proteção do património cultural. Património cultural, construído e natural. Noções fundamentais de direito da defesa do património cultural. Fundamentos conceptuais e constitucionais

O direito do urbanismo é chamado a disciplinar o desenvolvimento do fenómeno urbano e edificador (criação e expansão das áreas e meios de habitação), e dentro dele, aparecem normas específicas, destinadas a proteger e defender o património cultural inserido nas cidades, de modo a *evitar a sua descaracterização e a perda de identidade das populações*. De qualquer modo, existe um conjunto concentrado de normas que visam explicitamente orientar os poderes públicos face à necessidade de, em geral, defender todo o património de valor cultural, designadamente o construído.

Numa análise situante das noções operativas fundamentais do direito da defesa do património cultural e seus fundamentos conceptuais e constitucionais, refira-se que, se as preocupações com a abordagem da estética, sendo relevante para a edificação do futuro, não é o critério exclusivo na abordagem do construído que vem do passado e, portanto, traz fortes cargas de afirmação e evolução histórica, pois, se ela tem de estar presente no direito da edificação nova e ser operativa e em termos da preservação do "existente" constatável termos de valor cultural, algo incontornável, no entanto não é possível deixar de lado, em geral, valores e preocupações em termos de interesse público merecendo a consideração de património cultural.

Sobre a expressão *património cultural,* refira-se a sua sedimentação na legislação e doutrina nacional, que compartilhamos em geral com o direito francês, embora não esteja generalizada em todos os ordenamentos jurídicos, nem em documentos internacionais, v.g., na Inglaterra, é comum, visando uma leitura não apenas estática, preservacionista e concomitante acesso fruidor destes bens mas integrando a ideia da sua valorização para os vindouros (herança que chega e se quer transmitir), a expressão legado, património-herança (*heritage*) cultural ou direito da propriedade cultural, na Alemanha e até em Espanha, direito dos bens culturais, tal como, em Itália[897], sendo corrente a designação de direito do património histórico e artístico. A Constituição espanhola usa a expressão património histórico, cultural e artístico[898], tendo posteriormente

[897] Lei de 1 de julho de 1939, com continuidade no decreto legislativo de 22 de janeiro de 2004, n. 42 ("Codice dei *beni culturali* e del paesaggio").

[898] Artigo 46.º. Sobre o tema e suas vicissitudes, vide Salinero Alonso, Cármen – *La Protección del património Histórico en el Cógigo Penal de 1995*. Barcelona: Cedes, 1997.

a lei sobre a matéria recebido a designação de Lei do Património Histórico Espanhol[899].

Em Portugal tendo presente as normas constitucionais, a Lei sobre a matéria, a Lei n.º 107/2001, de 8 de Setembro, de Bases da Política e do Regime de Proteção e Valorização do Património Cultural, e a da Participação procedimental e da Ação Popular e o Código de Processo nos Tribunais Administrativos conclui-se que não só a doutrina como o legislador têm clara preferência pela expressão Património cultural[900]. Aliás a Lei. Aliás, a Lei n.º 107/2001, de 8 de Setembro, reserva a outra possível designação, *bens culturais*, meramente para os bens culturais materiais, que são apenas parte deste património cultural. Tanto a expressão da lei portuguesa, como a do artigo 46.º da Constituição espanhola, apontam para um *conceito de defesa do património ligado às ideias de manutenção (proteção, preservação)*, como de aumento dos bens culturais, herança existente que se deve amplia permanentemente[901].

O direito do património cultural é parte do *direito cultural*, desenvolvido em face de comandos constitucionais, sendo certo que Portugal é um Estado democrático de direito cultural, que tem um quadro de referência expresso na sua "Constituição" cultural que garante direitos significativos de carácter cultural e impõe como tarefa do Estado a promoção dos direitos culturais[902].

O *direito cultural* abarca o sistema escolar, a ação cultural pública, em que se integra a defesa do património cultural, a criação intelectual em sentido amplo, as regras sobre o funcionamento dos serviços culturais, o direito do desporto, o direito dos espetáculos, o direito da cultura física e o direito da juventude[903].

Quanto ao *direito do património cultural*, ele assume-se como direito de fruição, seja de acesso à fruição material de certos bens, desdobrando-se em faculdades de visita (e exame, direito à livre visibilidade, mesmo em zonas de proteção estabelecida), seja de fruição intelectual, com o direito de acesso

899 Sobre esta lei, vide, entre outros textos, Condesso, F. – *Direito à Informação Administrativa*. Lisboa: PF, 1995.

900 Em geral, sobre o tema do patrimonio cultural, referindo a problemática dos monumentos e da proteção dos imóveis de interesse público, vide, também, Condesso, Fernando – *Direito do Ambiente*. Coimbra: Almedina, 2001, p. 1197-1211.

901 Perez Luno, António-E. – "Comentário al artículo 46.º". In Comentários a las Leyes Políticas: (Constitución Española de 1978). Vol.IV, Madrid: Edersa. 1984, p. 281 e ss.

902 Canotilho, J. J. Gomes; Moreira, Vital – *Constituição da República Portuguesa Anotada*. 3.ª Edição, Coimbra Editora, 1993, p. 361 e ss..

903 Vide, Nabais, José Casalta – *Introdução ao Direito do Património Cultural*. Coimbra: Almedina, 2004, p. 60.

ao seu conhecimento, informação e uso legalmente enquadrado do seu conteúdo[904].

O *direito do património cultural* pode definir-se dizendo que é o conjunto de normas jurídicas que regulam o regime dos bens materiais e intelectuais (dotáveis não só de imaterialidade, como de sociabilidade e publicidade), de valor histórico, independentemente da sua vinculação ou não ao domínio público, seja em termos de herança dos antepassados seja de interesse para os vindouros, na medida em que sejam considerados como culturalmente relevantes e qualificados legalmente como tais[905].

Tendo presente os textos legais, entendemos que, em Portugal, operamos com um conceito de património cultural em sentido amplo, aberto à afirmação de *novos valores culturais de relevante interesse, conservacionista e promocional.*

*

Os temas fundamentais a abordar, em termos de noções básicas, serão, pois, os referentes aos *conceitos de património cultural e de bens culturais e de património cultural, natural e construído,* e quanto ao *direito do património cultural,* aspetos como o da unidade e diversidade do direito do património cultural, objetivos da *proteção e valorização do património cultural,* componentes específicas da *política do património cultural, os bens culturais e suas formas de proteção* (a classificação ou a inventariação), percebendo a conexão temática de vários ramos do direito com o específico direito do património cultural, desde o direito do urbanismo, direito do ambiente, outras áreas do direito cultural, direito do turismo, direito do património público, direito fiscal com o seu regime de benefícios e incentivos fiscais, etc..

Os *princípios constitucionais do direito do património cultural* aproximam logo os alunos do quadro básico de referência da matéria, tal como os princípios jusinternacionais e comunitários do direito do património cultural, a Concordata com o Vaticano, as Convenções da UNESCO, a Convenção UNIDROIT, as Convenções do Conselho da Europa, o direito cultural da EU, etc..

Quanto ao regime jurídico do património cultural português, muito são os temas implicados, sendo de destacar os seus princípios basilares, além dos constitucionais, a contratualização da Administração do património

[904] CORNU, Marie – *Le droit culturel des biens: L'intérêt culturel juridiquement protegé.* Bruxelles: Bruyland, 1996, p. 521 e ss.; NABAIS, J. C. – *o.c.*, p. 10 e 11, nota 3.

[905] Vide, Ministério da Cultura – *Relatório Intercalar da Comissão Encarregada de elaborar a Nova Lei de Bases do património Cultural.* Lisboa, 1998.

cultural, o dever de preservação, defesa e valorização do património cultural e o direito à fruição do património cultural, o regime geral de proteção dos bens culturais, o procedimento administrativo (iniciativa e a instrução do procedimento, audiência dos interessados, notificação, publicação e efeitos da decisão, procedimento para a revogação, prazos gerais para conclusão dos procedimentos de classificação e de inventariação), forma dos atos, garantias dos administrados, estruturas associativas de defesa do património cultural, proteção dos bens culturais classificados, medidas provisórias, usucapião, alienações e direitos de preferência, escrituras e registos, impacte de grandes projetos e obras (projetos, obras e intervenções, zonas de proteção, obras de conservação obrigatória), embargos e medidas provisórias, deslocamento, demolição e expropriação, a defesa dos monumentos, conjuntos e sítios, regime dos bens móveis (classificação de bens culturais de autor vivo, proteção dos bens culturais inventariados, exportação, expedição, importação, admissão e comércio), o regime geral de valorização dos bens culturais, os regimes especiais de proteção e valorização de bens culturais, o património arqueológico, o património arquivístico, o património audiovisual, o património bibliográfico, o património fonográfico, o património fotográfico, o regime dos bens imateriais, as atribuições do Estado, Regiões Autónomas e autarquias locais, a tutela sancionatória, o direito penal do património cultural e o direito contraordenacional do património cultural[906].

*

Quanto às *áreas urbanas e proteção do património cultural*, em termos de considerações genéricas, há que referir que tem sido a evolução do conceito de interesse público que tem vindo a permitir, sobretudo no século XX, em termos expressivos, que a Administração Pública assuma novas tarefas, que têm vindo a originar o aparecimento de normas jurídicas específicas, destinadas a regular essas novas realidades, partes especiais ou mesmo ramos autónomos de direito administrativo. É o que se passa com o Direito do Urbanismo, sendo que as regras sobre a defesa do património são em parte um ramo especial dele. Com o crescimento das cidades, tornou-se fundamental estabelecer regras que disciplinassem a construção, que impedissem que esta se desenvolvesse caoticamente, tornando-se impróprias para a vivência do Homem, para o pleno desenvolvimento da sua personalidade.

[906] Lei de Bases do Património Cultuural, Lei n.º 107/2001, de 8.9, alterada pela Lei n.º 36/2021, de 14.6, que contém a Lei-Quadro do Estatuto de Utilidade Pública.

É visível, nos muitos locais onde a construção se fez sem regras, sem planeamento público ou de iniciativa particular e aprovação pública, sem respeito por regras e condicionantes da realização de construções, a total incompatibilidade dos locais destinados sobretudo à habitação com a necessária qualidade de vida, expressão que reflete apenas a procura de um espaço que permita às pessoas, mais que estar e sobreviver, viver em condições sadias. As cidades não devem, pois, quebrar a ponte entre os homens e a natureza. O tema do ambiente urbano tornou-se nesta linha uma política também incontornável.

Tal como a natureza em geral a proteger, também as cidades encerram em si a história, a arte e a sua cultura própria, elementos unificadores das gerações passadas com as gerações presentes e destas com as futuras gerações. O fator passado é também ele essencial à vida dos homens, pois permite-lhes construir e manter uma identidade própria.

A recuperação dos *centros históricos* é uma preocupação recente, ligada à consciência da necessidade de salvar todo um património urbanístico formado, em grande parte, na época pré-industrial e que foi objeto, durante o séc. XIX, de gravíssimas agressões. Mas, o que é interessante nesta exposição, é a tónica colocada na característica de irrepetibilidade desse mesmo património. O olhar que lançamos hoje sobre o nosso planeta, sobre as nossas cidades e sobre o património construído que estas contêm e a perceção da necessidade de os proteger resultam, em grande parte, de termos também compreendido que a sua destruição é irreversível[907].

O direito do urbanismo é chamado a disciplinar o desenvolvimento do fenómeno urbano e edificador (criação e expansão das áreas e meios de habitação), e dentro dele, aparecem normas específicas, destinadas a proteger e defender o património cultural inserido nas cidades, de modo a *evitar a sua descaracterização e a perda de identidade das populações.*

No entanto, o direito do património cultural *não é um direito do urbanismo especial*, porquanto ultrapassa esta vertente de intervenção. Aliás, em Portugal, o aparecimento da legislação sobre a proteção do património cultural, de natureza avulsa e esporádica, é anterior ao aparecimento do moderno direito do urbanismo.

De qualquer modo, apenas em parte as duas áreas normativas coincidem: património cultural das cidades, património arquitetónico urbano e respetivas zonas de proteção. Com efeito, só nestes domínios o direito relativo ao património cultural coincide com o direito do urbanismo, a que aliás introduz particularidades.

[907] Filippo Salvia e Francesco Teresi, in "Diritto Urbanistico", 5.ª edição, Cedam, Padova, 1993, p. 188.

O *património cultural das cidades* é preenchido com um conceito mais restrito do que o de património em geral.

Com efeito, no âmbito do direito do urbanismo, o que se pretende é regular o património construído, e mais concretamente primeiramente o património construído urbano[908] e depois todas as "construções" inseridas no solo e com carácter de permanência. Em causa, um património arquitetónico urbano, antes especialmente apreciado enquanto constituído por monumentos, ou por conjuntos de monumentos classificados, mas em conceito que se foi ampliando ao que merecer ser reconhecido como possuindo valor histórico e cultural. Mas, para que a defesa do património possa ocorrer, na sua plenitude, não basta classificar e proteger monumentos individualmente considerados. É necessário criar zonas de proteção especial a tais imóveis. De nada serve proteger um palácio, ou uma casa da Idade Média se, à sua volta, a construção for livre e desregrada. Não basta, pois, proteger um edifício. É necessário defender a sua área envolvente.

A *proteção do património cultural* foi objeto de um tratado europeu, elaborada sob a égide do Conselho da Europa, a Convenção Cultural Europeia, assinada em Paris em 19.12.1954, em vista da qual foi mais tarde assinada em Londres, a 6.5.1969, a Convenção para a *proteção do património arqueológico*, ambas ratificadas pelos Estados ibéricos.

Esta última tem um caráter específico mas muito importante, porquanto se refere a objetos, vestígios e outros indícios de manifestações da vida e atividade humana, normalmente evidenciados através de escavações e descobertas, e que constituem o testemunho de épocas e civilizações, enfim da história passada, o que impõe que os poderes públicos, em cooperação interestadual, garantam a subsistência, qualidade e fidelidade desses bens arqueológicos, delimitando e assegurando a proteção dos lugares, jazidas e conjuntos onde existam, delimitando, criando zonas de reserva para futuras escavações e garantindo o caráter científico das escavações. Além disso, impõe que os Estados difundam informação sobre essas descobertas, com publicação rápida e integral dos resultados das escavações, recenseamento dos bens arqueológicos nacionais públicos e, se possível, privados e elaboração de catálogos científicos dos mesmos.

Ora, tudo isto, independentemente da finalidade direta de ordem científica, visada pelo Conselho da Europa na altura, serve o turismo cultural, ao

[908] Filipe Marchand, in "Defesa e Preservação do Património", Direito do Urbanismo, I.N.A., 1989, pág. 55.

preservar, afastando a ameaça de destruição, garantindo a fidelidade histórica e difundir o seu conhecimento e localização.

As *normas essenciais da Constituição referentes à defesa e proteção do património arquitetónico urbano* são, em geral, os que respeitam ao património cultural, a começar pela alínea e) do artigo 9.º, que estabelece como tarefa fundamental do Estado, "proteger e valorizar o património cultural do povo português, defender a natureza e o ambiente, preservar os recursos naturais e assegurar um correto ordenamento do território", em concordância com o objetivo, enunciado no seu artigo 2.º, da "realização da democracia (...) cultural". E proteger e valorizar o património de um povo é proteger e valorizar tudo quanto de importante exista e possa caracterizar e perpetuar a identidade desse povo, em ordem a garantir a sua própria continuidade.

Tal como o homem individualmente considerado, tal como as populações conjuntamente, e as próprias espécies ao longo dos tempos, o Estado e os povos precisam de uma memória que o identifique, que estabeleça com clareza o seu lugar entre os outros Estados, que lhe permita diferenciar-se, para justificar a sua existência.

É uma tarefa do Estado, mas não só dele. A proteção do património obriga à participação e prossecução ativa pelos cidadãos, que têm verdadeiros deveres, a que correspondem naturalmente direitos.

Também é essencial o disposto na alínea c) do n.º 2 do artigo 66.º, referente ao ambiente e qualidade de vida, que coloca nas mãos do Estado, a incumbência de, através de organismos próprios e por apelo e apoio a iniciativas particulares, "criar e desenvolver reservas e parques naturais e de recreio, bem como classificar e proteger paisagens e sítios, de modo a garantir a conservação da natureza e a preservação de valores culturais de interesse histórico ou artístico".

Numa visão global de problemas fundamentais do nosso tempo, estes interpenetram-se, efetivando uma relação estreita entre ambiente, ordenamento do território e valores culturais. No fundo, trata-se de um mesmo património, no sentido de meio envolvente, que integra o ambiente em geral e mesmo o ambiente urbano, aquele meio envolvente em que os cidadãos se inserem no decorrer das suas vidas e que, por isso, se deve defender e preservar.

Na *visão constitucional, antropocêntrica* embora, é o n.º 1 do artigo 66.º que vem logo declarar precisamente que "Todos têm o direito a um ambiente de vida humano, sadio e ecologicamente equilibrado e o dever de o defender". E a um tal ambiente por razões ligadas ao viver, à defesa de um território onde seja possível viver com saúde. Portanto, um ambiente concebido como elemento essencial do direito à vida, em conceção em que a Constituição búlgara, primeiro e a atual portuguesa logo de seguida, foram pioneiras no mundo, numa linha que, junto com a consagração da ideia de desenvolvimento sustentável que "enforma" todo o texto, podemos que cria um Estado constitucional ambientalista.

A Constituição cultural, enquanto ordenamento fundamental da cultura, dá desde logo em grande parte, ao Estado a natureza de um Estado de direito cultural ou Estado promotor de cultura, tal como nos aparece expressado no artigo 73.º[909].

Com efeito, nos termos do n.º 3 deste artigo 73.º, cabe ao Estado promover "a democratização da cultura, incentivando e assegurando o acesso de todos os cidadãos à fruição (...) cultural (...), em colaboração com (...) as associações de defesa do património cultural". Ora se "todos têm direito à educação e à cultura", todos têm também direito à fruição cultural. Mas então como conciliar esta fruição geral com a conceção civilista do direito de propriedade que reserva esse gozo apenas para o proprietário, no que diz respeito aos bens privados? É sem dúvida, aqui, neste domínio da fruição, que se levantam conflitos entre o direito de propriedade e o bem jurídico que é a cultura. Porque quem é titular de um direito de propriedade sobre um imóvel pode, em princípio, dispor desse imóvel como bem entende.

O artigo 62.º, sobre o direito de propriedade privada, constitui um preceito a equacionar no âmbito desta temática do património cultural, que abordaremos diretamente em momento posterior. Portanto, a questão colocada é: como assegurar então o acesso de todos os cidadãos à fruição cultural, sem gerar conflitos com os proprietários privados?

A *democratização cultural* leva a que, no n.º 1 do artigo 78.º (fruição e criação cultural), que consagre que "Todos têm direito à fruição e criação cultural, bem como o dever de preservar, defender e valorizar o património cultural". E é porque a este direito à fruição corresponde também um dever, que o Estado tem de conseguir para os cidadãos a fruição cultural, constitucionalmente assegurada.

Assim, o *direito à fruição cultur*al abrange a defesa do património cultural (n.º 1, 2.ª parte, e alínea c) do n.º 2, e leva ao "dever de todos de não atentar contra ele e de impedir a sua destruição".

As regras infraconstitucionais (LBPC) aparecem a concretizar a al. e) do artigo 9.º da CRP, isto é, têm como objetivo realizar a tarefa atribuída ao Estado português de proteger e valorizar o património.

[909] Capítulo III, dos direitos e deveres culturais.

A *classificação* é um ato administrativo, que tem por objeto um determinado bem, a que atribui o estatuto de imóvel de valor cultural relevante, com a finalidade de o submeter a um regime de proteção eficaz.

Tal regime difere em muito do regime jurídico aplicável em geral aos imóveis, em especial no que se refere às limitações ao direito de propriedade, uma vez que a classificação vem impor-lhes um regime de direito público, caracterizado por diversas sujeições e intervenções da Administração.

O *ato de classificação de bens culturais* é, como o define Sérvulo Correia[910], o "ato administrativo que constitui a certeza jurídica do valor cultural de uma coisa para efeito de submissão desta ao regime jurídico do património cultural e eventualmente a situa nas subcategorias que a lei estabelece para os bens de valor cultural".

Com efeito, os bens imóveis podem ser classificados como monumento, conjunto e sítio, ou imóvel de valor local, regional, nacional ou internacional. E a LDP define monumentos, conjuntos e sítios e atribui a iniciativa dos processos de classificação ao Estado, regiões autónomas, autarquias e a qualquer pessoa singular ou coletiva. A lei estabelece a obrigatoriedade de parecer prévio do IPPAR, para demolição ou restauração de imóveis classificados ou em vias de classificação.

A lei equipara, pois, as duas realidades e, a partir do momento em que exista um despacho do IPPAR a determinar a abertura do processo de instrução de classificação, o imóvel é imediatamente submetido, como medida provisória, ao regime dos imóveis classificados, procedimento que visa evitar danos por parte dos seus proprietários ou detentores. Os imóveis classificados pelo Ministério da Cultura devem dispor sempre de uma zona especial de proteção. Os imóveis classificados pelas regiões autónomas e pelas autarquias podem tê-las se elas o decidirem, quando estritamente necessário, em termos proporcionais, ao abrigo de poderes implícitos ligados ao poder legal de classificação-proteção.

Em geral, o interesse público aparece sempre como fundamento de toda a intervenção pública, quer a Administração aja em gestão pública ou privada, isto é, recorra a institutos e normas de direito público ou de privado na sua atividade, e mesmo neste caso com aplicação dos princípios constitucionais e gerais do direito administrativo (n.º 1 do artigo 266.º da CRP).

Diz Jean Rivero, o "*interesse público* é composto pela "esfera das necessidades a que a iniciativa privada não pode responder e que são vitais para

[910] Sérvulo Correia (in Procedimento de classificação de bens culturais, Direito do Património Cultural, INA 1996, pág. 330.

a comunidade na sua totalidade e para cada um dos seus membros". Por isso, a Administração é chamada a empenhar-se na tarefa de satisfazer tais necessidades.

O que sucede muitas vezes, ainda mais no âmbito do *direito do urbanismo* e no *direito do património cultural*, é que esse interesse público acaba por entrar em conflito, muitas vezes, com os direitos dos particulares. Muito embora, a prossecução do interesse público venha satisfazer necessidades desses mesmos particulares.

Então, "cabe à Administração resolver os conflitos de direitos e interesses (...), devendo incorporá-los pela positiva". A *proteção do património* integra-se no conceito de interesse difuso, definido como "o interesse, juridicamente reconhecido, de uma pluralidade indeterminada ou indeterminável de sujeitos que, potencialmente, pode incluir todos os participantes da comunidade geral de referência, o ordenamento geral cuja normatividade protege tal tipo de interesse"

O regime imposto em abstrato pela LPC, e aplicado em concreto, em cada caso, pela Administração, visa a prossecução do *interesse público cultural*, traduzido na defesa do património, isto é, a sua preservação e valorização. Não é este o único caso em que o interesse prosseguido, que é um interesse de todos, conflitua com os direitos dos particulares, no caso sobretudo o direito de propriedade.

A defesa do direito ao ambiente ou ao património cultural pode justificar restrições a outros direitos constitucionalmente protegidos. Assim, por exemplo, a liberdade de construção, que muitas vezes se considera inerente ao direito de propriedade, é hoje configurada como "liberdade de construção potencial".

O *direito de propriedade* "possui natureza análoga aos direitos, liberdades e garantias e que a esse propósito "interessa ter em conta, não apenas os limites explícitos, mas também os imanentes, decorrentes implicitamente de outras normas e princípios constitucionais, que vão desde os princípios gerais da constituição económica e financeira, até aos direitos sociais (defesa do ambiente, do património, etc.)"[911].

Prevalece o interesse da coletividade, pelo que os interesses relativos ao património cultural podem justificar restrições ou compressões de outros direitos, mormente do direito de propriedade e de outros direitos reais. Daí, a obrigação de abertura ao público de certos edifícios, o regime de demolição, reparação e limitação do *jus aedificandi* e outras restrições previstas na LBDP

[911] Como se refere na Constituição Anotada de Gomes Canotilho e Vital Moreira.

e outras designadamente no regime da urbanização e edificação e regime da reabilitação urbana.

6.2. Urbanismo, cultura e economia do turismo urbano e rural

6.2.1. Considerações gerais

O *tema* do desenvolvimento local, em análise centrada no turismo e na valorização do património cultural no espaço rural, ganha relevo em países, como Portugal, que se tornaram destino desejado de muitos turistas de todo o mundo. Aqui, d*elimitamo-lo* ao mero tratamento do seu conceito e tipologia, sem prejuízo das pertinentes considerações sobre os seus pressupostos.

Motiva esta área do *desenvolvimento local,* o facto de o *turismo rural* ser um tema importante da atualidade a nível global, em que o *mundo tende para a concentração urbana* e se exigem medidas que contrariem não apenas a *modificação por inovações estéticas e arquitetónicas, muito defensáveis que possam ser, mas nunca à custa do património identitário urbano tradicional, como de proteção da paisagem humana tradicional,* face ao fenómeno do amplo despovoamento das zonas rurais, numa perspetiva de economia de base endógena e dinâmica autocentrada.

É inaceitável um conceito restrito deste vetor, cada vez mais importante para o desenvolvimento local e cuja urgência de defesa, reabilitação e implementação se justifica, tanto na Europa, como no resto do mundo. Conclusões há que devem assentar numa visão sincrónica da questão, recorrendo não só a análises de investigadores como a *fontes de documentação e informação* oficiais, designadamente da UE. Impõe-se uma reflexão com uma explicação fatorial justificativa do tema e tratando a problemática conceptual e A justificação da opção tipológica, terminando com alguns elementos conclusivos muito sintéticos que traduzem o que pensamos sobre o assunto.

6.2.2. Urbanismo e turismo urbano

Pela importância crescente do turismo urbano, importa tecer aqui algumas notas sobre a relação entre "cidade", cultura e turismo[912].

A *cidade,* fonte de *memória histórica* (no plano físico, costumes e tradições), e de criação permanente de cultura territorial, exerce um crescente estímulo

[912] CONDESSO, F. – "Turismo Património Cultural e Direito". Preleção IUCA, Univ Complutende de Madrid, 19.5.2008. http://condesso2011.no.comunidades.net/turismo-urbano-e-rural-patrimonio-cultural.

turístico[913], motor da prosperidade n*a economia europeia* (valor acrescentado, emprego)[914-915].

Ele interfere com o *desenvolvimento equilibrado e harmonioso das cidades e dos territórios.* O *movimento turístico* dá-lhe à cidade uma *imagem atrativa,* que facilita o seu crescimento económico e a sua coesão social[916]. E, ao privilegiar as *motivações culturais,* liberta-a, em parte, de *restrições geográficas e sazonais*[917].

No entanto, para se criarem projetos concretos, são necessárias políticas e *planos de desenvolvimento local de turismo e de cultura, de políticas promocionais e do enquadramento jurídico que os favoreça.*

A conjugação do *urbano e do cultural* num conceito misto, referido *ao fenómeno turístico,* aparece em termos imprecisos. Aliás, mantém-se ainda a querela sobre a *definição e objeto do urbanismo*[918-919-920].

913 *Europe's Environment:The Dobris Assessment.* European Environment Agency (State of the environment report n.º 1), May 20, 1995, http://www.eea.europa.eu/publications.Emgeral, *vide* em geral CONDESSO, F.-*Turismo urbano e rural e património cultural.* http://condesso2011.no.comunidades.net/index.php?pagina=1773640575; HAYWOOD, K.M – "Identifying and Responding to Challenges Posed By Urban Tourism". Tourism Recreation Research 17, n.º 2, p. 9-23, 1992; ASHWORTH, G.J – "Urbain Tourism: An Imbalance in Attention". C.P. Cooper – Progress in Tourism, Recreation and Hospitality Management. Londres, Belhaven Press, p. 33-54; VANDERMEY, A. – "Assessing The Importance of Urban Tourism". Tourism Management 5, n.º 2, 1984, p. 123-35.

914 CUNHA, L. – "Efeitos económicos do Turismo". *Economia e Política do Turismo.* Lisboa: MCGRAW-HILL, p. 225-291; VVAA – Annais of Tourism Research: A social Science Journal. Vol.12, n.º 4, Pergamon Press, 1985; Vol.18, n.º 2, Pergamon Press, 1991; VVAA – The Tourist Review, n.º 2/93, International Association of Scientific Experts in Tourism, 1993.

915 No século XIX, v.g., STENDHAL, relato de viagem "Roma, Nápoles e Florença", 1827, http://www.estacaoliberdade.com.br/autores/stendhal.htm.

916 *Vide,* POTIER, F. – *Le Turisme Urbain. Les Pratiques des Français.* Paris: INRETS, 1996.

917 A *concentração temporal do turismo de massas* é um *fator de risco ambiental.* CONDESSO, F.-"O urbanismo ambiental Turístico", *Direito do Ambiente.* Almedina, 2001, p. 1184 e ss.

918 Entre um conceito *amplo,* ao jeito das *country and town planning acts,* e um *restrito,* referente apenas à cidade (v.g., em Portugal, debate jurídico sobre a proposta governamental da *Lei de Bases do Ordenamento do Território*): *Revista Jurídica,* n.º 22, 1998, Nova Série, *Ordenamento do Território, número temático,* Associação Académica da Faculdade de Direito de Lisboa, p. 22; CONDESSO, F. – *Direito do Urbanismo: Noções Fundamentais.* Lisboa: Quid Juris?1999.p. 32 e ss.

919 Nem existe uma distinção pacífica entre cidade ou *aglomerado urbano e aldeia ou aglomerado rural,* não parecendo dever bastar à qualificação de cidade apenas a referência a um número mínimo de habitantes. Exigem-se outras referências infraestruturais e culturais: CONDESSO, F., idem.

920 Sobre *urbanismo, aglomerado urbano, turismo urbano, ambiente urbano, património cultural, etc.*: CONDESSO, F. – *Direito do Ambiente.* Coimbra: Akmedina, 2014; *Direito do Urbanismo.(...).* Lisboa: Quid Juris, 1999; – *Direito do Ambiente.* Coimbra: Almedina, 2001; – *Ordenamento do Território* (...). Lisboa: ISCSP, 2005; – *El desarrollo armónico de la Península Ibérica.(...).* Barcelona: Erasmus Ediciones, 2010; – *Turismo* (...), oc.

No que se refere ao conceito de *cultura*, a *Declaração do México* saída da Reunião Mundial do Turismo, de 1982[921], define-a em termos amplos, englobando, além das *artes* e das *letras*, os *modos de vida, os valores fundamentais do ser humano, os sistemas de valores, as tradições e as crenças.*

Nesta linha, por *património cultural* deve compreender-se o *património histórico situado* (*vestígios arqueológicos, castelos, edifícios religiosos, parques e jardins*), *museus*[922], *eventos culturais* (*festivais de música, dança, óperas, arte dramática, folclore, cinema,* manifestações culturais conjugadas com *festas tradicionais* ou comemorações – *concertos, exposições, espetáculos ao vivo, colóquios científicos ou profissionais-, feiras internacionais* (avaliação do progresso da ciência e da tecnologia[923-924]) e *exposições universais*[925], *peregrinações e cerimónias religiosas*; e o *turismo económico, industrial ou técnico* (processos de fabrico e organização do trabalho: fontes de energia – eletricidade, petróleo-, produtos de consumo alimentar ou industrial ou transportes)[926-927].

Em geral, o *produto turístico cultural* é constituído pela *síntese de vários elementos distintos, desde* os *propriamente culturais, vivenciais* (*meios de transporte*[928]; *alojamento; e áreas de restauração*) e *centros de interesse e envolventes ambientais* (na linha do *programa europeu das "cidades sustentáveis"*).

A *vida das cidades*, neste âmbito cultural, repousa não só sobre um *património legado por uma longa história* como numa contínua, *ativa e criativa evolução*

[921] OMT – *Declaration du México*: Reunion Mondiale du Tourism, julho a agosto de 1982; 17.ª diretriz geral, alíneas g e h, p. 7.

[922] Definidos em 1974, pelo Conselho Internacional dos Museus: http://www.icom-portugal.org/pagina,129,129.aspx.

[923] V.g., Em Lisboa, a última exposição universal do século XX, sobre o tema dos Oceanos.

[924] Organizadas periodicamente desde 1852.

[925] **Já em 1900, 51 milhões de visitantes em Paris.**

[926] *Vide, Premiéres Assises du Turism Urbain, Reines*, 1990.

[927] Hoje, tende a orientar-se *o património histórico edificado para a vida social* (exposições temporárias, encontros, centros de estudo) e para a *atividade económica* (venda de especialidades locais ou de produtos artesanais).Por influência, v.g., de Prosper Mérimée, em França, irmãos Grimm, na Alemanha, Jonh Ruskin, na Inglaterra. E, depois, com a *criação de instituições especializadas* (*National Trust*, em Inglaterra, *Caisse Nationale de Monuments Historiques*, em França, e serviços ministeriais, noutros países). Mais recentemente, graças à ação de associações como "Europa Nostra". Em 1974, *The World Heritage Convention* previu classificar como "património mundial" os mais belos locais e monumentos, com base no Relatório de peritos da *International Council on Monuments and Sites.* Vide http://whc.unesco.org/en/list/stat

[928] Potier, F.; Bieber, A. – "Transport and the Development of Tiurism: Some european Long-Term Scenarios". Transport and Communications: Innovation in Europe, Londres. Belhaven Press, 1993

em todos os domínios[929]. Desde o da *perceção e utilização dos monumentos e outros* "documentos" históricos[930], *museus* de grande valor ou *centros antigos, e de edifícios modernos* com *arquitetura de qualidade* (*cidades de arte*), à organização de *espetáculos,* viagens com temas guiados, circuitos de rotas, *circuitos de visita,* festivais, dança, óperas, arte dramática, folclore e cinema, *acontecimentos excecionais ou periódicos,* (cidades de festas e festivais[931]); *encontros políticos, empresariais, científicos e culturais em geral,* e *salões, exposições, cursos ou grandes reuniões* (*cidades de congressos e universitárias*); onde as pessoas podem tratar da sua *saúde e repousar,* muitas vezes, complementado com climas, fontes termais ou praias, muitas vezes como recurso exterior ou lateral (*cidades termais* e com *estâncias de férias e ócio, de mar e montanha*), casos que exigem redobrados cuidados e normações jurídicas no plano ambiental (*trânsito, ruído, poluição do ar ou obras, ou seja, cidades ambientalmente sãs e com qualidade de vida*[932]) e operações de embelezamento em *projetos de intervenção integrada.*

Este *turismo urbano* exige um *ambiente atrativo,* que implica fortemente *a defesa do património cultural* como um *desafio político, económico e cultural* fundamental. As cidades atrativas[933], de *turismo urbano* centram-se sobretudo no *turismo cultural*[934-935-936].

O *turismo urbano* visa o *conhecimento da cidade em si,* seu *charme,* seu *património histórico ou contemporâneo e* dos resultados da atividade cultural dos seus habitantes.

Em geral, tem-se legislado em termos *protetivos* e projetivos, ou seja, também de promoção de *operações de reabilitação,* em ordem a fazer reviver os *bairros antigos,* sendo aliás mais decisivo manter ou reconstruir do que demolir

[929] OCDE – "Politique du Turisme et Tourisme International dans les Pays de l'OCDE, 1992--1993".

[930] OMT – "Tendences des Marchés Touristiques", Europe, 1997; – "Evolution du tourisme a l'échelle mondiale et en Europe.1980/1992".

[931] Hinch, T.D.; Delamere, T.A – "Native Festivals as Tourism Attractions: A Community Challenge". Journal of Applied Recreation Research 18, n.º 2, p 31-42, 1993.

[932] Em geral, *vide* Bosch Camprubí, R.-*Turismo y medio ambiente.* Madrid: Ed.Ramón Areces, 2001.

[933] A.Vandermey – "Assessing The Importance of Urban Tourism". *Tourism Management* 5, n.º 2, 1984, p. 123-35.

[934] UE – "O Papel das Comunidades Europeias da UE em matéria de Turismo". *COM(95)97 F.*

[935] Sessa, A. – *Turismo e política de desenvolvimento,* p. 123.

[936] VVAA, v.g., Pagès Fita, J. – "III.Cidade e políticas culturais": "O Fórum Universal das Culturas: Barcelona 2004", p. 83; Martinell, A.-"Cultura e cidade: uma aliança para o desenvolvimento. A experiência da Espanha", p. 93; Neto, P. T.–"Preservação sustentada de sítios históricos: A experiência do Programa Monumenta", p. 105; Rodríguez Alomá, P. –" O Centro Histórico de Havana: Um modelo de gestão pública", p. 117. In *Políticas Culturais para o Desenvolvimento: Uma base de dados para a cultura.* Brasília: UNESCO, 2003.

e construir, fomentando-se a reabilitação da arquitetura tradicional da zona e colocando nas áreas de expansão a nova arquitetura (v.g., Viena).

Os *parques e jardins*, mesmo que anexos a habitações ou palácios, aparecem como *obras de arte*, valorizando as belas construções ou ilustrando um estilo ou uma época.

Quanto ao *património histórico situado*, a sua conservação cabe às *políticas públicas* e ao *direito urbanístico, patrimonial e ambiental*.

As *construções modernas*, unidades fabris, edifícios públicos, edifícios que marquem o sucesso de uma técnica ou que traduzam uma nova conceção de organização social, sempre que tenham de conviver, em vez de coexistirem ocupando os novos espaços, então é indispensável *integrar adequadamente na herança histórica*.

No que concerne, pois, às *características do turismo cultural urbano*, a *riqueza cultural portuguesa e europeia em geral* (concretizada na multiplicidade dos monumentos do passado, na valorização das experiências científicas, técnicas e artísticas, acumuladas nos museus, tradicionais ou novos, e na apresentação contínua de criações contemporâneas nas exposições, salões e espetáculos), constitui um dos elementos marcantes da imagem da Europa perante as populações de outros espaços, o que explica o lugar cimeiro que a Europa ocupa nos fluxos turísticos internacionais[937-938].

Portugal é um território que possui um *clima "geográfico"* favorável e um "*clima cultural*", fruto de construções de épocas imperiais e de casario tradicional. Além de valores imateriais, tem já vários elementos *imobiliários excecionais* classificados pela UNESCO como *património mundial*[939-940]. Apesar da riqueza *de inúmeros castelos, mosteiros, igrejas, fortes, cidades amuralhadas*, não é o património cultural que mais atrai os turistas, dado que isso depende, ainda, de políticas de valorização e promoção muito ativas e adequadas.

As *preocupações de preservação do património* materializaram-se, numa primeira fase, na recuperação de *edifícios eruditos ou símbolos de marcos históricos*, só recentemente apontando para a conservação de edifícios singulares e para a *salvaguarda, nas cidades, de conjuntos urbanos*.

[937] Em 1991 (International Tourism 1970-1971, Madrid: WTO, 1992), a Europa recebeu 61% do total dos turistas a nível internacional e arrecadou 55% das receitas, com a CEE a 12 países a receber 40% dos turistas e 50 % das receitas.

[938] Vide "European Travel Monitor" e indicadores estatísticos de Robert Hollier, 1988, sobre o "turismo urbano na Europa"; Commission des Communautes Europeennes, D.G. XVIII, Unite Tourisme – "Le Tourism Culturel en Europe". GEATTE, 1993.

[939] Portugal oferecia, no virar do século, 250 museus.

[940] http://www.portugalturismo.eu/patrimonio.aspx.

A imagem da cidade é uma chave fundamental para a atração turística. Um m*odelo de atividade turística centrada no valor cultural urbano* impele a *três tipos principais de intervenção administrativa* no e sobre o meio urbano: de *conservação (operações de criação, proteção e recuperação)*[941], de *reabilitação de locais e edifícios* (património militar: fortes, cidadelas, arsenais, muralhas, casernas; património civil: hospitais, castelos, praças, estações e linhas de caminho de ferro; património industrial: manufaturas de tabaco, de têxteis, de munições de armas, de centrais elétricas, etc.; e património portuário: paredões, docas, entrepostos), *de afirmação de arte pública e de promoção dos valores e da imagem global da cidade*[942_943].

O *património-locomotiva do turismo* não assenta apenas na *mera procura da monumentalidade ou mesmo do estritamente cultural*, mas deve levar à *invasão da cidade* enquanto tal, com tudo o quer ela tem para oferecer.

O *património português*, com as suas culturas e cidades históricas (ao lado das suas *orlas marítimas e temperaturas* moderadas) é um *fator de promoção do turismo*[944].

Atualmente, o direito já se preocupa com a *recuperação dos valores físicos históricos*, face à necessidade de salvar todo um *património urbanístico não repetível*[945], embora os poderes públicos, por razoes de receita tributária, mau gosto dos dirigentes e corrupção generalizada, nem sempre os defendam devidamente.

O turismo urbano constitui uma *atividade objetivamente complexa* e de *motivação subjetiva diferenciada* e, por vezes, pluralizada, congregando interesses a ter presentes em todas as *políticas (estratégias das instituições e operadores particulares) e* normações jurídicas.

Em termos de turismo citadino e do papel das políticas públicas e do direito, estas são chamados, cada vez mais, a "enformar" orientações e enquadramentos adequados à promoção do turismo cultural. O tradicional *direito verticalmente turístico*, nas habituais preocupações sobre as instâncias de saúde

[941] Nos EUA, desde 1978, o Endangered Properties Fund (DOREL, G – Hommes et Terres du Nord, 1990), em França, os "sectores salvaguardas" (Lei MALRAUX, de 4 Agosto 1962), com proteção também de perímetros delimitados

[942] Em Portugal, v.g., em Lisboa, os *Projectos-Piloto de Valorização Cultural e Turística dos Jardins Históricos:* Jardins históricos de Portugal – *Projeto-piloto de valorização cultural e turístico* (Jardim Botânico da Ajuda, Lisboa / Jardim do Cerco, Mafra). Lisboa: MCT, ISA, CM de Mafra, etc., 1995.

[943] Operações-Piloto de Valorização Sociocultural e Turística, v.g., *Projeto integrado do Castelo: operação piloto de valorização sociocultural e turística.* Lisboa: MCT, CM de Lisboa, 1995.

[944] VANDERMEY, A. – "Assessing The Importance of Urban Tourism". *Tourism Management* 5, n.º 2, 1984, p. 123-35.

[945] SALVIA, F. e TERESI, F.-*Diritto Urbanístico.* 5.ª edição, Padova: Cedam, 1993, p. 188.

e termais e sobre o sistema hoteleiro ou a restauração, não deixa de continuar a pedir resposta pública a preocupações fundamentais (essencialmente fomentando e controlando a qualidade da oferta de serviços e bens).

A *evolução do conceito de interesse público* exige vindo a assunção pública de *novas tarefas*, com *normas jurídicas específicas, horizontalmente turísticas, em partes especiais* ou mesmo *ramos autónomos do direito administrativo*, desde logo, os *direitos do urbanismo (em geral e regras no regime jurídico da urbanização e edificação, referentes aos* estabelecimentos comerciais, recintos de espetáculos e divertimentos públicos e imóveis classificados ou em vias de classificação e respetivas zonas de proteção[946]), de defesa do património e do ambiente urbano.

Se o *crescimento das cidades* implicou regras disciplinadoras da *construção* impedindo o desenvolvimento caótico, embora em Portugal se imponha rever certas normas, designadamente interditadoras da edificação não estética[947], face à sua não efetividade (n.º 2 do art. 24.º da Lei n.º 555/99, de 16.12, referente ao Regime Jurídico da Urbanização e Edificação)[948].

Em geral, são imprecisas ou letra morta perante as administrações municipais e as jurisdições, que se refugiam na invocação da relatividade e subjetividade da beleza e da estética urbanística, contrariamente ao que se passa noutros países europeus. O que torna Portugal, de facto, neste aspeto, um país "terceiromundializado".

A sua revisão é fundamental para a identidade e a atratividade das cidades portuguesas. Noutros domínios não faltam normas estritas e vinculantes, *planejamento público ou instrumentos de iniciativa particular* e aprovação pública, mas o seu controlo é insuficiente, revelando-se em parte ineficaz.

Em causa, um "direito a viver num ambiente adequado à saúde e ao bem-estar dos indivíduos" (diretiva unionista sobre controlo de emissões industriais), a um ambiente de vida humano, sadio e ecologicamente equilibrado" (Constituição) ou o direito de promover a preservação do ambiente

[946] Art. 37.º, 1; art. 38.º sobre empreendimentos turísticos e art. 39.º sobre autorização prévia de localização.

[947] Condesso, F. – "The problem of the aesthetic in modern law of the urbanism: a case of leakage systematic of the right for public administration and courts". In VVAA. *Arte Pública e Cidadania.* Lisboa: Caleidoscópio, 2010

[948] A recusa da licença urbanística "pode" assentar num princípio geral de respeito pelo aspeto ou imagem das povoações, conjuntos construídos e da beleza das paisagens, fundado embora em conceitos imprecisos: "afetar negativamente o património arqueológico, histórico, cultural ou paisagístico, natural ou edificado"; "manifestamente afetar o acesso e a utilização de imóveis classificados (...), a estética das povoações, a sua adequada inserção no ambiente urbano (...)".

e do património cultural[949] e a "qualidade de vida" (como expressão de um direito que permita não só estar e sobreviver, mas viver em *condições sadias*[950]).

Tal como a preocupação de construir novo sem destruir as construções tradicionais ainda sensibiliza pouco os poderes públicos e os tribunais, face aos poderes económicos e pressões edificadoras. O que só regras menos discricionárias ou com conceitos menos indeterminados e controles mais imperativos e sancionadores pode ultrapassar.

O *direito do urbanismo* disciplina o *fenómeno urbano e edificador*. Mas há normas específicas destinadas a proteger o património cultural, de modo a evitar a sua descaracterização e a perda de identidade das populações.

Mas o *direito do património cultural* não se resume a um "urbanismo" especial. Aliás, em Portugal, o aparecimento de legislação de natureza avulsa e esporádica sobre a *proteção do património cultural*, é anterior ao moderno direito do urbanismo. As duas áreas normativas coincidem apenas em parte: *património cultural das cidades, património arquitetónico urbano* e suas *zonas de proteção*. Só nestes domínios o *direito relativo ao património cultural* coincide com o *direito do urbanismo*, aliás com particularidades.

O *património cultural das cidades* é preenchido com um conceito mais restrito do que o de património em geral[951]. Trata também de um *património arquitetónico urbano*, mas constituído por monumentos de reconhecido valor histórico e cultural, ou por conjuntos de monumentos classificados. Mas ao *objetivo protecionista* não basta classificar e preservar edifícios e monumentos individualmente considerados, sendo necessário criar zonas de proteção especial, defender a sua *área envolvente*.

A proteção do património cultural foi objeto da Convenção Cultural Europeia, de 1954, e da Convenção para a Proteção do Património Arqueológico, de 1969.

No caso do direito da *proteção do património, o conceito de interesse público convive* com o *conceito de "interesse difuso"*[952] *dos cidadãos*, possibilitador designa-

[949] Casalta Nabais, José, Introdução ao direito do património cultural,Cpoimbra:Almedina, 2004.

[950] Constituição, artigos 52.º, 65.º, 66.º, etc..

[951] Marchand, F. - "Defesa e Preservação do Património". In Direito do Urbanismo, I.N.A., 1989, p. 55.

[952] Traduz um interesse legalmente protegido de uma pluralidade indeterminada ou indeterminável de sujeitos que pode incluir todos os participantes da comunidade geral de referência (v.g., património cultural, ambiente, qualidade de vida, saúde pública, proteção do consumo e domínio público).

damente de processos cautelares urgentes e da ação popular contra os seus agressores[953].

Além disso, o *direito do ambiente ou do património cultural* podem justificar restrições a outros direitos constitucionalmente protegidos.

O interesse relativo ao património cultural justifica *restrições ou compressões* do direito de propriedade e de outros direitos reais.

Com a imposição de abertura ao público de certos edifícios, regime restritivo de demolição, obrigação de reparação, limitação do *jus aedificandi* em sentido amplo e outras restrições, previstas na lei, viabilizadoras de políticas de defesa desse património[954].

O turismo é causa e beneficiador da *evolução das questões ambientais*, ligado ao conceito de *turismo sustentável*.

A União Europeia não tem atribuições específicas *no sector do turismo*. Mas aponta-lhe medidas instrumentais de outros objetivos, como os de defesa de um *ambiente limpo e sadio*[955] (Quinto Programa de Ação Comunitária para o Ambiente), o que depende de normas relacionadas com *modos de transporte, gestão da água e dos resíduos* e do próprio *sector do turismo*[956].

A União Europeia tem avançado em *três domínios estreitamente ligados ao turismo*: *defesa do consumidor, proteção da natureza* e *património cultural*. Face às políticas ambientais unionistas europeias, existe um *programa para o ambiente no setor do turismo em geral*.

Ele incide na *tipologia turística*, nos comportamentos e na qualidade dos serviços, também com *o turismo cultural* e *o meio urbano (cidades sustentáveis)*, liberto de *poluição, confusão viária* e *automóvel* particular, a substituir por meios alternativos eficientes.

A *preservação e reabilitação do património físico e cultural* são fatores de elevação da qualidade de vida das populações, do conjunto da cidade e da motivação crescente dos turistas. Entre os *instrumentos jurídicos e de políticas públicas*, destaco várias áreas essências do direito.

953 N.º 3 do art. 52.º da Constituição, Código de Processo nos Tribunais Administrativos e Lei n.º 83/95 sobre participação procedimental e defesa de interesses difusos.

954 Ao ius utendi, fruendi et abutendi seguiu-se uma mera "possibilidade" de construção, com o ius aedificandi dependente de um plano público ou de uma decisão administrativa, um direito de propriedade com limites explícitos e imanentes decorrentes da Constituição, em nome do interesse coletivo, v.g. direitos sociais e culturais, como a defesa do ambiente ou do património.

955 Plano de Ações Comunitárias a favor do Turismo: COM (91) 97, de 24.4.1991, e o 5.º PACA, etc.

956 COM ao Conselho, JOCE n.º 93/C 138/01, de 1.2.93 e COM (95) 624 f, de 10.1.96. Vide, o conceito do turismo sustentável no "Livro Verde" sobre "O papel da União no sector do turismo", que trata dos aspetos ambientais; HUNTER, P. – "Urban Tourism: Perspectives on Susteinability". Journal of Susteinable Tourism, Vol. 4, n.º 2, Channel View Books, 1996, p. 95-111.

Desde logo, o regime de *área crítica de recuperação e reconversão urbanística* (ações expeditas, pelos municípios, em caso de necessidade de intervenção urgente, v.g., *expropriação por utilidade pública*). Refiro, também, o regime de *obras do tipo "recria" e coercivas* (programas de financiamento especial, regime especial de comparticipação na recuperação de imóveis arrendados, subsídios aos proprietários para parte das obras ou, na sua indisponibilidade, substituindo-se o município, tomando posse administrativa do imóvel e realizando os trabalhos). E, ainda, o *regime atributivo* do exercício do *direito de preferência* (transmissões a título oneroso, contrariando processos especulativos, permitindo a aquisição de fogos devolutos e recuperação para realojamentos).

Tudo sem prejuízo de um necessário conjunto de *políticas e ações públicas* (dinamização económica, animação e promoções culturais, articulação com o sistema urbano envolvente, participação das populações residentes).

Como *área estratégica da intervenção do poder local*, com programas e projetos *concretos de intervenção* integrada (projetos de valorização sociocultural e turística), um regime jurídico enformado por um *conceito integrador, articulador e pluridisciplinar*, que garanta a *requalificação das zonas históricas, reabilitação física do parque habitacional degradado, do património edificado, reabilitação do espaço público*, implementação de equipamentos coletivos, introdução de infraestruturas, disciplina do *tráfego*, estacionamento e das alterações de uso nos imóveis, com a participação das populações.

Em conclusão, o futuro do "turismo de cidade" joga-se, em grande parte, nas *políticas públicas e em várias áreas do direito*, a nível europeu e nacional, e no papel das autarquias, a quem cabe um *papel proactivo e pedagógico e a tarefa principal* da sua promoção, ligada a valores culturais. Em manutenção e permanente criação. E até na *"ultrapassagem" da mera visão da dinâmica cultural*, assente numa holística *multifatorialidade*. Jogando o mundo urbano na sua globalidade. Importa *aperfeiçoar essas várias áreas do direito*. Com destaque para o *direito do* património *antigo*, cultural, reabilitação urbana, *planeamento físico*, urbanização e edificação, *ambiente urbano*, da *fiscalidade e incentivos*. Além da organização da cidade em termos de inovação e modernidade. Com políticas promotoras de *arte pública*. E, em geral, eventos desde logo à base de elementos endógenos.

6.2.3. Património cultural, desenvolvimento económico-social e atividade turística em ambiente rural

Em termos de pressupostos e fundamentos conceptuais do turismo no espaço rural. há que referir que qualquer política de desenvolvimento local[957] e, designadamente rural, tem como objetivo fundamental a aplicação de soluções para os desafios que as zonas rurais enfrentam para poderem desenvolver o potencial destas regiões[958].

Esta *política de desenvolvimento rural ativa* tornou-se uma prioridade a nível global[959]. No âmbito da União Europeia, o desenvolvimento rural é também "uma área política fundamental", dado que as zonas rurais dos Estados-Membros abrigam mais de 56% da sua população e representam 91% do seu território", com um rendimento médio *par capita* inferior ao das cidades, menor nível de qualificações de base e um sector dos serviços menos desenvolvido. Tudo, implicando *encargos financeiros suplementares* para a proteção desse *ambiente rural*[960] (onde estão também os "nossos pulmões", essenciais na luta contra as alterações climáticas), que assim poderá continuar a oferecer, não só *matérias-primas essenciais,* como *espaços de beleza, de descanso, recuperação de energias e dedicação a diversas atividades de lazer.*

Acontece que, muitas das zonas rurais, enfrentam hoje desafios importantes no âmbito das suas *economias agrárias*[961].

É isto que faz com que se deva atribuir à *agricultura* e à *silvicultura* uma "importância crucial na utilização das terras e na gestão dos recursos naturais nas zonas rurais" em si e enquanto plataforma para a diversificação económica das comunidades rurais" (UE, 2007). Existe a atração por férias no mundo rural. E até por viver e trabalhar no espaço rural, o que os riscos para a saúde, designadamente pandémicos, tem acelerado, desde que tenha acesso a serviços e infraestruturas adequadas[962].

[957] Vide, em geral, sobre o tema, Condesso, Fernando – "Desenvolvimento rural, património e turismo". In *Cuadernos de desarrollo rural,* 8(66), 2011, pp. 197-222; Instituto Latinoamericano y del Caribe – Planificación económica y social: Manual de Desarrollo Local. Santiago do Chile: Dirección de Desarrollo y Gestión Local-ILPES, 1998.

[958] COM. UE, 2007.

[959] Designadamente, no âmbito da União Europeia, onde o desenvolvimento rural é também "uma área política fundamental", dado que as zonas rurais dos Estados abrigam mais de 56% da sua população e representam 91% do território.

[960] López López, Alejandro – " Turismo, tercera edad y medio ambiente ". In Ordenación y Desarrollo del Turismo en España y en Francia: Aménagement et développement du Tourisme en France et en Espanhe. (Actas e Seminarios Hispano-Franceses) Madrid: Casa de Velázques, Secretaria General del Turismo; Secretaria Régional d'Aquitaine, 1991, p. 295-300.

[961] Zao – Ecologia in albergo, manualeper il recupero ambientale nei luoghi dell "'ospitalità". ZAO handbooknpartly funded by CEC DG XXIII.Milan: Selene Edizioni, 1993.

[962] Biehl, D. – The contribution of Infrastructure to Regional Development, EC Final Report. Luxembourg, 1986; Borrell, J. – "El reto de las infraestructuras como soporte de la competitividad". In Dirección y progreso, n .º121, Madrid: APD, 1992.

O *desenvolvimento rural em sentido amplo*, integrando o *plano social rural*, abarcando a intervenção de planeamento territorial e multissectorial[963], passa por diversas atividades complementares, não só ao nível do aumento da competitividade agroalimentar, mas também da valorização dos elementos propiciadores do turismo, com gestão sustentável dos recursos naturais, modernização institucional e abertura à integração económica sub-regional e regional, como via de *potenciação do crescimento económico e perequação na distribuição do rendimento, propiciadora de redução de assimetrias entre os mundos urbanos e industriais e os mundos rurais* e consequentemente de uma maior *coesão social*[964].

Ou seja, é necessário reconhecer as alternativas para reduzir a *pobreza rural*, a *desflorestação* e o *despovoamento*[965], o que não passa apenas por atividades rurais agrícolas.

Em geral, as regiões e suas zonas rurais, parte fundamental da sua geografia física, configuram a sua própria identidade, com o seu carácter único face à múltipla variedade das suas paisagens grandiosas, desde as montanhas, rios e mar às grandes florestas e aos campos. O conhecimento do passado, indispensável à criação do futuro, torna-se fundamental para a descoberta da *identidade cultural de cada povo, elemento crescente de interesse para os outros povos.*

Todos os países são ricos em *história, cultura e arte*, possuindo em geral *áreas naturais e construídas, mesmo nas zonas rurais,* dignas de referência e conhecimento e de aproveitamento numa perspetiva desenvolvimentista. Importa envidar esforços para a *preservar e a valorizar no sentido do desenvolvimento local do mundo rural*[966].

963 Requejo Liberal, Juan – "El papel de la planificación en la resolución de los conflictos entre agricultura y turismo en el litoral y sus efectos sobre el medio ambiente".In Ordenación y Desarrollo del Turismo en España y en Francia: Aménagement et développement du Tourisme en France et en Espanhe. (Actas e Seminarios Hispano-Franceses) Madrid: Casa de Velázques, Secretaria General del Turismo; Secretaria Régional d'Aquitaine, 1991, Pp. 161-174; Condesso, F. – Desarrollo y cohesión en la península ibérica: El problema de la ordenación territorial. Barcelona:Erasmus, 2010; – Direito do Ambiente. Coimbra:Almedina, 2001; – Ordenamento do Terrritório: Administração e Políticas Públicas, Direito Administrativo e Desenvolvimento Regional. Lisboa: ISCSP, 2005; – Direito do Urbanismo. Lisboa: Quid Júris, 1999.

964 Vide, "Agricultura y Desarrollo Rural". In http://www.iadb.org/SDS/ENV/site_47_s.htm:

965 Pnuma – Status of desertification and implementation of the United Nations plan of action to combat desertification. Nairobi: UN Environment Programme, 2011.

966 Yles, Vincent (1984), "Tourisme et développment regional: Impacts directs et indirects sur l'économie et l'environnment". In Ordenación y Desarrollo del Turismo en España y en Francia: Aménagement et développement du Tourisme en France et en Espanhe. (Actas e Seminarios Hispano-Franceses) Madrid: Casa de Velázques, Secretaria General del Turismo; Secretaria Régional d'Aquitaine, p. 181-190, 1984.

Qualquer *análise integral* sobre o seu processo de *desenvolvimento* exige uma especial atenção à *relação do campo, paisagem, explorações agrícolas, casas marcantes*, em geral o ambiente natural e construído[967], na sua envolvente rural global, com o *turismo*, potenciando os *elementos do património natural e das suas culturas e estruturas agrícolas como valores endógenos*[968 -969].

Embora o *turismo e a agricultura* (que não seja de mera subsistência), por natureza *dinâmicos e "lucrativos"*, se reportem à atividade económica; o *ambiente*, a algo oferecido ou defendido, apelando ao "equilíbrio" e à serenidade do ser natural e do estar humano; e a *cultura* e a *arte*, a dimensões espirituais, e portanto em certo aspeto conservadoras, desinteressadas e, por vezes, extremamente enraizadas (porque perpetuam a memória e os valores identificadores do passado), estes universos, partindo de lógicas diferentes, podem tornar-se conciliáveis e criar sinergias desenvolvimentistas sustentáveis.

Isto, desde logo, porque o *turismo rural* só ganha em se ligar ao *aproveitamento da natureza*, estruturas, culturas e práticas agrícolas, produtos e gastronomias do mundo rural, *ócios, lazeres e fuga da agitação das grandes cidades*, razão suficiente para explicar a origem do turismo na sua vertente rural[970]. Isto é, um *turismo* que apela à *descoberta de novos povos, monumentos, regiões*[971], *cozinha regional, artesanato* e, em geral, culturas diferentes[972-973].

[967] Kavallinis, I. – "The environmental Impacts of Tourism". Journal of Travel Research, 33(2), Pp. 26-32, 1994.

[968] Aqui sobressaem os aspectos ambientais envolventes e a própria problemática da defesa do património construído e do ambiente urbano ("O papel da EU no ambiente urbano".Condesso, 2001:350-358), que mais ou menos sinergeticamente interage com as zonas rurais envolventes e interdependentes, razão pela qual a segunda parte desta análise não deixa de também se reportar à importância do turismo vocacionado para as zona de vivência em aglomerados com património construído relevante.

[969] Barquero, A. (1988) – "El desarrollo endógeno y la estrategia de desarrollo local en España". In El papel de las instituciones locales en el apoyo a la actividad económica. San Sebastián: Ed. Universidad del País Vasco,1988.

[970] Condesso, F. – "O Desenvolvimento endógeno, a Diversidade e a Performance dos espaços Rurais".In Ordenamento do Terrritório: Administração e Políticas Públicas, Direito Administrativo e Desenvolvimento Regional. Lisboa: ISCSP, 2005, pp. 476-480).

[971] Condesso, F. – "O Desenvolvimento endógeno, a Diversidade e a Performance dos espaços Rurais".In Ordenamento do Terrritório: Administração e Políticas Públicas, Direito Administrativo e Desenvolvimento Regional. Lisboa:ISCSP, 2005, Pp. 476-480).

[972] Cunha, L. – *Economia e política do turismo.* Lisboa: McGrawHill, 1997, p. 14.

[973] As áreas temáticas que têm merecido maior atenção em Congressos na última década são "Agricultura, Produtos Locais e Desenvolvimento Rural", "Políticas e Programas de Desenvolvimento Rural", "Turismo, Património e Desenvolvimento Rural", "Planeamento do

Numa breve *visão diacrónica*, constata-se que o *contato com a natureza*, agora procurado através deste tipo de turismo, tem já as suas raízes em finais do século XIX, em que se tornou um hábito para as classes mais abastadas a prática de *atividades de veraneio* em quintas de retiro e recreio, situadas em lugares acessíveis e com boas condições climáticas durante a época de verão[974].

O *turismo no espaço rural*, pressupondo *transformações construtivas* e de apoio para o *alojamento de turistas*, nacionais e estrangeiros[975], chegou a ser apodado de ambientalmente agressivo e descaracterizador do mundo natural. Mas este tipo de *turismo, cultural, sanitário, regenerador*, pode simultaneamente aproximar as pessoas do *património cultural e natural* de outras regiões, levando-as a recordar ou a conhecer culturas alheias e a propiciar o *direito à diversão e ao lazer*, com objetivos económico e sociais de desenvolvimento local[976] e consequente fixação das populações, em ordem à manutenção dos *mundos rurais tradicionais*[977]. De acordo com a definição da Comunidade Europeia, o *turismo no espaço rural* refere-se a todas as atividades turísticas desenvolvidas em zonas rurais (UE, 1986), *conceito demasiado restrito*, como se deve comprovar.

O início da atividade do turismo no espaço rural, em muitos países, mesmo europeus, inicia-se na anterior década de oitenta[978]. no caso português, ocorre

Território e Desenvolvimento Rural" e "Actores, Dinâmicas Locais e Inovação em Meio Rural": http://www.animar-dl.pt/ver_agenda.php?id=185. Consultado em 12.3.2011.

974 A população urbana, na primavera e verão, mudava-se para locais tranquilos, privilegiando o contacto com a natureza e o descanso. A população, com fortes raízes rurais, deslocadas para a indústria e para o sector terciário das cidades, aproveitavam as férias sobretudo para ocupar casas de familiares situadas no campo, termas e praias. Hoje, os períodos de lazer levam ao contacto com a natureza, o que, cada vez mais, leva à massificação das viagens, o que, conjugado com a afirmação de novos valores, tem relançado os espaços rurais como espaços de turismo, incluindo os inseridos em espaços protegidos pela sua riqueza natural.

975 Vide definição de TER, v.g., Luís Silva – "Os impactos do turismo em espaço rural". In http://www.uc.pt/en/cia/publica/AP_artigos/AP22.23.13_Silva.pdf.

976 Escarmelle, J. F. – "L'articulation économie-culture: des enjeux reciproques". In *Tercera Conferencia Internacional del RETI*. Mons, 1987.

977 Condesso, F. – "O sector do turismo". Direito do Ambiente. Coimbra: Almedina, 2001, pp. 332-337.

978 Como referiam Elisabete Figueiredo e Elisabeth Kastenholz, no 3.º Congresso Europeu de Turismo Rural, Eger, Hungria, 2007, o futuro do Turismo Rural português continuará incerto enquanto não se integrar na definição das políticas de desenvolvimento sustentável, para "além das visões dos stakeholders do sector, a percepção da população local que deverá beneficiar desse desenvolvimento turístico." http://criticanarede.blogs.sapo.pt/81766.html. vide ainda Elisabeth Kastenholz in http://www.turismorural.pt/index.php?p=noticias&id=11. Consultas 12.3.2011. No caso Português, começa, então, a regular-se o *segmento turístico de habitação, o turismo rural e o agroturismo,* ficando ainda de fora outros *tipos de turismo,* existentes no espaço rural, situação só ultrapassada quase no virar do século. Embora este estudo não se pretenda

em 1979, embora só em 1984 se tenha produzido a sua primeira legislação[979]. Regulou-se, então, um *segmento turístico*, o do *turismo de habitação, turismo rural e agroturismo*, ficando de fora outros *tipos de turismo* existentes no espaço rural, situação que apenas em 1997 foi ultrapassada[980].

O conceito de *turismo no espaço rural* deve ser densificado como forma de turismo em que a *cultura rural* é a componente mais importante da oferta, consistindo na prestação de *hospedagem de natureza familiar em zonas rurais*, servindo simultaneamente de residência a seus donos, quando estas preenchem as condições adequadas para este tipo de turismo. Ao enquadramento legal das atividades a desenvolver cabe impor a preservação e recuperação do seu *património natural, paisagístico, cultural, histórico e arquitetónico*. Hoje estes objetivos imanentes ao mundo rural são em geral acolhidos. E é de acordo com estas características que o *turismo no espaço rural* se pode subdividir em vários *tipos distintos* que, apesar de possuírem um mesmo *tronco comum*, que é o *aproveitamento de casas particulares*, apresentam certos *traços específicos*, de acordo com o *tipo de alojamento, de ambiente ou mesmo com o objetivo final* proposto.

Assim, podemos referir o *turismo de habitação*, um serviço de hospedagem familiar prestado, sobretudo, em casas particulares antigas com determinado valor arquitetónico, histórico ou artístico. Estas casas, normalmente *solares e casas apalaçadas*, são muitas vezes representativas de determinada época, pelo que têm, só por si, uma grande importância no que respeita ao conhecimento de determinado período da história de uma povoação. Neste tipo de turismo podem, também, incluir-se outro tipo de casas que, pelo seu *enquadramento ou traça particular*, apresentem características que justifiquem a sua inclusão nesta categoria. Embora se refira também a casas particulares, o turismo rural diz respeito ao aproveitamento de *casas rústicas* que pela sua *traça, materiais de construção e demais características*, se integrem na *arquitetura típica local*[981].

situado geograficamente, não deixa de se indicar que, no plano normativo, Portugal avança nestes domínios desde logo com projecto-piloto da década de setenta (Decreto Regulamentar 14/78) e tem vindo a produzir legislação geral desde 1986 até à actualidade (DL 256/86, seguido já nesta década dos DL 54/2002, de 11.3, e 39/2008, de 7.3).

[979] Tratou-se do Decreto-Lei n.º 251/84, de 25 de Julho, a que se sucedeu, em 1986, no âmbito do Plano Nacional do Turismo, o Decreto-Lei n.º 258/86, de 27 de Agosto.

[980] Elaborou-se, então, o Decreto-Lei n.º 169/97, de 4 de Julho, que continua a regular a actividade do turismo no espaço rural.

[981] Vide, sobre o tema turismos, artes, criatividade, v.g., Duxbury Nancy Campbell e Heather ("Desenvolver e revitalizar as comunidades rurais, Através de Artes e Criatividade: Uma revisão da literatura"; Kim Dunphy ("Desenvolver e revitalizar as comunidades rurais, Através de Artes e Criatividade: Austrália"); Patrick Overton ("Desenvolver e revitalizar as comunidades rurais, Através de Artes e Criatividade: Estados Unidos da América"); Lidia Varbanova ("Desenvolver e

Este tipo de turismo considera, não a casa por si só, mas o seu *enquadramento em todo o conjunto estético da povoação.*

O *agroturismo* aproveita as casas particulares, mas *integradas em explorações agrícolas*, propiciando um papel cognitivo ou mesmo ativo no labor agrícola, ao permitir ao hóspede o acompanhamento e conhecimento da atividade agrícola ou até a *participação nos trabalhos* aí desenvolvidos[982].

O turismo de *casas de campo* aproveita as casas particulares e *casas de abrigo* situadas em zonas rurais, com traça, materiais de construção e outras características obrigatoriamente *integradas na arquitetura e ambiente rústico da zona ou local onde se situam.* As casas podem ou não ser utilizadas como habitação própria pelos seus detentores.

O *turismo de aldeia*, com exigências adicionais, implica a existência de, pelo menos, *cinco casas particulares situadas numa aldeia histórica*, num centro rural ou em aldeias que mantenham, no seu conjunto, o ambiente urbano, estético e paisagístico tradicional da região onde se inserem. Estes são os tipos de turismo rural pelos quais se pode optar. No entanto, dentro de cada um há uma diversidade de opções que têm a ver nomeadamente com turismo em espaços verdes, gastronómico, equestre, cinegético, histórico, cultural, etc.

A própria extensão e dimensão de cada tipo de turismo rural varia de acordo com as mais variadas exigências de ordem ambiental, de conservação e proteção da natureza e do património cultural, ponderando de modo específico os fatores de desenvolvimento e investimento de um determinado local. Mas o que efetivamente distingue o turismo rural dos outros tipos de turismo é a sua preocupação em permitir ao visitante um *contato personalizado, uma inserção no meio rural físico e humano* e até uma participação nas atividades, costumes e modos de vida dos habitantes. A *dimensão cultural e pedagógica do turismo no espaço rural* é importante, com sondagens a referir que a maioria dos adeptos desta modalidade é oriunda das classes médias e superiores, que apreciam cada vez mais os *valores e identidade locais,* embora sejam exigentes com os aspetos relacionados com a qualidade e o profissionalismo.

Esta é, pois, uma forma de turismo caracterizada, fundamentalmente, pelo *acolhimento familiar,* permitindo um *contato direto com a natureza*, populações,

revitalizar as comunidades rurais, Através de Artes e Criatividade:Europa"). http://www.google.pt/#hl=pt-PT&xhr=t&q=Nancy+Duxbury&cp=13&pf=p&sclient=psy&rlz=1R2SKPB_pt-PTPT397&aq=f&aqi=&aql=&oq=Nancy+Duxbury&pbx=1&fp=c7054283fcd3a8e6. Consultado em 12.3.2011.

982 Este tipo de turismo é sobretudo procurado pelas pessoas que vivem e trabalham em cidades e que, durante o seu período de férias pretendem conhecer como se processa a *actividade agrícola em certas zonas* do país.

usos e costumes, com serviços especialmente personalizados e usufruição de um vasto *património paranatural e cultural*.

*

Em termos de instalação e funcionamento das casas de turismo no espaço rural, há que referir que, em termos europeu, as tendências observadas apontam para a redução dos fatores de produção agrícola, com algumas disparidades em função das regiões.

No plano das *medidas agroambientais*, o direito unionista europeu incentiva os agricultores a adotar boas práticas ambientais, conservar a paisagem natural, tornar a produção agrícola menos intensiva, evitar métodos poluentes e proteger a biodiversidade[983].

As medidas incluem a promoção da extensificação, da agricultura orgânica, da conservação dos recursos naturais, como cercas vivas ou pequenos pomares, conservação de habitats nas charnecas, retirada de terras para fins ambientais e manutenção de raças locais em perigo de extinção. Neste ambiente, o *turismo rural* vem aproveitar de *edificações adequadas* já existentes para alojamento, cuja renovação, adaptação e melhoramentos, na União Europeia um programa específico (*Laeder*) ajuda a promover, com as regiões menos favorecidas, cuja riqueza assenta no património, natureza e paisagem, água, biodiversidade, a avançar no desenvolvimento sustentável, assente designadamente no *ecoturismo*[984] e na descoberta do património natural[985].

Impõe-se que os poderes públicos garantam, através da técnica de licenciamento de utilização para turismo no espaço rural, a qualidade das instalações

[983] CONDESSO, F. – "Os sectores da agricultura e silvicultura"; "Os incentivos à agricultura sustentável". Direito do ambiente. Coimbra: Almedina, 2001, pp. 323, 562-570.

[984] REGERO, M. – *Ecoturismo: Nuevas formas de Turismo en el espacio rural*. Barcelona: Bosch Turismo, 1994.

[985] V.g., a nível dos Estados da UE, na região de Ródano-Alpes, França, o grupo de Trièves participou na criação do centro de formação em *ecologia aplicada*; este "Mundo Vivo" inclui um centro de investigação e experimentação (edifícios bioclimáticos, aquecimento solar e tratamento biológico da água). A região da Renania-Palatinado, na Alemanha, criou um centro vulcanológico em Daun; em Kiklis, na Macedónia central, na Grécia, foram organizadas pistas de descoberta e criado um museu botânico que serve as ciências botânicas e silvícola da Universidade Aristóteles em Salónica. Na Irlanda, o grupo Duhallow contribuiu financeiramente para um parque natural de 250 hectares que prossegue actividades de protecção da natureza como também pedagógicas e recreativas; em Itália, o grupo de Teverina (Lácio) participa na criação de um parque natural que inclui quatro centros de acolhimento de visitantes.

e locais, sendo fundamental o estado geral de conservação das casas, a traça arquitetónica e a sua integração na *arquitetura típica regional.*

O turismo no espaço rural necessita de um *mínimo de condições* de qualidade, com água potável corrente e eletricidade. Nunca projetos de casas ou empreendimentos junto de indústrias, atividades ou locais insalubres, poluentes, ruidosos ou incómodos, exceto se resultante do exercício normal e corrente das atividades próprias das explorações agrícolas ou conaturais ao *ambiente biológico.* Nunca a sua prática em habitações situadas perto de *estruturas urbanas degradadas* ou sem suficientes serviços de assistência médica ou sem estabelecimentos de restauração.

Face ao já exposto, entendemos ser adequado concluir-se que uma casa só deve integrar a *rede nacional de turismo no espaço* rural, se tem *características únicas do ponto de vista arquitetónico* ou está enquadrada num *local típico regional.*

E, além da interdição de atividades perturbadoras da tranquilidade dos hóspedes, existem requisitos exigentes quanto às instalações e funcionamento do próprio serviço de turismo, assegurando-se a inexistência de qualquer tipo de *ruído, vibrações, fumos ou cheiros,* suscetíveis de perturbar ou afetar o ambiente da casa e a própria comodidade e tranquilidade dos hóspedes.

E, quanto às *casas de turismo de habitação,* cada quarto deve dispor de casa de banho privativo, com um mínimo de condições, enquanto nas de *turismo rural* ou *agroturismo* deve existir uma para cada dois quartos e nas *casas de campo* e de *turismo de aldeia,* uma para cada três quartos.

Além destes, devem exigir-se, também, *requisitos de funcionamento,* para além dos relacionados com a higiene, devendo haver, telefone acessível e todo o tipo de informações úteis, desde logo sobre o *património turístico, histórico, etnográfico, cultural, gastronómico e paisagístico* da região, *itinerários característicos, circuitos turísticos existentes, artesanato, gastronomia, vinhos e outros produtos agroalimentares tradicionais, estabelecimentos de restauração, bebidas* existentes nas proximidades, *festas, feiras, romarias* e outros *eventos locais de natureza popular* e, ainda, quais os meios de transporte público e as vias que servem a casa e os horários das refeições, as zonas da casa reservadas ao proprietário, os equipamentos existentes à disposição dos hóspedes para a prática de atividades ao ar livre e regras para a sua utilização, a localização dos *serviços médicos e farmácias* mais perto e a existência de livro de reclamações.

As refeições a ministrar devem corresponder, pelo menos em parte, à tradição da *cozinha local* e utilizar *produtos da região.* E seria mesmo de organizar atividades ocupacionais que, de forma integrada com o alojamento, permitissem um *turismo social,* de *descoberta, de circuito, de aventura, desportivo, cultural, religioso, económico, de saúde, de manutenção, fluvial e, sobretudo, de evasão.*

O *turismo de aldeia* é um caso especial dentro desta modalidade de turismo visto que aos turistas é permitida uma certa liberdade que na maioria dos casos não envolve o contato direto com o responsável pelo empreendimento, por isso deve existir, na aldeia onde o mesmo se situa, um gabinete destinado ao atendimento e informação dos hóspedes com vista à prestação de serviços, desde informações sobre o funcionamento do empreendimento até à guarda e entrega de correspondência. Portanto, em geral, há que garantir a qualidade das instalações, atendimento, equipamento, infraestruturas, etc..

Esta opção contaria à partida com um dado importante que é o de os agricultores serem normalmente defensores do espaço rural e do ambiente, mas não só a sua ação tem passado, em muitas regiões, para mãos diferentes, "empresariais", com outras dinâmicas económicas e noções diversificadas quanto à gestão do espaço rural, como a própria agricultura em época de modernização contribui para a desafetação e alteração de certos espaços de montanha, floresta e até terrenos agrícolas.

Tudo isto implica, hoje, a imposição de princípios legais de estratégias de preservação e desenvolvimento de recursos turísticos. Tais princípios não são, no entanto, coincidentes com a tradição de crescimento e expansionismo que tem caracterizado o sector turístico, que, muitas vezes, parece resultar em sérios prejuízos para o frágil tecido socioeconómico do mundo rural.

De facto, o modelo de desenvolvimento turístico implantado em muitas regiões, apostando na oferta massificada relativamente à procura, tem sido aplicado em escalas nacionais através de uma exploração sem limites da faixa litoral ou dos parques verdes do interior dos países. Este tipo de turismo pode gerar efeitos negativos junto do turista, que apenas terá acesso a uma visão parcial e mesmo fictícia da região visitada e, também, junto das comunidades recetoras, que criam uma imagem falsa do turista, crendo serem reduzidos os benefícios diretos e indiretos criados. Importa uma definição acertada de uma estratégia de desenvolvimento turístico.

Nos últimos tempos, a atividade turística tem representado em muitas regiões um importante contributo para o desenvolvimento local, tendo sido implementadas estratégias de desenvolvimento caracterizadas por uma preocupação de proteção e preservação dos recursos naturais e socioculturais. O turismo, com o seu poder de atração e de comunicação, pode acabar por se transformar no meio ideal de defesa de um património natural e cultural, sua conatural razão de ser[986].

[986] LABORDE, Pierre – "Tourisme littoral et environnement: Aménagement et protection". In *Ordenación y Desarrollo del Turismo en España y en Francia: Aménagement et développement du Tourisme*

Tudo isto implica incentivos públicos ao turismo rural e o planeamento do desenvolvimento turístico integrado, fixação de objetivos ambientais no sector do turismo.

O turismo sustentável depende de um ambiente propiciador de máxima qualidade de vida. Em geral, a União Europeia defende *cenários de evolução* desejáveis para a evolução futura do papel da União no âmbito do turismo: controlo do *turismo de massa* (para preservar os meios em que o turismo prospera), *restrições à sobre-exploração da natureza* (para assegurar que o desenvolvimento de novas áreas recreativas se limite a áreas multifuncionais designadas).

São fundamentais *políticas públicas adequadas* com *planeamento de turismo de natureza*. Os *espaços naturais* surgem, cada vez mais, como destinos turísticos em que a existência de valores naturais e culturais constituem atributos indissociáveis do turismo de natureza e rural.

As *áreas protegidas* são locais privilegiados de turismo. Áreas com novos destinos, em resposta ao surgimento de outros tipos de procura, propondo a prática de atividades ligadas ao recreio, ao lazer e ao contato com a natureza e às culturas locais (designadamente agrícolas gastronómicas), cujo equilíbrio, traduzido nas suas *paisagens*, conferem e transmitem um sentido e a noção de "único" e de "identidade de espaço", que vão rareando um pouco por restante parte cimentada dos territórios.

A *localização das atividades e instalações turísticas* deverá obedecer a critérios de ordenamento, que evitem a pressão em áreas sensíveis, respeitando a capacidade de carga do meio natural e social.

Relativamente a estas *formas de turismo relacionadas com a natureza*, há que destacar que os turistas que procuram o contato com a natureza possuem, normalmente, um nível educacional bastante elevado e têm gastos médios bem superiores aos dos turistas em geral.

Os turistas da natureza e os relacionados com o desporto, especialmente o golfe (Plano Nacional espanhol de Turismo, 1997) deixam mais divisas do que o turismo tradicional. Todos os anos, milhões de pessoas deslocam-se a regiões específicas do globo apenas com a motivação de observar aves ou de conhecer espécies de plantas. A *natureza* é, aliás, o grande elemento motivador de muitos turistas, a maior parte deles jovens, oriundos de zonas urbanas e envolvidos na defesa da natureza[987].

en France et en Espanhe. (Actas e Seminarios Hispano-Franceses) Madrid: Casa de Velázques, Secretaria General del Turismo; Secretaria Régional d'Aquitaine, 1991, Pp. 101-114.

987 Outro exemplo de contacto com a natureza é a organização de passeios ou circuitos pela região. Ambos constituem deslocações, com motivações diversas. Mas existe, sobretudo, uma grande diferença entre passeio e circuito que se traduz no facto de este se tratar de uma deslocação,

Os próprios *ambientalistas* aderiram incondicionalmente a esta atividade turística, não só pelo bem-estar que provoca, mas, também, pela possibilidade que dada de conhecer melhor a natureza[988]. No entanto, importa notar que nem só de *atividades terrestres* vive o turismo rural.

A *água* é outro elemento muito aproveitado pelos turistas, sobretudo para natação e banhos. Esta atividade atrai os turistas para áreas específicas, nomeadamente para rios, lagos e barragens situados no mundo rural, sendo necessário reduzir a conspurcação de águas interiores e incrementar a segurança dos locais próprios para banhos (v.g., com correntes fortes). A *pesca* em águas interiores começa a ser aproveitada como atividade turística. A ideia de a pesca ser tida como atividade masculina, começa a alterar-se, porque começa a ser acompanhada de outras atividades diversificadas.

Os *circuitos fluviais*, aliando a aventura, a descoberta e o desfrute paisagístico, tende a ganhar adeptos sobretudo em países que têm uma densa rede fluvial, mas a sua expansão turística exige a criação de estruturas que permitam o aluguer e o transporte do material de navegação e todo o apoio a nível de material informativo, alojamento e transporte para a origem do circuito.

Quanto a outras atividades não ligadas à água, a sua diversidade é grande, referindo-se apenas algumas que, nos últimos anos, registam um grande desenvolvimento: o *golfe* e as atividades praticadas no *espaço aéreo*. Em ambas, o problema é o dinheiro necessário para investir no equipamento, também são atividades relativamente às quais o turismo no espaço rural oferece acolhimento privilegiado. Depois de feito o investimento, o turista facilmente adere a este tipo de atividades turísticas e depressa se torna um hábito voltar a determinado local ou região apenas porque se tem a possibilidade da prática de determinada atividade[989].

normalmente mais prolongada do que aquele, seguindo um itinerário preestabelecido e proposto por entidades que, de alguma forma, estão ligadas ao turismo no espaço rural. O passeio será, pois, uma actividade mais espontânea e mais limitada no tempo

[988] Em algumas regiões da América do Norte, como por exemplo no vale central da Califórnia, organizam-se festivais de observação da vida selvagem, identificam-se os melhores sítios de observação e editam-se guias especializados, sempre com o cuidado de não perturbar habitats, designadamente das espécies mais sensíveis. Na Europa, realizam-se circuitos com partida das principais cidades ou, já no seio das zonas turísticas, organizam-se circuitos de bicicleta ou caminhadas por entre caminhos tão sinuosos que só a ajuda e o conhecimento do guia, que acompanha os grupos, permite fazer. Mas há turistas que preferem fazê-los de bicicleta: o cicloturismo.

[989] Relativamente a esta temática, a própria Organização Mundial do Turismo tem promovido novas formas de turismo respeitadoras do ambiente e contribuído para a sua conservação e melhoramento. Desde que a Conferência das Nações Unidas sobre Ambiente e Desenvolvimento Rio 92 divulgou, a nível mundial, a causa ecológica e do desenvolvimento sustentado, harmonioso

Nestas condições, estaremos perante dinâmicas de grande importância económica para os países particularmente dotados de recursos naturais, como é o caso dos países ibero-americanos, que poderão aproveitar para daí tirar benefícios económicos e sociais.

A *diversificação das economias regionais e locais*, bem como a criação de emprego e a consequente fixação da população, são fatores que se poderão verificar, permitindo aos habitantes das regiões turísticas um maior leque de oportunidades de emprego, deixando de estar limitados à agricultura e à atividade fabril tão presente em algumas das regiões do interior do país[990].

O *turismo* poderá levar à melhoria das *infraestruturas* da região, uma vez que esta deve ser preparada para oferecer um mínimo de condições aos visitantes. O turismo é reconhecido como *fator de desenvolvimento socioeconómico* devido à criação e distribuição de riqueza, à melhoria da qualidade de vida e à conservação e valorização dos *patrimónios ambientais e culturais*, num processo aberto às pequenas empresas, que envolve as populações locais, mesmo as mais tradicionais.

Na ausência de *sectores económicos alternativos*, capazes de desenvolver os ritmos de desenvolvimento desejados, num contexto de competição permanente, quer externa, quer interna, o turismo que privilegia o contato com a natureza aparece, por vezes, como a solução. Para o turista, não se trata de um retorno à *vida selvagem* ao encarar um parque ou qualquer área protegida numa perspetiva puramente preservacionista, mas antes no seu uso pelos cidadãos (com justiça social, envolvimento, benefício e bem-estar dos residentes e educação ambiental e cultural dos visitantes), ética e responsavelmente sustentável, sem comprometer a transmissão dos patrimónios naturais e culturais aos residentes e aos futuros visitantes.

O *turismo no espaço rural* aparece como uma necessidade de preservar o património natural, com os turistas a procurar a tranquilidade e paz de espírito, que já não têm nas grandes zonas urbanas. Impõe-se a proteção dos espaços naturais, criando reservas ou parques, onde o turista esteja em contato com a natureza, descobrindo as suas espécies vegetais e fauna autóctone.

Enfim, independentemente do significado que a floresta assume nos domínios de manutenção do equilíbrio ambiental e da produção de matérias-primas, serve outra grande potencialidade, que é a de servir como *espaço de*

e equilibrado que não põe em risco as heranças patrimoniais das regiões vindouras, o turismo associado à preservação do património natural tem merecido uma maior atenção, a qual tem contribuído para o seu incremento a nível mundial.

990 Cunha, o.c.

recreio. Há que gerir os *recursos florestais* compatibilizando funções e conciliando interesses, medida fundamental para países que aliam vastas áreas florestais a fortes expectativas no domínio do turismo rural. Também relativamente às *superfícies aquáticas*, o aproveitamento rentável da riqueza que os diversos *planos de água* podem induzir, implica, pela fragilidade desses ambientes, um redobrado cuidado de gestão, de modo a prevenir a poluição sem limites das águas (cursos de água, lagoas, albufeiras), e mesmo contribuir para a sua despoluição. E o turismo no espaço rural contribui, também, para a *preservação do meio ambiente* através do *combate à desertificação.*

No tocante ao *domínio do ambiente,* a vertente turística é relevante na *zona costeira,* impondo-se a *defesa* da qualidade do ambiente (reforço de infraestruturas e equipamentos básicos: UE, CE, 1997). O património natural deve ser preservado a todo o custo, tirando-se partido dele com ações válidas de desenvolvimento do turismo no espaço rural (Moreira, 1994[991]; Portugal, MA, 1993).

Que caracteriza o turismo? Quem é turista? Devemos ou não definir os turistas e excursionistas pelas suas características e pelas suas motivações de deslocação, como faz a organização mundial do turismo? Qual a importância da motivação urbana, designadamente a ligada ao património cultural?

O vocábulo *urbano* aparece ligado a todos os aglomerados de certa dimensão, o que já aponta para um mínimo de potencial turístico específico na aglomeração em causa, sem o que não estaríamos perante um fenómeno de turismo urbano. Isto mostra como o turismo urbano, pela complexidade de exigências e motivações não é um puro turismo cultural, que nenhuma exigência sobre a definição da dimensão do aglomerado visitado poderia justificar, e de que este se pode desfrutar também, independentemente da especificidade dos bens oferecidos, nos meios rurais.

6.2.4. Fenómeno do turismo cultural e política europeia

As viagens do turismo cultural "são provocadas pelo desejo de ver coisas novas, de aumentar os conhecimentos, de conhecer particularidades e os hábitos doutras populações, de conhecer civilizações e culturas diferentes, de participar em manifestações artísticas ou, ainda, por motivos religiosos.

[991] Moreira, Fernando João – O Turismo em Espaço Rural, Enquadramento e expressão geográfica no território português. Lisboa:Centro de Estudos Geográficos da Universidade de Lisboa, 1994.

Os centros culturais, os grandes museus[992], os locais onde se desenvolveram no passado as grandes civilizações do mundo, os monumentos, os grandes centros de peregrinação ou os fenómenos naturais ou geográficos constituem a preferência dos turistas. Incluem-se neste grupo as viagens de estudo, em como as realizadas para aprender línguas"[993]-[994].

A *cultura*, afirmando-se pela incorporação de dado valor relevante, pode definir-se como algo criado diretamente por grupos sociais em conformidade com fins especificamente valorizados[995]. O *fenómeno cultural*parte de um *conceito-pressuposto de valor*, o que, sem tal *essência-referência*, se manteria como um bem meramente natural, nascido por si e entregue ao seu próprio destino[996]. Francisco Romero reporta-a ao "conjunto dos produtos, atos e processos especificamente humanos"[997], que, em parte, pode *converter a natureza em cultura*. Fidelino de Figueiredo, em *Diálogo ao Espelho* de 1957[998], tentou caracterizá-la, introduzindo uma *reflexão finalística*, segundo a qual ela seria "um conjunto de saber, de arte, de filosofia, de tudo que constitui a instrução desinteressada a respeito do homem e da natureza".

É aqui que quero começar dizendo que a *cultura* é, hoje, assumida também como um *valor interessado de uma comunidade*. Constata-se que as *políticas culturais* irrompem com importância no âmbito do desenvolvimento. E que elas passam não só por intervenções dos Estados, mas também já da UE, designadamente no apoio às políticas desenvolvidas no interior dos Estados.

992 [89] Definidos em 1974, pelo Conselho Internacional dos Museus (ICOM), como "uma instituição permanente, sem fins lucrativos, ao serviço da sociedade e do seu desenvolvimento, aberto ao público e que desenvolve pesquisas respeitantes aos testemunhos materiais do homem e do seu ambiente, que, uma vez na sua posse, fica responsável pela sua conservação, comunicação e exposição, nomeadamente para fins de estudo, educação, e de deleite".

993 Cunha, o.c., p. 23. A Declaração do México da Reunião Mundial do Turismo de Julho-Agosto de 1982 define a cultura em termos amplos: conjunto de traços distintivos, espirituais e materiais, intelectuais e afectivos de uma sociedade ou grupo social.

994 Mas importa integrar, ainda, eventos culturais: festivais de música, de dança, de óperas, de arte dramática, de folclore e de cinema; manifestações culturais: concertos, exposições, espectáculos ao vivo, colóquios científicos ou profissionais; feiras internacionais e, nomeadamente as Exposições Universais organizadas desde 1852; peregrinações e grandes cerimónias religiosas; e turismo industrial e técnico (a fim de conhecer processos de fabrico e organização do trabalho).

995 Heinrich Rickert – Kulturwissenschaft und Naturwissenschaft, 1899.

996 Rickert, o.c., 1952, p. 50.

997 Romero, Francisco – *Man and Culture*, p. 10.

998 A. e o.c., p. 132.

Importa atentar na característica de *irrepetibilidade* do património e na necessidade de o proteger, pois a sua *destruição é irreversível*[999]. Mas para que a defesa do património possa ocorrer, na sua plenitude, não basta classificar e proteger edifícios e monumentos individualmente considerados. É necessário criar *zonas de proteção especial* a tais imóveis[1000]. Ora, tudo isto, independentemente da finalidade direta de ordem científica, visada pelo Conselho da Europa na altura, serve o turismo cultural, ao preservar, afastando a ameaça de destruição, garantindo a fidelidade histórica e difundir o seu conhecimento e localização.

No caso da Europa, a cultura é já uma competência da União[1001]. A *integração europeia* evoluiu em ordem a marcar o *reforço do sentimento de pertença a este grande espaço político e socioeconómico que é, hoje, a União Europeia*, respeitando a *diversidade das tradições e das culturas nacionais e regionais.*

Atualmente, o Tratado de Lisboa acrescenta a atribuição unionista referente à coesão territorial, onde toda esta temática tem cabimento[1002].

Em geral, há que ter em conta os aspetos culturais nas suas outras políticas públicas para se respeitar e promover a diversidade cultural (*princípio da transversalidade negativa e positiva*). Por isso, a *cultura* também tem de ter em conta o desenvolvimento das diversas formas de atividade comunitária, especialmente a definição das diversas ações e políticas.

Vejamos a temática da transversalidade cultural e metatradicionalismo rural. Tratar das *atividades turísticas* no espaço rural leva a referir uma outra dimensão desta questão: o contato e desfrute dos diversos aspetos culturais aí presentes. E, por *aspetos culturais,* entendemos aqueles que normalmente são

[999] O urbanismo é chamado a disciplinar o desenvolvimento do fenómeno urbano e edificador (criação e expansão das áreas e meios de habitação), dentro do qual há normas específicas de defender do património cultural inserido nas cidades. Mas o direito do património cultural ultrapassa a vertente de intervenção urbanística. (Marchand, 1989:55; Condesso, 1999). Vide Salvia e Teresi – , 1993:188).

[1000] No caso europeu, a protecção do património cultural foi objecto de um Tratado Europeu, elaborada sob a égide do Conselho da Europa, a Convenção Cultural Europeia, assinada em Paris em 19.12.1954, em vista da qual foi mais tarde assinada em Londres, a 6.5.1969, a Convenção para a protecção do património arqueológico (objectos, vestígios e outros indícios de manifestações da vida e actividade humana, normalmente evidenciados através de escavações e descobertas; constituindo testemunho de épocas e civilizações; da história passada).

[1001] Decisão n.º 508/2000/CE do Parlamento Europeu e do Conselho, de 14.2.2000, em que se estabelece o Programa "Cultura 2000" (Diário Oficial n.º L 063, de 10.3.2000, p. 1-9).

[1002] Embora existam limitações quanto ao tipo de acções previstas, os instrumentos criados e o procedimento. Condesso, F. – Desarrollo y cohesión en la península ibérica:El problema de la ordenación territorial. Barcelona: Erasmus, 2010.

associados à vida rural, mas também o artesanato e a gastronomia, e toda uma gama de atividades que, igualmente, permitem o enriquecimento em cultura de quem os pratica e fogem a uma visão tradicionalista da realidade rural.

O património cultural do domínio rural merece crescente interesse dos residentes urbanos[1003]. Além dos aspetos anteriormente valorizados, correspondentes aos grandes momentos e bens patrimoniais (monumentos, romarias e feiras), outra dimensão cultural tem despontado: a ligada ao dia a dia das comunidades rurais mais modestas, com as suas práticas e os seus saberes. As casas (não só solares e palacetes) recuperadas e aproveitadas para alojamentos de turismo constituem um reflexo de uma época e de uma cultura que o turista quer conhecer e da qual quer participar.

Há toda uma série de atividades passíveis de serem aproveitados com êxito em termos turísticos: entre outras, *o artesanato, etnografia, atividades locais, arquitetura tradicional ou gastronomia popular*. Para que tal seja rentabilizado eficazmente, exige-se a sua *integração em produtos turísticos, divulgação* e análise da *realidade local*.

Tudo sem descaracterizar o espaço rural dos seus elementos mais significativos.

O *património cultural* é, em todas as suas formas e expressões, um fator básico de desenvolvimento do turismo e, em muitas ocasiões, tem sido graças aos vários empreendimentos de turismo no espaço rural que se tem recuperado um património em degradação[1004]. Neste sentido, o turismo de *habitação se assume como um produto turístico*, que pressupõe a recuperação do património uma vez que a conservação das casas é um fator fundamental para o turista conhecer o modo como eram as habitações de uma localidade ou região há alguns anos atrás. Normalmente são os solares e palacetes as habitações mais recuperadas para este tipo de turismo, pela sua *grandiosidade*, pela sua *traça arquitetónica* e pela sua *monumentalidade*.

No entanto, as casas mais modestas são também recuperadas para turismo de habitação uma vez que também são *representativas do modo de vida de uma região*. Além disso, nem todos os turistas pretendem ficar em solares.

[1003] Seja o apelo do diferente, a busca das raízes, questão de moda ou simplesmente uma consequência da crise que atravessa a vida urbana, é inegável uma mudança na forma como a cidade olha o campo.

[1004] Muito desse património é constituído por solares antigos e palacetes, que, quase em deterioração, foram recuperados para turismo de habitação: casas representando uma determinada época, na arquitectura ou recheio de mobiliário e obras de arte; recuperação de fortalezas, conventos e outro tipo de edifícios com papel ancestral fundamental para a região; em geral, edifícios de um valor inestimável, com localização privilegiada e vista deslumbrante.

Há aqueles que procuram o *rústico* e a simplicidade de viver, que não encontram na agitação da sua vida citadina. É desta forma que o turismo de habitação se assume cada vez mais como um produto turístico cujo conceito assentou na utilização de uma casa de família, pressupondo sempre a recuperação do património, seja ele rústico ou erudito, seja ele ambiental ou cultural. E para se conseguirem alcançar todos estes objetivos, não se pode apenas considerar a casa, apesar da sua máxima importância.

Há aldeias que são um *museu vivo de tradições*. Foi a *agricultura* que modelou a *paisagem rural*, associada a diferentes tipos de culturas e de explorações, de habitats e arquiteturas e a todo um património histórico e cultural, cuja diversidade merece ser preservada. Por isso, o turista vem procurando o genuíno da *cultura tradicional local*. Nas aldeias mais características, encontra e regista aspetos identificadores da sua cultura e pode mesmo participar ativamente nos trabalhos agrícolas. Daí, a importância da promoção do *agroturismo* para a sobrevivência e desenvolvimento da agricultura e para a satisfação de necessidades de turistas que pretendem conhecer os segredos da vida rural. O *agroturismo* contribui, também, para o desenvolvimento dos produtos locais visto que o turista exige apenas produtos naturais ou produtos artesanais típicos de uma região. Além disso, sendo o turista rural, atraído pelas *paisagens agrícolas e rurais*, *fauna* e flora, o agroturismo permite conjugar os *interesses agrícolas e a proteção do ambiente*, com uma *gestão integrada do território*[1005].

O *turismo de quinta* permite combinar estes diferentes aspetos, aumentando o valor acrescentado, através da venda direta dos produtos agrícolas e gerando rendimentos pela valorização do património construído não utilizado na exploração. Este tipo de turismo, dadas as suas características, é um dos maiores defensores do património ambiental (uma vez que deve ter uma gestão fundamentalmente virada para a preservação da natureza) e cultural (no sentido em que pode preservar as tradições que se referem ao modo de vida dos agricultores, aos utensílios necessários ao trabalho, ao folclore e aos produtos naturais fabricados apenas com o que a terra e os animais nos oferecem). É a partir destes produtos que se desenvolve uma *gastronomia única*, que o turista procura conhecer, porque também ela faz parte da memória coletiva

[1005] A sua preservação é uma condição da atracção turística das zonas rurais, implicando, porém práticas agrícolas mais dispendiosas e nem sempre tão rentáveis, pelo que o agricultor pode encontrar no agroturismo um modo de remuneração dos investimentos que vai realizando a favor da gestão do ambiente para benefício da colectividade em geral, ajudando ainda a preservar um importante património etnológico decorrente da agricultura (utensílios, máquinas agrícolas, ofícios e oficinas artesanais, forjas, marcenarias e pedreiras, barragens, arquitectura muito diversificada, folclore múltiplo, gastronomia popular variada, etc.).

de um povo, tal como o seu sentir, a sua maneira de estar ou ser[1006]. Além da gastronomia, o artesanato é outra das atividades que é necessário preservar porque, também ele representa específicas culturas, mesmo que sofrendo nas últimas décadas a penetração de sucessivas vagas de padrões culturais vindos de outras regiões. O *artesanato* tem sido, ao longo dos tempos, uma expressão de necessidades materiais e espirituais, sendo necessariamente social porque contém a síntese mais perfeita de rigor e respeito pelos materiais, do apuramento efetivo das formas e funções, da ligação plena ao meio ambiente e às comunidades rurais.

O *artesanato* trata-se de um exercício criativo do homem, que transmite aos materiais toda a pureza e variedade de formas representativa da sua cultura[1007]. Um outro especto relevante é o fato de muitos turistas tentarem fazer coincidir a sua visita a determinada região de acordo com a data das *festas típicas* das várias localidades, religiosas ou não, como acontece no Carnaval: festas populares, festas religiosas e festas comemorativas, que são sempre manifestações culturais tradicionais representativas de uma região. É nestas ocasiões que se tem a oportunidade única de conhecer as *danças e cantares tradicionais* e suas histórias e de compreender o porquê dos *trajes* que utilizavam para trabalhar ou para sair ao domingo[1008].

O *património local* e sobretudo a sua cultura são corretamente considerados dos mais antigos e ricos fatores de promoção do turismo, contribuindo para a atração que as várias regiões exercem sobre visitantes de todo o mundo e acentuando a consciência de identidade dos povos[1009].

Concluindo, há um interesse crescente pelos *problemas culturais* em geral e pela *defesa do património cultural* em especial, com os *espaços em integração regional económico-política* e as administrações intraestaduais a criarem *políticas culturais e de desenvolvimento económico local*, promovendo o *direito de defesa do*

[1006] Elemento fundamental da sua cultura, pois as tradições gastronómicas são antiquíssimas e as várias receitas características de cada região continuam a sua actividade ao longo dos anos, transportando a maneira de ser de um povo ou ilustrando o desenvolvimento em diferentes épocas. Quando falamos em gastronomia, estamos a incluir pratos típicos, produtos da terra, vinhos e licores.

[1007] O seu tradicionalismo mostra-nos um passado que sobrevive ao tempo e caracteriza o modo de ser de uma região. Alimentam a identidade cultural dos lugares, o que interessa ao turista (gestos de um artesão, que abre as suas oficinas ao público; compra de artesanato típico da região).

[1008] Exemplos desta atitude, em Portugal, a Festa das Flores, de Campo Maior, na fronteira de Portugal com a Espanha ou a Festa dos Tabuleiros, em Tomar.

[1009] VVAA – *Annais of Tourism Research: A social Science Journal*, Vol. 12, n.º 4, Pergamon Press, 1985; Vol. 18 n.º 2, Pergamon Press, 1991

património cultural construído e natural e a *recuperação* da *paisagem* e do mundo rural em geral. A capacidade de atração e retenção de uma área rural depende de *fatores locais* ligados às *condições naturais* existentes, *investimentos* programados e *capacidade criativa*, em que as *lideranças locais* e regionais têm um papel decisivo na promoção de *manifestações culturais*. O *conceito de cultura* engloba artes, letras, modos de vida, valores fundamentais do ser humano, sistemas de valores, tradições e mesmo crenças.

O *património cultural* compreende o património histórico situado (vestígios arqueológicos, edifícios religiosos, parques e jardins) e os museus.

O *modelo adequado de atividade turística* com benefícios para o mundo rural depende de *dois tipos principais de intervenção administrativa* nos aglomerados existentes nessas zonas rurais: a intervenção de *conservação* e a de *reabilitação*, uma vez que as urbes não devem quebrar a ligação entre homens e natureza e a *recuperação dos centros históricos*, salvando todo um património urbanístico formado, em grande parte, na época pré-industrial, que tem sido objeto de agressões, preocupação a estender aos agregados e elementos isolados de valor histórico construídos no mundo rural.

Deve estabelecer-se, como *tarefa fundamental do Estado*, a proteção e valorização do *património cultural*. Mas não é só tarefa do Estado, pois a *proteção do património* obriga à participação e prossecução ativa pelos cidadãos, que têm verdadeiros deveres. E isto vale também para o *ambiente e a qualidade de vida*, cabendo ao Estado, através de organismos próprios e com apoio de iniciativas particulares, criar e desenvolver reservas e parques naturais e de recreio, e classificar e proteger paisagens e sítios, para garantir a conservação da natureza e a preservação de *valores culturais de interesse histórico ou artístico*, interpretando permanentemente as preocupações referentes ao ambiente, ordenamento do território e valores culturais.

Na *perspetiva cultural do turismo e do desenvolvimento rural*, que ele pode propiciar, o impacto das ações levadas a cabo em certas regiões tem contribuído para o desenvolvimento das zonas rurais, sem prejuízo de se exigir que os objetivos e instrumentos das medidas do turismo sejam em geral integrados na definição e implementação de todas as políticas territoriais. O *turismo* utiliza e consome recursos que devemos, a todo o custo, preservar como é o caso dos territórios, dos ambientes e da cultura das regiões em que opera. Os turistas procuram patrimónios tradicionais, arquitetónicos, arqueológicos, jardins, museus, espetáculos, etc. e o recurso a estas atividades está associado à sua genuinidade. Mas se forem preservados e valorizados numa perspetiva unicamente turística, essa genuinidade rapidamente irá desaparecer e, com ela, toda a razão de ser do turismo no espaço rural.

A melhor via para o desenvolvimento das áreas rurais e defesa do ambiente rural, dos recursos naturais e em geral do património cultural, natural e construído, passa pela *rentabilização dos recursos para a população* que nelas vive durante todo o ano e não especificamente para o turista que apenas a visita durante alguns dias. Se toda a atividade turística tiver em conta a *preservação do património natural e cultural*, atendendo também aos interesses das populações, o carácter tradicional do turismo no espaço rural não se perderá e os beneficiários serão simultaneamente os residentes do mundo rural e os turistas.

6.3. Património identitário do futuro

6.3.1. Considerações gerais sobre a proteção das paisagens

As paisagens, enquanto parte do território apreendida pelas populações de um certo modo que imprime um carácter que resulta da ação e da interação de fatores naturais e ou humanos[1010], que, pela sua qualidade e diversidade, devem considerar-se um recurso comum, devem também ser objeto de *proteção, gestão e ordenamento* adequados.

Acontece que evolução tecnológica no campo agrícola, florestal, industrial e mineira e das técnicas no do ordenamento do território, urbanismo, transportes, infraestruturas, turismo, lazer e, em geral, todas as alterações na economia mundial assentes na lógica dominante do ultraliberalismo estão a acelerar a redução, transformação significativa e mesmo degradação das paisagens tradicionais.

Ora, importa defender as paisagens de grande qualidade para manter ou impedir evoluções que destruam a relação equilibrada entre as atividades económicas e o ambiente e privem as populações de usufruir das mesmas para o bem-estar individual e social.

Portanto, para se poder obter um desenvolvimento sustentável, realizando funções de interesse público não só no plano social, cultural, como ambiental, impondo-se a sua proteção, gestão e ordenamento adequados (para valorizar, recuperar ou criar paisagens), por representar uma componente essencial do património cultural e natural, contribuindo para a qualidade de vida e consolidação da identidade das populações locais, quer nas áreas urbanas quer rurais, sejam áreas degradadas ou de grande qualidade, sejam áreas consideradas notáveis ou nas áreas da vida quotidiana,

Tal defesa exige a formulação de "princípios gerais, estratégias e linhas orientadoras" que permitam a adoção de medidas específicas tendo em

[1010] Artigo 1.º da Convenção Europeia da Paisagem de 2000, que tem por objetivo promover a proteção, a gestão e o ordenamento da paisagem e organizar a cooperação europeia neste dominio.

vista essa proteção, gestão e ordenamento da paisagem, com as ações de conservação ou manutenção dos traços significativos ou característicos de uma paisagem, justificadas pelo seu valor patrimonial resultante da sua configuração natural e ou da intervenção humana.

Para o efeito, importa integrar a paisagem nas políticas não só diretamente ambientais, mas também de ordenamento do território, urbanismo, agrícola, cultural, social e económica e outras que possam ter impacte, direto ou indireto, na paisagem. Incidindo, pelo menos, sobre as áreas naturais, rurais, urbanas e periurbanas, abrangendo as áreas terrestres, as águas interiores e as águas marítimas.

As *dinâmicas demográficas e sociais* dos últimos anos representam um desafio de peso no quadro de uma política pública de arquitetura e paisagem, refletindo as mudanças profundas que resultaram nas paisagens da vida quotidiana e nas estruturas sociais em que assentam as tipologias habitacionais. Complementarmente à concentração crescente da população nas áreas urbanas, em particular nas regiões metropolitanas de Lisboa e Porto e ao longo do litoral, há transformações demográficas de variada índole, que revelam *tendências* que não correspondeu a uma variação consentânea do parque habitacional.

Pululam situações de irregularidade e precariedade, com construções e urbanizações de génese ilegal e vivemos uma era de bairros de lata e barracas. Temos vivido uma explosão imobiliária e excesso de número de fogos, fruto de uma urbanização extensiva irracional.

A escalada dos preços do imobiliário contribuiu para o abandono dos centros dos aglomerados urbanos e o aumento da ocupação suburbana. Os processos de legalização das áreas urbanas de génese ilegal e de muitas outras situações de habitações irregulares emergem como fenómenos que perduram e são difíceis de resolver. Face à bolha imobiliária e à crise 2008 do *subprime*, temos os problemas ligados ao excedente do parque habitacional, número de fogos desocupados e situações de urbanizações e edificações devolutas ou inacabadas.

Faltam abordagens de ordenamento e gestão das paisagens adequadas às transformações demográficas e sociais, promovendo aproximações territoriais focadas na coesão e inclusão social e na oferta de habitação condigna e a preços razoáveis, em especial nos núcleos urbanos e centros históricos, em ordem a dinamizar zonas desvitalizadas, garantindo níveis satisfatórios de espaços públicos e espaços verdes coletivos e procurando soluções inclusivas e flexíveis, ajustadas às estruturas familiares emergentes e aos novos padrões de vida, e acessíveis aos grupos mais vulneráveis.

A progressiva "'desruralização' económica" e desindustrialização da estrutura produtiva nacional em bens transacionáveis criaram um desequilíbrio na economia e finanças, mas é o imobiliário e o mercado de solos revelam também fatores muito críticos de desequilíbrio e distorção nesse domínio, sendo certo que a excessiva expansão urbana resulta de um modelo de crescimento potenciado pelo acesso facilitado ao crédito conjugado com a errada política de solos e de planeamento físico, desde 1965 assente na sucessiva privatização dos direitos de urbanização e na desregulação do mercado de solos, sem garantir a recondução social das mais-valias geradas por atos administrativos decorrentes do processo de planeamento.

A escalada dos preços do imobiliário e da habitação é, pois, a consequência direta de uma política de solos que valorizou o recurso solo, enquanto ativo financeiro, desvalorizando a sua função social.

O alargamento dos perímetros urbanos e a delimitação, em sede de planos diretores municipais e de urbanização, de áreas urbanizáveis para além de toda a racionalidade ligada às dinâmicas de crescimento, aliado à concentração progressiva da titularidade da propriedade, serviu de alavanca direta para a criação de um "mercado de futuros" ligado ao uso do solo, que motivou a retenção de terrenos e fogos para aumentar encaixes financeiros futuros em mais-valias privadas, como levou à urbanização difusa e *construção fora dos perímetros urbanos*, com *dispersão urbanística*, *fragmentação dos espaços agrícolas e silvestres* e *sobrevalorização de terrenos rústicos*, tornando impraticável a sua afetação a atividades produtivas naturais.

A política de arquitetura e paisagem não pode ficar alheia à realidade da atual mudança de paradigma, com a inversão dos ciclos financeiro (a contração da disponibilidade de crédito), económico (a perda de importância do sector da construção no contexto da estrutura económica nacional), imobiliário (o decréscimo da procura e a descida dos preços), urbanístico (a contenção da expansão urbana) e demográfico (a contração populacional). Valorização da arquitetura e da paisagem no âmbito de uma estratégia de recuperação e internacionalização da economia portuguesa, tomando por base um processo de disciplina do uso do solo, de regulação dos processos de formação de valor e de afetação social das mais-valias decorrentes das alterações de uso, e potenciando os recursos e serviços associados à arquitetura e à paisagem para promover o *turismo sustentável*, a criação de emprego, a dinamização da indústria transformadora ligada à construção e a competitividade e internacionalização da economia nacional.

A complexidade dos procedimentos, a falta de transparência, os bloqueamentos burocráticos e nos prazos decisórios incumpridos e o descredibilizado quadro normativo português em matéria de *edificação, urbanismo e ordenamento do território* são problemas que afetam a eficácia das políticas territoriais e do sistema de planeamento. Importa que a regulação da construção e edificação no âmbito da reabilitação urbana, das acessibilidades, da segurança, da eficiência energética revelem sempre uma clara coerência e uma articulação integrada, acabando com os impedimentos organizativos e a falta de cultura cooperativa intersectorial e interinstitucional, com permanente ponderação de valores e interesses, a integração estratégica entre sectores e níveis administrativos, valorizando critérios qualitativos e critérios que facilitem a proteção, gestão e ordenamento das paisagens.

Em Portugal tem diminuído o *"défice ecológico"*, apresentando cerca de um quinto do território nacional coberto por áreas com interesse para a conservação da natureza, acumulando uma significativa pegada ecológica e, no sector residencial (cerca de 5,9 milhões de alojamentos familiares), regista progressos notáveis ao nível da *eficiência energética*. Mas não pode esquecer-se os enormes riscos ligados a períodos de *seca prolongada*, *incêndios florestais* e *erosão costeira*, *desertificação* e *degradação dos solos*[1011].

A conservação da natureza tem vindo a assumir uma importância crescente na sociedade atual na medida em que os seus princípios e atuações pretendem uma utilização sustentável dos recursos naturais e a regulação dos *processos ecológicos*[1012].

[1011] Em Portugal, os edifícios representam cerca de 30 % do consumo de energia, pelo que a melhoria do desempenho energético dos edifícios e a arborização urbana continuam a ser uma prioridade (até para aliviar a dependência das importações de energia da União Europeia, com cerca de 48 %), exigindo uma atuação ao nível da construção existente, através da reabilitação energética. Aumento da resiliência e eficiência territorial, dos edifícios e espaços urbanos, prevenindo riscos, promovendo a adaptação dos territórios e áreas urbanas aos efeitos das alterações climáticas, designadamente através do planeamento e integração de estratégias de adaptação no âmbito do ordenamento do território, do urbanismo, das infraestruturas e transportes, e dos instrumentos de gestão territorial, fomentando a adoção de abordagens de projeto mais responsáveis, focadas na eficiência no uso dos recursos, na redução das emissões de gases com efeito de estufa, no comportamento térmico e na adaptação e reutilização dos edifícios, atendendo às suas características tecnológicas e ciclo de vida útil.

[1012] A Política de Ambiente consagrada na Lei n.º 19/2014, de 14 de abril, visa a efetivação dos direitos ambientais através da promoção do desenvolvimento sustentável, suportada na gestão adequada do ambiente, em particular dos ecossistemas e dos recursos naturais, contribuindo para o desenvolvimento de uma sociedade de baixo carbono e uma "economia verde", racional e eficiente na utilização dos recursos naturais, que assegure o bem-estar e a melhoria progressiva da qualidade de vida dos cidadãos. Inclui os componentes ambientais naturais, como o ar, a água e o mar, a biodiversidade, o solo e o subsolo, a paisagem, e reconhece e valoriza a importância dos recursos naturais e dos bens e serviços dos ecossistemas (artigo 10.º) e os componentes associados

O total da área que apresenta um estatuto de conservação da natureza é de cerca de 25 % do território continental (muitas destas áreas se sobrepõem), numa boa parte da qual a conservação da natureza depende de atividades humanas, pelo que, como referimos no capítulo respetivo, ao regime jurídico da conservação da natureza e da biodiversidade cabe assegurar o funcionamento da Rede Fundamental de Conservação da Natureza como uma "Infraestrutura Verde" (estrutura ecológica que simultaneamente salvaguarda a conservação da componente biológica e promove a conectividade da paisagem, melhoria do ambiente e o bem-estar humano), com uma constante harmonização entre as dinâmicas da paisagem e uma adequada política de ordenamento do território nos âmbitos regional e local.

Há várias *ordens de desafios* que se colocam à arquitetura e à paisagem nos próximos anos, partindo da análise das dinâmicas económicas e sócio-territoriais que têm revelado um conjunto de debilidades e de desafios que impõem uma estratégia definida na política nacional[1013].

Por um lado, a progressiva urbanização ao longo do século XX, face à crescente concentração da população nas áreas urbanas e metropolitanas, com o abandono dos campos e das atividades do setor primário têm gerado alterações profundas no modelo de organização do território nacional. Esta urbanização, em expansão urbana avulsa e desordenada, foi em grande parte favorecida pelo investimento e disseminação das redes de infraestruturas e ausência de meios e instrumentos político-regulamentares que não asseguraram uma transformação e ocupação territorial equilibrada, levando a uma fragmentação e degradação das áreas naturais e agrícolas, condicionando o seu *valor ecológico, paisagístico e produtivo*.

Também a fraca qualidade dos tecidos urbanos e do ambiente construído resultam em grande medida da explosão urbanística das últimas décadas, em especial nas franjas residenciais e nas áreas de ocupação dispersa, particularmente deficitárias em termos de equipamentos e espaços públicos coletivos de qualidade, e pobres do ponto de vista da qualidade construtiva, da arquitetura e do desenho urbano. Este fenómeno, no seu conjunto, tem levado a grave desqualificação da paisagem a nível nacional, com a falta de coesão territorial e o empobrecimento das dinâmicas urbano-rurais. Nos núcleos centrais e centros históricos, as dinâmicas confirmam, ao invés, uma tendência de decrescimento, também ela conducente à desqualificação do espaço e paisagens urbanos.

aos comportamentos humanos, nomeadamente as alterações climáticas, os resíduos, o ruído e os produtos químicos (artigo 11.º

1013 Vide PNAP.

O abandono dos centros, associado ao progressivo envelhecimento da população residente e à emergência de situações de precariedade social, tem conduzido à gradual *degradação do parque edificado*, constatando-se a insuficiência de resposta pública no campo de ações de reabilitação e regeneração urbana.

O desenvolvimento urbano sustentável deverá basear-se no aproveitamento das condições locais, no respeito pela envolvente e na adequação ao clima, entendimentos que ditaram durante séculos a forma de construir. Importa proceder à qualificação das paisagens e do ambiente construído, ancorada numa aposta estratégica na *reabilitação e regeneração* urbanas e no desenvolvimento de mecanismos, no âmbito da política de solos, ordenamento do território e urbanismo, para *suster a expansão e inverter e corrigir* os efeitos negativos do crescimento recente, tendo em vista um desenvolvimento urbano e territorial mais equilibrado e eficiente, na prossecução da qualidade de vida e o bem-estar da população portuguesa.

A conservação e salvaguarda do património cultural têm merecido uma particular atenção, com a consolidação de uma política de conservação integrada e a progressiva ampliação do conceito de património a novas dimensões, geografias e tipologias de bens. No âmbito das Nações Unidas e do Conselho da Europa, temos cartas e convenções que vieram contribuir para a universalização de conceitos e critérios, no domínio do património histórico e cultural e na valorização da singularidade dos territórios e dos lugares, com as políticas nacionais a proceder à classificação, inventariação, proteção e valorização do património cultural.

Em Portugal, persistem muitos problemas que colocam em risco o património paisagístico e arquitetónico, designadamente face à incapacidade do Estado quer para impulsionar uma cultura de cidadania que mobilize a sociedade em geral nesse sentido quer para garantir a sua proteção, integridade e gestão, desde logo a insuficiência de meios financeiros e a ineficácia de mecanismos legais e institucionais conducentes à adoção de novos modelos e práticas de gestão integrada do património e da paisagem, em articulação com os instrumentos de gestão territorial.

O mais importante instrumento jurídico de proteção de bens culturais, a classificação é insuficiente para responder com eficácia à proteção, gestão e ordenamento integrados da paisagem e à conservação e valorização ativas do património cultural, face aos fenómenos da crescente urbanização, exploração agrícola intensiva, abandono agrícola, desenvolvimento acelerado de infraestruturas pesadas e o investimento em operações turísticas de grande impacto territorial, que têm colocado uma pressão acrescida nos valores paisagísticos e culturais. Importa prevenir e mitigar os efeitos da sobre-exploração dos recursos culturais e naturais, consciencializando para o reconhecimento da paisagem e do património arquitetónico como elementos capitais de uma política de desenvolvimento territorial sustentável.

6.3.2. Programa Nacional de Arquitetura e Paisagem. Convenção europeia. Fundamentos concetuais, factuais e jurídicos

Os *conceitos de arquitetura e paisagem* são, como refere a PNAP, polissémicos e com incertos limites de concretização separadora, ao estar dotado de subjetividade conceitual e sentidos dependentes dos contextos em que são usados.

Por um lado, não deixam de encerrar âmbitos e especificidades e, por outro, partilham um "enfoque e esfera de atuação comuns", que perpassam pelo "*ambiente construído, construção do território e dos lugares, espacialização da ação do homem no território*, enquanto expressão de uma cultura e parte integrante de uma identidade coletiva".

Por isso, uma política pública, neste âmbito, trabalhando-se com a sua aceção em sentido bastante amplo, que vai para além do "objeto construído", no caso da arquitetura, que compreende "todo o espaço edificado, integrando não apenas os edifícios, os seus espaços interiores, e todas as outras estruturas construídas que povoam o território, mas também os espaços exteriores que compõe a arquitetura da cidade e desenham o território".

No fundo, a arquitetura será "a arte e a ciência de construir, de conceber e desenhar o vazio, por intermédio da forma física construída, conferindo ao espaço e ao objeto edificado, materialidade, utilidade e *beleza*". E a paisagem é considerada, para além de um "simples cenário ou entidade visual", uma parte do território tal qual é "apreendida pelas populações", ou seja, deve trabalhar-se com uma conceção que parta de um "sistema complexo e dinâmico que resulta da constante ação e interação do Homem com a Natureza ao longo do tempo".

Esta "construção da paisagem" é orientada por princípios e objetivos que "conferem qualidade ao território, em termos *funcionais, identitários, ecológicos e estéticos*", pelo que o conceito de *arquitetura paisagista* aparece simultaneamente como uma arte e uma ciência de natureza arquitetónica, "capaz de sintetizar na sua intervenção o conhecimento relativo à natureza e à cultura, através de metodologias integrativas e abordagens holísticas".

Por isso, se compreende a opção política de passar a integrar a arquitetura e a paisagem numa mesma articulada *política pública*, sem prejuízo de trabalhar com as dimensões e especificidades próprias de cada um destes conceitos, valorizando desde logo os aspetos, princípios e esferas de atuação comuns.

6.2. Reconhecimento no plano supranacional da arquitetura e da paisagem como bens públicos

O reconhecimento da arquitetura e da paisagem como *bens públicos* que promovem o "bem-estar social, a competitividade económica e a identidade cultural", levou já à adoção de *convenções internacionais*, de declarações e resoluções intergovernamentais e de outros compromissos, no âmbito da União Europeia, do Conselho da Europa e das Nações Unidas, sendo de destacar, desde logo, quer a ratificação da Convenção Europeia da Paisagem, quer a Estratégia Territorial Europeia (ou Esquema de Desenvolvimento do Espaço Comunitário)[1014], a Resolução do Conselho Europeu sobre a qualidade da arquitetura no ambiente urbano e rural e as Convenções das Nações Unidas para a proteção do património mundial, cultural e natural e para a proteção do património cultural imaterial.

A grande maioria dos países da União Europeia reconheceu a paisagem e a arquitetura como "importantes recursos e linhas estratégicas de atuação do Estado, concertadas através de políticas públicas que, visando a melhoria da qualidade de vida dos cidadãos, promovem a arquitetura e a paisagem entendidas como garante da qualidade e sustentabilidade do ambiente natural e construído, e como recurso da cultura e da cidadania".

A nível unionista europeu, vários os Estados-Membros da UE que relevam a matéria nas suas agendas políticas, consubstanciando, através da promulgação de políticas públicas de arquitetura e da paisagem, os princípios e compromissos assumidos no âmbito das convenções internacionais, das

[1014] A ETE, adotado em 1999 pela União Europeia, pensa o território como uma nova dimensão da política europeia, reconhecendo as identidades territoriais locais e regionais como fatores decisivos no enriquecimento da qualidade de vida dos cidadãos. O território, a paisagem, a arquitetura e o património cultural são considerados, eles próprios, fatores ativos de desenvolvimento, sendo a conservação e a gestão criativa das paisagens culturais e do património arquitetónico uma opção e objetivo de política central, tendo em vista o ordenamento e o desenvolvimento territorial. Matéria extensamente desenvolvida já no final do século XX e depois objeto por nós de publicações: *Ordenamento do Território: Administração e Políticas Públicas, Direito Administrativo e Desenvolvimento Regional.* Lisboa: UTL, 2005; – *El desarrollo armónico de la Península Ibérica: El problema de la ordenación territorial.* Barcelona: Erasmus Ediciones, Jan 2010. E, ainda, por exemplo: "O ordenamento do território e o seu enquadramento legal em Portugal". In *A efetividade do direito ambiental e a gestão do meio ambiente na américa ibérica: Balanço de Resultados das Quatro décadas da Conferência de Estocolmo.* Santos: Unisantos, 2012, p. 157-170. Condesso, F.; Mora Aliseda, J. e São Pedro, B. (Dir.) – *Planeamiento y Pespectivas del Territorio.* Madrid: Ministerio de Educación y Ciencia, e – *Infraestructuras, Competitividad y Cooperación Territorial.* Madrid. Ministerio de Educación y Ciência. Condesso, F.; Mora Aliseda, J.; Castro Serrano, J. (Dir.) – *Nuevas tendencias en la ordenación del territorio.* Cáceres: Fundicotex, UNEX, 2009 e – *Urbanismo sostenible. Cáceres:* Fundicotex, UNEX, 2009.

declarações e resoluções intergovernamentais adotadas pela União Europeia, pelo Conselho da Europa e pelas Nações Unidas.

Ao adotar uma PNAP, Portugal vem aproveitar as lições colhidas nos fóruns europeus e internacionais, designadamente o "Fórum Europeu para as Políticas de Arquitetura, o Conselho dos Arquitetos da Europa, Comité de Monitorização para a Cultura, Património e Paisagem e Conferências da Convenção Europeia da Paisagem.

Além da ETE/EDEC e da Convenção Europeia da Paisagem, assinada em Florença no ano 2000 e ratificada por Portugal em fevereiro de 2005, que analisamos mais baixo[1015], importa considerar que a Resolução do Conselho Europeu sobre a Qualidade da Arquitetura em Ambiente Urbano e Rural, assinada em 2000 pelos ministros da cultura e audiovisual e adotada formalmente em fevereiro de 2001, quer a *Carta de Leipzig das Cidades Europeias Sustentáveis*, assinada em 2007 pelos ministros responsáveis pelo desenvolvimento urbano.

A *Resolução do Conselho Europeu sobre a Qualidade da Arquitetura em Ambiente Urbano e Rural* consubstanciou a nível europeu, a política *de arquitetura*, considerada como um valor essencial na prossecução da qualidade de vida dos cidadãos europeus, enfatizando em particular a sua *dimensão histórica e cultural*[1016].

A *Carta de Leipzig das Cidades Europeias Sustentáveis* destaca o conceito de cultura construtiva, sensibilizando para a importância de um espaço público, de uma arquitetura e ambiente construído de qualidade, na melhoria das condições de vida da população urbana, no reforço da atratividade das cidades e da competitividade do espaço urbano; uma questão que não é apenas cultural, mas que cruza também aspetos sociais, económicos e ambientais. Temos ainda as *Agendas Territoriais da União Europeia*, de 2007 e 2010 e o Tratado de Lisboa, que apostam no conceito de *coesão territorial*, como um objetivo comum e prioritário no âmbito da política europeia,

[1015] Esta Convenção reconhece a paisagem como "uma componente fundamental do património cultural e natural europeu, contribuindo para a formação das culturas locais e para a consolidação da identidade europeia. Sejam áreas urbanas ou áreas rurais, áreas notáveis do ponto de vista patrimonial, áreas do quotidiano ou, mesmo, áreas degradadas, a paisagem é sempre entendida como um elemento – chave para o bem – estar individual e social, implicando, por essa razão, direitos e responsabilidades para cada cidadão, e uma proteção, ordenamento e gestão atentos do bem em questão"

[1016] Em 2008 as Conclusões do Conselho Europeu sobre Arquitetura vêm alargar este entendimento, reforçando, desta feita, o contributo e valor da arquitetura para o desenvolvimento sustentável e, designadamente, para o desenvolvimento urbano sustentável.

configurando um pré-requisito essencial na consolidação do crescimento económico sustentável e na implementação dos objetivos de coesão económica e social.

São vários os tratados adotados pela Organização das Nações Unidas para a Educação, Ciência e Cultura (UNESCO) e pelo Conselho da Europa para a salvaguarda, proteção e conservação do património cultural. Constituem marcos de referência, sobretudo a nível europeu, assentes na dimensão territorial como um vetor estruturante da política de coesão, ambiental e do desenvolvimento sustentável.

Destaquem-se:

- a *Carta de Veneza*, de 1964, sobre a Conservação e o Restauro de Monumentos e Sítios, elaborada pelo Comité Internacional de Monumentos e Sítios (ICOMOS);
- a *Convenção para a Proteção do Património Mundial, Cultural e Natural*[1017] define as bases e princípios da conservação do *património mundial natural e cultural*;
- a *Carta de Florença sobre a Salvaguarda de Jardins Históricos* consagra o valor cultural de construções humanas em que são utilizados materiais vivos[1018];
- a *Convenção para a Salvaguarda do Património Arquitetónico Europeu* estabelece três categorias para o património arquitetónico, monumentos, conjuntos e sítios[1019];
- a *Convenção sobre o Valor do Património Cultural para as Sociedades* debruça-se sobre a natureza das relações entre património e sociedades atuais, especialmente os patrimónios arquitetónico e paisagístico e postulando os contributos da conservação do património para o desenvolvimento socioeconómico das sociedades[1020].

Tendo em conta que Portugal vai entrar num novo ciclo de financiamento com fundos estruturais orientados através do "Portugal 2020", estamos

[1017] Convenção de Paris, aprovada pela UNESCO em 1972 e ratificada por Portugal pelo Decreto n.º 49/79, de 6 de junho, com critérios de inclusão na Lista do Património Mundial revistos em 1992, de acordo com a proposta elaborada conjuntamente pelo ICOMOS e pela União Internacional para a Conservação da Natureza

[1018] Elaborada em 1981 pela Comissão Internacional de Jardins Históricos (ICOMOS-IFLA).

[1019] Convenção de Granada, aprovada em 1985 pelo Conselho de Europa e ratificada por Portugal pela Resolução da Assembleia da República n.º 5/91, de 23 de janeiro.

[1020] Convenção de Faro, de 2005, promovida pelo Conselho Europeu.

perante uma oportunidade para o desenvolvimento da PNAP focada no bem-estar e na qualidade de vida dos cidadãos e num crescimento de base territorial sustentável, inteligente e inclusivo.

Como refere a Resolução do CM n.º 45/2015 de 7 de julho, esta política é uma das tarefas fundamentais que incumbem constitucionalmente ao Estado. A qualidade do ambiente quer natural, quer construído são matérias que têm vindo a merecer uma atenção crescente associadas aos objetivos do ordenamento racional e harmonioso do território, na ótica do desenvolvimento e coesão territorial.

Em Portugal, estes objetivos, expressos inicialmente numa das primeiras propostas de Política Nacional de Arquitetura elaborada por um Estado Membro da União Europeia, "O Livro Branco da Arquitetura e do Ambiente Urbano em Portugal", publicado em 1995, têm tido sequência nos diplomas fundamentais que regulam o ordenamento do território, o urbanismo e o ambiente, e nos principais documentos estratégicos que estabelecem as grandes orientações de política nesses mesmos domínios.

De entre eles, destaca-se o Programa Nacional das Políticas de Ordenamento do Território, que enuncia como medida prioritária o desenvolvimento de uma PNAP, admitindo, de forma expressa, a qualidade arquitetónica, a proteção e a valorização das paisagens e do património cultural como fatores fundamentais na qualificação e desenvolvimento do território e na promoção e melhoria da qualidade de vida dos cidadãos.

6.3.4. Convenção europeia sobre a paisagem

A Convenção aplica-se tanto a paisagens que possam ser consideradas excecionais como a paisagens da vida quotidiana e a paisagens degradadas (artigos 2.º e 15.º).

As *medidas nacionais gerais* (artigo 5.º) implicam o reconhecimento da paisagem como uma componente essencial do ambiente humano, uma expressão da diversidade do seu património comum cultural e natural e base da sua identidade.

Concretizam-se em procedimentos para a participação do público, das autoridades locais e das autoridades regionais e de outros intervenientes interessados na definição e implementação das políticas da paisagem.

Pressupõem a integração da paisagem nas suas políticas com aptidão protetiva das paisagens (artigo 6.º). O estabelecimento e aplicação de políticas da paisagem visam a proteção, a gestão e o ordenamento da paisagem.

Tal deve ser efetivado através da adoção das *medidas específicas* (sensibilização da sociedade civil, educação e formação (designadamente programas para profissionais dos sectores público e privado e a associações e formação de especialistas), cursos escolares e universitários e acompanhamento e avaliação das suas transformações (prezando os valores específicos atribuídos pelos intervenientes e pela população), com prévia identificação das paisagens (no conjunto do seu território), e análise das suas características e dinâmicas modificadoras.

Em geral, os objetivos são a qualidade paisagística pelo que os Estados devem definir objetivos nesse sentido, após consulta pública (artigo 5.º).

Tendo em vista a *aplicação das políticas da paisagem*, os Estados comprometem-se a estabelecer os instrumentos que visem a proteção, a gestão e ou o ordenamento da paisagem.

O artigo 7.º reporta-se à adoção de possíveis políticas e programas internacionais em termos de uma lógica de cooperação europeia.

Quanto às paisagens transfronteiriças, os Estados comprometem-se aqui a encorajar a cooperação ao nível local e regional e, mesmo, a elaborar e implementar programas comuns da sua valorização (artigo 9.º).

E, quanto à relação com outros instrumentos, as normas da Convenção não prejudicam a aplicação de disposições mais rigorosas relativas à proteção, à gestão e ou ao ordenamento da paisagem estabelecidas noutros instrumentos nacionais ou internacionais vinculativos, em vigor ou que venham a entrarem vigor (artigo 12.º)[1021].

[1021] Entre os tratados existentes nos domínios da proteção e gestão do *património natural e cultural*, ordenamento do território, autonomia loca.l e cooperação transfronteiriça, destacaria especialmente como sendo importantes diretamente ou em termos de poderes públicos, designadamente a Convenção Relativa à Conservação da Vida Selvagem e dos Habitats Naturais da Europa (Berna, 19 de Setembro de 1979), a Convenção para a Salvaguarda do Património Arquitetónico da Europa (Granada, 3 de Outubro de 1985), a Convenção para a Proteção do Património Arqueológico da Europa (Valletta, 16 de Janeiro de 1992, já revista), a Convenção Quadro Europeia para a Cooperação Transfronteiriça entre Comunidades e Autoridades Territoriais (Madrid, 21 de Maio de 1980) e seus protocolos adicionais, a Carta Europeia da Autonomia Local (Estrasburgo, 15 de Outubro de 1985), a Convenção sobre Diversidade Biológica (Rio, 5 de Junho de 1992), a Convenção Relativa à Proteção do Património Mundial Cultural e Natural (Paris, 16 de Novembro de 1972), e a Convenção sobre o Acesso à Informação, Participação do Público no Processo de Tomada de Decisão e Acesso à Justiça em Matéria de Ambiente (Äarhus, 25 de Junho de 1998) e, diretamente no tema da paisagem, Convenção Europeia da Paisagem (Florença, em 20 de Outubro de 2000), publicada com o Decreto n.º 4/2005, fazendo parte do ordenamento jurídico aplicável no nosso país.

6.3.5. Paisagem, arquitetura e identidade dos povos. Política Nacional de Arquitetura e Paisagem

A paisagem tal como a arquitetura referenciam identidades e culturas dos povos e seus territórios que fazem parte essencial da sua história e influência decisiva na sua economia, competitividade e sustentabilidade do ambiente natural e construído.

Temos de lhes atribuir a importância devida, aliás reconhecida desde logo (para o desenvolvimento sustentável e harmonioso do País, assim como para o bem-estar dos cidadãos) no artigo 66.º da Constituição ("valorização da paisagem", "reservas e parques naturais", "paisagens e sítios", "conservação da natureza e a preservação de valores culturais de interesse histórico ou artístico"), como recursos e valores endógenos enformadores das políticas públicas que sirvam de base de atuação dos poderes públicos, visando a melhoria da qualidade de vida dos cidadãos.

Seguramente que quer o *património cultural e natural, e especialmente as paisagens culturais, a arquitetura e o ambiente construído de qualidade* assim como as *estruturas ecológicas,* constituem potenciais de grande valor no âmbito das identidades territoriais e bases importantes de um crescimento sustentável, inclusivo, racional, ao ser suportado nos valores endógenos, culturais e ambientais.

Com efeito, a paisagem e a arquitetura fazem parte do quotidiano e contribuem em grande parte para a qualidade das nossas vidas.

Hoje, é reconhecido, a nível nacional e internacional, o seu papel decisivo no bem-estar das populações, assegurando a sustentabilidade ambiental, económica, social e cultural e a promoção da competitividade territorial.

Em causa, pois, algo de fundamental em termos de interesse público, como bem comum incontornável a promover na Política Nacional de Arquitetura e Paisagem, com a afirmação internacional do país, a valorização da qualidade ambiental e a potenciação de todos os fatores estratégicos, a enquadrar permanentemente no plano de um desenvolvimento económico-social que garanta o bem-estar e a qualidade de vida dos cidadãos, com apelo na sua defesa e ampliação, da sua participação daqueles e das organizações da sociedade civil.

O fundamento para a sua adoção (tendo presente que Portugal "vai entrar num novo ciclo de financiamento com fundos estruturais orientados através do Portugal 2020", parte do facto de estarmos perante uma oportunidade para o desenvolvimento dessa "focada no bem-estar e na qualidade de vida dos cidadãos e num crescimento de base territorial sustentável, inteligente e inclusivo"), aparece radicado no "reconhecimento da arquitetura e da paisagem como bem de interesse público, e na valorização da qualidade do ambiente construído, da qualidade da arquitetura e da paisagem, como um fator e elemento chave na garantia do bem-estar e da qualidade de vida dos cidadãos, no presente e para o futuro".

A definição desta política nacional baseia-se em diferentes *áreas disciplinares*, que devem complementar-se numa *intervenção territorial equilibrada e harmoniosa*, no quadro do ordenamento do território, do urbanismo e da conservação da natureza. Em termos que sejam aptos a garantir as *funções ecológicas da paisagem* e promover a qualidade ambiental, as características do património construído e a identidade dos lugares.

A Política Nacional de Arquitetura e Paisagem (PNAP) assenta em áreas disciplinares que pretendem complementar uma intervenção territorial equilibrada e harmoniosa, no quadro do ordenamento do território, do urbanismo e da conservação da natureza, capaz de garantir as *funções ecológicas da paisagem e promover a qualidade ambiental, o património construído e a identidade dos lugares.*

As suas linhas orientadoras são a promoção da conceção arquitetónica e urbanística e da constituição de um ambiente construído com qualidade, a preservação e a melhoria da qualidade do património construído, a gestão criativa e sustentável do património arquitetónico, a sensibilização e formação dos cidadãos para a cultura arquitetónica, urbana e paisagística, incorporação da componente da valia arquitetónica e paisagística nas decisões administrativas, promoção de políticas exemplares de construções públicas, a definição de propostas de programas específicos para desenvolvimento da PNAP e a promoção da educação para a arquitetura e paisagem.

A PNAP assenta, por isso, numa *dupla fundamentação*: valorizar a qualidade do ambiente natural e construído, da arquitetura e da paisagem em Portugal e ampliar a atuação de Portugal no quadro dos compromissos internacionais como fatores estratégicos num quadro de desenvolvimento que garanta o bem-estar e a qualidade de vida dos cidadãos, aumentando a consciência cívica e a participação dos cidadãos e das organizações da sociedade civil na sua implementação.

Por tudo isto, traduzindo quer o legado histórico quer a realidade presente das nações europeias", impunha-se estabelecer uma PNAP "em consonância com as novas políticas públicas para o ordenamento do território".

Com efeito, ela era "uma das medidas prioritárias do Programa Nacional da Política de Ordenamento do Território de 2007.

O Programa Nacional da Política de Ordenamento do Território, aprovado pela Lei n.º 58/2007, de 4 de setembro, veio consagrar como *objetivos estratégicos e medidas prioritárias* a preservação e valorização da biodiversidade, dos recursos e do *património natural, paisagístico e cultural*, assim como a promoção do desenvolvimento de uma *política nacional da arquitetura e da paisagem*, em articulação com as políticas de ordenamento do território.

A PNAP, reconhecendo o "valor social, cultural, económico e ambiental da Arquitetura e da Paisagem" tal como "a maioria dos países europeus, que, desde 1991, têm vindo a adotar e implementar políticas públicas de arquitetura, na perspetiva do desenvolvimento do potencial de crescimento económico e de emprego da arquitetura, enquanto indústria cultural e criativa", foi aprovada, juntamente com a respetiva comissão de acompanhamento funcionando junto da *Direção-Geral do Território, em 4 de junho de 2015.*

6.3.6. Transversalidade da política de arquitetura e paisagem

A PNAP é uma política de carácter transversal, não apenas pela ênfase que é colocada nas sinergias existentes entre a arquitetura e a paisagem com vista à prossecução de objetivos partilhados, mas também e sobretudo porque, atendendo à natureza dos domínios em questão, deve ser considerada e integrada nas demais políticas sectoriais com impacto no quadro de vida, no bem-estar e qualidade de vida das populações.

Quanto ao *valor social da arquitetura e da paisagem*, basta referir que estas configuram o suporte espacial e biofísico da vida em sociedade, estabelecendo o quadro espacial quotidiano para as atividades humanas.

Não só proporcionam aos indivíduos e à sociedade as condições necessárias ao seu habitat, como lhes aportam sentido e valor.

A casa, a cidade, a paisagem, o território, tornam – se uma extensão dos indivíduos e das comunidades, traduzem a expressão materializada do viver em sociedade, a apropriação que o Homem faz do espaço, enquanto ser individual e coletivo, e o modo como, em interação com a Natureza, se integra nos ecossistemas alterando-os.

A arquitetura e a paisagem condicionam e são condicionadas pela sociedade.

No que concerne ao *valor cultural da arquitetura e da paisagem*, estas são um bem histórico e cultural que constitui uma parte significativa do património dos povos e das nações.

São um testemunho vivo do passado coletivo, materializando em obra e sedimentando no espaço a cronologia do tempo histórico, a herança da própria História. Condensam memórias, registam vivências, simbolizam ideias e valores. Definem, por isso, o espírito dos lugares e são *elemento de identidade coletiva*, determinando o sentido de enraizamento e pertença, fator inerente à própria condição humana, essencial ao bem-estar dos indivíduos e à qualidade de vida do ser social.

Proteger, salvaguardar e valorizar o património e as paisagens culturais é perpetuar e transmitir para o futuro a mensagem e o conhecimento do passado, alicerçando a gestão e a sistemática construção e reinvenção do presente sobre o testemunho da história e o fundamento da cultura.

No que se refere ao *valor económico da arquitetura e da paisagem*, importa constatar que são um bem e um recurso gerador de riqueza e de benefícios para a sociedade em geral.

A arquitetura é mesmo um dos mais proeminentes e dinamizadores agentes do sector cultural e criativo. Constituem elementos propulsores do crescimento económico e do desenvolvimento.

Com efeito, uma arquitetura e uma paisagem de qualidade, além de representarem a prestação de serviços e atividades profissionais com valor acrescido para a economia em geral, designadamente da construção e reabilitação, representam também um fator potenciador de desenvolvimento económico, desde logo no campo do turismo, na medida em que contribuem para a atratividade das cidades e das regiões, alavancando a sua capacidade de atrair pessoas, atividades e investimento.

O sector das indústrias criativas encontra-se entre os mais emergentes no contexto europeu[1022].

No domínio do seu valor ambiental, a arquitetura e a paisagem sendo o resultado da intervenção humana no ambiente natural e construído, tiram partido do ambiente e respeitam-no, mitigando os efeitos adversos que nele possam causar, adaptando-se à variabilidade climática e aos impactos que decorrem dessas alterações.

A intervenção na paisagem promove a sua multifuncionalidade, assegura o provimento de serviços ambientais sem descurar a sua função ecológica, económica, social, recreativa e cultural, a sua qualidade visual e a sua função de suporte de habitats e da biodiversidade. Ela vai ao encontro das soluções mais adequadas às características e especificidades dos lugares, e mais eficientes e duradouras para o bem-estar das populações.

Sempre que o funcionamento dos ecossistemas e a sustentabilidade dos recursos são respeitados e que, num quadro de responsabilidade ambiental, as necessidades do Homem são satisfeitas, a arquitetura e a paisagem, na ótica do

[1022] No entanto, as exportações de produtos criativos e culturais portugueses têm estado muito abaixo dos outros países europeus (até 2005, apenas 14%, enquanto a média europeia rondava os 51%.

paradigma *working with nature*, concorrem para o valor e a qualidade ambiental. A arquitetura permite constatar o ciclo de vida dos edifícios, dos espaços e estruturas construídos, antecipando cenários, gerando soluções criativas e resilientes, recuperando e adequando técnicas e ensinamentos ancestrais.

6.3.7. Princípios orientadores da PNAP

Os grandes princípios orientadores da PNAP são o do reconhecimento do interesse público da arquitetura e da paisagem e do direito a uma arquitetura e a uma paisagem de qualidade.

Para tanto, os objetivos fundamentais da PNAP podem sintetizar-se dizendo que ela aposta numa *democracia cultural*, assente na *reabilitação e regeneração* como um sector estratégico e na implementação de políticas conducentes à melhoria das condições de *habitabilidade, à segurança de pessoas e bens, à inclusão e coesão social e à defesa e recuperação das paisagens culturais, participação cidadã, proteção e valorização do património cultural e natural.*

Tudo numa perspetiva que possa contrariar a *expansão urbana* e garantir a *qualidade construtiva e ambiental das edificações*, em especial dos espaços e edifícios públicos em ordem à melhoria da qualidade de vida e do bem-estar geral.

Impõe-se a promoção *da qualidade do ambiente construído e das paisagens*; responsabilização do Estado, com transversalidade e integração de políticas setoriais, procura permanente da sustentabilidade e da eficiência, assegurando a integração da arquitetura e da paisagem nas políticas de ordenamento do território e o urbanismo e noutras políticas setoriais, em especial nas áreas da cultura, ambiente, agricultura, turismo, economia e social, promovendo a manutenção e valorização das funções ecológicas da paisagem, estimulando a sua inclusão nos instrumentos de gestão territorial, estimulando a adoção de práticas de projeto, de construção, de gestão e ordenamento das paisagens éticas e responsáveis, privilegiando soluções e metodologias sustentáveis e valorizadoras da qualidade, promovendo uma arquitetura e um urbanismo ecológicos e eficientes na utilização dos recursos (em especial, energia e água, e a sustentabilidade do ambiente construído e das paisagens), contribuindo, ao nível da gestão e ordenamento das paisagens, do planeamento e da construção para a implementação das estratégias de mitigação e de adaptação às alterações climáticas, e as de prevenção e redução dos riscos, promovendo a proteção e valorização do património natural e dos sistemas de produção agrícola que contribuam para a qualidade e para o carácter da paisagem rural; investindo na qualificação de todos profissionais ligados à arquitetura e à paisagem e sensibilizando-os para os desafios da reabilitação urbana, da sustentabilidade, da eficiência energética e da conservação da natureza, incentivando a investigação e educação ligadas à construção sustentável, estimulando a sua ligação à indústria e a inovação tecnológica no âmbito da construção, dos materiais, do conforto térmico e da produção e consumo de energia.

Tendo em atenção a natureza transversal, na defesa destes valores, a vários setores e níveis da administração pública, deve potenciar-se, a todos os níveis da administração territorial, a aplicação das orientações quanto à arquitetura e à paisagem, como recursos estratégicos para as políticas de desenvolvimento do país, no sentido da integração de critérios de qualidade, de estética, de durabilidade e racionalidade nos vários processos de transformação, proteção e reabilitação do meio urbano e rural, dos seus espaços, das suas construções ou dos seus elementos naturais e paisagísticos, numa linha de generalização de políticas públicas do desenvolvimento sustentável, ordenamento do território, conservação da natureza, biodiversidade, reabilitação urbana, desenvolvimento rural, defesa do património cultural, valorização turística e proteção da orla costeira.

Em causa está a apoio a processos de conservação e valorização do património cultural, incentivando a *preservação, a salvaguarda e a valorização do património arquitetónico, arqueológico e paisagístico*, adoção de metodologias e processos de gestão integrada do património, arquitetónico, urbano e da paisagem, e a implementação de práticas de reabilitação adequadas à conservação da história das coisas, planeamento das áreas urbanas e rurais orientado pelo respeito do património cultural e natural e atenuar os efeitos da urbanização extensiva e da exploração agrícola e turística intensivas, estimular o sentido de pertença, identidade e responsabilidade das pessoas perante a comunidade e o território, potenciar a visibilidade internacional da arquitetura e da paisagem nacionais, integração pela Administração Estadual de temáticas do ordenamento da paisagem, qualificação da arquitetura e dos espaços urbanos nas políticas sectoriais, em particular nas que têm impactos no território, definindo princípios gerais, estratégias integradas e linhas orientadoras que permitam a adoção de medidas específicas tendo em vista a sua proteção e gestão.

Ao nível local, onde se encontram os atores privilegiados na ocupação, gestão dos usos e transformação dos solos, com poderes de controlo destas intervenções físicas, designadamente preventivo, com declarações de informação prévia, licenciamentos urbanísticos e face à sua proximidade com os cidadãos cabe promover e dinamizar todas iniciativas pertinentes para a divulgação e implementação da PNAP.

Ao sector empresarial em geral, especialmente ao setor agrícola e florestal (construção da paisagem rural), e ao sector imobiliário e da construção (transformação do quadro de vida edificado e das paisagens urbanas), não pode deixar de caber um esforço significativo e estimulado pelo Estado no sentido da concretização deste objetivo de sustentabilidade, optando por soluções mais ecológicas e ambientalmente compatíveis, e apostando sobretudo na reabilitação urbana.

6.4. Património herdado e património a deixar aos vindouros. urbanismo de hoje e questão estética

6.4.1. Conceito de paisagem urbana

O *conceito de paisagem urbana* pretende representar a "arte de tornar coerente e organizado e visualmente agradável e empático, o complexo de construções, designadamente *edifícios e ruas, a vegetação,* os espaços intersticiais, a disposição de *veículos automotores e sinalizações de trânsito e outros elementos* ambientalmente relevantes existentes dentro no aglomerado urbano em geral.

As árvores, arbustos e jardins envolventes também constituem elementos relevantes para a organização adequada deste espaço numa lógica de real valorização da paisagem urbana e mesmo de natureza essencial para potenciar a beleza local e a *qualidade de vida* dos moradores e a atração dos visitantes, impondo-se que a vegetação dos perímetros urbanos seja considerada sempre pelos poderes públicos e cidadãos como parte inultrapassável do planeamento das zonas urbanas.

O problema da normação edificação assenta, muitas vezes, em motivações de defesa ambiental em sentido estrito, com interdições e condicionamentos, que também avançam para fora de razões de mero ordenamento territorial ou legislação técnica da construção, abarcando a tentativa de evitar *agressões estéticas,* com conceitos indeterminados implicando *elementos do macro-conceito de ambiente urbano,* que tem base constitucional no artigo 66.º da Constituição Portuguesa e que, apesar ultrapassar o âmbito de um direito administrativo da ciência jusambientalista, merece (em si e pelas observações sobre a temática dos conceitos imprecisos, com interesse no direito "ambiental" em geral) ser analisado. Ou seja, em parte pela imprecisão da normação, mas também em parte pela ineficácia ou mesmo demissionismo das entidades administrativas e jurisdicionais, mas aqui em recente, embora tímida e nem sempre cientificamente correta evolução.

*

A Estética tornou-se um parente pobre do urbanismo, desde a segunda metade do século XX português, não por falta de normação, mas porque os normativos, naturalmente imbuídos de concetualização ultragenérica e de interdição meramente permissiva para os poderes locais, foram na prática abrogados sistematicamente pela Administração Pública e pelos tribunais.

Reconheça-se que, embora sem estatuições imperativas, difíceis de vencer em domínios das tradições e culturas locais, a normação da edificação assentando, muitas vezes, em motivações de defesa ambiental em sentido estrito, com interdições e condicionamentos, não deixa de, também, avançar para fora de razões de mero ordenamento territorial ou de legislação técnica da construção, abarcando a tentativa de evitar *agressões estéticas*, com conceitos indeterminados implicando elementos do macroconceito de ambiente urbano. Este tem base constitucional no art. 66.º da Constituição Portuguesa.

Apesar ultrapassar o âmbito de um direito administrativo da ciência jusambientalista, este conceito merece (em si e pelas observações sobre a temática dos conceitos imprecisos, com interesse no direito ambiental em geral) ser analisado.

Em parte, pela imprecisão da normação, mas também em parte pela ineficácia ou mesmo demissionismo das entidades administrativas e jurisdicionais, mas aqui em recente embora tímida e nem sempre cientificamente correta evolução.

Com efeito, tradicionalmente, tem campeado em Portugal o mau gosto. Por vezes, em nome de uma pretensa novidade e liberdade criativa, que, em vez de se ensaiar em zonas de extensão urbana, frequentemente funciona em termos destrutivos de urbanismos de épocas anteriores e em zonas antigas, que deveriam ser preservadas, o que faz o tema também confluir com o direito do património cultural, não só construído como natural.

Esta análise tem, pois, justificação pela atualidade.

6.4.2. Estética urbana e direito do urbanismo

No âmbito do direito do urbanismo em geral e, designadamente, no 3.2. Estética urbana e direito do urbanismo (assim como no diploma fundamental que hoje regula o enquadramento jurídico do urbanismo, o Decreto-Lei n.º 555/99, de 16.12), e mesmo em normas de planeamento físico (especialmente, nos Planos Municipais de Ordenamento do Território), temos cláusulas denegatórias de licenciamentos, em face do regime jurídico vigente da edificação, que se referem ao princípio do respeito pelo aspeto ou imagem das povoações, conjuntos construídos e da beleza das paisagens e, em geral, à estética urbana[1023].

No RJUE, não há apenas normas no domínio dos poderes de controlo administrativo prévio. A questão estética perpassa o regime de urbanização e edificação ainda em outras normas, desde o art. 89.º, que sobre o dever de conservação do edificado, impõe obras periódicas para o efeito e permite ao município que as imponha em qualquer momento em que sejam necessárias, não só para a manutenção ou correção de condições de segurança e salubridade, como para a melhoria do "arranjo estético", ao art. 89.º-A, que interdita atos de deterioração, provocando ou agravando não só situações de falta de segurança ou de salubridade, como a "deterioração do edifício" ou prejudicando o seu "arranjo estético".

Este é, hoje, um *tema difícil*, sabendo-se que não só a *Administração autárquica, urbanística, como a própria jurisprudência*, no século XX se foram afastando da apreciação do tema, numa evolução que, a par com a crise da arquitetura, marca a *crise das conceções estéticas* e a *negação prática de aplicação das normas fundantes de habilitações da tal apreciação.*

Afirma-se, frequentemente, que a estética é uma *questão subjetiva.* Estamos face a uma desculpa frequentemente repetida por *administradores públicos com formação em arquitetura e por juízes.* Mas, afinal, que *conceito jurídico* é este, tão afirmado e simultaneamente tão desprezado[1024] e desconhecido? Conceito

[1023] O vocábulo "estética" (*αισθητική, percepção, sensação*) é relativamente recente; com origem na Escola de Wolf, aparece em meados do século XVIII, com BAUMGARTEN Alexandre - *Aesthetica.* Frankfurt-Oder, 1750), com quem dá origem a uma disciplina científica autónoma, enquanto "conhecimento da sensação ou do sentimento" assente no helenístico "*aísthesis*", com significado correspondente a *calística* (kalós, ou - belo), vocábulo que no entanto não recebeu consagração (GOMES, Pinharanda - "Vida e Obra de Hegel". In HEGEL, G.W.F. - *Estética..* Guimarães Editores. Lisboa, 1993, p. XIX). Nas últimas décadas do século XVIII, KANT refere que só os autores Alemães usam a palavra estética, com o sentido corrente da expressão crítica do gosto (*Critique de la raison pure*) e também HEGEL referiria mais tarde que entre os alemães o vocábulo era habitualmente usado, ignorando-o os outros povos. Em causa está "o estudo da natureza do belo e dos fundamentos da arte. Ela estuda o julgamento e a percepção do que é considerado belo, a produção das emoções pelos fenómenos estéticos, bem como as diferentes formas de arte e do trabalho artístico; a ideia de obra de arte e de criação; a relação entre matérias e formas nas artes. Por outro lado, a estética também pode ocupar-se da privação da beleza, ou seja, o que pode ser considerado feio, ou até mesmo ridículo" (http://pt.wikipedia.org/wiki/Est%C3%A9tica).

[1024] V.g., arts. 20.º, 21.º, 24.º do DL n.º 555/99, de 16.12. RGEU, etc...Mas veja-se, embora apenas face a invocaçao e não reconhecimento em si da matéria (e, sobretudo, com viragem jurisprudencial quanto à natureza do ato de aprovaçao intercalar de projeto de arquitetura, integrante de um procedimento de licenciamento em curso, o ASTA n.º JSTA00066164, 2 Subsecção do Contencioso Administrativo, de 9.12.2009, proc.019/09, Relator João Belchior, segundo o qual constitui acto

realmente tão *inoperativo no urbanismo português.* Ao ponto de, frequentemente, se ouvir os estrangeiros, que nos visitam, dizer que o *bom gosto não impera no urbanismo do nosso país.*

Ninguém nega seriamente que ocorrem diariamente *enormidades chocantes no nosso urbanismo,* que nada têm que ver com gostos subjetivos. Nem com a admissibilidade natural do *jogo evolutivo combinado entre tradição e rutura.* Nem com projetos que, apesar de não coincidirem com adequação ao gosto do *homem de cultura media,* se possam justificar, em certas zonas novas.

Com a existência em níveis correspondentes a gostos acima da cultura e de conhecimentos médios, clássicos e objetivos, por que o direito administrativo se deva nortear com carácter geral. Ou que se pretendem situar fora de meios urbanos dignos de serem protegidos, por nada haver aí de referência com exigência protetiva no especto estético. Ou seja, em *zonas vazias de referências.*

Portanto, de proteções valorativas relacionais menos exigentes no plano estético do conjunto. Isto é, de fato ocorrem agressões ao *ambiente esteticamente afirmado* numa zona construída e, muitas vezes, até com *passado histórico valorizável.* O que, apesar de existirem algumas regras pertinentes, continua a acontecer com frequência[1025].

Embora, como refere HEGEL, a arte, enquanto expressão fenoménica da verdade, mediante formas "estesíacas", não implique a imitação da Natureza, pois a sua essência está na "revelação do espiritual", há que defender que ela permite e justifica uma reflexão "objetiva", qualquer que seja a forma de *arte assumida* (clássica, simbólica, romântica, modernista ou segundo as diversas representações do belo artístico pertencentes à consciência vulgar).

Portanto, reflexão a que cabe o nome de estética. Ou seja, estudo sobre os conceitos reveladores do *belo,* como postula HEGEL[1026-1027].

Mesmo que não seja construível cientificamente um *critério objetivo,* que permita reconhecer sempre o que é belo, tal não impede que se *sistematizem*

administrativo impugnável, o acto que aprovou projecto de arquitectura, praticado no âmbito de um processo de legalização de uma obra de edificaçao (levada a efeito em desconformidade com um anterior licenciamento), o qual permitiu a implantação daquela obra de molde a não permitir um *correcto arejamento, iluminação natural e exposição à luz solar de um prédio vizinho* (sumário).

1025 HERÓDOTO, II, c.47 a.c. Portanto, este é realmente um tema importante, apesar da sua *desvalorização recorrente* nalguns países, que faz com que os *arquitetos e autarcas* não gozem hoje de elevada estima social no plano da sua defesa e afirmação, tal como acontecia com os artistas, no antigo Egipto

1026 HEGEL *Enciclopédia das Ciências Filosóficas; – Estética,* Parte I, II, Cap. III

1027 Na *cultura grega,* berço essencial da civilização ocidental, a "arte era a forma mais elevada de que o povo dispunha para representar os deuses e aprender conscientemente a verdade": HEGEL – *oc,* p. 66

raciocínios e reflexões, que se possam depreender de padrões apreciativos comuns para o *homem culturalmente médio*, em termos que se possa afirmar que, mesmo que "infinitamente variadas e múltiplas", sejam suscetíveis de agirem na imaginação e sentimentos da maioria das pessoas. Sem prejuízo da "unidade vivente e subjetiva" que funde o eu e o objeto belo, não pode considerar-se que é impossível um tratamento minimalista, com o argumento de que a *estética* escaparia "ao domínio do pensamento científico porque a sua origem estaria na imaginação indisciplinada e no pensamento", o que dificultaria ter-se ideias gerais sobre o belo face à variedade de formas que o belo pode revestir e diferente "intuição sensível"[1028]. Impõe-se, hoje, por parte da doutrina, uma *análise crítica da generalizada postura demissiva* das autoridades administrativas e jurisdicionais.

6.4.3. Evolução doutrinal do tem

Qual o pensamento de enquadramento pertinente sobre o tema, numa *abordagem minimamente coerente num plano científico,* face à evolução doutrinal do tema, enquadrando o debate necessário em termos do nosso ordenamento jurídico?

O *debate estético* implica uma reflexão sobre o homem, naquilo que mais o distingue dos restantes animais, como ser cultural. Como *sujeito cultural e como ser histórico situado,* o homem não pode limitar-se a intervir no mundo económico, social e político em todos os âmbitos das relações de poder existentes no mero contexto da vida urbana pré-feita do local onde se reside.

Mas também tem de participar e tomar posição sobre o futuro e a *qualidade de vida urbana.* O que pressupõe uma intervenção permanente como sujeito cultural em termos de defesa do património, em questões ambientais e no

[1028] Uma coisa é certa: não apenas as religiões, mas em geral "sempre a arte foi para o homem instrumento de consciencialização dos ideais e dos interesses mais nobres do espírito", pois "Foi nas obras artísticas que os povos depuseram as conceções mais altas, onde as exprimiram e as concretizaram". "A conceção objetiva da arte". In HEGEL – *Estética,* o.c., p. 3. Se aceitarmos, com Hegel, que *só é belo o que possui expressão artística,* o que é *criação do espírito,* e se "só enquanto relacionado com o espírito ao natural se pode atribuir beleza", uma questão se coloca desde logo: qual a relação entre o *belo artístico e o belo natural?* Algo só será *belo* enquanto "reflexo do espírito", "modo contido no espírito"? Ou será que a "arbitrariedade e a anarquia reinam, absolutas, no espírito em geral e sobretudo na imaginação", pelo que os seus produtos "se tornam completamente impróprios para o estudo científico? As *belas-artes* serão refratárias a qualquer regulamentação do pensamento e portanto a qualquer elaboração científica? Tudo argumentos de que discordam os grandes tratadistas da estética, independentemente de a *beleza se dirigir aos sentidos, à sensação, à intuição, à imaginação,* etc.". Isto porque seria tirar todo o sentido ao recurso jurídico ao *conceito de estética.* A verdade é que ele existe juridificado no campo do urbanismo. Tal implica que, pelo menos, o abordemos, pensando o seu campo de aplicação.

plano da manutenção e afirmação de *valores estéticos,* que em termos amplos mexe com esses outros valores.

Ao sujeito cultural cabe-lhe a tarefa de dinamizar, na sua prática social quotidiana, a aplicação daqueles valores identitários que assuma, embora tendo presente que a identidade não é algo de estático, pois, como construção individual e coletiva, vive transformando-se de maneira permanente.

Pensar o mundo urbano, desde uma perspetiva cultural, exige o respeito pelas suas "componentes estéticas e pedagógicas", o que é una tarefa de todos em permanente exercício democrático, em busca das suas raízes nos fenómenos culturais que, sem pôr em causa a sua modificação e crescimento, não bula com o objetivo de que essa permanente transformação da "cidade" se processar a partir de eventos enriquecedores do espírito humano, como são as artes e em geral a procura da beleza das partes e do seu todo. Da *estética urbana.*

A propósito deste tema, importa interrogar-nos sobre "Quem é o sujeito cultural?", "Por quê se fala, se escreve e se discute, nos círculos académicos de hoje, discursos estéticos e urbanos de variada temática", e, desde logo, no âmbito da política e das dissertações sobre cidadania?

São os sujeitos culturais, que habitam na urbe, os fatores patrimoniais humanos que dão sentido e significado ao património arquitetónicos.

Ora, o *sujeito cultural* não é uma abstração, é antes "um ser concreto, com "género específico", que "atua como ator essencial na sociedade onde vive, de modo que a sua individualidade convive harmonicamente no universo social onde se integra, onde se definem os papéis coletivos na construção incessantemente inacabada da cidade que se herda e deve preservar e da cidadania integral" assente no "seu sentir e perceção estética que transborda da sua interioridade para a exterioridade"[1029].

Ninguém nega que os cidadãos em geral dão valor a uma cidade construída com a preocupação de gerar belos efeitos e com *casario de dimensões adequadas e infraestruturas harmonizadas.* Tudo gerando um *digno ambiente de vida urbana, com influência na qualidade de vida.* Cabendo, por isso, aos poderes públicos promover "a qualidade ambiental das povoações e da vida urbana, designadamente no plano arquitetónicos", na linha temática das nossas Constituições

[1029] *Vide* Roncallo Fandillo, Luís (Dir.) – "El sujeto cultural y la estética urbana". In *Sol,* Articulo 25/00: *http://mail.google.com/mail/?hl=pt-PT&shva=1#inbox/1262e31fb11c4629,* 5/08/2009, *http://mail.google.com/mail/?ui=2&ik=7034584280&view=att&th=1262e34eb5383ccb&attid=0.1&disp=vah&realattid=f_g4fwiz3f0&zw.* Aí se afirma que o sujeito cultural é todo aquele que comete "*actos criativos de imaginação fecunda* que tragam um novo conhecimento ao edifício da lógica demonstrativa e argumental com ideias fantásticas e possíveis no terreno do concreto e, dos imaginários individuais e colectivos".

modernas, designadamente a portuguesa. Tal como lhes cabe a *reabilitação dos centros históricos*, que como alguma doutrina italiana afirma parte também da ideia de valor estético de que gozam intrinsecamente estas zonas[1030].

Um *aglomerado urbano* que cuida de defender a estética dos seus edifícios em zonas tradicionais, se antes era algo relevante em termos do prestígio do próprio monarca que aí habitasse (Habsburgos, Hollenzollern, Bourbons, etc.), hoje revela positivamente o nível dos seus habitantes e atrai mesmo turisticamente aqueles que em suas terras a desconsideram. Isso mesmo o demonstra a beleza de muitas cidades do novo mundo, obedecendo a regulamentações em que as preocupações da estética sobressaem.

A estética (e mesma a beleza, embora este conceito apareça tão relativizado e assim desvalorizado, no século XX) era um valor urbanístico do passado histórico, considerada não como algo passível de simples apreciação subjetiva, mas como um fenómeno puramente racional e objetivo[1031].

*

Dito isto, não deixo de estabelecer a diferença entre *Estado de cultura* e *Estado de ditadura cultural.*

Nunca pode aceitar-se um Estado de cultura contra o Estado de Direito. Somente o Estado de cultura dentro do Estado de Direito, que nos livre da *ditadura dos gostos oficializados* e das meras obras de prestígio. E também não

[1030] Cervellati, P. L. – *La città bella*. Bolonia, 1991, p. 33 e 99.

[1031] Specker, H.E. – *Stadt und Kultur.* Ulm, 1983; Rasmussen, S.E. – *Vilkles et Architectes: un essai d'architecture urbaine par le texte et l'image.* L'Equerre, 1984, Pp. 67 e ss; 143 e ss). Aparecendo por isso o *iluminismo* a refletir-se na cidade também *contra a desarmonia das ruas.* E o urbanismo como simples *plasmação de um desenho preconcebido racionalmente numa ideia de ordem e sistema*, como o atesta *Karlsrühe*, a cidade desta época que hoje acolhe o tribunal constitucional alemão. Tudo partindo de *exaustivas regulamentações sobre formas, proporções e materiais*, como se pode ver na *Enciclopédia* de Diderot, não deixando de ser interessante ler a *segunda parte do Discurso do Método de Descartes, sobre o racionalismo, contra as cidades medievais mal ordenadas.* Mas parece já ir longe o tempo em que a *cidade* era essencialmente concebida como um *fenómeno estético e a estética e o arranjo* da cidade como algo quase religioso, de tal maneira que até o papa se designava e designa ainda como o *pontifex maximus* (o grande construtor de pontes), sendo certo que as construções importantes, desde logo as pontes, se faziam em Roma com o seu apreço, aprovação, presença e bênção (Condesso, Fernando – *Direito do Urbanismo.* Quid Juris? Lisboa, 1999). O *industrialismo e tecnocracia* julgou dominar o século e negar to do o passado, no altar de novos deuses, e tal como os *filósofos* anunciaram a morte de Deus, *políticos* a propriedade privada e a economia de mercado, os *artistas* a morte da arte (na célebre frase de Hegel, ou como dizia Renan, a arte será coisa do passado, acrescentando HUISMAN[22] que a arte alcançou um ponto tal que anuncia a sua expiração), os *arquitetos,* o ocaso da arquitetura e os *urbanistas,* o crepúsculo da cidade.

leve a governos assente em *princípios artísticos à margem dos princípios jurídicos*, ao jeito da governação de Luís II da Baviera, arruinando o Estado e os cidadãos. Mas, mesmo que a *cultura e a estética* não estejam no *centro do projeto vital da sociedade* sempre deverão ser *elemento legalmente enquadrado*, porque deve influir no Estado e no Direito.

Os *debates teóricos e epistemológicos* sobre a experiência e a doutrina estética têm assentado historicamente na *análise do belo e da arte.*

Por um lado, ocorre a contestação do seu carácter científico, quer para o positivismo, que afirma que a reflexão estética se situa meramente no âmbito da reflexão filosófica, que considera que não é criadora de conhecimento e, portanto, é acientífica, quer, mais recentemente, para autores tais como para Ludwig Wittgenstein[1032], ao criticar a "pretensa" *teoria positiva da estética,* dado o carácter não revelador do seu discurso que designa como autotético.

No entanto, por outro, não faltam também posições recentes a defender o caminho da "reflexão epistemológica sobre o uso dos testemunhos urbanos em ciências sociais"[1033]. A *problematização contemporânea da estética* aparece formulada em termos de "relação estética", e, embora em posições diferentes, em autores tais como ROCHLITZ[1034], GENETTE[1035] ou SCHAEFER[1036], assentando sempre em argumentações que visam analisar as "condições de passagem do carácter subjetivo de uma experiência estética para uma situação de intersubjetividade, ou seja, de inter-objetividade", com destaque também para a análises, dentro da linha de BÉGOUT[1037] ou JEUDY[1038], da experiência estética da cidade, considerada como sinónimo extensivo de uma obra (de arte)", em termos de "também constituir um objeto científico".

No entanto. a questão que nos importa tocar, sem no entanto deixar de considerar a evolução dos estudos sobre o tema, vai mais além e para além deles, face aos inultrapassáveis *positivados normativos legais* hoje existentes em Portugal.

[1032] WITTGENSTEIN, Ludwig – "Sur l'esthétique, la psychologie et la croyance religieuse".In *Leçons et conversations.* Paris: Gallimard, 1992.

[1033] DUMONT, Marc – "Le Savant et l'artiste: Du statut scientifique des pratiques esthétiques". In *EspaceTemps.net, Il parait, 06.04.2004, http://espacetemps.net/document568.html*, p. 1).

[1034] ROCHLITZ, Rainer – *Subversion et subvention: Art contemporain et argumentation esthétique.* Paris: Gallimard, 1994

[1035] GENETTE, Gérard – "La relation esthétique". In *L'œuvre de l'Art.* T.2, Paris: Le Seuil, 1997.

[1036] SCHAEFER, Jean-Marie – *Les célibataires de l'art: Pour une esthétique sans mythes.* Paris: Gallimard, 2001.

[1037] BÉGOUT, Bruce – *Lieu commun: Le motel américain.* Paris: Éd. Allia, 2003

[1038] JEUDY, Henri-Pierre – *Critique de l'esthétique urbaine.* Sens & Tonka, 2003

6.4.4. Estética e direito. Lei e jurisprudência

A questão que merece reflexão é esta: como colocar, realmente, a questão em termos jurídicos, operativos para os administradores autárquicos e o poder jurisdicional no quotidiano?

Até que ponto, em termos jurídicos, a Administração urbanística pode praticar atos administrativos que promovam ou impeçam agressões urbanísticas em nome da estética?

Tal é fundamental para que uma dada decisão administrativa não saia do mundo do direito, mera apreciação subjetiva e pessoal, de autarcas anulável pelos tribunais e de juízes questionado pelas instâncias de revista do direito. Portanto, em, termos que seja minimamente legítimo afirmar-se, respeitando o princípio da legalidade.

É necessário que a estética se possa minimamente objetivar, plasmar em normas que protejam os *interesses artísticos, históricos e estéticos* assumidos como interesses públicos da Comunidade.

Em causa, normas com fixação de critérios estéticos, que possam servir de referência decisória nos casos concretos: uma regulamentação urbanística, mesmo local, com parâmetros, medidas ou critérios de construção que impeçam diretamente os projetos manifestamente desconformes ou permitam indiretamente ao proceder à regularização de construções não licenciadas ou autorizadas ou não conformes com estas decisões.

Ou, então, uma *cláusula legal diretamente aplicável à base de conceitos indeterminados,* como os hoje existentes, de exigência de "adequação das construções ao ambiente" ou "à paisagem", "respeito pela imagem do aglomerado", que impeçam projetos em *desarmonia* com a sua área envolvente ou a paisagem, seja natural seja construída[1039].

Em Portugal, há que reconhecer que se, por um lado, o legislador não se tem preocupado em *regular o tema em termos sistemáticos e completos,* por outro também na prática da Administração urbanística atual, na doutrina e na jurisprudência, é considerado um *tema incómodo,* exigindo administradores e julgadores com interesse e preocupações por temas de cultura.

Tem ocupado uma posição desprezada, se não quase nula, em face do tratamento e importância atribuídos a outros temas[1040]. Já lá vai o tema em que os grandes filósofos escreviam também grandes manuais sobre estética.

[1039] Lignes Directrices sur l'esthétique urbaine". In *Plan d'Aménagement du Centre de Pickering,* Ministère des Affaires Municipales et du Logement, ISBN 1-4249-1478-7 (livro) e ISBN 1-4249-1479-5 (pdf), Asset3784.pdf, 2006, p. 94 e ss.

[1040] Ibañez, Santiago González-Varas – *Urbanismo y Ordenación del Tterritorio.* Navarra: Aranzadi, 2004, p. 333.

É conhecido um célebre acórdão de 1982 do Supremo Tribunal espanhol, que anulou uma sentença que defendia a *perspetiva estética*, com o argumento de que a função dos tribunais não está montada para substituir *critério sociológicos* da Administração, sendo várias as que fogem à apreciação das normas em vigor por se tratar de questão subjetiva ou técnica, com a invocação de que os tribunais administrativos não têm meios para dominar.

Para referir a questão da jurisprudência, em França, cito dois casos, decididos em 1992 e 1993 sobre a colisão entre a construção de uma autoestrada e valores culturais e estéticos de determinados bens históricos, em que o Conselho de Estado não aceitou o pedido com o argumento de lhe "escapar o debate sobre a estética".

Já na Alemanha, as coisas se passam de modo distinto. V.g., mesmo em 1959, no pós-guerra e no seu afã reconstrutivo das cidades, o Tribunal administrativo de Munique ditou várias sentenças, com influência na estética urbana, cujo princípio base era o de que a propriedade de cada um não pode deixar de ser parte de um *conjunto harmónico*, pelo que não pode o proprietário dispor do seu direito sem ter em consideração os demais proprietários.

Em Portugal, as *cláusulas legais em defesa da estética urbana* não têm faltado. Já do art. 15.º do RGEU (D-L n.º 38.382, de 7.8.1951), tal como do 18.º da LBA de 1987, resultavam exigências neste âmbito, que a Lei de Bases Gerais da Política Pública de Ordenamento do Território e Urbanismo e o Regime Jurídico da Urbanização e Edificação (Decreto-Lei n.º 555/99) mantêm. Mas são letra morta.

Nos termos do RGEU falava-se em assegurar a todas as edificações, seja qual for a sua natureza, a construção em condições não só de segurança e salubridade como de *estética*. E a LBA, referindo-se "à defesa da paisagem como *unidade estética e visual*", manda que regulamentar as condições de "implantação de *construções*, infraestruturas viárias, novos aglomerados urbanos ou outras construções que, pela sua *dimensão, volume, silhueta, cor ou localização, provoquem um impacte violento na paisagem preexistente*".

Também a legislação sobre política territorial tem referido que os fins dela são "assegurar o aproveitamento racional dos recursos naturais, a preservação do equilíbrio ambiental, a *humanização das cidades*" (alínea c), a "defesa e valorização do *património cultural e natural*"[1041].

Nos termos do art. 6.º, está dentro dos objetivos do ordenamento do território e do urbanismo, "o respeito pelos valores culturais, ambientais e

[1041] http://dre.pt/pdf1sdip/1998/08/184A00/38693875.PDF e http://dre.pt/pdf1sdip/2007/08/16800/0607406075.PDF

paisagísticos", devendo ser salvaguardados os valores naturais essenciais, garantindo-se que as edificações, isoladas ou em conjunto, se integram na paisagem, contribuindo para a valorização da envolvente".

Em concordância com isto, vem interditar-se processos urbanísticos que afetem "negativamente o património arqueológico, histórico, cultural ou paisagístico, natural ou edificado" e permitir-se que, além de outras prescrições, a prever expressamente em regulamento, o *pedido de licenciamento* possa ser indeferido "quando a obra seja suscetível de manifestamente afetar a *estética das povoações*, a sua *adequada inserção no ambiente urbano* ou *a beleza das paisagens*" (designadamente, em resultado da "desconformidade com as cérceas dominantes, a volumetria das edificações".

É natural que, o conflito entre a pretensão de edificar sem regras condizentes com os conceitos legalmente previstos e outros interesses públicos, como o da defesa da estética dos aglomerados e da paisagem, designadamente natural, este deva prevalecer desde que devidamente assente na lei e aplicado com critérios relativamente objetivos e não em aplicação de uma mera *ditadura do "gosto" administrativo* à maneira dos parâmetros artísticos dos regimes ditatoriais[1042].

Hoje, o Decreto-Lei n.º 80/2015, de 14 de maio (como o seu predecessor n.º 380/99, de 22 de setembro) e o Decreto-Lei n.º 555/99, de 16 de dezembro, não deixam de manter-se na linha de defesa de preocupações no campo *ambientais*, em âmbito localizado do mundo urbano, e outras em geral *para-ambientais*, mesmo que integrantes do *direito do planeamento ou da edificação*, *v.g.*, mandando a Administração urbanística aplicar quaisquer normas "relativas ao aspeto exterior" e à "inserção urbana e paisagística das edificações" (art. 20.º, n.º 1, *in fine*).

Isto, tentando, embora, não deixar um espectro de total margem de indeterminação concetual de soluções, ao referir que "a apreciação da inserção urbana das edificações é efetuada na perspetiva formal e funcional, tendo em atenção o edificado existente, bem como o espaço público envolvente e as infraestruturas existentes e previstas".

Acrescentando-se, ainda, que a apreciação dos projetos (de loteamento, obras de urbanização e dos trabalhos de remodelação de terrenos) incide "sobre o uso e a integração urbana e paisagística"[1043]. E que o indeferi-

[1042] Por vezes vivendo na obsessão pela estética, como referem muitos autores que ao tema se têm dedicado, como refere LUPANO, em obra de 1991 (LUPANO, Mario – *Marcello Piacentini*, Editori Laterza, Roma-Bari 1991).

[1043] Art. 21.º, in fine.

mento do licenciamento das operações urbanísticas "pode", ainda, ter lugar se a "operação urbanística afetar negativamente o *património arqueológico, histórico, cultural ou paisagístico, natural ou edificado*" (al. a) ou, em certas situações, se a obra for "suscetível de manifestamente afetar" a "estética das povoações, a sua adequada inserção no ambiente urbano ou a beleza das paisagens". Designadamente, mas não só, face a desconformidades com as cérceas dominantes, face à volumetria das edificações ou a outras prescrições regulamentares.

Alguma jurisprudência, mais recente, referindo-se à aplicação destas expressões, além de ter começado a afastar a tese de que os conceitos indeterminados apontam para poderes discricionários em sentido estrito, abrindo reais espaços de discricionariedade no conteúdo da decisão (como ocorre com conceitos tais como "pode", "se necessário", "se se determinar", etc., que, ou são discricionários, ou de valor equivalente face à amplitude irredutível a qualquer determinação apenas juridicamente fundada), nem sempre tiraram daí as necessárias consequências, apesar de ser um avanço a evolução para a não adesão à tese de que o tribunal não pode exercer o controlo senão quanto aos aspetos vinculados da decisão, sem poder ajuizar sobre a dimensão material, ou seja sem poder substituir-se aos juízos e valorações da Administração (a não ser que verifique a existência de erro manifesto ou erro de utilização do *conceito impreciso*[1044].

Por exemplo, num caminho de evolução, mas ainda demasiado restritivo do poder jurisdicional, o Supremo[1045] já afirmou que o legislador, com recurso aos termos "estética das povoações", "adequada inserção no ambiente urbano" e "beleza das paisagens", conceitos indeterminados, não está a entregar à Administração poderes discricionários (não é um conceito atribuidor de poder discricionário), mas a fixar-lhe um quadro de vinculação, podendo o tribunal substituir pelos seus os juízos estético e de adequada inserção no ambiente formulados pela entidade administrativa, em caso de erro grosseiro ou utilização de critério manifestamente desajustado.

Numa leitura interventiva do tribunal, o Supremo considerou que não se revela que a Administração tenha incorrido em erro manifesto ou tenha utilizado critério claramente desajustado na interpretação e aplicação dos conceitos indeterminados acolhidos no citado preceito legal, compreendendo-se,

[1044] V.g., ASTA, 10.12.1998, 1.ª secção, proc. 37575).

[1045] ASTA n.º 01112/04, 23.11.2005 (http://www.dgsi.pt/jsta.nsf/35fbbbf22e1bb1e680256f8e003ea931/b97efc4563e37478802576c60051d7a1?OpenDocument&ExpandSection=1), Relator Rui Botelho.

sem esforço, que um prédio de seis pisos acima do solo, numa zona onde a cércea dominante é inferior a quatro pisos acima do solo, se mostre desadequado ao ambiente urbano onde se insere, com evidente prejuízo da estética da povoação[1046].

Como também depois referiria um Acórdão do Tribunal Administrativo Norte de 4.10.2007, a jurisprudência do Supremo Tribunal Administrativo tem considerado que o fato de a lei se reportar à estética das povoações, à inserção no ambiente urbano e à beleza da paisagem, "veicula conceitos indeterminados, em cuja aplicação a Administração não goza de um poder discricionário, mas vinculado, sem prejuízo de uma margem de livre apreciação", na integração desses conceitos, a qual, "encerra juízos valorativos, assentes em regras técnicas e científicas, juízos de mérito que o tribunal só poderá sindicar em caso de erro manifesto ou de uso de critério claramente inadequado"[1047].

Assim, "não se tendo provado que a altura do muro com cinco metros de altura acarreta manifestamente um prejuízo para a estética da povoação e beleza da paisagem e que é uma obra desadequada do ambiente urbano onde se insere (estas expressões são conclusivas, traduzem conceitos e juízos de valor, sem suporte em factos materiais, que não foram sequer alegados na fundamentação), a apreciação da entidade competente sobre a estética da povoação e beleza da paisagem e desadequação da obra ao ambiente urbano onde se insere, enferma de erro grosseiro e manifesto".

Por outro lado, não configura facto notório a asserção de que "um muro de cinco metros de altura, para demarcação de um prédio, destoa necessariamente de um conjunto em que todos os outros (muros da mesma natureza) não ultrapassam os dois metros de altura, constituindo uma agressão da estética urbanística que deve ser evitada", mas, antes, o "quod erat demonstrandum".

Aliás, a parte da sentença recorrida, quando diz que um muro de 5,00 metros "destoa necessariamente de um conjunto em que todos os outros (muros da mesma natureza) não ultrapassam os dois metros de altura "além de ser vaga e meramente conclusiva, não tem qualquer apoio na realidade existente.

Ora, de facto o tribunal está "autorizado" ao preenchimento de tais conceitos, na medida em que o conceito indeterminado, em vez de permitir à

1046 ASTA de 11.3.2003 (http://siddamb.apambiente.pt/publico/documentoPublico.asp?documento=25863&versao=1).

1047 ASTA de 19.3.96, proc. 34.547; de 10.12.98, proc. 37.572, de 11.5.99, proc. 43.248, de 10.12.98, proc. 37.572, de 11.5.99, proc. 43.248, de 16.11.00, proc. 46.148, de 29.3.01, proc. 46.939; de 17.2.2004

Administração pública o exercício de poderes discricionários, permitindo-lhe recorrer aos seus juízos sobre estética e adequada inserção no ambiente, para afastar os juízos formulados pela Administração pública, e não só em caso de erro manifesto de apreciação ou de erro grosseiro ou utilização de critério manifestamente desajustado, de mero desvio de poder em sentido objetivo (violação de lei através de principio de atividade) ou subjetivo.

De facto, são conceitos com margens de imprecisão (na fronteira das coisas, o horrível e o belo para a esmagadora maioria não levanta problemas, por mais que alguém possa justamente achar o feio como belo).

Aliás, no próprio poder discricionário há solução jurisdicional permitindo intimar a Administração pública a tomar certa decisão, mas trata-se de poder segundo na linha, sentido, da "normação" (uma jurisdição "normativizadora" sobre a norma enquadradora (normação de segunda linha).

O juiz pode substituir-se à Administração pública não só em caso de decisão verificando a não aplicação dos princípios jurídicos fundamentais da atividade urbanística) como em caso de silêncio ou de recurso a critérios "*a latere*" dos verbalizados, normativizados, apontando-lhe em termos reconstrutivos e portanto em parte densificadores, a obrigação de decidir no quadro de regras e princípios "enformantes" da futura decisão (não determinando a solução concreta, mas o sentido do interesse público subjacente aos valores apontados, de que terá de fluir a solução, delimitando parâmetros.

Não há ofensa de separação de poderes na plena jurisdição com invocação do *princípio da primazia do interesse público (específico)*, não ponderado adequadamente pela Administração pública, o que não a ofende pois integra a âmago da fiscalização da Administração pública pelo direito e não pelo mérito.

Nas expressões referidas no regime jurídico da urbanização e edificação, o legislador não densifica a adequada inserção no "ambiente urbano" senão em parte (art. 24.º, n.º 4). O que não elimina aspetos deste, nem de outras "descobertas" em conceitos semelhantes, em avaliação valorativa e prognóstica, segundo juízos delimitadores, dentro de parâmetros jurídicos essencialmente determinados pelo princípio-norte do interesse público.

Este é o critério suprahermenêutico de triagem definitiva para a emissão da melhor da solução do caso concreto. Não ficando também o julgador meramente limitado à possibilidade de juízos próprios apenas em caso de inadequação do critério administrativo de avaliação em prognose por razões de proporcionalidade, seja erro grosseiro ou manifesta de apreciação.

Como se se estivesse no campo da execução de poderes discricionários, não determinados por meros parâmetros jurídicos abstratos (com operação de mera subsunção dos factos apurados), com mero controlo de factos substanciais, teleológicos, competenciais e procedimentais, enquadradores da atividade jurisdicional, face a normas-poderes não vinculados, seja com "precisas" previsões ou estatuições, seja com imprecisas, em zonas de fronteira (conceitos indeterminados, mas determináveis).

Em conclusão, em geral falta em Portugal tornar eficazes as normas existentes sobre estética ou ambiente urbanos, formulando as diferentes cláusulas em moldes mais precisos e, em casos duvidosos, sujeitando os projetos a discussão pública (mesmo os de entidades públicas, como o Estado (que em princípio estariam apenas sujeitos a mero parecer municipal não vinculativo, ou seja, dispensados de real controlo municipal).

A *minha posição* passa pela afirmação de que a Administração Pública e os tribunais não podem deixar de ter uma *função de prevenção, vigilância e interdição de efeitos antiestéticos e agressivos a aspetos do ambiente urbano, construído e natural*, em si e tendo em conta o ambiente histórico e natural envolvente, e designadamente atentando nas implicações para a *saúde psicossomática e a qualidade de vida dos residentes*, assentes em critérios, por um lado fisicamente situados e, por outro, orientados por conceções culturalmente dominantes.

Sendo-lhes interdito que se refugiem em *laxistas razões de subjetividade*, dado que há *expressões-conceitos normativos suficientemente expressivos*, para permitir, embora sem vitórias de mero gosto pessoal ou absoluta rigidez, que não seria coadunável com este espaço do exercício próprio da cultura de cada povo em situação, a implicação de critérios com certa objetividade, mesmo que assentes em conceitos indeterminados, que à administração e, também, à jurisdição cumpre minimamente ir densificando casuisticamente, concretizando essas exigências legais de respeito pela estética e o contextualizado ambiente *urbano*[1048].

[1048] Art. 24.º do RJUE desde 1999 (Decreto-Lei 555/99, 16.12) e, anteriormente, do RGEU (regulamento geral das edificações urbanas, aprovado pelo Decreto-Lei n.º 38382, de 7.8.1951. Em: http://www.gaiurb.pt/lex/RGEU.pdf.

BIBLIOGRAFIA

ALEGRE ÁVILA, Juan Manuel – *Evolución y régimen jurídico del patrimonio histórico.* Madrid: Ministerio de la Cultura, 1994; – "El ordenamiento estatal del Patrimonio Histórico Español: principios y bases de su régimen jurídico". Revista de Estudios de la Administración Local y Autonómica, n.º 255-256, 1992;

ALEXANDRE, Paulo (1999) – *A Integração Espacial: Economias de Rede e Inovação.* Lisboa: Instituto Piaget, 1999;

ALEXEY, Robert – *Teoría de los derechos fundamentales.* Madrid: Centro de Estudios Constitucionales, 1993;

ALLEGRETTI, Umberto – *L'Imparzialitá Amministrativa.* Padova: Cedam-Casa Editrice Dott. Antonio Milani, 1965;

ALONSO, Jesús; SÁNCHEZ MORENO, F. – "Participación pública y derecho a la información" In *III Congreso Nacional del Medio Ambiente: documentos finales: grupos de trabajo,* Vol. 2, 1996. p. 447-493;

ALONSO, W. (1967) – *Location and Land Use.* Cambridge: Harvard University Press, Mass, 1964; – "A reformulation of Classical Location on Theory and Its relations to Rent Theory". In *Papers of the Regional Science Association.* Vol.19, 1967;

ÁLVAREZ RICO, M. y ÁLVAREZ RICO, I. – "Derecho de acceso a los archivos y registros administrativos en la nueva Ley de Régimen Jurídico de las Administraciones Públicas y del Procedimiento Administrativo Común". *RAP,* n.º 135, 1994;

ÁLVAREZ RICO, Manuel – "El derecho de acceso a los documentos administrativos". In *Documentación Administrativa,* n.º 183, 1979;

ÁLVAREZ-CIENFUEGOS SUÁREZ, José María – "El derecho a la intimidad personal, la libre difusión de la información y el control del Estado sobre los bancos de datos". In *Actualidad Administrativa,* n.º 37, 13 octubre 1991;

ALVERTI ROVIRA, E. – "Relaciones entre administraciones públicas. La nueva ley de Régimen Jurídico de las Administraciones Públicas y del Procedimiento administrativo Común". *Leguina Villa. J. y Sánchez Morón, M. (Dir).* Madrid: Tecnos, 1993;

AMATO, Giuliano – "Autoritá semi-independenti ed autoritá de garanzia". *Revista Trimestrale di Diritto Pubblico*, n.º 3, 1993;

ANDRADE, J. C. Vieira de – Os direitos fundamentais na Constituição Portuguesa de 1976.Coimbra, 1987; – "O princípio da imparcialidade da Administração como princípio constitucional". *Boletim da Faculdade de Direito da Universidade de Coimbra.* Vol. L, 1974;

ANDRADE, Manual Costa – *A Liberdade de Imprensa e Inviolabilidade Pessoal: uma perspectiva jurídico-criminal.* Coimbra: Coimbra Editora, 1996; – *Sobre a Valoração como meio de Prova em Processo Penal das gravações produzidas por Particulares.* Coimbra,1987.

ANNECHIARO, Frank e JACOBS, James B. – *The Pursuit of Absolute Integrity: How Corruption Contrail makes Government Ineffective.* Chicago: University of Chicago Press, 1996;

ANTUNES, António Pais – Lições de Planeamento Territorial: Conceitos e Princípios Fundamentais. (Texto policopiado). Departamento de Engenharia Civil, Faculdade de Ciências e Tecnologia, Universidade de Coimbra, 1996;

ANTUNES, Luis Filipe Colaço – *A Tutela dos Interesses Difusos em Direito Administrativo: Para uma legitimação Procedimental.* Coimbra: Almedina, 1989.

ARENA, Gregorio – "La tutela della riservatezza nella società dell'informazione". In *Scritti in onore di Pietro Virga.* Tomo I, Milano: Giuffrè Editore, 1994, p. 63-93; – "Transparencia Administrativa y Democracia". *RVAP*, n.º 37, septiembre-diciembre 1993; – L'Acceso ai Documenti Amministrativi. Bologna: Il Mulino, 1991.

ARENDT, H. – *On Revolution.* New York, Penguin, 1977;

ARMSTRONG, Mark; SAPPINGTON, David E. M. – "Regulation, Competition and Liberalization". *Journal of Economic Literature 44*, (2), 2006, p. 325–366;

ARNELLA GALLEMÍ, Xavier – "¿Cómo hacer comprensible la información ambiental?" [CD-ROM]. In *VII Congreso Nacional del Medio Ambiente,* Madrid, del 22 al 26 de noviembre de 2004, Palacio Municipal de Congresos del Campo de las Naciones. Madrid: Fundación CONAMA, 2005;

ARON, Raymond – "Études Politiques, Recueil d' Éssais". *Révue Francaise de Cience Politique,* Paris, 1967, p. 309-318.

ARQUER, José Manuel – "El estado neutral: Contribución al estudio de las administraciones independientes". *Revista de Derecho Administrativo,* 1984;

ARROYIO YANES, Luis Miguel – "El derecho de autodeterminación informativa frente a las Administraciones Públicas". *Revista Andaluza de Administración Pública,* n.º 16, octubre-noviembre-deciembre 1993;

AUSTIN, J.-L. – "Les autorités administratives indépendantes et la Constitution". *La Révue Administrative,* n.º 224, 1988; – "Du juge administratif aux autorités administratives indépendantes: une autre mode de régulation". *Révue de droit publique et de science politique en France et à l'etranger*,1988;

AYDALOT, P. – *Économie Regional et Urbaine*. Paris: Economica, 1985; – *Crise et Espace*. Paris: Economica, 1984;

BADILLO NIETO, Margarita y AZNAR PEÑARROYA, Severiano – *Técnicas de la documentación para la Administración Pública*. Madrid, Alcalá de Henares: INAP, 1986;

BALLE, Francis – *Médias et Sociétés*. 7.ª ed., Paris: Montchréstien, 1994;

BARRETO, António – *A Situação Social em Portugal, 1960-1995*. Lisboa: ISC, 1998;

BARRILLOT, Bruno – "Os perigos da produção do nuclear militar". In *Estado do Ambiente no Mundo. Beaud, M. e C.; Bouguerra, M.L. (Dir.)*. Tradução de Ana Maria Novais (L'État de L'Environment dans le Monde). Lisboa: I. Piaget, 1995;

BASSOLS COMA, Martín – "Ordenación del Territorio y Cuencas Hidrográficas". *Revista de Derecho Urbanístico*, n.º 80, 1982;

BECK, Ulbrich – *La sociedad del riesgo: hacia una nueva modernidad*. (Traducción de Jorge Navarro, Daniel Jiménez y Rosa Borràs de Risikogesellschaft: Aus dem Weg in eine andere Moderne. Frankfurt: Ed. Suhrkamp, 1986). Barcelona: Paidós, 1998;

BÉJAR, H. – "Individualismo, privacidad e intimidad: precisiones y andaduras". *De la intimidad*. Barcelona:Editorial Crítica-Grupo Editorial Grijaldo, 1989; – "La génesis de la privacidad en el pensamiento liberal". *Sistema: Revista de Ciencias Sociales*, n.º 76, 1987;

BEL MALLEN, J. I. – *El derecho a la información local*. Madrid: Editorial Ciencia, 1990;

BELLEN, H. – *Indicadores de Sustentabilidade: Uma análise Comparativa*. Universidade Federal de Santa Catarina, Santa Catarina, 2002;

BELLIN, Ph. – "La CADA: procédure et jurisprudence". In *Information et Transparence Administrative*. VVAA. Paris: PUF, 1988;

BENEYTO, J. – *Información y Sociedad*. Madrid,1970;

BENINGER, J. – *The control Revolution: Technological and Economic Origins of the Information Society*. Cambridge, EUA: Harvard University Press, 1986;

BERMEJO VERA, J. – "El derecho a la información de los consumidores y usuários". In *Estudios sobre Consumo: Comentarios a la Ley General de defensa de los Consumidores y Usuarios*, n.º 3, 1984; – "El secreto de las administraciones públicas: principios básicos y regulaciones específicas del ordenamiento jurídico español". *REDA*, n.º 57, enero-marzo 1988, p. 17-27; – "Premisas jurídicas de la intimidad personal y de la protección de los datos en derecho español". In *Libro Homenaje al Profesor José Luis Villar Palasí*, p. 143-161. Madrid: Civitas, 1989.

BERRY, B. J. L.–"Aproaches to Regional Analisis: 'A synthesis'". En *Annals of the Association of American Geographers, n.º 54*,1964;

BETANCOR RODRÍGUEZ, Andrés – *Las Administraciones Independientes: Un reto para el Estado Social y Democrático de Derecho*. Madrid, 1994.

BINET, Jordi – *El derecho a la información en el Convenio Europeo de los Derechos Humanos.* Barcelona: PPU, 1994;

BIRTLES, W. – "The European Directive on Freedom of Access to Information on the Environment". In *Journal of Planning and Environment Law*, n.º 607, 1990;

BLANCA Lozano – "El sistema de conflictos jurisdiccionales, las materias clasificadas y el control judicial de la Administración". *REDA*, n.º 91, Julio-Septiemre 1996;

BOBBIO, Norberto – *The Future of Democracy.* Minnesota. University: Minneapolis, 1987. Traducción para español: – El futuro de la democracia. Barcelona: Plaza Janes, 1985.

BODIGUEL, J.-L. – "Information administrative et presse écrite". *Revue politique et parlementaire*, 1968.

BORDO, Michael – *The Crisis of 2007: Some Lessons from History.* London: VoxEU.org., Centre for Economic Policy Research, 2007;

BOSQUE MAUREL, Joaquín – "Prólogo". En *SOTELO NAVALPOTRO, J. A., Modelos de organización y desarrollo regional.* Madrid: Rev. del Observatorio Medioambiental del Instituto Universitario de Ciencias Ambientales, IUCM, 1999;

BOUDEVILLE, J. – *L´espace et les pôles de croissance.* Paris: PUF, 1968;

BOURGUIGNON, François; MORRISON, Christian – "Inequality among World Citizens: 1820–1992". *American Economic Review 92*, (4), 2002, p. 727–744;

BRACHET, Philipe – "Interventions". In *Colloque sur a Transparence Administrative. Publicado sob o tema Information et Transparence Administratives.* Centre Universitaire de Recherches Administratives et Politiques de Picardie (C.U.R.a.P.P.). Paris: PUF, 1988;

BRAIBANT, g. – "Droit d'accès et droit à l'information". In *Mélanges R.E.Charlier.* Paris: Ed. de l'Université, 1981; – "Éléments de discussion". In *Les autorités administratives indépendantes. COLLIARD, C. e TIMSIT, G. (Coord.).* Paris, 1988;

RAÑES, Raúl – *Aspectos institucionales y jurídicos del medio ambiente, incluida la participación de las Organizaciones No Gubernamentales en la Gestión Ambiental.* Washington: BID, 1991;

BRET, Paul Louis – *Information et Démocratie.* Paris, 1954;

BROWN, Thomas Elton – "The Freedom of Information Act in the Information Age: The Electronic Challenge to the People's Right to Know". *American Archivist, 58*, n.º . 2 March 1995, p. 202-211;

BUCETA ALBILLOS, Natividad – "La información ambiental en el nuevo milenio". *Mapping, 1999*, n.º 53. p. 12-16.http://www.mappinginteractivo.com/plantilla--ante.asp?id_articulo=305

BURFERT, H. – "L'information du secteur publique: le secret, a transparence et le commerce". In *Les Données Publiques: Un gisement a exploiter? Revue française d'Administration Publique.* Paris: Institut International d'Administration Publique, n.º 72, octobre-décembre 1994;

Burkert, Germar e Sieghart – "Secrecy and Openess: Individuals, Enterpreises and Public Administration". In *Proceeding of the Seventeenth Colloquy on European Law*. Zaragoza, 21-23 october de 1987. Strasbourg: Council of Europe, 1988;

Cádima, Francisco Rui – *Desafios dos novos media: a nova ordem política e comunicacional*. Lisboa, notícias ed., março de 1999.

Cagli, Alessandro – "Il quadro normativo delle amministrazioni pubbliche indipendenti". In *Il foro amministrativo*, ano LXVII, 1991.

Caianiello, V. – "La tutela degli Interessi Individuali e Delle Formación Sociali Nela materia Ambientale". *Foro Amministrativo*, 1987.

Calderón, César; Lorenzo, Sebastián – *Open Government: Gobierno Abierto*. Alcalá la Real: Algón Editores, 2010.

Campesino Fernández, A. J. – "Políticas urbanísticas 1979–1998". In *Márquez Mella, J.M. (Coord.). Economía y política regional en España ante la Europa del siglo XXI*. Madrid: Akal, 1998;

Camps i Fernández – "Orientación de la información al usuario". In *VII Congreso Nacional del Medio Ambiente*, Madrid, del 22 al 26 de noviembre de 2004, Palacio Municipal de Congresos del Campo de las Naciones. Madrid: Fundación CONAMA, 2005. ISBN 84-609-4422-0

Cannac, Yves y Grazier, François – "Étude sur les autorités administratives indépendantes". In *Études et documents du Conseil d'État*, n.º 35, 1983/84.

Cano Mata, A – "Admisión por el Tribunal Constitucional de los actos políticos o de gobierno". *REDA*, 72, 1991.

Caramelo, Sérgio; Fermisson, João – "Política regional e ordenamento do território europeu: O EDEC. In *Regiones e Cidades na União Europeia*. Coimbra: APDR, 1999;

Carbonell, Eloísa y Muga, José Luis – *Agencias y procedimiento administrativo en Estados Unidos de América*. Madrid: Marcial Pons, 1996.

Carbonnier, J. – "Effectivité et ineffectivité de la règle de droit". In *Flexible droit*. 3.ª Ed., Paris: LDDJ, 1976, p. 99-111; – Science Administrative. Paris: PUF, 1986.

Carrillo, Marc – *Los límites a la libertad de prensa en la Constitución de 1978*. Barcelona: PPU, 1987.

Carvalho, Virgílio de – *Regionalização do Continente: Informação que tem faltado*. Lisboa: Sociedade Histórica da Independencia de Portugal, 1998;

Cassese, Sabino – "Fundamento e natura dei poteri della CONSOB relativi all'informazione del mercato". In Sistema finanziario e controlli: dall'impresa al mercato. Milão: Giuffrè, 1986.

Castelis Arteche, José Manuel – "El marco actual del derecho a la documentación administrativa". *Revista Catalana de Arxivística*, n.º 3, Lligall; – "El derecho de acceso a la documentación de la administración pública". *RVAP*, n.º 10, volumen I, 1984, p. 135-153;

Castilla del Pino, CARLOS – "Público, privado, íntimo". In *De la Intimidad*. Barcelona: Editorial Crítica-Grupo Editorial Grijaldo, 1989;

Cawson, A. – "Functional representation and democratic polics". In *Democratic Theory and Practice*. Duncan, G. (Ed.). Cambridge: CUP, 1983;

Cayrol, Roland – *La presse écrite et le audiovisuelle*. Paris:PUF, 1973; – Les Média: Presse écrite, radio, télévision. Paris: PUF, 1991;

Celma, Javier – "Aspectos de la información ambiental en las entidades locales. El caso de Zaragoza". In *Derecho al conocimiento y acceso a la información en las políticas de Medio Ambiente*. Madrid: Ministerio de Medio Ambiente, Instituto Nacional de Administración Pública, 2005; – "Nuevos retos en la información ambiental". In VII Congreso Nacional del Medio Ambiente, Madrid, del 22 al 26 de noviembre de 2004, Palacio Municipal de Congresos del Campo de las Naciones. Madrid: Fundación CONAMA, 2005;

CEMAT – "Stratégie commune d'aménagement et de développement durable pour l'Europe". *12.ª CEMAT*, realizada en Hanover, en la Alemania, a 7 y 8 de septiembre, 2000;

Cerrillo Martínez, Agustí – "Publicidad y transparencia en el Parlamento Europeo." Revista de las Cortes Generales, n.º 45, Tercer Cuatrimestre, 1998; – *La transparencia Administrativa: Unión Europea y medio ambiente*. Valencia: Tirant le Blanch, 1998.

Checa González, Clemente y Isaac Merino Jara – "El derecho a la intimidad como límite a las funciones investigadoras de la Administración tributaria". In *Impuestos*, 1988, Tomo II;

Chellaney, Brahma – "Coming Water Wars". In *International Economy*, Fall 2009, p. 38-39.

Chenery, Hollis, Ahuluwalia, Montek S; Bell, C L G.; Duloy, John H.; Jolly, Richard – *Redistribution with Growth: Policies to Improve Income Distribution in Developing Countries in the Context of Economic Growth*. London and New York: Oxford University Press, 1974;

Chevalier, jacques – "Réflexions sur l'institution des autorités administratives indépendantes". *Jurisclasseur périodique*, I, n.º 3254, 1986; – "L'administration face au public". In *La communication administration-administré*. Paris:PUF, CURAPP, 1983; – "Réflexions sur l'institution des autorités administratives indépendantes". In *Juris-Classeur Périodique:La Semaine Juridique*, fasc.3254, 1986.

Chevallier, J.; DRAÏ, R. y Rangeon, F. – *La communication administration-Administré*. Paris: PUF, Curapp, 1983.

Christaller, W. – *Central Places in Southern Germany*. (Tradución del alemán, de 1933, por Carlisle W. Bassin). Prentice-Hall: Englewood Cliffs,1996;

Christiano, M. Eichenbaunm e Sergio Rebelo – "When is the Government Spending Multiplier Larger". *NBER Working Paper* 15394, oct. 2009. http://www.nber.org/papers/w15394;

CICCONE, Antonio; JAROCIŃSKI, Marek – "Determinants of Economic Growth: Will Data Tell?". *Working Paper* 852. Frankfurt am Main: European Central Bank, 2008;

CLERC, Denis – *Déchiffrer les grands auteurs de l'économie et de la sauvage.* Vol.I e II, Paris: Éd. La Découverte et Syros, 1997 e 1998;

CLIMENT BARBERA, J. – "La cooperación estatal y autonómica en los servicios municipales". In *Tratado de Derecho Municipal.* Santiago Muñoz Machado (Dir.), Tomo I, Madrid: Civitas, 1988;

COLLIARD, Claude-Albert – "Prefacio". In *Les autorités administratives indépendentes.* COLLIARD, C. y TIMSIT, G. (Dir.). Paris, 1986;

COMISSÃO DE ACCESSO AOS DOCUMENTOS ADMINISTRATIVOS – *Lei do Acesso aos Documentos Administrativos: Avaliação da sua Execução pela Administração Pública.* Lisboa: CADA, 2001 y www.cada.pt.

CONDESSO, Catarina Alexandra Azevedo dos Reis; CONDESSO, Fernando – *Direito do Urbanismo: Noções Fundamentais.* Lisboa: Quid juris, 1999;

CONDESSO, F.; MARQUES, Carlos; MORA ALISEDA, Julián – "Vivienda y Territorio". Em *VVAA: Revista Electrónica de Medioambiente M+A.*, Instituto Universitario de Ciencias Ambientales, Madrid. n.º 8, 2010, p. 1-17, http://dialnet.unirioja.es/servlet/articulo?codigo=3655765;

CONDESSO, F.; MORA Aliseda, J. e PEDRO, B. São (Dir.) – Planeamiento y Pespectivas del Territorio. Ministerio de Educación y Ciencia. Madrid; – Infraestructuras, Competitividad y Cooperación Territorial. Ministerio de Educación y Ciência. Madrid, 2005; – Infraestructuras, Competitividade e Cooperação Territorial. Madrid. Ministerio de Educação e Ciência, 2010; – Planeamiento y Pespectivas del Territorio. Ministerio de Educación y Ciencia. Madrid;

CONDESSO, F.; MORA Aliseda, J.; CASTRO SERRANO, J. – Nuevas tendencias en la ordenación del territorio. Cáceres: Fundicotex, UNEX, 2009; – Urbanismo sostenible. Cáceres: Fundicotex, UNEX, 2009;

CONDESSO, F; MORA ALISEDA, J. (Dir.) – *Políticas urbanas y territoriales en la Península Ibérica.* Tomo I e II. VVAA: Serie Estudios Portugueses, n.º 28. Edição. Gabinete de Iniciativas Transfronterizas. Mérida, 2005;

CONDESSO, Fernando – "Medio Ambiente y Territorio en Europa: Propuestas para una Política de Ordenación Espacial en la Península Ibérica". *Revista del Consejo General del Poder Judicial. Escuela Judicial,* Madrid, Vol. 67, 2004, p. 95-124; – "Administración pública y Desarrollo Económico-Social. Ordenación del Territorio Y Medio Ambiente: Las asimetrías de desarrollo en Portugal y la reforma de las estructuras de gobernación territorial". *Revista Monfragüe del Medio Ambiente,* n.º 3, 2013; – "Desenvolvimento rural, património e turismo". *Cuadernos de desarrollo rural, International Journal of Rural Development,* 8, (66), p. 197-222. (revista indexada en ISI, SCopus, Publindex A1, Redalyc, Scielo). Bogotá: Facultad de Estudios Ambientales y Rurales, Instituto de Estudios Rurales, Departamento de Desarrollo Rural y Regional, Pontificia Universidad Javeriana, enero-junio 2011; – *Derecho a la Información. Crisis del Sistema Político. Transparencia de los Poderes Públicos.* Madrid: Dykinson, 2011; – *Derecho de acceso de los ciudadanos a la a la documentación e información. Regímenes jurídicos en Unión Europea y Península Ibérica.* Tomo II. Lambert Academic Publishing GMBH & CO. KG. EUA, RU, Tubinguen, 2012; – *Desarrollo y cohesión en la Península Ibérica: El problema de la ordenación territorial.* Barcelona: Erasmus Ediciones, jan. 2010; – "Principios de Gestión y Objetivos Medioambientales. El Agua: ¿Necesidad básica o Derecho Humano?" En *VVAA: Rexach, Menéndez (coord.). Planificación y Gestión del Agua ante el Cambio climático: Experiencias Comparadas y el Caso de Madrid.* Madrid: La Ley. 2011, p. 49-78; – "Experiencias Comparadas: El Marco Orgánico y de Gestión del Modelo Jurídico para la Administración del Agua en Portugal". En *VVAA: Rexach, Ángel Menéndez (coord.) – Planificación y Gestión del Agua ante el Cambio climático: Experiencias Comparadas y el Caso de Madrid.* Madrid: La Ley. 2011, p. 341-384; – "Os fundamentos da ideia regionalizadora e o papel de Eurico Figueiredo no processo referendário da década de noventa". In *População e sociedade, Estudos e ensaios em homenagem a Eurico Figueiredo.* Porto: CEPESE, Edições Afrontamento, 2005, p. 165-195;-*Derecho de acceso de los ciudadanos a la documentación e información. Cuestiones y fundamentos politológicos, económico-financieros, comunicacionales y ambientales.* Tomo I. Lambert Academic Publishing GMBH & CO. KG. EUA, RU, Tubinguen, 2012; – "Direito Internacional, Europeu e Peninsular da Água: Factualidade e Normação". In *VVAA – Gestión de Recursos Hídricos en España e Iberoamerica.* Madrid: Thomson Reuters Aranzadi, Unión Europea, 2015, p. 85-106; – "El acceso a la información medioambiental en poder de las administraciones públicas portuguesa y española. Em VVAA:Revista Observatorio Medioambiental, n.º 9. Ed. Universidad Complutense de Madrid. 2006, p. 27-44, – "Direito do Ambiente em Portugal". In *VVAA, Derecho Ambiental Iberoamericano. Eugenio Soriano, José (coord.).* São Paulo: Ed. Lumen iuris, 2016;-"Desigualdades por nascimento em Portugal e direitos humanos". In *VII "Colóquios do Porto: Psicanálise e Cultura"; Temática: Psicanálise e Cidadania. Integrado no Programa das Comemorações do Centenário da República,* Local: Fundação Eng.º António de Almeida, 5 e 6 de novembro 2010; – "El Agua: necesidad básica o derecho humano". In *II Seminario iberoamericano, Organização Universidade Autónoma de Madrid e Universidade Rey Juan Carlos,* 21-22 octubre, Móstoles, Madrid; – *Ordenamento do Território: Administrações e Políticas Públicas, Direito Administrativo e Desenvolvimento Regional.* Lisboa: UTL, ISCSP, 2005 (A Estratégia Territorial Europeia e a Política de Ordenamento do Território na Península Ibérica, Política Regional Europeia e a Regionalização, Regionalização e Poder Regional, A Regionalização e o Desenvolvimento Regional, O Desenvolvimento económico--social e o planeamento infra-estadual, Os Fundamentos Económicos do

Desenvolvimento Territorial, As teorias territoriais do desenvolvimento económico, As teorias da Economia Espacialmente Situada, Os rumos atuais e futuros dos sistema de planificação e da política territorial Europeia). Lisboa: UTL, 2005; – "O direito à informação administrativa". Em *VVAA: Revista: Legislação: Cadernos de Ciência de Legislação. INA, n.º 17* (Out.-Dez.1996). INA. Lisboa, p. 63-100; – O Direito à Informação administrativa. Universidade Gama Filho. Rio de Janeiro, 1994; – "Cidade, turismo e direito. Recursos turísticos urbanos. Políticas de promoção ambiental e do património cultural. Direito e sua aplicação efetiva". Em *VVAA: CITYSCAPES: Dialogues on Tourism and the City. José Manuel Simões (coord.).* Centro de Estudos Geográficos do Instituto de Geografia e Ordenamento do Território da Universidade de Lisboa; – "Derecho de acesso a la información en materia medioambiental en los Estados europeos y en la península ibérica". In *3.º Congreso Internacional do Medio Ambiente e Direito Ambiental: Os problemas ambientais contemporâneos. Academia Transdisciplinaria Internacional do Ambiente (ATINA)*, Universidade Católica de Santa Maria, Arequipa, Perú, 17-19 de Junio de 2010; – *Direito À Informação Administrativa.* Lisboa: PF, 1995; – "O direito da Água em Portugal". In *Congresso sobre Ordenamento do Território. Recursos Hídricos,* Lisboa: ISCSP, 27-29 de Outubro de 2010; – "Ambiente, urbanismo e direito de propriedade". In *Conferência Propriedade e Meio Ambiente: da Inconciabilidade à Convergência.* Coordenado por Marcos Wachowicz, Universidade Federal de Santa Catarina, Brasil. Lisboa: ISCSP, 2 de Dezembro; – *Direito administrativo I* (Noções fundamentais de direito administrativo geral. Fundamentos políticos e constitucionais de Administração pública e do direito administrativo. Constituição e controlo das funções política, legislativa, executiva e jurisdicional. Características, crise e evolução do direito administrativo. Direito público e privado. Ramos de direito e direito administrativo. Teoria geral das fontes de direito e direito administrativo. Noções fundamentais sobre a justiça administrativa). Lições policopiadas. Lisboa. ISCSP e FA da UTL, 2009; – *Lições sobre Direito Internacional Público.* UML. Lisboa. Lições policopiadas, 1992; – "A Questão Ambiental e a Intervenção Radical". Em *VVAA: Intervenção Radical: Globalização, Ambiente, Europa, Emprego. Conferência apresentada ao Congresso do MIR na Faculdade de Arquitetura do Porto (Portugal),* 27.5. 2000, p. 51-139, s.l.:MIR, 2000; – "Direito do Ambiente". Em *VVAA: acto-um, arte, ciência, cultura, n.º 1. Universidade Moderna.* Setúbal, 2001, p. 66-85; – "O ordenamento do território e o seu enquadramento legal em Portugal". Em *VVAA:A efetividade do Direito Ambiental e a Gestão do Meio Ambiente na América Ibérica: Balanço de Resultados das Quatro Décadas da Conferência de Estocolmo.* Fernando Rei e Genaro Uribe (Org.).Unisantos.Santos (Brasil). Ed. Univ Leopoldianum. Santos (Brasil), 2012, p. 157-170; – "Planeamento e qualidade de vida: uma visão de administração territorial. Pela reforma global da organização do Estado". *II Conferência nacional de qualidade de vida. Organização do Centro de Administração e Políticas Públicas do ISCSP (CAPP) e Instituto de Tecnologia Comportamental (INTEC)*. ISCSP, Lisboa, 29.11. 2010; – "Planificación y gestión de aguas en áreas metropolitanas". In *I e II Seminario iberoamericano sobre planificación y gestión del agua en áreas metropolitanas*. URJC, MADRID, 2008 e 2010; – "Agua, Cambio Ambiental e Derechos Humanos". In *Congreso sobre Ambiente 2010, Organização da Liga Mundial de Juristas Ambientalistas*, México, Facultad de Derecho de la Universidad Autónoma de México, Outubro de 2010; – "Debates iberoamericanos. Medio ambiente. La posición portuguesa". In *Debates iberoamericanos. Miradas de Iberoamérica. Organização Centro de Estudios de Iberoamérica*, URJC, 19 de Febrero de 2010; – "Novos cenários para a articulação espacial luso-espanhola". In *IV Congresso Internacional Sobre Ordenamento do Território*. Lisboa, ISCSP, 25-27 de novembro de 2009. ISCSP-UTL, Fundicotex e Ministerio de Ciencia e Tecnología, España. Ref.ª: CGL2009-05875-E/BTE; – "O direito à informação ambiental". In *Urbanismo Sostenible*. Cáceres: Ed.Fundicotex, Consejaría de Agricultura e Medio Ambiente, Ministerio de Educação e Ciencia, Feoga, 2009, p. 163-169; – "O problema da estética não Moderno Direito do Urbanismo: a fuga ao direito pela Administração pública e tribunais". In *VVAA. Arte Pública e Cidadania*.Lisboa: Afrodite, 2010; – "El urbanismo en Portugal: Breve descrición para empresarios del funcionamiento administrativo en materia de planeamento y ejecución". In *Congreso de Administración Local, Urbanismo y Territorio. Organización de la Universidad de Extremadura, España y Fundicotex*. Mérida, 24 y 25 de septiembre de 2009; – "Política Ambiental". In *A Reforma do Estado em Portugal: Problemas e Perspectivas: Actas do I Encontro Nacional de Ciência Política*. Organizado pela Associação Portuguesa de de Ciência Política. Lisboa: Editorial Bizâncio, 2001, p. 571-640; – "Regime jurídico dos instrumentos de gestão territorial". In *El Urbanismo al otro lado de la Raya: Jornadas Hispano-Lusas*. Mérida. Organización UNEX, CCAA de Extremadura-España y Fundicotex. 21 y 30 de setiembre de 2010; – "O actual direito do urbanismo em Portugal". In *Jornada de Urbanismo en Portugal: Políticas y Legislación*, Cáceres, 28 de mayo de 2010; – *Direito da Comunicação Social*. Coimbra: Almedina, 2005; – *O Ordenamento do Território: Direito do Planeamento Territorial, Administração Pública do Território, Economia Regional e Políticas Europeias*. Lisboa: ISCSP-UTL; – *La defensa del medio ambiente y el derecho a la información en las Instituciones de la Unión Europea y en la Península Ibérica*. Biblioteca da URJC. Madrid, 2003; – *La Ordenación del Territorio de la Península Ibérica en el contexto de la nueva Estrategia Territorial Europea*. Tese doctoral en la área temática del planeamiento físico y economia regional. Departamento de Geografía e Ordenación del Territorio, Facultad de Filosofía y Letras. Cáceres: UNEX. 2002 (Biblioteca Univ Nova de Lisboa); – Europa em Crise: Renegociação da Dívida, Solução Federal. Caleidoscópio. Lisboa, 2012; – "Agua: Cambios en la Disponibilidad, Uso y Gestión del Recurso". In *Jornadas Internacionales Agua y Cambio Ambiental Global*.

Comité Científico Español de IHDP (International Human Dimensions Programme). Madrid: IUCA-UCM, 9-10.6.2009; – "El Agua: ¿necesidad básica o derecho humano?". *Congreso del Agua. URJC*, Madrid, 2011; – "O Acesso aos Dossiers Públicos (Lei n.º 65/93, de 26 de Agosto)". In *Revista Jurídica da Universidade Moderna, Ano I, n.º 1, 1998*, p. 258-259; – *Derecho a la Información: Crisis del sistema político, Transparencia de los Poderes Públicos*. Madrid: Dykinson, 2011; – "A estrutura do sistema de administração local: quê modelo seguir". In *Conferência no Seminário sobre "O Intermunicipalismo e o processo de descentralização: O papel das Comunidades Intermunicipais*. Lisboa: UTL, 12 de junho de 2012; – "A península ibérica e a União europeia: Nem esta integração nem o isolacionismo. Da União Europeia disfuncional a um modelo de unificação federal Democrática". *REIB*, n.7. CEIB-URJC, Madrid, dez 2012; – "El Agua: aún sobre la idea de necesidad básica o ya derecho humano". In *II Seminario iberoamericano sobre planificación y gestión del agua en áreas metropolitanas*. Organización: Universidad Autónoma de Madrid y Universidad Rey Juan Carlos, Madrid, 21-22.10.2010; – *Direito do Ambiente*. Coimbra: Almedina, 2001; – "Portugal, o Governo Português, o FMI, o BCE e a UE: abordagem politológica da anatomia e anomia do desenrolar da crise. In *Troika Ano II. Eduardo Paz Ferreira (Coord.)*. (Apresentação pública na Reitoria da Universidade de Lisboa, em 20 de maio de 2013). Lisboa: Faculdade de Direito de Lisboa, 2013; – "The problem of the aesthetic in modern law of the urbanism: a case of leakage systematic of the right for public administration and courts". Em *VVAA: REIB, URJC*, Madrid, 2011 e *Arte Pública: Novas Leituras da cidade criativa*. Caleidoscópio. Lisboa, 2010, p. 68-80;

Condesso, Ricardo Alexandre Azevedo dos Reis – *As Estruturas de Governação em Portugal perante as Assimetrias de Desenvolvimento Territorial. Que Modelo Seguir?* Tese Doutoral. FFL-UNEX, 2012;

Condesso, Ricardo Alexandre Azevedo dos Reis; CONDESSO, Fenando – "Ordenamento Territorial e Desenvolvimento Resiliente: Políticas e Direito. Princípios Gerais de Intervenção Pública". *Revista Científica Monfragüe*, Volumen III, Número 1, junho 2014, p. 1-36; – "Public administration and social economic development, planning and environment management: asymmetries development in Portugal and the reform of territorial governance structures". *Revista Monfragüe del Medio Ambiente*. Espanha, n.º 3, 2013; – "Características e Princípios gerais da Política e direito do Planeamento Territorial em Portugal". Portimão: Revista científica *Jurismat n.º* 5, 2014, p. 225-269;

Conselho da Europa – *Carta Europeia de Ordenamento do Território*, 1988;

Corcuff, Philipe – Los grandes pensadores de la política. Madrid: Alianza Editorial, 2008.

Cornella, A – *Los recursos de la información: ventaja competitiva de las empresas*. Madrid: Mc Graw-Hill, 1994.

CORNU, Daniel – *Étique de l'information*. Paris: Que sais-je?. Paris:PUF,1997; – *Jornalismo e Verdade: Para uma Ética da Informação.(Epistemologia e Sociedade)*. Lisboa: Instituto Piaget, 1999.

COSCULLUELA MONTANER, Luis (1991) – "Presupuestos constitucionales de las competencias urbanísticas". En *Estudios sobre la Constitución Española: Homenaje al profesor Eduardo García Enterría*. Madrid: Civitas.

COSTA, Jean-Paul – "Le Médiateur est-il autre chose qu'une autorité administrative". In *L'Actualité Juridique Droit Administratif*, 1987.

COTTIER, Bertil – *La publicité des documents administrtifs: Estude de droit suédois et suisse*. Genève: Librairie Droz, 1982; – "Les 'independent agencies' américaines". *Revue internationale de droit administratif*, n.º 51, 1985; – "Les independent agencies américaines: un modèle pour l'administration polycentrique de demain?". *Revue Internationale des Sciences Administratives*. Vol. LI, n.º 3, 1985;

COULET, C. – "Territoire et développement". *Révue de Economie Régional et Urbaine*, n.º 3, 1999;

CRAFTS, Nicholas – "Globalization and Economic Growth: A Historical Perspective". World Economy 27, (1), 2004, p. 45–58;

CRAVINHO, João – *Descentralização Regionalização e Reforma Democrática do Estado*. Lisboa: MPAT, Comissão de Apoio à Reestruturação do Equipamento e da Administração do Território, 1998;

CROSSMAN, R. H. S. – *Biografía del Estado Moderno*. (Traducción de J. A. Fernández de Castro). (Colección Popular 63). México, Madrid, Buenos Aires: Fondo de Cultura económica, 1991.

CRUZ MUNDET, José Ramón y MIKELARENA PEÑA, Fernando – "El concepto de información y documentación administrativa." In *Información y Documentación Administrativa*. Madrid: Tecnos, 1998, p. 13-26.

CUADRADO, J.R.; MANCHA, T.E.GARRIDO, R. – *Convergencia regional en España*. Madrid: Fundación Argentaria, 1998;

CUEVA, Alejandro de la – "La información ambiental, programas y sistemas de información". *Métodos de información* (MEI), vol 3, núm. 10, p. 16-22. http://eprints.rclis.org/archive/00001457/01/1996-10-16.pdf, 1996,

DAMIAN, Michel – "A factura de Chernobyl". In *Estado do Ambiente no Mundo. BEAUD, M. e C.; BOUGUERRA, M.L. (Dir.)*. Tradução de Ana Maria Novais, de L'État de L'Environment dans le Monde. Lisboa: I. Piaget, 1995;

DAVIS, Michel H. – "L'expérience américaine des 'independent regulatory commissions'". In *Les autorités administratives indépendentes. COLLIARD, C. e TIMSIT, G. (Dir.)*. Paris, 1986;

DAYRIES, Jean-Jaques; DAYRIES, Michele – *La Regionalisation*. 3.ª edição; Paris; Presses Universitaires de France, 1986;

DECOOPMAN, Nicole – "Le pouvoir d'injonction des autorités administratives indépendantes". In *Juris-Classeur Périodique: Semaine Juridique, fasc. 3303*, 1987;

Del Águila, R. – "Crisis of parties as legitimacy crisis: a view from political theory". In *Working Paper, n.º 39*. Madrid: IJMEI, septiembre de 1995;

Delarue, Jean-Marie – "Un excès de scrupule ?". In Les Données Publiques: Un gisement a exploiter? *Révue française d'Administration Puplique*. Paris: Institut International d'Administration Publique, n.º 72, octobre-décembre 1994.

Delfino, F. – "Ambiente, Interessi Diffusi e Tutela Giurisdizionale". *Diritto e Società*, 1980; Guercio, V. et alteri – La Giurisprudenza sugli Interessi Diffusi. *Giustizia Civile*, 1981;

Dennis-Lempereur – "Le mythe du libre accès aux documents administratifs". *Science et Vie*, 758, 1983.

Desenvolvimento Regional. Tesis Inédita defendida en la Universidad da Covilhã (cedida por cortesía); (1997) – "Beira Interior: desenvolvimento ou subdesenvolvimento". En *Perspectivas de Desenvolvimento do Interior: Debates, Presidência da República*. 2.ª Ed., Lisboa: INCM.

Deryche, P. H. – "Líntegration de l'espace dans le champ économique".Éncyclopédie d'Économie Spatiale. Auray, J. P. et alteri)coord.). Paris. Economica, 1994;

Devall, B. e Sessions, G. – *Deep ecology:Living as if Nature Matterred*. Salt Lake City, 1985.

Dias, José Eduardo Figueiredo – "Direito à informação, Protecção da Intimidade e Autoridades Administrativas Independentes". In *Estudos em Homenagem ao Prof. Doutor Rogério Soares*, Boletim da Faculdade de Direito, Stvdia Ivridica 61, Ad Honorem-1. Coimbra: Coimbra editora, 2001, p. 615-653;

Dibout, P. – "La liberté d'accès aux documents administratifs". *Rev. Adm.*, 1979;

Dixit, Avinash – *The Making of Economic Policy*. Cambridge, MA: MIT Press, 1996; – "Evaluating Recipes for Development Success". World Bank Research Observer 22, (2), 2007, p. 131–157;

Domar, Evsey D. – "Capital Expansion, Rate of Growth, and Employment". *Econometrica* 14, (2), 1946, p. 137–147;

Domínguez Luis, José António – "El derecho de información administrativa: información documentada y transparencia administrativa". Revista Española de Derecho Administrativo, n.º 88, Out-Dez 1995;

Domínguez Serrano, Judith – "La participación administrativa del ciudadano en la tutela ambiental". In *Ambiente y desarrollo sostenible: Ambiente e desenvolvimento sustentável*. Mora Aliseda, Julián y Jaquenod de Zsögön, Silvia (Dir.). Cáceres: UNEX, 2002, p. 637-648;

Domper Ferrando, Javier – El Medio Ambiente y la intervención administrativa en las actividades clasificadas. Vol. I: Planteamientos constitucionales. Madrid: Civitas, 1992;

Donata, Borgonovo Re – "Il diritto do accesso ao documenti amministrativi in Francia". *VVAA – L'accesso ai documenti amministrativi. ARENA, Gregorio (a cura di)*. Bolonia: Il Mulino, 1991;

DOPPELHOFER, Gernot; MILLER, Ronald; SALA-I-MARTIN, Xavier – "Determinants of Long-Term Growth: A Bayesian Averaging of Classical Estimates (BACE) Approach".*American Economic Review 94*, (4), 2004, p. 813–835;

DOYLE, Martin W, STANLEY, Emily H.; HAVLICK, David G.; KAISER, Mark J; STEINBACH, George; GRAF, William L.; GALLOWAY, Gerald E; RIGGSBEE, J Adam – "Aging Infrastructure and Ecosystem Restoration". *Science 319* (5861), 2008, p. 286–287;

DUPUIS, Georges – "Introdution". In *Les Autorités Administratives Indépendantes*. C. Colliard y G. Timsit (Coord.). Paris, 1988.

DURLAUF, Steven; KOURTELLOS, Andros; TAN, Chih Ming – "Are Any Growth Theories Robust?". *Economic Journal 118*, (527), 2008, p. 329-46;

EASTERLIN, Richard E. – *Growth Triumphant: The Twenty-First Century in Historical Perspective (Economics, Cognition, and Society)*. Ann Arbor, MI: University of Michigan Press, 1998;

EICHENGREEN3, Barry – *The Asian Crisis after Ten Years*. Berkeley. University of California, 2007; Estados Unidos da América;

EMBID IRUJO, Antonio – "El dereco de acceso a lso archivos y registros administrativos". In La Nueva Ley del Régimen Jurídico de las Administraciones Públicas y del Procedimiento Administrativo Común. LEGUINA VILLA, Jesús y SÁNCHEZ MORÓN, Miguel (Directores). Madrid: Tecnos, 1993, p. 99-126;

ENÉRIZ DE OLAECHEA, Javier (1991) – *La Ordenación del Territorio en la legislación de Navarra*. Oñati: Civitas, Instituto Vasco de Administración Pública;

ERNESTO VILLANUEVA, Issa Luna Pla (Coord.) – *El Derecho de acceso a la información: visiones desde México y la experiencia comparada*.México: Editorial Fundación Konrad Adenauer; Universidad Iberoamericana, 2001;

ESCÁMEZ PASTRANA, Antonio Manuel – "Las demandas de información ambiental y su incidencia en el sesgo informativo". In *Comunicar la ciencia en el siglo XXI: I Congreso sobre Comunicación Social de la Ciencia*, 25, 26 y 27 de marzo de 1999, Granada, España. Granada: Parque de las Ciencias, 1999. Vol. 2, p. 424;

ESTEBAN MORATILLA, Fernando (1999) – *La estrategia Territorial Europea y las implicaciones para España*. Lições policopiadas ao Curso de "Planificación y Desarrollo Sostenible". Universidade de Cáceres, 15 a 19 de novembro;

ESTEBAN, J.M. – "La desigualdad interregional en Europa y España: descripción y análisis". In *Crecimiento y convergencia regional en España y Europa*. Esteban, J. E. Vives, X. (coord.). Madrid: Instituto de Análisis Económico, 1994;

EUROPEAN COMMISSION – *The meaning of 'spatial planning'*. Luxemburg: OPOCE, 1997;

FELTON, Andrew; Reinhart, Carmen M. – *The First Global Financial Crisis of the 21st Century*. London: Centre for Economic Policy Research, 2008;

FENG, Yi. – *Democracy, Governance, and Economic Performance*. Cambridge, MA: MIT Press, 2003;

Férnandez Farreres, Germán (1991) – "Colisiones normativas y primacía del derecho estatal". En *Estudios sobre la Constitución Española: Homenaje al Profesor Eduardo García de Enterríia*. Vol. I, Madrid: Civitas.

Fernández Ramos, Severiano – "La cláusula genérica de intereses públicos prevalentes". In *El Derecho de Acceso a los Documentos Administrativos*. Madrid: Marcial Pons, 1997; – *El Derecho de Acceso a los Documentos Administrativos*. Madrid: Marcial Pons, 1997.

Ferrari, Giuseppe Franco – "L'accesso ai dati della pubblica amminstrazione negli ordinamenti anglosassoni". *VVAA. In L'accesso ai documenti amministrativi. ARENA, Gregorio (a cura di)*. Bolonia: Il Mulino, 1991.

Fisher. Irving – "The Debt-Deflation Theory of Greit Depressions". *Econometria 1*, 1933;

Francis, J. – *The politics of regulation*. Oxford: Blackwell, 1993;

Friedman, Milton; Schwartz, Anna Jacobson – *A Monetary History of the United States 1867-1860*. Princeton University Press, 1963;

Friedmann, J. (1972) – "The spatial organization of power in the development urban systems". En *Development and Change*, n.º 4.

Friedmann, J. e Douglass, M. – "Agropolitan Development:Towards a new Strategy for regional plannung in asia". In *Growth Pole: Strategy and Regional Development Policy*. Lo, F. e Salih, K. (ed.). Oxford: Pergamon Press, 1978;

Friedmann, J. e Weaver, C. – *Territorio y función: La evolución de la planificación regional*. Madrid: Instituto de estudios de Administración Local, 1981;

Friedmann, J. – The spatial organization of power in the development urban systems". In Development and Change, n.º 4, 1972;

Friedmann, J. y Weaver, C. – *Territorio y función: La evolución de la planificación regional*. Madrid: Instituto de estudios de Administración Local, 1981;

Ago Llorrente, V. – "El Planeamiento Territorial en la Comunidad de Madrid". En El espacio metropolitano. (Colección de Temas de Administración Local), n.º 39, Granada: Centro de Estudios Municipales y de Cooperación Interprovincial, 1998;

García Álvarez, Antonio (1981) – "La Ordenación del Territorio en el Estado de las Autonomías". En *Estudios Territoriales*, n.º 1;

García De Enterría, E. (1985) – "El ordenamiento estatal y los ordenamientos autonómicos: sistema de relaciones". En *Estudios sobre las Autonomías Territoriales*. Madrid: Cívitas; (1985) – "La cuestión regional: una reflexión". En *Estudios sobre Autonomías Territoriales*. Madrid: Cívitas;

García Llovet, Enrique – "Autoridades administrativas independientes y Estado de Derecho". *Revista de Administración Pública*, n.º 131, 1993;

García Ureta, Agustín – "Perspectivas sobre el derecho a la información sobre el medio ambiente: un repaso a la Directiva 90/313/CE". *Revista de Derecho Ambiental*, n.º 13, 1994;

GARCÍA URETA, Agustín y ARROSPIDE ERKOREKA, Itziar – "Sobre la transposición de tres directivas ambientales comunitarias en el derecho estatal: Directivas 90/313 (acceso a la información), 92/43 (habitats y especies de flora y fauna) y 2271/91 (tratamiento de aguas residuales urbanas)". *Revista Vasca de Administración Pública*, n.º 46, septiembre-diciembre, 1996, p. 39-94;

GASPAR, Jorge (1998) – "O novo ordenamento do territorio: geografía e valores". En *Dinamismos sócio-económicos e reorganização territorial: processos de urbanização e reestruturação produtiva*. Coimbra: Instituto de Estudos Geográficos, 1998;

GAUDRAT, Philippe – *Commercialisation des Donnés Publiques: Observatoire Juridique des Technologies de L'Information*. Paris: Documentation Française, 1992;

GAY FUENTES, Celeste – Intimidad y tratamiento de datos en las administraciones públicas. Madrid: Editorial Complutense, 1995.

GAZIER, François y CANNAC, Yves – "Les autorités administratives indépendantes". In *Études et Documents*, Conseil d'État, n.º 35, 1983-1984. Paris:CE, 1984.

GIANNINI, M.S. – "Pianificazione". In *ED XXXIII*. Milano:Giuffrè, 1983;

GILBERT, Neil – *The Transformation of the Welfare State: The Silent Surrender of Public Responsability*. New York: Oxford University Press, 2004;

GIMENO SENDRA, Vicente – "El registro de la propiedad y el derecho a la intimidad". **La Ley**, 11 de junio de 1997;

GLEICK, Peter – "The Human Right to Water". In *Water Policy, 492*, 1998, http://www.unhchr.ch/tbs/doc.nsf/0/a5458d1d1bbd713fc1256cc400389e94/$FILE/G0340229.pdf;

GOMEZ ORFANEL, German – "Secreto de Estado Y Publicidade en Espãna". In *Estado e Direito*, n.º 1, octubre-noviembre, de 1987/88;

GÓMEZ-REINO Y CARNOTA, Enrique. – "El principio de publicidad de la acción del Estado y la técnica de los secretos oficiales". *REDA*, n.º 8, enero-marzo 1976, p. 115-133;

GONÇALVES, José Renato – *Acesso à Informação das Entidades Públicas*. Coimbra: Livraria Almedina, 2002.

GONÇALVES, Maria Eduarda – *Direito da Informação: novos direitos e formas de regulação na sociedade da informação*. Coimbra: Almedina, 2003;

GONZÁLEZ BALLESTEROS, Teodoro – "Prologo". In *El derecho a la información local*. Bel Mallen, J. I. (Dir.).Madrid: Editorial Ciencia, 1990;

GONZÁLEZ HABA, José Luis y MARTÍNEZ DÍEZ, Roberto – "Ordenación Territorial en una nueva situación". En *Estudios Territoriales*, n.º 19; – "Ordenación Territorial en una nueva situación". *Ciudad y Territorio*, n.º 1.1980;

GREGORIO ARENA – "La tutela della riservatezza nella società dell'informazione". In *Scritti in Onore di Pietro Virga*. Tomo I, Milano: Giuffrè Editore, 1994, p. 63-93;

GRINOVER, Ada Pellegrini – "Acção Popular Portuguesa: uma análise comparativa". *Revista Portuguesa de Direito do Consumo*. Coimbra, n.º 5, Março de 1996;

GUEDON, Marie-José – *Les Autorités Administratives Indépendantes*. Paris: LGDJ, 1991.

GUGLIELMI, Gilles J. – "Vu par ses Pères Fondateurs, Le Droit Administratif".In *Le Droit Administratif em mutation*. Paris:PUF, p. 41-49;

HALL, P. – "Forces Shaping Urban Europe". *Urban Studies*, Vol.30, n.º 6, Junho 1993. – *Urban and Regional Planning*. London: Routledge, 1992;

HERLITZ, Nils – "Le droit administratif suédois". *Revue Internationale des Sciences Administratives*, 1953; – "Förvaltningens offentlighet I nordisk lagstiftning". In Tidskrift for Rettvitenskap, 1971;

HERMANSEN, T. – "Spatial organization and economic development: The scope and task of spatial planning". In *Regional Disaggregation of National Policies and Plans*. A. Kukling (Ed.).Paris: Mouton, 1975;

HERRERA, F. – *El sistema de ciudades en Europa y España: Desarrollo urbano y estrategia de política territorial*. Madrid: Alfa Delta, 1998;

HERTOZ, P. – *Manifesto para uma democracia europeia*. (Traducción de Manifeste pour une Démocratie Européenne. Paris: Les éditions de l'Atelier, 1999), por José Martins. Porto: Campo das Letras, 2003;

HIGUEIRO Y PINTO, M. Lozano – *La Protección Procesal de los Intereses Difusos*. Madrid, 1983. ALMAGRO NOSETE, José – "Estudio sobre una proposición de directiva comunitaria que regule las acciones colecivas y de grupo de los consumidores". Justicia, n.º 90, 1990;

HILLDEBRAND, A. – *Política de Ordenación del Territorio en Europa*. Sevilla: Universidad de Sevilla, Consejería de Obras y Transportes de la Junta de Andalucía, 1996;

HITCHNER, R Bruce – "Globalization Avant la Lettre: Globalization and the History of the Roman Empire". *New Global Studies* 2, (2), 2008;

HOHENHEMSER, C.; KASPERSON, R.; KATES, R. – "The distrust of nuclear power". *Science*, n.º 196, 1997;

HOLLEAUX, a. – "Les lois da Troisième génération des droits de l'homme': ébauche d'étude comparative". In *RFAP*, 1980;

HOLMGREEN, Kurt – "La publicité des actes officials em droit suédois". *Revue de Droit Publique*, 1968

HUBERT, E.H.-"Le rapport Rasmussen sur la securité des réacteurs nucleaires". *Electricité*, n.º 160, 1975; – *Infraestructuras, Competitividade e Cooperação Territorial*. Madrid. Ministerio de Educação e Ciência, 2010;

ISARD, W. – *Location and Space economy*. Boston: MIT, 1956.

ITO, Takatoshi; Krueger, Anne O (eds). – *Governance, Regulation, and Privatization in the Asia-Pacific Region*. Chicago: University of Chicago Press, 2004;

ITUREN OLIVER, José Alberto – "El derecho de acceso a la información ambiental: notas y reflexiones". *Revista Aranzadi de derecho ambiental*. 2005, n.º 8. p. 101-121;

JALILIAN, Hossein; KIRKPATRICK, Colin; PARKER, David – "The Impact of Regulation on Economic Growth in Developing Countries: A Cross-Country Analysis". *World Development* 35, (1), 2007, p. 87–103;

JUECES PARA LA DEMOCRACIA – *Defensa de los intereses difusos*. Separata:Jueces para la democracia: Información y Debate: Materiales del VI Congreso de Jueces Para la Democracia. Logroño, 20-22 de junio, 1991;

KALDOR, Nicholas – *Le fléau du monétarisme*.Paris: Economica, 1985;

KEANE, J. – *Democracia y Sociedad Civil*. Madrid: Alianza Universitaria, 1992;

KEYNES, John Maynard – *Teoria Geral do Emprego, do Juro e da Moeda*. Lisboa: Relógio D'Água, 2010;

KRUGMAN, P. – "Increasing Returns, Monopolistic Competition, and Internacional Trade". *Journal of Internacional Economics*, n.º 9;

KUKLINSKI, A. – "Regional development, regional policies and regional planning". In Regional Studies, Vol. IV, 1970;

LACAZE, J. P. – *O Ordenamento do Território*. Lisboa: Instituto Piaget, 1998;

LANDA, Mónica; PERNAS, Begoña – "El derecho de acceso a la información ambiental". *Agricultura: Revista Agropecuaria*. Vol 72, núm. 848, 2003 p. 98-99;

LASSERE, B. – "Six ans après le vote da loi sur l'accès aux documents administratifs". *EDCE*, 1983-1984, p. 99-104; – "Commission d'Accès aux Documents Administratifs". *EDCE*, n.º 33, 1981-1982; – "Six ans après le vote da loi du 17 juillet 1978: une administration plus transparente". *EDCE*, n.º 35, 1983. 1984;

LASSERRE, B.; LENOIR, N. e STIRN, B. – *La transparence administrative*. (Colloque Politique d'aujourd'hui). Paris: PUF, 1987;

LAUBADERE, André; VENEZIA, Jean-Claude; GAUDEMENT, Yves – *Traité de Droit administratif*. Paris, 1994;

LAVEISSIÈRE, Jean – "Le droit à l'information à l'epreuve du contentieux". *Documentation Française*. Paris: Documentation, Chr., 1987; – "Réflexions sur a pratique Administrative". (Collection sur a Transparence Administrative). In *Information et Transparence Administratives*. Centre universitaire de recherches administratives et politiques de Picardie (C.U.R.a.P. P.). Paris: PUF, 1988, p. 162-167; – "L'Accès aux documents Administratifs". In *Information et Transparence Administratives*. Paris: PUF, 1988, p. 23-29;

LAVEISSIÈRE, Jean – "Le droit à l'information à l'epreuve du contentieux". *Documentation*. Paris: Documentation, Chr., 1987; – "Réflexions sur la pratique Administrative". (Collection sur La Transparence Administrative). In *Information et Transparence Administratives*. Centre universitaire de recherches administratives et politiques de Picardie (C.U.R.A.P. P.). Paris: PUF, 1988, p. 162-167; – "L'Accès aux documents Administratifs".In Information et Transparence Administratives. Paris:PUF, 1988, p. 23-29.

LAZCANO BROTONS, Iñigo – "El derecho de acceso a la información sobre el medio ambiente en la Directiva 2003/4/CE". In GARCÍA URETA, María (coord.). *Estudios de derecho ambiental europeo.* Pamplona-Iruña: LETE, [2005]. p. 105-156.

LEFORT, C. – *The political forms of modern society.* Cambridge: MAS, MIT Press, 1986;

LEHNING, Percy B. – "Nouvelles formes da protection des citoyens vis-à-vis de l'administration publique". In *Le Citoyen et l'Administration,* XIV Congrès international des Sciences administratives, Paris, 7-11.9.1998. (Rapporteur général SABINO CASSESE): http://www.liaslisa.be/lisa/fpris/fipathm.htm;

LEHNING, Percy B. – "Nouvelles formes de la protection des citoyens vis-à-vis de l'administration publique". In *Le Citoyen et l'Administration,* XIV Congrès international des Sciences administratives, Paris, 7-11.9.1998. (Rapporteur général SABINO CASSESE): http://www.liaslisa.be/lisa/fpris/fipathm.htm.

LEMASURIER, J. – "Vers une democratie administrative:du refus 'informer au droit d'être informé". In *RDP*, Tomo II, 1980;

LEÑERO BOHÓRQUEZ, Rosario – "La libertad de acceso a la información en materia de medio ambiente en España: La Ley 38/1995 y su reforma". In *Medio Ambiente & Derecho: Revista electrónica de derecho ambiental,* 2001, n.º 6. http://www.cica.es/aliens/gimadus/06/libertad.htm.

LETTERON, R. – *L'administré et le droit à l'information administrative.* Thèse Paris X, 1987.

LIBOIS, Boris – *Éthique de l'infoéthique de l'information: Essai sur la déontologie journalistique.* Bruxelles: Ed. Université de Bruxelles, 1994;

LIEN, Da-Hsiang Donald – "Corruption and Allocation Efficiency". In *Journal of Development Economics,* n.º 33, p. 153-164;

Lisboa: DGOTDU; (2000) – Portugal: Plano de Desenvolvimento Regional 20002006. Lisboa: MP; (1995) – Portugal: Posição no Espaço Europeu: uma Reflexão

LOPES, António Simões – *Desenvolvimento Regional: Problemática, Teoria, Modelos.* 3.ª Ed. Lisboa: Fundação Calouste Gulbenkian, 1997;

LÓPEZ ARANGUREN, José Luis – "El ámbito de la intimidad". In *De la intimidad.* Barcelona: Editorial Crítica-Grupo Editorial Grijaldo, 1989;

LÓPEZ RAMÓN, Fernando – *Estudios jurídicos sobre Ordenación del Territorio.* Pamplona: Aranzadi, 1995;

LOVINS, A. – "Energy Estrategy:The road not taken?". *Foreign affairs,* 1976;

LUCAS, Robert et alteri – "Comment on "British Imperialism Revisited: The Costs and Benefits of'Anglobalization". by *Niall Ferguson.* http://home.uchicago.edu/~sogrodow/homepage/Niall_Ferguson.pdf, 2003, Madrid: Civitas, 1993;

Madrid". Rev. Del Observatorio Medioambiental del Instituto Universitario de Ciencias Ambientales,IUCM, s. d.; – Modelos de Organización y desarrollo regional, Madrid: UCM/Oxford U.P., 1999;

MAESTRE, Josefina – "El ciudadano concienciado y la información ambiental". In *Ambienta: la revista del Ministerio de Medio Ambiente*, 2002, n.º 14. p. 3. http://www.mma.es/publicacion/ambienta/septiembre2002_14/03_firma14.pdf.

MAGALHÃES, F., NUNES DA SILVA, F., SILVESTRE, S. – *O Ambiente Urbano e o Desenvolvimento Sustentable.* Coimbra: Seminário de Investigação em Engenharia, Arquitectura e Planeamento Urbano, 1997;

MAGARIÑOS CASAL, María – "Acceso a la información ambiental en España". *Ecosostenible.* 2005, núm. 5, p. 61-80.

MAGARIÑOS, Antonio (coord.) – *Derecho al conocimiento y acceso a la información en las políticas de medio ambiente.* Madrid: Instituto Nacional de la Administración Pública, 2005;

MAISL, Herbert – "Introduction". In *Les Données Publiques: Un gisement a exploiter? Revue Française d'Administration Publique.* Paris: Institut International d'Administration Publique, n.º 72, octobre-décembre 1994; – "La diffusion des données publiques". In *AJDA*, n.º 5, 1994; – "Les autorités administratives indépendantes: protection des libertés on régulation sociale". In *Les autorités administratives indépendantes. C. Colliard e G. Timsit (Coord.).* Paris: P. U.F., 1988; – "Une nouvelle liberté publique, a liberté dáccès aux documents administrats". In *Mélanges R.E.Charlier*: Paris:Ed. de l'Université, 1981;

MAJONE, G. – "The rise of statutory regulation in Europe". In *Regulating Europe.* Londres:Routledge, 1996, p. 54;

MANIN, Barnard – *Principes du government representatif*, Paris, Calmann Lévy/Fondation Saint-Simon, 1995;

MARGERIE, Gilles – "Un nouveau type d'autorités". *Revue Le débat*, n.º 32, 1998;

MARTÍN MATEO, Ramón – *Nuevos instrumentos para la tutela ambiental.* Madrid: Trivium, 1994; – *Tratado de Derecho Ambiental.* Vol.I, Madrid: Trivium, 1991; – "La Ordenación del Territorio y el nuevo marco institucional". *REVL*, n.º 106, 1980;

MARTÍN REBOLLO, Luis – "La Ordenación del Territorio: una función autonómica entre las competencias estatales y la autonomía local". In *Instituciones Autonómicas: Estudios sobre el Derecho de la Comunidad de Cantabria.* Santander: Universidad de Cantabria, Asamblea Regional de Cantabria, 1993;

MARTÍNEZ DÍEZ, Roberto (1983) – "Pasado, Presente y Futuro de la Ordenación del Territorio en España". *Ciudad y Territorio*, n.º 1, 1982;

MARTÍNEZ GUTIÉRREZ, Rubén – "El silencio administrativo en el acceso a la información en materia ambiental: (comentario a la STJCE de 21 de abril de 2005, asunto C-186/04)". *Revista Aranzadi de Derecho Ambiental*, núm. 9, 2006, p. 163-175;

MATOS, António de Jesús Fernández de – *Ordenamento do Território e Desenvolvimento Regional.* (Tese Inédita defendida na Universidade da Covilhã, 2000; – "Beira Interior: Desenvolvimento ou subdesenvolvimento". In *Perspectivas de Desenvolvimento do Interior: Debates, Presidência da República.* 2.ª Ed., Lisboa: INCM, 1997;

MCLONGLIN, J. Brian – Planificación urbana y regional. Madrid: IEAL, 1971;

MELO, João de; PIMENTA, Carlos – Ecologia e Ambiente. Lisboa: Difusão Cultural, 1993.

MELONCELLI, Achille – *L'Informazione Amministrativa*. Rimini: Maggioli Editore, 1983.

MÉNDEZ, Ricardo – *Geografía Económica*. Barcelona: Ariel Geografía, 1997;

MENÉNDEZ REXACH, A. – "Coordinación de la ordenación del territorio con políticas sectoriales que inciden en el medio físico". *Documentación Administrativos, IV*: Administración y Constitución: El Principio de la Coordinación, n.º 230-231, abril-septiembre 1992;

MENY, E. e THOENING, J. – *Politiques Publiques*. Thémis Sciences Politiques. Paris. PUF, 1989;

MERCADIÉ, Alexandre – "Application of the Äarhus Convention in the integrated coastal zone management (ICZM) process". http://www.unece.org/env/europe/ppconven.htm. Dunkerque, France:Université du Littoral, September 1999.

MESQUITA, Mario – *Ética, jornais e jornalistas*. (Colecção Comunicação). Coimbra: Minerva, 1998; – O jornalismo em análise: a coluna do provedor dos leitores. (Colecção Comunicação). Coimbra: Minerva, 1998.

MESTRE DELGADO, Juan Francisco – *El derecho de acceso a los archivos y registros administrativos: Análisis del artículo 105.b) de la Constitución*. Madrid: Civitas, 1993.

MEXICO, Federal Executive Power – *Program for the Modernization of Public Administration 1995-2000*. Mexico City, 1996;

MIE, a.L. – *L'administration et le droit à l'information*. (Colloque L'Adn"ministration Nouvelle). Paris: Berger-Levraut, 1985;

MIGUEL CASTRANO, Adoración de – "Derecho a la intimidad frente al derecho a la información. El ordenador y las leyes de protección de datos". *Revista General de Legislación y Jurisprudencia*, 2.ª época, LXXXVI/4, abril 1983.

MODERNE, Frank – "Les modèles étrangers: étude comparée". In *Les autorités administratives indépendantes*. C. Colliard e G. Timsit (Coord.). Paris, 1988;

MOE, Terry – "The Politics of Structural Choise: Towards a Theory of Public Bureaucracy". In *Organization Theory: From Chester Banard to the Present and Beyond. Oliver Williamson (Ed.)*. New York, Oxford University Press, p. 116-153.

MONTERO, J.R. – "Sobre la democracia en España: legitimidad, apoyos institucionales y significados". In *Working Paper*, n.º 39. Madrid: IJMEI, abril de 1992.

MONTINOLA, Gabriella R. – "The Efficient secret Revisited". In *Paper Presented at the Latin American Studies Association*. Guadalajara: Mexico, 1997.

MOODY-STUART, George – *Grand Corruption in Third Word Development*. Oxford: Wordview Publishing, 1997.

MORA ALISEDA, J. – *Urbanismo Sostenible*. Ed. Universidad de Extremadura y Fundicotex. Cáceres, 2009;

MORDERNE, Frank – "La transparence administrative en España". *Annuaire Européen d'Administration Publique*. Vol. XII, 1989.

MOREL OCANA, Luis (1992) – "La coordinación del Estado y las Comunidades Autónomas con la Administración local". *Documentación Administrativa*, n.º 230-231.

MOREL OCANA, Luis – "La coordinación del Estado y las Comunidades Autónomas con la Administración local". In *Documentación Administrativa*, n.º 230-231, 1992;

MYRDAL, Gunnar – *Procès de la Croissance*. Paris: PUF, 1979;

NEVEU, E. – *Une société de communication?*. Paris: Montchrestien, 1994.;

NICOLAY, Pierre – *Les Autorités Administratives Indépendantes*. Paris: PUF, 1988;

NIETO SALIS, J. A. – *Fundamentos y Políticas de la Unión Europea*. Madrid: Siglo XXI Editores, 1995;

NOGUEROLES PEIRÓ, Nicolás – "La intimidad económica del Tribunal Constitucional". *REDA*, n.º .52, 1986;

NYE, J.S.; OWEN, W.A. – "America's Information Edge". *Foreign Affaires*, Vol. 75, n.º 2, 1996;

OLIVEIRA, Jorge Alves de – *A Necessidade de um Direito da Informação e de um Controlo da Actividade Informativa*. (Tese doctoral). Lisboa: Universidade Católica Portuguesa, 1984;

PAIS ANTUNES, António – *Lições de Planeamento Territorial: conceitos e princípios fundamentais*. (Texto policopiado). Departamento de Engenharia Civil, Faculdade de Ciencias e Tecnologia, Universidade de Coimbra, 1996;

PAPACONSTANTINOU, Maria – "The ECE Convention on the Protection and the Use of Transboundary Watercourses and International Lakes and the UN Convention on International Watercourses". In *Revue Hellénique de Droit International*. Vol.1, No.52, 1999, p. 263-266;

PARDAL, Sidónio – "Gestão Urbanística: Os problemas e a prática do urbanismo: limites e alcances da intervenção municipal". En *Gestão Autárquica: um desafio, uma aposta (Ciclo de conferências 1994)*. Lisboa: CCRLVT, 1995;

PARDAL, Sidónio – "Gestão Urbanística: Os problemas e a prática do urbanismo: limites e alcances da intervenção municipal". In Gestão Autárquica: um desafio, uma aposta" (Ciclo de conferências 1994). Lisboa: CCRLVT, 1995;

PAREIO ALFONSO, Luciano – "La organización administrativa de la Ordenación del Territorio". *RDU*, n.º 105, octubre-diciembre 1987; – "El Urbanismo ante el Derecho". Revista de Derecho Urbanístico, n.º 71; *Derecho Administrativo: Instituciones, bases, Fuentes, Organización y Sujetos, Actividad y Control*. Madrid: Ariel Derecho, 2003; – "La ordenación el territorio: un reto para el Estado de las Autonomías". *Revista de Estudios de la Administración Local e Autonómica*, n.º 226. Madrid, 1985; – "La potestad normativa de las llamadas administraciones independientes: apuntes para un estudio del fenómeno". In *Administración*

Instrumental: Libro Homenaje a Manuel Francisco Clavero Arévalo. Madrid, 1994;

Parlamento Europeo, Dirección General De Estudios – El acceso a los documentos del Parlamento Europeo. Series Bases Documentales y Índices de los Debates. Luxemburgo: OPOCE, 1996; – *informe LÖÖW*. Comisión de Asuntos Institucionales del Parlamento Europeo, sobre la transparencia en la Unión Europea. DO C 44, de 10.2.1998; – Fichas Técnicas. Bruxelles: PE, 1997.

Pearce, David – *Economics and Environment: Seáis on Ecological Economics and Sustainable Development*. Aldershot: Edgard Elgar Publishing, 1998;

Pedraz Penalva, Ernesto – "Notas sobre Publicidad y Proceso". In *Poder Judicial*, n.º XI, especial;

Pelou, P. – "Introduction" y "La utilización funcional asume la búsqueda cotidiana bajo todos sus aspectos, desde la asistencia administrativa hasta la determinación de las políticas". In *La documentation administrative*. Pelou, P. (Dir.). Paris: La documentation française, 1988;

Pereira, António dos Santos; Alves, Manuel Brandão; Reigado, Felisberto Marques; Costa, Pedro Gomes – *Regionalização: Textos oportunos*. Covilhã; Universidade da Beira Interior; 1998;

Pereira, Paulo Tiago – *Regionalização do Equipamento e da Administração do Território*. Outubro 1998;

Perestrelo, M. – "Prospectiva, Planeamento Estratégico e Avaliação". *IV Congresso Português de Sociologia, Sociedade Portuguesa*, Coimbra, APS., 2000;

Pérez Andrés, António Alfonso – *La Ordenación del Territorio en el Estado de la Autonomías*. Madrid, Barcelona: Marcial Pons, 1998;

Pérez Díaz, V. – La primacía de la sociedad civil. Madrid: Alianza Editora, 1993; – "La sociedad civil como posibilidad".In *Claves de razón práctica*, n.º 50, marzo de 1995;

Pinto, Paulo Mota – "O Direito à reserva sobre a intimidade da vida privada". *Boletim da Faculdade de Direito da Universidade de Coimbra*, Vol. LXIX, 1993, p. 479-585;

Pisón Cavero, José Martínez de – *El derecho a la intimidad en la Jurisprudencia constitucional*. Madrid: Civitas, 1993;

Pitrat, Charlotte-Marie – "Le débat européen: un serpent de mer". In Les Données Publiques: Un gisement a exploiter?". Revue française d'Administration Publique. Paris: Institut International d'Administration Publique, n.º 72, octobre-décembre 1994;

Pomed Sánchez, Luis Alberto – *El control de las Administraciones Públicas y sus problemas*. Madrid: Instituto de España/Escalpa-Calpe, 1991;–"El acceso a los archivos y registros administrativos: el marco jurídico y la práctica administrativa. *RAP*, n.º 142, enero-abril, 1997, p. 439-479; – *El derecho de acceso de los ciudadanos a los archivos y registros administrativos*. Madrid: MAP, 1989;–"Fundamento y naturaleza de las administraciones independientes". Revista de Administración Pública, n.º 132, 1992;

Portugal, MMA–*Administração Consultiva em Portugal.* Série Documentos e Estudos Internos. Lisboa: CES, 1996;

Poullet, E. – *Pour um cadre juridique d'um politique de diffusion des données détenues par le secteur public.* DGXII, Lab 93/1;

Pourvoyeur, R. – "La politique d'information de la Communautés européenne". *Revue du marché Commun,* 1981, p. 192-204;

Procuradoria-Geral Da República – *Pareceres. Vol VI: Os segredos e a sua tutela.* Lisboa: Gabinete de Documentação e Direito Comparado da Procuradoria-Geral da República, 1997, www.dgsi.pt/pgrp;

Pujadas, Romà y FONT, Jaume (1998) – *Ordenación y Planificación Territorial.* (Colección Espacios y Sociedades, Serie Mayor n. .º 8). Madrid: Editorial Síntesis;

Ramírez León, Margarita Lucero – *Alcances y limitaciones de la Ley federal de transparencia y acceso a la información pública: una mirada desde la perspectiva de la transición a la democracia.* México: Editorial Universidad Iberoamericana, 2003.

Rangeon, François – "Présentation" In *Information et Transparence Administratives.* Paris: PUF, 1998; – "L'accès a l'information administrative". In *Colloque sur La Transparence Administrative.* Publicado: Information et Transparence Administratives. Centre universitaire de recherches administratives et politiques de Picardie (C.U.R.A.P. P.). Paris: PUF, 1988;

Reigado, F. M. – "Desarrollo Regional, Investigación y Sostenibilidad". In *II Simposio Internacional sobre Planificación y Desarrollo Sostenible,* 29 a 31 de Março de 2001. Universidad de Cáceres, Facultad de Filosofía y Letras, Departamento de Geografía y Ordenación de Territorio, 2001; – *Desenvolvimiento e Planeamento Regional: Uma abordagem sistémica.*Lisboa: Editorial Estampa, 2000;-Rent Theory". En Papers of the Regional Science Association, vol. 19;

Ribeiro, Neves – "Os interesses difusos e as acções colectivas". *Revista Portuguesa de Direito do Consumo,* n.º 0, 1994;

Richardson, H.W. – *Economía regional e urbana.* Madrid: Alianza, 1986.-*Economía Regional: Teoría de la localización, estructuras urbanas y crecimiento regional.* Barcelona: Vincens Vives, 1973 (versão inglesa: 1968);

Rideau, Joël – "La transparence administrative dans la CEE". *Annuaire Européen d'Administration Publique.* Luxemburgo: IEAP, Vol XII, 1989;

Rio, C. del; Cuadro Roura, J. R. – *Territorios en Transformación.* Madrid: Feder, CSIC, 1994;

Ríos, Nagore de los – "Los nuevos liderazgos". In *Open Government.* Álcala la Real:AE, 2010;

Rivero, Jean et alteri – "Les autorités administratives indépendantes". In *Conseil d'État 1983-1984: Études et documents* n.º 35. Paris: Conseil d'État, s.d., p. 13-78;

ROBERGE, Michel – *La gestión de l'information administrative: application globale, systématique et systémique.* Québec: documentor, 1992;

ROCHEFORT, M – *Economie géographique et aménagement du territorie.* Paris: CDU, 1975;

RODOTA, S. – La Démocratie électronique. Rennes: Apogée, 1999;

RODRIGUES, A. – *A Comunicação Social e Jornalismo*: Os media Escritos. Lisboa, 1981;

RODRIGUEZ-ARANA, Jaime – "La transparencia en la Administración pública". *RVAP*, n.º 42, 1995, p. 447-463;

RODRÍGUEZ-ARANGO, Luis García San Miguel – "Reflexiones sobre la intimidad como límite de la libertad de expresión". In *Estudios sobre el derecho a la intimidad.* García San Miguel García San Miguel Rodríguez-Arango, Luis, L.(Ed.). Madrid:Tecnos, 1992;

ROMÁ PUJADAS e JAUME FONT – *Ordenación y Planificación Territorial.* (Colección Espacios y Sociedades, Serie Mayor n.º 8). Madrid: Editorial Síntesis, 1998;

ROSA, M. – *Conceptualização do Desenvolvimento Sustentável a sua operacionalização no âmbito da Governação local através dos Planos Municipais de Ambiente.* Universidade Nova de Lisboa, 2002;

ROSADO PACHECO, Santiago – "El Estado administrativo en la España del siglo XIX: Liberalismo y intervencionismo: Notas históricas a propósito del fomento, la expropiación y la contratación administrativa. 1836-1869". *Cuaderno y Debates*, n.º 92, Madrid: Centro de Estudios Políticos y Constitucionales, 2000;

ROSSI CARLO, Liliana – "Il diritto all'informazione nei suoi aspetti privatistici". In *Rivista di Diritto Civile*, II, 1984;

ROUSSEAU, J. J. – *Émile, III*, 1762;

RUEDA, S. et al. – *La ciudad sostenible.* Barcelona: Centre de Cultura Contemporánea de Barcelona, Institut d'Ediciones de la Diputación de Barcelona, 1998;

RUIZ MIGUEL, Carlos – *La configuración constitucional del derecho a la intimidad.* Madrid: Tecnos, 1995;

SÁ, Luís – As Regiões, a Europa e a Coesão Económica e Social. Lisboa: Edições Cosmos, 1994; – "Modelos Políticos de Regionalização: Sobre os 'Modelos' Para Portugal". In Regionalização e Desenvolvimento. Lisboa: ISCSP, 1997;

SABY, B. e SABY, D. – *As grandes Teorias Económicas.* Porto: Edições ASA, 1997;

SADELEER, N. de – "La Directive Européenne du 7 juin 1990 Relative à l'Information en Matière d'Environnement". In *Aménegement-Environnement*, n.º 189, 1990;

SAENZ DE BURDAGA, Gonzalo – "Sentido de la Ordenación Territorial en la España actual".En *Estudios Territoriales*, n.º 7. Madrid, 1982;

SAINT-JULIAN, M. T. – *La difusión Spatial des innovations.* Montpellier: GIPRECLUS, 1985;

SAINZ MORENO, Fernando – "El acceso de los ciudadanos a los archivos y registros administrativo". REDA, n.º 24, 1980; – "Principios y Ámbito de Aplicación de la L.A.P:". In *Administraciones Públicas y Ciudadanos*, n.º 105. Pendas García,

B. (coord.). Barcelona: Praxis, 1993; – "Secreto y información en el derecho público". In *Estudios sobre la Constitución Española: Homenaje al profesor García de Enterría*, Vol. III. Madrid: Civitas, 1991;–"Un caso de aplicación directa de la Constitución: el acceso de los ciudadanos a lo archivos y registros administrativos". REDA, n.º 24, 1980;

SALAZAR ORTUÑO, Eduardo; SANCHIS MORENO, F. – "El acceso a la justicia ambiental a partir del "Convenio de Aarhus". *Revista Aranzadi de derecho ambiental*, 2007-2, núm.12, p. 75-94;

SALLEZ, Alain – "Planification Spatiale et planification stratégiqe". *Revue d'Economie Régionale et Urbaine*, n.º 10-11, 1986;

SALMAN, M. A. – "The Helsinki Rules: the UN Watercourses Convention and the United Nations". *UN Special Rapporteur on the human right to safe drinking water and sanitation*, vol.23, n.º 4, 2007, p. 625-640;

SANCHEZ MORON, Miguel – "La coordinación administrativa como concepto jurídico". *Documentación Administrativa*, n.º 230-231, abril-septiembre, 1992; – *El control de las Administraciones públicas y sus problemas*. Madrid: Instituto de España, Espasa-Calpe, 1991;–*La participación de los ciudadanos en la Administración pública*. Madrid: CEC, 1980; – "El derecho de acceso a la información en materia de medio ambiente". *Revista de Administración Pública*, n.º 137, mayo-agosto, Año 1995, p. 31-55; – "El principio de participación en la Constitución". *RAP*, n.º 89, 1979;

SANCHO CUESTA, F. J. – "El derecho de acceso a los archivos y registros conforme a la Ley de Régimen Jurídico de las Administraciones Públicas y del Procedimiento Administrativo Común". In *Comentarios ante la entrada en vigor de la Ley de Régimen Jurídico de las Administraciones Públicas y del Procedimiento Administrativo Común. VVAA*. Madrid: MAP, 1993.

SANTOS DIEZ, Ricardo e CASTELAO REDRÍGUEZ, Julio – Derecho Urbanístico: Manual para Juristas y Técnicos. 3.ª. Ed., Madrid: Abella, El Consultor de los Ayuntamientos y de los Juzgados, 1999;

SANTOS DIEZ, Ricardo y CASTELAO REDRÍGUEZ, Julio – Derecho Urbanístico: Manual para Juristas ey Técnicos. 3.ª Ed., Madrid: Abella, El Consultor de los Ayuntamientos y de los Juzgados, 1999;

SANTOS, João Moreira dos – Imprensa empresarial: da Informação à Comunicação. Porto: ASA, 1995;

SARAIVA, João – "Poder Local". *Revista de Administraçao Democrática*, n.º 128. Lisboa: Editorial Caminho, setembro 1996;

SARTORI, Giovanni – *Homo Videns: La sociedad teledirigida*. Madrid: Taurus, 1998;

SCHIESL, Martin J. – *The politics of Efficiency: Municipal Administration and reform in America 1800-1920*. Berkeley: University of California Press, 1977;

SCHMIDT, L. – *Autarquias e Desenvolvimento Sustentável:Agenda 21 Local e Novas Estratégias Ambientais*. Lisboa: Fronteira do Caos, 2005;

SCHMITT, Karl – *Sobre el parlamentarismo*. Madrid, 1990;

SCHOETTL, Jean-Marie – "Entretien". In *Les Données Publiques: Un gisement a exploiter? Revue française d'Administration Publique*. Paris: Institut International d'Administration Publique, n.º 72, octobre-décembre 1994;

SCOFFONI, Guy – *Le Droit a l'information Administrative aux États-Unis:Du modèle américain au système français de transparence*. Paris: Economica, 1992;

SCOTT, A. – "Procesos de localización, urbanización y desarrollo territorial: un ensayo exploratorio". *Estudios Territoriales*, n.º 17, 1985;

SEABRA, Maria João – "Vizinhança Inconstante: Portugal e Espanha na Europa". *Cadernos do Lumiar*, n.º 5. Lisboa: Instituto Estudos Estratégicos e Internacionais, 1995;

SEERS, Dudley – "Os indicadores de desenvolvimento: o que estamos a tentar medir?. *Revista análise social*. Vol.XV (60), lidboa, 1979.

SENÉ, Monique – "A Ameaça nuclear civil" e "Os efeitos da radioatividade". In *Estado do Ambiente no Mundo. Beaud, M. e C.; Bouguerra, M.L. (Dir.)*. (Tradução de Ana Maria Novais, de L'État de L'Environment dans *le Monde*). Lisboa: I. Piaget, 1995;

SERRA NAVARRO, Pilar – *Los archivos y el acceso a la documentación*. Madrid: Ministerio de Cultura, 1980;

SERRANO ALBERCA, José Manuel – "De los derechos fundamentales y de las libertades públicas". In *Comentarios a la Constitución. GARRIDO FALLA, Fernando (Coord.)*. Madrid: Civitas, 1985, p. 187-245;

SÉRVULO CORREIA, J.M. – "O direito à informação e os direitos de participação dos particulares no procedimento e, em especial, na formação da decisão administrativa". In *Estudos sobre o Código do Procedimento Administrativo, Legislação: Cadernos de Ciência de Legislação*, n.º 9/10, Janeiro – Junho 1994;

SHAFFER, Gregory e POLLACK, Mark – "Hard vs. Soft Law: Alternatives, complements and Antagonists". In *International Governance, Legal Studies Research Paper Series. Research paper 9-23*, University of Minnesota Law School, 2010;

SILVA OCHOA, Juan Carlos da – "Derecho de los ciudadanos, con especial referencia a lenguas y acceso a registros (artículos 35 a 40)". In *Administraciones Públicas y Ciudadanos: Estudio Sistemático de la Ley 30/1992, de 26 de noviembre, de Régimen Jurídico de las Administraciones Públicas y del Procedimiento Administrativo Común*. Madrid: Praxis,1993;

SILVA, S. – *Agenda 21: Local um Sistema de Indicadores de Qualidade*. (Tese de Doutoramento), Universidade de Évora, 2007;

SIMÕES LOPES, A. – *Desenvolvimiento Regional: Problemática, Teoria e Métodos*. 4.ª Ed. Lisboa; Ed. Fundação Calouste Gulbenkian; 1995;

SOTELO NAVALPOTRO, José A. – "Modelos de organización y desarrollo regional". Madrid: *Rev. del Observatorio Medioambiental del Instituto Universitario de Ciencias Ambientales*, IUCM, s/d.;

SOUSA, Capelo – "Conflitos entre a liberdade de imprensa e a vida privada". In *Ab Vno ad Omnes: 75 anos da Coimbra Editora*. Coimbra; Coimbra Editora, 1998, p. 1123-1140;

SOUSA, F.F. – "Articulação economia, território e cidadão resume bem-estar nacional. *Economia Pura*, n.º .20, 2000;

SPANOU, Calliope – "Les associations face à l'information administrative: Le cas de l'environnement". In *Colloque sur a Transparence Administrative*. (Publicado com o tema Information et Transparence Administratives). Paris: PUF, Centre universitaire de recherches administratives et politiques de Picardie (C.U.R.A.P. P.). (Coll. sur a Transparence Administrative). Paris: PUF, 1988, p. 128-162;

STÖHR, W.B. – "Development from below: the bottom-up and periphery-inward development paradigm". En *Development from above or below?. Stöhr and Fraser taylor*, D.R. (Ed.), John Wiley & Sons, 1981;

STROZZI, G. – "La Libertà de informazione nel diritto internazionale". In *Nuove dimensioni dei diritti di libertà: Scritti in onore di P. Barile*. Padova:CEDAM, 1990;

SUDRE, F. – "Droit communautaire et liberté d'information au sens da Convention européenne des droits de l'homme". In *Journal européen de droit international*, n.º 2, 1991;

TEIGEN-COLLY, Catherine – "Les instances de régulation et a Constitution". *Revue de droit public et de science politique em France et a l'étranger*, 1990; – "Les autorités administratives indépendantes: histoire d'une institution". In *Les Autorités Administratives Indépendantes. Colliard, C.-A & Timsit, G. (eds.)*. Paris: PUF, 1988; – "sanctions administratives et autorités administratuves indépendantes". *Les petites affiches*, n.º 8, 1990.

TEMIN, Peter – "The Greit Depression". In *Engerman, Stanley L.; Gallman, Robert E. (Editores)*.The Cambridge University Press, 3, 2000,p. 301-310; – *Lecciones de la Gran Depresión*.Madrid: Alianza Editorial, 1995; – *Théorie economique et pays sous-développés*. Paris: Présence africaine, 1959;

THÉRET, B. – *Régimes économiques de l'ordre politique*.Paris:PUF, 1992;

THOENING, J.C. – "L'analyse des politiques publiques". In *Traité de science politiques*. GRAWITZ, M. y LECA, J.. Paris: PUF, 1985, vol. 4;

TORREGO GIRALDA, Alicia – "Información ambiental". En: *El desarrollo sostenible en España: análisis de los profesionales: conclusiones del VI Congreso Nacional del Medio Ambiente*, Madrid, del 25 al 29 de noviembre de 2002. Madrid: Colegio Oficial de Físicos, 2003. p. 225-234;

TORRES RIESCO, Juan Carlos – "Propuestas para una política de Ordenación del Territorio en España". En *Estudios Territoriales*. n.º 8, 1982;

TORRES, Pere – "La información ambiental en la sociedad democrática del conocimiento". In *Instituciones y Desarrollo*, 2000, n.º 7.http://www.iigov.org/id/article.drt?edi=187626&art=187684;

TRAVI, A. – "L'accesso ai documenti amministrativi in Francia". *Amministrare,* 1986;

TRUMAN, D.B. – *The Governmental process: Political interest and the public opinion.* New York: Alfred a. Knopf, 1971;

TRUYOL, A. e Villanueva, R. – "Derecho a la intimidad y informática". *Información Jurídica,* n.º 318, julio-septiembre 1973; – Urbanismo sostenible. Cáceres: Fundicotex, UNEX, 2009;

VAZ, Leopoldo – "O Esquema de Desenvolvimento do Espaço Comunitário". In *Revista de Associação dos Urbanistas Portugueses,* n.º 4;

VÁZQUEZ, A. – "El cambio del modelo de desarrollo regional y los nuevos procesos de difusión en España" *Estudios Territoriales,* n.º 20, 1986. – *Desarrollo local: Una estrategia de creación de empleo.* Madrid: Pirámide, 1988;

VELOSO, Irene (1997) – "Perspectivas de desenvolvimento do Interior (algumas considerações)". En *Perspectivas de Desenvolvimento do Interior.* Debates. 2.ª Edição, Lisboa: INCM, 1997;

VERTZ, P. – "Nouveaux Modeles de la Organization de la Production et Tendences de l'Économie Territorial". *La Dymnamique Espacial de l'Économie Contemporaine. La Garene-Colombes: Édition d'Espace européen, 1991;*

VIDAL MARTÍNEZ, Jaime – "Manifestaciones del derecho a la intimidad personal y familial". *Revista General del Derecho,* n.ºs 433 y 434, 1980;

VILLAVERDE MENÉNDEZ, Ignacio – *Estado democrático e información: el derecho a ser informado.* (Tesis doctoral). Oviedo: Junta General del principado de Asturias, 1994; – "Protección de datos personales, derecho a ser informado y autodeterminación informativa del individuo. A proposito de la STC 254/1993". *Revista Española de Derecho Constitucional,* año 14, n.º 41, mayo-agosto 1994;

VILLAY, F. – "Le Istituzioni e l'accesso alle información in Francia". In *Amici della Terra, Apriti Sesamo: Il diritto di ccesso dei cittadini alle información sull'ambiente.* Milano, 1988;

VILLORIA MENDIETA, Manuel – *La Modernización de la Administración como Instrumento al servicio de la Democracia.* Madrid: MAP, INAP, BOE, 1996;

WEBER, Max – "A dominação burocrática". In *Economía e Sociedad,* II.México: Fondo de Cultura Económica, 1969;

WEBER, Yves – *L'Administration Consultive.* Paris: LGDJ, 1968;

WHOLEY, J. – *Evaluation and effective public management.* Boston: Little Brown, 1983;

WIEHLER, F. e STUMM, T. – "The powers of Regional and Local Authorities and Their role in the European Union". Union Planning Studies, n.º 3 (2), 1995;

WILKINSON, Richard; PICKETT, Kate – *The Spirit Level: Why More Equal Societies Almost Always Do Better.* London: Allen Lane, 2009;

WILLIAMSON, J.G. – *Análisis Regional.* (Tradução de Regional Inequility and the Process of Development: A Description of the Patterns. London: EDCC, 1965). Madrid: Tecnos, 1970;

WILSON, W. – "The Study of Administration". In *Political Science Quartely*, 1887;

WINTER, G. – "Freedom of Environmental Information". In *Frontiers of Environmental Law*. Lomas, O. (Ed.). London: Chancery Law Publishing, 1991;

YÁÑEZ DÍAZ, Carlos – "El derecho a la información medioambiental: el Convenio de Aarhus y el derecho español". *Revista de Derecho Urbanístico y Medio Ambiente*, 2006, n.º 224, p. 125-154;

ZAMORA ETCHARREN, Rodrigo – *Acceso a la información pública gubernamental federal*. México: Editorial Porrúa, 2003;

ZANOBINI, G. – "L'esercizio privato delle funzioni e dei servizî pubblici". In *Primo trattato completo di diritto amministrativo*. Orlando, V.E. (ed.). Vol. II, Parte III, Milão: Socità Editrice Libraria, 1935;

ZAPATERO LOURINHO, Angélica Sara – "Delimitación del concepto de información ambiental y propuestas de cuadro de clasificatorio para las unidades informativas especializadas". *Cuadernos de Documentación multimedia*, 2000, n.º 10, p. 639-643. http://www.ucm.es/info/multidoc/multidoc/revista/num10/paginas/pdfs/azapatero.pdf.

ZUANELLI, Elisabetta – "Communicazione istituzionale e diritto all'informazione". In *Il diritto all'informazione in Italia. VVAA*. Roma: Presidenza del Consiglio dei Ministri, 1990.

ÍNDICE